Peter Schier, Ruth Cremerius, Doris Fischer

Studentenprotest und Repression
in China
April - Juni 1989

MITTEILUNGEN
DES INSTITUTS FÜR ASIENKUNDE
HAMBURG

-- Nummer 223 --

Peter Schier, Ruth Cremerius, Doris Fischer

Studentenprotest und Repression in China
April - Juni 1989

Chronologie, Dokumente, Analyse

Dritte, nochmals überarbeitete und erweiterte Auflage

Hamburg 1996

Redaktion der Mitteilungsreihe des Instituts für Asienkunde:
Dr. Brunhild Staiger

Gesamtherstellung: Zeitgemäßer Druck CALLING P.O.D, Hamburg
Textgestaltung: Wiebke Timpe

ISBN 3-88910-122-4
Copyright Institut für Asienkunde
Hamburg 1993
Unveränderter Nachdruck Hamburg 2001

VERBUND STIFTUNG
DEUTSCHES ÜBERSEE-INSTITUT

Das Institut für Asienkunde bildet mit anderen, überwiegend regional ausgerichteten Forschungsinstituten den Verbund der Stiftung Deutsches Übersee-Institut.

Dem Institut für Asienkunde ist die Aufgabe gestellt, die gegenwartsbezogene Asienforschung zu fördern. Es ist dabei bemüht, in seinen Publikationen verschiedene Meinungen zu Wort kommen zu lassen, die jedoch grundsätzlich die Auffassung des jeweiligen Autors und nicht unbedingt des Instituts für Asienkunde darstellen.

Inhaltsverzeichnis

Verzeichnis der Dokumente 6
Verzeichnis der Karten 8
Verzeichnis der Abkürzungen 9

Vorwort 11

Vorwort zur zweiten, überarbeiteten und erweiterten Auflage 15

Vorwort zur dritten, nochmals überarbeiteten und erweiterten Auflage 17

**China im Frühsommer 1989: Studentenprotest und Repression
- Ein Überblick über die Entwicklung und ihre Hintergründe -** 21
  1 Einleitung 21
  2 Intraelitäre Konflikte, 1976-1989 23
  3 Gesellschaftlicher Wandel, 1978-1989 28
  4 Entwicklung der Protestbewegung 30
  5 Die Niederschlagung der Protestbewegung 43
  6 Zusammenfassende Bewertung 45

**Vom Tod Hu Yaobangs bis zur blutigen Niederschlagung
der Studentenbewegung - Eine Chronologie -** 47

Glossar 621
Personenverzeichnis 626
Verzeichnis der benutzten Literatur 641

Personenindex 646

Karten nach Seite 655

Verzeichnis der Dokumente

Forderung in sieben Punkten der Studenten von drei Beijinger
Universitäten (18. April 1989) — 54

Sieben-Punkte-Programm des Vorbereitungskomitees des
Studentenverbands Solidarität der Beijing-Universität (20. April 1989) — 68

Petition in sieben Punkten und Vorläufiger Beschluß in
zwei Punkten der Studentenvertreter von 19 Beijinger
Universitäten und Hochschulen (23. April 1989) — 84

Liste der Ämter, die engste Verwandte von Partei- und
Regierungsführern innehaben (23. April 1989) — 85

Forderung in sieben Punkten der "Nationalen Vereinigung
[Autonomer] Studentenverbände" (24. April 1989) — 90

Zusammenfassung der Äußerungen von Deng Xiaoping zur Politik
der KPCh gegenüber der Studentenbewegung am 25. April 1989 — 96

Auszug aus den Ausführungen Deng Xiaopings am 25. April 1989 — 98

Ausführungen Deng Xiaopings vom 25. April 1989 zu den
Studentenprotesten - Wortlaut eines parteiinternen Dokuments
für Führungskader von Partei und Regierung — 99

Gegen den Aufruhr muß klar und eindeutig Stellung bezogen werden
- Leitartikel der *Volkszeitung* von 26. April 1989 — 107

Antworten auf die Fragen Beijinger Einwohner (Flugblatt des
"Vorbereitungskomitees des Autonomen Studentenverbands der
Beijing-Universität vom 27. April 1989) — 121

Petition Beijinger Studenten in zwölf Punkten (2. Mai 1989) — 137

Fragen und Antworten zur Studentenbewegung
(*Nachrichtenbote*, 2. Mai 1989) — 140

Was wir bekämpfen, was wir fordern (*Nachrichtenbote*, 4. Mai 1989) — 147

"Du machst aus einer Mücke einen Elefanten"
- Die Kritik Zhao Ziyangs an Jiang Zemin auf der erweiterten
Sitzung des Politbüros am 10. Mai 1989 — 175

Manifest zum Hungerstreik der freiwilligen Hungerstreikenden
der Beijinger Hochschulen und Universitäten (13. Mai 1989) — 185

Offener Brief der Arbeiter der Hauptstadt (19. Mai 1989) — 266

Verzeichnis der Dokumente 7

Bericht über die Entwicklung der Studentenbewegung - Auszüge aus der Rede des Parteisekretärs von Beijing, Li Ximing, auf der außerordentlichen Versammlung von Partei-, Regierungs- und Armeekadern am 19. Mai 1989 in Beijing)	273
Bekanntmachung des Organisationsbüros des Autonomen Arbeiterverbands Beijing (Nr.1) vom 20. Mai 1989	290
Manifest des Autonomen Arbeiterverbands Beijing (21. Mai 1989)	307
Öffentliche Bekanntmachung des Autonomen Arbeiterverbands Beijing (21. Mai 1989)	307
Protestbrief von über 100 Armeeveteranen gegen den Einsatz der VBA in Beijing (21.5.89)	311
Auszüge aus der Rede Li Pengs vom 22. Mai 1989 auf einer erweiterten Sitzung des Politbüros	336
Rede von Yang Shangkun am 22. Mai 1989 auf einer erweiterten Sitzung des Politbüros	338
Rede von Qiao Shi am 22. Mai 1989 auf einer erweiterten Sitzung des Politbüros	342
Rede von Yang Shangkun auf der erweiterten Sitzung der ZK-Militärkommission am 24. Mai 1989	372
Mit der Verfassung und den Gesetzen das Denken vereinheitlichen - Rede von Peng Zhen auf einem Forum mit Verantwortlichen einiger demokratischer Parteien am 26. Mai 1989	398
Drei Augenzeugenberichte über das Vorgehen der Truppen bei Muxidi	485
Tagebucheintragungen von Jan Wong, Korrespondent des "Toronto Globe and Mail" am frühen Morgen des 4. Juni 1990 (Auszüge)	495
Augenzeugenbericht von Lao Gui über die Auseinandersetzungen beim Qianmen	498
Appell eines Rundfunksprechers von "Radio Beijing" am frühen Morgen des 4. Juni	511
Tonbandaufnahmen eines deutschen Journalisten am Heldendenkmal kurz vor der Räumung des Tiananmen-Platzes (Auszüge)	516
Augenzeugenbericht von Robin Munro über die Räumung des Tiananmen-Platzes (Auszüge)	524
Anonymer Augenzeugenbericht über die Räumung des Tiananmen-Platzes	532

Augenzeugenschilderungen von Hou Dejian über die Räumung des Tiananmen-Platzes	537
Augenzeugenbericht von Yu Shuo über die Räumung des Tiananmen-Platzes	541
Augenzeugenbericht von Lao Gui über die Räumung des Tiananmen-Platzes	542
Augenzeugenbericht von Liu Tang über das Vorgehen von VBA-Einheiten bei Liubukou am Morgen des 4. Juni	543
Erklärung eines Sprechers des Kommandostabs der Truppen zur Durchsetzung des Ausnahmezustandes vom 4. Juni (Auszüge)	550
Entschlossen den Beschluß des Zentralkomitees der Partei unterstützen, entschlossen den konterrevolutionären Putsch niederschlagen - Leitartikel der "Zeitung der Befreiungsarmee" vom 4. Juni 1989	552
Augenzeugenberichte aus drei Beijinger Krankenhäusern	559
Flugblatt von Offizieren und Soldaten der Militärregion Beijing (6. Juni 1989)	591
Flugblatt der Chinesischen Vereinigung zur Verteidigung der Menschenrechte (4. Juni 1989)	598
Inoffizielle Version der Rede Deng Xiaopings vom 9. Juni 1989 (Auszüge)	604
Fahndungsliste nach 21 Anführern und Hauptverantwortlichen des "Autonomen Studentenverbands Beijing" (13. Juni 1989)	610

Verzeichnis der Karten

Karte 1: Städte, aus denen Studentendemonstrationen gemeldet wurden	nach Seite 655
Karte 2: Großraum Beijing	
Karte 3: Stadt Beijing	
Karte 4: Tiananmen-Platz und nähere Umgebung	

Verzeichnis der Abkürzungen

afp	Agence France Presse
ai, UA	amnesty international, Urgent action, London
ap	Associated Press
AW	*Asiaweek*
AWSJ	*The Asian Wallstreet Journal*
BBC	British Broadcasting Corporation
BRe	*Beijing Review*
BRu	*Beijing Rundschau*
BX	*Baixing*
BYT	*Ban Yue Tan*
C.a.	*CHINA aktuell*
CCTV	China Central Television
CD	*China Daily*
CITIC	China International Trust and Investment Corporation
CQ	*China Quarterly*
DGB	*Da Gong Bao*
dnC	*das neue China*
dpa	Deutsche Presse-Agentur
DW	*Die Welt*
FAZ	*Frankfurter Allgemeine Zeitung*
FBIS-CHI	Foreign Broadcast Information Service, *Daily Report - China*
FEER	*Far Eastern Economic Review*
FRu	*Frankfurter Rundschau*
FT	*Financial Times*
GDWTYJ	*Gongdang Wenti Yanjiu*
GJJ	*Guangjiao Jing*
GMRB	*Guangming Ribao*
GRRB	*Gongren Ribao*
HAB	*Hamburger Abendblatt*
HAZ	*Hannoversche Allgemeine Zeitung*
HB	*Handelsblatt*
ICM	*Inside China Mainland*
IHT	*International Herald Tribune*
JSND	*Jiushi Niandai*
KJV	Kommunistischer Jugendverband
KPCh	Kommunistische Partei Chinas
LHB	*Lianhe Bao - United Daily*
LM	*Le Monde*
LSC	*Libération Spécial Chine*
LYTX	*Laiyin Tongxin*
MB	*Mingbao*

MBu	*Manila Bulletin*
MBYK	*Mingbao Yuekan*
NBJ	*Nanbei Ji*
NVK	Nationaler Volkskongreß
NYT	*New York Times*
NZZ	*Neue Zürcher Zeitung*
OZRB	*Ouzhou Ribao*
PB	Unveröffentlichte persönliche Augenzeugenberichte, deren Verfasser namentlich nicht genannt werden, um sie vor möglichen Repressalien zu schützen.
PKCV	Politische Konsultativkonferenz des Chinesischen Volkes
RMRB	*Renmin Ribao*
rtr	*Reuter*
SCMP	*South China Morning Post*
SWB	*Summary of World Broadcasts* [Daily Report], Part 3: Far East
SZ	*Süddeutsche Zeitung*
taz	*tageszeitung*
TN	*The Nation*
TST	*The Straits Times*
VBA	Volksbefreiungsarmee
VoA	Voice of America
VRCh	Volksrepublik China
WHB	*Wen Hui Bao*
XDRB	*Xingdao Ribao*
XHS	Xinhua She (Nachrichtenagentur Neues China), Beijing
XNA	*Xinhua News Agency News Bulletin*
XWB	*Xin Wan Bao*
XWDB	*Xinwen Daobao*
ZGSB	*Zhongguo Shibao - China Times*
ZGYJ	*Zhonggong Yanjiu - Studies on Chinese Communism*
ZK	Zentralkomitee
ZM	*Zhengming*
ZQB	*Zhongguo Qingnian Bao* (Chinesische Jugend-Zeitung; Tageszeitung), Beijing
ZTS	*Zhongguo Tongxun She* (Chinesische Nachrichtenagentur), Hongkong
ZXS	*Zhongguo Xinwen She* (Chinesische Presseagentur), Beijing
ZYRB	*Zhongyang Ribao - Central Daily News*

Vorwort

Die vorliegende Veröffentlichung besteht zum größten Teil aus einer chronologischen Anordnung von zusammengefaßten Informationen, Berichten und Dokumenten verschiedenster Herkunft über die Protestbewegung der Studenten in der Volksrepublik China und ihre blutige Niederschlagung im Frühjahr und Frühsommer 1989. Wichtige Dokumente sind im Wortlaut entweder vollständig oder in Auszügen in diese Chronologie aufgenommen worden. Die Chronologie soll einen detaillierten Einblick in die gegenwärtig verfügbaren Informationen über die politische und gesellschaftliche Entwicklung in China von Mitte April bis Anfang Juni 1989 vermitteln.

Die in der Chronologie wiedergegebenen Darstellungen widersprechen sich zum Teil erheblich, weil wir aufgrund der widersprüchlichen Berichte und der Unzugänglichkeit wichtiger Informationen die "historische Wahrheit" nicht rekonstruieren konnten und weil wir sowohl die unterschiedliche Berichterstattung als auch die unterschiedlichen politischen Positionen der Konfliktparteien dokumentieren wollten. Es erscheint uns zum gegenwärtigen Zeitpunkt noch nicht möglich, eine abschließende wissenschaftliche Darstellung und Analyse der Protestbewegung und ihrer Niederschlagung zu erstellen, weil viele wichtige Dokumente der kommunistischen Machthaber in Beijing nicht zugänglich sind (darunter die vollständigen Videoaufnahmen der Sicherheitskräfte von den Ereignissen auf dem Tiananmen-Platz und anderen Orten) und weil wichtige Zeitzeugen (noch) nicht befragt werden können. Zum besseren Verständnis bestimmter Ereignisse haben wir allerdings eigene Erläuterungen und Bewertungen in die Chronologie aufgenommen. Diese sind deutlich als solche erkennbar.

Zu Beginn dieses Buches soll ein kurzer Überblick über die politische und gesellschaftliche Entwicklung im Frühjahr und Frühsommer 1989 und ihre Hintergründe einen roten Faden für die in der Chronologie dargestellten und dokumentierten Ereignisse liefern. Karten, Glossar und ein Verzeichnis der wichtigsten im Buch genannten Personen mit ihren jeweiligen Positionen im Frühjahr 1989 sollen den Lesern das Verständnis für die komplizierten Entwicklungen erleichtern.

Die Idee zu diesem Buch entstand, kurz nachdem ich in der Zeitschrift *CHINA aktuell* (Mai 1989, S. 334-347) eine erste, vorläufige Chronologie der Protestbewegung und ihrer blutigen Niederschlagung veröffentlicht hatte. Diese Chronologie war unter großem Zeitdruck zustande gekommen, weil meine Kollegen und ich am Institut für Asienkunde zu der Auffassung gelangt waren, daß wir unseren Lesern so schnell wie möglich einen chronologischen Überblick als Orientierungshilfe über die jüngsten Entwicklungen in China liefern sollten. Ziel der vom Institut für Asienkunde herausgegebenen Zeitschrift *CHINA aktuell* ist es nämlich, aktuell über die politischen, wirtschaftlichen und gesellschaftlichen Entwicklungen in China zu berichten. Da mir damals noch nicht einmal zwei Wochen zur Erstellung dieser ersten Chronologie zur Verfügung standen und sehr viele Quellen noch gar nicht vorlagen, mußte diese Chronologie zwangsläufig sehr lückenhaft und von der Quellenlage her unausgewogen ausfallen. Deshalb, aber auch in Anbetracht der Propaganda der konservativ-orthodoxen Kräfte in der Volksrepublik China, der ebenfalls einseitigen Darstellung der chinesischen Studenten sowie der teilweise sehr widersprüchlichen und auf Gerüchten beruhenden Berichterstattung westlicher Massenmedien, sah ich es als meine Pflicht an, diese Chronologie in den folgenden Monaten so detailliert wie möglich zu erweitern, um - wie ich damals sicherlich zu anspruchsvoll formulierte - "letztlich der Wahrheit zum Sieg über die Lüge zu verhelfen" (ebenda, S. 334).

Von Beginn an war klar, daß mir die Erstellung dieser Chronologie aufgrund der starken Arbeitsbelastung am Institut allein nicht möglich sein würde. Glücklicherweise fanden sich Ruth Cremerius, die zuvor bereits mehrere Monate für *CHINA aktuell* gearbeitet hatte, und Doris Fischer, die gerade von einem zweijährigen Studienaufenthalt in der Volksrepublik China zurückgekehrt war, bereit, an diesem Projekt voll mitzuarbeiten. Beide haben Tausende von Ausschnitten von Zeitungen, Zeitschriften und Rundfunkberichten sowie verschiedenste Dokumente in chinesischer, englischer, französischer und deutscher Sprache gelesen, ausgewertet und in die Chronologie eingearbeitet und mit großer Geduld meine zahlreichen Korrekturvorschläge, Ergänzungen und Nachbesserungswünsche berücksichtigt. Ruth Cremerius hat zusammen mit mir den Überblick über die politische und gesellschaftliche Entwicklung im Frühjahr und Frühsommer 1989 und ihre Hintergründe verfaßt.

Zum Gelingen dieser Publikation haben in unterschiedlichem Maße auch viele andere Kollegen und Studenten beigetragen. An erster Stelle sei hier Liu Jen-Kai gedankt, der große Teile des Manuskripts Korrektur gelesen und die Übersetzungen einer Reihe von Dokumenten korrigiert und zu einem nicht unerheblichen Teil völlig neu erstellt hat. Norbert Pautner hat den Titel dieses Buches entworfen und die Karten angefertigt. Julia Prunner hat die Projektmitarbeiter kontinuierlich mit Neuerscheinungen zum Thema Demokratiebewegung versorgt. Prof. Dr. Helmut Martin (Bochum) gab wertvolle Literaturhinweise und stellte uns Rohfassungen von Übersetzungen von zwei längeren internen Reden zur Verfügung. Prof. Dr. Rudolf G. Wagner (Heidelberg) übermittelte uns einen sehr informativen, detaillierten persönlichen Erfahrungsbericht. Eine studentische Übersetzungsgruppe am Seminar für Sprache und Kultur Chinas der Universität Hamburg stellte uns eine Reihe von Übersetzungen zur Verfügung. Gedankt sei hier vor allem Kai Nieper, Heinrich-Maria Umbach und Günter Whittome. Außerdem danken wir Andreas Bracher, Sheng-Ching Chang, Szu-Tsung Chang, Ina Clemenz, Angelika Eppig, Anika v. Greve-Dierfeld, Hannelore Jähnke, Marion Kaden, Claudia Kaiser, Uwe Kotzel, Lin Lin, Bernd Ludermann, Sabine Nerling, Susanne Schmitt, J. Wang, Mathias Westecker, Renate Wiese, Manuela von Winterfeld, Wu Yuqing, Michael Ziemer, Christof von Zieten - und nicht zuletzt Prof. Dr. Hans Stumpfeldt für seine wohlwollende Unterstützung der Übersetzungsarbeiten seiner Studenten. Unser Dank gilt auch Therese Dirzka, Stefan Friedrich, Isabelle Hansen, Josef Heinrichs, Jürgen Henze, Maja Kelterborn, Stefan R. Landsberger, Gisela Mahlmann, Stefan Maedje, Christoph Müller-Hofstede, Frank Münzel, Dörte Riedel, Ute Walter, Martina Wybieralski und Ricardo Yang. Wiebke Timpe hat das Manuskript in seiner Endfassung gelesen und wertvolle Verbesserungsvorschläge gemacht. Schließlich hat Anette Hillebrand in bewährter Weise das Computermanuskript in Buchform gebracht. Aus unterschiedlichen Gründen können hier jedoch nicht all jene aufgezählt werden, die zu dieser Publikation beigetragen haben und denen unser Dank ebenfalls gilt.

Wenn es auch das ursprüngliche Ziel des Projekts gewesen ist, angesichts der sehr widersprüchlichen Informationen "der Wahrheit zum Sieg über die Lüge zu verhelfen", so konnte dieses Ziel nur ansatzweise erreicht werden. Zu widersprüchlich waren die Berichte vor allem über die Ereignisse in der Nacht vom 3. auf den 4. Juni und über die Zahl der Todesopfer der militärischen Niederschlagung der Studentenbewegung. Zum Beispiel variieren die vorliegenden Angaben über die Zahl der Opfer zwischen rund 300 und 20.000 (sic!). Nach kritischer Auswertung der von uns benutzten Quellen sind wir zu der Schlußfolgerung gekommen, daß die Zahl der am 3./4. Juni Getöteten wahrscheinlich 'nur' einige hundert und nicht einige tausend beträgt, schon gar nicht über 10.000. Angesichts dieser Größenordnung und angesichts des unterschiedlichen Vorgehens der verschiedenen Einheiten der Chinesischen Volksbefreiungsarmee (VBA) am 3./4. Juni erscheint es uns zu undifferenziert, den gesamten Einsatz der VBA zur Niederschlagung der Studentenbewegung als ein einziges Massaker zu bezeichnen. Wenn wir unter dem Begriff Massaker die grausame Ermordung einer relativ großen Anzahl wehrloser Menschen auf einem begrenzten Raum verstehen, dann trifft dieser Begriff wahrscheinlich für das Vorgehen von VBA-Einheiten bei Muxidi und auf der Strecke Xidan-Liubukou-westliche Einmündung in den Tiananmen-Platz der westlichen Chang'an-Allee zu. Ob in den frühen Morgenstunden des 4. Juni auch auf dem Tiananmen-Platz - wie von einigen Augenzeugen behauptet - ein Massaker an den dort verbliebenen Studenten verübt wurde, ist angesichts anderer, auch inoffizieller Berichte nicht zu klären und erscheint uns eher unwahrscheinlich. Zweifelhaft ist allerdings auch die offizielle Darstellung, nach der bei der Räumung des Platzes von 4.30 Uhr bis 5.30 Uhr auch nicht eine Zivilperson von Soldaten oder anderen Sicherheitskräften getötet wurde. Es ist anzunehmen, daß Videokameras der Sicherheitsorgane während der gesamten Dauer der Protestbewegung die Vorgänge zumindest auf dem Tiananmen-Platz aufzeichneten. Wenn diese Annahme zutrifft, dann ist es sehr verwunderlich, daß die politische Führung diese Aufnahmen vom frühen Morgen des 4. Juni nicht vollständig veröffentlichen ließ, um unumstößlich zu beweisen, daß bei der Räumung des Tiananmen-Platzes tatsächlich kein Student getötet wurde. Entweder verfügen die kommunistischen Machthaber in Beijing wider Erwarten nicht über diese Aufnahmen, oder sie müssen sie geheimhalten, weil sie mit der offiziellen Darstellung nicht zu vereinbaren sind.

Zweifelsfrei ist, daß die Truppen den Befehl hatten, den Tiananmen-Platz zu räumen und die Protestbewegung zu beenden - wenn nötig, auch mit Waffengewalt. Mit der Erteilung dieses Befehls nahm die politische Führung bewußt Todesopfer unter der Bevölkerung in Kauf. Da Ende Mai große Teile der Bevölkerung ihren Widerstand gegen ein militärisches Eingreifen deutlich zum Ausdruck gebracht hatten, mußte die politische Führung auch mit einer relativ hohen Zahl von Toten rechnen. In Anbetracht der Tatsache, daß die überwältigende Mehrheit der Demonstranten unbewaffnet war und vor dem Einrücken der VBA-Einheiten mit friedlichen Mitteln, wenn auch rechtswidrig, protestierte, war der militärische Mitteleinsatz völlig unverhältnismäßig und menschenverachtend.

Gerade auch angesichts der deutlichen Ermüdungserscheinungen unter den protestierenden Studenten und der abbröckelnden Unterstützung durch die Bevölkerung gegen Ende Mai hätte der Konflikt sehr wahrscheinlich mit friedlichen Mitteln beigelegt werden können: Mit einem Dialog zwischen politischer Führung und Studenten sowie unter Einschaltung des Ständigen Ausschusses des Nationalen Volkskongresses (NVK), der in den vergangenen Jahren zunehmend versucht hatte, nicht mehr nur als Instrument der Kommunistischen Partei Chinas (KPCh) zu fungieren. Zumindest hätte die Parteiführung den Protest 'aussitzen' können, wie Zhao Ziyang dies von Beginn an befürwortet hatte. Die politische Führung war jedoch weder zu einem echten Dialog mit den protestierenden Studenten und kritischen Intellektuellen bereit, noch erlaubte sie dem Ständigen NVK-Ausschuß, zu einer Sondersitzung über die Krise zusammenzutreten, obwohl dies von mehr als einem Drittel seiner Mitglieder ausdrücklich verlangt worden war. Auch ein besonnenes 'Aussitzen' der Studentenbewegung kam für die Parteiveteranen nicht in Betracht, die statt dessen eine eindrucksvolle Demonstration ihrer Macht für notwendig hielten, um die breite Masse der Bevölkerung nachhaltig einzuschüchtern. Den konservativ-orthodoxen Kräften innerhalb der KPCh ging es offenkundig nicht darum, mit weiser Zurückhaltung oder mit Hilfe eines Kompromisses, d.h. mit politischen Zugeständnissen auch von ihrer Seite, die Krise zu bewältigen, sondern ausschließlich um die Bewahrung ihrer Macht und Pfründe - wenn nötig, auch mit rücksichtsloser militärischer Gewalt.

Hamburg, Anfang April 1990   Peter Schier

Vorwort zur zweiten, überarbeiteten und erweiterten Auflage

Die erste Auflage des vorliegenden Buches war bereits wenige Wochen nach Erscheinen vergriffen. Verantwortlich hierfür waren das relativ große Interesse an dem Thema, die durchweg sehr positiven Besprechungen in der allgemeinen Presse und in Fachzeitschriften und nicht zuletzt die Tatsache, daß es sich bei dieser Veröffentlichung um die mit Abstand umfangreichste und detaillierteste Chronologie der Studentenbewegung und ihrer blutigen Niederschlagung in China im Frühjahr und Frühsommer 1989 handelt, die bisher weltweit erschienen ist.

Das nach wie vor bestehende große Interesse für dieses Buch und die Veröffentlichung weiterer wichtiger Dokumente, Informationen und Analysen seit Abschluß des ersten Manuskripts veranlaßten mich, das Buch für die zweite Auflage erheblich zu überarbeiten und zu erweitern. So habe ich u.a. 15 Dokumente zusätzlich aufgenommen, darunter die wichtige Rede von Deng Xiaoping am 25. April 1989, und Teile des überarbeiteten Berichts von amnesty international zu diesem Thema in die Chronologie eingearbeitet. Es handelt sich hierbei z.T. um eindrucksvolle Augenzeugenberichte, die nicht nur wichtige neue Informationen enthalten, sondern auch etwas von der damaligen Stimmung unter den Studenten und der Bevölkerung wiedergeben. Neben den Dokumenten habe ich auch ergänzende neue Darstellungen in den Fließtext der Chronologie aufgenommen und die Gliederungspunkte zu Beginn eines jeden Tages z.T. erweitert. Glossar und Personenverzeichnis wurden erheblich überarbeitet und ergänzt. Der besseren Handhabung der recht umfangreichen Chronologie dient auch ein zusätzlich aufgenommener Personenindex, den Gunter Hartmann mit Hilfe eines Computerprogramms dankenswerterweise erstellt hat.

Allein sechs der 15 neu aufgenommenen Dokumente behandeln das kontroverse Thema der Räumung des Tiananmen-Platzes. Zusammen mit den bereits in der ersten Auflage enthaltenen Materialien lassen sie nun eine relativ vollständige Rekonstruktion der Ereignisse auf dem Tiananmen-Platz am frühen Morgen des 4. Juni zu. Danach scheint es mir erwiesen, daß auf dem Platz an den zwischen ca. 4.45 Uhr und kurz nach 5.30 Uhr abziehenden Studenten kein Massaker verübt wurde. Nahezu sicher scheint mir aber auch, daß die offizielle Darstellung der Machthaber in Beijing, nach der zwischen 4.30 Uhr und 5.30 Uhr auf dem Tiananmen-Platz kein Student ums Leben kam, falsch ist: Sehr wahrscheinlich sind nämlich während dieses Zeitraums fünf oder sechs Studentinnen getötet worden, als Panzerfahrzeuge das weitestgehend verlassene Zeltlager der Studenten nördlich des Heldendenkmals mit ihren Ketten niederwalzten. Auch die Tatsache, daß die Partei- und Staatsführung nach wie vor ihre offenbar umfangreichen Videoaufnahmen von der Räumung des Platzes unter Verschluß hält, ist ein Indiz für den zweifelhaften Wahrheitsgehalt der offiziellen Darstellung.

Im übrigen bestätigen die mir in den letzten Monaten zugegangenen neu erschienenen Informationen, Dokumente usw. im wesentlichen unsere Aussagen zum Hergang und zu den Opfern der militärischen Niederschlagung der Protestbewegung, wie sie im Vorwort zur ersten Auflage und im Überblick nachzulesen sind. Deshalb sind lediglich in Abschnitt 5 des Überblicks ("Die Niederschlagung der Protestbewegung") größere inhaltliche Ergänzungen vorgenommen worden, die sich aus den neu aufgenommenen Dokumenten und Informationen ergeben haben.

Auch bei der Erstellung der zweiten Auflage haben wieder eine Reihe von Kolleginnen und Kollegen mitgeholfen, denen mein Dank gilt. An erster Stelle sei hier Wiebke Timpe genannt, die bei der Übersetzung der meisten englischsprachigen Dokumente mitgearbeitet hat, einen großen Teil der Korrekturen ausführte und für die Textgestaltung verantwortlich war. Heinrich-Maria Umbach hat eine Reihe von nützlichen Verbesserungsvorschlägen gemacht. Wolfgang Bartke gab hilfreiche Informationen zu biographischen Daten chinesischer Politiker. Ruth Cremerius hat die erste Auflage Korrektur gelesen. Dank gilt auch Tianchi Martin-Liao, Mara Roga, Tony Saich, Constanze Schelenz und Jeff Wong. Ganz besonders danken möchte ich meinem Kollegen Rüdiger Machetzki, der mir - wie schon bei der ersten Auflage - auch diesmal wieder einen Teil meiner Publikationsverpflichtungen für *CHINA aktuell* abnahm und auf diese Weise zum Zustandekommen dieser Publikation beigetragen hat. Last but not least gilt ein ganz persönlicher Dank meiner Frau und meinen Kindern für ihr Verständnis dafür, daß sie mich tage- und nächtelang kaum zu Gesicht bekamen.

Hamburg, Mitte November 1990   Peter Schier

Vorwort zur dritten, nochmals überarbeiteten und erweiterten Auflage

Die zweite, überarbeitete und um 86 Seiten erweiterte Auflage des vorliegenden Buches war bereits nach knapp anderthalb Jahren vergriffen. Dazu beigetragen haben die durchweg sehr positiven Besprechungen in Fachzeitschriften und nicht zuletzt die Tatsache, daß es sich bei dieser Veröffentlichung nach wie vor um die umfangreichste und detaillierteste Chronologie der Studentenbewegung und ihrer blutigen Niederschlagung in China im Frühjahr und Frühsommer 1989 handelt, die bisher in einer westlichen Sprache erschienen ist.

Das nach wie vor bestehende große Interesse an diesem Buch und die Veröffentlichung neuer, zusätzlicher Informationen und Analysen zum Thema veranlaßten mich, das Buch für die dritte Auflage ein weiteres Mal zu überarbeiten und zu erweitern.

Dieses Mal wurden vor allem Berichte über die Bewegung außerhalb von Beijing eingearbeitet. Dabei zeigte sich deutlich, daß die von Chan und Unger beobachteten Parallelen zwischen der Bewegung in Chongqing (Sichuan) und der in Beijing (Chan/Unger, "Voices from the Protest Movement...", S. 269) keineswegs lokal begrenzt, sondern landesweit anzutreffen waren. Nicht nur die lokalen studentischen Forderungen und Aktionen, sondern auch die Taktiken der lokalen Behörden bei der Behandlung der Protestierer folgten im wesentlichen den entsprechenden Entwicklungen in der Hauptstadt. Ganz offensichtlich orientierten sich Studenten und Funktionäre in ihrem Verhalten an Beijing: Traten z.B. die Beijinger Studenten in den Hungerstreik, taten es die Studenten in anderen Landesteilen auch, und nachdem Zhao Ziyang die Studenten besucht hatte, folgten lokale Parteisekretäre seinem Beispiel. Auch die Slogans waren größtenteils die gleichen wie in Beijing. Der primäre Beweggrund für die lokalen Proteste war die Unterstützung der Beijinger Bewegung, und viele Studenten fuhren schließlich in die Hauptstadt, um sich in die Reihen der Demonstranten auf dem Tiananmen-Platz einzufügen. In gewisser Weise lebten die lokalen Bewegungen nicht für sich selbst, sondern für die Bewegung in Beijing.

Außerdem wurden in die vorliegende dritte Auflage weitere Informationen über den Organisationsprozeß der Beijinger Studenten, über das "Dialog"-Verhalten der politischen Führung und die Reaktionen der Studenten darauf in die Chronologie eingearbeitet. Auch sind eine Reihe von Gliederungspunkten bei den Übersichten zu den Ereignissen eines jeden Tages (fett gedruckt) hinzugekommen, um die Übersichtlichkeit weiter zu verbessern. Schließlich sind wieder einige Übersetzungen und inhaltliche Zusammenfassungen von Dokumenten korrigiert und/oder ergänzt worden.

Einen sehr großen Teil der Ergänzungen für diese dritte Auflage machen Darstellungen über die intraelitären Auseinandersetzungen und Beschlüsse aus, so daß sich der Entscheidungsprozeß innerhalb der politischen Führung im Zusammenhang mit der Protestbewegung jetzt noch besser rekonstruieren läßt. Deutlicher als bisher wird dadurch der Eindruck, daß die orthodoxen Kräfte und die Sowjetmodell-Sanierer die Protestbewegung benutzten, um Zhao Ziyang und andere radikale Reformer zu entmachten und ihre eigene Machtstellung weiter auszubauen. Die konservativ-orthodoxen Kräfte brauchten "konterrevolutionäre" Protestaktionen, um dafür die radikalen Reformer verantwortlich machen und stürzen zu können, und sie provozierten deshalb die Studenten, anstatt auf sie zuzugehen und sie zu besänftigen, was in der Anfangsphase durchaus möglich gewesen wäre.

Diese Erkenntnis wird bestätigt durch interne Ausführungen des früheren Vorsitzenden des Nationalen Volkskongresses, Wan Li, von Anfang Mai 1993. Nach Darstellung von Wan Li, der den radikalen Reformkräften zuzurechnen ist, waren Parteizentrale und Regierung im Frühjahr 1989 darauf vorbereitet gewesen, "die Affäre rechtzeitig, angemessen und sorgsam beizulegen". Ein Teil der Mitglieder in der Führung des Politbüros habe jedoch nur im eigenen politischen Interesse gehandelt und Fraktionskämpfe ausgefochten. Dadurch habe man die Gelegenheit verpaßt, die Probleme rechtzeitig zu lösen. Statt dessen sei die Lage verschärft worden, habe die Bewegung eine andere Richtung eingeschlagen und sei dann nicht mehr zu kontrollieren gewesen. (ZM, 1993/6, S. 12-13)

Für die Eskalation der Proteste machte Wan Li auch die übertrieben negative parteioffizielle Bewertung der Studentendemonstrationen verantwortlich: "Wir können doch nicht behaupten, daß 20jährige Studenten in einer bestimmten Nacht ein gegen die Partei und gegen den Sozialismus gerichtetes Bewußtsein entwickelten und ein Komplott zum Sturz der zentralen Volksregierung ausheckten." (Ebenda) Wan Lis zitierte Ausführung bezieht sich auf die Ausschreitungen in der Nacht vom 19. auf den 20. April 1989 und die darauf folgende Sitzung des Ständigen Ausschusses des Politbüros, auf der Li Peng die Studentenproteste als nunmehr gegen die Partei und gegen die Regierung gerichtet verurteilte. Sie bezieht sich auch auf die erweiterte Sitzung des Ständigen Ausschusses des Politbüros vom 24. April, auf der Li Peng und Li Ximing diese Einschätzung wiederholten, sowie auf die entsprechenden Äußerungen von Deng Xiaoping am 25. April und auf den Leitartikel der *Volkszeitung* vom 26. April 1989.

Wahrscheinlich wurde Deng Xiaoping vor dem 25. April 1989 von orthodoxen Politikern, darunter der Beijinger Parteichef Li Ximing und Ministerpräsident Li Peng, einseitig negativ über die Studentenbewegung informiert, so daß es zu seinen überzogen harten Äußerungen vom 25. April und dem entsprechenden Leitartikel in der *Volkszeitung* am 26. April kam. Danach gab es für Deng offenbar kein Zurück mehr. Bereits am 8. Mai soll Deng Xiaoping die Vorbereitungen für eine militärische Unterdrückung der Protestbewegung eingeleitet haben. Dengs damaliger Statthalter im Politbüro, Staatspräsident Yang Shangkun, bestätigte Anfang 1992 in Südchina, daß Deng Xiaoping letztlich die Hauptverantwortung für den Einsatz des Militärs zur Niederschlagung der

Protestbewegung trägt: "Wenn der alte Herr nicht den Einsatz des Militärs zur Verhängung des Ausnahmezustands und zur Beendigung der Unruhen gefordert hätte, wäre die Parteizentrale nicht in der Lage gewesen, den entsprechenden Beschluß zu fassen." (Nach GJJ, Februar 1992, S. 7)

Nach wie vor ungeklärt ist die Zahl der Todesopfer, die das Vorgehen der VBA gegen die Studenten und die sie unterstützenden Beijinger Einwohner am 3./4. Juni 1989 kostete. Nach der Überarbeitung der ersten Auflage des vorliegenden Buches war ich zu der Einschätzung gekommen, daß "mit Sicherheit mehrere hundert Zivilisten von Soldaten getötet wurden, möglicherweise auch mehr als 1.000" (siehe Abschnitt 5 des Überblicks). Obwohl ich an dieser Aussage auch heute noch festhalte, kann ich aufgrund der extrem schwierigen Quellenlage nicht völlig ausschließen, daß die Zahl auch über 2.000 liegen könnte. Ich halte das aber für eher unwahrscheinlich. In diesem Zusammenhang möchte ich auf die eindrucksvolle und lesenswerte Rekonstruktion der Ereignisse am 3./4. Juni verweisen, die Timothy Brook vorgelegt hat. In seinem Buch *Quelling the People. The Military Suppression of the Beijing Democracy Movement* (New York/Oxford 1992) gelangt er zu der Einschätzung, daß die von Vertretern des Chinesischen Roten Kreuzes am Morgen des 4. Juni genannte Zahl von rund 2.600 Getöteten der Wahrheit am nächsten komme (ebenda, S. 169).

Abgesehen von der moralischen Verwerflichkeit des Einsatzes von militärischer Gewalt gegen friedlich protestierende Bürger ist jedoch nicht die Frage entscheidend, ob "nur" einige hundert oder weit über 2.000 unbewaffnete Bürger von VBA-Soldaten umgebracht wurden, sondern vielmehr die Frage nach der Notwendigkeit und Zwangsläufigkeit des Militäreinsatzes. Für die Orthodoxen und die konservativen Reformer war der gewaltsame VBA-Einsatz notwendig, um ihre Macht zu Lasten der radikalen Reformkräfte auszubauen. Die radikalen Reformer mußten hingegen alles versuchen, um eine Eskalation des Konflikts zwischen Demonstranten und Partei- und Staatsführung zu verhindern, da "konterrevolutionäre" Zwischenfälle von den konservativ-orthodoxen Kräften genutzt werden konnten, um dafür die angeblich "rechtsabweichlerische" Politik der radikalen Reformkräfte verantwortlich zu machen. Sachlich begründet, d.h. notwendig zur Beendigung der Protestbewegung, war der Militäreinsatz nicht: Hätten die konservativ-orthodoxen Kräfte den Gemäßigten freie Hand bei den Versuchen einer friedlichen Beilegung gelassen und nicht ständig Öl ins Protestfeuer gegossen (z.B. der Leitartikel der *Volkszeitung* vom 26. April, die verschiedenen Versuche, das Militär einzusetzen, und die Verhängung des Ausnahmezustands), wäre die Bewegung sehr wahrscheinlich friedlich beendet worden. Den konservativ-orthodoxen Kräften scheint es jedoch nicht um die Sache, sondern nur um ihre persönliche und fraktionelle Macht gegangen zu sein. Daß dafür zumindest einige hundert unschuldiger Menschen ihr Leben lassen mußten, ist und bleibt ein verabscheuungswürdiges Verbrechen.

Mit den oben gemachten Ausführungen ist auch die Frage nach der "Zwangsläufigkeit" des blutigen Militäreinsatzes beantwortet. In manchen Publikationen zum Thema 4. Juni ist die Auffassung vertreten worden, daß das militärische

Vorgehen sich zwangsläufig aus dem Charakter des kommunistischen Systems und/oder aus der besonderen Tradition und Geschichte Chinas ergeben habe und deshalb vorhersehbar gewesen sei. Die in der hier vorliegenden Chronologie dokumentierten intraelitären Auseinandersetzungen zeigen hingegen deutlich, daß es zwei alternative Problemlösungsmodelle gab und daß es Wochen dauerte, um für das Gewaltmodell eine Mehrheit unter den politischen und militärischen Entscheidungsträgern zu finden. Im Ständigen Ausschuß des Politbüros fiel die Entscheidung für die Verhängung des Ausnahmezustands am 17. Mai trotz der bekannten harten Haltung von Deng Xiaoping mit 2:1 Stimmen bei 2 Enthaltungen denkbar knapp aus. Darüber hinaus kam es bei der Durchsetzung des Gewaltkonzepts zu Widerstandshandlungen von mit der Ausführung betrauten Offizieren und Soldaten. Im übrigen zeigt auch der Zusammenbruch der kommunistischen Regime in der Sowjetunion und in Osteuropa, daß nichtdemokratische Traditionen und kommunistische Rahmenbedingungen nicht notwendigerweise zu massiven Militärschlägen gegen das eigene Volk führen.

Da die konservativ-orthodoxe Mehrheit starr an ihrer Position festhielt, die Besetzung des Tiananmen-Platzes und die Protestbewegung unter Einsatz der Armee zu beenden, hätte - im nachhinein betrachtet - das Blutbad in der Nacht vom 3. auf den 4. Juni nur dann vermieden werden können, wenn die Studenten Mitte Mai, spätestens jedoch Ende Mai, den Tiananmen-Platz verlassen hätten. Gemäßigte Studentenführer hatten zwischen Mitte und Ende Mai mehrfach die Räumung des Platzes vorgeschlagen, aber die sich zunehmend irrational verhaltenden Besetzer nicht davon überzeugen können. Hierin liegt die Tragik der nachfolgenden Entwicklung. Daraus nun eine "Schuld" der studentischen Besetzer des Tiananmen-Platzes für die grauenvollen Ereignisse zu konstruieren, wäre unzulässig. Die Verantwortung für diese Tragödie tragen vielmehr jene Politiker, die den Einsatz der Armee gegen die Protestbewegung anordneten.

Bei der Erstellung der vorliegenden dritten Auflage haben vor allem Heinrich-Maria Umbach, dem mein besonderer Dank gilt, und Ruth Cremerius durch Auswertung und Übersetzung der von mir ausgewählten neueren Quellen mitgeholfen und wiederum eine Reihe von nützlichen Verbesserungsvorschlägen gemacht. Liu Jen-Kai stellte mir den sehr aufschlußreichen Disput zwischen Zhao Ziyang und Jiang Zemin auf der erweiterten Sitzung des Politbüros am 10. Mai 1989 zur Verfügung. Wiebke Timpe hat letzte Korrekturen, den Seitenumbruch und den Endausdruck vorgenommen, und Gunter Hartmann hat mit Hilfe eines Computerprogramms erneut den Personenindex erstellt.

Hamburg, im August 1993   Peter Schier

China im Frühsommer 1989:
Studentenprotest und Repression
- Ein Überblick über die Entwicklung
und ihre Hintergründe -

1 Einleitung

Die gewaltsame, blutige Niederschlagung der Protestbewegung in China durch Einheiten der Volksbefreiungsarmee am 3. und 4. Juni 1989 löste weltweit beispiellose Betroffenheit, Wut und Empörung aus. Die greisen Machthaber, die die Panzer in Marsch gesetzt hatten, wurden in der westlichen Presse als Mörder und Faschisten beschimpft. Indes, das Gedächtnis der Menschen ist kurz, und die Berichterstattung der Medien schlaglichtartig. Längst sind andere Ereignisse in den Brennpunkt des Interesses geraten, und Schritt für Schritt werden die damals gegen die Volksrepublik China (VRCh) verhängten Wirtschaftssanktionen aufgehoben. Business as usual.

Man fragt sich: Wie ist der Sturm der Entrüstung, der sich in fast allen Ländern der Welt nach der Zerschlagung der Studentenbewegung durch Einheiten der sogenannten Volksbefreiungsarmee erhob, zu erklären? Schließlich sind Menschenrechtsverletzungen und das brutale Niederknüppeln von regierungsfeindlichen Demonstrationen vielerorts an der Tagesordnung. So auch in China, und zwar nicht erst seit dem 3./4. Juni 1989. Zumindest einzelne Fälle wurden im Ausland bekannt, ohne daß es vergleichbare Reaktionen gab. Allzu gern verschloß man vor solchen Berichten die Augen, allzu enthusiastisch feierte man die von Deng Xiaoping eingeleiteten Wirtschaftsreformen und die damit verbundene Öffnungspolitik.

Noch einmal: Das Gedächtnis der Menschen ist kurz. Innerhalb weniger Tage sank der international hochgerühmte und -geachtete Politiker Deng Xiaoping, von der Zeitschrift *TIME* in den letzten zehn Jahren gar zweimal zum Politiker des Jahres gekürt, in den Augen der Weltöffentlichkeit zum Menschenschlächter, zum einzig am Machterhalt interessierten Despoten herab. Dabei hatte sich Deng Xiaoping nie als Musterdemokrat gebärdet, hatte er immer klargestellt, daß der Herrschaftsanspruch der Kommunistischen Partei Chinas (KPCh) unantastbar ist, daß es bei der Durchsetzung dieses Anspruchs auf ein paar hundert Menschenleben nicht ankommt, daß ihn das Urteil der Welt über seine Politik völlig gleichgültig läßt. Im Frühsommer 1989 bewies er es vor den Augen der Weltpresse eindrucksvoll.

Daß sich die Weltöffentlichkeit lauter und anhaltender über die gewaltsame Unterdrückung der Demonstranten in China empörte als über vergleichbare oder weit schlimmere Ereignisse, wie die Niederschlagung der Demonstrationen in Tibet im März 1988 und der Völkermord in Kambodscha von 1975 bis

1978, hat mehrere Ursachen. Ein wichtiger Grund ist, daß die Entwicklung der Protestbewegung und ihr blutiges Ende vor allem in den westlichen Ländern zum Medienereignis wurde. Die Bewegungsfreiheit der in der VRCh akkreditierten ausländischen Journalisten war im Frühjahr 1989 so groß wie nie zuvor. Außerdem waren in jenen Wochen ungewöhnlich viele ausländische Korrespondenten im Land, die über die Studentenbewegung, vor allem aber über das für Mitte Mai anberaumte sino-sowjetische Gipfeltreffen berichten wollten. Dank dieses großen Presseaufgebots gibt es eine Unmenge von Berichten über diese sieben Wochen, die jedoch ein diffuses, auch widersprüchliches, vor allem aber vereinfachtes Bild ergeben. Die überwiegende Mehrheit der ausländischen Journalisten, die aus ihrer Sympathie für die Demonstranten kein Hehl machte, begriff die Ereignisse als Kampf zwischen Gut und Böse: Hier die lauteren Studenten, die Freiheit, Demokratie und Menschenrechte forderten, dort die wie gelähmt erscheinende gerontokratische Führung, die nicht einmal auf das Verlangen nach Dialog eingehen mochte und schließlich die Armee des Volkes gegen das Volk marschieren ließ.

Ein weiterer wichtiger Grund für die große Betroffenheit im westlichen Ausland über die blutige Niederschlagung der Studentenbewegung und die damit einhergehende politische Wende in die sozialistische Vergangenheit war ohne Zweifel die völlig unkritische Bewunderung des Reformexperiments in China bei Politikern, Journalisten und interessierten Bürgern. War China während der Kulturrevolution das große Vorbild der Linken, so wurde das China Deng Xiaopings zum politischen Anziehungspunkt nicht nur der Rechten, sondern auch eines erheblichen Teils der alten Linken. Letztere waren angesichts der immer erdrückender werdenden Beweise für den menschenverachtenden Charakter des maoistischen Entwicklungsmodells zum Reformkonzept Deng Xiaopings konvertiert, dem nicht wenige von ihnen nun ähnlich huldigten wie früher dem Radikalkommunismus von Mao Zedong. Nahezu unisono sah man hierzulande nur noch "Reformer" in China am Werk. Allgemein wurde angenommen, daß sich "die Reformer" in China endgültig durchgesetzt hätten, und jeder chinesische Politiker, der von "Reform" redete und einen Schlips trug, wurde als entschiedener Befürworter der Marktwirtschaft identifiziert. In Politik, Wirtschaft und Medien war man - von wenigen Ausnahmen abgesehen - fest davon überzeugt, daß das marktwirtschaftlich orientierte Reformexperiment nicht mehr aufzuhalten sei. Nicht oder kaum beachtet wurden die kritischen Analysen von Wissenschaftlern, die von Beginn der Ära Deng Xiaoping (seit Dezember 1978) auf tiefe Meinungsverschiedenheiten über Umfang und Grenzen der wirtschaftlichen und politischen Reformen in Chinas Führung und auf die Möglichkeit von Rückschlägen hingewiesen hatten.

Ein Blick in die relativ kurze Geschichte der Volksrepublik China hätte genügt, um festzustellen, daß diese gekennzeichnet ist durch permanente innerparteiliche Macht- und Richtungskämpfe, die während der Kulturrevolution sogar zu bürgerkriegsähnlichen Auseinandersetzungen führten. Es gab keinen triftigen Grund anzunehmen, daß diese Auseinandersetzungen mit dem Tode Mao Zedongs im September 1976 oder mit dem Machtantritt Deng Xiaopings im

Dezember 1978 beendet sein würden, zumal die unterschiedlichen politischen Meinungsgruppen innerhalb der politischen Elite weiterhin existierten und deshalb weitere intraelitäre Konflikte programmiert waren. Tatsächlich ist denn auch die Ära Deng Xiaoping von ständigen Macht- und Richtungskämpfen innerhalb der politischen Führung gekennzeichnet. Ein besonders sinnfälliges Beispiel hierfür ist der Sturz von drei Parteivorsitzenden bzw. ZK-Generalsekretären seit dem Tod von Mao Zedong: Hua Guofeng, Hu Yaobang und Zhao Ziyang.

2 Intraelitäre Konflikte, 1976 - 1989

2.1 Vom antikulturrevolutionären Bündnis zur Abkehr vom maoistischen Entwicklungskonzept

Als Mao Zedong am 9. September 1976 verstarb, stand China erneut am Rande eines Bürgerkrieges, da die radikalen Maoisten um die sog. "Viererbande" exklusive Herrschaftsansprüche stellten und mit der schweren Bewaffnung der Volksmilizen ihre alleinige Machtübernahme im Rahmen einer Neuauflage der "Kulturrevolution" vorbereiteten. Da selbst die gemäßigten Maoisten vor den kulturrevolutionären Radikalen nicht sicher waren, bildete sich in der zur Entscheidung anstehenden zentralen politischen Frage 'Neuauflage der Kulturrevolution oder sozialistische Normalität?' eine breite antikulturrevolutionäre Koalition von sehr unterschiedlichen Kräften unter Führung von konservativen Militärs, gemäßigten Maoisten und Vertretern der zentralen Staatsverwaltungsbürokratie. Dieses antikulturrevolutionäre Bündnis bewerkstelligte am 6. Oktober 1976, knapp einen Monat nach Maos Tod, den Sturz der "Viererbande".

Mit dem Sturz der "Viererbande" war die Ära Mao jedoch noch nicht beendet. Nach der Entmachtung der radikalen Maoisten zerbrach die antikulturrevolutionäre Koalition, und statt dessen bildete sich unter der Führung von Deng Xiaoping eine antimaoistische Koalition von orthodoxen Marxisten-Leninisten, Sowjetmodell-Verfechtern und Reformkräften zur Ausschaltung der gemäßigten maoistischen Restfraktion unter dem damaligen Parteivorsitzenden Hua Guofeng. Die zentrale Frage, in der es zu dieser Neuformierung der intraelitären Gruppen kam, lautete: 'Maoistisches oder pragmatisches Entwicklungskonzept?'. In den darauffolgenden Auseinandersetzungen gelang der antimaoistischen Koalition die schrittweise Entmachtung der gemäßigten Maoisten, die auf dem XII. Parteitag der KPCh im September 1982 im wesentlichen ihren Abschluß fand.

Wichtige Stationen auf dem Weg dorthin waren die zweite Rehabilitierung Deng Xiaopings im Juli 1977 und die 3. Plenartagung des XI. Zentralkomitees der KPCh im Dezember 1978. Diese ZK-Tagung von großer historischer Bedeutung knüpfte direkt an die Tradition des VIII. Parteitags im Jahre 1956 (sic!) an, indem sie den Wirtschaftsaufbau parteioffiziell wieder in den Vordergrund der Parteiarbeit stellte und den Klassenkampf im wesentlichen für beendet erklärte. Auf wirtschaftspolitischem Gebiet beschloß die 3. Plenartagung eine umfassende Dekollektivierung und Reprivatisierung der landwirtschaftlichen Produktion und leitete damit ein umfangreiches Wirtschaftsreformprogramm ein, das im Oktober 1984 auch auf den bürokratisch verwalteten Industriesektor ausgedehnt wurde. Mit den Beschlüssen vom Dezember 1978 rückte die Partei endgültig vom maoistischen Entwicklungskonzept ab - die Ära Deng Xiaoping begann.

Seitdem war die gesellschaftspolitische Entwicklung Chinas durch drei wesentliche Merkmale gekennzeichnet:

1. Weitgehende inhaltliche Abkehr vom maoistischen Entwicklungsmodell einer sozialistischen Gesellschaft, aber keine Entmaoisierung im Sinne der Entstalinisierung, d.h. formelles Festhalten an Mao Zedong und an den "Mao Zedong-Ideen" und damit Aufrechterhaltung des Anspruchs auf Sinisierung des Marxismus und auf einen eigenständigen chinesischen Weg zum Kommunismus.
2. Partielle Abkehr vom traditionellen sozialistischen Wirtschaftsentwicklungskonzept, d.h. teilweise Abkehr vom Sowjetmodell der zentralen bürokratischen Befehlsplanung.
3. Im wesentlichen Beibehaltung des politischen Systems der Ein-Partei-Herrschaft der KPCh. Gleichzeitig jedoch Abkehr von der maoistischen Willkürherrschaft und Rückkehr zu einer formell rechtsstaatlich legalisierten Herrschaft der KPCh wie in den 50er Jahren, d.h. Anlehnung an das politische Herrschaftssystem der Sowjetunion der Nach-Stalin-Ära.

Nach der Beseitigung der Vertreter des maoistischen Entwicklungsmodells aus den politischen Entscheidungsgremien standen bis 1988/89 die folgenden programmatischen Kernpunkte im Zentrum der Politik der KPCh, die im folgenden jeweils der maoistischen Position gegenübergestellt werden:

1. Wirtschaftsaufbau statt permanenter Revolution und wirtschaftliche Entwicklung durch verschiedene materielle Anreizsysteme, wie Reprivatisierungsmaßnahmen in der Landwirtschaft, im Dienstleistungsgewerbe und im Kleinhandel, statt wirtschaftlicher Entwicklung durch politisch-ideologische Kampagnen, Massenbewegungen und totale Kollektivierung und Verstaatlichung wie zu Maos Lebzeiten.
2. Breitestmögliche Einheitsfront mit den früheren "bürgerlichen" Gegnern, wie Unternehmern, demokratischen Politikern und Intellektuellen, statt totalem antibürgerlichen und antifeudalen Klassenkampf.
3. Erhöhung des Lebensstandards der Bevölkerung durch Förderung der Privatinitiative statt kommunistischer Gleichmacherei in Armut.
4. Außenwirtschaftliche Öffnung gegenüber dem Westen mittels Wirtschaftssonderzonen und Investitionsmöglichkeiten ausländischer Unternehmen in China statt außenwirtschaftlicher Abschottung.
5. Marktwirtschaftlich orientierte Reform des Wirtschaftssystems statt starrem Festhalten am System der bürokratischen Befehlsplanung und am staatlichen Preismonopol.

6. Partielle Trennung von politischen und wirtschaftlichen Funktionen statt Konzentration von politischen und wirtschaftlichen Entscheidungsbefugnissen in einer Hand.
7. Aufbau eines umfassenden Rechtssystems statt totaler Willkürherrschaft der Parteifunktionäre und der Sicherheitsorgane.
8. Betonung der Rolle von Wissenschaft und Technik und der Rolle der Intellektuellen und Fachleute für die wirtschaftliche Entwicklung statt Betonung der Rolle des politischen Bewußtseins und der "richtigen" Klassenherkunft.
9. Friedliche Koexistenz mit Staaten kapitalistischer Gesellschaftsordnung statt revolutionärem Krieg oder Kampf gegen kapitalistische und "revisionistische" Staaten durch Unterstützung von prochinesischen Kommunistischen Parteien und "Befreiungsbewegungen".

2.2 Vom antimaoistischen Bündnis zur Anti-Reform-Koalition

Die außenwirtschaftliche Öffnung gegenüber dem Westen und vor allem die Reform des Wirtschaftssystems sind allerdings innerhalb der politischen Führung von Beginn an heftig umstritten gewesen. Gleichzeitig mit dem kontinuierlichen Niedergang der maoistischen Restfraktion seit Dezember 1978 entwickelten sich nämlich ab Ende 1980 zunehmend Gegensätze innerhalb der antimaoistischen Koalition zwischen marktorientierten Reformkräften auf der einen Seite und orthodoxen Marxisten-Leninisten, Sowjetmodell-Sanierern und Vertretern der zentralen Planungs- und Industriebürokratie auf der anderen Seite. Hauptstreitpunkt war und ist die Reform des Wirtschaftssystems, die für Tausende von Wirtschaftsbürokraten und politisch-ideologischen Kadern erhebliche Macht- und Statuseinbußen bedeutet. Damit verlagerte sich das Zentrum der Auseinandersetzungen innerhalb der Parteiführung von dem Konflikt zwischen Maoisten und Antimaoisten über die Frage 'Maoistisches oder pragmatisches Entwicklungskonzept?' zu einer Auseinandersetzung zwischen Reformern und einer neu formierten Koalition von Reformgegnern über Umfang und Grenzen der Wirtschaftsreform. Die zentrale Frage lautete nun: 'Primär marktorientierte Reform des Wirtschaftssystems oder im wesentlichen Beibehaltung der bürokratischen Befehlsplanung?'.

Spätestens seit Beginn der 80er Jahre setzt sich die politische Elite der Volksrepublik China im wesentlichen aus vier informellen politischen Meinungsgruppen zusammen:

Die *orthodoxen Marxisten-Leninisten* lehnen nicht nur demokratisch orientierte Reformen an der Ein-Partei-Herrschaft der KPCh ab, sondern sie kritisieren auch die bisher verwirklichten Wirtschaftsreformen als eine insgesamt viel zu weit gehende Öffnung gegenüber dem kapitalistischen Gesellschaftssystem. Vertreter der orthodoxen Marxisten-Leninisten haben in der Vergangenheit die Wirtschaftssonderzonen als neokolonialistische Enklaven und als Konzessionsgebiete neuen Typs kritisiert. Die weitgehende Reprivatisierung der landwirtschaftlichen Produktion stellt nach Aussagen der orthodoxen Marxisten-Leninisten eine Negierung der Errungenschaften der kommunistischen Revolution und einen Schritt zurück in die Zeit vor 1949 dar. Ihr politischer Wahlslogan könnte lauten: 'Weder wirtschaftliche noch politische Liberalisierung!' Vertreter dieser reformfeindlichen Gruppe finden sich vor allem unter den formell bereits pensionierten Parteiveteranen, die jedoch im Hintergrund noch einen erheblichen Einfluß auf den politischen Entscheidungsprozeß ausüben, wie z.B. Wang Zhen, Li Xiannian, Hu Qiaomu und Deng Liqun.

Die *Sowjetmodell-Sanierer* lehnen ebenfalls politische Reformen in Sinne einer Demokratisierung des Systems der Ein-Partei-Herrschaft der KPCh strikt ab. Auf wirtschaftspolitischem Gebiet wollen die Sowjetmodell-Sanierer an der zentralen Befehlsplanung als Hauptsteuerungselement der Wirtschaft festhalten. Dem Markt wird nur eine ergänzende Rolle eingeräumt. Für das Verhältnis zwischen zentraler Befehlsplanung und Markt gilt die sogenannte Vogelkäfig-Doktrin des greisen Wirtschaftsplaners Chen Yun, derzufolge der kleine Vogel namens Markt sich nur innerhalb des Vogelkäfigs der zentralen Befehlsplanung entwickeln darf. Nach Ansicht der Sowjetmodell-Sanierer muß dem Staatseigentum auch in Zukunft der absolute Vorrang eingeräumt werden, während das Privateigentum strikt begrenzt bleiben soll. Im Gegensatz zu den orthodoxen Marxisten-Leninisten befürworten die Sowjetmodell-Sanierer jedoch die bereits erfolgte Reprivatisierung der landwirtschaftlichen Produktion und die außenwirtschaftliche Öffnung Chinas gegenüber dem Westen. Allerdings scheint bei den Sowjetmodell-Sanierern die Ansicht zu bestehen, daß die außenwirtschaftliche Öffnung Chinas bisher zu einseitig in Richtung Westen verlaufen sei und in Zukunft durch eine größere Öffnung gegenüber dem Osten ins Gleichgewicht gebracht werden müsse. In der Diskussion über die Reform der Industriewirtschaft und des gesamten Wirtschaftssystems haben die Vertreter der Sowjetmodell-Sanierung - in Anknüpfung an die Politik der frühen 60er Jahre - oft die "Sanierung" (tiaozheng; eigentlich: ins Gleichgewicht bringen) der Wirtschaft als Voraussetzung für eine erfolgreiche Wirtschaftsreform gefordert. Mit der Argumentation 'Sanierung vor Reform' ist von den Sowjetmodell-Sanierern immer wieder versucht worden, marktwirtschaftlich orientierte Reformen aufzuschieben. Der politische Wahlspruch der chinesischen Sowjetmodell-Sanierer könnte lauten: 'Begrenzte wirtschaftliche Liberalisierung im Rahmen einer im wesentlichen zentral geplanten und verstaatlichten Wirtschaft, aber keine politische Liberalisierung!' Zu den Sowjetmodell-Sanierern zählen die Verantwortlichen für die Wirtschaftsplanung während der 50er Jahre (bis 1957), die Wirtschaftssanierer der ersten Hälfte der 60er Jahre (1961-1966) und die früheren chinesischen Auslandsstudenten in der Sowjetunion, zu denen beispielsweise Ministerpräsident Li Peng zählt.

Auch die *konservativen Reformkräfte* lehnen politische Reformen im Sinne einer Demokratisierung des Systems der Ein-Partei-Herrschaft der KPCh strikt ab. Dementsprechend widersetzen sie sich entschieden einer politischen Gewaltenteilung, doch sie befürworten eine Aufgabentrennung zwischen Partei- und Regierungsorganen sowie zwischen Partei- und Regierungsorganen auf der einen und staatlichen Wirtschaftsunternehmen auf der anderen Seite. Ziel der politischen Reformen nach den Vorstellungen der konservativen Reformkräfte ist also eine Verbesserung der Effizienz des bestehenden politischen Systems, nicht aber seine grundlegende Veränderung. Die politischen Vorstellungen der konservativen Reformkräfte weisen also eine Reihe von Gemeinsamkeiten mit denen der Sowjetmodell-Sanierer und der orthodoxen Marxisten-Leninisten auf. Auf wirtschaftspolitischem Gebiet fordern die konservativen Reformkräfte hingegen eine weitgehend marktorientierte Wirtschaftsordnung und eine umfangreiche außenwirtschaftliche Öffnung vor allem gegenüber dem Westen und eine weitgehende Weltmarktintegration. Auf dem wirtschaftspolitischen Bereich gibt es also große Gemeinsamkeiten mit den radikalen Reformkräften. So könnte der Wahlspruch der konservativen Reformkräfte lauten: "Weitgehend marktwirtschaftlich orientierte wirtschaftliche Liberalisierung ja, politische Liberalisierung nein!" Zu den konservativen Reformkräften ist vor allem Deng Xiaoping zu rechnen, dem in den Jahren seit Ende 1978 die Rolle des obersten politischen Schiedsrichters in den Auseinandersetzungen zwischen den politischen Meinungsgruppen zugekommen ist und dessen eigene Position aufgrund dieser Schiedsrichterfunktion zwischen den Positionen der orthodoxen Marxisten-Leninisten und der radikalen Reformkräfte hin- und hergeschwankt ist.

Die *radikalen Reformkräfte* vertreten die Ansicht, daß sich die Modernisierung Chinas nicht auf den wirtschaftlichen und technischen Bereich beschränken kann, sondern auch den politischen und gesellschaftlichen Bereich umfassen muß. Für sie besteht ein Wechselverhältnis zwischen wirtschaftlichen und politischen Reformen. Sie fordern deshalb nicht nur weitgehend marktwirtschaftlich orientierte Wirtschaftsreformen, sondern sie befürworten auch schrittweise demokratisch orientierte Reformen am politischen System. Auf wirtschaftspolitischem Gebiet fordern die radikalen Reformkräfte den Markt als volkswirtschaftliches Hauptsteuerungselement. Sie wollen die Preise vollständig freigeben, die Betriebe aus der Verfügungsgewalt der Partei und der staatlichen Bürokratie entlassen und so viel Privateigentum wie möglich zulassen. Sie setzen sich für eine weitere wirtschaftliche Öffnung Chinas gegenüber dem Weltmarkt ein und sind zu weiteren Verbesserungen der Investitionsmöglichkeiten ausländischer Unternehmen in China bereit. Ihr politischer Wahlspruch könnte lauten: 'Sowohl wirtschaftliche als auch politische Liberalisierung!' Prominente Vertreter des radikalen Reformflügels sind der gestürzte ZK-Generalsekretär Zhao Ziyang, der stellvertretende Ministerpräsident Tian Jiyun und Parlamentspräsident Wan Li.

Seit Mitte der 80er Jahre ist zu dem Konflikt über Umfang und Grenzen der Wirtschaftsreform innerhalb der politischen Führung ein Konflikt über Umfang und Grenzen politischer Reformen gekommen. Dadurch verkomplizierte sich der politische Entscheidungsprozeß erheblich, denn während in wirtschaftspolitischen Fragen konservative und radikale Reformkräfte zusammen gegen eine Koalition aus Sowjetmodell-Sanierern und orthodoxen Marxisten-Leninisten stimmten, votierten in Fragen der politischen Reformen konservative Reformkräfte zusammen mit der orthodoxen Koalition gegen die radikalen Reformkräfte.

Als es Ende 1986 zu ersten großen Studentendemonstrationen kam, mußte der damalige ZK-Generalsekretär Hu Yaobang im Januar 1987 von seinem Posten zurücktreten. Ihm wurde Schwäche im Kampf gegen die "geistige Verschmutzung" durch bürgerliches Gedankengut vorgeworfen und daher die Verantwortung für das Entstehen der Studentenproteste angelastet. Seinen Posten übernahm der ebenfalls zum radikalen Reformlager zählende Zhao Ziyang, der dafür das Amt des Ministerpräsidenten jedoch an den Sowjetmodell-Sanierer Li Peng abgeben mußte. Dies schwächte die Position nicht nur der radikalen, sondern auch der konservativen Reformkräfte, da durch diese und andere Personalentscheidungen in der Folge ihr Einfluß auf die Wirtschaftspolitik sank. Im Sommer 1988 hatten sich die Sowjetmodell-Sanierer auf wirtschaftspolitischem Gebiet weitgehend durchgesetzt. Als im Frühjahr 1989 zu den Wirtschaftsproblemen, die die orthodoxen Kräfte den radikalen Reformern anlasteten, noch der politische Protest der Studenten kam, war der Sturz von Zhao Ziyang und einer Reihe anderer radikaler Reformkräfte innerhalb der Parteiführung nur noch eine Frage der Zeit, zumal sich auch Deng Xiaoping in diesem das politische System betreffenden Konflikt wieder einmal eindeutig auf die Seite der orthodoxen Kräfte stellte.

3 Gesellschaftlicher Wandel, 1978-1989

Die neuen programmatischen Kernpunkte, die seit 1978 die Politik der KPCh prägten, bewirkten einen Wandel in der chinesischen Gesellschaft, der in seinem Ausmaß beinahe so dramatisch war wie die gesellschaftliche Umbauphase in den Gründerjahren der VR China. Die vollständige oder partielle Reprivatisierung von Landwirtschaft und Dienstleistungen führte zu einer allgemeinen Anhebung des Lebensstandards der Bevölkerung, gleichzeitig aber auch zu einer stärkeren regionalen und sozialen Differenzierung. Die wirtschaftliche Liberalisierung brachte nicht nur einen Wirtschaftsaufschwung, sondern begünstigte auch das Entstehen einer Ellbogengesellschaft, in der Status und Ansehen am Einkommen gemessen wurden. Viele Bauern, private Händler und kleine Gewerbetreibende - Berufsgruppen, die bisher extrem ausgebeutet worden bzw. verboten waren - gelangten zu Wohlstand und Reichtum. Die Intellektuellen aber, und dazu zählen Akademiker, Lehrer, Studenten, Schriftsteller und Künstler, die sich als geistige Elite des Landes betrachten, fanden sich am unteren Ende der Einkommensskala wieder. Jahrzehntelang waren sie Zielscheibe des antibürgerlichen und antifeudalen Klassenkampfes gewesen. Als "stinkende Nr. 9" am Ende einer Skala von "Klassenfeinden" und Gegnern des Sozialismus, wurden sie während der sogenannten Kulturrevolution politisch besonders stark verfolgt. Jetzt, da sie sich wieder anerkannt sahen, da ihr Einsatz und ihr Fachwissen bei der Modernisierung des Landes gefragt waren, mußten sie es als besonders bitter und ungerecht empfinden, daß ihnen eine materielle Aufwertung versagt blieb. Selbst ein Arbeiter verdiente im Durchschnitt mehr als ein Lehrer, genoß auch bessere Sozialleistungen. So sank das Ansehen der Intellektuellen in der Gesellschaft rapide. "Lernen ist nutzlos" hieß die Devise.

Ein weiterer Grund für die wachsende Unzufriedenheit unter den Intellektuellen war die nach wie vor führende Rolle der Parteifunktionäre, die weiterhin ihre Arbeit bestimmten. Akademiker wie Kulturschaffende sahen sich seitens borniester, inkompetenter Kader auf unerträgliche Weise in ihrer Forschung, Lehre und Kreativität eingeengt. Viele suchten ihr Heil in einem möglichst ausgedehnten Auslandsaufenthalt, etliche kehrten dem Vaterland sogar für immer den Rücken. Andere suchten ihr Heil in der Privatwirtschaft. Angesichts der Tatsache, daß das Land intellektuell auszubluten drohte, stellte die politische Führung den Akademikern und Kulturschaffenden zwar die Gewährung gewisser politischer Mitspracherechte und materielle Vorteile in Aussicht, doch eingelöst wurden beide Versprechen nicht. Weder wurden die Gehälter der Intellektuellen und ihr gesellschaftlicher Status in einem angemessenen Maße angehoben, noch wurden ihnen besondere politische Rechte eingeräumt.

Besonders heftig gärte es unter den Studenten. Sie klagten zu Recht über kärgliche Stipendien, unzulängliche Wohn- und Studienbedingungen, Isolation, staatliche Gängelei und trübe Zukunftsaussichten. So kam es immer wieder zu Demonstrationen, z.B. im Dezember 1986, die jedoch rasch im Keim erstickt wurden.

Nicht nur die Intellektuellen klagten über ihre Arbeits- und Lebensbedingungen. Inflation und Preissteigerungen sowie die illegale Bereicherung seitens vieler Funktionäre und ihrer Familienangehörigen durch Korruption und Spekulationsgeschäfte schufen in der ganzen Bevölkerung große Unzufriedenheit. Dies zeigte sich u.a. an einem beträchtlichen Anstieg der Demonstrations- und Streikbereitschaft. Allein von Januar bis Juni 1988 sollen über 1.000 Anträge auf Genehmigung einer Demonstration gestellt worden sein. Über 50 Streiks sollen allein in den ersten neun Monaten des Jahres 1988 stattgefunden haben. Auch in den ländlichen Gebieten kam es zu gewalttätigen Zwischenfällen größeren Ausmaßes.

Die unter Partei- und Regierungskadern weit verbreitete Korruption wurde durch das politische System begünstigt. Es gab und gibt weder ein selbständiges Parlament noch eine unabhängige Justiz noch eine freie Presse, die Kontrollfunktionen ausüben könnten. Die Wirtschaftsreformen und das doppelte Preissystem hatten der Funktionärsklasse ganz neue Möglichkeiten für Spekulationsgeschäfte eröffnet: Unter Ausnutzung ihrer Privilegien und mit Hilfe ihrer Beziehungen kauften Kader mit einem zinsgünstigen Kredit der Staatsbank Mangelwaren zu subventionierten Niedrigpreisen auf, um sie danach mit geradezu märchenhaften Gewinnen auf dem freien Markt zu veräußern. Obwohl Partei und Regierung seit Jahren die Bestechlichkeit und den Amtsmißbrauch in den eigenen Reihen zu bekämpfen versprachen, erzielten sie nur sehr bescheidene Erfolge. Das hat zwei Gründe: Zum einen wurde dieser Kampf allenfalls halbherzig geführt, waren doch selbst Mitglieder der politischen Führungsschicht und/oder ihre Angehörigen in Korruptionsfälle und Spekulationsgeschäfte verstrickt. Zum anderen hatte die Partei nicht nur in der Bevölkerung massiv an Autorität verloren: Selbst parteiintern wurden Anweisungen der Zentrale oft nur verbal begrüßt, faktisch aber einfach ignoriert.

Unsaubere Geschäftspraktiken und Korruption waren jedoch nicht nur in der politischen Herrschaftsschicht verbreitet. Mit Geld oder mit Beziehungen konnte man in China vielfältige Begünstigungen erlangen, sei es eine größere Wohnung, ein besser bezahlter Arbeitsplatz oder ein Studienplatz im Ausland. Gewinnstreben, Wettbewerb, Rücksichtslosigkeit, Neid waren neue Erscheinungen in der chinesischen Gesellschaft. Sie hatten sich im Zuge der Wirtschaftsreformen ausgebildet und die alten sozialistischen Tugenden bald vollständig verdrängt.

4 Entwicklung der Protestbewegung

4.1 Erste Phase: Vorlesungsstreiks, Demonstrationen, Sitzstreiks, Petitionen, Gründung von autonomen Studentenorganisationen

Gleich nach Bekanntwerden des Todes von Hu Yaobang am 15. April 1989 kam es in mehreren Hochschulen und Universitäten Beijings und bald auch anderer Städte zu spontanen Trauerkundgebungen. Genau wie beim Totengedenken für Zhou Enlai im April 1976 schlug die Klage um einen vom Volk und besonders von den Intellektuellen geachteten Politiker rasch in Kritik an der herrschenden Führungsschicht um. "Die Aufrechten sterben, die Wortbrüchigen bleiben am Leben", hieß es provozierend auf einer Wandzeitung der Beijing-Universität. In der Shanghaier Fudan-Universität war auf einer Anschlagtafel zu lesen: "Jeder weiß, daß Hu Yaobang das Opfer der Unterdrückung der Studentendemonstrationen von 1986 ist." Auf einem Plakat wurde der verstorbene Politiker gar als "Soldat der Demokratie" bezeichnet.

Hier erscheint bereits das Schlagwort Demokratie, das neben Freiheit zu den bekanntesten der Studentenbewegung zählte und manchen westlichen Kommentatoren nicht ganz zu Unrecht zu dem Vorwurf reizte, die demonstrierenden Studenten wüßten gar nicht, was Demokratie bedeute. Gemeint war in vielen Fällen "sozialistische Demokratie", von der ja auch die politische Führung häufig sprach. In deren Sprachgebrauch hatte der Begriff Demokratie oder Demokratisierung indes viele Facetten. Der radikale Reformflügel innerhalb der Partei hielt es für unverzichtbar, daß neben wirtschaftlichen Reformen auch politische durchgeführt würden. Das betraf sowohl den gesellschaftlichen als auch den privaten Bereich: mehr Transparenz, mehr Öffentlichkeit, mehr persönliche und politische Freiheiten. So sprach sich zum Beispiel der zu den reformorientierten Politikern zählende Wan Li für eine Beteiligung der Intellektuellen am politischen Entscheidungsprozeß aus, zumindest in der Funktion von Beratern. Die konservativen Reformer glaubten, es genüge, daß das Volk dank der Wirtschaftsreformen einen besseren Lebensstandard bekomme. Den Sowjetmodell-Sanierern und den orthodoxen Marxisten-Leninisten schließlich gingen selbst die Wirtschaftsreformen schon zu weit.

Ein Teil der Demonstranten, die auf den Straßen Beijings und anderer Städte nach Demokratie riefen, meinte damit eine Beschleunigung des Demokratisierungsprozesses, den Partei und Regierung vage in Aussicht gestellt hatten. Für andere - und das war wohl die Mehrheit der protestierenden Studenten und der Stadtbewohner, die sich ihnen später anschlossen - war Demokratie ein Zauberwort, das ganz schlicht Verbesserung der gegenwärtigen Lage bedeutete, ohne daß man sich groß darüber Gedanken machte, wie dies zu bewerkstelligen sei. Ein kleiner Teil der oppositionellen Studenten und Intellektuellen, wie der bekannte Dissident Fang Lizhi, meinte hingegen mit Demokratie tatsächlich den Sturz der KPCh und die Abschaffung des sozialistischen Systems.

Der Tod Hu Yaobangs war also nur der Auslöser, wenn nicht gar Vorwand, der sich rasch ausweitenden Protestkundgebungen. Beijinger Studenten verließen Tag um Tag das Gelände ihrer Hochschulen und marschierten mit Kränzen und Transparenten zum Tiananmen-Platz, dem geschichtsträchtigen und symbolkräftigen Zentrum des Landes. Damit verstießen sie gegen die gesetzlichen Bestimmungen, die unangemeldete Demonstrationen streng untersagen. Die politische Führung zeigte jedoch zunächst Zurückhaltung, wohl in der Hoffnung, den Protest zu kanalisieren und eine Eskalation zu vermeiden.

Bereits drei Tage nach dem Tod Hu Yaobangs, am 18. April, setzten Studenten von drei Beijinger Universitäten eine Petition in sieben Punkten auf und erzwangen mit einem mehrstündigen Sitzstreik vor der Großen Halle des Volkes die Entgegennahme der Petition durch Mitglieder des Nationalen Volkskongresses (NVK). Die Punkte lauteten:

1. Neubewertung der Rolle Hu Yaobangs innerhalb des Reformprozesses;
2. Klarstellung des Wesens der Kampagnen gegen die "geistige Verschmutzung" und gegen die "bürgerliche Liberalisierung" sowie Rehabilitierung der Intellektuellen, die im Laufe dieser Kampagnen zu Unrecht verurteilt worden waren;
3. Offenlegung der Einkünfte aller hochrangigen Kader und klare Stellungnahme zum Kampf gegen Korruption und moralischen Verfall;
4. Aufhebung des Verbots unabhängiger Zeitungen sowie Presse- und Publikationsfreiheit;
5. Erhöhung der Ausgaben im Erziehungswesen und Anhebung der Einkünfte der Intellektuellen;
6. Aufhebung der von der Beijinger Stadtregierung 1986 erlassenen Bestimmungen, die praktisch ein Demonstrationsverbot darstellen;
7. sofortiges Eingehen der zuständigen Behörden auf diese Forderungen der Studenten sowie unparteiische und aktuelle Berichterstattung über die gegenwärtigen Ereignisse in den Zeitungen.

Erstaunlich ist, daß diese Studenten so rasch in der Lage waren, einen durchdachten und für die politische Führung brisanten Forderungskatalog aufzustellen. Ziel und Ideal des chinesischen Erziehungswesens ist ja nicht, Kritikfähigkeit und Entwicklung eigener Ideen zu fördern. Die konservativ-orthodoxen Führungsvertreter sahen sich denn auch von Anfang an in ihrer Überzeugung bestärkt, daß die Studentenbewegung von Hintermännern gesteuert werde. Schon im April verlautete parteiintern, wer damit gemeint war: Einerseits Oppositionelle wie Fang Lizhi oder Liu Xiaobo, die bereits 1986 im Rahmen der Kampagne gegen die "bürgerliche Liberalisierung" den Bann der Partei auf sich gezogen hatten; andererseits aber auch Mitglieder der politischen Führung, nämlich der ZK-Generalsekretär Zhao Ziyang und seine radikal reformorientierten, meist jungen Berater, die er um sich geschart hatte, wie Bao Tong, Chen Yizi, Yan Jiaqi.

Tatsächlich hätte sich die Studentenbewegung ohne Unterstützung, zumindest stillschweigende Duldung seitens Mitgliedern der politischen Führung nicht so weit entwickeln können. Dagegen sprach sich eine antidemokratische Koalition von orthodoxen Marxisten-Leninisten bis hin zu konservativen Reformkräften, ebenso wie Deng Xiaoping, schon nach den ersten Protestkundgebungen dafür aus, diese notfalls mit Hilfe der Armee niederzuschlagen. Der zweimalige nächtliche Versuch von Studenten, die Partei- und Regierungszentrale Zhongnanhai zu stürmen, die nicht angemeldeten und daher verbotenen Studentendemonstrationen, die schweren Ausschreitungen am 22. Mai in Changsha und Xi'an, die wenn auch vereinzelten verbalen Angriffe gegen Deng Xiaoping und Li Peng - all das mußte bei den Parteiveteranen traumatische Erinnerungen an die Kulturrevolution auslösen. Der radikale Reformflügel, darunter Wan Li und Zhao Ziyang, widersprach jedoch energisch allen Plänen, die Armee gegen die Demonstranten einzusetzen. Hiervon einmal abgesehen, erschien es wahrscheinlich selbst den Hardlinern nicht opportun, so kurz vor dem in Beijing stattfindenden sino-sowjetischen Gipfeltreffen vor den Kameras der Weltpresse gewaltsam gegen die Protestbewegung vorzugehen.

Die von den konservativ-orthodoxen Politikern namhaft gemachten "Hauptträdelsführer" der Studentenbewegung, nämlich aus der Partei ausgeschlossene Oppositionelle und radikale Reformer im Beraterkreis Zhao Ziyangs, leisteten in der Tat aktive Unterstützung. Der Astrophysiker Fang Lizhi und seine Frau Li Shuxian, eine Dozentin der Beijing-Universität, hatten z.B. 1988 zusammen mit Studenten den "Demokratischen Salon" gegründet, ein Diskussionsforum, dessen aktive Mitglieder wie Wang Dan in der Studentenbewegung von 1989 Führungsrollen übernahmen. Andere wie Liu Xiaobo hielten auf dem Tiananmen-Platz Reden zur Unterstützung der demonstrierenden Studenten. Und aus dem Beraterkreis Zhao Ziyangs gelangten offenbar spätestens seit Mitte Mai vertrauliche Informationen über die Richtungskämpfe in der politischen Führung zu den Studenten. All das allein hätte jedoch nicht vermocht, eine so große Zahl von Studenten und Bürgern wochenlang auf die Straße zu treiben. Nach der Zerschlagung der Protestbewegung sprach die chinesische Regierung von insgesamt 2,8 Millionen Studenten aus über 600 Hochschulen und Universitäten in 84 Städten des Landes, die sich an den Protesten beteiligt hätten!

Die anfänglichen Trauer- und Protestkundgebungen, die zunächst ein Ventil für den angestauten Unmut vieler Studenten waren, entwickelten rasch eine Eigendynamik. Immer mehr Studenten reihten sich in die spontanen Demonstrationen der ersten Tage nach dem Tod Hu Yaobangs ein, als sich herausstellte, daß allen offiziellen Warnungen vor einer Fortsetzung der verbotenen Umzüge zum Trotz die Polizei keinen Einsatzbefehl erhielt. Das Gefühl der Stärke und das sich daraus entwickelnde Selbstbewußtsein ermutigte dazu, weitere Kampfmittel einzusetzen, um dem Anliegen, mit Vertretern von Partei und Regierung einen Dialog über die oben genannten Forderungen zu führen, Nachdruck zu verleihen. Schon ein, zwei Tage nach dem Tod Hu Yaobangs begannen Studenten, unabhängige Führungsgremien und Vorbereitungskomitees zu gründen, die weitere studentische Aktionen planen und koordinieren sollten. Dabei waren sie bemüht, demokratisch vorzugehen, d.h., ihre Vertreter durch Wahlen zu bestimmen. Am 21. April riefen Studenten der Beijing-Universität zu einem Vorlesungsboykott auf, dem sich immer mehr Studenten von anderen Hochschulen anschlossen. Am 28. April wurde schließlich mit dem "Autonomen Studentenverband Beijing" ein Dachverband gegründet, der sich als einzig rechtmäßiger Vertreter der Studentenschaft der Hauptstadt verstand. Die offiziellen Studentenverbände sollten damit ausgeschaltet werden. All diese Aktionen stellten eine ungeheure Provokation von Partei und Regierung dar.

Die politische Führung reagierte darauf mit einer Doppelstrategie. Zum einen ging sie scheinbar auf die Forderung nach Dialog ein. Sie entsandte Ende April und Anfang Mai mehrfach hochrangige Partei- und Regierungsvertreter zu Gesprächen mit Studenten, doch handelte es sich dabei um Mitglieder der offiziellen Studentenverbände oder aber um Studenten einer einzigen Universität. Letzteres war ganz offenkundig ein Versuch, die neuerwachte Studentenbewegung zu spalten. Der "Autonome Studentenverband Beijing" erkannte diese Form von Dialogen natürlich nicht an. In der Folge war eine der von diesem Gremium erhobenen Forderungen seine offizielle Anerkennung seitens Partei und Regierung.

Die andere Strategie der Führung bestand darin, gegen die demonstrierenden Studenten das mächtigste propagandistische Geschütz aufzufahren, über das die Partei verfügte. Am 26. April wurde in einem Leitartikel der *Volkszeitung*, der auf internen Ausführungen von Deng Xiaoping basierte, an die Adresse der Studentenführer kaum verhohlen der Vorwurf der Konterrevolution gerichtet, auch wenn dieser Begriff nicht explizit genannt wurde.

Diese scharfe Warnung erzielte aber nicht die erhoffte Wirkung, ganz im Gegenteil. Die große Mehrheit der Studenten war empört, verstanden sie doch ihre Aktionen als Ausdruck ihrer Sorge um die Zukunft des Landes. Jetzt sahen sie ihre Bewegung als "Aufruhr" verleumdet, dessen Wesen das Ziel sei, der Führung durch die KPCh und dem sozialistischen System ein Ende zu setzen. Fortan bestimmte das Reizwort "Aufruhr" das weitere Geschehen. Noch mehr Studenten als zuvor gingen am folgenden Tag auf die Straße, um mit einer Massendemonstration die Rücknahme des Leitartikels der *Volkszeitung* vom 26. April und die Anerkennung ihrer Bewegung als "patriotisch und demokratisch" zu erzwingen. Gleichzeitig verstärkten sie ihre Propagandaarbeit außerhalb des Campus. Mit Flugblättern und Informationsständen bemühten sie sich, Verständnis und Unterstützung in der Beijinger Bevölkerung zu gewinnen. Und sie hatten Erfolg. Die Studentendemonstrationen Ende 1986 waren im Volk auf Ablehnung gestoßen. Im Frühjahr 1989 aber verfolgten viele Stadtbewohner die

Demonstrationen der Studenten mit Sympathie, da diese genau den Unmut offen äußerten, der auch sie bewegte. Und zumindest mit einem Teil der studentischen Forderungen konnten auch sie sich identifizieren.

Ende April hatten die Studenten mit ihren Protestaktionen einen Teilerfolg erzielt, der für die weitere Entwicklung der Bewegung von großer Bedeutung war. Nachdem die offiziellen Medien sich zunächst weitgehend an das Verbot von Partei und Regierung, über die Studentenbewegung zu berichten, gehalten hatten, erschienen ab Ende April immer ausführlichere und deutlich von Sympathie geprägte Berichte über deren Aktionen. Selbst die parteiamtliche *Volkszeitung* druckte am 4. Mai auf der zweiten Seite eine am 2. Mai von Studenten eingereichte Petition ab, in der genaue Bedingungen für einen Dialog mit der Führung von Partei und Regierung gestellt wurden. Am folgenden Tag brachte sie sogar auf der Titelseite ein Photo von demonstrierenden Studenten, auf dem das Transparent des "Autonomen Studentenverbands" zu erkennen war. Möglicherweise ist die Lockerung der Pressezensur auf eine Anweisung des für Propaganda zuständigen ZK-Sekretärs Hu Qili Ende April oder auf eine entsprechende Intervention Zhao Ziyangs Anfang Mai zurückzuführen. Denkbar ist aber auch, daß sich die Journalisten und Redakteure einfach ihre Pressefreiheit nahmen, mit wohlwollender Billigung der Chefredakteure und radikaler Reformer innerhalb der Parteizentrale.

In der politischen Führung war der Leitartikel der *Volkszeitung* vom 26. April keineswegs unumstritten. Regierungssprecher Yuan Mu, der zu den Hardlinern zählt, erklärte zwar am 3. Mai in einer Stellungnahme zur oben erwähnten Petition der Studenten vom Vortag u.a., diese zeige deutlich, daß es Leute im Hintergrund gebe, die den Studenten Ratschläge erteilten und die Unruhe schürten. Genau diesen Vorwurf hatte der Leitartikel der *Volkszeitung* am 26. April erhoben. Zhao Ziyang aber, der sich Ende April in Nordkorea aufgehalten hatte, machte nach seiner Rückkehr parteiintern deutlich, daß er die scharfe Verurteilung der Studentenbewegung nicht billige. Und öffentlich tat er dies in einer Rede vor Vertretern der Asiatischen Entwicklungsbank kund: Er sei davon überzeugt, daß die Studentenbewegung nicht zu einem großen Aufruhr führen werde. Natürlich gebe es Elemente, die die Bewegung für ihre Zwecke ausnutzen wollten. Das sei in einem so großen Land wie China gar nicht zu vermeiden. Die große Mehrheit der Studenten werde dies verstehen. Damit rückte der ZK-Generalsekretär für alle sichtbar von der offiziellen Parteilinie ab - und das am selben Tag, an dem die bisher größte Demonstration Beijinger Studenten stattfand! Den Studenten genügte dies jedoch nicht. Schließlich hatte Zhao Ziyang nur allgemein von der Notwendigkeit gesprochen, mit allen Kreisen der Bevölkerung Gespräche zu führen. Einen konkreten Gesprächstermin nannte er nicht.

Überraschenderweise schlug auch Ministerpräsident Li Peng am folgenden Tag bei einem Zusammentreffen mit den Leitern der Regierungsdelegationen aus den Mitgliedsländern der Asiatischen Entwicklungsbank maßvollere Töne an. Man könne zwar manche Vorgehensweisen von einigen Studenten nicht gutheißen, doch stimmten einige Punkte, für die sie einträten, und einige ihrer Forderungen mit dem überein, wofür auch die Regierung eintrete, beispielsweise die Überwindung gewisser Erscheinungen von Chaos im Wirtschaftsleben, die Bekämpfung von Korruption unter Regierungsfunktionären und in der Gesellschaft, die Förderung des Bildungswesens und der Wissenschaft sowie Demokratisierung. Dies schien ein gewisses Einlenken selbst der Konservativ-Orthodoxen gegenüber den unbotmäßigen Studenten zu signalisieren. Wahrscheinlicher ist aber, und die folgende Entwicklung erhärtet diese Vermutung, daß Li Peng sich von taktischen Erwägungen leiten ließ. Angesichts des in zehn Tagen beginnenden sino-sowjetischen Gipfeltreffens und des bereits in der Hauptstadt befindlichen Massenaufgebots ausländischer Journalisten war es nicht ratsam, den Konflikt auf die Spitze zu treiben.

Auch die Studenten waren Anfang Mai offenbar aus taktischen Gründen um Mäßigung bemüht. Bei ihrer Massendemonstration am 4. Mai führten sie an der Spitze des Zuges Transparente mit staatstragenden Parolen wie "Unterstützt die Kommunistische Partei, unterstützt den Sozialismus" mit sich, um der Polizei keinen Anlaß zum Eingreifen zu geben. Außerdem verkündeten sie nach der Demonstration die Wiederaufnahme des Unterrichts für den folgenden Tag. Dem lag ein Beschluß des "Autonomen Studentenverbands" zugrunde. Dennoch kehrte am 5. Mai nur ein Teil der Beijinger Studenten in die Unterrichtsräume zurück. Studentenführer der Beijing-Universität erklärten die Fortsetzung des Vorlesungsboykotts, und auch an anderen Hochschulen und Universitäten wurde weitergestreikt, da Partei und Regierung bislang noch keine einzige studentische Forderung erfüllt hatten.

Obwohl zumindest ein Teil der Studentenführer damals bereit war, den Unterrichtsstreik vorläufig auszusetzen, machten sie doch deutlich, daß sie nicht bereit seien, die Verzögerungstaktik von Partei und Regierung unbegrenzt hinzunehmen. Die hatten nämlich zwar mehrfach ihre Bereitschaft erklärt, mit Vertretern des "Autonomen Studentenverbands" einen Dialog zu führen, die vom Verband gestellten Ultimaten jedoch "wegen Arbeitsüberlastung" verstreichen lassen und jeweils ein späteres Datum genannt, an dem die Studenten eine verbindliche Antwort erhalten würden. Die Studenten reagierten darauf mit der Drohung, am 15. Mai, dem Tag, da Michail Gorbatschow in Beijing eintreffen sollte, eine weitere Großdemonstration zu veranstalten.

Am 9. Mai erhielten die demonstrierenden Studenten Unterstützung durch Beijinger Journalisten. Über 1.000 Pressevertreter überreichten dem Sekretariat der Chinesischen Journalistenvereinigung eine namentlich unterzeichnete Petition, in der sie einen Dialog mit führenden Vertretern der Propagandaabteilung des ZK forderten. Neben anderen Punkten sei auch über das Versagen der chinesischen Presse zu reden, objektiv, fair und umfassend über die Aktivitäten der Studenten in den vergangenen zwei Wochen zu berichten. Dieses Versagen, das auf mehrere Gründe zurückzuführen sei, habe eine Verschlechterung der Situation bewirkt und das auf dem XIII. Parteitag der KPCh verkündete Prinzip verletzt, nach dem wichtige Ereignisse dem Volk bekanntzugeben seien. Was die Journalisten indirekt verlangten, war Pressefreiheit, wie sie auch von den Studenten gefordert wurde. Auf diese Petition reagierte die ansonsten so wenig flexible politische Führung sofort. Zwei Tage später setzten sich bereits hochrangige Parteivertreter mit Journalisten, Redakteuren und Kadern verschiedener Nachrichteneinheiten zusammen. Die Gespräche wurden an den folgenden Tagen fortgesetzt, doch gab es offenbar keine konkreten Ergebnisse.

Da die politische Führung auch am 11. Mai nicht wie angekündigt zu den am 2. Mai eingereichten studentischen Bedingungen für einen Dialog Stellung nahm, beschloß der "Autonome Studentenverband" an diesem Tag, seine Drohung wahrzumachen und für den 15. Mai zu einer Großdemonstration aufzurufen. Am 12. Mai fiel dann aber die Entscheidung, mit Beginn des folgenden Tages einen kollektiven Hungerstreik auf dem Tiananmen-Platz zu beginnen. Ein besseres Druckmittel gegen Partei und Regierung hätten die Studenten kaum finden können. Tatsächlich teilte das Petitionsbüro des ZK der KPCh noch am Abend des 12. Mai Vertretern des "Autonomen Studentenverbands" telefonisch inoffiziell mit, daß dieser 20 Studentenvertreter zu einem Dialog entsenden dürfe, der am 15. Mai stattfinden sollte. Am nächsten Morgen folgte die offizielle Bestätigung. Zum erstenmal akzeptierte die politische Führung somit Vertreter des "Autonomen Studentenverbands" als Gesprächspartner. Den Hungerstreik konnte sie damit jedoch nicht mehr verhindern.

4.2 Zweite Phase: Hungerstreik, 13. - 19. Mai

Am Nachmittag des 13. Mai begannen etwa 1.000 Studenten auf dem Tiananmen-Platz einen Sitz- und Hungerstreik. In China hat ein Hungerstreik einen ganz anderen Stellenwert als in den westlichen Überflußgesellschaften. Wer freiwillig auf das Essen verzichtet, um einem bestimmten Anliegen Nachdruck zu verleihen, muß sich in einer ganz verzweifelten Situation wähnen. Das gilt besonders für Studenten, die vielfach Zeichen von Mangelernährung zeigen. Schon ein kurzes Fasten kann ernsthaften Schaden an ihrer Gesundheit bewirken, sogar lebensbedrohlich sein.

In einem pathetischen "Manifest zum Hungerstreik" klagten die Teilnehmer der in China beispiellosen Aktion die politische Führung an, gegenüber dem Vorlesungsstreik Beijinger Studenten gefühllos und gleichgültig zu sein und den von ihnen geforderten Dialog immer wieder hinauszuzögern. Sie verlangten die sofortige Aufnahme eines konkreten und gleichberechtigten Dialogs sowie eine gerechte Bewertung der Studentenbewegung. Die Regierung müsse bestätigen, daß es sich um eine patriotische und demokratische Studentenbewegung handele.

Mit der Durchführung des Hungerstreiks gelang es den protestierenden Studenten, die offene Unterstützung großer Teile der Beijinger Bevölkerung zu gewinnen. Schon am folgenden Tag, am 14. Mai, kamen Tausende von Einwohnern einzeln und in Gruppen auf den Tiananmen-Platz. Erste Demonstrantengruppen begannen, auf Transparenten die Zugehörigkeit zu ihrer Einheit oder ihren gesellschaftlichen Status zu erkennen zu geben, und in den folgenden Tagen wurden es immer mehr: "Lehrer der Qinghua-Universität", "[Beijinger] Einwohner unterstützen die Petition [der Hungerstreikenden]", "Intellektuelle der Hauptstadt", "Journalisten der *Volkszeitung*" usw. Zum ersten Mal in der Geschichte der VR China wagten es Massen von Bürgern, sozusagen namentlich an spontanen, nicht von oben gelenkten, illegalen Demonstrationen teilzunehmen. Zunächst taten sie es in ihrer Freizeit, bald aber selbst während der Arbeitszeit. Am 16. Mai strömten Hunderttausende auf den Platz, am 17. Mai demonstrierten ein bis zwei Millionen im Zentrum der Stadt. Die studentische Protestbewegung hatte sich zur Massenbewegung ausgeweitet.

Auslöser dieser nie dagewesenen Zurschaustellung bürgerlichen Ungehorsams als politischem Druckmittel waren die hungerstreikenden Studenten. Ihre Aktion emotionalisierte die ganze Stadt. Die Sirenen der Krankenwagen, die seit dem 15. Mai in immer rascherem Abstand ohnmächtig gewordene Teilnehmer ins Hospital brachten, signalisierten unüberhörbar die Zuspitzung der Lage. Immer wieder kam das Gerücht auf, der Hungerstreik habe bereits erste Opfer gefordert. Schon am 13. Mai unterzeichneten 283 Hochschullehrer der Beijing-Universität eine Petition, in der sie an Partei und Regierung appellierten, so rasch wie möglich einen Dialog mit den Studenten zu führen, um die Gesundheit der Hungerstreikenden zu schützen, und die Bewegung objektiv zu bewerten. Das hieß, Partei und Regierung sollten die studentischen Aktionen nicht länger als staatsgefährdenden "Aufruhr" bezeichnen, sondern anerkennen, daß sie dem Wohl des Staates dienten. In den folgenden Tagen richteten Vertreter von staatlichen wie nicht-staatlichen Verbänden, Institutionen und Organisationen sowie Persönlichkeiten des öffentlichen Lebens ähnlich lautende Petitionen an die Partei- und Regierungsführung. Nahezu alles, was in Beijing Rang und Namen hatte, solidarisierte sich mit den Studenten, die jedoch in vielen Fällen gleichzeitig aufgefordert wurden, von ihrem Hungerstreik abzulassen.

Trotz der spannungsgeladenen Atmosphäre besaßen die Protestkundgebungen im Zentrum der Hauptstadt den Charakter eines Volksfests. Die Einwohner entdeckten, daß sie auf die Straße gehen und ihrer Unzufriedenheit mit der Regierung Ausdruck verleihen konnten, ohne daß die Sicherheitskräfte eingriffen. Mehr noch, Hunderte von Polizisten und Soldaten demonstrierten mit! Eine Welle der Hilfsbereitschaft und Solidarität erfaßte die Stadt. Private Händler und kleine Gewerbetreibende, deren vergleichsweise hohes Einkommen immer den Neid der weniger Begünstigten erregt hatte, reihten sich nicht nur in die Demonstrationszüge ein, sondern senkten die Preise oder boten ihre Leistungen umsonst an. Selbst die offiziellen, also staatlich gelenkten Medien berichteten ausführlich und mit offenkundiger Sympathie über die Bewegung. Alles schien möglich in diesen Tagen, sogar der Sturz der Regierung. Li Peng solle zurücktreten, forderte eine wachsende Anzahl von Demonstranten.

Viele Menschen, vor allem die Intellektuellen, richteten ihre Hoffnung auf den Nationalen Volkskongreß, der formal das höchste Organ der Staatsmacht ist.

Auf einer Dringlichkeitssitzung sollte dieses Gremium unter dem Vorsitz Wan Lis, der am 12. Mai zu einem Freundschaftsbesuch nach Kanada geflogen war, einen Ausweg aus der gegenwärtigen Krise finden, da Partei und Regierung offenbar unwillig oder unfähig waren zu handeln. Diese Ansicht wurde von einem Teil der Mitglieder des Ständigen Ausschusses des NVK geteilt. Am 17. Mai begann eines von ihnen, Hu Jiwei, unter den Mitgliedern des Ständigen Ausschusses des NVK Unterschriften für Aufrufe zur Einberufung einer Dringlichkeitssitzung dieses Gremiums zu sammeln. Am 24. Mai hatten bereits 57 Mitglieder des Ständigen Ausschusses des NVK einen solchen offenen Brief unterzeichnet. (Fünf von ihnen erklärten allerdings am 30. und 31. Mai, ihre Namen seien ohne ihre Zustimmung auf die Liste gesetzt worden.) Diese Mitglieder des Ständigen Ausschusses des NVK waren der Ansicht, daß das Gremium mehr sein müsse als ein Akklamationsorgan von Partei und Regierung. Es solle seine in der Verfassung definierten Aufgaben auch wahrnehmen.

Partei und Regierung befanden sich in einer Zwangslage. Eine gewaltsame Räumung des Tiananmen-Platzes, die von den Hardlinern befürwortet wurde, war angesichts des am 15. Mai beginnenden sino-sowjetischen Gipfels nicht opportun. Zudem hatten Zhao Ziyang und Wan Li seit Beginn der studentischen Proteste mehrfach auf Politbüro-Sitzungen ihren Widerstand gegen einen von Deng Xiaoping, Li Peng, Yang Shangkun und anderen konservativen und orthodoxen Kräften favorisierten harten Kurs angemeldet. Die Alternative - auf die studentischen Forderungen einzugehen - erschien den Konservativ-Orthodoxen jedoch unannehmbar. Schließlich hatte Deng Xiaoping bereits am 25. April Polen als warnendes Beispiel angeführt: Je größere Zugeständnisse man mache, desto stärker würden die oppositionellen Kräfte.

Am Ende rangen sich die politischen Führer zu einem Teilzugeständnis durch. Sie sandten am 13. und 14. Mai hochrangige Funktionäre zu den streikenden Studenten, die diese zum Abbruch ihrer Aktion und zum Verlassen des Platzes bewegen sollten - vergebens. Am 14. Mai setzten sich Yan Mingfu, ZK-Sekretär, Li Tieying, Leiter der Zentralen Erziehungskommission, und Wei Jianxing, Minister für Verwaltungskontrolle, mit Vertretern der hungerstreikenden Studenten und des "Autonomen Studentenverbands" zusammen. Zum ersten Mal fand somit ein Gespräch zwischen hochrangigen Vertretern der politischen Führung und Vertretern der in ihren Augen illegalen Organisation statt. Die Forderungen der Studenten aber waren weitergehend. Sie verlangten u.a. eine Direktübertragung des Dialogs in Rundfunk und Fernsehen. Dahinter steckte die verständliche Sorge, daß Partei und Regierung in nicht-öffentlichen Gesprächen gegebene Zusicherungen und Versprechen einfach leugnen würden. Auf eine öffentliche Übertragung des Dialogs mochten sich die Partei- und Regierungsvertreter nicht einlassen. Das Treffen wurde vertagt, der Hungerstreik fortgesetzt.

Die Partei- und Regierungsführung sah sich daher gezwungen, den sowjetischen Staatsgast Gorbatschow inmitten der von Protestkundgebungen brodelnden Hauptstadt zu empfangen. Was die Krönung von Deng Xiaopings politischer

Karriere werden sollte, geriet zu einem nahezu totalen diplomatischen und politischen Gesichtsverlust für den Architekten der Nach-Mao-Ära. Mehrfach mußte das Besuchsprogramm wegen der Demonstrationen geändert werden. Die Protestaktionen, nicht das Gipfeltreffen, beherrschten die Schlagzeilen der chinesischen wie der ausländischen Presse. Schlimmer noch, im Gespräch mit Gorbatschow machte der ZK-Generalsekretär Zhao Ziyang deutlich, daß Deng Xiaoping noch immer den politischen Kurs bestimme - und damit das mangelnde Eingehen von Partei und Regierung auf die studentischen Forderungen zu verantworten habe.

Zhao Ziyang hatte zu diesem Zeitpunkt offenbar bereits resigniert. Sein Vorschlag, die Krise mit der Erfüllung eines Teils der studentischen Forderungen zu lösen (u.a. Widerruf des Leitartikels der *Volkszeitung* vom 26. April, Untersuchung von Korruptionsfällen und Spekulationsgeschäften, in die hohe Kader und ihre Kinder verwickelt sind, Abbau der besonderen Privilegien von höheren Kadern) wurde von den Mitgliedern des Ständigen Ausschusses des Politbüros ebenso abgelehnt wie sein Vorschlag, persönlich auf den Tiananmen-Platz zu gehen und mit den Studenten zu sprechen. Am 17. Mai fiel - gegen die Stimmen von Zhao Ziyang und anderen radikalen Reformkräften - die Entscheidung der politischen Führung, mit Hilfe der Armee die Besetzung des Tiananmen-Platzes zu beenden.

Angesichts des Drucks der breiten Öffentlichkeit, die den Partei- und Regierungsführern vorwarf, gleichgültig zuzuschauen, wie sich junge Studenten aus Sorge um die Zukunft des Landes zu Tode hungerten, begaben sich Li Peng, Zhao Ziyang und andere Spitzenpolitiker am Morgen des 18. Mai ins Krankenhaus und besuchten die dort eingelieferten Teilnehmer des Hungerstreiks. Am Mittag desselben Tages traf Li Peng sogar in der Großen Halle des Volkes mit Vertretern der Hungerstreikenden zusammen. Dieses Gespräch, das im übrigen auch von einer Reihe von Partei- und Armeeveteranen gefordert worden war, wurde zwar nicht live vom Fernsehen übertragen, wie die Studenten gefordert hatten, doch wurde später ein Zusammenschnitt gezeigt. Die Studenten nannten zwei Forderungen: Zhao Ziyang oder Li Peng sollten auf den Tiananmen-Platz gehen und direkt mit den Studenten sprechen. Außerdem sollte der Leitartikel der *Volkszeitung* vom 26. April zurückgenommen werden. Li Peng erwiderte, diese beiden Forderungen könnten jetzt nicht besprochen werden. Weder Partei noch Regierung, so betonte er, hätten jemals gesagt, daß die große Masse der Studenten "Aufruhr" stifte. Jetzt aber drohe die Lage außer Kontrolle zu geraten, Beijing befinde sich im Grunde in einem Zustand der Anarchie. Hierfür wolle er keineswegs die Studenten verantwortlich machen, aber so sei nun einmal die Lage. Zum Schluß seiner Ausführungen appellierte Li Peng noch einmal an die Studenten, den Hungerstreik abzubrechen und sich im Krankenhaus behandeln zu lassen. Am Ende der einstündigen Zusammenkunft kamen die Regierungs- und Studentenvertreter überein, diese als "Treffen", nicht als "Dialog" zu bezeichnen.

Falls es je eine Chance für einen nachdenklichen, differenzierten Dialog gegeben hatte - zu diesem Zeitpunkt war sie längst vertan. Beide Seiten beharrten kompromißlos auf ihrem Standpunkt. Partei und Regierung hatten zwar einen Teil der studentischen Bedingungen erfüllt, indem sie den höchsten Regierungsvertreter zu dem Treffen entsandt und zumindest eine ausschnittweise Übertragung im Fernsehen zugelassen hatten, doch die Forderungen nach einem Gespräch mit den Studenten auf dem Tiananmen-Platz und nach Widerrufung des Leitartikels der *Volkszeitung* vom 26. April mochten sie nicht akzeptieren. Angesichts der Tatsache, daß die politische Führung intern bereits die Verhängung des Ausnahmezustands beschlossen hatte und daß bereits Armeeverbände mit einer Truppenstärke von weit über 100.000 Mann nach Beijing in Marsch gesetzt worden waren, erscheint das von Li Peng mit den Studenten geführte Gespräch allerdings lediglich als ein taktischer Zug, um nach außen zu "beweisen", daß die politische Führung gesprächsbereit war.

In den frühen Morgenstunden des 19. Mai begaben sich Zhao Ziyang und Li Peng zu den Hungerstreikenden auf den Tiananmen-Platz. Offenbar handelte es sich um eine eigenmächtige Aktion Zhao Ziyangs, die mit der Parteiführung nicht abgesprochen war. Li Peng soll ihm gefolgt sein, um den Studenten der Form halber seine Anteilnahme auszusprechen. Er hielt sich nur kurz auf dem Platz auf. Zhao Ziyang hingegen forderte die Hungerstreikenden bewegt und den Tränen nahe auf, ihre Aktion endlich abzubrechen. Wenn sie den Hungerstreik beendeten, würde die Regierung auf keinen Fall die Tür zum Dialog verschließen. Tatsächlich erklärten die Studenten am Abend, daß der Hungerstreik jetzt in einen Sitzstreik umgewandelt werde. Ausschlaggebend für diese Entscheidung war wohl weniger Zhao Ziyangs Versprechen als vielmehr die ihnen am Nachmittag zugespielte Information, daß in Kürze der Ausnahmezustand über die Stadt verhängt werden sollte. Damit wollten sie wahrscheinlich in letzter Minute der politischen Führung die Handhabe für den Einmarsch der Truppen in die Stadt nehmen.

Die Ankündigung, daß der Ausnahmezustand über Teile der Hauptstadt verhängt werde, erfolgte am Abend des 19. Mai. Auf einer Versammlung von Partei-, Regierungs- und Armeekadern, der Zhao Ziyang aus Protest fernblieb, erklärte Li Peng, daß die derzeit in Beijing herrschenden anarchischen Zustände sofortige Maßnahmen zur Bekämpfung des Aufruhrs erforderten. Anschließend kündigte Yang Shangkun an, daß Truppen der VBA nach Beijing gerufen worden seien, um die Ordnung wiederherzustellen. Diese Maßnahme, so erklärte er, richte sich jedoch nicht gegen die Studenten. Dieser Versicherung schenkte niemand Glauben. Gegen wen sonst sollte sich die Mobilisierung der Truppen richten? Um die "sehr, sehr kleine Minderheit von aufrührerischen Elementen", die angeblich die Studentenbewegung steuerten, dingfest zu machen, hätten die in Beijing bereits vorhandenen Sicherheitskräfte eigentlich ausreichen müssen.

Einheiten der VBA, die in den Vortagen um die Hauptstadt herum zusammengezogen worden waren, befanden sich zu diesem Zeitpunkt bereits auf dem

Weg ins Stadtzentrum. Schon in den Vororten wurde ihr Vorstoß jedoch von Einwohnern gestoppt. Mit Barrikaden aus Rohren, Absperrgittern und Fahrzeugen, vor allem aber mit ihren Körpern versperrten sie den Truppen den Weg.

4.3 Dritte Phase: Die ersten Tage des Ausnahmezustands, 20. Mai - 1. Juni

Am Morgen des 20. Mai gab der Staatsrat einen von Ministerpräsident Li Peng unterzeichneten Erlaß heraus, mit dem gemäß den Bestimmungen des Artikels 89, Absatz 16 der Verfassung der VR China über acht Bezirke der Hauptstadt der Ausnahmezustand verhängt wurde. Faktisch galt der Ausnahmezustand, der um 10.00 Uhr in Kraft trat, jedoch im gesamten Stadtgebiet. Gleichzeitig gab die Beijinger Stadtregierung drei Erlasse heraus. Dem ersten zufolge waren in den betroffenen Bezirken u.a. Demonstrationen, Petitionen, Vorlesungsstreiks und Arbeitsniederlegungen verboten. Der zweite Erlaß untersagte allen Ausländern, sich an Aktivitäten chinesischer Bürger zu beteiligen, die gegen den Ausnahmezustand verstießen. Der dritte Erlaß diente dazu, die Berichterstattung chinesischer und ausländischer Journalisten einzuschränken.

Mit der Verhängung des Ausnahmezustands endete die kurze Phase der offenen Berichterstattung über die Protestbewegung in den chinesischen Medien. Soldaten besetzten die Büros der bedeutenderen Zeitungen und Zeitschriften, des Rundfunks und des Fernsehens. Dennoch gelang es den Redakteuren in den folgenden Tagen immer wieder, Meldungen zu plazieren, die kaum verhüllt Kritik an der Verhängung des Ausnahmezustands übten.

Abgesehen von den Medien zeigten die Bestimmungen des Ausnahmezustands zunächst keinerlei Wirkung. Sie wurden schlicht ignoriert. Nacht für Nacht strömten die Einwohner auf die Straße, um den befürchteten neuerlichen Vorstoß der Truppen abzuwehren. Stadtbusse und Lastwagen blockierten die wichtigsten Kreuzungen. Am Morgen wurden die Barrikaden zum Teil zur Seite geräumt, damit Lebensmittel und andere Güter in die Stadt gelangen konnten. Die Verkehrspolizisten hatten sich völlig zurückgezogen. Studenten und Einwohner regelten den Verkehr. Da die U-Bahn am 20. Mai den Betrieb eingestellt hatte und die Busfahrer entweder streikten oder wegen der Barrikaden und der Demonstrantenmengen den Liniendienst nicht aufrechterhalten konnten, kam der Verkehr im Stadtzentrum für zwei Tage fast vollständig zum Erliegen.

Die Truppen in den Randbezirken der Stadt hatten sich, sofern sie nicht von Menschenmengen eingekesselt waren, in nahegelegene Kasernen zurückgezogen. Es gab zwar einzelne Zusammenstöße zwischen Soldaten und Einwohnern mit Verletzten auf beiden Seiten, doch die Soldaten schossen nicht. Viele erklärten sich mit den gegen den Ausnahmezustand protestierenden Studenten und Einwohnern solidarisch.

In der VBA war ein militärisches Vorgehen gegen die Demonstranten offenbar sehr umstritten. In einem Brief an den Kommandostab der für die Durchsetzung des Ausnahmezustands eingesetzten Truppen und an die ZK-Militärkommission sprachen sich am 21. Mai über hundert hochrangige Armeeveteranen gegen den Einmarsch der VBA-Truppen in die Stadt aus, da dies die gespannte Lage verschärfen und zu Blutvergießen führen könnte. Der Kommandeur des 38. Armeekorps, das zu der strategischen Einsatzreserve der Zentralen Armeeführung zählt, weigerte sich, seine Truppen gegen die demonstrierenden Studenten in Marsch zu setzen. Er wurde deshalb von seinem Amt abgelöst und vor ein Militärgericht gestellt. Auch im Kommandostab der Beijinger Garnisonstruppen gab es Widerstand gegen einen Truppeneinsatz zur Beendigung der weitgehend friedlichen Protestbewegung.

Der Tiananmen-Platz wurde in diesen Tagen weiterhin von streikenden Studenten besetzt gehalten, doch nahm ihre Zahl seit dem 22. Mai kontinuierlich ab. Viele Beijinger Studenten hatten sich wochenlang an den Protestkundgebungen beteiligt, tagelang auf dem Platz ausgeharrt, wo es weder Waschmöglichkeiten noch Toiletten gab. Nachts hatten sie auf dem nackten Boden geschlafen. Jetzt waren viele von ihnen völlig entkräftet und auch vom Nervenkrieg zermürbt. Immer mehr kehrten in die Wohnheime der Hochschulen zurück oder fuhren zu ihren Familien, um sich auszuruhen und in ihren Heimatorten für die Ziele der Studentenbewegung zu werben. Ihr Platz wurde von Studenten aus anderen Landesteilen eingenommen, die zur Unterstützung ihrer Beijinger Kommilitonen angereist waren.

Am 23. Mai kam es noch einmal zu einer Massendemonstration Beijinger Bürger, allerdings mit weniger Teilnehmern als in den Tagen des Hungerstreiks, dafür aber mit radikaleren Parolen. Auch die auf dem Platz verbleibenden Studenten radikalisierten sich zusehends. Sie gründeten ein "Oberkommando zur Verteidigung des Tiananmen-Platzes". Der am 27. Mai gefaßte Beschluß, den Platz am 30. Mai nach einer letzten Großdemonstration zu räumen, wurde nicht von allen Teilnehmern des Sitzstreiks mitgetragen. Ein Teil von ihnen war entschlossen, die Besetzung des Platzes unbefristet, zumindest bis zum 20. Juni aufrechtzuerhalten. An diesem Tag sollte nämlich eine Sitzung des Ständigen Ausschusses des NVK beginnen, und die Studenten wollten Druck ausüben, damit sich das Parlamentsorgan mit ihren Forderungen beschäftigte.

In dem Versuch, noch einmal große Teile der Beijinger Bevölkerung für ihre Ziele zu mobilisieren, wollten die Platzbesetzer einen zweiten Hungerstreik initiieren. Mangels Beteiligung kam dieser nicht zustande. Als die Studenten am 30. Mai auf dem Platz eine Frauenstatue enthüllten, die die "Göttin der Demokratie" symbolisieren sollte, kamen erneut Scharen von Einwohnern dorthin, jetzt aber eher von Neugier getrieben. Die Protestbewegung der Studenten drohte ganz allmählich zu versanden.

Währenddessen waren die konservativ-orthodoxen Kräfte innerhalb der politischen Führung damit beschäftigt, die Partei- und Armeezentrale auf ihren harten Kurs einzuschwören. In internen Reden bezichtigten Yang Shangkun, Li Peng und andere Zhao Ziyang, die Partei gespalten zu haben. Der ZK-Generalsekretär war zwar noch nicht offziell seines Postens enthoben worden, faktisch aber spätestens seit dem 19. Mai entmachtet. Wan Li, der während seines Staatsbesuchs in Kanada die Studentenbewegung noch nachdrücklich gelobt hatte, erklärte einige Tage nach seiner vorzeitigen Rückkehr in einer schriftlichen Stellungnahme seine Unterstützung für Li Peng.

Gleichzeitig wurden immer mehr Truppenverbände aus anderen Landesteilen in die Randbezirke von Beijing beordert. Die meisten Beobachter waren sich einig, daß die massive Truppenkonzentration nicht allein dazu dienen sollte, den Tiananmen-Platz von einer stetig abnehmenden Zahl von Besetzern zu säubern. Ihrer Ansicht nach sollte sie vor allem die drohende Gefahr eines Putsches seitens der Militärregion Beijing, deren Führung angeblich Zhao Ziyang unterstützte, abwenden.

In den letzten Mai- und ersten Junitagen drangen immer mehr Soldaten, teils in Zivilkleidung, teils in Uniform, ins Stadtzentrum vor. Am 30. Mai griffen erstmals seit Beginn der Protestbewegung die Sicherheitskräfte zu: 11 Mitglieder einer Gruppe von 300 bis 400 Motorradfahrern, die sich "Fliegende Tiger-Brigade" nannte, wurden verhaftet. Diese Gruppe hatte sich Mitte Mai der Protestbewegung angeschlossen und während des versuchten Vorstosses der VBA-Truppen ins Stadtzentrum Kurierdienste erfüllt. Ebenfalls am 30. Mai wurden drei führende Mitglieder des "Autonomen Arbeiterverbands" festgenommen, allerdings nach Protestkundgebungen von Studenten und Arbeitern am folgenden Tag wieder freigelassen. Gleichzeitig wurden offenbar intensive Vorbereitungen für eine gewaltsame Räumung des Platzes getroffen. Es gibt eindeutige Hinweise dafür, daß Truppen bereits am 1. Juni in Gebäude am Tiananmen-Platz eingezogen sind.

5 Die Niederschlagung der Protestbewegung

Am späten Abend des 2. Juni wurden die in den Außenbezirken der Hauptstadt zusammengezogenen Truppen in Richtung Stadtzentrum in Marsch gesetzt. Der Vorstoß der Truppen wurde durch einen Zufall von den Einwohnern bemerkt. Nach einem Verkehrsunfall, der sich gegen 23.00 Uhr bei Muxidi im Westen der Stadt ereignete und drei Todesopfer forderte, verbreiteten sich Gerüchte, daß dieser Unfall als Täuschungsmanöver inszeniert worden sei, um von einem Vorrücken der Truppen abzulenken. Studentische Propagandatrupps riefen daraufhin die Einwohner zum Barrikadenbau auf. Etwa eine Million Menschen strömten auf die Straßen und versuchten, die Soldaten aufzuhalten. Obwohl diese offensichtlich nicht mehr so zurückhaltend auftraten, wie die bis dahin in Beijing eingerückten Truppen, gelang es der Stadtbevölkerung noch einmal, den Vormarsch der VBA-Einheiten zu blockieren.

Am Nachmittag des 3. Juni begannen Polizisten und Soldaten, mit Schlagstöcken und Tränengasgranaten gegen die Menschenmengen, die sich ihnen in der

Nähe des Tiananmen-Platzes in den Weg stellten, vorzugehen. Studenten und Einwohnern gelang es zunächst, die Polizei- und VBA-Einheiten zum Rückzug zu zwingen. Am Abend versuchten dann ganze Konvois von Militärfahrzeugen ins Stadtzentrum vorzudringen. Sie wurden von Menschenmassen umringt. Manche Demonstranten klammerten sich an den Fahrzeugen fest und versuchten, die Soldaten von ihrem Vorhaben abzubringen. Um 18.30 Uhr kündigten die Beijinger Stadtregierung und der Kommandostab zur Durchsetzung des Ausnahmezustands in einer gemeinsamen Mitteilung an, daß die Armee jetzt ihre Aufgabe, den Aufruhr zu beenden und die Hauptstadt zu schützen, planmäßig ausführen werde. Gegen jeden Widerstand werde hart durchgegriffen werden. In einer weiteren dringenden Mitteilung wurde die Bevölkerung Beijings aufgerufen, sich nicht auf den Straßen aufzuhalten und nicht zum Tiananmen-Platz zu gehen, sondern am Arbeitsplatz oder zu Hause zu bleiben, damit ihre Sicherheit gewährleistet und unnötige Opfer vermieden würden. Spätestens gegen 22.30 Uhr erhielten die Truppen von der höchsten militärischen Führung ausdrücklichen Schießbefehl. Danach ähnelte das Vorgehen der Truppen teilweise der militärischen Eroberung einer von feindlichen Kräften gehaltenen Stadt.

Auf dem Tiananmen-Platz versammelten sich in den Abendstunden etwa 100.000 Menschen. Alle auf dem Tiananmen-Platz befindlichen Studenten legten einen Schwur ab, für den Demokratisierungsprozeß und den Schutz des Landes vor einer "kleinen Gruppe von Verschwörern" einzutreten und den Platz notfalls mit ihrem Leben zu verteidigen. Bei Muxidi begannen gegen 22.30 Uhr Soldaten, wahllos in eine weit über 1.000 Menschen zählende Menge zu schießen, die versuchte, den Vormarsch der Hauptangriffstruppen zum Tiananmen-Platz aufzuhalten. Bei dieser bis dahin blutigsten Auseinandersetzung zwischen Bevölkerung und VBA-Einheiten wurden wahrscheinlich weit über 100 Menschen getötet. Damit war, wie es ein aufmerksamer ausländischer Beobachter treffend analysiert hat, "das Muster der nächtlichen Auseinandersetzungen von Anfang an gesetzt: Willkürliche und brutale Tötungen durch die Armee kamen zuerst, schnell gefolgt von einer kleinen Anzahl von Rachemorden an Soldaten, durchgeführt von erregten und zunehmend aufständischen Bürgern." (R. Munro, "Who died in Beijing, and why", S. 814) Nach dem offensichtlichen Massaker an den Blockierern bei Muxidi erzwangen sich die Hauptangriffstruppen unter massivem Einsatz ihrer Waffen den Weg zum Tiananmen-Platz. Auch von Süden her drangen Truppen mit Waffengewalt zum Zentrum vor. Bei ihrem Vormarsch töteten die Soldaten eine weitere größere Anzahl von Zivilisten. In diesen Stunden wurden auch einige Soldaten von der aufgebrachten Bevölkerung gelyncht.

In den frühen Morgenstunden des 4. Juni riegelten die Truppen den Tiananmen-Platz ab und vertrieben den Großteil der Menge vom Platz. Dabei töteten sie am nördlichen und südlichen Rand weitere, wahrscheinlich mehrere Dutzend, Zivilisten. Später rückten Truppen von der Nordseite aus mit Panzern gegen das in der Mitte des Platzes befindliche Denkmal der Volkshelden vor. Dorthin hatten sich die auf dem Platz verbliebenen 3.000 bis 5.000 Studenten zurückgezogen. Nach Verhandlungen mit den VBA-Einheiten riefen die Studentenführer zum Verlassen des Platzes auf. In einer etwa einstündigen Aktion wurde der Platz bis kurz nach 5.30 Uhr geräumt. Dabei kam es offensichtlich nicht zu einem Massaker an den abziehenden Studenten. Allerdings wurden wahrscheinlich fünf oder sechs Studentinnen getötet, als Panzerfahrzeuge die weitestgehend verlassene Zeltstadt der Studenten niederwalzten.

Wie viele Todesopfer die militärische Niederschlagung der Protestbewegung in Beijing gefordert hat, läßt sich auch bei dem derzeitigen Kenntnisstand nicht genau klären. Mit Sicherheit wurden mehrere hundert Zivilisten von Soldaten getötet, möglicherweise auch mehr als 1.000. Die meisten der Getöteten waren keine Studenten, sondern Arbeiter und andere Bürger. Als gesichert gilt auch, daß die meisten der umgekommenen Menschen nicht auf dem Tiananmen-Platz den Tod fanden, sondern auf den Zufahrtsstraßen zum Stadtzentrum, vor allem entlang der großen Ost-West-Achse, und hier wiederum vor allem auf der Fuxingmen-Allee und auf der Westlichen Chang'an-Allee. Kein Zweifel besteht darin, daß die Truppen in der ganzen Stadt zum Teil mit äußerster Brutalität vorgegangen sind und wahllos in die Menschenmengen geschossen haben, die ihnen den Weg versperren wollten.

Die von Studenten und ausländischen Korrespondenten und Beobachtern genannten Zahlen der Opfer stiegen in den ersten Tagen, wenn nicht Stunden, nach Bekanntwerden des blutigen Militäreinsatzes stetig an und reichten bis in die Tausende. Daß es Tausende von Toten gegeben hat, läßt sich weder beweisen noch widerlegen. Hochrechnungen der uns bekanntgewordenen Meldungen aus verschiedenen Krankenhäusern legen nahe, daß die Zahl der Opfer niedriger war. Doch selbst wenn wahrscheinlich weniger Tote zu beklagen sind, als zunächst angenommen wurde, selbst wenn es "nur" einige hundert Tote gegeben haben sollte, bleibt die Tatsache, daß die politische Führung mit menschenverachtender Härte ein Exempel statuierte, um ihre Macht zu demonstrieren und die Bevölkerung einzuschüchtern.

6 Zusammenfassende Bewertung

Die Ereignisse des Frühsommers 1989 lassen sich unter einem Begriff zusammenfassen: Es handelte sich um einen zweifachen Machtkampf, das heißt, dieser Machtkampf verlief sowohl vertikal als auch horizontal. Die Konfrontation zwischen der KPCh und den oppositionellen Studenten und Intellektuellen bildete die vertikale Achse. Auf der horizontalen Achse fand ein intraelitärer Macht- und Richtungskampf zwischen der Koalition von konservativen Reformkräften, Sowjetmodell-Sanierern und orthodoxen Marxisten-Leninisten auf der einen und dem radikalen Reformflügel auf der anderen Seite statt. Beide Konflikte hatten sich im Laufe der letzten Jahre aufgebaut und verschärft. Im April und Mai 1989 brachen sie offen aus.

Hätte sich dieser zweifache Konflikt auch ohne Militäreinsatz lösen lassen? Aus der Sicht der Konservativ-Orthodoxen muß die Frage verneint werden. Die auf den ersten Blick so harmlos klingenden Forderungen der Studenten stellten tatsächlich eine Bedrohung des Führungsanspruchs der KPCh und des sozialistischen Systems dar. Mitspracherecht bei politischen Entscheidungen und damit Teilhabe an der Macht stand letztlich hinter all den Forderungen, die im Laufe der sieben Wochen erhoben wurden. Ob das dem Großteil der demonstrierenden Studenten so klar bewußt war, mag dahingestellt bleiben. Da Partei und Regierung es versäumten, die Bewegung gleich im Keim zu ersticken, wie Deng Xiaoping und andere Hardliner gefordert hatten, konnte sie sich in beispiellosem Maße entwickeln und während der gesamten zweiten Mai-Hälfte sogar - zumindest in Beijing - zu einer Volksbewegung anwachsen. Das Ignorieren aller gesetzlichen Bestimmungen, Verbote und Drohungen seitens der Stadtbevölkerung machte den seit Jahren zu beobachtenden Autoritätsverfall der KPCh auf für sie geradezu demütigende Weise sichtbar. Dies war vielleicht die letzte Chance für die Partei, ihren Machtanspruch eindrucksvoll und wirksam geltend zu machen.

Innerhalb der Partei war die von den Konservativ-Orthodoxen getragene Entscheidung, die VBA gegen das Volk in Marsch zu setzen, heftig umstritten. Zhao Ziyang zeigte erbitterten Widerstand. Das bedeutet allerdings nicht, daß er sich an die Spitze der Protestbewegung stellen wollte. Seine Taktik scheint vielmehr gewesen zu sein, eine Eskalation der Bewegung durch scharfe Töne zu vermeiden, den demonstrierenden Studenten mit Teilzugeständnissen entgegenzukommen und den Protest ansonsten auszusitzen. Tatsächlich zeigte die Bewegung Ende Mai nicht nur aufgrund der Verhängung des Ausnahmezustands Ermüdungserscheinungen. Die Zahl der Studenten, die den Tiananmen-Platz besetzt hielten, hatte kontinuierlich abgenommen, desgleichen die Unterstützung der Stadtbevölkerung. Die Arbeiter und Angestellten waren an ihre Arbeitsplätze zurückgekehrt. Hätten Partei und Regierung die verbleibenden Demonstrantenhäuflein gewähren lassen, so wäre die Bewegung vermutlich mangels Beteiligung im Sande verlaufen. Und das wäre der bitterste Rückschlag gewesen, den sie hätte erleiden können. Statt dessen schlug die Staatsgewalt brutal zu und schuf damit die Basis für ein Fortbestehen der Bewegung.

Es ist müßig zu spekulieren, was geschehen wäre, wenn sich die politische Führung tatsächlich mit der vorwiegend jungen Opposition zusammengesetzt hätte. Die Tatsache, daß Dialog und Diskussion zwischen Führung und Opposition als Form der politischen Auseinandersetzung keinerlei Tradition in der VR China besitzen, läßt immerhin daran zweifeln, daß beide Seiten auf diesem Wege zu einer friedlichen Lösung des Konflikts gelangt wären. Bei gutem Willen hätte die politische Führung zumindest einen ernsthaften Versuch machen können - doch der war offenkundig nicht vorhanden.

Vom Tod Hu Yaobangs bis zur blutigen Niederschlagung der Studentenbewegung
- Eine Chronologie -

Vorbemerkung

Die Chronologie umfaßt den Zeitraum vom Tod Hu Yaobangs am 15. April 1989 bis zur blutigen Niederschlagung der Protestbewegung von Studenten und breiten Teilen der städtischen Bevölkerung Anfang Juni 1989. Berücksichtigt wurden ferner die wichtigsten Entscheidungen der politischen Führung bis zur 4. Plenartagung des XIII. Zentralkomitees der Kommunistischen Partei Chinas (KPCh) Ende Juni 1989, die in direktem Bezug zum oben genannten Zeitraum stehen.

Die Chronologie beruht auf einer umfangreichen Sammlung von chinesischen, englischen, französischen und deutschen Presseberichten im Original oder in der englischen Übersetzung der BBC in *Summary of World Broadcasts*, auf bis Ende 1989 erschienenen Monographien und Sonderpublikationen zu diesem Thema, veröffentlichten und unveröffentlichten Augenzeugenberichten, auf Originaldokumenten der chinesischen Studentenbewegung des Frühjahrs 1989 (wie Flugblätter, Wandzeitungen u.ä.) sowie auf Dokumenten der KPCh und des Staatsrats der Volksrepublik China (Zentralregierung).

Angesichts der Fülle des Materials mußte eine Auswahl getroffen werden, die vom Nachrichtenwert der einzelnen Meldung für diese Chronologie bestimmt wurde. Außerdem galten folgende Auswahlkriterien: Lagen zu einem bestimmten Vorfall mehrere Berichte vor, die sich weitgehend entsprachen, so wurde nur ein Bericht, in der Regel gekürzt, wiedergegeben und - wo nötig - durch andere Berichte ergänzt. Einander widersprechende Darstellungen eines Vorfalls wurden in der Regel einander gegenübergestellt, weil wir uns aus grundsätzlichen Erwägungen und aus dokumentarischen Gründen nicht für eine "richtige" Darstellung entscheiden wollten. Besonders starke Abweichungen fanden sich z.B. bei den Angaben zur Teilnehmerzahl der verschiedenen Demonstrationen und zu den Zahlen der während der Niederschlagung der Protestbewegung getöteten Personen. Sehr unterschiedlich und widersprüchlich waren auch die Darstellungen über den Verlauf des Armee-Einsatzes am 3./4.Juni 1989.

Nicht berücksichtigt wurden vollkommen vage Meldungen und Berichte, die nur geringen oder gar keinen Erkenntniswert besitzen (wie: "In der Ferne hört man etwas wie schwere Bomben. Vielleicht gehen Benzintanks in die Luft." in: Harrison E. Salisbury: *13 Tage im Juni. Tiananmen-Tagebuch. Als Augenzeuge in China*. Frankfurt/M. 1989, S. 99) Ebenfalls nicht berücksichtigt wurden Solidaritätskundgebungen von Chinesen im Ausland (Demonstrationen in Hongkong, Taiwan, den USA usw.) sowie die Reaktionen des Auslands auf die blutige Niederschlagung der Studentenbewegung.

Dokumente der Demokratiebewegung und der Partei- und Staatsführung werden in der Regel in Zusammenfassung wiedergegeben. Besonders wichtige oder aussagekräftige Dokumente, die im Wortlaut ungekürzt oder in Auszügen zitiert werden, sind durch einen Rahmen hervorgehoben. Einfügungen in eckigen Klammern stellen unsere Erläuterungen dar und sollen dem Leser das Verständnis erleichtern.

Offizielle Darstellungen und Untersuchungsberichte, die von Partei und Regierung der VR China nach der blutigen Niederschlagung der Studentenbewegung zur Rechtfertigung des Armee-Einsatzes veröffentlicht wurden, werden - mit einem Sternchen versehen - auszugsweise am entsprechenden Ort angeführt.

Zusammenfassungen und Paraphrasen von Berichten folgen möglichst eng der Vorlage und geben auch darin enthaltene Wertungen der Beobachter wieder.

Unter dem jeweiligen Datum erscheinen zunächst die Ereignisse, die in Beijing stattgefunden haben, anschließend solche, die aus anderen Landesteilen gemeldet wurden. Diese Meldungen sind in der alphabetischen Folge der provinzfreien Städte (Shanghai, Tianjin), der Provinzen (Anhui, Fujian, Gansu, Guangdong usw.) und der Autonomen Gebiete (Guangxi, Innere Mongolei, Tibet, Xinjiang) angeordnet.

Um den Lesern angesichts der doch sehr umfangreichen Chronologie den Überblick zu erleichtern, findet sich unter jedem Datum zunächst eine stichwortartige Zusammenfassung der wichtigsten Ereignisse des betreffenden Tages. Außerdem wird im Kolumnentitel jeweils das Datum genannt, zu dem der darunterstehende Text gehört.

Am Ende der jeweiligen Meldung oder des zitierten Dokuments - hin und wieder auch am Anfang - ist die Quelle angegeben, in der Regel in Klammern gesetzt. Häufig genannte Titel von Zeitungen und Zeitschriften erscheinen in der Quellenangabe als Abkürzung. In einem Abkürzungsverzeichnis am Beginn des Buches findet der Leser den vollständigen Titel. Für die Quellenverweise auf Buchtitel oder Aufsätze wurden Kurzformen verwendet (z.B.: T. Saich, "The Rise and Fall...", S. 186). Die vollständigen Titelangaben sind in einem Literaturverzeichnis am Ende des Buches enthalten. Unveröffentlichte Augenzeugenberichte und Gedächtnisprotokolle wurden verschlüsselt und in der Quellenangabe als "PB [Persönliche Berichte] 1, 2, 3" usw. bezeichnet, um die Verfasser vor möglichen Repressalien zu schützen.

Die Namen von Zeitungen und Zeitschriften, Hochschulen und Universitäten, Massenorganisationen, Regierungsinstitutionen usw. werden in Übersetzung wiedergegeben, wobei die Terminologie, die in den einzelnen Berichten stark variiert, vereinheitlicht wurde. Da in diesem Zeitraum eine verwirrende Fülle von autonomen Organisationen gegründet wurde, ist im Glossar jeweils die chinesische Bezeichnung in der Umschrift Hanyu Pinyin angegeben. Dies gilt auch für in der VR China erscheinende Zeitungen und Zeitschriften sowie für einige Forschungseinrichtungen.

15. April 1989, Samstag

- **Der reformorientierte frühere ZK-Generalsekretär Hu Yaobang verstirbt**
- **Erste Trauerbekundungen zum Tod von Hu Yaobang und kritische Wandzeitungen an Beijinger Universitäten**

Der frühere ZK-Generalsekretär Hu Yaobang stirbt im Alter von 73 Jahren an den Folgen eines Herzanfalls, den er am 8. April während der 17. Plenarsitzung des Politbüros des XIII. Zentralkomitees (ZK) erlitten hat.

Hu Yaobang war am 16. Januar 1987 u.a. wegen seiner relativ liberalen Position in der Diskussion über politische Reformen im Frühjahr und Sommer 1986 und wegen seiner verständnisvollen Haltung gegenüber den Studentendemonstrationen Ende 1986 gestürzt worden. Er hatte sich in den Jahren nach dem Tod Mao Zedongs vor allem für eine Entdogmatisierung des Maoismus und des Marxismus in China eingesetzt. Seine Kritik an der Korruption vieler Führungskader und an der Überalterung der politischen Führungsspitze sowie seine Forderungen nach einem wirklichen Rücktritt der alten Garde der Parteiveteranen schafften ihm viele Feinde. Er galt als offen und freimütig, ehrlich, bescheiden und doch mutig. Deshalb wurde er von einem großen Teil der Bevölkerung als eine der wenigen rühmlichen Ausnahmen innerhalb der Führungsspitze angesehen. Vor allem bei den Intellektuellen erfreute er sich großer Beliebtheit, da er sich immer dagegen ausgesprochen hatte, auf die alten Unterdrückungsmethoden gegenüber der geistigen Elite des Landes zurückzugreifen. (C.a., April 1989, Ü 11)

Auf dem Campus mehrerer Universitäten, darunter der Beijing-Universität und der Volksuniversität, erscheinen Wandzeitungen mit Klagegedichten über den Tod Hu Yaobangs. Eine der Wandzeitungen lautet: "Jene, die hätten sterben sollen, starben nicht. Jene, die leben sollten, starben zu früh" (D.J. Firestein, *Beijing Spring 1989...*, S. 18). Auf einigen wird auch Kritik an Partei und Regierung geäußert. In der Hauptstadt verbreitet sich die Nachricht, daß Studenten sich auf Protestmärsche vorbereiten. (ZTS, 17.4.89, nach SWB, 19.4.89)

Gerüchte um den Tod von Hu Yaobang beginnen zu kursieren. Eines besagt, daß Hu Yaobangs Herzanfall auf provozierende und beleidigende Äußerungen von Li Peng auf der 7. Plenarsitzung des Politbüros zurückzuführen sei. Einem anderen Gerücht zufolge soll Hu von seinen politischen Widersachern ermordet worden sein.

16. April 1989, Sonntag

- **Offizieller Nachruf auf Hu Yaobang erregt Unmut unter Studenten**
- **Trauerbekundungen und Proteste an Beijinger Universitäten weiten sich aus**
- **Studenten legen auf dem Tiananmen-Platz Kränze für Hu Yaobang nieder**
- **Auch an der Fudan-Universität in Shanghai kommt es zu Protesten**
- **Erste Wandzeitungen erscheinen an Universitäten in Fuzhou und Nanjing**

16. April 1989

In der *Volkszeitung* erscheint der Nachruf des ZK der KPCh auf Hu Yaobang, in dem er als "loyaler Kämpfer für den Kommunismus, großer proletarischer Revolutionär, großer Staatsmann, prominenter Politkommissar der Volksbefreiungsarmee und herausragender Führer, der innerhalb eines langen Zeitraums wichtige Ämter in der Partei innehatte", gewürdigt wird. (RMRB, 16.4.89) - Über die Rolle Hu Yaobangs während der Diskussion über politische Reformen und während der Studentendemonstrationen Ende 1986 hüllt sich der Nachruf in Schweigen.

Beijinger Studenten äußern ihren Unmut darüber, daß in dem offiziellen Nachruf der erzwungene Rücktritt Hu Yaobangs vom Posten des ZK-Generalsekretärs im Januar 1987 einfach übergangen wird. (MB, 17.4.89, nach SWB, 18.4.89)

Wie am Vortag kommt es in über zehn Beijinger Hochschulen, darunter in der Beijing-Universität, der Qinghua-Universität, der Volksuniversität und der Zentralen Hochschule für Nationalitäten, zu spontanen Trauerbekundungen der Studenten zum Tod von Hu Yaobang. Auf einem Transparent in der Qinghua-Universität wird der Rücktritt Li Pengs gefordert. (MB, 17.4.89, nach SWB, 19.4.89) Auf einer Wandzeitung auf dem Gelände der Beijing-Universität ist zu lesen: "Die Aufrechten sterben, die Wortbrüchigen sind noch am Leben." (LYTX, Mai 1989) Die Studenten beeilen sich, die anonymen Wandzeitungen aufzuhängen, um nicht vom Universitätspersonal erkannt zu werden. Es heißt, die Aktivisten auf dem Campus beabsichtigen, den Tod Hu Yaobangs auszunutzen, um dem studentischen Verlangen nach mehr Demokratie und Redefreiheit Nachdruck zu verleihen. An den Eingangstoren der Beijing Universität werden Studenten anderer Universitäten abgewiesen, um zu vermeiden, daß es zu gemeinsamen Demonstrationen kommt. (SCMP, 16.u.17.4.89, nach FBIS, 17.4.89)

Der Studentenverband und der Postgraduiertenverband der Beijing-Universität bringen eine gemeinsame Erklärung heraus. Darin heißt es, daß alle Lehrer und Studenten der Beijing-Universität den Tod Hu Yaobangs tief betrauerten. Nach Anhörung der Studenten habe man folgende Entschließungen gefaßt: Die beiden Studentenverbände werden
1. einen gemeinsamen Arbeitsausschuß für die Trauerfeierlichkeiten zum Tode Hu Yaobangs einrichten;
2. dem Verstorbenen im Namen der Studenten ein Klagegedicht widmen;
3. besondere Anlaufstellen einrichten, um die Ansichten der Studenten zu sammeln und zu erörtern;
4. eine Stätte für Trauerkundgebungen zum Tode Hu Yaobangs einrichten;
5. die Forderung erheben, daß ein Studentenvertreter zu der offiziellen Trauerfeier zugelassen werde.

(ZTS, 16.4.89, nach SWB, 19.4.89)

Beijinger Studenten legen Kränze am Denkmal der Volkshelden auf dem Tiananmen-Platz nieder (J. Kahl, in: SZ, 17.4.89), darunter etwa 300 Studenten der Beijing-Universität, die am Abend auf dem Platz eintreffen (T. Saich, "The Rise and Fall...", S. 186).

Das Hauptbüro der ZK-Militärkommission erläßt den Befehl, daß die Große Halle des Volkes vom heutigen Abend an zusätzlich durch zwei voll bewaffnete Kompanien bewacht wird. (ZM, Mai 1989, S. 94)

Shanghai
An den Anschlagtafeln vor der Mensa der Fudan-Universität erscheinen Wandzeitungen, auf denen es u.a. heißt: "Auch wenn Hu Yaobang gestorben ist, sein Geist wird ewig leben", "Jeder weiß, daß Hu Yaobang das Opfer der Unterdrückung der Studentendemonstrationen von 1986 ist". Auf einem Plakat wird der verstorbene Politiker als "Soldat der Demokratie" bezeichnet. Am Abend beginnen Studenten Thermos- und Weinflaschen aus den Fenstern ihrer Schlafräume zu werfen, dann brennende Zeitungen und Kleidungsstücke. (S. Ren Chen, in: FEER, 11.5.89, S. 12)

Fujian
In der Pädagogischen Universität Fujian in Fuzhou haben Studenten einen großen Trauerkranz vor ihren Wohnheimen aufgestellt. Es wurde auch ein Altar in traditionellem Stil mit Opfergaben und einem aus der Zeitung ausgeschnittenen Photo Hu Yaobangs errichtet. Der Altar war am nächsten Tag verschwunden, Wandzeitungen mit Trauerbekundungen blieben eine Woche lang hängen. (M.S. Erbaugh u.a., "The 1989 democracy movement in Fujian...", S. 146 f.)

Jiangsu
Auf dem Campus der Nanjing-Universität erscheinen die ersten Wandzeitungen. Sie hängen an den Anschlagtafeln, die normalerweise nur für offizielle Ankündigungen benutzt werden. Diese nicht-genehmigten Wandzeitungen geben Berichte der *Voice of America* und der *BBC* aus Beijing wieder, beklagen den Tod Hu Yaobangs und stellen ihn als einen Vorkämpfer für Reform und Demokratie dar. In einer Reihe von Wandzeitungen wird zum Ausdruck gebracht, daß mit dem reformorientierten Hu der falsche politische Führer verstorben sei. Offenbar wollen die Verfasser dieser Wandzeitungen den Tod Hu Yaobangs nutzen, um die Studenten für den Kampf für Freiheit und Demokratie zu mobilisieren. Darüber hinaus wird in den Wandzeitungen direkte Kritik am politischen System und der Parteiführung geübt. Die Frage nach möglichen Demonstrationen beantwortet ein Student so, daß man dafür den Schutz der Dunkelheit benötige. Die Studenten sind zögerlich und unentschlossen, was konkrete Aktionen betrifft. (R. Lufrano, "Nanjing Spring...", S. 20-21)

17. April 1989, Montag

- **Studenten veranstalten eine Trauerkundgebung auf dem Tiananmen-Platz und fordern Demokratie**
- **An der Nankai-Universität in Tianjin erscheinen die ersten Wandzeitungen**

In Beijing marschieren Studenten zum Tiananmen-Platz und legen am Denkmal der Volkshelden Kränze für den verstorbenen Hu Yaobang nieder. Die Angaben über die Zahlen der Studenten schwanken zwischen einigen hundert und einigen tausend:

- einige hundert Studenten der Hochschule für Politik und Recht (GDWTYJ, 15.6.89, S. 16);
- über 500 Lehrer und Studenten dieser Hochschule (ZTS, nach SWB, 20.4.89);
- 700 Studenten (afp, nach SWB, 18.4.89);
- 5.000 Studenten (*Xueran de fengcai*, S. 8);
- einige tausend Studenten (*Tansuo*, Juni 1989, S. 8).

Sie fordern Demokratie und Freiheit sowie Maßnahmen gegen Korruption und Bürokratie. Während ihrer Kundgebung versammeln sich etwa 4.000 Menschen in der Nähe des Denkmals. Die Polizei schreitet nicht ein. (afp, nach SWB, 18.4.89)

Shanghai
Mehr als 1.000 Studenten marschieren frühmorgens durch die Stadt und singen dabei Revolutionslieder. (C. MacDougall, in: FT, 18.4.89) Ein anderer westlicher Beobachter beziffert ihre Zahl auf "nur etwa 1000". (J.H. Maier, "... The View from Shanghai", S. 4)

Tianjin
An der Nankai-Universität erscheinen die ersten Wandzeitungen. Deren Inhalte sind noch relativ harmlos und beinhalten keine detaillierten politischen Forderungen. Zwei der kritischeren Parolen lauten: "Derjenige, der nicht hätte sterben sollen, starb, doch derjenige, der hätte sterben sollen, starb nicht" (bugaiside sile, gaiside meiyou si) und "Wir wollen eine saubere Regierung, und wir wollen keine Führer, die hinter einem Vorhang Audienzen gewähren und Politik machen" (yao lian zheng, buyao chuilian tingzheng). (J. Fox, "... Consequences in Tianjin", S. 137) - Letztere Parole ist eine indirekte Kritik an den Parteiveteranen um Deng Xiaoping und Chen Yun, die trotz ihrer formalen Pensionierung hinter den Kulissen weiterhin die wichtigsten politischen Entscheidungen treffen.

18. April 1989, Dienstag

- **Weitere Trauerkundgebungen und Protestmärsche zum Tiananmen-Platz**
- **Beijinger Studenten beginnen sich zu organisieren**
- **An der Beijing-Universität wird der erste unabhängige Studentenverband gegründet**
- **800 Studenten veranstalten vor der Großen Halle des Volkes einen Sitzstreik**
- **Vertreter des NVK nehmen ein studentisches Bittgesuch mit sieben Forderungen entgegen**
- **Die Beijinger Garnison, die Bewaffnete Volkspolizei Beijing und die in Beijing stationierten VBA-Einheiten sind in Alarmbereitschaft versetzt worden**
- **Erste Krisensitzung der politischen Führung**
- **Demonstrationen in Shanghai, Xi'an und Tianjin**

18. April 1989

Um 1.00 Uhr marschieren über 1.000 Studenten der Beijing-Universität mit einem in der Nacht gefertigten Transparent, das die Aufschrift "Die Seele Chinas" (Zhongguo hun) trägt, zum ca. 15 km entfernten Tiananmen-Platz. Andere Hochschüler schließen sich ihnen an. (LYTX, Mai 1989).

Etwa 3.000 Beijinger Studenten ziehen am frühen Morgen zum Tiananmen-Platz und geben im Büro des Ständigen Ausschusses des Nationalen Volkskongresses (NVK) eine "Petition in sieben Punkten" ab. (*Beizhuang de minyun*, S. 11) - Im Wortlaut und in der Reihenfolge der einzelnen Punkte unterscheidet sich diese Petition von den weiter unten im vollständigen Wortlaut wiedergegebenen "Forderungen in sieben Punkten." Möglicherweise kursierten unter den Studenten unterschiedliche Fassungen. Der Inhalt der Petitionen ist jedoch in allen Versionen im wesentlichen gleich. - Vergleiche zu dieser Aktion auch den am 18. Juli in der parteiamtlichen *Beijing-Tageszeitung* veröffentlichten Bericht unter dem 18./19. April.

Schon in den frühen Morgenstunden versammeln sich mehr als 10.000 Menschen auf dem Platz und fordern mehr Demokratie. (N. Kristof, in: IHT, 19.4.89)

Am frühen Morgen versammeln sich 10.000 Studenten in der Chinesischen Volksuniversität, um des verstorbenen Hu Yaobang zu gedenken. Etwa 2.000 von ihnen marschieren später zum Tiananmen-Platz, wo sie den Rücktritt der Regierung und die Rehabilitierung Hu Yaobangs verlangen. (afp, nach SWB, 18.4.89) Unter dem Jubel der Demonstranten auf dem Platz fordert ein Redner den Rücktritt des Politbüros. (rtr, nach SZ, 19.5.89)

Die nicht angemeldeten, geordnet verlaufenden Demonstrationen der Studenten werden von Polizisten genau beobachtet, Teilnehmer werden fotografiert, aber es wird nicht eingegriffen. Die Parolen reichen von Trauerbekundungen für Hu Yaobang, über den Kampf gegen Korruption und Bürokratie bis zu Forderungen nach Demokratie und politischen Reformen. (SCMP, 18.4.89, nach FBIS, 18.4.89, S. 12)

Eine Gruppe von ca. 1.000 Demonstranten versucht, in die Große Halle des Volkes einzudringen, um dort einen Kranz aufzustellen. Wachen verschließen das Gebäude rechtzeitig und können die Demonstranten dazu bewegen, ihnen den Kranz zu übergeben. (N. Kristof, in: IHT, 19.4.89) Einer anderen Darstellung zufolge überwinden Studenten den Polizeikordon vor der Großen Halle des Volkes und geben am Eingang einen Kranz für den verstorbenen Hu Yaobang ab. (*Beizhuang de minyun*, S. 12)

An Beijinger Hochschulen und Universitäten bilden Studenten Sprecherräte. (T. Reichenbach, in: taz, 22.4.89)

An der Beijing-Universität gründen Studenten den ersten unabhängigen Studentenverband. (T. Saich, "The Rise and Fall...", S. 190)

Der von Studenten der Beijing-Universität gegründete unabhängige Studentenverband sendet an mehr als 100 Hochschulen in allen größeren Städten des

18. April 1989

Landes Telegramme, in denen er alle Studentenverbände zu Trauerkundgebungen für Hu Yaobang, zum Kampf gegen die Alleinherrschaft [der KPCh] und zum Einsatz für Demokratie auffordert. (*Beizhuang de minyun*, S. 15 f.)

Die Zahl der Menschen auf dem Tiananmen-Platz steigt am Nachmittag auf über 30.000. (*Beizhuang de minyun*, S. 12)

Am Nachmittag veranstalten Studenten der Beijing-Universität, der Qinghua- und der Volksuniversität auf dem Tiananmen-Platz vor dem Osteingang der Großen Halle des Volkes einen friedlichen Sitzstreik und verkünden eine "Forderung in sieben Punkten" (WHB, 19.4.89, nach SWB, 21.4.89):

DOKUMENT

Forderung in sieben Punkten

1. Neubewertung der Verdienste und Fehler Hu Yaobangs; Befürwortung der Prinzipien Demokratie, Freiheit, Toleranz und Harmonie.
2. Klarstellung des Wesens der Kampagnen gegen die "geistige Verschmutzung" und gegen die "bürgerliche Liberalisierung" sowie Rehabilitierung der Menschen, die im Zuge dieser Kampagnen zu Unrecht verurteilt wurden.
3. Offenlegung der Jahreseinkommen und aller Nebeneinkünfte der Führer und ihrer Kinder sowie klare Stellungnahme zum Kampf gegen Korruption und moralischen Verfall.
4. Aufhebung des Verbots [unabhängiger] Zeitungen; Presse- und Publikationsfreiheit.
5. Erhöhung der Ausgaben im Erziehungswesen, Anhebung der Einkünfte der Intellektuellen.
6. Aufhebung der [am 26.12.86] vom Beijinger Volkskongreß erlassenen "Zehn Bestimmungen" gegen Demonstrationen.
7. Sofortiges Eingehen der zuständigen Behörden auf die Forderungen der Studenten; unparteiische und aktuelle Berichterstattung über die gegenwärtigen Ereignisse in den Zeitungen.

Tansuo, Juni 1989, S. 11; weitere, meist gering voneinander abweichende Versionen dieser Petition finden sich in: WHB, 19.4.89, nach SWB, 21.4.89; *Guangjiao Jing*, Mai 1989, S. 7; LYTX, Mai 1989; taz, 22.4.89)

---

* Wie die konservativ-orthodoxe Koalition, die im intraelitären Machtkampf schließlich Sieger blieb, diese von Studenten erhobenen Forderungen bewertete, geht aus dem "Bericht über die Unterbindung des Aufruhrs und die Niederschlagung des konterrevolutionären Putsches" [chin.: baoluan; eigentlich: Rebellion] hervor, den Chen Xitong, Staatskommissar des Staatsrats und Oberbürgermeister der Stadt Beijing, am 30. Juni im Auftrag des Staatsrats auf der 8. Tagung des Ständigen Ausschusses des VII. NVK vorlegte (in: RMRB, 7.7.89; deutsch in: BRu, 25.7.89; fortan zitiert als: Chen Xitong, in: BRu, 25.7.89).

Darin heißt es, daß obenstehender Forderungskatalog wie auch die an den folgenden Tagen eingereichten (vergleiche etwa 20. und 23. April) im wesentlichen aus zwei Punkten bestünden: Neubewertung der Fehler und Verdienste Hu Yaobangs sowie Verneinung des Kampfes gegen die "bürgerliche Liberalisierung" "von Grund auf" und politische Rehabilitierung der Bürger, die während dieser Kampagne "in fälschlicher Weise angeschuldigt worden sind". "Diese beiden Punkte", so Chen Xitong, "zielen dem Wesen nach darauf, in China die absolute Freiheit für den Kampf gegen die Vier Grundprinzipien [Festhalten an der Führung durch die KPCh, am Sozialismus, an der Diktatur des Proletariats und am Marxismus-Leninismus und den Mao-Zedong-Ideen] und für die Verwirklichung des Kapitalismus zu erlangen." (Chen Xitong, in: BRu, 25.7.89, S. VIII)

Die Zahl der Studenten, die an dem Sitzstreik teilnehmen, beträgt zwischen 200 (LYTX, Mai 1989) und 800 (ZTS, 18.4.89, nach SWB, 21.4.89). Sie distanzieren sich von der Forderung nach dem Rücktritt des Politbüros, die ein Redner am Vormittag erhoben hatte. (rtr, nach SZ, 19.4.89) Sie singen die Nationalhymne und "Tuanjie jiu shi liliang" (Einheit bedeutet Stärke) und verlangen ein Treffen mit Mitgliedern des Ständigen Ausschusses des NVK und die Erfüllung ihrer Forderungen, doch nur ein Funktionär des Petitionsbüros [des NVK] hört sich die Ansichten der Studentenvertreter an. (LYTX, Mai 1989) Am Abend nehmen drei Vertreter des NVK eine Petition der Studenten entgegen, in der diese die Erfüllung ihrer "Forderung in sieben Punkten" verlangen. (ZTS, 18.4.89, nach SWB, 21.4.89) In der Hongkonger *South China Morning Post* heißt es, die drei NVK-Delegierten seien vom Beijinger Parteikomitee der KPCh autorisiert worden, die Petition anzunehmen. (SCMP, 19.4.89, nach FBIS, 19.4.89, S. 13) - Vergleiche hierzu auch die drei Monate später seitens der Regierung erfolgte Darstellung unter dem Datum 18./19. April.

Am Abend steigt die Zahl der Menschen auf dem Platz nach Schätzungen auf über 10.000, darunter auch Arbeiter. (N. Kristof, in: IHT, 19.4.89) Nach anderen Angaben versammeln sich an diesem Tag 100.000 Studenten und Beijinger Bürger auf dem Platz und fordern Demokratie sowie die Neubewertung Hu Yaobangs. (ICM, Juni 1989, S. 28) - Möglicherweise ist diese Zahl durch Addition aller Demonstranten, die am frühen Morgen, am Vormittag, Nachmittag und am Abend zum Platz gezogen sind, zustande gekommen.

Nach einem Bericht der Hongkonger *South China Morning Post* machen die Studenten etwa ein Drittel der auf dem Platz versammelten Menschen aus. Einige Studenten berichten, sie bekämen stillschweigende Unterstützung von ihren Universitätsleitungen, so lange das sichtbare Ziel ihrer Aktionen die Trauer um Hu Yaobang sei. Die Parteisekretärin der Qinghua-Universität soll sogar zusammen mit Studenten einen Kranz zur Großen Halle des Volkes gebracht haben. (SCMP, 19.4.89, nach FBIS, 19.4.89, S. 14)

In einem Radio-Interview mit *Voice of Israel* äußert der Astrophysiker Fang Lizhi, der sich als Regimekritiker seit langem bei der politischen Führung unbeliebt gemacht hat, daß die Studenten zwar vor allem Hu Yaobang gedenken wollen, gleichzeitig aber auch die Gelegenheit nutzen möchten, um Demokratie und Freiheit zu fordern. Nach Ansicht von Fang Lizhi verläuft die Studentenbewegung im wesentlichen spontan. Es gebe auch keine bestimmten Führer, die hinter den Aktionen der Studenten stünden. (*Radio Jerusalem*, 18.4.89, nach FBIS, 18.4.89, S. 20)

Die Truppen der Beijinger Garnison, die Bewaffnete Volkspolizei Beijing und die in der Stadt Beijing stationierten VBA-Einheiten der Militärregion Beijing sind bereits in Alarmbereitschaft versetzt worden. Das Parteikomitee der Stadt Beijing weist die Sicherheitsabteilungen und die Bewaffnete Volkspolizei an, die Bewegungen in der Studentenschaft und in der Gesellschaft aufmerksam zu verfolgen. Gegen studentische Aktivitäten, bei denen lediglich Trauer um Hu Yaobang der Anstoß sei, solle nicht vorschnell eingeschritten werden. Dennoch sollten sich zusätzlich [zu den bereits in der Stadt befindlichen Truppen] zwei voll bewaffnete Bataillone auf dem Gelände der Zentralen Logistik-Abteilung in Wukesong im Westen Beijings in Bereitschaft halten. (ZM, Mai 1989, S. 94)

Die einzelnen Universitäten sollen darauf achten, daß es nicht zur "Infiltration" durch auswärtige Studenten oder solche von anderen Universitäten in Beijing kommt. Zusätzliche Sicherheitsbeamte sind in den Bahnhöfen postiert worden, um zu verhindern, daß Studenten aus verschiedenen Städten eine "nationale Front" bilden. (SCMP, 19.4.89, nach FBIS, 19.4.89, S. 14)

Gegen 22.00 Uhr begibt sich Deng Xiaoping in Begleitung von Yang Shangkun, Zhao Ziyang und anderen Partei- und Regierungsführern durch einen unterirdischen Tunnel von der Partei- und Regierungszentrale Zhongnanhai zur Großen Halle des Volkes. Dort findet unter Leitung Deng Xiaopings eine Sitzung statt, an der neben den fünf Mitgliedern des Ständigen Ausschusses des Politbüros die Verantwortlichen des Ministeriums für Öffentliche Sicherheit, der Beijinger Garnison und der Bewaffneten Volkspolizei teilnehmen sowie Li Ximing, Chen Xitong und andere Mitglieder des Parteikomitees der Stadt Beijing. (ZM, Mai 1989, S. 94)

Shanghai
Der Vizepräsident der Fudan-Universität warnt die Studenten über die Lautsprecheranlage, daß ihre Demonstrationen illegal seien. Auf dem Campus der Universität erscheinen neue Wandzeitungen, die die Verdienste Hu Yaobangs preisen. Auf einer der vielen Wandzeitungen werden folgende Forderungen gestellt:
- bedingungslose Pressefreiheit;
- Neubewertung der Studentendemonstrationen im Jahre 1986;
- Referendum der Mitglieder des NVK [wohl zur Neubewertung Hu Yaobangs];
- Änderung des [politischen] Systems, um die Beseitigung von Korruption unter den Kadern zu gewährleisten;
- Ausbau des Rechtssystems;
- Enthüllung des wahren Hintergrunds von Hu Yaobangs Herzanfall [am 8. April während der 7. Plenartagung des XIII. ZK];

- vollständige Veröffentlichung der Entschließungen der [letzten?] Tagung des VII. NVK-Kongresses [im April 1988];
- exakte Stellungnahme der Regierung zum Hainan-Problem;
- Stop der Importflut japanischer Erzeugnisse und Ablehnung des Besuchs des japanischen Kaisers in China. (S. Ren Chen, in: FEER, 11.5.89, S. 13)

Auf einer anderen Wandzeitung wird gefordert: "Bitte seid fair zu Deng Xiaoping!" (Ebenda)

Auf dem Gelände der Fudan-Universität erscheinen Wandzeitungen mit den gleichen Slogans wie in den Beijinger Universitäten. (SCMP, 18.4.89, nach FBIS, 18.4.89, S. 13)

Am Abend marschieren einige tausend Studenten zum Platz des Volkes, wo etwa 10.000 Menschen engagierten Reden lauschen. (S. Ren Chen, in: FEER, 11.5.89, S. 13) Einem anderen Bericht zufolge marschieren an diesem Tag etwa 1.000 Studenten durch die Straßen und rufen nach Demokratie. (afp, nach SWB, 18.4.89)

Shanghaier Behörden ermahnen die demonstrierenden Studenten, daß Trauerveranstaltungen unter der Kontrolle einer etablierten Organisation stattfinden sollten. (*Hongkong Commercial Radio*, 18.4.89, nach FBIS, 19.4.89, S. 12) Die Polizei soll verkündet haben, daß alle Demonstrationen, die nicht ausschließlich dem Zweck der Trauer um Hu Yaobang dienen, untersagt würden. (SCMP, 19.4.89, nach FBIS, 19.4.89, S. 14)

Tianjin u.a.
Auch in Tianjin und anderen Städten kommt es zu Demonstrationen. (*Tansuo*, Juni 1989, S. 8)

Shaanxi
In Xi'an, der Provinzhauptstadt von Shaanxi, beginnen kleine Gruppen von Studenten, in der Innenstadt zu demonstrieren. In den Hoch- und Fachschulen von Xi'an hängen Wandzeitungen, die dort bereits kurz nach dem Tod von Hu Yaobang angebracht wurden. (J.W. Esherick, "Xi'an Spring", S. 211)

18./19. April 1989

- **Beijinger Studenten und Bürger versuchen, den Sitz der Partei- und Regierungszentrale Zhongnanhai zu stürmen**

In der Nacht versammeln sich Studenten und Beijinger Bürger vor dem Xinhuamen, dem südlichen Eingangstor zum Zhongnanhai, dem Sitz des ZK und des Staatsrates. Die offiziellen Medien der VR China sprechen von etwa 1.000 Menschen (*Radio Beijing*, 19.4.89, nach SWB, 21.4.89). Nach LYTX, Mai 1989, waren es über 5.000 Studenten, die das "Ende der Autokratie" forderten, und FT, 25.4.89, spricht von Tausenden von Studenten, die Li Peng aufforderten herauszukommen. Einige Demonstranten versuchen, sich gewaltsam Einlaß zu verschaffen, und bewerfen die Wachen mit Flaschen und Schuhen. Diese drängen die Demonstranten zurück. (*Radio Beijing*, 19.4.89, nach SWB, 21.4.89) Am frühen Morgen läßt die Beijinger Stadtregierung ein Kommuniqué verbreiten. Darin heißt es, die Trauer der Bevölkerung um Hu Yaobang zeige ihre Liebe und Verehrung gegenüber dem Verstorbenen. Manche Leute aber wollten Unruhe stiften. Der Versuch, gewaltsam in Institutionen der Partei und Regierung einzudringen, sei gesetzwidrig. Die Menschen sollten den Tiananmen-Platz sofort verlassen. Auf dieses Kommuniqué hin zerstreut sich die Menge nach und nach. (*Radio Beijing*, 19.4.89, nach SWB, 21.4.89) Laut TN, 21.5.89, eskortiert die Polizei die demonstrierenden Studenten zurück zu den Hochschulen.

Eine detailliertere Darstellung findet sich in *Beizhuang de minyun*, S. 12 f.: Abends um 22.00 Uhr [18. April] strömen etwa 1.000 Studenten über die Chang'an-Allee zum Xinhuamen und versuchen, dort einzudringen und einen Kranz für Hu Yaobang abzugeben. Um 0.20 Uhr kommen über 1.000 Studenten am Xinhuamen an. Sie wollen im Zhongnanhai einen Kranz für Hu Yaobang und die Petition, die sie am Vortag beim Ständigen Ausschuß des NVK überreicht haben, abgeben. Die Sicherheitskräfte vor dem Gebäude drängen die Menschen zurück, die dreimal versuchen, die Postenkette zu überwinden. Zwischen 2.00 und 3.00 Uhr schwillt die Menge auf beinah 10.000 Menschen an. Sie rufen: "Li Peng, komm heraus!" In dem Gedränge kommt es zu einer Auseinandersetzung zwischen der Menge und der Polizei. Um 4.20 Uhr fordert die Beijinger Stadtregierung die Menge in einer Bekanntmachung zum Abzug auf, woraufhin sich die Menschen zerstreuen. Hinterher heißt es von studentischer Seite, die Polizisten hätten viele Studenten geschlagen und verletzt; ein Student sei verhaftet worden. Von Regierungsseite verlautet, die Polizei sei mit Flaschen beworfen und ein Polizist verletzt worden.

* Drei Monate später, am 18. Juli 1989, veröffentlicht die *Beijing-Tageszeitung* einen Bericht über die Studentenaktionen dieses Tages, der beweisen soll, daß die Studentenunruhen "von einigen wenigen Leuten geplant und ausgeweitet" worden seien: Am Morgen des 18. April hätten sich einige Studenten vor der Großen Halle des Volkes versammelt und gefordert, daß man ihnen erlaube, dem Ständigen Ausschuß des NVK eine Petition zu übergeben. Um 8.00 Uhr vormittags hätten Funktionäre der Petitionsbüros des ZK der KPCh und des Staatsrats die Studentenvertreter in der Großen Halle des Volkes empfangen und ihre Ansichten und Forderungen angehört. Wang Dan, der später ein Führer der illegalen Studentenorganisation wurde, und einige andere hätten den Funktionären eine Petition übergeben. Später am Vormittag habe Wang Dan das Treffen mit den Funktionären als unbefriedigend bezeichnet und einen Dialog mit dem Vorsitzenden des Ständigen Ausschusses des NVK gefordert. Im Laufe des Tages hätten Wang Dan und andere Studentenführer ihre Meinung mehrmals geändert. Erst hätten sie einen Dialog mit den stellvertretenden Vorsitzenden, dann mit Mitgliedern des Ständigen Ausschusses des NVK gefordert. Um 15.00 Uhr, als einige hundert Studenten auf dem Tiananmen-Platz angelangt seien, hätten die Studentenführer begonnen, sie zum Angriff auf die Große Halle des Volkes aufzuhetzen. Um 17.00 Uhr, als die Funktionäre eingewilligt hätten, daß drei Mitglieder des Ständigen Ausschusses des NVK mit den

Studentenvertretern einen Dialog führen, hätten Wang Dan und andere Studentenführer plötzlich gefordert, daß die Mitglieder des Ständigen Ausschusses des NVK die Petition in der Öffentlichkeit, auf den Stufen nahe dem Osttor der Großen Halle des Volkes, entgegennehmen sollten. Die Funktionäre hätten auch diese Forderung erfüllt, indem sie drei Mitglieder des Ständigen Ausschusses des NVK um 19.50 Uhr zur Annahme der Petition ausgesandt hätten. Drei Stunden später [gegen 23.00 Uhr] hätten jedoch über 2.000 Menschen Xinhuamen, das Hauptquartier des ZK der KPCh und des Staatsrats, angegriffen und gerufen: "Li Peng, komm heraus!" Diese Angriffe hätten sie alle halbe Stunde wiederholt. Einem Studenten zufolge seien einige Intriganten entschlossen gewesen, die Unruhen zu schüren. Wang Dan habe einmal gesagt: "Das wichtigste ist, die Polizisten dahin zu bringen, daß sie die Beherrschung verlieren. Solange sie zuerst zuschlagen, können wir Argumente für eine Verschärfung der Situation finden." Der Artikel schließt mit der Bemerkung, daß die Studentenunruhen von Anfang an - egal, wie zurückhaltend und beherrscht die Regierung gewesen wäre - dazu bestimmt gewesen seien, in einen Aufruhr auszuarten, entgegen dem Willen des Volkes. (*Beijing Ribao*, 18.7.89, nach XNA, 19.7.89) - Dieser Bericht soll unterstreichen, daß Partei und Regierung bestrebt waren, die Forderungen der Studenten zu erfüllen, daß aber deren Führer von Anfang an auf eine Eskalation der Situation hingearbeitet hätten.

* Noch einen Monat später, am 22. August 1989, wird Li Shuxian, Dozentin der Beijing-Universität und Ehefrau Fang Lizhis, in einem Bericht der *Beijing-Tageszeitung* für den Zwischenfall verantwortlich gemacht. Sie habe Wang Dan aufgefordert, vor dem Xinhuamen einen Sitzstreik zu organisieren, und gesagt, falls die Polizei es wagen sollte, einzugreifen und gegen die Studenten vorzugehen, so würde das den Zorn der Studentenschaft entfachen. (*Beijing Ribao*, 22.8.89, nach XNA, 23.8.89)

19. April 1989, Mittwoch

- **Demonstrationen in Beijing, Shanghai und anderen Städten**
- **Wahl des "Vorbereitungskomitees des Autonomen Studentenverbands der Beijing-Universität"**

Die Studenten, die in der Nacht versucht haben, ins Hauptquartier des ZK der KPCh einzudringen, ziehen zum Denkmal der Volkshelden auf dem Tiananmen-Platz und fordern Demokratie, Rede- und Pressefreiheit. (LYTX, Mai 1989)

Das ZK kündigt an, daß die offizielle Trauerfeier für Hu Yaobang am 22. April in der Großen Halle des Volkes stattfinden wird. (RMRB, 20.4.89)

Einer wohlunterrichteten Beijinger Quelle zufolge soll die Propagandaabteilung des ZK die parteiamtlichen Medien angewiesen haben, weder in Wort noch Bild über die Aktivitäten der Studenten zu berichten. Einzig Berichte über die organisierten und offiziell genehmigten Trauerkundgebungen einzelner Einheiten seien zulässig. (MB, 19.4.89, nach SWB, 21.4.89)

19. April 1989

Chen Zhongyi, ein Professor der Qinghua-Universität und Mitglied des Beijinger Komitees der Politischen Konsultativkonferenz des Chinesischen Volkes (PKCV), ruft die Studenten anläßlich einer Pressekonferenz im Rahmen der gegenwärtig stattfindenden Tagung des Komitees dazu auf, sich bei ihren Trauerkundgebungen an die Gesetze und die gesellschaftliche Ordnung zu halten. (XNA, 20.4.89)

Die in Shanghai erscheinende liberale Zeitschrift *Weltwirtschaftsbote* und die Zeitschrift *Neuer Beobachter* veranstalten in Beijing ein Symposium, an dem unter dem Vorsitz von Ge Yang, der Chefredakteurin des *Neuen Beobachters*, über 50 bekannte Intellektuelle teilnehmen, darunter der Politologe Yan Jiaqi, der bekannte Marxismus-Theoretiker Su Shaozhi, der Direktor des Forschungsinstituts für Sozialökonomie in Beijing Chen Ziming, der Leiter des Beijinger Büros der Hongkonger Zeitung *Wenhui Bao* Liu Ruishao, der frühere Chefredakteur der *Volkszeitung* Qin Chuan, die Schriftstellerin Dai Qing, der Wirtschafts- und Sozialwissenschaftler und Mitglied der Zentralen Beraterkommission der KPCh Yu Guangyuan, der Soziologe, Vorsitzende der Demokratischen Liga und stellvertretende Vorsitzende des Ständigen Ausschusses des NVK Fei Xiaotong sowie der Mao-Biograph und Mitglied der Zentralen Beraterkommission Li Rui. Im Mittelpunkt ihrer Diskussionen stehen zwei Punkte: Hu Yaobang politisch zu rehabilitieren und den Kampf gegen die "bürgerliche Liberalisierung" zu kritisieren. Die Teilnehmer bringen auch ihre Unterstützung für die Protestdemonstrationen der Studenten zum Ausdruck, in denen sie "die Zukunft und Hoffnung Chinas" sehen. (JSND, Mai 1989, S. 29-30; J. Erling, in: FRu, 12.5.89; Chen Xitong, in: BRu, 25.7.89, S. VIII).

* Nach einem Bericht der *Xinhua*-Nachrichtenagentur vom 18. August 1989 hat Qin Benli, der Chefredakteur des *Weltwirtschaftsboten*, zuvor bereits beschlossen, die während des Forums gehaltenen Reden in voller Länge in der neuesten Ausgabe der Zeitschrift abzudrucken und diese einen Tag früher als üblich ausliefern zu lassen, nämlich am 22. April, dem Tag der offiziellen Trauerfeier für Hu Yaobang. Dieser Beschluß sei im Ausland bekanntgemacht worden, so daß bereits am 17. April, zwei Tage vor dem Forum, ein Presseorgan im Ausland melden konnte, daß der *Weltwirtschaftsbote* ausführlich über dieses Forum berichten werde. (Nach SWB, 22.8.89) - Zur Reaktion des Parteikomitees der Stadt Shanghai siehe 22., 23. und 26. April, Shanghai.

Seit dem frühen Morgen versammeln sich Zehntausende von Studenten und Beijinger Bürgern auf dem Tiananmen-Platz; sie lauschen Rednern und singen die "Internationale". Bis zum Abend marschieren Studenten von mehr als zehn Beijinger Hochschulen (20 laut LYTX, Mai 1989; Studenten aller Hochschulen laut *Beizhuang de minyun*, S. 13) zum Platz und legen Dutzende von Kränzen am Heldendenkmal nieder. Sie rufen: "Respektiert die Lehrer und die Bildung", "Vereinigt euch und stärkt China", "Das chinesische Volk ist stark". 500 Studenten der Pädagogischen Hochschule Beijing, die meisten davon aus Hunan, der Heimatprovinz Hu Yaobangs, stammend, marschieren zum Tiananmen-Platz und legen am Heldendenkmal Kränze für den verstorbenen Politiker nieder. Eine Menge von 50.000 Menschen versammelt sich, um den Zug der Studenten durch die Stadt zu beobachten. Zwei Polizeiautos an der Spitze des Zuges sorgen dafür, daß es nicht zu Verkehrsstörungen kommt. Um den Tiananmen-Platz herum sind mehr Polizisten als sonst im Einsatz; sie regeln den Verkehr und halten die Ordnung aufrecht. Sie brechen sogar eine Vorschrift, indem sie den Menschen erlauben, ihre Fahrräder auf dem Gelände der Großen Halle des Volkes abzustellen. (ZTS, 19.4.89, nach SWB, 21.4.89)

Studenten der Zentralen Akademie der schönen Künste bringen ein 3 m x 2,5 m großes Portrait von Hu Yaobang zum Tiananmen-Platz, wo es weithin sichtbar auf dem obersten Absatz des Heldendenkmals aufgestellt wird. (Li Qiao u.a., "Death or Rebirth? ...", S. 22)

Demonstranten besetzen über mehrere Stunden etwa einen Kilometer der Chang'an-Allee. Eine Menschenmenge marschiert vom Tiananmen-Platz zur Partei- und Regierungszentrale Zhongnanhai. Mehrere Menschen werden verletzt, als die Polizei die Versammlung auflöst. (P. Ellingsen, in: FT, 20.4.89) - Diese Meldung bezieht sich vermutlich auf den Vorfall in der Nacht; vergleiche unten, 19./20. April.

Um 20.00 Uhr nehmen der Beijinger Bürgermeister Chen Xitong, die Sekretärin des Kommunistischen Jugendverbands Liu Yandong und der Beijinger NVK-Abgeordnete Song Shixiong am Vordereingang der Großen Halle des Volkes eine "Petition in sieben Punkten" entgegen. (*Beizhuang de minyun*, S. 14) Einem anderen Bericht zufolge geschah dies am Abend des 18. April (vergleiche dort; vergleiche auch die drei Monate später erfolgte offizielle Darstellung unter dem Datum 18./19. April).

* Am Abend tritt der "Demokratische Salon" (Minzhu shalong) zusammen, um die Bildung von [autonomen] Organisationen zu erörtern. Sieben Personen, darunter Wang Dan, Feng Congde und Xiong Yan, werden in das "Vorbereitungskomitee des Autonomen Studentenverbands der Beijing-Universität" (Beida zizhi xueshenghui chouweihui) gewählt. Nach Darstellung der *Volkszeitung* vom 25. Juli 1989 wurde der "Demokratische Salon" am 4. Mai 1988 unter Leitung von Fang Lizhi, seiner Frau Li Shuxian und dem Studenten Liu Gang gegründet. Ein weiteres führendes Mitglied war Wang Dan. Bis zum 12. Mai 1989 soll der "Demokratische Salon" 17mal zusammengetreten sein. Seine Organisatoren und aktiven Teilnehmer - wie Wang Dan, Liu Gang, Feng Congde, Yang Tao, Xiong Yan, Guo Haifeng - wurden die Führer des später gegründeten "Autonomen Studentenverbands Beijing". (RMRB, 25.7.89)

In der Nacht versammeln sich erneut einige tausend Studenten auf dem Tiananmen-Platz. (ICM, Juni 1989, S. 28) Nach einer anderen Meldung befinden sich nach 20.00 Uhr über 100.000 Menschen auf dem Platz. Studentische Ordner sorgen für Disziplin. Hochschullehrer und Studenten halten Reden über Demokratie und Freiheit. (*Beizhuang de minyun*, S. 13 f.)

Shanghai
An der Fudan-Universität erscheinen neue Wandzeitungen. Ein Funktionär reißt unter dem Protest von Studenten eine "besonders antirevolutionäre"

Wandzeitung ab, auf der die "Diktatur" der KPCh angeprangert wird. Um 11.00 Uhr kündigt eine Wandzeitung für den Nachmittag eine Demonstration von Studenten vieler Hochschulen an und fordert alle "Anhänger von Demokratie und Freiheit" auf, sich anzuschließen. Sogleich werden alle Tore des Universitätsgeländes mit Ausnahme eines schmalen Seitentors geschlossen. Funktionäre postieren sich dort und prüfen die Ausweise aller Ein- und Ausgehenden. Der Vizepräsident der Universität bittet die Studenten über die Lautsprecheranlage, den Campus nicht zu verlassen: "Wir alle sind gleichermaßen vom vorzeitigen Tod Hu Yaobangs betroffen, aber wir müssen unser Gefühl der Trauer in Stärke verwandeln." Studenten berichten, daß man den Organisatoren der Demonstration mit Relegation gedroht habe. Um 14.30 Uhr, eine Stunde später als angekündigt, machen sich die Demonstranten auf den Weg, nachdem sie Versuche von Polizisten, ihnen die Fahnen abzunehmen, abgewehrt haben. An der Spitze des Demonstrationszuges tragen zwei Studenten ein Porträt Hu Yaobangs. Hinter ihnen verkündet eine Fahne: "Demokratie und Freiheit". Ein Polizist filmt die Studenten; sie rufen: "Keine Aufnahmen durch die Polizei!" Als der Demonstrationszug die Tongji-Universität erreicht, haben sich Tausende von Studenten dort am Tor mit einer Fahne, die die Aufschrift "Demokratie" trägt, versammelt. Sie wagen es indes nicht, sich den Studenten von der Fudan-Universität anzuschließen. Nach einer Stunde ziehen die Demonstranten weiter. An den Kreuzungen versuchen Polizisten fortwährend, sie auf eine Route abzudrängen, die nicht direkt ins Stadtzentrum führt. Infolge des Handgemenges bleiben immer weniger Studenten im Demonstrationszug, während viele Zuschauer den Verkehr blockieren. Gleichzeitig werden die Polizeikräfte laufend verstärkt. Als die verbliebenen Demonstranten den Platz des Volkes erreichen, haben Polizisten bereits eine Mauer gebildet und verwehren ihnen den Zutritt. Am Ende gelingt es etwa 200 Studenten, den Platz zu betreten. (S. Ren Chen, in: FEER, 11.5.89, S. 13)

Laut einem anderen Bericht marschieren an diesem Tag ca. 1.000 Studenten und Arbeiter zum Platz des Volkes im Stadtzentrum. Ein Arbeiter soll verhaftet worden sein, nachdem er von der "Zerstörung seines Lebens durch die KPCh" gesprochen hatte. (IHT, 20.4.89)

Tianjin u.a.
Außer in Beijing und Shanghai soll es in zehn weiteren Städten Proteste gegeben haben. (P. Ellingsen, in: FT, 20.4.89) Studenten von Universitäten in Tianjin senden Grußbotschaften an ihre Beijinger Kommilitonen, die auf dem Tiananmen-Platz verlesen werden. (afp, 19.4.89, nach FBIS, 19.4.89, S.11)

Jiangsu
In Nanjing findet die erste Studentendemonstration statt, an der einige Tausend Demonstranten verschiedener Lehreinrichtungen teilnehmen. Neben Trauer für Hu Yaobang wird auch Kritik an Deng Xiaoping kundgetan. An der Nanjing-Universität erschienen in den letzten Tagen weitere kritische Wandzeitungen. Eine davon kontrastiert die offizielle Propaganda über die Unterschiede zwischen dem kapitalistischen und dem sozialistischen System mit den realen Zuständen in China. Der Autor kommt zu folgendem Schluß: Wenn die Men-

schen von der Überlegenheit des chinesischen Systems des Sozialismus, wovon in der Propaganda immer gesprochen werde, überzeugt werden sollten, "...dann sollten sie den Menschen in diesem Leben erlauben, ... diese 'höhere [Form der] Demokratie' auch zu erleben." In anderen Wandzeitungen werden auch einige KPCh-Führer kritisiert, darunter Chen Yun und Deng Xiaoping. Auch Zhao Ziyang ist Ziel von Kritik und wird keineswegs als Verteidiger der Reformpolitik dargestellt. Es kommen immer mehr Menschen von außerhalb der Universität, um die Wandzeitungen zu studieren, woraufhin die Torkontrollen verstärkt worden sind. (R. Lufrano, "Nanjing Spring...", S. 21-22)

19./20. April 1989

- **Studenten versuchen erneut, die Partei- und Regierungszentrale Zhongnanhai zu stürmen**

Einem Bericht des Parteiorgans *Volkszeitung* vom 21.4.89 zufolge versammeln sich in der Nacht vom 19. auf den 20. April an die 300 Studenten vor dem Xinhuamen, um die Partei- und Regierungszentrale Zhongnanhai zu stürmen. Einige führen "aufhetzende" Reden, andere rufen "reaktionäre" Parolen oder bewerfen die Sicherheitskräfte mit Steinen und Flaschen. Dabei werden vier Polizisten verletzt.

Radio Beijing (20.4.89, nach SWB, 21.4.89) spricht ebenfalls von 300 Studenten, die das Gebäude zu stürmen versuchten. Weiter heißt es in der Meldung, daß die Zuschauermenge, die auf 4.000 Menschen angewachsen sei, Steine und Flaschen auf die Polizisten geworfen hätte. L. do Rosario, in: FEER, 4.5.89, S. 12, spricht von schätzungsweise 5.000 Studenten und Passanten, die sich in der Nähe des Xinhuamen versammelt hätten. Von Gewalttätigkeiten der Studenten ist in dem Bericht keine Rede. Einem anderen Bericht zufolge versammeln sich in der Nacht zum 20. April nach 23.00 Uhr rund 10.000 Studenten und Passanten vor dem Xinhuamen von Zhongnanhai. Wiederholt rufen sie: "Li Peng, komm' heraus!" (Li Peng chulai). (Chen Yizi, *Zhongguo...*, S. 150)

Die *Volkszeitung* schildert die Einzelheiten des Vorfalls wie folgt: Um 21.00 Uhr veranstalten "viele Menschen" vor dem Xinhuamen einen Sitzstreik. Zu dieser Zeit ist die Zahl der Zuschauer größer als die der Studenten, sie beträgt einige tausend. Der Verkehr kommt eine Zeitlang zum Erliegen. Einige Menschen, die am Sitzstreik teilnehmen, versuchen mehrmals, Zhongnanhai zu stürmen. Sie werden von den Sicherheitskräften zurückgedrängt. Die Studenten halten Reden, rufen Slogans. Einige Menschen rufen sogar: "Nieder mit der KP!" Einige Arbeiter, die um 1.40 Uhr von der Nachtschicht kommen, sagen zu den Sitzstreikenden: "Was bringt es, daß ihr so einen Radau veranstaltet? Was ihr da macht, hat nichts mit Trauer [um Hu Yaobang] zu tun, das ist Unruhestiftung." Nach 3.45 Uhr verbreitet die Stadtregierung [über die Lautsprecheranlage] eine Bekanntmachung: Der Versuch seitens einer kleinen Anzahl von Leuten, das Xinhuamen zu stürmen, sei eine gesetzwidrige Handlung. Man hoffe, daß die Zuschauer Ordnung wahrten und den Ort verließen. Wenn die kleine Anzahl von Leuten weiterhin vorsätzlich Unruhe stifte, so hätten sie alle Folgen selbst zu verantworten. Auf diese Bekanntmachung hin gehen einige Menschen. Einige Studenten wollen sich gleichfalls zurückziehen, andere erklären aber: "Wir können uns nicht zurückziehen! Wir sind die Stützen der Gesellschaft, wir müssen bis zum Ende ausharren." Als einige Studenten aufstehen, um zu gehen, wollen einige Leute am Rande sie zum Bleiben zwingen, indem sie rufen: "Wer geht, ist ein Verräter!" Schließlich reden die Sicherheitskräfte und Bewaffnete Volkspolizisten auf sie ein, und sie ziehen allmählich ab. Um 5.00 Uhr morgens herrscht wieder Ordnung am Xinhuamen. (RMRB, 21.4.89)

Laut einer anderen - nichtamtlichen - Darstellung verlief der Zwischenfall wie folgt: Nach Mitternacht versammeln sich etwa 20.000 Menschen vor dem Xinhuamen. Die Polizei ordert zahlreiche Lastwagen mit bewaffneten Sicherheitskräften herbei. Deren Zahl wird auf über 2.000 geschätzt. Gleichzeitig wird die Chang'an-Allee abgeriegelt. Die Demonstranten rufen: "Li Peng, komm heraus!", "Gleichberechtigter Dialog" usw. Ein Lautsprecherwagen verbreitet eine Bekanntmachung der Polizei, derzufolge sich die Menschen innerhalb von 20 Minuten zurückziehen müßten. Darauf ruft die Menge: "Ihr dürft niemanden festnehmen, ihr dürft niemanden schlagen!" Um 2.30 Uhr traktieren Bewaffnete Volkspolizisten die Menschen mit Schlagstöcken, Gürteln und Schuhen und treiben sie auseinander. Aus der Menge werden Flaschen auf die Polizisten geworfen. Über 100 Studenten werden verletzt. Nach dem Zusammenstoß zieht sich der Großteil der Menge zurück. 300 Studenten aber setzen ihren Sitzstreik vor dem Xinhuamen fort. Sie rufen: "Patriotismus ist kein Verbrechen!" und "Lang lebe die Demokratie!" Nach 3.00 Uhr schleppen Bewaffnete Volkspolizisten die Studenten mit Gewalt fort. Mindestens zwei werden festgenommen. Um 5.00 Uhr ist der Einsatz beendet. (*Beizhuang de minyun*, S. 15)

Einer anderen Darstellung zufolge planten die Studenten, die sich gegen Mitternacht vor dem Xinhuamen versammelt hatten, den Platz vor dem Tor gegen 5.00 Uhr morgens zu verlassen, um eine Behinderung des einsetzenden Verkehrs zu vermeiden. Trotzdem gehen Angehörige der Bewaffneten Volkspolizei um etwa 4.20 Uhr gegen die vor dem Xinhuamen noch verharrenden über 300 Studenten und 1.000 bis 2.000 Passanten vor. Sie kesseln die Studenten ein, und es kommt zu einer wilden Schlägerei, in deren Verlauf sehr viele Studenten verprügelt werden. Empört über das Verhalten der Polizei ruft ein etwa 19jähriges Mädchen: "Stürzt die Kommunistische Partei". Sofort erscheinen einige der Uniformierten, um das Mädchen zu ergreifen, doch Studenten schützen sie und bringen sie weg. Im Verlauf dieser Auseinandersetzung werden sehr viele Menschen verletzt. In den Tageszeitungen des folgenden Tages wird dagegen berichtet, die Studenten hätten Angehörige der Bewaffneten Volkspolizei geschlagen. In einem Rundschreiben der Zentralen Erziehungskommission heißt es hierzu, daß "die Bewaffnete Volkspolizei bei der Ausübung ihrer Pflichten weder Schlagstöcke noch Lederriemen getragen hat. Man muß damit rechnen, daß es Leute gibt, die [diesen Zwischenfall] ausnutzen, um Gerüchte in Umlauf zu setzen." (Chen Yizi, *Zhongguo...*, S. 150-151)

19./20. April 1989

Einem Bericht in der Hongkonger Zeitschrift *Zhengming* zufolge waren an der "blutigen Unterdrückung" der Studenten aus Wukesong herbeibeorderte Einheiten der Armee und Polizei beteiligt. Insgesamt seien über 300 Studenten verletzt worden. Außerdem sei ein Hongkonger Reporter verprügelt worden. (ZM, Mai 1989, S. 94)

Auch anderen ausländischen Pressemeldungen zufolge haben die Sicherheitskräfte die Menge keineswegs gewaltlos aufgelöst. Etwa 150 Studenten sollen von der Polizei weggeschleppt, einige kurzzeitig in Haft genommen worden sein (TN, 21.5.89). Es war z.T. sogar von 100 verhafteten Studenten die Rede (ap, dpa, rtr, nach SZ, 21.4.89). Studentenvertreter gaben an, daß Hunderte von Polizisten bei ihrem Einsatz 200 bis 300 Demonstranten zusammengeschlagen hätten (L. do Rosario, in: FEER, 4.5.89, S. 12).

* In seinem am 30. Juni 1989 vorgelegten offiziellen Bericht erklärt Chen Xitong zu diesem Vorfall: "Am frühen Morgen des 20. April brachten die Sicherheitspolizisten die Studenten, die das Xinhuamen stürmten und abriegelten, mit Gewalt [!] vom Tatort und schickten sie in einem Bus in die Beijing-Universität zurück. Darauf wurde das Gerücht über das sogenannte 'Massaker vom 20. April' fabriziert, und es hieß: 'Vor dem Xinhuamen schlugen die Polizisten nicht nur Studenten, sondern auch Arbeiter, Frauen und Kinder.' 'Über 1.000 Wissenschaftler und Techniker wurden getötet bzw. schwer verwundet.' Als ob Öl ins Feuer gegossen wäre, wurde die zornige Stimmung mancher Leute damit noch mehr angefacht." (Chen Xitong, in: BRu, 25.7.89, S. IX)

Tatsächlich kursieren nach dem Zusammenstoß solche und ähnliche Gerüchte: Vor allem Studentinnen sollen angegriffen worden sein, heißt es. Eine Studentin der Pädagogischen Hochschule Beijing soll von einem Jeep überfahren worden sein - infolge eines Unfalls oder absichtlich. Einem Studenten soll ein Auge ausgeschlagen worden sein. (PB 1)

* Beijings Bürgermeister Chen Xitong nimmt in seinem am 30. Juni 1989 vorgelegten offiziellen Bericht zu diesen Gerüchten wie folgt Stellung: "Am Abend des 19. April wurde eine Studentin der Fakultät für Fremdsprachen der Pädagogischen Hochschule, die von einer Abendveranstaltung in die Schule zurückradelte, unterwegs von einem Trolleybus verletzt, wodurch sie trotz aller Rettungsmaßnahmen den Tod fand. Da setzte man das Gerücht in Umlauf, daß ein Polizeiwagen der Kommunistischen Partei eine Studentin überfahren habe, so daß viele Studenten, die den wahren Sachverhalt nicht kannten, in vollen Zorn gerieten." (Chen Xitong, in: BRu, 25.7.89, S. IX) - Vergleiche hierzu auch den ersten Absatz unter dem 20. April und den Bericht des Beijinger Fernsehens am 27. April.

* Am 22. August 1989 bezichtigt die *Beijing-Tageszeitung* den Studentenführer Wu'er Kaixi, zusammen mit anderen die vor dem Xinhuamen versammelte Menge aufgehetzt und nach dem Vorfall die Studenten aufgerufen zu haben, die Regierung für die "Blutschuld" büßen zu lassen. (Nach XNA, 23.8.89)

20. April 1989, Donnerstag

- Zhao Ziyang spricht sich auf einer Sitzung des Ständigen Ausschusses des Politbüros gegen ein hartes Vorgehen gegen die demonstrierenden Studenten aus
- An der Beijing-Universität wird ein Vorbereitungskomitee zur Gründung eines unabhängigen Studentenverbands aller Hochschulen Beijings gebildet
- Die Zahl der Demonstranten auf dem Tiananmen-Platz nimmt zu
- Die studentischen Forderungen lauten "Demokratie und Freiheit"
- Demonstrationen in mehreren Provinzhauptstädten

In der Nähe von Jishuitan verbreitet ein Lautsprecherwagen die offizielle Stellungnahme zum Tod einer Studentin am Vortag: Sie soll bei einem Verkehrsunfall ums Leben gekommen sein, und zwar durch eigene Schuld, weil sie sich beim Einsteigen an einer Bushaltestelle nicht richtig verhalten habe. (PB 1) Vergleiche hierzu den vor- und drittletzten Absatz unter dem Datum 19./20. April sowie den Bericht des Beijinger Fernsehens am 27. April.

In den frühen Morgenstunden rückt die Schutztruppe des ZK (Zhongyang jingweituan) befehlsgemäß ins Beijinger Stadtzentrum ein. (ZM, Mai 1989, S. 95)

Nach Darstellung von Chen Yizi, einem Berater Zhao Ziyangs, findet am Vormittag als Reaktion auf die nächtlichen Ausschreitungen am Xinhuamen (vergleiche 19./20. April) eine Sitzung des Ständigen Ausschusses des Politbüros statt. Li Peng erklärt, die Studenten forderten jetzt nicht mehr die Bekämpfung der Korruption. Sie richteten sich vielmehr gegen die Führung durch die KPCh und gegen Deng Xiaoping. Sie würden von "einer kleinen Handvoll schlechter Menschen" gesteuert. Zhao Ziyang entgegnet ihm: "Ich glaube nicht, daß eine kleine Zahl schlechter Menschen eine so große Menge zu Demonstrationen verleiten kann." Er fügt hinzu, daß die große Mehrheit der Demonstranten die patriotische Hoffnung hege, den Demokratisierungsprozeß voranzutreiben. Wenn man jetzt Maßnahmen ergriffe, die den Widerspruch verschärfen würden, so seien die Folgen wahrscheinlich noch ernster. Die politische Führung müsse statt dessen mit Hilfe eines Dialogs diesen Widerspruch lösen. Die Sitzung endet ohne Ergebnis. (Chen Yizi, in: XDRB, 13.9.89)

In einem 1990 erschienenen Buch gibt Chen Yizi den Dialog zwischen Li Peng und Zhao Ziyang wie folgt wieder:
Li Peng: "Diese Minderheit der Studenten wird von schlechten Menschen manipuliert. Das Ziel ihrer Angriffe sind die Partei und die Regierung, vor allem jedoch die alten Genossen."
Zhao Ziyang: "Ich glaube nicht, daß derart viele Studenten von einigen wenigen Menschen manipuliert werden können. In der gegenwärtigen Situation ist es besser, zu schlichten und eine Verständigung herbeizuführen (shudao). Wir sollten mit einem Dialog die Probleme lösen und nicht die Widersprüche verschärfen." (Chen Yizi, *Zhongguo...*, S. 151)

20. April 1989

- Chen Yizi hatte bis zur Niederschlagung der Protestbewegung die Position des Direktors des Forschungsinstituts (des Staatsrats) für die Reform des Wirtschaftssystems inne. Dieses Institut zählte zu den wichtigsten beratenden Institutionen der radikalen Reformkräfte. Hier wurden wichtige Reformvorhaben in Landwirtschaft und Industrie konzipiert. Mindestens 14 Mitglieder dieses Instituts sollen nach dem gewaltsamen Ende der Protestbewegung verhaftet worden sein. Chen Yizi ist die Flucht ins Ausland gelungen. (IHT, 5.9.89)

Die Darstellung von Chen Yizi wird durch einen Bericht der Hongkonger Zeitschrift *Dangdai* vom 28.4.90 bestätigt (nach SWB, 7.5.90). *Dangdai* zufolge soll die Studentenbewegung während dieser Sitzung des Ständigen Ausschusses des Politbüros zum ersten Mal diskutiert worden sein, da dessen Mitglieder bis dahin mit den Vorbereitungen der offiziellen Trauerfeier für Hu Yaobang so beschäftigt gewesen seien, daß sie die Bewegung nur nebenbei behandeln konnten. Der Hongkonger Zeitschrift *Zhengming* zufolge fand bereits am 18. April eine Sitzung der politischen Führung zu den Studentenprotesten statt (siehe unter 18. April).

Studenten aller Beijinger Universitäten und Hochschulen gründen Ordnertrupps (jiuchadui), die für einen geregelten Ablauf der [geplanten] Demonstrationen sorgen sollen. (LYTX, Mai 1989)

Da die offiziellen Studentenverbände die neuerwachte Studentenbewegung nicht unterstützen, haben Studenten der Beijing-Universität ein Führungsgremium gebildet, das die Studentenbewegung der ganzen Stadt einheitlich organisieren und leiten soll. Es handelt sich um das "Vorbereitungskomitee des Studentenverbands Solidarität der Beijing-Universität" (Beida tuanjie xueshenghui chouweihui). Das "Vorbereitungskomitee" besteht aus neun Mitgliedern unter der Leitung von Ding Xiaoping. Weitere Komitee-Mitglieder sind Wang Dan, Feng Congde und Shen Tong. (*Beizhuang de minyun*, S. 15; T. Saich, "The Rise and Fall...", S. 190)

Auf Initiative von Wu'er Kaixi und anderen Studenten der Pädagogischen Hochschule Beijing treffen sich am Abend Studenten von 17 Hochschulen in der Beijinger Volksuniversität, um über die Gründung eines "Provisorischen Hochschulverbands Beijing" (Beijing gaoxiao linshi lianhehui) zu beraten. Die anwesenden Studenten der Beijing-Universität, der Qinghua-Universität und der Universität für Politik und Recht sprechen sich gegen die Gründung eines Hochschulverbands aus und befürworten statt dessen die Schaffung eines reinen Studentenverbands. (Luo Qiping u.a., "The 1989 Pro-Democracy Movement...", S. 33 f.) - Der "Provisorische Studentenverband Beijing" wird am 23. April gegründet. Er geht am 28. April in dem "Autonomen Studentenverband Beijing" auf.

* In seinem nach der Niederschlagung der Bewegung vorgelegten Bericht wirft Chen Xitong der "Handvoll Leute", die er für den "Aufruhr" verantwortlich macht, u.a. vor, sie hätte ohne Rücksicht auf die einschlägigen Verordnungen der Stadt Beijing eine illegale Studentenorganisation gebildet, ohne sie registrieren zu lassen, und so "die Macht des auf demokratische Weise gewählten rechtmäßigen Studentenverbands und Aspirantenverbands [Postgraduiertenverbands]" an sich gerissen. (Chen Xitong, in: BRu, 25.7.89, S. VIII) - Von einer demokratischen Legitimation der offiziellen Studentenverbände, die nicht nur nach Auffassung der demonstrierenden Studenten weniger ihre Interessen als die von Partei und Regierung vertreten, kann überhaupt nicht die Rede sein. Auch der Vorwurf, die Studentenaktivisten hätten ihre unabhängigen Organisationen nicht registrieren lassen, trifft nicht zu. Sie waren durchaus bestrebt, diesen einen legalen Status zu verschaffen (vergleiche etwa 28. April).

An diesem Tag wird auf dem Gelände der Beijing-Universität ein Manifest Beijinger Hochschulen angeschlagen. Darin heißt es, daß sich die Trauerkundgebungen für Hu Yaobang bereits zu Petitionsaktivitäten im Kampf für Demokratie ausgeweitet hätten und daß bereits ein "Sieben-Punkte-Programm" der Bewegung entstanden sei [zum Wortlaut siehe unten]. Weiter heißt es, daß eine Bewegung ohne Organisation machtlos sei. "Daher schlagen wir vor, daß alle Hochschulen für eine demokratische Organisation der Studenten Abgeordnete wählen, um gemeinsam einen Koordinationsausschuß für demokratische Petitionsaktivitäten der Beijinger Hochschulen zu bilden." Das "Vorbereitungskomitee" solle von einer kollektiven Führung geleitet werden und nach demokratisch gefaßten Beschlüssen handeln. Folgende Aktionen zur Unterstützung der Forderungen werden vorgeschlagen: Sitzstreik, Demonstrationen, Vorlesungsboykott und Hungerstreik. Ziel der Aktionen sei das Vorantreiben der Demokratisierung Chinas bis zur Erfüllung des "Sieben-Punkte-Programms". (*Beizhuang de minyun*, S. 15)

DOKUMENT

Sieben-Punkte-Programm des Vorbereitungskomitees des Studentenverbands Solidarität der Beijing-Universität

1. Neubewertung der Verdienste Hu Yaobangs; Darlegung der Gründe sowie des Verfahrens seines "Rücktritts" als ZK-Generalsekretär; außerdem seien ihm bei der Trauerfeier höchste Ehren zu erweisen;
2. völlige Verneinung der beiden Kampagnen gegen die "geistige Verschmutzung" und gegen die "bürgerliche Liberalisierung";
3. genaue Darlegung des [von Deng Xiaoping Ende März 1989 angesprochenen] Problems, daß die größten Fehler [in den letzten Jahren im Bereich] der Erziehung erfolgt seien, und Nennung der hierfür Verantwortlichen;
4. Bestätigung der Pressefreiheit und Zulassung von unabhängigen Zeitungen;
5. Ermittlung derjenigen, die für die Unterdrückung der Studenten verantwortlich sind [gemeint ist der Zwischenfall in der Nacht vom 19. auf den 20. April];
6. Offenlegung des Jahresgehalts, des Einkommens und der Steuerzahlungen von Kadern;

7. vollständige Offenlegung der untersuchten Fälle von "Spekulantentum und unredlicher Bereicherung der Beamten".
(Beizhuang de minyun, S. 15)

Dieses "Sieben-Punkte-Programm" stellt eine leicht variierte, aktualisierte Version der am 18. April eingereichten "Forderung in sieben Punkten" dar. Statt Aufhebung der Bestimmungen gegen Demonstrationen wird jetzt eine Untersuchung des Polizeieinsatzes gegen Demonstranten in der Nacht vom 19. auf den 20. April gefordert.

Bis zu 20.000 Demonstranten versammeln sich auf dem Tiananmen-Platz, um Demokratie und Freiheit zu fordern. (dpa, 4.6.89, nach FAZ, 5.6.89) Den Studenten schließen sich Arbeiter und Bauern an. Mit einem Sitzstreik vor dem Xinhuamen protestieren Studenten am Abend gegen die Verhaftung von ca. 100 Studenten am selben Ort in den frühen Morgenstunden (vergleiche 19./20. April). Der Sitzstreik wird von der Polizei aufgelöst, es kommt zu weiteren Verhaftungen. (ap/dpa/rtr, nach SZ, 21.4.89)

Die neugegründeten studentischen Ordnertrupps kommen bereits am Abend zum Einsatz, als über 5.000 Studenten der Beijing-Universität nach ihrer Demonstration auf dem Tiananmen-Platz in die Hochschule zurückkehren. Sie sollen verhindern, daß sich Außenstehende einreihen und Zwischenfälle provozieren. Der Rückmarsch wird zudem von Polizeiautos begleitet. *(Beizhuang de minyun,* S. 16)

Am Abend beziehen gut ausgebildete Einheiten zur Aufruhrbekämpfung, Panzerkampfwagen und Militärfahrzeuge in der Nähe des Tiananmen-Platzes Stellung und warten auf weitere Befehle. Die 37. Panzerdivision steht in Wukesong zum Vorstoß ins Stadtzentrum bereit. (ZM, Mai 1989, S. 95)

Shanghai
In Shanghai marschieren in den frühen Morgenstunden einige hundert Studenten vom Campus ihrer Universitäten zum Sitz der Stadtregierung, um dort eine Trauerkundgebung für Hu Yaobang abzuhalten. Ihnen folgen einige tausend Schaulustige. Die Polizei zerstreut die Menge, ohne daß es zu Zwischenfällen kommt. (WHB, 20.4.89, nach SWB, 22.4.89) Nach LYTX, Mai 1989, versammelten sich dort insgesamt 3.000 Studenten, die sich mit den Beijinger Studenten solidarisch erklärten.

Jiangsu
In Nanjing ziehen über 1.000 Studenten zum Sitz der Provinzregierung und protestieren gegen die Korruption der Beamten, gegen Alleinherrschaft und Autokratie. *(Beizhuang de minyun,* S. 16)

Shaanxi
In Xi'an erzwingen sich mehrere tausend Studenten Zutritt zum Gelände der Provinzregierung. Ihre Repräsentanten gelangen in das Regierungsgebäude, um ihre Forderungen zur Verbesserung des Bildungswesens in Shaanxi zu überge-

ben. Außerdem verlangen sie eine Erläuterung der Gründe, die zum Rücktritt Hu Yaobangs als ZK-Generalsekretär im Januar 1987 geführt haben. (J.W. Esherick, "Xi'an Spring", S.212)

Sichuan
In der Stadtmitte von Chengdu veranstalten Studenten am Abend eine Kundgebung. (ZTS, 23.4.89, nach SWB, 27.4.89)

Auch in Tianjin, Wuhan und Hefei demonstrieren Studenten. (FT, 21.4.89)

21. April 1989, Freitag
- **Tausende von Studenten versuchen, in die Große Halle des Volkes einzudringen**
- **Beijinger Studenten rufen zum Vorlesungsboykott auf**
- **Ein Leitartikel der "Volkszeitung" droht den demonstrierenden Studenten**
- **Prominente reformorientierte Intellektuelle fordern die Partei- und Staatsführung zu einem "direkten gleichberechtigten Dialog" mit den Studenten auf**
- **Wan Li widerspricht auf einer Sitzung des Politbüros Deng Xiaopings Ansicht, man müsse gegen die demonstrierenden Studenten hart vorgehen**
- **Studenten von 19 Hochschulen bilden in Beijing ein "Provisorisches Aktionskomitee"**
- **100.000 Studenten demonstrieren in der Nacht auf dem Tiananmen-Platz**

Etwa 6.000 (1.200 laut FRu, 6.6.89) Studenten versuchen in den frühen Morgenstunden, in die Große Halle des Volkes einzudringen. Sie wollen mit den Volksvertretern sprechen. Zu dieser Zeit befindet sich jedoch nur Dienstpersonal im Gebäude. Die Studenten stürmen die Treppe bis zur höchsten Stufe hinauf, dann aber bekommen sie Angst und ziehen sich auf den Tiananmen-Platz zurück. (LYTX, Mai 1989)

Früh am Morgen fordern etwa 100 Studenten von der Journalistenschule am Heldendenkmal auf dem Tiananmen-Platz Pressefreiheit. Sie rufen: "Wir wollen die Wahrheit!" (LYTX, Mai 1989)

Aus Protest gegen den gewaltsamen Polizeieinsatz gegen Journalisten und Studenten am Xinhuamen [in der Nacht vom 19. auf den 20. April] rufen Studenten der Beijing-Universität am Morgen einen Vorlesungsboykott aus. [Laut ICM, Juni 1989, S. 28, beteiligen sich daran nahezu 1.000 Studenten.] Ein Teil der Studenten von mehr als zehn Hochschulen - darunter die Qinghua-Universität, die Hochschule für Politik und Recht und die Pädagogische Hochschule Beijing - schließt sich an. (*Beizhuang de minyun*, S. 17)

An der Beijing-Universität verkünden Studenten Pläne, die offizielle, von der KPCh gelenkte Studentenvereinigung zu boykottieren und ihre eigene Vertretung zu gründen, die mit Organisationen anderer Universitäten zusammenarbeiten werde. (N. Kristof, in: IHT, 22./23.4.89) Einer anderen Meldung zufolge

21. April 1989

bereiten Studenten der Beijing-Universität und der Pädagogischen Hochschule Beijing die Gründung eines "Autonomen Studentenverbands Beijing" (Beijing gaoxiao xuesheng zizhi lianhehui) vor, dem schließlich etwa 50 Hochschulen angehören werden. (GDWTYJ, 15.6.89, S. 15) Laut *Tansuo*, Juni 1989, S. 8, verkünden hingegen Studenten aller Beijinger Universitäten und Hochschulen sowie Studentenvertreter aus Tianjin, Shanghai, Nanjing, Guangzhou und anderen Städten die Gründung der "Nationalen Vereinigung [Autonomer] Studentenverbände" (Quanguo xuesheng tuanjie lianhehui). - Wann genau welche studentischen Organisationen gegründet, wieder aufgelöst und/oder fusioniert wurden, ist kaum zu klären. In dieser Frühphase der Bewegung gab es eine verwirrende Vielfalt von unabhängigen Organisationen, die mehrfach umbenannt, aufgelöst und neugegründet wurden. Festzuhalten ist, daß Studenten schon wenige Tage nach dem Tod Hu Yaobangs begannen, eigene unabhängige Organisationen zu planen und zu gründen, womit sie den Führungsanspruch der Partei offen herausforderten.

In einem Leitartikel der *Volkszeitung* heißt es unter Bezugnahme auf den Versuch "einer kleinen Anzahl von Leuten", in der Nacht vom 19. auf den 20. April den Partei- und Regierungssitz Zhongnanhai zu stürmen, daß manche Leute unter dem "Vorwand" der Trauer um Hu Yaobang Partei und Regierung angriffen. Die Regierung habe bislang große Zurückhaltung gegenüber den "illegalen Aktivitäten einer kleinen Minderheit" geübt. Wenn aber einige diese "Geduld" als "Schwäche" interpretierten und ihre Aktionen fortsetzten, so müßten sie die Konsequenzen tragen. (RMRB, 21.4.89)

Auch die *Chinesische Jugend-Zeitung* fordert strenge Maßnahmen zur Unterbindung von "gesetzbrecherischen Aktivitäten" im Rahmen der Trauerkundgebungen zum Tode Hu Yaobangs. (ZQB, 21.4.89, nach SWB, 28.4.89)

Die *Arbeiterzeitung* bringt wie die *Volkszeitung* auf der Titelseite den Bericht der *Xinhua*-Nachrichtenagentur über den Versuch, den Partei- und Regierungssitz Zhongnanhai zu stürmen [vergleiche 19./20. April], sowie einen Kommentar dieser Nachrichtenagentur, in dem derartige Ausschreitungen scharf verurteilt werden. Auf der dritten Seite aber findet sich in der Kolumne "Wochenforum" ein Artikel von Xu Jingchun mit dem Titel: "Wichtig ist, das Herz des Volkes zu gewinnen". Die meisten der 40 Mio. Mitglieder der KPCh, so heißt es darin, dienten dem Volke, doch gebe es auch Fälle von Amtsmißbrauch und Unterschlagung. Ob der Grund für das "haßerfüllte Zähneknirschen des Volkes" nicht in diesen Erscheinungen von Korruption zu sehen sei? Warum eile denn niemand zu Hilfe, wenn das Auto eines führenden Kaders in einen Fluß gestürzt sei? Warum sagten Passanten stattdessen: "Geschieht ihm recht!"? Warum klatschten die Menschen voll Genugtuung in die Hände, wenn das Haus eines führenden Politikers ausgeraubt worden sei? Und warum gebe es so viele Gerüchte über die "Geheimnisse der Funktionärsschicht"? Welches Urteil die Geschichte schließlich über einen führenden Politiker fälle, hänge davon ab, ob es ihm gelungen sei, die Herzen des Volkes zu gewinnen. (GRRB, 21.4.89)

49 bekannte Intellektuelle, darunter Yan Jiaqi und Yu Haocheng, fordern das ZK der KPCh in einem offenen Brief auf, mit den Studenten in Dialog zu treten. (GDWTYJ, 15.6.89, S. 15) Einer anderen Darstellung zufolge geben Intellektuelle in der Partei- und Regierungszentrale Zhongnanhai eine Petition ab, die auf Anregung des Dichters Bei Dao entstanden ist und 47 Unterschriften trägt, darunter die von Yan Jiaqi, Bao Zunxin und Yu Haocheng. In der Petition fordern die Unterzeichner, daß die Partei die Demokratiebewegung der Studenten unterstütze, die Korruption beseitige und die Demokratiebewegung richtig bewerte. Funktionäre des ZK der KPCh aber weisen die Annahme der Petition zurück und lassen sie auf den Boden fallen. Vier der Unterzeichner, die die Petition einreichen wollten, werden für vier Stunden festgenommen. Schließlich geben sie die Petition im Büro des Ständigen Ausschusses des NVK ab. (*Beizhuang de minyun*, S. 17) Einer dritten Darstellung zufolge handelt es sich um einen offenen Brief an die Kommunistische Partei, den Nationalen Volkskongreß und an den Staatsrat. Über 100 Personen sollen ihn unterzeichnet haben, darunter bekannte Intellektuelle wie Bao Zunxin, Wu Zuxiang, Yan Jiaqi und Li Zehou. (Li Qiao u.a., "Death or Rebirth...", S. 25)

Die Hongkonger Zeitung *Ming Bao* veröffentlicht am 22. April 1989 einen von 47 Intellektuellen unterzeichneten offenen Brief an das ZK der KPCh, an den Ständigen Ausschuß des Nationalen Volkskongresses und an den Staatsrat. In dem Brief heißt es u.a., daß die Kritik der Studenten an politischen Führungspersönlichkeiten ein gesetzlich verbrieftes Recht darstelle und keinesfalls als illegal betrachtet werden dürfe. Die wichtigsten Forderungen der Studenten lauteten:
1. Beschleunigung der Demokratisierung Chinas und der Reform des politischen Systems;
2. entschlossene Bekämpfung der Korruption innerhalb der Partei- und Regierungsorgane und Beseitigung schwerwiegender sozialer Ungerechtigkeiten;
3. entschlossene Beseitigung der Schwäche und Inkompetenz der Regierungsorgane auf allen Ebenen durch Einführung eines Systems persönlicher Verantwortung der Führungskader von der Zentrale bis zur untersten lokalen Verwaltungsebene;
4. Verwirklichung der in der Verfassung garantierten Redefreiheit und Pressefreiheit und Gewährleistung der Überwachungsfunktion der durch die Massenmedien wiedergegebenen öffentlichen Meinung.

Wörtlich heißt es dann in dem offenen Brief: "Wie sind der Auffassung, daß die oben genannten Forderungen positiv und konstruktiv sind. Es sind kluge Ratschläge von grundlegendem Charakter, um die gegenwärtige schwierige Situation Chinas zu überwinden, den Willen des Volkes zu einen und gemeinsam die Probleme zu meistern... Deshalb schlagen wir vor, daß die Partei- und Staatsführer den Wünschen und Forderungen der Studenten gewissenhaft Gehör schenken und mit den Studenten einen direkten, gleichberechtigten Dialog führen." (Der o.g. Brief, einschließlich der Namen der 47 Unterzeichner, ist nachgedruckt in: *Lishi bu hui wangji...*, S. 46)

21. April 1989

Nach Augenzeugenberichten nehmen ca. 5.000 Studenten der im Norden der Stadt gelegenen Hochschulen an einer Demonstration zur 15 km entfernten Innenstadt teil. (dpa, afp, nach NZZ, 23./24.4.89) Mehrere tausend Fabrikarbeiter und Büroangestellte schließen sich den Studenten an. (afp, nach SZ, 22.4.89)

Bereits am Vormittag hat sich eine große Anzahl von Stadtbewohnern auf dem Tiananmen-Platz versammelt, um Hu Yaobang zu betrauern. Studentenabordnungen von allen Beijinger Hochschulen und Universitäten kommen auf dem Platz an. Am Mittag befinden sich dort bereits über 10.000 Menschen. Gleichzeitig veranstalten 3.000 bis 4.000 Studenten aus Protest gegen den gewaltsamen Polizeieinsatz gegen Demonstranten [in der Nacht vom 19. auf den 20. April] auf den Stufen vor der Großen Halle des Volkes einen Sitzstreik. Um 15.00 Uhr versuchen zunächst einige von ihnen, in das Gebäude einzudringen, an die tausend drängen nach. Sie werden von Soldaten und Polizisten am Betreten der Halle gehindert. Daraufhin lassen sie sich wieder auf den Stufen nieder. (*Beizhuang de minyun*, S. 17)

Die Regierung verkündet, daß der Tiananmen-Platz am Vormittag des 22. April wegen der Trauerfeierlichkeiten für Hu Yaobang gesperrt werde. Die Studenten hatten eine Massentrauerfeier auf dem Platz geplant. Viele beschließen, die Nacht auf dem Platz zu verbringen. (N. Kristof, in: IHT, 22./23.4.89)

Das Parteikomitee der Stadt Beijing legt dem Zentralkomitee der KPCh einen Bericht über die Studentenbewegung vor, in dem u.a. behauptet wird, daß hinter den Protesten intellektuelle Drahtzieher stünden, die die Studenten für ihre Zwecke manipulierten. Namentlich genannt werden Yan Jiaqi, Fang Lizhi, Su Shaozhi und Liu Binyan. Der Hongkonger Zeitschrift *Dangdai* zufolge sollen das Parteikomitee und die Volksregierung der Stadt Beijing in den Tagen nach dem Tod Hu Yaobangs einen "hinterhältigen Trick" angewandt haben, um "Öl ins Feuer zu gießen". In den für die übergeordneten Behörden bestimmten aktuellen Lageberichten sollen sie gezielt Passagen aus studentischen Flugblättern wiedergegeben haben, in denen Deng Xiaoping angegriffen wurde, wie "Deng Xiaoping ist wie eine Kaiserinwitwe" [eine Anspielung auf die "hinter dem Vorhang" agierende Kaiserinwitwe Zixi, die sich zwischen Ende des letzten und Anfang dieses Jahrhunderts allen Reformversuchen widersetzte und somit den Untergang des kaiserlichen China mitverursacht hatte], "Deng Xiaoping ist der letzte, dumme Feudalherrscher", "Deng Xiaoping hat viele uneheliche Kinder, eines davon ist Li Tieying [der Leiter] von der Staatlichen Erziehungskommission". Das Parteikomitee der Stadt Beijing habe, so *Dangdai*, diese diffamierenden Äußerungen Deng Xiaoping zur Kenntnis gebracht und so den Konflikt bewußt verschärft. (*Dangdai*, 28.4.90, nach SWB, 7.5.90)

Am Abend beschließt das Politbüro auf einer Dringlichkeitssitzung, die Kampagne gegen die bürgerliche Liberalisierung nicht aufzugeben, nicht zuzulassen, daß die Regierung von den Trauerkundgebungen für Hu Yaobang unter Druck gesetzt werde, und die offizielle Trauerzeit zu beenden. (L. Dittmer, in: *Problems of Communism*, Sept./Okt. 1989, S. 6; dort ist die Sitzung wahrscheinlich falsch auf den 22. April datiert) Wan Li erklärt auf dieser Sitzung des Politbüros, daß er anderer Ansicht als Deng Xiaoping sei. Man könne nicht Härte mit Härte vergelten. Mit einem harten Kurs würde man wahrscheinlich keine guten Resultate erzielen. Qiao Shi berichtet auf der Sitzung, daß die Bewaffnete Volkspolizei und die Sicherheitskräfte bereits ausreichende Vorsorgemaßnahmen gegen Unruhen getroffen und die Lage durchaus unter Kontrolle hätten. Dennoch unterzeichnet Deng Xiaoping persönlich am selben Tag den Befehl, daß die gesamte Schutztruppe des ZK "8341" in die Hauptstadt einrücken und in Alarmbereitschaft versetzt werden solle. (ZM, Juni 1989, S. 7 f.)

Am Abend bilden Studenten von 19 Hochschulen gemeinsam ein "Provisorisches Aktionskomitee" (Linshi xingdong chouweihui), das für den frühen Morgen des folgenden Tages den Marsch von Studenten, die an der offiziellen Trauerfeier für Hu Yaobang teilnehmen wollen, zum Tiananmen-Platz organisieren soll. (*Beizhuang de minyun*, S. 18)

Bereits am Abend ziehen viele Studenten zum Tiananmen-Platz, die dort die Nacht verbringen und so der angekündigten Sperrung des Platzes vor Beginn der offiziellen Trauerfeier zuvorkommen wollen. Die Zahlen, die von Beobachtern genannt werden, schwanken beträchtlich:
- Am Abend ziehen Studenten aus allen Richtungen in langen Marschsäulen von den Hochschulen zum Tiananmen-Platz, friedlich und diszipliniert. Sie harren die Nacht hindurch dort aus. (M. Naß, in: *Die Zeit*, 28.4.89)
- Rund 60.000 Hochschüler von 20 fast ausschließlich Beijinger Hochschulen, die die Finger zum Siegeszeichen hochrecken und die Internationale singen, kommen nach einem 15 km langen Marsch mit Kränzen und Transparenten auf dem Tiananmen-Platz an. Bis weit nach Mitternacht halten sich schätzungsweise mehr als 100.000 Zuschauer dort auf. (J. Kahl, in: SZ, 24.4.89)
- Bis zu 100.000 Menschen versammeln sich auf dem Tiananmen-Platz, legen Kränze für Hu Yaobang nieder und fordern mehr Demokratie. (AW, 2.6.89)
- In der Nacht veranstalten 100.000 Studenten einen friedlichen Sitzstreik auf dem Tiananmen-Platz. (ZTS, 25.4.89, nach SWB, 28.4.89)
- Laut ICM, Juni 1989, S. 28, waren es etwa 60.000 Studenten, in der Mehrzahl von der Beijing- und der Qinghua-Universität.
- Bei Einbruch der Nacht haben sich mindestens 200.000 Menschen auf dem Platz versammelt; manche Reporter schätzen die Zahl auf 400.000. Neben Studenten sind auch Arbeiter und Bauern gekommen. (*Beizhuang de minyun*, S. 17)

Rund 2.000 Soldaten und Polizisten werden zur Aufrechterhaltung der Ordnung auf den Platz gesandt. (ICM, Juni 1989, S. 28)

Shanghai
Nachdem Studenten der Fudan-Universität eine Versammlung abgehalten haben, herrscht in der Universität eine ruhige, aber gespannte Atmosphäre. Das Wachpersonal am Eingang zum Universitätsgelände prüft die Ausweise der Besucher. Einige Ausländer werden abgewiesen. Auf dem Campus patrouillieren einige Kader, weil sich sehr viele Studenten vor den Wandzeitungen

mit Nachrichten aus Beijing und Trauergedichten für Hu Yaobang drängen. (LYTX, Mai 1989)

Jiangsu

In Nanjing versammeln sich viele Menschen am zentral gelegenen Trommelturm, wo sie sich Reden und Übertragungen anhören oder Wandzeitungen lesen. Passanten erklären zwar ihre Sympathie für die Studenten, zweifeln aber an der Wirksamkeit ihrer Aktionen. Bislang gibt es keine Anzeichen für die Existenz einer autonomen studentischen Organisation. Obgleich der Verkehr behindert wird, tritt die Polizei überhaupt nicht in Erscheinung. Die Versammlung verläuft friedlich und ohne besondere Vorkommnisse. (R. Lufrano, "Nanjing Spring...", S. 22)

Sichuan

Im Zentrum von Chengdu, auf dem Platz an der Straße des Volkes, veranstalten Studenten der Sichuan-Universität, der Pädagogischen Hochschule Chengdu, der Südwest-Hochschule für Nationalitäten und der Chengdu-Universität eine Trauerfeier für Hu Yaobang. Zuschauer strömen herbei. Am Abend sind auf dem Platz Zehntausende von Menschen versammelt. Zweimal versuchen einige hundert Studenten, den Sitz der Provinzregierung zu stürmen. Sie fordern, daß die Verlautbarung der Stadtregierung bezüglich der "Unruhen" der letzten Tage zurückgenommen werde. (ZTS, 23.4.89, nach SWB, 27.4.89)

Auch in Wuhan, Xi'an und anderen Städten demonstrieren Studenten aus Trauer um Hu Yaobang. (*Beizhuang de minyun*, S. 17)

22. April 1989, Samstag

- **Zigtausende von Studenten marschieren zum Tiananmen-Platz**
- **Offizielle Trauerfeier für Hu Yaobang in der Großen Halle des Volkes**
- **Studentendemonstrationen in Beijing und anderen Städten**
- **In Shanghai gerät der liberale "Weltwirtschaftsbote" unter politischen Druck der dortigen KP-Führung unter Jiang Zemin**
- **Schwere Ausschreitungen in Changsha und Xi'an**

Etwa 50.000 Studenten von allen Beijinger Universitäten und Hochschulen marschieren [am Morgen] friedlich zum Tiananmen-Platz, wo sie eine ebenfalls friedliche Kundgebung veranstalten. Viele Beijinger Bürger bekunden ihnen spontan ihre Sympathie. (LYTX, Mai 1989) Die große Demonstration verläuft friedlich - mit einheitlichen Parolen, Fahnen und Liedern. Die Studenten meiden das Xinhuamen nach dem "chaotischen, häßlichen Zwischenfall" in der Nacht vom 19. auf den 20. April. (L. do Rosario, in: FEER, 4.5.89) Unter den Demonstranten befinden sich 5.000 Studenten von der Tianjiner Nankai-Universität. (ZM, Mai 1989, S. 94)

Zahlreiche VBA-Truppen werden aus den Stadtrandgebieten in die Innenstadt gezogen. Die Nummernschilder der Truppentransporter sind entfernt worden. Um 5.00 Uhr ist der Platz ringsum von Soldaten und Polizisten umstellt. Immer

mehr Menschen strömen auf den Platz, Studenten und zum Teil auch andere Stadtbewohner; insgesamt sind es über 200.000 Menschen. Ein Teil von ihnen beginnt einen Sitzstreik. Studentenvertreter, die dem "Provisorischen Aktionskomitee" angehören, stellen drei Forderungen:
- Keine Maßnahmen gegen die am Sitzstreik beteiligten Studenten;
- Erlaubnis für die versammelten Studenten, die Große Halle des Volkes zu betreten und dem Verstorbenen die letzte Ehre zu erweisen;
- Bekanntmachung der Wahrheit über das gewaltsame Vorgehen der Bewaffneten Volkspolizei gegen Demonstranten in der Nacht vom 19. auf den 20. April.

Außerdem stellt das "Provisorische Aktionskomitee" Ordnertrupps auf, die für die Aufrechterhaltung der Disziplin auf dem Tiananmen-Platz sorgen. Um 5.25 Uhr verhandeln Mitarbeiter des Büros, das für die Abwicklung der Trauerfeierlichkeiten verantwortlich ist, mit den Studentenvertretern. Nach 6.00 Uhr wird die erste Forderung der Studenten akzeptiert. Um 8.00 Uhr beginnen Sicherheitskräfte in letzter Minute [vor Eintreffen der offiziellen Trauergäste] mit der Abriegelung des Platzes. (*Beizhuang de minyun*, S. 19)

Nach einer anderen Darstellung beginnen mehrere hundert Sicherheitskräfte ("some thirty truckloads") schon um 2.00 Uhr, die Große Halle des Volkes abzuriegeln. Vor der Halle bilden sie eine dreireihige Kette. Gegen 7.25 Uhr erscheint ein weiterer Trupp der Bewaffneten Volkspolizei auf dem Platz, um die Trauernden zurückzudrängen, doch gegen die Übermacht der 100.000 sind sie machtlos und werden beiseite geschoben, so daß die auf dem Platz versammelten inoffiziellen Trauergäste bis zu den Stufen der Großen Halle des Volkes vorrücken können. (Li Qiao u.a., "Death or Rebirth?...", S. 26)

Nach mehr als einer Stunde Verhandlungen mit sechs Studentenvertretern, ermöglicht durch die Vermittlung eines Journalisten der *Tageszeitung für Rechtswesen*, garantiert der für die Aufrechterhaltung der Ordnung im Beijinger Stadtzentrum Verantwortliche, es werde keine gewaltsamen Versuche geben, die auf dem Platz kampierenden Studenten zu vertreiben. (LSC, S.32)

Einem anderen Bericht zufolge entschließt sich die Regierung nach nächtlichen Verhandlungen mit Studentenvertretern zum Einlenken und hebt die tags zuvor für die Dauer der offiziellen Trauerfeier verhängte Verkehrssperre für den Tiananmen-Platz auf. Als im Morgengrauen bekannt wird, daß eine gewaltsame Räumung durch VBA-Truppen, die auf über 50 Lkws vor Mitternacht ins Stadtzentrum gekommen sind, nicht mehr zu befürchten sei, legt sich die Spannung auf dem Platz. Die Studenten brechen in Freudenrufe aus. (J. Kahl, in: SZ, 24.4.89)

Eine Stunde vor der Trauerfeier betont die *Xinhua*-Nachrichtenagentur in einem Bericht über die Demonstrationen, daß diese friedlich verlaufen seien, und gibt damit erstmals der Forderung der Studenten nach, objektiv über die Bewegung zu berichten. (F. Deron, in: LM, 23.4.89)

Ungehindert von den grünuniformierten Soldatenketten, die drei Stunden vor dem Staatsakt Schulter an Schulter die Straße vor dem östlichen Haupteingang der Großen Halle des Volkes abzuriegeln beginnen, können die Demonstranten den rund 4.000 ausgesuchten offiziellen Trauergästen, die notgedrungen von einem Seitenflügel her eingeschleust werden müssen, ihre Transparente entgegenhalten. Mit den Hauptstichworten Demokratie und Freiheit fordern sie unter Berufung auf die Verfassungsartikel 35 und 37 die Gewährung von Demonstrationsrecht und Pressefreiheit, werfen der *Xinhua*-Nachrichtenagentur und der *Volkszeitung* Verdrehung der Tatsachen vor und erklären außerdem provozierend: "Die Abschaffung der (absoluten) Macht, das bedeutet die Ausrottung von Korruption." (J. Kahl, in: SZ, 24.4.89)

Um 10.00 Uhr beginnt in der Großen Halle des Volkes die offizielle Trauerfeier für Hu Yaobang. Die Zahlen über die inoffiziellen Trauergäste auf dem Tiananmen-Platz schwanken stark:
- XNA, 23.4.89, spricht von mehr als 10.000 Menschen.
- TN, 21.5.89, zählt Zehntausende von Studenten und Beijinger Bürgern, die die Trauerfeier über Lautsprecher auf dem Platz verfolgen.
- Laut M. Naß, in: *Die Zeit*, 28.4.89, waren es an die 100.000 Menschen.
- *Beizhuang de minyun*, S. 18, spricht von über 200.000 Menschen.
- Nach BRu, 2.5.89, S. 7, waren es sogar "Hunderttausende von Studenten und anderen".

Chinas Führungsspitze, darunter Deng Xiaoping, Zhao Ziyang, Li Peng, Wan Li, Qiao Shi, Hu Qili, und mehr als 4.000 Trauergäste nehmen an der von Staatspräsident Yang Shangkun geleiteten Trauerfeier für Hu Yaobang in der Großen Halle des Volkes teil. [Der Trauerfeier bleiben einige konservative und orthodoxe Parteiveteranen fern: Chen Yun, Li Xiannian, Deng Yingchao, Bo Yibo, Hu Qiaomu.] Zhao Ziyang sagt in seiner Gedenkrede u.a.: Als einer der wichtigsten Führer der KPCh seit der 3. Plenartagung des XI. ZK im Dezember 1978 habe sich Hu Yaobang tatkräftig der Verbindung der grundlegenden Prinzipien des Marxismus mit der Praxis des Aufbaus und der Modernisierung Chinas gewidmet. Hus vielfältige Verdienste um die Reform- und Öffnungspolitik und um den Aufbau des Sozialismus chinesischer Prägung seien gewaltig. Auch in den letzten zwei Jahren habe er mit großem Enthusiasmus die Fortschritte des Landes im Prozeß der Reform, der Öffnung und der Modernisierung verfolgt. Hu Yaobang sei immer sehr volksnah und uneigennützig gewesen. Er habe eine große Liebe zur Partei und zum Volk gehegt, die ihn ihrerseits von ganzem Herzen geliebt hätten. (RMRB, 23.4.89) - Den Sturz Hu Yaobangs vom Amt des ZK-Generalsekretärs im Januar 1987 übergeht Zhao Ziyang mit Stillschweigen.

Ausländischen Beobachtern entgeht zunächst ein wichtiges Detail: Der Leichnam Hu Yaobangs ist mit einem von ihm in den letzten Jahren oft getragenen Anzug westlichen Zuschnitts bekleidet, während alle anwesenden Politbüro-Mitglieder und Revolutionsveteranen im zuletzt nur noch sehr selten getragenen Mao-Anzug (eigentlich: Sun Yatsen-Anzug) auftreten. (D.J. Firestein,

Beijing Spring..., S. 24) - Diese Kleiderordnung kann nicht nur als politische Distanzierung der Parteiführung von Hu Yaobang und den um ihn trauernden Studenten interpretiert werden, sondern auch als Ankündigung eines schärferen innenpolitischen Kurses. Sie symbolisiert zudem den Bruch zwischen der Familie Hu Yaobangs, die für die Einkleidung des Toten verantwortlich war, und der Mehrheit der KPCh-Führer.

Als die 4.000 offiziellen Trauergäste die Große Halle des Volkes verlassen, sind die Studenten noch immer da und rufen "Dialog! Dialog!", während die Lautsprecheranlage Trauermusik überträgt. (L. do Rosario, in: FEER, 4.5.89)

Etwa eine Million Menschen säumen die Straßen, als die Wagenkolonne um 12.04 Uhr mit den sterblichen Überresten Hu Yaobangs von der Großen Halle des Volkes zum Heldenfriedhof Babaoshan abfährt. (XNA, 23.4.89; *Beizhuang de minyun*, S. 19)

Um 12.10 Uhr wird die Absperrung des Platzes aufgehoben. In Sprechchören fordern Studenten einen Dialog mit Li Peng. Die Studenten, die an der östlichen Seite der Großen Halle des Volkes einen Sitzstreik veranstalten, entsenden drei Vertreter. Diese steigen die Stufen zum Eingang hinauf und verlangen, Li Peng persönlich eine Petition übergeben zu dürfen. Zwei von ihnen knien auf den Stufen nieder. Einer der beiden hält die Petition mit ausgestreckten Armen hoch [d.h., in der klassischen Haltung, in der im alten China Bittgesuche übergeben wurden]. Der dritte Studentenvertreter, Wu'er Kaixi, steht aufrecht da. Um 13.30 Uhr brechen sie ihre Aktion erfolglos ab und steigen die Stufen hinab. Anschließend ziehen sich alle Studenten vom Platz zurück. Das "Vorbereitungskomitee des Studentenverbands Solidarität der Beijing-Universität" erklärt: Wenn die Regierung den Forderungen der Studenten gegenüber weiterhin taub bleibe, werde man die Arbeiter, Bauern und Intellektuellen des Landes zum Streik aufrufen. (*Beizhuang de minyun*, S. 19; vergleiche hierzu auch die Darstellung der Studenten in den "Antworten auf die Fragen Beijinger Einwohner" vom 27. April, Punkt 6, sowie unter demselben Datum die vom Fernsehen verbreitete Stellungnahme der Regierung zu diesem Vorfall.)

Laut Aussage der Studenten sollte die Aktion
- der Regierung die öffentliche Meinung übermitteln,
- sie zu Maßnahmen gegen die Korruption und zu einer Beschleunigung des Demokratisierungsprozesses drängen,
- sie bewegen, der Presse Kontrollfunktion gegenüber der Regierung einzuräumen und
- sie auffordern, die Erziehung zu fördern und die Nation zu stärken.

(ZTS, 25.4.89, nach SWB, 28.4.89)

Einer anderen Darstellung zufolge darf eine Delegation von vier Studenten die Große Halle des Volkes betreten, wo ihnen ein Regierungsvertreter noch einmal versichert, daß gegen die Demonstranten nichts unternommen werde. Die Forderung der Studenten nach einem Treffen mit Li Peng weist er jedoch zurück. (L. do Rosario, in: FEER, 4.5.89)

22. April 1989

Die Studenten rufen zum landesweiten Generalstreik bis zur Erfüllung ihrer Forderungen auf. (LSC, S.32)

* Chen Xitong gibt in seinem Bericht vom 30. Juni 1989 folgende Darstellung der obigen Ereignisse: "Am 22. April, als Li Peng und andere führende Genossen des ZK nach Beendigung der Trauerfeier für den Genossen Hu Yaobang die Große Volkskongreßhalle verlassen hatten, brüteten einige einen weiteren Betrug aus, um eine Handhabe gegen Genosse Li Peng zu gewinnen. Zunächst verbreiteten sie das Gerücht, daß Ministerpräsident Li Peng versprochen habe, um 12.45 Uhr Studenten auf dem Tiananmen-Platz zu empfangen. Daraufhin ließen sie drei Studenten auf der Terrasse vor dem Osteingang der Großen Volkskongreßhalle kniend eine Petition überreichen. Aber dann wurde behauptet, daß sich Li Peng plötzlich wortbrüchig geweigert habe, die Studenten zu empfangen. Also er habe die Studenten betrogen. Diese Hetzerei löste große Empörung bei Zehntausenden von Studenten auf dem Tiananmen-Platz aus und hätte beinahe zu einem schweren Zwischenfall geführt, nämlich in die Große Volkskongreßhalle einzudringen. Infolge dieser demagogischen Gerüchte wurde die Konfrontation zwischen den jungen Studenten und der Regierung stark zugespitzt. Die extreme Minderheit nutzte diese Stimmung aus und gab die Parole aus: 'Da die Regierung die Friedenspetition abgelehnt hat, müssen wir alle Hochschulen des ganzen Landes telegraphisch auffordern, einheitlich den Unterricht zu boykottieren.' Als Folge boykottierten 60.000 Hochschulstudenten in Beijing den Unterricht, und Studenten vieler Hochschulen in anderen Landesteilen folgten ihrem Beispiel. Diese kritische Situation führte zur Eskalation der Studentenbewegung und des Aufruhrs." (in: BRu, 25.7.89, S. IX)

Auch Studenten der Tianjiner Nankai-Universität sind heute nach Beijing gekommen, um an den Trauerfeierlichkeiten teilzunehmen. Als sie Beijing wieder verlassen wollen, treffen sie am Beijinger Bahnhof auf Einheiten der Bewaffneten Volkspolizei und werden von diesen brutal geschlagen. Einige Studenten werden übel zugerichtet. (Chen Yizi, *Zhongguo...*, S. 152)

* Welch große Spannungen damals bereits unter den Mitgliedern des ZK der KPCh herrschten, macht der am 30. Juni 1989 von Chen Xitong vorgelegte Bericht deutlich. Darin heißt es, nach der offiziellen Trauerfeier für Hu Yaobang hätten Genossen des ZK der KPCh dem ZK-Generalsekretär Zhao Ziyang vorgeschlagen, vor seiner für den kommenden Tag angesetzten Reise nach Nordkorea eine Konferenz der politischen Führung über die Studentendemonstrationen einzuberufen, auf der eindeutige Richtlinien verfaßt und Gegenmaßnahmen beraten werden sollten, um einer Verschärfung der Situation entgegenzuwirken. Zhao Ziyang habe sich jedoch immer wieder - und so auch in diesem Fall - vor einer "gewissenhaften Analyse und Diskussion über den Charakter solcher Anzeichen" gedrückt. Er habe die Einberufung einer Konferenz der Parteiführung abgelehnt und sei statt dessen Golf spielen gegangen, "als ob es ihn nichts anginge". (Chen Xitong, in: BRu, 25.7.89, S. XI)

* Li Peng beschuldigt in seinem "Bericht über die Fehler des Genossen Zhao Ziyang während des parteifeindlichen und antisozialistischen Aufruhrs" (Mitte Juni 1989) den bisherigen ZK-Generalsekretär, daß er selbst nach Ablauf der Trauerzeit für Hu Yaobang am 22. April, als es bereits erste Anzeichen von "Aufruhr" gegeben habe, "weiterhin eine tolerante und nachsichtige Haltung einnahm, wodurch er die Bildung und Entwicklung der Unruhen ermutigte". Einige Intellektuellen-Zirkel, die schon seit langer Zeit die bürgerliche Liberalisierung praktiziert hätten, hätten Einheiten wie den *Weltwirtschaftsboten* veranlaßt, Diskussionsveranstaltungen abzuhalten und lautstark für die Rehabilitierung Hu Yaobangs einzutreten. Dies sei ein Versuch gewesen, das Verdikt gegen die bürgerliche Liberalisierung aufzuheben. Li Peng: "Dies erklärt, warum der Aufruhr von Beginn an eine Manifestation der bürgerlichen Liberalisierung darstellte und diametral gegen die Vier Grundprinzipien gerichtet war. Trotz der Ernsthaftigkeit der Situation hat der Genosse Zhao Ziyang nicht ein einziges Wort der Kritik oder der Ablehnung geäußert." (Li Peng, "Report on the Mistakes...", S. 889 f.) - Dieser Bericht von Li Peng wurde zuerst auf einer Sitzung des Politbüros des ZK der KPCh vom 19. bis 21. Juni 1989 vorgetragen und diskutiert. Die nachfolgende 4. Plenartagung des XIII. ZK (23.-24.6.1989) verabschiedete den Bericht und enthob Zhao Ziyang aller Parteiämter. Li Pengs Bericht wurde nur parteiintern veröffentlicht.

Shanghai
Chinesischen Gewährsleuten zufolge beschlagnahmt die Propaganda-Abteilung des Parteikomitees von Shanghai 300.000 Exemplare der jüngsten Ausgabe des *Weltwirtschaftsboten*, die einen Artikel über ein [am 19. April veranstaltetes] Seminar enthalten habe, auf dem die Entlassung Hu Yaobangs als ZK-Generalsekretär Anfang 1987 als "falsch und unmoralisch" bezeichnet worden sei. Eine Sprecherin der Behörde [gemeint ist vielleicht das Parteikomitee] dementiert die Beschlagnahme. (rtr, 24.4.89, nach FAZ, 25.4.89)

Aus einem sechs Tage später in der *Volkszeitung* erschienenen Bericht geht jedoch hervor, daß dem Chefredakteur der Zeitschrift, Qin Benli, am Abend dieses Tages durch den Verantwortlichen des Shanghaier Stadtparteikomitees [Jiang Zeming] und den Vorstandsvorsitzenden der Zeitschrift der Beschluß mitgeteilt wurde, die neuste Ausgabe, die am 24. April erscheinen soll, entscheidend zu ändern. (RMRB, 28.4.89) - Siehe auch 24., 26. und 27. April.

* Am 18. August 1989 heißt es in einem Bericht der *Xinhua*-Nachrichtenagentur, die Propagandaabteilung des Parteikomitees der Stadt Shanghai habe durch die ausländische Presse erfahren, daß die nächste Nummer des *Weltwirtschaftsboten* die auf dem Forum vom 19. April gehaltenen Reden enthalten werde. Daher habe man am 21. April die Fahnenabzüge zur Einsicht verlangt und dem Chefredakteur Qin Benli am 22. April erklärt, daß es nicht erlaubt sei, in der Presse Meinungen wiederzugeben, die von den offiziellen Entscheidungen der Zentralbehörde abwichen - erst recht nicht jetzt, da Studenten demonstrierten. Passagen, die den bürgerlichen Liberalismus unterstützten - so in den abgedruckten Reden Yan Jiaqis, Dai Qings und anderer -, müßten gestrichen werden. Qin Benli habe es abgelehnt, die Worte, die sich gegen das ZK der KPCh und gegen Deng Xiaoping richteten, zu streichen. Er habe gefordert, daß Deng Xiaoping sich selbst prüfe: "Je eher er sich einer Selbstprüfung unterzieht (...), desto eher wird er sich der Unterstützung des Volkes erfreuen. Falls er sich selbst prüfen will, werden wir ihn unterstützen." Schließlich habe Qin Benli nach einem Gespräch mit dem Sekretär des Parteikomitees der Stadt Shanghai [Jiang Zemin] zugestimmt, die beanstandeten Passagen zu streichen. Als er die korrigierten Druckfahnen zur Prüfung ans Parteikomitee gesandt habe, habe er jedoch gleichzeitig die nichtkorrigierten Fahnenabzüge in Druck gegeben. 160.000 Exemplare davon seien gedruckt und mehrere hundert vorzeitig verteilt worden. Einige seien sogar nach Beijing geschickt worden. (Nach SWB, 22.8.89) - Siehe auch 19. April.

Diese Zeitschrift war trotz der verstärkten ideologischen Kontrolle durch die Partei immer regimekritischer geworden. Bereits in der Ausgabe vom 10. April hatte der Ökonom Qian Jiaqu Ministerpräsident Li Peng namentlich angegriffen, weil dieser in seinem jüngsten Bericht vor dem NVK nicht das Scheitern der letztjährigen Preisreform erklärt hatte. (L. do Rosario, in: FEER, 11.5.89, S. 12)

Fujian
An der Pädagogischen Universität in Fuzhou erscheinen neben Trauerbekundungen für Hu Yaobang jetzt auch Wandzeitungen mit anderen Inhalten. So wird z.B. die schlechte Bezahlung und der fehlende Respekt vor Intellektuellen beklagt. (M.S. Erbaugh u.a., "The 1989 Democracy Movement in Fujian...", S. 147)

Hunan
Am Nachmittag und Abend demonstrieren Studenten in Changsha. Die Demonstration ist schlecht organisiert und wird daher von Gruppen arbeitsloser Jugendlicher "unterwandert", die die Gelegenheit nutzen, um in der Stadt erhebliche Schäden anzurichten. Einem Bericht der *Changsha Abendzeitung* vom 26. April zufolge beginnen am Abend zwischen 18.00 und 19.00 Uhr Zehntausende von Menschen zu randalieren. Schaufenster werden eingeschlagen, Geschäfte geplündert. Insgesamt werden 38 Läden, einschließlich der Imbißstände am Bahnhof, verwüstet. Die Jugendlichen beschlagnahmen sogar Lastwagen und fahren mit diesen in Höchstgeschwindigkeit die Straße des 1. Mai hinauf und hinunter, wobei sie "Der Osten ist rot" singen. Die Unruhen enden erst gegen 1.00 Uhr in der Nacht, als neun Lastwagen mit Bewaffneten Volkspolizisten auf dem Schauplatz erscheinen. In dieser Nacht kommt es in der ganzen Stadt zu gewaltsamen Ausschreitungen. Ein Mensch stirbt, viele erleiden Verletzungen. Einige hundert "kriminelle Elemente" werden verhaftet [vgl. hierzu den 23. und 24. April, 15. Mai]. Dieser sogenannte "Zwischenfall vom 22. April" erlangt landesweit traurige Berühmtheit. [Die folgenden Studentendemonstrationen hingegen sind gut organisiert und verlaufen sehr friedlich.] Die Provinzregierung lastet die Ausschreitungen jedoch nicht den Studenten an. (A. Worden: "... Changsha Chronicle", S.131 f.)

Zwei Tage später berichtet die *Volkszeitung* über die Ausschreitungen in Changsha. In dem Bericht ist ebenfalls von 38 geplünderten und verwüsteten Geschäften die Rede, sieben Polizisten seien schwer verletzt worden. Der Gesamtschaden betrage über 800.000 Yuan. (RMRB, 24.4.89)

Jiangsu
Die Leitung der Nanjing-Universität nimmt die Trauerveranstaltung zu Ehren Hu Yaobangs zum Anlaß, alle bislang aufgehängten Wandzeitungen der Studenten zu entfernen und statt dessen regierungsamtliche Parolen anzubringen. Tagsüber wie auch am Abend finden kleinere Demonstrationen statt. (R. Lufrano, "Nanjing Spring...", S. 22)

Shaanxi
Nachdem in Xi'an die Fernsehübertragung der Trauerfeierlichkeiten für Hu Yaobang auf dem Xincheng-Platz vor dem Provinzregierungsgebäude beendet ist, greifen Randalierer das Gebäude an. Sie zünden zehn Autos und zwanzig Häuser an, bewerfen einen mit ausländischen Touristen besetzten Bus des staatlichen Chinesischen Reisebüros mit Steinen und verletzen 130 Bewaffnete Volkspolizisten und andere Sicherheitskräfte. Bei ihrem Rückzug rauben sie ein Kleidergeschäft aus. 18 Unruhestifter werden verhaftet. Nach Angaben des Amtes für Öffentliche Sicherheit befanden sich zu diesem Zeitpunkt auf dem Platz Tausende von Menschen, darunter viele Studenten, die die Trauerfeier diszipliniert verfolgt hatten. (XNA, 23.4.89)

Während der öffentlichen Übertragung der Trauerzeremonie auf dem Xincheng-Platz von 10.00 bis 14.00 Uhr haben sich etwa 40.000 Studenten und Zuschauer dort versammelt. Anschließend kommt es zu Demonstrationen, in deren Verlauf eine Vielzahl regierungsfeindlicher Parolen skandiert werden. Hauptziel der Studenten scheint es zu sein, einen Trauerkranz für die offizielle Zeremonie innerhalb des Gebäudes der Provinzregierung zu übergeben sowie eine Petition zu überreichen, in der eine Erklärung für die Umstände des Rücktritts von Hu Yaobang im Januar 1987 gefordert wird. Gegen 15.00 Uhr wird das Pförtnerhaus vor dem Gelände der Provinzregierung in Brand gesetzt. Die anwesende Polizei tut erstaunlicherweise wenig, um die Brandstiftung zu verhindern und gar nichts, um das Feuer zu löschen. Ein in der Nähe befindlicher Feuerwehrwagen kommt, um die Flammen zu löschen, und richtet dann seinen Wasserstrahl gegen die Menge. Zwei Lkws, die entfernt worden waren, als das Pförtnerhaus angesteckt wurde, werden wieder vor das Tor gefahren. Manche wundern sich, warum den Studenten solche "attraktiven" Ziele geboten werden, nachdem es bereits einen Fall von Brandstiftung gegeben hat. Tatsächlich werden auch die zwei Lkws schnell in Brand gesteckt. Sie werden lange genug brennen gelassen, bis dicke Rauchschwaden über dem Platz aufsteigen. Die anschließenden Ausschreitungen hören erst gegen Mitternacht auf. Berichte über mögliche Todesopfer können nicht verifiziert werden; dennoch steht außer Frage, daß die Polizei mit übertriebener Brutalität vorgegangen ist. (J.W. Esherick, "Xi'an Spring", S. 213-216)

Sichuan
In Chengdu marschieren etwa 3.000 Studenten der Sichuan-Universität und der Südwest-Hochschule für Nationalitäten durch die Straßen und skandieren: "Wir wollen Demokratie und Freiheit", "Nieder mit den Schiebergeschäften der Funktionäre". Am Nachmittag veranstalten einige hundert Studenten der Sichuan-Universität einen Sitzstreik vor dem Provinzregierungsgebäude. In der Nacht versammeln sich wie in der letzten Nacht Zehntausende auf dem Platz an der Straße des Volkes. Später ziehen einige zum Gebäude der Stadtregierung. (ZTS, 23.4.89, nach SWB, 27.4.89)

23. April 1989, Sonntag

- Eine Beijinger Tageszeitung berichtet zum erstenmal über die Studentenbewegung
- Beijinger Studenten beginnen mit der Organisation eines landesweiten Vorlesungsstreiks, um einen "direkten Dialog" mit der politischen Führung zu erreichen
- Studenten von 21 Beijinger Hochschulen und Universitäten gründen den "Provisorischen Studentenverband Beijing"
- Beijinger Studenten setzen eine weitere "Petition in sieben Punkten" auf und kündigen eine landesweite Aufklärungskampagne über ihre Forderungen an
- Beijinger Studenten verstärken ihre Kritik am Nepotismus hoher Führungskader
- Zhao Ziyang fährt zu einem Freundschaftsbesuch nach Nordkorea

Die *Volkszeitung* veröffentlicht einen langen Bericht über die gestrige Trauerfeier für Hu Yaobang in der Großen Halle des Volkes. Nur in einem Satz werden die "mehr als zehntausend" Studenten und Einwohner erwähnt, die gleichzeitig auf dem Tiananmen-Platz versammelt waren. (RMRB, 23.4.89)

Die Beijinger *Tageszeitung für Wissenschaft und Technik* erscheint erst am Nachmittag. In der heutigen Ausgabe wird in einem Artikel auf Seite 2 objektiv über die Studentenbewegung berichtet, und auf der ganzen Seite 4 sind Photos abgedruckt, die Studentenaktionen zeigen. Es heißt, daß die Redaktion vor Veröffentlichung des Artikels einem enormen Druck von oben ausgesetzt war. Der erste stellvertretende Chefredakteur Sun Changjiang sowie viele Redakteure und Journalisten wollten ihren Posten niederlegen. Die ganze Nacht hindurch sei heftig debattiert worden, bevor man die Druckerlaubnis erhalten habe. Daher habe sich das Erscheinen der Zeitung verzögert. (*Beizhuang de minyun*, S. 23)

Ganz erstaunlich ist, daß dieser Artikel überhaupt erscheinen konnte. Schließlich waren die von Partei und Regierung gelenkten Medien angewiesen worden, keine Berichte über die nicht angemeldeten und daher verbotenen Aktionen von Studenten zu veröffentlichen. Nur über die Zusammenstöße zwischen Demonstranten und Sicherheitskräften in den Nächten vom 18. auf den 19. sowie vom 19. auf den 20. April wurde berichtet, wobei die Demonstranten als gewalttätig hingestellt worden waren und einzig von verletzten Polizisten die Rede gewesen war (vergleiche 18./19. April und 19./20. April).

23. April 1989

Tony Saich zufolge soll sich die *Tageszeitung für Wissenschaft und Technik* vom 19. bis 24. April der Parteizensur widersetzt und objektive bis freundliche Berichte über die Studentendemonstrationen veröffentlicht haben. (T. Saich, "The Rise and Fall...", S. 194)

Einige hundert Studentenvertreter von zahlreichen Hochschulen des Landes halten in der Beijing-Universität eine Versammlung ab. Anschließend kündigen sie einen unbefristeten Vorlesungsstreik an - den ersten landesweiten Vorlesungsstreik in der Geschichte der VR China -, der am folgenden Tag, dem 24. April, beginnen soll. (*Tansuo*, Juni 1989, S. 8) Den Studenten zufolge sind die Telefonleitungen der Beijing-Universität von amtlicher Seite unterbrochen worden, was die Organisation des Streiks ungeheuer erschwert. (LYTX, Mai 1989) Ziel des Streiks ist ein "direkter Dialog" mit der Staatsführung. Die Studentendelegationen aus Shanghai, Nanjing, Wuhan und Tianjin sind sich zunächst noch nicht einig, wann sie sich dem Unterrichtsboykott anschließen sollen. Der Streik in der Beijing-Universität wird nach Angaben der Organisatoren vom Lehrkörper unterstützt. (dnC, 3/1989)

Nach einer anderen Darstellung gründen Studenten der vereinigten Studentenschaft von insgesamt 21 Beijinger Hochschulen und Universitäten einen "Provisorischen hauptstädtischen Studentenverband" (Shoudu gaoxiao xuesheng linshi lianhehui), auch "Provisorischer Studentenverband Beijing" (Beijing gaoxiao xuesheng linshi lianhehui) genannt. Zusammen mit Studenten aus Tianjin, Shanghai, Wuhan und anderen Städten planen sie die Gründung einer "Nationalen Vereinigung [Autonomer] Studentenverbände" (Quanguo gaoxiao xuesheng lianhehui). Studenten der Beijing-Universität beginnen, alle Kreise der Bevölkerung um Spenden für einen Fonds zur Unterstützung der Studentenbewegung zu bitten. (*Beizhuang de minyun*, S. 22)

Die Studentenvertreter von 19 Universitäten und Hochschulen, die am Vortag auf dem Tiananmen-Platz Petitionen präsentiert haben, setzen nach "demokratischen Beratungen" eine "Petition in sieben Punkten" und einen "Vorläufigen Beschluß in zwei Punkten" auf. (MB, 24.4.89, nach SWB, 27.4.89)

DOKUMENT

Petition in sieben Punkten

1. Neubewertung der Verdienste und Fehler Hu Yaobangs;
2. per Gesetzeserlaß Privatpersonen zu gestatten, Zeitungen herauszugeben;
3. Erhöhung der Ausgaben für das Erziehungswesen und eine effektive Anhebung der Einkommen von Intellektuellen;
4. Neubewertung der Studentenbewegung des Jahres 1986 und des Kampfes gegen die 'bürgerliche Liberalisierung';
5. wahrheitsgemäße Berichterstattung über den Vorfall vom 20. April 1989;
6. Kampf gegen Dekadenz und Bürokratismus sowie harte Strafen für korrupte Funktionäre;

7. wahrheitsgemäße und umfassende Berichterstattung über die Entwicklung vom Tode Hu Yaobangs zu den Studentendemonstrationen auf dem Tiananmen-Platz.

Vorläufiger Beschluß in zwei Punkten

1. Veröffentlichung eines offenen Telegramms an die Nation, um diese zu Protesten aufzurufen;
2. Initiierung von Streiks von Arbeitern, Ladenbesitzern und Studenten.
(MB, 24.4.89, nach SWB, 27.4.89)

Einige von den Studenten neugegründete Organisationen rufen alle Studenten dazu auf, in Briefen an ihre Familien und Freunde die Gründe für die Demonstrationen, Petitionen und Streiks darzulegen, um landesweit Sympathie und Unterstützung zu gewinnen. (MB, 24.4.89, nach SWB, 27.4.89)

Studenten der Beijing-Universität beginnen Langzeitdemonstrationen zu erwägen, mit Plänen für eine unabhängige Zeitung, Pressesprecher und Spendensammlungen. Sie stellen eine Sicherheitstruppe auf, um Unruhestifter und Geheimpolizisten daran zu hindern, die Demonstrationen zu unterwandern. (D. Southerland, in: IHT, 24.4.89)

In der Beijing-Universität und der Qinghua-Universität hängen Studenten Listen aus, die aufführen, welche bedeutenden Ämter in Partei, Regierung und Wirtschaft von den engsten Verwandten hoher Führungskader besetzt sind.

DOKUMENT

Liste der Ämter, die engste Verwandte von Partei- und Regierungsführern innehaben

1. Direktor der Zentralen Politischen Abteilung der VBA - Yang Baibing (jüngerer Bruder von Yang Shangkun)
2. Generalstabschef der VBA - Chi Haotian (Schwiegersohn von Yang Shangkun) [Dieses Verrwandtschaftsverhältnis wird von gut informierter chinesischer Seite bestritten; PB 2]
3. Mitglied des Politbüros - Jiang Zemin (Schwiegersohn von Li Xiannian) [Es bestehen Zweifel, ob Jiang Zemin tatsächlich ein Schwiegersohn Li Xiannians ist; vergleiche C.a., Juni 1989, S. 437.]
4. Präsident der Hainan Huahai Company - Zhao Dajun (Sohn von Zhao Ziyang)
5. Gouverneur der Provinz Guangdong - Ye Xuanping (Sohn von Ye Jianying)
6. Vizebürgermeisterin von Shenzhen - Wu Xiaolan (Schwiegertochter von Ye Jianying und Tochter von Wu Yuzhang)

7. Direktor des Büros für Angelegenheiten der Auslandschinesen beim Staatsrat - Liao Hui (Sohn von Liao Chengzhi)
8. Vizegouverneur der Provinz Henan - Liu Yuan (Sohn von Liu Shaoqi)
9. Leiter der Zentralen Kommission für Rüstungsforschung und -technik und für Rüstungsindustrie - Ding Henggao (Schwiegersohn von Nie Rongzhen)
10. Stellvertretende Leiterin der Zentralen Kommission für Rüstungsforschung und -technik und für Rüstungsindustrie - Nie Li (Tochter von Nie Rongzhen)
11. Früherer Präsident der Kanghua Company - Deng Pufang (Sohn von Deng Xiaoping)
12. Bürgermeister und Parteisekretär der provinzfreien Stadt Tianjin - Li Ruihuan (Schwiegersohn von Wan Li) [Auch diese Verwandtschaftsbeziehung ist fraglich.]
13. Stellvertretender Politkommissar der Militärregion Chengdu - Wang Jun (Sohn von Wang Zhen)
14. Vorsitzender des Autonomen Gebiets Innere Mongolei - Bu He (Sohn von Ulanhu)
15. Bürgermeister von Baotou - Wu Jie (Sohn von Ulanhu)
16. Direktor des Beijinger Amtes für Tourismus - Bo Xicheng (Sohn von Bo Yibo)
17. Bürgermeister von Dalian - Bo Xilai (Sohn von Bo Yibo)
18. Staatsratskommissar [und Minister für Maschinenbau und Elektronikindustrie] - Zou Jiahua (Schwiegersohn von Ye Jianying)
19. Frühere stellvertretende Leiterin der Zentralen Kommission für Rüstungsforschung und -technik und für Rüstungsindustrie - Ye Chumei (Tochter von Ye Jianying)
20. Früherer stellvertretender Bürgermeister der provinzfreien Stadt Beijing Chen Haosu (Sohn von Chen Yi)
21. Mitglied des Ständigen Ausschusses des Beijinger Parteikomitees - Chen Yuan (Sohn von Chen Yun)
22. Bürgermeister von Yantai - Yu Yusheng (Schwiegersohn von Zhang Aiping)
23. Sekretär des Parteikomitees des Regierungsbezirks Ningde - Xi Jinping (Sohn von Xi Zhongxun)
24. Leiter der Organisationsabteilung des Provinzparteikomitees Shaanxi - Xi Zhengning (Sohn von Xi Zhongxun)
25. Mitglied des Politbüros [und Leiter der Zentralen Erziehungskommission] - Li Tieying (Sohn von Li Weihan)
26. Ministerpräsident - Li Peng (Adoptivsohn von Zhou Enlai)
27. Büroleiterin der Zentralen Kommission für Wissenschaft und Technik - Deng Nan (Tochter von Deng Xiaoping)

(MB, 24.4.89, nach SWB, 28.4.89; vergleiche hierzu Wolfgang Bartke, "Nepotism Among the Central Commitee Cadres", in: C.a., Oktober 1989, S. 832-825)

Mit dem Aushang solcher und ähnlicher Listen wollen Studenten belegen, welches Ausmaß an Nepotismus in der chinesischen Führungsschicht herrscht. Beweiskräftig sind solche Listen jedoch nicht. Man müßte in jedem Einzelfall nachweisen, daß ein Politiker tatsächlich seinen Einfluß geltend gemacht hat, um Verwandte in Spitzenpositionen unterzubringen, und dieser Nachweis ist angesichts fehlender Informationen kaum zu erbringen. Davon abgesehen ist es durchaus möglich, daß Angehörige von hochrangigen Funktionären den Aufstieg auf der Karriereleiter nicht Verwandtschaftsbeziehungen verdanken, sondern ihren eigenen Fähigkeiten. Ebensogut ist es möglich, daß Institutionen oder Betriebe von sich aus Verwandte von Spitzenpolitikern mit guten Positionen bedenken, um von deren Beziehungen zur Führungselite zu profitieren - sozusagen eine Form des Nepotismus mit umgekehrten Vorzeichen.

Interessant ist, daß die Söhne Hu Yaobangs in dieser Auflistung nicht auftauchen. Der älteste, Hu Deping, ist immerhin Generalsekretär der Einheitsfrontabteilung des ZK. Der zweite, Liu Hu, ist stellvertretender Direktor des Büros für Im- und Export von Technologie des Ministeriums für außenwirtschaftliche Beziehungen und Außenhandel (vergleiche hierzu Liu Jen-Kai, "Hu Yaobang - eine Biographie", in: C.a., April 1989, S. 266). Vielleicht war dies nicht bekannt, doch wahrscheinlicher ist, daß es absichtlich mit Stillschweigen übergangen wurde, da Hu Yaobangs Ruf als einziges integres Mitglied der Führungsspitze nicht angetastet werden sollte. - Am Beijinger Zentralinstitut für Sprechtheater ist bereits am 22. April eine ähnliche Liste ausgehängt worden. Darin wurde u.a. Hu Yaofu, der ältere Bruder Hu Yaobangs, mit seinem Posten angeführt: Produktionsmannschaftsführer eines Dorfes im Kreis Liuyang der Provinz Hunan (PB 3). Wahrscheinlich wurde dieser Posten, der im Vergleich zu den Ämtern der Angehörigen anderer Spitzenpolitiker mehr als bescheiden ist, des Propagandaeffekts wegen aufgeführt.

Studenten der Qinghua-Universität verbrennen symbolisch einige Parteizeitungen, weil sie meinen, daß diese Blätter nur "Lügenpropaganda" verbreiten. (LYTX, Mai 1989)

Zhao Ziyang fährt am Nachmittag auf Einladung Kim Il Sungs zu einem sechstägigen offiziellen Freundschaftsbesuch nach Nordkorea. Dies ist sein erster offizieller Auslandsbesuch als ZK-Generalsekretär seit November 1987. (RMRB, 24.4.89) Vor seiner Abreise soll Zhao seinen Sekretär Bao Tong angewiesen haben, die Entwicklung der Lage zu verfolgen. (*Dangdai*, 28.4.90, nach SWB, 7.5.90)

Nach Darstellung von Chen Yizi soll Zhao Ziyang vor seiner Abreise Li Peng aufgesucht und ihm geraten haben, einen Dialog mit den Studenten zu führen, um die Gegensätze zwischen der politischen Führung und den protestierenden Studenten abzubauen (Chen Yizi, in: J.P. Béja u.a., *Le tremblement de terre...*, S. 517). Man müsse mit Hilfe eines Dialogs versuchen, die Studentenproteste zu kanalisieren (Chen Yize, *Zhongguo...*, S. 152). - Vergleiche die Darstellungen über die Sitzung des Politbüros am Abend des 24. April.

Shanghai
* Wie aus einem Bericht der *Xinhua*-Nachrichtenagentur vom 18. August 1989 hervorgeht, beschließt das Parteikomitee der Stadt Shanghai, die neueste Ausgabe des *Weltwirtschaftsboten* einzuziehen und eine andere Ausgabe erstellen zu lassen - ohne die beanstandeten Beiträge (vergleiche 19., 22. und 24. April). Dem Bericht zufolge hätte eine solche Änderung normalerweise nur einen halben Tag beansprucht, doch sei die revidierte Ausgabe erst drei Tage später gedruckt worden. (Nach SWB, 22.8.89)

Hunan
In Changsha werden mehrere hundert Menschen von der Polizei verhaftet. (D. Southerland, in: IHT, 24.54.89) Die *Xinhua*-Nachrichtenagentur berichtet hingegen von zwei "Gesetzesbrechern", die nach den Ausschreitungen am Vorabend auf dem Platz des 1. Mai verhaftet worden seien. Ein Funktionär habe erklärt, daß viele Menschen den Sicherheitskräften, die die beiden Männer abführten, gefolgt seien und versucht hätten, in das Amt für Öffentliche Sicherheit der Stadt einzudringen. Sie seien von der Polizei durch Warnschüsse vertrieben worden. Studenten hätten sich von diesen Ausschreitungen distanziert. (XNA, 26.4.89)

Shaanxi
In Xi'an wird im Bezirk der Ausschreitungen vom Vortag für 24 Stunden der Ausnahmezustand verhängt. (D. Southerland, in: IHT, 24.4.89)

Nach den Ausschreitungen vom Vortag wird die Umgebung des Xincheng-Platzes abgeriegelt. Truppen werden eingesetzt, um wieder Ordnung herzustellen, insbesondere jedoch, um das Blut auf den Straßen und Bürgersteigen zu entfernen. (J.W. Esherick, "Xi'an Spring", S. 216)

Sichuan
Nachdem in Chengdu Zehntausende von Studenten in den letzten Tagen demonstriert hatten, hat sich die Lage heute weitgehend normalisiert. (ZWT, 23.4.89, nach SWB, 26.4.89)

Unter dem Einfluß der Beijinger Studentenbewegung demonstrieren Studenten in Shanghai, Nanjing, Guangzhou, Hangzhou, Tianjin, Wuhan und anderen Städten. (*Beizhuang de minyun*, S. 22)

24. April 1989, Montag

- **Eine weitere Zeitung berichtet positiv über die Studentenbewegung**
- **Behörden üben Pressezensur aus**
- **Beginn eines unbefristeten Hochschulstreiks in Beijing**
- **Gründung einer "Nationalen Vereinigung [Autonomer] Studentenverbände"**
- **Studenten fordern den Rücktritt von Li Peng und Yao Yilin**
- **Auf einer erweiterten Sitzung des Ständigen Ausschusses des Politbüros werden die Studentenproteste de facto als konterrevolutionär bewertet und**

24. April 1989

ein Leitungsgremium zur Beendigung des "Aufruhrs" eingesetzt. Der Beijinger Parteisekretär Li Ximing kritisiert den in Nordkorea weilenden Zhao Ziyang wegen dessen "schwacher" Haltung gegenüber antisozialistischen Kräften. Der Sekretär von Zhao Ziyang, Bao Tong, ist zu der Sitzung nicht geladen worden

Die *Bauernzeitung* bringt auf der Titelseite einen ausführlichen Bericht über die Studentendemonstrationen am 22. April und erwähnt darin, welch freundliche Unterstützung die Studenten bei den Zuschauern gefunden hätten, einschließlich Zuspruch, Nahrungs- und Geldspenden. Die Shanghaier Wochenzeitschrift *Weltwirtschaftsbote* widmet den Leistungen Hu Yaobangs in ihrer heutigen Ausgabe sechs Seiten. In den Artikeln bezeichnen prominente Regierungskritiker die Absetzung Hu Yaobangs als Fehler. (L. do Rosario, in: FEER, 4.5.89, S. 12) Eine Woche später berichtet L. do Rosario, daß die heutige Ausgabe des *Weltwirtschaftsboten* von den Behörden beschlagnahmt worden sei. In dieser Ausgabe seien so prominente radikale Reformer wie Su Shaozhi, Yan Jiaqi, Yu Guangyuan, Dai Qing und Su Changjiang zu Wort gekommen. Sie hätten die Verdienste Hu Yaobangs angesprochen und eine positive Bewertung sowohl seiner Person als auch der Studentendemonstrationen 1986/87, die zu seinem Sturz geführt hatten, gefordert. In kaum verhüllter Kritik an Deng Xiaoping, der der Entlassung Hu Yaobangs zugestimmt hatte, hätten sie die Entlassung als "verfahrensrechtlich nicht zulässigen Machtwechsel", der "die Prinzipien und Verfahren der [Partei]organisation ernsthaft verletzt" habe, bezeichnet. Am deutlichsten sei Yan Jiaqi geworden: "Diejenigen, die damals [1986/87] für ideologische Fragen zuständig waren, haben nicht das Recht, Hu Yaobangs Tod zu betrauern, weil sie ihn gestürzt haben. Die Geschichte wird über sie das Urteil fällen." In der zensierten Ausgabe vom 24. April seien diese Artikel durch offizielle Berichte ersetzt worden. Auch ein Photo von demonstrierenden Studenten sei herausgenommen worden. Das Parteikomitee der Stadt Shanghai habe in einer offiziellen Stellungnahme erklärt, daß die Veröffentlichung solcher Kommentare zu Hu Yaobang "der gegenwärtigen Situation sehr schaden" werde und "eine Verwirrung des Denkens bewirken" könne. (L. do Rosario, in: FEER, 11.5.89, S. 12)

Einer anderen Darstellung zufolge veröffentlicht der *Weltwirtschaftsbote* in seiner heutigen Ausgabe Reden, die am 19. April auf einem Symposium zum Gedenken an Hu Yaobang gehalten wurden, und in denen es als Fehler bezeichnet wird, daß er im Januar 1987 zum Rücktritt von seinem Posten als ZK-Generalsekretär gezwungen wurde. Der 1. Parteisekretär von Shanghai, Jiang Zemin, befiehlt, die bereits gedruckten 300.000 Exemplare zu beschlagnahmen und eine neue Auflage mit anderen Artikeln zu drucken. Qin Benli, der Chefredakteur dieses Blattes, widersetzt sich energisch dieser Anordnung. Schließlich wird die Zeitschrift mit der neugedruckten Rubrik "Fenster zur Welt" ausgeliefert. (*Beizhuang de minyun*, S. 24)

LYTX, Mai 1989, zufolge ist neben der heutigen Ausgabe des *Weltwirtschaftsboten* auch die Beijinger *Tageszeitung für Wissenschaft und Technik* wegen der darin enthaltenen positiven Berichte über die Studentenbewegung behördlicherseits konfisziert worden, um eine Ausweitung der Protestbewegung zu verhindern. - Möglicherweise bezieht sich LYTX hier auf die gestrige Ausgabe der *Tageszeitung für Wissenschaft und Technik*, die mit großer Verspätung erschien (vergleiche 23. April), was den Eindruck erweckt haben kann, daß sie beschlagnahmt worden sei. - Viele Leser dieser Zeitung bekommen erst am heutigen Vormittag ein Exemplar der gestrigen Ausgabe zu lesen, in der erstmals objektiv über die Studentenbewegung berichtet wird. Die Studenten begrüßen dies mit Begeisterung. (*Beizhuang de minyun*, S. 23)

Der "Autonome Studentenverband Beijing" [gemeint ist wahrscheinlich der "Provisorische Studentenverband Beijing"] ruft einen Vorlesungsboykott aus, um der Forderung nach Dialog mit der Führung Nachdruck zu verleihen. (GDWTYJ, 15.6.89, S. 15) An dem Boykott beteiligen sich Studenten von über zehn Universitäten und Hochschulen (MB, 24.4.89, nach SWB, 27.4.89; 21 waren es laut XWB, nach SWB, 26.4.89). Insgesamt streiken Zehntausende von Studenten (FAZ, 25.4.89; am 5.6.89 spricht die FAZ von über 100.000 Studenten). Allein an der Beijing-Universität boykottieren 10.000 (FRu, 6.6.89) bis 15.000 Studenten (LYTX, Mai 1989) den Unterricht.

Der "Provisorische Studentenverband Beijing" gibt bekannt, daß Studenten von 35 Hochschulen in einen unbefristeten Vorlesungsstreik getreten seien. Dieser solle solange andauern, bis die Regierung die Forderung, mit Studenten in Dialog zu treten, erfüllt habe. Viele Hochschullehrer erklären ihr Verständnis für die Aktion der Studenten. Auf den Straßen leisten Studenten aller Hochschulen Propagandaarbeit. Studenten der Pädagogischen Hochschule Beijing erklären den Passanten, ihre Ziele seien "Demokratie, Wissenschaft, Freiheit, Menschenrechte, Rechtsstaatlichkeit". Die Prinzipien ihrer Aktionen seien "gerecht, vernünftig, rechtmäßig, berechtigt, sachdienlich und moralisch". Sie sammeln Geld für ihre Aufklärungsarbeit. (*Beizhuang de minyun*, S. 23)

Von allen Universitäten, an denen in diesen Tagen autonome Studentenorganisationen gegründet werden, ist die Pädagogische Hochschule Beijing die einzige, an der die neuen Studentenvertreter duch Abstimmung ermittelt werden. Bei der heute stattfindenden Wahl stimmen 80% der Studenten für die Gründung einer autonomen Studentenorganisation und wählen Wu'er Kaixi zu ihrem Vorsitzenden. (Luo Qiping u.a., "The 1989 Pro-Democracy Movement...", S. 32)

Die "Nationale Vereinigung [Autonomer] Studentenverbände" hält auf dem Sportplatz der Beijing-Universität eine [Gründungs-?] Versammlung ab (vergleiche 23. April), an der 10.000 Studenten teilnehmen. Dieser unabhängige nationale Studentenverband stellt sieben Forderungen an Partei und Regierung:

DOKUMENT

Forderung in sieben Punkten

1. Gewährleistung der Menschenrechte;
2. Freilassung politischer Häftlinge;

3. Einschränkung der unbegrenzten Macht der Regierungspartei;
4. Einführung von Gewaltenteilung nach westlichem Vorbild;
5. Ausarbeitung und Inkraftsetzung einer demokratischen Verfassung;
6. Bekanntmachung der Einkommensverhältnisse hochrangiger Kader;
7. Rehabilitierung Hu Yaobangs.
(*Tansuo*, Juni 1989, S. 9; diese Forderungen werden auch in LYTX, Mai 1989, genannt.)

Die Forderung nach Rehabilitierung Hu Yaobangs, die in den zuvor aufgestellten Sieben-Punkte-Katalogen jeweils an erster Stelle gestanden hatte (vergleiche 18. und 23. April), ist hier an die letzte Stelle gerutscht; statt Presse- und Demonstrationsfreiheit wird jetzt ein anderes politisches System verlangt.

Diese Studenten, die auch an den Demonstrationen vom 22. April teilgenommen haben, wollen erst dann den Unterricht wiederaufnehmen, wenn die Regierung zu ihrer neuen "Forderung in sieben Punkten" eingehend Stellung genommen hat. (MB, 24.4.89, nach SWB, 27.4.89)

Den in einem Koordinationskomitee vertretenen streikenden Studenten von 21 Beijinger Universitäten hätten sich Gruppen aus über zehn weiteren Bildungseinrichtungen angeschlossen, sagt ein Studentensprecher. Man bereite Flugblätter vor, um den Menschen die Ziele der Studenten zu erläutern. Auf einer Wandzeitung wird dazu aufgerufen, Briefe an Verwandte und Freunde zu schicken, um so landesweit Nachrichten über Forderungen und Aktionen zu verbreiten. (rtr, nach FAZ, 25.4.89)

Beijinger Studenten sind der Ansicht, daß die weitere Entwicklung der Bewegung von ihrer Verbreitung an den Universitäten außerhalb Beijings abhänge. Die anderen Städte hinkten noch hinterher. (LSC, S. 34)

Studenten der Qinghua-Universität senden Botschaften an ihre Kommilitonen in anderen Städten und rufen zum landesweiten Streik auf. (ZTS, 25.4.89, nach SWB, 28.4.89)

Auf unzähligen Wandzeitungen in den Universitäten werden eine ganze Reihe hoher Parteikader kritisiert, darunter Li Peng und Yao Yilin, und deren Rücktritt gefordert. (LYTX, Mai 1989)

In einer ironischen Anspielung auf den berühmten Ausspruch Deng Xiaopings, ob eine Katze schwarz sei oder weiß, sei egal, solange sie nur Mäuse fange, zeigt eine Wandzeitung eine Katze mit einer Schlinge um den Hals und der Unterschrift: "Die Katze ist tot." (rtr, nach FAZ, 25.4.89)

10.000 streikende Studenten der Beijing-Universität veranstalten auf dem Campus eine Kundgebung. Sie fordern Demokratie, unabhängige Zeitungen und Ermittlungen gegen Polizeibeamte, die [in der Nacht vom 19. auf den 20. April] Demonstranten verprügelt haben. (FRu, 6.6.89) Eine Kundgebung von etwa 4.000 Studenten auf dem Campus der Beijing-Universität endet im Chaos, nachdem Aktivisten einen Kommilitonen beschuldigt haben, ein eingeschleuster Kollaborateur zu sein. (rtr, 24.4.89, nach FAZ, 25.4.89)

Chen Mingyuan, Lehrer am Spracheninstitut der Beijing-Universität, bekannter Dichter und Linguist, hält eine Rede, die auf dem Campus verbreitet wird. Darin fordert er, die Vermögen der Spekulanten und Korrupten zu beschlagnahmen und im Unterrichtswesen einzusetzen. Das Bildungswesen solle absolute Priorität im nationalen Budget haben. Weiter fordert er die Rückgabe der Macht an die Intellektuellen, da die Bauern und Arbeiter nicht kompetent seien [sic!]. (LSC, S. 34)

Bereits vor einigen Tagen hat der Hongkonger Studentenverband Beobachter nach Beijing gesandt. U.a. besuchen sie die Hochschulen und Universitäten, die innerhalb der Studentenbewegung am aktivsten sind. (*Beizhuang de minyun*, S. 23)

Partei und Regierung geben einem Gesuch von Studenten der Qinghua-Universität statt und vereinbaren ein Gespräch beider Seiten für den kommenden Nachmittag. (XNA, 26.4.89)

An diesem Tag tritt der Ständige Ausschuß des Politbüros zu einer Sitzung zusammen, an der auch Yang Shangkun teilgenommen haben soll. Außerdem findet eine erweiterte Sitzung des Politbüros statt. (*Tansuo*, Juni 1989, S. 16; L. Dittmer, in: *Problems of Communism*, Sept./Okt. 1989, S. 6) - Tatsächlich handelt es sich um eine erweiterte Sitzung des Ständigen Ausschusses des Politbüros, an der Zhao Ziyang nicht teilnimmt, da er sich zu diesem Zeitpunkt in Nordkorea aufhält.

In der Nacht beruft Li Peng eine [erweiterte] Sitzung [des Ständigen Ausschusses] des Politbüros ein, an der u.a. auch der orthodoxe Revolutionsveteran Wang Zhen teilnimmt. Auf dieser Sitzung erklärt der Beijinger Parteisekretär Li Ximing in einer langen, vorbereiteten Rede, daß die [demonstrierenden] Studenten von einer kleinen Anzahl übler Elemente manipuliert würden. Sie seien parteifeindlich, antisozialistisch und konterrevolutionär und zettelten Aufruhr an. Ihre Angriffe richteten sich gegen die Kommunistische Partei und gegen das sozialistische System sowie gegen die alten Genossen und vor allem gegen Deng Xiaoping. Sie seien nicht viele: Lediglich zwischen 10.000 und 20.000 würden an der Protestbewegung teilnehmen. Der Grund dafür, daß sie immer lauter Krach schlügen, sei der, daß es innerhalb der Partei Leute gebe, die sie unterstützten. Diese leisteten der bürgerlichen Liberalisierung stillschweigend Vorschub. All dies könne nicht weiter tatenlos hingenommen werden. Der hauptverantwortliche Führer der Parteizentrale habe jedoch angesichts dieser Ereignisse Schwäche gezeigt, kritisiert Li Ximing den abwesenden Zhao Ziyang. Danach ergreift der Generalsekretär des Staatsrats Luo Gan, ein Vertrauter von Li Peng, das Wort und äußert sich im Sinne von Li Ximing. Dagegen schlägt Hu Qili vor, eine detaillierte Untersuchung der Studentenproteste vorzunehmen und die "Ansichten der Massen" in dieser Frage anzuhören. Dieser Vorschlag wird von Wang Zhen abgeblockt, der die Runde ultimativ auffordert, den "Ansichten der alten Genossen" zu folgen. (Chen Yizi, in: XDRB, 13.9.89; ders., *Zhongguo...*, S. 152-153; ders., in: J.P. Béja u.a., *Le tremblement de terre...*, S. 517-518)

24. April 1989

Nach Ansicht von Chen Yizi handelte es sich bei der Politbüro-Sitzung am 24. April um ein Komplott gegen Zhao Ziyang, denn weder Zhao [der am Vortag nach Nordkorea abgereist war] noch sein Sekretär Bao Tong hätten daran teilnehmen können. Obwohl Bao Tong der politische Sekretär des Ständigen Ausschusses des Politbüros gewesen sei und in dieser Funktion immer an den Sitzungen des Politbüros teilgenommen habe, sei er nicht zu dieser Sitzung eingeladen worden. Man habe Bao noch nicht einmal die Tagesordnung mitgeteilt, obwohl Bao normalerweise für die Einberufung der Treffen des Politbüros und seines Ständigen Ausschusses zuständig gewesen sei. (Chen Yizi, *Zhongguo...*, S. 163; ders., in: J.P. Béja u.a., *Le tremblement de terre...*, S. 518)

Am darauffolgenden Tag [d.h. am Morgen des 25. April] hätten dann, so Chen Yizi (nach LM, 8.9.1989), die "Konservativen" Deng Xiaoping bedrängt, die Studentenbewegung zu unterdrücken und Zhao Ziyang zu stürzen. Nach Ansicht von Chen Yizi nutzte Li Peng die Studentendemonstrationen, um Deng Xiaoping gegen Zhao Ziyang aufzubringen. Bereits Ende April 1989 sollen Li Peng und Chen Yun den Einsatz des Militärs gegen die Studenten verlangt haben. Zhao Ziyang habe sich jedoch, so Chen, bis zu seinem Rücktritt dagegen ausgesprochen (nach IHT, 5.9.89).

* Dem am 30. Juni 1989 von Chen Xitong vorgelegten Bericht zufolge erstatten das Parteikomitee und die Volksregierung der Stadt Beijing am Nachmittag dem Vorsitzenden des Ständigen Ausschusses des NVK, Wan Li, einen Lagebericht. Auf dessen Vorschlag hin analysieren am Abend Mitglieder des Ständigen Ausschusses des Politbüros unter Leitung von Li Peng die Situation. "Alle stimmten darin überein, daß uns [Partei und Regierung] ein planmäßiger, organisierter, parteifeindlicher und antisozialistischer politischer Kampf bevorstand, der von einer extremen Minderheit manipuliert und aufgehetzt worden war, wie die Entwicklung der Situation schon zu beweisen begann. Die Konferenz beschloß, eine Leitungsgruppe im Zentralkomitee der KP Chinas zu bilden, die für die Verhinderung des Aufruhrs zuständig war." (Chen Xitong, in: BRu, 25.7.89, S. XI)

* Dem Bericht von Li Peng über die "Fehler" von Zhao Ziyang (Juni 1989) zufolge kommt der Ständige Ausschuß des Politbüros auf seiner Sitzung am 24. April in Abwesenheit von Zhao Ziyang einstimmig zu folgenden Ergebnissen:
- Die Protestbewegung richtet sich gegen die Kommunistische Partei und gegen die sozialistische Regierung.
- Eine ZK-Führungsgruppe zur Beendigung des Aufruhrs wird eingerichtet.
- Gegen parteifeindliche und antisozialistische Kräfte muß entschlossen gekämpft werden. (Li Peng, "Report on the Mistakes...", S. 890)

Die oben wiedergegebenen Darstellungen von Chen Yizi, Chen Xitong und Li Peng werden in einem ein Jahr später veröffentlichten Artikel der Hongkonger Zeitschrift *Dangdai* bestätigt. Danach handelt es sich bei dem politischen Spitzentreffen um eine [erweiterte] Sitzung des Ständigen Ausschusses des Politbüros. *Dangdai* zufolge wird die auf dem Treffen ins Leben gerufene Führungsgruppe für die Bekämpfung des Aufruhrs mit den Mitgliedern des Ständigen Ausschusses des Politbüros - jedoch mit Ausnahme des in Nordkorea weilenden Zhao Ziyang [sic!] - sowie mit Yang Shangkun und Li Ximing personell hochkarätig besetzt. Die Führungsgruppe sei das erste Parteigremium gewesen, das zur "Niederschlagung" [der Studentenbewegung] gebildet wurde. Nach einem langen Bericht des Beijinger Parteisekretärs Li Ximing über die Ereignisse in der Hauptstadt verabschiedet der Ständige Ausschuß des Politbüros eine Reihe von Weisungen an das Parteikomitee und die Stadtregierung von Beijing. Darin heißt es u.a., daß die Massen mobilisiert, die Mehrheit der Bevölkerung für die Partei eingenommen und die [aufrührerische] Minderheit isoliert werden müßten. Der Aufruhr müsse "so schnell wie möglich niedergeschlagen" werden. Weiter berichtet *Dangdai*, daß Zhao Ziyangs Sekretär Bao Tong, der damals gleichzeitig als politischer Sekretär des Ständigen Ausschusses des Politbüros fungierte, entgegen den sonstigen Gepflogenheiten bei dieser Sitzung nicht anwesend war. Man habe ihm nach der Sitzung auch keine Dokumente zugesandt. Der dem radikalen Reformflügel zugeneigte Wan Li sei von Yang Shangkun überredet worden, eine feste politische Haltung einzunehmen [und die Beschlüsse der Mehrheit der Spitzenführer zu unterstützen]. (*Dangdai*, 28.4.90, nach SWB, 7.5.90)

Shanghai
* In einem Bericht der *Xinhua*-Nachrichtenagentur vom 18. August 1989 heißt es, der Chefredakteur des *Weltwirtschaftsboten*, Qin Benli, habe dafür gesorgt, daß die ausländische Presse von den Maßnahmen des Parteikomitees der Stadt Shanghai gegen die Zeitschrift erfahre. So habe die Hongkonger Zeitung *South China Morning Post* am 24. April berichtet, daß die Zeitschrift konfisziert worden sei. Qin Benli habe nach einer Redaktionskonferenz am Abend des 24. April einen Dringlichkeitsappell an das Shanghaier Parteikomitee gerichtet. Am 25. April habe die Redaktion der Zeitschrift einen zweiten Dringlichkeitsappell an das Parteikomitee gerichtet. Darin habe sie auf der Veröffentlichung der ursprünglichen Ausgabe der Zeitschrift bestanden, da der Vorfall unter Ausländern bereits große Aufmerksamkeit erregt habe. Außerdem, so der *Xinhua*-Bericht, habe die Redaktion das Gerücht verbreitet, die Zentralbehörden zögen "laut einem Bericht aus Beijing" eine Neubewertung Hu Yaobangs in Erwägung. Bei dem Bericht habe es sich jedoch nur um eine "Notiz" gehandelt. (Nach SWB, 22.8.89)

Tianjin
An zahlreichen Tianjiner Hochschulen und Universitäten beginnen Studenten einen Vorlesungsboykott. (*Beizhuang de minyun*, S. 34)

Hunan
In Changsha sind einem Bericht der *Volkszeitung* zufolge wieder Ruhe und Ordnung eingekehrt. Von den 98 wegen Vandalismus und Plünderung verhafteten Personen seien 33 wieder freigelassen worden. 32 von den 98 Verhafteten

seien Arbeiter, 26 Bauern, die in der Stadt auf Arbeitssuche seien, sechs kleine Privatunternehmer, 28 seien umherziehende Arbeitslose und sechs Schüler (fünf Mittelschüler, ein Fachschüler). (RMRB, 25.4.89)

Jiangsu
Nachdem sich die Nanjinger Studenten bisher durch VoA und BBC über die Vorgänge in Beijing informiert haben, hängt nun ein Brief von Beijinger Studenten am schwarzen Brett, in dem sie aufgefordert werden, ebenfalls in Streik zu treten. Außerdem sollen einige Beijinger Studentenvertreter nach Nanjing gekommen sein, um ihre Nanjinger Kommilitonen zu überreden, den Unterricht zu boykottieren. Am darauffolgenden Tag [25. April] werden wieder Wandzeitungen angeschlagen (R. Lufrano, "Nanjing Spring...", S. 22-23)

Shaanxi
Die Behörden für Öffentliche Sicherheit und Justiz der Stadt Xi'an fordern alle, die am 21./22. April an den Plünderungen, Brandschatzungen und Zerstörungen beteiligt waren, dazu auf, sich bis zum 30. April den Sicherheitsorganen zu stellen. Die Bevölkerung wird aufgerufen, alle Randalierer den Behörden anzuzeigen. (*Radio Shaanxi*, 24.4.89, nach SWB, 27.4.89)

25. April 1989, Dienstag

- **Deng Xiaoping spricht sich in einer Unterredung mit Li Peng und Yang Shangkun für ein hartes Vorgehen gegen den "Aufruhr" aus und kritisiert Zhao Ziyang**
- **Beijinger Studenten verstärken ihre Propagandaarbeit in der Stadt**
- **Studenten der Qinghua-Universität nehmen ein Angebot zu einem separaten Gespräch mit Vertretern der Partei- und Staatsführung nicht an**
- **Rundfunk und Fernsehen senden am Abend den die Studentenproteste scharf verurteilenden Leitartikel der "Volkszeitung" vom folgenden Tag**

Am Vormittag kommen Deng Xiaoping, Li Peng und Yang Shangkun zu einer Unterredung über die Studentenbewegung zusammen. Li und Yang berichten Deng über die Ergebnisse der [erweiterten] Sitzung des Ständigen Ausschusses des Politbüros vom Vorabend. Nachdem Deng Xiaoping die Berichte der beiden angehört hat, erklärt er seine volle Unterstützung für die Beschlüsse dieser Sitzung und gibt folgende Anweisungen: An eine Rehabilitierung des früheren Parteichefs Hu Yaobang sei nicht zu denken. Der gegenwärtige "Aufruhr" der Studenten sei ein vorausgeplanter Aufruhr, es sei ein organisierter, geplanter politischer Kampf gegen die Partei und gegen den Sozialismus. Dem Aufruhr müsse mit allen Mitteln Einhalt geboten werden. Blutvergießen solle dabei vermieden werden. Es sei indes sehr schwer, dies ohne jedes Blutvergießen zu erreichen. (*Tansuo*, Juni 1989, S. 11; *Dangdai*, 28.4.90, nach SWB, 7.5.90)

Chen Yizi zufolge charakterisiert Deng Xiaoping am Vormittag des 25. April gegenüber Li Peng die Studentenbewegung als "parteifeindlichen, antisozialistischen Aufruhr" (fandang fanshehuizhuyi de dongluan). (Chen Yizi, *Zhongguo...*, S. 153)

* Dem Bericht von Li Peng über die "Fehler" von Zhao Ziyang (Juni 1989) zufolge nimmt Deng Xiaoping bei der Unterredung am 25. April eine "tiefgehende Analyse des Aufruhrs" vor und erklärt seine "völlige Billigung und Unterstützung" der Beschlüsse des Ständigen Ausschusses des Politbüros auf seiner Sitzung am Abend des 24. April. (Li Peng, "Report on the Mistakes...", S. 890)

DOKUMENT

Zusammenfassung der Äußerungen von Deng Xiaoping zur Politik der KPCh gegenüber der Studentenbewegung am 25. April 1989

Am 24. April [1989] berief die Parteizentrale eine Sitzung des Ständigen Ausschusses des Politbüros und eine erweiterte Sitzung des Politbüros ein. Am Vormittag des 25. April erstatteten Li Peng und Yang Shangkun Deng Xiaoping einen Bericht über die Studentenbewegung. Danach gab Deng Xiaoping folgende Weisungen:

I. Maßnahmen, die hinsichtlich der Studentenbewegung ergriffen werden:

1. Einsetzung einer [Führungs-]Gruppe zur Behandlung des durch die Studentenbewegung verursachten Aufruhrs unter Leitung von Qiao Shi und Hu Qili. Veröffentlichung eines Leitartikels mit dem Titel "Gegen den Aufruhr muß klar und eindeutig Stellung bezogen werden" in der *Volkszeitung* vom 26. April, der von Hu Qili verfaßt werden soll.

2. Vom ZK-Hauptbüro und vom Hauptbüro des Staatsrats wird allen Orten telegraphisch mitgeteilt, daß dieser Leitartikel die Politik des ZK der KPCh vertritt.

3. Der Leiter der ZK-Einheitsfrontabteilung, Yan Mingfu, informiert in einem Rundschreiben die einzelnen demokratischen Parteien über die Lage der Studentenbewegung und über die Beschlüsse des ZK der KPCh.

4. Mobilisierung der Massen der Stadtbevölkerung von Beijing zum Kampf gegen die aufrührerischen Elemente. Verlegung des 38. Armeekorps von Baoding nach Beijing, damit es dort die Sicherheit garantiert.

II. Der Beschluß hinsichtlich [der Einschätzung] der Studentenbewegung:

Während der Trauerfeier für Hu Yaobang nutzte eine kleine Minderheit von Leuten mit bösen Absichten die Gefühle der Trauer um Hu Yaobang bei den

Massen aus, um einen Zwischenfall zu provozieren und die Partei sowie die Regierung anzugreifen. Eine sehr kleine Minderheit von Leuten hetzt zum Unterrichtsboykott in mehreren Dutzend Hochschulen der Hauptstadt auf. Sie wiegelt die Massen auf, knüpft überall in der Gesellschaft Verbindungen und plant die Durchführung eines landesweiten Arbeits- und Unterrichtsstreiks. Diese Studentenbewegung ist ein vorsätzlicher Aufruhr, und sie ist organisiert und geplant. Sie stellt einen schwerwiegenden politischen Kampf mit parteifeindlichen und antisozialistischen Zielen dar. Es gibt auch noch Anzeichen dafür, daß [die aufrührerischen Elemente] im geheimen planen, illegale Organisationen aufzubauen. Die Lage ist kritisch. Wir müssen sie auf jeden Fall wieder unter unsere Kontrolle bringen.

III. Die Weisungen, die Deng Xiaoping hinsichtlich der Behandlung der Studentenbewegung erteilt hat:

1. Vom Zentralkomitee und vom Staatsrat werden zwei Gruppen eingesetzt: Die eine behandelt speziell den Aufruhr, und die andere befaßt sich mit der täglichen Routinearbeit, um das politische Umfeld in Ordnung zu bringen.

2. Bei der Unterbindung des Aufruhrs müssen wir darauf achten, ein Blutvergießen zu vermeiden. Allerdings dürfte es sehr schwierig zu bewerkstelligen sein, daß dabei überhaupt kein Blut vergossen wird. Zuletzt müssen wir wahrscheinlich noch eine Reihe von Leuten festnehmen.

3. Diese Studentenbewegung ist landesweit aufgetreten. Man darf sie nicht unterschätzen. Es muß ein landesweiter Kampf gegen sie geführt werden. Bei der Behandlung dieser Angelegenheit dürft Ihr keine Angst davor haben, daß einige Leute schimpfen werden. Auch vor dem Echo der internationalen öffentlichen Meinung solltet Ihr Euch nicht fürchten. Die Vier Grundprinzipien sind sehr notwendig. Ihr müßt darauf achten, daß der Aufruhr auf gar keinen Fall in die Gesellschaft hineingetragen werden darf. [Vor allem] die Mittelschulen dürfen davon nicht erfaßt werden. Wir müssen Zeit gewinnen, schnell sein und die Angriffsfläche verkleinern.

4. Hinter diesem Aufruhr stecken Drahtzieher und Dunkelmänner. "Das Zentralkomitee soll [die Studenten] warnen, sich nicht noch weiter [in den Aufruhr] hineinziehen zu lassen. Wenn sie jedoch so weitermachen, dann sollen sie uns, wenn es zu gegebener Zeit hart auf hart kommt, nicht beschuldigen, daß wir sie nicht gewarnt hätten."

5. Der chinesische Staat ist so groß, da darf es nicht jeden Tag Vorfälle geben. Wenn jeden Tag ein Aufruhr entsteht, kann man überhaupt nichts zustandebringen. Falls die Studenten einen Studentenverband nach Art der *Solidarität* gründen sollten, dann werden wir ihn für zwangsweise aufgelöst erklären.

6. Nur Leitartikel zu veröffentlichen genügt nicht. Wir müssen auch energisch entsprechende Gesetze erlassen. "Offensichtlich haben wir [auf dem Gebiet

der Gesetzgebung] Zeit versäumt. Die Studenten nutzen gegenwärtig einige von der Verfassung festgelegte Freiheiten aus, um gegen uns einen Kampf zu führen."

7. Hu Yaobang hat Verdienste, und er hat auch Fehler. Einer seiner Fehler war, daß er die [bürgerliche] Liberalisierung nicht effektiv bekämpft hat. Die [Vertreter der bürgerlichen] Liberalisierung dürfen wir nicht rehabilitieren. (*Tansuo*, Juni 1989, S. 11)

Wörtlich soll Deng Xiaoping am 25. April u.a. gesagt haben:

DOKUMENT

Auszug aus den Ausführungen Deng Xiaopings am 25. April

Wir haben Hu Yaobang überaus geschätzt [...], doch manchen Leuten genügt das nicht. Sie wollen ihn zu einem "großen Marxisten" aufbauen. Wir sind nicht qualifiziert, "große Marxisten" zu sein. Auch ich bin nicht qualifiziert. [...] Hu Yaobang war unentschlossen und machte bei der Bekämpfung der bürgerlichen Liberalisierung Zugeständnisse. Der Kampf gegen die geistige Verschmutzung dauerte kaum länger als 20 Tage. Hätten wir den Kampf tatkräftig geführt, so sähe es auf ideologischem Gebiet anders aus als heute und es herrschte dort nicht so ein Durcheinander. [...] Wir müssen einen eindeutigen Standpunkt beziehen und entschiedene Maßnahmen ergreifen, um den Aufruhr zu bekämpfen und ihn zu beenden. Habt keine Angst vor den Studenten, wir haben schließlich mehrere Millionen Soldaten.
(*Ching Pao*, 10.5.89, S. 22-26, zitiert nach L. Dittmer, in: *Problems of Communism*, Sept./Okt. 1989, S. 6 f.)

Weiter soll Deng erklärt haben, daß die Demonstrationen von "Leuten mit niederen Motiven" gesteuert würden, die an einer "geplanten Verschwörung" beteiligt seien mit dem Ziel, das sozialistische System zu negieren. "Die Ereignisse in Polen haben gezeigt, daß Zugeständnisse keine Lösung bringen. Je größere Zugeständnisse die Regierung machte, desto stärker sind die oppositionellen Kräfte geworden." (*Ching Pao*, 10.5.89, S. 22-26, zitiert nach L. Dittmer, in: *Problems of Communism*, Sept./Okt. 1989, S. 6 f.)

DOKUMENT

Die Ausführungen Deng Xiaopings vom 25. April 1989 zu den Studentenprotesten
- **Wortlaut eines parteiinternen Dokuments für Führungskader von Partei und Regierung**

Am Morgen des 25. April 1989 berichteten Ministerpräsident Li Peng und Staatspräsident Yang Shangkun Deng Xiaoping über die Situation in Beijing. Das Beijinger Stadtparteikomitee hatte am Tag zuvor das Zentralkomitee um die Ermächtigung gebeten, auf breiter Basis die Massen für den Kampf gegen die oppositionellen Kräfte zu mobilisieren, d.h. gegen die Leute, die hinter den Studenten stehen.

Deng Xiaoping sagte:

"Dies ist keine gewöhnliche Studentenbewegung, sondern Aufruhr. Deshalb müssen wir einen klaren Standpunkt einnehmen und wirksame Maßnahmen ergreifen, um schnellstens dagegenzuhalten und diese Unruhen zu beenden. Wir dürfen nicht zulassen, daß sie weiterhin tun, was sie wollen.

Beeinflußt von den [bürgerlich-]liberalen Elementen in Jugoslawien, Polen, Ungarn und in der Sowjetunion, haben sich diese Leute erhoben, um Aufruhr zu stiften. Ihr Motiv ist, die Führung der Kommunistischen Partei zu stürzen und so die Zukunft unseres Landes und unserer Nation zu zerstören.

Wir müssen schnellstens zu einem Präventivschlag ausholen, um Zeit zu gewinnen. Die Haltung Shanghais war klar und eindeutig, und dadurch haben sie Zeit gewonnen. Wir dürfen keine Angst haben vor Leuten, die uns verdammen, vor schlechter Reputation oder vor einer internationalen Reaktion. Nur wenn China sich tatsächlich weiterentwickelt und die Vier Modernisierungen verwirklicht, können wir zu wahrem Ansehen gelangen.

Die Vier Grundprinzipien sind unverzichtbar. Genosse Yaobang war schwach und ist zurückgewichen. Er hat die Kampagne gegen die bürgerliche Liberalisierung nicht wirklich gründlich durchgeführt, und Ende 1986 gingen die Säuberungsaktionen gegen die geistige Verschmutzung bereits nach etwas mehr als 20 Tagen zu Ende. [Hier ist sehr wahrscheinlich eine kritische Passage über ZK-Generalsekretär Zhao Ziyang aus den Ausführungen von Deng Xiaoping ausgelassen worden; siehe hierzu weiter unten im Anschluß an dieses Dokument.]

Wenn wir damals effektiv gehandelt hätten, dann wäre es mit der Geisteshaltung in der Öffentlichkeit nicht so weit gekommen, wo sie heute ist. [Im allgemeinen] ist es unmöglich, kleinere Unruhen zu vermeiden. Solche hätten wir lokal und abgeschirmt bekämpfen können, und sie hätten sich auch nicht so weit entwickelt, wie es gegenwärtig der Fall ist. [Doch angesichts der gegenwärtigen Situation] muß das Zentralkomitee direkt eingreifen und das Problem von der Zentrale her lösen.

Unter den Vier Grundprinzipien gibt es eines, das wir jetzt anwenden müssen, nämlich die demokratische Diktatur des Volkes. Selbstverständlich wollen wir sie [die Diktatur] angemessen ausüben und die Repression in möglichst kleinem Rahmen halten.

Zur Zeit müssen wir besonders darauf achten, ein Übergreifen der Unruhen auf die Mittelschulen zu verhindern. Es ist sehr wichtig, die Stabilität in den Mittelschulen aufrechtzuerhalten. Die Arbeiter sind [im großen und ganzen politisch] standfest, aber natürlich gibt es unter ihnen auch einige unsichere Faktoren. Keine Probleme gibt es mit den Bauern. Weiter müssen wir auf die Stabilität anderer gesellschaftlicher Bereiche achten. Wir müssen Beijing darüber auf dem laufenden halten.

Dieser Aufruhr ist nichts anderes als eine geplante Verschwörung, um das [sozialistische] China mit einer strahlenden Zukunft in ein [kapitalistisches] China ohne Hoffnung zu verwandeln. Die größte Herausforderung besteht darin, daß sie die Führung der Kommunistischen Partei und das sozialistische System negieren. Ein Dialog kann geführt werden, doch inkorrektes Verhalten können wir nicht tolerieren. Wer vor diesem Problem die Augen verschließt, wird es nicht lösen, sondern das Feuer nur noch weiter entfachen.

Wir müssen alles tun, um ein Blutvergießen zu vermeiden, aber wir sollten auch einkalkulieren, daß es vielleicht nicht möglich sein wird, ein Blutvergießen gänzlich zu vermeiden. In Georgien hat die Sowjetunion einige Zugeständnisse gemacht, die Probleme aber nicht gelöst. Es gab [auch] Unruhen in Moskau, und das Ergebnis war, daß sie eben doch Leute festnehmen mußten, [um die Unruhen zu beenden. Trotzdem] könnte es noch in anderen Orten der Sowjetunion zu Unruhen kommen.

Die Vorschläge des Beijinger Stadtparteikomitees sind korrekt. Die Haltung des Zentralkomitees sollte klar und eindeutig sein, dann würde auch die Aufgabe des Beijinger Stadtparteikomitees leichter sein. Der gegenwärtige Aufruhr ist von nationalem Ausmaß, und wir dürfen das nicht unterschätzen. Wir müssen einen harten Leitartikel veröffentlichen und mit aller Strenge von den Gesetzen Gebrauch machen.

Es ist sehr bedauerlich, daß wir Zeit vertan haben. Sie (die Studenten) nutzen die in der Verfassung niedergelegten Rechte der Demokratie und Freiheit, um uns Beschränkungen aufzuerlegen. Beijing hat doch die Demonstrationsvorschriften in 10 Punkten. Laßt uns diese 10 Punkte benutzen, um sie im Zaum zu halten. Wir müssen Vorbereitungen treffen, um einen landesweiten Kampf zu führen und entschlossen den Aufruhr niederzuschlagen. Andernfalls wird es keine ruhigen Tage mehr geben, und der Frieden im Land wird dann tatsächlich für immer dahin sein.

Ich habe [auch] (dem amerikanischen Präsidenten George) Bush gesagt, daß es keine Stabilität in China geben kann, wenn wir in unserem derart großen Land Demonstrationen von so vielen Leuten zulassen. Und wenn es keine Stabilität gibt, kann nichts erreicht werden.

Gegenwärtig gibt es bei uns ein paar Leute, die nach der gleichen alten Leier verfahren wie die Rebellenfraktion während der Kulturrevolution. Sie werden nicht eher zufrieden sein, bis alles im Chaos versunken ist. Auf diese Weise würden sie Chinas Hoffnungen wie eine Seifenblase zerplatzen lassen und uns daran hindern, die wirtschaftliche Entwicklung und die Politik der offenen Tür fortzusetzen. Das wäre unser sofortiger Ruin.

60.000 Studenten boykottieren den Unterricht, aber 100.000 tun dies nicht. Wir müssen diese 100.000 schützen und unterstützen. Wir müssen sie von der Bedrohung, die über ihren Köpfen schwebt, befreien. Die Kader, die Arbeiter und die Bauern stehen hinter uns. Die demokratischen Parteien ebenso. Außerdem haben wir mehrere Millionen Soldaten der Volksbefreiungsarmee. Wovor sollten wir uns also fürchten? Von den 60.000 (Studenten) sind viele gezwungen worden, [den Unterricht zu boykottieren.] Die (von den Studenten organisierten) Streikposten sind illegal.

Die Mitglieder der Kommunistischen Partei und des Kommunistischen Jugendverbands sollten aktiv werden. Die Organisationen der Kommunistischen Partei sollten eine aktive Rolle spielen. Wir müssen uns der Disziplin innerhalb der Partei erneut versichern. Parteizellen in Fabriken, Universitäten, Mittelschulen und staatlichen Organen sollten [entsprechende] Versammlungen abhalten. Wenn es nur Studenten sind, die Unruhe stiften, dann ist die Sache nicht so ernst. Der entscheidende Punkt besteht darin, daß wir nicht zulassen dürfen, daß sie die ganze Gesellschaft [gegen uns] aufstacheln.

Wir müssen die Arbeit des Ministeriums für öffentliche Sicherheit stärken, um die soziale Ordnung aufrechtzuerhalten.

Genosse Yaobang hat Fehler gemacht, aber wenn einer gestorben ist, sollte man Gutes über ihn sagen. Tatsächlich hat er viele gute Dinge getan. Zum Beispiel hat er die Reform und die Öffnung unterstützt. Aber er war schwach angesichts der bürgerlichen Liberalisierung. Auch seine Haltung gegenüber der Wirtschaft war nicht korrekt. Sein Ansatz eines zweistelligen Wirtschaftswachstums wird nur größere Inflationsraten zur Folge haben. [So betrachtet] fällt die posthume Einschätzung [des Genossen Yaobang] gegenwärtig zu positiv aus. Heben wir ihn also nicht zu hoch, nur weil er gerade gestorben ist.

Einige Leute haben sich dafür eingesetzt, ihn als einen großen Marxisten einzuschätzen, aber er war dafür nicht qualifiziert genug. Im übrigen ist das niemand von uns. Nach meinem Tode möchte ich nicht, daß man mir diesen Titel verleiht.

Der Charakter der Studentenbewegung hat sich jetzt verändert. Wir müssen jetzt schnell mit einem scharfen Messer das Unkraut herausschneiden, um einen noch größeren Aufruhr zu vermeiden.

Zugeständnisse in Polen führten zu weiteren Zugeständnissen. Je mehr man zugestand, desto größer wurde das Chaos. In Polen sind die oppositionellen Kräfte sehr stark. Sie haben zwei starke Stützpfeiler: die Religion und die Gewerkschaften. China muß sich nur um seine Studenten Sorgen machen. In den anderen Bereichen sind wir besser dran. Die Entscheidungen Eures Ständigen Ausschusses sind richtig, und unter Euch herrscht Übereinstimmung. Nur wenn Ihr eine klare Haltung beibehaltet, standhaft die [beschlossenen] Maßnahmen durchführt und die lokalen Führungsorgane unterstützt, indem Ihr sie ermächtigt, [mit den Studenten] fertigzuwerden, können wir diesen Aufruhr beenden.

Wir sollten uns nicht nur um die Ausrichtung der Wirtschaftsordnung kümmern, sondern wir sollten auch die politische Ordnung ausrichten. Vielleicht werden wir in Zukunft noch mehrere solcher [politischen] Kämpfe durchfechten. Wir haben in der Vergangenheit gesagt, daß wir bei dem Festhalten an den Vier Grundprinzipien etwas weniger über die Anwendung der demokratischen Diktatur des Volkes reden können, obwohl wir [gleichzeitig] gesagt haben, daß wir auch nicht ohne sie auskommen können.

Aber zur Zeit, glaubt Ihr nicht, daß wir sie [die Diktatur] brauchen? Indem sie ihre Angriffe auf die Vier Grundprinzipien konzentrierten, haben die Studenten selbst den Kern des Problems getroffen. Ohne die Vier Grundprinzipien werden sie zügellos und gewalttätig werden, und keiner wird sie mehr kontrollieren können.

Das Zentralkomitee und der Ständige Ausschuß [gemeint ist wahrscheinlich die Ständige Konferenz des Staatsrats] müssen zwei verschiedene Führungsgruppen einsetzen: Die eine soll sich mit dem [ideologischen?] Aufbau beschäftigen, und die andere muß sich mit dem gegenwärtigen Aufruhr befassen. Wir müssen unsere Hauptenergien auf den [ideologischen?] Aufbau konzentrieren. Wir dürfen nicht zu viele Leute mit der Bekämpfung des Aufruhrs befassen, obwohl das kurzfristig gerechtfertigt ist. Auf jeden Fall müssen wir schnell handeln, denn sonst werden da mehr und mehr Leute hineingezogen."

Hu Qili hat dieses Dokument mit dem folgenden Zusatz versehen: "Normalerweise hätte Xiaoping seine eigenen Worte noch einmal überarbeitet, bevor er sie in einem Dokument veröffentlichen läßt, aber da die Zeit drängt,

wollen wir den Geist seiner Rede sogleich verbreiten."
(*South China Morning Post*, 31.5.89, nach: FBIS-CHI-89-103, 31.5.89; A. Peyrefitte, *La tragédie chinoise*, Paris 1990, S. 347-350)

- Sehr wahrscheinlich ist in diesem parteiinternen Dokument der Wortlaut der Äußerungen von Deng Xiaoping nicht ganz vollständig wiedergegeben worden. So fehlt die Anweisung, das 38. Armeekorps von Baoding nach Beijing zu verlegen, um dort für die Sicherheit der politischen Führung zu sorgen (*Tansuo*, Juni 1989, S. 11). Es fehlen auch die kritischen Äußerungen von Deng über Zhao Ziyang, die Yang Shangkun in seiner Rede auf der erweiterten Sitzung der ZK-Militärkommission am 24. Mai wiedergab. Yang zufolge soll Deng in seinen Ausführungen am 25. April dem damals in Nordkorea weilenden Zhao Ziyang vorgeworfen haben, sich bei der Bekämpfung der bürgerlichen Liberalisierung genauso lasch verhalten zu haben wie der [deswegen im Januar 1987 gestürzte] frühere ZK-Generalsekretär Hu Yaobang. Weiterhin soll Deng die Äußerungen von Zhao Ziyang [bezüglich der Studentenbewegung] mit der Weigerung Hu Yaobangs, die bürgerliche Liberalisierung zu bekämpfen, gleichgesetzt haben. Wenn die Darstellung von Yang Shangkun zutrifft, dann hatte Deng also bereits am 25. April den politisch Schuldigen für die Studentenproteste namentlich benannt, nämlich Zhao Ziyang. Damit war der Sturz von Zhao Ziyang quasi besiegelt.

Nach einem Bericht der Hongkonger Monatszeitschrift *Zhengming* soll Deng Xiaoping bereits am 24. April erklärt haben: "Der Grund dafür, daß die Studenten derzeit Unruhe stiften, ist der, daß der Kampf gegen die [bürgerliche] Liberalisierung nicht gründlich geführt worden ist. Wenn es notwendig ist, werde ich den Befehl erteilen, daß die Truppen zur Unterdrückung [der demonstrierenden Studenten] eingesetzt werden. Was sollte ich denn sonst tun als Vorsitzender der ZK-Militärkommission?" (ZM, Juli 1989, S. 45) - Sehr wahrscheinlich fällt diese Äußerung Dengs erst am Vormittag des 25. April während der Unterredung mit Li Peng und Yang Shangkun.

Nach einem Bericht der Hongkonger Monatszeitschrift *Zhengming* erklärt Deng Xiaoping am Nachmittag: Selbst um den Preis, daß 10.000 oder 20.000 Menschen geopfert werden müßten, müsse man doch der Lage im ganzen Land Herr werden, "um 20 Jahre Ruhe zu bekommen". Der "konterrevolutionäre Aufruhr" der Studenten müsse militärisch unterdrückt werden, man müsse sich bemühen, ihn zu zerschlagen. "Ich habe eine große Armee von mehreren Millionen Mann, ich habe keine Angst." Dann ordnet er an, daß ein seinen Ausführungen entsprechender Leitartikel am folgenden Tag in der *Volkszeitung* erscheinen solle. (ZM, Juni 1989, S. 11; vergleiche auch ZM, Juli 1989, S. 45) - Sehr wahrscheinlich handelt es sich hier um einen Teil der Ausführungen Deng Xiaopings vom Vormittag.

Direkt nach dem Treffen mit Deng Xiaoping beauftragen Yang Shangkun und Li Ximing um 11.00 Uhr den stellvertretenden Beijinger Parteisekretär Xu Weicheng, [gemäß den Weisungen von Deng Xiaoping] den Leitartikel für die *Volkszeitung* vom nächsten Tag zu verfassen. (*Dangdai*, 28.4.90, nach SWB, 7.5.90)

Das 38. Armeekorps der VBA, [zusätzliche] Einheiten der Bewaffneten Volkspolizei und die nach den [März-] Unruhen in Tibet gegründete Spezialeinheit zur Aufruhrbekämpfung sollen bereits in die Hauptstadt verlegt worden sein. (LYTX, Mai 1989) Das in Baoding in der Provinz Hebei stationierte 38. Armeekorps mit einer Sollstärke von 43.600 Mann ist für den Schutz der Hauptstadt zuständig. Die Truppen haben häufig gemeinsam mit den dafür mobilisierten Studenten der Hauptstadt paramilitärische und militärische Übungen durchgeführt. (K. Grobe-Hagel, in: dnC, 4/1989)

In einigen Universitäten haben die Funktionäre den Streikenden schon mit strikten Sanktionen, u.a. mit Relegation, gedroht, falls sie die Bewegung fortsetzten. Auch aus diesem Grund herrscht an den Universitäten und Hochschulen eine gespannte Atmosphäre. Die Unruhe wird dadurch verstärkt, daß unbestätigten Gerüchten zufolge Truppen von außerhalb Beijings in den Bezirk Haidian, den Stadtteil, in dem die meisten Universitäten liegen, gekommen seien. Die Nachrichtenagentur Associated Press bestätigt unter Berufung auf "informierte Quellen", daß 10.000 Soldaten über den Stadtteil verteilt worden seien. (LSC, S. 35)

Diese Gerüchte sorgen für große Aufregung unter den Studenten, von denen sich heute 100.000 am Vorlesungsboykott beteiligen. (*Beizhuang de minyun*, S. 24)

In kleinen Gruppen verlassen Studenten ihre Universitäten, bringen in der ganzen Stadt an größeren Kreuzungen und Bushaltestellen Plakate an, die über die Ziele ihrer Bewegung informieren, und diskutieren darüber mit Beijinger Einwohnern. Anders als vor zwei Jahren, als die öffentliche Meinung den Studenten gegenüber gleichgültig oder sogar feindselig war, stoßen sie jetzt mancherorts auf große Zustimmung. (R. Delfs, in: FEER, 4.5.89, S. 10)

Auf den Straßen und öffentlichen Plätzen Beijings werben Studenten der Qinghua-Universität bei der Bevölkerung um Verständnis und Unterstützung für ihre Streikaktionen. Sie sammeln Geld für das Erziehungswesen und verlesen einen "Offenen Brief an die patriotischen Landsleute". In dem Brief betonen sie, daß sie weder "eine Handvoll Personen mit niederen Motiven" seien noch zu denen gehörten, die "vorsätzlich Unruhe stiften wollten". Sie handelten vielmehr aus Güte und Lauterkeit zum Wohle der Massen und wollten die Sorgen der Massen teilen. Über dem Tor des Sommerpalastes bringen Studenten der Qinghua-Universität ein Spruchband an: "Wir studieren für den Wohlstand des Landes; wir streiken für die Demokratie des Volkes." Die Studenten zeigen großen Unmut über die Weigerung der Behörden, die in der Nacht vom 21. zum 22. April geäußerte Forderung nach einem Dialog zu akzeptieren. (ZTS, 25.4.89, nach SWB, 28.4.89)

Der "Provisorische Studentenverband Beijing" sucht im ganzen Land Unterstützung zu gewinnen. Er ruft zu der Aktion "Jeder schreibt zehn Briefe" auf, d.h., Studenten sollen Freunde und Verwandte in Briefen über die Ziele der Bewegung informieren [und so die Nachrichtensperre seitens der offiziellen Medien durchbrechen]. Außerdem entsendet der Verband 200 bis 300 Vertreter in 15 größere Städte, die dort über die Bewegung berichten, Spenden sammeln und einen landesweiten Vorlesungsboykott vorbereiten sollen, der vor dem 4. Mai beginnen soll. (*Beizhuang de minyun*, S. 24)

Mehrere tausend Studenten der Qinghua-Universität versammeln sich auf dem Campus zur Diskussion. Sie beschließen wie die Studenten der Beijing-Universität, den Vorlesungsboykott friedlich fortzusetzen und der Regierung keinen Anlaß zum Einschreiten zu geben. (N. Kristof, in: IHT, 26.4.89)

Auf dem Campus der Qinghua-Universität und der Hochschule für Politik und Recht verbrennen Studenten Ausgaben der *Volkszeitung*, der *Beijing-Tageszeitung* und des Parteiorgans *Wahrheitssuche*. Sie weisen die "von der Regierung erfundenen Beschuldigungen" entschieden zurück und fordern Pressefreiheit sowie den Dialog mit der Führung. (*Beizhuang de minyun*, S. 24)

159 Lehrer der Volksuniversität unterzeichnen einen offenen Brief, in dem sie ihre Unterstützung für die Studentenbewegung erklären und die Berichterstattung in den Medien kritisieren, die den Tatsachen widerspreche. Auch in anderen Universitäten erklären sich Professoren und Dozenten öffentlich mit der Studentenbewegung solidarisch. (*Beizhuang de minyun*, S. 24)

Der bekannte Shanghaier Schriftsteller Wang Ruowang setzt sich in einem Brief an Deng Xiaoping für die Studentenbewegung und deren Forderungen nach Demokratie und Pressefreiheit ein. Er fordert Deng Xiaoping auf, vom verstorbenen Staatspräsidenten Taiwans, Jiang Jingguo, zu lernen, "aus eigenem Antrieb weise und weitsichtige Entscheidungen zu treffen". (*Tansuo*, Juni 1989, S. 30-32).

Am Nachmittag finden sich Liu Zhongde, stellvertretender Generalsekretär des Staatsrats, He Dongchang, stellvertretender Leiter der Zentralen Erziehungskommission, Wang Jialiu, stellvertretende Sekretärin des Parteikomitees der Stadt Beijing sowie Vertreter des Nationalen und des Beijinger Studentenverbandes im Gebäude des Beijinger Stadtparteikomitees ein, um dort mit 18 von ihnen eingeladenen Studentenvertretern der Qinghua-Universität ein Gespräch zu führen. Nachdem die Regierungsbeamten über zwei Stunden auf das Eintreffen der Studenten gewartet haben, gehen sie fort. Ein führender Kader der Qinghua-Universität, der sich offenbar ebenfalls zu dem vereinbarten Gespräch eingefunden hat, erklärt vor Journalisten, er habe mehrmals in der Universität angerufen und dabei erfahren, daß die Studenten den Termin nicht eingehalten hätten, weil sie sich nicht einigen konnten, wen sie als Vertreter entsenden sollten. (RMRB, 26.4.89)

Die Studentenvertreter erscheinen deshalb nicht, weil sie eine Delegation von Studenten aller Beijinger Hochschulen entsenden wollen und nicht nur einer einzelnen Universität. Die Forderung nach einem Dialog mit der Führung werde, so die Qinghua-Studentenvertreter, von den Studenten aller Beijinger Universitäten getragen, und die Studenten der Qinghua-Universität könnten deshalb nicht unabhängig von ihren Kommilitonen in den anderen Hochschulen ein solches separates Gesprächsangebot akzeptieren. (Li Qiao u.a., "Death or Rebirth?...", S. 38) - Siehe hierzu auch die Darstellung der Studenten der Beijing-Universität in ihrem Flugblatt vom 27. April, Punkt 7.

Auch in der Studentenbewegung gibt es Richtungskämpfe. "Wir müssen alles noch einmal durchdenken und diskutieren. Wir dürfen uns nicht von einer vorübergehenden Begeisterung allein tragen lassen", so ein Student, "vor allem aber dürfen wir uns nicht spalten lassen. Dieses Gesprächsangebot der Regierung war ein fauler Trick, uns zu spalten." (G. Mahlmann, in: *Die Zeit*, 5.5.89)

Im Laufe des Tages [Abends] wird ein Leitartikel der *Volkszeitung* vom folgenden Tag, der die Studentenbewegung scharf verurteilt, über Fernsehen, Radio und die Propagandalautsprecher der Universitäten publik gemacht. (LSC, S.35) In den Abendnachrichten des Fernsehens wird der Studentenbewegung vorgeworfen, sie sei "geplant" und "vorausgeplant" [dieselben Formulierungen gebrauchte Deng Xiaoping am Vormittag in seinem Gespräch mit Li Peng und Yang Shangkun]. (LYTX, Mai 1989)

Nach Darstellung der Hongkonger *Wen Hui Bao*, die sich auf Zhao Ziyang nahestehende Gewährsleute beruft, wird der Leitartikel der *Volkszeitung* vom 26. April am 25. April von Xu Weicheng, dem für Ideologie und Propaganda zuständigen stellvertretenden Sekretär des Beijinger Stadtparteikomitees, in Übereinstimmung mit der am Vormittag des 25. Aprils von Deng Xiaoping gehaltenen Rede verfaßt und von Hu Qili überprüft. Der Leitartikel ist um 18.30 Uhr fertiggestellt und wird sofort an das Zentrale Fernsehen übermittelt, damit er in den Abendnachrichten um 19.00 Uhr gesendet werden kann. Der sich in Nordkorea aufhaltende Zhao Ziyang, so berichtet die *Wen Hui Bao* weiter, habe den Leitartikel erst erhalten, nachdem dieser bereits im Fernsehen verlesen worden sei. Daher habe er keine Gelegenheit gehabt, seine Einwände gegen den Leitartikel rechtzeitig vorzubringen. (WHB, 25.6.89) - Vergleiche 30. April.

Der Hongkonger Zeitschrift *Dangdai* zufolge wird der Leitartikel der *Volkszeitung* vom 26. April bereits in den Abendnachrichten des Zentralen Fernsehens am 25. April um 19.00 Uhr ausgestrahlt. Zhao Ziyang habe hingegen eine andere Version des Leitartikels erhalten als diejenige, die öffentlich verbreitet wurde. Zhao Ziyang habe, so *Dangdai* weiter, der Rede Dengs unter dem Vorbehalt zugestimmt, daß man sowohl vorsichtig als auch entschlossen vorgehen müsse. Man müsse beides als eine Einheit betrachten, wobei ein umsichtiges Vorgehen Vorrang haben müsse. (*Dangdai*, 28.4.90, nach SWB, 7.5.90) - Die Darstellung von *Dangdai* wird in gewissem Maße von der Darstellung von Yang

Shangkun gestützt, der in einer internen Rede am 22. Mai berichtet hatte, daß man Zhao lediglich "den wesentlichen Inhalt" des Leitartikels vom 26. April per Telegramm nach Nordkorea übermittelt habe. - Siehe 22. Mai.

Die Führer des gerade gegründeten "Chinesischen [Autonomen] Studentenbunds" (Zhongguo xuesheng lianmeng) [gemeint ist wahrscheinlich die "Nationale Vereinigung [Autonomer] Studentenverbände"] erklären, sie wollten sich auf keinen Fall von der Drohung beeindrucken lassen. (LYTX, Mai 1989)

Am Abend erklärt ein Student vor einer kleinen Zuhörermenge auf der Chang'an-Allee: "Wir stellen uns nicht gegen die Regierung oder die Partei. Wir wollen nur die Regierung demokratischer machen und der Korruption unter den Funktionären ein Ende bereiten." (R. Delfs, in: FEER, 4.5.89, S. 11)

Am Vortag hingegen hat eine autonome Studentenorganisation sieben Forderungen aufgestellt, die ganz klar auf eine Machtbeschneidung der KPCh hinzielen. Dies zeigt, daß in der Bewegung von Anfang an Meinungsverschiedenheiten über die genauen Ziele wie auch über die Mittel herrschten, mit denen diese Ziele zu verfolgen seien. - Vergleiche hierzu auch den 26. April.

Jilin
In Changchun demonstrieren Studenten. (*Radio Jilin*, 16.5.89, nach SWB, 19.5.89)

26. April 1989, Mittwoch

- Die "Volkszeitung" attackiert in einem Leitartikel die studentischen Protestkundgebungen als gegen die KP und gegen das sozialistische System gerichteten "Aufruhr"
- Der "Provisorische Studentenverband Beijing" kündigt für den morgigen Tag eine Großdemonstration an
- Das unabhängige Studentengremium der Qinghua-Universität tritt aus dem "Provisorischen Studentenverband Beijing" aus
- Das Parteikomitee der Stadt Beijing ruft dazu auf, dem "Aufruhr" Einhalt zu gebieten
- Shanghais Parteisekretär Jiang Zemin gibt die Entlassung des Chefredakteurs des Shanghaier "Weltwirtschaftsboten", Qin Benli, bekannt

Die *Volkszeitung* veröffentlicht einen scharfen Leitartikel gegen die protestierenden Studenten:

DOKUMENT

Gegen den Aufruhr muß klar und eindeutig Stellung bezogen werden
- Leitartikel der "Volkszeitung" vom 26. April 1989

Im Rahmen der Trauerfeierlichkeiten zum Tode des Genossen Hu Yaobang haben die breiten Massen der Parteimitglieder, Arbeiter, Bauern, Intellektuellen, Kader, VBA-Angehörigen und jungen Studenten auf verschiedene Weise ihre Trauer zum Ausdruck gebracht und darüber hinaus deutlich gemacht, daß sie ihren Schmerz in Stärke umwandeln und sich für die Verwirklichung der Vier Modernisierungen und den Aufschwung Chinas einsetzen wollen.

Während der Trauerfeierlichkeiten ereigneten sich jedoch auch einige ungewöhnliche Zwischenfälle. Eine sehr kleine Minderheit von Leuten hat die Situation ausgenutzt, um Gerüchte zu verbreiten und Partei- und Staatsführer namentlich anzugreifen. Sie hetzten die Massen dazu auf, das Xinhuamen zu stürmen, das zum Zhongnanhai-Viertel führt, wo das Zentralkomitee der Partei und der Staatsrat residieren. Einige Leute riefen sogar so reaktionäre Slogans wie "Nieder mit der Kommunistischen Partei!" In Xi'an und Changsha kam es durch Gesetzesbrecher zu schwerwiegenden Schlägereien, Zerstörungen, Plünderungen und Brandanschlägen.

Aus Rücksicht auf die Gefühle der Trauer der breiten Massen haben Partei und Regierung gegenüber gewissen unangebrachten Äußerungen und Handlungen, die die jungen Studenten im Zustand großer Erregung gemacht haben, Toleranz und Zurückhaltung geübt. Am 22. April, vor dem Beginn der [offiziellen] Trauerfeier für den Genossen Hu Yaobang, wurden die Studenten, die zuvor zum Tiananmen-Platz gekommen waren, entgegen den Gepflogenheiten nicht vom Platz gewiesen. Sie wurden statt dessen aufgefordert, Disziplin zu wahren und gemeinsam in Trauer des Genossen Hu Yaobang zu gedenken. Dank der gemeinsamen Anstrengungen aller Beteiligten konnte die Trauerfeier in einer feierlichen und würdevollen Atmosphäre reibungslos durchgeführt werden.

Nach der [offiziellen] Trauerfeier nutzt jedoch eine sehr kleine Minderheit von Leuten mit Hintergedanken weiterhin die Trauer der jungen Studenten um den Genossen Hu Yaobang aus, um verschiedenste Gerüchte in die Welt zu setzen und die Menschen irrezuführen. Auf Wandzeitungen verleumden sie Partei- und Staatsführer, beschimpfen sie und greifen sie an. Ganz offen verletzen sie die Verfassung, indem sie gegen die Führungsrolle der Kommunistischen Partei und gegen das sozialistische System agitieren. In einigen Hochschulen haben sie illegale Organisationen gegründet, um den [offiziellen] Studentenverbänden die Macht zu entreißen. Einige haben sogar gewaltsam die Lautsprecherstationen ihrer Hochschulen besetzt. In einigen Hochschulen wiegeln sie Studenten und Dozenten zum Unterrichtsstreik auf und halten sogar mit Gewalt ihre Kommilitonen vom Unterrichtsbesuch ab. Sie mißbrauchen den Namen von Arbeiterorganisationen, um reaktionäre Flugblätter zu verteilen. Auch knüpfen sie überallhin Verbindungen, um noch schlimmere Unruhen zu inszenieren.

Diese Tatsachen beweisen, daß es einer sehr kleinen Minderheit von Leuten mit ihren Aktivitäten nicht darum geht, um den Genossen Hu Yaobang zu trauern und die Entwicklung der sozialistischen Demokratie und Politik voranzutreiben. Es handelt sich auch nicht darum, daß einige Leute lediglich ihrem Unmut Luft machen wollen. Sie schwenken vielmehr das Banner der Demokratie, um die Demokratie und das Rechtssystem zu zerstören. Ihr Ziel besteht darin, die Menschen zu verunsichern, das Land ins Chaos zu stürzen und die bestehende politische Stabilität und Einheit zu zerstören. Dies ist eine geplante Verschwörung. Dies ist ein Aufruhr, dessen Wesen darin besteht, die Führung durch die Kommunistische Partei Chinas und das sozialistische System von Grund auf zu negieren. Dies ist ein ernster politischer Kampf, vor dem die gesamte Partei und die Volksmassen aller Nationalitäten des ganzen Landes stehen.

Wenn wir gegenüber diesem Aufruhr nachsichtig sind und ihm stillschweigend freien Lauf lassen, dann wird ein schwerwiegendes Chaos entstehen. Die Hoffnungen des Volkes des ganzen Landes, einschließlich der Masse der jungen Studenten, auf Reformen und Öffnung, auf Sanierung und Ausrichtung [der Wirtschaft], auf Aufbau und Entwicklung, auf Kontrolle der Preise, auf die Verbesserung der Lebensverhältnisse, auf Bekämpfung der Korruption sowie auf den Aufbau von Demokratie und Rechtssystem werden dann wie Seifenblasen zerplatzen. Selbst die enormen Erfolge der Reformen der letzten zehn Jahre könnten nahezu vollständig verlorengehen. Die erhabene, von allen Nationalitäten des Landes geteilte Hoffnung, China wieder aufblühen zu lassen, wäre dann nur schwer zu verwirklichen. Ein hoffnungsvolles China mit einer vielversprechenden Zukunft würde dann in ein chaotisches China ohne Aussicht auf eine bessere Zukunft verwandelt.

Die gesamte Partei und das Volk des ganzen Landes müssen sich über den schwerwiegenden Charakter dieses Kampfes vollständig klar werden. Sie müssen sich zusammenschließen und klar und eindeutig gegen den Aufruhr Stellung beziehen. Sie müssen mit Entschiedenheit die schwer erkämpfte politische Stabilität und Einheit wahren, sie müssen die Verfassung verteidigen und die sozialistische Demokratie und das sozialistische Rechtssystem schützen. Auf keinen Fall ist es erlaubt, irgendwelche illegalen Organisationen zu gründen. Allen Aktivitäten, die unter welchem Vorwand auch immer die Rechte und Interessen der legalen Studentenorganisationen verletzen, muß entschieden Einhalt geboten werden. Bei denjenigen, die vorsätzlich Gerüchte fabrizieren und durch falsche Anschuldigungen andere in Schwierigkeiten bringen, muß entsprechend der Gesetze die strafrechtliche Verantwortlichkeit ermittelt werden. Illegale Demonstrationen müssen verboten werden. Auch die Aufnahme von Verbindungen zwischen Fabriken, Dörfern und Schulen muß untersagt werden. Leute, die Schlägereien, Zerstörungen, Plünderungen oder Brandstiftungen begangen haben, müssen entsprechend der Gesetze bestraft werden. Das legitime Recht der Studenten, den Unterricht zu besuchen, muß geschützt werden. Die große Masse der Studenten hegt den aufrichtigen Wunsch, daß die Korruption beseitigt und die Demokratie gefördert werden. Dies sind auch die Forderungen von Partei und Regierung. Verwirklicht werden können diese Forderungen nur, wenn unter der Führung der Partei die Sanierung und Ausrichtung [der Wirtschaft] verstärkt, die Reformen aktiv vorangetrieben sowie die sozialistische Demokratie und das sozialistische Rechtssystem vervollkommnet werden.

Alle Parteigenossen und das Volk des ganzen Landes müssen nüchtern erkennen, daß unser Land keine friedlichen Tage mehr erleben wird, wenn diesem Aufruhr nicht entschlossen Einhalt geboten wird. Bei diesem Kampf geht es um

den Erfolg oder Mißerfolg der Reform- und Öffnungspolitik und des Aufbaus der Vier Modernisierungen. Es geht um die Zukunft des Landes und der Nation. Die Organisationen der Kommunistischen Partei Chinas auf allen Ebenen, die breite Masse der Mitglieder der Kommunistischen Partei, die Mitglieder des Kommunistischen Jugendverbands, alle demokratischen Parteien, patriotisch und demokratisch gesinnte Persönlichkeiten und das Volk des ganzen Landes müssen eine klare Grenze zwischen Recht und Unrecht ziehen, energisch in Aktion treten und dafür kämpfen, daß diesem Aufruhr entschlossen und schnell Einhalt geboten wird!
(RMRB, 26.4.89)

Kaum verhohlen, doch ohne diesen Begriff zu nennen, erhebt der Leitartikel gegen die Führer der Studentenbewegung den Vorwurf der Konterrevolution: "Dies ist ein Aufruhr, dessen Wesen darin besteht, die Führung durch die Kommunistische Partei Chinas und das sozialistische System von Grund auf zu negieren." Dies ist eine unmißverständliche Warnung an die Studenten, daß die Teilnahme an weiteren Demonstrationen als "konterrevolutionäre Straftat" verfolgt werden könnte.

* Zwei Monate später erklärt Chen Xitong in seinem offiziellen Bericht vom 30. Juni 1989, der Leitartikel der *Volkszeitung* vom 26. April sei Ausdruck der Entscheidungen des Ständigen Ausschusses des Politbüros des ZK der KPCh und des Geistes der Rede von Deng Xiaoping [vom Vortag] gewesen. Er habe das Wesen des Aufruhrs richtig charakterisiert. Zugleich habe er "eine Handvoll Organisatoren und Anzettler des Aufruhrs von den jungen Studenten deutlich unterschieden." (Chen Xitong, in: BRu, 25.7.89, S. XI)

Der Leitartikel der *Volkszeitung* löst bei einem großen Teil der Beijinger Studenten Unmut aus. Studenten des Beijinger Fremdsprachinstituts sagen: Die gegenwärtige Bewegung zur Förderung der Demokratie sei eine patriotische Aktion und kein "Aufruhr", wie es in dem Artikel heiße. Studenten der Volksuniversität betonen, daß sie mit ihrer Aktion ihre Sorge um das Land und das Volk bewiesen. Sie verstünden nicht, warum dies als "Aufruhr" und als Verursachung von "Instabilität" bezeichnet werde. Sie seien erschüttert, enttäuscht und wütend angesichts der in diesem Leitartikel geübten Praxis, "alles vollständig zu verneinen". Studenten des Fremdspracheninstituts Beijing räumen jedoch ein, daß einige wenige Leute während der Studentenkundgebungen ihre Slogans und Handlungen übertrieben hätten. Man müsse sich davor schützen, daß der Enthusiasmus der Studenten von Menschen mit niederen Motiven zu deren Zwecken mißbraucht werde. Diejenigen, die reaktionäre Slogans riefen, müßten den Behörden für Öffentliche Sicherheit übergeben werden. Alle Parolen und Wandzeitungen auf dem Campus der Beijing-Universität, die gegen Partei und Regierung gerichtet seien und die Führung angriffen, sollten entfernt werden. Auch das Mittel des Unterrichtsstreiks wird kontrovers diskutiert. Ziemlich viele Studenten sind der Ansicht, daß ein Streik ausgerufen werden solle, bevor Regierungs- und Parteivertreter mit den Studenten Gespräche führen. Einige Studenten des Beijinger Fremdspracheninstituts hingegen halten einen Streik, zumal einen unbefristeten, für unklug. Studenten der Qinghua-Universität warnen vor einer Überbetonung des Streiks: Sowohl die Studenten selbst als auch der Staat würden darunter zu leiden haben. (ZTS, 26.4.89, nach SWB, 2.5.89) 5.000 Studenten der Hochschule für Politik und Recht weisen auf einer Vollversammlung die "Verleumdung" der Studentenbewegung durch die KPCh-Führung zurück. (*Tansuo*, Juni 1989, S. 9)

Es mag auf den ersten Blick merkwürdig erscheinen, daß der Leitartikel, der doch ausdrücklich von "einigen wenigen" Unruhestiftern spricht und sich auf tatsächlich geschehene Übergriffe und Gewalttätigkeiten bezieht, derart den Zorn der Studenten anzufachen vermag. Doch die Studentenführer wissen wahrscheinlich - entweder aus eigener Erfahrung oder von Erzählungen ihrer Eltern -, daß es eine alte Taktik der KPCh ist, oppositionelle Bewegungen dadurch zu spalten und zu zerschlagen, daß zwischen "einigen wenigen konterrevolutionären Aufrührern" und den eigentlich "guten", aber "irregeleiteten" Massen unterschieden wird. Zunächst kündigt die KPCh ein hartes Vorgehen nur gegen "die kleine Anzahl von schlechten Elementen" an, während der großen Masse für den Fall der Rückkehr zu einem parteikonformen Verhalten eine nachsichtige Behandlung durch die Behörden versprochen wird, nach dem Motto: In ihrer unendlichen Güte und Barmherzigkeit nimmt sich die Partei eines jeden reuigen Sünders an. Ist das eigentliche Ziel - die Spaltung und Zerschlagung der oppositionellen Bewegung - jedoch erreicht, werden in der Regel nicht nur einige wenige, sondern relativ viele Teilnehmer als "Konterrevolutionäre" identifiziert und bestraft. Vor diesem Hintergrund betrachtet, müssen sich die Studenten, die ihre Bewegung als im Interesse des Landes und des Volkes liegend begreifen, nun insgesamt als reaktionäre Umstürzler und Konterrevolutionäre kriminalisiert sehen. Hinzu kommt, daß die Parteiführung die ohne jeden Zweifel friedlich konzipierte Bewegung der Studenten - schließlich haben diese bereits am 20. April eine Organisation von Ordnungskräften für Demonstrationen eingerichtet - als unruhestiftend verunglimpft. Tatsächlich spricht für die Entschlossenheit und Disziplin der Studenten und ihrer Führer, keine Gewalt anzuwenden, daß es ihnen so rasch gelang, erste Ausschreitungen, wie in den Nächten vom 18. auf den 19. und vom 19. auf den 20. April, wirksam zu unterbinden. Die im wesentlichen unbegründeten Vorwürfe der Parteiführung mußten bei den Studenten zu heller Empörung und zu Verbitterung führen, wurde ihnen in ihren Augen damit doch großes Unrecht zugefügt. So führte der Leitartikel der *Volkszeitung* vom 26. April zu einer Verschärfung des Widerspruchs zwischen Studenten und Parteiführung.

Das Amt für Öffentliche Sicherheit der Stadt Beijing gibt bekannt: Die Traueraktivitäten für den verstorbenen Hu Yaobang seien abgeschlossen. Alle Demonstrationen müßten ausnahmslos vorher beantragt werden, andernfalls seien sie illegal und ohne Ausnahme verboten. Streng verboten sei es auch, auf den Straßen Reden zu halten, Spenden zu sammeln und Flugblätter zu verteilen. Zuwiderhandlungen würden bestraft. (*Beizhuang de minyun*, S. 27)

Die *Beijing-Tageszeitung* veröffentlicht eine Bekanntmachung des offiziellen Beijinger Studentenverbandes. Darin heißt es, daß die in einigen Hochschulen Beijings kürzlich gegründeten Organisationen - wie die sogenannte "Vereinigung der Studierenden der Hochschulen" (Gaodeng xuexiaosheng lianhehui), der sogenannte "Studentenverband Solidarität" (Tuanjie xuesheng hui) und der sogenannte "Autonome Studentenverband" (Xuesheng zizhi hui) - entgegen den Statuten des offiziellen Nationalen Studentenverbandes nicht durch ein rechtmäßiges Verfahren und ohne Genehmigung der Regierung gebildet worden und damit illegal seien. Alle Studenten in der Hauptstadt seien aufgerufen, sich um die KPCh zu scharen und gemeinsam die für die Reform und Öffnung notwendige Stabilität und Einheit zu wahren. (*Beijing Ribao*, 26.4.89, nach SWB, 28.4.89)

* Nach Darstellung eines drei Monate später von der *Volkszeitung* veröffentlichten Artikels wird an diesem Tag der "Autonome Studentenverband Beijing" (Beijing gaoxiao xuesheng zizhi lianhehui) gegründet, der zunächst - in Anlehnung an die polnische Gewerkschaft "Solidarität" (chin.: tuanjie) "Studentenverband Solidarität" (Tuanjie xueshenghui) genannt worden sei. Dann aber habe man gemeint, daß dieser Name allzu deutlich die parteifeindlichen Absichten [des Verbands] erkennen lasse, und daher die Bezeichnung "Autonomer Studentenverband" gewählt. (RMRB, 26.7.89)

Etwa 60.000 der insgesamt 160.000 Stundenten an 40 Beijinger Hochschulen und Universitäten erscheinen nicht zum Unterricht. (*Xinhua*, nach CD, 27.4.89) Autonome Studentenorganisationen geben die Zahl der Hochschulen und Universitäten, die sich dem Vorlesungsstreik angeschlossen haben, mit 29 an. (J. Erling, in: FRu, 27.4.89) LYTX, Mai 1989, hingegen nennt 70.000 Studenten von 41 Beijinger Universitäten und Hochschulen, die am Vorlesungsstreik teilnehmen und einen Dialog mit Regierungsvertretern und Mitgliedern des NVK verlangen.

An vielen Straßenecken der Stadt haben Studenten Informationsstände aufgebaut. Über Lautsprecher informieren sie die Passanten über ihre Ziele: Presse-, Rede- und Versammlungsfreiheit, schonungslose Aufklärung der Korruption und der persönlichen Besitzverhältnisse der Politiker, schonungslose Aufklärung des Verhaltens der Polizei in den frühen Morgenstunden des 20. April, als es vor dem Xinhuamen zu gewaltsamen Zusammenstößen kam [vergleiche 19./20. April]. Die Studenten sammeln auch Geld, um Flugblätter drucken und ihre Ideen weiter verbreiten zu können. An einer Ecke kommen innerhalb von vier Stunden mehr als 4.000 Yuan zusammen - ein angesichts des Durchschnittseinkommens in China hoher Betrag und ein Beweis für die Sympathie, die die Bewegung in weiten Kreisen der Bevölkerung genießt. (G. Mahlmann, in: *Die Zeit*, 5.5.89)

Der "Provisorische Studentenverband Beijing", in dem zur Zeit Studenten von insgesamt 41 Universitäten und Hochschulen organisiert sind, entwickelt sich zum politischen Führungsgremium der Bewegung. Angesichts der wiederholten Warnungen und Drohungen der Regierung hält der Verband am Nachmittag in der Hochschule für Politik und Recht seine erste Pressekonferenz ab. Außerdem stellt er die Führer des Verbands - den Vorsitzenden und die Mitglieder des Ständigen Ausschusses - vor und stellt drei Forderungen:

1. Die Regierung solle mit den Studenten in einen gleichberechtigten Dialog treten.
2. Das gewaltsame Vorgehen von Soldaten und Polizisten in der Nacht vom 19. auf den 20. April am Xinhuamen solle untersucht werden. Das zuständige Amt für Öffentliche Sicherheit solle sich bei den Studenten für den Vorfall entschuldigen. Die Presse solle wahrheitsgemäß über den Vorfall berichten.
3. Die *Xinhua*-Nachrichtenagentur und die Medien sollten den Tatsachen entsprechend über die Studentenbewegung berichten.

Noch einmal nennt der Verband seine Ziele - Demokratie, Freiheit, Wissenschaft, Menschenrechte, Rechtsstaatlichkeit - und erklärt, daß diese Ziele mit friedlichen und legalen Mitteln verfolgt würden. Für den folgenden Tag kündigt der Verband eine Großdemonstration an, um gegen die Verunglimpfung der Bewegung durch den heutigen Leitartikel der *Volkszeitung* zu protestieren. (*Beizhuang de minyun*, S. 26) Laut P. Ellingsen, in: FT, 27.4.89, hingegen wollen die Studenten zwar friedlich demonstrieren, sind aber auch bereit, sich bei Eingreifen der Sicherheitskräfte zu verteidigen.

* In seinem Bericht vom 30. Juni 1989 erklärt Chen Xitong: "Weil der Leitartikel vom 26. April einen klaren Standpunkt eingenommen hatte, wurden die Organisatoren und Anzettler des Aufruhrs gezwungen, in ihrer Strategie eine Wendung um 180 Grad zu machen. Vor der Veröffentlichung des Leitartikels waren die Losungen und Parolen zum großen Teil gegen die Kommunistische Partei Chinas, gegen den Sozialismus sowie gegen die Vier Grundprinzipien gewesen. Nachdem der Leitartikel veröffentlicht worden war, hatte die illegale Organisation 'Selbstverwaltungsvereinigung der Hochschulstudenten in Beijing' [d.h. der "Autonome Studentenverband Beijing"] am 26. April 'die erste Weisung des neuen Studentenverbandes' gegeben und verlangt, unter der Fahne der Unterstützung der Kommunistischen Partei Chinas zum Tiananmen-Platz zu [marschieren, um] zu demonstrieren. Zu ihren Losungen gehörten von nun an unter anderem: 'Wir verteidigen die Kommunistische Partei', 'Wir unterstützen den Sozialismus' sowie 'Wir verteidigen die Verfassung'. Auf den Wink von Fang Lizhi hatte sie die umstürzlerischen Losungen 'Nieder mit der bürokratischen Regierung!' sowie 'Nieder mit der Alleinherrschaft!' zu Losungen wie 'Gegen Bürokratie, gegen Korruption und gegen Privilegien' verwandelt, die bei den verschiedenen Bevölkerungsschichten Anklang fanden." (Chen Xitong, in: BRu, 25.7.89, S. XII) - In der Tat waren vom ersten Tag der Bewegung an einzelne Parolen erschienen, die zum Sturz von Politikern oder der ganzen Regierung aufriefen. Es ist auch richtig, daß die Führer der autonomen Organisationen der Studenten bei der am folgenden Tag stattfindenden Massendemonstration Transparente mit parteifreundlichen Losungen mitführten, was mit Sicherheit aus taktischen Gründen geschah. Andererseits waren sich die protestierenden Studenten keineswegs über ihre Ziele und die Mittel, sie durchzusetzen, ei-

nig, wie sich etwa an der Reaktion auf den Leitartikel der *Volkszeitung* vom 26. April gezeigt hatte. - Siehe hierzu auch den folgenden Absatz.

Das "Organisationskomitee für friedliche Petitionen der Studenten der Qinghua-Universität" (Qinghua daxue [xuesheng] heping qingyuan zuzhi weiyuanhui), das die studentischen Aktionen dieser Universität leitet, erklärt unerwartet seinen Austritt aus dem "Provisorischen Studentenverband Beijing" und seine freiwillige Auflösung. Außerdem regt es die Beendigung des Vorlesungsboykotts an. Gleichzeitig lehnt die neugegründete "Verbindungsgruppe der Studenten der Qinghua-Universität" (Qingda xuesheng lianluozu) die Teilnahme an der morgigen Großdemonstration ab. Die Verantwortlichen dieses Gremiums fürchten, daß die Demonstration "die Gemäßigten erschrecken" und zu blutigen Zusammenstößen führen könnte. Viele Studenten der Qinghua-Universität versammeln sich auf dem Campus und debattieren heftig über diese Entscheidung. Einige werfen ihren Führern Schwäche vor und fordern die Gründung einer neuen Führungsorganisation. (*Beizhuang de minyun*, S. 27)

Am Nachmittag hält das Parteikomitee der Stadt Beijing in der Großen Halle des Volkes eine Veranstaltung zu den Studentendemonstrationen ab, an der mehr als 10.000 Parteimitglieder und -funktionäre teilnehmen. Li Ximing, Parteisekretär der Stadt, erklärt auf der Sitzung, eine verschwindend kleine Minderheit habe während der Trauerkundgebungen die Verfassung verletzt und gegen die Partei und das sozialistische System agitiert. Er ruft alle dazu auf, den heutigen Leitartikel der *Volkszeitung* zu studieren und dem "Aufruhr" (dongluan) gemeinsam Einhalt zu gebieten. Weiter erklärt er, daß die Gründung illegaler Studentenorganisationen zu "Chaos" (hunluan) führe und verboten sei. (RMRB, 27.4.89)

In einer auf der 2. Tagung des IX. Volkskongresses der Stadt Beijing erlassenen Resolution wird die Regierung aufgefordert, nicht zu dulden, daß Leute mit niederen Motiven Zwischenfälle provozieren und gesellschaftliche Unruhe schaffen. (XNA, 27.4.89)

Am Heldendenkmal auf dem Tiananmen-Platz erscheinen immer neue Wandzeitungen und Parolen, Solidaritätsadressen auch von Arbeitern. Das Denkmal ist ständig von Hunderten von Menschen umlagert, die Texte abschreiben oder auf Tonband sprechen, um sie weiterzuverbreiten. Nachts säubert die Polizei das Denkmal von allen Wandzeitungen und Kränzen für den verstorbenen Hu Yaobang. (G. Mahlmann, in: *Die Zeit*, 5.5.89)

Die Regierung soll über 20.000 Soldaten nach Beijing beordert haben, um einer Ausweitung der Studentenbewegung vorzubeugen. (*Beizhuang de minyun*, S. 26)

Der Politologe Yan Jiaqi wird von einem Mitglied der Einheitsfrontabteilung des ZK der KPCh davor gewarnt, sich in die gegenwärtige Studentenbewegung hineinziehen zu lassen. (Erklärung seiner Frau Gao Gao gegenüber einem Reporter; in: MB, 2.5.89, nach SWB, 4.5.89)

26. April 1989

In der Nacht zum 27. April senden das Zentrale und das Beijinger Fernsehen erneut die "Zehn Bestimmungen" [Provisorische Bestimmungen über Straßenumzüge und Demonstrationen] der Stadt Beijing und veröffentlichen eine scharfe Warnung an Studenten, die an den angekündigten Demonstrationen teilzunehmen beabsichtigen. (Li Qiao u.a., "Death or Rebirth...", S. 31)

Der Kommandeur der Militärregion Chengdu, Fu Quanyou, erklärt in einer Rede vor Militärangehörigen, daß die Armee klar Stellung gegen die Unruhen beziehen und die politische Situation von Stabilität und Einheit bewahren müsse. (*Radio Sichuan*, ohne Datum, nach SWB, 29.4.89)

Shanghai
Auf einer Veranstaltung des Parteikomitees der Stadt Shanghai nimmt Jiang Zemin, Mitglied des Politbüros und Sekretär des Shanghaier Parteikomitees, zur gegenwärtigen Lage in Shanghai Stellung. Abgesehen von einigen "anormalen" (bu zhengchang) Vorkommnissen sei es in der Stadt weder zu großen Demonstrationen noch zu Vorlesungsstreiks von Studenten gekommen. Insgesamt sei die Lage in Shanghai "gut". Jiang Zemin ruft die 14.000 versammelten Parteimitglieder und -kader dazu auf, den heutigen Leitartikel der *Volkszeitung* zu studieren, Stabilität und Einheit zu bewahren, die Gründung illegaler Organisationen zu verhindern, illegale Demonstrationen zu verbieten und jede Form von Verbindungen zwischen Studenten, Arbeitern, Bauern und Angestellten zu unterbinden. Weiter gibt er die Entlassung von Qin Benli als Chefredakteur des in Shanghai erscheinenden *Weltwirtschaftsboten* bekannt und kündigt die politische Ausrichtung der Zeitung an. (RMRB, 27.4.89)

Hunan
In Changsha demonstrieren Studenten. Anders als die Demonstration am 22. April [vergleiche dort] ist diese gut organisiert und verläuft friedlich. (A. Worden: "... Changsha Chronicle", S.131 f.) - Einer anderen Quelle zufolge findet die Demonstration am 27. April statt (siehe dort).

Jiangsu
Auf dem Campus der Nanjing-Universität sind wieder alle Wandzeitungen der Studenten entfernt worden, und fast alle Studenten nehmen am Unterricht teil. Mögliche Gründe für die Zurückhaltung der Nanjinger Studenten können darin liegen, daß die Universitätsleitung besonnen reagierte und nicht versuchte, die Studenten mit politischen Parolen zur Räson zu rufen. Ferner verfügen die Studenten nicht über zuverlässige Informationen hinsichtlich der Vorgänge in Beijing. Beijing wird ohnehin als das Zentrum der Aktivitäten und des öffentlichen Interesses betrachtet, Nanjing nur als marginal von Bedeutung, so daß es nicht so bedeutsam sei, was hier geschehe. Schließlich äußern Studenten vom Lande die Befürchtung, sie könnten wieder in ihre entlegenen Heimatregionen geschickt werden, wenn sie sich in Nanjing politisch auffällig engagierten. (R. Lufrano, "Nanjing Spring...", S. 23)

Shaanxi
Die Polizei von Xi'an erklärt, daß während der Unruhen am 22. April 31 Hochschulstudenten und ganze Gruppen von Schaulustigen festgenommen wurden, die die Aufforderung der Regierung, den Platz zu verlassen, mißachtet und Polizisten mit Steinen beworfen hätten. Diese Personen seien inzwischen freigelassen worden. Unter Anklage gestellt würden jedoch 25 Arbeiter, 15 Arbeitslose, 18 Leute aus anderen Landesteilen und zehn Mittelschüler. Gegen weitere 25 Verdächtige liefen Ermittlungsverfahren. (XNA, 27.4.89)

27. April 1989, Donnerstag

- **Massendemonstration Beijinger Hochschüler**
- **Zuschauermengen am Straßenrand applaudieren den Studenten**
- **Ein Staatsratssprecher verurteilt die nicht angemeldete Demonstration, begrüßt aber die Forderung der Studenten nach Dialog**
- **Studenten der Beijing-Universität erläutern auf Wandzeitungen und Flugblättern der Bevölkerung die Forderungen der Studentenbewegung**
- **Hu Qili ermuntert Journalisten, wahrheitsgemäß über die Studentenproteste zu berichten**

Am Morgen umstellen Polizisten den Tiananmen-Platz. Alle [Beijinger?] Zeitungen veröffentlichen eine gleichlautende Warnung der Partei: "Die Studentenorganisationen sind illegal. Die Demonstration ist illegal. Wer an ihr teilnimmt oder sie unterstützt, macht sich strafbar. Der Staat ist entschlossen, mit allen zur Verfügung stehenden Mitteln dagegen vorzugehen." (G. Mahlmann, in: *Die Zeit*, 5.5.89) - Diese Warnung ist auch in der *Volkszeitung* vom heutigen Tag abgedruckt worden.

Trotz dieser Warnung veranstalten Beijinger Hochschüler wie angekündigt ihre Massendemonstration, um gegen den Leitartikel der *Volkszeitung* vom Vortag und gegen die Verzögerung des Dialogs seitens der Regierung zu protestieren. Die Zahlenangaben über die Teilnehmer schwanken ganz beträchtlich, was zum Teil dadurch zu erklären ist, daß nicht immer zwischen Demonstranten und Zuschauern unterschieden wird. Eine weitere Erklärung bietet die Tatsache, daß die Studenten in mehreren Marschsäulen von verschiedenen Orten aus losmarschieren und sich erst auf der 2. Ringstraße zu einem großen Demonstrationszug vereinigen. (PB 13; vgl. Li Qiao u.a., "Death of Rebirth?...", S. 33)

- Die staatliche Nachrichtenagentur *Xinhua* nennt mit 30.000 Studenten "von einer Anzahl Beijinger Universitäten und Hochschulen" die niedrigste Zahl.
- In einer anderen *Xinhua*-Meldung, ebenfalls vom 28.4.89, ist von "einigen zehntausend" Studenten die Rede).
- R. Delfs, in: FEER, 11.5.89, S. 11, spricht von 40.000 bis 50.000 Studenten.
- P. Kolonko, in: FAZ, 28.4.89, zählt 50.000 Studenten von 52 Universitäten und Hochschulen.
- G. Mahlmann, in: *Die Zeit*, 5.5.89, schätzt die Zahl auf 50.000 bis 80.000.

- AW, 12.5.89, und P. Ellingsen, in: FT, 28.4.89, zufolge demonstrieren an diesem Tag über 100.000 Beijinger Studenten.
- Studenten selbst schätzen, daß mehr als 150.000 von ihnen an der Demonstration teilgenommen haben. (D. Southerland, in: IHT, 2.5.89) Diese Zahl findet sich auch in LYTX, Mai 1989.
- *Beizhuang de minyun*, S. 29, spricht gar von 200.000 demonstrierenden Studenten.

Alle Beobachter sind sich indes einig, daß dies die bislang größte Studentendemonstration seit Beginn der Proteste Mitte April ist.

Bevor die Demonstration beginnt, kommt es an der Qinghua-Universität zu einem Konflikt innerhalb der Studentenorganisation. Wie Studenten später berichteten, war es einigen Studenten der sog. "Kronprinzen-Fraktion" (taizi dang), d.h. Kindern hochrangiger Funktionäre, gelungen, sich in die autonome Studentenorganisation einzuschleichen. Sie versuchten, die Demonstration zu verhindern, indem sie wie folgt argumentierten: "Laut verläßlichen Quellen wäre es für uns nicht vorteilhaft, heute zu demonstrieren. Die Regierung wird mit sehr harten Maßnahmen antworten. Eine große Anzahl von Truppen ist bereits nach Beijing in Marsch gesetzt worden. Alle möglichen modernen Anti-Aufruhr-Ausrüstungen sind bereitgestellt worden. Wir werden heute schwer zu leiden haben." Gleichzeitig verkünden die Kommunistische Jugendliga und die offiziellen Studentenverbände an den verschiedenen Universitäten: "Lehrer und Kommilitonen! Nach Angaben verläßlicher Quellen hat die Qinghua-Universität entschieden, an der heutigen Demonstration nicht teilzunehmen. Die anderen Universitäten werden auch nicht teilnehmen. Wir hoffen, daß unsere Kommilitonen nicht auf die Straße gehen werden. Die heutigen stadtweiten Demonstrationen sind abgesagt worden." (Li Qiao u.a., "Death or Rebirth?...", S. 31) - Siehe auch 26. April.

Um 8.00 Uhr morgens sammeln sich Studenten auf dem Campus ihrer Hochschulen. Hochschulleiter, Professoren, Vertreter der Stadtregierung und der Polizei versuchen vergeblich, sie von einer, wie sie [die Studenten] es nennen, "friedlichen Petition [Kundgebung]" abzuhalten. (XNA, 28.4.89) Unter den Teilnehmern zahlreicher Hochschulen befindet sich auch eine Delegation des Instituts für gegenwärtige internationale Beziehungen (LSC, S. 36), das dem Staatsrat untersteht und u.a. dem Ministerium für Staatssicherheit zuarbeitet. Laut XNA, 28.4.89, kommt der Großteil der demonstrierenden Studenten von der Beijing-Universität, der Qinghua-Universität, der Volksuniversität und der Pädagogischen Hochschule Beijing.

Als erste marschieren Studenten der Beijing-Universität mit Transparenten und Megaphonen los. Unbewaffnete Polizisten haben die Straße abgeriegelt. Die Demonstranten zählen hier schon an die Tausende. Nach einer Viertelstunde Widerstand weichen die Polizisten. Die Zuschauer klatschen. Der Zug zieht weiter, bei jeder Hochschule kommt eine neue Gruppe dazu und reiht sich ein. Immer wieder gibt es Blockadeversuche durch die Polizei. (G. Mahlmann, in: *Die Zeit*, 5.5.89) Insgesamt hat die Polizei in der Stadt acht Absperrungen errichtet, die von den Studenten mit friedlichen Mitteln durchbrochen werden. (J. Erling, in: FRu, 28.4.89, und LYTX, Mai 1989) Untergehakt in die geschlossenen Reihen der Studenten rennend, versuchen Polizisten vergeblich, den Demonstrationszug aufzuhalten. Die Taktik der Sicherheitsorgane scheint darin zu bestehen, Widerstand zu zeigen, Staatsmacht zu demonstrieren, aber nicht aggressiv zu werden. (G. Mahlmann, in: *Die Zeit*, 5.5.89) Ein anderer Korrespondent gewinnt hingegen den Eindruck, daß die Sicherheitskräfte sich nur pro forma bemühen, die Studenten aufzuhalten: Einige hochrangige Kader seien am Vortag von ihren Kindern und Enkelkindern telefonisch davon in Kenntnis gesetzt worden, daß sie trotz des gestrigen Leitartikels der *Volkszeitung* an der Demonstration teilnehmen wollten. (R. Delfs, in: FEER, 11.5.89, S. 11) Nach PB 13 haben sich die Sicherheitskräfte den demonstrierenden Studenten lediglich in den Weg gestellt und sind nicht offensiv gegen sie vorgegangen. Ausnahmslos ließen sich die Polizisten von den Studentenmassen schließlich wegdrängen. Die Polizisten zeigten kein besonderes Interesse, den Demonstrationszug wirklich aufzuhalten.

An der Spitze des Demonstrationszugs marschieren die Mitglieder des Ständigen Ausschusses des "Provisorischen Studentenverbands Beijing", darunter Wu'er Kaixi, dann folgen die Studentenführer der einzelnen Universitäten und Hochschulen. (*Beizhuang de minyun*, S. 29)

Auf beiden Seiten des acht Kilometer langen Demonstrationszugs bilden studentische Ordner Menschenketten, um die Ordnung aufrechtzuerhalten und Außenstehende daran zu hindern, sich anzuschließen oder die Aktion zu stören. Teilnehmer müssen ihre Studentenausweise vorzeigen. "Lang lebe der Kommunismus" und "Unterstützt die korrekte Führung der Partei" steht auf Fahnen vorn im Zug geschrieben. Die Studenten haben diese Sicherheitsvorkehrungen getroffen, um Kritik der Regierung vorzubeugen. (AW, 12.5.89) Sie skandieren: "Unterstützt die Kommunistische Partei", "Unterstützt die Verfassung", "Unterstützt die Vier Grundprinzipien", "Beseitigt die Korruption", "Nieder mit den Schiebergeschäften von Regierungsfunktionären". (XNA, 28.5.89) Weitere Slogans lauten: "Dies ist kein Aufruhr", "Friedliche Petition", "Lang lebe die Demokratie", "Pressefreiheit", "Lang lebe das Volk". (*Beizhuang de minyun*, S. 29)

Laut *Xinhua*-Nachrichtenagentur zieht der Demonstrationszug Zehntausende von Zuschauern an, so daß es mehrere Stunden lang zu großen Verkehrsstauungen kommt. (XNA, 28.4.89)

Anderen Berichten zufolge finden sich weit mehr Zuschauer ein. So ist von einer Million Menschen die Rede, die die Straßen säumen und den demonstrierenden Studenten Eßwaren und Getränke zustecken. (*Beizhuang de minyun*, S. 29)

Gisela Mahlmann spricht von Hunderttausenden von Zuschauern: Auf den Baugerüsten und Brücken stehen Arbeiter und rufen: "Hoch leben die Studenten!" Diese überwinden auf der Chang'an-Allee ohne Gewaltanwendung die letzte Polizeisperre. Am Zhongnanhai, der Partei- und Regierungszentrale,

27. April 1989

zitieren sie laut ein Wort Deng Xiaopings: "Eine Revolutionspartei fürchtet nicht, die Stimme des Volkes zu hören. Das Schlimmste ist, wenn das Volk schweigt." Nach neun Stunden [nach PB 13 gegen 15.00 Uhr] erreicht der Protestzug das Tiananmen. Die Polizisten haben den angrenzenden Tiananmen-Platz in drei Reihen umstellt. [Nach PB 13 hatten Polizisten und Soldaten lediglich die Westliche Chang'an-Allee in der Höhe der nordwestliche Ecke der Großen Halle des Volkes abgeriegelt, und dies mit mehr als einem dutzend Reihen.] Nach langen Verhandlungen steigen die Polizisten auf ihre Lastwagen und fahren ab. Die Zuschauer jubeln und klatschen, viele Polizisten winken erleichtert zurück. Aber die Studenten, die jetzt triumphierend auf den Platz ziehen könnten, verzichten darauf und verhindern so klug den völligen Gesichtsverlust der Staatsmacht. Sie ziehen auf der Chang'an-Allee weiter. (G. Mahlmann, in: *Die Zeit*, 5.5.89)

Laut einer anderen Darstellung haben Soldaten den Tiananmen-Platz abgeriegelt, so daß der Demonstrationszug am Platz vorbeiziehen muß. (*Beizhuang de minyun*, S. 29) Nach PB 13 sperrten zunächst Polizisten die Westliche Chang-an-Allee auf der Höhe der nordwestlichen Ecke der Großen Halle des Volkes. Sie wurden später, etwa gegen 14.30 Uhr, von Soldaten verstärkt, die mit Lastwagen von Osten her kamen. Die Polizisten und Soldaten wurden von den Studenten jedoch weggedrängt, und die Studenten zogen friedlich auf der Östlichen Chang'an-Allee weiter, ohne auf dem Tiananmen-Platz zu demonstrieren. Beim Beijing-Hotel drängten sie eine weitere Kette von Sicherheitskräften zurück.

Auch die Angaben zur Dauer der Demonstration weichen stark voneinander ab: Sie soll zwischen 10 (J. Erling, in: FRu, 28.4.89) und 17 Stunden gedauert haben (AW, 12.5.89).

Die meisten Studenten kehren nach der Demonstration in die Hochschulen zurück. Auf dem Heimweg rufen sie: "Beijinger Einwohner, wir danken euch!" und "Der 27. April wird für immer in die Geschichte eingehen!" (*Beizhuang de minyun*, S. 30)

Viele Studenten haben ein gewaltsames Einschreiten der Polizei befürchtet und vor der Demonstration Abschiedsbriefe geschrieben. (*Beizhuang de minyun*, S. 29 f.)

Gerüchten zufolge sollen die Krankenhäuser in Beijing heute eine dringende Mitteilung erhalten haben, sich darauf vorzubereiten, verwundete Studenten zu behandeln. Angeblich sei die Parteiführung am 26. April entschlossen gewesen, militärisch gegen die demonstrierenden Studenten vorzugehen. Erst am frühen Morgen des 27. April habe man sich jedoch dagegen entschieden. (Li Qiao u.a., "Death or Rebirth?...", S. 37-38)

Einige tausend Soldaten des 38. Armeekorps sind zu Verkehrsknotenpunkten und in Hochschulen gesandt worden, Bewaffnete Volkspolizisten bewachen Deng Xiaopings Privathaus. Trotz des Massenaufmarsches fürchten einige seiner Organisatoren, daß die Parteiführer ihre Verzögerungstaktik fortsetzen könnten: "Sie können Vorwände finden, um Gespräche hinauszuschieben, sie können warten, bis die Begeisterung der Studenten nachgelassen hat, und dann können sie die Führer hochnehmen." Ein anderer Organisator ist zuversichtlicher: "Wir haben geschworen, daß, wenn sie einen verhaften, zehn andere sich erheben werden. Wir sind einfach zu viele für sie." (AW, 12.5.89)

Vor der großen Demonstration soll Staatspräsident Yang Shangkun das 38. Armeekorps mobilisiert haben, ohne Verteidigungsminister Qin Jiwei zu informieren, so ein hochrangiger Parteifunktionär. Kurz darauf soll Qin Jiwei suspendiert worden sein. (A. Ignatius, J. Leung, in: AWSJ, 23.5.89) - Qin Jiwei verblieb im Amt des Verteidigungsministers. Zutreffend scheint jedoch zu sein, daß es erhebliche Differenzen zwischen Yang Shangkun und Qin Jiwei gab.

Gegen 19.30 Uhr, nachdem der Demonstrationszug der Studenten vom Tiananmen-Platz gezogen ist, fahren neun Armeelastwagen auf den Platz, um die Soldaten abzuholen, die den Auftrag hatten, die Studenten am Betreten des Platzes zu hindern. Sofort werden die Armeelastwagen von 500 meist jugendlichen Einwohnern umzingelt, so daß die Soldaten nicht aufsteigen können. Die Leute rufen: "Soldaten des 38. Armeekorps, haut ab!" und andere Parolen. Plötzlich gehen über 100 Polizisten gegen die Menge vor und ergreifen diejenigen, die sich nicht rechtzeitig zurückziehen. Die Polizisten treiben die Menge auseinander und verprügeln vier Leute, darunter eine Frau. Sofort rotten sich die Menschen erneut zusammen. Rasch wächst die Menge auf fast 10.000 an. Die Menschen rufen Parolen wie "Die Polizisten sind Rowdys", "Die Volkspolizei schlägt das Volk". Eine Frau erklärt, die Volkspolizei sei unfähig gewesen, die Studenten zu stoppen, und lasse darum jetzt ihren Zorn an der Bevölkerung aus. Unter dem Gejohle der Menge steigen die Soldaten des 38. Armeekorps und die Polizisten schließlich auf die Lastwagen und ziehen sich zurück. Während des Zwischenfalls ist niemand verhaftet worden. (MB, 28.4.89)

Es heißt, Versuche der Partei und Regierung, Belegschaften Beijinger Betriebe zu einer Gegendemonstration zu mobilisieren, seien am Widerstand der Arbeiter gescheitert. (J.Kahl, in: SZ, 2.5.89)

Ein Staatsratssprecher verurteilt am Mittag die Demonstration von einer "in die Zehntausende gehenden" Zahl von Studenten, die am Morgen ihre Hochschulen verlassen und durch die Straßen Beijings gezogen seien. Sie hätten dabei Parolen wie "Unterstützt die Kommunistische Partei", "Unterstützt die Verfassung" gerufen. Der Sprecher erklärt, daß die Demonstration nicht angemeldet gewesen sei und damit gegen die "Zehn Bestimmungen" [Provisorische Bestimmungen über Straßenumzüge und Demonstrationen vom 26.12.86] verstoßen habe. Weiter heißt es in seiner Erklärung, daß die Regierung die Forderung der Beijinger Studenten nach einem Dialog begrüße: Partei und Regierung hätten seit jeher den direkten Dialog mit den Massen gefördert. Die Regierung sei bereit, mit den Studenten zu sprechen. Sie sollten aber sofort in die Hochschulen zurückkehren. Der Nationale Studentenverband und der Studentenverband der Stadt Beijing [beides offizielle, von der KPCh kontrollierte Organisationen] seien bereits angewiesen, den Dialog mit der Führung vorzubereiten und zu organisieren. (RMRB, 28.4.89; XNA, 28.4.89)

Funktionären der Qinghua-Universität zufolge hat weniger als ein Fünftel der 15.000 Studenten dieser Universität an der Demonstration teilgenommen; der Lehrbetrieb laufe normal. (XNA, 28.4.89)

Das "Vorbereitungskomitee des Autonomen Studentenverbands der Beijing-Universität" (Beijing daxue xuesheng zizhi chouweihui) stellt "Antworten auf die Fragen Beijinger Einwohner" zusammen [dieser Text wird in Form von Wandzeitungen und Flugblättern publik gemacht]:

DOKUMENT

Antworten auf die Fragen Beijinger Einwohner

1. Warum demonstriert ihr?
Aus Trauer um Hu Yaobang, gegen Korruption, Spekulantentum und unredliche Bereicherung der Beamten, zur Förderung der Demokratisierung, für die Zukunft des Landes rufen wir zum Kampf.

2. Wie bewertet ihr den Leitartikel der *Volkszeitung* [vom 26. April]?
Daß darin behauptet wird, die Studenten seien gegen die Partei und den Sozialismus, ist völlig unbegründet, ganz und gar ungerechtfertigt. Wir sind patriotisch, wir unterstützen die Kommunistische Partei. Wir sind aber gegen Korruption unter den Funktionären, und wir wollen der Regierung helfen, den Fortgang der Reformen zu beschleunigen und zu vertiefen. Man kann nicht die falschen Äußerungen einiger weniger Menschen der ganzen Studentenschaft zur Last legen. Außerdem ist die gegenwärtige Studentenbewegung keineswegs "eine geplante Verschwörung, sie ist eine völlig spontane patriotische Bewegung der Studenten des Volkes.

3. Habt ihr nicht irgendwelche illegalen Organisationen gegründet und damit die regulären Studentenorganisationen angegriffen?
Die [offiziellen] Studenten- und Postgraduiertenverbände sollten die Interessen der Studentenschaft vertreten, sie sollten als unabhängige Organisationen deren legitime Rechte und Interessen schützen. Sie dienen aber als Organisationen, die im Dienste der Universitäten und Hochschulen stehen, sie haben ihre Existenzberechtigung völlig verloren. Die Vorbereitungskomitees aller Universitäten und Hochschulen und der [Provisorische] Studentenverband Beijing sind unabhängige Organisationen, die von der überwältigenden Mehrheit der Beijinger Studenten unterstützt werden; sie stimmen mit der Verfassung überein, derzufolge die Staatsbürger Vereinigungsfreiheit haben.

4. Was erhoffen sich die Studenten von der Stadtbevölkerung?
Wir hoffen aufrichtig auf das Verständnis, die Sympathie und das Interesse der Stadtbevölkerung. Unsere Ziele sind nämlich eure Ziele. Aber wir hoffen, daß

ihr weiter zur Arbeit geht, die reguläre gesellschaftliche Produktion und das geregelte Leben aufrechterhaltet.

5. Haben die Polizisten [in der Nacht vom 19. auf den 20. April] vor dem Xinhuamen tatsächlich Leute verprügelt?
Ja. Ein massives Armee- und Polizeiaufgebot hat sich bestialisch benommen. Einige Studenten wurden auf die Augen geschlagen, einigen wurde das Gesicht blutig geschlagen. Wer kann denn noch [den Behauptungen der Regierung] glauben, daß wehrlose Studenten gut ausgebildete und trainierte Soldaten und Polizisten verletzt haben?

6. Nach der Trauerfeier [für Hu Yaobang] haben Studenten eine Petition übergeben. Warum hat die Regierung das ignoriert?
Damals haben drei Studentenvertreter lange Zeit, über 40 Minuten lang, unter dem Staatswappen gekniet. 100.000 Studenten haben 18 Stunden lang Hunger ertragen. Die Regierung des Volkes hat ihnen dennoch keine Beachtung geschenkt. Das zeigt, daß die Regierung die Stimme der Volksmassen ignoriert und daß sie sehr schwerfällig reagiert. Selbst die winzig kleine Bitte um Dialog wagte sie nicht zu erfüllen. Wie kann man da von Demokratie sprechen?

7. Heute hat die *Xinhua*-Nachrichtenagentur gemeldet, daß die Studenten der Qinghua-Universität aufgrund von internen Meinungsverschiedenheiten nicht zu einem mit der Regierung vereinbarten Dialog erschienen sind. Wie erklärt ihr das?
Als Mitglied des [Autonomen] Studentenverbands Beijing war die Qinghua-Universität nicht befugt und hat auch nicht beansprucht, allein mit der Regierung einen Dialog zu führen. Außerdem entsprachen Ziel des Dialogs, Ort und Teilnehmer sämtlich nicht den studentischen Forderungen, wie sie vom [Autonomen] Studentenverband erhoben worden waren. Die Vertreter aller Studenten der Qinghua-Universität waren einmütig gegen diese Art von ungleichgewichtigem Dialog, es gab keine internen Meinungsverschiedenheiten. Die Xinhua-Nachrichtenagentur pflegt böse Gerüchte in die Welt zu setzen, doch "die Absichten Sima Zhaos sind dem Mann auf der Straße längst bekannt." [Sprichwörtliche Redensart mit Bezug auf eine historische Gestalt: Alle Leute kennen die böse Absicht, die dahintersteckt.]

8. Schadet eure Handlungsweise nicht der Stabilität und Einheit [des Landes]?
Nein! Zur Zeit herrscht unter den Bürokraten Korruption, die Preise schießen in die Höhe, die Reformen sind blockiert, überall trifft man auf die Unzufriedenheit des Volkes. Die Gefühle des Volkes waren anfangs schwankend. Dann erhoben sich die Studenten, und [jetzt] dringt die Stimmung des Volkes an die Öffentlichkeit und bildet die gewaltige Volksmeinung. Und das hilft der Regierung, tatkräftig die Reformen zu vertiefen und voranzutreiben. Das bedeutet doch nicht Zerstörung der Stabilität und Einheit! Erst wenn das bürokratische System mit Stumpf und Stiel ausgerottet ist, kann man das Ziel einer langwährenden Regierung und eines dauerhaften Friedens erreichen.

9. Warum wollt ihr auch nach Beendigung der Trauerkundgebungen für Hu Yaobang die Demonstrationen fortsetzen?
Weil die Regierung unsere vernünftigen Forderungen vollkommen unbeachtet läßt und weil sie ihren Propagandaapparat zwecks Einschüchterung und Verleumdung in Gang gesetzt hat. Darum wollen wir weitermachen, darum fordern wir energisch den Dialog mit der Führung!

10. Wie man hört, boykottiert ihr den Unterricht. Die Eltern sind um euer Studium sehr besorgt.
Wir boykottieren den Unterricht, nicht das Lernen. Der Vorlesungsstreik ist für uns ein Mittel zum Zweck, nicht das Ziel. Außerdem bietet die Bildung in der gegenwärtigen Situation keine Motivation, die Intellektuellen sind abgewertet. Bevor nicht strukturelle Reformen durchgeführt und die Ausgaben für das Erziehungswesen ganz erheblich gesteigert werden, wird 'die Debatte über die Nutzlosigkeit des Lernens' nicht verstummen. Wir hoffen, daß unsere Eltern uns verstehen.
27. April 1989
(*Zhongguo minyun yuan ziliao jingxuan*, S. 15)

Der von dem Dichter Bei Dao initiierte offene Brief an die Regierung und alle Kreise der Gesellschaft zur Unterstützung der demonstrierenden Studenten (vergleiche 21. April) ist bereits von über 200 namhaften Intellektuellen unterzeichnet worden. (*Beizhuang de minyun*, S. 30)

Das Beijinger Fernsehen tritt in einer Sendung "Gerüchten" entgegen, die von einigen wenigen Leuten in die Welt gesetzt worden seien, um die Widersprüche zwischen den Einwohnern der Stadt und der Regierung weiter zu verschärfen. In der Nacht vom 19. zum 20. April hätten einige hundert Studenten versucht, den Sitz des ZK der KPCh zu stürmen. Polizisten hätten die Studenten ergriffen, auf große Fahrzeuge geschoben und in ihre Schulen zurückgebracht. Da sich die Studenten dem widersetzt hätten, sei es zu einem Handgemenge gekommen, doch sei kein einziger Student von der Polizei verletzt oder verhaftet worden. Einige Leute hätten die Tatsachen absichtlich übertrieben und die Vorfälle als "Massaker vom 20. April" bezeichnet. Zu dem Gerücht, wonach ein Polizeiwagen am 19. April eine Studentin, die an einer Trauerkundgebung für Hu Yaobang teilgenommen hatte, überfahren und tödlich verletzt haben soll, wurden Mitarbeiter der Verkehrsabteilung zitiert, deren Aussage zufolge es sich um einen Verkehrsunfall gehandelt habe, an dem kein Polizeiwagen, sondern ein Trolleybus beteiligt gewesen sei. Die Studentin habe sich nach einem Theaterbesuch auf dem Rückweg zur Universität befunden. Weitere Gerüchte besagten, daß Ministerpräsident Li Peng versprochen habe, die Vertreter der Studenten zu empfangen, dann aber doch nicht gekommen sei; daß Studenten auf die Knie gefallen seien, um eine Petition zu überreichen, die niemand entgegengenommen habe. Tatsächlich habe Li Peng ein derartiges Versprechen nicht gegeben; die Studenten hätten darauf bestanden, ihre Petition Li Peng persönlich während der Trauerfeier für Hu Yaobang zu übergeben, und sich geweigert, sie dem Regierungspersonal zur Weiterleitung zu überlassen. Im übrigen sei die erwähnte Petition bereits einige Tage vor der offiziellen Trauerfeier an den Ständigen Ausschuß des Nationalen Volkskongresses weitergeleitet worden. (*Beijing-TV*, 27.4.89, nach SWB, 29.4.89)

Laut Aussage zweier chinesischer Journalisten teilt Hu Qili am heutigen Nachmittag den Redakteuren von neun bedeutenden chinesischen Zeitungen mit, daß sie künftig wahrheitsgemäß über die Studentenbewegung berichten dürften, damit sich das Volk selbst eine Meinung über die "tatsächliche Lage" bilden könne. Partei und Regierung hätten ähnliche Ansichten wie die Studenten. Sie sähen zum Beispiel ebenfalls die Notwendigkeit, die Korruption zu bekämpfen. - Diese Entscheidung ist offensichtlich eine Zurücknahme des Verbots, über die Protestkundgebungen der Studenten zu berichten. (S. Wu-Dunn, in: IHT, 29./30.4.89)

Am Abend wird - wenn auch ohne Bilder - in den Fernsehnachrichten zum erstenmal knapp über die Studentenbewegung berichtet. (G. Mahlmann, in: *Die Zeit*, 5.5.89)

Radio Beijing meldet, daß Qin Benli, der Chefredakteur des Shanghaier *Weltwirtschaftsboten*, aufgrund "schwerwiegender Disziplinlosigkeit" entlassen und eine "Berichtigungsgruppe" zu der Zeitung gesandt worden sei. Zwischen Qin Benli und dem Shanghaier Parteikomitee habe es Meinungsverschiedenheiten darüber gegeben, was in der Zeitung veröffentlicht und was nicht veröffentlicht werden sollte. (Nach SWB, 28.4.89) Diese Entscheidung löst in der Belegschaft der Zeitung heftige Proteste aus. Redakteure und Journalisten besuchen den abgesetzten Chefredakteur zu Hause und drücken ihm ihre Anteilnahme aus. (*Beizhuang de minyun*, S. 32)

Laut einem Bericht der *Volkszeitung* wird Qin Benli u.a. dafür verantwortlich gemacht, daß trotz des ihm durch den Verantwortlichen des Stadtkomitees und den Vorstandsvorsitzenden der Zeitung am Abend des 22. April mitgeteilten Beschlusses, die Ausgabe des *Weltwirtschaftsboten* vom 24. April entscheidend zu ändern, einige Exemplare der ursprünglichen Fassung in Umlauf gekommen sind. Ferner habe der Verlag den Druck und die Verteilung der revidierten Fassung verzögert, so daß die Angelegenheit im Ausland Aufmerksamkeit erregte und dort als ein Fall von Zensur groß angeprangert wurde. Es sei nicht korrekt, die ausländische öffentliche Meinung als Druckmittel einzusetzen. (RMRB, 28.4.89)

Journalisten mehrerer chinesischer Zeitungen bekunden Qin Benli, dem abgesetzten Herausgeber des *Weltwirtschaftsboten*, durch Telegramme ihre Unterstützung. Reporter der *Volkszeitung* fordern Gespräche mit ihren Chefredakteuren. In einem offenen Brief verlangen sie eine vollständigere Berichterstattung über die Studentenbewegung. (S. WuDunn, in: IHT, 29./30.4.89)

Hunan

Seit den gewalttätigen Ausschreitungen in Changsha im Anschluß an die Übertragung der Trauerfeier für Hu Yaobang am 22. April, an denen keine Studenten beteiligt waren, demonstrieren zum erstenmal Studenten in der Stadt. Sie sind empört über den Leitartikel der *Volkszeitung* vom 26. April [in dem als Beleg für "aufrührerische Aktivitäten" u.a. die Zwischenfälle von Changsha angeführt werden]. Am Vormittag demonstrieren 2.000 Studenten von drei Hochschulen in der Stadt, am Nachmittag überwinden sie eine Kette von Sicherheitsbeamten und dringen in den Sitz der Provinzregierung ein, wo sie einen Dialog mit führenden Politikern der Provinz fordern. Nach zwei Stunden stimmen Regierungsvertreter einem Dialog mit den Studenten zu, der für den nächsten Tag vereinbart wird. Bald darauf zerstreuen sich die Studenten. (WHB, 28.4.89, nach SWB, 29.4.89) - Einer anderen Quelle zufolge demonstrieren die Studenten am 26. April (siehe dort).

LYTX, Mai 1989, hingegen spricht von etwa 20.000 Studenten, die an diesem Tag zur Unterstützung der Forderungen ihrer Beijinger Kommilitonen demonstriert haben.

Jiangsu

Das Parteikomitee der Provinz Jiangsu hält eine Versammlung ab. Parteisekretär Han Peixin führt in seiner Rede aus, daß an einigen wenigen Hochschulen und Universitäten der Provinz Wandzeitungen aufgetaucht seien, die sich gegen Partei und Regierung richteten. Einige Leute seien auf die Straße gegangen und hätten demagogische Reden gehalten. Er ruft zur Bekämpfung der Unruhen und zur Stabilisierung der Lage auf. (*Xinhua Ribao*, 28.4.89, nach SWB, 12.5.89)

Zhejiang

Als Reaktion auf den gestrigen Leitartikel der *Volkszeitung* finden erste Demonstrationen in Hangzhou statt. (K. Forster, "Impressions...", S. 101)

28. April 1989, Freitag

- Ein Teil der Studenten nimmt den Unterricht wieder auf
- Studentenvertreter von über 40 Hochschulen gründen den "Autonomen Studentenverband Beijing"
- Der "Autonome Studentenverband Beijing" stellt Forderungen für den Dialog mit der politischen Führung
- Jüngere Mitglieder des Politbüros sprechen sich auf einer Sitzung dieses Gremiums gegen eine gewaltsame Unterdrückung der Studentenbewegung aus
- Erste größere Studentendemonstration in Tianjin

Einer Meldung der *Xinhua*-Nachrichtenagentur zufolge ist es nach der gestrigen Massendemonstration an den Universitäten und Hochschulen Beijings wieder ruhig geworden. Trotz des Unterrichtsboykotts laufe der Vorlesungsbetrieb wie gewohnt. Ein Teil der Studenten habe den Unterricht wiederaufgenommen, andere arbeiteten in den Bibliotheken und Lesesälen, einige studierten die Wandzeitungen auf dem Campus oder holten nach einer Woche ununterbrochener Aktivitäten versäumten Schlaf nach. Am Zentralen Institut für Nationalitäten nehme laut Aussage eines Fakultätssprechers ein Viertel der Studenten, etwa 1.000, am Unterricht teil. (XNA, 29.4.89)

An über 30 Beijinger Universitäten und Hochschulen sollen insgesamt 60.000 Studenten den Unterricht boykottieren. (BYT, 10.6.89, S. 10)

Der "Provisorische Studentenverband Beijing", der von Studentenführern aller in der Bewegung aktiven Hochschulen und Universitäten gegründet wurde, erklärt am Mittag nach einer in der Pädagogischen Hochschule Beijing abgehaltenen Vollversammlung seine Auflösung und die Gründung des "Autonomen Studentenverbands Beijing" (Beijing gaoxiao xuesheng zizhi lianhehui). Studentenvertreter von über 40 Hochschulen, die dem "Provisorischen Studentenverband" angehörten, wählen nach demokratischen Debatten in geheimer Abstimmung den Vorsitzenden des "Provisorischen Studentenverbands", Zhou Yongjun, einen Studenten der Hochschule für Politik und Recht, ab und wählen Wu'er Kaixi zum Vorsitzenden und zum Mitglied des Ständigen Ausschusses des neugegründeten "Autonomen Studentenverbands Beijing". Außerdem wählen sie sechs Studenten von der Beijing-, der Volksuniversität, der Pädagogischen Hochschule Beijing, der Hochschule für Politik und Recht, dem Zentralen Institut für Nationalitäten und der Kunstakademie in den Ständigen Ausschuß des Verbands. - Auffällig ist, daß kein Student der Qinghua-Universität, deren Studentenschaft von Anfang an sehr aktiv in der Bewegung gewesen ist, in dieses Gremium gewählt wurde. Der Grund hierfür mag sein, daß die Führungsgruppe der Universität am 26. April ihren Austritt aus dem "Provisorischen Studentenverband" erklärt und sich gegen die Großdemonstration am 27. April ausgesprochen hatte. Vergleiche 26. April.

Wu'er Kaixi erklärt, daß der "Autonome Studentenverband Beijing" als Führungsgremium der autonomen Studentenverbände aller angeschlossenen Hochschulen fungiere. Er weist darauf hin, daß die offizielle Nationale Studentenvereinigung den "Autonomen Studentenverband Beijing" als illegal betrachte. Die Regierung habe bereits eine Liste mit den Namen einiger Studentenvertreter und ihrer Straftaten angelegt (die wichtigsten Anklagepunkte lauteten Verschwörung zum Sturz der Regierung und Anstiftung zu konterrevolutionärem Aufruhr). Daher drohe diesen Studentenführern die Festnahme. (*Beizhuang de minyun*, S. 33)

Einer anderen Meldung zufolge ist der "Autonome Studentenverband Beijing" bereits am 26. April in der Hochschule für Politik und Recht offiziell gegründet worden. (*Xueran de fengcai*, S. 9; vergleiche 26. April)

Nach der ersten Sitzung des neugegründeten "Autonomen Studentenverbands Beijing" stellt der Vorsitzende Wu'er Kaixi folgende Forderungen an die politischen Führer des Landes für den Dialog, die von allen Hochschulen mitgetragen würden:

28. April 1989

1. Die offiziellen Medien müssen über den Dialog berichten.
2. Die Sicherheit der Mitglieder des Ständigen Ausschusses des "Autonomen Studentenverbands" und der Studentenführer aller Hochschulen muß gewährleistet sein. Es darf anschließend keine Abrechnung erfolgen.
3. Die Studentenbewegung muß unparteiisch bewertet und es muß wahrheitsgemäß über sie berichtet werden.

Über folgende Themen müsse gesprochen werden:
1. Objektive Anerkennung der Verdienste Hu Yaobangs und Bestätigung demokratischer Freiheiten.
2. Verneinung der beiden Kampagnen gegen die "bürgerliche Liberalisierung" und die "geistige Verschmutzung".
3. Offenlegung der Vermögensverhältnisse hochrangiger Kader und ihrer Angehörigen.
4. Forderung nach Pressefreiheit und Zulassung von unabhängigen Zeitungen.
5. Erhöhung der Ausgaben im Bildungswesen. Anhebung des Status der Intellektuellen.
6. Aufhebung des Demonstrationsverbots.
7. Wahrheitsgemäße Berichterstattung über die gegenwärtige Studentenbewegung.

Wu'er Kaixi drückt seine Hoffnung aus, daß der Dialog mit der Führung möglichst rasch beginne und nicht bis zum 4. Mai [dem 70. Jahrestag der Studentenbewegung von 1919] hinausgezögert werde. Gleichzeitig ruft der "Autonome Studentenverband Beijing" dazu auf, an allen Hochschulen Unterschriften zu sammeln, um die große Unterstützung seitens der Studentenschaft zu belegen, damit die Regierung dem Verband einen legalen Status verleihe. (*Beizhuang de minyun*, S. 34)

Studentenvertreter aller Beijinger Universitäten und Hochschulen fassen folgenden Beschluß bezüglich des Dialogs mit der Regierung: Grundlage des Dialogs soll die von Studenten der Beijing-Universität erhobene "Forderung (Petition) in sieben Punkten" sein (vergleiche 18. und 24. April). Während des Gesprächs sollen Journalisten zugegen sein. (*Tansuo*, Juni 1989, S. 9)

Der "Autonome Studentenverband Beijing" beschließt, den Unterricht wieder aufzunehmen, sobald es zu einem Dialog mit der Führung gekommen ist. (GDWTYJ, 15.6.89, S. 15)

Das Politbüro tritt zu einer Sitzung zusammen, um zu beraten, wie auf die Studentendemonstrationen zu reagieren sei. Einige der jüngeren Mitglieder und Berater, darunter Li Tieying, Yan Mingfu und Bao Tong, sprechen sich gegen eine gewaltsame Zerschlagung der Bewegung aus. (L. Dittmer, in: *Problems of Communism*, Sept./Okt. 1989, S. 7)

Der Beijinger Parteisekretär Li Ximing beschuldigt in einer Rede vor Beijinger Führungskadern drei Forschungseinheiten, wie "drei schwarze Hände" im Hintergrund die Studentenbewegung zu steuern:
- das ZK-Forschungsbüro für politische Reformen [Direktor: Bao Tong; stellvertretender Direktor: Gao Shan],

- das Forschungsinstitut des Staatsrats für Wirtschaftsreformen [Direktor: Chen Yizi] und
- das Forschungszentrum [des Staatsrats] für landwirtschaftliche Entwicklung [Direktor: Du Runsheng; stellvertretender Direktor: Zhu Houze].
(Chen Yizi, in: XDRB, 13.9.89; ders., *Zhongguo...*, S. 163)

In den Abendnachrichten des Fernsehens heißt es, der Regierung sei der Dialog mit den Studenten immer willkommen. Diese werden aufgefordert, den Unterricht wieder aufzunehmen, über ihre legalen Vertreter [die offiziellen Studentenverbände] Fragen zu sammeln und Termine auf allen zuständigen Ebenen abzusprechen. (G. Mahlmann, in: *Die Zeit*, 5.5.89)

Tianjin
Am Nachmittag demonstrieren über 6.000 Studenten fünf Stunden lang in der Stadt zur Unterstützung der KPCh und der Vier Grundprinzipien, gegen Beamtenkorruption und für Pressefreiheit. (*Beizhuang de minyun*, S. 34)

Die Studenten rufen auch verhöhnende Parolen gegen Deng Xiaoping und Zhao Ziyang. Es sind dieselben Slogans, wie sie in diesen Tagen auf allen Demonstrationen in Beijing und anderswo skandiert werden. Dieser Protestmarsch ist die erste große Demonstration in Tianjin im Rahmen der Bewegung. (J. Fox, "... Consequences in Tianjin", S. 139)

Shaanxi
Der Sekretär des Parteikomitees der Provinz Shaanxi, Zhang Boxing, erklärt auf einer Versammlung vor Parteimitgliedern Vertretern von Organisationen und Personen des öffentlichen Lebens, daß während der Unruhen in Xi'an eine sehr kleine Zahl von Leuten mit niederen Motiven, die das Aushängeschild Demokratie schwenkten, die Demokratie und das Rechtssystem mit Füßen getreten und die Führung durch die KPCh wie das sozialistische System angegriffen hätten. Sie hätten vergebens versucht, das Volk zu verleiten und das Land ins Chaos zu stürzen. Diese Art von "Demokratie" sei gewiß nicht sozialistische Demokratie oder die Demokratie der Massen zu nennen. (*Radio Shaanxi*, 28.4.89, nach SWB, 3.5.89)

29. April 1989, Samstag

- **Die "Volkszeitung" fordert die Beendigung des Vorlesungsboykotts**
- **Regierungsvertreter führen mit ausgesuchten Studentenvertretern ein Gespräch**
- **Der "Autonome Studentenverband Beijing" erkennt das Gespräch nicht an**

Unter dem Titel "Schützt die Interessen der Allgemeinheit, schützt die Stabilität" ruft die *Volkszeitung* zu erhöhter Wachsamkeit gegenüber Gewalttätigkeiten - wie sie in Xi'an und Changsha geschehen sind - auf. Die Studenten sollten sofort den Unterricht wieder aufnehmen. Damit schützten sie in der gegenwärtigen Situation die nationalen Interessen und bewahrten die Stabilität. (RMRB, 29.4.89)

29. April 1989

Der Großteil der Beijinger Studenten setzt jedoch den Vorlesungsboykott fort. (BYT, 10.6.89, S. 11)

Der stellvertretende Leiter der Zentralen Erziehungskommission He Dongchang und der Staatsratssprecher Yuan Mu setzen sich im Auftrag des Ministerpräsidenten Li Peng mit 45 Studenten von 16 Beijinger Hochschulen zu einem Gespräch zusammen, das von den offiziellen Studentenverbänden arrangiert worden ist. Yuan Mu gibt bekannt, daß Ministerpräsident Li Peng die Beijinger Studenten dazu auffordere, ihren Unterrichtsboykott zu beenden. Sie sollten ihre Meinung zu Angelegenheiten des Staates und zu sozialen Problemen über die üblichen Kanäle an die Öffentlichkeit bringen. Yuan Mu zitiert Li Peng: Der Leitartikel in der *Volkszeitung* vom 26. April über den von einigen Leuten betriebenen Kampf für die Abschaffung der Führung durch die Kommunistische Partei und des sozialistischen Systems beziehe sich nicht auf die Masse der Studenten, sondern auf die ungesetzlichen Aktivitäten einer Handvoll Personen. Li Peng habe weiter erklärt, daß die Studenten von patriotischem Enthusiasmus getrieben würden. In ihrem Wunsch, die Demokratisierung des Landes voranzutreiben, die Reformen zu vertiefen und die Korruption abzuschaffen, suchten sie mit der Partei in Kontakt zu bleiben. Junge Menschen seien die Zukunft des Landes. Die Führung hoffe, so Li Peng, daß die Studenten sich ihrer sozialen Verantwortung bewußt seien, die gesellschaftliche Stabilität schützen und die Partei und Regierung bei der Überwindung der gegenwärtigen Schwierigkeiten unterstützen würden. Die Regierungsvertreter beantworten drei Stunden lang die Fragen der Studenten zu den Themen Korruption der Funktionäre, Reform des Erziehungswesens, Hu Yaobangs Rücktritt, Zensur der Presse, Studentendemonstrationen und gegen diese gerichtete Aktionen der Polizei. (RMRB, 30.4.89)

Yuan Mu und He Dongchang versprechen, dem Staatsrat vorzuschlagen, die Studenten, die den Vorlesungsstreik und die Demonstrationen organisiert hätten, nicht zu bestrafen. Die Studenten applaudieren. He Dongchang erklärt, daß die Führung illegale Studentenorganisationen nicht anerkennen werde. (XNA, 30.4.89)

Die offizielle *China Daily* berichtet, daß das Gespräch ungekürzt von Rundfunk und Fernsehen übertragen wurde. Zum ersten Mal seit Gründung der VR China habe damit eine Fernsehübertragung eines Dialogs zwischen Führung und Studenten stattgefunden. (CD, 1.5.89)

Li Qiao zufolge sollen nur zweieinhalb des insgesamt dreieinhalb Stunden dauernden Gespräches übertragen worden sein. Die Vertreter der Studenten sollen, als sie jeweils das Wort erhielten, unisono erklärt haben, daß sie nicht die Studenten ihrer Universitäten repräsentierten, da sie nicht gewählt, sondern von den Hochschulen ernannt worden seien. (Li Qiao u.a., "Death or Rebirth?...", S. 39) - Nach PB 13 war "dieser 'Dialog', der von Partei und parteiabhängigem Studentenverband inszeniert worden ist, ein abgekartetes und abstoßendes Schauspiel". Von einem gleichberechtigten Dialog habe nicht die Rede sein können.

Wu'er Kaixi [der am Vortag zum Vorsitzenden des neugegründeten "Autonomen Studentenverbands Beijing" gewählt wurde] darf als Einzelperson, aber nicht als Studentenvertreter an dem Gespräch teilnehmen. Er verläßt den Raum noch vor Beginn des Gesprächs mit der Erklärung, daß ein echter Dialog nicht stattfinden könne, bevor die Regierung nicht seine Organisation, die von vielen Studenten unterstützt werde, anerkannt habe. (A. Ignatius, in: AWSJ, 1.5.89)

Anschließend sagt Wu'er Kaixi vor Journalisten, die Regierung wolle mit diesem Treffen "Harmonie" vortäuschen und die vereinte Macht der Studenten spalten. (*Beizhuang de minyun*, S. 35)

Der "Autonome Studentenverband Beijing" verkündet aus Protest dagegen, daß er von der Regierung als "illegal" bezeichnet wird, die Fortsetzung des Vorlesungsboykotts und beginnt mit der Vorbereitung von Aktionen für den 4. Mai. Gleichzeitig beschließt er die Gründung einer unabhängigen Zeitschrift namens *Nachrichtenbote*, die über die Studentenbewegung berichten soll. In der am heutigen Tag erscheinenden ersten Ausgabe finden sich Berichte über die Studentenaktionen der vergangenen zwei Wochen. (*Beizhuang de minyun*, S. 35)

Auf einer Pressekonferenz in der Beijing-Universität erklären Studentenvertreter, daß sie direkte Gespräche mit der Spitze von Partei und Regierung wünschen und nicht Gespräche auf irgendwelchen subalternen Ebenen. Einen Dialog, bei dem nur die offiziellen Studentenorganisationen zugegen sind, könnten sie nicht anerkennen. (G. Mahlmann, in: *Die Zeit*, 5.5.89)

An einigen Hochschulen und Universitäten (darunter die Qinghua-Universität) gründen Studenten "Vorbereitungskomitees für den Dialog [mit der Führung]" (Duihua chouweihui). Die Mitglieder solcher Komitees sammeln Vorschläge von Studenten, über welche Themen mit der Führung zu reden sei. (*Beizhuang de minyun*, S. 35)

Hu Qili, Mitglied des Ständigen Ausschusses des Politbüros, hält in der Großen Halle des Volkes vor mehr als 2.000 Vertretern aller Berufsgruppen eine Rede anläßlich des Internationalen Tags der Arbeit. Er ruft alle Werktätigen Chinas auf, die gesellschaftliche Stabilität aufrechtzuerhalten, und versichert, daß der Staat auch weiterhin den Demokratisierungsprozeß fortsetzen werde. Die Betonung von Stabilität und Einheit bedeute keineswegs das Ende der Demokratie. Ganz im Gegenteil, China werde die Entwicklung demokratischer Politik in der gegenwärtigen Phase wirtschaftlicher Reformen fortsetzen. Hu Qili fordert, daß die demokratischen Rechte der Arbeiter respektiert werden. Dazu gehöre, daß sie bei Entscheidungen über die Produktion, das Management und die Arbeitsweise ihrer Fabriken repräsentiert würden und daß ihr Recht auf demokratische Dialoge mit den Fabrikleitern geachtet werde. Ni Zhifu, der Vorsitzende des Nationalen Gewerkschaftsverbands, sagt in seiner Rede, die Gewerkschaften sollten die Arbeiter in ihrem Kampf gegen Korruption unterstützen. Ein Beijinger Arbeiter fordert, daß Fabrikleiter die Zuteilung von Prämien, Wohnungen, Lohnerhöhungen und anderen Vorteilen offenlegen und die Arbeiter ermutigen sollten, in derartigen Angelegenheiten eine Kontrollfunktion auszuüben. An der Feier nehmen auch Ministerpräsident Li Peng und andere Partei- und Regierungsführer teil. (Gao Jin'an, in: CD, 1.5.89)

Jilin
In Changchun demonstrieren Studenten. (*Radio Jilin*, 16.5.89, nach SWB, 19.5.89)

Jiangsu
An der Nanjing-Universität erscheinen wieder Wandzeitungen. Darin wird eine Demonstration für den 4. Mai angekündigt. Hauptinitiatoren dieser neuen Studentenaktivitäten scheinen die Studenten des ersten Jahrganges zu sein. (R. Lufrano, "Nanjing Spring...", S. 23)

Liaoning
In Dalian und Shenyang demonstrieren Studenten für eine Demokratisierung der Politik und die Bekämpfung von Korruption. (*Radio Liaoning*, 15.5.89, nach SWB, 18.5.89)

Auch in Shanghai, Nanjing und anderen Städten kommt es zu Demonstrationen. (*Freies China*, Juli/August 1989)

30. April 1989, Sonntag

- **Zhao Ziyang kehrt aus Nordkorea zurück und kritisiert danach intern den Leitartikel der "Volkszeitung" vom 26. April als "zu schrill" und "falsch"**
- **Der am Vortag begonnene Dialog zwischen Regierung und offiziell ausgewählten Studenten wird fortgesetzt**

ZK-Generalsekretär Zhao Ziyang kehrt am Vormittag von seinem offiziellen Besuch in Nordkorea nach Beijing zurück. (RMRB, 1.5.89)

* In seinem Bericht vom 30. Juni 1989 erklärt Chen Xitong: "Als der Ständige Ausschuß des Politbüros des ZK während seines [Zhao Ziyangs] Besuches in Korea seine Meinung erbat, schickte er ein Telegramm, in dem er seine 'völlige Billigung der Entscheidung vom Genossen [Deng] Xiaoping über die Behandlung des gegenwärtigen Aufruhrs' klar zum Ausdruck brachte. Nach der Heimkehr am 30. April betonte er auf einer Sitzung des Ständigen Ausschusses des Politbüros wiederholt, daß er für die Rede vom Genossen Deng Xiaoping und den Leitartikel vom 26. April über das Wesen des Aufruhrs sei, und meinte, daß die Behandlung der Studentenbewegung in der ersten Zeit gut war." Erst beim Empfang von Vertretern der Asiatischen Entwicklungsbank am 4. Mai habe er Ansichten geäußert, die den parteiinternen Entscheidungen "völlig entgegengesetzt" waren. (Chen Xitong, in: BRu, 25.7.89, S. XII)

Staatspräsident Yang Shangkun hingegen warf Zhao Ziyang in zwei internen Reden am 22. und am 24. Mai vor, er habe bereits einen Tag nach seiner Rückkehr aus Nordkorea den Ton des Leitartikels in Frage gestellt und ihn als zu schrill bezeichnet. Die Schlußfolgerung des Leitartikels, daß die Studentenbewegung eine geplante Verschwörung gegen den Sozialismus und die KPCh darstelle, habe Zhao Ziyang als nicht zutreffend bezeichnet. Zhao Ziyang sei der Ansicht gewesen, daß es sich vielmehr um eine patriotische Studentenbewegung handele und daß er darin keinen "Aufruhr" erkenne. Der Leitartikel sei falsch und müsse zurückgenommen werden. (GJJ, Juni 1989, S.26 f.; *Jiefang Yuebao*, Juni 1989, S.93) - Siehe auch 3., 4., 22. und 24. Mai.

Der Hongkonger Zeitschrift *Dangdai* zufolge soll Zhao Ziyang in Nordkorea eine andere Version des Leitartikels erhalten haben als diejenige, die öffentlich verbreitet wurde. In seiner Antwort aus Nordkorea habe Zhao Ziyang, so *Dangdai* weiter, der Rede Deng Xiaopings vom 25. April unter dem Vorbehalt zugestimmt, daß man sowohl vorsichtig als auch entschlossen vorgehen müsse. Man müsse beides als eine Einheit betrachten, wobei ein umsichtiges Vorgehen Vorrang haben müsse. Nach seiner Rückkehr nach Beijing habe Zhao Ziyang seine Haltung klargestellt. (*Dangdai*, 28.4.90, nach SWB, 7.5.90)

Als Zhao Ziyang in Beijing aus dem Zug steigt, soll er Li Peng gefragt haben, wie die Dinge stünden. Li Peng habe geantwortet: "Die Massen sind stinksauer. Sie sagen, deine Söhne seien die größten bürokratischen Spekulanten." Am Abend schreibt Zhao Ziyang einen Brief an den Ständigen Ausschuß des Politbüros, in dem er beantragt, eine Untersuchung gegen seine Söhne einzuleiten und sie den Gesetzen entsprechend zu behandeln. (Chen Yizi, *Zhongguo...*, S. 157)

Der am Vortag begonnene Dialog zwischen der Führung und den Studenten wird fortgesetzt. Li Ximing, Sekretär des Parteikomitees der Stadt Beijing und Mitglied des Politbüros, Chen Xitong, Bürgermeister von Beijing und Staatsratskommissar, sowie weitere Funktionäre setzen sich auf Einladung des offiziellen Beijinger Studentenverbands mit 29 Studenten von 17 Beijinger Hochschulen zum Gespräch zusammen. Li Ximing erklärt, die aus patriotischem Enthusiasmus heraus von den Studentenmassen veranstalteten Streiks und Demonstrationen sollten nicht als "Aufruhr" bezeichnet werden. Auch wenn seine Gesprächspartner die Worte "von anderen benutzt werden" nicht gern hörten, so wolle er sie doch daran erinnern, daß eine sehr kleine Minderheit darauf hinziele, mit den Aktionen der Studenten das Land in Aufruhr zu stürzen. (RMRB, 1.5.89)

Auch dieser Dialog wird vom "Autonomen Studentenverband Beijing" nicht anerkannt. (*Tansuo*, Juni 1989, S. 9)

Die Radiostation der Pädagogischen Hochschule Beijing gelangt wieder in offizielle Hände, nachdem sie fast eine Woche lang von protestierenden Studenten kontrolliert worden ist. (TN, 1.5.89)

Anläßlich der Feier des Internationalen Tags der Arbeit am 1. Mai wird ein großes Porträt von Sun Yat-sen (Sun Zhongshan) auf dem Tiananmen-Platz aufgestellt. Die bis dahin obligaten Porträts von Marx, Engels, Lenin und Stalin hingegen fehlen zum erstenmal seit 1949. (ICM, Juni 1989, S. 29)

Shanghai

Aufgrund der unnachgiebigen Haltung des abgesetzten Chefredakteurs Qin Benli und des Widerstands der Angestellten und Arbeiter des *Weltwirtschaftsboten* gegen die Anweisungen der Propagandaabteilung beschließt das Parteikomitee der Stadt Shanghai, eine Arbeitsgruppe in die Redaktion zu entsenden, die für die politische Ausrichtung der Zeitschrift sorgen soll. Diese Entscheidung löst unter Presseleuten und Intellektuellen in Shanghai und Beijing große Empörung aus. Über 150 Redakteure und Journalisten der *Volkszeitung* fordern ein Gespräch über diesen Vorfall. (*Beizhuang de minyun*, S. 38)

Die mit der politischen Ausrichtung der Zeitschrift beauftragte Arbeitsgruppe wird von Liu Ji, dem stellvertretenden Leiter der Propagandaabteilung des Parteikomitees der Stadt Shanghai, geleitet. (L. do Rosario, in: FEER, 11.5.89, S. 12)

Hunan

In Changsha werden neun Personen festgenommen, die am 22. April randaliert, Polizisten geschlagen, Geschäfte verwüstet und geplündert haben sollen. Bei den Verhafteten handelt es sich einem Bericht der *Xinhua*-Nachrichtenagentur vom 30. April zufolge um Kriminelle, Rowdys und Arbeitslose. (Nach SWB, 2.5.89)

Shaanxi

Ende April bestehen regelmäßige Kontakte zwischen den Studenten in Xi'an und ihren Beijinger Kommilitonen. (J.W. Esherick, "Xi'an Spring...", S. 211)

Anfang Mai

Bereits Anfang Mai 1989 soll Deng Xiaoping Truppen nach Beijing beordert haben, weil ihm hinterbracht worden sein soll, daß jemand - mit Hilfe der Militärregion Beijing - einen Putsch plane. Später soll Deng Xiaoping seinem Kollegen Chen Yun anvertraut haben, daß man ihn wahrscheinlich absichtlich getäuscht habe. Der Kommandeur der Militärregion Beijing, Zhou Yibing, soll über Dengs Mißtrauen und darüber, daß er und seine Truppen schlicht übergangen wurden, so verärgert gewesen sein, daß er sich anfangs geweigert haben soll, die auswärtigen Truppen versorgen zu lassen. (AW, 9.6.89, S. 26) - Möglicherweise war es nicht Zhou Yibing, der die Kooperation mit den auswärtigen Truppen verweigerte, sondern der Kommandeur des Beijinger Militärbezirks Yan Tongmao, der im zeitlichen Zusammenhang mit der Niederschlagung der Protestbewegung von He Shangchun abgelöst wurde.

In diesen Tagen schwärmen Studenten der Beijinger Universitäten aus, um Kontakte mit Studenten in anderen Provinzen aufzunehmen und sie über die Studentenbewegung in Beijing zu informieren. (Li Qiao u.a., "Death or Rebirth?...", S. 39)

1. Mai 1989, Montag

- Minister treffen mit Studenten einzelner Hochschulen zu Gesprächen zusammen
- Der "Autonome Studentenverband Beijing" erkennt die bisherigen Gespräche zwischen Regierungsvertretern und Studenten nicht an
- Sitzung des Ständigen Ausschusses des Politbüros

Zum internationalen Tag der Arbeit rufen alle führenden Beijinger Zeitungen zur Wahrung von Stabilität und Einheit auf. (Vergleiche etwa RMRB, GMRB, 1.5.89)

Studenten der Beijing-Universität äußern auf Wandzeitungen ihren Unmut über das Gespräch zwischen Yuan Mu und Vertretern der offiziellen Studentenverbände vom 29. April. Viele vertreten die Ansicht: Ein Dialog bestehe nicht darin, daß gleichsam von Reportern gestellte Fragen beantwortet werden, sondern sollte vielmehr eine Diskussion zwischen Gleichberechtigten sein. (ZTS, 1.5.89, nach SWB, 3.5.89)

Vertreter einer unabhängigen Studentenorganisation [hierbei handelt es sich vermutlich um den "Autonomen Studentenverband Beijing"] erklären am Vormittag während einer Pressekonferenz auf dem Campus der Beijing-Universität, daß sie den Dialog, der am 29. April zwischen Regierungsvertretern wie Yuan Mu und Studentenvertretern stattgefunden habe, nicht anerkennen, weil jene Studenten nicht die Massen der Studenten repräsentieren könnten. Jede Universität und Hochschule sollte auf der Basis von demokratischen Wahlen ein bis drei Delegierte für die Teilnahme an einem Dialog mit der Führung bestimmen. Die derzeitige Kontroverse zwischen der unabhängigen Studentenorganisation und den Autoritäten beruhe auf der Tatsache, daß die Regierung die Organisation als illegal erachte, während die Organisation auf dem Standpunkt stehe, daß sie aus studentischen Wahlen hervorgegangen sei und mit der Verfassung übereinstimme. Da die Organisation keine Vertreter zu dem Gespräch mit der Führung entsenden durfte, habe sie keine Antwort auf ihre sieben Forderungen erhalten. Aus diesem Grund habe die Organisation beschlossen, am 4. Mai eine Großaktion zu veranstalten. (ZTS, 1.5.89, nach SWB, 3.5.89)

Qi Yuanjing und Xu Daquan, Minister und stellvertretender Minister des Ministeriums für Hüttenwesen, treffen am Morgen mit einigen Studenten der Beijinger Hochschule für Wissenschaft und Technik zusammen, die dem Ministerium unterstellt ist. Die Studenten legen dar, daß es Fehler gegeben habe, weil die Entscheidungsprozesse der Partei und des Staates nicht demokratisch seien. Solche Fehler wären oft nicht korrigiert worden, bis sie schließlich zu Problemen geführt hätten. Sie fordern offene Diskussionen über wichtige Themen und Entscheidungsfindung durch Abstimmung. Der Minister bezeichnet die Ansichten der Studenten als "gut" und räumt ein, daß die Entscheidungsprozesse verbessert werden müßten. Auch der Minister für Luftfahrt- und Raumfahrt-Industrie Lin Zongtang und andere führende Vertreter des Ministeriums treffen mit

Studenten zu einem Gespräch zusammen, und zwar von der dem Ministerium unterstehenden Beijinger Hochschule für Luft- und Raumfahrt. (*Radio Beijing*, 1.5.89, nach SWB, 3.5.89) - Die Regierung verfolgt offensichtlich die Taktik, mit den Studenten einzelner Hochschulen Gespräche zu führen und so die Macht des hochschulübergreifenden "Autonomen Studentenverbands" zu schwächen (vergleiche auch 7. Mai).

Am Nachmittag erklärt der "Autonome Studentenverband Beijing" in der Beijing-Universität, daß er den Dialog zwischen Regierungsfunktionären und Studenten [vom 29.4.89] nicht anerkenne. Der Verband nennt Prinzipien für einen Dialog und die zu besprechenden Themen. Weiter gibt er eine gemeinsame Erklärung heraus: Die gegenwärtige Studentenbewegung sei eine spontane patriotische Studentenbewegung. Diese Bewegung, die im Geist der Unterstützung der Arbeit der Regierung und der Beschleunigung von Chinas Modernisierung stehe, habe sich von Anfang an des Mittels friedlicher Petitionen bedient. (XWB, 1.5.89, nach SWB, 3.5.89)

Der "Autonome Studentenverband Beijing" sendet Vertreter in Hochschulen und Universitäten, die dort vor Studenten drei Briefe verlesen: einen "Brief an unsere Landsleute in Hongkong", einen "Brief an alle Bevölkerungskreise des Landes" und einen "Offenen Brief von bekannten Beijinger Persönlichkeiten an das ZK der KPCh, den Ständigen Ausschuß des NVK und den Staatsrat". Die Studenten applaudieren begeistert. (*Beizhuang de minyun*, S. 39)

* Heute findet eine Sitzung des Ständigen Ausschusses des Politbüros statt. Dem Bericht von Li Peng über die "Fehler" von Zhao Ziyang (Juni 1989) zufolge äußert sich Zhao auf dieser Sitzung noch zustimmend zu den Beschlüssen des Ständigen Ausschusses vom 24. April. Außerdem soll Zhao die Ansicht vertreten haben, daß die bisherige Behandlung der Studentendemonstrationen korrekt gewesen sei. (Li Peng, "Report on the Mistakes...", S. 891) - Vergleiche die Darstellungen von Chen Xitong und Yang Shangkun unter dem 30. April.

Shanghai
In der Fudan-Universität findet ein Planungstreffen von Studenten statt, auf dem sie die Parolen für die kommenden Demonstrationen beschließen: 1. Widerruf des *Volkszeitung*-Leitartikels vom 26.April und die Wiedereinsetzung von Qin Benli als Chefredakteur des Shanghaier *Weltwirtschaftsboten*; 2. "Schutz" für die Studenten seitens der Regierung; 3. Demonstrationsfreiheit; 4. Objektive Berichterstattung über die Demonstrationen in der Presse. (J.H. Maier: "Tiananmen 1989...", S. 6)

Ein Demonstrationszug von 3.000 bis 4.000 Studenten der Tongji- und der Fudan-Universität zieht den Bund entlang zum Sitz der Stadtregierung. Polizisten riegeln die Nanjing-Straße ab. (PB 1)

Zhejiang
In Hangzhou treffen Li Zemin, der Sekretär des Parteikomitees der Provinz Zhejiang, Luo Dong, der Direktor der Propagandaabteilung des Parteikomitees

der Provinz und andere führende Parteivertreter mit etwa 100 Studenten und Postgraduierten zu einem dreistündigen Gespräch zusammen, das von der Postgraduiertenvereinigung der Zhejiang-Universität organisiert worden ist. Die Parteifunktionäre erklären anschließend, sie würden es begrüßen, wenn solche Gespräche mit den Studenten in Zukunft regelmäßig geführt würden. (*Radio Zhejiang*, 2.5.89, nach SWB, 12.5.89)

Im Verlauf des o.g. Gesprächs räumt Parteisekretär Li Zemin ein, daß der Prozeß zur Durchführung von demokratischen politischen Reformen nicht schnell verlaufen sei, und gibt zu, daß in diesem Bereich unzulängliche Arbeit geleistet worden und Fehler vorgekommen seien. Er erklärt, daß die Kritik der Studenten zur rechten Zeit erfolge und er mit ihnen übereinstimme. (K. Forster, "Impressions...", S. 101)

2. Mai 1989, Dienstag

- Der "Autonome Studentenverband Beijing" stellt Bedingungen für einen Dialog mit der politischen Führung ("Petition in zwölf Punkten") und droht mit weiteren Protestaktionen, falls die Regierung nicht auf die Forderungen eingeht
- Beijinger Studenten bereiten eine Massendemonstration für den 4. Mai vor
- Im eigenen "Nachrichtenboten" erläutert der "Autonome Studentenverband Beijing" die Ziele der Studentenbewegung
- In Shanghai demonstrieren mehrere tausend Studenten

Am Nachmittag radeln einige hundert [über 60 laut rtr, nach FAZ, 3.5.89] Vertreter des "Autonomen Studentenverbands Beijing" zu den Petitionsbüros des ZK der KPCh, des Staatsrats und des NVK, um eine "Petition in zwölf Punkten" einzureichen, in der Bedingungen für den Dialog mit Partei und Regierung genannt werden. (XWB, 2.5.89, nach SWB, 3.5.89; GDWTYJ, 15.6.89, S. 16)
- Zwei Tage später wird diese Petition in der *Volkszeitung* veröffentlicht. Das ist vermutlich auf die Anweisung Hu Qilis an neun bedeutende Zeitungen, wahrheitsgemäß über die Studentenbewegung zu berichten, zurückzuführen. Siehe 27. April.

DOKUMENT

Petition Beijinger Studenten in zwölf Punkten

Nach der Demonstration vom 27. April hat die Regierung gegenüber Pressevertretern ihren Wunsch zum Ausdruck gebracht, möglichst rasch substantielle Dialoge zu beginnen, was wir ehrlichen Herzens begrüßen. Wir als gewählte Vertreter der großen Masse der Kommilitonen von Beijinger Universitäten und Hochschulen stellen der Regierung und der KPCh folgende Bedingungen für den Dialog:

1. Der Dialog sollte stattfinden auf der Basis völliger Gleichberechtigung beider Seiten und in dem aufrichtigen Willen, eine Lösung für die [bestehenden] Probleme zu finden.
2. Die Studentenvertreter, die an dem Dialog teilnehmen, sollten von der großen Mehrheit der Hochschüler (vor allem von denen, die an der gegenwärtigen patriotischen Demokratiebewegung vom April beteiligt sind) gewählt und allgemein anerkannt sein. Gleichzeitig sind wir der Ansicht, daß die offiziellen Studenten- und Postgraduiertenverbände der einzelnen Hochschulen in der gegenwärtigen Bewegung keinerlei Anteil an der korrekten Führung haben und keinerlei Beitrag zur Organisation leisten. Daher lehnen wir es entschieden ab, daß die offiziellen Studenten- und Postgraduiertenverbände der einzelnen Hochschulen Studentenvertreter ernennen. Wir erkennen auch auf keinen Fall solche Studenten als Vertreter an, die einseitig von der Regierung bestimmt und heimlich eingeladen wurden.
3. Wir schlagen vor, daß die Studentenvertreter wie folgt bestimmt werden: In Anbetracht der Tatsache, daß der "Autonome Studentenverband Beijing" in der gegenwärtigen Bewegung von Anfang an eine führende Rolle gespielt und als Organisator gedient hat und von der großen Masse der Kommilitonen anerkannt wird, kann er bei der Bildung einer Studentendelegation die Funktion eines Koordinators übernehmen. Diese Delegation wird aus Studentenvertretern bestehen, die von den einzelnen Hochschulen und Universitäten der Hauptstadt im Verhältnis zu deren jeweiligen Studentenzahlen gewählt werden. Nach eingehender Diskussion und Beratung werden aus dieser Delegation einige Studentenvertreter gewählt, die als offizielle Sprecher der Studenten [bei den Dialogen mit der Führung] dienen. Andere Mitglieder der Studentendelegation werden als Beisitzer an den Dialogen teilnehmen. Sie haben das Recht, die Studentensprecher zu beraten und deren Ausführungen zu ergänzen sowie den Regierungsvertretern Fragen zu stellen.
4. Von der Regierungsseite sollten an dem Dialog Mitglieder des Ständigen Ausschusses des Politbüros des ZK der KPCh, stellvertretende Vorsitzende des Ständigen Ausschusses des NVK, stellvertretende Ministerpräsidenten des Staatsrats und höherrangige Staatsvertreter teilnehmen, die mit den verschiedenen Staatsangelegenheiten vertraut und entscheidungsbefugt sind.
5. Beide am Dialog teilnehmende Seiten dürfen Persönlichkeiten, die keine regierungsamtliche Funktion haben, und Vertreter von Organisationen als Beisitzer einladen. Keine Seite darf ihre Teilnahme aus welchen Gründen auch immer ablehnen oder ihnen den Zutritt verwehren. Diese geladenen Vertreter haben nicht das Recht, in den Dialog einzugreifen, doch sie haben das Recht, anschließend ihre Meinung zu dessen Inhalt zu äußern.
6. Beide Seiten müssen in ihrem Rederecht gleichberechtigt sein. Die Redezeit der Sprecher beider Seiten sollte jeweils begrenzt sein. Eine Frage sollte auf drei Minuten, die Antwort auf 10 bis 15 Minuten begrenzt sein. Es

sollte aber keine Begrenzung hinsichtlich der Zahl von Fragen und Antworten geben.
7. In- und ausländische Journalisten müssen während des Dialogs anwesend sein, und das Zentrale Fernsehen und die Rundfunksender sollten den Dialog live übertragen. Beide Seiten haben das Recht, während des Dialogs Ton- und Filmaufzeichnungen zu machen. Keine Organisation oder Einzelperson ist befugt, unter irgendeinem Vorwand einzugreifen oder die Aufnahme zu verhindern.
8. Der Dialog sollte an Orten stattfinden, die abwechselnd von der Regierung und den Studenten bestimmt werden. Über die Festsetzung der Termine können beide Seiten beraten.
9. Während des Dialogs sollten die Teilnehmer der Regierungsseite die Fragen [der Studenten] nach bestem Wissen beantworten und nach dem Treffen die Fragen, die beantwortet und gelöst werden können, so rasch wie möglich lösen. Falls einige Fragen wirklich nicht auf der Stelle beantwortet werden können, sollte innerhalb einer gewissen Frist eine weitere Gesprächsrunde vereinbart werden, die von keiner Seite unbegründet verweigert werden darf.
10. Um die Ergebnisse des Dialogs rechtlich zu verankern, müssen beide Seiten eine gemeinsam zu unterzeichnende Erklärung aufsetzen.
11. Die persönliche und politische Sicherheit der am Dialog teilnehmenden Vertreter beider Seiten muß gewährleistet sein.
12. Nach jeder Gesprächsrunde müssen die Resultate des Dialogs zusätzlich zu einer öffentlichen Bekanntmachung von allen wichtigen Zeitungen und den Radiosendern des Landes verbreitet werden. Außerdem müssen Termin und Ort der nächsten Gesprächsrunde bekanntgegeben werden.

Zu den obigen Bedingungen geben wir folgende Erklärung ab:

1. Um die möglichst rasche Durchführung des Dialogs zu gewährleisten, erwarten wir eine Antwort auf die oben genannten Bedingungen bis zum 3. Mai um 12.00 Uhr. Wir hoffen, daß wir auf jede konkrete Bedingung eine konkrete Antwort erhalten und daß die Stellungnahmen zu den einzelnen Punkten schriftlich dargelegt werden.
2. Falls wir bis zum 3. Mai um 12.00 Uhr keine Antwort erhalten haben, behalten wir uns das Recht vor, am 4. Mai erneut eine Demonstration zur Unterstützung unserer Petition zu veranstalten.
3. Wir schlagen vor, daß die erste Gesprächsrunde am 4. Mai um 8.30 Uhr stattfindet; als Ort kann die Beijing-Universität dienen.
4. Eine Kopie dieser Petition wird an die Politische Konsultativkonferenz des Chinesischen Volkes gesandt.

(RMRB, 4.5.89)

* Anhand dieser Petition sucht Chen Xitong in seinem am 30. Juni 1989 vorgelegten Bericht zu beweisen, daß die Regierung durchaus Verständnis und Sympathie für die "so wütende Studentenbewegung" gezeigt und ihr genügend Konzessionen gemacht habe, während die demonstrierenden Studenten dies in keiner Weise anerkannt hätten. Die Studenten hätten vielmehr "noch härtere Bedingungen" gestellt: "Seit Beginn des Aufruhrs bejahten die Partei und Regierung in vollem Maße die patriotische Leidenschaft der Masse der Studenten und ihre Besorgnis um Land und Volk, erkannten die von ihnen gestellten Forderungen an, die Demokratie zu fördern, die Reformen zu vertiefen, Schiebergeschäfte von Beamten zu bestrafen und die Korruption zu beseitigen, und meinten, daß diese Forderungen mit den Wünschen der Partei und Regierung identisch wären. Sie hofften, daß diese Probleme auf demokratische Weise und durch die normalen Verfahren der Rechtsordnung gelöst würden. Aber die guten Wünsche haben kein aktives Echo gefunden. Die Regierung schlug zwar vor, durch Dialoge auf verschiedenen Wegen, verschiedenen Ebenen und mittels verschiedener Formen Gedanken auszutauschen und die gegenseitige Verständigung zu verstärken. Die illegale Studentenorganisation jedoch stellte sehr hohe Forderungen an Bedingungen für die Dialoge." Als Beispiele führt er den 4., 8. und 10. Punkt der oben zitierten Zwölf-Punkte-Petition an. Diese Forderungen zeigten, so Chen Xitong, daß sich die Studenten "völlig als Gegner" aufspielten. (Chen Xitong, in: BRu, 25.7.89, S. XIV f.) - Wie der Leitartikel der *Volkszeitung* vom 26. April zeigt, bejahten Partei und Regierung den Patriotismus der Studenten keineswegs "seit Beginn des Aufruhrs (sic!)" und "in vollem Maße". Sie weigerten sich auch, diesen Leitartikel zurückzunehmen. Und sie waren nicht bereit, eine Hauptforderung der Studenten zu erfüllen, nämlich den Dialog live von Rundfunk und Fernsehen übertragen zu lassen und die Ergebnisse in einer gemeinsamen Erklärung zu veröffentlichen. Eine solche Verfahrensweise aber stellte für die Studenten die einzige Garantie dar, daß während des Dialogs von Partei und Regierung geäußerte Zugeständnisse tatsächlich eingehalten würden.

Augenzeugen berichten, die Polizei habe keinerlei Anstalten getroffen, die Aktivisten des "Autonomen Studentenverbands" zurückzuhalten, als sie sich am Westtor der Großen Halle des Volkes, wo das chinesische Parlament seine Büros hat, mit Beifallsbekundungen bemerkbar machten und das Siegeszeichen "V" formten. (rtr, nach FAZ, 3.5.89)

Die Führungsgruppe des "Autonomen Studentenverbands Beijing" wählt Yang Tao, Wang Dan und drei andere Studenten zu Mitgliedern des Ständigen Ausschusses des Vorbereitungskomitees, das den "Plan für die Massendemonstration am 4. Mai" ausarbeiten soll. (*Tansuo*, Juni 1989, S. 9)

Der *Nachrichtenbote*, das Organ des "Autonomen Studentenverbands Beijing", nimmt in seiner heutigen Ausgabe zu den Vorwürfen von Partei und Regierung Stellung:

DOKUMENT

Fragen und Antworten zur Studentenbewegung

Frage: Welche Ziele hat diese Studentenbewegung?
Antwort: Wir wollen weder die von der KPCh geführte Regierung noch irgendwelche führenden Persönlichkeiten stürzen. Allerdings wollen wir auf gewaltfreie Weise auf die gegenwärtig im Amt befindliche Regierung Druck ausüben, die Reform der politischen Strukturen vorantreiben und dadurch das Ziel, eine wirklich demokratische Regierung zu schaffen, erreichen. Nur auf diese Weise kann schließlich jede Erscheinung von Korruption beseitigt werden, kann der Fortschritt der Gesellschaft vorangetrieben werden. Die jetzige Studentenbewegung gleicht nicht der "4. Mai-Bewegung", da nämlich der Sturz der Regierung weder richtig noch realistisch ist. Wir stehen vor folgender Situation: Das gegenwärtige China hat keine perfekten demokratischen politischen Strukturen; die Regierung verfügt noch nicht über sich selbst erneuernde Strukturen, weshalb es einer äußeren Kraft bedarf, um die augenblicklich von oben nach unten durchgeführte Reform der politischen Strukturen voranzutreiben; die jetzige Studentenbewegung paßt sich der historischen Entwicklung an und übernähme am besten gleich die Rolle dieser [äußeren] Kraft.

Frage: Ist zu befürchten, daß diese Studentenbewegung von anderen ausgenutzt wird?
Antwort: Das Problem des Ausnutzens oder des Ausgenutztwerdens existiert nicht, auch wenn die Möglichkeit besteht, daß sich innerhalb der Studentenbewegung zeitweilig gewisse Merkmale eines Flügelkampfs herausbilden. Langfristig aber und vom objektiven Resultat her betrachtet, wird die Studentenbewegung letzten Endes doch den Demokratisierungsprozeß vorantreiben und eine Kraft des gesellschaftlichen Fortschritts bilden. Die Studentenbewegung zeigt die Kraft des Volkes und der Demokratie. Die stillschweigende Anerkennung der Studentenbewegung durch die Regierung und der Druck der Studentenbewegung auf die Regierung - diese beiden Tatsachen an sich bewirken schon die Vorantreibung des gesellschaftlichen Demokratisierungsprozesses. Was uns interessiert, ist der Fortschritt der Demokratie, nicht aber das Auswechseln der Führungsschicht. Nur um einige Führungspersönlichkeiten zu ersetzen, können wir nicht aufhören, nach Demokratie zu streben.

Frage: Welche langfristigen Ziele hat diese Studentenbewegung?
Antwort: Die gegenwärtige Studentenbewegung sollte zwei Ziele erreichen. Das eine ist die Gründung einer landesweiten autonomen Studentenorganisation, die die Führung und Koordination einer nationalen studentischen Demokratie-Bewegung übernimmt. Die Gründung des "Autonomen Studentenverbands Beijing" war der erste Schritt. Dieses Ziel ist für die augenblickliche und die zukünftige Studentenbewegung äußerst wichtig. Das zweite Ziel ist, mittels Unterrichtsboykott, Propaganda in der Öffentlichkeit und anderen Methoden die Unterstützung aller Kreise der Gesellschaft zu gewinnen, um so die Regierung zur Anerkennung der "Sieben Forderungen" und zum Dialog mit den

Kommilitonen zu bewegen. Alle derzeitigen Aktionen der Studenten sollten sich auf diese Ziele konzentrieren.
(XWDB, 2.5.89)

Der "Autonome Studentenverband Beijing" sendet ein Rundschreiben an etwa 40 streikende Universitäten und Hochschulen der Stadt. Darin heißt es:
1. Alle Universitäten und Hochschulen sollten ein bis drei Vertreter für den Dialog mit der Führung von Partei und Regierung wählen. Diese Vertreter müßten einen gesetzmäßigen Status haben oder gleichzeitig Mitglied im offiziellen und im "Autonomen Studentenverband" sein.
2. Am 3. Mai um 12.00 Uhr laufe das der Regierung gestellte Ultimatum ab, den Gesprächsvorschlag der Studenten einschließlich der Vorbedingungen zu akzeptieren [siehe die Petition in zwölf Punkten vom 2. Mai].
3. Am Nachmittag des 3. Mai werde ein Treffen von führenden Mitgliedern des "Autonomen Studentenverbands" aus den angeschlossenen Universitäten und Hochschulen stattfinden, um bekanntzugeben, ob die politische Führung die [in der Petition vom 2. Mai genannten] Bedingungen angenommen hat.
4. Alle Universitäten und Hochschulen sollten am 3. Mai durch allgemeine Wahlen oder durch Neuwahlen zum [offiziellen] Studentenverband die Delegation für das Gespräch bestimmen. Diese Wahlen hätten durch Konsultationen mit der zuständigen Hochschulleitung zu erfolgen, so daß die Delegationen einen gesetzmäßigen Status erhielten.
(XWB, 2.5.89, nach SWB, 3.5.89)

Shanghai
An diesem Tag veranstalten Studenten eine Demonstration in der Stadt, die über elf Stunden dauert. (*Radio Shanghai*, 3.5.89, nach SWB, 6.5.89) Zu den Teilnehmerzahlen gibt es unterschiedliche Angaben: Etwa 6.000 Studenten der Fudan-Universität und der Pädagogischen Hochschule (XNA, 3.5.89), mehr als 7.000, darunter Studenten der Tongji-Universität (*Radio Shanghai*, 3.5.89, nach SWB, 6.5.89), über zehntausend (*Beizhuang de minyun*, S. 39), Zehntausende von Studenten (ICM, Juli 1989, S. 29).

Die demonstrierenden Studenten tragen Spruchbänder mit Aufschriften wie "Nieder mit den Schiebergeschäften der Bürokraten", "Gegen Privilegien", "Die Medien müssen die Wahrheit berichten", "Unterstützt die Vier Grundprinzipien", "Verbessert die Lebensbedingungen der Lehrer" und "Gebt uns Demokratie und Freiheit". (XNA, 3.5.89) Zu diesem Zeitpunkt ist keine der Parolen gegen die Kommunistische Partei gerichtet. (J.H. Maier, "Tian'anmen 1989...", S. 6) Studentische Ordnertrupps sorgen dafür, daß die Disziplin gewahrt bleibt. Die Demonstranten ziehen zum Platz des Volkes und halten dort eine Kundgebung ab. Anschließend veranstaltet ein Großteil von ihnen vor dem Sitz des Parteikomitees einen Sitzstreik. (*Beizhuang de minyun*, S. 39) Studentenvertreter überreichen dem Stadtparteikomitee eine Vier-Punkte-Petition. Darin verlangen sie u.a., daß die Entlassung von Qin Benli als Chefredakteur des Shanghaier *Weltwirtschaftsboten* rückgängig gemacht werde. (ICM, Juli 1989, S. 29)

Shaanxi
In Xi'an treffen sich führende Politiker der Stadt und der Provinz, darunter der Vizegouverneur von Shaanxi, Sun Daren, mit 31 Studentenvertretern von fünf Hochschulen Xi'ans. Sun Daren erklärt, daß man zwischen den Aktionen der Studenten und den "Sabotageakten einer kleinen Zahl gesetzloser Elemente" unterscheiden müsse. Auf Fragen der Studenten antwortet er, daß die Durchführung von Vorlesungsstreiks falsch sei und daß man für die Gründung von Studentenorganisationen die Genehmigung der örtlichen Regierung benötige. Das Gespräch war vom offiziellen Studentenverband der Provinz Shaanxi organisiert worden. (*Radio Shaanxi*, 2.5.89, nach SWB, 12.5.89)

3. Mai 1989, Mittwoch

- **Rede Zhao Ziyangs zum 70. Jahrestag der 4. Mai-Bewegung: Reformen und Demokratie erfordern gesellschaftliche und politische Stabilität**
- **Intraelitäre Auseinandersetzungen über den Inhalt der Rede Zhaos und über die offizielle Einschätzung der Studentenbewegung: Zhao Ziyang distanziert sich intern von der harten Verurteilung der Studentenproteste durch die konservative Mehrheit in der Parteiführung**
- **Staatsratssprecher Yuan Mu nimmt zu der "Zwölf-Punkte-Petition" des "Autonomen Studentenverbands Beijing" Stellung**
- **Beijinger Studenten beschließen, am 4. Mai eine Massendemonstration zu veranstalten**
- **Der "Autonome Studentenverband Beijing" beschließt die Beendigung des Vorlesungsstreiks für den 5. Mai**

Zhao Ziyang spricht in seiner Funktion als ZK-Generalsekretär der KPCh auf einer Kundgebung vor über 3.000 Jugendlichen zur Feier des 70. Jahrestags der Bewegung vom 4. Mai 1919 in der Großen Halle des Volkes zu den "jungen Freunden, Studenten und Genossen". Er hebt hervor, daß die Partei seit ihrer Gründung vor 68 Jahren einen großen historischen Beitrag für das chinesische Volk geleistet habe. Sie habe auch einige Fehler gemacht, doch die Geschichte habe bewiesen und werde weiterhin beweisen, daß die Partei kraftvoll und vom Geist der Selbstkritik erfüllt sei. Chinas Aufbau und Reformen könnten genau wie die Fortschritte auf den Gebieten der Wissenschaft und Demokratisierung nicht von der Führung durch die KPCh getrennt werden. Er fordert, daß die jungen Menschen ermutigt werden sollten, ihre Fähigkeiten zu zeigen und ihre eigenen Werte zu verwirklichen. Junge Leute liebten es, zu hinterfragen und sich neues Wissen anzueignen. Dies sei für den Fortschritt notwendig. Dabei sei es unvermeidlich, daß die jungen Menschen ein paar tendenziöse Fehler beginngen oder in ihrem Denken und Streben unsicher seien. Sie seien aufgerufen, im Geiste des Patriotismus, der Demokratie und Wissenschaft ihre persönliche Verantwortung mit dem Schicksal des Landes zu verbinden. Auf diese Weise

3. Mai 1989

würden sie ihre Schwächen und Fehler überwinden, die wirklichen Interessen und Forderungen des Volkes kennenlernen und ihre große Verantwortung für die Zukunft des Landes erkennen. (RMRB, 4.5.89)

Zhao Ziyang ruft die Jugend dazu auf, durch gemeinsame Bemühungen die gesellschaftliche Stabilität zu bewahren. [Die Forderung nach Aufrechterhaltung der] Stabilität bedeute nicht, daß die Partei keine Demokratie wolle. Vielmehr wolle die Partei die Demokratie auf eine ordnungsgemäße Weise einführen und gesetzlich verankern. Gleichzeitig mit der Errichtung einer sozialistischen Warenwirtschaft wolle man auch eine neue politische Ordnung der sozialistischen Demokratie etablieren. Diese neue demokratische politische Ordnung müsse jedoch auf den Vier Grundprinzipien [Festhalten an der Führung durch die KPCh, am sozialistischen Weg, an der Diktatur des Proletariats und am Marxismus-Leninismus und an den Mao-Zedong-Ideen] beruhen. Dies sei notwendig sowohl für Modernisierung und Reform als auch für die Aufrechterhaltung von gesellschaftlicher und politischer Stabilität. Nicht nur für die Durchführung des Aufbaus und der Reform, sondern auch für die Entfaltung von Demokratie und Wissenschaft seien Stabilität, schrittweises Vorangehen, Vernunft, Ordnung und ein Rechtssystem unerläßlich. (Ebenda)

Einen Schwerpunkt der Rede Zhaos bildet seine eindringliche Forderung nach Aufrechterhaltung gesellschaftlicher "Stabilität" (wending): "Nur in einem gesellschaftlichen und politischen Umfeld, das durch Stabilität und nicht durch Aufruhr [dongluan] gekennzeichnet ist", könnten Modernisierung, Aufbau und Reform gelingen. Ohne Stabilität könne es auch keine demokratischen und wissenschaftlichen Fortschritte geben. "Wenn es jedoch erneut zu Aufruhr kommen sollte", dann würden sich auch wieder die undemokratischen und unwissenschaftlichen Praktiken [der Mao-Ära] verbreiten, warnt Zhao Ziyang indirekt vor einem Rückfall in maoistische und orthodox marxistisch-leninistische Verhältnisse im Fall von Unruhen. Damit warnt Zhao praktisch die Studenten vor einer Machtübernahme orthodoxer "linker" Kräfte im Falle einer Eskalation der Protestbewegung. Seine Formulierung "Wenn es jedoch erneut zu Aufruhr kommen sollte" ist ein Indiz dafür, daß für Zhao - im Gegensatz zu Deng Xiaoping und zur Mehrheit in der Parteiführung - die Studentenbewegung noch nicht den Charakter eines "Aufruhrs" angenommen hat. Trotzdem fordert Zhao in wortwörtlicher Übernahme der Überschrift des Leitartikels der *Volkszeitung* vom 26. April, daß Partei, Volk und Jugendliche "klar und eindeutig gegen Aufruhr Stellung nehmen müssen", um die politische Stabilität und Einheit zu bewahren. (Ebenda)

Ende Juni 1989 berichtet die Hongkonger KPCh-Zeitung *Wen Hui Bao*, die Rede sei von Hu Sheng, dem Präsidenten der Akademie für Sozialwissenschaften, aufgesetzt und vom Politbüro angenommen worden. Yang Shangkun und andere seien jedoch mit dieser Rede nicht zufrieden gewesen. Sie hätten darauf bestanden, daß die Worte "Kampf gegen die bürgerliche Liberalisierung" eingefügt werden. Zhao Ziyang habe dies abgelehnt. (WHB, 25.6.89, nach SWB, 27.6.89)

Chen Yizi berichtet, daß die politische Führung vor der Rede Zhaos am Nachmittag des 3. Mai zu einer Sitzung zusammengekommen sei, um den Inhalt der Rede zu diskutieren. Dabei hätten Li Peng und Yao Yilin darauf bestanden, daß der "Kampf gegen die bürgerliche Liberalisierung" in die Rede mit aufgenommen werden müsse. Zhao Ziyang habe dazu erklärt: "Wenn man jetzt solche Parolen einfügt, dann wird das nur die Widersprüche verschärfen und die Gegensätze vergrößern. Ich bin nicht damit einverstanden, diese Worte einzufügen." Damals habe Yang Shangkun Zhao Ziyangs Standpunkt unterstützt. Auf der Sitzung habe der Direktor der ZK-Einheitsfrontabteilung Yan Mingfu gefordert, daß die Partei den patriotischen Charakter der Studentenbewegung anerkennen solle. Li Peng habe dies jedoch abgelehnt. (Chen Yizi, *Zhongguo...*, S. 155f.; ders., in: J.P. Béja, *Le tremblement de terre...*, S. 520, 522)

* Dem Bericht von Li Peng über die "Fehler" von Zhao Ziyang (Juni 1989) zufolge haben Li Peng, Yang Shangkun, Yao Yilin, Li Ximing u.a. vor der Rede Zhaos am 3. Mai verlangt, daß ein Passus in die Rede eingefügt werden müsse, der sich klar für den Kampf gegen die bürgerliche Liberalisierung ausspreche. Zhao habe dies jedoch abgelehnt. Außerdem habe Zhao Ziyang, nachdem er noch zwei Tage zuvor auf der Sitzung des Ständigen Ausschusses des Politbüros vom 1. Mai seine Zustimmung zu den Beschlüssen des Ständigen Ausschusses vom 24. April geäußert habe, "plötzlich sein Verhalten geändert" und "die 'fehlerhafte Charakterisierung' [der Studentenbewegung] durch den Ständigen Ausschuß, die im Leitartikel der *Volkszeitung* [vom 26. April] festgeschrieben wurde, kritisiert". Darüber hinaus habe Zhao die seiner Ansicht nach falsche offizielle Einschätzung der Studentenbewegung korrigieren wollen. Li Peng weiter: "Sein irriger Standpunkt stieß bei mehreren [d.h.: nicht bei allen] Genossen des Ständigen Ausschusses auf Widerstand." (Li Peng, "Report on the Mistakes...", S. 890, 891)

Staatsratssprecher Yuan Mu nimmt am Vormittag auf einer Pressekonferenz zu der am Vortag eingereichten "Zwölf-Punkte-Petition", dem Gesprächsvorschlag des "Autonomen Studentenverbands", Stellung. Er erklärt, daß die Leiter der Petitionsbüros des ZK der KPCh und des Staatsrats die Petition am Vortag um 15.00 Uhr erhalten hätten. Studenten und Regierung begrüßten gleichermaßen einen Dialog. Der solle aber auf gegenseitigem Vertrauen und auf Aufrichtigkeit beruhen und ohne Vorbedingungen erfolgen. Die Vertreter des sogenannten "Autonomen Studentenverbands Beijing", der während der vergangenen Demonstrationen illegal gegründet worden sei, habe indes gefordert, daß die offiziellen Studentenorganisationen vom Dialog auszuschließen seien. Das schade der Einheit der Studenten. Weiter werde in der Petition verlangt, daß Regierung und Studenten das Gespräch auf einer gleichen Ebene führten, ja, daß die Studenten einen höheren Status als die Regierung einnähmen, was die Gesprächspartner zu Rivalen machen würde. Diese Forderung sei unvernünftig und bezeuge, wie naiv und unvernünftig die Studenten seien. Auch die Forderung, daß die Studenten bestimmen dürften, wer von Regierungsseite an dem Gespräch teilnehmen solle, sei unannehmbar. Neben diesen Vorbedingungen werde in der Petition sogar ein Ultimatum gestellt und mit weiteren Demonstrationen gedroht, falls der Termin nicht eingehalten werde. Er hoffe, daß die Studenten die für morgen angekündigte Demonstration nicht durchführten. Insgesamt mache die Petition deutlich, so Yuan Mu, daß es Leute im Hintergrund gebe, die den Studenten Ratschläge erteilten und soziale Unruhe schürten. Der Staatsratssprecher sagt außerdem, es sei ihm bekannt, daß einige Leute seit Jahren ihre Ideen an den Universitäten verbreiteten und illegalen Tätigkeiten nachgingen. Diese Leute sollten nicht meinen, ihre Aktivitäten seien der Regierung nicht bekannt. Yuan Mu sagt ferner, es sei nicht geplant, gegenwärtig Maßnahmen gegen die Studentenbewegung zu ergreifen; dazu sei es zu früh. (RMRB, 4.5.89)

Wu'er Kaixi, Vorsitzender des "Autonomen Studentenverbands Beijing", weist den durch Yuan Mu geäußerten Vorwurf, der Verband sei u.a. durch den Physiker Fang Lizhi und die in New York ansässige "Chinesische Allianz für Demokratie" (Zhongguo minzhu tuanjie lianmeng) beeinflußt, zurück. (S. WuDunn, in: NYT, 4.5.89)

Am Mittag suchen einige Studenten die Petitionsbüro des ZK der KPCh und des Staatsrats auf und erkundigen sich nach der Petition, die sie am Vortag dort überreicht hatten. Die zuständigen Funktionäre erklären, daß sie die Petition weitergeleitet hätten. Auf die darin geäußerten Forderungen sei der Staatsratssprecher Yuan Mu bereits am Vormittag während einer Pressekonferenz vor in- und ausländischen Journalisten eingegangen. Sie wiederholen, daß der Dialog nicht gemäß den Prinzipien des gegenseitigen Vertrauens durchgeführt werden könne, wenn gewisse Leute eine Reihe von Vorbedingungen stellten. (*Xinhua*, 3.5.89, nach SWB, 6.5.89)

[Da Partei und Regierung somit das von den Studenten gestellte Ultimatum verstreichen lassen,] beschließen Studentenvertreter von 47 Beijinger Hochschulen sowie von Hochschulen in Shanghai, Nanjing, Hefei, Chengdu und anderen Städten auf einer Versammlung, wie angekündigt am 4. Mai eine Massendemonstration zu veranstalten. (*Tansuo*, Juni 1989, S. 9) 40 der insgesamt 47 Vertreter stimmen für die morgige Demonstration. (A. Ignatius, in: AWSJ, 5./6.5.89)

Der "Autonome Studentenverband Beijing" beschließt, an dem auf die Demonstration folgenden Tag, am 5. Mai, den Unterricht wiederaufzunehmen. (ZTS, 5.5.89, nach SWB, 9.5.89) - Siehe auch 4. und 5. Mai.

Journalisten der *Volkszeitung* und anderer Zeitungen kündigen an, am 4. Mai zu demonstrieren. Sie wollen gegen die Zensur protestieren, die über die Berichterstattung im Zusammenhang mit den Studentenaktionen ausgeübt wird. (J. Leung, in: AWSJ, 4.5.89)

Für den 4. Mai wird von offizieller Seite die Sperrung des Platzes angekündigt. (S. WuDunn, in: NYT, 4.5.89)

Wang Jialiu, stellvertretende Sekretärin des Beijinger Parteikomitees, lobt die Teilnahme einiger Führer der offiziellen Studentenverbände an der Demonstration vom 27. April. Es sei gut, daß sie für Ordnung sorgen und ihre Kommilitonen schützen wollten. Es sei jedoch unsinnig, die Abschaffung der bestehenden offiziellen Studentenvertretung mit dem Argument zu fordern, sie seien überflüssig, da deren Führer ebenfalls an Demonstrationen teilnähmen. (XNA, 4.5.89)

22 bekannte chinesische Intellektuelle - darunter Yu Haocheng (der frühere Leiter des Verlags der Massen), Li Honglin (Wissenschaftler an der Akademie für Sozialwissenschaften der Provinz Fujian), Yan Jiaqi (Direktor des Instituts für Politologie der Chinesischen Akademie für Sozialwissenschaften) und Xu Liangying (Wissenschaftler am Institut für die Geschichte der Naturwissenschaften der Chinesischen Akademie der Wissenschaften - fordern die Partei in einem Brief dazu auf, an den Reformen festzuhalten, und drücken ihre Unterstützung für die gegenwärtige Studentenbewegung aus, die sie als "sehr wertvollen patriotischen Akt" und als Fortsetzung des Geistes vom "4. Mai" in der neuen Zeit bezeichnen. (MB, 3.5.89, nach SWB, 5.5.89)

Shanghai
Nach Informationen von Diplomaten hat Shanghai in den letzten Wochen Hunderttausende von Menschen aus der Stadt ausgewiesen [und zwar im wesentlichen arbeitslose Wanderarbeiter aus ländlichen Gebieten]. Man fürchte vor allem, daß viele der sich illegal in Shanghai aufhaltenden Bauern, in der Mehrzahl arbeitslose Jugendliche, Protestaktionen provozieren oder sich an solchen beteiligen könnten. (N. Kristof, in: IHT, 3.5.89)

Hainan
Das Parteikomitee der Provinz Hainan tritt zu einer Sitzung zusammen. Parteisekretär Xu Shijie und sein Stellvertreter Liu Jianfeng kritisieren heftig "die illegalen Aktivitäten seitens der Mitarbeiter einiger Zweigstellen von Firmen anderer Provinzen, die Verbindung zu Hainaner Studenten aufgenommen hätten, um sie zu Straßendemonstrationen aufzuhetzen". (*Radio Hainan*, 4.4.89, nach SWB, 12.5.89)

Hunan
Laut einer Meldung von *Radio Hunan* demonstrieren etwa 2.000 Studenten sechs Stunden lang in Changsha. Sie tragen Transparente mit Aufschriften wie "Lang lebe die Demokratie", "Lang lebe die Freiheit", "Nieder mit den Schiebergeschäften der Funktionäre". Ein Sprecher der Stadtregierung erklärt vor Journalisten, daß die unangemeldete Demonstration die vorläufigen Bestimmungen über Demonstrationen verletzt habe. (Nach SWB, 6.5.89)

Shaanxi
In Xi'an demonstrieren am Morgen über 10.000 Studenten und Einwohner. Sie tragen Plakate mit Inschriften wie "Haltet die Vier Grundprinzipien aufrecht", "Wir wollen Demokratie", "Wir wollen Freiheit". (*Radio Shaanxi*, 4.4.89, nach SWB, 6.5.89)

4. Mai 1989, Donnerstag

- Beijinger Studenten legen in einer unabhängigen Zeitung ihre Kritik an der Führung und ihre Forderungen dar
- Massendemonstration Beijinger Studenten
- Zhao Ziyang erklärt öffentlich, die Studentenbewegung werde nicht zu einem großen Aufruhr führen, und fordert einen Dialog mit den Studenten
- Auf einer Sitzung des Ständigen Ausschusses des Politbüros kann sich Zhao Ziyang mit seiner Forderung nach Mäßigung der offiziellen Position nicht durchsetzen
- Studentendemonstrationen in zahlreichen Großstädten Chinas

In der vom "Autonomen Studentenverband Beijing" herausgegebenen Zeitung *Nachrichtenbote* erscheint ein Artikel, in dem die Gründe für die gegenwärtigen Studentendemonstrationen erläutert, Kritik an der Führung geübt und die Forderungen von Studenten aufgeführt werden.

DOKUMENT

Was wir bekämpfen, was wir fordern

Unsere Studentenbewegung wurde durch den Tod des Genossen Hu Yaobang ausgelöst. Das Unrecht, das er erlitten hat [gemeint ist sein erzwungener Rücktritt im Januar 1987], hat den Ruf der Studenten- und Volksmassen nach Gerechtigkeit und Demokratie ausgelöst.

Genosse Hu Yaobang ist nicht freiwillig von seinem Amt zurückgetreten. Er wurde auf einer informellen Sitzung des Politbüros des ZK, die von Nicht-Mitgliedern des Politbüros organisiert worden war, zum Rücktritt gezwungen. Das stellte eine grundsätzliche Verletzung der Satzung der KPCh dar. Der Rücktritt des verehrten Herrn Hu bestätigt folgenden (Grund-) Satz: In der Geschichte der KPCh gab es nicht einen ZK-Generalsekretär, der regulär von seinem Amt zurückgetreten ist. Ganz objektiv gesprochen, sind alle diese Einzelfälle keine Musterbeispiele für demokratischen Umgang innerhalb unserer Partei.

Der wahre Grund für den Rücktritt des Genossen Hu Yaobang war nicht die Studentenbewegung, sondern es waren politische Probleme, die er durch sein Eintreten für die vom Genossen Deng Xiaoping in die Wege geleitete Verjüngung der Parteiführung hervorgerufen hatte.

Solch willkürliche Machtwechsel innerhalb der Führungsschicht führen dazu, daß dem Volk, das die Wahrheit nicht kennt, nicht bewußt ist, daß es in der Partei wieder zu solch harten politischen Kämpfen kommen kann, wie es sie in der Kulturrevolution gegeben hat. Warum? Wie kommen die Entscheidungen unserer Regierung zustande? Welche Resultate bringen sie? Wie sie ausgeführt werden, das wird sehr selten in der Öffentlichkeit publik gemacht. Sobald ein sogenannter innerparteilicher Kampf, ein politischer Kampf ausbricht, wird das Volk durch die Leitartikel der *Volkszeitung* alarmiert. Es wird aufgerufen, sich am Kampf zu beteiligen. Die Volksmassen dürfen nicht an der Regierung des Landes mitwirken, sondern sich nur am politischen Kampf beteiligen. Das ist unnormal.

Diesmal hat der Leitartikel der *Volkszeitung* [vom 26. April] die Studentenbewegung als "Aufruhr" bezeichnet. Warum denkt man nicht einmal darüber nach, weshalb die Studenten eine so große Bewegung in Gang setzen wollen? Warum erwägt man nicht die Ursachen der Studentenbewegung? Die Leitartikel und der Regierungssprecher [Yuan Mu] haben viele Male die Ähnlichkeiten zwischen der Studentenbewegung und der Kulturrevolution hervorgehoben. Aber die Ursachen des Aufruhrs während der Kulturrevolution waren gerade die brutalen Kämpfe innerhalb der Partei. Ist es denn möglich, daß wir diese Lektion immer noch nicht vollständig begriffen haben? Die Kulturrevolution war von oben nach unten in Gang gesetzt worden. Die gegenwärtige, von Studenten initiierte gewaltige Demokratiebewegung hingegen verläuft von unten nach oben. Das ist ein großer Unterschied. Wenn die Partei dem Volk nicht die wahren Gründe für den Rücktritt des Genossen Hu Yaobang bekannt gibt und damit eine Neubewertung des verehrten Herrn Hu ermöglicht, dann wird der Zorn des Volkes schwer zu unterdrücken sein.

Wir, die Studentenmassen, trauern tief um Hu Yaobang. Wir hoffen darauf, daß die politischen Auseinandersetzungen innerhalb der Partei und politische Machtwechsel [künftig] vorschriftsmäßig verlaufen, gemäß der Satzung, so daß die marxistisch-leninistischen Prinzipien des Parteiaufbaus tatsächlich realisiert werden. Während des Aufbaus der KPdSU hat Lenin mehrmals gefordert, daß oppositionelle Gruppen innerhalb der Partei zu legalisieren seien. Das bedeutet nicht nur, über Demokratie zu diskutieren, sondern es ist auch die wichtigste Garantie für die Stabilisierung der Parteiführung. Erst wenn Entscheidungen nach kontroversen Diskussionen getroffen werden, kann man eine wirkliche Übereinstimmung mit dem Willen des Volkes erzielen und die Reformen fördern.

Daher schlagen wir vor, die Funktionen der innerparteilichen Organe der Legislative und Exekutive zu trennen:
1. Auf dem Nationalen Parteitag der KPCh [d.h. dem 'Legislativorgan' der KPCh] besitzt das Zentralkomitee [d.h. das 'Exekutivorgan' des Nationalen Parteitags] kein Stimmrecht (siehe das erste Parteistatut, an dessen Ausarbeitung Marx mitgewirkt hat, und zwar Artikel 35 der Statuten des Bundes der Kommunisten [vom 8.12.1847]).
2. Auf den Plenartagungen des Zentralkomitees besitzt das Politbüro [d.h. das 'Exekutivorgan' des Zentralkomitees] kein Stimmrecht.
Damit wird langfristig vom System her die Demokratie aufgebaut.

Der zweite Grund für die Entstehung der Studentenbewegung ist die Unfähigkeit der Regierung, die Korruption zu bekämpfen. Als die Kampagne zur Regulierung und Konsolidierung ausgerufen wurde, lag der Schwerpunkt auf dem Kampf gegen die Korruption. Das Resultat war jedoch viel Lärm um nichts.

Sehr rasch wurde daraus [eine Kampagne zur] Einschränkung des Kapitalmarkts, ihr ursprüngliches Ziel war vergessen.

In China gibt es zwei Arten der Korruption: illegale und legale Korruption, wobei letztere die gefährlichere ist.

Der Staatsratssprecher, Genosse Yuan Mu, sprach von einigen Erfolgen beim Kampf gegen die Korruption. Dabei wurden jedoch nur Fliegen erschlagen und keineswegs Mäuse und Tiger [die Kleinen wurden gefangen, die Großen ließ man laufen].

Korruption ist der Gefahrenherd innerhalb unserer Partei und unserer Regierung. In der Geschichte Chinas gibt es keine Dynastie, die nicht an Korruption zugrunde gegangen ist.

Es gibt in unserem Land zwei verschiedene Preise für viele Arten von Produkten, hinzu kommen Privilegien als Brutstätte der Korruption. Das führt zu "Spekulantentum und unredlicher Bereicherung der Beamten", zu Korruption und moralischem Verfall. Die Nutznießer dieser Verhältnisse sind das größte Hindernis für die Reform. Deshalb ist das grundsätzliche Problem der Reform die Reform des politischen Systems. Ein noch grundsätzlicheres Problem ist die Reform der Partei selbst. Genosse Li Peng sagte in seiner Regierungserklärung, daß die Reform der zentralen Regierungsorgane im großen und ganzen abgeschlossen sei. Entsprang das wohl nur seinem Wunsch[denken]?

Die politischen Reformen der Zentralregierung gehen äußerst langsam voran. Die beiden oben genannten Gründe, die wiederholt zu Studentenbewegungen geführt haben, sind Tatsachen, die niemand ignorieren kann. Angesichts dieser Tatsachen rufen wir dringend dazu auf, die Fragen Presse[freiheit] und Demokratie zu lösen. Andernfalls gerät das Volk in eine hilflose Lage. Warum glauben die Volksmassen nicht den Zeitungen und Rundfunksendern, glauben sie nicht den Leitartikeln und offiziellen Verlautbarungen, sondern stützen sich auf Gerüchte? Warum glauben die Volksmassen nicht der Regierungspropaganda, sondern den Parolen der Studenten? Ist es denn möglich, daß die Presseorgane noch immer nicht zum Nachdenken veranlaßt werden konnten und dazu, für diese Tatsachen die Verantwortung zu übernehmen? Entspricht die Behauptung des Genossen Yuan Mu denn der Wahrheit, daß nämlich die Lage in unserem Land sehr kompliziert sei und es daher verständlich sein müsse, wenn die Presse nicht über alles berichten dürfe? Vermutlich ist das nur ein Vorwand. Wenn man meint, daß sich die Volksmassen nicht über die komplizierte Lage der Nation informieren müßten, wie kann man dann vom Mitwirken des Volkes reden? Aufgrund der komplizierten Lage vertuscht die Regierung die Wahrheit und handelt nach eigenem Gutdünken. Was ist das für eine Regierung?

Wenn die Presse nicht der Jugend vertraut, dann wird die Jugend sie im Stich lassen. Wenn die Presse nicht dem Volk vertraut, dann wird sie auch vom Volk im Stich gelassen werden. Die Erfahrungen aller internationalen politischen und internationalen kommunistischen Bewegungen haben gezeigt, daß eine Regierung, die gesund und aufrichtig sein und ihrer Autorität Geltung verschaffen will, die Kontrolle durch die öffentliche Meinung akzeptieren und Mut im Umgang mit der Presse als Vermittler des Unmuts des Volkes haben muß.

Der Aussage des Genossen Yuan Mu zufolge gibt es in unserem Land keine Pressezensur. Wie soll man dann aber den Fall des *Weltwirtschaftsboten* erklären? Zeigt der nicht gerade, daß sich die Partei über die Verfassung hinwegsetzt?

Zur Bestätigung wollen wir noch einmal das Wort Deng Xiaopings zitieren: "Eine revolutionäre Partei fürchtet [nicht das Volk, sondern], die Stimme des Volkes nicht mehr vernehmen zu können. Wovor sie am meisten Angst hat, ist Totenstille." (Deng Xiaoping, Gesammelte Werke, S. 134).
(XWDB, 4.5.89, nach ZM, Juni 1989, S. 32-33)

Da Partei und Regierung das vom "Autonomen Studentenverband" gesetzte Ultimatum für eine Antwort auf dessen "Zwölf-Punkte-Petition" verstreichen ließen, veranstalten Beijinger Hochschüler, unbeeindruckt von der Warnung Yuan Mus am Vortag (vergleiche dort), wie angekündigt eine Massendemonstration zum Tiananmen-Platz.

Nach Studenteninformationen erfolgte eine stillschweigende Abstimmung mit der Polizei, daß die Demonstration den Platz nicht vor dem Ende der offiziellen Zeremonien des Kommunistischen Jugendverbands zum 4. Mai und des Banketts für die Gäste der Asiatischen Entwicklungsbank in der Großen Halle des Volkes erreichen werde. (F. Deron, in: LM, 6.5.89)

Zur Teilnehmerzahl der Demonstration vom 4. Mai gibt es stark voneinander abweichende Angaben:
- über 20.000 (XNA, 5.5.89),
- rund 60.000 (J. Kahl, in: SZ, 5.5.89),
- über 100.000 (afp, ap, nach taz, 6.5.89; *Beizhuang de minyun*, S. 40),
- etwa 150.000 Studenten (LYTX, Mai 1989)
von über 30 (XNA, 5.5.89) bis 52 Beijinger Hochschulen und Universitäten. (*Beizhuang de minyun*, S. 40).

Obwohl am Vortag bei einer Abstimmung nur 40 der insgesamt 47 Vertreter verschiedener Hochschulen für eine Demonstration am 4. Mai gestimmt hatten, nehmen alle betroffenen Universitäten teil, gemäß des "demokratischen Prinzips, daß die Mehrheit lenkt". (A. Ignatius, in: AWSJ, 5./6.5.89) Die Demonstration dauert acht Stunden. (GDWTYJ, 15.6.89, S. 16)

Um 8.00 Uhr morgens brechen die Demonstranten vom Campus ihrer jeweiligen Hochschule auf. Sie kommen zügiger voran als bei der Demonstration am 27. April. Nur im westlichen Stadtbezirk stoßen sie auf eine sehr massive Polizeisperre, die sie jedoch wegdrängen. (*Beizhuang de minyun*, S. 40; PB 13)

Die Demonstranten führen Spruchbänder mit wie "Unterstützt die Kommunistische Partei, unterstützt den Sozialismus", "Gebt uns Demokratie und Freiheit", "Lang lebe der Geist des 4. Mai", "Gebt uns Menschenrechte", "Gegen Unterschlagung und Korruption", "Hello, Mr. Democracy, hello, Mr. Science", aber auch solche wie "Unterstützt Qin Benli [den entlassenen Chefredakteur des Shanghaier *Weltwirtschaftsboten*]", "Unterstützt den *Weltwirtschaftsboten*". (XNA, 5.5.89) Andere Parolen lauten "Wir wollen Dialog, keine Vorträge", "Gleichberechtigter Dialog, wir wollen keine hohlen Phrasen", "Dies ist kein Aufruhr und keine Kulturrevolution" usw. (*Beizhuang de minyun*, S. 40)

Zu den Beijinger Studenten gesellen sich Kommilitonen von 32 Hochschulen des Landes. (*Beizhuang de minyun*, S. 40) Studenten von der Shanghaier Fudan-Universität und der Tianjiner Nankai-Universität tragen Transparente mit Aufschriften wie "Wir Intellektuelle haben nichts außer unserem Bewußtsein", "Die Macht dem Volke, belebt unsere Nation", "Dialoge, keine Vorträge", "Gebt uns unsere Menschenrechte zurück". (ZTS, 4.4.89, nach SWB, 9.5.89)

Auch einige Studenten der Chinesischen Universität Hongkong nehmen an der Demonstration teil. Vertreter der Polizei erklären, daß die Studenten keine Genehmigung beim städtischen Amt für Öffentliche Sicherheit eingeholt hätten. (XNA, 5.5.89)

Es demonstrieren auffallend viele - zumeist junge - Arbeiter mit, die ihren Unmut über Inflation, Korruption und ähnliches zum Ausdruck bringen wollen. (N. Kristof, in: IHT, 5.5.89)

Applaudierende Zuschauer säumen die Straßen. Sie stecken den Studenten Getränke und Proviant zu. (*Beizhuang de minyun*, S. 40)

Wissenschaftler der Akademie für Sozialwissenschaften begrüßen die vorbeiziehenden Demonstranten von den Fenstern des Akademiegebäudes aus mit roten Fahnen. "Wir verstehen euch", hat einer der Mitarbeiter auf ein Plakat geschrieben, mit denen er den Studenten zuwinkt. Wie schon eine Woche zuvor stehen Zehntausende an den Straßen und klatschen den Studenten zu. Arbeiter und Angestellte ermuntern die Demonstranten von Brücken und aus Büros. Kaum ein Autofahrer schimpft über die endlosen Staus auf den breiten Ringstraßen. Passanten stecken den Studenten Eis, Limonade und Geld zu. (M. Naß, in: *Die Zeit*, 12.5.89)

Angestellten einer Beijinger Filiale der People's Construction Bank werden 3 $ [oder 3 Yuan?] in Form von Speisen und Getränken angeboten, sofern sie nicht nach draußen gehen, um sich die Demonstration anzusehen. (A. Ignatius, in: AWSJ, 5./6.5.89)

Erstmals gehen auch Hunderte von Journalisten jüngeren und mittleren Alters auf die Straße. Ihre Spruchbänder lauten "Nachrichten müssen die Wahrheit sagen", "Verteidigt die Verfassung und die Freiheit der Presse", "Hebt das Verbot von [unabhängigen] Zeitungen auf". (ZXS, 5.5.89, nach SWB, 6.5.89) Andere Parolen lauten: "Zwingt uns nicht, Gerüchte zu verbreiten", "Das Volk hat das Recht, informiert zu werden" usw. Die mehr als 500 Journalisten und Redakteure kommen von der *Xinhua*-Nachrichtenagentur, der *Volkszeitung*, der *Guangming-Zeitung*, der *Bauern-Zeitung*, der *Arbeiter-Zeitung*, der *Chinesischen*

Jugend-Zeitung, der *Tageszeitung für Wissenschaft und Technik* und von anderen partei- und regierungsamtlichen Organen. Sie reihen sich in den Demonstrationszug der Studenten ein und ziehen mit diesen zur Kundgebung auf dem Tiananmen-Platz. (*Beizhuang de minyun*, S. 41)

Die Absperrung des Tiananmen-Platzes durch unbewaffnete Polizisten löst sich beim Andrang der Demonstrantenmenge auf. (TN, 5.5.89)

Als der Zug der Pressevertreter mit dem Transparent "Journalisten der Hauptstadt" auf dem Platz eintrifft, drängen sich dort die Zuschauer. Viele heißen die Journalisten mit Applaus willkommen. (ZTS, 4.4.89, nach SWB, 9.5.89)

Es wird auch Kritik an Deng Xiaoping deutlich, u.a. durch Transparente, die seine Worte zitieren: "Unfähigkeit, die Stimme des Volkes zu vernehmen, ist etwas, worüber eine revolutionäre Partei besorgt sein muß. Stille ist das, was sie am meisten fürchten muß." (A. Ignatius, in: ASWJ, 5./6.5.89)

Nach 13.00 Uhr sind auf dem Platz an die 200.000 Menschen versammelt. (*Beizhuang de minyun*, S. 40). Einem anderen Bericht zufolge befinden sich gegen 15.00 Uhr jedoch nur 50.000 bis 60.000 Menschen dort. (ZTS, 4.4.89, nach SWB, 9.5.89)

Während der Kundgebung auf dem Tiananmen-Platz hält ein Mitglied des Ständigen Ausschusses des "Autonomen Studentenverbands Beijing" eine Rede: Die Korruption in der Beamtenschaft sei zur täglichen Praxis geworden; solange dies nicht bekämpft werde, könne man die Vier Modernisierungen nicht gut verwirklichen. Die Studentenbewegung stelle keinen Antagonismus zwischen Studenten und Regierung dar; es handle sich um eine patriotische Bewegung. Außerdem verliest der "Autonome Studentenverband Beijing" ein "Neues Manifest zum 4. Mai". Es enthält den Aufruf, zunächst in den Hochschulen und Universitäten ein demokratisches System einzuführen, um dann Schritt für Schritt die Demokratisierung des politischen Systems zu verwirklichen. Am Ende der Kundgebung verkündet Zhou Yongjun, Mitglied des Ständigen Ausschusses des "Autonomen Studentenverbands Beijing", daß die Studentenvertreter von 52 Hochschulen in demokratischer Abstimmung beschlossen hätten, daß der Unterricht am folgenden Tag, dem 5. Mai, wieder aufgenommen werde. Man werde aber weiter mit der Regierung Kontakt halten und an der Forderung nach Dialog festhalten. Außerdem solle eine Delegation gebildet werden, die für die Verhandlungen und den Dialog zuständig sei. Diese Ankündigungen werden mit Jubel begrüßt. Um 16.00 Uhr endet die Kundgebung. Daraufhin löst sich die Menge auf dem Platz auf. (*Beizhuang de minyun*, S. 40, 43)

Nach der Demonstration verkündet der "Autonome Studentenverband Beijing" (die staatliche Nachrichtenagentur *Xinhua* spricht von "einem Teil der streikenden Studenten", XNA, 5.5.89) die Wiederaufnahme des Unterrichts für den folgenden Tag. (GDWTYJ, 15.6.89, S. 16)

Einem Bericht der Hongkonger *Wen Hui Bao* zufolge ist die Rede Zhao Ziyangs vor Vertretern der Asiatischen Entwicklungsbank (siehe unten) für die demonstrierenden Studenten der Anlaß, den Vorlesungsboykott zu beenden und anschließend den Dialog mit der Führung fortzusetzen. (WHB, 25.6.89, nach SWB, 27.6.89)

Der Beschluß, den Unterrichtsboykott zu beenden, ist offenbar umstritten gewesen. Ende Mai warfen andere Studentenführer dem Vorsitzenden des "Autonomen Studentenverbands Beijing", Wu'er Kaixi, vor, er habe während der Demonstration am 4. Mai der Menge "unbefugt" die Anweisung gegeben, am folgenden Tag zum Unterricht zurückzukehren. (G. Crothall, in: SCMP, ohne Datum, nachgedruckt in: *The Australian*, 2.9.89)

Am Nachmittag ziehen die Studenten so diszipliniert vom Tiananmen-Platz ab, wie sie am Morgen von den Hochschulen ins Stadtzentrum aufgebrochen sind. Den Applaus der Zuschauer auf den Bürgersteigen quittieren sie mit dem Victory-Zeichen. "Dank dem Volk für seine Unterstützung", skandieren die Marschierer, müde, aber entspannt. Heiter schwenken sie zum Abschied ihre Banner. (M. Naß, in: *Die Zeit*, 12.5.89)

Während einer Begegnung mit Vertretern der Asiatischen Entwicklungsbank nimmt Zhao Ziyang ausführlich zu den gegenwärtigen Studentendemonstrationen Stellung. Er sagt u.a.: "Ich glaube, daß die überwältigende Mehrheit der demonstrierenden Studenten gegenüber der KPCh und der Regierung grundsätzlich wie folgt eingestellt ist: Es herrscht sowohl Zufriedenheit als auch Unzufriedenheit. Sie [die demonstrierenden Studenten] wollen auf keinen Fall unser grundlegendes System bekämpfen, sondern sie fordern, daß wir die bei unserer Arbeit aufgetretenen Übelstände beseitigen. Sie sind sehr zufrieden mit den Erfolgen der Reformen und des Aufbaus in den vergangenen 10 Jahren und mit dem Fortschritt und der Entwicklung unseres Landes, doch sie sind sehr unzufrieden mit den Versäumnissen in unserer Arbeit... Gibt es nun Leute, die beabsichtigen oder bereits dabei sind, die Bewegung der Studenten für ihre Zwecke auszunutzen? China ist ein so großes Land, da läßt sich so etwas natürlich schwer vermeiden. Es gibt immer Leute, die darauf hoffen, daß es bei uns zu Aufruhr kommt, und es wird immer Leute geben, die das ausnutzen werden. Es ist unrealistisch zu glauben, daß sie es nicht ausnutzen werden. Diese Leute stellen eine sehr kleine Minderheit dar, aber man muß ihnen gegenüber wachsam sein. Ich glaube, daß die überwältigende Mehrheit der Studenten diesen Punkt verstehen wird. Gegenwärtig dauern die Demonstrationen in Beijing und anderen Städten noch an. Aber ich bin fest davon überzeugt, daß sich die Situation allmählich beruhigen wird. In China wird kein großer Aufruhr entstehen. Das ist meine feste Überzeugung." (RMRB, 5.5.89)

Auf die Ursachen der Proteste und die Lösung der ihr zugrundeliegenden Probleme geht Zhao Ziyang u.a. wie folgt ein: "Jetzt herrscht unter den Studenten vor allem Unzufriedenheit mit Erscheinungen von Bestechlichkeit und Korruption. Dies ist im Grunde ein Problem, mit dessen Lösung Partei und Regierung in den letzten Jahren die ganze Zeit beschäftigt waren. Warum aber erheben so viele Menschen Einwände? Und warum sind ihre Einwände so groß? Das hat zwei Ursachen. Erstens: Weil das Rechtssystem unvollkommen ist, und es an demokratischer Überwachung mangelt, konnten gewisse real existierende Fälle von Korruption nicht rechtzeitig entdeckt und behandelt werden. Zweitens: Weil es an Öffentlichkeit und Transparenz fehlt, breiten sich Gerüchte ungezügelt und völlig aus der Luft gegriffen aus... Sicherlich gibt es Personen [unter den Kadern], die gegen die Gesetze und gegen die Disziplinarregeln verstoßen und ihr Amt für private Vorteile ausnutzen, doch ihre Zahl ist nicht so hoch und ihr Vergehen nicht so schwerwiegend, wie in den Gerüchten zu hören ist. Natürlich muß das Problem der Korruption unbedingt gelöst werden. Doch das Problem muß und kann nur in Verbindung mit Reformmaßnahmen wie Vervollständigung des Rechtssystems, demokratische Überwachung und Erweiterung der Transparenz gelöst werden... Gegenwärtig müssen wir in großem Umfang Beratungen und Gespräche führen. Wir müssen einen Dialog mit den Studenten führen, einen Dialog mit den Arbeitern, einen Dialog mit den Intellektuellen, einen Dialog mit allen demokratischen Parteien und allen Persönlichkeiten des öffentlichen Lebens ... Was jetzt am dringendsten notwendig ist, sind Besonnenheit, Vernunft, Zurückhaltung und Ordnung, um auf demokratischem und rechtmäßigem Wege die Probleme zu lösen." (Ebenda)

- Diese Äußerungen Zhao Ziyangs muten geradezu revolutionär an, sind doch nicht genehmigte Demonstrationen von der chinesischen Führung seit jeher als stabilitätsgefährdend verurteilt und energisch unterbunden worden. Im Gegensatz zum Leitartikel der *Volkszeitung* vom 26. April bezeichnet Zhao Ziyang die Demonstrationen nicht nur nicht als "Aufruhr", sondern zeigt sich sogar überzeugt, daß sich die Lage beruhigen und es nicht zu einem "großen Aufruhr" kommen werde. Abweichend von der Position der konservativ-orthodoxen Kräfte vertritt Zhao Ziyang die Ansicht, daß sich die überwältigende Mehrheit der Studenten nicht von "einer sehr kleinen Minderheit" von aufrührerischen Elementen mißbrauchen lassen werde. Zhao fordert "Dialog" und "Zurückhaltung" und eine Konfliktlösung "auf rechtmäßigem Wege". Die hier von Zhao Ziyang vertretene Position stellt einen vollkommenen Bruch mit dem bisherigen offiziellen Kurs der KPCh dar. Gleichzeitig bekräftigt er gegenüber den konservativen, für ein hartes Vorgehen eintretenden Partei- und Regierungsführern den Standpunkt, daß seine Politik das Land keineswegs ins Chaos führen werde.

Die Rede Zhao Ziyangs vor Vertretern der Asiatischen Entwicklungsbank wird am frühen Abend im Rundfunk und Fernsehen übertragen. Einem Bericht der *Volkszeitung* zufolge nehmen die Studenten die Rede sehr positiv auf. Ein Student, der bei den Demonstrationen recht aktiv sei, wird zitiert: "Wir begrüßen eine solche Einstellung zur Lösung von Problemen, aber worauf es jetzt ankommt, ist, wie der Dialog im nächsten Schritt verläuft und ob praktische Probleme gelöst werden können." (RMRB, 5.5.89)

Andere Studenten weisen darauf hin, daß Zhao Ziyang nichts Konkretes versprochen habe. Er habe zwar von Dialogen mit Studenten und Arbeitern gesprochen, aber nicht ausgeführt, in welcher Form diese stattfinden sollten. (rtr, nach TN, 6.5.89)

* Chen Xitong kritisiert in seinem am 30. Juni 1989 vorgelegten Bericht, daß Zhao Ziyang in dieser Rede Meinungen geäußert habe, die der Entscheidung des Ständigen Ausschusses des Politbüros [vom 24. April], der Rede Deng Xiaopings [vom 25. April] und dem Leitartikel der *Volkszeitung* [vom 26. April] "völlig entgegengesetzt waren". Die Rede Zhao Ziyangs sei von Bao Tong abgefaßt worden. Dieser habe vom Zentralen Rundfunk und von den Fernsehstationen verlangt, die Rede schon am Nachmittag dieses Tages zu senden und sie drei Tage lang ununterbrochen zu wiederholen. Weiter habe er von der *Volkszeitung* verlangt, die Rede am nächsten Tag in großer Aufmachung zu bringen und gleichzeitig viele positive Meinungen hierzu zu veröffentlichen. Beiträge über Gegenmeinungen seien zurückgehalten worden und "durften sogar nicht einmal in den nicht für die breite Öffentlichkeit bestimmten Informationspublikationen veröffentlicht werden". Chen Xitong beschuldigt Zhao Ziyang, mit dieser Rede, für die die *Volkszeitung* und andere Zeitungen "viel Reklame" gemacht hätten, "eine große ideologische Verwirrung unter den Funktionären und Massen" hervorgerufen und die "Organisatoren und Anstifter des Aufruhrs" unterstützt zu haben. (Chen Xitong, in: BRu, 25.7.89, S. XIII)

* Dem Bericht von Li Peng über die "Fehler" von Zhao Ziyang (Juni 1989) zufolge hat Zhao seine Äußerungen gegenüber den Vertretern der Asiatischen Entwicklungsbank nicht vorher mit den Mitgliedern des Ständigen Ausschusses des Politbüros abgestimmt. Li Peng: "Er vertrat Ansichten, die von der Position und der Politik der Zentrale völlig abwichen, und er machte dadurch die Differenzen innerhalb der Zentrale für die ganze Welt öffentlich." Zhaos Rede habe der "korrekten Einschätzung der Zentrale" widersprochen, sei "völlig falsch" gewesen und habe den "Aufruhr" eskalieren lassen. (Li Peng, "Report on the Mistakes...", S. 891f.)

Chen Yizi berichtet von einer Sitzung des Ständigen Ausschusses des Politbüros am 4. Mai. Auf dem Treffen habe Zhao Ziyang vorgeschlagen, einen neuen, abgemilderten Leitartikel der *Volkszeitung* zu den Studentenprotesten zu verfassen. Zhao habe wörtlich erklärt: "Ich meine, daß die Einschätzung [der Studentenbewegung] durch den Leitartikel vom 26. April einseitig und übertrieben ist. Um die Widersprüche abzumildern, übernehme ich die Verantwortung dafür. Dieser Leitartikel gilt als von mir unterschrieben, und es sollte dann noch ein weiterer Leitartikel abgefaßt werden." Li Peng habe jedoch Zhaos Vorschlag kategorisch abgelehnt. Zhao Ziyang habe, so Chen Yizi weiter, dann noch seinen am 30. April geschriebenen Brief bezüglich der Überprüfung der Korruptionsvorwürfe gegenüber seinen Söhnen zur Sprache gebracht. Er schlage vor und hoffe, daß dieser Brief unter den Führungskadern bis auf Provinz- und Armeekorps-Ebene verbreitet werde. Li Peng habe jedoch dagegengehalten: "Wenn du das tust, wäre das nicht eine offene Demonstration gegen die alten Genossen [gegen deren Söhne ebenfalls Korruptionsvorwürfe erhoben werden]?" (Chen Yizi, *Zhongguo...*, S. 157)

Auf einer nächtlichen Sitzung beschließen die Studentenführer der Beijing-Universität, den Streik in ihrer Universität fortzuführen, zumindest zum gegenwärtigen Zeitpunkt. (rtr, nach TN, 6.5.89) Laut einem anderen Bericht kündigt der "Autonome Studentenverband der Beijing-Universität" um 23.00 Uhr die Fortsetzung des Vorlesungsstreiks an. (ZTS, 5.5.89, nach SWB, 9.5.89) - Wie sich am folgenden Tag herausstellt, lag diesem Verband bis dahin noch nicht die am 3. Mai getroffene Entscheidung des "Autonomen Studentenverbands Beijing" vor, den Streik am 5. Mai abzubrechen.

Einem Bericht der Hongkonger Zeitung *Da Gong Bao* vom 4. Mai zufolge hat das Beijinger Büro des Shanghaier *Weltwirtschaftsboten* Kontakt zu einigen Rechtsexperten aufgenommen, die beim Aufsetzen einer Anklageschrift gegen den Shanghaier Parteisekretär Jiang Zemin helfen sollen. Die endgültige Entscheidung über die Vorgehensweise soll indes erst nach einem Gespräch mit dem Hauptbetroffenen, dem entlassenen Chefredakteur Qin Benli, fallen. (Nach SWB, 12.5.89)

Shanghai

Am Morgen beginnt in Shanghai eine 24stündige Demonstration von 5.000 bis 6.000 Studenten [laut *Beizhuang de minyun*, S. 41, nahmen mehr als 10.000 Studenten teil]. Sie verlesen eine Petition, verteilen Flugblätter und veranstalten vor den Gebäuden der Stadtregierung und des Parteikomitees von Shanghai Sitzstreiks. Die Stadtregierung erklärt sich zu einem Gespräch mit Studentenvertretern über den *Weltwirtschaftsboten* und über eine Revision der Bestimmungen über Demonstrationen und Umzüge bereit. (*Radio "Stimme von Pujiang"*, 5.5.89, nach SWB, 6.5.89)

Tianjin

In Tianjin findet die zweite große Studentendemonstration statt. Der Autonome Studentenverband der Nankai-Universität will den Streik auch über den 4. Mai hinaus fortsetzen. Die Studenten beginnen jedoch bereits, das Interesse daran zu verlieren, und nehmen den Unterricht wieder auf. (J. Fox, "... Consequences in Tianjin", S. 139)

Fujian

In Fuzhou demonstrieren über 3.000 Studenten zur Erinnerung an den 70. Jahrestag der 4. Mai-Bewegung. Etwa 300 ziehen zum Sitz der Provinzregierung und fordern einen Dialog. (*Beizhuang de minyun*, S. 41 f.) Die Studenten rufen Parolen wie "Nieder mit der Korruption", "Nieder mit Zhao Ziyang", "Lang leben Freiheit und Demokratie". Augenzeugen berichten, die Demonstration erscheine ein wenig unvorbereitet und unkoordiniert. (M.S. Erbaugh u.a., "The 1989 Democracy Movement in Fujian...", S. 147)

Gansu

In Lanzhou marschieren - Angaben von Studentenvertretern zufolge - mehrere tausend Studenten zum Gebäude der Provinzregierung und halten eine Protestkundgebung ab. Die Medien der Provinz Gansu berichten über diesen Vorfall nicht. (Erst am 9. Mai wird er indirekt von *Radio Gansu* erwähnt; nach SWB, 13.5.89)

Guangdong
In Guangzhou demonstrieren am Abend Tausende von Studenten der Zhongshan-Universität, der Jinan-Universität und der Pädagogischen Hochschule Huanan. Am Tor der Zhongshan-Universität werden sie von wachhabenden Polizisten gestoppt. Die Studenten erklären, daß es in Guangzhou [anders als in Beijing] keine Bestimmungen über Straßenumzüge und Demonstrationen gebe, und durchbrechen die Linien der Polizei. Die Studenten singen bei ihrem Marsch durch die Stadt die "Internationale" und verteilen Flugblätter mit "Sieben Forderungen", deren wichtigste lauten: Pressefreiheit, Schutz der Rechte des Volkes und der Intellektuellen auf politische Mitwirkung und Konsultation. (ZXS, 4.5.89, nach SWB, 6.5.89)

In Shenzhen beginnen einige Journalisten am Abend, Unterschriften zur Unterstützung des entlassenen Chefredakteurs des Shanghaier *Weltwirtschaftsboten*, Qin Benli, zu sammeln. Mit ihrer Aktion wollen sie auch den Beijinger Journalisten, die am Nachmittag auf dem Tiananmen-Platz demonstriert haben, ihre Anerkennung zollen. Das Motto der Kampagne lautet: "Wir brauchen eine Umwelt, in der wir freiheraus die Wahrheit sprechen können." (ZTS, 5.5.89, nach SWB, 9.5.89)

Heilongjiang
Es heißt, in Harbin seien Studenten in den Universitäten eingesperrt und so am Demonstrieren gehindert worden. (N. Kristof, in: IHT, 5.5.89) Nach PB 13 trifft diese Information nicht zu. Es sei eher so gewesen, daß die Studenten zum Demonstrieren ermuntert worden seien.

Hubei
In Wuhan demonstrieren mehr als 10.000 Studenten von über 20 Hochschulen für Demokratie und Freiheit. (*Beizhuang de minyun*, S. 41)

Hunan
In Changsha veranstalten mindestens 6.000 Studenten eine Demonstration, an der sich zum erstenmal Arbeiter - etwa 1.000 - beteiligen. Sie skandieren u.a.: "Beendet die Herrschaft der Alten". Mit elektrischen Schlagstöcken ausgerüstete Polizisten beobachten den Demonstrationszug, greifen aber nicht ein. (*Beizhuang de minyun*, S. 41)

Jilin
In Changchun demonstrieren Studenten. (*Radio Jilin*, 16.5.89, nach SWB, 19.5.89) Über 8.000 Studenten versammeln sich vor dem Sitz der Provinzregierung. (N. Kristof, in: IHT, 5.5.89)

Jiangsu
In Nanjing ziehen einige tausend Studenten zum Sitz der Provinzregierung und fordern einen Dialog. (*Beizhuang de minyun*, S. 41) Der Demonstrationszug soll aus etwa 2.000 bis 3.000 Studenten bestanden haben. Vor dem Regierungssitz herrscht zunächst eine entspannte Atmosphäre, Redner fordern Freiheit und Demokratie. Schließlich durchbricht die Menge die Polizeireihen und strömt auf das Gelände des Regierungssitzes. Dort fordern die Studenten den Gouverneur zu sprechen, um ihm eine Liste mit Forderungen zu überreichen. Diese wird schließlich von einem Beamten entgegengenommen. (R. Lufrano, "Nanjing Spring...", S. 23 f)

Liaoning
In Dalian und Shenyang demonstrieren Studenten für Demokratie und gegen Korruption. (*Radio Liaoning*, 15.5.89, nach SWB, 18.5.89) Einer anderen Meldung zufolge sollen in Shenyang Studenten in den Universitäten eingesperrt worden sein, damit sie nicht demonstrieren konnten. (N. Kristof, in: IHT, 5.5.89)

Shaanxi
In Xi'an demonstrieren 4.000 Studenten im Stadtzentrum. (*Beizhuang de minyun*, S. 41) Der Provinzsender spricht sogar von mehr als 10.000 demonstrierenden Studenten. (*Radio Shaanxi*, 6.5.89, nach SWB, 9.5.89) Nach einer anderen Meldung demonstrieren an diesem Tag in Xi'an über 1.000 Studenten der Nordwest-Universität für Industrie, nachdem sie zuvor die Genehmigung der zuständigen Behörden eingeholt haben. Obwohl der Zug nicht die abgesprochene Route einhält, gibt es keine Zwischenfälle. Die Studenten skandieren: "Führt den Geist der 4.-Mai-Bewegung fort", "Belebt die chinesische Nation", "Bekämpft Korruption und Bürokratismus", "Harte Strafen für korrupte Funktionäre". Die Polizei zerstreut die Menge, die dem Demonstrationszug der Studenten folgt. Nach der Kundgebung kehren die Studenten in die Universität zurück. (ZTS, Hongkong, 5.5.89, nach SWB, 9.5.89)

Einem Bericht der *Volkszeitung* zufolge empfängt Sun Daren, der Vizegouverneur der Provinz Shaanxi, Vertreter der Studenten und nimmt ihre Petitionen entgegen. (RMRB, 5.5.89)

In Xi'an wird der Eisenbahnarbeiter Wang Jun zum Tode verurteilt, da er bei den Auseinandersetzungen vom 22. April eine "erstrangige Rolle" gespielt habe. Er habe gegen Bereitschaftspolizisten Steine geworfen und in den Regierungsbüros Büromaterial entwendet. (afp, taz, T. Reichenbach, in: taz, 8.5.89)

Sichuan
In Chongqing gehen mehr als 2.000 Studenten zur Erinnerung an den 70. Jahrestag der 4. Mai-Bewegung auf die Straße. (*Beizhuang de minyun*, S. 42)

Zhejiang

In Hangzhou demonstrieren etwa 5.000 Studenten. Die Zahl der Zuschauer auf den Hauptstraßen wird auf über 100.000 geschätzt. Die Polizei schreitet nicht ein. (ZTS, ohne Datum, nach SWB, 5.5.89) Die Studenten skandieren: "Gebt uns Demokratie", "Bekämpft den Bürokratismus", "Nieder mit dem Spekulantentum von Funktionären". (ZTS, 4.4.89, nach SWB, 6.5.89) In einer anderen Darstellung wird die Teilnehmerzahl auf 4.000 beziffert. Es sollen auch Parolen wie "Unterstützt die KPCh", "Unterstützt die Vier Grundprinzipien", "Einführung eines Pressegesetzes!", "Bekämpft Prügel, Verwüstung und Plünderung" [eine offensichtliche Distanzierung von den Ereignissen in Changsha, Ende April - siehe Hunan, 22. und 23. April] sowie "Erweitert und fördert die Demokratie" gerufen worden sein. (K. Forster, "Impressions...", S. 102)

Auch in anderen Städten demonstrieren Studenten. (LYTX, Mai 1989)

L. do Rosario bewertet die Studentenbewegung außerhalb Beijings wie folgt: Aufgrund der geringeren Studentenzahlen und eines niedrigeren Niveaus des politischen Bewußtseins zeigen die studentischen Protestkundgebungen in den Provinzstädten ein geringeres Maß an Organisation und weniger Beteiligung als die in Beijing. Laut Presseberichten demonstrierten bislang in keiner Stadt mehr als 30.000 Studenten gleichzeitig, wohingegen in Beijing am 27. April Schätzungen zufolge 100.000 bis 150.000 Studenten auf die Straße gingen. Die Kommunikation zwischen Beijing und den anderen Städten sei weitgehend von Mundpropaganda, ausländischen Sendern und dem Austausch interner Dokumente abhängig. Aus Sorge, daß die Studenten sich zusammenschließen könnten, verboten die Behörden mancherorts den Studenten den Kauf von Eisenbahnfahrkarten. In der Regel hat sich die örtliche Polizei - möglicherweise auf eine Anweisung der Zentrale hin - sehr zurückgehalten, um gewaltsame Zusammenstöße zu vermeiden. Die Ausnahme ist Wuhan, wo die Bereitschaftspolizei Augenzeugenberichten zufolge elektrische Schlagstöcke und Tränengas eingesetzt hat. In dieser Stadt werden auch einmal Hunderte von Sandsäcken benutzt, um die Tore einer Hochschule zu blockieren; einigen Studenten gelang es dennoch, den Campus zu verlassen. In Tianjin hingegen haben die Lehrer, die sich noch vor zwei Jahren den Studentendemonstrationen widersetzten, ihr stillschweigendes Einverständnis gegeben. (L. do Rosario, in: FEER, 18.5.89, S. 10)

5. Mai 1989, Freitag

- Erstmals berichten alle bedeutenden Zeitungen ausführlich und meist positiv über die Studentendemonstrationen
- Ein Teil der Beijinger Studenten nimmt den Unterricht wieder auf
- Studenten von etwa 30 Hochschulen bilden die "Delegation Beijinger Hochschüler für den Dialog [mit der Führung]"

5. Mai 1989

- Li Peng befürwortet bei einem Treffen mit ausländischen Gästen einen Dialog zwischen Führung und Studenten und äußert sich moderat über die Studentenproteste

Alle bedeutenden Zeitungen berichten ausführlich über die Demonstrationen der Beijinger Studenten am 4. Mai und veröffentlichen Photos hierzu. Die *Volkszeitung* z.b. bringt auf der Titelseite sogar ein Photo vom Demonstrationszug der Beijinger Hochschüler, auf dem eine Fahne des "Autonomen Studentenverbands" zu erkennen ist. Auf der zweiten Seite heißt es in einem kurzen Bericht, daß Studenten in Tianjin, Shanghai, Wuhan, Hangzhou, Xi'an, Lanzhou, Guangzhou, Fuzhou und anderen Städten Demonstrationen in Erinnerung an den 70. Jahrestag der 4.-Mai-Bewegung durchgeführt hätten. Ihre wichtigsten Parolen lauteten: "Unterstützt die Partei", "Gegen Korruption", "Pressefreiheit", "Es lebe die Demokratie" usw. In Xi'an, Lanzhou, Wuhan und anderen Städten hätten die Studenten den Stadt- oder Provinzregierungen Petitionen überreicht. Es habe keine Auseinandersetzungen zwischen den demonstrierenden Studenten und der Polizei, die die Ordnung aufrechterhalten habe, gegeben. Die zahlreichen Zuschauer hätten jedoch an manchen Orten ein Verkehrschaos verursacht. (RMRB, 5.5.89) Auch die *Guangming-Zeitung* bringt auf der Titelseite Berichte und ein Photo vom Demonstrationszug. (GMRB, 5.5.89) Die *Chinesische Jugend-Zeitung* berichtet über die Demonstration Beijinger Journalisten und Redakteure. (BYT, 10.6.89, S. 15) Außerdem veröffentlicht sie Berichte über die Demonstrationen und Petitionen der Studenten am 4. Mai in Beijing und in zehn weiteren Städten: Shanghai, Wuhan, Hangzhou, Changsha, Nanjing, Xi'an, Taiyuan, Chengdu, Lanzhou und Xining. (Nach SWB, 12.5.89)
- Bis dahin waren Informationen über die Protestkundgebungen in der Hauptstadt nur durch Telefonanrufe und ausländische Sender in die Provinzen gelangt. Möglicherweise ist die plötzlich ausführlicher werdende Berichterstattung über die Studentenproteste auf entsprechende Anweisungen von ZK-Generalsekretär Zhao Ziyang und von Hu Qili, der im ZK-Sekretariat für Ideologie und Propaganda zuständig ist, zurückzuführen. - Vergleiche 27. April.

Abgesehen von Studenten der Beijing-Universität und der Pädagogischen Hochschule Beijing ist die Mehrheit der Studenten in die Hörsäle zurückgekehrt. (*Beizhuang de minyun*, S. 44)

Auch Studenten der Volksuniversität sind gegen die Wiederaufnahme des Unterrichts. (GDWTYJ, 15.6.89, S. 16)

An diesem Tag boykottieren 70% der Studenten der Beijing-Universität den Unterricht. (R. Delfs, in: FEER, 18.5.89, S. 11)

Am Abend diskutieren Studenten der Beijing-Universität darüber, ob der Vorlesungsboykott fortgesetzt oder der Unterricht wieder aufgenommen werden soll. Die Mehrheit will den Boykott fortsetzen. Zur Begründung führen sie an, daß keine ihrer Forderungen, deretwegen sie in Streik getreten sind, bislang erfüllt worden sei. (PB 13)

Nachdem die Entscheidung des "Autonomen Studentenverbands Beijing" eingetroffen ist, beschließt der "Autonome Studentenverband der Beijing-Universität", am folgenden Tag, dem 6. Mai, den Unterricht wiederaufzunehmen. Der "Autonome Studentenverband der Pädagogischen Hochschule Beijing" beschließt, wegen "besonderer Gründe" den Vorlesungsboykott am 8. Mai zu beenden. Die Autonomen Studentenverbände der übrigen Universitäten und Hochschulen sind dem "Autonomen Studentenverband Beijing" gefolgt und haben der Wiederaufnahme des Unterrichts für den heutigen Tag zugestimmt. (ZTS, 5.5.89, nach SWB, 9.5.89)

Die Studentenführer Wang Zhixin und Wang Dan erklären, das nächste Ziel sei die Reorganisation und offizielle Eintragung der neuen Studentenorganisation als legale Studentenvertretung. Die Beendigung des Vorlesungstreiks sei kein Zeichen einer Niederlage, sondern notwendig, um die Unterstützung der Bevölkerung nicht zu verlieren. Am Abend rufen allerdings ca. 300 Studenten an der Beijing-Universität zur Verlängerung des Streiks auf. (D. Southerland, in: IHT, 6./7.5.89)

Studenten von etwa 30 Hochschulen bilden die "Delegation Beijinger Hochschüler für den Dialog [mit der Führung]" (Beijing gaoxiao xuesheng duihua daibiao tuan). Dieser Delegation gehören nur zwei oder drei Vertreter des "Autonomen Studentenverbands Beijing" an. Leiter der Delegation ist Xiang Xiaoji, ein Student der Hochschule für Politik und Recht. Er erklärt, das Ziel sei nicht ein einmaliger Dialog mit der Führung; man hoffe vielmehr, häufig Dialoge führen zu können. (GDWTYJ, 15.6.89, S. 16) Nach einer anderen Darstellung werden die Mitglieder der Delegation in einem demokratischen Wahlverfahren von Studenten aus 29 Beijinger Hochschulen und Universitäten bestimmt. Neben Xiang Xiaoji gehören ihr Shen Tong von der Beijing-Universität, Xu Guodong, ein Postgraduierter der Akademie für Sozialwissenschaften, sowie Li Hao von der Beifang-Hochschule für Verkehr an. (ZTS, 8.5.89, nach SWB, 13.5.89)

Die Mitglieder der Delegation nennen drei Themenbereiche, über die mit der Führung zu reden sei:
1. über alle Fragen, die mit der gegenwärtigen Studentenbewegung zusammenhängen, u.a. den Leitartikel der *Volkszeitung* vom 26. April;
2. über die Vertiefung der Reformen, wobei die Delegation konstruktive Vorschläge zur künftigen Entwicklung des Landes machen werde;
3. über die Verwirklichung der in Artikel 35 der Verfassung enthaltenen Grundrechte durch die Regierung. [In diesem Artikel heißt es: "Die Bürger der Volksrepublik China genießen die Freiheit der Rede, der Publikation, der Versammlung, der Vereinigung, der Durchführung von Straßenumzügen und Demonstrationen."]
Außerdem fordert die Delegation eine Live-Übertragung des Dialogs und vollständige, unparteiische Berichterstattung. (*Beizhuang de minyun*, S. 44)

Bei einer Zusammenkunft mit den Leitern der Regierungsdelegationen aus den Mitgliedsländern der Asiatischen Entwicklungsbank erklärt Li Peng, in Beijing und anderswo habe es in der letzten Zeit einige Studentendemonstrationen und

Vorlesungsstreiks gegeben. Die chinesische Regierung habe darauf "korrekt, zweckmäßig und gelassen" reagiert und so verhindert, daß sich die Sache ausgebreitet und verschlimmert habe. Dies sei auch das Ergebnis der gemeinsamen Bemühungen von Regierung und Studenten, und zwar sowohl von denen, die an den Demonstrationen teilgenommen hätten, wie auch von denen, die nicht teilgenommen hätten. Jetzt sei der Unterricht in der Mehrzahl der Hochschulen wiederaufgenommen worden. Der Dialog werde fortgesetzt. Partei und Regierung seien froh darüber. Auch wenn man manche Vorgehensweisen von einigen Studenten nicht gutheißen könne, fährt Li Peng fort, so stimmten doch einige Punkte, für die sie einträten, und einige ihrer Forderungen mit dem überein, wofür die Regierung eintrete und was sie fordere - beispielsweise die Überwindung gewisser Erscheinungen von Chaos im Wirtschaftsleben und von Korruption unter Regierungsfunktionären und in der Gesellschaft, die Entwicklung des Bildungswesens und der Wissenschaft sowie die Demokratisierung. Daher könne man das gegenseitige Verständnis durch Dialog vertiefen. Li Peng betont, daß die Lage in China stabil sei. Die Regierung werde sich mit ganzer Kraft dafür einsetzen, daß die Stabilität gewahrt bleibe, Aufruhr vermieden werde, Fehler in der Regierungsarbeit überwunden und Erscheinungen von Korruption beseitigt würden. (RMRB, 6.5.89) - Offiziell spricht Li Peng nicht mehr von "Aufruhr" oder von "einer sehr kleinen Minderheit von Leuten", die die Studentenproteste angeblich steuern soll. Intern bleibt Li Peng jedoch bei seiner harten Haltung gegenüber den Studentenprotesten (siehe 6. Mai).

Shanxi
Die *Shanxi-Tageszeitung* veröffentlicht die Erklärung eines Mitglieds der Stadtregierung von Taiyuan zu den jüngsten Studentendemonstrationen in der Provinzhauptstadt. Die Studenten hätten nicht um eine Genehmigung ersucht und damit gegen die "Vorläufigen Bestimmungen über Demonstrationen der Stadt Taiyuan" verstoßen. Eine kleine Zahl von Studenten der Taiyuan Universität für Industrie sei zudem in vier andere Hochschulen eingedrungen, um Teilnehmer für die Demonstrationen zu gewinnen; auch dies sei illegal. Die Forderungen der Studenten nach politischer Demokratie und Bekämpfung der Korruption zeugten von ihrem patriotischen Enthusiasmus. Sie sollten aber ihre Wachsamkeit erhöhen, damit sie nicht von "Einzelpersonen mit niederen Motiven" benutzt würden. (Nach SWB, 18.5.89)

6. Mai 1989, Samstag

- **In einem vertraulichen Gespräch mit den Rektoren von acht Hochschulen beharrt Li Peng auf der harten Linie gegenüber den demonstrierenden Studenten**
- **Die "Delegation Beijinger Hochschüler für den Dialog" richtet eine Petition an Partei und Regierung, in der sie einen Dialog mit der Führung fordert**
- **Bekannte Intellektuelle loben die Rede Zhao Ziyangs zum 4. Mai**
- **Zhao Ziyang fordert intern eine offenere Berichterstattung der Medien über die Studentenproteste**

In den frühen Morgenstunden des 6. Mai ruft Li Peng acht Hochschulrektoren zu einer vertraulichen Sitzung zusammen. Er erklärt, daß der Leitartikel der *Volkszeitung* vom 26. April im Geist der Beschlüsse der KPCh-Zentrale verfaßt worden sei und die Meinung Deng Xiaopings wiedergebe. Zhao Ziyang hingegen habe in seiner Rede [vor Vertretern der Asiatischen Entwicklungsbank] nur seine eigene Meinung vertreten. Die folgenden drei [im Leitartikel enthaltenen] Bewertungen dürften nicht verändert werden:
1. Das Wesen der Proteste ist "Aufruhr" (dongluan).
2. Die demonstrierenden Studenten werden von einer kleinen Anzahl schlechter Elemente manipuliert.
3. Die [autonomen] Organisationen der Studenten sind illegal.

Die Äußerungen Li Pengs werden bald darauf in Studentenkreisen bekannt und lösen große Empörung aus. Sie verschärfen die Widersprüche zwischen Studenten und der politischen Führung. (Chen Yizi, in: XDRB, 13.9.89; ders., *Zhongguo...*, S. 156; ders., in: J.P. Béja, *Le tremblement de terre...*, S. 521f.)

Vier Mitglieder der "Delegation Beijinger Hochschüler für den Dialog [mit der Führung]" reichen den Petitionsbüros des ZK der KPCh und des Staatsrats eine Petition ein. (GDWTYJ, 15.6.89, S. 16) Darin fordern sie "einen aufrichtigen, konstruktiven und offenen Dialog über Themen wie die gegenwärtige patriotische Studentenbewegung für Demokratie, die Vertiefung der politischen und wirtschaftlichen Reformen und die Förderung der Demokratie und des Rechtssystems". Die Petition ist von Studenten von 24 Beijinger Universitäten und Hochschulen unterzeichnet worden und an das ZK, den NVK und den Staatsrat adressiert. (XNA, 9.5.89) Die Studenten verlangen ultimativ eine Antwort bis zum 8. Mai, 15.00 Uhr. (GDWTYJ, 15.6.89, S. 16)

Die *Chinesische Jugend-Zeitung* veröffentlicht Interviews mit bekannten Persönlichkeiten, in der diese zur am 3. Mai gehaltenen Rede Zhao Ziyangs zum 70. Jahrestag der 4. Mai-Bewegung und zu den Studentendemonstrationen Stellung nehmen. Hu Jiwei, Mitglied des Ständigen Ausschusses des NVK und früherer Chefredakteur der *Volkszeitung*, bezeichnet die Rede als einen Grund zur Freude, da sie die korrekte Haltung der Partei gegenüber Demonstrationen und Umzügen widerspiegele. Die Studenten hätten aus Trauer um Hu Yaobang und für Demokratie demonstriert, weil sie China fortschrittlicher und wohlhabender machen wollten und weil sie die Reformen, besonders die der politischen Strukturen, vorantreiben wollten. Das seien unleugbare objektive Tatsachen, die von Partei und Regierung nicht außer acht gelassen werden dürften. Diese müßten vielmehr die vernünftigen Forderungen und Vorschläge der Studenten annehmen. Die von den Studenten geforderte "Pressefreiheit" habe den Journalisten viel Stoff zum Nachdenken gegeben. Pressefreiheit könne sich nur positiv auf die Stabilität der Gesellschaft auswirken. Nachrichtenunterdrückung und falsche Informationen hingegen zerstörten die Reputation der Presse und führten schließlich zum öffentlichen Unmut der Massen.

Der Politologe Yan Jiaqi von der Chinesischen Akademie für Sozialwissenschaften wertet die Erkenntnis eines führenden Parteimitglieds, daß die Forderungen junger Studenten mit den Hauptinteressen der Partei übereinstimmten, als Zeichen für die Vernunft, die Reife und das Selbstbewußtsein der Partei und ihrer Führer. Zhao Ziyang habe vorgeschlagen, das Rechtssystem auszubauen und zu vervollständigen, die demokratischen Kontrollen zu stärken und die politische Transparenz zu verbessern. Damit habe er den springenden Punkt erfaßt. Partei und Regierung hätten indes noch immer Schwierigkeiten, konkrete Maßnahmen zu präsentieren, um den Demokratisierungsprozeß voranzutreiben und die Korruption zu beseitigen. (ZQB, 6.5.89, nach SWB, 12.5.89)

* Chen Xitong hebt in seinem Bericht vom 30. Juni 1989 unter Bezugnahme auf derartige Veröffentlichungen besonders hervor, "daß Genosse Zhao Ziyang während der dringlich verschlechterten Lage die Aufgaben, die er erfüllen sollte, nicht durchführte, sondern die Presse aufhetzte, die Massen irrezuführen, so daß die bereits schlimme Lage noch schwieriger zu verbessern war. Am 6. Mai sagte Zhao Ziyang zu [den] Genossen Hu Qili und Rui Xingwen, die damals für die Propaganda und ideologische Arbeit des ZK zuständig waren, 'das Risiko ist nicht groß, wenn wir den Grad der Presseoffenheit ein bißchen steigern, über die Demonstration berichten und Berichten über die Studentenbewegung mehr Freiheit geben'. 'Gegenüber dem inländischen allgemeinen Wunsch und der internationalen fortschrittlichen Strömung können wir uns nur nach dem natürlichen Lauf der Dinge richten', sagte er ferner. Hiermit bezeichnete er die der Kommunistischen Partei Chinas und dem Sozialismus zuwiderlaufende Strömung als 'inländischen allgemeinen Wunsch' und 'internationale fortschrittliche Strömung'. Seine Anweisung wurde am selben Tag den wichtigsten Presseeinheiten in der Hauptstadt mitgeteilt, und danach [wurde] mehrmals ihre Ausführung angeordnet. So nahmen viele zentrale Zeitungen wie die 'Renmin Ribao' eine völlig bejahende und aktiv unterstützende Einstellung zu den Demonstrationen, dem Sitz- und Hungerstreik ein, berichteten ein Elaborat nach dem anderen und das sogar übertrieben. Über diese seltsame Erscheinung drückten auch die Hongkonger Zeitungen ihr Erstaunen aus." (Chen Xitong, in: BRu, 25.7.89, S. XVI)

Auch Chen Yizi berichtet, daß Zhao Ziyang am 6. Mai Hu Qili und Rui Xingwen dazu auffordert, die Medien offener berichten zu lassen. (Chen Yizi, *Zhongguo...*, S. 157)

Der "Autonome Studentenverband der Beijing-Universität" führt auf dem Campus eine Umfrage durch, um herauszufinden, ob der Vorlesungsstreik fortgesetzt werden soll. Immer noch ist eine Mehrheit für Streik. Studenten an der Pädagogischen Hochschule und an anderen Universitäten entscheiden sich ebenfalls für die Fortsetzung des Streiks. (Li Qiao u.a., "Death or Rebirth?...", S. 46)

7. Mai 1989, Sonntag

- **Weitere Minister führen Gespräche mit Studenten einzelner Hochschulen**

7. Mai 1989

- Studentenführer der Beijing-Universität kündigen die Fortsetzung des Hochschulstreiks an
- Hu Jiwei kritisiert das Vorgehen des Shanghaier Stadtparteikomitees gegen Qin Benli
- Der Shanghaier "Weltwirtschaftsbote" wird erneut zensiert

Am Morgen führen He Kang, der Minister für Landwirtschaft, und die beiden Vizeminister Wang Lianzheng und Hong Fuzeng mit 20 Studenten der Beijinger Universitäten für Landwirtschaft und für landwirtschaftliche Entwicklung ein Gespräch über Agrarproduktion, Ausbildung in den Agrarwissenschaften, Bauerninteressen usw. Die Studenten beklagen, daß der Staat in den letzten Jahren die Investitionen im Landwirtschaftssektor gesenkt habe, daß die staatlichen Ausgaben für die Universitäten für Agrarwissenschaften unzureichend seien und daß noch immer einige Gebäude ihrer Universitäten entgegen den Abmachungen von anderen Einheiten besetzt seien. Nach dem Gespräch erklärten einige der Studenten, sie begrüßten solch gleichberechtigte und offene Dialoge, doch hofften sie auf praktische Maßnahmen der Regierung, um die gegenwärtig existierenden Probleme der Agrarproduktion und der Ausbildung in den Agrarwissenschaften zu lösen. (RMRB, 8.5.89)

Am Nachmittag treffen fünf Vizeminister für Maschinenbau und Elektronikindustrie sowie weitere Vertreter des Ministeriums mit 20 Studenten der Beijinger Universität für Ingenieurswesen, der Hochschule für Unternehmensführung der Maschinenbauindustrie und der Hochschule für Informationstechnik zu einem Gespräch über folgende Themen zusammen: Erhöhung der Ausgaben im Bildungswesen, Verbesserung der Studien- und Lebensbedingungen der Studenten und der Arbeitsplatzzuweisung für Hochschulabsolventen, die Bewertung der gegenwärtigen Studentenbewegung, Ausrichtung des Marktes für Farbfernsehgeräte, die, so erklären die Studenten, zu einem illegalen Spekulationsobjekt für einige Einheiten und Einzelpersonen geworden seien, sowie Kontrolle des Imports von Autos. (RMRB, 8.5.89)

Der Generalsekretär des "Autonomen Studentenverbands Beijing" erklärt, man habe die Wiederaufnahme des Unterrichts am 5. Mai deshalb vorgeschlagen, weil man den Druck auf die Kommilitonen und ihr Opfer verringern wollte. Studenten der Beijing-Universität hätten jedoch nach der Abstimmung beschlossen, den Vorlesungsstreik fortzusetzen. (*Beizhuang de minyun*, S. 44)

Studentenführer der Beijing-Universität kündigen die Fortsetzung des Streiks für mindestens fünf Tage an. Sie fordern die Anerkennung des "Autonomen Studentenverbands", die Wiedereinsetzung Qin Benlis, die Änderung der von der Beijinger Stadtregierung erlassenen sogenannten "Zehn Bestimmungen", die das Demonstrationsrecht einschränken, und eine Entschuldigung von *China Daily* für die falsche Berichterstattung über die Bewegung. Studenten anderer Universitäten entscheiden, wieder zum Unterricht zu gehen. (N. Kristof, in: IHT, 8.5.89)

Die "Delegation Beijinger Hochschüler für den Dialog [mit der Führung]" des "Autonomen Studentenverbands Beijing" wird vom Petitionsbüro des ZK aufgefordert, am folgenden Tag dorthin zu kommen, um eine Antwort auf ihre [am 6. Mai eingereichte] Petition entgegenzunehmen. Ein Mitglied der Delegation erklärt, daß man, falls Partei und Regierung den Dialog ablehnten, die Gründe hierfür analysieren und die Forderung nach Dialog erneuern werde. (*Beizhuang de minyun*, S. 44)

Die "Delegation Beijinger Hochschüler für den Dialog [mit der Führung]" nennt [erneut] die drei Themengebiete, über die zu reden sei:
1. über die Ursachen, das Wesen und die Auswirkungen der gegenwärtigen Studentenbewegung;
2. über die Vertiefung der Reformen auf allen Gebieten, einschließlich Bildungswesen, Demokratie und Rechtssystem;
3. über Wege, wie die in der Verfassung verankerten Rechte auf Demonstrations-, Publikations- und Versammlungsfreiheit zu verwirklichen sind.
(GDWTYJ, 15.6.89, S. 16)

Studentenvertreter erklären ihre Bereitschaft, sich während des Besuchs von Gorbatschow vom 15. bis 18. Mai mit Großkundgebungen zurückzuhalten. Der Besuch sei zu wichtig für China. (rtr, nach FAZ, 8.5.89)

Der bekannte Reformer und frühere Chefredakteur der *Volkszeitung* Hu Jiwei erklärt in einem Interview, daß das Parteikomitee von Shanghai im Falle des *Weltwirtschaftsboten* falsch gehandelt habe. Das Blatt gehöre nicht dem Shanghaier Parteikomitee, daher habe dieses nicht das Recht gehabt, den Chefredakteur Qin Benli zu entlassen. Das ZK habe mehrfach betont, daß die Funktionen der Partei von denen der Regierung zu trennen und dem Volk die wichtigsten Ereignisse mitzuteilen seien. Daher verstoße die Handlungsweise des Shanghaier Parteikomitees gegen die Verfassung und gegen den Geist und die Prinzipien des ZK. Der Staatsratssprecher Yuan Mu habe kürzlich [während seines Gesprächs mit Vertretern der offiziellen Studentenverbände am 29. April] behauptet, daß es in China keine Pressezensur gebe. Niemand könne doch leugnen, so Hu Jiwei, daß in China durchaus Pressezensur herrsche. Wenn es keine Pressezensur gäbe, wie konnte das Parteikomitee der Stadt Shanghai im voraus wissen, was in der nächsten Ausgabe des *Weltwirtschaftsboten* veröffentlicht werden sollte? (MB, 8.5.89, nach SWB, 12.5.89)

Der bekannte Marxismus-Theoretiker Su Shaozhi erklärt, daß die Studentenbewegung, auch wenn sie derzeit ein Ende gefunden habe, doch einen ungeheuren Einfluß auf die weitere Politik des Landes ausüben werde. Neben dem Tod Hu Yaobangs seien politische, ökonomische und gesellschaftliche Faktoren für den Ausbruch der Studentendemonstrationen verantwortlich gewesen: Die Korruption unter den Parteifunktionären und ihre Weigerung, Verbote zu befolgen, die Verschlechterung der wirtschaftlichen Lage und der Preisanstieg hätten zu starkem Unmut im Volk geführt. Zunächst habe die Führung harte Maßnahmen gegen die Demonstrationen ergriffen, weil sie fürchtete, daß sich die Kundgebungen zu offenem Aufruhr auswachsen könnten. Dann habe sie eine große Zahl von Polizisten ausgesandt, doch nichts getan, um die Demonstrationen zu unterdrücken. So habe sie einen blutigen Zwischenfall vermieden. Dies lege den Schluß nahe, daß die Führung die Gefühle der Massen berücksichtige. Die Rede Zhao Ziyangs [zum 4. Mai] sei vernünftig gewesen, doch müsse man das weitere Handeln der Partei abwarten. (MB, 8.5.89, nach SWB, 12.5.89)

Shanghai
Das Shanghaier Parteikomitee verbietet Druck und Vertrieb der neuen Ausgabe des *Weltwirtschaftsboten*, die am morgigen Tag erscheinen soll, weil sie einen Bericht enthält, in dem die "Gesellschaft für chinesische Wirtschaft und Weltwirtschaft" die Entlassung Qin Benlis durch das Shanghaier Parteikomitee als ungesetzlich kritisiert. (*Beizhuang de minyun*, S. 44)

Jiangsu
In der Nanjing-Universität sind wieder alle Wandzeitungen, zum dritten Mal bereits, entfernt worden. Wie schon wenige Tage nach dem Tod Hu Yaobangs, so ist das Engagement der Studenten auch nach der Demonstration vom 4. Mai wieder völlig erlahmt. Einige Studenten äußern, daß Demonstrationen unter den herrschenden Zuständen nichts bewirken könnten und es besser sei, wenn sie die Universität absolvierten, um dann einflußreiche Positionen einzunehmen - falls sie nicht zuvor ins Ausland gegangen seien. Darüber hinaus werden sie von ihren Eltern ermahnt, sich nicht zu stark zu engagieren. Die Universitätsleitung hat behutsam daran gearbeitet, die Studentenaktivitäten auf den Bereich des Campus zu beschränken und jede offene Konfrontation zu vermeiden. (R. Lufrano, "Nanjing Spring...", S. 24)

8. Mai 1989, Montag

- **Studenten der Beijing-Universität streiken weiter**
- **Die Regierung verspricht eine Antwort auf die Petition der "Delegation Beijinger Hochschüler für den Dialog" für den 11. Mai**
- **Auf einer erweiterten Sitzung des Ständigen Ausschusses des Politbüros kann sich Zhao Ziyang mit seinen Vorschlägen zur Besänftigung der Lage nicht durchsetzen**
- **Hinter dem Rücken des Politbüros beginnt Deng Xiaoping mit den Vorbereitungen für die militärische Unterdrückung der Protestbewegung**

Höchstens die Hälfte der Studenten der Beijing-Universität erscheint zum Unterricht. (C. Hong, in: CD, 9.5.89) Die Streikenden veranstalten auf dem Campus der Universität eine Demonstration und rufen zur Fortsetzung des Vorlesungsboykotts auf. (*Tansuo*, Juni 1989, S. 8)

Einer ausführlicheren Darstellung zufolge stimmen nahezu 60% der Studenten der Beijing-Universität für die Fortsetzung des Unterrichtsboykotts, um ihre Forderung nach Aufnahme des Dialogs zwischen der Regierung und der "Delegation" des "Autonomen Studentenverbands Beijing" zu unterstützen. Sie stellen fünf Bedingungen für die Beendigung ihres Streiks:
1. Der Leitartikel der *Volkszeitung* vom 26. April müsse öffentlich korrigiert werden, und die gegenwärtige Studentenbewegung müsse eine objektive Neubewertung erfahren.

2. Der "Autonome Studentenverband Beijing" müsse als rechtmäßige Studentenvertretung anerkannt werden.
3. Der Staatsrat müsse unverzüglich eine statistische Untersuchung der Korruptionsfälle in der Beamtenschaft veröffentlichen und einen Untersuchungsausschuß einrichten, der mit der Bestrafung korrupter Beamter beginnen solle.
4. Der entlassene Chefredakteur des *Weltwirtschaftsboten*, Qin Benli, müsse sofort wieder eingesetzt werden.
5. Die von der Beijinger Stadtregierung erlassenen "Zehn Bestimmungen", die faktisch ein Demonstrationsverbot bedeuten, müßten überprüft und neu diskutiert werden. (*Beizhuang de minyun*, S. 45)

Diese fünf Bedingungen werden am folgenden Tag den Behörden vom "Autonomen Studentenverband der Beijing-Universität" übermittelt. (*Tansuo*, Juni 1989, S. 8)

* Chen Xitong erklärt in seinem am 30. Juni 1989 vorgelegten Bericht, die Führer des "Autonomen Studentenverbands der Beijing-Universität" sowie der Pädagogischen Hochschule Beijing hätten am Abend "infolge der Ermutigung durch [den] Genossen Zhao Ziyang und der Anstiftung einer Handvoll von Leuten" erneut einen Hochschulstreik verkündet. Nacheinander hätten viele andere Hochschulen die Fortsetzung des Streiks erklärt. Ordnungsgruppen seien organisiert worden, die lernwillige Studenten am Betreten der Hörsäle gehindert hätten. (Chen Xitong, in: BRu, 25.7.89, S. XIV)

Zheng Youmei, einer der Leiter der Petitionsbüros des ZK der KPCh und des Staatsrats, teilt den vier Studenten, die zwei Tage zuvor eine Petition mit der Forderung nach Dialog eingereicht haben, mit, daß Partei- und Regierungsvertreter mit "Arbeitern, Bauern, Intellektuellen, Studenten, Lehrern und Personen, die nicht Mitglied der Partei sind, in umfassende Kontakte und Dialoge treten werden". Er weist darauf hin, daß führende Mitglieder des Staatsrats, der Beijinger Stadtregierung und sogar einzelne Minister in den vergangenen Tagen mit Studenten Gespräche und Diskussionen geführt hätten. Um zukünftige Dialoge zufriedenstellender zu gestalten, werde die Regierung auch weiterhin verschiedene Hochschulen und Universitäten sowie den [offiziellen] Beijinger Studentenverband bitten, Fragebögen mit Punkten, die die Studenten als für die Diskussion wesentlich betrachteten, zu sammeln. Die Petition der Studenten sei am 6. Mai "routinemäßig" an das ZK, den Ständigen Ausschuß des NVK und an den Staatsrat weitergeleitet worden. (XNA, 9.5.89) Da die Führung sehr beschäftigt sei, so erklärt er weiter, habe man noch keine Teilnehmer für den Dialog bestimmt. Die Antwort verzögere sich bis zum 11. Mai. [Anschließend gehen die Studenten zum Petitionsbüro des NVK,] dessen Leiter ihnen versichert, daß die Führer des NVK sehr gern mit den Studenten und allen Bevölkerungskreisen in Dialog treten wollten. (GDWTJY, 15.6.89, S. 17)

Auf einem Treffen mit einer Delegation der türkischen Sozialdemokratischen Volkspartei kündigt Zhao Ziyang an, daß die von den Studenten genannten Probleme auf demokratischem und rechtsstaatlichem Wege gelöst würden. China werde in Zukunft nicht nur die wirtschaftlichen Reformen fördern, sondern auch die Reform der politischen Strukturen. (RMRB, 9.5.89)

8. Mai 1989

Chen Yizi zufolge findet am heutigen Tag eine von ZK-Generalsekretär Zhao Ziyang einberufene erweiterte Sitzung des Ständigen Ausschusses des Politbüros statt, zu der auch Yang Shangkun, Wan Li und Bao Tong hinzugezogen worden sind. Auf der Sitzung legt Zhao Ziyang erneut seine Position dar: Worüber die Menschen momentan am meisten unzufrieden seien, seien die Korruption und die Spekulation der Beamten. Ferner forderten sie weitere wirtschaftliche und politische Reformen. Zhao Ziyang sagte: "Ich schlage folgende sechs Punkte vor. Wenn diese veröffentlicht werden könnten, würden die Massen die aufrichtige Absicht des Zentralkomitees und des Staatsrates erkennen, die Probleme zu lösen. Das würde auch für die Lösung der Probleme selbst und für die Entschärfung der Widersprüche von Vorteil sein. Diese sechs Punkte sind:
1. Möglichst schnelle Offenlegung der Untersuchungsergebnisse über die "vier großen Unternehmen" [Die sog. "si da gongsi" sind die Chinesische Internationale Treuhand- und Investitionsgesellschaft (CITIC), die Kanghua-Gesellschaft, die Guangda-Gesellschaft und die Chinesische Landwirtschaftliche Investitionsgesellschaft. Es handelt sich um dem Staatsrat direkt unterstellte Unternehmen auf Ministeriumsebene, die in illegale wirtschaftliche Aktivitäten verwickelt sein sollen.].
2. Abschaffung der Sondervergünstigungen für Führungskader ab Viziminister-Rang aufwärts, ausgenommen hiervon nur alte Genossen über 75 Jahre, sowie Veröffentlichung der Biographien und der Vermögen dieser Personengruppe.
3. Einrichtung eines Gesellschaftlichen Überwachungskomitees beim Ständigen Ausschuß des Nationalen Volkskongresses, das speziell in Fällen von Gesetzes- und Disziplinarverstößen durch Führungskader ab Viziminister-Rang aufwärts und deren Kinder eine Klage für zulässig erklären kann.
4. Möglichst schnelle Ausarbeitung eines neuen Pressegesetzes und Ausdehnung der Pressefreiheit.
5. Unabhängigkeit der Justiz; Rechtsfälle dürfen nicht mehr [von Partei-, Sicherheits- und Justizorganen] gemeinsam behandelt werden. Sicherlich werden in einer Bewegung üble Elemente auftreten, doch man darf nicht wieder wie früher möglichst schwer und schnell aburteilen, um zu verhindern, daß Unschuldige versehentlich verurteilt werden.
6. Grundsätzlich müssen alle Probleme auf demokratische und rechtmäßige Weise gelöst werden.

Wenn alle zustimmen, schlage ich vor, daß die *Xinhua*-Nachrichtenagentur [diese 6 Punkte] in einer Bekanntmachung verbreitet und daß die *Volkszeitung* sie morgen veröffentlicht."

Chen Yizi zufolge habe Wan Li dazu erklärt: "Ich stimme der Meinung des Genossen Ziyang voll und ganz zu." Li Peng habe jedoch Zhao barsch abgewiesen: "Das ist nur deine persönliche Meinung. Das Politbüro hat darüber nicht diskutiert. [Deshalb] kann [dein Vorschlag] nicht den Standpunkt des Politbüros repräsentieren." (Chen Yizi, *Zhongguo...*, S. 158; ders., in: J.P. Béja, *Le tremblement de terre...*, S. 522)

Die Parteiveteranen Deng Xiaoping, Chen Yun, Yang Shangkun, Bo Yibo, Peng Zhen, Li Xiannian und Wang Zhen sollen am heutigen Tag auf einem Treffen beschlossen haben, die studentische Protestbewegung niederzuschlagen und den ZK-Generalsekretär Zhao Ziyang zu entmachten. (SCMP, ohne Datum, nach: M. Naß, in: *Die Zeit*, 2.6.89)

Chen Yizi zufolge soll Deng Xiaoping am heutigen Tag damit begonnen haben, die verantwortlichen Militärführer aller Militärregionen, aller Teilstreitkräfte und aller Waffengattungen herbeizuzitieren, um die Verlegung von Truppen [nach Beijing] anzuordnen. Am 17. Mai seien die militärischen Vorbereitungen für die Unterdrückung der Protestbewegung abgeschlossen worden. Die von Deng angeordneten Truppenverlegungen seien völlig hinter dem Rücken des Politbüros und des ZK-Generalsekretärs und stellvertretenden Vorsitzenden der ZK-Militärkommission Zhao Ziyang vorgenommen worden. (Chen Yizi, *Zhongguo...*, S. 164)

Shanghai
Die jeden Montag erscheinende Wochenzeitschrift *Weltwirtschaftsbote* wird mit Verspätung ausgeliefert, weil das Shanghaier Parteikomitee einen Artikel auf der Titelseite ablehnte, der die Entlassung des Chefredakteurs Qin Benli durch das Stadtparteikomitee kritisierte. (ICM, Juli 1989, S. 30)

9. Mai 1989, Dienstag

- **Über 1.000 Beijinger Journalisten verlangen in einer namentlich unterzeichneten Petition einen Dialog mit Vertretern der Parteiführung**
- **Die wichtigsten stellvertretenden NVK-Vorsitzenden unterstützen die sechs Vorschläge von Zhao Ziyang zur Entschärfung der Situation**

Pressevertreter überreichen dem Sekretariat der Chinesischen Journalistenvereinigung eine von 1.013 Beijinger Journalisten unterzeichnete Petition. Die Unterzeichner stammen aus über 30 Beijinger Einheiten des Nachrichtenwesens, einschließlich der *Volkszeitung*, der *Xinhua*-Nachrichtenagentur, der *Wirtschaftszeitung*, der *Chinesischen Jugend-Zeitung*, der *Guangming-Zeitung*, der *Beijing-Tageszeitung* und der *Beijing-Abendzeitung*. In der Petition fordern sie einen Dialog mit führenden Vertretern der Propagandaabteilung des ZK über die folgenden drei Punkte:
1. Die Entlassung von Qin Benli als Chefredakteur des Shanghaier *Weltwirtschaftsboten*, die im In- und Ausland starke Reaktionen hervorgerufen habe.
2. Das Versagen der chinesischen Presse, objektiv, fair und umfassend über Aktivitäten der Studenten in den letzten Wochen zu berichten. Dieses Versagen, das auf mehrere Gründe zurückzuführen sei, habe eine Verschlechterung der Situation bewirkt und das auf dem XIII. Parteitag der KPCh verkündete Prinzip verletzt, nach dem wichtige Ereignisse dem Volk bekanntzumachen sind.
3. Der Staatsratssprecher Yuan Mu habe während seines Dialogs mit Studenten am 29. April in Beijing erklärt, daß die Chefredakteure für den Inhalt

ihrer Zeitungen verantwortlich seien. Das entspreche nicht den Tatsachen. Es sei dringend erforderlich, dieses Problem im Zuge der Reform des Pressewesens zu lösen.
Zwei Mitglieder des Sekretariats der Chinesischen Journalistenvereinigung, Yang Yi und Tang Fei, empfangen die Delegation der Journalisten, die die Petition überreichten. Diese erklären, daß die Unterzeichner nicht im Namen ihrer Redaktionen, sondern als Einzelpersonen gehandelt hätten. Sie fügen hinzu, daß diese Petition dem Geist der Rede Zhao Ziyangs vom 3. Mai entspreche. Yang Yi dankt den Pressevertretern für ihr Vertrauen in die Chinesische Journalistenvereinigung und sagt zu, die Petition an die zuständigen Stellen weiterzuleiten. Während die Petition überreicht wird, versammeln sich an die tausend Beijinger Hochschulstudenten vor dem Gebäude der Chinesischen Journalistenvereinigung, um die Forderung der Journalisten zu unterstützen. Sie rufen: "Sprecht für das Volk, das ist von großer Wichtigkeit" und "Vereinigt euch, um Chinas Aufschwung zu fördern". (RMRB, GMRB, XNA, 10.5.89; BRu, 23.5.89)

Schließlich ziehen die Studenten in einem langen Zug um den Tiananmen-Platz und danach am Verlagsgebäude der *Volkszeitung* vorbei, wo sie gegen die die Wahrheit verdrehenden Artikel des ZK-Organs Protestparolen rufen. Danach kehren sie in die Universitäten zurück. (*Beizhuang de minyun*, S. 46; Li Qiao u.a., "Death or Rebirth?...", S. 47)

* In seinem am 30. Juni 1989 vorgelegten Bericht spricht Chen Xitong von etwa zehntausend Studenten von mehr als zehn Beijinger Hochschulen, die an diesem Tag auf die Straße gegangen seien, um die Journalisten zu unterstützen, Flugblätter zu verteilen und für den Hochschulboykott sowie einen Hungerstreik zu agitieren. Damit habe der "Aufruhr" erneut einen Höhepunkt erreicht. Weiter kritisiert Chen Xitong, daß Zhao Ziyang erst an diesem Tag "widerstrebend" eine Sitzung einberufen habe, und zwar auf Druck des Parteikomitees und der Regierung der Stadt Beijing, sich aber den Bericht der Beijinger Stadtregierung gar nicht angehört habe. "Als manche Genossen auf der Sitzung die Meinung äußerten, daß die Rede vom Genossen Zhao Ziyang vom 4. Mai nicht mit dem Sinn des Leitartikels [der *Volkszeitung*] vom 26. April übereinstimme, sagte er mit ernsten Worten und strenger Miene: 'Wenn ich Falsches gesagt habe, verantworte ich das.' Als manche Genossen erklärten, die an der ersten Linie [gemeint ist: in vorderster Front] arbeitenden Genossen meinten, daß sie 'verraten wurden', fragte Genosse Zhao Ziyang empört: 'Wer hat sie verraten? Nur in der großen Kulturrevolution wurde jemand verraten!'" (Chen Xitong, in: BRu, 25.7.89, S. XIV) - Vergleiche die Darstellung von Chen Yizi, demzufolge eine erweiterte Sitzung des Ständigen Ausschusses des Politbüros am 8. Mai stattfindet.

Chen Yizi zufolge informiert der reformorientierte NVK-Vorsitzende Wan Li die KPCh-Mitglieder unter den stellvertretenden Vorsitzenden des Ständigen Ausschusses des NVK über die sechs Vorschläge, die Zhao Ziyang gestern dem Ständigen Ausschuß des Politbüros vorgetragen hat. Alle versammelten stellvertretenden NVK-Vorsitzenden begrüßen die sechs Vorschläge von Zhao und beschließen: Falls das Zentralkomitee und der Staatsrat die Vorschläge nicht veröffentlichen, werden sie im Namen des Ständigen Ausschusses des NVK bekanntgemacht. Nachdem Li Peng von diesem Beschluß der stellvertretenden NVK-Vorsitzenden erfahren hat, teilt er Wan Li in einem Telephongespräch mit, daß das Politbüro die Vorschläge Zhaos nicht diskutiert habe und die Parteizentrale einer Veröffentlichung nicht zustimme. (Chen Yizi, *Zhongguo...*, S. 158 f.)

Gansu
Als Reaktion auf die Demonstrationen und Petitionen der Lanzhouer Studenten setzen sich Vertreter des Parteikomitees der Provinz und der Provinzregierung mit einigen Studentenvertretern der Lanzhou-Universität und der Nordwest-Hochschule für Nationalitäten zusammen. Beide Treffen sind vom Studentenverband der Provinz Gansu organisiert worden. Die Studenten fragen nach der Bewertung ihrer Demonstration am 4. Mai durch die Provinzregierung, nach Gründen für die Unterschlagung dieses Ereignisses seitens der Medien der Provinz Gansu, nach den Ämtern und Einkünften von nahen Verwandten der bedeutendsten Provinzführer (einer konkreten Antwort weichen die Funktionäre aus), nach Maßnahmen der Provinzbehörden gegen die zahlreichen Diebstähle in Lanzhou. Zu den Themen Erziehung in Gebieten mit einem hohen Anteil an nationalen Minderheiten, Investitionen im Bildungswesen, Arbeitsplatzzuweisung für Hochschulabsolventen sowie Einkommen und Lebensbedingungen der Intellektuellen räumen die Regierungsvertreter ein, daß in Gansu tatsächlich zu wenig Investitionen auf das Bildungswesen entfielen, die Arbeitsplatzzuweisung unzulänglich sei und daß die Bezahlung von Hochschullehrern zu gering und ihre Lebensbedingungen unbefriedigend seien. Sie kündigen Maßnahmen zur Lösung dieser Probleme an. (*Radio Gansu*, 9.5.89, nach SWB, 13.5.89)

Shanxi
* Laut dem von Chen Xitong am 30. Juni 1989 vorgelegten Bericht stürmen demonstrierende Studenten in Taiyuan in den Sitz des Parteikomitees und der Regierung der Provinz und stören die gerade zu dieser Zeit stattfindende internationale Konferenz über wirtschaftliche und technische Zusammenarbeit, die Messe für Import- und Exportwaren und das Volkskunstfestival. Mit dieser Aktion, so Chen Xitong, verursachten sie "sehr schlechte Eindrücke im Inland und Ausland". (Chen Xitong, in: BRu, 25.7.89, S. XIV)

10. Mai 1989, Mittwoch

- **Das Ministerium für Verwaltungskontrolle geht auf die Forderungen der Studenten nach mehr Transparenz bei der Bekämpfung der Korruption ein**
- **Zhao Ziyang bekräftigt Bereitschaft zu demokratisch und rechtsstaatlich orientierten politischen Reformen**
- **Parlamentspräsident Wan Li beruft eine Sitzung der führenden Mitglieder des Ständigen NVK-Ausschusses ein, die sich u.a. mit den von den Studenten angesprochenen Problemen beschäftigen**

10. Mai 1989

- Die "Delegation Beijinger Hochschüler für den Dialog" kündigt Vorlesungsstreiks und Demonstrationen für den Fall an, daß die politische Führung nicht auf die Forderung nach Dialog eingeht
- Fahrraddemonstration Beijinger Studenten für Pressefreiheit
- Erweiterte Sitzung des Politbüros: Zhao Ziyang kritisiert den Shanghaier Parteichef Jiang Zemin wegen "ultralinken" Verhaltens gegenüber reformorientierten Intellektuellen

Die parteiamtliche *Volkszeitung* und die *Guangming-Zeitung* berichten auf der Titelseite über die am Vortag eingereichte Petition von über 1.000 Beijinger Journalisten, in der sie einen Dialog mit der Propagandaabteilung des ZK fordern. Die drei Punkte, über die zu sprechen sie verlangen, werden in den Meldungen indes nicht angeführt. (RMRB, GMRB, 10.5.89)

In ihrer Überseeausgabe zitiert die *Volkszeitung* Xue Mufeng, einen Sprecher des Ministeriums für Verwaltungskontrolle: Bislang werde die Presse in der Regel erst dann über Korruptionsfälle informiert, wenn diese bereits geklärt seien. In Zukunft wolle man der Presse erlauben, in Bestechungsfällen, die dem Ministerium übergeben worden seien, zu recherchieren und darüber fortlaufend zu berichten. Darüber hinaus wolle das Ministerium öffentlich darlegen, wie solche Fälle behandelt werden. Diese Entscheidungen, so Xue Mufeng, gingen auf die kürzlich erhobenen Forderungen der Beijinger Studenten nach einem verschärften Kampf gegen die Korruption zurück. (Nach SWB, 13.5.89)

Zhao Ziyang erklärt während einer Zusammenkunft mit einer Delegation der bulgarischen KP, daß die Probleme im Zusammenhang mit der Wirtschaftsreform nur schwer zu überwinden seien, wenn es keine Reform des politischen Systems gebe. In einem so großen Entwicklungsland wie China müßten die politischen Reformen natürlich wohlbedacht durchgeführt werden. Kernpunkte der angestrebten politischen Reformen seien der Aufbau der Demokratie und eines Rechtssystems. (RMRB, 11.5.89)

Auf Initiative des NVK-Vorsitzenden Wan Li treffen die stellvertretenden Vorsitzenden des Ständigen Ausschusses des NVK zu einer Sitzung zusammen. Sie beschließen, daß die 8. Sitzung des Ständigen NVK-Auschusses um den 20. Juni in Beijing beginnen und etwa eine Woche lang dauern soll. Auf der Sitzung sollen ein Demonstrationsgesetz beraten und ein Beschluß über den Zeitpunkt der Wahlen zu den Volkskongressen auf Gemeinde- und Kreisebene gefaßt werden. Außerdem sollen Berichte zu folgenden Themen gehört und diskutiert werden: Überprüfung und Ausrichtung verschiedener Firmen [deren Führungskader der Korruption beschuldigt werden], die derzeitigen Studentendemonstrationen und der Unterrichtsboykott sowie der Stand der Arbeiten am Entwurf eines neuen Pressegesetzes. (RMRB, 12.5.89) - Die NVK-Führung gibt damit zu erkennen, daß sie bereit ist, sich mit den von den Studenten angesprochenen Problemen zu beschäftigen.

Die "Delegation Beijinger Hochschüler für den Dialog [mit der Führung]" betont ihre Entschlossenheit, erneut zum Vorlesungsstreik und zu Demonstrationen aufzurufen, falls die Regierung auch morgen, am 11. Mai, den Dialog verschieben oder ablehnen werde. (GDWTYJ, 15.6.89, S. 17) - Das bezieht sich auf die Petition, die Mitglieder dieses Gremiums am 6. Mai an Partei und Regierung gerichtet und in der sie ultimativ bis zum 8. Mai eine Antwort verlangt haben. Die Führung hat am 8. Mai versprochen, am 11. Mai zu der Petition Stellung zu nehmen.

Rund 10.000 Studenten von mehreren Beijinger Hochschulen demonstrieren mit einem Fahrradkonvoi für Pressefreiheit und eine beschleunigte Fortsetzung des Dialogs mit der Partei. Sie halten jeweils für eine Weile vor den Gebäuden des Zentralen Rundfunksenders, des Zentralen Fernsehsenders, der *Xinhua*-Nachrichtenagentur, der *Volkszeitung*, der *Guangming-Zeitung*, der *Beijing-Tageszeitung* und der Propagandaabteilung des ZK. Sie rufen Parolen wie "Pressefreiheit", "Unterstützt die Petition der Beijinger Journalisten [vom 9. Mai]" und "Wir fordern baldige Gespräche mit Partei- und Regierungsvertretern". Dies ist die größte Aktion, seit Tausende von Studenten am 4. Mai in der Stadtmitte Beijings demonstriert haben. (XNA, 11.5.89) Einige tragen Stirnbänder mit der Aufschrift: "Im Kampf für die Freiheit fürchten wir nicht, unser Leben zu opfern." (*Beizhuang de minyun*, S. 47) Protestiert wird auch gegen den Ausschluß dreier Kommilitonen aus der Kunsthochschule, weil sie Wandzeitungen mit Demonstrationsaufrufen angebracht haben. (dpa, rtr, nach FRu, 11.5.89)

Um 14.00 Uhr versammeln sich die demonstrierenden Studenten vor dem Ministerium für Rundfunk, Film und Fernsehen und skandieren "Nachrichtenfreiheit", "Die *Volkszeitung* täuscht das Volk", "*Volkszeitung*, reformiere dich" usw. Gegen 15.00 Uhr fahren die Demonstranten zum Gebäude der *Xinhua*-Nachrichtenagentur und rufen: "Sag die Wahrheit, Xinhua-Nachrichtenagentur!" Gegen 16.00 Uhr fordern sie vor dem Gebäude der Propagandaabteilung des ZK der KPCh Pressefreiheit, anschließend ziehen sie zum Sitz der *Volkszeitung*. Die Polizei greift während der Protestkundgebungen nicht ein, sondern beschränkt sich darauf, den Verkehr zu regeln. (*Beizhuang de minyun*, S. 47)

In den Straßen von Beijing demonstrieren mehr als 40 "radikale Schriftsteller jüngeren und mittleren Alters" über zwei Stunden lang. Auf ihrem Transparent verkünden sie, daß die Schriftsteller das Gewissen der Nation seien und rufen nach uneingeschränkter Publikations- und Schaffensfreiheit. (ZTS, ohne Datum, nach SWB, 12.5.89) Sie tragen weiße Hemden, auf die sie die Titel ihrer Werke und ihren Namen geschrieben haben. Sie starten am Xibianmen, folgen dem Demonstrationszug der Studenten Richtung Osten und beenden ihre Demonstration nach einem Zug um den Tiananmen-Platz. (*Beizhuang de minyun*, S. 48) Unter den Demonstranten befindet sich auch Su Xiaokang, Autor der umstrittenen sechsteiligen Fernsehserie *Heshang (Flußelegie)*. Dies ist wohl die erste Demonstration von Schriftstellern seit Gründung der VR China. (GDWTYJ, 15.6.89, S. 17)

Der Studentenführer Yu Fangxin, der einer unabhängigen Studentenorganisation vorsteht, kündigt eine Demonstration zur Begrüßung Gorbatschows am 15. Mai an. (P. Ellingsen, in: FT, 11.5.89)

In einer offenen Diskussion mit mehreren Studenten der Beijinger Volksuniversität, organisiert von der Vereinigung junger Lehrer und der Jugendabteilung der Gewerkschaft der Universität, würdigen einige Lehrer die Studentenbewegung. Einige drängen die Studenten, zum Unterricht zurückzukehren und auf legalen Wegen nach Demokratie zu streben. Andere warnen die Studenten, darauf zu achten, daß die Bewegung nicht durch Gegner der Reformen mißbraucht werde. (CD, 11.5.89)

Heute findet eine erweiterte Sitzung des Politbüros statt, auf der das Verhalten der Führung gegenüber den Demonstrationen diskutiert wird. An der Sitzung nehmen auch die Sekretäre der Parteikomitees von neun Städten, in denen es zu Studentenprotesten gekommen ist, teil: Beijing, Shanghai, Nanjing, Guangzhou, Changsha, Wuhan, Xi'an, Fuzhou und Chongqing. Aus Shanghai nehmen der Stadtparteisekretär Jiang Zemin, der für Propaganda zuständige stellvertretende Parteisekretär, Zeng Qinghong, und der stellvertretende Leiter der Propagandaabteilung, Liu Ji, teil. (Hu Zhiwei, *Jiang Zemin chuanqi*, S.261) - Einer anderen Quelle zufolge findet die Sitzung am 11. Mai statt (siehe dort).

Zhao Ziyang soll auf der Sitzung Jiang Zemin schwere Vorwürfe wegen seines Vorgehens gegen den *Weltwirtschaftsboten* gemacht haben. Folgender Dialog soll sich nach Darstellung von Hu Zhiwei, Verfasser einer in Taibei erschienenen Publikation über Jiang Zemin, abgespielt haben.

DOKUMENT

"Du machst aus einer Mücke einen Elefanten"
- Die Kritik Zhao Ziyangs an Jiang Zemin auf der erweiterten Sitzung des Politbüros am 10. Mai 1989

Zhao Ziyang:
"Ich war schon immer der Meinung, daß Besänftigen besser ist als Blockieren... Wenn du nicht zuläßt, daß die Zeitungen wahrheitsgetreu die Nachrichten über die Studentenbewegung melden, dann machen die Studenten selbst Zeitungen... Um auf den Shanghaier *Weltwirtschaftsboten* zu sprechen zu kommen, so hat, nur weil er einen Artikel zum Gedenken an den Genossen Yaobang abgedruckt hat, gleich jemand [gemeint ist Jiang Zemin] gesagt: 'Möglicherweise führt das zu Aufruhr', und angeordnet, den Chefredakteur besagter Zeitung, Qin Benli, zu entlassen. Genosse Jiang Zemin, du machst aus einer Mücke einen Elefanten und provozierst ohne jeden Grund einen Zwischenfall. Mal sehen, wie du damit fertig wirst."

Jiang Zemin:
"Meine Anweisung, den *Weltwirtschaftsboten* politisch auszurichten, befand sich in völliger Übereinstimmung mit dem Geist des Leitartikels des ZK vom 26. April. Der Leitartikel wies darauf hin, daß eine äußerst kleine Zahl von Menschen mit Hintergedanken die Gefühle der Trauer der Studenten um den Genossen Hu Yaobang ausnutzten, um Aufruhr anzuzetteln. Nur um dem drohenden Schaden rechtzeitig vorzubeugen und zu verhindern, daß in Shanghai ein Chaos wie in Beijing herrscht, habe ich entschlossen angeordnet, den *Weltwirtschaftsboten* auszurichten."

Zhao Ziyang:
"Aber die Dinge liefen nicht wunschgemäß. Im eigentlich sehr friedlichen Shanghai brach nur wegen des Vorfalls mit dem *Boten* große Unruhe aus. Es gingen nicht nur an die 10.000 Studenten der Fudan-Universität und anderer Universitäten in Shanghai auf die Straße, um Qin Benli zu unterstützen, selbst die Redakteure und Journalisten in Beijing zeigten ihre öffentliche Empörung. Gestern richteten über 1.000 Pressearbeiter eine Bittschrift an den Journalistenverband und forderten einen Dialog mit der Führung. Leute von der *Volkszeitung*, der *Beijing-Tageszeitung*, der Nachrichtenagentur *Xinhua*, des Zentralen Fernsehens und Rundfunks gingen alle auf die Straße. Eben vor der Sitzung demonstrierten über 100 junge Schriftsteller auf dem Fahrrad und trugen die Querrollen "Wir alle sind Qin Benlis" und "Für die Demokratie kämpfen". An der Demonstration nahmen Idole der Jugend wie Zheng Yi, Su Xiaokang und Xu Gang teil und lockten Zigtausende Bürger zum Zuschauen an. Jetzt haben die Herzen des Volkes Mitgefühl mit dem *Boten*. Einige Rechtsexperten der Politischen und Juristischen Universität sind dabei, eine Klageschrift aufzusetzen. Sie wollen bei Gericht den Genossen Jiang Zemin wegen Verstoßes gegen die Verfassung, Verletzung der Pressefreiheit und Verletzung der Ehre des *Boten* anklagen. Genosse Zemin, dies ist wahrlich nicht das Zeitalter zur Ermunterung des Klassenkampfes. Wenn gar nichts los ist, darfst du auf gar keinen Fall einen Streit vom Zaum brechen."

Jiang Zemin (entrüstet):
"Die Behandlung des *Boten* durch das Shanghaier Stadtkomitee verstößt überhaupt nicht gegen die Verfassung. Die erste Ausgabe des *Boten* erschien im März 1980. Die Shanghaier Akademie der Sozialwissenschaften stellte den Antrag, und die Propagandaabteilung des Stadtkomitees genehmigte die Publikation, deshalb war der *Bote* nie eine vom Volk betriebene Zeitung..."

Unterbrechung durch Zhao Ziyang:
"Meiner Kenntnis nach wurde der *Weltwirtschaftsbote* von Qin Benli, dem Wirtschaftswissenschaftler Qian Junrui und einigen alten Zeitungsleuten gemeinsam betrieben. Der Kurs für das Betreiben der Zeitung und die Rederichtung ist auch selbst festgelegt worden, nie hat man das Shanghaier Stadtkomitee sich darum kümmern lassen. Qin Benli wurde für den Posten des Chefredakteurs auch keineswegs vom Shanghaier Stadtkomitee ernannt, sondern von den Kollegen des Zeitungsverlags spontan gewählt. Die zuständigen Organe für den *Boten* sind die Chinesische Vereinigung für Weltwirtschaft und die Shanghaier Akademie der Sozialwissenschaften. Wenn es um eine Bestrafung Qin Benlis geht, so sind diese beiden Institutionen verantwortlich. Warum mußt du dich als Sekretär des Stadtkomitees darum kümmern?"

Jiang Zemin:
"Es ist bald 40 Jahre her, daß wir den Staat gegründet haben. Wann hatten wir jemals eine [unabhängige] Zeitung von Journalisten? Der *Bote* wird vom Institut für Weltwirtschaft der Shanghaier Akademie der Sozialwissenschaften ver-

10. Mai 1989

waltet, und überdies ist der stellvertretende Direktor dieses Instituts und Sekretär seines Parteikomitees, Qin Benli, gleichzeitig Chefredakteur. Qin Benli selbst ist ein Kader auf der Amts- bzw. Hauptabteilungsebene unter der Führung des Stadtkomitees. Seine Ernennung und Überprüfung wird vom Stadtkomitee bestimmt. Kann ich, der Sekretär des Stadtkomitees, etwa nicht einen Kader auf Amtsebene zur Rechenschaft ziehen? Kann es korrekt sein, wenn ich nicht den Weisungen des ZK folge?"

Zhao Ziyang:
"Ich habe nicht gesagt, daß du nicht dem ZK folgen sollst. Ich kritisiere, daß du aus einer Mücke einen Elefanten machst. Der Beschluß des Shanghaier Stadtkomitees verstößt gegen den Geist des Berichts unseres XIII. Parteitags bezüglich der Trennung von Partei- und Regierungskompetenzen. Und die Behandlung Qin Benlis entspricht auch nicht den Bestimmungen über die Ernennung und Entlassung von Kadern."

Jiang Zemin:
"Der Leitartikel der *Volkszeitung* an dem Tag wies darauf hin, daß eine Handvoll Menschen mit Hintergedanken die Gefühle der Trauer der Studenten um den Genossen Hu Yaobang ausnutzten, um Aufruhr anzuzetteln..."

Zhao Ziyang (zornig):
"Mein lieber Jiang Zemin, wieso bist du so geschwätzig und läßt dich nicht belehren? Dem Genossen Yaobang gibt das ZK eine sehr hohe Wertung. Wie kannst du die Trauer des *Boten* um Hu Yaobang mit Aufruhr in Verbindung bringen? Im letzten Jahr starb Jiang Jingguo. Ich habe im Namen des ZK ein Kondolenztelegramm nach Taibei geschickt. Deinen Reden zufolge habe ich damit ein großes Verbrechen begangen. Genosse Zemin, vor der Bestrafung Qin Benlis hast du das ZK überhaupt nicht um Anweisungen ersucht. Jetzt ist das Unheil ausgebrochen, und du wirst passiv. Du mußt selbst damit fertig werden! Die Glocke losbinden muß schließlich derjenige, der sie festgebunden hat. Wenn sich jede Provinz und jede Stadt gegenüber den Intellektuellen so ultralinks verhält [wie du in Shanghai], soll ich dann in den einzelnen Provinzen herumreisen und mich bei den Geschädigten entschuldigen? In den letzten Jahren hat es eine Serie merkwürdiger Ereignisse gegeben... Ihr richtet überall Unheil an, und ich muß dann überall hingehen, um die Hände zu falten und mich tief [vor den Opfern eurer Politik] zu verbeugen. Warum ziehen wir eigentlich nie Lehren aus etwas?"

Jiang Zemin:
"Ich habe Qin Benli keine Schwierigkeiten bereitet. Er soll nur eine Selbstkritik machen, weil die Zeitung von Anbeginn des Kampfes gegen die geistige Verschmutzung und bürgerliche Liberalisierung bis heute schon dreimal entgleist ist."

Zhao Ziyang:
"Qin Benli wurde für den Posten des Chefredakteurs keineswegs vom Shanghaier Stadtkomitee ernannt, sondern von den Kollegen des Zeitungsverlags spontan gewählt. Im Verlauf des Betreibens der Zeitung hat man nicht einen Pfennig vom Staat bekommen. Worauf stützt du dich, daß du dich in den Kurs für das Betreiben der Zeitung einmischst? Um so mehr, wo dies die ganzen Mitarbeiter des *Boten* und die sie unterstützenden Leser tangiert? Wenn er keinen Fehler gemacht hat, warum soll er dann gegen sein Gewissen Selbstkritik üben?"
(Hu Zhiwei, *Jiang Zemin chuanqi*, S. 261-264)

Shanghai
In Shanghai führen Vertreter des Parteikomitees und der Stadtregierung ein Gespräch mit dem Lehrpersonal, den Studenten, Angestellten und Arbeitern der Hochschule für Verkehr. Nachdem sie sich die Probleme der Lehrenden und Lernenden angehört haben, erklärt der stellvertretende Parteisekretär Shanghais, Wu Bangguo, daß die Führung und die Studenten einen identischen Standpunkt bei der Kritik an Fehlern in der Reform und der Öffnung nach außen, an korrupten Funktionären usw. verträten. Die Praxis habe gezeigt, daß solche Probleme durch "demokratische, legale Kanäle" gelöst werden sollten. Bereits im Dezember 1988 hätten Führer der Stadt in 17 Gruppen etwa 20 Hochschulen und Universitäten besucht und mit dem Lehrpersonal, den Studenten, Angestellten und Arbeitern Gespräche geführt. Ungefähr 67% der etwa 100 Probleme, die dabei zur Sprache gekommen seien, habe man innerhalb eines Monats gelöst. Die verbleibenden Probleme befänden sich bereits auf dem Weg der Lösung oder seien an übergeordnete Behörden zur Lösung weitergeleitet worden. (*Radio Shanghai*, 10.5.89, nach SWB, 17.5.89)

Qinghai
Partei- und Regierungsführer der Provinz Qinghai treffen mit Studentenvertretern aus sechs Hochschulen und Universitäten Xinings zusammen. Die Studenten stellen Fragen zu den Themen: anständige Regierung, Ausgaben im Erziehungssektor, Offenheit im Nachrichtenwesen, Bau neuer, nicht für die Produktion bestimmter Gebäude statt Ausbau und Renovierung baufälliger Universitätsgebäude, schlimme Zustände in der Gesellschaft. (*Radio Qinghai*, 10.5.89, nach SWB, 13.5.89)

Shanxi
Tausende von Studenten demonstrieren in den Straßen Taiyuans. Sie halten Sitzstreiks vor dem Gebäude der Provinzregierung ab und fordern ein Gespräch mit dem Provinzgouverneur von Shanxi. (XNA, 11.5.89)

* Chen Xitong erklärt in seinem am 30. Juni 1989 vorgelegten Bericht, die Studenten hätten den Sitz des Parteikomitees und der Regierung der Provinz gestürmt, verschiedene - auch internationale - Veranstaltungen gestört und somit

im In- und Ausland "schlechte Eindrücke" hervorgerufen. (Chen Xitong, in: BRu, 25.7.89, S. XIV) Vergleiche hierzu auch den 9. Mai, Shanxi.

Shaanxi
Vertreter von Partei und Regierung der Provinz Shaanxi führen ein Gespräch mit den leitenden Kadern einiger Universitäten und Hochschulen. Studentenführer der Technischen Hochschule Xibei in Xi'an rufen das Büro des Gouverneurs an und erkundigen sich nach einer Reaktion auf ihre am 4. Mai überreichten Petitionen, in denen sie um einen offenen Dialog mit Partei- und Regierungsführern der Provinz bitten. (*Radio Shaanxi*, 11.5.89, nach SWB, 17.5.89)

11., 12. und 13. Mai 1989

- **Partei- und Regierungsführer führen Gespräche mit Journalisten**

Hu Qili, Mitglied des Ständigen Ausschusses des Politbüros, Wang Renzhi, Leiter der Propagandaabteilung des ZK und andere Parteivertreter setzen sich mit Redakteuren, Journalisten und Kadern der *Xinhua*-Nachrichtenagentur, der *Volkszeitung*, der *Guangming-Zeitung* und der *Chinesischen Jugend-Zeitung* zu Gesprächen zusammen. Dies ist die Reaktion auf die Petition von über 1.000 Beijinger Journalisten, die am 9. Mai einen Dialog mit führenden Vertretern der ZK-Propagandaabteilung gefordert haben. Hu Qili dankt den Pressevertretern für ihre Kritik und erklärt, es sei jetzt dringend geboten, die Reform des Pressewesens durchzuführen. Das auf dem XIII. Parteitag der KPCh verkündete Prinzip, die wichtigsten Ereignisse der Bevölkerung mitzuteilen und von ihr diskutieren zu lassen, müsse verwirklicht werden. Die Gespräche, die der *Guangming-Zeitung* zufolge in einer freundlichen und harmonischen Atmosphäre verlaufen sind, sollen fortgesetzt werden. (GMRB, 14.5.89)

11. Mai 1989, Donnerstag

- **Die Führung schiebt erneut die versprochene Stellungnahme zur Petition der "Delegation Beijinger Hochschüler für den Dialog" vom 6. Mai hinaus**
- **Der "Autonome Studentenverband Beijing" beschließt daraufhin eine Massendemonstration für den 15. Mai**

Das Petitionsbüro des ZK der KPCh und des Staatsrats versichert den Studenten, daß das ZK der KPCh die Besorgnis der Studenten verstehe. Innerhalb einer Woche werde die "Delegation Beijinger Hochschüler für den Dialog [mit der Führung]" eine konkrete Antwort [auf ihre Petition vom 6. Mai] erhalten. (GDWTYJ, 15.6.89, S. 17)

Laut einer anderen Darstellung erklärt ein Funktionär der Petitionsbüros des ZK der KPCh und des Staatsrats den Studenten telefonisch, daß das ZK der KPCh die Vorschläge der Studenten für den Dialog beschleunigt prüfe. (*Beizhuang de minyun*, S. 49) - Das erste Ultimatum hatten Partei und Regierung bereits verstreichen lassen, dabei aber für den heutigen Tag eine Antwort zugesagt. Daß auch diese Zusage nicht eingehalten wird, werten viele Studenten als Beweis für die Gleichgültigkeit der Führung gegenüber ihren Anliegen und als Teil einer Zermürbungstaktik gegenüber ihrer Bewegung.

Am Nachmittag treten die Mitglieder des "Vorbereitungskomitees des Autonomen Studentenverbands Beijing", dem Vertreter aller Hochschulen und Universitäten der Stadt angehören, zusammen. Weil das Parteibüro der KPCh keine klare Antwort auf ihre Vorschläge für den Dialog gegeben hat, beschließen sie, am 15. Mai eine weitere Massendemonstration zu veranstalten (*Tansuo*, Juni 1989, S. 8), d.h. genau an dem Tag, an dem der sowjetische Partei- und Staatschef Gorbatschow zum sino-sowjetischen Gipfeltreffen in Beijing eintreffen wird.

Studenten der Beijing-Universität (und anderer Hochschulen, laut *Beizhuang de minyun*, S. 49) planen, Gorbatschow in einem offenen Brief an die sowjetische Botschaft in Beijing zu einer Rede auf dem Campus der Universität einzuladen. (rtr, nach FT, 12.5.89) Bis zum Abend werden 1.200 Unterschriften für den Brief gesammelt. (rtr/afp, nach TST, 13.5.89)

Über 500 Studenten der Tianjiner Nankai-Universität fahren mit dem Rad nach Beijing. Auch Studenten der Shanghaier Fudan-Universität senden eine Petitionsdelegation in die Hauptstadt, die die Beijinger Kommilitonen unterstützen und an den Demonstrationen teilnehmen soll. (*Beizhuang de minyun*, S. 49)

Das Politbüro der KPCh erörtert auf einer erweiterten Sitzung in Beijing, wie auf die Gegenmaßnahmen der Studentenbewegung zu reagieren und welche Verfahrensweise für einen Dialog mit den demonstrierenden Studenten zu ergreifen sei. Deng Xiaoping nimmt an dieser Sitzung nicht teil. Einige altgediente Genossen - lange Zeit für Einheitsfront- und Propagandaarbeit zuständig - haben einen gemeinsamen Brief an die Führungsspitze des ZK gerichtet, in dem sie ihre Hoffnung ausdrücken, daß diese möglichst rasch beschließen möge, mit den Studenten einen Dialog zu führen. Sie sind der Ansicht, daß Vertreter der Führungsspitze wie Zhao Ziyang und Li Peng mit den Studenten sprechen sollten und nicht Funktionäre wie Yuan Mu, die nur Öl ins Feuer gießen würden. Ein Teil der Führungsspitze ist anderer Meinung. (*Beizhuang de minyun*, S. 49) - Nach einer anderen Quelle hat diese erweiterte Sitzung des Politbüros am 10. Mai stattgefunden (siehe dort).

Gansu
In Lanzhou treffen Partei- und Regierungsvertreter in der Hochschule für Industrie der Provinz Gansu mit Studentenvertretern zu einem Gespräch zusammen. Auf die Frage eines Studenten, warum - entgegen dem ursprünglichen Beschluß - nicht ein Dialog mit allen Universitäten gemeinsam, sondern mehrere Gespräche mit einzelnen Universitäten geführt würden, antwortet ein Regierungsvertreter, dies sei auf den Wunsch des offiziellen Studentenverbands von Gansu, verschiedener Universitäten und der Provinzführung geschehen. Der stellvertretende Sekretär des Gansuer Parteikomitees, Lu Kejian, beruhigt die Studenten, die sich nach der Bewertung der Studentendemonstrationen aus offizieller Sicht erkundigen: Der patriotische Enthusiasmus der Studenten sei gut.

Es sei zwar nicht notwendig gewesen, Kundgebungen auf der Straße zu veranstalten, doch wolle man die Studenten nicht wegen ihrer Teilnahme an Demonstrationen zur Rechenschaft ziehen. Auf die Frage, ob die Provinzführer auch dann zu Gesprächen in die Hochschulen gekommen wären, wenn die Studenten nicht demonstriert hätten, antwortet Lu Kejian, die Demonstrationen hätten gezeigt, daß die Provinzführer nicht genügend Gespräche mit den Studenten geführt hätten. Ein Dialog sei indes nicht das zwangsläufige Ergebnis von Demonstrationen. Die Frage, ob es in Gansu korrupte Kader in leitender Position gebe, wird verneint: Man habe noch keine gefunden. Wenn ein solcher Fall aber eintrete, werde man strenge Strafen verhängen. Auf die Frage, warum die Preise in Lanzhou so hoch seien, erklärt der stellvertretende Provinzgouverneur Zhang Wule, daß die übermäßige Inflation ein nationales Problem sei; indes trage auch die Provinzregierung hierfür ein gewisses Maß an Verantwortung. Die Studenten weisen ferner darauf hin, daß das Problem der Wasserversorgung an der Universität für Industrie noch immer nicht gelöst sei. Dies erschwere das Leben und den Unterricht der Studenten wie der Hochschullehrer. Ihnen wird versprochen, daß die Stadtregierung die zuständigen Behörden sogleich anweisen werde, nach Wegen zur Lösung des Wasserproblems zu suchen. Dies wird von den Studenten mit Applaus aufgenommen. (*Radio Gansu*, 11. 5. 1989, nach SWB, 17.5.89)

Jilin
In Changchun laden führende Vertreter der Stadt und der Provinz Jilin Funktionäre, Hochschullehrer und Studenten von zehn Universitäten und Hochschulen zu einem Gespräch ein. Parteisekretär He Zhukang sagt, daß kürzlich "einige Studenten" an Demonstrationen teilgenommen hätten. Ihre Ziele seien gut, doch gehe es nicht an, unangemeldete und nicht genehmigte Demonstrationen durchzuführen, wie es kürzlich einige Studenten getan hätten. Die Mehrzahl der Studenten habe jedoch am normalen Unterrichtsbetrieb festgehalten. Die Studenten sollten ihre Ansichten durch die normalen Kanäle weitergeben. (*Radio Jilin*, 12.5.89, nach SWB, 17.5.89)

Shaanxi
Vertreter der Provinzführung führen am Vormittag ein Gespräch mit einigen Hochschullehrern. Am Nachmittag empfangen Funktionäre der Abteilung für die Vertretung des Volkes gegenüber dem Parteisekretariat und der Regierung der Provinz Shaanxi fünf Studentenvertreter von der Xibei[Nordwest]-Universität, der Technischen Hochschule des Nordwestens, der Xi'an-Hochschule für Elektronik und der Nordwest-Hochschule für Metallurgie. Die Funktionäre übermitteln ihnen die Antwort der Provinzführung auf ihre am 4. Mai eingereichte Petition: Das Parteikomitee und die Regierung der Provinz hätten der Forderung der Studenten nach einem Dialog große Aufmerksamkeit geschenkt. Man habe bereits Vorbereitungen für Dialog mit Hochschullehrern und Studenten auf verschiedenen Ebenen und durch verschiedene Kanäle getroffen. Tatsächlich hätten die Gespräche bereits begonnen, so am 10. und 11. Mai [nicht mit Studenten, sondern mit Hochschullehrern und Kadern!], und man werde sie fortsetzen. Dialoge seien indes nur eine Form des Meinungsaus-

tausch. Man hoffe, daß die Studenten ihre Ansichten auch in schriftlicher Form der Provinzführung übermitteln würden. Die Funktionäre der Abteilung für die Vertretung des Volkes versprechen, die von den Studenten während des Treffens geäußerten Forderungen und konkreten Vorschläge für Dialoge sofort an das Parteikomitee und die Regierung der Provinz weiterzuleiten. (*Radio Shaanxi* 11.5.89, nach SWB, 17.5.89)

12. Mai 1989, Freitag

- Staatsratssprecher Yuan Mu erklärt, es werde auf keinen Fall eine neue Kampagne gegen die bürgerliche Liberalisierung geben
- Der "Autonome Studentenverband Beijing" bereitet einen kollektiven Hungerstreik vor
- ZK-Sekretär Yan Mingfu versucht, die Führer des "Autonomen Studentenverbands Beijing" von ihrem Hungerstreik-Vorhaben abzubringen

In einem Leitartikel fordert die *Volkszeitung* die Bevölkerung dazu auf, Ruhe und Ordnung zu bewahren. Die Zukunft der chinesischen Nation hänge von einer stabilen politischen Lage ab. Die Wahrung der Stabilität sei im Interesse des ganzen Volkes, einschließlich der Studenten. Bedauerlich sei, daß in einigen Universitäten und Hochschulen Beijings die Vorlesungsstreiks andauerten. Die Studenten hätten mit ihren Demonstrationen den öffentlichen Verkehr in der Hauptstadt zum Erliegen gebracht und das Leben der Bevölkerung gestört. Die Studenten sollten zur Vernunft kommen und den Unterricht wieder aufnehmen. Weiter wird in dem Kommentar angekündigt, daß der begonnene Dialog zwischen der Regierung und den Studenten ausgeweitet werden solle. (RMRB, 12.5.89)

Staatsratssprecher Yuan Mu erklärt anläßlich einer Pressekonferenz für in- und ausländische Journalisten auf entsprechende Fragen, daß es in China auf keinen Fall eine neue Kampagne gegen "bürgerliche Liberalisierung" geben werde. Zur Überwindung der "bürgerlichen Liberalisierung" könne man sich nur auf mühselige, geduldige, verstärkte politisch-ideologische Arbeit stützen. Eine Kampagne könne dieses Problem, das in China langfristig existieren werde, nicht lösen. Gefragt, wie die chinesische Regierung auf die von den Studenten für den bevorstehenden Besuch von Gorbatschow geplanten Demonstrationen reagieren wolle, antwortet Yuan Mu, daß die Partei- und Regierungsführer mehrfach ihre Einstellung zur Studentenbewegung, zu den Demonstrationen und den Streiks dargelegt hätten. Er sei davon überzeugt, daß die Studenten dem Rat Zhao Ziyangs folgen und Vernunft, Ruhe, Ordnung und Zurückhaltung wahren würden, so daß Probleme demokratisch und legal durch die zuständigen Kanäle gelöst werden könnten. Und er sei auch davon überzeugt, daß die überwiegende Mehrheit der Studenten die politische und gesellschaftliche Stabilität des Staates in Betracht ziehen und das internationale Ansehen Chinas schützen würde. (RMRB, 13.5.89)

12. Mai 1989

Die *Xinhua News Agency*, Hongkong, berichtet in ihrem *News Bulletin*, daß der Regierungssprecher die Studenten gedrängt habe, von weiteren Demonstrationen abzusehen. Er habe aber auch versprochen, daß die Regierung Zurückhaltung üben werde, falls die Studenten erneut auf die Straße gingen. (XNA, 13.5.89)

Eine vom ZK-Sekretär Rui Xingwen geleitete "Vorbereitungsgruppe des ZK für den Dialog" (Zhongyang duihua zhunbei xiaozu) wird gegründet. Sie soll Dialoge mit Pressevertretern vorbereiten. Dem Vernehmen nach zählen zu den Mitgliedern der Leiter der Propagandaabteilung des ZK, Wang Renzhi, der Leiter der Presse- und Publikationsbehörde, Du Daozheng, sowie der Sekretär der Chinesischen Journalistenvereinigung, Yang Yi. (*Beizhuang de minyun*, S. 49)

Ein Sprecher des Außenministeriums erklärt, daß der Bericht des Radiosenders *Voice of America*, demzufolge Gorbatschow darum gebeten habe, an einer Beijinger Universität eine Ansprache zu halten, was aber von der chinesischen Regierung abgelehnt worden sei, jeder Grundlage entbehre. (RMRB, 13.5.89)

Die Hongkonger Zeitung *Ming Bao* berichtet, sie habe von Rücktrittsplänen Deng Xiaopings nach dem Treffen mit Gorbatschow erfahren. (ap, nach TN, 13.5.89)

Wan Li fliegt zu einem Freundschaftsbesuch nach Kanada. Anschließend wird er die USA besuchen. Die Reise soll drei Wochen dauern. (RMRB, 13.5.89)

Der "Autonome Studentenverband Beijing" bereitet einen kollektiven Hungerstreik vor, der am 13. Mai mit 1.000 Teilnehmern auf dem Tiananmen-Platz beginnen soll. Diese Aktion soll den Forderungen der Studenten - Rücknahme der Verunglimpfung ihrer Bewegung als "Aufruhr" und Beginn des Dialogs - Nachdruck verleihen. Die Führer des "Autonomen Studentenverbands Beijing", Wu'er Kaixi und Wang Dan, fordern das ZK der KPCh in einem Brief auf, einen aufrichtigen und gleichberechtigten Dialog mit den streikenden Studenten zu führen. (GDWTYJ, 15.6.89, S. 17)

Am Abend teilt das Petitionsbüro des ZK der KPCh der "Delegation Beijinger Hochschüler für den Dialog [mit der Führung]" telefonisch inoffiziell mit, daß diese 20 Studentenvertreter zu einem Dialog entsenden dürfe, bei dem jedoch weder in- noch ausländische Journalisten anwesend sein dürften. Teile des Dialogs dürften in der Presse veröffentlicht werden. Der Dialog werde am 15. Mai stattfinden. (GDWTYJ, 15.6.89, S. 17) - Vergleiche 13. Mai.

Der Soziologe Zhou Duo, der sich für die Studenten als Vermittler einsetzte, berichtet, daß der Direktor der ZK-Einheitsfrontabteilung, Yan Mingfu, ihn und zwei weitere Intellektuelle anrief und zu einem Gespräch einlud. "Das war... [die] Nacht bevor der erste große Hungerstreik beginnen sollte und drei Tage vor dem Besuch Gorbatschows in Peking. Die Studentenführer Wu'er Kaixi und Wang Dan waren auch eingeladen. Ziel der mehrstündigen Unterredung war es, die Studenten davon zu überzeugen, daß sie jetzt besser den Hungerstreik abbrechen." (*Der Spiegel*, Nr.24/1992, S. 173)

13. Mai 1989, Samstag

- Die Führung kündigt einen Dialog mit Vertretern der Autonomen Studentenorganisationen für den 15. Mai an
- Li Peng und Zhao Ziyang führen mit Beijinger Arbeitervertretern Gespräche
- Der Ständige Ausschuß des Politbüros stimmt gegen den Vorschlag von Zhao Ziyang, den Leitartikel der "Volkszeitung" vom 26. April offiziell zu widerrufen
- Beijinger Studenten beginnen auf dem Tiananmen-Platz einen Hungerstreik
- Die hungerstreikenden Studenten bilden ein "Kommando der Gruppe der Hungerstreikenden"

Am Morgen teilen die Petitionsbüros des ZK der KPCh und des Staatsrats zwei Studentenvertretern, die dort am 6. Mai zusammen mit zwei weiteren Studenten eine Petition mit der Forderung nach einem konstruktiven Dialog mit der Führung eingereicht haben, mit, daß am 15. Mai eine Abordnung des ZK und des Staatsrats mit Beijinger Studenten zu einem Gespräch zusammentreffen werde. (XNA, 14.5.89)

Einer anderen XNA-Meldung (vom 15.5.89) zufolge wurden die Studenten am Morgen des 14. Mai informiert. - Dies ist die offizielle Bestätigung der inoffiziellen Ankündigung vom Vorabend. Vermutlich hat die Androhung eines Hungerstreiks seitens der Studenten das überraschende Einlenken der Führung bewirkt, die hiermit zum erstenmal Mitglieder von autonomen Studentenorganisationen als Gesprächspartner akzeptiert. Viele Studenten haben indes die Geduld verloren und fühlen sich von der Regierung nicht ernstgenommen.

Ministerpräsident Li Peng besucht am Vormittag das Hauptstädtische Eisen- und Stahlkombinat und führt mit Arbeitern und leitenden Funktionären ein Gespräch über die wirtschaftliche Lage, die Vertiefung der Reformen und die Entwicklung der Produktion. Nachdem er sich die Meinungen der Arbeiter zu den Studentendemonstrationen angehört hat, erklärt Li Peng, daß die Regierung die Kritik und Vorschläge der Arbeiter, Studenten und der breiten Massen des Volkes begrüße. Manche Einwände der Studenten, etwa gegen Erscheinungen der Konfusion im Wirtschaftsleben und gegen gewisse Erscheinungen der Korruption innerhalb von Partei- und Regierungsorganisationen, spiegelten in der Tat Probleme wider, die in der Gesellschaft und in der Partei- und Regierungsarbeit existierten. Diese Probleme wolle man mit demokratischen und legalen Mitteln lösen. Parallel zur Vertiefung der Reform der wirtschaftlichen Strukturen werde die Reform der politischen Strukturen weiter vorangetrieben werden. (RMRB, 15.5.89)

Am Nachmittag trifft ZK-Generalsekretär Zhao Ziyang in der Großen Halle des Volkes mit Arbeitervertretern zu einem Gespräch zusammen. Dabei kommen die von Studenten während des Gorbatschow-Besuchs geplanten Demonstrationen zur Sprache. Zhao Ziyang bringt zum Ausdruck, daß sich die Führung mit den berechtigten Forderungen der Studenten, der Arbeiter und anderer Bevölkerungsschichten ernsthaft auseinandersetze. Die Probleme könnten jedoch nicht über Nacht gelöst werden. Es ginge nicht an, daß das sino-sowjetische Gipfeltreffen durch Demonstrationen beeinträchtigt und dadurch den Interessen Chinas geschadet würde. (RMRB, 14.5.89)

Auf einer Sitzung des Ständigen Ausschusses des Politbüros spricht sich Zhao Ziyang dafür aus, den Leitartikel der *Volkszeitung* vom 26. April 1989 zu widerrufen. Dieser Vorschlag wird mit 4:1 Stimmen abgelehnt. (MB, 21.5.89, nach SWB, 25.5.89)

Am Mittag versammeln sich über 2.000 Studenten von mehr als zehn Beijinger Lehranstalten in der Pädagogischen Hochschule Beijing. Studenten der Beijing-Universität verlesen ein "Manifest zum Hungerstreik" und schwören durchzuhalten, bis das Ziel erreicht sei. (*Beizhuang de minyun*, S. 50)

DOKUMENT

Manifest zum Hungerstreik

In diesem sonnigen, strahlenden Mai treten wir in den Hungerstreik. Obwohl wir uns in unserer schönsten Jugendzeit befinden, bleibt uns doch keine andere Wahl, als alles Schöne im Leben hinter uns zu lassen. Aber wie ungern, wie widerwillig tun wir das!

Dennoch, das Land ist mittlerweile an einem Punkt angelangt, der gekennzeichnet ist durch sprunghaften Preisanstieg, Spekulantentum und unredliche Bereicherung der Beamten, Machtfülle an der Spitze, Korruption der Bürokraten, Abwanderung vieler engagierter und fähiger Menschen ins Ausland und eine täglich chaotischer werdende Gesellschaftsordnung. An diesem Wendepunkt, ihr Landsleute, da es um Sein oder Nichtsein der Nation geht, bitten wir alle, die noch ein Gewissen haben: Vernehmt unseren Ruf!

Dieses Land ist unser Land,
dieses Volk ist unser Volk,
diese Regierung ist unsere Regierung.
Wenn wir nicht aufschreien, wer tut es dann?
Wenn wir nichts unternehmen, wer tut es dann?

Auch wenn unsere Schultern schwach sind, auch wenn uns der Tod allzu schrecklich erscheint, scheiden wir dennoch, weil wir scheiden müssen. Das fordert die Geschichte von uns.

Unsere lautersten patriotischen Gefühle, unsere vollkommen unschuldigen und reinen Herzen werden als "aufrührerisch" verleumdet, als "arglistig" und "ausgenutzt von einer kleinen Minderheit".

Wir möchten alle aufrechten Bürger bitten, jeden Arbeiter, Bauern, Soldaten, jede Zivilperson, jeden Intellektuellen, jede Persönlichkeit des öffentlichen Lebens, jeden Regierungsangestellten, Polizisten und auch jene, die uns als Straftäter abstempeln, die Hand aufs Herz zu legen und ihr Gewissen zu befragen, ob wir irgendein Verbrechen begehen. Sind wir wirklich Aufrührer? Wir, die wir den Unterricht boykottieren, Demonstrationen veranstalten, in den Hungerstreik treten und unsere Gesundheit opfern? Warum tun wir das denn? Und doch werden unsere Gefühle einfach nicht ernstgenommen. Auf der Suche nach Wahrheit ertragen wir Hunger, und doch werden wir von Soldaten und Polizisten brutal verprügelt ... Unsere Studentenvertreter verlangen kniefällig nach Demokratie, und doch ignoriert man sie. Die Erfüllung unserer Forderung nach einem gleichberechtigten Dialog wird immer wieder hinausgezögert, unsere Führer befinden sich in großer Gefahr ... Was sollen wir tun?

Demokratie ist das erhabenste Lebensgefühl der Menschen, Freiheit ist ein Menschenrecht, das den Menschen von Geburt an verliehen ist. Aber ist es denn wirklich erforderlich, daß wir unser junges Leben dagegen eintauschen? Ist das etwa der Stolz des chinesischen Volkes?

Wir sehen uns zum Hungerstreik gezwungen, wir haben keine andere Wahl. Bereit zu sterben, kämpfen wir für das Leben.

Aber wir sind doch noch Kinder, ach, wir sind doch noch Kinder! Liebe Mutter China, schenke deinen Söhnen und Töchtern doch einmal ernsthaft einen Blick. Kannst du, obwohl der Hunger erbarmungslos ihre Jugend zerstört und der Tod sich ihnen nähert, denn wirklich gleichgültig bleiben?

Wir wollen nicht sterben, wir wollen nach Herzenslust leben, jetzt, in der schönsten Zeit unseres Lebens. Wir wollen nicht sterben, wir wollen nach besten Kräften studieren, unser Vaterland ist noch so bedürftig. Offenbar müssen wir es im Stich lassen und derart sterben, obwohl wir ganz bestimmt nicht nach dem Tod trachten. Wenn aber der Tod eines einzelnen oder einiger Menschen bewirken kann, daß viele Menschen besser leben und daß das Vaterland blüht und gedeiht, dann haben wir nicht das Recht, in den Tag hineinzuleben.

Während wir Hunger leiden, dürft ihr nicht traurig sein, Väter und Mütter. Während wir uns vom Leben verabschieden, dürft ihr nicht bekümmert sein, Onkel und Tanten. Wir haben nur eine Hoffnung, nämlich die auf ein besseres Leben, und wir haben nur eine Bitte: Ihr dürft nie vergessen, daß wir keineswegs sterben wollten! Demokratie ist nicht das Anliegen einiger weniger, und die Sache der Demokratie wird gewiß nicht innerhalb einer Generation zum Sieg gelangen.

Unser Tod wird ein breites und nie verhallendes Echo finden. "Stirbt ein Mensch, sind seine Worte gut; stirbt ein Vogel, klingt sein Lied traurig" [sprichwörtlich gewordenes Zitat aus den *Gesprächen* des Konfuzius].

Lebt wohl, ihr Mitmenschen, und gebt auf euch acht! Die Toten und die Lebenden halten einander die Treue.

Lebt wohl, ihr Lieben, und gebt auf euch acht! Wir können uns nicht von euch trennen, und müssen es doch.

Lebt wohl, Väter und Mütter! Bitte verzeiht, daß eure Kinder ihre Treuepflicht und ihre Kindespflicht nicht gleichzeitig erfüllen können.

Leb wohl, unser Volk! Bitte vergib uns, daß wir dir deine Treue so vergelten müssen.

Dieser Eid, für den wir unser Leben verpfänden, wird den Himmel der Republik erhellen!

Die Gründe für den Hungerstreik:
- Erstens protestieren wir gegen die gefühllose und gleichgültige Haltung der Regierung gegenüber dem Vorlesungsstreik der Beijinger Studenten.
- Zweitens protestieren wir dagegen, daß die Regierung das Gespräch mit der für die Verhandlungen zuständigen Studentendelegation [Delegation Beijinger Hochschüler für den Dialog mit der Führung] hinauszögert.
- Drittens protestieren wir dagegen, daß die Regierung der jetzigen demokratischen und patriotischen Studentenbewegung immer die Bezeichnung "Aufruhr" gibt und verzerrend über sie berichtet.

Die Forderungen des Hungerstreiks:
- Erstens fordern wir, daß die Regierung rasch einen substantiellen, konkreten, gleichberechtigten Dialog mit der für die Verhandlungen zuständigen Studentendelegation [Delegation Beijinger Hochschüler für den Dialog mit der Führung] aufnimmt.
- Zweitens fordern wir, daß die Regierung die Bezeichnung für die jetzige Studentenbewegung richtigstellt [zheng ming; eigentlich: Richtigstellung der Begriffe; geht ebenfalls auf die *Gespräche* des Konfuzius zurück], ihr eine gerechte Bewertung zuteil werden läßt und bestätigt, daß es sich um eine patriotische und demokratische Studentenbewegung handelt.

Beginn des Hungerstreiks: 13. Mai, 14.00 Uhr. Ort des Hungerstreiks: Tiananmen-Platz.

Dies ist kein Aufruhr, Rehabilitierung sofort! Dialog sofort, keine Verzögerung! Hungerstreik zum Wohle des Volkes, weil wir keine andere Wahl haben! Weltöffentlichkeit, unterstütze uns! Alle demokratischen Kräfte, steht uns bei!

Die freiwilligen Hungerstreikenden der Beijinger Hochschulen und Universitäten. (Aus: *Beizhuang de minyun*, S. 51)

Anschließend ziehen die über 2.000 Studenten, angeführt von Wu'er Kaixi, dem Vorsitzenden des "Autonomen Studentenverbands Beijing", zum Tiananmen-Platz, wo sie um 16.00 Uhr eintreffen. Dort beginnen sie einen Sitzstreik und einen unbefristeten Hungerstreik, um ihren Forderungen Nachdruck zu verleihen. Sie tragen Stirnbänder mit der Aufschrift "Hungerstreik", auf ihren Hemden steht: "Ohne Demokratie lieber sterben". Etwa 20.000 Zuschauer versammeln sich um die Hungerstreikenden. (*Beizhuang de minyun*, S. 50)

Zu Beginn beteiligen sich 800 Studenten am Hungerstreik, deren Zahl sich jedoch schnell auf 3.000 erhöht. (Chen Yizi, *Zhongguo...*, S. 157)

Anderen Angaben zufolge beteiligen sich an dem Hungerstreik etwa 500 (ZTS, 13.5.89, nach SWB, 16.5.89) bis 1.000 Studenten (ap, nach TN, 13.5.89). Sie sitzen vor dem Heldendenkmal, während Kommilitonen zu ihrer Unterstützung und zum Schutz vor Zuschauern einen Ring um sie gebildet haben. Die Hungerstreikenden tragen Stirnbänder und weiße oder helle Kittel mit Parolen wie "Gebt uns Demokratie oder den Tod", "Mit unserem Blut bitten wir die Regierung". Auf Fahnen stehen die Namen von einem Dutzend Universitäten und Hochschulen, darunter die Beijing-Universität, die Pädagogische Hochschule Beijing und die Hochschule für Luftfahrt. Auf Transparenten steht geschrieben: "Schweigen wird zum Niedergang Chinas führen", "Hunger läßt sich ertragen, nicht aber der Hungertod für die Demokratie". Vor der Gruppe der hungerstreikenden Studenten steht eine Tafel mit ihrem "Gelöbnis": "Hiermit gelobe ich: Um den Fortschritt von Chinas Demokratisierung und Wohlstand zu fördern, nehme ich aus freiem Willen an diesem Hungerstreik teil. Ich werde die Disziplin der Gruppe der Hungerstreikenden wahren. Und ich schwöre, daß ich niemals aufgeben werde." Einige tausend Zuschauer lesen das von Studenten verteilte "Manifest zum Hungerstreik" und geben es dann weiter.

Ein führendes Mitglied des "Autonomen Studentenverbands Beijing" erklärt gegenüber einem Hongkonger Journalisten, daß der Verband den Hungerstreik nicht organisiert habe; es handle sich vielmehr um eine spontane Aktion der Studenten. Natürlich sympathisiere der Verband mit den hungerstreikenden Studenten und unterstütze sie. (ZTS, 13.5.89, nach SWB, 16.5.89)
- Diese Erklärung, derzufolge der Hungerstreik spontan entstanden sein soll, widerspricht der Darstellung in GDWTYJ, 15.6.89, S. 17, wonach der Hungerstreik vom "Autonomen Studentenverband Beijing" vorbereitet wurde; vergleiche 12. Mai.
- Der Schriftsteller Su Xiaokang, der die Protestbewegung genau verfolgte, berichtete hingegen nach seiner Flucht ins Ausland Mitte 1989, daß "eine kleine Gruppe radikaler Studenten am 13. Mai plötzlich entschieden hatte, auf dem Platz einen Hungerstreik anzufangen... Die Entscheidung, einen Hungerstreik zu beginnen, wurde nicht vom Autonomen Studentenverband getroffen. Die Führer des Verbandes (Wang Dan, Wu'er Kaixi und Shen Tong; Anm. v. F. Lamboo) verhandelten zu diesem Zeitpunkt [am Nachmittag des 13. Mai] mit einem Parteirepräsentanten, nämlich Yan Mingfu, aber die Gespräche hatten sich festgefahren." (F. Lamboo, "... An Interview with Su Xiaokang", S. 24) Siehe hierzu auch weiter unten.

Leitcrin der "Gruppe der Hungerstreikenden" (Jueshi tuan) ist die Studentenführerin Chai Ling, die an der Spitze des "Kommandos der Gruppe der Hungerstreikenden" (Jueshituan zhihuibu) steht, das an diesem Tag gebildet wird. (Li Yanfeng, Studentin der Beijing-Universität, in einem Interview mit T. Reichenbach, in: taz, 26.5.89; *China Information*, Herbst 1990, S. 30; vergleiche T. Saich, "The Rise and Fall...", S. 190)

Studentenführer berichten von der Einwilligung der Regierung, einen Dialog mit einer unabhängigen Studentengruppe über demokratische Reformen und die Beendigung der Korruption der Bürokraten zu führen, aber nur unter der Bedingung, daß höchstens 20 Studenten teilnähmen und nur Teile des Dialogs in der Presse veröffentlicht würden. Die Studenten des Hungerstreiks stimmen gegen die Annahme dieses Angebots. Sie wollen weiterstreiken, bis die Regierung offenen Gesprächen zustimmt. (ap, nach TN, 14.5.89)

Unter dem Denkmal der Volkshelden auf dem Platz bauen die Studenten ein Lautsprechersystem auf, über das sie fortan ihre Forderungen nach Demokratie und Freiheit verkünden. Die politische Führung überträgt ihre Botschaften ebenfalls mit leistungsstarken Lautsprechern auf den Platz. (rtr, nach TN, 1.6.89)

Zwei Studentengruppen überreichen in der sowjetischen Botschaft einen offenen Brief an Gorbatschow. Mitarbeiter der Botschaft versprechen, ihn weiterzuleiten. (upi, rtr, ap, afp, nach TST, 14.5.89)

Am Nachmittag unterzeichnen 283 Hochschullehrer der Beijing-Universität eine an das ZK, den NVK und den Staatsrat gerichtete Petition, in der sie Partei und Regierung auffordern, so rasch wie möglich einen Dialog mit den Studenten zu führen, um die Gesundheit der hungerstreikenden Studenten zu schützen. Aus Sorge um die Gesundheit und Sicherheit der Studenten wie auch um die Aufrechterhaltung der gesellschaftlichen Stabilität unterbreite man den folgenden Vorschlag in drei Punkten:
1. Führende Vertreter von Partei und Regierung sollten so rasch wie möglich einen echten Dialog mit der Delegation der Beijinger Studenten führen, um das Problem so schnell wie möglich angemessen zu lösen.
2. Partei und Regierung sollten das Wesen der gegenwärtigen Studentenbewegung objektiv bewerten, um den Gefühlen der Bevölkerung und der Partei entgegenzukommen, und keine Verzögerungstaktiken anwenden.
3. Die Bedeutung des gegenwärtigen Hungerstreiks sollte anerkannt werden. Man sollte ihm mit einer ernsten, sorgsamen und humanitären Haltung begegnen und alle notwendigen Maßnahmen ergreifen, um die Gesundheit der Studenten zu gewährleisten.
(ZTS, 14.5.89, nach SWB, 17.5.89)

Beizhuang de minyun, S. 54, datiert die Denkschrift auf den 15. Mai und berichtet darüber hinaus, daß ein Teil des Lehrkörpers der Beijing-Universität erklärt, am 14. Mai in den Streik zu treten, falls die zuständigen Stellen einen Dialog verweigerten.

In einer Diskussionsrunde am Abend unterbreiten Studenten und Hochschullehrer die Forderungen der Hungerstreikenden dem ZK-Sekretär und Leiter der ZK-Einheitsfrontabteilung, Yan Mingfu, die dieser weiterzuleiten verspricht. (XNA, 14.5.89) Einer anderen Darstellung zufolge hat die Regierung auf Grund der sich zuspitzenden Situation heute nachmittag Yan Mingfu zu Gesprächen mit verschiedenen Studentenführern, darunter Wang Dan und Wu'er Kaixi, sowie mit dem Dozenten Liu Xiaobo von der Pädagogischen Hochschule entsandt. Die Gespräche enden ergebnislos. (Luo Qiping u.a., "The 1989 Pro-Democracy Movement...", S. 36)

* Chen Xitong erklärt in seinem am 30. Juni 1989 vorgelegten Bericht, am Abend dieses Tages hätten Yan Jiaqi, Su Shaozhi, Bao Zunxin u.a. in der Beijing-Universität eine Wandzeitung mit dem Titel "Wir dürfen nicht länger schweigen" angeschlagen. Damit hätten sie die Intellektuellen motiviert, an der von ihnen initiierten Demonstration zur Unterstützung der Studenten teilzunehmen. (Chen Xitong, in: BRu, 25.7.89, S. XVII)

14. Mai 1989, Sonntag

- Zweiter Tag des Hungerstreiks von Studenten auf dem Tiananmen-Platz
- Partei- und Regierungsvertreter gehen auf den Platz, um die Studenten zur Rückkehr in die Hochschulen zu bewegen
- Ein Gespräch zwischen Regierungs- und Studentenvertretern scheitert
- Zwölf reformorientierte Intellektuelle versuchen vergeblich, die Studenten zum Abbruch des Hungerstreiks und zur Rückkehr in die Hochschulen zu bewegen
- Die Studentenbewegung entwickelt zunehmend eine unkontrollierbare Eigendynamik, auf die die ursprünglichen Studentenführer immer weniger Einfluß haben
- Beijinger Einwohner zeigen offen ihre Unterstützung für die Studenten
- Zhao Ziyang bittet auf einer Sitzung des Politbüros um Erlaubnis, die hungerstreikenden Studenten auf dem Tiananmen-Platz zu besuchen. Li Peng lehnt ab.

Gruppen von Beijinger Einwohnern ziehen mit Fahnen und Transparenten zum Tiananmen-Platz, um dort aus Solidarität mit den hungerstreikenden Studenten unter freiem Himmel zu übernachten. (*Beizhuang de minyun*, S. 53)

Um 2.30 Uhr in der Nacht gehen folgende Führungskader auf den Tiananmen-Platz, um die Studenten zur Rückkehr in die Hochschulen zu bewegen:
- Li Tieying, Vorsitzender der Staatlichen Erziehungskommission
- Li Ximing, Parteichef von Beijing
- Chen Xitong, Bürgermeister von Beijing
- An Chengxin, stellvertretender Generalsekretär des Staatsrats
- Li Qiyan, stellvertretender Sekretär des Parteikomitees von Beijing
- Wang Jialiu, stellvertretende Sekretärin des Parteikomitees von Beijing und ZK-Kandidatin
- Zhang Jianmin, stellvertretender Bürgermeister von Beijing.
(Radio Beijing, 14.5.89, nach SWB, 16.5.89; RMRB, 14.5.89)

Am frühen Morgen beschließt die Regierung, den für den folgenden Tag angekündigten Dialog mit Studentenvertretern auf den heutigen Nachmittag vorzuverlegen. Der Dialog soll um 16.00 Uhr beginnen. (*Beizhuang de minyun*, S. 53)

Das Amt für Öffentliche Sicherheit der Stadt Beijing gibt bekannt, daß der Tiananmen-Platz wegen der Ankunft Gorbatschows am 15. Mai von 8.30 bis 20.30 Uhr für den Verkehr gesperrt werde. Studenten und Einwohner müßten den Platz bis 3.00 Uhr morgens am 15. Mai geräumt haben. Die Studenten aber erklären, daß sie zum Bleiben entschlossen seien. (*Beizhuang de minyun*, S. 54)

14. Mai 1989

Die *Volkszeitung* berichtet auf der ersten Seite, daß Studenten am Vortag auf dem Tiananmen-Platz einen Hungerstreik begonnen hätten, und führt die von den Studenten genannte Begründung an: Die Gleichgültigkeit der Regierung gegenüber dem Vorlesungsstreik und die von ihr praktizierte Verzögerung des Dialogs. Ebenfalls auf der ersten Seite fordert die Zeitung in ihrer Kolumne "Heutiges Gesprächsthema" die Studenten auf, angesichts des am folgenden Tag beginnenden Staatsbesuchs von Gorbatschow ihre Streiks und Demonstrationen einzustellen, damit China nicht an Ansehen verliere. Überdies sei die Regierung bereits dabei, nach Lösungen für die anstehenden Probleme zu suchen. Wenn man angesichts dieser Situation nicht in erster Linie die Vier Grundprinzipien berücksichtige, sondern sich nur von seinen Gefühlen leiten lasse, so werde das sehr schlimme Folgen haben. Und das sei es nicht, was die Patrioten zu sehen wünschten. (RMRB, 14.5.89)

Einige Lehrer der Beijing-Universität rufen ihre Kollegen zum Streik auf, um damit die hungerstreikenden Studenten zu unterstützen. (ZTS, 15.5.89, nach SWB, 18.5.89)

Da der Sonntag ein weitgehend arbeitsfreier Tag ist, kommen 20.000 bis 30.000 Zuschauer auf den Tiananmen-Platz. Die Hungerstreikenden rufen: "Ich liebe Reis, aber mehr noch liebe ich Demokratie", "Dialog, Dialog, tatkräftiger Dialog", "[Ein Dialog] ohne Aufrichtigkeit bedeutet nur überflüssiges Gerede". Sie singen die "Internationale". Infolge der Kälte am Vorabend und der Hitze des Tages werden über zehn Hungerstreikende ohnmächtig; ein Teil von ihnen wird zur Behandlung ins Krankenhaus gebracht. (*Beizhuang de minyun*, S. 53)

Führende Funktionäre einiger Hochschulen gehen auf den Platz, um die Studenten zur Rückkehr an ihre Unterrichtsstätten zu überreden. Eine Anzahl von Lehrern und Schriftstellern hingegen geht dorthin, um den Studenten ihre Unterstützung zu zeigen. (XNA, 15.5.89)

Eine Gruppe von Hochschullehrern gibt sich mit dem Spruchband "Lehrer der Qinghua-Universität" zu erkennen. (ZTS, 15.5.89, nach SWB, 18.5.89)

Li Tieying, Leiter der Zentralen Erziehungskommission, Yan Mingfu, Direktor der ZK-Einheitsfrontabteilung, und Wei Jianxing, Minister für Verwaltungskontrolle, treffen am Nachmittag mit mehr als 30 Mitgliedern der "Delegation Beijinger Hochschüler für den Dialog [mit der Führung]" zu einem Gespräch zusammen, an dem auch Vertreter der hungerstreikenden Studenten auf dem Tiananmen-Platz teilnehmen. (*Radio Beijing*, 14.5.89, nach SWB, 16.5.89) Der Dialog findet im Sitz der Einheitsfrontabteilung des ZK der KPCh statt. Unter den Studentenvertretern befinden sich auch Wu'er Kaixi und Wang Dan. (*Beizhuang de minyun*, S. 53)

In bezug auf den Hungerstreik und die Beschwerde der Studenten, daß der Regierung an einem Dialog nicht ernsthaft gelegen sei, erklärt Yan Mingfu, daß er persönlich erschienen sei, um an diesem Meinungsaustausch über die Vorbereitungen für einen Dialog teilzunehmen. Die Studentenvertreter nennen drei Punkte, über die sie zu sprechen wünschen:

1. wie die gegenwärtige Studentenbewegung zu bewerten sei;
2. wie die in Artikel 38 der Verfassung genannten Grundrechte zu garantieren seien [Dort heißt es: "Die persönliche Würde der Bürger der Volksrepublik China ist unverletzlich. Jegliche Form von Beleidigung, Verleumdung oder falscher Anschuldigung und Diffamierung von Bürgern ist verboten."];
3. wie die Reform Chinas voranzutreiben sei.

Die Vertreter der hungerstreikenden Studenten verlangen, dieses Gespräch auf dem Tiananmen-Platz zu übertragen, worauf die Partei- und Regierungsvertreter auf die fehlenden technischen Voraussetzungen hinweisen. Da die Studentenvertreter uneinig sind, wie das Gespräch fortzusetzen sei, verkünden sie eine Vertagung. Das Treffen hat insgesamt etwa drei Stunden gedauert. (RMRB, 15.5.89)

Laut einer anderen, nicht regierungsamtlichen Darstellung verläuft der Dialog wie folgt: Die Studentenvertreter vom "Autonomen Studentenverband Beijing" verlangen vehement die Rücknahme des Leitartikels der *Volkszeitung* vom 26. April. Yan Mingfu räumt ein, daß es von der Regierung nicht richtig gewesen sei, den Dialog hinauszuzögern. Den Leitartikel aber könne man zum gegenwärtigen Zeitpunkt nicht negieren. Die Studenten müßten auf die Interessen der Allgemeinheit Rücksicht nehmen. Die Studentenvertreter äußern ihren Unmut darüber, daß die Regierung nicht zu Zugeständnissen bereit ist, stimmen aber schließlich zu, am 15. Mai auf eine Großdemonstration zu verzichten. Ansonsten erzielen beide Seiten keine Einigung, auch nicht über eine - von den Studenten geforderte - Direktübertragung des Dialogs in Rundfunk und Fernsehen. Um 19.15 Uhr wird das Treffen vertagt. Die Studenten werfen der Regierung mangelnde Aufrichtigkeit vor und kehren auf den Tiananmen-Platz zurück. Wenig später fordern die dort versammelten Studenten, Li Peng und Zhao Ziyang sollten herauskommen und mit ihnen einen Dialog führen. (*Beizhuang de minyun*, S. 53 f.)

Der am Vortag begonnene Hungerstreik ist vermutlich der ausschlaggebende Faktor gewesen, daß die Machthaber dem schon länger geforderten Dialog mit Vertretern des Autonomen Studentenverbandes zustimmen. Für die Studenten scheint das Dialogangebot der Führung völlig überraschend zu kommen, denn sie sind für dieses Treffen schlecht vorbereitet und organisiert. Wu'er Kaixi, der zum Zeitpunkt der Zusammenkunft schon 24 Stunden gehungert hat, sagte in einer Rückschau auf die Ereignisse fast drei Jahre später: "Offener Dialog war alles, was wir wollten. Und wir bekamen ihn! Aber keiner realisierte es. Damals saßen Regierung und Studenten in einem Konferenzsaal und an einem langen Tisch... genau so wie bei einem Staatsbesuch... Es war ein historischer Augenblick." Nach dem Gespräch werden die Studentenvertreter von ihren Kommilitonen draußen auf dem Platz kritisiert, weil sie zu nachgiebig gewesen seien. Noch nicht einmal die öffentliche Übertragung des Dialogs hätten sie durchgesetzt. Wu'er Kaixi erklärt den Studenten, allein der Beginn der Verhandlungen könne doch schon als Sieg betrachtet werden, doch er verliert die Sympathien der Versammelten zugunsten von unnachgiebigeren Rednern. Wu'er Kaixi: "Ich sagte, das einzige, was wir jetzt tun müssen, ist, einen kühlen Kopf behalten, auf den Platz gehen und warten und den Verhandlungen eine Chance geben, mit einem Erfolg zu enden. Aber die Studenten wiesen uns ab. Nach zu vielen Wochen gab es zu viele Führer auf dem Platz." (SCMP, 1.3.92)

Zwölf bekannte reformorientierte Intellektuelle, darunter Yan Jiaqi, richten einen dringenden Appell an Zhao Ziyang und Li Peng, so bald wie möglich einen Dialog mit den Studenten zu beginnen. Gleichzeitig versuchen sie auf dem Platz, die Studenten zum Abbruch des Hungerstreiks und zur Rückkehr in die Hochschulen zu bewegen. (ICM, Juli 1989, S. 30; CD, 15.5.89)

Hierzu berichtet die *Guangming-Zeitung*: Zwölf bekannte Wissenschaftler und Schriftsteller, nämlich Dai Qing, Yu Haocheng, Li Honglin, Yan Jiaqi, Su Xiaokang, Bao Zunxin, Wen Yuankai, Liu Zaifu, Su Wei, Li Zehou, Mai Tianshu und Li Tuo hätten in einem gemeinsam unterzeichneten Dringlichkeitsappell an die Studenten erklärt, daß die Demokratisierung ein langwieriger Prozeß sei, sie könne nicht über Nacht verwirklicht werden. Die Studenten sollten den langfristigen Nutzen der Reformen, den Kummer ihrer Familien und das bevorstehende sino-sowjetische Gipfeltreffen berücksichtigen und sich vom Platz zurückziehen. Gleichzeitig stellen die zwölf Intellektuellen in dem Appell drei Forderungen:
1. Die Verantwortlichen des ZK der KPCh sollten öffentlich bestätigen, daß die gegenwärtige Studentenbewegung eine patriotische und demokratische Bewegung ist. Die demonstrierenden Studenten dürften hinterher keinen Repressalien ausgesetzt werden.
2. Der rechtmäßige Status der von dem Großteil der Studenten nach demokratischen Wahlen gebildeten Organisationen müsse anerkannt werden.
3. Gegen die am Sitz- und Hungerstreik beteiligten Studenten dürfe nicht eingeschritten werden.

Falls die Regierung diese Forderungen nicht erfülle, wollten die zwölf Unterzeichner den Kampf zusammen mit den Studenten fortführen. Um 18.00 Uhr diskutieren die zwölf Intellektuellen mit Studentenvertretern und verlesen ihren Dringlichkeitsappell. Anschließend gehen sie mit den Studentenvertretern auf den Platz zu den Hungerstreikenden und verlesen dort noch einmal den Appell. Desungeachtet beschließen diese die Fortsetzung des Hungerstreiks. (GMRB, 15.5.89)

Der Schriftsteller Su Xiaokang begründete und beschrieb später die Initiative der o.g. Intellektuellen wie folgt: Sie seien zu den Studenten auf den Platz gegangen, "weil eine kleine Gruppe radikaler Studenten am 13. Mai plötzlich entschieden hatte, auf dem Platz einen Hungerstreik anzufangen... Der damalige Parteiführer Zhao Ziyang hatte bereits öffentlich kundgetan, daß er die Studenten verstehe und wünsche, daß sie ihn unterstützen [siehe die Reden von Zhao Ziyang am 3. und 4. Mai]. Die Entscheidung, einen Hungerstreik zu beginnen, wurde nicht vom Autonomen Studentenverband getroffen. Die Führer des Verbandes (Wang Dan, Wu'er Kaixi und Shen Tong; Anm. v. F. Lamboo) verhandelten zu diesem Zeitpunkt [am Nachmittag des 13. Mai] mit einem Parteirepräsentanten, nämlich Yan Mingfu, aber die Gespräche hatten sich festgefahren. Beide Seiten, die Studenten[führer] und Yan Mingfu, glaubten, daß jetzt der Zeitpunkt für die Intellektuellen gekommen sei, die Initiative zu ergreifen. Deshalb ging eine Gruppe von 12 bekannten Schriftstellern und Intellektuellen, angeführt von der Journalistin Dai Qing, zum Platz, um die Studenten zum Rückzug zu bewegen....Ich [und einige andere] vertrat[en] die Ansicht, daß die Forderung der Studenten, als patriotische Bewegung anerkannt zu werden, berechtigt war, so daß es nicht unsere Sache sein sollte, als eine Art Delegation der Regierung auf den Platz zu gehen... Aber andere waren überzeugt, daß wir gehen sollten, weil die Studenten drauf und dran waren, ihren Kopf zu verlieren, und daß wir versuchen sollten, sie zur Vernunft zu bringen. Wir kamen dann überein, daß ihre Ansicht korrekt war und daß wir gehen mußten... Wir hielten alle eine Rede... Dai Qing unterbreitete schließlich eine Lösung, die sie wahrscheinlich vorher schon mit dem Regierungsvertreter Yan Mingfu diskutiert hatte. Sie schlug vor, daß der KP-Generalsekretär Zhao Ziyang und Premierminister Li Peng so schnell wie möglich zum Platz gerufen werden und diesen einen Satz aussprechen sollten: 'Die Studenten sind patriotisch.' Danach würden die Studenten den Platz verlassen. Die Studenten applaudierten lautstark, und es war eindeutig, daß die große Mehrheit von ihnen dem Vorschlag zustimmte. Aber im nächsten Moment erhob sich eine Anzahl Studenten und sagte: 'Das ist unmöglich - wir haben noch nicht das Ziel unseres Hungerstreiks erreicht und können noch nicht gehen.'" (F. Lamboo, "... An Interview with Su Xiaokang", S. 24 f.)

Su Xiaokang berichtete an anderer Stelle, daß es zwischen "den Studenten" [gemeint sind wahrscheinlich die Studentenführer] einerseits und Zhao Ziyang, Hu Qili und Yan Mingfu andererseits "Kontakte" gegeben habe. So soll Zhao erklärt haben, daß er im Falle eines Rückzugs der Studenten vom Tiananmen-Platz Deng Xiaoping [zwecks Rücknahme der harten offiziellen Verurteilung der Studentenproteste] kontaktieren könne. (W.L. Chong, "... A lecture by Su Xiaokang", S. 21) Leider seien die Studenten im Verlauf der Protestbewegung immer irrationaler geworden. Die Journalistin Dai Qing, die sich als Vermittlerin versuchte, sei sogar als "Handlanger" der KPCh beschimpft worden. (Ebenda, S. 19, 21) Eine kleine Gruppe radikaler Hungerstreikender begann, die Bewegung zu dominieren. Auch Wu'er Kaixi habe das erkannt: "Auf dem Platz ist es nicht mehr so, daß 1% auf das hört, was 99% sagen, sondern genau umgekehrt. Wenn einer nicht gehen will, will keiner gehen." Su Xiaokang: "Ich ging auf dem Platz herum und fand dabei heraus, daß viele der Studenten in ihrem Innersten wirklich gehen wollten, aber sie waren zunehmend der Agitation ausgesetzt und nicht mehr fähig, auf die sich verändernde Lage zu reagieren. Sie glaubten, der Sieg bestehe einfach darin, weiter auf dem Platz sitzen zu bleiben. Die Vernunft, die die Bewegung anfangs an den Tag gelegt hatte, war verschwunden." (Ebenda, S. 19)

Während die Intellektuellen um Yan Jiaqi und Dai Qing auf dem Tiananmen-Platz die Studenten zum Abbruch des Hungerstreiks und zur Rückkehr in die Hochschulen auffordern, werden sie von den Hochschülern ausgepfiffen, als

"Vertreter des Neo-Autoritarismus" beschimpft, "kapitulationistischer Tendenzen" bezichtigt und schließlich vom Platz gewiesen. Die Journalistin Dai Qing vertritt in privaten Gesprächen die Ansicht, daß die Studenten mit ihrem [unnachgiebigen] Verhalten alles verspielt hätten. Damit sei die Bewegung so gut wie gescheitert. (T. Saich, "The Rise and Fall...", S. 187; PB 17) - Damit endet der Einfluß reformorientierter Intellektueller auf die Studentenbewegung, wenn es denn diesen Einfluß jemals gegeben hat. Die Protestbewegung entwickelt zunehmend eine unkontrollierbare Eigendynamik.

Nach einer anderen Darstellung reichen die zwölf Intellektuellen um 20.10 Uhr bei der Einheitsfrontabteilung des ZK der KPCh einen gemeinsam unterzeichneten Appell an die Studenten ein. Darin reden sie diesen zu, auf die Interessen der Allgemeinheit Rücksicht zu nehmen und sich vom Platz zurückzuziehen. (*Beizhuang de minyun*, S. 54)

* In seinem am 30. Juni 1989 vorgelegten Bericht wertet Chen Xitong diesen Appell der Intellektuellen, der nicht nur in der *Guangming-Zeitung* veröffentlicht, sondern auch vom Zentralen Fernsehen ausgestrahlt worden sei, als Aufhetzerei. (Chen Xitong, in: BRu, 25.7.89, S. XVII) - Diese Darstellung stellt eine völlige Verdrehung der Intentionen der Intellektuellen um Yan Jiaqi und Dai Qing dar: Einer sehr zuverlässigen Quelle zufolge waren die genannten Intellektuellen vom Präsidenten der Akademie der Sozialwissenschaften Hu Sheng im Auftrag der politischen Führung kontaktiert worden, um einen letzten Versuch zu unternehmen, die Studenten vor dem Gorbatschow-Besuch zum Abbruch des Hungerstreiks und zum Verlassen des Tiananmen-Platzes zu bewegen. (PB 17)

Am Abend erscheint eine Gruppe von Demonstranten mit dem Transparent "Einwohner unterstützen die Petition" auf dem Platz. Zum erstenmal seit Beginn der Studentenbewegung zeigen damit Beijinger Bürger offen ihre Unterstützung für die Studenten. Sie werden von den Studenten freudig willkommen geheißen. (ZTS, 15.5.89, nach SWB, 18.5.89)

Unter den Hungerstreikenden verbreitet sich das Gerücht, daß der Tiananmen-Platz am 15. Mai um 3.00 Uhr morgens mit Gewalt geräumt werden soll. (BRu, 30.5.89, S. 23)

Zwei Vertreter des Hongkonger Studentenverbands, die nach Beijing gereist sind, übergeben den Hungerstreikenden eine Spende von 140.000 Hongkong-Dollar (circa 30.000 DM) zur Unterstützung ihrer Aktion. (*Beizhuang de minyun*, S. 54)

Radio Beijing berichtet am Abend, daß einige hundert Studenten am Vortag auf dem Tiananmen-Platz einen Hungerstreik begonnen hätten, um gegen die Gleichgültigkeit der Regierung gegenüber dem Unterrichtsboykott der Studenten und gegen die Verzögerung des Dialogs mit der Studentendelegation seitens der Regierung zu protestieren. Führende Vertreter des ZK, des Staatsrats und der zuständigen Ministerien würden den Dialog mit Studenten von Beijinger Universitäten und Hochschulen am 15. Mai fortsetzen. (Nach SWB, 16.5.89)

Einem Bericht der Hongkonger *Wen Hui Bao* zufolge findet in der Nacht vom 14. auf den 15. Mai eine Sitzung des Politbüros statt. Zhao Ziyang verlangt, daß sich die politische Führung ohne Verzögerung mit dem Hungerstreik der Studenten befassen solle. Er fragt um Erlaubnis, die Studenten in den frühen Morgenstunden des 15. Mai auf dem Tiananmen-Platz besuchen zu dürfen. Li Peng weist seine Bitte mit der Begründung zurück, daß dies die Spaltung des ZK der KPCh zur Folge haben würde. (WHB, 25.6.89, nach SWB, 27.6.89)

Auch nach Darstellung von Chen Yizi soll Zhao Ziyang bereits heute einen ersten Versuch unternommen haben, die hungerstreikenden Studenten auf dem Tiananmen-Platz aufzusuchen. Li Peng habe das jedoch abgelehnt. (Chen Yizi, *Zhongguo...*, S. 159)

Tianjin
Etwa 700 Studenten von der Nankai-, der Tianjin- und von anderen Universitäten Tianjins fahren mit dem Rad nach Beijing, um sich an den Aktionen ihrer Beijinger Kommilitonen zu beteiligen. (*Radio Tianjin*, 17.5.89, nach SWB, 26.5.89)

Hainan
In Haikou führen Provinzführer mit 25 Studentenvertretern der Hainan-Universität ein Gespräch, das vom offiziellen Studentenverband der Universität organisiert worden ist. Die Studenten stellen Fragen zur offiziellen Bewertung der Demonstrationen Hainaner Studenten, zu den Ausgaben im Erziehungswesen, zum Kampf gegen Korruption, zum Investitionsklima, zur Verwendung von Devisen, zur Pressefreiheit und zur Nutzung universitätseigener Grundstücke [durch andere Einheiten]. Der stellvertretende Provinzgouverneur Xin Yejiang hebt lobend hervor, daß sich die Studenten nicht nur für ihr Studium, sondern auch für die Belange des Staates, der Gesellschaft und ihrer Hochschulen interessieren. (*Radio Hainan*, 14.5.89, nach SWB, 17.5.89)

Jiangsu
Der Provinzgouverneur Wu Guanzheng trifft mit nahezu 100 Journalisten zu einem Gespräch zusammen. (*Beizhuang de minyun*, S. 54)

Liaoning
In Shenyang marschieren etwa 2.000 Studenten von Hochschulen der Provinz Liaoning zum Sitz der Stadtregierung, wo sie eine Verlautbarung zur Unterstützung ihrer Beijinger Kommilitonen verlesen. Nach der Kundgebung kehren die Studenten mit von der Stadtregierung gestellten Bussen in die Universitäten zurück. (*Radio Liaoning*, 15.5.89, nach SWB, 18.5.89) Auch in Shenyang ist ein "Autonomer Studentenverband" gegründet worden. (A. Gunn, "... The Student Movement in Shenyang, 1989", S. 244 f.)

Guangxi
In Nanning demonstrieren erneut über 10.000 Studenten zur Unterstützung ihrer Beijinger Kommilitonen. Einige marschieren zum Sitz der Regierung des Autonomen Gebiets und fordern einen Dialog mit den Regierenden. Die Zahl der Zuschauer ist bedeutend geringer als an den vorangegangenen Tagen. "Eine

beträchtliche Anzahl" von Studenten besucht weiterhin den Unterricht. Auch in anderen Städten des Autonomen Gebiets, u.a. in Guilin, Qinzhou, Bose und Yulin, demonstrieren Studenten. (*Radio Guangxi*, 19.5.89, nach SWB, 24.5.89)

Innere Mongolei
Über 1.000 Studenten der Universität der Inneren Mongolei demonstrieren in Hohhot zur Unterstützung ihrer Beijinger Kommilitonen. (*Radio Innere Mongolei*, 18.5.89, nach SWB, 20.5.89)

15. Mai 1989, Montag

- Dritter Tag des Hungerstreiks von Studenten auf dem Tiananmen-Platz
- Studenten beschließen die Fortsetzung des Sitz- und Hungerstreiks
- Viele Beijinger Einwohner solidarisieren sich mit den Hungerstreikenden
- Gorbatschow trifft zum viertägigen sino-sowjetischen Gipfeltreffen in Beijing ein. Das ursprüngliche Besuchsprogramm muß wegen der Studentenproteste erheblich abgewandelt werden.

Die Studenten auf den Tiananmen-Platz, deren Zahl in die Zehntausende geht, diskutieren in den frühen Morgenstunden über die weitere Vorgehensweise. Da ein Teil von ihnen sich weigert, den Platz anläßlich des Besuchs von Gorbatschow zeitweilig zu räumen, wird beschlossen, Sitz- und Hungerstreik fortzuführen. An dem Hungerstreik beteiligen sich inzwischen mehr als 1.000 Studenten. 18 Personen sind bereits zur Behandlung in Krankenhäuser gebracht worden. Zehntausende von Bürgern unterstützen die Studenten auf dem Platz. Sie rufen Parolen wie "Lang leben die Studenten", "Weg mit den staatlichen Schatzbriefen [die von den Bürgern gekauft werden müssen]", "Essen ist nicht das wichtigste" und "Verkauft die [Mercedes] Benz, um die Schulden zu bezahlen". (ZTS, 15.5.89, nach SWB, 17.5.89)

An diesem Tag werden alle Unterrichtsveranstaltungen der Beijing-Universität von Studenten und Lehrern boykottiert. (ZTS, 15.5.89, nach SWB, 18.5.89) Nach PB 13 trifft diese Information nicht zu.

Um 8.00 Uhr morgens fordert die Polizei über Lautsprecher die Studenten noch einmal auf, den Platz zu verlassen. In den Gebäuden ringsum, in der Großen Halle des Volkes und im Revolutionsmuseum, aber auch in den Luftschutzkellern unter dem Platz, so wird berichtet, ist ein großes Polizeiaufgebot zusammengezogen worden. Doch für eine Räumung ist es jetzt viel zu spät. Um 8.30 Uhr wird bekannt, daß die Empfangszeremonie für Gorbatschow vom Tiananmen-Platz auf den Flughafen verlegt worden ist. (M. Naß, in: *Die Zeit*, 19.5.89)

Trotz der Ankündigung des Amtes für Öffentliche Sicherheit der Stadt Beijing, den Tiananmen-Platz um 8.00 Uhr abzusperren, und des Verbots, den Platz zu betreten, schreitet die Polizei den ganzen Tag lang nicht gegen die dort versammelten Studenten ein. (*Beizhuang de minyun*, S. 55)

15. Mai 1989

Seit 8.00 Uhr morgens ziehen etwa 500.000 Menschen zum Tiananmen-Platz, die die hungerstreikenden Studenten unterstützen wollen. Unter ihnen befinden sich Lehrer und Studenten von zahlreichen Beijinger Universitäten und Hochschulen, ihre Familienangehörigen sowie einige Techniker von der Chinesischen Akademie der Wissenschaften. Sie drängen die Führung, den Leitartikel der *Volkszeitung* vom 26. April zurückzunehmen, die Aktion der Studenten als "patriotisch" zu würdigen und einen gleichberechtigten Dialog zu führen. Am Mittag befinden sich groben Schätzungen zufolge 800.000 Menschen auf dem Platz [nach PB 13 maximal 400.000]. Ein Studentenführer erklärt, ihre derzeitigen Minimalforderungen lauteten:
1. Die Regierung müsse den Leitartikel der *Volkszeitung* vom 26. April zurücknehmen und zugeben, daß die Aktion der Studenten kein Aufruhr, sondern eine patriotische und demokratische Bewegung sei.
2. Ein Dialog auf der Basis der Gleichberechtigung müsse geführt werden.
(ZTS, 16.5.89, nach SWB, 18.5.89)

50 Stunden nach Beginn des Hungerstreiks, an dem sich über 2.000 Studenten beteiligen, sind bereits über 130 Studenten wegen niedrigen Blutzuckerspiegels, Hitzschlags und anderer Schwächen zur Behandlung ins Krankenhaus gebracht worden. Einige der Hungerstreikenden spucken Blut. (*Beizhuang de minyun*, S. 55)

Das medizinische Notdienstzentrum Beijing, das unter Führung seines stellvertretenden Direktors Li Zonghao den Hungerstreikenden Erste Hilfe leistet, hat Mühe, die wachsende Zahl von Ohnmächtigen zu versorgen. Einige Studentenführer beschließen, das Rote Kreuz Beijing um Hilfe zu bitten. Li Zonghao dient als Vermittler. Die Organisation willigt ein, vom Abend an die medizinische Versorgung auf dem Platz zu übernehmen. Alle Studenten, deren Zustand kritisch ist (Puls von 40 Schlägen/Minute, Blutdruck 80/50), werden zur Behandlung ins Krankenhaus gebracht. Li Zonghao läßt das medizinische Personal des Rettungszentrums (über 600 Menschen) in drei Schichten rund um die Uhr arbeiten. Nach unvollständigen Statistiken sind bis zum Ende des Hungerstreiks 32 Krankenhäuser und Hunderte von Ambulanzen an der medizinischen Versorgung der Hungerstreiker beteiligt. (Wang Dazi, in: CD, 22.5.89)

Radio Beijing berichtet am Vormittag, daß sich inzwischen fast 2.000 Studenten im Hungerstreik befinden. Die zuständige Behörde habe veranlaßt, daß die Hungerstreikenden von Mitarbeitern des Ersten-Hilfe-Zentrums von Beijing, dem Xiehe- und dem Tongren-Hospital medizinisch versorgt werden. (Nach SWB, 17.5.89)

Ein Mediziner der Beijing-Universität hält vor den Studenten auf dem Platz eigens eine Vorlesung über die üblichen Fastenmethoden. Er sagt, auch wenn sie die Nahrung verweigerten, sollten sie doch nahrhafte Getränke zu sich nehmen, um einem abrupten Abbau ihrer physischen Kräfte entgegenzuwirken. (*Radio Beijing*, 16.5.89, nach SWB, 19.5.89)

Auf dem Platz verkündet ein Studentenführer über Lautsprecher, daß das 38. Armeekorps der VBA, das den Studenten bei ihren Demonstrationen am 27.

April den Weg abschneiden sollte, sich kürzlich geweigert habe, sich erneut in Richtung Beijing in Marsch zu setzen, wie von der zentralen Führung angeordnet: "Die Offiziere und Männer, vom Kommandanten bis zu den einfachen Soldaten, haben sich alle geweigert, in Beijing einzumarschieren." Die Studenten nehmen diese Nachricht mit Begeisterung auf. (MB, 16.5.89, nach SWB, 18.5.89)

Weiter berichten Studenten auf dem Platz, daß sich 70.000 - mehr als ein Drittel - der Stahlarbeiter in Beijings größter Hütte [dem Hauptstädtischen Eisen- und Stahlkombinat] den Aktivisten angeschlossen hätten [in den Streik getreten seien]. (J. Kremb, in: taz, 16.5.89) - Diese Information erweist sich als falsch; vergleiche 16. Mai.

Die *Volkszeitung* berichtet auf der ersten Seite über das Gespräch vom Vortag zwischen Vertretern der Führung und der Studenten und veröffentlicht dazu ein Photo von dem Zusammentreffen. (Vergleiche RMRB, 15.5.89)

Die Hongkonger Nachrichtenagentur *Zhongguo Tongxun She* berichtet unter Berufung auf eine zuverlässige Quelle, daß Zhao Ziyang sich kürzlich für eine uneingeschränkte Berichterstattung über die andauernden Studentendemonstrationen ausgesprochen habe. Er soll gesagt haben, daß die Berichterstattung am Anfang einer recht strengen Kontrolle unterlegen habe, die später indes ein wenig gelockert worden sei. (Nach SWB, 18.5.89) - Vergleiche hierzu auch den Bericht von Chen Xitong unter dem 6. Mai.

Chen Yizi berichtet, Zhao Ziyang habe wieder, wie schon am Vortag, die Studenten auf dem Platz aufsuchen wollen und bereits im Wagen gesessen, als Li Peng die Autotür geöffnet und gesagt habe: "Wenn du die Studenten aufsuchst, trägst du die Verantwortung für die Spaltung der Partei." Schließlich habe Zhao Ziyang mit dem Wagen zweimal den Tiananmen-Platz umrundet, sei aber nicht ausgestiegen. (Chen Yizi, *Zhongguo...*, S. 159)

Am Vormittag setzen sich Li Tieying, Yan Mingfu und andere Partei- und Regierungsvertreter mit über 50 Beijinger Studenten zu einem Gespräch zusammen, zu dem der offizielle Studentenverband Chinas und der offizielle Studentenverband Beijings eingeladen haben. Li Tieying erklärt, daß Partei- und Regierungsführer bei zahlreichen Gelegenheiten den patriotischen Enthusiasmus und die gute Absicht des überwiegenden Teils der Studenten gewürdigt hätten. Yan Mingfu bringt seine Zustimmung zur "Hauptströmung der Studentenbewegung" zum Ausdruck, bedauert indes, daß die Studenten ihre Demonstrationen am 27. April und am 4. Mai nicht angemeldet und ohne Genehmigung durchgeführt haben. Jetzt, da sich "einige" Studenten auf dem Tiananmen-Platz im Hungerstreik befänden, sei das Ansehen Chinas in gewissem Maße beeinträchtigt worden. Li Tieying und Yan Mingfu bestätigen, daß während der gegenwärtigen "Studentenunruhen" viele Probleme zur Sprache gebracht worden seien, die dringend gelöst werden müßten. Das aber erfordere Zeit. Während des Treffens informieren Du Daozheng, Leiter der Presse- und Publikationsbehörde, und Wei Jianxing, Minister für Verwaltungskontrolle, die Studenten in knapper Form über den Entwurf zum Presserecht und über Ermittlung und Vorgehensweise in Korruptionsfällen. (RMRB, 16.5.89) Das Gespräch dauert von 9.00 bis 12.00 Uhr. (*Beizhuang de minyun*, S. 57)

Um 12.00 Uhr trifft der sowjetische Staats- und Parteichef M. Gorbatschow zu einem viertägigen sino-sowjetischen Gipfeltreffen auf dem Flughafen von Beijing ein. Wegen der hungerstreikenden Studenten auf dem Tiananmen-Platz findet das Begrüßungszeremoniell auf dem Flughafen statt. (RMRB, 16.5.89)

Die sowjetische Botschaft war am Morgen von der Änderung des Begrüßungsprogramms "aus Sicherheitsgründen" in Kenntnis gesetzt worden. Die Menschenmassen, gegen deren Druck die völlig überforderten Polizeiketten an der Nordseite des Tiananmen-Platzes gerade noch eine Fahrspur der Chang'an-Allee freihalten können, warten mit ihren Parolen vergeblich auf Gorbatschow. Die Fahrzeugkolonnen benutzen nicht die mit Tüchern und Fahnen geschmückte Prominentenroute, sondern weichen - ohne Motorradeskorte - über den nördlichen Bogen der zweiten Ringstraße aus, um zum Staatsgästehaus Diaoyutai zu gelangen. (ap, nach: NZZ, 17.5.89)

Versuche durch zumeist unbewaffnete Polizisten, den Tiananmen-Platz noch kurz vor Ankunft Gorbatschows zu räumen, scheitern. (P. Gumbel, in: AWSJ, 16.5.89) - Anderen Berichten zufolge hat es keine derartigen Versuche gegeben; vergleiche oben unter diesem Datum.

Am Nachmittag versuchen Studentenmassen in die Große Halle des Volkes einzudringen. Sie werden durch ein großes Aufgebot an Polizisten aufgehalten. (rtr, nach TN, 16.5.89)

Um 14.00 Uhr trifft ein Demonstrationszug von Intellektuellen zur Unterstützung der Hungerstreikenden auf dem Tiananmen-Platz ein. Unter den Teilnehmern befinden sich Yan Jiaqi, Dai Qing und Bao Zunxin, Journalisten und Redakteure der *Tageszeitung für Wissenschaft und Technik*, der *Volkszeitung* und anderer Zeitungen sowie Mitarbeiter der Akademien für Sozial- und für (Natur)wissenschaften. Sie werden mit herzlichem Applaus begrüßt. (*Beizhuang de minyun*, S. 55)

Rund 500 Lehrer der Beijing-Universität drängen Partei und Regierung in einem offenen Brief, so bald wie möglich in einen substantiellen Dialog mit den Studenten zu treten. (CD, 16.5.89)

Über 30 demonstrierende Intellektuelle, darunter Yan Jiaqi, Liu Zaifu, Su Shaozhi, Dai Qing und Lao Gui, veröffentlichen eine "Erklärung vom 16. Mai", in der sie ihre Unterstützung für die demonstrierenden Studenten erklären. Die wesentlichen Punkte der Erklärung lauten wie folgt:
1. Die Unterzeichner wenden sich gegen eine gewaltsame Behandlung der Studenten durch die Regierung;
2. sie fordern, den rechtmäßigen Status der autonomen Studentenorganisationen anzuerkennen;
3. sie fordern eine verstärkte Reform des politischen Systems;

4. sie protestieren dagegen, daß die Nachrichtenorgane die Wahrheit über die Studentenbewegung verschweigen;
5. sie wenden sich dagegen, daß das Wesen der Studentenbewegung als Aufruhr bezeichnet wird;
6. sie versichern, daß die Studenten nicht von irgendwelchen Leuten hinter den Kulissen angestiftet worden sind.
(*Beizhuang de minyun*, S. 55-57)

Die Zahl der Hungerstreikenden ist bis zum Nachmittag auf 3.000 angestiegen. (CD, 16.5.89) Abends befinden sich rund 300.000 Menschen auf dem Platz. (B. Küppers, in: SZ, 16.5.89)

[Um zum Abendessen zu gelangen] muß Gorbatschow die Große Halle des Volkes durch einen Hintereingang betreten. (P. Gumbel, A. Ignatius, in: AWSJ, 16.5.89)

An diesem Tag beginnt eine Gruppe von mehreren hundert Motorradfahrern durch die Straßen der Hauptstadt zu ziehen, "anscheinend" zur Unterstützung der streikenden Studenten. (CD, 1.6.89)

Am Abend beginnt auf dem Platz eine neue und spontane Demonstration unter einer Fahne mit der Inschrift *Shimin (Stadtbewohner)*. Diese Gruppe setzt sich aus Arbeitslosen, Wanderarbeitern, Landarbeitern und Inhabern von kleinen Verkaufsständen zusammen. Zum erstenmal schließt sich damit eine Bevölkerungsgruppe den Protesten an, die nicht zur Bildungselite gehört. (O. Schell, in: IHT, 22.5.89)

Am Abend wird die für den folgenden Morgen geplante Kranzniederlegung am Denkmal der Volkshelden aus dem Programm für Gorbatschow gestrichen. (C. McDougall, Q. Peel, in: FT, 16.5.89)

* In seinem am 30. Juni 1989 vorgelegten Bericht beklagt Chen Xitong, daß "infolge der falschen Leitung der öffentlichen Meinung" von diesem Tag an immer mehr Leute auf die Straße gegangen seien: "In jener Zeit schien es, als ob man 'unpatriotisch' sei, wenn man nicht demonstrierte, und sich nicht um das Schicksal der Studenten kümmerte, wenn man keine Unterstützung erweise. Unter diesen Umständen konnten die Studenten den Hungerstreik nicht abbrechen, ganz gleich, ob sie wollten oder nicht. Viele Dozenten und Eltern schrieben Briefe an Leitungsorgane und Presseeinheiten oder telefonierten, indem sie verlangten, daß die Zeitungsverlage, Rundfunkstationen und Fernsehsender die streikenden Studenten nicht in eine Sackgasse zwingen, sondern guten Willen zeigen und die Kinder retten sollten. Solche 'Menschen tötende öffentliche Meinung' müßte gebremst werden. Leider haben diese Anstrengungen [von Dozenten und Eltern] keine Wirkung erzielt. Wegen des Hungerstreiks der Studenten und der Demonstrationen der Städter geriet die öffentliche Ordnung der Hauptstadt in ein Chaos. Das weltweit interessierende Zusammentreffen der chinesischen und sowjetischen Staatsführer wurde sehr gestört; einige Tagesprogramme mußten geändert, sogar abgeschafft werden. Inzwischen stieg die Zahl der Demonstranten in den großen Städten sowie allen Hauptstädten der Provinzen drastisch an. In manchen mittelgroßen und kleinen Städten gab es auch Demonstrationen, sie verbreiteten sich so weit und störten so schlimm, wie es beispiellos seit der Gründung des Neuen China war." (Chen Xitong, in: BRu, 25.7.89, S. XVI f.)

Anhui
In Hefei demonstrieren am Abend etwa 1.000 Studenten und übergeben der Stadtregierung eine Petition. Gegen Mitternacht kehren sie in die Hochschulen zurück. (*Radio Anhui*, 16.5.89, nach SWB, 19.5.89)

Gansu
Auf dem Dongxin-Platz in Lanzhou treten Studenten in den Hungerstreik. (*Radio Gansu*, 18.5.89, nach SWB, 22.5.89)

In Lanzhou suchen führende Vertreter der Provinz Gansu und der Stadt Lanzhou eine Einheit auf, um "ein schwieriges Problem zu lösen". Zwei Reporter, die darüber berichten wollen, werden von Kadern der Einheit vertrieben. Li Ziqi, Sekretär des Parteikomitees der Provinz Gansu, entschuldigt sich später telefonisch bei ihnen und erklärt, daß die Kader auf allen Ebenen die Verordnungen über das Pressewesen respektieren müßten. (XHS, 21.5.89, nach SWB, 23.5.89)

Henan
In Zhengzhou marschieren etwa 1.000 Studenten zum Sitz der Provinzregierung, um ihre Kommilitonen in Beijing zu unterstützen und ihrer Forderung nach einem Dialog mit der Provinzführung Nachdruck zu verleihen. Vier Studentenvertreter betreten das Regierungsgebäude und geben ihre Forderungen bekannt. Funktionäre sagen ihnen für den folgenden Nachmittag eine Antwort der Provinzführung zu. Nach Mitternacht kehren die Studenten in ihre Universitäten zurück. (*Radio Henan*, 15.5.89, nach SWB, 18.5.89)

Heilongjiang
In Harbin unterstützen über 1.000 Studenten der Heilongjiang-Universität und anderer Universitäten den Hungerstreik ihrer Beijinger Kommilitonen durch eine Demonstration und einen Sitzstreik vor dem Gebäude der Provinzregierung. Der Führer der Kundgebung verliest eine Petition und bittet die Provinzregierung, diese an die Zentralregierung in Beijing weiterzuleiten. Außerdem verlangen die Studenten Gespräche mit Vertretern der Provinzregierung. (*Radio Heilongjiang*, 15.5.89, nach SWB, 18.5.89)

Hunan
Auf der 2. Tagung des VII. Volkskongresses der Provinz Hunan in Changsha wird die Absetzung des Stellvertretenden Provinzgouverneurs Yang Huiquan beschlossen. Ihm wird Pflichtversäumnis bei der Überprüfung von Hunaner Firmen und Mißbrauch öffentlicher Gelder vorgeworfen. (RMRB, 16.5.89)

In Changsha verhaftet die Polizei 17 Personen, die verdächtigt werden, während des Aufruhrs am 22. April Delikte begangen zu haben. Unter den Verhafteten befinden sich nach Angaben des Amtes für Öffentliche Sicherheit sechs Arbeiter, vier arbeitslose Jugendliche, vier in Changshaer Einheiten beschäftigte Personen, kleine Privatunternehmer und Hilfsarbeiter sowie drei Bauern. (RMRB, 16.5.89)

Jiangsu
Nach fast einer Woche erscheinen in der Nanjing-Universität wieder die ersten Wandzeitungen. Darin wird die große Anteilnahme am Hungerstreik der Beijinger Studenten zum Ausdruck gebracht und die Gründung eines "Autonomen Studentenverbandes der Höheren Bildungseinrichtungen Nanjing" angekündigt. Die Universitätsleitung reagiert auf die erneut aufgeflammten Aktivitäten eher passiv: Sie läßt lediglich die Beleuchtung über den Anschlagtafeln ausstellen, so daß die Wandzeitungen während der Abend- und Nachtstunden nicht gelesen werden können. (R. Lufrano, "Nanjing Spring...", S.25)

Shaanxi
In Xi'an setzen sich der Parteisekretär der Provinz Shaanxi, Zhang Boxing, und der Provinzgouverneur Hou Zongbin mit Vertretern des Kommunistischen Jugendverbands und der offiziellen Studentenverbände von 16 Hochschulen und Universitäten der Stadt Xi'an zusammen. Themen des Gesprächs sind: die Vorlesungsstreiks, Bekämpfung der Korruption, Demokratisierung und die Verstärkung der Arbeit offizieller Studentenverbände. Zhang Boxing erklärt, die offiziellen Studentenverbände müßten im Namen der Studenten sprechen, ihre Meinungen und Forderungen widerspiegeln und gute Arbeit leisten. Als Hou Zongbin erfährt, daß der Studentenverband der Provinz Shaanxi keine Mittel für Aktivitäten habe, entscheidet er, für die Arbeit des Studentenverbands und des Kommunistischen Jugendverbands je 20.000 Yuan bereitzustellen. (*Radio Shaanxi*, 15.5.89, nach SWB, 18.5.89)

16. Mai 1989, Dienstag

- Vierter Tag des Hungerstreiks von Studenten auf dem Tiananmen-Platz
- Die Führung appelliert an die Studenten, ihren Hungerstreik zu beenden und in die Hochschulen zurückzukehren
- Zahllose Beijinger Bürger strömen zum Tiananmen-Platz, um die streikenden Studenten zu unterstützen
- Deng Xiaoping trifft Gorbatschow. Bis zum 9. Juni ist dies der letzte öffentliche Auftritt von Deng
- Zhao Ziyang erklärt gegenüber Gorbatschow, daß Deng Xiaoping noch immer alle wichtigen Fragen entscheide und deutet damit an, daß Deng für die parteioffizielle Einschätzung der Studentenbewegung verantwortlich ist
- Die ZK-Militärkommission trifft Vorbereitungen für die militärische Besetzung von Beijing durch über 100.000 reguläre VBA-Truppen
- Dringlichkeitssitzung des Ständigen Ausschusses des Politbüros: Zhao Ziyang findet wiederum keine Mehrheit für seine gemäßigte Position
- Demonstrationen in vielen Städten des Landes

Kurz nach Mitternacht wird auf dem Tiananmen-Platz eine Mitteilung der Hauptbüros des ZK der KPCh und des Staatsrats übertragen. Mit Bezug auf den Hungerstreik Beijinger Studenten und ihre Forderung nach einem Dialog mit führenden Vertretern des ZK der KPCh und des Staatsrats, heißt es in der Mitteilung, daß Vertreter des ZK und des Staatsrats bereits auf vielen Ebenen und Wegen den Dialog mit den Studenten aufgenommen hätten; dies werde fortgesetzt. Die berechtigten Forderungen der Studenten würden derzeit von Partei und Regierung geprüft, konkrete Maßnahmen würden folgen. Ende Juni werde sich der Ständige Ausschuß des NVK mit diesen Problemen befassen, die durch das Vorantreiben des Demokratisierungsprozesses und durch den Ausbau des Rechtssystems zu lösen seien. Jetzt aber seien Ruhe, Vernunft, Zurückhaltung und Ordnung unbedingt erforderlich. Angesichts des bereits begonnenen sino-sowjetischen Gipfeltreffens, das weltweit Beachtung finde, hoffe man, daß die Studenten nichts unternehmen würden, was dem Ansehen des Landes schaden könne. Da der Hungerstreik der Studenten bereits geraume Zeit andauere und es in den Nächten recht kühl sei, seien einige Studenten bereits krank geworden. Die Führer des ZK der KPCh und des Staatsrats seien darüber sehr besorgt, und sie hofften, daß die Studenten so schnell wie möglich in die Hochschulen zurückkehren würden. Man erwarte auch, daß die Institutsleiter, Lehrer und Eltern gute Überzeugungsarbeit leisten würden, um die Studenten zur Rückkehr in die Hochschulen zu bewegen. Die vom 15. Mai datierte Mitteilung schließt mit dem Appell, daß man sich für die gemeinsamen Ziele einmütig einsetzen solle, darunter die Verwirklichung von wirtschaftlichen und politischen Reformen. (RMRB, 16.5.89)

Um 1.00 Uhr in der Frühe erklärt ein Funktionär des Hauptstädtischen Eisen- und Stahlkombinats Journalisten in einem Telefoninterview, daß Behauptungen, nach denen sich 70.000 Arbeiter des Kombinats im Streik befinden sollen, falsch seien. Alle Arbeiter und Angestellten hielten an der Produktion fest. Die amerikanische Nachrichtenagentur Associated Press hatte [am 15. Mai] gemeldet, daß die Studenten auf dem Tiananmen-Platz über Lautsprecher verkündet hätten, von den 220.000 Arbeitern und Angestellten des Kombinats befänden sich 70.000 im Ausstand, um die Studentenbewegung zu unterstützen. (RMRB, 16.5.89)

Am Vormittag hält eine Sprecherin der hungerstreikenden Studenten auf dem Tiananmen-Platz eine Pressekonferenz ab. Sie erklärt, daß bislang mehr als 230 von den insgesamt 2.000 Hungerstreikenden in Ohnmacht gefallen seien. Auf eine Frage antwortet sie, daß der Hungerstreik zufällig mit dem Besuch von Gorbatschow zusammenfalle. Die Hungerstreikenden begrüßten diesen Besuch. (XNA, 17.5.89)

Einem anderen Bericht zufolge befinden sich an diesem Tag etwa 3.000 Menschen im Hungerstreik. 600 sind bereits ins Krankenhaus eingeliefert worden. 60 von ihnen sind nach der Behandlung auf den Tiananmen-Platz zurückgekehrt und setzen den Hungerstreik fort. (*Beizhuang de minyun*, S. 58)

Nach einer anderen Darstellung sind bislang etwa 300 von 3.000 Hungerstreikenden ins Krankenhaus gebracht worden. Ihren Platz nehmen Kommilitonen ein, die sich dem Hungerstreik anschließen. (C. McDougall, in: FT, 17.5.89)

Studentenführern zufolge befinden sich jetzt 3.147 Studenten im Hungerstreik. Tausend Ärzte, Sanitäter und Medizinstudenten leisten den Hungerstreikenden freiwillig Erste Hilfe. Ein Arzt erklärt, seiner Ansicht nach seien vier oder fünf Tage ohne Nahrung für die meisten Studenten die Grenze des Erträglichen. (CD, 17.5.89)

Eine Gruppe von Helfern, viele von ihnen sind Medizinstudenten, versorgt die Hungerstreikenden mit Wasser und Salz. Einige der Aktivisten lehnen selbst Flüssigkeit ab. (Werner Adam, in: FAZ, 17.5.89)

Zwölf Studenten vom Zentralinstitut für Sprechtheater weigern sich, Flüssigkeit zu sich zu nehmen. Schließlich lassen sie zu, daß die Ärzte ihnen mit in Wasser getränkter Watte über die Lippen streichen. Alle 30 Minuten werden ihr Puls und Blutdruck kontrolliert. (Wang Dazi, in: CD, 22.5.89)

Über 30 Studenten aus Tianjin nehmen an dem Hungerstreik auf dem Platz teil. Weitere Studentengruppen aus Tianjin kommen mit dem Zug nach Beijing. (*Radio Tianjin*, 17.5.89, nach SWB, 26.5.89)

An diesem und an den folgenden Tagen kommen Studenten aus anderen Städten zu Tausenden nach Beijing. [Zahlenangaben s. 19. Mai] (*Radio Beijing*, 19.5.89, nach SWB, 23.5.89)

Am Morgen strömen wieder viele Beijinger Einwohner auf den Tiananmen-Platz. Darunter sind Demonstrantengruppen, die sich mit dem Namen ihrer Einheit zu erkennen geben, etwa 150 Konstrukteure vom Institut für Design und ein Demonstrationszug Beijinger Journalisten von den wichtigsten Zeitungen, Zeitschriften und Nachrichtenagenturen. Sie werden von den Studenten mit herzlichem Applaus begrüßt. Mitarbeiter von Zentralorganen, einschließlich des ZK-Hauptbüros und der Personalabteilung des Staatsrats, haben, so meldet die Rundfunkstation der Studenten auf dem Platz, Briefe an die Hungerstreikenden gerichtet, in denen sie ihre Unterstützung erklären und den Studenten für ihre patriotische Aktion danken. (ZTS, 16.5.89, nach SWB, 19.5.89)

Die Unterstützung in der Bevölkerung für die Studenten nimmt zu. Busfahrer halten auf freier Strecke, um Demonstranten mitzunehmen; Taxifahrer bilden Kolonnen und befördern Studenten gratis. (LSC, S. 46)

Eine der ersten offiziellen Institutionen, die die Forderungen der Studenten nach Demokratie unterstützt, ist das Institut für Amerika-Studien der Akademie der Sozialwissenschaften in Beijing. He Di, ein USA-Kenner und Sohn des

Landwirtschaftsministers He Kang, spielt dabei eine bedeutende Rolle. [Ohne Datum und nähere Einzelheiten] (J. Mathews, in: IHT, 26.5.89)

100 Redakteure und Journalisten vom Zentralen Fernsehen und von der *Volkszeitung* demonstrieren unter einem Banner mit der Aufschrift: "Eindeutig gegen den Leitartikel vom 26. April Stellung beziehen" [in Anklang an den Titel dieses Leitartikels: "Eindeutig gegen den Aufruhr Stellung beziehen"]. (*Beizhuang de minyun*, S. 58)

Namens einer Reihe von Redakteuren der *Volkszeitung* versichert ein Journalist den Demonstranten über Lautsprecher, mit ihnen einer Meinung zu sein. Die Beteuerung löst Beifall aus. Ein Studentensprecher sagt nicht ohne Stolz, während der letzten drei bis vier Tage seien die chinesischen Zeitungen in ihrer Berichterstattung "unzweifelhaft freier" geworden. Zur Bestätigung verweist er auf die erste Seite der heutigen Ausgabe der *Volkszeitung*: ein Photo zeigt Gorbatschows Ankunft in Beijing, ein zweites darunter einen nach zweitägigem Hungerstreik in Ohnmacht gefallenen Studenten. (W. Adam, in: FAZ, 17.5.89)

Wie am Vortag suchen Beijinger Hochschulleiter und -lehrer den Platz auf. Sie kommen von der Universität für Politik und Recht, der Beifang-Hochschule für Verkehr, der Hochschule für Wirtschaft und anderen Institutionen. Sie raten den Studenten, auf ihre Gesundheit zu achten sowie Ruhe und Zurückhaltung zu wahren. (*Radio Beijing*, 16.5.89, nach SWB, 19.5.89)

Nach einem Bericht der *Volkszeitung* vom folgenden Tag ziehen heute zahlreiche Hochschullehrer, Studenten, Mitarbeiter von Behörden, Forschungseinrichtungen, Einheiten des Pressewesens und der Chinesischen Akademie für Sozialwissenschaften, Mitglieder des Nationalen Gewerkschaftsverbands, der Nationalen Vereinigung der Literatur- und Kunstschaffenden, des Chinesischen Schriftstellerverbands, Mitarbeiter des Ministeriums für Erdölindustrie [gemeint ist: Ministerium für Energiequellen] und anderer Behörden, Vertreter der Demokratischen Liga Chinas, des Revolutionären Komitees der Guomindang, der Jiusan-Gesellschaft sowie anderer demokratischer Parteien auf den Platz, um die Studenten zu unterstützen. (RMRB, 17.5.89)

Nach einem Bericht von *Radio Beijing* ziehen an diesem Tag Hunderttausende von Menschen, mehr noch als am gestrigen Tag, durch die Straßen der Stadt, um ihre Solidarität mit den Studenten zu bekunden. Unter ihnen befinden sich Vertreter der Demokratischen Parteien, Kader, Arbeiter, Bauern, Mittelschullehrer und Eltern von Studenten. (*Radio Beijing*, 16.5.89, nach SWB, 19.5.89) Nach PB 13 waren die Angestellten im öffentlichen Dienst am selben Tag von ihren Einheiten davor gewarnt worden ("berufliche Konsequenzen"), in die Innenstadt zu gehen.

Hunderttausende kommen in Bussen und Zügen, auf Fahrrädern und zu Fuß, um die 3.000 hungerstreikenden Studenten auf dem Tiananmen-Platz zu unterstützen: Ärzte, Rechtsanwälte, Bergarbeiter, Erdölarbeiter, Regierungsbeamte, Journalisten von acht Zeitungen und der *Xinhua*-Nachrichtenagentur, Reporter des Zentralen Fernsehens, Funktionäre des Nationalen Gewerkschaftsverbands, Komponisten und Sänger vom Gesangs- und Tanzensemble Beijing. Funktionäre des Nationalen Gewerkschaftsverbands fordern eine unabhängige Gewerkschaft, die Journalisten Pressefreiheit und das Ende der Zensur. Reporter des Zentralen Fernsehens verlangen den Rücktritt von Ai Zhisheng, dem Minister für Rundfunk, Film und Fernsehen. Arbeiter nehmen zum erstenmal seit dem 27. April wieder in Massen an den Solidaritätskundgebungen teil (damals brachen Tausende von ihnen durch die Reihen der unbewaffneten Polizei, um den demonstrierenden Studenten den Weg frei zu machen). "Regierung - wie lange willst du zulassen, daß Studenten sich zu Tode hungern?" fragen Journalisten der *Guangming-Zeitung* auf einem Spruchband. Ein Bergarbeiter, der mit 600 Kollegen zum Platz marschiert, sagt: "Die Studenten wagen Worte und Taten; sie sind der Funke, wir sind das Feuer." "Sprecht mit den Studenten", skandiert eine Gruppe von Ingenieuren und Arbeitern des Ministeriums für Erdölindustrie [d.h. für Energiequellen]. Regierungsangestellte, die meisten von ihnen zwischen 30 und Anfang 40, erklären, sie fürchteten keine Strafe. "Bestraft mich und meine Kollegen", erklärt einer von ihnen, "und dann bestraft den Rest des Landes. Diese alten Methoden funktionieren nicht." 200 Hochschullehrer aus der Provinz Hebei haben sich den Demonstranten angeschlossen: "Die hungerstreikenden Studenten sprechen und leiden für uns. Wir müssen unsere Unterstützung zum Ausdruck bringen." (ap, in: TN, 17.5.89)

Arbeiter vom Nationalen Gewerkschaftsverband, vom Hauptstädtischen Eisen- und Stahlkombinat und von der Chinesischen Schwermaschinenfabrik ziehen zum Tiananmen-Platz. Sie skandieren: "Die Arbeiter, die Arbeiter, sie sind der Rückhalt der Studenten." Eine Gruppe, die sich als Mittelschullehrer aus elf Provinzen und provinzfreien Städten ausweist, ist zur Unterstützung der Beijinger Studenten angereist. Viele Demonstrantengruppen rufen: "Die Herrschaft der Alten muß beendet werden", "Ministerpräsident, Ministerpräsident, du schenkst uns keine Beachtung. Wenn du uns keine Beachtung schenkst, sollst du nicht Ministerpräsident bleiben." (*Beizhuang de minyun*, S. 58)

Auf Spruchbändern steht: "In der Sowjetunion gibt es einen Gorbatschow, wen gibt es in China?", "Wir grüßen den großen Reformer Gorbatschow." (E. Bauer, in: HAB, 17.5.89) "Wir sind bereit, für die Freiheit und Demokratie zu sterben", "Studenten haben heißes Blut, die Regierung hat kaltes", "Unsere Professoren werden immer dünner". (W. Adam, in: FAZ, 17.5.89)

Jubel brandet auf, als die Mitarbeiter der Museen für Geschichte und Revolution, die sich an der Ostseite des Tiananmen-Platzes befinden, zwei Transparente aushängen, eins mit einem riesigen V (Victory), eins mit dem Spruch: "Wir können nicht länger warten." Der Verkehr in den Einkaufsstraßen wird durch Studentengruppen behindert, die mit Pappschachteln Geld sammeln, um die hungerstreikenden Kommilitonen mit Getränken versorgen zu können. Am

Nachmittag marschiert eine große Menschenmenge zum Zhongnanhai, etwa 50 Polizisten wehren die Menschen ab. Eine andere Gruppe drängt die Stufen zum Haupteingang der Großen Halle des Volkes hinauf, auch sie wird zurückgewiesen. Die emotionale Spannung auf dem Platz steigt. Ein Dutzend Studenten droht, sich selbst zu opfern. Man hält sie davon ab. (C. McDougall, in: FT, 17.5.89)

Nach einem anderen Bericht geschah dies am späten Abend: Zwölf in Trauer gekleidete Studenten übergießen sich mit Benzin und drohen sich umzubringen, wenn bis Mitternacht keine Verhandlungsergebnisse vorlägen. (T. Reichenbach/smo, in: taz, 18.5.89)

Ein dritter Bericht spricht von vier der hungerstreikenden Studenten, die mit Selbstverbrennung drohen, weil die Regierung nicht ernsthaft auf die Forderungen nach einem Dialog eingehe. Ein Studentenführer erklärt, er wolle nicht, daß sich die vier das Leben nehmen. Er fordert die in der Nähe befindlichen Studenten auf, die vier genau im Auge zu behalten. (*Radio Beijing* in Englisch, 17.5.89, nach SWB, 20.5.89)

Einige Studenten der Technischen Hochschule Chinas gehen am Nachmittag zum Büro des Nationalen Gewerkschaftsverbands, übergeben eine Petition und sprechen mit den Führern dieser Organisation. Der stellvertretende Vorsitzende und Erste Sekretär des Gewerkschaftsverbands, Zhu Houze, erklärt den Studenten: Die Wege für Gespräche zwischen der Führung und den Arbeitern seien allzeit offen gewesen. Der vom Nationalen Gewerkschaftsverband organisierte Dialog zwischen führenden Parteivertretern, führenden Arbeitern und einigen Kadern von Basisgewerkschaften habe bereits vor einiger Zeit begonnen. Er sei jetzt wegen der wichtigen Aktivitäten im Rahmen des sino-sowjetischen Gipfeltreffens unterbrochen worden und werde anschließend fortgesetzt. Zhu Houze fügt hinzu, daß die Genossen im Büro des Sekretariats des Nationalen Gewerkschaftsverbands die Straßendemonstrationen nicht billigten, da sie vernünftigen Lösungen bestehender Probleme nicht förderlich seien. (*Radio Beijing*, 16.5.89, nach SWB, 19.5.89)

Vor dem Gebäude des Nationalen Gewerkschaftsverbands versammelt sich eine große Menschenmenge, die unabhängige Gewerkschaften, das Recht auf Streik und die Entlassung konservativer Funktionäre fordert. (C. McDougall, in: FT, 17.5.89)

Am späten Nachmittag haben bereits 346 Studenten das Bewußtsein verloren. Die Zahl der Hungerstreikenden wächst beständig. Studenten aus Shanghai, Liaoning, Jiangsu, Zhejiang und Shandong sind zur Unterstützung ihrer Kommilitonen gekommen. (ZTS, 16.5.89, nach SWB, 19.5.89)

Das Beijinger Fernsehen berichtet, daß sich inzwischen über 1.000 Studenten am Hungerstreik beteiligten, 300 von ihnen seien bereits vor Schwäche ohnmächtig geworden. Sie seien sofort behandelt worden. Die Führer des ZK, des Staatsrats und der Stadtregierung seien um die Gesundheit der Studenten sehr besorgt. In den vergangenen Tagen hätten sie viele Dialoge mit Studentenvertretern geführt. Am frühen Morgen hätten die Hauptbüros des ZK der KPCh und des Staatsrats in einer auf dem Platz übertragenen Mitteilung die Studenten gebeten, in die Hochschulen zurückzukehren. Die Stadtbehörden hätten Krankenwagen entsandt; Dutzende von Ärzten hätten am Eingang des Museums für Geschichte und an der nordwestlichen Seite der Gedenkhalle provisorische Erste-Hilfe-Stationen eingerichtet; manche Krankenhäuser leisteten an Ort und Stelle Erste Hilfe. Bislang hätten 16 Krankenhäuser mehr als 300 hungerstreikende Studenten behandelt. Einige Einwohner hätten den Studenten Wasser und Lebensmittel gebracht und ihnen geraten, auf ihre Gesundheit zu achten. Weiter heißt es in dem Bericht, daß sich bis zum Mittag Tausende von Zuschauern auf dem Platz versammelt hätten. Die Institutsleiter, Lehrer und Eltern mancher Studenten seien gekommen, um ihnen die Rückkehr in die Hochschulen nahezulegen. Andere Menschen dagegen seien gekommen, um ihre Solidarität und Unterstützung zu zeigen. Am Nachmittag hätten sich einige junge Beijinger Journalisten einer Demonstration angeschlossen, die zeitweilig den Tiananmen-Platz verstopft und den Verkehr auf der Chang'an-Allee zum Erliegen gebracht hätte. (Nach SWB, 19.5.89)

Ein Sprecher des Außenministeriums erklärt, daß die geplante Kranzniederlegung durch M. Gorbatschow am Denkmal der Volkshelden auf dem Tiananmen-Platz abgesagt worden sei, da sich dort die Hungerstreikenden aufhielten. (XNA, 17.5.89)

Am Vormittag trifft Deng Xiaoping in der Großen Halle des Volkes mit M. Gorbatschow zusammen. Dieses historische Treffen besiegelt die Normalisierung der Beziehungen zwischen der VR China und der UdSSR. (RMRB, 17.5.89) Gorbatschow muß wegen der Demonstranten auf dem Tiananmen-Platz von der abgeriegelten Westseite in die Große Halle des Volkes zu seinem Gespräch mit Deng Xiaoping geschleust werden. (W. Adam, in: FAZ, 17.5.89) Nach seinem Treffen mit Gorbatschow tritt Deng Xiaoping bis zum 9. Juni nicht mehr in der Öffentlichkeit auf. Sein zeitweiliges Verschwinden von der politischen Bildfläche soll auch mit zunehmenden Herzproblemen zusammenhängen, die eine mehrmalige Sauerstoffzufuhr notwendig gemacht haben sollen. (AW, 9.6.89, S.24)

Die offiziöse *Beijing Rundschau* kommentiert 14 Tage später das sino-sowjetische Gipfeltreffen mit unverhohlener Kritik an Deng Xiaopings innenpolitischem Kurs: "Während dem greisen chinesischen Spitzenpolitiker von Demonstranten vorgeworfen wird, er sei zu alt, um innere Angelegenheiten zu handhaben, scheint Deng eher fähig zu sein, sich um Außenpolitik zu kümmern..." (BRu, 30.5.89, S.4). In der englischsprachigen Ausgabe wird sogar vom "tatterigen [doddery] chinesischen Führer" gesprochen (BRe, 29.5.89, S.4).

Um 17.40 Uhr trifft Zhao Ziyang im Staatsgästehaus Diaoyutai mit M. Gorbatschow zusammen. Zu Anfang des Gesprächs erklärt Zhao Ziyang, daß Deng Xiaoping, mit dem Gorbatschow am Vormittag zusammengetroffen sei, seit der 3. Plenartagung des XI. ZK im Jahr 1978 der im In- und Ausland von allen anerkannte Parteiführer sei. Auf dem XIII. Parteitag 1987 habe er sich auf eigenen Wunsch von seinen Posten im ZK und im Ständigen Ausschuß des Politbüros der KPCh zurückgezogen. Alle Parteimitglieder seien jedoch der Ansicht gewesen, daß die Partei noch immer Deng Xiaoping brauche, daß sie seine Weisheit und Erfahrung benötige. Daher habe man auf der 1. Plenartagung des XIII. ZK folgenden Beschluß gefaßt: Bei sehr wichtigen Fragen sei es weiterhin erforderlich, daß Deng Xiaoping das Steuer führe. Seither habe man in sehr wichtigen Angelegenheiten Deng Xiaoping Bericht erstattet und ihn um Rat gebeten. Deng Xiaoping habe die Arbeit der Parteiführung immer mit ganzer Kraft unterstützt, desgleichen die kollektiv getroffenen Entscheidungen der Parteiführung. [Später lautet einer der gegen Zhao Ziyang erhobenen Vorwürfe, daß er Geheimnisverrat begangen habe, indem er Gorbatschow von diesem Geheimbeschluß in Kenntnis setzte.] Weiter erklärt Zhao Ziyang im Gespräch mit Gorbatschow, daß Chinas politische Reformen mit der Entwicklung der ökonomischen Reformen Schritt halten müßten. Ziel sei nicht das Mehr-Parteien-System der westlichen Länder oder die Gründung neuer politischer Parteien, sondern die Trennung der Funktionen von Partei und Regierung. Ohne die Führung der KP könne China nicht an seinem sozialistischen System festhalten, könne die Reform seines sozialistischen Systems nicht gelingen. (RMRB, 17.5.89)

Einer gut informierten Quelle zufolge war Zhao Ziyang bei seinem Treffen mit Gorbatschow bereits völlig frustriert über die harte Haltung der Mehrheit der politischen Elite gegenüber den Studenten. Mit seiner Äußerung über die alle anderen Politiker überragende Rolle Deng Xiaopings habe er deutlich machen wollen, daß die unnachgiebige Haltung der politischen Führung von Deng Xiaoping zu verantworten sei und nicht etwa von ihm, Zhao Ziyang. (PB 2)

Am folgenden Tag (17. Mai) soll Li Peng in diesem Sinne zu Deng Xiaoping gesagt haben, Zhao Ziyang habe mit seiner Äußerung gegenüber Gorbatschow die Verantwortung auf Deng Xiaoping abwälzen wollen. (WHB, 25.6.89, nach SWB, 27.6.89)

Daß Zhao Ziyang den Geheimbeschluß des ZK der KPCh aus dem Jahre 1987 gegenüber Gorbatschow erwähnt, wird von vielen als Botschaft an das Volk gewertet: Was immer hier bei uns vor sich geht, muß von Deng Xiaoping verantwortet werden. "So etwas", erläutert ein chinesischer Journalist, "kann man mit dem Kaiser von China nicht machen." (W. Adam, in: FAZ, 27.5.89)

* Chen Xitong wirft Zhao Ziyang in seinem am 30. Juni 1989 vorgelegten Abschlußbericht vor, er habe mit dieser Bemerkung gegenüber Gorbatschow die

Speerspitze der Kritik absichtlich gegen Deng Xiaoping gerichtet, "so daß sich die Lage weiter verschlechterte". (Chen Xitong, in: BRu, 25.7.89, S. XVII)

Li Peng erklärt während seines Gesprächs mit M. Gorbatschow, das ebenfalls im Staatsgästehaus Diaoyutai stattfindet: "Wir sind nicht der Ansicht, daß Freiheit, Demokratie und Menschenrechte ein Patent [zhuanli] der kapitalistischen Länder sind. Auch sozialistische Länder sollen frei und demokratisch sein und sich in vollem Maße der Menschenrechte erfreuen." Man schenke dem von Gorbatschow genährten "neuen Denken" große Aufmerksamkeit. (RMRB, 17.5.89)

Nicholas D. Kristof, in: IHT, 17.5.89, schreibt, daß hier ein chinesischer Führer wohl zum erstenmal die Achtung der Menschenrechte als ein nationales Ziel bezeichnet habe. Bis zum 12. Mai, als die *Volkszeitung* in einem Artikel den Ruf von namentlich nicht genannten Intellektuellen nach Menschenrechten erwähnte, sei der Begriff abwertend für ein bürgerliches Konzept gebraucht worden.

Am Nachmittag fordern zehn Beijinger Universitätspräsidenten die "Hauptverantwortlichen von Partei und Regierung" in einem offenen Brief auf, so bald wie möglich ein direktes Treffen mit den Studenten anzuberaumen und mit ihnen einen Dialog zu führen. Den Brief unterzeichnet haben die Präsidenten der Pädagogischen Hochschule Beijing, der Qinghua-Universität, der Beijing-Universität (Vizepräsident), der Beifang-Hochschule für Verkehr, des Beijinger Fremdspracheninstituts, der Chinesischen Volksuniversität (Vizepräsident), der Beijinger Hochschule für Luft- und Raumfahrt, der Chinesischen Hochschule für Politik, der Beijinger Hochschule für Naturwissenschaft und Technik, der Beijinger Hochschule für Agrarwissenschaften. (RMRB, 17.5.89)

100 Professoren der Beijing-Universität gründen eine "Vereinigung zur Unterstützung der Beijinger Studenten" (Beijing xuesheng zhiyuantuan). In einem offenen Brief an die Nation fordern sie, daß den streikenden Studenten Straffreiheit zugesichert werde und daß die Regierung mit ihnen einen Dialog führe. An diesem Tag streikt der gesamte Lehrkörper der Beijing-Universität. Ein Teil der Dozenten nimmt am Sitzstreik der Studenten auf dem Tiananmen-Platz teil. (*Beizhuang de minyun*, S. 59)

Die *Chinesische Jugend-Zeitung* befragt am Nachmittag 75 Menschen auf der Straße; fast alle von ihnen erklären sich mit der Studentenbewegung solidarisch. (CD, 18.5.89)

Am späten Nachmittag (gegen 17.40 Uhr) kommt ZK-Sekretär Yan Mingfu auf den Platz und appelliert an die Studenten, ihren Hungerstreik abzubrechen und in die Hochschulen zurückzukehren: "Ihr seid die Zukunft des Landes, ihr habt nicht das Recht, eurer Gesundheit zu schaden." (RMRB, 17.5.89) Er sichert den Studenten aber das Recht zu weiteren Demonstrationen zu, bis sich die oberste Parteiführung auf einer in Kürze einzuberufenden Versammlung mit ihren

Forderungen befasse. Außerdem verspricht er ihnen und ihren "Hunderttausenden von Anhängern" Straffreiheit. Die Studentenführer Wang Dan und Wu'er Kaixi unterstützen die von Yan Mingfu im Namen des ZK der KPCh geäußerte Bitte, den Hungerstreik zu beenden. Sie erklären, daß sie an seine Aufrichtigkeit glaubten. Die Vertreter der hungerstreikenden Studenten stimmen jedoch mehrheitlich für die Fortsetzung des Hungerstreiks, bis eine klare Abmachung mit der Regierung erzielt worden ist. Zuvor hat eine 30köpfige Studentendelegation die Wiederaufnahme des Dialogs mit der Führung angeboten, um zu versuchen, den Hungerstreik zu beenden. Sie erklären sich bereit, durch Vermittlung von neun Akademikern indirekt mit Yan Mingfu in einem Büro der ZK-Einheitsfront-Abteilung zu sprechen. (CD, 17.5.89)

Nach einem anderen Bericht läßt ZK-Sekretär Yan Mingfu am Nachmittag über Lautsprecher eine 33-Punkte-Rede auf den Platz übertragen. Wichtigste Versprechen:
1. Die Regierung tagt, um zu einer Lösung der Probleme zu kommen. Der Leitartikel der *Volkszeitung* vom 26. April wird überdacht.
2. Die Studenten möchten bitte den Hungerstreik abbrechen, um ihre Gesundheit nicht zu gefährden. Wenn nicht, möchte er sich persönlich zusammen mit den Studenten auf den Platz setzen. [In *Beizhuang de minyun*, S. 58 f., heißt es sogar, er sei bereit, sich als "Geisel" am Sitzstreik der Studenten zu beteiligen.]
3. Er verbürgt sich persönlich dafür, daß es später keine Abrechnung mit den Aktivisten der Bewegung geben wird.

Doch die Studenten, die im Geschichtsunterricht offensichtlich nicht geschlafen haben, lehnen dankend ab: "Wie kannst du dafür bürgen? Wenn dich die Regierung eines Tages austauscht, was ist dein Wort dann noch wert?" (T. Reichenbach/smo, in: taz, 18.5.89)

Nach dem Appell Yan Mingfus stimmen die mehr als 2.000 Hungerstreikenden ab. 99% stimmen für die Fortsetzung des Hungerstreiks. (A. Ignatius, in: AWSJ, 19./20.5.89)

Gemäß der Anweisung Deng Xiaopings, das ganze Land unter militärische Kontrolle zu stellen, beruft Yang Shangkun eine erweiterte Sitzung der ZK-Militärkommission ein, die in den westlichen Vororten Beijings stattfindet. Einige hohe Funktionäre der ZK-Militärkommission, die Leiter aller Zentralen Abteilungen [der VBA] und die Kommandeure einiger Militärregionen nehmen daran teil. Auf der Sitzung wird erörtert, ob es möglich und durchführbar sei, das ganze Land militärischer Kontrolle zu unterstellen. Außerdem wird beschlossen, die Vorbereitungen zu beschleunigen, die Hauptstadt vollständig unter Militärkontrolle zu stellen. Anschließend wird ein detaillierter Plan ausgearbeitet, wie die Truppen, die aus allen Militärregionen zusammengezogen werden sollen, in die Hauptstadt zu verlegen sind. Laut Beschluß der ZK-Militärkommission sollen 22 Divisionen (zwischen 100.000 und 200.000 Mann) in

die Hauptstadt verlegt werden. Es handelt sich um
- Einheiten des 24., 27., 28., 38., 63., 64. und des 65. Armeekorps aus der Militärregion Beijing;
- Einheiten des 12. Armeekorps aus der Militärregion Nanjing;
- Einheiten des 20. Armeekorps aus der Militärregion Lanzhou;
- Einheiten des 54. Armeekorps aus der Militärregion Jinan;
- Einheiten des 39. Armeekorps aus der Militärregion Shenyang;
- eine Division aus der Militärregion Guangzhou;
- Einheiten des 15. Luftlandekorps der Luftwaffe.
(ZM, Juni 1989, S. 8; vergleiche 27. Mai)

Einige der Kommandeure der Militärregionen haben jedoch Schwierigkeiten mit der Entsendung von Truppen in die Hauptstadt. Da Yang Shangkun ihre Vorbehalte nicht ausräumen kann, begibt sich Deng Xiaoping nach Wuhan in der Provinz Hubei. Dort beruft er am Donghu-See eine Sitzung der Kommandeure und Politkommissare aller Militärregionen ein, um sie auf seinen harten Kurs einzuschwören. "Nicht wenige" von ihnen äußern Widerspruch oder Unverständnis. Doch während Deng Xiaoping noch in Wuhan weilt, werden schon Truppen, die in Beijing einmarschieren sollen, in Marsch gesetzt. (ZM, Juni 1989, S. 8) Anderen Berichten zufolge reist Deng Xiaoping erst nach Verhängung des Ausnahmezustands nach Wuhan. - Siehe 20. Mai.

Eine Reihe von namhaften reformorientierten Intellektuellen veröffentlicht eine "Erklärung zum 16. Mai", in der sie u.a. vor einer gewaltsamen Unterdrückung der Studentenbewegung warnen. Die Geschichte Chinas beweise ausnahmslos, daß jene, die Studentenproteste niederschlagen ließen, kein gutes Ende gefunden hätten. (*Lishi bu hui wangji...*, S. 62) Die Erklärung unterschrieben haben u.a. Bao Zunxin, Liu Zaifu, Su Xiaokang, Su Shaozhi und Yan Jiaqi (Laiyin Forum (Hrsg.), *Die Göttin der Demokratie...*, S. 220).

Einer "gut informierten Quelle" zufolge bietet Verteidigungsminister Qin Jiwei heute Zhao Ziyang seine Hilfe an, um Zhaos Gegner zu stürzen und die Ordnung wiederherzustellen. Zhao soll dieses Angebot jedoch mit der Begründung abgelehnt haben, daß ein derartiges Vorgehen die Partei spalten würde und überdies nicht verfassungsgemäß sei. (T. Saich, "The Rise and Fall...", S. 202) - Die Tatsache jedoch, daß Qin Jiwei nach der gewaltsamen Niederschlagung der Protestbewegung im Amt verblieben ist, legt den Verdacht nahe, daß das Angebot von Qin Jiwei - wenn es dieses denn überhaupt gegeben hat - nicht ernst gemeint war. Laut PB 2 könnte Qin Jiwei im Auftrag von Deng Xiaoping gehandelt haben, um herauszufinden, wie weit Zhao Ziyang zu handeln bereit war, um seine Position durchzusetzen.

Der Ständige Ausschuß des Politbüros kommt [am Abend] zu einer [Dringlichkeits-]Sitzung zusammen. Deng Xiaoping ist [angeblich] ebenfalls anwesend. Zhao Ziyang macht einen Fünf-Punkte-Vorschlag:
1. Der Leitartikel der *Volkszeitung* vom 26. April wird widerrufen.

2. Zhao Ziyang übernimmt persönlich die Verantwortung für die Veröffentlichung dieses Leitartikels.
3. Ein besonderes Organ wird beim Nationalen Volkskongreß eingerichtet, um die Verwicklung der Kinder hoher Kader (inkl. der zwei Söhne von Zhao Ziyang) und anderer Kader in Spekulationsgeschäfte zu untersuchen.
4. Die Lebensläufe der Spitzenkader auf und über der Ebene eines stellvertretenden Ministers werden veröffentlicht.
5. Die Einkommen und die besonderen Privilegien von höheren Kadern werden veröffentlicht und besondere Privilegien abgebaut.

Wie schon am 13. Mai wird auch dieser Vorschlag Zhao Ziyangs mit 4:1 Stimmen abgelehnt. (MB, 21.5.89, nach SWB, 25.5.89) - Vergleiche 19. Mai.

Einem Bericht der Hongkonger *Wen Hui Bao* zufolge bittet Zhao Ziyang [auf der Sitzung des Ständigen Ausschusses des Politbüros] an diesem Tag erneut um Erlaubnis, mit den im Hungerstreik befindlichen Studenten auf dem Tiananmen-Platz zu sprechen. Die Sicherheitsabteilung [des ZK der KPCh] lehnt dies aus Sicherheitsgründen ab. (WHB, 25.6.89, nach SWB, 27.6.89)

* Li Peng bestätigt in seinem Bericht über die "Fehler" von Zhao Ziyang im Juni 1989, daß an diesem Abend der Ständige Ausschuß des Politbüros zu einer Dringlichkeitssitzung zusammenkommt. Li Peng zufolge ist sich die Mehrheit der Mitglieder des Ständigen Ausschusses darin einig, daß ein Zurückweichen der politischen Führung vor den Studenten überhaupt nicht in Frage kommt. Statt dessen müsse man noch entschiedener gegen den Aufruhr auftreten. Die Parteizentrale dürfe nicht zugeben, daß der Leitartikel der *Volkszeitung* ein Fehler gewesen sei und daß die Studentendemonstrationen eine patriotische und demokratische Bewegung darstellten. Letztendlich würde dies nämlich zum Sturz der Kommunistischen Partei und zum Ende des Sozialismus in China führen. Zhao Ziyang habe jedoch, so Li Peng, immer noch gegenüber den Studenten einräumen wollen, daß der Leitartikel der *Volkszeitung* ein Fehler gewesen sei und er die Verantwortung dafür trage. Die Mehrheit der Mitglieder des Ständigen Ausschusses des Politbüros habe sich jedoch gegen Zhaos Ansicht gewandt. Li Peng weiter: "Es ging in Wirklichkeit nicht um die Frage eines gemäßigten oder harten Verhaltens gegenüber den Studenten, sondern darum, ob wir den Aufruhr beenden wollten oder nicht, und ob wir an der Führung der Partei und am Sozialismus festhalten wollten oder nicht." (Li Peng, "Report on the Mistakes...", S. 893)

Shanghai

In Shanghai demonstrieren über 4.000 Studenten und junge Hochschullehrer der Fudan- und der Tongji-Universität, der Universität für Industrie und anderer Hochschulen, um die hungerstreikenden Studenten in Beijing zu unterstützen. Sie tragen Spruchbänder und rufen Slogans wie "Unterstützt die Studenten in Beijing bei ihrem Hungerstreik", "Freiheit der Presse und Freiheit der Rede". Vor dem Sitz der Stadtregierung auf dem Bund veranstalten sie einen Sitzstreik. In einer an das Parteikomitee der Stadt gerichteten Petition verlangen sie, daß Partei- und Regierungsführer der Stadt Shanghai in öffentlichen Ansprachen die Aktivitäten der Studenten als "eine gerechte, patriotische und demokratische Bewegung" anerkennen. Weiter fordern sie die Zusicherung, daß die an diesen Aktionen beteiligten Studenten und Lehrer keinerlei Maßregelung ausgesetzt würden, und einen gleichberechtigten Dialog mit hochrangigen Partei- und Regierungsführern Shanghais über verschiedene gesellschaftliche Probleme. Rundfunk- und Fernsehsender müßten aktuell, unparteiisch und umfassend über diesen Dialog berichten. Über Lautsprecher wird eine Botschaft der Hauptbüros des Parteikomitees und der Regierung der Stadt verlesen. Darin heißt es: Partei und Regierung wollten die vernünftigen Ansichten und Forderungen der Studenten gründlich prüfen und die relevanten Probleme durch die Stärkung der Demokratie und des Rechtssystems lösen. Man hoffe, daß die Studenten Ruhe, Vernunft, Zurückhaltung und Ordnung wahrten und Partei und Regierung bei der Lösung der Probleme unterstützten. Weiter hoffe man, daß die Studenten so rasch wie möglich in die Hochschulen zurückkehrten. Am folgenden Tag wolle man mit einigen Studenten informell eine Diskussion und einen Dialog führen. Am Abend veranstalten über 1.000 Studenten der Pädagogischen Hochschule Huadong auf dem Campus eine Solidaritätskundgebung für ihre Beijinger Kommilitonen. (*Radio Shanghai*, 17.5.89, nach SWB, 19.5.89)

350 Studenten sollen heute zur Unterstützung der Beijinger Studenten vor dem Gebäude des Parteikomitees und der Stadtregierung mit einem Hungerstreik begonnen haben. (J.H. Maier, "Tian'anmen 1989...", S. 6)

Tianjin
Am Abend beginnen in Tianjin über 1.000 Studenten auf dem Platz vor dem Bahnhof einen Sitzstreik, um den hungerstreikenden Kommilitonen in Beijing ihre Solidarität zu bekunden. (RMRB, 18.5.89)

Anhui
In Hefei demonstrieren am Morgen 300 bis 400 Studenten, am Nachmittag noch einmal 1.000 Studenten. Sie rufen: "Haltet an den Vier Grundprinzipien fest", "Lang lebe die Demokratie", "Junge Leute wollen Freiheit", "Verbessert das Einkommen der Lehrer" usw. (*Radio Anhui*, 16.5.89, nach SWB, 19.5.89)

Gansu
In Lanzhou demonstrieren am Nachmittag und Abend einige tausend Studenten verschiedener Hochschulen in der Stadt, um den Sitz- und Hungerstreik ihrer Beijinger Kommilitonen zu unterstützen. (*Radio Gansu*, 16.5.89, nach SWB, 19.5.89)

Guangdong
In Guangzhou marschieren am Abend etwa 2.000 Studenten zum Sitz der Provinzregierung. Sie singen die Internationale und rufen "Lang lebe die Demokratie", "Pressefreiheit", "Vereinigt euch, um China zu stärken", "Nieder mit den Schiebergeschäften der Funktionäre", "Gegen Diktatur". Auf Spruchbändern steht: "Unterstützt Beijing". Vor dem Gebäude veranstalten sie trotz strömenden Regens einen Sitzstreik, der von einigen Dutzend Studenten die ganze

Nacht hindurch fortgeführt wird. (*Radio Guangdong*, 17.5.89, nach SWB, 19.5.89)

Henan
In Zhengzhou marschieren etwa 4.000 Studenten zum Gebäude der Provinzregierung. Sie rufen "Unterstützt die Beijinger Studenten", "Lang lebe die Demokratie", "Korruption muß bestraft werden", "Unterstützt die Kommunistische Partei". Wegen der vielen Zuschauer kommt es zu Verkehrsstörungen. (*Radio Henan*, 16.5.89, nach SWB, 19.5.89)

Heilongjiang
In Harbin demonstrieren Studenten von etwa einem Dutzend Hochschulen zur Unterstützung ihrer Beijinger Kommilitonen. Die Demonstration ist von der Stadtbehörde für Öffentliche Sicherheit genehmigt worden. (*Radio Heilongjiang*, 16.5.89, nach SWB, 19.5.89)

Hubei
In Wuhan veranstalten etwa 5.000 Studenten vor dem Gebäude der Provinzregierung einen Sitzstreik. (RMRB, 18.5.89) In der Nacht veranstalten etwa 10.000 Studenten einen Sitzstreik auf der Yangzi-Brücke; alle Fahrzeuge müssen auf Fähren über den Fluß gebracht werden. (CD, 18.5.89)

Hunan
In Changsha demonstrieren Studenten, Hochschullehrer, Wissenschaftler und Techniker, Journalisten, Arbeiter und Bürger zur Unterstützung der hungerstreikenden Studenten in Beijing. (*Radio Hunan*, 18.5.89, nach SWB, 23.5.89)

Jilin
In Changchun demonstrieren Tausende von Studenten zur Unterstützung der Beijinger Demokratiebewegung und gegen Korruption. Sie ziehen u.a. zur Station des Provinzfernsehens und fordern die Mitarbeiter auf, über diese Demonstration zu berichten. Später marschieren sie zur Geschäftsstelle der *Jilin-Tageszeitung*, wo sie auf mitgeführten Spruchbändern Rede-, Presse- und Publikationsfreiheit verlangen. Sie bitten die Journalisten, wahrheitsgemäß über ihre Aktivitäten zu berichten. Dann senden sie Vertreter zur Chefredaktion der Zeitung mit der Bitte um ein Gespräch. Sie werden "von führenden Genossen herzlich empfangen". Die Studentenvertreter verlangen, daß die Zeitung auf ihrer Titelseite einen Bericht über die Demonstration veröffentlicht. Sie verlesen einen Brief an alle Landsleute und einen Brief an alle Lehrer in Changchun. Darin fordern sie Unterstützung bei der Förderung des Reformprozesses, wahrheitsgemäße Berichterstattung über ihre Aktivitäten, Bekämpfung der Korruption unter den Funktionären, Verbesserung des nationalen Erziehungswesens sowie Erhöhung der staatlichen Ausgaben im Bildungssektor und äußern ihre Hoffnung, daß die Lehrer die patriotischen und demokratischen Aktivitäten der Studenten unterstützen werden. Am Nachmittag und Abend veranstalten Studenten weitere Demonstrationen zur Unterstützung ihrer hungerstreikenden

Kommilitonen in Beijing. Nach dem 25. und 29. April und dem 4. Mai war dies die vierte Studentendemonstration in Changchun. (*Radio Jilin*, 16.5.89, nach SWB, 19.5.89)

Jiangsu
In Nanjing demonstrieren am Mittag etwa 2.000 Studenten. Sie rufen Slogans wie "Unterstützt die Studenten in Beijing", "Fördert die Wissenschaft", "Bekämpft die Korruption". Sie sammeln Spenden. Zehntausende von Zuschauern beobachten ihren Zug durch die Stadt. (*Radio Jiangsu*, 16.5.89, nach SWB, 19.5.89)

Die Passanten verhalten sich distanziert gegenüber den demonstrierenden Studenten. Polizisten sind nur präsent, um den Demonstrationszug geordnet durch die Straßen zu schleusen. Seit heute hat an der Nanjing-Universität ein umfassender Unterrichtsboykott begonnen. Nach fast einem Monat hat nun auch in Nanjing der Studentenprotest richtig angefangen. (R. Lufrano, "Nanjing Spring...", S. 25)

Jiangxi
In Nanchang demonstrieren Studenten am Abend bis in die Nacht hinein zur Unterstützung ihrer Beijinger Kommilitonen und gegen Korruption. (*Radio Jiangxi*, 17.5.89, nach SWB, 19.5.89)

Sichuan
In Chengdu veranstalten am Nachmittag etwa 1.000 Studenten eine Demonstration und einen Sitzstreik auf dem Platz an der Renmin Nanlu, um ihre hungerstreikenden Kommilitonen in Beijing zu unterstützen. Wegen der rund 10.000 Zuschauer kommt der Verkehr auf dem Platz zum Erliegen. Eine Stunde später marschieren die Demonstranten zum Sitz der Provinzregierung und halten dort einen Sitzstreik ab, um ihrer Forderung nach einem Dialog mit Vertretern der Regierung Nachdruck zu verleihen. Sie wählen 25 Vertreter, die mit Mitgliedern der Provinzregierung darüber verhandeln, auf welche Weise der Dialog durchzuführen sei. Es kommt zu keiner Einigung. Gegen 17.30 Uhr kehren die Studenten friedlich in die Hochschulen zurück. Am Abend beginnen etwa 3.000 Studenten auf dem Platz an der Renmin Nanlu erneut einen Sitzstreik zur Unterstützung ihrer Beijinger Kommilitonen. Über Lautsprecher verkündet ein Student, daß die Studenten Chengdus einen autonomen Verband gegründet hätten. (*Radio Sichuan*, 16.5.89, nach SWB, 19.5.89)

Zhejiang
Nachdem es fast zwei Wochen lang ruhig gewesen ist, findet am Nachmittag wieder ein Protestmarsch in Hangzhou statt. Organisator ist der Postgraduiertenverband der Zhejiang-Universität. Ungefähr 2.000 Studenten zeigen ihre Unterstützung für die Beijinger Studenten. Auf Spruchbändern fordern sie die Freiheiten der Rede und der Presse und verurteilen das Spekulantentum der Bürokraten. Umstehende Passanten zeigen kaum Anteilnahme, Ladenbesitzer

verrammeln ihre Läden, und die eskortierende Polizei verhält sich ungewöhnlich höflich. Insgesamt herrscht eine gelöste Atmosphäre. Als der Demonstrationszug am Wulin-Platz ankommt, setzen sich etwa 40 Studenten hin und beginnen einen Hungerstreik. (K. Forster, "Impressions...", S. 103)

Innere Mongolei
In Hohhot übergeben Studenten im Regierungsgebäude des Autonomen Gebiets Innere Mongolei eine Petition. Einige Studenten der Neimenggu-Universität kündigen einen Vorlesungsstreik an. (*Radio Innere Mongolei*, 18.5.89, nach SWB, 20.5.89)

Auch in Kunming, Shenzhen, Guiyang, Qingdao, Taiyuan, Shijiazhuang, Haikou, Shenyang und anderen Städten demonstrieren Studenten zur Unterstützung der Beijinger Kommilitonen. (RMRB, 18.5.89)

17. Mai 1989, Mittwoch

- **Fünfter Tag des Hungerstreiks von Studenten auf dem Tiananmen-Platz**
- **In einer an die Studenten gerichteten Erklärung lobt Zhao Ziyang deren "patriotischen Geist", verspricht Straffreiheit und ruft zur Beendigung des Hungerstreiks auf**
- **Der Studentenprotest wird endgültig zur Volksbewegung: Fast zwei Millionen Menschen nehmen an den Demonstrationen in Beijing teil**
- **Über tausend Mitarbeiter der Zentralen Logistik-Abteilung der VBA beteiligen sich an einem Demonstrationszug**
- **Viele Demonstranten fordern den Rücktritt Deng Xiaopings und Li Pengs**
- **Zahlreiche Organisationen und Gruppen appellieren an Partei und Regierung, mit den hungerstreikenden Studenten einen Dialog zu führen**
- **24 Mitglieder des Ständigen Ausschusses des Nationalen Volkskongresses fordern die Einberufung einer Dringlichkeitssitzung ihres Gremiums**
- **Der Ständige Ausschuß des Politbüros beschließt die Verhängung des Ausnahmezustands über Teile von Beijing und den Einsatz von Armee-Einheiten gegen die Protestbewegung. Daraufhin äußert Zhao Ziyang den Wunsch, vom Amt des ZK-Generalsekretärs zurückzutreten**
- **Der NVK-Vorsitzende Wan Li bezeichnet in Kanada die Protestbewegung als eine "patriotische Aktion" mit dem Ziel, die Reformen zu beschleunigen**
- **Weitere Demonstrationen in anderen Städten**

Früh am Morgen versammeln sich etwa 1.000 Studenten vor dem Xinhuamen, dem Eingang zur Partei- und Regierungszentrale, und rufen: "Li Peng, komm heraus!", dann: "Li Peng, tritt zurück!" Nach einer Stunde kehren sie auf den Tiananmen-Platz zurück. (*Beizhuang de minyun*, S. 63)

Zhao Ziyang bittet in der Frühe während einer Politbüro-Sitzung erneut darum, die Studenten auf dem Tiananmen-Platz besuchen zu dürfen. Das Politbüro lehnt dies ab. Auf Zhao Ziyangs wiederholte Bitte hin erlaubt ihm das Politbüro, im Namen des Ständigen Ausschusses des Politbüros eine Erklärung abzugeben, in der den Studenten patriotischer Geist bestätigt wird, ihnen versichert wird, daß später keine Maßnahmen gegen sie ergriffen würden, und sie gedrängt werden, den Hungerstreik zu beenden. (WHB, 25.6.89, nach SWB, 27.6.89)

In den frühen Morgenstunden gibt ZK-Generalsekretär Zhao Ziyang im Namen der fünf Mitglieder des Ständigen Ausschusses des Politbüros (Zhao Ziyang, Li Peng, Qiao Shi, Hu Qili und Yao Yilin) eine an die Beijinger Studenten gerichtete Erklärung ab, die über Lautsprecher auf dem Platz verlesen wird. Darin heißt es, daß der "patriotische Geist, mit dem ihr Demokratie und Rechtssystem, die Bekämpfung der Korruption und das Vorantreiben der Reformen fordert, überaus lobenswert" sei. Das ZK der KPCh und der Staatsrat würden diesen Geist anerkennen. [Damit erfüllt Zhao Ziyang eine der Hauptforderungen der Studenten.] Gleichzeitig fordert er die Studenten auf, Ruhe, Vernunft, Zurückhaltung und Ordnung zu wahren, die Interessen der Allgemeinheit in Betracht zu ziehen und die Stabilität und Einheit zu schützen. Zhao Ziyang versichert den Studenten, daß Partei und Regierung später keine Maßnahmen gegen sie ergreifen würden. Es werde keine Abrechnung geben. Das ZK widme den "vernünftigen Ansichten und Forderungen" der Studenten große Aufmerksamkeit und wolle die Ansichten und Forderungen, die von den Studenten und verschiedenen Kreisen der Gesellschaft vorgetragen würden, auch weiterhin in Betracht ziehen. Die Partei wolle Maßnahmen vorschlagen und ergreifen, um Demokratie und Rechtssystem zu stärken, die Korruption zu bekämpfen, den Aufbau einer gesunden Regierung voranzutreiben und die Transparenz zu verstärken. Zhao Ziyang beschwört die Studenten: Eines Tages werde die Bürde, die Vier Modernisierungen aufzubauen und Chinas Aufschwung zu fördern, auf der jüngeren Generation lasten. Die Studenten hätten noch so viel Zeit vor sich, dem Land und dem Volk zu dienen. Das ZK hoffe, daß sie auf ihre Gesundheit achteten, den Hungerstreik abbrächen und sich so rasch wie möglich davon erholen. Dann wären das ZK, die Eltern und Lehrer der Studenten sowie die Massen erleichtert. Nachdem die Studenten in die Hochschulen zurückgekehrt seien, würden Vertreter des ZK und des Staatsrats weiterhin ihre Meinungen anhören und auf zahlreichen administrativen Ebenen und institutionellen Wegen Diskussionen und Gespräche führen. Zhao Ziyang endet mit einem erneuten Appell an die Studenten, den Hungerstreik zu beenden, und wünscht ihnen, daß sie sich bald von dessen Folgen erholen mögen. (RMRB, 17.5.89)

Zhao Ziyangs Erklärung wird um 6.00 Uhr vom Rundfunk übertragen. Einige Studenten zeigen Genugtuung, die Mehrheit aber pocht auf ihre weitergehenden Forderungen. Gegen 6.30 Uhr informiert die Rundfunkstation [Radio "Stimme des Platzes"], die von Studenten am nördlichen Tor der Großen Halle des Volkes eingerichtet worden ist, die Studenten und Zuschauer über Zhao Ziyangs Erklärung und Yan Mingfus Besuch am gestrigen Nachmittag. Yan Mingfu habe die Studenten dringend aufgefordert, den Hungerstreik abzubrechen und in die Hochschulen zurückzukehren. Dies seien, so wird über die Rundfunkstation der Studenten verkündet, jedoch "persönliche Meinungen" und "keine Entscheidung der zentralen Führung". Einige Studenten verkünden die Fortsetzung des Hungerstreiks, da Zhao Ziyang in seiner Botschaft nicht die Bezeichnung "Aufruhr" zurückgenommen habe, die der Studentenbewegung angehängt worden sei. Die Studenten lassen verlauten, daß sie am Abend eine große Demonstration durch die Stadt veranstalten wollen. Inzwischen haben die Organisatoren des Hungerstreiks vor der Großen Halle des Volkes und an deren nördlichen Toren Wachposten aufgestellt. Sie sollen für Ordnung sorgen und unbekannte Leute davon abhalten, die Große Halle des Volkes zu stürmen. (ZXS, 17.5.89, nach SWB, 19.5.89)

Weil Zhao Ziyang den Studenten zwar "patriotischen Geist" bescheinigt, ihnen Straffreiheit zusichert, einen Dialog anbietet und "konkrete Maßnahmen" für mehr Demokratie sowie verstärkte Anstrengungen im Kampf gegen Korruption verspricht, aber weder auf die Forderung nach einer vom Fernsehen übertragenen Diskussion mit Spitzenfunktionären eingeht, noch den Leitartikel der *Volkszeitung* vom 26. April zurücknimmt, lehnen die Studenten sein Angebot ab. Chen Zhen, Aktivist der Pädagogischen Hochschule Beijing, sagt: "Wir sind zu einem langen Kampf bereit. Wir werden nicht nachgeben." (ap/rtr, nach FRu, 18.5.89)

Später am Tag treffen zwei Studentenvertreter mit den Sekretären Zhao Ziyangs und Li Pengs zusammen. "Möglicherweise haben wir heute nacht einige gute Nachrichten", sagt Cheng [korrekt: Chen] Zhen, einer der Studentenvertreter. (ap, nach TN, 18.5.89)

Die *International Herald Tribune* veröffentlicht einen Artikel des Studentenführers Wang Dan (übersetzt von der *Washington Post*). Darin erklärt er, das Ziel der gegenwärtigen Studentenbewegung sei, auf die Regierung Druck auszuüben, um die Demokratisierung zu fördern. Die politischen Ansichten der Studenten unterschieden sich in einigen Punkten von denen der Partei und Regierung. "Wir erklären in aller Offenheit, wofür wir eintreten: vollkommene Rede-, Versammlungs- und Pressefreiheit, Ausbildung politischer Mechanismen nach westlichem Vorbild, Abschaffung der veralteten politischen Ideologie." Seiner Ansicht nach habe die Studentenbewegung zumindest eine Funktion: "In Zukunft können wir erklären: 'Ja, wir unterstützen Dissidenten.'" Außerdem habe die Bewegung der Partei die wahre Meinung des Volkes klargemacht, und sie habe den Menschen zum erstenmal seit 40 Jahren ein Bewußtsein ihrer eigenen Macht gegeben. Wang Dan dankt im Namen der Studenten der VR China allen Freunden im Ausland für ihre Unterstützung, ermutigt "alle Krieger, die für den endgültigen Sieg der Demokratie auf der ganzen Welt kämpfen", und versichert, daß die Studenten bis zum Ende für die Verwirklichung der Demokratie in China kämpfen werden. (IHT, 17.5.89)

17. Mai 1989

In einem Leitartikel der *China Daily* heißt es, die Lage habe einen Punkt erreicht, wo die Dinge äußerst kompliziert seien und in soziale Unruhe oder sogar eine politische Krise umschlagen könnten. Die Führung wie auch die jungen Studenten hätten bislang Vernunft und Zurückhaltung bewiesen. Es sei zu hoffen, daß politische Weisheit zu einem weiteren Kompromiß führe, der dazu beitragen würde, daß die Regierung das Verständnis der Gesellschaft wiedergewinnt und ihre Autorität festigt. Da Regierung und Studenten Demokratie wollten, warum sollten sie nicht heute damit beginnen, ihre Probleme auf demokratische Weise zu lösen? (CD, 17.5.89)

Am fünften Tag des Hungerstreiks müssen immer mehr Studenten zur Behandlung ins Krankenhaus gebracht werden. Die Zahlen, die von Beobachtern angegeben werden, schwanken allerdings beträchtlich:
- 700 ohnmächtig gewordene Hungerstreikende mußten ins Krankenhaus eingeliefert werden, nachdem viele von ihnen auch die Aufnahme von Flüssigkeit eingestellt haben. (T. Reichenbach/smo, in: taz, 18.5.89)
- Laut Aussage eines der Organisatoren des Hungerstreiks sind bis zum Mittag 800 der Teilnehmer in Ohnmacht gefallen und ins Krankenhaus gebracht worden. (XNA, 18.5.89)
- Bis 18.00 Uhr sind etwa 1.100 Studenten ohnmächtig geworden und ins Krankenhaus gebracht worden. (CD, 18.5.89)
- Bis zum Nachmittag sind 1.300 ohnmächtige Hungerstreikende ins Krankenhaus gebracht worden. Viele von ihnen kehren zurück, nachdem sie Traubenzucker bekommen haben und wieder zu sich gekommen sind. (ap, nach TN, 18.5.89)
- Bis zum Morgen sind insgesamt 1.500 Hungerstreikende wegen Unwohlseins oder Bewußtlosigkeit in die Krankenhäuser eingeliefert worden. (XWB, 17.5.89, nach SWB, 19.5.89)
- Auf dem Platz befinden sich mehr als 3.000 Studenten im Hungerstreik, 1.768 von ihnen sind bereits medizinisch behandelt worden. (*Beijing-TV*, ohne Datum, nach SWB, 18.5.89)
- Bis 20.00 Uhr sind am heutigen Tag beinah 2.000 der 3.000 hungerstreikenden Studenten medizinisch behandelt worden. (XNA, 18.5.89)

11 Studenten verweigern nicht nur die Nahrungs-, sondern auch die Flüssigkeitsaufnahme. (CD, 18.5.89) Einige Hungerstreikende drohen wiederholt, sich zu verbrennen. (J. Erling, in: FRu, 18.5.89) [Vergleiche Vortag]

Der Verkehr in der Nähe des Platzes ist zum Erliegen gekommen. Nur eine schmale Gasse wird für die Ambulanzen freigehalten. Ein auf dem Platz verteiltes Flugblatt enthält 17 Parolen, darunter: "Unterstützt die Hungerstreikenden", "Die Studentenbewegung ist kein Aufruhr", "Ja zur Herrschaft durch das Gesetz, Nein zur Herrschaft durch Personen", "Schützt die Verfassung und die Menschenrechte", "Unterstützt die korrekte Führung durch die Kommunistische Partei", "Erhöht eure Wachsamkeit gegenüber üblen Elementen, die sich die Gelegenheit zum Unruhestiften zunutze machen wollen". (XNA, 18.5.89)

17. Mai 1989

Das "Provisorische Kommando der Petitionsgruppe der Hungerstreikenden" (Jueshi qingyuantuan linshi zhihuibu) beginnt mit Einführung eines Rotationsverfahrens für die Hungerstreikenden, um die Hungerstreikbewegung fortführen zu können. (*Beizhuang de minyun*, S. 62)

Seit dem 13. Mai sind die Straßenkehrer nicht mehr in der Lage, den Platz zu reinigen. Abfall türmt sich auf. Die Luft ist abgestanden und voll übler Gerüche. (CD, 18.5.89) Die Stadt Beijing hat inzwischen fahrbare Toilettenplätze installiert und Schutzschirme gegen die Sonne aufstellen lassen. (J. Erling, in: FRu, 18.5.89)

Aufgrund der angespannten Lage verbreiten sich zahllose Gerüchte: Studenten der Beijing-Universität berichten, daß die Partei- und Regierungsführer das in den Vororten Beijings stationierte 38. Armeekorps aufgefordert hätten, den Tiananmen-Platz zu räumen. "Das ist nicht unsere Aufgabe", sei ihnen entgegnet worden. (FT, 18.5.89) Unter den Studenten heißt es, daß die Soldaten zweier Militärbezirke in der Umgebung Beijings in einem offiziellen Schreiben mitgeteilt hätten, daß sie einen Einsatz gegen die Demonstranten verweigern würden. (B. Küppers, J. Kahl, in: SZ, 18.5.89)

Am frühen Morgen reisen weitere Studentengruppen aus Tianjin mit der Bahn an, um ihre Beijinger Kommilitonen zu unterstützen. (*Radio Tianjin*, 17.5.89, nach SWB, 26.5.89)

An diesem Tag findet die größte nicht-offizielle Massendemonstration seit Gründung der VR China im Jahre 1949 statt, an der sich an die zwei Millionen Menschen beteiligen. (*Beizhuang de minyun*, S. 62 f.) Anderen Berichten zufolge demonstrieren über eine Million Menschen im Zentrum der Stadt (XNA, 18.5.89) bzw. Millionen von Menschen (ZTS, 17.5.89, nach SWB, 20.5.89). Erstmals beteiligen sich Angehörige aller Bevölkerungsschichten an der Demonstration um den Tiananmen-Platz. (dpa, nach HAB, 18.5.89) Damit ist aus der Studentenbewegung eine breit angelegte Demokratiebewegung geworden. (N.D. Kristof, in: IHT, 18.5.89)

Am Morgen strömen Gruppen von Menschen aus allen Richtungen zum Tiananmen-Platz, um den Hungerstreik der Studenten zu unterstützen. Einige Arbeiter aus den östlichen Randgebieten der Stadt marschieren zum Chaoyangmen. (ZXS, 17.5.89, nach SWB, 19.5.89)

Überall in der Stadt hängt der Aufruf des Koordinationskomitees der Beijinger Studenten: "Beijinger, rettet eure Kinder und kommt um 14.00 Uhr auf den Platz." Die Einwohner kommen zu Millionen. Spontan, ohne Organisation, in selbst gebildeten Gruppen verlassen sie ihre Arbeitsstellen. Niemand hält sie zurück, viele Arbeitsstätten geben sogar einfach den Nachmittag frei. Im Hintergrund konferieren höchste Parteiführer der Stadt mit Fabrikleitern, um wenigstens Streiks zu verhindern. (J. Erling, in: HAZ, 18.5.89)

Einem Bericht von *Radio Beijing* zufolge ziehen trotz Temperaturen von 30 Grad Celsius Scharen von Einwohnern zur Unterstützung der Studenten zum Tiananmen-Platz. Ihre Zahl sei nicht zu schätzen. Die Zahl der Kader von Staatsorganen, Arbeiter und Wissenschaftler sei deutlich höher als am Vortag. Auch Mitarbeiter von Ministerien und Kommissionen des Staatsrats gingen auf die Straße. Ebenso nähmen erneut Mitglieder der Führungsorgane der Demokratischen Parteien an den Solidaritätskundgebungen teil. Auf den Hauptverkehrsstraßen in der Nähe des Platzes sei der Verkehr zum Erliegen gekommen. Angesichts dieser großen Aktivitäten zu ihrer Unterstützung hätten viele Studenten Ruhe und Vernunft gezeigt. Sie hätten die Leute aufgefordert, die gesellschaftliche Ordnung aufrechtzuerhalten und ein Chaos zu vermeiden. Auch sie hätten darauf gedrängt, daß keine extremistischen Lieder gesungen und keine gewaltsamen und ungesetzlichen Handlungen - wie das Stürmen von Büros, Geschäften, öffentlichen Einrichtungen oder das Eindringen in Geschäftsviertel - begangen würden. (*Radio Beijing*, 17.5.89, nach SWB, 19.5.89)

Am Nachmittag läßt sich der Dichter Ai Qing im Rollstuhl auf den Tiananmen-Platz fahren, um sich nach dem Befinden der hungerstreikenden Studenten zu erkundigen. Er wird von Li Rui, Mitglied der Zentralen Beraterkommission, begleitet. Als sie sehen, in welch elendem Zustand die Hungerstreikenden sind, können sie ihre Tränen nicht zurückhalten. (ZM, Juni 1989, S. 11)

Um 14.00 Uhr organisieren Beijinger Einwohner einen Marsch vom Tiananmen-Platz zu der Straße, in der sich das staatliche Gästehaus Diaoyutai befindet. Eine Million Menschen beteiligen sich daran. Über tausend Mitarbeiter der Zentralen Abteilung für Logistik unterstützen die Aktion der Studenten. Sie erscheinen am Nachmittag auf der Chang'an-Allee und marschieren zum Tiananmen-Platz. Auf dem Weg werden sie von Beijinger Einwohnern stürmisch begrüßt. Die meisten Soldaten tragen Kampfanzüge in Tarnfarben. Sie rufen Parolen wie "Nieder mit der Korruption" und "Wir fordern Demokratie". Der Demonstrationszug ist über einen Kilometer lang. (XWB, 17.5.89, nach SWB, 19.5.89)

Bis zum späten Nachmittag kommen - selbst bei vorsichtigen Schätzungen - fast zwei Millionen Menschen auf den Straßen und dem Platz zusammen. Alles, was in Beijing Rang und Namen hat, ist dabei, wenn man den Bannern der verschiedenen Demonstrationsgruppen Glauben schenken darf: vom chinesischen Außenministerium bis zum Maschinenbauministerium, Schulen und Universitäten, einschließlich des christlichen Yanshan-Kollegs, Forschungsinstituten, von der Motorenfabrik bis zu den Staatsbanken oder Investitionsgesellschaften, vom Welthandelszentrum bis zu den "Privathändlern des San-Litun-Kleidermarktes". Es ist ein friedlicher Massenaufmarsch, den alle für patriotisch und demokratisch halten. Bei den meisten Teilnehmern werden die Emotionen von den hungerstreikenden, entkräfteten Studenten geweckt. Alle fühlen sich im Rausch der eigenen Größe und Stärke. (J. Erling, in: HAZ, 18.5.89)

Auch die weltweit bekannte Schriftstellerin und Dichterin Bing Xin nimmt trotz ihres hohen Alters (89) im Auto an der Demonstration teil. Sie läßt ein Spruchband aus dem Fenster hängen mit der Aufschrift: "Die Studenten sind Patrioten. Ich liebe euch, ihr Studenten. Bing Xin." (WHB, 19.5.89, nach SWB, 24.5.89)

Sogar einige Christen und buddhistische Mönche befinden sich unter den Demonstranten. Besonders bemerkenswert sind die riesigen Demonstrationszüge der Arbeiter, die "zum erstenmal in den Straßen erscheinen". Einige Arbeiter bringen den Studenten Speisen und Getränke. Dutzende von Taxifahrern veranstalten aus Solidarität mit den Demonstranten Hupkonzerte. (ZTS, 17.5.89, nach SWB, 20.5.89)

Unter den Demonstranten sind u.a. Mitarbeiter von direkt dem Staatsrat unterstellten Organen, der Zentralen Kommission für die Reform der Wirtschaftsstruktur, der Propagandaabteilung des ZK der KPCh, des ZK des Kommunistischen Jugendverbands, der Zentralen Erziehungskommission, des Finanzministeriums, des Ministeriums für das Post- und Fernmeldewesen, der parteiamtlichen Zeitschrift *Wahrheitssuche*, einige Arbeiter des Hauptstädtischen Eisen- und Stahlkombinats, aus dem Einkaufsviertel Xidan, der Beijinger Fahrzeug-Fabrik und der Städtischen Taxi-Gesellschaft. (*Radio Beijing*, 17.5.89, nach SWB, 30.5.89)

Die in Gruppen marschierenden Arbeiter, mit denen der Korrespondent J. Erling spricht, bezeichnen ihre Teilnahme nicht als Streik, sondern als Unterstützungsaktion für die Studenten. Niemand hat sie organisiert, sie haben auch kaum eigene Forderungen. "Wir haben keine Angst vor Prämienabzügen oder Entlassung", skandieren sie. (J. Erling, in: FRu, 18.5.89)

Zum erstenmal seit Beginn der Demonstrationen sind die Arbeiter gegenüber den Studenten in der Überzahl. Tausende von Arbeitern ignorieren die Warnungen der Führung und strömen aus den Fabriken, um die Studenten zu unterstützen. Auf einigen Spruchbändern fragen sie: "Wo ist Chinas Walesa?" Die amtlichen Medien haben begonnen, ausführlich über die Studentenbewegung zu berichten. (A. Ignatius, in: AWSJ, 18.5.89)

In etlichen Beijinger Betrieben ist die Produktion heute eingestellt worden, weil die Belegschaft an der Massendemonstration im Stadtzentrum teilnehmen wollte. Arbeiter gehen nicht zur Schicht, sondern haben im Betrieb Solidaritätsgruppen gegründet, die zugunsten der Studenten Spenden sammeln und Getränke und Sonnenschirme auf den Platz bringen. Ärzteteams haben die Krankenhäuser verlassen, um die wegen der Hitze ohnmächtig gewordenen Hungerstreikenden sofort versorgen zu können. (T. Reichenbach/smo, in: taz, 18.5.89)

"Wir haben Angst, daß die Demonstrationen außer Kontrolle geraten, es sind zu viele Menschen", sagt ein Student der Beijinger Volksuniversität. "Wenn die

Bürger versuchen, das Tor zum Zhongnanhai zu stürmen, werden wir mit der Polizei zusammenarbeiten." Aber die Menge bleibt bewunderungswürdig diszipliniert. (M. Naß, in: *Die Zeit*, 26.5.89)

Auf Spruchbändern und Plakaten ist zu lesen: "Deng Xiaoping, tritt ab! Li Peng, tritt zurück!", "Deng, du bist zu alt", "Wir begrüßen einen würdigen Abgang!", "Wir wollen Demokratie und keinen Steuermann", "1,1 Milliarden Menschen können nicht von einem einzigen beherrscht werden". Die meisten Parolen aber rufen die Führung zu einem öffentlichen Dialog auf. (J. Erling, in: FRu, 18.5.89)

"Vor zehn Jahren", sagt ein Lehrer, "hatten die Menschen höchsten Respekt für Deng Xiaoping, weil er dem chinesischen Volk Fortschritt brachte. Aber jetzt ist er ein uralter Greis, er kommt nicht mehr im Lande herum. Er weiß nicht, was in China los ist." Unter Deng Xiaoping, meinen zwei junge Angestellte des Ministeriums für Außenhandel, seien nur einige wenige reich geworden: "Wer Macht hat, der hat auch Geld." Darum hätten die Menschen den Glauben an die Partei und an die Reformpolitik verloren. "Die Regierung betrügt uns. Die Wahrheit ist, daß sich die Spitzenfunktionäre und ihre Familien bereichern, während das Volk immer mehr verarmt." Sie selbst verdienen gerade 100 Yuan im Monat, rund 50 Mark. "Wie soll man davon leben?" (M. Naß, in: *Die Zeit*, 26.5.89)

Neben den überwiegenden Sympathieerklärungen für die hungerstreikenden Studenten und den Hauptforderungen nach Demokratie, Pressefreiheit und Beseitigung der Korruption tauchen auch Parolen gegen Inflation und Einkommensverfall auf. Die Angriffe gegen die Führungsspitze - etwa in Slogans wie "Kollektive Verantwortung, das heißt kollektiver Rücktritt" - richten sich immer radikaler und bösartiger gegen Deng Xiaoping persönlich. Den Arbeitsniederlegungen, die in ihrem Umfang schwer abzuschätzen sind, schließt sich an diesem Tag ein großer Teil der Taxifahrer Beijings in einem Solidaritätsstreik an. (Kl., in: NZZ, 19.5.89)

Ein geplanter Besuch Gorbatschows in der Verbotenen Stadt muß wegen der Demonstrationen abgesagt werden. Gorbatschow sagt zu den Demonstrationen ausweichend, er könne und wolle darüber nicht richten, weil es sich hier um eine rein chinesische Angelegenheit handele. Das Aufbegehren zeige allerdings an, wie tiefgehend der Umwandlungsprozeß in den sozialistischen Ländern und die "Wende im Weltsozialismus" sei. (FAZ, 18.5.89)

Auf der verlegten und verspäteten Pressekonferenz sagt Gorbatschow, daß er einige Studenten getroffen und in einem Interview mit dem chinesischen Fernsehen auch für den "herzlichen" Brief gedankt habe, den er von ihnen über die sowjetische Botschaft erhalten habe. Er scheint damit auf den Brief von Beijings Studenten anzuspielen, mit dem ihn diese zu einem Treffen eingeladen hatten, das aber nicht stattfand. (B. Küppers, J. Kahl, in: SZ, 18.5.89) In seiner Antwort auf einen Brief von 1.200 Beijinger Studenten, die Gorbatschow vergeblich zu einem Gespräch eingeladen hatten, sagt er, daß ihn das darin geäußerte Interesse an Perestroika und Glasnost beeindruckt habe. (Kl, in: NZZ, 19.5.89) - Siehe 11. und 13. Mai.

Eine Reihe von Organisationen und Gruppen appelliert in offenen Briefen an die Führer von Partei und Regierung oder sogar direkt an den ZK-Generalsekretär Zhao Ziyang, mit den hungerstreikenden Studenten sofort in einen Dialog zu treten, und ruft zum Teil gleichzeitig die Studenten auf, ihren Hungerstreik zu beenden. Von den meisten Absendern wird explizit die Ansicht vertreten, daß es sich bei der gegenwärtigen Studentenbewegung um eine demokratische und patriotische Bewegung handele (RMRB, 18. und 19.5.89):
- die Vorsitzenden von fünf demokratischen Parteien, nämlich der Demokratischen Liga Chinas (Fei Xiaotong), der Gesellschaft für den Demokratischen Aufbau Chinas (Sun Qimeng), der Gesellschaft für die Förderung der Demokratie Chinas (Lei Jieqiong), der Jiusan-Studiengesellschaft (Zhou Peiyuan) und der demokratischen Partei der Arbeiter und Bauern (Lu Jiaxi);
- der Kommunistische Jugendverband Chinas, der Nationale Jugendverband und der Nationale Studentenverband;
- die Präsidenten von vier medizinischen Universitäten und Hochschulen der Hauptstadt;
- 18 Professoren von Hochschulen für Naturwissenschaft und Technik;
- die Nationale Vereinigung der Literatur- und Kunstschaffenden;
- 20 Schriftsteller;
- 41 Schriftsteller und Künstler, darunter Ba Jin, Bing Xin, Xia Yan und Ai Qing;
- 10 Leiter bzw. stellvertretende Leiter Beijinger Betriebe;
- der Nationale Frauenverband;
- Journalisten von 14 bedeutenden Einheiten des Pressewesens, darunter der *Volkszeitung*, der *Guangming-Zeitung* und der *Xinhua*-Nachrichtenagentur. Der offene Brief ist von "Tausenden von Journalisten" unterzeichnet worden. (ZTS, 18.5.89, nach SWB, 19.5.89)

Weitere Organisationen und Persönlichkeiten zeigen an diesem Tag offen ihre Unterstützung für die hungerstreikenden Studenten:

- Der stellvertretende Vorsitzende des Nationalen Gewerkschaftsverbandes, Wang Houde, erklärt in einem Gespräch mit einem Journalisten der *Arbeiterzeitung*, das Sekretariat des Nationalen Gewerkschaftsverbands sei der Ansicht, daß die Forderungen der Studenten nach Demokratie und Rechtssystem, nach Kampf gegen Korruption und Spekulation sowie nach politischen und wirtschaftlichen Reformen "patriotisch, demokratisch und fortschrittlich" seien. Das Sekretariat des Nationalen Gewerkschaftsverbands appelliere an Partei und Regierung, so schnell wie möglich auf hoher Ebene einen Dialog mit den Studenten zu arrangieren und wirksame Maßnahmen zu ergreifen, um den Hungerstreik der Studenten so früh wie möglich zu beenden. (RMRB, 18.5.89)

17. Mai 1989   227

- Am Nachmittag erhält *Radio Beijing* einen von 165 Mitgliedern der Zentrale des Kommunistischen Jugendverbands unterzeichneten Brief. Darin wird die Führung aufgefordert, sofort und deutlich zu bestätigen, daß die gegenwärtigen Studentenaktionen kein "Aufruhr" seien. Außerdem sollten Parteiführer so bald wie möglich die Studenten auf dem Tiananmen-Platz besuchen. Die Studenten ihrerseits werden gedrängt, auf ihre Gesundheit zu achten und den Hungerstreik so bald wie möglich zu beenden. (*Radio Beijing*, 17.5.89, nach SWB, 19.5.89)

- Das Ständige Präsidium des Kongresses der Lehrkräfte der Volksuniversität wendet sich mit einem Brief an das ZK und den Staatsrat. Darin heißt es: "Gestern haben zehn Universitätspräsidenten die Regierungsvertreter in einem offenen Brief aufgefordert, sich so rasch wie möglich mit den Studenten zu Gesprächen zusammenzusetzen. Ihr Standpunkt findet unsere volle Unterstützung. Die jetzige Konfrontation muß beendet werden. Wir hoffen inständig, daß die Genossen Zhao Ziyang, Generalsekretär des ZK der KPCh, und Li Peng, Ministerpräsident des Staatsrats, so bald wie möglich mit den Hungerstreikenden zusammentreffen und mit ihnen reden. Wir glauben, daß der Großteil der Studenten Eurem Versprechen vertraut, die Interessen der Allgemeinheit in Betracht zieht, Vernunft walten läßt und den Hungerstreik friedlich beenden wird." (*Beijing-TV*, 17.5.89, nach SWB, 19.5.89)

- Bing Xin, die große alte Dame der chinesischen Gegenwartsliteratur, bezieht sich in einem offenen Brief ebenfalls auf den offenen Brief der zehn Universitätsprofessoren vom 16. Mai. Sie zitiert daraus den Satz: "Wir hoffen, daß die *Hauptverantwortlichen* von Partei und Regierung (Hervorhebung von mir - Bing Xin) so bald wie möglich ein direktes Treffen mit den Studenten anberaumen und mit ihnen einen Dialog führen." Dieser Satz finde ihre volle Unterstützung. Sie fordert die Väter und Mütter des Volkes auf, "meine Kinder und Enkelkinder" zu schützen. (RMRB, 18.5.89)

Radikaler äußern sich einige Intellektuelle - darunter Yan Jiaqi und Bao Zunxin - in einem offenen Brief. Nachdem sie darauf hingewiesen haben, daß sich bereits seit 100 Stunden 3.000 Studenten auf dem Tiananmen-Platz im Hungerstreik befinden, und die wichtigsten Forderungen der Studenten aufgezählt haben, bezeichnen sie die Regierung als verantwortungslos. Sie habe ihre Menschlichkeit verloren. Seit 76 Jahren gebe es in China keinen Kaiser mehr, doch noch immer einen Herrscher ohne Kaisertitel, einen hochbetagten und wirrköpfigen Alleinherrscher. Zhao Ziyang habe am Vortag [im Gespräch mit Gorbatschow] öffentlich erklärt, daß alle wichtigen Entscheidungen von "diesem senilen und verkalkten Alleinherrscher" gebilligt werden müßten. Daher fordern sie das Ende der Alleinherrschaft eines einzelnen Mannes und das Ende der Herrschaft durch die Alten. (*Beizhuang de minyun*, S. 63)

* Diese "giftige '17. Mai-Deklaration'", so der Beijinger Bürgermeister Chen Xitong in seinem am 30. Juni vorgelegten Bericht, dieses "reaktionäre Geschrei", sei von einigen Zeitungen Hongkongs und Taiwans wie auch von den Demonstranten in China aufgenommen worden. "Die Anstifter des Aufruhrs versuchten, die Macht durch Chaos an sich zu reißen." (Chen Xitong, in: BRu, 25.7.89, S. XVIII)

Fei Xiaotong, einer der stellvertretenden Vorsitzenden des Ständigen Ausschusses des NVK und Vorsitzender der Demokratischen Liga Chinas, erklärt, daß er am Vortag dem ZK der KPCh (sic!) vorgeschlagen habe, eine Dringlichkeitssitzung des Ständigen Ausschusses des NVK einzuberufen, um das Problem der Studentenbewegung zu diskutieren. Dieser Vorschlag sei zurückgewiesen worden. (*Beizhuang de minyun*, S. 63; ICM, Juli 1989, S. 31)

* Aus einem am 5. Juli 1989 auf der 8. Sitzung des Ständigen Ausschusses des VII. NVK vorgetragenen Untersuchungsbericht geht hervor, daß am 17. Mai 24 Mitglieder des Ständigen Ausschusses des NVK einen Brief mit der Forderung nach Einberufung einer Dringlichkeitssitzung des Ständigen Ausschusses des NVK unterschrieben haben. Verantwortlich für diese Unterschriftenaktion soll Hu Jiwei, Mitglied des Ständigen Ausschusses des NVK, gewesen sein, der an diesem Tag den Aufruf unterzeichnet habe. In den folgenden Tagen, so der Bericht weiter, schlossen sich weitere Mitglieder des Ständigen Ausschusses des NVK dieser Aktion an. (BRu, 29/1989, S. 6 f.; vergleiche RMRB, 6.7.89) - Vergleiche hierzu 18., 21.-24., 30. und 31. Mai.

- Theoretisch hat eine Gruppe von mehr als zehn Mitgliedern des Ständigen Ausschusses des NVK das Recht, einen Antrag auf Einberufung einer Dringlichkeitssitzung des Ständigen Ausschusses zu stellen. Die Entscheidung über den Antrag trifft die Vorsitzendenkonferenz des Ständigen Ausschusses, während der Vorsitzende des Ständigen Ausschusses die Sitzung formell einberuft. In der Realität benötigt er dazu indes die Zustimmung der Parteispitze, der zum damaligen Zeitpunkt an einer Dringlichkeitssitzung dieses Gremiums nicht gelegen sein konnte. Der Ständige Ausschuß des NVK kann nämlich mit einfacher Mehrheit wiederum eine Sondertagung des NVK einberufen. Er kann darüber hinaus u.a. über ein eventuelles Rücktrittsgesuch des Ministerpräsidenten entscheiden. Der Rücktritt von Li Peng wurde seit Mitte Mai nicht nur von einer wachsenden Anzahl der Demonstranten gefordert, sondern auch von einer nicht bekannten Zahl von Mitgliedern des Ständigen Ausschusses des NVK. Einem Bericht der Hongkonger Zeitung *Wen Hui Bao* vom 25. Mai zufolge soll die von Hu Jiwei initiierte Unterschriftenaktion von insgesamt 57 Mitgliedern des Ständigen Ausschusses unterstützt worden sein (nach RMRB, 6.7.89), d.h. von mehr als einem Drittel aller Mitglieder des Ständigen Ausschusses des NVK. Daher nimmt es nicht wunder, daß die von Hu Jiwei initiierte Unterschriftenaktion in dem Untersuchungsbericht vom 5. Juli 1989 als "Bestandteil der von den Aufrührern angezettelten Verschwörung" bezeichnet wird. Sie habe der sozialistischen Rechtsordnung widersprochen. Letztendlich habe mit dieser Aktion die legale Regierung gestürzt werden sollen. In seiner "Erklärung zur Unterschriftenfrage" weist Hu Jiwei diesen Vorwurf zurück. Der Brief habe lediglich vorgeschlagen, eine Dringlichkeitssitzung des Ständigen Ausschusses des NVK einzuberufen, "um die damalige kritische Lage zu studieren und durch Rechtsmittel einen Ausweg zur Überwindung der Krise zu finden". Von einer Ablösung Li Pengs sei in dem Brief keine Rede gewesen. Hu Jiwei beharrt darauf, daß er als Mitglied des Ständigen Ausschusses des NVK sowohl persönlich als auch zusammen mit anderen einen gemeinsam unterzeichneten Brief an den NVK richten dürfe, um die Einberufung einer Dringlichkeitssitzung des Ständigen Ausschusses des NVK zu fordern. "Das ist das Recht und die heilige Pflicht der Mitglieder des Ständigen Ausschusses des NVK", so schließt der Artikel der *Beijing Rundschau*, und zwar in direkter Rede, ohne dies - wie in der *Volkszeitung* vom 6.7.89 - mit Anführungszeichen zu kennzeichnen! (BRu, 29/1989, S. 7) Damit macht sich die *Beijing Rundschau* die Argumentation Hu Jiweis zu eigen und nimmt quasi für ihn Stellung.

Chen Yizi zufolge treffen sich die Spitzenpolitiker am Abend des 17. Mai im Haus von Deng Xiaoping zu einer Sitzung. Deng Xiaoping erklärt zu Beginn, daß es so nicht weitergehen könne, und fragt, wie man schließlich handeln wolle, ob es noch einen Ausweg gebe, und wohin dieser führe.
Danach meldet sich Zhao Ziyang zu Wort: "Für die gegenwärtigen Probleme gibt es meines Erachtens zwei Lösungsmöglichkeiten. Die eine ist eine weiche, die andere eine harte Handlungsweise. Die weiche Methode besteht darin, anzuerkennen, daß die Studenten patriotisch und die Studentenorganisationen legal sind, und den Wortlaut des Leitartikels vom 26. April zu ändern. Im Rahmen der harten Vorgehensweise gibt es eine pseudo-harte, die darin besteht, so etwas wie den Leitartikel vom 26. April zu veröffentlichen und das Amt für öffentliche Sicherheit Zehn Bestimmungen verkünden zu lassen, die es den Studenten u.a. verbieten, auf die Straße zu gehen und zu demonstrieren. Diese Vorgehensweise ist, wie die Praxis bereits bewiesen hat, erfolglos. Die andere harte Methode besteht darin, mit echter Härte vorzugehen, das heißt eben mit Ausnahmezustand und Militärkontrolle. Diese Maßnahme kann kurzfristig das gewünschte Resultat erbringen, aber langfristig betrachtet wird sie das Land in Aufruhr und Unruhe versetzen."
Anschließend hält Yao Yilin eine seit längerem vorbereitete, über einstündige Rede, in der er Zhao Ziyang scharf attackiert. Yao wirft Zhao vier Vergehen vor:
- Erstens habe Zhao die Wirtschaft in Unordnung gebracht. Was er praktiziere sei eine kapitalistische Marktwirtschaft, aber keine sozialistische Warenwirtschaft.
- Zweitens unterstütze Zhao Ziyang die Studenten und den Aufruhr und handele nicht im Einklang mit dem Zentralkomitee und mit dem Genossen Xiaoping.
- Drittens habe Zhao Ziyang die Partei gespalten.
- Viertens seien die beiden Söhne von Zhao die größten "Beamten-Spekulanten", und Zhao Ziyang habe die von ihnen betriebenen Spekulationsgeschäfte gebilligt.

Schließlich stimmen die Mitglieder des Ständigen Ausschusses über den Beschluß zur Verhängung des Ausnahmezustandes ab. Li Peng und Yao Yilin befürworten den Ausnahmezustand, Zhao Ziyang stimmt dagegen. Qiao Shi und Hu Qili enthalten sich der Stimme, erklären sich jedoch bereit, der Mehrheitsentscheidung zu folgen.
Nach der Abstimmung erklärt Zhao Ziyang, daß er anderer Ansicht sei und diesen Beschluß nicht ausführen könne. Er trete deshalb von seinem Amt als ZK-Generalsekretär zurück. Li Peng hält Zhao entgegen, daß er sich der Führung durch das Kollektiv unterordnen und den kollektiven Beschluß des Ständigen Ausschusses des Politbüros ausführen müsse. (Chen Yizi, *Zhongguo...*, S. 160-161)

In seiner Rede am 22. Mai auf einer erweiterten Sitzung des Politbüros berichtet Yang Shangkun, daß die politische Führungsspitze vor der oben erwähnten Sitzung des Ständigen Ausschusses des Politbüros bei Deng Xiaoping zu Beratungen zusammengekommen sei. Yang dazu: "Genosse [Zhao] Ziyang kam, und ich nahm auch daran teil, allerdings ohne Stimmrecht. Genosse [Deng] Xiaoping stellte die Frage: "Zurückweichen, wenn ihr zurückweichen sagt, wohin sollen wir denn zurückweichen?" Ich erklärte damals, dies sei der letzte Damm des Stauwerks; sobald wir zurückwichen, würde er brechen. Genosse [Deng] Xiaoping sagte: "Ich weiß von den Streitigkeiten unter euch, doch jetzt geht es nicht darum, diese Streitigkeiten zu beurteilen, heute wollen wir dieses Problem nicht diskutieren, wir diskutieren nur, ob wir zurückweichen oder nicht." Genosse [Deng] Xiaoping meinte, wir dürften nicht zurückweichen, das Problem liege innerhalb der Partei, der Ausnahmezustand müsse verhängt werden. Mehrere Mitglieder des Ständigen Ausschusses hielten Reden. Auch ich äußerte meine Ansicht. Wir meinten, daß wir nicht zurückweichen dürften. Genosse [Zhao] Ziyang machte seine Haltung zu diesem Zeitpunkt nicht besonders deutlich, er sagte: "Diesen Kurs kann ich nicht durchsetzen, ich habe Schwierigkeiten." Genosse [Deng] Xiaoping sagte: "Die Minderheit ordnet sich selbstverständlich der Mehrheit unter." Genosse [Zhao] Ziyang sagte auch, in der Partei bestehe das Prinzip, daß sich die Minderheit der Mehrheit unterordne; er gab zu verstehen, daß er der Mehrheit folgen würde." (GJJ, Juni 1989, S. 26)

Über eine danach einberufene Sitzung des Ständigen Ausschusses des Politbüros berichtet Yang Shangkun: "Anschließend wurde am Abend um 20.00 Uhr eine Sitzung des Ständigen Ausschusses abgehalten, ich nahm als Nicht-Stimmberechtigter auch daran teil, um zu regeln, was zu tun sei. Auf dieser Sitzung erklärte Genosse [Zhao] Ziyang: 'Meine Aufgabe ist mit dem heutigen Tage beendet, ich kann nicht weitermachen, da ich nicht mit der Meinung der Mehrheit von euch übereinstimme. Mir fehlt die Einsicht, wie kann ich da mein Amt als Generalsekretär ausüben? Wenn ich es nicht ausüben kann, bereite ich eurem Ständigen Ausschuß nur Schwierigkeiten, daher trete ich zurück.' Alle sagten, er solle nicht über dieses Problem sprechen. Habe er beim Genossen [Deng] Xiaoping nicht zugestimmt, daß sich die Minderheit der Mehrheit unterordnen müsse und daß es besser sei, eine Entscheidung zu treffen als keine?

Ich sagte: 'Genosse [Zhao] Ziyang, deine Haltung ist falsch. Jetzt wollen wir doch die Einheit wahren, und du schmeißt die Arbeit einfach hin.'" (GJJ, Juni 1989, S. 26)

Chen Yizi weist in einer späteren Veröffentlichung darauf hin, daß der Beschluß zur Verhängung des Ausnahmezustands in Beijing von seiner Bedeutung her eigentlich vom Politbüro hätte gefaßt werden müssen und nicht von dessen Ständigem Ausschuß. Hinzu komme, daß - auf Veranlassung von Deng Xiaoping - in der Woche vor der Beschlußfassung über den Ausnahmezustand die für den Militäreinsatz vorgesehenen Truppen bereits in die Umgebung von Beijing verlegt worden seien. Insofern habe auch der Ständige Ausschuß praktisch keine Wahl in der zur Abstimmung stehenden Frage gehabt. (Chen Yizi, *Zhongguo...*, S. 164-165)

* Dem Bericht von Li Peng über die "Fehler" von Zhao Ziyang (Juni 1989) zufolge war die "Mehrheit der Genossen" auf der Sitzung des Ständigen Ausschusses des Politbüros gegen die Ansicht von Zhao Ziyang, gegenüber den Studenten "Konzessionen" zu machen. Li Peng: "Alle waren der Ansicht, daß wir absolut nicht zurückweichen konnten. Wenn wir zurückwichen, würde dies zu einem großen Aufruhr im ganzen Land führen... Genosse Deng Xiaoping unterstützte eisern die Ansichten der Mehrheit des Ständigen Ausschusses. Um den Aufruhr zu stoppen, entschied der Ständige Ausschuß, sofort Truppen in Beijing einmarschieren zu lassen und über bestimmte Teile der Stadt den Ausnahmezustand zu verhängen. Genosse Zhao Ziyang sagte, er könne das nicht mittragen, und bot seinen Rücktritt an. Nachdem er schwer kritisiert worden war, zog er sein Rücktrittsangebot zurück und sagte, er würde das Prinzip, wonach sich die Minderheit der Mehrheit unterordnet, befolgen. In Wirklichkeit fuhr er jedoch mit seinen spalterischen Aktivitäten fort, die im Gegensatz zum Standpunkt der Partei standen." (Li Peng, "Report on the Mistakes...", S. 894)

* Chen Xitong spricht in seinem am 30. Juni vorgelegten Bericht davon, daß an diesem Tag (17. Mai) die Mitglieder des Ständigen Ausschusses des Politbüros über die Verhängung des Ausnahmezustands über einige Teile Beijings diskutiert hätten. Bereits am selben Tag hätten "einige wenige Leute, die die Kerngeheimnisse der Partei und des Staates kannten, zugunsten ihrer konterrevolutionären Politik diese Geheimnisse" verraten. Ein Mitarbeiter Zhao Ziyangs habe den Anführern der autonomen Studentenorganisationen mitgeteilt, die Truppen würden eingesetzt, um sie zu unterdrücken. Außer Zhao Ziyang seien alle mit diesem Beschluß einverstanden gewesen. Der Mitarbeiter habe die Studenten aufgefordert, die notwendigen Vorbereitungen gegen den Armee-Einsatz zu treffen. Am Abend des 17. Mai habe Bao Tong, der Sekretär von Zhao Ziyang und Direktor des ZK-Forschungszentrums für politische Reformen, einen Teil der Mitarbeiter des Forschungszentrums zu einem Treffen zusammengerufen. Nachdem er ihnen den Plan, über Teile Beijings den Ausnahmezustand zu verhängen, verraten habe, habe er eine "Abschiedsrede" gehalten und die Teilnehmer gewarnt, die [gegen die Regierung gerichteten] Pläne preiszugeben. Verräter würde man als "Judas" bezeichnen. (Chen Xitong, in: BRu, 25.7.89, S. XVIII f.)

Da die vielen Demonstranten die schmale Durchfahrt für die Krankenwagen auf dem Tiananmen-Platz und auf der Chang'an-Allee nahezu blockieren, werden einige Studentenvertreter von der Qinghua-Universität zum Beijinger Amt für Öffentliche Sicherheit gesandt, wo sie eindringlich um Unterstützung der studentischen Ordnungskräfte bitten. Das Amt beschließt, Polizisten zur Westlichen und Östlichen Chang'an-Allee sowie zu anderen Hauptverkehrsstraßen zu senden, um den raschen Transport ohnmächtiger Studenten zu den Krankenhäusern zu gewährleisten. (ZXS, 18.5.89, nach SWB, 20.5.89)

Am frühen Abend tauchen die ersten Bauerndelegationen auf, die in den Staus kilometerweit vor dem Stadtzentrum steckengeblieben sind. Von den 220.000 Arbeitern des bedeutenden Hauptstädtischen Eisen- und Stahlkombinats sind 70.000 in einen unerklärten Streik getreten (vergleiche hierzu 16. Mai). Während sich bei den Studentendemonstrationen die Polizei nicht blicken läßt, wimmelt es auf dem Werksgelände von Sicherheitskräften. Als Studenten zum Hauptwerk ziehen, verweigert die Polizei ihnen zunächst den Zutritt, bis die Arbeiter mit Sprechchören - "Unsere Studenten kommen sofort rein, oder wir kommen raus" - ein Treffen erzwingen. (T. Reichenbach/smo, in: taz, 18.5.89)

Um 22.00 Uhr besucht Li Tieying, Leiter der Zentralen Erziehungskommission, in Beijinger Krankenhäusern liegende Studenten, die an den Folgen des Hungerstreiks leiden. Er zeigt sich über ihren Zustand tief besorgt und äußert die Hoffnung, daß sie bald genesen werden. Außerdem erkundigt er sich nach den medizinischen Rettungsmaßnahmen und übermittelt dem für die Hungerstreikenden zuständigen Krankenhauspersonal seine besten Wünsche. (RMRB, 18.5.89)

In der Nacht berichten Studenten und Arbeiter, daß in verschiedenen Büros und Fabriken kleine Streiks begonnen hätten, die Solidaritätskundgebungen für die Studenten seien. Ein höherer Parteifunktionär sagt, daß in der Führung Uneinigkeit darüber herrsche, wie die Krise zu bewältigen sei. (N.D. Kristof, in: IHT, 18.5.89)

Wan Li, der reformorientierte Vorsitzende des Ständigen Ausschusses des NVK, nimmt während seines Staatsbesuchs in Kanada gegenüber seinen offiziellen Gesprächspartnern zur gegenwärtigen Protestbewegung in China Stellung. In den zehn Jahren der Reform habe sich der Bruttoproduktionswert zwar verdoppelt, doch jetzt scheine es, daß die politische Strukturreform zu langsam vorangeschritten sei, daß die Entwicklung der Demokratie nicht ausreiche und daß auch die Kontrolle durch die Massen nicht ausreiche. Die jetzt von Studenten, intellektuellen Kreisen und Arbeitern erhobenen Forderungen nach Demokratie und Bekämpfung der Korruption stellten eine "patriotische Aktion" (aiguo xingdong) dar, deren Ziel es sei, die Reformen zu beschleunigen. Auf der kürzlich zu Ende gegangenen 2. Tagung des VII. NVK hätten die Abgeordneten bereits zu diesen Problemen Stellung genommen und Vorschläge gemacht. Auf der im nächsten Monat stattfindenden 8. Sitzung des Ständigen Ausschusses des VII. NVK werde man diese Probleme, die das ganze Volk bewegten, erörtern. Wan Li hebt hervor, daß die Regierung gegenüber der Studentenbewegung Zurückhaltung übe. Ihr Leitprinzip sei, ein stabiles gesellschaftliches Umfeld zu schaffen und die Reformen und die Öffnung zu beschleunigen. Stabilität und Einheit müßten unbedingt gewahrt werden. Nur unter dieser Voraussetzung könne man die Reformen und den Aufbau [des Landes] vorantreiben. (RMRB, 19.5.89) - Mit seiner Erklärung, die Studentenbewegung stelle eine "patriotische Aktion" dar, stellt sich Wan Li offen auf die Seite von Zhao Ziyang.

Die staatliche *Xinhua*-Nachrichtenagentur meldet, daß es in den Provinzen Anhui, Gansu, Yunnan, Shanxi, Jiangxi, Jilin, Shandong, Shaanxi, Henan, der Inneren Mongolei, Hebei, Hainan, Zhejiang, Heilongjiang und Sichuan in den letzten Tagen Demonstrationen und Sitzstreiks von Studenten gegeben habe. (BYT, 10.6.89, S. 23)

Shanghai
In Shanghai erscheinen führende Partei- und Regierungsvertreter der Stadt um 4.00 Uhr morgens vor dem Gebäude der Stadtregierung und versuchen, die demonstrierenden Studenten, die einen Hungerstreik angekündigt haben, von ihrem Vorhaben abzubringen. Am Morgen marschieren Zehntausende von Studenten und einige Hochschullehrer von mehr als zehn Shanghaier Hochschulen (Fudan- und Tongji-Universität, Shanghai-Universität für Industrie, Pädagogische Hochschule Huadong, Medizinische Hochschule Shanghai u.a.) zum Sitz der Stadtregierung am Bund, um die hungerstreikenden Studenten in Beijing und etwa 100 hungerstreikende Studenten in Shanghai zu unterstützen. Am Mittag schließen sich Shanghaier Journalisten und Redakteure von der Tageszeitung *Befreiung*, der *Wen Hui Bao*, der *Abendzeitung der neuen Bürger*, dem Shanghaier *Weltwirtschaftsboten*, von *Die Arbeit* und von der *Jugendzeitung* den demonstrierenden Studenten an. Sie fordern auf Spruchbändern und in Sprechchören Pressefreiheit. Am Nachmittag stößt eine große Gruppe mit dem Transparent "Einwohner Shanghais" hinzu. (*Radio Shanghai*, 17.5.89, nach SWB, 19.5.89)

Nach einem Bericht der *Volkszeitung* demonstrieren am Vormittag etwa 5.000 Studenten zur Unterstützung ihrer hungerstreikenden Kommilitonen in Beijing. Am Nachmittag veranstalten an die 30.000 Studenten vor dem Eingang des Stadtregierungsgebäudes am Bund einen Sitzstreik. (RMRB, 18.5.89) Einem anderen Bericht zufolge veranstalten 60.000 Studenten vor dem Sitz der Stadtregierung einen Sitzstreik, um die 300 Kommilitonen zu unterstützen, die im inneren Kreis einen Hungerstreik abhalten. (J. Küppers, in: SZ, 19.5.89) Laut *China Daily* vom 18.5.89 nehmen etwa 60.000 Studenten an dem Sitzstreik und 500 an dem Hungerstreik teil.

Am Nachmittag treffen Führer des Parteikomitees und der Regierung der Stadt Shanghai mit über 30 Vertretern von 17 Universitäten und Hochschulen zu einer informellen Diskussion und einem informellen Gespräch zusammen. Einige Studenten erklären, daß die auf Einladung des offiziellen Shanghaier Studentenverbands erschienenen Studentenvertreter nicht in vollem Maße jene Studenten vertreten könnten, die an den Demonstrationen teilgenommen hätten, und verlassen den Versammlungsort. Am Ende des Gesprächs nennen die verbliebenen Studenten drei Forderungen:
1. Das Parteikomitee solle so rasch wie möglich zur Kritik an seinen Maßnahmen gegen den *Weltwirtschaftsboten* Stellung nehmen.
2. Das Parteikomitee solle so bald wie möglich einen Termin für den nächsten Dialog festsetzen.
3. Diesen Dialog solle das Fernsehen live übertragen. Die anderen Massenmedien sollten aktuell, genau und umfassend darüber berichten.

Außerdem unterzeichnen die Studentenvertreter einen gemeinsamen Brief, in dem sie ihre Hoffnung zum Ausdruck bringen, daß die Führer des ZK der KPCh so bald wie möglich mit den hungerstreikenden Studenten in Beijing einen Dialog führen würden. Die Shanghaier Partei- und Regierungsführer versprechen, den Brief weiterzuleiten. (*Radio Shanghai*, 17.5.89, nach SWB, 20.5.89)

Tianjin
Der Sitzstreik von Studenten in Tianjin dauert an. (RMRB, 18.5.89)

Die Studenten haben seit dem 4. Mai kaum noch Aktivitäten unternommen und sind statt dessen zum Unterricht gegangen. Beeinflußt von den Vorgängen in Beijing findet heute eine sehr große Demonstration statt, deren Teilnehmerzahl mit fast einer Million angegeben wird, was jedoch bei einer Einwohnerzahl von insgesamt 7,5 Millionen, einschließlich der ländlichen Vororte, sicherlich übertrieben ist. Alle Universitäten sind heute verwaist. (J. Fox, "... Consequences in Tianjin", S.139)

Anhui
In Hefei demonstrieren an die 10.000 Studenten und einige vorwiegend junge Lehrer aus Solidarität mit den Beijinger Studenten. Ihnen schließen sich einige Journalisten und Schriftsteller an. (RMRB, 18.5.89) Die Demonstranten marschieren zum Sitz der Provinzregierung und des Parteikomitees der Provinz und skandieren: "Wir unterstützen die Beijinger Studenten", "Wir fordern einen Dialog", "Pressefreiheit" usw. Die Hefeier Bürger reagieren begeistert auf die Demonstration. Sie säumen die Straßenseiten und klatschen Beifall. Einige Studenten sammeln Spenden für ihre Beijinger Kommilitonen. Das Parteikomitee und die Regierung der Provinz kündigen für den morgigen Tag einen Dialog mit den Studenten an. (*Radio Anhui*, 17.5.89, nach SWB, 20.5.89)

Gansu
Am Vormittag besuchen der Gouverneur Jia Zhijie und andere Partei- und Regierungsvertreter der Provinz Gansu die hungerstreikenden Studenten auf dem

Dongxin-Platz in Lanzhou. Sie appellieren an die Studenten, den Sitz- und Hungerstreik zu beenden, da sie ihre Forderungen und Wünsche bereits kundgetan hätten. Am Nachmittag empfängt Jia Zhijie etwa 4.000 studentische Demonstranten vor dem Regierungssitz. Er erklärt, daß er, nachdem die Studenten ihm am Morgen ihre Forderungen an das ZK der KPCh und an den Staatsrat genannt hätten, persönlich den Staatsrat angerufen und darüber berichtet habe. Weiter äußert er seine Bereitschaft, den Dialog mit den Studenten fortzusetzen. Auch hoffe er, daß die Studenten weiterhin Ruhe, Vernunft, Disziplin und Ordnung wahren würden. (*Radio Gansu*, 18.5.89, nach SWB, 22.5.89) In Lanzhou demonstrieren über 10.000 Studenten, Universitäts- und Hochschullehrer, Wissenschaftler, Techniker und Journalisten aus Solidarität mit den Beijinger Studenten. Ein Studentenvertreter verliest einen Aufruf zum Vorlesungsboykott. In der Nacht machen sich Studentenvertreter aus Lanzhou mit dem Zug nach Beijing auf, um die hungerstreikenden Studenten dort zu unterstützen. (*Radio Gansu*, 18.5.89, nach SWB, 20.5.89)

Guangdong
In Guangzhou beginnen etwa hundert der Studenten, die seit der Nacht vor dem Sitz der Provinzregierung einen Sitzstreik abhalten, mit einem "24-Stunden-Hungerstreik" [gemeint ist: rund um die Uhr] zur Unterstützung der Beijinger Studentenbewegung und als Protest gegen die Zurückweisung ihrer "annehmbaren Forderungen" durch die Provinzregierung. Am Nachmittag demonstrieren über 5.000 Studenten und Lehrer der Zhongshan-Universität in der Stadt. Dabei rufen sie zu Spenden für die Beijinger Studentenbewegung auf. (ZXS, 17.5.89, nach SWB, 19.5.89)

Einem anderen Bericht zufolge demonstrieren an diesem Nachmittag insgesamt Zehntausende von Studenten in Guangzhou. Studentenvertreter fordern einen Dialog mit Vertretern des Parteikomitees und der Regierung der Provinz sowie die Zusicherung, daß es später keine Vergeltungsmaßnahmen geben werde. (*Radio Guangdong*, 17.5.89, nach SWB, 20.5.89)

In Shenzhen demonstrieren einige tausend Studenten und Lehrer der Shenzhen-Universität für Demokratie und Freiheit und zur Unterstützung ihrer Beijinger Kommilitonen. (*Radio Guangdong*, 17.5.89, nach SWB, 20.5.89)

Guizhou
In Guiyang demonstrieren Studenten und veranstalten vor dem Sitz des Parteikomitees der Provinz einen Sitzstreik, um ihre Beijinger Kommilitonen zu unterstützen. Journalisten schließen sich ihnen an. In der Nacht versammeln sich an die 20.000 Studenten vor dem Sitz der Provinzregierung. Zwei Regierungsvertreter nehmen die Forderungen der Studenten zwecks Weiterleitung entgegen. (*Radio Guizhou*, 17.5.89, nach SWB, 20.5.89)

Hainan
In Haikou demonstrieren etwa 7.000 Studenten, Journalisten sowie Rundfunk- und Fernsehmitarbeiter. In verschiedenen Gruppen marschieren sie zum Sitz

des Parteikomitees und der Regierung der Provinz. Dort skandieren sie "Bekämpft die Korruption", "Rettet China", "Demokratie und Freiheit", "Pressefreiheit", "Die Volkspolizei liebt das Volk" und andere Parolen. Studenten und Lehrer der Hainan-Universität rufen zu Spenden für die Beijinger Studentenbewegung auf. (*Radio Hainan*, 19.5.89, nach SWB, 20.5.89)

Henan
In Zhengzhou demonstrieren etwa 10.000 Hochschüler. Später sammeln sie sich vor dem Sitz der Provinzregierung und dringen in den Hof des Gebäudes ein. Zwei Partei- und Regierungsvertreter empfangen 20 Studentenvertreter, die von den Hochschülern an Ort und Stelle gewählt worden sind, und nehmen deren Petitionen entgegen. Beide Seiten einigen sich darauf, daß jede Hochschule drei offizielle Vertreter für einen offiziellen Dialog mit Vertretern des Parteikomitees und der Regierung der Provinz wählen wird, der am Nachmittag des 19. Mai stattfinden soll. Daraufhin ziehen sich die Studenten zurück. Am Nachmittag demonstrieren einige Studenten vor der Provinzbehörde für Funk und Fernsehen für eine objektive und faire Berichterstattung über die gegenwärtige Studentenbewegung. (*Radio Henan*, 17.5.89, nach SWB, 20.5.89)

Hubei
In Wuhan veranstalten Studenten Demonstrationen und Sitzstreiks zur Unterstützung ihrer Beijinger Kommilitonen. (*Radio Hubei*, 18.5.89, nach SWB, 20.5.89)

Hunan
In Changsha treten sieben Studenten der Medizinischen Universität Hunan zur Unterstützung ihrer Beijinger Kommilitonen in einen eintägigen Hungerstreik. Andere Studenten schließen sich ihnen an. Am Abend reihen sich rund 1.500 Medizinstudenten in die Demonstration ein, an der laut einem Bericht der *Changsha-Abendzeitung* vom 18. Mai 1989 mindestens 20.000 Studenten aus allen Hochschulen Changshas teilnehmen. Die Zeitung spricht von über 100.000 Zuschauern, die ihre Unterstützung durch Applaus und das Abbrennen von Feuerwerkskörpern zum Ausdruck bringen. Auf den mitgeführten Plakaten stehen Slogans wie "Unterstützt die Hungerstreikenden in Beijing", "Lang lebe die Demokratie", "Nieder mit Bürokratie und Korruption". Besonderen Beifall findet der Sprechchor: "Eine revolutionäre Partei fürchtet [nicht das Volk, sondern], die Stimme des Volkes nicht mehr vernehmen zu können. Wovor sie am meisten Angst hat, ist Totenstille." - "Woher stammt das Zitat?" - "Aus Deng Xiaopings Gesammelten Werken." - "Welche Seite?" - "Seite 134." - "Welche Zeile?" - "Die dritte [richtig: zweite] von unten." Die Demonstration ist der Auftakt zu drei aktionsreichen Wochen mit Sitz- und Hungerstreiks, Demonstrationen, Vorlesungsboykotten und Arbeiterstreiks. (A. Worden, "... Changsha Chronicle", S. 132 f.)

In einem anderen Bericht wird die Anzahl der in Changsha demonstrierenden Studenten mit rund 10.000 angegeben. Sie marschieren zum Bahnhof, dann zum

Sitz des Parteikomitees der Provinz. Dort übergeben sie eine Petition. Anschließend marschieren sie zum Sitz der Regierung der Provinz. Der Verkehr kommt zum Erliegen. Einige Hochschullehrer und Journalisten schließen sich den Studenten an. Studenten beginnen vor dem Regierungsgebäude einen Sitzstreik. (*Radio Hunan*, 17.5.89, nach SWB, 23.5.89)

Jilin
In Changchun demonstrieren über 10.000 Studenten von 8.00 Uhr morgens bis zum Abend, um die hungerstreikenden Kommilitonen in Beijing zu unterstützen. Sie übergeben der Regierung und dem Parteikomitee der Provinz eine Petition. Regierungsvertreter führen mit Studentenvertretern ein Gespräch und beantworten deren Fragen. 51 Angehörige der Jilin-Universität und der Akademie der Sozialwissenschaften der Provinz Jilin richten einen Dringlichkeitsappell an den NVK, das ZK der KPCh und den Staatsrat. Darin fordern sie die sofortige Einberufung des Ständigen Ausschusses des NVK zu einer Sondersitzung und einen offenen und ernsthaften Dialog von höchsten Partei- und Regierungsvertretern mit Studentenvertretern aus dem ganzen Lande. Die Presse müsse offen über die derzeitige Situation berichten, damit das Volk die gegenwärtige Lage verstehe. Außerdem sollten sofort Maßnahmen ergriffen werden, um die angemessenen Forderungen der Studenten zu erfüllen. (*Radio Jilin*, 17.5.89, nach SWB, 23.5.89)

Ermutigt durch die Aktivitäten der Jilin-Universität veranstalten Studenten der Pädagogischen Hochschule, der Hochschule für Ingenieurswesen und anderen Einrichtungen der höheren Bildung ihre eigenen Demonstrationen mit Tausenden von Teilnehmern. Inzwischen gibt es auch in Changchun eine neue [autonome] Organisation der Universitätsstudenten. (R.W. Howard, "... Movement in Changchun", S. 238)

Jiangsu
In Nanjing demonstrieren 20.000 bis 30.000 Studenten zur Unterstützung ihrer Beijinger Kommilitonen. (RMRB, 18.5.89)

Nachdem die bisherigen Aktivitäten der Nanjinger Studenten fast nur von der Nanjing-Universität ausgegangen waren, beteiligen sich nun auch andere Hochschulen an Demonstrationen. Am Vormittag versammeln sich Studenten verschiedener Hochschulen auf dem Campus der Nanjing-Universität. Etwa 100 Dozenten der Universität erscheinen mit einem Transparent, auf dem sie sich als die 'armen Lehrer' ankündigen. Während des ganzen Tages marschieren Gruppen der verschiedenen Hochschulen durch die Straßen Nanjings. Auf dem zentralen Versammlungsplatz in der Innenstadt hängen Mitarbeiter der *Jiangsu-Arbeiterzeitung* große Plakate auf. Darin wird die Teilnahme von Journalisten fast aller Nanjinger Medien für die am Abend geplante Demonstration angekündigt. Die bislang zurückhaltende Bevölkerung zeigt größeres Interesse und Sympathie als in den Tagen zuvor, verhält sich jedoch immer noch reserviert, was eine aktive Teilnahme betrifft. Sie nimmt Verkehrsbehinderungen geduldig hin und zeigt sogar große Bereitschaft, für die Studenten Geld zu spenden. Der "Autonome Studentenverband" verteilt Flugblätter, um sich für eingegangene Spenden zu bedanken. Ferner wird die Verwendung und Verwaltung des Geldes erklärt und eine Offenlegung der Finanzen versprochen. Spendensammler müssen sich durch eine spezielle Plakette ausweisen. Dieses geschieht offensichtlich in Abgrenzung zur Regierung, der Korruption vorgeworfen wird. Die Nanjinger Fernsehstation berichtet ausführlich über die heutigen Demonstrationen. Die Art der Berichterstattung vermittelt den Eindruck einer offiziellen Sanktionierung der Ereignisse. (R. Lufrano, "Nanjing Spring...", S. 26 f.)

Jiangxi
In Nanchang demonstrieren die Studenten erneut zur Unterstützung ihrer Beijinger Kommilitonen und gegen Korruption. Auf dem Bayi [1. August]-Platz sind zeitweilig an die 4.000 Menschen versammelt. Am Nachmittag empfängt Gouverneur Wu Guanzheng eine Abordnung der Demonstranten zum Gespräch. (*Radio Jiangxi*, 17.5.89, nach SWB, 19.5.89)

Liaoning
In Shenyang demonstrieren Studenten den vierten Tag in Folge. Am Abend versammeln sich 20.000 auf dem Platz vor dem Sitz der Stadtregierung von Shenyang. Ihnen schließen sich Redakteure und Journalisten des Fernsehsenders sowie regionaler Zeitungen, etwa 200 Naturwissenschaftler und Techniker und rund 300 Hochschullehrer an. (*Radio Liaoning*, 17.5.89, nach SWB, 23.5.89)

Shandong
Um 2.00 Uhr in der Frühe demonstrieren in Jinan etwa 1.000 Studenten vor dem Sitz der Provinzregierung. (RMRB, 18.5.89)

Shaanxi
An den zentralen Versammlungspunkten der Universitäten erscheinen am Morgen Wandzeitungen. Seit dem 4. Mai war es in Xi'an ruhig geblieben, heute jedoch finden wieder großangelegte Demonstrationen statt. Neben der Unterstützung für die Studenten in Beijing ist ein zentrales Thema der Proteste die "Enthüllung der Wahrheit über das Massaker vom 22. April" (siehe dort). (J.W. Esherick, "Xi'an Spring", S. 220 f.)

In Xi'an überreichen 18 Studentenvertreter der Provinzregierung eine Petition, in der sie eine Antwort auf ihre Forderungen verlangen: Einen direkten Dialog mit Partei- und Regierungsvertretern der Provinz, Anerkennung des Autonomen Studentenverbands und Pressefreiheit. Auf dem Xincheng-Platz beginnen Studenten einen Hungerstreik, um ihre Beijinger Kommilitonen zu unterstützen. Etwa 1.000 Studenten, die sich auf dem Platz versammelt haben, ziehen zum Gebäude der Provinzregierung und verlangen den Gouverneur zu sehen. Vizegouverneur Xu Shanlin spricht mit einzelnen Studentenvertretern und Hochschulpräsidenten. Er versichert ihnen, daß Gouverneur Hou Zongbin innerhalb einer Woche einen direkten Dialog mit den Studenten einleiten werde. (*Radio Shaanxi*, 17.5.89, nach SWB, 23.5.89)

Sichuan
Gegen 5.00 Uhr am Morgen bringen in Chengdu einige führende Funktionäre und Lehrer der Pädagogischen Hochschule Sichuan 11 Busladungen mit Studenten zurück zur Hochschule. Andere Studenten kehren aus eigenem Antrieb in die Hochschulen zurück. Über 2.000 Studenten setzen ihren Sitzstreik auf dem Platz an der Renmin Nanlu jedoch fort. (*Radio Sichuan*, 17.5.89, nach SWB, 19.5.89)

Um 8.00 Uhr sitzen noch immer etwa 3.000 Studenten auf dem Platz. Zwischen 9.00 und 11.00 Uhr versammeln sich dort Zehntausende von Studenten aus 12 Universitäten und Hochschulen und beginnen dann einen Demonstrationszug durch die Stadt. Sie fordern Demokratie und Freiheit und erklären ihre Unterstützung für die "patriotische Aktion" ihrer Beijinger Kommilitonen. Um 12.00 Uhr erreichen die Demonstranten, denen sich einige Journalisten, Naturwissenschaftler und Techniker angeschlossen haben, den Sitz der Provinzregierung, wo sie einen Dialog mit der Provinzführung verlangen. Um 12.35 Uhr erklärt der Gouverneur, daß einer der Vizegouverneure am folgenden Tag [18. Mai] mit Studentenvertretern im Sichuan-Institut für Erziehung einen Dialog führen werde. Jede Hochschule soll vier gewählte Studentenvertreter entsenden. Die Studenten wählen an Ort und Stelle 20 Vertreter. (*Radio Sichuan*, 17.5.89, nach SWB, 26.5.89)

In Chongqing demonstrieren über 10.000 Studenten und einige junge Hochschullehrer zur Unterstützung der hungerstreikenden Studenten in Beijing. Ihnen schließen sich viele Arbeiter und Bauern und sogar einige VBA-Soldaten an. Hunderttausende von Zuschauern säumen die Straßen. Auch in Zigong, Wanxian, Leshan, Ya'an und Fuling demonstrieren Studenten. (*Radio Sichuan*, 17.5.89, nach SWB, 26.5.89)

Zhejiang
In Hangzhou demonstrieren am Nachmittag etwa 10.000 Studenten und einige Hochschullehrer aus Solidarität mit den Hungerstreikenden in Beijing. Die Zuschauer am Straßenrand applaudieren. (*Radio Zhejiang*, 17.5.89, nach SWB, 20.5.89) Auf dem Wulin-Platz in Hangzhou beginnen Studenten mit einem Sitz- und Hungerstreik. (*Radio Zhejiang*, 18.5.89, nach SWB, 23.5.89)

Im Laufe des Tages beteiligen sich einige hundert Studenten am Hungerstreik. Gegen Mitternacht verbleiben etwa 500 bis 600 Studenten auf dem Wulin-Platz, von denen sich einige im Hungerstreik befinden, umringt von rund 1.000 Neugierigen. (K. Forster, "Impressions...", S. 104)

In Ningbo demonstrieren ein paar tausend Studenten und einige Hochschullehrer und -angestellte zur Unterstützung der Beijinger Studenten, für Demokratie und gegen Korruption. Nach zwei Stunden ziehen sie zum Sitz der Stadtregierung. Einige Studenten stürmen den Vorhof des Gebäudes. (*Radio Zhejiang*, 17.5.89, nach SWB, 20.5.89)

Innere Mongolei
In Baotou demonstrieren Studenten zur Unterstützung ihrer Beijinger Kommilitonen. (*Radio Innere Mongolei*, 18.5.89, nach SWB, 20.5.89)

Xinjiang
In Urumqi findet im "Landwirtschaftlichen Institut des 1. August" eine Solidaritätsveranstaltung für die Beijinger Hungerstreikenden statt. (*Radio Xinjiang*, 18.5.89, nach SWB, 20.5.89)

Außer in den oben genannten Städten demonstrieren Studenten wie am Vortag auch in Kunming (Yunnan), Qingdao (Shandong), Taiyuan (Shanxi), Hohhot (Innere Mongolei), Shijiazhuang (Hebei), Harbin (Heilongjiang) und anderswo zur Unterstützung ihrer Beijinger Kommilitonen. (RMRB, 18.5.89)

18. Mai 1989, Donnerstag

- **Sechster Tag des Hungerstreiks: Die Hungerstreikenden bestimmen zunehmend den Verlauf der Studentenbewegung**
- **Zhao Ziyang, Li Peng und andere Politiker besuchen hungerstreikende Studenten am Krankenbett**
- **Die Massendemonstrationen dauern an**
- **Immer mehr Arbeiter nehmen an den Protesten teil**
- **Der Nationale Gewerkschaftsverband stiftet 100.000 Yuan für die Hungerstreikenden**
- **12 weitere Mitglieder des Ständigen Ausschusses des Nationalen Volkskongresses fordern die Einberufung einer Sondersitzung dieses Gremiums**
- **Ein Gespräch zwischen Li Peng und Vertretern der hungerstreikenden Studenten endet ergebnislos**
- **Die Proteste in anderen Städten des Landes weiten sich aus**

Nach einem Bericht der Hongkonger *Wen Hui Bao* soll Zhao Ziyang [wahrscheinlich während einer in den frühen Morgenstunden stattfindenden Sitzung des Ständigen Ausschusses des Politbüros] darauf bestanden haben, die hungerstreikenden Studenten zu besuchen. Li Peng, Qiao Shi und Hu Qili hätten eingewilligt, zusammen mit Zhao Ziyang ins Krankenhaus zu gehen, um mit den dort eingelieferten Studenten zu sprechen. Am selben Tag soll Zhao Ziyang seinen Rücktritt angeboten haben. Das sei aber nicht akzeptiert worden. (WHB, 25.6.89, nach SWB, 27.6.89)

Am frühen Morgen gegen 5.00 Uhr begeben sich ZK-Generalsekretär Zhao Ziyang, Ministerpräsident Li Peng, Qiao Shi und Hu Qili ins Xiehe- und ins Tongren-Krankenhaus, um die nach tagelangem Hungerstreik dort eingelieferten Studenten zu besuchen. Zhao Ziyang und Li Peng loben den "patriotischen Enthusiasmus" der Studenten. Der Enthusiasmus, mit dem sie Demokratie und Rechtssystem, Bekämpfung der Korruption und das Vorantreiben der Reformen forderten, sei "überaus lobenswert". Zhao Ziyang erklärt weiter, daß die Ziele der Regierung und der Studenten übereinstimmten. Probleme könne man auf vielerlei Weisen lösen, man müsse dazu keinen Hungerstreik einsetzen. (RMRB, 19.5.89)

Ein Student bezeichnet es gegenüber den Politikern als baren Unsinn, daß die Studenten die Partei stürzen wollten. Man wisse auch, daß die zahlreichen Probleme des Landes nicht im Handumdrehen gelöst werden könnten und daß Fortschritte nur unter der Führung der KPCh möglich seien. Eine kleine Minderheit in der Partei sei korrupt, und wenn die Studenten dagegen angingen, dann deshalb, weil sie das verlorene Ansehen der Partei wiederherstellen wollten. Um die Korruption zu beenden, müßten die Parteichefs bei den eigenen Söhnen anfangen, meint der Student. Man wolle dem Volk den Eindruck vermitteln, daß es Hoffnung für die KPCh gebe, und deshalb zugleich auch Hoffnung für China. Die vier Politiker nicken zustimmend. (B. Küppers, in: SZ, 19.5.89) Nach einem anderen Bericht fügt der Student hinzu: Derzeit sähen die gewöhnlichen Menschen keine Hoffnung für China und für die Kommunistische Partei. Diese Hoffnungslosigkeit hätten in der Vergangenheit auch die Studenten verspürt. Dies habe in der Studentenschaft zu vier Gruppierungen geführt: Den Mahjongg-Spielern, den Strebern, die für die Englisch-Prüfung pauken, denen, die tanzen gehen, und denen, die herumreisen. (rtr, nach TN, 19.5.89)

Ärzte der Klinik erzählen später, daß manche Studenten ein Gespräch verweigert hätten. Die Besucher seien von ihnen auf den Tiananmen-Platz gewiesen worden, wo ihre Kameraden, 3.000 an der Zahl, weiter im Hungerstreik nebeneinander auf dem Betonfußboden lagern. (B. Küppers, in: SZ, 19.5.89)

Ein anderer Student wirft Hu Qili vor: "Ich habe dreimal darum gebeten, Sie zu sehen." Der entschuldigt sich: "Wir hatten an dem Tag zu tun. Das müssen Sie verstehen - wir hatten Herrn Gorbatschow [zu Besuch]." (AW, 2.6.89, S. 27)

Wu'er Kaixi sagt von seinem Bett im Stadtkrankenhaus aus: "Die Regierung möchte, daß wir gehen und nicht mehr an Dialog denken. Sie versteht die Macht dieser Bewegung nicht." Während einer Begegnung mit Li Peng ist er ohnmächtig geworden. (ap/dpa, nach HAB, 19.5.89)

Auch Li Tieying, der Vorsitzende der Zentralen Erziehungskommission, besucht hungerstreikende Studenten im Krankenhaus. (*Beizhuang de minyun*, S. 67)

Das Beijinger Fernsehen bringt später einen Bericht über den Besuch der Spitzenpolitiker am Krankenbett von hungerstreikenden Studenten. Gezeigt wird, wie Li Peng auf Bitten der Studenten unbeholfen deren Hemden signiert. Dabei sagt er: "Wo kommt ihr her? Geht jetzt heim." Auch Qiao Shi sagt zu einem der Hungerstreikenden: "Am besten geht ihr jetzt in die Vorlesungen zurück." (ap, dpa, nach HAB, 19.5.89)

Um 6.00 Uhr wird über die Rundfunkstation der Studenten auf dem Tiananmen-Platz ein offener Brief an die Zentrale Militärkommission verlesen, der von einer Anzahl Offiziere der VBA unterzeichnet worden ist. In dem Schreiben heißt es, die Offiziere seien außerstande, die Studenten und das Volk mit Waffengewalt zu unterdrücken. Sie wollten die Anweisung des 1. stellvertretenden Vorsitzenden der Zentralen Militärkommission, Zhao Ziyang, befolgen, daß Vernunft, Ruhe, Zurückhaltung und Ordnung zu wahren seien. Weiter drängen sie auf baldige Gespräche zwischen Vertretern der Führung und der Studenten sowie auf die Beschleunigung der Reform in den Streitkräften. (ZTS, 18.5.89, nach SWB, 20.5.89)

Um 6.30 Uhr erreicht eine erste Gruppe von 800 Polizisten, die von Studenten begleitet werden, den Platz. Sie sind in der vergangenen Nacht von Studentenvertretern angefordert worden und verstärken jetzt die studentischen Postenketten, die für die Krankenwagen den Weg vom und zum Platz freihalten. Als die Nachricht über Rundfunk verbreitet wird, applaudieren Studenten und Beijinger Bürger. (ZXS, 18.5.89, nach SWB, 20.5.89)

Am frühen Morgen fahren 80 Busse, die vom Beijinger Roten Kreuz organisiert worden sind, auf den Platz. Ein Teil der hungerstreikenden Studenten sucht darin vor einem angekündigten Gewitterregen Schutz. Ein Sprecher des Hauptquartiers der Hungerstreikenden erklärt, die Entscheidung, die Studenten in die Busse zu verlegen, sei aus zwei Gründen gefällt worden: wegen ihres schwachen Gesundheitszustands und aus Sorge wegen der zu befürchtenden Auswirkungen des drohenden Gewitters. Er fügt hinzu, daß der Platz nach sechs Tagen der Besetzung dringend der Reinigung bedürfe. Andernfalls sei das Auftreten von Infektionskrankheiten zu befürchten. Studenten und Arbeiter seien dabei, den Platz zu säubern. Solange die Forderungen der Studenten nicht erfüllt würden, werde der Hungerstreik fortgesetzt werden. (CD, 19.5.89)

Etwa 50.000 Studenten aus anderen Städten kommen täglich nach Beijing, um ihre hungerstreikenden Kommilitonen zu unterstützen. Die meisten reisen aus Tianjin, Shanghai und den Provinzen Heilongjiang, Jilin, Liaoning, Hebei, Shanxi, Anhui, Hubei, Shaanxi, Jiangsu, Guangdong sowie dem Autonomen Gebiet Innere Mongolei an. Eisenbahnangestellte verlangen kein Fahrgeld von ihnen. Andere Studenten kehren in ihre Hochschulen zurück, nachdem sie ein oder zwei Tage in Beijing demonstriert haben, um mit einer noch größeren Zahl von Kommilitonen zurückzukommen. (CD, 19.5.89) - Siehe hierzu auch Tianjin unter dem selben Datum.

Die auswärtigen Studenten auf dem Platz beginnen sich zu organisieren. Sie bilden das "Vorbereitungskomitee der Nationalen Vereinigung der Hochschulen [Hochschüler?]" (Quanguo gaoxiao [xuesheng ?] lianhui chouweihui), in der Hoffnung, daß sich der "Autonome Studentenverband Beijing" der Leitung durch dieses Komitee unterstellen werde. Doch der "Autonome Studentenverband Beijing" nimmt keine Notiz von dieser neu gegründeten Organisation. (Luo Qiping u.a., "The 1989 Pro-Democracy Movement...", S. 39)

Ein Sprecher des Hauptquartiers der Hungerstreikenden erklärt, daß über 3.000 Menschen, darunter einige Bürger und Hochschullehrer, am Hungerstreik teilnehmen. In den vergangenen Tagen seien mehr als 2.000 von ihnen ohnmächtig ins Krankenhaus gebracht worden, die übrigen seien ebenfalls sehr schwach. Einige hätten sich mit ansteckender Bindehautentzündung, Dermatitis (Hautentzündung), Magen-Darm-Katarrh und Ruhr infiziert. (XNA, 19.5.89) Viele hungerstreikende Studenten sind öfter als zehn Mal ins Krankenhaus eingeliefert worden und nach einer Infusion auf den Platz zurückgekehrt. (CD, 19.5.89) Inzwischen verweigern bereits 30 Studenten auch die Aufnahme von Flüssigkeit. Die Studenten vom Zentralinstitut für Sprechtheater, die damit begonnen hatten, haben seit 59 Stunden keine Flüssigkeit und seit 128 Stunden keine Nahrung zu sich genommen. (*Beizhuang de minyun*, S. 68)

Einige Mitglieder des "Autonomen Studentenverbands Beijing" haben den Vorschlag gemacht, den Hungerstreik zu beenden, was jedoch von der Mehrheit der Hungerstreikenden abgelehnt wird. Die Hungerstreikenden haben praktisch die Führung im Studentenlager übernommen, da sich die Führer der autonomen Studentenorganisationen bei jeglichen Meinungsverschiedenheiten deren Willen beugen müssen. (T. Saich, "The Rise and Fall...", S. 193)

Auch an diesem Tag zeigt die Beijinger Bevölkerung ihre Solidarität mit den hungerstreikenden Studenten. Schon am frühen Morgen setzt der Menschenstrom zum Tiananmen-Platz ein. Ein Beobachter zählt nur 500.000 Demonstranten in der Stadt, was er auf das unfreundliche Wetter zurückführt. (N.D. Kristof, in: IHT, 19.5.89) In anderen Berichten ist von zwei Millionen und mehr Menschen die Rede, die mit Zehntausenden von Autos auf dem Platz und in der näheren Umgebung demonstrieren. (ZTS, 18.5.89, nach SWB, 20.5.89; *Beizhuang de minyun*, S. 69)

Seit dem Morgen strömen die Menschen "revolutionsartig" zusammen. "Die Studenten müssen siegen", skandiert eine Marschsäule von Mittelschülern. "Den Dialog hinauszögern heißt, die Studenten töten", mahnt ein Spruchband. Um die Mittagszeit ist die Innenstadt schon so mit Menschenmassen gefüllt, daß die Demonstrationszüge sich nur noch im Kreis bewegen können. Von Deng Xiaoping halten die Demonstranten Karikaturen hoch, Photo-Ikonen hingegen nicht nur vom einstigen Ministerpräsidenten Zhou Enlai, sondern auch von Mao Zedong. (B. Küppers, in: SZ, 19.5.89)

Die 10 km lange Chang'an-Allee ist von Menschen und Autos völlig verstopft. Viele Studenten helfen, den Verkehr und die Demonstrationszüge zu dirigieren und die Ordnung aufrechtzuerhalten. (ZTS, 18.5.89, nach SWB, 20.5.89)

Viele Arbeiter wirken besser organisiert und aggressiver als am Vortag. Sie werden offensichtlich von ihren Einheiten unterstützt, da sie in Bussen und Lastwagen vorfahren und das offizielle Banner ihres Betriebs mit sich führen. Einige erklären, daß die Parteikader [ihres Betriebs] den Protest billigten. Die

Parteizellen auf Betriebsebene seien inzwischen von der zentralen Parteiorganisation so unabhängig geworden, daß sie keine Angst hätten, höheren Funktionären den Gehorsam zu verweigern. (N.D. Kristof, in: IHT, 19.5.89) Auf den Transparenten von demonstrierenden Arbeiter steht: "Die Arbeiter sind gekommen", "Wir fürchten uns nicht vor Entlassung". (*Beizhuang de minyun*, S. 69) Die Forderungen mancher Arbeiter reichen von Inflationsbekämpfung bis zur Wiederbelebung lang vergessener maoistischer Ideale. (A. Ignatius, in: AWSJ, 19./20.5.89)

Die kleine Mittelklasse, die in den zehn Jahren der marktorientierten Wirtschaftsreform entstanden ist, schließt sich dem Protest an, indem sie das Zentrum der Stadt mit Privatautos, gemieteten Taxis und ein paar Funktionärslimousinen verstopft. Über drei Kilometer lang ist die Schlange von Stadtbussen, Kipplastern, hoteleigenen Kleinbussen und anderen kommerziell genutzten Fahrzeugen, die von Arbeitern und Angestellten gesteuert werden. Auch Autos und Lastwagen der Regierung sind zu sehen. Seit die staatlich kontrollierten Massenmedien sachlich und manchmal mit Sympathie über die Demonstrationen berichten, wächst die Unterstützung für die Studenten kontinuierlich. Viele sind der Ansicht, daß die Demonstranten entweder einen mächtigen Verbündeten in der Führung besitzen oder aber daß es ihnen gelungen sei, die Führung dermaßen zu spalten, daß sie unfähig sei, Entscheidungen zu fällen. (J. Hoagland, in: IHT, 19.5.89)

Auch Polizisten demonstrieren mit. Der Großteil der Parolen richtet sich gegen Deng Xiaoping. Einige Demonstranten führen Photos von Mao Zedong und Zhou Enlai mit sich. Eine Parole lautet: "Li Peng, hätte Ministerpräsident Zhou [Enlai] zu Lebzeiten etwa so gehandelt?" (*Beizhuang de minyun*, S. 69)

Auf einer wachsenden Anzahl von Spruchbändern wird die Abdankung Deng Xiaopings gefordert. (P. Ellingsen, Q. Peel, in: FT, 19.5.89) Viele Demonstranten verlangen auch den Rücktritt von Li Peng und sogar von Zhao Ziyang. (W.A., in: FAZ, 19.5.89)

An der Chinesischen Akademie für Sozialwissenschaften hängt ein Spruchband: "Schiebt das Politbüro ab!" (N.D. Kristof, in: IHT, 19.5.89)

Der bekannte Dichter Ye Wenfu geht auf den Tiananmen-Platz, um seine Unterstützung für die hungerstreikenden Studenten zu zeigen. Auf dem Platz erklärt er öffentlich seinen Austritt aus der Partei. Die Menschenmenge applaudiert begeistert. (ZM, Juni 1989, S. 11)

Der weltberühmte Schriftsteller Ba Jin, der wegen Krankheit ans Haus gefesselt ist, gibt folgende Erklärung ab: "70 Jahre sind [seit der 4.Mai-Bewegung von 1919] vergangen. Noch immer sind wir ein rückständiges Land. Ich meine, daß die Forderungen, die derzeit von den Studenten erhoben werden, vollkommen vernünftig sind. Sie tun die Arbeit, die zu vollenden wir nicht genug Kraft hatten. Jeder, der ein Gewissen hat, jeder, der von patriotischer Gesinnung ist, wird sie unterstützen." (ICM, Juli 1989, S. 31)

In den Vororten springen Passanten auf die vorbeifahrenden Lastwagen, ganze Fabrikbelegschaften ziehen in die Innenstadt. Zehn Stockwerke hoch flattert am Beijing-Hotel ein Transparent: "Demokratie und Freiheit sind die gemeinsamen Ideale der ganzen Menschheit". Immer mehr Menschen strömen aus den Provinzen in die Hauptstadt, binnen 24 Stunden treffen 57.000 auf dem Beijinger Hauptbahnhof ein. Sie müssen keine Fahrkarten mehr lösen; dem Bahnpersonal genügt es, wenn sie ihre Studentenausweise vorzeigen. Die Demonstranten beteuern immer wieder, keine Unruhestifter, sondern Patrioten zu sein. "Wir lieben unser Land, deshalb können wir nicht länger schweigen." Ein Angestellter des staatlichen Reisebüros Lüxingshe sagt: "Wir würden gern ein System wie in Amerika haben." "Eine Regierung des Volkes, durch das Volk und für das Volk", fällt ein Student aus der Provinz Henan ein. "Wenn die Demokratie in China Wurzeln faßt, dann wird China reich werden." Taiwan gebe dem Festland ein Beispiel. (M. Naß, in: *Die Zeit*, 26.5.89)

Immer mehr Arbeiter nehmen an den Solidaritätskundgebungen für die Studenten teil. So reihen sich 3.000 Arbeiter der Beijinger Jeep-Fabrik in die Demonstrationen ein. Die 2. Chemische Fabrik Beijing beteiligt sich mit 16 Lastwagen an den Protesten. (RMRB, 19.5.89)

Der Nationale Gewerkschaftsverband stiftet 100.000 Yuan [sic!], die Sitong Co. (Stone Corporation) 50.000 Yuan, die Demokratische Partei der Arbeiter und Bauern Chinas über 10.000 Yuan [für die hungerstreikenden Studenten]. (RMRB, 19.5.89) Auch das Chinesische Institut für Wohlfahrt stiftet 100.000 Yuan. Weitere Spenden kommen von der Versicherungsgesellschaft des chinesischen Volkes, dem Beijinger Büro der Eisenbahner-Gewerkschaft und von anderen Einheiten. Diese Spenden gehen an das Nationale Rote Kreuz zur Finanzierung der medizinischen Behandlung von hungerstreikenden Studenten. (*Radio Beijing*, 18.5.89, nach SWB, 20.5.89)

Weitere Organisationen appellieren an die Führer von Partei und Regierung, einen Dialog mit den Studenten zu führen (vergleiche 17. Mai):
- der Vorsitzende des Nationalen Industrie- und Handelsverbands, Rong Yiren,
- die Vorsitzenden der Zhigong-Partei und der Demokratischen Selbstbestimmungsliga Taiwans,
- der Nationale Schriftstellerverband,
- 19 Einheiten des Presse- und Verlagswesens. (RMRB, 19.5.89)

Außerdem haben kürzlich 194 bekannte Sozialwissenschaftler, darunter Su Shaozhi, Yu Pingbo, Feng Zhi und Liu Zaifu, die Hauptverantwortlichen von Partei und Regierung aufgefordert, mit den Studenten und Menschen aus allen Schichten der Gesellschaft einen Dialog zu führen. (RMRB, 19.5.89)

Zhu Xuefan, Vorsitzender des Revolutionären Komitees der Guomindang und stellvertretender Vorsitzender des Ständigen Ausschusses des NVK, erklärt in einem Dringlichkeitsappell, er habe am 16. Mai das ZK der KPCh telefonisch gebeten, sofort Maßnahmen zu ergreifen; am 17. Mai habe er seine Vorschläge erneut vorgetragen, und jetzt appelliere er noch einmal in aller Dringlichkeit an das ZK der KPCh:
1. Das ZK der KPCh solle sofort eine Sitzung der Führer aller politischen Parteien und Gruppen einberufen, um gemeinsam über Wege zur Lösung der Probleme zu beraten.
2. [Das ZK der KPCh] solle unmißverständlich bestätigen, daß das Wesen der gegenwärtigen Studentenbewegung "patriotisch und demokratisch" sei.
3. Die Genossen Zhao Ziyang und Li Peng sollten persönlich einen direkten Dialog mit Studentenvertretern führen.

Zum Schluß appelliert er an die hungerstreikenden Studenten, ihre Aktion nicht länger fortzusetzen. (RMRB, 19.5.89)

Damit haben jetzt die Vorsitzenden aller acht demokratischen Parteien die politische Führung zu einem Dialog mit den Studenten aufgefordert.

12 Mitglieder des Ständigen Ausschusses des NVK veröffentlichen einen Dringlichkeitsappell. Darin erklären sie:
1. Ihrer Ansicht nach sei die gegenwärtige Studentenbewegung "patriotisch". Die Parolen der demonstrierenden und hungerstreikenden Studenten - wie "Schützt die Verfassung", "Fördert die Demokratie", "Kampf gegen Korruption und Spekulantentum", "Bestraft die korrupten Funktionäre" - stimmten mit dem überein, was Partei und Regierung befürworteten. Die Hauptverantwortlichen von Partei und Staatsrat sollten möglichst rasch persönlich ein direktes Gespräch mit den Studenten führen.
2. Die Unterzeichner appellieren an die hungerstreikenden Studenten, den Hungerstreik so bald wie möglich zu beenden.
3. Die Unterzeichner schlagen vor, unverzüglich eine Dringlichkeitssitzung des Ständigen Ausschusses des NVK einzuberufen, um die gegenwärtige ernste Lage zu erörtern und nach Lösungsmöglichkeiten zu suchen.

Unterzeichnet haben diesen Appell Ye Duzheng, Feng Zhijun, Jiang Ping, Xu Jialu, Wu Dakun, Chen Shunli, Lin Lanying, Yang Jike, Hu Daiguang, Tao Dayong, Peng Qingyuan und Chu Zhuang. (RMRB, 19.5.89) - Bereits am 17. Mai haben 24 Mitglieder des Ständigen Ausschusses des NVK einen ähnlichen Appell unterzeichnet.

Neun bekannte Rechtswissenschaftler fordern gleichfalls die unverzügliche Einberufung einer Dringlichkeitssitzung des Ständigen Ausschusses des NVK, um die gegenwärtigen Probleme zu lösen. (RMRB, 19.5.89)

11 Mitglieder des VII. Nationalen Komitees der Politischen Konsultativkonferenz des Chinesischen Volkes, darunter Li Keran, Wu Guanzhong und Huang Miaozi, beantragen gemeinsam eine Dringlichkeitssitzung des NVK, den baldi-

gen Beginn eines öffentlichen Dialogs der Führung mit den streikenden Studenten und die Rücknahme des Leitartikels der *Volkszeitung* vom 26. April. (*Beizhuang de minyun*, S. 70)

Xu Liangying, Yu Haocheng, Yan Jiaqi und andere gründen eine "Rettungsgruppe der chinesischen Kulturschaffenden und Intellektuellen" (Zhongguo wenhua zhishi jie jiuyuantuan). Sie erklären, daß Li Peng einen wahren Aufruhr herbeiführen werde und drücken ihre Hoffnung aus, daß die Studenten ihren Hungerstreik beenden mögen [sic!]. (*Beizhuang de minyun*, S. 70)

Die Zentrale Erziehungskommission erklärt in einer Bekanntmachung, daß seit dem gestrigen Tag (17. Mai) auch "einige" Grund- und Mittelschüler an den Demonstrationen in Beijing teilnähmen. Sie fordert die Lehrer und zuständigen Funktionäre auf, Grund- und Mittelschüler im ganzen Land von der Teilnahme an Demonstrationen abzuhalten. (RMRB, 19.5.89)

Am Mittag trifft Ministerpräsident Li Peng in der Großen Halle des Volkes mit mehr als zehn Vertretern der hungerstreikenden Studenten zusammen. Die Begegnung dauert eine Stunde, von 11.00 bis 12.00 Uhr. (*Beizhuang de minyun*, S. 67) Die studentische Seite ist durch Wu'er Kaixi, Wang Dan, Zhen Songyu, Xiong Yan, Wang Chaohua, Wang Zhixin, Shao Jiang u.a. vertreten. Auf Partei- und Regierungsseite nehmen neben Li Peng auch Li Tieying, Yan Mingfu, Chen Xitong und Li Ximing teil. Li Peng erklärt, man wolle heute nur über ein Thema sprechen, nämlich über den Hungerstreik, andere Fragen könnten später diskutiert werden. Partei und Regierung empfänden große Besorgnis über den Gesundheitszustand der Studenten: "Ihr seid für uns wie unsere eigenen Kinder." Der Studentenvertreter Wu'er Kaixi von der Pädagogischen Hochschule Beijing entgegnet ihm: "Wenn wir so weitermachen, wird die Zeit nicht ausreichen. Wir sollten möglichst rasch ein substantielles Gespräch beginnen." Da nicht Li Peng die Studenten eingeladen habe, sondern die vielen Menschen auf dem Tiananmen-Platz ihn (Li) um ein Gespräch gebeten hätten, liege die Entscheidung bei den Studenten, wieviele Fragen sie besprechen wollten. Am gestrigen Tag hätten alle die schriftliche Erklärung Zhao Ziyangs [vom 17. Mai] gehört und gelesen. Die Erklärung reiche aber nicht aus, um die Studenten zum Verlassen des Platzes zu bewegen. Auch sie, die Studentenvertreter, würden ihre Kommilitonen gern veranlassen, den Platz zu verlassen. Dort aber gebe es keine Mehrheitsentscheidungen. 99,9% folgten dem Willen von 0,1%, d.h., wenn auch nur einer der Hungerstreikenden sich weigere, den Platz zu verlassen, so könnten auch die einige Tausende zählenden anderen Hungerstreikenden den Platz nicht verlassen. Der Studentenvertreter Wang Dan von der Beijing-Universität ergänzt, daß gestern eine Befragung unter mehr als 100 Studenten ergeben habe, daß 99,6% den Platz nicht verlassen wollten. Er wolle noch einmal die Forderungen der Studenten klar und deutlich vortragen:
1. [Partei und Regierung sollten] klarstellen, daß die gegenwärtige Studentenbewegung eine patriotische Bewegung sei und kein Aufruhr, wie behauptet werde.

2. [Partei und Regierung sollten] möglichst rasch einen Dialog einleiten, der direkt [vom Fernsehen] übertragen werden müsse.

Wenn die Regierung, so Wang Dan, auf diese beiden Forderungen möglichst rasch eine zufriedenstellende Antwort gebe, könnten sie, die Studentenvertreter, ihre Kommilitonen dazu bewegen, den Platz zu räumen. Wu'er Kaixi ergänzt die beiden Forderungen dahingehend, daß bis heute noch kein Mensch [d.h. kein Vertreter von Partei und Regierung] gesagt habe, daß die Studentenbewegung kein Aufruhr sei. Daher schlügen die Studenten vor:

1. Zhao Ziyang oder Li Peng - am besten Zhao Ziyang - sollten auf den Platz gehen und dort direkt mit den Studenten sprechen.
2. Die *Volkszeitung* sollte in einem Leitartikel ihren Leitartikel vom 26. April [in dem die Studentenproteste als "Aufruhr" bezeichnet worden sind] zurücknehmen, sich beim Volk entschuldigen und die große Bedeutung der gegenwärtigen Studentenbewegung anerkennen.

Erst wenn dies geschehen sei, erklärt Wu'er Kaixi, könnten sie ihr Bestes tun, um die Studenten auf dem Platz davon zu überzeugen, ihren Hungerstreik in einen Sitzstreik umzuwandeln. Der Studentenvertreter Xiong Yan von der Beijing-Universität bringt seine Überzeugung zum Ausdruck, daß die Studentenbewegung, ganz gleich, ob sie von der Regierung oder anderen als patriotisch und demokratisch anerkannt werde oder nicht, von der Geschichte so bewertet werden würde. Die Studenten drängten die Regierung zu einer solchen Anerkennung auf Wunsch des Volkes: Es wolle erfahren, ob die Regierung tatsächlich die Regierung des Volkes sei. Die Studenten seien als Kommunisten und Kämpfer Menschen mit einem politischen Bewußtsein und der Humanität verpflichtet. Um Probleme wie dieses zu lösen, sollten die Wahrung des Gesichts und ähnliche Dinge keine Rolle spielen. Solange die Regierung die Regierung des Volkes sei und die eigenen Fehler eingestehe, werde das Volk sie unterstützen. Die Vorwürfe der Studenten gegen Li Peng richteten sich nicht gegen ihn persönlich, sondern gegen seine Funktion als Ministerpräsident.

Nachdem weitere Studentenvertreter und die Regierungsvertreter ihre Meinung geäußert haben, schlägt Li Peng vor, daß das Nationale und das Beijinger Rote Kreuz alle hungerstreikenden Studenten, auch diejenigen, die sich noch nicht in einem kritischen Zustand befänden, zur Behandlung in die Krankenhäuser bringen sollten. Ungeachtet dessen, in wievielen Punkten beide Seiten gleicher Ansicht seien oder ob es noch Meinungsverschiedenheiten gebe, das wichtigste sei, das Leben der Studenten zu retten. Er habe bereits alle Krankenhäuser angewiesen, bei der Behandlung der Studenten ihr Bestes zu geben. Weiter betont Li Peng, daß weder die Regierung noch das ZK der KPCh jemals gesagt hätten, daß die große Masse der Studenten Aufruhr stifte. Man habe vielmehr deren patriotischen Enthusiasmus bejaht. Vieles von dem, was die Studenten getan hätten, sei richtig. Sie hätten die Regierung sogar in gewisser Weise bei ihren Anstrengungen unterstützt, die existierenden Probleme zu lösen. Die weitere Entwicklung hänge aber nicht von den guten Absichten, den Hoffnungen und dem patriotischen Enthusiasmus der Studenten ab. Tatsächlich herrsche in Beijing bereits Unordnung, und sie breite sich im ganzen Land aus. Hierfür wolle er keineswegs die Studenten verantwortlich machen, aber so sei die gegenwärtige Lage. Gestern sei die Eisenbahnlinie Beijing-Guangzhou bei Wuhan drei Stunden lang unterbrochen gewesen. Jetzt kämen viele Menschen ohne feste [Arbeits-] Verpflichtungen unter dem Deckmantel der Studenten[bewegung] aus anderen Städten nach Beijing. Die Stadt befinde sich im Grunde derzeit in einem Zustand der Anarchie. Li Peng betont noch einmal, daß er den Studenten hierfür nicht die Schuld geben wolle. Sie sollten aber einmal darüber nachdenken, welche Folgen es haben würde, wenn es so weiterginge. Aufruhr habe es in der chinesischen Geschichte viele Male gegeben. Am Anfang hätten viele Menschen gar nicht daran gedacht, daß sie einen Aufruhr auslösen könnten, am Ende aber habe es dann doch Aufruhr gegeben. Li Peng sagt weiter, die Studenten sollten nicht mißverstehen, daß einige Regierungsmitarbeiter, Einwohner Beijings, Arbeiter, selbst Angestellte aus einigen Abteilungen des Staatsrats auf die Straße gegangen seien, um den Hungerstreikenden ihre Unterstützung zu demonstrieren. Das sei aus Sorge um die Gesundheit der Studenten geschehen. Das Verhalten derer, die sie in ihrem Streik ermutigt hätten, könne er jedoch nicht billigen. Die zwei Fragen [= Forderungen], die die Studenten aufgeworfen hätten, könnten heute nicht besprochen werden. Dies werde zu gegebener Zeit geschehen. Wenn die Studentenvertreter ihre Kommilitonen auf dem Platz auch nicht beeinflussen könnten, so sollten sie doch den Hungerstreikenden seine [Li Pengs] Argumente übermitteln. Zum Schluß appelliert Li Peng noch einmal an die Studenten, den Hungerstreik zu beenden und sich im Krankenhaus behandeln zu lassen. Im Namen der Partei und der Regierung versichert er die Studenten auf dem Platz seiner herzlichen Anteilnahme und bittet sie, dieses als dringliches Anliegen der Regierung zu akzeptieren. Die Studenten äußern ihre Enttäuschung über den Ausgang des Gesprächs. Wang Dan erklärt: "Wenn Ministerpräsident Li Peng meint, daß die Unruhen zu Aufruhr führen werden, dann kann ich im Namen der großen Masse der Studenten sagen, daß dann die Regierung die ganze Verantwortung dafür auf sich nehmen sollte." Am Ende kommen die Regierungs- und Studentenvertreter überein, diese Zusammenkunft als Treffen, nicht als Dialog zu bezeichnen. (Zusammenfassung der in der RMRB, 19.5.89, wiedergegebenen Wortbeiträge)

Das *Beijinger Fernsehen* sendet eine [offenbar gekürzte] Aufzeichnung des Gesprächs. (Wortlaut in SWB, 20.5.89. Dort mehrfach Abweichungen zum in der RMRB veröffentlichten Protokoll.)

Entgegen der Forderung der Studenten wird das Gespräch nicht live im Fernsehen übertragen, sondern später - offenbar nicht vollständig - gezeigt. In der Sendung ist zu verfolgen, wie Li Peng das Lächeln "aus dem glatten Gesicht" schwindet. Zu seinen Gegenübern gehört Wu'er Kaixi, eine Infusionskanüle in der Nase. Er redet mit erhobenem Zeigefinger auf Li Peng ein. Seine junge Freundin schaut ungerührt aus ihrem Sessel zu dem konsternierten Regierungschef hinüber. "Ich habe ein reines Gewissen", hat Wu'er Kaixi vorher gesagt, "denn die Studentenbewegung hat die Partei die wirkliche Meinung der Menschen wahrnehmen lassen. Und sie hat die Menschen zum erstenmal in 40 Jahren die eigene Macht spüren lassen." (B. Küppers, in: SZ, 19.5.89)

Nach dem Gespräch kritisieren die Studentenführer den zum Teil schroffen Ton Li Pengs. Die Hungerstreikenden stimmen für die Fortsetzung ihrer Aktion. (N.D. Kristof, in: IHT, 19.5.89)

China Daily kommentiert das Treffen mit dem Satz: "Keine Seite zeigte auch nur die geringste Bereitschaft zum Kompromiß." Kurze Zeit später verkünden die Studentenführer neue Forderungen: Einberufung von Dringlichkeitssitzungen des Politbüros der Partei und des NVK zwecks offizieller Bestätigung, daß die gegenwärtige Studentenbewegung eine große, breite, patriotische und demokratische Bewegung sei. Diejenigen Regierungsfunktionäre, die für die fortwährende Mißachtung der gerechten Forderungen des Volkes verantwortlich seien, sollten rechtlich belangt werden. Außerdem müsse die Regierung sofort die für den Dialog zuständige Studentendelegation auf gleicher Basis empfangen. (CD, 19.5.89)

Ein Gerücht, Deng Xiaoping habe seinen Rücktritt erklärt, verbreitet sich am Nachmittag wie ein Lauffeuer auf dem Tiananmen-Platz. (B. Küppers, in: SZ: 19.5.89)

Arbeiter aus dem Beijinger Amt für Umweltschutz und dem Amt für Öffentliche Gesundheitsfürsorge räumen den Abfall auf dem Platz fort. Rettungssanitäter versprühen im Umfeld des Denkmals für die Volkshelden Desinfektionsmittel. Diese Maßnahmen sollen die Ausbreitung von Infektionskrankheiten auf dem Platz verhindern.

Die Rundfunkstation der Studenten auf dem Platz meldet, daß bis zum Mittag bereits 2.300 Hungerstreikende zur Behandlung ins Krankenhaus gebracht worden seien. Die Zahl der Ärzte, Krankenschwestern und Sanitäter auf dem Platz ist in den letzten Tagen rapide angestiegen. (*Radio Beijing*, 18.5.89, nach SWB, 20.5.89)

Am Nachmittag halten einige politische Kolumnisten eine Dringlichkeitssitzung ab. Sie sagen, daß die Führung nicht die letzte Gelegenheit versäumen dürfe, auf die Forderungen der Studenten einzugehen - um welchen Preis auch immer. Noch könne sie einen Kompromiß mit den Studenten erzielen, indem sie die Folgen ihrer verzögerten Reaktion während der vergangenen Wochen zu beheben suche. Auf der Grundlage einer korrekten Bewertung der gegenwärtigen Studentenbewegung müsse sie in Sitzungen auf höchster Ebene eine ganze Reihe von bedeutenden Reformmaßnahmen in Politik und Wirtschaft ausarbeiten. Die Führung und alle Teile der Gesellschaft sollten lernen, Kompromisse zu suchen, Konsens zu schaffen und mit demokratischen und gesetzlichen Mitteln auf die politische Modernisierung des Landes hinzuarbeiten. (CD, 19.5.89)

Die Beijinger Morgenzeitungen werden erst am Abend ausgeliefert. Alle Zeitungen haben die Drucklegung wegen der von *Xinhua* angekündigten "sehr wichtigen Nachrichten" über die Studentenbewegung hinausgezögert. Hierbei handelt es sich um den Bericht über den Besuch von Politbüro-Mitgliedern bei hungerstreikenden Studenten im Krankenhaus, der um 7.00 Uhr morgens einläuft. Als die Zeitungen schließlich ausgeliefert werden, verzögern die Demonstrationen in den Straßen die Zustellung. Fan Jingyi, der Chefredakteur der *Wirtschaftszeitung*, erklärt, daß die Zeitungen, die sich bislang vorwiegend auf Berichte der *Xinhua*-Nachrichtenagentur gestützt und daher über kontroverse Themen wie die Studentenbewegung jeweils das gleiche gesagt hätten, jetzt zum erstenmal seit 40 Jahren in großem Umfang Beiträge ihrer eigenen Journalisten und Redakteure brächten. Das habe die Motivation seines Redaktionsstabes sehr erhöht. (CD, 19.5.89) Die *Volkszeitung* widmet ihre ganze erste Seite den Massendemonstrationen und dem Hungerstreik der Studenten, mit Ausnahme eines kleinen Artikels unten rechts über das sino-sowjetische Gipfeltreffen. (RMRB, 18.5.89)

In der Nacht gehen die Demonstrationen auf dem Platz und in den Straßen trotz schwerer Regenfälle weiter. (upi, nach TN, 19.5.89)

Studenten der Beijing-Universität, die offenbar während der Protestbewegung immer wieder mit Informationen aus dem inneren Führungszirkel gespeist worden sind, verbreiten in der Nacht auf einem Flugblatt Informationen über den Ablauf des innerparteilichen Machtkampfes. Am 16. Mai, so heißt es, habe sich der Ständige Ausschuß des Politbüros in Anwesenheit von Deng Xiaoping zu einer Sitzung getroffen, auf der Zhao Ziyang in einem Fünf-Punkte-Vorschlag den Forderungen des Massenprotests in einigen wesentlichen Punkten entgegenkommen wollte:
- Widerruf des konfliktschürenden Leitartikels der *Volkszeitung* vom 26. April.
- Einsetzung eines Ausschusses, der den Korruptionsvorwürfen gegen die Kinder von hohen Funktionären, einschließlich der des Parteichefs selbst, nachgehen sollte.
- Öffentliche Deklarierung des Einkommens und der Nebeneinkünfte von Spitzenfunktionären.

Dieser Vorschlag wurde laut Flugblatt mit vier zu einer Stimme abgelehnt. Am folgenden Tag [17. Mai] soll bei einer Sitzung des gesamten Politbüros Zhao Ziyang seines Amtes enthoben und Regierungschef Li Peng zu seinem amtierenden Nachfolger ernannt worden sein. (J. Kahl, B. Küppers, in: SZ, 22.5.89)
- Wahrscheinlich handelte es sich um eine Sitzung des Ständigen Ausschusses des Politbüros, auf der die Verhängung des Ausnahmezustands über Teile von Beijing beschlossen worden war. Auf dieser Sitzung bot Zhao Ziyang zwar seinen Rücktritt an, der jedoch offenbar nicht angenommen wurde. - Vergleiche 16. und 17. Mai.

Aus chinesischen Quellen verlautet, daß weitere Soldaten in die Nähe der Hauptstadt verlegt worden seien, nachdem sich Generäle des südlich von Beijing stationierten 38. Armeekorps geweigert hätten, in die Stadt einzumarschieren. Zwei Generäle in Liaoning sollen ebenfalls eine Truppenverlegung abgelehnt haben und zurückgetreten sein. (upi, nach TN, 19.5.89)

Shanghai
87 KP-Mitglieder der Organisationsabteilung des Shanghaier Parteikomitees fordern in einem offenen Brief an das Shanghaier Parteikomitee u.a., daß der Shanghaier Parteisekretär Jiang Zemin auf der Stelle mit den Studenten einen Dialog führen und dabei bestätigen solle, daß die Studentenbewegung eine patriotische und demokratische Bewegung sei. Außerdem solle das Parteikomitee gemäß den Entschließungen des XIII. Parteitags die politische Demokratisierung so weit wie möglich vorantreiben. (*Radio Shanghai*, 18.5.89, nach SWB, 20.5.89)

Die Vorsitzenden der Parteikomitees der Demokratischen Parteien Shanghais appellieren in einem offenen Brief an Jiang Zemin, er solle sich dafür einsetzen, daß die Führung in Beijing so bald wie möglich mit den Studenten in einen Dialog trete und daß die Massenmedien darüber vollständig, fair und aktuell berichten dürfen. (*Radio Shanghai*, 18.5.89, nach SWB, 20.5.89)

Der Shanghaier Gewerkschaftsverband sendet ein Telegramm an den Nationalen Gewerkschaftsverband in Beijing mit dem Inhalt, daß "... die Arbeiter in Shanghai sehr besorgt sind und die Aktivitäten zur Unterstützung der Studenten sich ausweiten. Dieses hat bereits die Produktion und das Alltagsleben beeinflußt. Um eine weitere Verschlechterung der Situation zu vermeiden, fordern wir die Genossen Zhao Ziyang und Li Peng auf, sobald wie möglich die Studenten aufzusuchen... und auf die gerechten und begründeten Forderungen der Studenten und Arbeiter konkrete Antworten zu geben." (*Radio Shanghai*, 18.5.89, nach: J.H. Maier, "Tian'anmen 1989...", S. 7)

Wang Ruowang, Bai Hua, Dai Houying u.a. gründen eine "Solidaritätsgruppe Shanghaier Schriftsteller" (Shanghai zuojia shengyuantuan). (*Beizhuang de minyun*, S. 70)

Der Hungerstreik Shanghaier Studenten vor dem Sitz der Stadtregierung am Bund geht in den dritten Tag. Die Teilnehmerzahl wächst, am Nachmittag sind es bereits etwa 450 Studenten. Intellektuelle, bei den demokratischen Parteien Beschäftigte, die Arbeiter, Angestellten und Lehrer der Pädagogischen Hochschule Huadong, Regierungsangestellte, Wissenschaftler und Journalisten demonstrieren, um ihre Unterstützung für die Studenten zu zeigen. Spät in der Nacht führen Jiang Zemin, Bürgermeister Zhu Rongji und andere Shanghaier Partei- und Regierungsvertreter mit den Organisatoren und Wachposten des studentischen Hungerstreiks ein Gespräch. Anschließend wendet sich Jiang Zemin über eine Lautsprecheranlage an die Studenten, die sich vor dem Regierungsgebäude im Sitz- oder Hungerstreik befinden. Er lobt die patriotischen Gefühle der Studenten und fordert zum Abbruch des Hungerstreiks auf, der die Gesundheit der jungen Leute, die doch die Zukunft und Hoffnungen des Landes repräsentierten, ernsthaft gefährde. Weiter sagt er zu, mit den Studenten, auch mit den streikenden, von jetzt an informelle Gespräche zu führen. Nach dieser Ansprache besucht Jiang Zemin zusammen mit anderen Partei- und

Regierungsvertretern Shanghais erneut Studenten im Krankenhaus. (*Radio Shanghai*, 18.5.89, nach SWB, 20.5.89)

Zehntausende von Studenten und Bürgern marschieren zum Bund, um die Beijinger Hungerstreikenden zu unterstützen. Am Vormittag nehmen einige Redakteure, Reporter und Angestellte der Rundfunksender *Stimme von Pujiang* und *Radio Shanghai* sowie des *Shanghaier Fernsehens* an der Demonstration teil. Sie werden mit herzlichem Applaus begrüßt. Am Nachmittag bilden Intellektuelle einen Demonstrationszug zur Unterstützung der Studentenbewegung. Die Redakteure und Journalisten des *Weltwirtschaftsboten* führen den Zug an. Zu ihnen stoßen etwa 100 Schriftsteller, darunter Bai Hua und Wang Ruowang. Weiter beteiligen sich Redaktionsmitglieder der folgenden Zeitungen und Zeitschriften: *Abendzeitung der neuen Bürger, Chinesische Jugend-Zeitung, Vereinigung, Literaturzeitschrift, Shanghaier Literaturzeitschrift*. Auch Mitarbeiter der dem Parteikomitee der Stadt unterstellten Propagandaabteilung nehmen an der Demonstration teil. (*Stimme von Pujiang*, 18.5.89, nach SWB, 24.5.89)

Am Abend veranstalten über 400.000 Studenten vor dem Sitz der Stadtregierung und auf dem Platz des Volkes den größten Sitzstreik, den es [in der Stadt] je gegeben hat. (CD, 19.5.89)

Die Massenproteste in Shanghai erzwingen auch am vierten Tag des Gipfelbesuchs von Gorbatschow Änderungen des offiziellen Programms. Am Abend fliegt der sowjetische Staats- und Parteichef nach Moskau zurück. (Jochen Hehn, in: Die Welt, 19.5.89)

Tianjin
In Tianjin schließen sich fast alle Lehrer der Nankai- und der Tianjin-Universität einer Massendemonstration an. Auf dem großen Platz vor dem Bahnhof findet ein Sitzstreik mit großer Beteiligung statt. Etwa 17.000 von den 20.000 Studenten dieser beiden Universitäten sind nach Beijing gefahren. Laut Auskunft der Rotkreuz-Organisation der Stadt Tianjin, die Ärzte und medizinische Ausrüstung in die Hauptstadt geschickt hat, befinden sich etwa 40.000 Studenten aus Tianjin in Beijing. Die Medizinische Hochschule Tianjin hat ihren Studenten zwei Busse, Lebensmittel und Getränke sowie 1.000 Yuan für ihre Reise nach Beijing zur Verfügung gestellt. Eine Gruppe von 300 Studenten der Nankai-Universität schließt sich in Beijing den Demonstranten an, angeführt vom Vizepräsidenten der Universität, Professor Zhu Guanghua [sic!]. (CD, 19.5.89)

Anhui
In Hefei führen hochrangige Vertreter der Provinzregierung mit Studentenvertretern einen dreieinhalbstündigen Dialog, der auf deren Verlangen zustande gekommen ist. An dem Treffen nehmen etwa 50 Studentenvertreter und 100 studentische Beobachter teil. Hunderte von Studenten verfolgen den über Lautsprecher übertragenen Dialog vor dem Gebäude. Viele Fragen der Studenten und Antworten der Politiker werden mit Applaus aufgenommen. (*Radio Anhui*, 18.5.89, nach SWB, 26.5.89)

Der Gewerkschaftsverband der Provinz Anhui und einige demokratische Parteien rufen das ZK und den Staatsrat in Dringlichkeitsappellen auf, mit den hungerstreikenden Studenten in Beijing so bald wie möglich in einen Dialog zu treten. Gleichzeitig drängen sie die Studenten, den Hungerstreik sofort zu beenden. (*Radio Anhui*, 19.5.89, nach SWB, 26.5.89)

Fujian
In Fuzhou demonstrieren an die 20.000 Studenten aus Solidarität mit den Hungerstreikenden in Beijing. Ihnen schließen sich Journalisten, Mitglieder der Akademie für Sozialwissenschaften der Provinz Fujian und Angestellte einer Computerfirma an. Nach einem Meinungsaustausch mit Studentenvertretern empfangen führende Vertreter des Parteikomitees und der Regierung der Provinz am Mittag die demonstrierenden Studenten im Empfangsbüro des Regierungssitzes. Sie bezeichnen die patriotische Begeisterung der Studenten als lobenswert. Da die Demonstranten so zahlreich sind, kommt es vor dem Regierungsgebäude zu Rangeleien zwischen Studenten und der Bewaffneten Volkspolizei. Einige Studenten und Polizisten werden verletzt. Gegen 13.00 Uhr verkündet ein Studentenvertreter die Forderungen der Studenten:
- Die Massenmedien sollten einen offenen Brief der Fuzhouer Studenten an ihre Beijinger Kommilitonen im Wortlaut veröffentlichen.
- Das Parteikomitee der Provinz solle eine gerechte Bewertung der Studentendemonstration zur Unterstützung der Beijinger Kommilitonen vornehmen.
- Die Führer von Partei und Regierung sollten einen direkten, substantiellen Dialog mit den Studenten einleiten usw.

Die Partei- und Regierungsvertreter der Provinz beschließen, am 19. Mai einen Dialog mit Studentenvertretern zu führen. (*Radio Fujian*, 18.5.89, nach SWB, 23.5.89)

In weiteren Städten der Provinz Fujian demonstrieren Studenten, und zwar in Xiamen, Quanzhou, Nanping und Ningde. In Quanzhou schließen sich etwa 200 chinesische Studenten aus Hongkong, Macao und Übersee ihren Kommilitonen an. (*Radio Fujian*, 18.5.89, nach SWB, 23.5.89)

Gansu
In Lanzhou setzen die Studenten ihren Hungerstreik auch am vierten Tag fort. Trotz ihres schlechten Gesundheitszustands, trotz Kälte und Regen weigern sie sich, aus den Plastikzelten in die bereitgestellten Busse überzuwechseln. Um 5 Uhr morgens sind bereits 35 Hungerstreikende bewußtlos ins Krankenhaus gebracht worden. (*Radio Gansu*, 18.5.89, nach SWB, 22.5.89)

Guangdong
In Guangzhou demonstrieren 20.000 bis 30.000 Studenten zur Unterstützung ihrer hungerstreikenden Kommilitonen in Beijing. 40 bis 50 Studenten befinden sich vor dem Sitz der Provinzregierung im Hungerstreik. (*Radio Guangdong*, 19.5.89, nach SWB, 24.5.89)

Außer in Guangzhou kommt es auch in mehreren anderen Städten der Provinz Guangdong zu Demonstrationen, darunter sind Zhuhai, Shantou, Huizhou, Zhaoqing, Foshan und Meizhou. (*Radio Guangdong*, 18.5.89, nach SWB, 20.5.89)

Auch in Shenzhen finden Demonstrationen statt. Studenten gründen einen Autonomen Studentenverband. Über 200 Studenten befinden sich im Hungerstreik. (*Beizhuang de minyun*, S. 70) Alle KP-Mitglieder der Shenzhen-Universität, einschließlich des Präsidenten und des Vizepräsidenten, senden ein Eiltelegramm an das Politbüro des ZK der KPCh sowie an Zhao Ziyang, in dem sie den Abgang Deng Xiaopings von der politischen Bühne fordern. Mit Bestürzung hätten sie zur Kenntnis genommen, daß es an der Spitze der Partei einen Steuermann gebe [nämlich Deng Xiaoping, wie Zhao Ziyang am 16. Mai gegenüber Gorbatschow erklärt hat]. Das widerspreche dem Parteistatut. Weiter heißt es in dem Telegramm, das ZK der KPCh habe die Studentenbewegung falsch behandelt.

Außerdem bittet die Universität alle Einwohner Shenzhens, eine Petition zu unterzeichnen. Darin heißt es: "Die KPCh sollte den Willen des Volkes widerspiegeln, respektieren, mit ihm übereinstimmen und ihn repräsentieren. Es darf in der Partei keinen Herrscher im Hintergrund geben. Auch darf es nie wieder einen sogenannten Steuermann geben. Aus diesem Grund fordern die Einwohner der Stadt Shenzhen Deng Xiaoping eindringlich zum Rücktritt auf, damit die patriotische Aktion der hungerstreikenden Studenten in Beijing zügig beendet werden kann." Um 22.00 Uhr haben bereits 20.000 Menschen diese Petition unterschrieben [sic!].

An die 10.000 Studenten fahren nach Beijing. An allen Hochschulen der Stadt wird gestreikt. Einige hundert Studenten der Shenzhen-Universität veranstalten vor dem Eingang der Universität und vor dem Sitz der Stadtregierung Sitzstreiks, um die Hungerstreikenden in Beijing zu unterstützen. 15 Shenzhener Studenten nehmen bereits in Beijing am Hungerstreik teil. Kader und Angestellte demonstrieren im Industriegebiet Shekou. Sie fordern ein Gespräch mit Yuan Geng, dem Vorstandsvorsitzenden der Dampfschiffahrtsgesellschaft chinesischer Kaufleute, und bitten ihn, die patriotische Aktion der Studenten durch ein Telegramm an das ZK im Namen der Gesellschaft zu unterstützen. (MB, 19.5.89, nach SWB, 20.5.89; *Beizhuang de minyun*, S. 70)

Guizhou
Früh am Morgen senden Guiyanger Studenten eine Solidaritätsbotschaft an ihre Beijinger Kommilitonen. (*Radio Guizhou*, 18.5.89, nach SWB, 20.5.89) Tagsüber demonstrieren an die 100.000 Studenten, Arbeiter, Schriftsteller, Regierungsfunktionäre und Bürger in der Stadt. Studentenführer unterstützen die Forderung ihrer Beijinger Kommilitonen nach einem Dialog mit den Spitzenvertretern von Partei und Regierung. Über 100 Kultur- und Kunstschaffende senden einen offenen Brief an die hungerstreikenden Studenten in Beijing, in

dem sie deren Forderung nach Anerkennung ihrer "patriotischen Aktivitäten" unterstützen. Mehr als 100 "Rowdies, die sich als Studenten ausgeben", provozieren Zwischenfälle. Mit Steinwürfen attackieren sie 14 Taxis und plündern sechs Restaurants und Geschäfte. Die Polizei nimmt acht von ihnen fest. (*Radio Guizhou*, 18.5.89, nach SWB, 20.5.89)

Hainan
Auf Hainan demonstrieren 10.000 Studenten. (*Beizhuang de minyun*, S. 70)

Henan
Auch an diesem Tag demonstrieren in Zhengzhou Studenten und Hochschullehrer zur Unterstützung der Hungerstreikenden in Beijing. Viele Zuschauer spenden Geld. Etwa 1.000 Arbeiter und einige Presse-, Rundfunk- und Fernsehmitarbeiter schließen sich ihnen an, desgleichen die Schriftsteller Tian Zhonghe, Zhang Bin und Qi Aiqing. Die vier Autoren Zhang Yu, Li Peifu, Zheng Yuanying und Yang Dongming loben die patriotische Begeisterung der Studenten und rufen auf, den nationalen Geist zu beflügeln und die Demokratisierung zu beschleunigen. (*Radio Henan*, 18.5.89, nach SWB, 23.5.89)

Heilongjiang
In Harbin setzen Studenten und einige Hochschullehrer ihre Demonstrationen zur Unterstützung der Beijinger Studentenbewegung fort. Einige Regierungsfunktionäre und Pressevertreter schließen sich ihnen an. (*Radio Heilongjiang*, 18.5.89, nach SWB, 24.5.89)

Hubei
In Wuhan setzen die Studenten ihre Demonstrationen und Sitzstreiks zur Unterstützung ihrer Beijinger Kommilitonen fort. Gegen 10.00 Uhr versammeln sich Studenten mehrerer Hochschulen auf der Yangzi-Brücke. Die meisten ziehen dann nach Wuchang und Hankou hinüber. Sie tragen Spruchbänder wie "Beschleunigt das Tempo der politischen Strukturreformen", "Wir fordern Demokratie und Freiheit", "Das Mutterland ist in Gefahr, die Nation ist in Gefahr". Den Demonstranten schließen sich einige Lehrer und Arbeiter an. Die übrigen Studenten veranstalten wie am Vortag einen Sitzstreik auf der Brücke. Die vielen Zuschauer blockieren den Straßenverkehr auf der Brücke. Am Nachmittag führen der Sekretär des Hubeier Parteikomitees und andere Partei- und Regierungsvertreter mit Studentenführern einen Dialog. (*Radio Hubei*, 18.5.89, nach SWB, 20.5.89)

Hunan
In Changsha, Hengyang, Xiangtan, Huaihua, Chenzhou, Lingling, Changde, Yiyang, Yueyang und anderen Städten der Provinz Hunan demonstrieren Zehn-Tausende von Studenten, Hochschullehrern, Arbeitern, Journalisten und Bürgern zur Unterstützung der hungerstreikenden Studenten in Beijing. Partei- und Regierungsvertreter treffen mit Studentenvertretern zu Gesprächen zusammen. (*Radio Hunan*, 18.5.89, nach SWB, 23.5.89)

Jilin

In Changchun demonstrieren Zehntausende von Studenten, Hochschullehrern und Verwaltungsangestellten von mehr als 20 Hochschulen, Universitäten und Fachschulen, Journalisten und die Kader einiger Provinz- und Stadtbehörden, um die hungerstreikenden Studenten in Beijing zu unterstützen. (*Radio Jilin*, 17.5.89, nach SWB, 23.5.89)

Die Bevölkerung schließt sich in großer Zahl an, um ihre Unterstützung auszudrücken. Etwa 100 Hungerstreikende haben sich auf dem Platz des Volkes niedergelassen. (R.W. Howard, "... Movement in Changchun", S. 239)

Jiangsu

Aus Nanjing werden Massenproteste gemeldet. (P. Ellingsen, Q. Peel, in: FT, 19.5.89) Mit etwa 80.000 bis 100.000 Teilnehmern findet die größte Demonstration überhaupt statt. Auf Grund der neutralen Berichterstattung in den Medien vom Vortag nehmen nun auch viele Einwohner der Stadt daran teil. Allein die Nanjing-Universität ist mit etwa zehntausend Studenten präsent. Erstmals beteiligen sich auch weibliche Studentinnen in größerer Anzahl. Der Demonstrationszug, der von älteren Professoren, einem ehemaligen Vize-Präsidenten der Universität und vielen Lehrern angeführt wird, ist gut organisiert und verläuft sehr diszipliniert. Aus unbekannten Gründen beenden die Studenten ihren Hungerstreik. (R. Lufrano, "Nanjing Spring...", S. 28)

In Nantong werden drei Arbeiter verhaftet, die "die Studentendemonstrationen in der Stadt genutzt haben, um Aufruhr zu stiften: Sie haben Fahrzeuge angehalten und deren Fenster eingeschlagen." (*Radio Jiangsu*, 27.5.89, nach SWB, 1.6.89)

Jiangxi

In Nanchang beginnen rund 20 Studenten einen Hungerstreik. (ZXS, 22.5.89, nach SWB, 26.5.89)

Liaoning

Für heute ist in Shenyang eine Demonstration von Studenten aller Bildungseinrichtungen geplant. Am Morgen hängt an der offiziellen Anschlagtafel der Liaoning-Universität eine mit "Unser dringender Appell" betitelte Mitteilung, die vom Universitätspräsidenten, dem Parteisekretär u.a. unterzeichnet ist. Die Wandzeitung ruft Zhao Ziyang und Li Peng auf,
- das Interesse des Volkes und der Nation nicht aus den Augen zu verlieren,
- den Leitartikel der *Volkszeitung* vom 26.April, in dem die Studentenbewegung als "Aufruhr" und "geplante Konspiration" bezeichnet wurde, zu korrigieren,
- das patriotische Wesen der "historisch bedeutsamen, von Studenten geführten Massenbewegung zur Förderung des demokratischen Prozesses" zu bestätigen und
- auf den Tiananmen-Platz zu gehen, um sicherzustellen, daß kein Student sein Leben aufs Spiel setzt.

Ferner werden unverzüglich Sitzungen des ZK der KPCh, des Staatsrates, des NVK und der PKCV verlangt, um eine aufrichtige Erwiderung auf die Forderungen der Studenten zu formulieren. Das Rote Kreuz und andere Organisationen werden aufgerufen, das Leben der hungerstreikenden Beijinger Studenten zu retten. Schließlich werden die Studenten aufgerufen, dafür zu sorgen, daß die patriotische demokratische Bewegung zu einem vollen Erfolg führe. An das ZK wird appelliert, eine "gute Lösung" zu garantieren. Neben diesem Appell hängt ein von 47 Professoren, einschließlich des Universitätspräsidenten, unterschriebener offener Brief. Darin unterstützen sie "die patriotische demokratische Bewegung der Beijinger Studenten" und fordern das ZK auf, sofort etwas zu unternehmen, um die von den Studenten genannten Probleme zu lösen. An der am Morgen beginnenden Demonstration scheint die gesamte Liaoning-Universität teilzunehmen. Sogar Kinder tauchen auf. In ihren Händen halten sie Fähnchen mit der Aufschrift "Nieder mit der Korruption". Andere Spruchbänder rufen zur "Unterstützung der Beijinger Hungerstreikenden" auf und fordern "Strenge Bestrafung des bürokratischen Spekulantentums". (A. Gunn, "... The Student Movement in Shenyang, 1989", S. 247 f.)

In Shenyang demonstrieren am Abend etwa eine Million Menschen. (ZXS, Hongkong, 18.5.89, nach SWB, 23.5.89) Über 1.000 Pressevertreter, Schriftsteller und Kulturschaffende schließen sich den demonstrierenden Studenten und Shenyanger Einwohnern an. Sie werden von "dem Meer der Demonstranten" herzlich begrüßt. (*Radio Liaoning*, 18.5.89, nach SWB, 23.5.89)

Inzwischen befinden sich auf dem Zhongshan-Platz 21 Studenten im Hungerstreik, darunter auch eine Studentin. (A. Gunn, "... The Student Movement in Shenyang, 1989", S. 249)

Qinghai
In Xining demonstrieren etwa 10.000 Studenten, Arbeiter, Wissenschaftler und Techniker, Journalisten, Kultur- und Kunstschaffende aus Solidarität mit den Beijinger Studenten. Vor den Gebäuden des Parteikomitees und der Regierung der Provinz veranstalten Studenten einen Sitzstreik. Gouverneur Song Ruixiang empfängt die Studenten am Tor des Regierungssitzes. Er erklärt, die Provinzregierung unterstütze die Aktivitäten der Studenten und werde deren Forderungen an die Zentralregierung weiterleiten. Die Presse-, Rundfunk- und Fernsehvertreter, die sich den demonstrierenden Studenten vor dem Sitz der Provinzregierung anschließen, rufen: "Seid Journalisten des Volkes, nicht das Sprachrohr der Bürokraten", "Unterstützt die Hungerstreikenden in Beijing", "Die Presse muß die Wahrheit berichten" und "Die Studenten lieben mich, ich liebe die Studenten". Sie verlesen einen offenen Brief an das ZK der KPCh und den Staatsrat. Darin fordern sie die Anerkennung der Studentenaktivitäten als eine patriotische und demokratische Bewegung, die Anerkennung der Autonomen Studentenorganisationen als legale Studentenvertretungen, die Offenlegung der geschäftlichen Aktivitäten und der Schiebergeschäfte von Kindern der höchsten Partei- und Regierungsvertreter, Abschaffung der lebenslangen

Amtsdauer für Kader, Verjüngung der Kaderschicht, gesetzlich abgesicherte Pressefreiheit, Wiedereinstellung von Qin Benli als Chefredakteur des Shanghaier *Weltwirtschaftsboten*. Die Bürger von Xining reagieren auf die Demonstrationen mit Begeisterung. Die Hauptbüros des Parteikomitees und der Regierung von Qinghai warnen in einem Rundschreiben die Studenten davor, zur Unterstützung ihrer Beijinger Kommilitonen nach Beijing zu fahren. (*Radio Qinghai*, 18.5.89, nach SWB, 20.5.89)

Shaanxi
In Xi'an durchbrechen über 100.000 Stadtbewohner die Polizeiketten, um sich den Studenten auf dem Platz des Volkes anzuschließen. (CD, 19.5.89) Die Zahl der Hungerstreikenden wächst auf 420. Einer von ihnen erklärt gegenüber einem Reporter, Ziel des Hungerstreiks sei erstens, eine wahrheitsgemäße Klarstellung des Zwischenfalls vom 22. April in Xi'an (siehe dort) und einen direkten Dialog mit führenden Politikern zu erreichen, und zweitens, bis zum Ende mit den Beijinger Studenten auszuharren. Zehntausende von Studenten demonstrieren in den Straßen. Auf ihrem Weg werden sie von Einheiten und Zuschauern mit Getränken versorgt. Einige Studenten fahren mit dem Zug nach Beijing.

Auch in Xianyang, Baoji, Weinan, Ankang und Yan'an demonstrieren Studenten aus Solidarität mit den Beijinger Kommilitonen. (*Radio Shaanxi*, 18.5.89, nach SWB, 23.5.89)

Sichuan
In Chengdu führen am Morgen noch immer über 2.000 Studenten auf dem Renmin Nanlu-Platz ihren Sitzstreik fort. Seit Mitternacht befinden sich etwa 100 Studenten der Sichuan-Universität im Hungerstreik [nach *Beizhuang de minyun*, S. 70, beteiligen sich 550 Studenten an dem Hungerstreik]. Eine Ambulanz der Universität versorgt sie mit Wasser und Medikamenten. Tagsüber demonstrieren 40.000 Studenten, Hochschullehrer, Wissenschaftler und Schriftsteller zur Unterstützung der Beijinger Studenten. Am späten Nachmittag suchen hochrangige Vertreter der Parteikomitees und der Regierungen der Provinz Sichuan und der Stadt Chengdu die hungerstreikenden Studenten auf dem Platz auf. Der Generalsekretär der Regierung der Provinz verliest vor den Studenten den Text eines Telegramms, das die Regierung von Sichuan an den Staatsrat gesandt hat. Die Politiker erklären ihr volles Verständnis für die "patriotische Aktion" der Studenten und bitten diese, um ihrer Gesundheit willen den Hungerstreik zu beenden und in die Hochschulen zurückkehren. (*Radio Sichuan*, 19.5.89, nach SWB, 26.5.89)

In Chongqing demonstrieren über 10.000 Studenten und bringen den Verkehr fast vollständig zum Erliegen. Die Zahl der Zuschauer wächst stetig. Arbeiter und Funktionäre können ihre Arbeitsplätze nicht erreichen. Die öffentlichen Sicherheitskräfte werden bei ihrer Arbeit von Studenten unterstützt. Führende Vertreter des Parteikomitees und der Regierung von Chongqing bitten verschiedene Organisationen, die Studenten und die Bevölkerung dazu aufzurufen, die patriotische Bewegung der Beijinger Studenten auf andere Weise zu unterstützen, die öffentliche Ordnung zu wahren und den normalen Produktionsablauf sowie das normale Leben aufrechtzuerhalten. (*Radio Sichuan*, 19.5.89, nach SWB, 26.5.89)

Vor dem Rathaus von Chongqing veranstalten über 2.000 Studenten einen Sitzstreik. 82 von ihnen beginnen einen Hungerstreik. Wie die Studenten in Beijing verlangen sie einen Dialog mit örtlichen Funktionären. In der Presse wird berichtet, daß die Studenten "begeisterte Unterstützung von den Bürgern" erhielten. Inzwischen schließen sich sogar einige Journalisten den Studenten an. (A. Chan, J. Unger, "Voices from the protest movement...", S. 267)

Auch in Zigong, Leshan, Neijiang, Ya'an, Mianyang, Liangshan, Nanchong, Fuling, Wanxian und Luzhou demonstrieren Studenten. (*Radio Sichuan*, 19.5.89, nach SWB, 26.5.89)

Yunnan
In Kunming demonstrieren Zehntausende von Studenten zur Unterstützung ihrer hungerstreikenden Kommilitonen in Beijing. Die Schüler einiger Mittelschulen und polytechnischer Schulen schließen sich an. Die Demonstranten ziehen zum Dongfeng-Platz und veranstalten einen Sitzstreik. Später marschieren sie zu den Hauptquartieren der Provinz- und Stadtregierung und der Radio- und Fernsehsender. Führende Funktionäre beantworten die Fragen der Studenten. Während ihres Marsches durch die Stadt bitten die Studenten um Geldspenden für die Beijinger Studentenbewegung. Zur Unterstützung der Studenten gehen auch einige führende Mitglieder der demokratischen Parteien, einige Hochschullehrer und Sozialwissenschaftler sowie einige Kader von Regierungsbehörden auf die Straße. Am Nachmittag wird auf dem Platz vor dem Sitz der Provinzregierung, wo sich Studenten und Mittelschüler versammelt haben, die Ansprache des stellvertretenden Generalsekretärs des Parteikomitees übertragen. Er versichert den Studenten, daß die Regierung Verständnis für ihre patriotische Begeisterung und ihre Unterstützung der Beijinger Studenten zeige, und verweist auf die Rede Zhao Ziyangs, in der dieser deren Aktionen gutgeheißen habe. Die Regierung von Yunnan begrüße die Forderung der Kunminger Studenten nach einem Dialog und werde vielfältige Gespräche und Dialoge mit ihnen einleiten. (*Radio Yunnan*, 18.5.89, nach SWB, 26.5.89)

Zhejiang
Auf dem Wulin-Platz in Hangzhou befinden sich über 280 Studenten den zweiten Tag im Sitz- und Hungerstreik. Sie werden von allen Schichten der Bevölkerung unterstützt. Seit 8.00 Uhr morgens demonstrieren Studenten und Hochschullehrer, Grund- und Mittelschullehrer, Kader von Regierungsorganen, Arbeiter, Journalisten und Kulturschaffende in der Stadt. Ihre Zahl geht in die Hunderttausende. Viele Zuschauer schwenken Fahnen, um ihre Sympathie zu zeigen. (*Radio Zhejiang*, 18.5.89, nach SWB, 23.5.89)

Guangxi
In Nanning demonstrieren etwa 20.000 Studenten zur Unterstützung ihrer hungerstreikenden Kommilitonen in Beijing. Vor dem Sitz von Partei und Regierung des Autonomen Gebiets Guangxi fordern sie einen Dialog mit der Führung und das Versprechen, daß die Demonstranten später nicht bestraft werden. Außerdem verlangen sie eine offenere Berichterstattung seitens der Presse, die Beschleunigung des Reformprozesses und eine aktuelle und wahrheitsgemäße Berichterstattung über den anstehenden Dialog mit der politischen Führung durch die Massenmedien. Regierungs- und Parteifunktionäre empfangen die Studenten und sagen die Weiterleitung der studentischen Forderungen an die Führung zu. Einige Studenten beginnen vor dem Gebäude einen Sitzstreik. Sie werden von Kadern mit Tee und Wasser versorgt. Mindestens drei Studenten erleiden einen Hitzschlag und fallen in Ohnmacht. Sie werden ärztlich behandelt. An der Demonstration nehmen auch Journalisten, Regierungskader und Arbeiter teil. Der Verkehr kommt zeitweilig zum Erliegen. Tausende von Zuschauern säumen die Straßen und applaudieren den Studenten. Manche zünden Feuerwerkskörper. Viele spenden zugunsten der Beijinger Studentenbewegung. (*Radio Guangxi*, 18.5.89, nach SWB, 23.5.89)

Innere Mongolei
In Hohhot demonstrieren über 15.000 Studenten von allen Hochschulen und Universitäten, einige Lehrer, Journalisten, Wissenschaftler und Techniker sowie Mitglieder der Demokratischen Liga Chinas zur Unterstützung der Beijinger Studentenbewegung für Freiheit und Demokratie sowie gegen Korruption. Die Studenten fordern die Regierung des Autonomen Gebiets Innere Mongolei auf, die führenden Vertreter des ZK der KPCh und des Staatsrats zur Aufnahme von Gesprächen mit Beijinger Studentenvertretern und zu einer genauen, objektiven und aktuellen Berichterstattung über die Studentenbewegung zu drängen. Den Weg der Demonstranten säumen Zehntausende von Menschen. Sie applaudieren begeistert. Einige spenden Geld. (*Radio Innere Mongolei*, 18.5.89, nach SWB, 20.5.89) Auch in Baotou demonstrieren Studenten zur Unterstützung ihrer Beijinger Kommilitonen. (*Radio Innere Mongolei*, 18.5.89, nach SWB, 20.5.89)

Xinjiang
In Urumqi demonstrieren an die 10.000 Studenten und einige Hochschullehrer aus Solidarität mit den hungerstreikenden Studenten in Beijing. Sie fordern die Bekämpfung der Korruption, Demokratie und Pressefreiheit. Am Mittag setzen sich führende Vertreter des Parteikomitees und der Regierung der Stadt mit Studentenvertretern zu Gesprächen zusammen. (*Radio Xinjiang*, 18.5.89, nach SWB, 20.5.89)

19. Mai 1989, Freitag
- Die nach Beijing beorderten Truppen erreichen die Randbezirke der Hauptstadt

- Auf einer Sitzung des Politbüros bietet Zhao Ziyang erneut seinen Rücktritt an
- Zhao Ziyang und Li Peng suchen die Hungerstreikenden auf dem Tiananmen-Platz auf
- Der Besuch bei den Hungerstreikenden ist der letzte öffentliche Auftritt von Zhao Ziyang
- Der Hungerstreik wird in einen Sitzstreik umgewandelt
- Li Ximing und Li Peng nehmen am Abend auf einer außerordentlichen Versammlung von Partei-, Regierungs- und Armeekadern ausführlich zur Studentenbewegung Stellung
- Yang Shangkun erklärt auf derselben Versammlung, daß Truppen der VBA zur Wiederherstellung der Ordnung nach Beijing gerufen worden sind
- Zhao Ziyang nimmt an der Veranstaltung aus Protest gegen den Einsatz der Armee nicht teil

Das 27., 29., 37., 39., 65. und 68. Armeekorps, die nach Beijing beordert worden sind, erreichen vor Tagesanbruch die Randbezirke der Hauptstadt. Außerdem soll das in Fengtai stationierte 38. Armeekorps am Einmarsch teilnehmen. Da dieses Armeekorps am Morgen des 27. April beim Vorrücken in die Innenstadt von Beijinger Bürgern blockiert worden ist (siehe 27. April) und weil es mit den protestierenden Studenten sympathisiert, verweigern der Kommandant und der Politkommissar den Befehl. Sie werden von Deng Xiaoping und Yang Shangkun ihres Postens enthoben und durch neue Leute ersetzt. Erst nachdem die Armeekorps ihre Stellungen bezogen haben, wird Zhao Ziyang von Deng Xiaoping, Yang Shangkun und Li Peng darüber informiert. (ZM, Juni 1989, S. 53)

In den frühen Morgenstunden findet eine Sitzung des Politbüros statt, auf der Zhao Ziyang erneut Vorschläge zur Politik gegenüber der Protestbewegung präsentiert (vergleiche 16. Mai). Diese beinhalten, daß Zhao Ziyang die volle Verantwortung für die Studentendemonstrationen übernimmt und daß der NVK eine sofortige Untersuchung über die Verwicklung von Spitzenfunktionären und ihren Verwandten, einschließlich zweier Söhne Zhao Ziyangs, in Korruptionsfälle einleitet. Deng Xiaoping verteidigt seine harte Position: "Ich habe die Armee hinter mir." Darauf Zhao Ziyang: "Aber ich habe die Herzen des Volkes, und das heißt, daß ihr erledigt seid." (AW, 2.6.89, S. 25)

Nach einer anderen Darstellung schlägt Zhao Ziyang auf der Sitzung folgendes vor: Der Leitartikel der *Volkszeitung* vom 26. April solle zurückgenommen und die Korruption unter den Funktionären solle kompromißlos beseitigt werden. Der Kampf gegen die Korruption solle bei den Söhnen Deng Xiaopings und Zhao Ziyangs beginnen. Deng Xiaoping reagiert auf den Vorstoß Zhao Ziyangs mit großem Zorn. Er erklärt, wer den Leitartikel der *Volkszeitung* vom 26. April negiere, spalte die Partei. Anschließend stimmen die 17 Mitglieder des Politbüros und Deng Xiaoping über die Bewertung der Studentenbewegung ab. 16 stimmen dafür, deren Wesen als Aufruhr zu bestimmen, zwei stimmen dagegen. Daher bittet Zhao Ziyang um seine Entlassung als ZK-Generalsekretär. (*Beizhuang de minyun*, S. 74) Seine Bitte wird zurückgewiesen, da man fürchtet, daß ein solcher Schritt Zhao Ziyangs Popularität nur stärken würde. (AW, 2.6.89, S. 25)

Laut einer anderen Darstellung wird Zhao Ziyang auf einer Sitzung des Politbüros von seinem Amt als ZK-Generalsekretär entbunden, während Li Peng zum amtierenden ZK-Generalsekretär ernannt wird. Zhao Ziyang und sein Vertrauter Bao Tong werden angeblich unter Hausarrest gestellt. (MB, 21.5.89, nach SWB, 25.5.89)

Unklar ist, wann und wie oft die Mitglieder des Politbüros an diesem Tag zusammengetreten sind und welche Entscheidungen sie wann getroffen haben. Laut *Asiaweek* (siehe oben) findet eine Sitzung des Politbüros statt, bevor Zhao Ziyang sich zu den Hungerstreikenden auf dem Tiananmen-Platz begibt. Einem anderen Bericht zufolge richtet Zhao Ziyang erst seinen Appell an die Hungerstreikenden. Anschließend wird in einer Sitzung des Ständigen Ausschusses des Politbüros über die von Li Peng vorgeschlagene Verhängung des Ausnahmezustands und den Einsatz von VBA-Truppen abgestimmt (vergleiche 17. Mai). Zhao Ziyang und Hu Qili stimmen in dem fünfköpfigen Führungsgremium gegen den Vorschlag, Li Peng, Qiao Shi und Yao Yilin dafür. (J. Kahl, in: SZ, 29.5.89)

Fraglich ist auch, ob Zhao Ziyang an diesem Tag überhaupt seines Amtes enthoben wurde [laut Parteistatut ist hierzu allein die Plenartagung des ZK der KPCh berechtigt]. In einer am 24. Mai gehaltenen internen Rede wirft Yang Shangkun Zhao Ziyang nämlich vor, daß er nicht zu der am Abend des 19. Mai einberaumten Großversammlung erschienen war, wie es als ZK-Generalsekretär seine Pflicht gewesen wäre (vergleiche unten). Diese Bemerkung widerspricht zudem der Meldung, Zhao Ziyang sei am 19. Mai unter Hausarrest gestellt worden. Wie dem auch sei, als Zhao Ziyang am frühen Morgen sehr bewegt und den Tränen nahe zu den Hungerstreikenden auf dem Tiananmen-Platz sprach, muß ihm bewußt gewesen sein, daß er den Kampf für eine friedliche Beendigung des Konflikts verloren hatte.

Nach der Politbürositzung kehrt Zhao Ziyang nach Hause zurück und läßt sich dann zum Tiananmen-Platz fahren, um mit den hungerstreikenden Studenten zu sprechen. Als Li Peng davon erfährt, fährt er gleichfalls zum Platz, um Zhao nicht nachzustehen und der Form halber den Studenten seine Anteilnahme zu zeigen. (AW, 2.6.89, S. 25)

Offenbar sind die beiden Politiker getrennt zum Platz gefahren. In einer Meldung heißt es, Zhao Ziyang sei in einem Bus gekommen (BYT, 10.6.89, S. 25), in einer anderen, Zhao Ziyang und Li Peng seien in zwei Krankenwagen auf den Platz gefahren, die von zwei mit bewaffneten Polizisten besetzten Lastwagen eskortiert wurden. (Kyodo, in englischer Sprache, 19.5.89, nach SWB, 20.5.89)

Die *Volkszeitung* bringt am folgenden Tag einen ausführlichen Bericht über den Besuch, ohne den Machtkampf in der Führungsspitze zu erwähnen:

Am frühen Morgen [4.45 Uhr, BYT, 10.6.89, S. 25] suchen Zhao Ziyang, Li Peng und andere Führer die hungerstreikenden Studenten auf dem Platz auf. Zhao Ziyang erklärt in seiner Ansprache: "Studenten, wir sind zu spät gekommen [sic!], entschuldigt das, Studenten. Was immer ihr uns gesagt habt, wie ihr uns kritisiert habt, es war berechtigt [sic!]. Ich bin jetzt nicht hierhergekommen, um euch um Entschuldigung zu bitten. Was ich sagen möchte, ist, daß die Studenten jetzt, am 7. Tag des Hungerstreiks, sehr geschwächt sind. Das darf nicht so weitergehen. Wenn der Hungerstreik noch länger anhält, werdet ihr bleibenden Schaden an eurer Gesundheit nehmen und euer Leben in Gefahr bringen. Das wichtigste ist jetzt, den Hungerstreik so rasch wie möglich zu beenden. Ich weiß, daß ihr den Hungerstreik in der Hoffnung durchführt, von Partei und Regierung eine rundum zufriedenstellende Antwort auf die von euch erhobenen Fragen zu bekommen. Ich meine, daß die Wege für unseren Dialog noch immer offen sind. Manche Probleme müssen erst einen Prozeß durchlaufen, bevor sie gelöst werden können." Zhao Ziyang fährt fort, die Studenten könnten angesichts der Situation, daß der Hungerstreik bereits in den 7. Tag gehe, nicht darauf beharren, ihn erst dann zu beenden, wenn sie eine zufriedenstellende Antwort erhalten hätten. Sie alle wüßten, daß Partei und Regierung um die Gesundheit der Studenten überaus besorgt seien, die ganze Gesellschaft sei von brennender Sorge erfüllt. Außerdem sei Beijing die Hauptstadt des Landes, die Lage werde jeden Tag ernster. Das könne nicht unbegrenzt so weitergehen. Noch einmal bestätigt er den Studenten gute Absichten, doch jetzt sei die Lage außer Kontrolle geraten. Wenn die Studenten den Hungerstreik beendeten, werde die Regierung nicht die Tür zum Dialog verschließen, auf keinen Fall! Die führenden Genossen und er seien auch einmal jung gewesen, auch sie hätten an Demonstrationen teilgenommen und nicht an die Konsequenzen gedacht. Er hoffe, daß die Studenten bald ihren Hungerstreik beenden werden. Die Rede Zhao Ziyangs wird von den Studenten mit begeistertem Applaus aufgenommen. (RMRB, 20.5.89) - Abgesehen vom ersten Satz wird Li Peng im oben angeführten Artikel der *Volkszeitung* nicht weiter erwähnt. XNA, 20.5.89, fügt hinzu: Li Peng drängt die Studenten, den Hungerstreik zu beenden und in die Universitäten zurückzukehren.

Nach seiner Ansprache signiert Zhao Ziyang die T-Shirts von Studenten. (LSC, S. 51)

Li Peng hält sich nur ein paar Minuten lang auf dem Platz auf, Zhao Ziyang hingegen fast eine halbe Stunde. (AW, 2.6.89, S. 27) Studenten berichten, Zhao Ziyang habe mit Tränen in den Augen zu ihnen gesprochen. Viele klagen, der überraschende Besuch der beiden Führer sei zu kurz gewesen. Li Peng habe sich nur zwei Minuten auf dem Platz aufgehalten. (CD, 20.5.89)

Die meisten der 10.000 Studenten auf dem Platz schlafen, während Zhao Ziyang seine Ansprache hält. Als die provisorische Rundfunkstation der Studenten später über den Besuch berichtet, applaudieren sie. Der Studentenführer Wu'er Kaixi erklärt, daß die Studenten Zhao Ziyangs Besuch zwar begrüßten, aber einen Dialog und keine Ansprache wollten. (Kyodo, in englischer Sprache, 19.5.89, nach SWB, 20.5.89) Auch Shao Jiang, ein Mathematikstudent der Beijing-Universität und einer der neuen Führer des Autonomen Studentenverbands, kritisiert, daß Zhao Ziyang in seiner Rede nichts wesentliches gesagt habe. (LSC, S. 51)

Nach dem Besuch auf dem Platz - seinem letzten Auftritt in der Öffentlichkeit - kehrt Zhao Ziyang nach Zhongnanhai zurück. Er erklärt, krank zu sein, und weigert sich, Besucher zu empfangen. Deng Xiaoping und das Politbüro entheben ihn aller Amtsbefugnisse. (AW, 2.6.89, S. 25)

* In einer fünf Tage später, am 24. Mai, in Beijing gehaltenen Geheimrede kritisiert Yang Shangkun heftig die Äußerungen Zhao Ziyangs vor den Studenten: "Die Genossen in Beijing konnten das sehr genau sehen. Am Vormittag des 19. Mai ist Genosse (Zhao) Ziyang auf den Tiananmen-Platz gegangen und hat die Hungerstreikenden besucht. Habt ihr gesehen, was er da gesagt hat? Wer nur ein wenig Grips im Kopf hat, der wird spüren, daß seine Worte ganz unmöglich waren. Erstens sagte er: "Wir kommen spät" und brach in Tränen aus; zweitens stellte er die Lage als sehr komplex hin. Es gebe sehr viele Dinge, die ließen sich jetzt nicht lösen, nach einer bestimmten Zeit gäbe es aber schließlich doch eine Lösung. (Er sagte: "Ihr seid noch jung, euer Weg vor euch ist noch sehr lang; wir sind bereits alt, da macht das nichts mehr.") Eine dem Tenor nach so mutlose Rede der Selbstbezichtigung hat er gehalten, als ob man ihm viel Schlimmes angetan hätte, worüber er nicht sprechen könne. Die Mehrzahl unserer Kader in Beijing hat selbst diese Worte von ihm gehört. Sie sagen alle, dieser Mensch hält sich wirklich überhaupt nicht an die Prinzipien unserer Partei, er verfügt tatsächlich über zu wenig Disziplin." (*Jiefang Yuebao*, Juni 1989)

Vor der Großen Halle des Volkes sind 50 m lange Transparente gespannt mit der Aufschrift: "Aus Treue zur Demokratie, zur Freiheit und zu den Menschenrechten fordern wir die sofortige Einberufung einer außerordentlichen Sitzung des NVK, den Rücktritt von Li Peng und Deng Xiaoping sowie die Pensionierung von Yang Shangkun, um die Studentenkrise zu beenden und die Lage wieder zu normalisieren." (sl, in: taz, 20.5.89)

Ein Reporter der *China Daily* besucht das von tausenden von studentischen Ordnungskräften abgesperrte Lager der Hungerstreikenden, das "beinahe die Hälfte des Platzes" einnimmt. Im Unterschied zu dem Gedränge außerhalb des Kreises ist hier viel Platz. Die Hungerstreikenden sitzen in den Bussen, unterhalten sich, lesen oder schlafen. Von Ärzten und Krankenschwestern werden sie mit Getränken versorgt. Einer von ihnen erklärt, die Ordnungskräfte, die den inneren Kreis bewachen oder die Durchfahrt für die Krankenwagen freihalten, seien in einem schlechteren Zustand als sie, die Hungerstreikenden. Sie hätten Milch, Wasser und Traubenzucker und könnten ruhen, während ihre Wachposten die ganze Zeit auf den Beinen sein müßten. - Auch der Reporter wird ins Krankenhaus gebracht, weil er nicht besonders gut aussieht. Dort erzählt ihm ein Student, daß er sich nur schläfrig gefühlt habe, und schon hätten ihn die Ärzte auf eine Bahre gelegt und ins Hospital gebracht. (CD, 20.5.89)

Eine Gruppe von sieben oder acht Hungerstreikenden ist die treibende Kraft hinter der Bewegung. Sie stellt die politischen Optionen der Hungerstreikenden auf, auch wenn sie dabei eng mit anderen Studentenführern zusammenarbeitet, die nicht an der Nahrungsverweigerung teilnehmen. Die bekanntesten Führer sind Wang Dan und Wu'er Kaixi. Wang Dan hat, wie einige andere Studentenführer, anfangs am Hungerstreik teilgenommen, ist dann aber davon überzeugt worden, den Hungerstreik zu beenden, damit seine Verhandlungsfähigkeit nicht beeinträchtigt werde. (S. WuDunn, in: IHT, 21.5.89)

Ärzte warnen vor Seuchen auf dem mit Abfall übersäten Platz. (C. MacDougall, in: FT, 20.5.89)

Arbeiter gründen einen "Autonomen Arbeiterverband Beijing". (erl, dpa, afp, nach FRu, 31.5.89)

Vertreter des neugegründeten "Autonomen Arbeiterverbands Beijing" verlesen einen Offenen Brief über die Rundfunkstation der Studenten auf dem Tiananmen-Platz. (XWB, 19.5.89, nach SWB, 20.5.89)

DOKUMENT

Offener Brief der Arbeiter der Hauptstadt

Wir haben erkannt: Die im April begonnene demokratische, patriotische Bewegung der Studenten hat sich bereits zu einer patriotischen Bewegung mit dem Charakter einer Volksbewegung entwickelt, die mit den Klasseninteressen von uns Arbeitern im Guten wie im Bösen verbunden ist.

Wir haben erkannt: Zum Wohle des gesamten Volkes haben die Studenten ihre ganze Kraft verausgabt, die am Hungerstreik beteiligten Studenten setzen ihr Leben direkt der Gefahr aus.

Um das Leben von einigen tausend Studenten zu retten, um der Klasseninteressen von uns Arbeitern und um des Aufschwungs des Volkes der VR China willen geben wir in aller Form bekannt:

Das ZK der KPCh und der Staatsrat müssen innerhalb von 24 Stunden ohne Vorbedingungen die beiden Forderungen der hungerstreikenden Studenten akzeptieren. Andernfalls werden die Arbeiter der ganzen Stadt am 20. Mai um 12.00 Uhr in einen 24stündigen Generalstreik treten und entsprechend der weiteren Entwicklung über weitere Schritte entscheiden.

Gleichzeitig verkünden wir den Arbeitern des ganzen Landes: Die Arbeiter Beijings haben schon begonnen, sich zu organisieren!

Das Vorbereitungskomitee des Autonomen Arbeiterverbands Beijing
19. Mai 1989
(*Zhongguo minyun yuan ziliao jingxuan*, S. 29)

Auf dem Tiananmen-Platz wird eine "Autonome vereinigte Gewerkschaft Beijing" (Beijingshi zizhi lianhe gonghui) gegründet. (ZM, Juni 1989, S. 8)

Ausdrücklich rufen die Studenten die Arbeiter auf, nicht zu streiken. (sl, in: taz, 20.5.89)

In den Beijinger Fabriken, die sich in einem Teilausstand befinden, wird ebenso wie in dem Beijinger Stahlwerk [Hauptstädtisches Eisen- und Stahlkombinat] mit rund 80.000 Beschäftigten über Streiks diskutiert. (rtr, Kl., in: NZZ, 21./22.5.89)

Das Autonome Arbeiterkomitee [gemeint ist wohl der "Autonome Arbeiterverband"] unterstützt mit seinen Betriebsgruppen durch Spenden, Teilnahme an Demonstrationen, öffentliche Aufrufe und Streikdrohungen die Studentenbewegung und hat in der Arbeiterschaft großen Einfluß. (T. Reichenbach, in: taz, 1.6.89)

Die Beijinger Zeitung *Stimme der Auslandschinesen* veröffentlicht eine Erklärung von über 1.000 Intellektuellen, in der die Studentenbewegung als patriotisch bezeichnet wird. Außerdem erklären sich die Unterzeichner - darunter Ba Jin, Ai Qing, Yan Jiaqi, Liu Zaifu, Su Shaozhi, Li Honglin, Su Xiaokang - mit den Studenten solidarisch. (*Beizhuang de minyun*, S. 75)

Vier z.T. der Regierung unterstellte Institutionen, nämlich das Forschungsinstitut [des Staatsrats] für Wirtschaftsreformen (Zhongguo jingji tizhi gaige yanjiusuo), das Forschungszentrum [des Staatsrats] für landwirtschaftliche Entwicklung (Zhongguo nongcun fazhan yanjiu zhongxin), das Forschungsinstitut für internationale Fragen der Chinesischen Treuhand- und Investitionsgesellschaft (CITIC) (Zhongxin gongsi guoji wenti yanjiusuo) und die Vereinigung junger Ökonomen von Beijing (Beijing qingnian jingji xuehui), wenden sich in einer öffentlichen Erklärung gegen die Verzögerungsmaßnahmen der Regierung. (*Beizhuang de minyun*, S. 75)

* Chen Xitong erklärt in seinem am 30. Juni 1989 vorgelegten Bericht hierzu, daß Gao Shan, der stellvertretende Amtsleiter des ZK-Forschungsbüros für politische Reformen, am 19. Mai die Mitarbeiter des Forschungsinstituts für Wirtschaftsreformen über den Plan des Ständigen Ausschusses des Politbüros, über Teile Beijings den Ausnahmezustand zu verhängen, informiert habe (Dies habe Gao Shan am Abend des 17. Mai von Bao Tong erfahren.). Daraufhin sei unter Anleitung von Chen Yizi, Leiter des Forschungsinstituts [des Staatsrats] für Wirtschaftsreformen, eine "Sechs-Punkte-Erklärung zur gegenwärtigen Lage" aufgesetzt worden, und zwar im Namen der oben genannten vier Institutionen. In der Erklärung seien die Bekanntgabe der "Entscheidungen und Meinungsverschiedenheiten der Führungsspitze hinter den Kulissen",die Einberufung einer Sondersitzung des NVK und ein außerordentlicher Parteitag der KPCh verlangt worden. Weiter habe man darin den Studenten geraten, den Hungerstreik möglichst rasch zu beenden, und eine "eventuelle 'extreme Handlung der Regierung' (Militärkontrolle)" angedeutet. Die Erklärung sei über Lautsprecher auf dem Tiananmen-Platz verbreitet worden. Anschließend hätten einige Mitarbeiter der Zentralen Kommission für die Reform des Wirtschaftssystems auf dem Tiananmen-Platz, "von großem Schmerz und starker Empörung erfüllt", "eine absolut wahre Nachricht" verkündet: "Generalsekretär Zhao Ziyang ist schon entmachtet worden". Sie hätten einen landesweiten Arbeiterstreik, Vorlesungsboykott und Handelsstreik gefordert und die Bevölkerung zu sofortigen

Aktionen und einem Kampf auf Leben und Tod aufgerufen. Diese Ansprache sei als Extrablatt der *Volkszeitung* verbreitet worden. (Chen Xitong, in: BRu, 25.7.89, S. XVIII f.)

Immer mehr Bürger und Organisationen appellieren an die Studenten, ihren Hungerstreik zu beenden. Das ZK des Kommunistischen Jugendverbandes, der Nationale Jugendverband und der [offizielle] Nationale Studentenverband drängen die Studenten in einem offenen Brief, die Nahrungsverweigerung zu beenden und medizinische Behandlung anzunehmen. Dies wäre eine weitere weise und patriotische Aktion und würde ihnen das Verständnis und die Unterstützung aller Bevölkerungskreise und der chinesischen Jugend einbringen. (XNA, 20.5.89)

Die Vorsitzenden von vier demokratischen Parteien - der Demokratischen Liga Chinas, der Gesellschaft für den Demokratischen Nationalen Aufbau Chinas, der Gesellschaft für die Förderung der Demokratie Chinas und der Jiusan-Gesellschaft - senden ihre Stellvertreter zum Tiananmen-Platz, um den Studenten ihre guten Wünsche zu übermitteln. Außerdem bitten sie die Studenten, auf ihre Gesundheit zu achten und den Hungerstreik zu beenden. (XNA, 20.5.89)

Studenten strömen aus den Provinzen nach Beijing. Eisenbahnangestellte, die die Bewegung unterstützen, verlangen kein Fahrgeld. "Wir mußten nicht bezahlen. Die Eisenbahnangestellten sind auf unserer Seite", sagt ein Student der Anhui-Universität, der mit 300 Kommilitonen aus Hefei in Beijing anlangt. (Kyodo, in englischer Sprache, 19.5.89, nach SWB, 20.5.89)

Unvollständigen Statistiken zufolge sind zwischen dem 16. und dem 19. Mai (8.00 Uhr) 57.000 Studenten aus anderen Städten nach Beijing gekommen. Über 24.400 von ihnen kamen zwischen 18.00 Uhr am 18. Mai und 8.00 Uhr am 19. Mai an. Diese vielen Studenten haben zu einer ernsten Überlastung der Eisenbahn geführt. Viele Züge mußten ausgesetzt werden, weil die Federung der überfüllten Waggons brach. Die Eisenbahnbüros von Beijing, Lanzhou, Zhengzhou, Shenyang und Chengdu melden zehn verspätete Züge zwischen dem Nachmittag des 18. Mai und 16.00 Uhr am 19. Mai. Einige Eisenbahnangestellte berichten, daß sich viele unbekannte Personen mit der Behauptung, sie wollten die Studentenbewegung unterstützen, den Studenten angeschlossen und sich Zugang zu den Waggons erzwungen hätten. (*Radio Beijing*, 19.5.89, nach SWB, 23.5.89)

Die Studenten-Aktivisten rufen die Studenten aus anderen Städten auf, nicht mehr nach Beijing zu kommen. (sl, in: taz, 20.5.89)

Auch heute marschieren lange Demonstrationszüge durch die Stadt, wenn auch weniger als an den beiden vorangegangenen Tagen. "Danke, Xiaoping, und Auf Wiedersehen", heißt es auf Spruchbändern. (C. McDougall, in: FT, 20.5.89) Und in einer bissigen Umkehr der berühmten Katzen-Metapher Deng Xiaopings: "Ganz gleich, ob eine Katze schwarz oder weiß ist - wenn sie nur von der Bühne verschwindet, dann ist sie eine gute Katze." (rtr, Kl., in: NZZ, 21./22.5.89)

19. Mai 1989

Unter den zahllosen Demonstranten befinden sich jetzt auch Angehörige der VBA in Uniform und Gruppen von Arbeitern, die sich wie zu Zeiten der Kulturrevolution den Studenten als "großer Bruder" empfehlen. Polizisten sehen tatenlos zu, wie Jugendliche den Verkehr regeln. (W.A., in: FAZ, 20.5.89)

Die Unterstützung der Bevölkerung hat trotz der Hitze nicht nachgelassen. In den Schaufenstern vieler Geschäfte hängen Plakate: "Solidarität mit den Studenten." Arbeiter bringen auf Kleinlastern Getränkekästen und Wolldecken. Studentische Ordner bahnen ihnen den Weg. Buddhistische Mönche aus verschiedenen Klöstern begrüßen den "Gewaltfreien Weg des Hungerstreiks". Freundlich aufgenommen wird auch eine Gruppe lokaler Polizisten in Uniform, die sich im Schatten der Straßenbäume mit ihren Transparenten "Wir schweigen nicht länger" und "Demokratische Polizisten für die Verfassung" zum Kartenspiel niedergelassen haben. Während sich die Autokorsos der solidarischen Betriebe im Stau verkeilen, kommt die Demonstration der Motorradclubs auf ihren Zweirädern besser voran. Bus- und Taxifahrer transportieren die sich in Schichten ablösenden studentischen Mahnwachen und Ordnerdienste kostenlos von und zu den Universitäten. (T. Reichenbach, in: taz, 20.5.89)

Von Studenten wird die Sorge geäußert, daß bei der nicht mehr zu überschauenden Zahl von Teilnehmern an den Protestaktionen die Situation außer Kontrolle geraten könnte. (Reuter, Kl., in: NZZ, 21./22.5.89)

Während eines Treffens mit Richard Woolcott, dem Sonderbotschafter des australischen Premierministers, fragt Li Peng, ob dieser auf dem normalen Weg nach Zhongnanhai gelangt sei. Man habe Umwege durch kleine Gassen machen müssen, lautet die Antwort. Dies beweise, erklärt Li Peng daraufhin, daß in Beijing Chaos herrsche, welches sich in unterschiedlichem Maße auf andere Gebiete ausgebreitet habe. Die chinesische Regierung werde in verantwortungsbewußter Weise Maßnahmen ergreifen, um das Chaos zu beenden und die Reform- und Öffnungspolitik zu gewährleisten. All dies seien innerchinesische Angelegenheiten. (RMRB, 20.5.89) - Diese Bemerkung Li Pengs ist als Warnung an das Ausland zu verstehen, sich nicht zugunsten der chinesischen Protestbewegung zu engagieren.

Deng Xiaoping beruft die ZK-Militärkommission ein und beschließt, die Proteste mit Hilfe der Armee niederzuschlagen. (T. Reichenbach, in: taz, 22.5.89)

Einer anderen Meldung zufolge wird der Beschluß auf einer erweiterten Sitzung des Politbüros gefaßt, an der nur acht von 21 Mitgliedern dieses Gremiums, aber zahlreiche Mitglieder der Beraterkommission teilgenommen haben sollen. (FRu, 6.6.89)

Nach Angaben eines hochrangigen Parteifunktionärs ist Deng Xiaoping zuvor in mehrere Städte geflogen und hat für seinen Plan, den Ausnahmezustand zu verhängen, um Unterstützung geworben. (A. Ignatius, J. Leung, in: AWSJ, 23.5.89)

Um Ruhe zu finden, zieht sich Deng Xiaoping aus seinem Haus hinter dem Verteidigungsministerium in das Militärhospital Nr. 301 zurück [das genaue Datum ist nicht angegeben], wo ihn eine Armee von etwa 150 Sekretären mit Informationen versorgt. "Deng Xiaoping fürchtet nur zwei Dinge", sagt ein der Deng-Familie nahestehender Gewährsmann. "Er fürchtet das Militär und die Opposition anderer Parteiveteranen wie Deng Yingchao und Peng Zhen." (AW, 2.6.89, S. 28)

Asiaweek zufolge haben sowohl der Kommandostab des Militärbezirks Beijing als auch das 38. Armeekorps sich geweigert, gegen die Demonstranten auf dem Tiananmen-Platz militärisch vorzugehen. Der Kommandostab des Militärbezirks Beijing soll sich sogar geweigert haben, von außerhalb in die Hauptstadt beorderte Truppen mit Nahrung und Wasser zu versorgen. Deng Xiaoping befürchtet offenbar eine Meuterei einiger Armee-Einheiten. "Man braucht keine Panzer und automatischen Waffen, um einen Haufen Studenten zu unterdrücken", erklärt ein der VBA nahestehender Gewährsmann. "Sie haben Angst vor einer Meuterei." (AW, 2.6.89, S. 26)

Am Nachmittag beschließen die Studenten, den Hungerstreik um 21.00 Uhr abzubrechen. (M. Naß, in: *Die Zeit*, 26.5.89) Trotz dieses Beschlusses zeigt sich am Tag ein harter Kern der Hungerstreikenden zunächst noch zum Weitermachen entschlossen. (sl, in: taz, 20.5.89)

Am frühen Abend informieren Journalisten der *Volkszeitung* die Vertreter des "Autonomen Studentenverbands" über Li Pengs Entschluß, den Ausnahmezustand über Beijing zu verhängen (s. unten). Die 67 Vertreter des "Autonomen Studentenverbands" debattieren daraufhin über den Hungerstreik und stimmen schließlich ab: 52 votieren für den Abbruch, 14 dagegen, einer enthält sich der Stimme. (LSC, S. 51)

Das Ende des siebentägigen Hungerstreiks wird um 21.00 Uhr (RMRB, 20.5.89) oder 21.30 Uhr (XNA, 20.5.89) verkündet. Die Besetzung des Platzes wird fortgesetzt. Außerdem halten die Studenten an ihrer Forderung fest, eine Dringlichkeitssitzung des NVK einzuberufen. (afp, 19.5.89, nach SWB, 20.5.89)

Gegen 21.00 Uhr wird den Demonstranten über Lautsprecher befohlen, den von Abfall und Glasscherben übersäten Platz bis Mitternacht zu räumen. Die Anordnung wirkt nicht im geringsten. Konfusion löst hingegen die von Angehörigen der offiziellen Studentenorganisation verbreitete Nachricht aus, die Studentenführer hätten sich geeinigt, die Hungerstreikenden unter den Studenten zu einer Aufgabe ihrer Aktion und einer ärztlichen Behandlung zu bewegen. (W. Adam, in: FAZ, 22.5.89)

Für die Beendigung des Hungerstreiks werden unterschiedliche Motive angeführt. Die hungerstreikenden Studenten begründen den Abbruch mit dem Versprechen Zhao Ziyangs, mit ihnen einen Dialog zu führen. "Die Türen zum Dialog sind jetzt offen", heißt es in ihrer Erklärung. (Kyodo, 19.5.89, nach SWB, 20.5.89)

"Wir haben den Hungerstreik aufgegeben, weil uns bewußt geworden ist, daß es für uns sinnlos ist, unser Leben für eine so korrupte Regierung wie diese zu opfern", sagt ein Student zwei Tage später. "Wir wollen unsere Kräfte für den Kampf gegen die Regierung aufsparen." (D. Southerland, in: IHT, 22.5.89) Einem anderen Bericht zufolge haben sich die hungerstreikenden Studenten unter dem Druck des an die Regierung gerichteten medizinischen Votums der Rotkreuz-Organisation zum Nachgeben entschlossen, um ihre Aktion zu retten. Das Rote Kreuz hatte erklärt, es könne keine Verantwortung mehr für Gesundheit und Überleben der Streikenden übernehmen, wenn sie nicht umgehend in Krankenhäuser gebracht würden. (J. Kahl, B. Küppers, in: SZ, 22.5.89)

* Chen Xitong hingegen erklärt in seinem am 30. Juni 1989 vorgelegten Bericht, daß einige Anführer des "Autonomen Studentenverbands" und des "Autonomen Arbeiterverbands", die kürzlich verhaftet worden seien, eingestanden hätten, daß ein Mann, der sich als Mitarbeiter eines Zentralorgans ausgegeben habe, am 19. Mai gegen 16.00 Uhr mit einem Zettel im Hauptquartier der Hungerstreikenden erschienen sei und verraten habe, daß der Ausnahmezustand bald ausgerufen werde. "Gerade weil diese extreme Minderheit von Leuten, die Zugang zu Kerngeheimnissen der Partei und des Staates hatte, und die Organisatoren und Drahtzieher des Aufruhrs unter einer Decke steckten, waren diese imstande, ihre Strategie rechtzeitig zu ändern und ihren Hungerstreik 45 Minuten vor der Einberufung der Versammlung für Verantwortliche der Partei-, Regierungs- und Armeeorgane in einen Sitzstreik umzuwandeln, um den falschen Eindruck hervorzurufen: Da die Studenten ihren Hungerstreik beendet hätten, wäre die Ausübung des Ausnahmezustands unnötig. Auf diese Weise konnten sie die Massen irreführen und Zeit gewinnen, um Kräfte zu organisieren und diejenigen, die sich über den Sachverhalt nicht im klaren waren, zu bewegen, Barrikaden auf Hauptverkehrsstraßen zu errichten und Militärfahrzeuge aufzuhalten. Sie hatten dadurch Zeit gewonnen, ihre Propagandakräfte zu organisieren, um die öffentliche Meinung zu beeinflussen und die Massen irrezuführen." Weiter hätten sie einen "noch größeren Aufruhr" geplant und behauptet, sie würden 200.000 Menschen organisieren, um den Platz zu besetzen, und am 20. Mai einen Generalstreik in Beijing durchführen. "Sie drohten mit der Bildung einer 'neuen Regierung' in drei Tagen, denn Zhao Ziyang hatte am 19. Mai aufgrund angeblicher Krankheit drei Tage frei." (Chen Xitong, in: BRu, 25.7.89, S. XIX f.)

Als die Sonne untergeht, strömen Hunderttausende von Einwohnern zum Platz. Viele sind entschlossen, die Studenten vor dem befürchteten Angriff der Armee zu schützen. (rtr, ap, nach TN, 21.5.89)

Am Abend erscheint ein Behördenvertreter beim Team der amerikanischen Fernsehgesellschaft Cabel News Network (CNN), die rund um die Uhr Fernsehnachrichten ausstrahlt, und weist es an, das Übersenden von Fernsehmaterial einzustellen. Mit Beendigung des Gorbatschow-Besuchs sei die Aufgabe des Teams erledigt, so lautet die Begründung. In der Nachrichten-Zentrale der CBS ereignet sich ähnliches. (IHT, 22.5.89)

Am Abend halten das ZK der KPCh und der Staatsrat eine außerordentliche Versammlung von Partei-, Regierungs- und Armeekadern der Zentrale wie der Stadt Beijing ab. Die Versammlung geht auf einen entsprechenden Beschluß des Ständigen Ausschusses des Politbüros zurück. Geleitet wird die Sitzung von Qiao Shi. Auf der Tribüne sitzen ferner: Li Peng, Hu Qili, Yao Yilin, Yang Shangkun und Wang Zhen. (RMRB, 20.5.89) Zhao Ziyang nimmt an dieser Sitzung nicht teil - "wegen Krankheit", so die amtliche Nachrichtenagentur *Xinhua*. (rtr, nach TN, 21.5.89) Nach einem Bericht der Hongkonger *Wen Hui Bao* boykottiert Zhao Ziyang die Sitzung und demonstriert damit, daß er den Beschluß des Ständigen Ausschusses des Politbüros, gegen die protestierenden Studenten vorzugehen, ablehnt. (WHB, 25.6.89, nach SWB, 27.6.89)

Ministerpräsident Li Peng erklärt, das Treffen habe das Ziel, alle zur Aufrechterhaltung von Stabilität und Einheit zu mobilisieren. Die anarchischen Zustände verschlimmerten sich, Gesetz und Disziplin würden untergraben. Die Gesundheit der hungerstreikenden Studenten habe bereits Schaden gelitten, einige von ihnen schwebten in Lebensgefahr. In Wirklichkeit würden die hungerstreikenden Studenten von einigen wenigen Personen als "Geiseln" benutzt, um Partei und Regierung zur Annahme ihrer Forderungen zu zwingen. Partei und Regierung hätten alle möglichen Maßnahmen zur Behandlung und Rettung der hungerstreikenden Studenten ergriffen. Sie hätten auch mehrere Dialoge mit Vertretern der hungerstreikenden Studenten geführt und versprochen, auch in Zukunft deren Meinung anzuhören, doch seien ihre Bemühungen erfolglos geblieben. Die Vertreter der hungerstreikenden Studenten brächten zum Ausdruck, daß sie die Kontrolle über die immer kritischer werdende Situation verloren hätten. Die Lage in Beijing entwickle sich weiter in Richtung Chaos, viele Städte im Land seien bereits ebenfalls betroffen. Chinas Reform, die Öffnung nach außen, das Modernisierungsprogramm und die Zukunft der Volksrepublik seien ernstlich bedroht, und Chinas Ansehen im Ausland sei schwer beeinträchtigt worden. Eine ganz geringe Anzahl von Leuten wolle Aufruhr stiften, um ihre politischen Ziele durchzusetzen, nämlich Ablehnung der Führung durch die KPCh und des sozialistischen Systems und Verletzung der Verfassung. Doch selbst unter diesen Umständen müsse der Patriotismus der Studenten geschützt werden. Man müsse klar zwischen ihnen und den paar wenigen Aufruhrstiftern unterscheiden. Noch einmal fordert er die Studenten auf, ihren Hungerstreik zu beenden. Ihre Kommilitonen mahnt er, die Hungerstreikenden nicht länger zu unterstützen. Am Ende seiner Rede ruft er die ganze Partei, die ganze Armee und die ganze Nation dazu auf, gemeinsame und sofortige Maßnahmen zu ergreifen, um den Aufruhr zu beenden und die Lage zu stabilisieren. (RMRB, 20.5.89)

Yang Shangkun erklärt in einer Rede, daß die normale Ordnung der Arbeit, der Produktion und des Lebens in Beijing dem Chaos gewichen sei, man könne sogar von einem Zustand der Anarchie sprechen. Zur Aufrechterhaltung der öffentlichen Sicherheit und zur Wiederherstellung der gewohnten Ordnung bleibe keine andere Wahl, als Truppen der VBA nach Beijing zu rufen. Diese sollten die öffentliche Sicherheit aufrechterhalten, sie richteten sich nicht gegen die Studenten. (RMRB, 20.5.89)

Sechs Tage später, am 24. Mai, enthüllt Yang Shangkun in einer internen Rede, ursprünglich sei vorgesehen gewesen, daß Zhao Ziyang an der Großversammlung teilnehmen sollte. Yang weiter: "Doch als die Zeit der Versammlung gekommen war, entschied er sich plötzlich, einfach nicht hinzugehen. An einer so wichtigen Versammlung nimmt der Generalsekretär nicht teil, die Leute merken dann doch sofort, daß Probleme aufgetaucht sind. Ursprünglich war vorgesehen, daß er eine Rede hielt, da ist er einfach nicht hingegangen, bis zum Beginn der Versammlung warteten alle noch auf ihn. Zu diesem Zeitpunkt begann die Armee, auf Beijing vorzurücken. Ursprünglich war vorgesehen, daß am 21. um 0.00 Uhr der Ausnahmezustand verhängt werden sollte; weil es aber bei einer solchen Lage gar nicht mehr ohne den Ausnahmezustand ging, haben wir den Ausnahmezustand schon am 20. verhängt. An dem Tag war an sich nicht vorgesehen, daß ich redete, im letzten Moment mußte ich aber einfach etwas sagen, weil die Armeekonvois dort zum Stehen gebracht worden waren, da kam ich gar nicht umhin, ein paar Sätze zu sprechen. Deshalb habe ich gesagt, daß die Truppen den Befehl erhalten hätten, nach Beijing zu kommen, um die öffentliche Sicherheit aufrechtzuerhalten, aber auf keinen Fall, um gegen die Studenten vorzugehen." (*Jiefang Yuebao*, Juni 1989, S. 93 ff., und *Tansuo*, Juni 1989, S. 14 ff.)

* Dem Bericht von Li Peng über die "Fehler" von Zhao Ziyang (Juni 1989) zufolge war der Ständige Ausschuß des Politbüros vor der außerordentlichen Versammlung zusammengekommen und hatte beschlossen, nach außen Einigkeit zu demonstrieren und sowohl Zhao Ziyang als auch Li Peng eine Rede halten zu lassen. Zhao habe dies jedoch abgelehnt. Zhao sei sogar gebeten worden, den Vorsitz über die Versammlung zu führen, doch auch diesem Angebot habe er nicht zugestimmt. Li Pengs Verdikt über Zhaos Verhalten: "Somit enthüllte er während dieses kritischen Momentes, der über Leben und Tod der Partei und der Nation entschied, vor der ganzen Partei, dem ganzen Land und der ganzen Welt offen seine Versuche, die Partei zu spalten." (Li Peng, "Report on the Mistakes...", S. 894)

DOKUMENT

Bericht über die Entwicklung der Studentenbewegung
- Auszüge aus der Rede des Parteisekretärs von Beijing, Li Ximing, auf der außerordentlichen Versammlung von Partei-, Regierungs- und Armeekadern am 19. Mai 1989 in Beijing

Diese Studentenrevolte, die in Beijing im April und Mai ausbrach, ist seit der Staatsgründung dem Umfang nach die größte, der Dauer nach die längste und auch ihrem Einfluß nach die schwerwiegendste Studentenrevolte ...

Anfang März dieses Jahres entdeckten wir an der Beijing-Universität und der Qinghua-Universität sowie an anderen Hochschulen eine Reihe von größeren und kleineren Wandzeitungen ohne Unterschrift, die unverhüllt und unverfroren die Führung durch die Partei und das sozialistische System angriffen. Z.B. schrieben Leute ein "Anklagemanifest gegen Deng", in dem sie öffentlich schrien, sie wollten "Abschaffung der Alleinherrschaft" und "Aufhebung der Vier Grundprinzipien" und "Sich wütend erheben, um die Verräter zu bestrafen". Sie richteten die Speerspitze ihrer Angriffe direkt auf den Genossen Deng Xiaoping. Eine andere kleinere Wandzeitung mit dem Titel "Trauer um das chinesische Volk" meinte, die jetzige Regierung sei eine "Diktatur und Alleinherrschaft". Man rief alle dazu auf, "den Kampf für die Freiheit aufzunehmen". In einer größeren Wandzeitung mit dem Titel "Ruf der Zeit" wurde die Frage gestellt: "Gibt es noch eine Berechtigung für die weitere Existenz des Sozialismus?" und "Mit was für einem philosophischen System können wir den Marxismus-Leninismus ersetzen?" Am Sanjiao-Platz der Beida-Universität hatte man noch einen sogenannten "Brief an die breiten Massen der jungen Studenten" angeklebt, der dazu aufrief, unter der Führung von Fang Lizhi für "Demokratie, Freiheit und Menschenrechte" zu kämpfen. In der Gesellschaft tauchten nacheinander "Salons" mit politischer Färbung auf, die ständig tagten und äußerst rührig waren. Fang Lizhi hat lobend herausgestellt, daß diese Versammlungen "den Behörden gegenüber eine Haltung des nachhaltigen Widerstands und der grundsätzlichen Kritik einnahmen", "Pulverdampf hing schwer in der Luft". Ferner prophezeihte er: "Man hält solche Treffen dreimal hintereinander ab, und dann geht's ab auf die Straße!" Als am 15. April Genosse [Hu] Yaobang verstarb, meinten diese Leute, die Zeit sei gekommen, und entschieden sich, nun im großen Stil Unruhen anzuzetteln.

Wir sollten anerkennen, daß die breiten Massen und Studenten, als sie um den Genossen [Hu] Yaobang trauerten, tiefe Gefühle der Trauer zeigten und daß ihre Gefühle ganz aufrichtig waren. Alle Hochschulen hatten für rechtmäßige Trauerfeierlichkeiten der Studenten allerlei günstige Bedingungen geschaffen. Doch eine sehr kleine Minderheit von Leuten nutzte die Gelegenheit, um rücksichtslos Hetze zu treiben. Bald kamen überall Gerüchte auf, die Atmosphäre war extrem unnormal. Damals kursierten in der Gesellschaft besonders viele Gerüchte über die Todesursache des Genossen [Hu] Yaobang. Die meisten besagten: "Li Peng hat Hu Yaobang auf der Sitzung des Politbüros grob beleidigt, Hu wurde zu Tode geärgert." Es wurde sogar das Gerücht verbreitet: "Hu Yaobang ist von Deng Xiaopings Leibgarde erschossen worden." Viele Studenten kannten nicht den wahren Sachverhalt, sie waren empört und aufgebracht. In allen Hochschulen stieg die Zahl von größeren und kleineren Wandzeitungen drastisch an. Viele dieser größeren und kleineren Wandzeitungen, Parolen, Verspaare etc. hatten überhaupt nichts mit der Trauer um den Genossen [Hu] Yaobang zu tun, sondern sie attackierten unter dem Deckmantel der Trauer heimtückisch die Führung durch die Partei und das sozialistische System. Am 15. April, am Tag als Genosse [Hu] Yaobang starb, tauchte an der Beijing-Universität eine größere Wandzeitung mit dem Titel "Lobrede auf [Hu] Yaobang - auch an einige andere Leute gerichtet" auf. In ihr hieß es, die Kritik des Zentralkomitees an den Fehlern des Genossen [Hu] Yaobang sei "einem anderen Wollust vorwerfen, weil man selbst impotent ist". An der Qinghua-Universität und an anderen Hochschulen tauchten Parolen auf wie "Li Peng, tritt zurück!" oder "Wechselt die unfähige Regierung aus, stürzt die diktatorischen Herrschaften!" Am 16. April tauchte die größere Wandzeitung "Wir weinen um [Hu] Yaobang" an der Volksuniversität auf, die in beleidigenden Sätzen über [Deng] Xiaoping, [Zhao] Ziyang, Li Peng, [Yang] Shangkun, Wan Li, [Li] Xiannian, Wang Zhen und andere führende Genossen der Zentrale unter direkter Namensnennung gegen jeden einzelnen scharfe Angriffe vortrug. Im Zentralen Institut für Nationalitäten klebte jemand die Parole an: "Die, die nicht hätten gehen sollen, sind gegangen. Die, die den Tod verdient hätten, sind nicht gestorben." ...

[Am 17. April] wurde in der Volksuniversität die größere Wandzeitung "Einige Vorschläge" angebracht mit dem Aufruf: "Elegische Verspaare und Kränze auf dem Tiananmen-Platz konzentrieren, gemeinsam ein Bestattungskomitee aller Hochschulen der Hauptstadt gründen, die Arbeit Hu Yaobangs neu bewerten, die diktatorische Politik abschaffen und eine neue Ordnung demokratischer Politik errichten!" Am 18. April tauchte an der Hochschule für Luft- und Raumfahrt ein "Brief an alle Landsleute" mit der Forderung auf: "Auflösung der Kommunistischen Partei und Einführung eines Mehrparteiensystems", "Abschaffung der Parteizellen und Politkader in den Einheiten, in allen Organisationen, in der Armee und in den Schulen." Dann waren da noch Wandzeitungen, die forderten, "die Guomindang soll eingeladen werden, zurück aufs Festland zu kommen, um so eine Zwei-Parteien-Politik einzurichten". Sehr viele Wandzeitungen beschimpften in einer obszönen Sprache, gegen die sich die Ohren sperren, den Genossen [Deng] Xiaoping und forderten: "Nieder mit Deng Xiaoping, Schluß mit der Politik der alten Männer!"

Innerhalb von nur zwei, drei Tagen breitete sich die Studentenrevolte schnell aus. Die Demonstrationen und Versammlungen verlagerten sich von den Schulen nach draußen. Das Ausmaß der Bewegung wurde immer größer, die politischen Parolen immer deutlicher. Aufgewiegelt von einer sehr kleinen Minderheit von Leuten, gingen fast 10.000 Studenten auf die Straße und traten auf dem Tiananmen-Platz in den Sitzstreik. Am 18. und 19. April passierte jeweils tief in der Nacht zweimal etwas, das es seit der Staatsgründung noch nie gegeben hatte: Angriffe auf das Xinhuamen, das Eingangstor zum Sitz des Zentralkomitees der Partei und des Staatsrats. Im Verlauf der Angriffe riefen dort Leute die Parole "Nieder mit der Kommunistischen Partei". In den Schulen hängte man Transparente [mit dem Aufruf] "Brennt Zhongnanhai nieder" auf. Danach verbreitete sich dann das Gerücht vom "Massaker vom 20. April". In der Nacht zum 22. April, dem Tag der Trauerfeier für den Genossen Hu Yaobang, besetzten Zehntausende von Studenten den Tiananmen-Platz. Am Tag der Trauerfeier tauchte wiederum das Gerücht auf, Genosse Li Peng hätte nach anfänglicher Zustimmung ein Treffen mit Studenten abgelehnt, was zu heftiger Unzufriedenheit unter den jungen Kommilitonen führte. Dann brachten Leute die Parole vor: "Telegramme überallhin im Land schicken, einheitlich in den Unterrichtsstreik treten!" Dies hatte zur Folge, daß 60.000 Hochschulstudenten streikten. Gleichzeitig begannen auch die Verbindungsaktivitäten für den "großen Aufruhr zum 4. Mai".

Während der Abwicklung der Trauerangelegenheiten für den Genossen [Hu] Yaobang übten das Zentralkomitee der Kommunistischen Partei Chinas, der Staatsrat, das Parteikomitee und die Regierung der Stadt Beijing zur Gewährleistung der ordentlichen Durchführung der Trauerfeierlichkeiten und aufgrund ihrer liebevollen Fürsorge für die breiten Massen der jungen Studenten äußerste Zurückhaltung. Obwohl es mehrmals zu Verletzungen und Angriffen kam, führten sie doch nie zu einem größeren Vorfall.

Nach der Trauerfeier für den Genossen [Hu] Yaobang meinten gutherzige Leute, die Studentenrevolte werde für eine Weile unterbrochen und die normale Ordnung wiederhergestellt. Doch es war gerade umgekehrt, die Studentenrevolte beruhigte sich nicht nur nicht, im Gegenteil, sie verschärfte sich immer mehr. Die Besonderheit der Studentenrevolte lag vor allem darin, daß sie dahin tendierte, sich auf die Gesellschaft auszuweiten. Am 23. April forderten einige größere Wandzeitungen: "Wir wollen nicht nur streiken, wir wollen den Siegesgesang anstimmen, wollen uns durch konkrete Maßnahmen mit den Arbeitern verbinden und die Gewaltherrschaft niederschlagen!" Danach sind einige Leute in die Mittelschulen, die Fabriken, die Läden und in die Dörfer gegangen, um Verbindungen zu knüpfen und Flugblätter zu verteilen oder anzukleben. Ganz gezielt wollten sie die Situation ausweiten. In manchen Mittelschulen tauchte die Parole "Nieder mit der Kommunistischen Partei!" auf, in anderen Mittelschulen wieder tauchten größere Wandzeitungen [mit dem Titel] "Es lebe der Unterrichts- und Lernstreik!" auf. Viele Hochschulstudenten sind auf die Straße gegangen und haben Reden geschwungen, Flugblätter verteilt, Spenden eingesammelt oder hielten "Fliegende Versammlungen" ab. Allein am 25. April, an einem einzigen Tag, hat ein Teil der Studenten aus 22 Hochschulen 150 derartige Veranstaltungen durchgeführt. Das sind 41 Prozent der Gesamtzahl der Hochschulen der ganzen Stadt. Einige Leute haben wirklich organisiert und geplant an ihren Schulen Aktionen zur "Machtübernahme" gestartet. Am 19. April hat ein Teil der Studenten der Beijing-Universität den aus Wahlen hervorgegangenen Studentenverband und den Postgraduiertenverband öffentlich für aufgelöst erklärt und ein "Vorbereitungskomitee für eine neue Studentenorganisation" gegründet. Am 20. April haben illegale Wahlen ein "Vorbereitungskomitee der vereinigten Studentenschaft" hervorgebracht. An der Hochschule für Politik und Recht erschien die größere Wandzeitung "Entlaßt den Vorsitzenden des jetzigen Studentenverbands". Viele Hochschulen gründeten hintereinander illegale "autonome" Studentenorganisationen. An einem Dutzend Hochschulen passierten gewalttätige Besetzungen von Büros und Rundfunkstationen. Am 22. April abends haben sich Studenten von 21 Hochschulen zusammengetan, im Yuanmingyuan [der alte Sommerpalast] eine Versammlung abgehalten und ein illegales "Provisorisches Komitee der Hochschulen" gegründet, das später seinen Namen in "Autonomer Verband der Hochschulstudenten der Stadt Beijing" (abgekürzt "Autonomer Hochschulverband") abänderte. Das wurde zum Leitungszentrum dieser Studentenrevolte. Die Studentenrevolte schlug nun einen Kurs in Richtung auf einheitliche Statuten, einheitliche Parolen, einheitliche Organisation und einheitliches Handeln ein. Da hat dann eine sehr kleine Minderheit die Parole "Hinunter in den Süden und hinauf in den Norden!" vorgebracht und begonnen, landesweit große Verbindungen zu knüpfen. An den Hochschulen in Nanjing, Wuhan, Xi'an, Changsha, Harbin, Shanghai und anderen Orten haben wir aus Beijing eingetroffene Studenten entdeckt. Von Tianjin, Hebei, Anhui und Shanghai sind auch Studenten nach Beijing gefahren, um sich an den Demonstrationen zu beteiligen. Im Zusammenwirken mit den eben behandelten Aktivitäten auf drei Gebieten eskalierten in den Schulen unaufhaltsam aufwiegelnde und agressive größere und kleinere Wandzeitungen. Einige verkündeten das "Manifest des Privateigentums" und appellierten: "Laßt uns frühzeitig die Sterbeglocken für das Gemeineigentum läuten und die Zukunft der Republik begrüßen!" Manche sandten Signale aus, die jetzige Staatsmacht zu stürzen, und brachten vor: "Unser jüngstes Ziel ist es, den seine Amtspflicht verletzenden Li Peng zum Rücktritt zu zwingen."

Als die Studentenrevolte täglich größere Ausmaße annahm, die Situation von Tag zu Tag komplizierter wurde und die Kontrolle verloren zu gehen drohte, hat der Ständige Ausschuß des Politbüros eine korrekte Analyse der Situation erstellt und eine korrekte Beurteilung des Charakters des Problems vorgenommen. Am 26. April veröffentlichte die *Volkszeitung* den Leitartikel "Gegen den Aufruhr muß klar und eindeutig Stellung bezogen werden", worin der Kern [des Problems] enthüllt wurde, daß nämlich eine sehr kleine Minderheit plant, die Studentenrevolte dazu zu benutzen, eine Situation des Aufruhrs herbeizuführen. Hier muß eines betont werden: Was die große Mehrheit der an der Studentenrevolte teilnehmenden Studenten anlangt, so sind, obwohl wir den von ihnen angewandten Methoden nicht zustimmen, ihre Vaterlandsliebe und ihre Bemühungen um Land und Volk lobenswert. Die meisten ihrer Forderungen im Hinblick auf Förderung der Demokratie, Vertiefung der Reformen und Bestrafung von Korruption sind vernünftig, selbst einige übertriebene Worte und Taten sind verständlich. Wenn der Leitartikel von "Aufruhr" spricht, so richtet sich das auch nicht gegen die große Mehrheit der Studenten, sondern gegen die kleine Minderheit, die die Gelegenheit der Studentenrevolte ergreifend die Emotionen der jungen Studenten sowie unsere Versäumnisse und einige noch existierende Probleme ausnutzt, um einen politischen Kampf, der den Kampf gegen die Führung durch die Partei und gegen das sozialistische System zum Ziel hat, zu entfachen. Sie plant überdies, diesen Kampf von Beijing auf das ganze Land auszudehnen, um einen landesweiten Aufruhr zu initiieren, auch das ist eine unwiderlegbare Tatsache.

Obwohl der Leitartikel vom 26. April von recht vielen Studenten, die an der Studentenrevolte teilnehmen, mißverstanden wird, so hat er doch damals in der Tat die Funktion gehabt, den Charakter des Problems zu enthüllen und die Lage im ganzen Land zu stabilisieren. Er erzwang, daß das anmaßende Auftreten einer sehr kleinen Minderheit von Leuten mit bösen Absichten schnell nachließ und sich ihre Taktik entsprechend änderte. Gleichzeitig verloren die in der Studentenrevolte aufgestellten Parolen schnell an Schärfe. Auf der Demonstration vom 27. April, an der mehr als 30.000 Studenten (Mitläufer am Ende des Demonstrationszugs und Zuschauer nicht mitgerechnet) von 38 Hochschulen teilnahmen, waren die zahlreichen aggressiven und maßlos beleidigenden Parolen plötzlich verschwunden. Sie riefen Parolen wie "Schützt die Kommunistische Partei Chinas", "Schützt den Sozialismus" und stellten Forderungen auf wie "Gegen Bürokratie, gegen Korruption, gegen Privilegien" und "Stabilisierung der Preise", was die Unterstützung der Massen auf den Straßen fand. Am 29. April traten der Sprecher des Staatsrats, Yuan Mu, und andere Genossen mit Studenten zu einem Dialog zusammen. Außerdem traten die Verantwortlichen der einzelnen Ministerien und Kommissionen des Staatsrats sowie Verantwortliche der Stadtregierung mit den zuständigen [d.h. offiziellen] Studentenvertretern der Hochschulen in einen Dialog und kamen zu positiven Ergebnissen. Als es zu den Demonstrationen vom 4. Mai kam, war die Teilnehmerzahl wesentlich geringer (nur gut 10.000 Menschen) und die Stimmung auch nicht so erhitzt wie früher. Nach der Verlesung der "4. Mai-Deklaration" auf dem Tiananmen-Platz erklärten die Organisatoren der Studentenbewegung die Unterbrechung der Demonstrationen. Der Unterricht sollte am folgenden Tag wieder aufgenommen werden, und man wollte zu Dialogen mit der Regierung übergehen.

Damals wollte die Mehrheit der Studenten die normale Ordnung wiederherstellen, die meisten waren auch bereits in den Unterricht zurückgekehrt. Sie hofften, die Probleme in den Gleisen von Demokratie und Rechtssystem zu lösen. Da aber in aller Munde war, daß es unter den führenden Genossen im Zentralkomitee gegenüber der Studentenrevolte zweierlei Auffassungen, zweierlei Einschätzungen und zweierlei Methoden des Vorgehens gab, veränderte sich die Tendenz der öffentlichen Meinung auch deutlich. Als ein Grundton entstand, der dem Leitartikel diametral entgegengesetzt war, fühlten sich die breiten Massen der Kader und Aktivisten in Bedrängnis und standen vor einem Rätsel, da sie nicht wußten, wem sie folgen sollten. Eine Minderheit von Leuten, die nur fürchteten, es könnte ruhig im Lande werden, erkannte die günstige Gelegenheit und wurde erneut aktiv. Plötzlich verschlechterte sich die politische Situation. Die bereits abgeflaute Studentenrevolte flammte erneut auf, neue aggressive größere und kleinere Wandzeitungen tauchten immer zahlreicher auf. Die Forderungen für den Dialog mit der Regierung wurden immer höher geschraubt. Die wichtigsten Forderungen, die damals vorgebracht wurden, lauteten: 1. Völlige Negierung des Leitartikels der *Volkszeitung* vom 26. April; Negierung des Kerns [des Problems], daß nämlich eine sehr kleine Minderheit von Leuten unter dem Deckmantel der Studentenrevolte Aufruhr stiftete; Anerkennung, daß diese Studentenrevolte eine großartige patriotische und demokratische Bewegung sei. 2. Anerkennung der während der Studentenrevolte gegründeten illegalen autonomen Studentenorganisationen. Die Regierung dürfe nur mit von ihnen gewählten Studentenvertretern in einen Dialog treten, nicht aber mit Vertretern der legalen Studentenorganisationen. 3. Rehabilitierung von Qin Benli, dem Chefredakteur des *Weltwirtschaftsboten*. 4. Rücknahme der zehn vom Ständigen Ausschuß des Beijinger Volkskongresses erlassenen Bestimmungen für Demonstrationen. Später wurden dann diese Forderungen auf die beiden ersten konzentriert, insbesondere auf die erste. Gleichzeitig trieb eine Minderheit von Leuten ein doppeltes Spiel. Einerseits erklärten sie, daß sie mit der Regierung in einen Dialog treten wollten, andererseits propagierten sie, daß die Regierung nicht aufrichtig sei und die Forderungen der Studenten nicht befriedigen könne. Am Nachmittag des 13., einige Stunden nachdem sie die vom Zentralkomitee und vom Staatsrat entworfene Mitteilung über die Vorbereitung eines Dialogs erhalten hatten, tischten sie eiligst das längst vorbereitete "Hungerstreik-Manifest" auf und schoben einige sogenannte freiwillig hungerstreikende Studenten in die erste Linie. Damals konnten Partei und Regierung, obwohl sie eine Menge Arbeit leisteten, um eine Verständigung herbeizuführen, überhaupt keine Erfolge erzielen.

Am Nachmittag des 13. Mai zogen über 200 Studenten von 20 Hochschulen unter dem Schutz von mehr als 1.000 Leuten zum Sitz- und Hungerstreik auf den Tiananmen-Platz. Danach wurden die Reihen der Hungerstreikenden täglich größer. Ihr Höchststand, heißt es, lag bei mehr als 3.000 Menschen. Die Zuschauermenge war sehr groß. Bis zum 19. wurden insgesamt 3.500 Studenten infolge des Hungerstreiks ohnmächtig und ins Krankenhaus zur Notversorgung gebracht. Davon mußten über 2.500 zur Behandlung im Krankenhaus bleiben. Diese massive Hungerstreikaktion zog die Aufmerksamkeit der ganzen Gesellschaft auf sich, die Mehrheit der Massen zeigte Sympathie.

Im Verlauf des Hungerstreiks der Studenten waren Partei und Regierung von größter Sorge erfüllt und taten unter Einsatz aller Kräfte auf allen Gebieten das ihnen Mögliche. Vor allem leisteten sie ideologische Führungsarbeit. Die Genossen [Zhao] Ziyang, Li Peng, Qiao Shi, [Hu] Qili, [Li] Tieying, [Yan] Mingfu sowie Sekretäre, Mitglieder des Ständigen Ausschusses und stellvertretende Bürgermeister der Beijinger Stadtregierung begaben sich nacheinander an den Ort des Hungerstreiks und in die Krankenhäuser, um die hungerstreikenden Studenten zu besuchen. Sie leisteten Überzeugungsarbeit, indem sie ihnen ins Gewissen redeten und Toleranz und Großmut an den Tag legten. Als nächstes besorgten sie im Namen des Roten Kreuzes nacheinander über 100 Krankenwagen und stellten mehrere hundert Sanitäter ab, damit sie Tag und Nacht den Ort des Hungerstreiks hüteten. Überdies mobilisierten sie 52 Krankenhäuser zur Bereitstellung von fast 2.000 Betten, um die Erste Hilfe und Behandlung von Studenten, die infolge des Hungerstreiks unter Schock standen oder krank waren, sicherzustellen. Drittens stellten sie Materialien aller Art zur Verfügung, um möglichst das Leid der hungerstreikenden Studenten zu lindern und ihre Sicherheit zu gewährleisten. Parteikomitee und Regierung der Stadt setzten Kader, Arbeiter und Fahrzeuge ein, damit sie im Namen des Roten Kreuzes Tag und Nacht Trinkwasser für die Hungerstreikenden transportierten. Sie brachten Salz und Zucker. Die Behörde für Umwelthygiene stellte Sprengwagen zur Verfügung und lieferte Wasserschüsseln und Handtücher, damit sich die hungerstreikenden Studenten waschen und den Mund spülen konnten. Arzneifirmen versorgten sie reichlich mit Medikamenten zur Vorbeugung gegen Hitzschlag, Erkältung und Durchfall, die durch das Rote Kreuz verteilt wurden. Die für Nahrungsmittel zuständigen Behörden schickten große Mengen von Getränken und Brot etc., damit sie im Notfall zur Rettung der Studenten zur Verfügung stünden. Die für den Handel zuständigen Behörden besorgten 6.000 Strohhüte. Die Militärregion Beijing leistete mit 1.000 Baumwollsteppdecken Unterstützung, damit die hungerstreikenden Studenten tagsüber vor der Hitze und nachts vor der Kälte geschützt waren. Zur Aufrechterhaltung der Hygiene am Ort des Hungerstreiks wurden provisorische Spülklos, die sonst an Feiertagen eingesetzt werden, aufgestellt. Arbeiter für Umwelthygiene führten bis tief in die Nacht Reinigungsarbeiten am Ort des Hungerstreiks durch. Vor dem großen Regen am 18. wurden von der Hauptgesellschaft für öffentlichen Verkehr 78 Busse bereitgestellt, und die Behörde für Materialversorgung beschaffte mehr als 400 dicke Holzbretter als Schutz für die hungerstreikenden Studenten vor Regen und Nässe. Lehrer und alle Teile der Gesellschaft kümmerten sich auf jede erdenkliche Weise um die hungerstreikenden Studenten. Viele alte Professoren, alte Schuldirektoren und alte Sekretäre kamen persönlich an den Ort des Hungerstreiks und baten die Studenten, den Hungerstreik zu beenden, ärztliche Versorgung anzunehmen und in die Schulen zurückzukehren. Sie waren voll tiefer Zuneigung und sprachen mit tränenerstickter Stimme. Die breiten Massen der medizinischen Mitarbeiter arbeiteten Tag und Nacht unermüdlich und gewährleisteten so die Sicherheit des Lebens der hungerstreikenden Studenten. Aus allen Kreisen der Gesellschaft ertönten dringende Appelle, die führenden Genossen des Zentralkomitees sollten mit den Studenten unverzüglich in einen Dialog treten und die Studenten sollten auch Zurückhaltung üben, damit sich die Lage nicht ausweite.

Aus all dem ist ersichtlich, daß die Partei und die Regierung und die ganze Gesellschaft den hungerstreikenden Studenten gegenüber eine Haltung der tiefen Betroffenheit, Fürsorge und Verantwortung eingenommen hatte. Aber all diese Anstrengungen führten keineswegs zu einem Abklingen der Studentenrevolte. Im Gegenteil, wegen der falschen Tendenz der öffentlichen Meinung und des kräftigen Ansporns, wegen des fortgesetzten Aufhetzens durch eine sehr kleine Minderheit, wegen der radikalen Stimmung bei einem Teil der Studenten und wegen der Unkenntnis der breiten Massen vom wahren Sachverhalt entwickelte sich die Studentenbewegung in eine noch extremere Richtung. Zu einem Zeitpunkt galt es scheinbar schon als "unpatriotisch", sich nicht an den Demonstrationen zu beteiligen. Ab dem 15. Mai gab es immer mehr Leute, die auf die Straße demonstrieren gingen - von Zehntausenden, Hunderttausenden bis fast zu einer Million. Und an den Demonstrationen nahmen nicht nur Studenten teil, es waren auch Arbeiter, Bauern, Kader aus Behörden, Mitarbeiter der demokratischen Parteien bis hin zu Mittel- und Grundschülern und sogar Babys aus dem Kindergarten dabei, auch einige Kader und Polizisten aus den Organen der Justiz und Diktatur, dazu einige Kader und Kämpfer einzelner Militärakademien. Von auswärts kamen auch über 20.000 Menschen nach Beijing angereist, um die Hungerstreiks zu unterstützen. Solche Handlungsweisen haben die hungerstreikenden Studenten wirklich in eine Sackgasse getrieben. Außerdem haben manche Nachrichtenmedien nicht nur keine korrekte Lenkung ausgeübt, sondern haben sich auch noch bis zum Überdruß in Propaganda und Agitation ergangen und so die schlechte Lage noch verschlimmert. Besonders schwerwiegend war, daß angesichts eines solch gewaltigen Ausmasses und der pausenlosen Demonstrationen eine sehr kleine Minderheit von Leuten ohne jede Scham und Scheu erneut allerlei Parolen aufstellte, die die Partei und den Sozialismus angriffen und beleidigten. Sie richteten die Speerspitze ihrer Angriffe auf den Genossen Deng Xiaoping, und manche forderten sogar öffentlich: "Deng Xiaoping, tritt ab!", "Wir fordern nachdrücklichst [Deng] Xiaopings Parteiaustritt!", "Wir wollen keine Staatenlenker chinesischer Prägung!", "Bekämpft die Herrschaft des Oligarchen, Schluß mit der Politik der alten Männer!" Auf manchen Losungen hieß es: "Deng Xiaoping ist grausam, und Zhao Ziyang gerissen!", "Wenn Li Peng abtritt, ist das Land dankbar und das Volk beruhigt!" Auf manchen Transparenten stand noch ganz offen der Ruf: "Chinas Walesa, wo bist du?"

All dies zeigt klipp und klar, daß diese Studentenrevolte, die sich inzwischen auf die ganze Gesellschaft ausgeweitet hat, auf keinen Fall mehr eine gewöhnliche Revolte ist, sondern daß es da Leute gibt, die sich die Studentenrevolte zunutze machen, um Aufruhr anzuzetteln. Das ist von seinem Charakter her ein äußerst schwerwiegender politischer Kampf ...

Die Länge dieser Studentenrevolte, die Größe ihres Ausmasses, die Breite ihrer Wirkung auf die Gesellschaft und der Grad ihres schlechten Einflusses übertreffen alle vorangegangenen Studentenrevolten. Vier Anstürme auf das Xinhuamen und mehrmalige Besetzung des Tiananmen-Platzes, solche Vorfälle hat es selbst in den zehn Jahren der inneren Unruhen [der Kulturrevolution] nicht gegeben. Daß mehrere tausend Menschen sieben Tage lang auf dem Tiananmen-Platz hungerstreiken, auch dieses Phänomen hat es bei keiner der Studentenrevolten seit der Staatsgründung gegeben. Daß man sich als Zeitpunkt für den Hungerstreik diesmal Gorbatschows Chinabesuch aussuchte, hat die großen außenpolitischen Aktivitäten des Staates schwerwiegend gestört und dem Ansehen des Staates geschadet. Die vom Hungerstreik entfachten, tagelang anhaltenden Demonstrationen, an denen Hunderttausende, ja an die eine Million Menschen teilnahmen, haben sogar die Ära der Kulturrevolution, als die Roten Garden in großem Umfang Verbindungen knüpften, übertroffen, so daß sich der Anarchismus wieder ausbreitete, einige Gesetze und Verordnungen des Staates nur auf dem Papier standen und es zu einer gravierenden Erschütterung unserer Gesellschaft kam. Insbesondere wurden böse Gerüchte in die Welt gesetzt, üble Nachrede verbreitet, persönliche Angriffe vorgetragen, Demokratie und Rechtssystem angegriffen - das alles erreichte den Gipfelpunkt, und die Auswirkungen davon sind äußerst schädlich.

Diese Studentenrevolte hat die Ordnung der Produktion, der Arbeit und des Alltagslebens ernsthaft sabotiert. Der Verkehr im Stadtgebiet ist quasi lahmgelegt. Zahlreiche Angestellte und Arbeiter sind am Weg zur Arbeit gehindert, was direkt die Produktion beeinträchtigt. Von den 425 großen und mittleren Schwerpunktbetrieben, die der Wirtschaftskommission der Stadt unterstellt sind, haben 35 ihre Produktion bereits zur Hälfte eingestellt, 16 Betriebe haben ihre Produktion bereits ganz eingestellt. Da die Banken täglich ihre Gelder nicht pünktlich abrechnen können, führt das in einem bestimmten Ausmaß zu finanziellem Durcheinander. Einige Tankstellen bitten um Hilfe in der Not. Flüssiggas und Kohle für die privaten Haushalte können nicht pünktlich geliefert werden, Frischmilch kann nicht pünktlich zur Verfügung gestellt, Zeitungen und Post können nicht pünktlich ausgetragen werden. Die Straßenreinigung und die Müllabfuhr sowie die Reinigung der öffentlichen Toiletten können nicht normal durchgeführt werden. Sauerstoff für die Krankenhäuser wird nicht pünktlich geliefert, was bereits direkt das Leben der Massen beeinträchtigt. Jeden Tag können nur gut 2 Mio. Pfund Gemüse in die Stadt gebracht werden, was nicht ausreicht, um den Mindestbedarf zu decken. Dadurch steigen die Gemüsepreise, der Preis für Gurken ist bereits von 5 Mao auf mehr als 1 Yuan pro Pfund gestiegen. Auch die Zuteilung von Fleisch, Sojasauce und Essig ist beeinträchtigt. Die Absatzmengen der großen Basare wie Wangfujing, Dong'an Markt, Xidan und Longfusi sinken drastisch. Seit dem 27. April sind sie je nach Markt um 20, 27, oder 30 Prozent gesunken, auf einigen sogar um die Hälfte. Die öffentliche Sicherheit der Gesellschaft wurde verletzt. Schon passiert es, daß Verbrecher Banken plündern. In diesen Tagen kommt es häufig vor, daß Leute nach dem Essen die Rechnung nicht begleichen, nach dem Einkaufen nicht zahlen, tanken, ohne Benzintickets abzugeben, oder sogar öffentliche Verkehrsmittel abfangen. Einige gesetzlose Elemente rotten sich in den Geschäftsvierteln zusammen und kündigen drohend an, daß sie "unbedingt randalieren"' wollten. Ständig besteht die Möglichkeit, daß es zu Schlägereien, Randale, Plünderungen und Brandstiftung kommt.

Besonders gravierend ist, daß diese Studentenrevolte nicht nur die politische, wirtschaftliche und gesellschafte Ordnung der Hauptstadt zerstört, sondern auch die gegenwärtige Stabilität und Einheit im ganzen Land negativ beeinflußt und zerstört hat. In den letzten Tagen sind in über 20 großen und mittelgroßen Städten die Menschen zu Demonstrationen auf die Straße gegangen. Im Mindestfall beteiligten sich ein paar tausend, im Höchstfall an die 10.000 Menschen. In Orten wie Shanghai und Taiyuan kam es zu Hungerstreik-Petitionen. All dies zeigt, daß die Situation, mit der wir konfrontiert sind, äußerst kritisch ist. Diese Studentenrevolte könnte sehr leicht in einen landesweiten Aufruhr ausarten und - einmal geschehen - eine Lage schaffen, die nicht mehr in den Griff zu bekommen ist, und ein China mit großen Zukunftsperspektiven in ein unerträglich chaotisches China ohne Zukunft verwandeln. An diesem entscheidenden Punkt sind wir entschlossen, für das Schicksal der Partei, für die Zukunft des Landes und für die Interessen des Volkes sowie zum Schutz der breiten Massen der Hochschulstudenten, die in die Studentenrevolte hineingezogen wurden, unter der direkten Führung des Zentralkomitees der Partei und des Staatsrats sowohl entschiedene als auch umsichtige Maßnahmen zu ergreifen, um diese Studentenrevolte möglichst schnell zu befrieden. Gleichzeitig muß ernsthaft gegen die Korruption vorgegangen werden, um das Vertrauen der Bevölkerung zu gewinnen. Wir müssen nach Kräften die gegenwärtige Arbeit verrichten und alles daran setzen, um die Stabilität und Einheit in der Hauptstadt und im ganzen

19. Mai 1989

Land zu wahren und das große Werk der Reform und des Aufbaus der Vier Modernisierungen voranzutreiben.
(GJJ, Juni 1989, S. 94 ff.)

Aus Pressekreisen verlautet, daß VBA-Einheiten mit Nutzfahrzeugen, gepanzerten Fahrzeugen und Panzern in der Nacht von Fengtai, Liuliqiao, Shazikou, Hujialou und anderen Bezirken aus in Richtung Innenstadt vorstoßen. (BYT, 10.6.89, S. 27)

Einem hohen Parteifunktionär zufolge wurden die Truppen entgegen der üblichen Praxis nicht vom Generalstab der VBA mobilisiert, sondern von der politischen Abteilung der VBA, die von Yang Baibing, dem jüngeren Bruder Yang Shangkuns, geleitet wird. (J. Leung, in: AWSJ, 29.5.89)

Zur Stärke der eingesetzten Truppen und dazu, wann sie in den Außenbezirken der Hauptstadt zusammengezogen worden sind, gibt es unterschiedliche Angaben:
- Verbände der VBA, deren Gesamtstärke auf rund 30.000 Mann geschätzt wird, beziehen am Abend rund um die Stadt Stellung. (J. Kahl, in: SZ, 22.5.89)
- Bereits vor Tagen zusammengezogene Truppen aus Chengde, Datong und Handan mit einer Stärke von 200.000 Mann erhalten noch in der Nacht zum Samstag den Befehl, in Beijing einzumarschieren. Die seit April in Beijing eingesetzten Eliteeinheiten des 38. Armeekorps sind offenbar infolge der ständigen Kontakte mit Studenten und Bevölkerung nicht mehr einsatzfähig. Viele Soldaten und Kommandeure weigern sich, gegen die Studenten vorzugehen. Die neuen Soldaten hingegen sind wochenlang von allen Nachrichten abgeschirmt worden und völlig desorientiert. (T. Reichenbach, in: taz, 22.5.89)
- Nach wohlunterrichteten Quellen sollen fünf Armeekorps - 200.000 Mann - vor den Toren der Stadt massiert sein. (F. Deron, in: LM, 21./22.5.89)

Chen Yizi berichtet, daß es den Truppen bereits seit einer Woche [also schon seit dem 12. Mai] untersagt worden sei, Zeitung zu lesen, Radio zu hören oder fernzusehen. (Chen Yizi, *Zhongguo...",* S. 164)

In mehreren Vororten Beijings werden Lastwagenkonvois mit Soldaten gesichtet. Doch ehe die Meldungen den Tiananmen-Platz erreichen, stellen sich bereits die ersten Menschengruppen den anrückenden Einheiten in den Weg. (W. Adam, in: FAZ, 22.5.89)

Die Gruppe von Motorradfahrern [die Fliegende Tiger-Brigade] dient als Kurier. Sie verbreitet die Nachricht von den Truppenbewegungen in den Stadtteilen und ruft die Bevölkerung zum Bau von Straßenblockaden auf. (T. Reichenbach, in: taz, 1.6.89)

Nach Einbruch der Dunkelheit wird ein Konvoi von 100 Armeelastwagen mit etwa 4.000 Soldaten in einem westlichen Vorort von etwa 10.000 Menschen gestoppt. Sie singen: "Laßt sie nicht durch!" (rtr, nach TN, 20.5.89)

Von Westen stößt eine Kolonne von 50 Militärfahrzeugen mit 2.000 Soldaten auf das Zentrum vor. Der Konvoi wird von Demonstranten gestoppt. Von Osten her nähern sich weitere 34 Lastwagen dem Tiananmen-Platz. (rtr, nach: NZZ, 21./22.5.89)

Beijinger Einwohner blockieren die Straßen mit großen Zementrohren und Lastern. Eine Kreuzung wird durch einen Sattelschlepper versperrt; nur einzelne Autos können passieren. Männer mit weißen Stirnbändern, auf denen "Demokratie und Freiheit" steht, kontrollieren Ausweispapiere, um Polizisten und Sicherheitskräfte aufzuspüren. In Liuliqiao im Südwesten Beijings blockieren Tausende von Einwohnern und Studenten mit Straßensperren einen Konvoi von 30 Armeelastwagen. Sie skandieren: "Die VBA gehört zum Volk", "Patriotismus ist kein Verbrechen". Junge Männer klettern auf die Lastwagen und sprechen mit den Soldaten. Diese lachen und diskutieren mit ihnen über die Studentenbewegung. Chinesische AK-47 Gewehre liegen in ihrem Schoß. Manche weigern sich, mit den Studenten zu sprechen. Über Lautsprecher verliest eine Studentin einen offenen Brief: "Liebe Soldaten, jetzt ist der kritische Punkt erreicht. Hört auf die Leute, die euch umzingeln! Unsere Bewegung ist eine patriotische, demokratische Bewegung." (rtr, ap, nach: TN, 21.5.89)

Am westlichen Rand der Stadt schleichen sich Einwohner an mehrere Dutzend Armeelastwagen heran, die mit Soldaten besetzt sind, und umwickeln sie mit Drähten. Als eine andere Truppe Einwohner nach dem Weg fragt, wird sie in eine Sackgasse gewiesen. Bevor die Soldaten feststellen, daß sie getäuscht worden sind, haben die in der Nachbarschaft wohnenden Menschen ihnen bereits den Rückweg blockiert. (J. Wong, in: AWSJ, 29.5.89)

Unter den Wagenkolonnen der VBA, die zur Durchsetzung des Ausnahmezustands nach Beijing gerufen wurden und denen die Einwohner den Weg versperren, befinden sich fünf zu einer Luftwaffeneinheit gehörende Armeefahrzeuge, die für den Transport von Luftwaffen genutzt werden. Sie kamen von einer Fabrik und sind "durch reinen Zufall" in den Konvoi geraten. Die Einwohner fürchten aber, daß diese Fahrzeuge Giftgas transportieren. Nachdem die Truppen den Menschen mehrfach versichert haben, daß dies nicht der Fall sei, kehren die Fahrzeuge am folgenden Abend [20. Mai] auf Umwegen zu ihrem Standort zurück. (*Xinhua*, 27.5.89, nach SWB, 31.5.89)

Überall in der Stadt werden am Abend Plakate angeklebt, die sich an die von der Führung in Marsch gesetzten Soldaten wenden. Darauf heißt es etwa: "Vor 40 Jahren haben wir euch begrüßt als Befreier unserer Stadt Beiping [die damalige Bezeichnung für Beijing]. Heute wollen wir euch nicht. Warum? Weil ihr heute nicht unser Herz habt." (J. Erling, E. Siegl, in: FRu, 22.5.89)

Die Arbeiter der *Chinesischen Jugend-Zeitung* weigern sich, die Rede Li Pengs zu setzen. Sie drohen sogar, im Gebäude den Strom abzustellen, und geben erst nach, als ihnen erlaubt wird, ein Photo Zhao Ziyangs neben der Rede Li Pengs unterzubringen. (J. Wong, in: AWSJ, 29.5.89)

Shanghai
Der *Weltwirtschaftsbote* erscheint zum zweitenmal seit seiner politischen Ausrichtung verspätet [am Freitag statt am Montag]. (*Zhonggong yanjiu*, 15.6.89, S. 169)

Etwa eine Million Menschen demonstrieren in der Stadt. (*Beizhuang de minyun*, S. 75)

Nach anderen Berichten demonstrieren heute 100.000 Menschen in Shanghai, wobei sie Spruchbänder mit sich führen, die den Sturz von Deng Xiaoping und Li Peng fordern. Noch am Abend desselben Tag verkündet der Ständige Ausschuß des Parteikomitees von Shanghai auf Veranlassung von Jiang Zemin seine einmütige Unterstützung für die Rede Li Pengs zur Verhängung des Ausnahmezustandes in Beijing. (J.H. Maier, "Tian'anmen 1989...", S. 7)

Etwa 50.000 Studenten und Arbeiter, darunter an die 400 Hungerstreikende, planen, die Nacht auf dem Bund zu verbringen. Gegen Mitternacht heißt es, die Zentralregierung wolle hart durchgreifen. Zwei Stunden später hat sich die Menge zerstreut und eine Nachbildung der Freiheitsstatue, die als Symbol ihres Kampfes aufgestellt worden war, mitgenommen. Die Hungerstreikenden werden mit Bussen ins Krankenhaus gebracht. Ein Student der Tongji-Universität erklärt, er sei gegangen, um Konfrontation und Blutvergießen zu vermeiden: "Wir fürchteten, daß die Zentralregierung Truppen nach Shanghai entsenden könnte oder daß die Polizei uns hochnimmt. Als Studentenführer sind wir für die Sicherheit aller verantwortlich, vor allem für die Hungerstreikenden." (AW, 2.6.89, S. 28)

Tianjin
Zhang Wei, Leiter der Kommission für Außenhandel und außenwirtschaftliche Beziehungen der Stadtregierung von Tianjin, tritt aus Protest gegen die Haltung der Zentralregierung gegenüber den Studenten von seinem Amt zurück. (J. Fox, "... Consequences in Tianjin", S. 140)

Fujian
In Fuzhou versammeln sich mehr als 1.000 Studenten am Bahnhof. Über 300 von ihnen lagern auf den Gleisen und legen den Zugverkehr lahm. (*Radio Beijing*, 19.5.89, nach SWB, 23.5.89)

Auch in anderen Orten stürmt "eine kleine Anzahl" von Studenten an diesem Tag die Bahnhöfe und blockiert Züge in Richtung Beijing. (*Radio Fujian*, 27.5.89, nach SWB, 1.6.89)

Gansu
Radio Gansu verbreitet ein "dringendes Rundschreiben" des Parteikomitees und der Regierung der Provinz. Darin heißt es, im Raum Lanzhou und in einer ganzen Reihe weiterer Orte und Präfekturen befinde sich die gesellschaftliche Ordnung in einem Zustand der Instabilität. Der Lehrbetrieb sei an einigen Stellen eingestellt worden, im Bereich der Industrieproduktion sei die Lage sehr gespannt. Daher habe die Bevölkerung nachdrücklich verlangt, daß Partei und

Regierung der Provinz entschlossen Maßnahmen ergreifen, um die gegenwärtige Lage rasch zu ändern. (*Radio Gansu*, 19.5.89, nach SWB, 26.5.89)

Guangdong
Gegen 17.00 Uhr beträgt die Zahl der Studenten, die sich aus Solidarität mit ihren Beijinger Kommilitonen in Guangzhou vor dem Sitz der Provinzregierung versammelt haben, etwa 4.000. Das sind "merklich" weniger als am Vortag, dem 18. Mai, zur gleichen Zeit. Ein Studentenvertreter erklärt, daß die Studenten künftig keine Großdemonstrationen und Sitzstreiks mehr veranstalten wollten, da diese den Verkehr behinderten. Statt dessen werde man in der Stadt Propagandaarbeit leisten und Vorträge halten. (*Radio Guangdong*, 19.5.89, nach SWB, 26.5.89)

Hainan
In Haikou führen hochrangige Vertreter der Provinzregierung einen dreistündigen Dialog mit über 40 Studentenvertretern von acht Hochschulen Hainans. Das erste Thema sind die Demonstrationen Hainaner Studenten. Der Vizegouverneur Xin Yejiang erklärt, daß der Hungerstreik und die Petitionen der Beijinger Studenten "patriotische, demokratische und fortschrittliche Aktionen" seien. Er versucht aber, die Studenten Hainans davon abzuhalten, Solidaritätsgruppen nach Beijing zu entsenden, "um eine zusätzliche Belastung des Verkehrs zu vermeiden". Einige Studenten schlagen vor, daß die Regierung ihre Mercedes Benz-Limousinen verkaufen und statt dessen einheimische Autos kaufen sollte. (ZXS, 19.5.89, nach SWB, 26.5.89)

Henan
In Luoyang greifen "einige gesetzlose Elemente, die sich als Studenten ausgeben", das Gebäude der Stadtregierung und das Amt für Öffentliche Sicherheit an. Dabei verletzen sie einige Polizisten. Drei Gesetzesbrecher werden in Untersuchungshaft genommen. (*Radio Henan*, 20.5.89, nach SWB, 24.5.89)

Jiangsu
Die Strategie der Nanjinger Behörden, die Studenten-Aktivitäten auf die Universitäten zu beschränken, ist seit heute endgültig gescheitert. Die Innenstadt ist für Kraftfahrzeuge unpassierbar, denn überall marschieren Demonstranten. Wandzeitungen mit direkter Kritik an Deng Xiaoping und an den Korruptionserscheinungen hängen in der ganzen Stadt. Polizisten sind kaum zu sehen. Obgleich sich die Stadt in einem anarchischen Zustand befindet, herrscht eine entspannte Atmosphäre. Die Ankündigung über die Verhängung des Ausnahmezustandes in Beijing führt dazu, daß sich die Studenten der Nanjing-Universität sogleich zu einer Demonstration durch die Innenstadt formieren. (R. Lufrano, "Nanjing Spring...", S. 28f.)

In Nantong halten vier Arbeiter Autos und Lastwagen an, belästigen die Passagiere, zerschlagen die Scheiben und versuchen, die Fahrzeuge umzustürzen. Außerdem wiegeln sie 100 Einwohner auf, ein Büro der Sicherheitsbehörde zu stürmen. (*Radio Jiangsu*, 27.5.89, nach SWB, 1.6.89)

Jiangxi
In Nanchang demonstrieren Zehntausende von Studenten zur Unterstützung der Beijinger Kommilitonen. Dies ist die größte Demonstration, die es in diesen Wochen in der Stadt gegeben hat. Sie zieht Zehntausende von Zuschauern an. (ZXS, 22.5.89, nach SWB, 26.6.89)

Liaoning
In Shenyang demonstrieren neben den Studenten nun auch Arbeiter. Eine große Anzahl Studenten bricht nach Beijing auf, viele ohne gültige Zugfahrkarten. (A. Gunn, "... The Student Movement in Shenyang, 1989", S. 250)

Shaanxi
Seit gestern nehmen die Demonstrationen in Xi'an bislang unbekannte Ausmaße an. Wieder beteiligen sich außer den Studenten auch andere Bevölkerungsschichten an den Demonstrationen und spenden Geld. Immer mehr Arbeiter fahren mit Lkws durch die Straßen. Auf den Straßen sind kaum uniformierte Polizisten zu sehen. Xi'an ist außer Kontrolle geraten - dennoch ist es sehr friedvoll. An diesen zwei Tagen sollen sich beinahe 2.000 Studenten ohne Fahrkarten in die Züge gedrängt haben, um nach Beijing zu fahren. (J.W. Esherick, "Xi'an Spring", S. 223 u. 225)

Sichuan
Der Parteisekretär von Chongqing, Xiao Yang, trotzt schweren Regenfällen und folgt dem Beispiel Zhao Ziyangs und Li Pengs vom Vortag: Er sucht die hungerstreikenden Studenten um 2.00 Uhr früh auf, ermahnt sie, auf ihre Gesundheit zu achten und den Hungerstreik zu beenden, und verspricht, daß Möglichkeiten für einen Dialog geschaffen würden. (A. Chan, J. Unger, "Voices from the Protest Movement...", S. 267)

Zhejiang
Um 1.00 Uhr nachts suchen Wu Minda und andere Vizevorsitzende des Volkskongresses der Provinz die Studenten auf dem Wulin-Platz auf und bestätigen den patriotischen Geist der Studentenbewegung. Provinzparteisekretär Li Zemin besucht kranke Studenten im Krankenhaus. Am Nachmittag jedoch verbreiten Parteiführung sowie Provinz- und Stadtregierung einen offenen Brief an die hungerstreikenden Studenten und fordern sie auf, den Hungerstreik abzubrechen und an die Universitäten zurückzukehren. Es gibt Anweisungen für Angestellte und Arbeiter, nicht wieder zu demonstrieren und sich vom Wulin-Platz fernzuhalten. Offensichtlich gab es neue Direktiven aus Beijing, die zu einer härteren Gangart der Behörden gegenüber den nun schon seit über einen Monat andauernden Protesten auffordern. (K. Forster, "Impressions...", S. 105)

Die regionalen Rundfunksender melden wie am Vortag Demonstrationen in den Provinzen, diesmal in Gansu, Guangdong, Guizhou, Hainan, Henan, Heilongjiang, Hunan, Jilin, Qinghai und Yunnan sowie in den Autonomen Gebieten Guangxi, Innere Mongolei und Xinjiang. (SWB, 20.5.89)

20. Mai 1989, Samstag

- Beijinger Einwohner hindern VBA-Truppen am Einmarsch in die Stadt
- Über Teile Beijings wird der Ausnahmezustand verhängt
- Die Bevölkerung ignoriert die damit verbundenen Erlasse
- Die Provinzparteiführungen schwenken auf die harte Linie der Zentrale ein

Kurz nach Mitternacht bewegen sich Armeekonvois in Richtung Beijinger Zentrum. Sie werden von Menschenmengen aufgehalten. Reporter zählen mindestens 200 Armeelastwagen mit je 30 Soldaten auf den Straßen am Rande des Stadtzentrums. Die meisten Konvois führen Wasserkanonen mit sich, einige auch Tränengas-Kanister; Waffen sind nicht zu sehen. Laut Aussage von Beijinger Einwohnern gelangen einige Truppen mit der U-Bahn ins Stadtzentrum. Augenzeugen berichten, daß ein Konvoi von 60 Armeelastwagen auf der Westlichen Chang'an-Allee von tausenden Beijingern, die menschliche Barrikaden bilden, blockiert werden. "Tut es nicht, tut es nicht", rufen die Menschen, "ihr seid die Armee des Volkes." (ap, upi, rtr, nach: IHT, 20./21.5.89)

Als sich die Nachricht von den Truppenbewegungen verbreitet, alarmieren Motorradkuriere blitzschnell die Universitäten. Innerhalb weniger Stunden strömen 100.000 Studenten und mehrere hunderttausend Beijinger Bürger zu den Einfallstraßen und stoppen die Mannschaftswagen und Panzerfahrzeuge vor dem Stadtkern. (T. Reichenbach, in: taz, 22.5.89) Nach PB 13 sind diese Zahlen - wie viele andere Angaben der taz-Berichterstattung über die Studentenbewegung auch - reichlich übertrieben.

In den westlichen Vororten halten Einwohner 100 mit 4.000 Soldaten besetzte Lastwagen auf. Nordwestlich des Platzes werden 30 Lastwagen, die mit Stahlhelmen ausgerüstete Soldaten transportieren, von 1.000 Menschen umzingelt. (*Beizhuang de minyun*, S. 77)

Am Stadtrand blockiert, zeigen sich die Soldaten von "Worten, Tränen und Gefühlen von Bürgern und Studenten bewegt". Ein Offizier steckt am Verkehrsknotenpunkt Gongzhufen den Kopf aus dem Lastwagenfenster und erklärt aufgeregt: "Wir verstehen die Studenten. Seid ruhig! Wir werden niemals gegen sie vorgehen." In Hujialou, einem Vorort von Beijing, meint ein Soldat, indem er die Hände eines Arbeiters hält: "Versteht uns bitte! Ich habe auch Eltern, Brüder und Schwestern. Meine ältere Schwester ist auch auf dem Tiananmen-Platz. Wie sollten wir gegen die Studenten Gewehre einsetzen?" (BRu, 6.6.89, S. 12)

Das 27. Armeekorps sollte weisungsgemäß um 2.00 Uhr morgens mit der Räumung des Tiananmen-Platzes beginnen, auf dem sich 3.000 Hungerstreikende und Hunderttausende von Demonstranten befinden. (LSC, S. 52)

Die Rede Li Pengs auf der außerordentlichen Versammlung von Partei-, Regierungs- und Armeekadern wird um Mitternacht zum erstenmal und dann immer wieder bis zum frühen Morgen über Lautsprecher auf den Platz übertragen. (J. Kahl, B. Küppers, in: SZ, 22.5.89) Studenten und Beijinger Einwohner reagieren darauf mit Obszönitäten und stimmen Sprechchöre an: "Tritt zurück, Li Peng!" (AW, 2.6.89, S. 25 f.) Viele Studenten weinen. (LSC, S. 51)

Während die Rede Li Pengs kurz nach Mitternacht in Rundfunk und Fernsehen und auch über die Lautsprecheranlage auf dem Tiananmen-Platz übertragen wird, beginnt sich der Platz mit einer wachsenden Menge von Demonstranten, die offenbar zum Widerstand entschlossen sind, zu füllen. Armee-Einheiten haben bereits am Rand der Innenstadt Stellung bezogen. Zu dieser Zeit stehen 170 mit Planen überdeckte Militärlaster mit etwa 5.000 Soldaten rund sieben Kilometer westlich vom Platz an der großen Kreuzung, an der die zentrale Ost-West-Chang'an-Allee endet. Die Fahrzeuge werden von Menschenketten umringt, die das Weiterfahren der an der Kreuzung stehenden Kolonnen verhindern wollen. Dieser Truppenteil gehört nach übereinstimmenden Angaben zum 27. Armeekorps, das in Shijiazhuang stationiert ist. (Kl., in: NZZ, 21./ 22.5.89)

Nach Ablauf der Frist zum Verlassen des Tiananmen-Platzes überträgt das Fernsehen nach Mitternacht, wie Staatspräsident Yang Shangkun nach der Erklärung Li Pengs die Verlegung von Truppen in die Stadt bekanntgibt. Die Studenten auf dem Tiananmen-Platz erklären darauf eine am vorangegangenen Abend in konfuser Situation angeblich beschlossene vorübergehende Einstellung des Hungerstreiks für hinfällig. Im Stadtzentrum und auf dem Platz strömen Hunderttausende von Menschen zusammen. Ihren Forderungen nach Demokratie und Solidarität mit den Studenten und ihren Rufen nach dem Rücktritt von Deng Xiaoping und Li Peng wird Beifall geklatscht. (B. Küppers, in: SZ, 22.5.89)

Nach einer anderen Darstellung ruft der "Autonome Studentenverband Beijing" die Vertreter aller Universitäten und Hochschulen zu einer Sitzung zusammen. Nachdem diese ihre Meinung geäußert haben, wird um 1.40 Uhr öffentlich verkündet, daß die 200.000 auf dem Platz befindlichen Studenten aus Protest [gegen den Regierungsbeschluß, VBA-Truppen nach Beijing zu rufen] in den Hungerstreik träten. Das wird von den versammelten Studenten mit einem Beifallssturm aufgenommen. Als sich aber die Nachricht vom Vormarsch der VBA-Soldaten verbreitet, verkünden Studentenführer das Ende des Hungerstreiks. Trotzdem setzt ein Teil der Hungerstreikenden die Aktion fort. (*Beizhuang de minyun*, S. 76, 78)

Um 3.00 Uhr morgens haben die meisten Studenten ihren Hungerstreik aufgegeben. Einige sind in die Hochschulen oder nach Hause zurückgekehrt. Die 80 vom Roten Kreuz bereitgestellten Busse sollen gesäubert und weggefahren werden. Noch immer drängen sich Tausende von Studenten auf dem Platz. (CD, 20.5.89)

Studenten erklären, sie würden die Straßen blockieren, falls die Armeelastwagen versuchten, den Platz zu erreichen. (P. Ellingsen, C. McDougall, in: FT, 20.5.89)

Nach Übertragung der Rede Li Pengs geben die Studentenführer die Anweisung, daß alle Mädchen den Platz verlassen sollten. 50 Militärlastwagen, so wird gemeldet, hätten sich dem Stadtzentrum bis auf 6 km genähert. "Wir sind sehr nervös", sagt eine Medizinstudentin, die an der Ostseite des Platzes die Fahrspur für die Ambulanzen freihält. "Wir müssen damit rechnen, daß die Soldaten hart gegen uns vorgehen." (M. Naß, in: *Die Zeit*, 26.5.89)

Am Verkehrsknotenpunkt Gongzhufen halten sich 40 Armeelastwagen bereit, zum einige Kilometer entfernten Tiananmen-Platz vorzustoßen. Um 3.30 Uhr aber versperren ihnen einige Reihen von Polizisten den Weg. Unklar ist, ob sie weisungsgemäß handeln oder nicht. (LSC, S. 52)

Die Rede Li Pengs vor militärischen und zivilen Kadern wird den Studenten und anderen Demonstranten wieder und wieder mittels Lautsprechern einzutrichtern versucht. Im Morgengrauen lautet die ebenfalls mit Lautsprechern in Form eines Appells an die chinesische Presse verbreitete Reaktion der Studenten: "Publiziert dieses Gerede nicht!" Und "an die Adresse der Auslandskorrespondenten" wird in englischer Sprache hinzugefügt, auf den Philippinen habe einst ein Präsident Marcos die Armee gegen das Volk einsetzen wollen und sich nach Amerika flüchten müssen. Mithin dränge sich die Frage auf: "Welches Schicksal wird unserem Marcos beschieden sein?" Aus Militärhubschraubern schweben Flugblätter auf die Menge nieder. Tränengas wird angedroht. "Wir brauchen Hilfe aus dem Ausland", drängt eine Studentin. "Bitte informieren Sie das Rote Kreuz", fügt eine Krankenschwester hinzu. Erste Gasmasken werden ausgeteilt, aus Lautsprechern auf dem Platz Instruktionen über das Verhalten beim Einsatz von Tränengas verbreitet. (W. Adam, in: FAZ, 22.5.89)

Gegen 5.00 Uhr morgens gibt der "Autonome Arbeiterverband Beijing" eine Bekanntmachung heraus:

DOKUMENT

Bekanntmachung des Organisationsbüros des Autonomen Arbeiterverbands Beijing (Nr. 1)

Vorbereitungskomitee des Autonomen Arbeiterverbands Beijing

Der Autonome Arbeiterverband Beijing ist eine Organisation der Arbeiter Beijings mit Übergangscharakter, die in einer außergewöhnlichen Zeit spontan entstanden ist. Seine Ziele sind: die Demokratie zu erkämpfen, die Alleinherrschaft zu bekämpfen, die hungerstreikenden Studenten zu unterstützen, sich mit ihnen solidarisch zu erklären und sie zu schützen sowie gemeinsam mit den Studenten und den anderen Volksschichten des ganzen Landes den Demokratisierungsprozeß Chinas voranzutreiben. Zu diesem Zweck ruft der Verband auf:

1. Arbeiter und Angestellte aller Branchen der Stadt Beijing (ausgenommen sind die Strom- und Wasserversorgung, die Post und das Fernmeldewesen) sollen am 20. Mai um 12.00 Uhr in den Generalstreik treten, bis die Besatzungstruppen vollständig aus der Stadt abgezogen sind.
2. Die Armee soll entschieden am Einmarsch in die Stadt gehindert werden, die bereits errungenen Erfolge der jetzigen Demokratiebewegung sollen gesichert werden, die gegenwärtig bestehende Ordnung auf dem Tiananmen-Platz soll aufrechterhalten werden, alle Fahrzeuge jeglicher Einheit sollen benutzt werden, um die Hauptzufahrtswege in die Stadt und alle U-Bahn-

Ausgänge zu blockieren, und der gewohnte Dienst der Rundfunk- und Fernsehstationen soll sichergestellt werden.
3. Menschen aus allen gesellschaftlichen Bereichen der ganzen Stadt sollen zusammenwirken, um unter der großen Masse der Offiziere und Soldaten, die in Beijing stationiert wurden, eifrig die Wahrheit über die Lage zu verbreiten.
20. Mai 1989
(*Zhongguo minyun yuan ziliao jingxuan*, S. 29)

Als am Morgen ein kleiner Konvoi von Armeelastwagen, bestückt mit Tränengas und Wasserwerfern, durch den Osten Beijings rollt, legt sich eine alte Straßenfegerin auf die Straße und stoppt den Konvoi. Sofort sind die Soldaten von mehreren hundert Studenten und Stadtbewohnern umringt, die sie mit Fragen und Vorwürfen überhäufen, ihnen aber auch Frühstück geben: Brot, Coca-Cola und Eis am Stil. "Wir wollen das Volk auf keinen Fall unterdrücken", erklärt ein Offizier der Menge. "Wir sind Soldaten des Volkes." Dann ziehen sich die Soldaten auf dem Weg zurück, auf dem sie gekommen sind. Einige von ihnen sind so bewegt, daß sie leise weinen. (S. WuDunn, in: IHT, 22.5.89)

Ein Student von der Hochschule für Naturwissenschaft und Technik, der geholfen hat, in den Randgebieten von Beijing eine Kolonne von Armeelastern zu stoppen, berichtet, daß den Soldaten erzählt worden sei, sie kämen zu Übungszwecken nach Beijing. (A. Ignatius, in: AWSJ, 22.5.89)

Zumindest einige Soldaten sagen, daß sie von ihren Führern angewiesen worden seien, weder aktuelle Zeitungen zu lesen, noch die Nachrichten im Fernsehen zu verfolgen. (S. WuDunn, in: IHT, 22.5.89) Den Soldaten wurde eine Woche lang verboten, Zeitungen zu lesen, Rundfunk zu hören und fernzusehen. Sie durften nur den Leitartikel der *Volkszeitung* vom 26. April studieren. (*Beizhuang de minyun*, S. 77)

Die Soldaten der VBA, deren nächtlicher Vormarsch in mehreren Stadtteilen von Einwohnern und Studenten gestoppt worden ist, ziehen sich am Morgen, gegen 8.00 Uhr, zurück - allerdings nicht weit. Stadtbewohner berichten, daß über 200 Lastwagen des 27. Armeekorps auf von Mauern umgebenen Parkplätzen und Schulhöfen versteckt seien. Mehrere Dutzend Lastwagen und etwa hundert Soldaten sind durch Löcher in der Hofmauer des VBA-Hotels 301 im Westen Beijings zu sehen. Studenten der Beijing-Universität betreten den Hof und erzählen den Soldaten, was tatsächlich in der Stadt vorgeht. "Sie hatten keine Ahnung", erzählt ein Student, "sie waren vollkommen von den Nachrichten abgeschnitten. Sie hatten Befehl, nicht mit uns zu sprechen, aber als sie die Wahrheit hörten, weinten einige von ihnen." "Schaut euch unsere jämmerlich bescheidenen Forderungen an - und sie senden die Armee gegen uns aus!" sagt ein anderer Student. (ap, nach TN, 21.5.89)

Wegen der Straßensperren können die Busse und Trolleybusse nicht mehr verkehren. Die meisten Einwohner sind gezwungen, zu Hause zu bleiben oder sich zu Fuß oder mit dem Fahrrad auf den Weg zur Arbeit zu machen. (CD, 23.5.89)

Der Staatsrat gibt am Morgen einen von Ministerpräsident Li Peng unterzeichneten Erlaß heraus, mit dem gemäß den Bestimmungen des Artikels 89, Ziffer 16 der Verfassung der VR China über Teile Beijings der Ausnahmezustand verhängt wird. Der Ausnahmezustand tritt am 20. Mai 1989 um 10.00 Uhr in Kraft. (RMRB, 21.5.89) Faktisch gilt der Ausnahmezustand im gesamten Stadtgebiet. Nach Lhasa ist Beijing jetzt die zweite Stadt der VR China im Ausnahmezustand.

Chinesische Rechtswissenschaftler sind der Ansicht, daß Li Peng bei der Ausrufung des Ausnahmezustands gegen Artikel 67 der Verfassung verstoßen hat (Kl, in: NZZ, 24.5.89). Laut Ziffer 20 dieses Artikels ist der Ständige Ausschuß des NVK zuständig für die Verhängung des Ausnahmezustands "im ganzen Land oder in einzelnen Provinzen, Autonomen Gebieten und provinzfreien Städten". Der Staatsrat hingegen entscheidet über die Verhängung des Ausnahmezustands "in *Teilen* [Hervorhebung durch die Autoren] der Provinzen, Autonomen Gebiete und provinzfreien Städte". Der Staatsrat ist also befugt, über Teile der Hauptstadt den Ausnahmezustand zu verhängen. Es gibt aber, so Oskar Weggel, bislang noch kein Gesetz, in dem die Voraussetzungen für diese Entscheidung und die Verfahrensweisen näher definiert werden (vergleiche "Das Kriegsrecht und seine Durchführung", in: C.a., Mai 1989, S. 363).

Im Zusammenhang mit der Verhängung des Ausnahmezustands gibt die Beijinger Stadtregierung drei vom Bürgermeister unterzeichnete Erlasse heraus. Dem ersten zufolge sind in den betroffenen Stadtbezirken - dem Östlichen und dem Westlichen Bezirk, Chongwen, Xuanwu, Shijingshan, Haidian, Fengtai und Chaoyang - Demonstrationen, Petitionen, Vorlesungsstreiks, Arbeitsniederlegungen und andere Aktionen verboten, bei denen sich Menschen zusammenrotten und die normale Ordnung gestört wird. Verboten ist auch, Gerüchte zu verbreiten und in der Öffentlichkeit Reden zu halten oder Flugblätter zu verteilen, um zu gesellschaftlichem Aufruhr anzustiften. Weiter ist verboten, führende Organe von Partei, Regierung oder Armee anzugreifen oder Rundfunk, Fernsehen und andere Schlüsseleinrichtungen zu attackieren. Zersetzende Aktivitäten wie Schlägereien, Zerstörungen, Plünderungen oder Brandstiftung sind ebenfalls strengstens untersagt. Gemäß den Bestimmungen des Ausnahmezustands haben die für die öffentliche Sicherheit zuständigen Beamten, die Mitglieder der bewaffneten Polizei und die im Dienst befindlichen Angehörigen der VBA das Recht, gegebenenfalls jede der oben genannten verbotenen Aktivitäten mit allen zu Gebote stehenden Mitteln zu unterbinden. Der zweite Erlaß untersagt allen Ausländern, sich an Aktivitäten chinesischer Bürger zu beteiligen, die gegen den Ausnahmezustand verstoßen. Der dritte Erlaß dient dazu, die Berichterstattung chinesischer wie ausländischer Journalisten einzuschränken. (RMRB, 21.5.89) - Bis zur Niederschlagung der Protestbewegung werden diese Erlasse von den meisten Adressaten ignoriert.

Der chinesische Runkfunk strahlt die Verfügungen an diesem und dem folgenden Tag wiederholt aus, ohne daß sich jemand an das Demonstrationsverbot zu halten scheint. Zeitungen kommen dagegen kaum oder gar nicht heraus. Auch die amtliche *Xinhua*-Nachrichtenagentur, die bis gestern (19. Mai) auffallend ausführlich über die Demonstrationen und den Hungerstreik berichtet hat, hüllt sich am Wochenende in Schweigen. Funk, Fernsehen und Presse sehen sich nach einer kurzen Periode von "Glasnost", die zeitlich mit dem Besuch von M. Gorbatschow zusammengefallen ist, kaum oder gar nicht mehr in der Lage, länger über die Demonstrationen in Beijing, Shanghai und anderen chinesischen Städten zu berichten. (W.A., in: FAZ, 22.5.89)

Es besteht eine offiziell nicht bestätigte Nachrichtensperre. Niemand ist autorisiert, Erklärungen abzugeben, ausgenommen ein Sprecher der Stadtregierung von Beijing. (J. Erling, in: HAZ, 22.5.89) Der begründet im Namen der Stadtregierung auf Fragen von Journalisten die Verhängung des Ausnahmezustands mit den in der Stadt herrschenden anarchischen Zuständen. Der Einmarsch der Truppen richte sich nicht gegen die Studenten. Die Armee solle vielmehr garantieren, daß die Einwohner normal produzieren, arbeiten, lernen und leben könnten, daß die zentralen wie städtischen Parteiorgane und Regierungsbehörden normal arbeiten könnten, daß die Sicherheit von wichtigen Behörden und Einheiten gewährleistet sei, daß es keine Übergriffe auf öffentliches Eigentum gebe und daß Leben und Eigentum der Beijinger Einwohner sicher seien. (RMRB, 22.5.89)

Die Auslandsleitungen mehrerer Nachrichtenagenturen werden zeitweilig unterbrochen. Ausländischen Journalisten wird der Aufenthalt in den Straßen zum Zweck der Berichterstattung untersagt. (J. Kahl, in: SZ, 22.5.89)

Soldaten in Zivil besetzen die Büros der wichtigsten Zeitungen, um sicherzustellen, daß die Journalisten und Redakteure, die offen gegen die Zensur revoltieren, ihre Berichte der offiziellen Linie anpassen. Mindestens 75 [250 Offiziere und Soldaten laut Kl., in: NZZ, 25.5.89] sollen sich in den Redaktionsräumen der *Volkszeitung* aufhalten. Chinesischen Quellen zufolge stehen nur zwei der acht wichtigsten Zeitungen der Stadt - die *Beijing-Tageszeitung* und die *Wirtschaftszeitung* - nicht unter Militärkontrolle. Von den kleineren Zeitungen der Stadt soll einzig die *Tageszeitung für Wissenschaft und Technik* nicht durch die Armee kontrolliert werden. (IHT, 23.5.89)

Am Nachmittag ruft die Parteiführung unter Vorsitz von Li Peng und Yang Shangkun eine Sitzung ein. An ihr nehmen Funktionäre auf Ministerebene und darüber sowie alte Funktionäre von der achten Kaderrangstufe an aufwärts teil. Auf der Sitzung werden drei Befehle erlassen. (ZM, Juni 1989, S. 7) Über den Inhalt wird nichts bekannt.

Seit Ausrufung des Ausnahmezustands werden die Universitäten und Hochschulen von den Studenten mit starken Wachen vor den Toren geschützt, da man Razzien und die Verhaftung der Studentenführer befürchtet. (T. Reichenbach, in: taz, 22.5.89)

Die Bevölkerung organisiert Wasserwagen und Nahrung für die Studenten auf dem Tiananmen-Platz. (J. Erling, in: HAZ, 22.5.89)

In der Nähe des Tiananmen-Platzes werden drei Panzer gesichtet, ebenso Lastwagen mit Tränengas-Behältern. (rtr, ap, nach: TN, 21.5.89)

Der Betrieb der U-Bahn, die täglich etwa eine Million Passagiere befördert, wird eingestellt. Es heißt, in allen U-Bahn-Stationen würden Truppen stationiert. Dies wird von einer Funktionärin einige Tage später dementiert. Bislang sei die Beijinger U-Bahn-Gesellschaft nicht angewiesen worden, Truppen zu transportieren. Die Einstellung des Betriebs sei vielmehr wegen der schwerwiegenden Verkehrsstauungen auf den Straßen erfolgt, die seit dem 17. Mai immer mehr Fahrgäste in die U-Bahn getrieben [und diese überlastet] hätten. Auf die Frage, warum die U-Bahn-Betriebsgesellschaft ausgerechnet am 20. Mai um 10.00 Uhr den Betrieb eingestellt hätte, zu der Zeit also, als der Ausnahmezustand in Kraft tritt, verweigert die Funktionärin eine Antwort. (ZTS, 26.5.89, nach SWB, 30.5.89)

Die Stromversorgung der U-Bahn wird von den Beschäftigten sabotiert, so daß auch auf diesem Weg keine Invasion möglich ist. (T. Reichenbach, in: taz, 22.5.89)

30 Studenten legen sich vor den U-Bahn-Ausgang "Qianmen" in der Nähe des Tiananmen-Platzes. Sie wollen die Soldaten bremsen, die sie aus dem Untergrund erwarten. Sie weigern sich seit Beginn ihrer Aktion, zu essen und zu trinken oder sich ablösen zu lassen. Auch vor dem Nordeingang der Großen Halle des Volkes wartet eine große Gruppe von Studenten auf Soldaten, die sie in dem großen Gebäude vermuten. Immer wieder erklingt die Internationale. Beide Gruppen setzen ihre Aktion am folgenden Tag fort. (E. Bauer, in: HAB, 22.5.89)

Etwa 100 Mitglieder der sogenannten "Fliegenden Tiger-Brigade" fahren zum Hauptstädtischen Eisen- und Stahlkombinat und rufen die Arbeiter zum Streik auf. (CD, 1.6.89) Der Kraftfahrer Yi Jingyao wird festgenommen, als er Arbeiter zur Blockade des Militärs aufrufen will. Nach Aussage seiner Schwester lautet die Anklage auf "schwere Störung der öffentlichen Ordnung, Aufwiegelung der Arbeiter zum Streik und zu ungesetzlichen Aktionen sowie Verbreitung von Gerüchten". (T. Reichenbach, in: taz, 1.6.89)

Kurz nach Verkündung des Ausnahmezustands verläßt Deng Xiaoping die Hauptstadt. Chinesischen Quellen zufolge soll er an diesem Wochenende (20./ 21. Mai) in Wuhan auf einem Treffen mit den Führern der sieben Militärregionen über die Unruhen und die Haltung des Militärs diskutieren. Die Kommandeure von Guangzhou und Lanzhou sollen Deng Xiaoping gegenüber ihre Bereitschaft erklärt haben, die Studenten zu unterdrücken, aber die Kommandantur der Militärregion Beijing sowie das 38. Armeekorps und das 27. Armeekorps sollen sich geweigert haben, gegen die Studenten vorzugehen. (P. Ellingsen, in: FT, 24.5.89)

20. Mai 1989

Eine taiwanesische Zeitung berichtet hingegen unter Berufung auf eine Hongkonger Zeitung, daß die Kommandeure der Militärregionen Guangzhou und Lanzhou Deng Xiaoping in einem Brief erklärt hätten, daß sie nicht bereit seien, die Studenten zu unterdrücken. Außerdem sollen das 27. und das 28. Armeekorps der Militärregion Beijing sich geweigert haben, gegen die Studenten vorzugehen. (ZGSB, 23.5.89)

Nach einer anderen Darstellung weigerten sich die Kommandeure der Militärregionen Beijing, Lanzhou und Guangzhou auf der stürmisch verlaufenden Sitzung, die Verhängung des Ausnahmezustands zu billigen. (FBIS-Chi, 22.5.89, S. 4, nach J. Teufel Dreyer, in: *Problems of Communism*, Sept./Okt. 1989, S. 42)

Einer anderen chinesischen Quelle zufolge sollen sich anfangs die Kommandanturen der Militärregionen Beijing, Guangzhou und Nanjing gegen den Einsatz von Truppen zur Beendigung der Protestbewegung ausgesprochen haben. Nur die Führungen der Militärregionen Chengdu und Jinan seien von Beginn an dafür gewesen, während sich die Kommandeure der Militärregionen Lanzhou und Shenyang bedeckt gehalten hätten. Deng Xiaoping soll es während des Treffens in Wuhan schließlich gelungen sein, die Zustimmung aller Kommandeure der sieben Militärregionen für einen Einsatz der VBA gegen die Studenten zu erlangen. (PB 4)

Laut einem Bericht der *South China Morning Post* haben die Kommandeure im Gegenzug von Deng Xiaoping weitreichende Konzessionen verlangt, nämlich daß die VBA künftig eine größere politische Rolle spiele und einen größeren Anteil am Budget erhalte sowie die Zusicherung, daß die Partei zum orthodoxen Marxismus-Leninismus zurückkehre. (W. Lam, M. Hood, S. Faison, D. Chen in: SCMP, 25.5.89)

Nachdem Li Peng den Erlaß über die Verhängung des Ausnahmezustands unterzeichnet hat, sollen die beiden alten Marschälle Nie Rongzhen und Xu Xiangqian Deng Xiaoping angerufen und verlangt haben, daß die VBA nicht zur Unterdrückung der Studenten eingesetzt werde. Deng Xiaoping soll ihnen geantwortet haben, daß ein Blutvergießen möglichst vermieden werden sollte. (ZGSB, 23.5.89)

Auch Deng Yingchao, die Witwe Zhou Enlais, äußert angeblich ihr Mißfallen über die Entscheidung, die VBA zur Unterdrückung der Studenten einzusetzen. (ICM, Juli 1989, S. 31)

Die *Beijing-Tageszeitung* veröffentlicht Erklärungen des Beijinger Gewerkschaftsverbands, des Beijinger Frauenverbands, des Beijinger Kommunistischen Jugendverbands und des offiziellen Beijinger Studentenverbands, in denen die Rede Li Pengs vom 19. Mai und die Verhängung des Ausnahmezustands begrüßt wird. (*Xinhua*, 20.5.89, nach SWB, 24.5.89)

Wei Jianxing, Leiter des Ministeriums für Verwaltungskontrolle, beruft ein Treffen führender Kader ein und fordert zum Studium der Reden Li Pengs und Yang Shangkuns vom 19. Mai auf. (*Beijing-TV*, 27.5.89, nach SWB, 30.5.89)

Trotz des Verbots nehmen am Nachmittag Zehntausende von Beijingern an einer Demonstration im Stadtzentrum teil, um gegen den Ausnahmezustand zu protestieren. 200 Parteikader ziehen mit und skandieren: "Wenn die Studenten unterdrückt werden, treten wir aus der Partei aus" und "Rettet China". Sprechchöre rufen Li Peng und Deng Xiaoping zum Rücktritt auf. Die Wandzeitungen der Universitäten und Hochschulen sind voller Erklärungen von Dozenten und Studenten, aus der KPCh oder dem Kommunistischen Jugendverband auszutreten. Ab 12.00 Uhr treten viele Betriebe in den Streik. Ein junger Arbeiter erklärt: "Viele Betriebe haben nach Beginn der Frühschicht die Tore geschlossen. Ich und viele Kollegen mußten über die Werksmauer klettern, um zur Demonstration zu kommen." (T. Reichenbach, in: taz, 22.5.89)

Auf dem Tiananmen-Platz tragen zwei Studenten eine Tafel mit der Warnung herum, daß der Angriff in der kommenden Nacht um 2.00 Uhr beginnen werde. Die Studenten sammeln Verbandsmull, um sich gegen den befürchteten Tränengasangriff zu wappnen. Über Lautsprecher geben Studentenführer Anweisungen, wie man sich vor dem Gas schützen kann. Viele Menschen auf dem Platz erwarten die Landung einer Fallschirmtruppe in der Nähe des Platzes, andere einen Truppenvorstoß durch die Schächte der U-Bahn, die heute ihren Betrieb eingestellt hat. (rtr, ap, nach: TN, 21.5.89)

An diesem und dem folgenden Tag machen wilde Gerüchte die Runde. Zum Teil werden sie auch über das Lautsprechersystem der Studenten auf dem Tiananmen-Platz verbreitet: Hubschrauber sollen über dem Platz Flugblätter abgeworfen haben, in denen die VBA oder Teile der VBA ihre Solidarität mit den streikenden Studenten bekundet hätten. Tatsächlich werden nur Flugblätter abgeworfen, die zur Räumung des Platzes auffordern. Anderen Gerüchten zufolge soll sich das Außenministerium von der Regierung losgesagt haben. Auch die Bediensteten in der Partei- und Regierungszentrale Zhongnanhai sollen in Streik getreten sein. (PB 1)

Die Behörden senden einen Armeehubschrauber aus, der über dem Tiananmen-Platz Propaganda-Flugblätter abwerfen soll. Die Besatzung steuert jedoch Zhongnanhai an, das nahegelegene Hauptquartier der chinesischen Führung, und wirft dort die ganze Ladung über Bord. "Sie haben nicht einmal die Schnüre gelöst, bevor sie die Bündel auf unseren Dächern abluden", sagt ein Parteikader, dessen Büro sich in Zhongnanhai befindet. "Vielleicht hielten sie das für einen Witz." (J. Wong, in: AWSJ, 29.5.89)

Unbekannte drucken und verteilen eine "Sonderausgabe" der *Volkszeitung*. Am folgenden Tag veröffentlicht die *Volkszeitung* eine kurze Erklärung zu dem Vorfall: Bei dieser Sonderausgabe handele es sich um eine Fälschung. In den vergangenen zehn Jahren sei keine Sonderausgabe der *Volkszeitung* erschienen. (RMRB, 21.5.89) Diese Erklärung erscheint am 22. Mai auch in der Überseeausgabe der Zeitung. (RMRB, Überseeausgabe, 22.5.89, nach SWB, 24.5.89)
In einem von chinesischen Studenten in Norddeutschland verbreiteten, undatierten Flugblatt heißt es anderslautend: "Die Überseeausgabe der *Volkszeitung* wurde verboten. Die Redaktion brachte eine Sonderausgabe heraus, in der alle

Bürger in den Städten zur Verteidigung der Verfassung, zum Widerstand gegen die Li Peng-Regierung und zur Unterstützung Zhao Ziyangs aufgerufen wurden." (Zitiert nach taz, 24.5.89) - Wu Xuecan, vormals Redakteur der *Volkszeitung*, wurde im Februar 1992 wegen dieser Angelegenheit zu 4 Jahren Haft verurteilt. Ihm wurde vorgeworfen, zusammen mit anderen Kollegen eine gefälschte Ausgabe des KP-Organs hergestellt zu haben, mit der er den entmachteten ZK-Generalsekretär Zhao Ziyang unterstützen wollte. (C.a., Februar 1992, S. 65)

Seit die Verhängung des Ausnahmezustands in der Nacht vom 19. auf den 20. Mai angekündigt wurde, ruft der Anfang Mai in der Volksuniversität installierte illegale Radiosender *Stimme von Beijing*, Sprachrohr des "Autonomen Studentenverbands", die Bevölkerung 50 Stunden lang ununterbrochen dazu auf, das Vorrücken der VBA zu blockieren, sich der Verhängung des Ausnahmezustands zu widersetzen, in den Streik zu treten und die Regierung zu stürzen. (*Beijing Ribao*, 21.7.89, nach SWB, 25.7.89)

Am Nachmittag kommt es in Liuliqiao, wo Tausende von Menschen den Vormarsch der Soldaten blockiert hatten, zu einem Zusammenstoß zwischen Studenten und Einheiten der Bewaffneten Volkspolizei. Ein Student sagt, er und 45 seiner Kommilitonen seien von Sicherheitskräften mit elektrischen Schlagstöcken angegriffen und verletzt worden. (rtr, ap nach: TN, 21.5.89)

Unter Mißachtung des Ausnahmezustands verbringen mehr als eine Million Menschen die Nacht im Stadtzentrum, über dem immer wieder Militärhubschrauber kreisen. Wie am Vortag werfen sie Flugblätter ab, auf denen sie die Demonstranten zur Aufgabe auffordern. Die Studenten und Stadtbewohner errichten erneut Straßensperren und bilden Menschenketten, um ein Vorrücken von Militärkonvois zu verhindern. Es gelingt ihnen mehrfach, Truppen zur Rückkehr zum Stadtrand zu veranlassen. Sie rufen den Soldaten immer wieder zu: "Geht zurück, das Volk will euch nicht." Seitdem werden an den Zufahrtsstraßen in die Hauptstadt immer mehr Truppentransporter und gepanzerte Fahrzeuge konzentriert. (FR, dpa, ap, afp, rtr, nach FRu, 22.5.89)

Am Abend versammeln sich erneut etwa 250.000 Menschen auf dem Tiananmen-Platz. (rtr, 23.5.89)

An der Eisenbahnstrecke Richtung Nordbahnhof versammeln sich Nacht für Nacht Hunderte von Menschen. Sie stehen auf den Gleisen, stoppen und durchsuchen die Züge, um zu verhindern, daß auf diese Weise Soldaten in die Innenstadt gelangen. Bei Personenzügen dauert die Kontrolle nur ein paar Minuten, bei langen Güterzügen fast eine Stunde. (R. Wandel, in: taz, 24.5.89)

Nahe dem Hauptbahnhof, auf dem inzwischen zwei Züge mit 1.500 Soldaten eingetroffen sind, blockieren 12 Busse mit zerstochenen Vorderreifen die große Kreuzung. Eisengitter sind aus ihren Verankerungen gerissen und quer über die Fahrbahn gezerrt worden. (M. Naß, in: *Die Zeit*, 26.5.89)

In den Vorstädten haben riesige Menschenmassen Hunderte von mit Kalaschnikows bewaffnete Soldaten so fest eingekesselt und mit Vorwürfen überhäuft, daß diese sich resignierend auf den Asphalt setzen und ratlos warten. Die Menschen auf dem Tiananmen-Platz haben nicht nur die Straßen zum Zentrum, sondern auch alle Ausgänge der U-Bahn blockiert, da Gerüchte kursieren, man wolle die Soldaten mit der - für den öffentlichen Verkehr geschlossenen - U-Bahn befördern. Jede Straßenkreuzung, jede größere Straße ist von Menschen belagert. (J. Erling, E. Siegl, in: FRu, 22.5.89)

Im Bezirk Haidian bereiten sich Arbeiter des Hauptstädtischen Eisen- und Stahlkombinats auf den Vormarsch der Truppen vor, die etwa 11 km entfernt stationiert sein sollen. "Wir haben Handtücher gegen Tränengas, vielleicht Eimer voll Zement, um Straßenblockaden zu bauen, aber davon abgesehen kommen wir so, wie wir sind - Menschen", erklärt einer von ihnen. Sie hoffen, daß jeder Meter der Straße von Menschen gesäumt ist, die bereit sind, mit ihrem Körper die Armeekonvois zu stoppen. "Wir werden uns zwischen die Räder legen", sagt der 30jährige Wang Gang, ein Führer der neuen Arbeiterorganisation, dessen Mitglieder geschworen haben, ihr Leben für die Studenten zu wagen. Diese 300 "Desperados", wie sie sich selbst nennen, tragen weiße Halstücher, um sich von den 400 "Stellvertretern" mit roten Halstüchern zu unterscheiden, die als Familienväter weniger Risiken tragen. "Wir haben keine Angst vor Gewehren oder Kugeln", sagt Wang Gang weiter. "Aber wir dürfen keine Windschutzscheiben einschlagen, nicht die Luft aus den Reifen lassen und die Fahrer nicht schlagen." Ähnliche Freiwilligenverbände haben sich in der ganzen Stadt gebildet, auch Nachbarschaftsgruppen. Oft entstehen solche Gruppen ganz spontan. Als Soldaten drei Versorgungslaster in der Nähe der Beijinger Fachhochschule für Hüttenwesen parken, saugen Studenten das Benzin ab und lassen die Luft aus den Reifen. (S. WuDunn, in: IHT, 22.5.89)

In der Nacht zum Sonntag sind die Straßen an jeder großen Kreuzung und Unterführung versperrt. Stadtbusse sind von ihren Fahrern auf Kreuzungen in Zickzack-Form abgestellt worden, so daß nur einzelne Pkw und Fahrräder passieren können. (C. Rosett, in: AWSJ, 22.5.89)

Im Dorf Donggaodi am östlichen Rand von Beijing parken in der Nacht 50 Panzerfahrzeuge, denen es nicht gelungen ist, die Barrikaden und Menschenmauern auf den Einfallstraßen ins Stadtzentrum zu durchbrechen. Studenten ziehen eine dünne Schnur als symbolische Grenze um den Konvoi, damit die Soldaten nicht von der Dorfbevölkerung belästigt werden. Sie scheuchen auch ausländische Photographen weg, indem sie die gesetzlichen Bestimmungen des Ausnahmezustands zitieren, die das Aufnehmen solcher Szenen verbieten. "Wir müssen uns um unsere Soldaten kümmern und dafür sorgen, daß sie uns verstehen", sagt ein Student. "Vielleicht brauchen wir ihre Hilfe gegen das, was die Regierung noch im Sinn hat." (J. Hoagland, in: IHT, 23.5.89)

In Shanghai, Xi'an, Chengdu, Wuhan, Chongqing, Harbin, Guangzhou sowie in den Provinzen Hunan, Shaanxi und Henan demonstrieren Studenten aus Solidarität mit der Beijinger Studentenbewegung. (*Beizhuang de minyun*, S. 79)

Die regionalen Rundfunksender melden, daß die Parteikomitees von Guangdong, Hubei, Qinghai, Shandong, Shaanxi, Shanxi, Sichuan und Tibet Sitzungen einberufen und die Rede Li Pengs vom 19. Mai begrüßt haben. (SWB, 22.5.89)

Die Parteikomitees und z.T. auch die Regierungen der folgenden Provinzen und provinzfreien Städte begrüßen in Telegrammen an das ZK der KPCh und an den Staatsrat die Reden Li Pengs und Yang Shangkuns vom 19. Mai und sichern ihre Unterstützung bei der Wiederherstellung der Ordnung und Stabilität zu: Shanghai, Hebei, Henan, Hunan, Fujian und Shaanxi. (RMRB, 22.5.89)

Shanghai

Um 2.20 Uhr in der Frühe besuchen Jiang Zemin, Parteisekretär von Shanghai, Zhu Rongji, Bürgermeister von Shanghai, und Ye Gongqi, Vorsitzender des Ständigen Ausschusses des Shanghaier Volkskongresses, die hungerstreikenden Studenten vor dem Sitz der Stadtregierung am Bund und drängen sie, den Hungerstreik zu beenden, da die Shanghaier Führung bereit sei, mit ihnen Dialoge jeder Art zu führen. Um 2.45 Uhr räumen alle Studenten, die seit fünf Tagen die Nahrung verweigern, den Platz vor dem Regierungssitz. (*Radio Shanghai*, 20.5.89, nach SWB, 26.5.89)

Das Parteikomitee von Shanghai erklärt in einer Botschaft an die Einwohner Shanghais, daß alle Kader und alle Bürger der Stadt die "wichtigen Reden" von Li Peng und Yang Shangkun vom 19. Mai 1989 unterstützen. Weiter heißt es, daß alle Studenten in Shanghai ihren Hungerstreik und die meisten ihren Sitzstreik beendet hätten. Noch immer aber demonstrierten viele Studenten in den Straßen. Sie hätten aufgrund der großen Zuschauermengen ein großes Chaos bewirkt. Daher müsse man mit vereinten Kräften zur Stabilität und Einheit der Stadt beitragen und den Aufruhr beenden. (*Radio Shanghai*, 20.5.89, nach SWB, 22.5.89)

In Shanghai demonstrieren über 300.000 am Ufer des Huangpu, weitere 200.000 haben sich auf dem Platz des Volkes versammelt. Viele fordern auf Transparenten den Rücktritt Li Pengs. Es sind nur wenige Polizisten zu sehen, zu Gewalttätigkeiten kommt es nicht. (rtr, ap, nach: TN, 21.5.89)

Tianjin

Das Parteikomitee der Stadt Tianjin beruft eine erweiterte Sitzung seines Ständigen Ausschusses ein, um die Rede Li Pengs zu studieren und zu unterstützen. (*Radio Beijing*, 21.5.89, nach SWB, 24.5.89)

Guangdong

Das Parteikomitee der Stadt Guangzhou beruft ein Treffen aller Kader auf Büro- und Amtsebene und darüber ein. Unter den Teilnehmern befinden sich auch führende Mitglieder der Demokratischen Parteien. Lin Ruo, Sekretär des Parteikomitees der Provinz, und Ye Xuanping, stellvertretender Sekretär und Gouverneur, erklären es zur dringlichsten Aufgabe, daß jeder seinen Beitrag zur Aufrechterhaltung der Stabilität in Guangdong leiste. Die Bevölkerung der ganzen Provinz müsse dem Aufruf des ZK der KPCh, die Stabilität und Einheit zu wahren, aktiv Folge leisten. (*Radio Guangdong*, 20.5.89, nach SWB, 24.5.89)

Einem Bericht des *Hongkonger Fernsehens* zufolge demonstrieren 80.000 Menschen in der Stadt. (rtr, ap, nach: TN, 21.5.89)

Hubei
Am Vormittag tritt der Ständige Ausschuß des Parteikomitees der Provinz zum Studium der Reden Li Pengs und Yang Shangkuns vom 19. Mai zusammen. Einstimmig bringt die Versammlung ihre Unterstützung für die "weise politische Entscheidung" der zentralen Führung zum Ausdruck, die Unruhen zu beenden und die Situation zu stabilisieren, und beschließt Maßnahmen zur Bereinigung der "sehr ernsten" Lage in Hubei. (*Radio Hubei*, 20.5.89, nach SWB, 24.5.89)

Hunan
Der Ständige Ausschuß des Parteikomitees der Provinz tritt zusammen, um die Reden Li Pengs und Yang Shangkuns vom 19. Mai zu diskutieren. Alle Teilnehmer stimmen zu, den Standpunkt von Li Peng und Yang Shankun zu unterstützen. (*Radio Hunan*, 21.5.89, nach SWB, 22.5.89)

In der Medizinischen Hochschule Hunan in Changsha heißt es in einem offiziellen Aushang, daß die bisherigen politischen Aktivitäten nicht geahndet würden. Vom heutigen Tag an dürfe es jedoch keine weiteren Plakate, Demonstrationen, Vorlesungsboykotts, kein Verbreiten von Gerüchten usw. geben. Obwohl der Anschlag nach wenigen Stunden verbrannt wird, zeigt er doch in der Studentenschaft Wirkung. Kurz darauf gibt die Gruppe von Studenten der Medizinischen Hochschule, die an dem Hungerstreik vor dem Sitz der Provinzregierung teilnimmt, auf Zureden von Eltern und Hochschulfunktionären auf. Als Reaktion darauf werden die Studenten der Medizinischen Hochschule vom "inneren Kreis" der Protestbewegung von Changsha ausgeschlossen. (A. Worden, "... Changsha Chronicle", S. 134)

Jiangsu
Die in der Nacht auf dem Campus der Nanjing-Universität begonnene Demonstration (siehe 19. Mai) zieht sich in den frühen Morgenstunden durch die Innenstadt Nanjings. Die Teilnehmerzahl beträgt etwa zehntausend Studenten, die Stadtbevölkerung partizipiert nicht. In den Nebenstraßen befinden sich Einheiten der Polizei und der VBA, die jedoch nicht eingreifen. Tagsüber herrscht im Zentrum der Stadt eine Art Volksfeststimmung. Die lokalen Fernseh-Nachrichten senden am Abend nur noch offizielle Verlautbarungen. (R. Lufrano, "Nanjing Spring...", S. 29 f.)

Jilin
Die Massen der Parteimitglieder und Kader von Partei- und Regierungsorganen der Provinz Jilin und der Stadt Changchun sehen sich die Aufzeichnung der Rede Li Pengs im Fernsehen an, studieren sie in den Zeitungen und diskutieren sie auf Sitzungen. Sie erklären gegenüber dem ZK und dem Staatsrat ihre Unterstützung. (*Radio Jilin*, 20.5.89, nach SWB, 24.5.89)

Qinghai
Der Ständige Ausschuß des Parteikomitees der Provinz erklärt einmütig seine Unterstützung für die von der Zentrale getroffene Entscheidung. (*Radio Qinghai*, 20.5.89, nach SWB, 24.5.89)

Das Parteikomitee des Militärbezirks der Provinz Qinghai gibt ein Rundschreiben heraus. Darin werden die Einheiten aufgefordert, die Reden Li Pengs und Yang Shangkuns sowie die Leitartikel der *Volkszeitung* vom 26. und 29. April zu studieren. Weiter heißt es, daß es allen Einheiten und Einzelpersonen untersagt sei, sich in irgendeiner Form an Hungerstreiks, Petitionen oder Demonstrationen zu beteiligen, diese zu fördern oder zu unterstützen. (*Radio Qinghai*, 22.5.89, nach SWB, 25.5.89)

Am Vormittag sucht der Vizegouverneur die Qinghai-Universität in Xining auf, ermahnt alle, die Reden Li Pengs und Yang Shangkuns zu studieren, Stabilität und Einheit zu wahren und ihre Vorschläge an die Partei und Regierung auf dem üblichen Wege weiterzuleiten. [Der Vorlesungsboykott dauert an diesem Tag offenbar noch an; vergleiche 21. Mai.] (*Radio Qinghai*, 21.5.89, nach SWB, 25.5.89)

Shandong
Der Ständige Ausschuß des Shandonger Parteikomitees tritt zusammen, um die Reden Li Pengs und Yang Shangkuns vom 19. Mai zu studieren. Die Genossen erklären einmütig, daß sie die korrekten politischen Entscheidungen des ZK unterstützen. (*Radio Shandong*, 20.5.89, nach SWB, 24.5.89)

Shanxi
Führer von Partei und Regierung der Provinz treffen mit leitenden Vertretern der Erziehungskommission Shanxis zusammen, um die Rede Li Pengs zu studieren. Das Parteikomitee der Provinz erklärt, daß alle Schulen und Hochschulen sofort und bedingungslos den Unterricht wieder aufnehmen müßten. Die Studenten könnten der Partei und Regierung ihre Ansichten und Vorschläge auf dem normalen Wege unterbreiten. Am Abend preisen führende Parteikader die Rede Li Pengs. (*Radio Shanxi*, 20.5.89, nach SWB, 24.5.89)

Shaanxi
Das Parteikomitee der Provinz erklärt dem ZK der KPCh seine Unterstützung. (*Radio Shaanxi*, 21.5.89, nach SWB, 24.5.89; siehe auch SWB, 25.5.89)

In Xi'an fordern 300.000 Demonstranten mehr Demokratie. (D. Southerland, in: IHT, 22.5.89)

Sichuan
Das Parteikomitee der Provinz beraumt eine Versammlung leitender Kader ein und fordert alle dazu auf, die Rede Li Pengs gewissenhaft zu studieren, ihren Geist zu würdigen, gute Arbeit zu leisten und die Situation zu stabilisieren. (*Radio Sichuan*, 20.5.89, nach SWB, 24.5.89)

Wie am Vortag versprochen, entsendet das städtische Parteikomitee eine Delegation offizieller Vertreter, um mit den Studenten und anderen Demonstranten einen Dialog abzuhalten. Laut Bericht eines Studentenführers sind die Demonstranten untereinander zu unorganisiert, um einen richtigen Dialog zu führen. Es gibt weder eine gemeinsame Basis noch eine Liste konkreter Forderungen. Jede teilnehmende Schule oder Einheit sendet einfach sieben oder acht Vertreter, die hastig und beinahe zufällig ausgewählt worden sind. Zum vereinbarten

Termin betreten über 200 dieser Vertreter das Rathaus, während draußen etwa 10.000 Demonstranten warten. Die während des Dialoges angesprochenen Fragen und Probleme sind mannigfaltig und völlig ungeordnet. (A. Chan, J. Unger, "Voices from the Protest Movement...", S. 268)

Zhejiang
Noch immer demonstrieren die Studenten in den Straßen von Hangzhou. (K. Forster, "Impressions...", S. 106)

Tibet
Lehrer, Studenten und Angestellte der Tibet-Universität erklären ihre Unterstützung für die Rede Li Pengs vom 19. Mai. Das Parteikomitee der Universität beschließt folgende Maßnahmen:
1. Der Unterricht soll am 22. Mai wieder aufgenommen werden.
2. Das Parteikomitee verbietet mit aller Schärfe das Anbringen von Wandzeitungen auf dem Campus.
3. Führende Funktionäre werden mit den Verantwortlichen des "Studentenkomitees zur Unterstützung des Hungerstreiks der Beijinger Studenten" Gespräche führen und versuchen, sie zur Auflösung des Komitees zu bewegen.
4. Die Universität sendet ein Telegramm an das ZK der KPCh und an den Staatsrat, in dem sie ihre Unterstützung für die Rede Li Pengs erklärt.

Derzeit boykottieren 400 Studenten der Tibet-Universität den Unterricht. (*Radio Tibet* in Hochchinesisch, 21.5.89, nach SWB, 2.6.89)

Xinjiang
Der Ständige Ausschuß des Parteikomitees des Autonomen Gebiets hält eine Diskussionsveranstaltung ab, nachdem er am Vorabend die Rede Li Pengs im Fernsehen verfolgt hat. Die Teilnehmer vertreten einmütig die Ansicht, daß es für die Nation und das Volk keinen Frieden geben könne, ehe das ZK der KPCh und der Staatsrat nicht diesen Aufruhr beenden, der bereits auf Urumqi und viele andere Städte des Landes übergegriffen habe [In Urumqi haben vor allem aufgebrachte Moslems demonstriert und randaliert, die sich durch ein Buch über sexuelle Sitten und Bräuche in ihren religiösen Gefühlen verletzt sahen.]. Das Treffen wird am folgenden Tag fortgesetzt. (*Radio Xinjiang*, 21.5.89, nach SWB, 24.5.89)

21. Mai 1989, Sonntag

- **Die VBA-Truppen werden weiterhin von der Bevölkerung am Einmarsch in das Stadtzentrum gehindert**
- **Der Tiananmen-Platz bleibt von Studenten besetzt**
- **Über 100 Armeeveteranen wenden sich gegen den Einsatz der VBA in Beijing**
- **Zhao Ziyang und 38 Mitglieder des Ständigen Ausschusses des NVK fordern erneut die Einberufung einer Dringlichkeitssitzung des Ständigen NVK-Ausschusses**
- **Nie Rongzhen und Xu Xiangqian erklären, Befürchtungen der Studenten, die VBA-Truppen würden den Tiananmen-Platz am folgenden Morgen räumen, seien unbegründet**
- **Wan Li rät von Toronto aus zu "Ruhe, Vernunft und Zurückhaltung" bei der Behandlung der Protestbewegung**

Über 20.000 Arbeiter und Studenten, die zur Unterstützung ihrer Beijinger Kommilitonen in die Hauptstadt gekommen sind, gründen "Trupps der Todesmutigen" (gansidui). Sie sind entschlossen, die Studenten auf dem Tiananmen-Platz unter Einsatz ihres Lebens zu verteidigen. (*Beizhuang de minyun*, S. 83)

Eine Gruppe von 300 bis 400 Motorradfahrern warnt die Einwohner, wann immer Soldaten vorrücken, und befördert Botschaften zwischen den einzelnen Demonstrantengruppen. (D. Southerland, in: IHT, 22.5.89)

Im westlichen Vorort Shijingshan macht eine VBA-Einheit gegen 2.00 Uhr Anstalten, den von der Bevölkerung verhinderten Marsch in die Stadt fortzusetzen. Als die Gruppen von Einwohnern aus der Nachbarschaft, die sich vor den Fahrzeugen niedergelassen haben, sich auch bei laufenden Motoren nicht wegbewegen wollen, wird der Versuch eingestellt. (J. Kahl, in: SZ, 22.5.89) Diese Fahrzeuge werden von Arbeitern des Hauptstädtischen Eisen- und Stahlkombinats blockiert. Berichten von Einwohnern zufolge kommen die Soldaten aus Sichuan und Liaoning. (R. Wandel, in: taz, 24.5.89)

Um 3.00 Uhr setzen sich im Kreis Tong (Tongxian) über 50 Panzer in Richtung Tiananmen-Platz, der mehr als 50 km entfernt ist, in Bewegung. Weitere 40 Panzer starten beim 40 km entfernten Andingmen. Sie werden von Menschenmengen aufgehalten und kehren um. Anschließend versuchen sie, zum Qianmen vorzustoßen. In den frühen Morgenstunden haben sich mehr als eine Million Menschen auf dem Tiananmen-Platz versammelt, um dessen Besetzung durch VBA-Truppen zu verhindern. Auf allen wichtigen Straßenkreuzungen in der Innenstadt sind Barrikaden errichtet worden. (*Beizhuang de minyun*, S. 83)

3.00 Uhr am Ostrand der Innenstadt, wo die Östliche Chang'an-Allee in die Außenbezirke weiterführt: Zwei Langbusse der städtischen Verkehrsbetriebe stehen quer über die Straße. Platz zum Durchfahren ist nur für Motorradgruppen, die mit wildem Geheul und Hupkonzert dort ab und zu aufkreuzen und die auf allen Ausfallstraßen der Stadt die Rolle von mobilen Spähern übernommen haben. Die Ansagen, die der Einsatzleiter, ein Student mit roter Kopfbinde, von einem Bus aus mit aufgeregter Stimme durchs Megaphon macht, werden mit gespanntem Schweigen angehört, noch öfter aber lösen sie unter den Menschen, die dichtgedrängt beieinanderhocken, Jubel aus: Ein Militärkonvoi sei 20 km weiter östlich eingekreist und gestoppt worden. Das Außenministerium und sieben andere Ministerien der Zentralregierung hätten sich gegen Ministerpräsident Li Peng ausgesprochen und ihm die Gefolgschaft verweigert. (J. Kahl, B. Küppers, in: SZ, 22.5.89)

Um 4.30 Uhr stehen vier Panzer auf einer ins Zentrum führenden Straße, etwa 15 km östlich vom Tiananmen-Platz. Die Besatzung sitzt oben auf den Panzern und unterhält sich mit einigen hundert Leuten, die die Nacht hindurch die Straße blockiert haben. (C. Rosett, in: AWSJ, 22.5.89) Im Südwesten Beijings stehen 20 Versorgungsfahrzeuge der VBA vor einer Straßensperre. Die mit AK-47 Maschinengewehren bewaffneten Soldaten sprechen mit den einigen tausend Menschen, die den Konvoi umzingelt haben. (C. Rosett, in: AWSJ, 22.5.89)

Früh am Morgen rücken rund 1.500 Soldaten der VBA, die automatische Waffen tragen, in den Hauptbahnhof Beijings ein. Ihre Aufgabe soll sein, den Zustrom Zehntausender aus anderen Städten zu stoppen. Stadtbewohner blockieren den Hauptbahnhof mit Lastern und ihren Körpern. (ap, rtr, nach TN, 22.5.89)

Am Morgen fährt ein Zug in den Beijinger Hauptbahnhof ein, dessen zehn Waggons mit Soldaten gefüllt sind. Sie sind aus den Provinzen herangezogen worden, um den Demonstranten Einhalt zu gebieten. Eine Menschenmauer hindert die Soldaten am Aussteigen. Studenten diskutieren mit ihnen und verteilen Flugblätter. (C. Rosett, in: AWSJ, 24.5.89)

Gegen 6.00 Uhr kommt es zu einem schweren Zwischenfall, als Soldaten versuchen, eine Blockade von Studenten und über 100 Stahlarbeitern gewaltsam zu brechen. 52 Blockierer erleiden Verletzungen, drei Studentinnen werden mit Knochenbrüchen ins Krankenhaus gebracht. Die Studenten wollen derartige Konflikte um jeden Preis vermeiden. "Die einzige Chance besteht darin, die Soldaten darüber aufzuklären, welch schmutzige Arbeit sie machen sollen. Sie sind nicht unsere Feinde. Ihr dürft bei Rangeleien auf keinen Fall zurückschlagen", fordert das studentische Komitee der Beijing-Universität die Blockierer auf. (T. Reichenbach, in: taz, 22.5.89)

Auf einer Straße kommt es mehrmals zu blutigen Zusammenstößen zwischen Soldaten und Beijinger Einwohnern. Ein Soldat und 14 bis 15 Einwohner sollen dabei verletzt worden sein. (*Beizhuang de minyun*, S. 83)

Über 10.000 Studenten und Bürger blockieren die Haupttore des Flughafens Nanyuan 15 km südlich von Beijing. Ganz in der Nähe versperrt eine tausendköpfige Menge unter Führung von Studenten 14 Panzern und sechs Lastwagen den Weg. (D. Southerland, in: IHT, 22.5.89)

Die VBA hat Berichten eines Chinesen zufolge, der ungenannt bleiben will, etwa 18 km vom Stadtzentrum entfernt Straßenblockaden errichtet und so die Stadt abgeriegelt [um weitere Demonstranten von auswärts abzuhalten]. (ap, rtr, nach TN, 22.5.89)

10.00 Uhr: Viele Bürger halten jetzt bereits seit 40 Stunden die Blockadelinien aufrecht. Andere bringen dringend benötigte Lebensmittel und Wasser auf den Tiananmen-Platz. Die Demonstrationen sind etwas abgeflaut, denn alle Kräfte werden in den Außenbezirken gebraucht. (T. Reichenbach, in: taz, 22.5.89)

Die in und an den Grenzen der Innenstadt errichteten Barrikaden aus Straßenabsperrungen, quergestellten Bussen und Lkws werden zum Teil den ganzen Tag lang aufrechterhalten oder verstärkt. (J. Kahl, in: SZ, 22.5.89)

Am Morgen werden die Stadtbusse, Mülltonnen, Eisenbarrieren und andere Barrikaden zur Seite gerollt, damit die Lastwagen, die Beijing mit Nahrungsmitteln und Brennstoffen beliefern, durchkommen. (J. Erling, E. Siegl, in: FRu, 22.5.89)

Ab etwa 11.00 Uhr können die Mitarbeiter ausländischer Fernsehsender ihre Berichte aus Beijing nicht mehr via Satellit in die Heimat übertragen. Auch die Leitungen für Auslandsgespräche sind eine Zeitlang unterbrochen. (*Beizhuang de minyun*, S. 84)

Die hygienischen Verhältnisse auf dem Tiananmen-Platz sind inzwischen entsetzlich und verschlimmern sich weiterhin; die Luft ist von Uringestank, Schwüle und Fäulnis schneidend und unerträglich geworden. Berge von Unrat häufen sich: Lauwarme Limonade, angegessene Brotlaibe, Scherben, Zeitungsreste. Dazwischen hocken im Schlaf aneinandergelehnte Studenten. Viele haben sich Atemmasken umgebunden. Gelbsucht, Bindehautentzündung und Ruhr grassieren. (J. Erling, E. Siegl, in: FRu, 22.5.89) PB 13 beschreibt die Situation der Studenten auf dem Platz mit den Worten "erbarmungswürdig, deprimierend, hoffnungslos".

Studentenführer nehmen den Beschluß zurück, als Reaktion auf die Verhängung des Ausnahmezustands den am Abend des 19. Mai beendeten Hungerstreik wieder aufzunehmen. Alle Studenten nehmen jetzt wieder Nahrung zu sich. Seit einigen Tagen verbreiten zwei Studentenorganisationen ihre Meldungen über provisorische Lautsprecheranlagen, die einander häufig übertönen. Eine Anlage wird vom sogenannten "Autonomen Studentenverband" kontrolliert, der als Dachorganisation den Protest lenkt. Die andere spricht für die Studenten, die den Hungerstreik durchgeführt haben. (M. Dobbs, in: IHT, 23.5.89)

Die *Volkszeitung*, die *Xinhua*-Nachrichtenagentur, der Zentrale Rundfunk- und der Zentrale Fernsehsender sind von Truppen besetzt worden, erklärt ein Journalist der *Volkszeitung*. Nur das wöchentlich erscheinende Wirtschaftsmagazin der englischsprachigen *China Daily* wird heute ausgeliefert. (ap, rtr, nach TN, 22.5.89)

Die staatliche Nachrichtenagentur *Zhongguo Xinwen She* erklärt auf Anfragen, daß sie keiner Kontrolle seitens des Militärs unterstehe. (ZXW, 21.5.89, nach SWB, 23.5.89)

Die offiziellen Zeitungen erscheinen seit gestern (20. Mai) nicht mehr [Nach PB 13 trifft diese Information nicht zu]. Ein Rundfunkjournalist erklärt an der Beida: "Die Nachricht, daß die Armee trotz des Ausnahmezustands nicht eindringen kann, ist zensiert worden. Wir dürfen nicht mal mehr Tatsachen bringen." Die Studenten sammeln Spenden, um mit selbstgedruckten Zeitungen und Flugblättern die Nachrichtenblockade zu durchbrechen. (T. Reichenbach, in: taz, 22.5.89)

Nach einem anderen [PB 13 zufolge zutreffenden] Bericht erscheinen die Zeitungen zwar, kommen aber verspätet oder gar nicht an, weil der Transport offenbar nicht mehr funktioniert. Seit gestern (20. Mai) haben alle den gleichen Inhalt. Nur die *Xinhua*-Nachrichtenagentur erlaubt sich eine bedeutsame Meldung. Sie veröffentlicht einen Bericht aus Ungarn, der auf Beijing besser gar nicht passen könnte: Ungarns Ministerpräsident "hat am Freitag gesagt, daß es keinen politischen Kräften erlaubt wird, mit der Armee innere Probleme zu lösen." Der Ministerpräsident, so heißt es weiter, habe hohen Militärs Ungarns erklärt, daß "es die hassenswerteste Charakteristik für Stalins politischen Stil war, die eigene Armee gegen das eigene Volk einzusetzen". (J. Erling, E. Siegl, in: FRu, 22.5.89) - Diese Meldung wird am folgenden Tag u.a. von der *Volkszeitung* übernommen; vergleiche 22. Mai.

Die *Volkszeitung* richtet auf der ersten Seite eine neue Kolumne ein, die mit "Der erste Tag des Ausnahmezustands" betitelt ist und an den folgenden Tagen fortgesetzt wird. Am ersten Tag des Ausnahmezustands (20. Mai), heißt es darin, sei die gesellschaftliche Ordnung wie an den vorhergegangenen Tagen gewesen. Im großen und ganzen sei das Leben der Bevölkerung normal verlaufen. Noch immer hielten Zehntausende von Studenten auf dem Tiananmen-Platz einen friedlichen Sitzstreik ab. In den großen Straßen seien die Demonstrationszüge nicht abgerissen. Am Abend seien die Umgebung des Platzes, die Östliche und die Westliche Chang'an-Allee und die Kreuzungen einiger Hauptverkehrsstraßen voll von Bewohnern Beijings gewesen. (RMRB, 21.5.89) - Die Intention ist deutlich: Das Leben in Beijing ging und gehe seinen gewohnten Gang, daher habe die Ausrufung des Ausnahmezustands keine Berechtigung.

Auch die *Xinhua*-Nachrichtenagentur meldet in englischer Sprache zum heutigen Tag: In der Stadt herrscht relative Ruhe, das Leben geht im großen und ganzen seinen gewohnten Gang. Zehntausende von Studenten setzen ihren Sitzstreik auf dem Platz fort. Auf der angrenzenden Chang'an-Allee und auf anderen Hauptstraßen versammeln sich immer mehr Menschen. Weder Busse noch Trolleybusse verkehren, aber Autos und Lastwagen sind zu sehen. Die Strom- und Wasserversorgung funktioniert wie gewohnt, die Geschäfte sind geöffnet. In der Stadt selbst sind keine Truppen zu sehen. Die Armee-Einheiten mit dem Einmarschbefehl warten noch immer am Stadtrand. (XNA, 22.5.89)

Radio Beijing meldet: Die Truppen der VBA, die zur Durchsetzung des Ausnahmezustands aus anderen Landesteilen zusammengezogen worden sind, warteten am Stadtrand von Beijing auf Befehle. Einige Truppen seien bereits in einigen wichtigen Ämtern und Einheiten eingetroffen. (*Radio Beijing*, 21.5.89, nach SWB, 23.5.89)

Der Kommandostab der zur Durchsetzung des Ausnahmezustands eingesetzten VBA-Truppen gibt eine Botschaft an die Bewohner Beijings heraus. Die VBA habe vom Staatsrat und von der Beijinger Stadtregierung den Befehl erhalten, Truppen in bestimmte Bezirke Beijings zu entsenden, um bei der Aufrechterhaltung der öffentlichen Sicherheit und der Wiederherstellung der normalen Ordnung zu helfen. Die VBA sei die Armee des Volkes und unterstehe dem Befehl der KPCh. Ihre Aufgabe bestehe auf keinen Fall darin, sich mit den patriotischen Studenten zu befassen. Da die Zustände in der Hauptstadt noch immer recht chaotisch seien, würden die Truppen energisch gegen die wenigen Gesetzesbrecher vorgehen, die sich an Schlägereien, Zerstörungen, Plünderungen und Brandstiftungen beteiligten. Die breiten Massen der patriotischen Studenten und des Volkes sollten den Truppen Verständnis entgegenbringen und sie unterstützen. (RMRB, 22.5.89)

In einem Leitartikel der *Zeitung der Befreiungsarmee* heißt es, "alle Genossen der Armee" begrüßten die Entscheidung Li Pengs, zwecks Wahrung der Stabilität der Stadt und der Nation über Teile Beijings den Ausnahmezustand zu verhängen. (Nachgedruckt in der RMRB, 22.5.89)

Der stellvertretende Bürgermeister von Beijing, Zhang Baifa, fordert die Bevölkerung in einer Fernsehansprache auf, die Straßen nicht zu blockieren. In Beijing herrsche bereits ein Mangel an Kohle, Flüssiggas, Elektrizität und Heizmaterial. Gemüse, Milch, Eier und andere Grundnahrungsmittel könnten nicht in die Stadt gebracht, Abfall nicht abtransportiert werden. Über 270 Busse und Trolleybusse seien als Straßenblockaden eingesetzt worden. Die Arbeiter mancher Betriebe hätten zwei Tage lang durchgearbeitet, da ihre Kollegen wegen der Verkehrsstaus den Arbeitsplatz nicht erreichen konnten. (XNA, 22.5.89)

Der "Autonome Arbeiterverband Beijing" gibt ein Manifest heraus:

DOKUMENT

Manifest des Autonomen Arbeiterverbands Beijing

Die Arbeiterklasse ist die fortschrittlichste Klasse. In der Demokratiebewegung müssen wir die Hauptkraft darstellen.
Die VR China steht unter der Führung der Arbeiterklasse. Wir haben das Recht, jeden Despoten zu verjagen.
Die Arbeiterklasse begreift vollkommen den Nutzen wissenschaftlicher Kenntnisse und der Technik in der Produktion. Deshalb dürfen wir auf keinen Fall zustimmen, daß die vom Volk herangebildeten Studenten zugrunde gerichtet werden.
Es ist unsere unabweisbare moralische Pflicht, die Despotie und die Diktatur zu zerstören und den Demokratisierungsprozeß des Staates voranzutreiben.
Unsere Kraft entspringt der Solidarität, unser Erfolg dem festen Glauben.
Für die Demokratiebewegung gilt: "Das einzige, was wir verlieren können, sind unsere Ketten, aber wir werden die ganze Welt gewinnen."

Das Vorbereitungskomitee des Autonomen Arbeiterverbands Beijing
21.5.89
(*Zhongguo minyun yuan ziliao jingxuan*, S. 30)

Weiter gibt der "Autonome Arbeiterverband Beijing" eine Öffentliche Bekanntmachung heraus:

DOKUMENT

Öffentliche Bekanntmachung des Autonomen Arbeiterverbands Beijing

Heute nachmittag berief der Ständige Ausschuß des Autonomen Arbeiterverbands eine Dringlichkeitssitzung ein. In Anbetracht der Aufgaben, die wir in der gegenwärtigen Lage erfüllen müssen, wurde eine besondere Dringlichkeitssitzung einberufen. Die Mitglieder des Ständigen Ausschusses haben angesichts der gegenwärtigen Lage die Führungsmannschaft vervollständigt, indem sie eine Führungsgruppe, ein Sekretariat, eine Propagandaabteilung, eine Versorgungsabteilung und ein Verbindungsbüro gebildet haben.

I. Der Autonome Arbeiterverband Beijing ist eine spontane, provisorische Organisation der Arbeiter der Hauptstadt. Sein Ziel ist, diese demokratische und patriotische Bewegung in den Bahnen der Demokratie und des Rechtssystems richtig zu führen und sie so friedlich und reibungslos verlaufen zu lassen. Wir heißen alle Arbeiter sowie die Gewerkschaften der Fabriken, Bergwerke und Betriebe der Hauptstadt willkommen, unserer autonomen Organisation beizutreten.

II. Sonderbeschluß der Dringlichkeitssitzung angesichts der gegenwärtigen Lage:
1. Die augenblickliche Aufgabe der Ordnertrupps der Arbeiter besteht darin, eng mit dem Autonomen Studentenverband und der Vereinigung der Hungerstreikenden zu kooperieren sowie die Sicherheit der Studenten und die Stabilität der gesellschaftlichen Ordnung in Beijing zu gewährleisten.
2. Während die Ordnertrupps der Arbeiter die öffentliche Ordnung aufrechterhalten, sichern sie gleichzeitig in Beijing den Transport aller Waren und der täglichen Bedarfsgüter der Stadtbevölkerung (wie Gemüse und Getreide).

Dies wird hiermit bekanntgegeben.

Alle Mitglieder des Ständigen Ausschusses des Autonomen Arbeiterverbands Beijing
21.5.1989
(*Zhongguo minyun yuan ziliao jingxuan*, S. 29)

Überall auf den Straßen versammeln sich Beijinger Bürger um Studenten, die Reden halten. Ärzte erklären, daß der Gesundheitszustand vieler Studenten, die am Hungerstreik teilgenommen haben, noch immer besorgniserregend sei. Die am Sitzstreik beteiligten Studenten erklären über ihr Lautsprechernetz auf dem Tiananmen-Platz, daß sie nicht nachgeben wollten, ehe sie ihr Ziel nicht erreicht hätten. (*Radio Beijing*, 22.5.89)

Auf Flugblättern, die von Studenten auf den Straßen der Stadt verteilt werden, heißt es: "Zhao Ziyang ist unter Hausarrest gestellt worden." (FR, dpa, ap, afp, rtr, nach: FRu, 22.5.89)

Fast 2.000 Intellektuelle versammeln sich am Fuxingmen und ziehen zum Tiananmen-Platz, um die protestierenden Studenten zu unterstützen. Unterwegs rufen sie gegen Li Peng gerichtete Parolen. Sie fordern außerdem Presse- und

Publikationsfreiheit und die Negierung des Leitartikels der *Volkszeitung* vom 26. April. (ZM, Juni 1989, S. 12)

Trotz Verhängung des Ausnahmezustands bleibt der Tiananmen-Platz ein Magnet, der Hunderttausende von Demonstranten anzieht. Das Gedränge rund um das Denkmal der Volkshelden ist atemberaubend. Zum erstenmal hängen Menschentrauben selbst an der Roten Mauer des Tiananmen. Auf der zwischen Tor und Platz verlaufenden Chang'an-Allee rasen unter sengender Sonne neben heulenden Ambulanzen mit geschwächten Hungerstreikenden staatseigene Lastwagen und Autobusse mit fahnenschwingenden Jugendlichen, denen aus den dichten Zuschauerreihen besonders lebhafter Beifall gespendet wird. "Der Kaiser ist zu alt geworden", heißt es auf einem schwarzen Spruchband; "Nieder mit Li Peng!" rufen viele Studentenführer. (W. Adam, in: FAZ, 22.5.89) Überall in der Nähe des Platzes verkünden Spruchbänder, Fahnen und Wimpel: "Wir sind das Volk!" (LSC, S. 53)

In der brütenden Hitze steht der Gestank von Desinfektionsmitteln und Abfällen über dem Platz. Die Wasserhydranten sind von den Behörden offenbar abgestellt worden. Auch das Lautsprechernetz der Studenten auf dem Platz funktioniert zeitweise nicht. Militärhubschrauber, die von Zeit zu Zeit über den Platz schwenken, erwecken jedesmal die Befürchtung, daß Tränengaskanister abgeworfen werden könnten. Nach westlichen Informationen hat China im Ausland vor einiger Zeit Tränengasgranaten, Wasserwerfer und Elektroschlagstöcke eingekauft. Die Studenten verfügen ihrerseits nicht nur über batteriebetriebene Sprechtüten, die in China erhältlich sind; sie üben auf dem Platz für den Fall einer Tränengas-Attacke auch mit Gasmasken, die dem Vernehmen nach aus Armeebeständen stammen. (J. Kahl, B. Küppers, in: SZ, 22.5.89)

Noch immer blockieren einige hundert Studenten der Hochschule für Politik und Recht zusammen mit 17 ihrer Professoren in einem Sitzstreik das *Xinhuamen*, den Eingang zur Partei- und Regierungszentrale Zhongnanhai. (LSC, S. 53)

Zwei Polizeiautos rammen absichtlich einen Ambulanzwagen, der drei kranke Studenten ins Hospital bringt, und jagen davon. Die Studenten werden schwer verletzt. (A. Ignatius, in: AWSJ, 22.5.89)

Hubschrauber ziehen in geringer Höhe - unter 100 m - ihre Bahnen über der Stadt. Gelegentlich werfen sie Flugblätter ab, auf denen die Rede Li Pengs [vom 19. Mai] in großen Typen abgedruckt ist. Seit der Ausnahmezustand über Beijing verhängt worden ist, fürchten die Bewohner, daß dem Einmarsch der Truppen Blutvergießen folgen werde. In der Nacht haben sie auf den Kreuzungen der Straßen, die zu den Vorstädten führen, Straßensperren errichtet. Busse und Trolleybusse fahren seit zwei Tagen nicht mehr, ebenso die U-Bahnen. Auf der Östlichen und Westlichen Chang'an-Allee sowie anderen Hauptstraßen regeln die Bürger aus eigenem Antrieb den Verkehr. Einige Bürger beschweren sich telefonisch bei der *Volkszeitung*, daß sie weder Zeitungen noch Milch bekommen können. Bei Einbruch der Nacht versammeln sich große Menschenmengen an vielen Kreuzungen, die mit großen Fahrzeugen blockiert worden sind. (RMRB, 22.5.89) Busfahrer streiken, Verkehrspolizisten sind nicht zu sehen. An ihrer Stelle regeln Studenten und Mittelschüler mit roten Armbinden den Verkehr. (D. Southerland, in: IHT, 22.5.89)

Etwa 7.000 Studenten von Universitäten in Tianjin, Harbin, Shijiazhuang, Xi'an und Shanghai verlassen Beijing. Für den Rücktransport werden 32 Züge eingesetzt. Sonderregelungen ermöglichen es den Studenten, rasch und reibungslos in ihre Universitäten zurückzukehren. (*Radio Beijing*, 21.5.89, nach SWB, 23.5.89)

Die Beijinger Eisenbahnbehörde gibt bekannt, daß sie folgende Vorkehrungen getroffen habe, um den heimkehrwilligen Studenten aus anderen Landesteilen die Rückreise zu erleichtern:
1. Vom 22. bis zum 25. Mai werden an eigens gekennzeichneten Stellen auf dem Platz vor dem Beijinger Bahnhof Hinweisschilder aufgestellt, wo für die Studenten Bahnfahrten organisiert werden.
2. Die Studenten von außerhalb Beijings können ihre Studentenausweise als Fahrkarten für die Beijing verlassenden Züge benutzen.
3. Die Studenten, die an ihre Universitäten zurückkehren, werden gebeten, dem Bahnpersonal dabei zu helfen, in den Abfahrtshallen und den Zügen für Ordnung zu sorgen.

Die Eisenbahnbehörde weist darauf hin, daß der Personenverkehr auf der Schiene bereits überlastet sei. Studenten aus anderen Städten sollten davon absehen, mit der Bahn nach Beijing zu fahren. Sie sollten helfen, den Bahnverkehr wieder zu normalisieren und den ungehinderten Transport von wichtigen Gütern und Materialien wie Kohle, Getreide, Hilfsgüter für Katastrophengebiete und von gewöhnlichen Passagieren zu gewährleisten. (XNA, 23.5.89)

Am Mittag bitten über 20 Armeeveteranen vergebens um eine Unterredung mit Deng Xiaoping. Statt dessen empfängt Yang Shangkun fünf Vertreter dieser Armeeveteranen. Er fordert sie in einem 30minütigen Gespräch auf, nicht unüberlegt zu handeln. Bei der Betrachtung des Problems müßten sie die Gesamtsituation des Landes in Betracht ziehen. Damit das ganze Land nicht auf der Stelle in Chaos und Bürgerkrieg versinke, müßten die Entscheidungen der ZK-Militärkommission jetzt entschlossen und bedingungslos ausgeführt und das Land wieder unter Kontrolle gebracht werden. (ZM, Juni 1989, S. 9)

Über 100 Armeeveteranen schicken an den Kommandostab der für die Durchsetzung des Ausnahmezustands eingesetzten Truppen und an die ZK-Militärkommission einen Brief, in dem sie den Einsatz der VBA verurteilen. Die Liste der mehr als hundert Unterzeichner, allesamt hochrangige Armeeoffiziere, wird angeführt von (den Generalobersten) Ye Fei, Xiao Ke, Song Shilun, Chen Zaidao, Li Jukui, Zhang Aiping (früherer Verteidigungsminister) und Yang Dezhi (früherer Generalstabschef), die mit Ausnahme von Ye Fei, Chen Zaidao und Li Jukui Mitglieder der Zentralen Beraterkommission sind.

DOKUMENT

Protestbrief von über 100 Armeeveteranen gegen den Einsatz der VBA in Beijing

An den Kommandostab der für die Durchsetzung des Ausnahmezustands eingesetzten Truppen und an die ZK-Militärkommission:
In Anbetracht des Ernstes der gegenwärtigen Lage stellen wir im Namen der Armeeveteranen folgende Forderungen:
Die VBA ist die Armee des Volkes. Sie kann nicht im Gegensatz zum Volk stehen, geschweige denn das Volk töten. Sie darf auf keinen Fall auf das Volk schießen, sie darf auf keinen Fall ein Blutvergießen herbeiführen. Damit die Situation nicht verschärft wird, darf die Armee nicht in die Stadt einmarschieren.
21. Mai 1989
(ZGSB, 23.5.89; dieser Brief findet sich wortgleich in *Beizhuang de minyun*, S. 87)

Eine andere Darstellung gibt die Hongkonger Zeitung *Wen Hui Bao*: Über 100 einflußreiche Veteranen von Partei, Regierung und Armee sollen gemeinsam einen Brief an das Zentralkomitee geschrieben haben, in dem sie drei Forderungen aufstellten:
1. Es solle anerkannt werden, daß die Aktionen der Studenten patriotisch sind und dem Ziel der Demokratie dienen.
2. Der Leitartikel der *Volkszeitung* vom 26. April weise Mängel auf, die beseitigt werden sollten.
3. Führende Genossen in Partei und Regierung sollten einen direkten Dialog mit den Vertretern der Studenten führen.

(WHB, 22.5.89, nach SWB, 23.5.89)

Das Protestschreiben soll von den sieben oben genannten Armeeveteranen sowie den beiden altgedienten Marschällen Nie Rongzhen und Xu Xiangqian initiiert worden sein. (W.A., in: FAZ, 1.6.89) Nach einem anderen Bericht soll Nie Rongzhen die sieben Generäle "hinter den Kulissen" unterstützen. (AW, 2.6.89, S. 27)

Mehr als 260 aktive und im Ruhestand befindliche hochrangige Armeefunktionäre aus der ZK-Militärkommission, der Zentralen politischen Abteilung, der Zentralen Logistik-Abteilung, aus allen Teilstreitkräften und Waffengattungen und aus der Führung der Militärregion Beijing senden einen gemeinsamen Brief an die Parteiführung. Darin appellieren sie an die Parteiführer, Besonnenheit und Zurückhaltung zu zeigen und auf keinen Fall die Studentenbewegung mit Waffengewalt zu unterdrücken. Ein Drittel der Unterzeichner sind aktive Offiziere, darunter Kommandeure von Armeekorps, Divisionskommandeure, stellvertretende Leiter des Hauptbüros der ZK-Militärkommission,

Leiter der Jugendabteilung der Zentralen politischen Abteilung usw. (ZM, Juni 1989, S. 9)

400 bis 500 im Ruhestand befindliche Armeekader aus den drei Zentralen Abteilungen der VBA (Generalstab und die Zentralen Abteilungen für Logistik und Politik) haben eine "Vereinigung alter Kader zur Unterstützung der studentischen Demokratiebewegung" (Zhichi xuesheng minzhu yundong lao ganbu lianmeng) gegründet. (ZM, Juni 1989, S. 9)

Chen Yizi berichtet, daß über 500 im Ruhestand befindliche Armeekader sich eindeutig gegen den Einsatz von Truppen zur Unterdrückung der Bewegung ausgesprochen hätten. (Chen Yizi, *Zhongguo...*, S. 163)

Chi Haotian soll über die Mobilisierung der Truppen unzufrieden sein. Als Generalsstabschef hätte er vorher darüber informiert werden müssen. Hauptsächlich soll jedoch Yang Shangkun die Entscheidung getroffen haben, die Truppen in die Hauptstadt zu verlegen, ohne Chi Haotian einzuweihen. (ZM, Juni 1989, S. 9)

Die Zentrale Abteilung für Logistik erklärt, daß sie die in Beijing eingezogenen Truppen von fünf Armeekorps nicht versorgen könne, denn es gäbe keinen Plan dafür. (ZM, Juni 1989, S. 9)

Nachdem Einheiten des 38. Armeekorps zurück nach Beijing verlegt worden sind, sollen eines Nachts in den Kasernen über 100 Parolen und Wandzeitungen mit folgendem Inhalt aufgetaucht sein: "Zieht die Uniformen an und schützt das Volk, zieht die Uniformen aus und nehmt an den Demonstrationen teil!" "Lieber für das Volk sterben, als für die korrupten Beamten sein Leben opfern!" "Es ist die heilige Pflicht der Soldaten, Befehlen zu gehorchen, aber nicht, Willkürbefehlen zu folgen!" "Die Soldaten, die die Söhne und Brüder des Volkes sind, in Bewegung zu setzen, um das Volk zu unterdrücken, ist der Willkürbefehl einer tyrannischen Herrschaft, dem man sich entschlossen widersetzen muß!" "Die Armee gehört dem Staat und dem Volk. Gebt euch nicht der trügerischen Hoffnung hin, daß sie die Privatarmee von euch korrupten Beamten sind." Man habe diese Parolen längere Zeit dort hängen lassen, ohne der Zentralen politischen Abteilung und der ZK-Militärkommission davon zu berichten. (ZM, Juni 1989, S. 15)

Yan Jiaqi und 14 weitere Intellektuelle geben einen offenen Brief zur Verteidigung der Verfassung heraus. Darin verlangen sie die sofortige Einberufung einer Dringlichkeitssitzung des Ständigen Ausschusses des NVK zur Lösung der gegenwärtigen Krise. (*Beizhuang de minyun*, S. 84)

Fünf Intellektuelle, darunter Yan Jiaqi, Bao Zunxin und Su Xiaokang, fordern den Vorsitzenden des Ständigen Ausschusses des NVK, Wan Li, in einem Telegramm auf, zur Lösung der gegenwärtigen Krise seine Auslandsreise nach Kanada und in die USA abzubrechen und nach China zurückzukehren. (*Beizhuang de minyun*, S. 84)

21. Mai 1989

Viele Oppositionelle setzen in diesen Tage ihre Hoffnung auf die Einberufung einer Dringlichkeitssitzung des Ständigen Ausschusses des NVK unter Leitung Wan Lis. Hu Jiwei, der diesem Gremium angehört, hat bereits am 17. und 18. Mai die hierfür erforderliche Anzahl von Unterschriften sammeln lassen [vergleiche 17. und 18. Mai].

* In dem Untersuchungsbericht über diese Unterschriftenaktion, der dem Ständigen Ausschuß des VIII. NVK am 5. Juli 1989 vorgelegt wurde, heißt es, Hu Jiwei habe am 21. Mai das Stone-Forschungsinstitut für gesellschaftliche Entwicklung veranlaßt, Unterschriften für einen weiteren Appell, eine Dringlichkeitssitzung des Ständigen Ausschusses des NVK einzuberufen, zu sammeln. Der Appell wird von 38 Mitgliedern des Ständigen Ausschusses des NVK unterzeichnet. [Die Stone Corporation (Sitong Gongsi) gehört zu den Privatunternehmen, die Zhao Ziyang ermutigte, unabhängige Forschungsinstitute zu gründen. Das Stone-Forschungsinstitut für gesellschaftliche Entwicklung war erst im Januar 1989 gegründet worden und hatte u.a. Vorschläge für eine Reform der Verfassung erarbeitet, die auf die Beschneidung des Einflusses der KPCh hinzielten.] Diese Initiative Hu Jiweis belege, so heißt es weiter im Untersuchungsbericht, seine Unterstützung für Zhao Ziyang, der ebenfalls am 21. Mai "wiederum" eine Sondersitzung des Ständigen Ausschusses des NVK gefordert habe. Die Unterschriftenaktion habe darauf hingezielt, mit den Organisatoren und Hintermännern des Aufruhrs, die "in der neuen Lage eine neue Kampfstrategie entwickelten", zusammenzuwirken und die "legale Regierung zu stürzen". Ein Mitglied des Untersuchungsausschusses erklärte während der Anhörung, das Stone-Forschungsinstitut habe bei der Unterschriftensammlung Tricks angewandt. Die Namen mancher Mitglieder seien mißbraucht und manche Mitglieder hinters Licht geführt worden. Hu Jiwei habe sich außerdem gegen den Kommentar der *Volkszeitung* vom 26. April ausgesprochen: "Der Kommentar macht viel Redens über den politischen Kampf, er entspricht voll und ganz dem Schreibstil von Yao Wenyuan [einem Mitglied der sogenannten "Viererbande"]." (BRu, 18.7.89, S. 6 f.; siehe auch RMRB, 6.7.89)

Am Nachmittag sucht ein Vertreter der Studenten auf dem Tiananmen-Platz eine Einheit der VBA auf, die zur Durchsetzung des Ausnahmezustands eingesetzt ist, um sich nach der Einstellung der VBA gegenüber den Studenten zu erkundigen. Der Direktor der politischen Abteilung eines Regiments lobt zunächst die patriotische Begeisterung der Studenten. Das Interesse der Allgemeinheit erfordere aber, so der Politkommissar weiter, daß sie ihre Demonstrationen und Sitzstreiks einstellten und den Platz so rasch wie möglich verließen. Als der Studentenvertreter auf die "beträchtliche Unterstützung" der Bewegung seitens der Einwohner und verschiedener Kreise hinweist und erklärt, eine Räumung des Platzes hieße, die Einwohner im Stich zu lassen, wird ihm erwidert, daß die Unterstützung durch die Bevölkerung geringer sei, als die Studenten glaubten. Sie sollten sich nicht durch den äußeren Anschein täuschen lassen. Auch wenn zahlreiche Menschen auf die Straße gingen, so sei die Mehrheit doch gegen Aufruhr. Die meisten Arbeiter gingen weiterhin zur Arbeit. Die VBA werde nicht auf die Studenten schießen, doch werde sie auf keinen Fall sanft mit jenen Elementen umgehen, die die Regierung mit Sabotageakten bekämpften. (RMRB, 26.5.89)

Studenten verteilen Flugblätter, auf denen der Tod von zwei Hungerstreikenden, einer Studentin und einem Studenten, gemeldet wird. (FR, dpa, ap, afp, rtr, nach: FRu, 22.5.89) - Diese Information erweist sich später als falsch.

Außerdem berichten die Studenten über erste Zusammenstöße zwischen Demonstranten und Militär. Dabei hätte die Bereitschaftspolizei mit elektrischen Schlagstöcken auf die Menschen, vorzugsweise auf Mädchen, eingeschlagen und 45 Menschen verletzt. Auch am Beijinger Hauptbahnhof, wo nach unbestätigten Berichten Truppen in großer Zahl angekommen sind, soll es Zusammenstöße zwischen Soldaten und Studenten gegeben haben. Gegen diese Gruppe von Studenten, die von Arbeitern unterstützt wurden, sei wie anderswo Tränengas eingesetzt worden. Die rund 1.500 Soldaten, die den Hauptbahnhof besetzen, sind mit automatischen Waffen ausgerüstet. Beijinger Einwohner stellten rund um den Bahnhof Lastwagen auf, um die Zufahrt zu blockieren. Hunderte von Studenten bilden vor dem Gebäude eine Menschenkette. (dpa, ap, afp, taz, nach taz, 22.5.89)

Gegen Abend veröffentlichen die Vertreter von mehr als 100 Hochschulen auf dem Tiananmen-Platz einen "Brief an die Bevölkerung des ganzen Landes", in dem sie fordern, der Ständige Ausschuß des NVK solle Vertreter zum Dialog mit den Studenten entsenden, um die durch den schweren Widerspruch zwischen Regierung und Volk entstandene Krise zu lösen. (*Beizhuang de minyun*, S. 84)

Die Vertretung des "Autonomen Studentenverbands" berichtet den mehreren hunderttausend auf dem Tiananmen-Platz versammelten Menschen, die Regierung habe ein bis Montagmorgen 5.00 Uhr befristetes Ultimatum gestellt. Falls der Platz bis dahin nicht geräumt sei, werde das Militär eingesetzt. Die Studenten hätten auch an Deng Xiaoping, den Oberbefehlshaber der Streitkräfte, appelliert, keine militärische Gewalt gegen die Demonstranten anzuwenden. (FR, dpa, ap, afp, rtr, nach: FRu, 22.5.89)

Am Abend gehen 11 Studenten der Chinesischen Hochschule für Naturwissenschaft und Technik, unter ihnen Zhu Zhongzhi und Luo Zhiqiang, zum Wohnsitz des alten Marschalls Nie Rongzhen und übergeben ihm einen Brief. Darin heißt es, Ministerpräsident Li Peng habe am Nachmittag während eines von ihm geleiteten Treffens einen Entschluß in vier Punkten gefaßt:
1. Die gegenwärtige patriotische Studentenbewegung sei ihrem Wesen nach ein Aufstand (panluan).
2. Die 200.000 Studenten auf dem Tiananmen-Platz seien innerhalb von 20 Tagen niederzuschlagen. [Unklar ist, warum von einer so langen Frist die Rede ist.]
3. Alle großen Gefängnisse der Hauptstadt seien freizumachen [für die Aufnahme von Studenten].
4. Alle Arbeiter der Stadtreinigung sollten am kommenden Morgen um 5.00 Uhr zur Säuberung des Platzes antreten.

Die Situation sei verzweifelt, so die Studenten weiter. Marschall Nie Rongzhen möge auf das Leben von zwei Millionen Beijinger Bürgern und 200.000 Studenten Rücksicht nehmen und hierzu Stellung beziehen. Man warte draußen vor der Tür auf Antwort. Der Marschall antwortet den Studenten:
1. Diese vier Punkte seien nichts als Gerüchte, die Studenten sollten ihnen nicht glauben.
2. Die zur Durchsetzung des Ausnahmezustands in die Stadt beorderten Truppen seien da, um die gesellschaftliche Ordnung und die Stabilität in der Hauptstadt zu schützen. Die Studenten sollten die Armee bei der Erfüllung ihrer Aufgabe unterstützen.
3. Die Studenten sollten möglichst rasch den Tiananmen-Platz räumen, um des Ansehens Chinas, der Ordnung in der Hauptstadt, des Lebens der Bevölkerung, der eigenen Gesundheit und des eigenen Studiums willen.

Zwei Stunden später, um 21.00 Uhr, erscheinen sieben Studenten derselben Universität vor der Residenz des alten Marschalls Xu Xiangqian mit der Bitte, er möge zu der möglichen Unterdrückung der Studenten Stellung nehmen. Mitarbeiter des Marschalls überbringen den Studenten dessen Antwort, die sinngemäß der Antwort von Marschall Nie Rongzhen entspricht. (RMRB, 22.5.89)

Die Beijinger Stadtregierung läßt am Abend mehrmals eine Bekanntmachung in das Programm des chinesischen Fernsehens einblenden. Darin heißt es, eine in der Stadt zirkulierende Information sei ein "reines Gerücht". Der angebliche Befehl an die Truppen, 200.000 Studenten auf dem Platz "zu unterdrücken", sei ebenfalls ein Gerücht: "Bitte, liebe Studenten, glauben Sie das nicht!" Ebenfalls ein Gerücht sei, daß alle großen Gefängnisse angewiesen seien, für eine Masseneinlieferung von Studenten Platz zu schaffen. Weiter werden die Studenten aufgefordert, so rasch wie möglich den Platz zu verlassen und an ihre Hochschulen zurückzukehren. (FR, dpa, ap, afp, rtr, nach: FRu, 22.5.89)

Der Beijinger Rundfunk bestätigt am Abend, daß die ersten Armee-Einheiten im Stadtgebiet eingetroffen seien und bereits "einige Einrichtungen" besetzt hätten. Die in Marsch gesetzten Soldaten sollen u.a. mit Maschinengewehren bewaffnet sein. Nach Angaben von Studenten sind sie auf das Gelände der Beijing-Universität und der Qinghua-Universität eingerückt. [Hierbei handelt es sich um eines der vielen unwahren Gerüchte, die im Verlauf der Protestbewegung in Umlauf gebracht wurden.] Auf dem rund 3 km vom Tiananmen-Platz entfernten Hauptbahnhof soll ein umfangreiches Truppenkontingent eingetroffen sein. (FR, dpa, ap, afp, rtr, nach: FRu, 22.5.89)

Das Beijinger Fernsehen berichtet, daß Soldaten in die wichtigsten Universitäten und Hochschulen geschickt werden sollen, um die "Ordnung aufrechtzuerhalten". (ap, rtr, nach TN, 22.5.89)

Einer chinesischen Quelle zufolge sollen 60.000 bis 70.000 Soldaten mit der U-Bahn ins Stadtzentrum befördert worden sein und sich über Verbindungsstollen in den Kaiserpalast, das Geschichtsmuseum und die Große Halle des Volkes begeben haben. Nur an die 100.000 Studenten und Einwohner bleiben in der Nacht auf dem Platz. Die anderen machen sich offensichtlich auf den Weg in die Randbezirke, um sich den Truppen in den Weg zu stellen. (ap, rtr, nach TN, 22.5.89)

Viele der eingesetzten Truppen sind offenbar in der Stadt oder in der Nähe von Beijing stationiert. Wegen ihres offenkundigen Versagens und aus Zweifel an ihrer Verläßlichkeit ruft die Regierung jetzt weitere Truppen aus entfernten Landesteilen herbei. (J. Hoagland, in: IHT, 23.5.89)

Hunderttausende von Soldaten aus Jinan, Shenyang, Chengdu und anderen Militärregionen haben die Stadt umzingelt. Die meisten der mit Panzerfahrzeugen und Panzern ausgerüsteten Einheiten gehören zur Kategorie der Feldarmeen [die eigentlich nur zur Landesverteidigung eingesetzt werden sollen]. (ICM, Juli 1989, S. 32)

Auf dem Tiananmen-Platz verbreiten sich am Abend Gerüchte, Li Peng sei zurückgetreten und Deng Xiaoping entmachtet. (dpa, ap, afp, taz, nach taz, 23.5.89)

Am Abend befinden sich schätzungsweise 40.000 Menschen auf dem Platz. Weitere 100.000 halten sich in der Nähe auf. (rtr, nach NZZ, 23.5.89)

Am Abend gehen zahlreiche Beijinger Studenten, Arbeiter, Bauern und Bürger auf die Straße, um die Truppen am Einmarsch in die Stadt zu hindern. In der Innenstadt wie in den Vorstädten weigern sich nur einige wenige Fabriken, den Betrieb einzustellen. Viele Einwohner und Bauern agieren Seite an Seite. Manche gehen zum Tiananmen-Platz, um neben den Studenten zu kämpfen, andere errichten Barrikaden, um Armeefahrzeuge zu stoppen. In der Nacht wächst die Zahl der Menschen auf dem Platz auf eine halbe Million. In Wukesong, Liuliqiao und Fengtai umgeben "Zehntausende von Bauern die Hunderttausende von Truppen", die aus Sichuan, Shaanxi, Shanxi und Liaoning herangezogen worden sind. Dort ansässige Bauern und aus der Innenstadt gekommene Studenten schildern den Soldaten die tatsächliche Lage in Beijing. Daraufhin erklären viele Offiziere und Soldaten, daß sie auf keinen Fall die Einwohner und Studenten Beijings verletzen wollten. Einige Bürger sagen: "Nicht die Armee verhängt den Ausnahmezustand über das Volk, sondern das Volk verhängt den Ausnahmezustand über die Armee." (ZTS, 22.5.89, nach SWB, 25.5.89)

Wie in der Nacht zuvor strömen auch heute wieder eine Million Menschen auf die Straßen der Hauptstadt, Hunderttausende besetzen erneut den Tiananmen-Platz. Daraufhin umstellt das Militär die größeren Universitäten [Nach PB 13 trifft diese Information nicht zu]. Soldaten besetzen die Redaktionen von Radio- und Fernsehanstalten, von Parteizeitung und staatlicher Nachrichtenagentur. Insgesamt sollen fünf Armeekorps, das heißt rund 150.000 Soldaten [Nach unseren Berechnungen müßte die Sollstärke eines Armeekorps bei rund 46.000 Mann liegen.], in die Hauptstadt beordert worden sein. (dpa/ap/afp/taz, nach: taz, 22.5.89) - Es ist sehr unwahrscheinlich, daß vollständige Armeekorps nach Beijing verlegt wurden. Statt dessen wurden nur Teile einer ganzen Reihe von Armeekorps nach Beijing beordert.

21. Mai 1989

In der Nacht findet auf dem Platz, den nach wie vor 200.000 Menschen besetzt halten, eine Demonstration statt. Mehrere hundert Redakteure und Journalisten der *Xinhua*-Nachrichtenagentur protestieren gegen den Ausnahmezustand, wollen sich aber nicht photographieren lassen. Über die Lautsprecheranlage erklären die Studenten: "Nach zwei Tagen ist der Ausnahmezustand immer noch nicht durchsetzbar. Rein militärisch wäre ein Durchbruch natürlich zu erzwingen. Zwei Gründe hindern sie [Partei und Regierung] daran. Erstens gibt es in der Führung und der Partei heftige Flügelkämpfe. Viele sprechen sich gegen eine gewaltsame Lösung aus. Zweitens würde ein Blutvergießen eine ungeheure Protestwelle auslösen, vielleicht sogar zum Aufstand führen. Für die Regierung wäre das die endgültige Niederlage." (T. Reichenbach, in: taz, 23.5.89)

Beijinger Bürger, die in Hujialou Armeefahrzeugen den Weg versperren, sehen vier weißgekleidete Männer in einer Ambulanz, die die Blockade filmen. Durch Befragung stellen die Bürger fest, daß diese Männer nicht zum medizinischen Personal gehören. (MB, 24.5.89, nach SWB, 25.5.89)

Am Abend treffen alarmierende Nachrichten ein: Im Vorort Fengtai im Südwesten laufen 200 Panzermotoren warm, im Süden rollen neue Lkw-Kolonnen mit aufsitzender Infanterie zu den Blockadestellungen. Auch diese Durchbruchsversuche scheitern. Im Vorort Bajiaocun im äußersten Westen der Stadt, diskutieren an allen Kreuzungen der sechsspurigen Ausfallstraße mehrere tausend Menschen und warten auf Nachrichten. Studenten haben in der Mitte der Straße Verkehrskontrollen eingerichtet. Jedes Fahrzeug, das noch Platz bietet, muß Studenten nach vorn an die Stellung fahren. An einer Brücke befindet sich einen Kilometer von Bajiaocun entfernt der letzte Checkpoint vor der Blockadestellung. Ein quergestellter Omnibus mit Anhänger versperrt fast die ganze Straße, aus den Fenstern hängen Fahnen und Transparente. Hier tagt das Verbindungskomitee. 200 Studenten und Arbeiter schützen die Brücke. Einen Kilometer weiter stehen 100 Militärlastwagen voll Soldaten und 50 Panzerfahrzeuge vor einer Barrikade aus Stahlgittern und Betonklötzen sowie einem lebenden Wall von rund 2.000 Menschen: Studenten, Arbeiter, Mittelschüler und Wohnbevölkerung zu etwa gleichen Teilen. Ein Student sagt, die Armee sei von der Bevölkerung und einer Handvoll Stahlarbeitern gestoppt worden, indem sie sich auf die Straße vor die Fahrzeuge gelegt hätten. Die Studenten seien erst Stunden später gekommen. "Seither haben wir viel Überzeugungsarbeit geleistet, denn die Truppen sind völlig desinformiert. Vor allem für die Nacht hoffen wir auf Verstärkung durch die Bevölkerung, denn einen wirklichen Durchbruchsversuch könnten wir mit gegenwärtig 2.000 Leuten nicht aufhalten." Um 22.00 Uhr treffen mehrere Lkw-Konvois voll Studenten zur Ablösung ein. Allein im Universitätsviertel Haidian warten zu diesem Zeitpunkt noch 50.000 Menschen auf den Abtransport zu den Blockadelinien [Nach PB 13 sind diese Leute mit ihren Fahrrädern selbst dorthin gefahren]. Die logistischen Probleme der Nachrichtenübermittlung und Versorgung der Blockierer mit Decken und Lebensmitteln sind kaum zu bewältigen. Vor allem fehlt es an Transportkapazitäten. (T. Reichenbach, in: taz, 23.5.89)

In der Nacht zum Montag machen wilde Gerüchte die Runde. Die Truppen, heißt es, rücken durch das weitverzweigte Tunnelnetz vor. Wan Li habe sich, zurück von einem Besuch in Kanada, in Nanjing unter den Schutz des dortigen Militärbefehlshabers gestellt und organisiere nun vom Süden aus den Widerstand der Reformer in der Partei gegen Li Peng. Im Nordosten des Landes seien Bauernrevolten ausgebrochen. Das Militär habe Befehl, auch die Innenstadt Shanghais zu besetzen. Der Studentenführer Wu'er Kaixi verkündet auf dem Tiananmen-Platz, Deng Xiaoping und Li Peng seien zurückgetreten. Von einem Ultimatum des Ministerpräsidenten ist die Rede: Der Platz werde um 5.00 Uhr morgens geräumt, wenn die Studenten ihn nicht vorher freiwillig verlassen hätten. (M. Naß, in: *Die Zeit*, 26.5.89)

Wan Li, der Vorsitzende des Ständigen Ausschusses des NVK, erklärt in Toronto vor Auslandschinesen: "Wir wollen den patriotischen Enthusiasmus der großen Masse der Jugend tatkräftig schützen. Gleichzeitig wollen wir die gesellschaftliche Ordnung und Stabilität konsequent wahren." Der patriotische Enthusiasmus der Studenten, so Wan Li weiter, sei lobenswert. Ihre Hoffnung, die Demokratie zu fördern und die Korruption zu bestrafen, stimme mit den Zielen, die von der Regierung befürwortet und angestrebt würden, überein. Wan Li hebt hervor: "Diese Probleme sollten auf dem Wege der Demokratie und des Rechtssystems gelöst werden. Sie sollten mit den Methoden der Vernunft und Ordnung gelöst werden." Wan Li äußert seine Überzeugung, daß die chinesische Regierung "imstande ist, mit Ruhe, Vernunft und Zurückhaltung die Schwierigkeiten zu überwinden und die Probleme auf angemessene Weise zu lösen". (RMRB, 23.5.89)

Die Hongkonger *Wen Hui Bao* berichtet unter Berufung auf eine "unbestätigte Quelle", daß alle Provinzen, provinzfreien Städte und Autonomen Gebiete bis Mittag dieses Tages (Ortszeit) ihren Standpunkt gegenüber der Rede Li Pengs vom 19. Mai klarstellen müssen. (WHB, 21.5.89, nach SWB, 22.5.89)

Shanghai
In Shanghai marschieren Zehntausende von Demonstranten. (ap, rtr, nach TN, 22.5.89)

Ein Gerücht, wonach auch in Shanghai der Ausnahmezustand verhängt werden soll, veranlaßt wieder 100.000 Menschen, auf die Straßen zu gehen und "gegen Parteiführer" zu demonstrieren. Obgleich die Stadtregierung dieses Gerücht dementiert, rufen die Studenten zu einem stadtweiten Arbeiterstreik für den nächsten Tag auf. (J. H. Maier, "Tian'anmen 1989...", S. 8)

Die Shanghaier Regierung lädt Spitzenfunktionäre der nicht-kommunistischen Parteien sowie Vertreter verschiedener Bevölkerungsgruppen zu einem Meinungsaustausch darüber ein, wie in der Stadt die Ordnung aufrechtzuerhalten sei. Die Eingeladenen bescheinigen der Stadtregierung, große Zurückhaltung gegenüber der Studentenbewegung gezeigt und korrekte Maßnahmen ergriffen zu haben, um die angespannte Lage zu normalisieren. Gleichzeitig bringen sie ihre Hoffnung zum Ausdruck, daß die Regierung ihre Gespräche mit den Studenten fortführen und sich gut um sie kümmern werde. (CD, 24.5.89)

Tianjin
In Tianjin marschieren einige hundert Demonstranten. (ap, rtr, nach TN, 22.5.89)

Am frühen Morgen bricht eine große Gruppe Tianjiner Studenten per Fahrrad nach Beijing auf (ca. 130 km), um sich den Demonstrationen auf dem Tiananmen-Platz anzuschließen. (J. Fox, "... Consequences in Tianjin", S. 140)

Gansu
In Lanzhou setzen die Studenten ihre Demonstrationen fort. Einige Bürger der Stadt schließen sich ihnen an. (*Radio Gansu*, 22.5.89, nach SWB, 24.5.89)

Guangdong
In Guangzhou demonstrieren Studenten vor dem Sitz der Provinzregierung. Spät am Abend erklären sie das Ende ihres Hungerstreiks. (*Radio Guangdong*, 21.5.89, nach SWB, 23.5.89)

Guizhou
Am Abend beginnen in Guiyang erneut "einige tausend" Studenten zu demonstrieren. (*Radio Guizhou*, 22.5.89, nach SWB, 24.5.89)

Hebei
Das Parteikomitee der Provinz Hebei hält mehrere Sitzungen mit Parteimitgliedern, Vertretern der Demokratischen Parteien und von Massenorganisationen, mit Verantwortlichen aus dem Universitäts- und Hochschulbereich sowie mit parteiungebundenen Persönlichkeiten des öffentlichen Lebens ab, um die Reden Li Pengs und Yang Shangkuns zu studieren und zu diskutieren. Alle Teilnehmer unterstützen die Reden und die verschiedenen Maßnahmen, die vom ZK der KPCh und vom Staatsrat zwecks Unterbindung des Aufruhrs in der Hauptstadt getroffen wurden. (*Radio Beijing*, 21.5.89, nach SWB, 24.5.89)

Heilongjiang
Die Regierung der Stadt Harbin wendet sich mit folgender Botschaft an die Bevölkerung: Auf die Reden Li Pengs und Yang Shangkuns [am 19. Mai] hin hätten sich alle hungerstreikenden Studenten in Harbin zurückgezogen, und viele Studenten, die an Demonstrationen teilgenommen hätten, seien in die Universitäten zurückgekehrt. Eine Anzahl von Studenten aber demonstriere weiter und verursache - wegen der Zuschauer - Verkehrsstörungen, so daß die gewohnte Ordnung der Produktion, der Arbeit und des Lebens gestört sei. Die Botschaft endet mit Aufrufen an alle Bewohner der Stadt, zum Erhalt der Ordnung beizutragen. (*Radio Heilongjiang*, 21.5.89, nach SWB, 25.5.89)

Hubei
In Wuhan erklären Mitglieder der Bewaffneten Volkspolizei, die in den vergangenen Tagen die Blockade der Yangzi-Brücke und das daraus resultierende Verkehrschaos erlebt haben, daß die Rede Li Pengs den meisten Kollegen aus der Seele spreche. (*Radio Hubei*, 21.5.89, nach SWB, 24.5.89)

Die Regierung der Stadt Wuhan erläßt folgende Bekanntmachung zwecks Aufrechterhaltung des Verkehrs auf der Yangzi-Brücke:

1. Es ist untersagt, Versammlungen und Demonstrationen abzuhalten, Fahrzeuge während Demonstrationen in einer Reihe aufzustellen, Sitzstreiks oder ähnliches zu veranstalten.
2. Fahrzeuge und Fußgänger, die die Brücke überqueren, müssen den Anweisungen und Befehlen der Verkehrspolizisten folgen. Mit Ausnahme von Industrie- und Transportfahrzeugen, die in der Regel an Haltepunkten bremsen, ist es allen anderen Fahrzeugen und Fußgängern untersagt, dort anzuhalten oder zu verweilen.
3. Wenn diejenigen, die diese Bestimmungen verletzen, einen Verweis ignorieren, werden sie von den Behörden für die Öffentliche Sicherheit gemäß den geltenden Gesetzen, Regeln und Bestimmungen bestraft werden.

(*Radio Hubei*, 21.5.89, nach SWB, 25.5.89)

Hunan
Die Erziehungskommission der Provinz Hunan gibt eine Bekanntmachung an alle Universitäten und Hochschulen der Provinz heraus. Zwecks Aufrechterhaltung der Stabilität und Einheit, zum Schutz der Gesundheit der Studenten und zur Wiederaufnahme des Lehrbetriebs an Universitäten und Hochschulen kündigt sie folgendes an:
1. Aufgrund der nassen, unbeständigen Witterung ist die Gesundheit der wenigen Studenten, die Sitzstreiks veranstalten, gefährdet. Sie sollen diese beenden und so rasch wie möglich in die Universitäten zurückkehren.
2. Wenn die Studenten den Campus verlassen, müssen sie die Verkehrsregeln beachten. Sie dürfen nicht wahllos Autos anhalten und daraufklettern, da dies gefährliche Unfälle verursachen kann.
3. Studenten aus anderen Städten, die nach Changsha gekommen sind, sollen sofort in ihre Universitäten zurückkehren.
4. Alle Universitäten und Hochschulen müssen sofort den Lehrbetrieb wieder aufnehmen. Die Studenten haben das Interesse der Allgemeinheit an die erste Stelle zu setzen. Sie müssen Disziplin wahren und die Bestimmungen der Universität beachten.
5. Die Lehrer, Kader und Arbeiter aller Universitäten und Hochschulen müssen auf ihrem Posten bleiben, ihre Pflichten erfüllen und ihre Arbeit im Bewußtsein ihrer großen Verantwortung gegenüber den Studenten verrichten.

(*Radio Hunan*, 22.5.89, nach SWB, 25.5.89)

Die Regierung der Provinz Hunan hält am Abend eine Telefonkonferenz ab und ruft alle Behörden auf allen Ebenen dazu auf, Einheit und Ordnung zu wahren und die Produktion zu fördern. (*Radio Hunan*, 22.5.89, nach SWB, 25.5.89)

Jilin
Auf einem Treffen des Parteikomitees der Provinz fordert dessen Sekretär He Zhukang alle Teilnehmer auf, die Rede Li Pengs zu studieren und zu verbreiten und das Denken zu vereinheitlichen. (*Radio Jilin*, 23.5.89, nach SWB, 6.6.89)

Studenten organisieren in Changchun eine Demonstration zur Automobilfabrik Nr. 1. Die Teilnehmerzahl wird auf 30.000 bis 50.000 geschätzt. Die Parolen rufen zum Widerstand gegen das "faschistische Kriegsrecht" in Beijing auf und fordern den Rücktritt von Li Peng und Deng Xiaoping. (R.W. Howard, "... Movement in Changchun", S. 239)

Jiangsu
Von diesem Tag an wird der Eisenbahnknotenpunkt Xuzhou, an dem die Linien Longhai (Lianyungang-Lanzhou) und Jinghu (Beijing-Shanghai) zusammenlaufen, mehrfach durch Studenten aus Lianyun und der Provinz Anhui blockiert. (ZXS, 31.5.89, nach SWB, 3.6.89)
Studenten und Bevölkerung blockieren wieder die Innenstadt Nanjings. Obgleich die Arbeiter immer noch mit den Studenten sympathisieren, herrscht ein wenig Ratlosigkeit über den weiteren Fortgang, da es keine neuen Informationen aus Beijing gibt. Die offiziellen Medien verbreiten nur die regierungsamtliche Propaganda. Auf dem Campus der Nanjing-Universität hängt ein Fax mit dem Titelblatt der *New York Times*, abends kursieren auf dem Campus Nachrichten von BBC und VoA sowie telefonische Informationen aus Beijing. Gerüchte verbreiten sich, u.a. jenes, daß am Montag auch in Nanjing der Ausnahmezustand verhängt werden soll. (R. Lufrano, "Nanjing Spring...", S. 30)

Qinghai
An diesem Morgen wird der Unterricht an der Qinghai-Universität in Xining wieder aufgenommen. 4.040 Studenten, das sind 70% aller Studenten, erscheinen zum Unterricht. (*Radio Qinghai*, 21.5.89, nach SWB, 25.5.89)

Shandong
In Ji'nan ziehen einige Hundert Studenten von den zwei großen Universitäten durch die Straßen und rufen "Nieder mit Li Peng!". Wie während der Kulturrevolution sind die Studenten der beiden Universitäten nicht in der Lage, ihre Aktionen zu koordinieren. Alle Hochschulen befinden sich im Streik. Am Abend wird die Eisenbahnbrücke über den Gelben Fluß von den Studenten mehrfach blockiert, und zwar immer dann, wenn das Gerücht auftaucht, daß ein Zug mit Soldaten in Richtung Beijing durchkommen soll (J.W. Esherick, "Xi'an Spring", S. 226)

Shaanxi
Die Verhängung des Ausnahmezustandes in Beijing wirkt sich auf die Zahl der Demonstrationsteilnehmer in Xi'an aus. Es sind jetzt beträchtlich weniger als in den Tagen davor. (J.W. Esherick, "Xi'an Spring", S. 226 f.)

Sichuan
Yang Rudai, Sekretär des Parteikomitees der Provinz Sichuan, fordert die Studenten auf, ihre Demonstrationen und Sitzstreiks zu beenden und den Unterricht wieder aufzunehmen, um der Zukunft von Partei und Regierung, um der großen Sache der Vier Modernisierungen und um ihrer Gesundheit willen. (*Radio Sichuan*, 22.5.89, nach SWB, 2.6.89)

Xinjiang
In Xinjiang wird die Sitzung des Ständigen Ausschusses des Parteikomitees der Provinz fortgesetzt [vergleiche 20. Mai]. (*Radio Xinjiang*, 21.5.89, nach SWB, 24.5.89)

Auch in den Städten Xi'an, Nanjing, Xiamen, Wuhan, Harbin, Chengdu, Changsha und Xiangtan gibt es Demonstrationen. (*Beizhuang de minyun*, S. 85)

22. Mai 1989, Montag
- Die Studenten auf dem Tiananmen-Platz sind zum Bleiben entschlossen
- Wu'er Kaixi wird seiner Position als Vorsitzender des "Autonomen Studentenverbands Beijing" enthoben
- Erneut zeigen Mitarbeiter von Massenmedien und Beijinger Einwohner ihre Unterstützung für die Studenten
- Der öffentliche Verkehr nimmt den Betrieb wieder auf
- Wegen der Blockaden kommt es zu Versorgungsengpässen
- Die nach Beijing verlegten Armeeverbände werden von der zentralen Armeeführung aufgefordert, die Befehle zu befolgen und dem "Aufruhr" Einhalt zu gebieten
- Auf einer erweiterten Sitzung des Politbüros vom 22. bis 24. Mai beschäftigt sich die politische Führung mit dem weiteren Vorgehen gegen die Protestbewegung und mit der Entmachtung von Zhao Ziyang
- Li Peng wirft Zhao Ziyang in einer parteiinternen Rede vor, die Einheit der Partei zerstört zu haben
- Mit einer Ausnahme fordern alle Stellvertretenden Vorsitzenden des Ständigen Ausschusses des NVK die Einberufung einer Dringlichkeitssitzung des Ständigen NVK-Ausschusses

Am Morgen kommen etwa 1.500 mit AK-47-Gewehren ausgerüstete Soldaten mit dem Zug im Hauptbahnhof an. Sie werden sogleich von Demonstranten umzingelt. (AW, 2.6.89, S. 26) Laut einer anderen Meldung geschah dies am Vortag; siehe dort.

Vor Tagesanbruch herrscht auf dem Tiananmen-Platz und in der Chang'an-Allee eine "gespannte und beklommene Atmosphäre" (ZTS, 22.5.89, nach SWB, 23.5.89), da die dort ausharrenden Studenten trotz der gegenteiligen Versicherungen der Marschälle Nie Rongzhen und Xu Xiangqian mit der gewaltsamen Räumung des Platzes durch die VBA rechnen.

Um 1.00 Uhr teilt ein Studentenführer den auf dem Platz kampierenden Menschen mit, daß 35.000 Soldaten die Stadt betreten hätten. Die Studenten ermahnen einander, Ruhe zu bewahren, selbst wenn die Soldaten zuschlagen. Um 2.55 Uhr kommen Warnungen, daß sich Panzer vom Westen näherten. (AW, 2.6.89, S. 27)

Um 3.00 Uhr ruft der Studentenführer Wu'er Kaixi die Studenten auf dem Platz auf, sofort ins Botschaftsviertel zu flüchten: "Die Demokratiebewegung ist gescheitert." Anschließend fällt er in Ohnmacht. Sein Appell wird von vielen Studenten kritisiert. Gleich darauf wird er vom Ständigen Ausschuß des "Autonomen Studentenverbands Beijing" seines Amtes als Vorsitzender enthoben.

Wu'er Kaixi sei, so interpretiert *Beizhuang de minyun*, der Regierung in die Falle gegangen, die versucht habe, die Studenten [mit der Drohung eines Militäreinsatzes] zu spalten. Er sei überzeugt gewesen, daß die VBA den Tiananmen-Platz erreichen werde. Weil er Blutvergießen vermeiden wollte, habe er den Beschluß verkündet, den Platz zu räumen. (*Beizhuang de minyun*, S. 89)

Wie G. Crothall berichtet, hatte Wu'er Kaixi bereits zuvor die Studenten hierzu aufgefordert. Ein Hauptgrund dafür, ihn aus der Führung des "Autonomen Studentenverbands" auszuschließen, sei laut Chai Ling und anderen Studentenführern Wu'er Kaixis "unbefugte Anweisung" am 4. Mai gewesen, am folgenden Tag den Unterricht wieder aufzunehmen. (G. Crothall, in: SCMP, o. Datum, nach *The Australian*, 2.9.89)

In den frühen Morgenstunden errichten die Studenten Barrikaden, doch die Truppen bleiben außerhalb der Stadt und warten auf weitere Befehle. Auf dem Platz erklären verschiedene altgediente Soldaten, daß die VBA zum Volk gehöre. Sie werde sich niemals gegen das Volk stellen, geschweige denn es unterdrücken. Die Erklärung wird von der Rundfunkstation der Studenten übertragen und von der Menge auf dem Platz mit Jubel aufgenommen. (ZTS, 22.5.89, nach SWB, 23.5.89)

Um 4.15 Uhr spricht ein Mann, der sich als Armeekommandant bezeichnet, zu den Studenten: "Wir können uns gegenseitig helfen und auf dem Platz Frieden bewahren. Seid ruhig!" Studenten erklären, der Mann sei ein Unterstützer [der Studentenbewegung] und gehöre den unteren Rängen der Armee an. (AW, 2.6.89, S. 27)

Die Studenten befürchten, daß die Armee den Platz bis 5.00 Uhr morgens räumen wird. Kurz vor Ablauf dieser angeblichen Frist kommt es zu Handgreiflichkeiten und Schlägereien. Wütende Demonstranten greifen Personen an, die als Angehörige der Geheimpolizei verdächtigt werden, und zerren sie unter lautem Gejohle über den Platz. (Kl., in: NZZ, 24.5.89)

Als bis 5.00 Uhr kein Soldat auf dem Platz erschienen ist, brechen die Menschen dort in Freudenrufe aus, tanzen und singen die Internationale. (dpa, ap, afp, taz, nach taz, 23.5.89)

Als einlenkende Reaktion auf das Ausbleiben des gewaltsamen militärischen Eingriffs folgen die zum Widerstand entschlossenen Studenten und Bürger im Laufe des Tages dem Aufruf der Stadtregierung und schieben die nachts in der ganzen Stadt aufgebauten Barrikaden zur Seite. (Kl, in: NZZ, 24.5.89)

Am Morgen reinigen erstmals Putzkolonnen ungehindert den von Abfällen übersäten Platz. Später verlesen Studentenvertreter hier und in anderen Teilen der Stadt einen "dringenden Appell" an die Bürger, "bis zum endgültigen Sieg weiterzukämpfen". In der Stadt hat sich die Lage im Vergleich zu den Vortagen etwas entspannt. Es gibt keine Anzeichen für Truppenbewegungen. Der chinesische Rundfunk gibt am Morgen bekannt, der Großteil der Truppen, die den Ausnahmezustand durchsetzen sollen, sei bisher nicht in das Beijinger Stadtgebiet vorgedrungen. Frühere Berichte, nach denen Soldaten bereits zwei Universitäten umstellt haben sollen, treffen nach dpa vorliegenden Augenzeugenberichten ebensowenig zu wie Berichte, nach denen am Vortag auf dem Beijinger Hauptbahnhof Tränengas eingesetzt worden sein soll. (dpa, ap, afp, taz, nach taz, 23.5.89)

Nachdem die Studenten in Erwartung einer gewaltsamen Räumung eine angstvolle Nacht auf dem Platz verbracht haben, kehren viele von ihnen in die Schlafsäle ihrer Universitäten zurück, um sich auszuruhen. Auch wenn die Zahl der Beijinger Studenten auf dem Platz abnimmt, so verbleiben doch viele Studenten aus anderen Städten auf dem Platz. Zahlreiche Einwohner und Kantinenangestellte bringen ihnen Essen. Ein Student der Hangzhou-Universität sagt, man habe ihm im Lebensmittelladen nur die Hälfte des Preises berechnet. Müllarbeiter reinigen zusammen mit Studenten den Platz. Entgegen Gerüchten ist das Wasser auf dem Platz niemals abgestellt worden; Arbeiter stehen bereit, um notfalls Reparaturen auszuführen. (CD, 23.5.89)

Insgesamt befinden sich auf dem Platz Studenten von 319 Hochschulen und Universitäten. (BYT, 10.6.89, S. 29) Bislang sind an die 240.000 Studenten, so eine andere Meldung, von mehr als 170 Hochschulen aus allen Provinzen des Landes zur Unterstützung ihrer Kommilitonen nach Beijing gekommen. (*Tansuo*, Juni 1989, S. 9)

Noch immer harren Zehntausende auf dem Platz aus, doch wird ihre Zahl im Laufe des Tages immer geringer. Viele der gestern [21. Mai] errichteten Barrikaden werden entfernt. Die Verkehrspolizei in der Umgebung des Platzes nimmt ihren Dienst wieder auf, hat aber nicht viel zu tun. (ap, rtr, dpa, nach HAB, 23.5.89)

18 Rundfunkmitarbeiter werden vom Dienst suspendiert, weil sie in den Frühnachrichten gesendet haben, daß das Militär noch immer nicht in die Stadt gekommen sei. Beim Rundfunk und Fernsehen sind Presseoffiziere eingezogen, die die Wiederholung eines solchen Vorfalls unterbinden sollen. (T. Reichenbach, in: taz, 23.5.89)

Auf der 24 km langen Zweiten Ringstraße sind die Barrikaden entfernt worden. Einige Funktionäre und Arbeiter der Müllabfuhr erklären, daß sie in den vergangenen Tagen ihre Arbeit ungehindert fortgesetzt hätten, während andere sagen, sie hätten ihre Arbeit am Sonntag oder Montag nach ein bis zwei Tagen Pause wieder aufgenommen. Ein Verkehrspolizist im Östlichen Bezirk erklärt, es habe in den vergangenen Wochen viel weniger Auto- und Fahrradunfälle als üblich gegeben. Nach Angaben verschiedener Abteilungen des Städtischen Amtes für Öffentliche Sicherheit haben seit Samstag morgen - also seit Verhängung des Ausnahmezustands, der offenkundig nicht durchgesetzt werden kann - die Verbrechensmeldungen in den Stadtbezirken entschieden abgenommen. Selbst Taschendiebstähle seien in diesen Tagen selten geworden. (CD, 23.5.89)

Während die Studenten fortfahren, nach der Absetzung Li Pengs zu rufen, verlangen sie mit gleichem Nachdruck: "Wir wollen Zhao Ziyang wiedersehen." (W. Adam, in: FAZ, 23.5.89)

Studenten verteilen Kopien eines Briefes, in dem 100 Armeeangehörige, darunter sieben alte Generäle, gegen die Verhängung des Ausnahmezustands protestieren. Der Brief soll an die *Volkszeitung* geschickt worden sein. (P. Ellingsen, in: FT, 23.5.89) - Siehe hierzu unter dem 21. Mai.

Die Studenten diskutieren über eine Rückkehr in die Hochschulen. Die Fürsprecher argumentieren, daß es den Studenten bereits gelungen sei, das politische Bewußtsein der Massen zu heben und den wiederholten Drohungen der Regierung Widerstand entgegenzusetzen. Jetzt aber drohe ein Truppenangriff. "Wir sollten unseren Kampf fortsetzen, doch auf neuen Wegen. Wir wären zum Teil mitverantwortlich, wenn es zu Gewalt kommt", sagt eine Studentin. Andere Studenten hingegen sind entschlossen "zu bleiben, bis Li Peng die Macht abgibt. Er ist der gemeinsame Feind der Nation geworden. Wenn er stürbe, würden wir feiern." Ein Hubschrauber läßt Tausende von Flugblättern fallen, auf denen Parolen stehen wie "Entschlossen Li Peng unterstützen", "Studenten, kehrt in die Hochschulen zurück". (A. Ignatius, J. Leung, in: AWSJ, 23.5.89)

Aus dem Organisationskomitee der Studenten, das sich heute mehrheitlich für ein Verbleiben auf dem Platz ausspricht, verlautet, Bedingung für den Abzug sei jetzt nur noch die Rücknahme des Leitartikels in der *Volkszeitung* vom 26. April. Weiter heißt es, man wolle zwar noch immer Verhandlungen mit der Führung, doch werde akzeptiert, daß wegen des Machtkampfes noch gar nicht abzusehen sei, wer am Ende die Gesprächspartner der Studenten sein würden. (ap, rtr, dpa, nach HAB, 23.5.89)

Vier Vertreter des "Autonomen Studentenverbands Beijing" geben im Petitionsbüro des Ständigen Ausschusses des NVK an der Seite der Großen Halle des Volkes einen "Botschaft an die Bevölkerung des ganzen Landes" ab. Darin fordern sie die Einberufung einer Dringlichkeitssitzung des Ständigen Ausschusses des NVK. Außerdem übergeben der "Autonome Studentenverband Beijing", die "Kommandozentrale des [Tiananmen-]Platzes" (Guangchang zhihui zhongxin), die "Kommandozentrale der außerhalb Beijings Studierenden" (Waidi fujing gaoxiao zhihui zhongxin) und die "Vereinigung der Hungerstreikenden" (Jueshituan) einen gemeinsam unterzeichneten "Offenen Brief an den Genossen Deng Xiaoping". (*Beizhuang de minyun*, S. 90)

Wu'er Kaixi erklärt in einem Interview, Studentenführer hätten Vorbereitungen getroffen für den Fall, daß die Armee den Sitzstreik auf dem Platz gewaltsam beende. Er lehnt es aber ab, darüber zu sprechen. "Unsere Bewegung ist friedlich und gewaltlos, und wir haben nicht vor, von diesen Prinzipien abzuweichen", sagt er. "Was immer mit uns geschehen mag, die Bewegung wird weitergehen. Es wird immer andere Menschen geben, die bereit sind aufzustehen. Dies ist eine Volksbewegung, und die Menschen werden das Werk fortführen, das wir begonnen haben." (M. Dobbs, in: IHT, 23.5.89)

Beijinger Bürger spenden weiterhin Kleider, Nahrung, Getränke und Geld für die Studenten. (ZXS, 22.5.89, nach SWB, 23.5.89)

Studenten und Arbeiter haben inzwischen einen gemeinsamen Ausschuß gebildet, der die Aktionen koordinieren soll. (T. Reichenbach, in: taz, 23.5.89)

Der "Autonome Arbeiterverband Beijing" ruft die ganze Stadt zum Generalstreik auf, um die Regierung zum Nachgeben zu zwingen. (*Beizhuang de minyun*, S. 90)

Mitarbeiter der *Xinhua*-Nachrichtenagentur und anderer Massenmedien sowie einige Mitarbeiter aus dem Kultursektor kommen auch heute auf den Platz, um ihre Solidarität mit den Studenten zu zeigen. Sie rufen: "Nieder mit Li Peng!" Trotz Gerüchten, daß die Behörden den Platz räumen lassen würden, wehen überall die Spruchbänder und Fahnen. Auf ihnen ist ein neuer Slogan zu lesen: "Bevor Li Peng gefallen ist, werden sie sich nicht zurückziehen." Am Mittag betritt eine Gruppe von mehreren tausend Menschen den Platz. Der Spruch auf ihrem Banner lautet: "Kulturpersonal - Laßt uns handeln!" An der Spitze der Gruppe marschieren über 400 Mitarbeiter der *Volkszeitung*. Sie rufen: "Li Peng, tritt zurück!" Einige rufen: "Wenn Li Peng nicht stürzt, werden alle drei Arbeitsschichten die Arbeit niederlegen. Wenn Li Peng nicht stürzt, werden wir jeden Tag kommen." An der Demonstration nehmen außerdem Mitarbeiter der Nachrichtenagentur *Zhongguo Xinwen She*, des Chinesischen Schriftstellerverbands, des Chinesischen Verbands der Tänzer und Choreographen, des Kultur-Verlags, der *Einheit-Zeitung*, der *Sportzeitung*, der Chinesischen Akademie für Sozialwissenschaften und andere teil - (ZTS, 22.5.89, nach SWB, 25.5.89) - nämlich Journalisten und Redakteure der *Guangming-Zeitung*, der *China Daily* und der *Tageszeitung für Wissenschaft und Technik*. Etwa 100 Mitarbeiter der *Zhongguo Xinwen She* rufen: "Li Ximing und Chen Xitong sind die Komplizen derer, die zu Unruhen anstiften." Als sie am Xinhuamen vorbeiziehen, rufen sie: "Der NVK soll eine Sitzung abhalten, um Li Peng zu entlassen" und "Li Peng muß zurücktreten!" Unter den Demonstranten sind auch etwa 300 junge Lehrer und Studenten der ZK-Parteischule. Alle von ihnen sind Mitglieder der KPCh. Außerdem nehmen Lehrer und Studenten der Hongkong-Universität und der Chinesischen Universität Hongkong an der Demonstration teil. Sie tragen ein Spruchband: "Eine Million Hongkonger Landsleute veranstalteten Demonstrationen, um die Beijinger Studenten zu unterstützen." (MB, 23.5.89, nach SWB, 25.5.89)

Nach einem anderen Bericht erhalten die Studenten erstmals seit Verhängung des Ausnahmezustands Unterstützung von Vertretern der offiziellen Medien. Rund 500 Journalisten von Rundfunk und Presse, allen voran Vertreter der *Volkszeitung*, marschieren zum Platz. Sie hatten zuvor die ausdrückliche Genehmigung zu ihrer Aktion eingeholt. (erl, ap, dpa, nach FRu, 23.5.89)

Mehr als 10.000 Intellektuelle demonstrieren in der Stadt. Sie verlangen den Rücktritt Li Pengs und die Aufhebung des Ausnahmezustands. Außerdem rufen sie die ganze Stadtbevölkerung zu einer Massendemonstration auf. Unter den Demonstranten befinden sich Wang Ruoshui, Lao Gui, Dai Qing und Zhao Yu. (*Beizhuang de minyun*, S. 90)

Unter den Protestgruppen ist - nach dem Applaus der Zuschauer zu urteilen - besonders eine Phalanx von Motorradfahrern beliebt, die alle paar Stunden vorbeidonnern, mehrere hundert Mann stark. Auf den Rückbänken sitzen ihre

Freundinnen und schwingen Banner mit der Aufschrift "Demokratie" oder rotgoldene Nationalflaggen. (C. Rosett, in: AWSJ, 24.5.89) Vor allem zu nachtschlafender Zeit fährt die Gruppe knatternd die Allee vor Zhongnanhai auf und ab, hupt und gibt Vollgas, um die hohen Regierungsfunktionäre, die dort wohnen und arbeiten, zu stören. (D. Biers, ap, in: HAB, 24.5.89) Die meisten Fahrer sind kleine Geschäftsleute (Besitzer kleiner Privatgeschäfte), die sich ein Motorrad leisten können und jetzt als Nachrichtenübermittler und Melder fungieren. (J.P. Sterba, in: AWSJ, 25.5.89)

Um Verkehrsschilder gewickelte Spruchbänder, die Li Peng als "Mörder" bezeichnen, werden ebensowenig von der Polizei angetastet wie die auf den Außenmauern des Regierungssitzes Zhongnanhai aufgeklebten Politreime wie "Wenn Li Peng zurücktritt, freut sich das ganze Volk." (Kl, in: NZZ, 24.5.89)

Zehn bekannte Intellektuelle (Bao Zunxin, Yan Jiaqi, Su Xiaokang, Wang Juntao, Chen Dade, Wu Tingjia, Min Qi, Chen Xiaoping, Li Dewei und Xie Xiaoqing) leisten einen Eid, die Studentenbewegung weiterhin entschlossen zu unterstützen und sich nicht den diktatorischen Beschlüssen der KPCh zu unterwerfen. (*Beizhuang de minyun*, S. 90)

Radio Beijing meldet, daß die Zahl der demonstrierenden Studenten auf dem Tiananmen-Platz beträchtlich abgenommen habe. Im Vergleich zu den vorangegangenen Tagen seien auch weniger Zuschauer gekommen. Die Studenten säßen oder lägen in provisorischen Zelten. Einige Müllwagen sammelten Abfall ein, doch noch immer sei der Platz übersät mit Papier und leeren Flaschen. Den Aussagen des medizinischen Personals des Roten Kreuzes zufolge sei die Zahl der kranken Studenten seit Beendigung des Hungerstreiks drastisch gesunken, bislang seien noch keine Infektionskrankheiten gemeldet worden. Am Nachmittag hätten erneut Intellektuelle, Journalisten und andere Einwohner der Stadt demonstriert. Die Truppen, die zur Durchsetzung des Ausnahmezustands herbeibeordert worden seien, hätten die Stadt noch nicht betreten. (*Radio Beijing*, 22.5.89, nach SWB, 25.5.89)

Ein Funktionär des Beijinger Hauptbahnhofs erklärt, daß die von außerhalb gekommenen Studenten vom heutigen Tag an bis Donnerstag, dem 25. Mai, umsonst mit der Bahn heimreisen können. Ab Freitag müßten sie Fahrkarten lösen. (CD, 23.5.89)

Am Hauptbahnhof kann die Polizei ohne Zwischenfälle die Bewachung eines Zugs mit 1.300 Soldaten übernehmen. Zuvor ist er von Studenten umstellt gewesen. Vor dem Bahnhof warten auswärtige Hochschüler in Schlangen auf die Abfahrt ihrer Züge nach Hause. Einer sagt, sie wollten daheim über die Vorgänge in Beijing berichten, denn dort wisse wegen der Nachrichtensperre niemand etwas. Ein anderer erklärt, nach sechs Tagen bei Brot und Keksen brauche er jetzt erst einmal Erholung, wolle aber zurückkommen. (ap, rtr, dpa, nach HAB, 23.5.89)

81 von den 172 Bus- und Trolleybus-Linien verkehren wieder. (*Beijing Ribao*, ohne Datum, nach XNA, 24.5.89) Um 16.00 Uhr haben über 66 Linien den

Verkehr wieder aufgenommen; weitere 12 Linien verkehren auf Teilabschnitten ihrer üblichen Route. Die für den öffentlichen Verkehr der Stadt zuständigen Behörden unternehmen große Anstrengungen, um die blockierten Straßen freizumachen. (ZXS, 22.5.89, nach SWB, 25.5.89)

In einer Reihe von Fabriken erscheinen die Arbeiter zwar morgens im Betrieb, arbeiten aber nicht, sondern diskutieren und warten darauf, daß etwas passiert. Eine metallverarbeitende Fabrik hält eine ständige Kontrollgruppe auf dem Tiananmen-Platz. Sobald etwas Wichtiges passiert, radelt einer zur Fabrik, um Bericht zu erstatten. (R. Wandel, in: taz, 24.5.89)

Die *Beijing-Tageszeitung* macht zum erstenmal konkrete Angaben über Versorgungsengpässe. Sie berichtet über tägliche Ausfälle bei den Gemüselieferungen in die Stadt von bis zu einer Million Kilogramm. Mangels Rohstofflieferungen und wegen Verkehrsbehinderungen liegen mehr als 50 Großunternehmen ganz oder teilweise still. Die Knappheit macht sich vor allem bei Milch und Brot bemerkbar, hat aber bisher noch zu keiner akuten Versorgungskrise geführt. (J. Kahl, in: SZ, 23.5.89)

Da viele Studenten in die Außenbezirke der Stadt gegangen sind, um die menschlichen Blockaden zu lenken, oder in den Stadtvierteln Propagandaarbeit betreiben, haben in der Nähe des Tiananmen-Platzes viele Arbeiter deren Aufgabe übernommen, den Verkehr zu dirigieren. An der Nordseite des Platzes zeigt eine große weiße Fahne das Hauptquartier des kürzlich gegründeten "Autonomen Arbeiterverbands" an, der bereits mindestens 700 Mitglieder zählt. (S. WuDunn, in: IHT, 23.5.89)

Armeehubschrauber werfen "eine riesige Menge" Flugblätter ab, auf denen Parolen wie "Energisch den Aufruhr beenden" stehen. (XNA, 24.4.89)

Einigen Truppen gelingt es zwar, mit der U-Bahn oder verkleidet in die Stadt zu gelangen, doch sind es nicht viele. (ZTS, 22.5.89, nach SWB, 25.5.89)

Studenten und Einwohner erklären, daß plötzlich viele Personen in Zivilkleidung in den Straßen Beijings aufgetaucht seien. Diese behaupteten, aus Hainan, der Inneren Mongolei oder aus Tibet gekommen zu sein. Sie stellten sich überall Autos in den Weg und durchsuchten Passanten. Studenten und Einwohner betonen, daß so etwas in den vergangenen Tagen nicht vorgekommen sei; jene Personen sähen verdächtig aus. Sie würden möglicherweise vorsätzlich Zwischenfälle provozieren. Am Abend tritt ein stellvertretender Bürgermeister in Armeeuniform im Fernsehen auf. Er erklärt, daß kürzlich einige Personen von außerhalb nach Beijing gekommen seien, um vorsätzlich die gesellschaftliche Ordnung der Hauptstadt zu untergraben. Die Behörden hätten diese Unruhestifter verhaftet. Er ruft die Einwohner auf, ihre Wachsamkeit zu erhöhen und die Regierung beim Aufrechterhalten der Ordnung zu unterstützen. (WHB, 23.5.89, nach SWB, 25.5.89)

Das ZK der KPCh und der Staatsrat haben gefordert, daß alle Provinzen, provinzfreien Städte und Autonomen Gebiete bis 12.00 Uhr am heutigen Tag ihre

Unterstützung für Li Pengs Rede erklären müssen. (*Beizhuang de minyun*, S. 88)

Seit Verhängung des Ausnahmezustands haben folgende Parteikomitees ihre Unterstützung für die Rede Li Pengs geäußert:
- das Parteikomitee der provinzfreien Stadt Tianjin;
- die Parteikomitees der Provinzen Anhui, Fujian, Gansu, Guangdong, Hainan, Hebei, Henan, Heilongjiang, Hunan, Jilin, Jiangsu, Jiangxi, Liaoning, Qinghai, Shanxi, Shaanxi und Yunnan;
- die Parteikomitees der Autonomen Gebiete Innere Mongolei, Ningxia, Tibet und Xinjiang;
- die Ständigen Ausschüsse der Parteikomitees der Militärregionen Chengdu, Guangzhou, Nanjing und Shenyang;
- der Ständige Ausschuß des Parteikomitees der Zentralen Kommission für Rüstungsforschung und -technik und für Rüstungsindustrie sowie
- nicht näher bezeichnete Gremien der Provinz Gansu.

(RMRB, 23.5.89; XHS, 22.5.89, nach SWB, 24. und 26.5.89; *Radio Beijing*, 22.5.89, nach SWB, 26.5.89)

Einem Bericht von *Radio Beijing* zufolge wurden auf einem Treffen von Parteikadern der Einheiten der Militärregion Nanjing alle Angehörigen der Armee aufgerufen, den "Aufruhr" in der Region zu beenden. (*Radio Beijing*, 22.5.89, nach SWB, 25.5.89)

Die erste Nummer der von Intellektuellen und Journalisten gegründeten unabhängigen Zeitung *Expreß-Nachrichten (Xinwen Kuaixun)* erscheint. Sie soll eine "aktuelle, wahrheitsgemäße und genaue" Berichterstattung über die "Entwicklung der großen patriotischen und demokratischen Bewegung" liefern für "die Menschen der Hauptstadt, des Landes und der ganzen Welt". (MB, 24.5.89, nach SWB, 2.6.89) Diese Zeitung wird von Journalisten und Intellektuellen von 38 Zeitungen und Institutionen herausgegeben. 3.500 Exemplare sind gedruckt worden, erklärt ein Redakteur, der ungenannt bleiben will, da er bereits Besuch vom Büro für Staatssicherheit erhalten habe. "Die Regierung will nicht, daß wir die Wahrheit wissen. Sie gibt falsche Nachrichten heraus. Wahre Nachrichten werden dringend gebraucht, wenn die Zukunft der chinesischen Rasse an einem seidenen Faden hängt." Er fügt hinzu: "Ich wünschte, die Studenten wären letzten Freitag [19. Mai] nach Hause gegangen. Dann wäre die Pressereform, die [in den Tagen vor Verhängung des Ausnahmezustands] begonnen hatte, allmählich weitergeführt worden. Jetzt ist alles wieder eingefroren." In der ersten Nummer der Zeitung heißt es: "Presse-, Meinungs- und Publikationsfreiheit sind in der Verfassung garantiert." (M. O'Neill, rtr, in: TN, 26.5.89)

Fast alle Tageszeitungen drucken einen Leitartikel der in Beijing erscheinenden *Zeitung der Befreiungsarmee* nach. Darin heißt es, die Ereignisse in Beijing glichen "der Anfangszeit der Kulturrevolution". Die Lage könne nicht mehr von den Studenten kontrolliert werden. "Eine große Anzahl von Fakten macht es immer klarer, daß dieses von einer winzigen Minderheit geschaffene Chaos eine geplante und organisierte Verschwörung ist." Der Leitartikel wird allerdings nicht in den Abendnachrichten des Fernsehens verlesen. Im Fernsehen wird bestätigt, daß es in den Geschäftsstraßen Beijings bis Montag [22. Mai] in keinem Fall zu Plünderungen, Zerstörungen oder Brandstiftungen gekommen sei. Die Pressezensur wirkt gelockert, einige Zeitungen melden in versteckter Form Widerstand gegen die Verhängung des Ausnahmezustands an. (erl, ap, dpa, nach FRu, 23.5.89)

Die *Tageszeitung für Wissenschaft und Technik* veröffentlicht einen offenen Brief, in dem die Einberufung einer Dringlichkeitssitzung des Ständigen Ausschusses des NVK gefordert wird. Unterzeichnet haben ihn 24 Ausschußmitglieder, darunter der bekannte Wirtschaftswissenschaftler Li Yining und der frühere Chefredakteur der *Volkszeitung*, Hu Jiwei. (A. Ignatius, J. Leung, in: AWSJ, 23.5.89)

Die *Volkszeitung* veröffentlicht auf der ersten Seite ein Photo, das ein von winkenden Menschen umgebenes Armeefahrzeug zeigt. Die Bildunterschrift lautet: "Mittag des 20. Mai. Armeefahrzeuge auf der Kreuzung Hujialou im Bezirk Chaoyang ziehen sich langsam zurück. Ein Offizier der VBA erklärt den Massen, die sich um die Fahrzeuge versammelt haben: "Da wir die Armee des Volkes sind, können wir das Volk auf keinen Fall unterdrücken." Die Menschen klatschen begeistert Beifall. (RMRB, 22.5.89) Da auf dem Photo hinter dem Armeelaster ein Fahrzeug zu erkennen ist, das an einen Transporter für Flüssiggas erinnert, verbreitet sich das Gerücht, die VBA wolle Giftgas zur Niederschlagung der Studenten einsetzen. (*Xinhua*, 27.5.89, nach SWB, 31.5.89) - Tatsächlich soll es sich um SA (Hongqi)-2-Boden-Luft-Raketen gehandelt haben! - Siehe 29. Mai.

Auf der ersten Seite rechts unten bringt die *Volkszeitung* die *Xinhua*-Meldung vom Vortag, daß der ungarische Ministerpräsident Miklos Nemeth am 19. Mai vor Militärkadern erklärt hat: "Ich meine, daß es keiner politischen Gewalt erlaubt ist, die Armee zur Lösung innenpolitischer Probleme einzusetzen." (RMRB, 22.5.89) Ein Journalist dieser Zeitung bestätigt, daß die Plazierung dieser Meldung auf der Titelseite als Kritik an Li Peng und seiner Politik zu verstehen sei. Er erinnert sich an das Vergnügen, mit dem die Bemerkung des ungarischen Politikers in der Nachrichtenredaktion aufgenommen worden sei. (S. WuDunn, in: IHT, 25.5.89)

Die Zentrale Beraterkommission und die Zentrale Disziplinkontrollkommission senden einen gemeinsamen Brief an das ZK der KPCh, in dem sie sich gegen den Einsatz von Truppen zur Unterdrückung der Studenten wenden. Außerdem fordern sie Wan Li in einem Telegramm zur sofortigen Rückkehr und Einberufung einer Dringlichkeitssitzung des Ständigen Ausschusses des NVK auf. (ICM, Juli 1989, S. 32) - Dies ist mit an Sicherheit grenzender Wahrscheinlichkeit eine Falschmeldung.

Die Beijinger Stadtregierung und der Kommandostab der zur Durchsetzung des Ausnahmezustands zuständigen Truppen der VBA veröffentlichen eine Mitteilung "Über die möglichst rasche Wiederherstellung der gewohnten Ordnung in der Hauptstadt". Darin wird auf das derzeit herrschende Chaos im Produktionsbereich und im Alltag der Stadt hingewiesen: Verkehrsblockaden in vielen Stadtteilen, Störung des öffentlichen Transportwesens, Behinderung der Produktion und Arbeit in einigen Einheiten, noch keine Normalisierung im Lehrbetrieb, besorgniserregende Zustände im umwelthygienischen Bereich, Unruhestiftung seitens einer kleinen Anzahl von Leuten unbekannter Identität zwecks Untergrabung der öffentlichen Ordnung. Diese Leute hätten Fahrzeuge blockiert und beraubt, seien gegenüber Soldaten handgreiflich geworden, hätten illegal Wachtposten aufgestellt, Passanten durchsucht und ihre Personalausweise geprüft. Motorradfahrer seien durch die Straßen gebraust und hätten das Leben der Beijinger Bürger bedroht. All dies beunruhige und ängstige die Stadtbevölkerung. Daher werde mitgeteilt:

"1. Derzeit verbreitet eine kleine Anzahl von Leuten mit niederen Motiven Gerüchte, um das Volk zu verwirren. Dies ist unstatthaft. Die große Masse muß klar zwischen richtig und falsch unterscheiden und darf sich nicht täuschen lassen.
2. In letzter Zeit ist die Zahl derjenigen, die aus anderen Landesteilen nach Beijing kommen, beträchtlich gestiegen. Zusätzlich zu den Nahrungs- und Unterbringungsproblemen, die sie schaffen, erschweren sie die Wiederherstellung der gewohnten Ordnung in der Stadt. Diese Menschen sollten so rasch wie möglich Beijing verlassen und dahin zurückkehren, von wo sie gekommen sind.
3. Die Mitarbeiter aller Regierungsorgane, Massenorganisationen, Fabriken, Schulen, Geschäfte, Betriebe und Institutionen müssen auf ihren Posten bleiben, die Produktion aufrechterhalten und gute Arbeit leisten. Alle Schulen müssen den normalen Unterrichtsbetrieb aufrechterhalten.
4. Die Truppen, die den Ausnahmezustand in einigen Teilen Beijings durchsetzen sollen, müssen ihre Aufgabe gewissenhaft erfüllen. Alle zuständigen Stellen und die Massen müssen aktiv mit ihnen zusammenarbeiten und sie nach Kräften unterstützen.
5. Die Verkehrspolizisten müssen auf ihren Posten bleiben und ihre Aufgaben erfüllen. Anderen Personen ist es verboten, durch das Aufstellen von Wachtposten oder den Bau von Barrikaden den Verkehr zu behindern. Zur Zeit blockieren einige Menschen Fahrzeuge, durchsuchen sie gewaltsam und errichten Barrikaden. Dies muß sofort aufhören." (RMRB, 23.5.89)

Der Generalstab, die Zentrale Politische Abteilung und die Zentrale Logistik-Abteilung der VBA fordern die Offiziere und Soldaten der Truppen, die zur Durchsetzung des Ausnahmezustands eingesetzt sind, in einem Brief dazu auf, ihre Befehle zu befolgen und dem "immer ernster werdenden gesellschaftlichen Aufruhr" Einhalt zu gebieten. Sie hätten in den letzten Tagen gezeigt, daß sie in der Lage seien, die ihnen von der ZK-Militärkommission übertragene "heilige Mission" auf sich zu nehmen. Der von einer kleinen Anzahl Menschen angestiftete Aufruhr sei immer noch nicht unterdrückt. Falls ihre Verschwörung gelinge, würden die Früchte der zehnjährigen Reform über Nacht zerstört. Daher müßten alle Genossen der eingesetzten Truppen die Reden Li Pengs und Yang

Shangkuns vom 19. Mai sowie den Leitartikel der *Volkszeitung* vom 26. April gründlich studieren. Die militärische Führung sei überzeugt, daß die Truppen die Erwartungen und das Vertrauen des ZK, des Staatsrats, der ZK-Militärkommission und aller Genossen der Armee erfüllen würden. Der Brief endet: "Partei und Volk werden euch niemals vergessen, die Republik wird euch niemals vergessen, die Geschichte wird eure Verdienste ewig verzeichnen!" (RMRB, 25.5.89) *Le Monde* weist u.a. auf eine Merkwürdigkeit hin: Dieser offene Brief sei auf den 22. Mai datiert, dem Vorabend des Truppenrückzugs aus den Randgebieten der Stadt. (F. Deron, in: LM, 26.5.89) - Viel merkwürdiger ist, daß der Brief nicht am folgenden Tag, dem 23., sondern erst am 25. Mai in der *Volkszeitung* veröffentlicht wird!

Das Beijinger Fernsehen sendet ein Interview mit einem Offizier einer VBA-Einheit, die nach Beijing zur Durchsetzung des Ausnahmezustands beordert worden ist. Das Interview wurde in den frühen Morgenstunden geführt. Auf Fragen erklärt der Offizier, seine Einheit hätte den Tiananmen-Platz noch nicht erreicht, sie befinde sich jetzt in Shijingshan. Ein Vorankommen sei genauso unmöglich wie ein Rückzug, da der Weg von den Volksmassen blockiert werde. Die Massen seien nicht recht in der Lage, die Soldaten zu verstehen. Am gestrigen Vormittag [21.5.89] hätten viele Leute provozierende und unfreundliche Bemerkungen gemacht. Er habe seinen Männern gesagt, sie sollten nicht darauf achten und Konflikte vermeiden. Bislang sei es zwischen seiner Einheit und den Studenten oder den Volksmassen nicht zu Konflikten gekommen. Seine Soldaten hätten den ganzen gestrigen Tag auf den Lastwagen verbracht, ohne Schutz vor der Sonne und ohne Nahrung, und dennoch Disziplin gewahrt. Heute hätten die Führer seine Einheit mit Lebensmitteln versorgt. (*Beijing-TV*, 22.5.89, nach SWB, 23.5.89) Er sagt weiter, daß die Studenten ihnen sehr geholfen hätten, Zusammenstößen entgegenzuwirken. Heute hätten die Vorgesetzten den Rückzug angeordnet, den sie "aus verschiedenen Gründen" nicht hätten antreten können, obwohl sie sich zurückziehen wollten. Ein anderer Offizier erklärt, daß die Arbeiter des Hauptstädtischen Eisen- und Stahlkombinats heute seinen Soldaten Essen gebracht hätten. (Das Interview wird von der *Volkszeitung* am 23.5.89 gedruckt, nachgedruckt von CD, 24.5.89)

Als sich Soldaten zum Essen zu einem Armeelager in der Nähe des Jingfeng-Hotels begeben, sind sie plötzlich von einigen feindseligen Menschen umringt. Einige aus der Menge werfen Backsteine und Steine gegen die Soldaten. Offiziere befehlen den Soldaten, nicht zurückzuschlagen. Studenten, die sich in der Gegend befinden, schreien "Hört auf! Hört auf!", und schützen die Soldaten mit ihren eigenen Körpern, während die Soldaten ihrerseits dasselbe tun. (BRu, 6.6.89, S. 12)

In dieser Woche stehen auf der 160 km langen Straße zwischen Chengde und Beijing Armeefahrzeuge Stoßstange an Stoßstange. Weitere Truppen werden auf dem Luftweg herbeigebracht. (AW, 2.6.89, S. 23)

Noch immer befinden sich die Truppen zur Durchsetzung des Ausnahmezustands in den Beijinger Vororten. Einige Studenten und Bürger bringen ihnen

Speisen und Getränke. Beide Seiten reden freundlich miteinander. (XNA, 23.5.89)

Etwa 20 Divisionen - 200.000 Mann - sind in den Außenbezirken der Stadt zusammengezogen worden. In der Stadt ist von der Armee wenig zu sehen. Nur auf dem Hauptbahnhof Beijing steht ein Zug voll mit Soldaten, und Dutzende von Armeelastwagen parken in den südwestlichen Vororten. Viele Studenten glauben, daß in der Großen Halle des Volkes oder in der U-Bahn bereits Truppen stationiert sind. "Man hat ihnen gesagt, daß der Tiananmen-Platz voll von schlechten Menschen ist, die das Gesetz brechen", sagt ein Student. Manche Truppen stammen von der chinesisch-vietnamesischen Grenze, andere aus der Inneren Mongolei und aus Hebei. Es gibt Berichte, daß sich der Kommandant des in Baoding stationierten 38. Armeekorps geweigert habe, gegen die Studenten vorzugehen, da seine Tochter an der Beijing-Universität studiert. Er sei deshalb abgelöst worden. (C. McDougall, in: FT, 23.5.89) - Vergleiche hierzu 19. Mai.

Nach dreitägiger Abwesenheit "aus Krankheitsgründen" soll Zhao Ziyang in sein Büro in der Partei- und Regierungszentrale Zhongnanhai zurückgekehrt sein. Er soll durch sein Fernbleiben gegen die Verhängung des Ausnahmezustands protestiert haben. (P. Ellingsen, in: FT, 23.5.89) - Nach anderen Meldungen soll Zhao Ziyang zu diesem Zeitpunkt bereits unter Hausarrest stehen.

In dieser Woche zirkuliert ein parteiinternes Dokument, demzufolge Zhao Ziyang Deng Xiaoping durch seine Weigerung verärgert habe, am Beginn der Studentendemonstrationen harte Töne anzuschlagen. Außerdem soll er Yang Shangkuns Forderung abgelehnt haben, sich in seiner Rede zum 4. Mai gegen die "bürgerliche Liberalisierung" auszusprechen. Einen noch größeren Fehler habe er begangen, als er sich einer Politbüro-Entscheidung widersetzte und am 19. Mai die hungerstreikenden Studenten auf dem Tiananmen-Platz besuchte. Damals kam auch Li Peng auf den Platz, doch nur weil er verhindern wollte, daß Zhao Ziyang dort als erster erschien. (J. Leung, in: AWSJ, 29.5.89)

Am Nachmittag gibt das Parteikomitee der Stadt Beijing an die Funktionäre auf Abteilungsebene und darüber eine interne Definition der sogenannten "vier großen Verbrechen" Zhao Ziyangs:
1. Er habe die Studentenbewegung nicht richtig behandelt.
2. Er habe gegenüber Gorbatschow Parteigeheimnisse verraten (nämlich daß bei wichtigen Fragen noch immer Deng Xiaoping entscheide) und damit schwerwiegend gegen die Parteidisziplin verstoßen.
3. Das (von Zhao Ziyangs Berater) Bao Tong geleitete ZK-Forschungsbüro für politische Reformen sei eine reaktionäre Organisation.
4. Die Offenlegung der Vermögensverhältnisse Zhao Ziyangs und die Beschäftigung mit den Spekulationsgeschäften seiner Söhne würde zeigen, daß Zhao Ziyang selbst am tiefsten [von allen] in Korruption verwickelt sei. (ZM, Juni 1989, S. 7)

In einem anderen Bericht heißt es hingegen: Der Sekretär des Beijinger Parteikomitees, Li Ximing, nennt bei einem Treffen der Beijinger Parteiorganisation auf Abteilungs- und Amtsebene vier "schwerwiegende Fehler", die Zhao Ziyang vorgeworfen werden:
1. Er ergriff keine harten Maßnahmen, um mit der Studentenbewegung fertig zu werden, und er sprach und handelte bewußt in Gegensatz zur Parteizentrale.
2. Bei seinen Gesprächen mit M. Gorbatschow verriet er den Geheimbeschluß des XIII. Parteitags [bezüglich der führenden Rolle Deng Xiaopings auch nach seinem formellen Rückzug aus dem Politbüro] und übte damit Druck auf Deng Xiaoping und auf das Zentralkomitee aus.
3. Er kümmerte sich nicht um die Schiebergeschäfte seiner Söhne, durch die sie erstaunlich hohe Einkommen erzielten.
4. Zhao Ziyangs Vertrauter Bao Tong habe eine "konterrevolutionäre Clique" in der Zentralen Kommission für Wirtschaftsreformen [gemeint ist wohl das ZK-Forschungsbüro für politische Reformen] organisiert, und Zhao Ziyang habe sehr enge Beziehungen zu dieser "konterrevolutionären Clique" unterhalten. (MB, 24.5.89, nach SWB, 25.5.89)

Auf einer erweiterten Sitzung des Politbüros, die vom 22. bis 24. Mai dauert, kommt es zu keiner Einigung über die parteioffizielle Begründung für die Ablösung von Zhao Ziyang als ZK-Generalsekretär. Offenbar gibt es zwei unterschiedliche Ansichten:
1. Eine Gruppe möchte Zhao Ziyang des "Verbrechens" bezichtigen, eine "parteifeindliche und konterrevolutionäre Clique" gebildet und das Zentralkomitee gespalten zu haben.
2. Eine andere Gruppe will Zhao Ziyang hingegen nur "Fehler" ankreiden und damit ein ähnliches Verfahren verwenden wie im Fall von Hu Yaobang.

Auf der Sitzung halten u.a. Ministerpräsident Li Peng, Staatspräsident Yang Shangkun und Sicherheitschef Qiao Shi Reden.

Ministerpräsident Li Peng hält eine Rede vor einem nicht näher bekannten Kreis von Führungskadern. [Es handelt sich um die erweiterte Sitzung des Politbüros vom 22. bis 24. Mai.] Darin gibt er bekannt, daß der Ständige Ausschuß des Politbüros in den vergangenen Tagen zu zahlreichen Sitzungen zusammengekommen sei. Daran hätten "fast alle alten Genossen" teilgenommen. Namentlich erwähnt Li Peng die Namen Deng Xiaoping, Chen Yun, Li Xiannian, Peng Zhen, Yang Shangkun und Wang Zhen, die allesamt nicht dem Ständigen Ausschuß des Politbüros angehören. Li Peng erklärt, daß dieser informelle Führungskreis zu der Ansicht gelangt sei, der Artikel der *Volkszeitung* vom 26. April 1989 sei korrekt und die Studentendemonstrationen stellten einen geplanten, organisierten und vorsätzlichen Aufruhr dar mit dem Ziel, das sozialistische System und die Führung durch die Kommunistische Partei Chinas zu stürzen. Deshalb seien auch die "alten Genossen mit dem höchsten Ansehen innerhalb der Partei" und die meisten (sic!) Mitglieder des Ständigen Ausschusses des Politbüros der Ansicht, daß "wir nicht von der Position des Leitartikels [in der *Volkszeitung*] vom 26. April abrücken dürfen". Die Ursachen für die gegenwärtigen Demonstrationen lägen in der langjährigen Verbreitung der bürgerlichen Liberalisierung, die nicht bekämpft worden sei. Die Demonstrationen hätten die Einführung von sogenannter Demokratie, Freiheit und Menschenrechten des Westens in China zum Ziel. Wenn man jetzt einen Schritt zurückweiche, dann würde der Gegner einen Schritt voranmachen. "Wir sind an ein Stadium gekommen, in dem es keinen Platz mehr zum Zurückweichen gibt." (MB, 30.5.89, nach SWB, 31.5.89)

In dieser Rede zählt Li Peng auch vier Fehler des "Genossen" (sic!) Zhao Ziyang auf:
1. Die Rede von Zhao Ziyang vor dem Treffen der Asiatischen Entwicklungsbank am 4. Mai 1989 stelle eine völlige Abkehr von dem Leitartikel der *Volkszeitung* vom 26. April 1989 dar. Diese Rede habe jedermann deutlich gemacht, daß es zwei unterschiedliche Ansichten innerhalb der Partei gebe.
2. In seiner Rede am 3. Mai 1989 anläßlich des 70. Jahrestags der 4.-Mai-Bewegung habe Zhao Ziyang nicht zur "Bekämpfung der bürgerlichen Liberalisierung" aufgerufen, obwohl dies "von einigen von uns" vorgeschlagen worden sei.
3. Zhao Ziyang habe Gorbatschow gegenüber erklärt, daß Deng Xiaoping nach wie vor der wichtigste Politiker Chinas sei und immer noch das letzte Wort habe. Als Reaktion darauf hätten die Studenten während ihrer Demonstration am folgenden Tag die Parole "Nieder mit Deng Xiaoping" ausgegeben. Zhao Ziyang habe Deng Xiaoping bloßgestellt, und dies verstoße gegen das Gebot, die Einheit der Partei und die Einheit des Parteiführungskerns aufrechtzuerhalten.
4. Zhao Ziyang habe an der Sitzung am 19. Mai 1989, auf der der Ausnahmezustand verkündet worden sei, nicht teilgenommen. Er habe dafür Krankheitsgründe vorgeschoben. Doch als ZK-Generalsekretär hätte er zumindest an der Sitzung teilnehmen müssen, wenn er die Einheit der Partei hätte bewahren wollen. Zhao habe sich jedoch auch gegen eine einfache Teilnahme an der Sitzung gewehrt. (Ebenda)

Li Peng wörtlich: "Wer hat die Einheit der Partei zerstört, und wer hat gegen das Prinzip des demokratischen Zentralismus der Partei verstoßen? Seine Reden, einschließlich der, die er hielt, als er zu den Studenten auf dem Tiananmen-Platz in den frühen Morgenstunden des 19. Mai sprach, haben dem Volk des ganzen Landes die Meinungsunterschiede innerhalb der Partei deutlich gemacht. Dieser Kampf ist wirklich sehr kompliziert, und das Problem liegt gerade innerhalb der Partei. Wenn dies nicht so wäre, hätte dieses Problem nicht so große Ausmaße angenommen. Diese Umstände haben sehr tiefgreifende Ursachen. Solange das Problem nicht innerhalb der Partei und an der Wurzel gelöst ist, kann das Problem überhaupt nicht gelöst werden." (Ebenda)

DOKUMENT

Auszüge aus der Rede Li Pengs vom 22. Mai 1989 auf einer erweiterten Sitzung des Politbüros

Obwohl das Zentralkomitee keine Politbürositzung abgehalten hat, hat sich der Ständige Ausschuß in letzter Zeit mehrmals beraten. Fast alle alten Genossen haben an diesen Beratungen teilgenommen. Alle meinen, daß der Leitartikel der *Volkszeitung* vom 26. April korrekt ist. Was damals passierte, war ein Aufruhr, dessen Ziel die Negierung des sozialistischen Systems und die Negierung der Führung durch die Kommunistische Partei war. Dies wird jetzt immer deutlicher. Daher meinen einige der angesehensten alten Genossen in der Partei, Genosse [Deng] Xiaoping, Chen Yun, Li Xiannian, Peng Zhen, Yang Shangkun, Wang Zhen, und die meisten leitenden Genossen des Ständigen Ausschusses [des Politbüros] des Zentralkomitees, daß man auf keinen Fall von der Position des Leitartikels vom 26. April abrücken dürfe. Natürlich hätte man diesen Leitartikel noch etwas besser schreiben und die beiden ihrem Wesen nach verschiedenen Arten von Widersprüchen noch deutlicher beschreiben können. Dies ist ein Problem des Zusammenfassens von Erfahrungen und kann völlig geklärt werden. Doch der Leitartikel an sich ist nicht fehlerhaft. Ihn zu negieren käme dem Verlust unserer ganzen geistigen Stütze gleich.

Betrachtet man die eigentlichen Ursachen, so waren diese Ereignisse das Ergebnis einer langen, unkontrollierten Ausbreitung der Liberalisierung, d.h., man wollte das praktizieren, was man im Westen Demokratie, Freiheit und Menschenrechte nennt. Gegenwärtig bietet ein Rückzug keinen Ausweg mehr. Ein Schritt zurück des einen bedeutet einen Schritt vor für den anderen, zwei Schritte zurück des einen bedeuten zwei Schritte vor für den anderen. Wir sind bereits an einem Punkt angekommen, an dem es keinen Rückzugsweg mehr gibt. Ein weiteres Zurückweichen hieße ihnen China schenken. Einige alte Genossen in der Partei sind einhellig der Meinung, daß es keinen Rückzug geben darf, doch sie stimmen überein, daß die beiden ihrem Wesen nach verschiedenen Arten von Widersprüchen streng unterschieden werden müssen. Daher habe ich in meiner Rede vom 19. Mai extra zweimal den Ausdruck "eine sehr kleine Minderheit" wiederholt, diese Leute gibt es tatsächlich. Einige kommandieren in der ersten Linie, und es gibt sie auch in der zweiten und dritten Linie, die sind ziemlich intelligent. Auf jeden Fall machen sie das nicht nur einen oder zwei Monate, sondern sie haben langfristige Pläne geschmiedet.

Wir wünschen keine Spaltung innerhalb der Partei. Wir hoffen sehr, daß wir uns einmütig zusammenschließen können. Wenn es sich um ein allgemeines Problem handelte, könnten alle durch Diskussionen Einmütigkeit erreichen, selbst wenn es politisch einige unterschiedliche Meinungen gäbe. Doch diese Angelegenheit ist anders. Genosse [Zhao] Ziyang hat nach seiner Rückkehr aus Korea am 4. Mai eine Rede vor [dem Aufsichtsrat] der Asiatischen Entwicklungsbank gehalten. Diese Rede ist zuvor an kein einziges Mitglied des Ständigen Ausschusses gegangen, er hat sie selbst vorbereitet. Ihr Ton war völlig anders als der des Leitartikels vom 26. April. Sie wurde weithin übertragen und hatte nicht geringe Propagandawirkung. Von da an konnte jeder zumindest eines erkennen: Innerhalb der Partei existieren zwei verschiedene Arten von Ansichten. Jeder Mensch mit politischer Erfahrung konnte dies erkennen, die Aufrührer konnten es natürlich auch erkennen. Die Rede des Genossen [Zhao] Ziyang am 3. Mai auf der Veranstaltung zum 70. Jahrestag der 4. Mai-Bewegung wurde uns vorher zum Lesen gegeben. Einige von uns schlugen vor, unbedingt [den Ausdruck] "Kampf gegen die bürgerliche Liberalisierung" hinzuzufügen, doch er hat das nicht akzeptiert. Nach der Rede vom 4. Mai wurde die Studentenrevolte ständig heißer und erreichte ihren Höhepunkt mit der Demonstration von einer Million Menschen. Auch von außerhalb kamen sehr viele Menschen nach Beijing, um daran teilzunehmen. Schließlich traf das Zentralkomitee dann die Entscheidung, den Ausnahmezustand zu verhängen.

Es gibt noch eine sehr beachtenswerte Frage: Wen sieht unsere Partei eigentlich als Hauptführer an? Wer repräsentiert Reform und Öffnung? Ist es Genosse [Zhao] Ziyang oder Genosse [Deng] Xiaoping? Hier müssen alle einen klaren Kopf behalten. Die wichtigsten Leitlinien und politischen Maßnahmen in den zehn Jahren der Reform sind alle vom Genossen [Deng] Xiaoping vorgebracht worden. Genosse [Deng] Xiaoping ist der Hauptkonstrukteur der Politik von Reform und Öffnung. In der Sicht der Welt repräsentiert die Gestalt Deng Xiaopings die Reform und Öffnung Chinas. Natürlich hat auch Genosse [Zhao] Ziyang viel Arbeit geleistet, aber er ist Deng Xiaopings Vollstrecker. In seiner Arbeit gibt es auch nicht wenige Fehler. Während seines Gesprächs mit Gorbatschow hat er vorweg erklärt, Genosse [Deng] Xiaoping sei der höchste Politiker mit Entscheidungsbefugnis in unserer Partei. Er sagte, dies sei auf der 1. Plenartagung des XIII. ZK beschlossen worden. In allen unseren wichtigen Fragen würden wir seine Zustimmung einholen. Was bedeutet das? Das ist eine Bloßstellung des Genossen [Deng] Xiaoping. Am folgenden Tag lauteten denn auch die Demonstrationsparolen: "Nieder mit Deng Xiaoping!" Wenn wir die Einheit der Partei und die Einheit des Parteikerns schützen wollen, müssen wir, meine ich, den Genossen [Deng] Xiaoping schützen, indem wir eindeutig Stellung beziehen.

Ich möchte noch zu einer Sache etwas sagen. Meine Rede auf der am 19. Mai einberufenen Versammlung der in Beijing befindlichen verantwortlichen Genossen des Zentralkomitees und der Beijinger Partei-, Regierungs- und Militärorgane war zuvor vom Zentralkomitee genehmigt worden. Die Eröffnung dieser Versammlung war ein Beschluß des Ständigen Ausschusses, auch die Verhängung des Ausnahmezustands war ein Beschluß des Ständigen Ausschusses. Bedenkt man, daß die Einheit der Partei gewahrt werden soll, so hätte Genosse [Zhao] Ziyang dieser Konferenz vorsitzen müssen, doch er bat um Krankenurlaub. Als Generalsekretär hätte er, wenn es ihm nicht gut ging, wohl den Vorsitz bei der Konferenz führen können. Er hätte ja keine Rede zu halten brauchen, doch er weigerte sich. Er hätte auch nicht den Vorsitz führen müssen, jemand anderes hätte ihn führen können, und er hätte einfach nur teilzunehmen brauchen, doch selbst das hat er nicht getan. Wer hat denn die Einheit der Partei zerstört? Wer hat denn das Prinzip des demokratischen Zentralismus der Partei untergraben? Auch seine Worte am frühen Morgen des 19. Mai, als er auf den Tiananmen-Platz ging, um die Studenten zu besuchen, offenbarten dem Volk des ganzen Landes die unterschiedlichen Meinungen innerhalb der Partei.

Dieser Kampf ist wirklich sehr kompliziert. Das Problem liegt innerhalb der Partei. Wenn dem nicht so wäre, hätten die Unruhen nicht das jetzige Ausmaß angenommen. Diese Ereignisse haben sehr tiefgehende Ursachen. Das Problem kann nur innerhalb der Partei, an den Wurzeln gelöst werden.
(GJJ, Juni 1989, S. 24 f.)

Auf einem Treffen der politischen Führung [Es handelt sich um die oben erwähnte erweiterte Sitzung des Politbüros.] gibt Staatspräsident Yang Shangkun bekannt, daß es Deng Xiaoping persönlich gewesen sei, der den Vorschlag gemacht habe, den Ausnahmezustand in Beijing auszurufen. Dieser Vorschlag sei von Chen Yun, Li Xiannian, Peng Zhen und Wang Zhen unterstützt worden. Zhao Ziyang jedoch habe sich gegen die Ausrufung des Ausnahmezustands ausgesprochen und sein Amt als ZK-Generalsekretär zur Verfügung gestellt.
(MB, 30.5.89, nach SWB, 31.5.89)

DOKUMENT

Rede von Yang Shangkun am 22. Mai 1989 auf einer erweiterten Sitzung des Politbüros

Seit der Trauer für den Genossen Hu Yaobang haben die Studenten nach und nach die politischen Parolen geändert, die Regierung offen angegriffen und den Sturz der Regierung gefordert. Damals war Genosse [Zhao] Ziyang im Lande. Nachdem er nach Korea gefahren war, verschärfte sich die Lage noch und eskalierte so, daß der Sturz der korrupten Regierung, der bürokratischen Regierung gefordert wurde und eine Minderheit skandierte: "Nieder mit Deng Xiaoping!" Zu dieser Zeit bemerkten die alten Genossen in der Partei, Genosse [Deng] Xiaoping, Chen Yun, [Li] Xiannian und Peng Zhen, daß sich das Wesen [der Studentenbewegung] verändert hatte. Daher beschlossen sie, den Leitartikel vom 26. April zu schreiben. Die Rede des Genossen [Deng] Xiaoping und der wesentliche Inhalt des Leitartikels wurden dem Genossen [Zhao] Ziyang per Telegramm übermittelt. Er schickte ein Telegramm zurück, daß er völlig einverstanden sei. Doch einen Tag nach seiner Rückkehr nach Beijing [d.h. am 1. Mai] brachte er vor, daß die Analyse des Leitartikels nicht richtig und der Ton zu schrill sei, und meinte, der Leitartikel sei falsch und man müsse diesen Leitartikel ändern.

Damals überzeugten ihn noch alle, daß der Einheit wegen alle auf der Basis dieses Leitartikels reden sollten. Anschließend hat er sich noch einiges mehr geleistet, eines war die Rede als Vertreter des Zentralkomitees auf der Veranstaltung zum 70. Jahrestag der 4. Mai-Bewegung am 3. Mai. Die Genossen Li Peng, Qiao Shi, [Yao] Yilin, [Li] Ximing und ich wollten alle, daß er auf jeden Fall den Ausdruck "Kampf gegen die bürgerliche Liberalisierung" in die Rede einfügte. Er hat das nicht akzeptiert. Das von Li Peng korrigierte Manuskript wurde mir gegeben. Ich suchte ihn [Zhao Ziyang] auf und sagte, etliche Genossen hätten Kritik geübt. Werde er den Ausdruck einfügen? Er stimmte nicht zu. Insbesondere nach der Rede des Genossen [Zhao] Ziyang vor [dem Aufsichtsrat] der Asiatischen Entwicklungsbank wußte Genosse [Deng] Xiaoping, daß die Dinge nicht gut standen, und er wollte sich mit den Genossen Chen Yun, [Li] Xiannian und Peng Zhen besprechen.

Später [am 17. Mai] fand beim Genossen [Deng] Xiaoping eine Versammlung statt. Genosse [Zhao] Ziyang kam. Ich nahm auch daran teil, allerdings ohne Stimmrecht. Genosse [Deng] Xiaoping stellte die Frage: "Zurückweichen - wenn ihr zurückweichen sagt, wohin sollen wir denn zurückweichen?" Ich erklärte damals, dies sei der letzte Damm des Stauwerks; sobald wir zurückwichen, würde er brechen. Genosse [Deng] Xiaoping sagte: "Ich weiß von den Streitigkeiten unter euch, doch jetzt geht es nicht darum, diese Streitigkeiten zu beurteilen. Heute wollen wir dieses Problem nicht diskutieren, wir diskutieren nur, ob wir zurückweichen oder nicht." Genosse [Deng] Xiaoping meinte, wir dürften nicht zurückweichen, das Problem liege innerhalb der Partei, der Ausnahmezustand müsse verhängt werden. Mehrere Mitglieder des Ständigen Ausschusses hielten Reden. Auch ich äußerte meine Ansicht. Wir meinten, daß wir nicht zurückweichen dürften. Genosse [Zhao] Ziyang machte seine Haltung zu diesem Zeitpunkt nicht besonders deutlich. Er sagte: "Diesen Kurs kann ich nicht durchsetzen, ich habe Schwierigkeiten." Genosse [Deng] Xiaoping sagte: "Die Minderheit ordnet sich selbstverständlich der Mehrheit unter." Genosse [Zhao] Ziyang sagte auch, in der Partei bestehe das Prinzip, daß sich die Minderheit der Mehrheit unterordne. Er gab zu verstehen, daß er der Mehrheit folgen würde.

Anschließend wurde am Abend um 20.00 Uhr eine Sitzung des Ständigen Ausschusses abgehalten. Ich nahm als Nicht-Stimmberechtigter auch daran teil, um zu regeln, was zu tun sei. Auf dieser Sitzung erklärte Genosse [Zhao] Ziyang: "Meine Aufgabe ist mit dem heutigen Tage beendet. Ich kann nicht weitermachen, da ich nicht mit der Meinung der Mehrheit von euch übereinstimme. Mir fehlt die Einsicht, wie kann ich da mein Amt als Generalsekretär ausüben? Wenn ich es nicht ausüben kann, bereite ich eurem Ständigen Ausschuß nur Schwierigkeiten, daher trete ich zurück." Alle sagten, er solle nicht über dieses Problem sprechen. Hätte er beim Genossen [Deng] Xiaoping nicht zugestimmt, daß sich die Minderheit der Mehrheit unterordnen müsse und daß es besser sei, eine Entscheidung zu treffen als keine? Ich sagte: "Genosse [Zhao] Ziyang, deine Haltung ist falsch. Jetzt wollen wir doch die Einheit wahren, und du schmeißt die Arbeit einfach hin." Er sagte, es gehe ihm nicht gut und damals habe er kein Interesse an dieser Anordnung gehabt. Danach schrieb er an das Politbüro, den Ständigen Ausschuß und den Genossen [Deng] Xiaoping: "Den Kurs, den ihr beschlossen habt, kann ich unmöglich durchsetzen. Ich halte weiterhin an meiner ursprünglichen Meinung fest." Seine Meinung war, Genosse [Deng] Xiaoping solle zugeben, daß der Leitartikel vom 26. April falsch war. Genosse [Deng] Xiaoping hat einen wichtigen Satz gesagt: "Genosse [Zhao] Ziyang, deine Rede vor [dem Aufsichtsrat] der Asiatischen Entwicklungsbank am 4. Mai war ein Wendepunkt. Von da an haben die Studenten noch stärker gelärmt." Genosse [Zhao] Ziyang schrieb in seinem Brief noch, daß er von seinen Ämtern als Generalsekretär und stellvertretender Vorsitzender der Militärkommission zurücktreten wolle. Ich kritisierte ihn und nannte ihm fünf knifflige Punkte: "Wenn du als Generalsekretär zurücktrittst, wie willst du das erstens vor dem Volk des ganzen Landes rechtfertigen? Wie willst du das zweitens der Partei gegenüber rechtfertigen? Wie willst du das drittens dem Politbüro gegenüber rechtfertigen? Wie willst du das viertens dem Ständigen Ausschuß gegenüber rechtfertigen, und fünftens, was das wichtigste ist, hast du nicht immer wieder gesagt, du wolltest das Ansehen des Genossen [Deng] Xiaoping schützen? Noch als Deng Xiaoping gesprochen hat, hast du erneut zugestimmt. Schützt du den Genossen [Deng] Xiaoping wirklich, oder bekämpfst du ihn?" Dies waren recht offene Worte von mir! Schließlich schrieb er noch einen Brief an mich, worin er sagte: "Genosse [Yang] Shangkun, ich achte deine Meinung. Ich schicke den Brief nicht mehr ab, aber ich halte trotzdem an meiner Meinung fest. Daher sehe ich meine Arbeit als sehr schwierig an, ich kann diesen Kurs nicht durchsetzen." Später rief er mich an. Er hoffe, daß ich noch einmal mit dem Genossen [Deng] Xiaoping reden würde, und er hoffe, Genosse [Deng] Xiaoping würde zugeben, daß der Leitartikel vom 26. April falsch war. Ich erwiderte, so etwas könnte ich nicht mehr sagen. Danach sagte er dann, er sei krank. In dem Brief schrieb er, ihm sei schwindlig und er bitte um Urlaub. Er ist jetzt zu Hause, er ist tatsächlich krank. Nach Aussage der Ärzte pumpt vor allem das Herz nicht genug Blut [in die Organe] und ihm wird schwindlig. Später erfuhren die Genossen Chen Yun, [Li] Xiannian, Peng Zhen und Wang Zhen von dieser Nachricht. Sie sagten, dieses Problem müsse in Anwesenheit des Genossen [Deng] Xiaoping gelöst werden. An dem Tag suchte Genosse [Deng] Xiaoping Chen Yun, [Li] Xiannian, Peng Zhen, Wang Zhen und mich auf. Außerdem kamen einige Mitglieder des Ständigen Ausschusses und einige Leute aus der Armee zu Gesprächen. Chen Yun, [Li] Xiannian und Peng Zhen meinten, das sei einfach unerhört, und befürworteten alle die vom Genossen [Deng] Xiaoping vorgeschlagene Verhängung des Ausnahmezustand. Ohne Ausnahmezustand befände sich Beijing in einem Zustand der Anarchie. Zu dieser Versammlung kam Genosse [Zhao] Ziyang nicht, er bat um Krankenurlaub. An dem Tag lud Genosse [Deng] Xiaoping Chen Yun, [Li] Xiannian, Peng Zhen und andere Genossen zu Gesprächen ein. Alle erklärten, das Problem liege innerhalb der Partei. Wenn es keine Spaltung innerhalb der Partei gäbe, sondern einmütige Geschlossenheit herrschte, würde es die gegenwärtige chaotische Situation nicht geben. Beijing könne bereits nicht mehr gehalten werden, der Ausnahmezustand müsse verhängt werden. Vor allem müsse das Problem der Stabilität in Beijing gelöst werden, andernfalls ließen sich die Probleme in den anderen Provinzen, Regionen und Städten des ganzen Landes nicht lösen. Gleise belagern, prügeln, randalieren, schießen, wenn das nicht Aufruhr ist, was ist es dann? Wir sind unter Aufsicht gestellt worden.

Vor kurzem haben vier Einheiten, das Forschungsinstitut des Staatsrats für Wirtschaftsreformen, das Forschungszentrum des Staatsrats für landwirtschaftliche Entwicklung, das Forschungsinstitut für internationale Fragen der Chinesischen Treuhand- und Investitionsgesellschaft [CITIC] und die Vereinigung junger Beijinger Ökonomen, unter dem Namen der *Volkszeitung* ein Extrablatt gedruckt und verteilt und einige Aussagen des Genossen [Zhao] Ziyang durchsickern lassen, darunter waren sehr viele Gerüchte. Sie sagten etwas von fünf Punkten des Genossen [Zhao] Ziyang, die alle abgelehnt worden wären. Das ist absolut nicht so gewesen. Seinem Vorschlag, die Probleme mit Demokratie und Rechtssystem zu lösen, wurde von allen zugestimmt. Auch der Vorschlag, die Unternehmen zu überprüfen, fand allgemeine Zustimmung.

Genosse [Li] Xiannian hat gesagt, es gebe zwei Hauptquartiere. Welches Hauptquartier kommandiert eigentlich? Wenn daher jetzt nicht etwas schneller die Hintergründe aufgedeckt werden, wird es schwer sein zu handeln. Nach allgemeiner Ansicht gehört Genosse [Zhao] Ziyang zur Reformfraktion. Tatsächlich geht all das, was er reformiert hat, im wesentlichen auf die Pläne des Genossen [Deng] Xiaoping zurück. Diese Unruhen sind entstanden, während er Generalsekretär war. Es gibt einen Satz des Genossen [Deng] Xiaoping: "Diese Unruhen waren vor drei Jahren schon klar zu erkennen, vor fünf Jahren sind sie entstanden."

(Yao Yilin wirft ein: "Als Genosse Li Peng in seinem Bericht über die Tätigkeit der Regierung diesbezüglich Kritik übte, konnte Genosse [Zhao] Ziyang dem nicht zustimmen. Zuletzt schob er die Schuld an den Fehlern ganz auf Li Peng.") (Li Peng wirft ein: "Er gibt nicht zu, daß die Probleme vor einigen Jahren geschaffen wurden. Er erkennt nur an, daß es letztes und dieses Jahr Fehler gegeben hat.")
(GJJ, Juni 1989, S. 26 f.)

Qiao Shi erklärt in einer internen Rede [auf der erweiterten Sitzung des Politbüros], es habe viele Gelegenheiten gegeben, die jetzt seit über einem Monat anhaltenden Studentenunruhen zu beenden, doch seien sie nicht genutzt worden. Das Problem sei noch immer nicht gelöst, weil man keine Gewalt anwenden und kein Blut vergießen wolle. Man suche nach unblutigen Lösungen (sic!). Ein Rückzug der Truppen würde jedoch ernste Probleme schaffen, da dies [von den Studenten] als Sieg gewertet würde. (MB, 30.5.89, nach SWB, 31.5.89)

DOKUMENT

Rede von Qiao Shi am 22. Mai 1989 auf einer erweiterten Sitzung des Politbüros

In dem über einen Monat seit Beginn dieser Studentenrevolte nach dem Tod des Genossen Hu Yaobang hat sich die Situation unaufhörlich ausgeweitet. In dieser Zeit haben wir durchgehend eine nachsichtige und zurückhaltende Haltung eingenommen. Von Studentenführern wurde die Hoffnung geäußert, daß man ihnen "einen Ausweg offenlasse". Das, was nicht unsere Prinzipien verletzte, haben wir nach Möglichkeit getan. Daher wurde über einen Monat lang niemand verhaftet, wurde kein Blut vergossen. Am 18. April reichten Studenten bei der Großen Halle des Volkes eine Petition ein. Die Stadt Beijing schickte drei Delegierte des Nationalen Volkskongresses, um den Brief entgegenzunehmen. Sie [die Studenten] meinten, sie hätten gewonnen, und sagten, sie wollten sich zurückziehen. Doch wieder wurde das Xinhuamen zwei Tage hintereinander angegriffen, und einige Leute drangen ein. Die Parolen, die gerufen wurden, waren auch sehr reaktionär. Kurz gesagt, in der ganzen Zeit gab es sehr viele offene Auswege, aber sie nutzten keinen. Ich war schon lange der Meinung, daß wir nicht länger nachgeben könnten, doch bislang fand ich keine gute Methode, wie dieses Problem gelöst werden könnte. Wenn das Problem durch weiteres Nachgeben gelöst werden könnte, hätten wir längst nachgegeben. Tatsächlich gibt es aber keine andere Möglichkeit, wir können nicht weiter nachgeben. Jetzt wurde der Ausnahmezustand verhängt. Wir glauben nicht, daß es zu Zwischenfällen oder blutigen Ereignissen kommen wird, doch daß die Truppen gar nicht in die Stadt kommen, das geht auch nicht. Tatsächlich sind schon einige in die Stadt gekommen. Der Einzug der Truppen in die Stadt soll helfen, die Ordnung sicherzustellen und die Hauptorgane und Schlüsselabteilungen zu schützen. Es war nie die Rede davon, daß die Massen unterdrückt werden sollten. Sicher, es gibt die Kräfte der öffentlichen Sicherheit und der Bewaffneten Volkspolizei, doch die sind bereits äußerst angespannt. Seit mehr als einem Monat konnten sie nicht mehr ordentlich ausruhen. Wenn sich die momentane Situation noch länger hinzieht, müssen sie annehmen, daß wir keinen Rat mehr wissen.

Gegenwärtig nutzen wir einerseits die Truppen als abschreckende Kraft, andererseits suchen wir eine passende Gelegenheit, den [Tiananmen-] Platz zu räumen. Wir setzen einen Teil der Polizei ein und mobilisieren die Partei- und Regierungskader in den Schulen. Hinzu kommt noch die Hilfe von einigen Familienoberhäuptern. Wenn das Problem so gelöst werden könnte, wäre es am besten. Der Grund für unser anhaltendes Zögern ist, daß wir keine Waffen einsetzen und ein Blutvergießen vermeiden wollen. Doch zu langes Zögern ist nicht gut. Wir streben nach Kräften danach, das Problem zu lösen, ohne Blut zu vergießen. Wenn wir jetzt die Truppen nicht abziehen, ist das Problem nicht so groß. Falls wir uns zurückziehen, meinen sie schon, einen Sieg errungen zu ha-

ben. Doch daß die Truppen die ganze Zeit auf den Straßen bleiben, das geht nicht. Sie müssen in die Baracken einrücken. Ich hoffe, daß der Volkskongreß und die Politische Konsultativkonferenz helfen und nach Kräften arbeiten werden.
(GJJ, Juni 1989, S. 28)

Yan Mingfu, der als Vertrauter Zhao Ziyangs gilt, nimmt weiterhin seine Aufgaben wahr. Anläßlich eines Treffens aller Kader der Einheitsfront-Abteilung des ZK der KPCh soll er erklärt haben, daß er, solange er diesem Organ vorstehe, sein Bestes tun werde, um die Kader dieser Abteilung zu schützen. Die Abteilung werde diejenigen, die an Demonstrationen teilgenommen hätten, nicht zur Rechenschaft ziehen. Er sei jederzeit bereit, Anweisungen der Zentrale zu befolgen, erneut mit den Studenten einen Dialog zu führen. (MB, 24.5.89, nach SWB, 25.5.89)

Die stellvertretenden Vorsitzenden des Ständigen Ausschusses des NVK kommen zu einem informellen Treffen zusammen. Mit Ausnahme von Wang Hanbin kommen sie zu der Ansicht, daß die Studentenbewegung korrekt sei. Sie kritisieren die durch die Verhängung des Ausnahmezustands ermöglichte Militärkontrolle von Beijing. In einem Telegramm an den Vorsitzenden des Ständigen Ausschusses des NVK, Wan Li, fordern sie eine Sondersitzung des Ständigen Ausschusses des NVK. (MB, 23.5.89, nach SWB, 25.5.89)

Nach Angaben eines Mitglieds des NVK sind nahezu 10% der chinesischen Armee, die aus 3 Millionen Mann besteht, auf dem Weg nach Beijing. (LSC, S. 58)

Die beiden alten Marschälle Nie Rongzhen und Xu Xiangqian und der frühere Verteidigungsminister Zhang Aiping führen ein Telefongespräch mit Deng Xiaoping, der sich in Wuhan befindet und dort mit den Führern der sieben Militärregionen konferiert. Die drei Armeeveteranen fordern Deng auf, auf militärische Gewalt gegen die Studenten zu verzichten. Deng Xiaoping daraufhin: "Ein Blutvergießen sollte vermieden werden." (WHB, 22.5.89, nach SWB, 23.5.89)

Nach einer anderen Meldung erklärt Xu Xiangqian Deng Xiaoping in einem Telefongespräch: "Wer immer das Feuer auf die Studenten eröffnet, auf den wird ebenfalls geschossen werden." (P. Ellingsen, in: FT, 24.5.89)

Fünf Generäle, nämlich Zhang Aiping, Ye Fei, Song Shilun, Guo Huaruo und Shu Tong, fordern in einem gemeinsamen Aufruf, daß keine VBA-Truppen in die Hauptstadt entsandt und die streikenden Studenten nicht gewaltsam unterdrückt werden. (*Beizhuang de minyun*, S. 88 f.)

Deng Yingchao soll Gerüchten zufolge erklärt haben, sie werde aus der KPCh austreten, falls Gewalt angewendet werde. (Ohne Datumsangabe; P. Ellingsen, in: FT, 24.5.89) Hingegen verbreitet die *Xinhua*-Nachrichtenagentur einen Brief der Parteiveteranin, in dem sie die Hoffnung äußert, daß die Studenten so schnell wie möglich in die Universitäten zurückkehren und ihr normales Hochschulleben wieder aufnehmen. Die Studenten sollten nicht auf Gerüchte hereinfallen, darunter solche, die sich mit ihrer Person beschäftigten. Die gegenwärtige Lage könne so nicht weitergehen, und die Studenten und Bürger von Beijing sollten der Partei, der Regierung und der Armee vertrauen. Die Armee sei nach Beijing beordert worden, um die öffentliche Sicherheit der Hauptstadt zu schützen. (RMRB, 23.5.89)

Als sich das Gerücht verbreitet, die VBA werde am Nachmittag den Tiananmen-Platz besetzen, leisten 200.000 Studenten und Dozenten einen Eid, den Platz mit ihrem Leben zu verteidigen. Um 18.00 Uhr schwören sie unter Führung Wang Dans öffentlich, für Freiheit und Demokratie und für eine bessere Zukunft des Landes ihr Leben zu lassen. (*Beizhuang de minyun*, S. 89)

Am Abend verliest eine Nachrichtensprecherin im Fernsehen einen Brief von Deng Yingchao, in dem sie Mitbürger und Studenten bittet, an die Arbeit zurückzukehren und die VBA gewähren zu lassen. Dann werden zum erstenmal Bilder von Militärkonvois gezeigt, die von Tausenden von Menschen umgeben sind. In einem ausführlichen Interview erklärt ein Offizier: "Wir unterstützen die Forderungen der Studenten, wir wollen nur die Ruhe in der Stadt wiederherstellen!" Im Interview wird deutlich, daß die Soldaten auf den gewaltfreien Widerstand völlig unvorbereitet waren. Sie hatten nicht einmal Essen dabei. Das Fernsehen zeigt Bilder, wie Studenten und Kinder den Soldaten Essen anbieten. Angeblich sollen sich Bauern und Händler weigern, den Soldaten Lebensmittel zu verkaufen. (R. Wandel, in: taz, 24.5.89)

Am Abend und in der Nacht stehlen sich Soldaten, die Zivilkleidung, zum Teil sogar Jeans tragen, heimlich in das Gebäude der *Xinhua*-Nachrichtenagentur und sammeln sich im großen Versammlungsraum. (ZM, Juni 1989, S. 15) Siehe 23. Mai.

Spät abends erfahren die Arbeiter in einer Fabrik, daß es auf dem Tiananmen-Platz an abgekochtem Wasser mangele. Die Demonstranten hätten bereits aus der Wasserleitung getrunken, und man befürchte, daß sie an Durchfall erkranken würden. Umgehend beginnen etwa 100 Leute, große Mengen Wasser abzukochen, andere besorgen Plastikflaschen mit Schraubverschluß, organisieren ein Auto von einem wohlhabenden Einzelhändler und bringen den Wassertransport auf den Weg. Andere stiften salzig eingelegtes Gemüse, weil die Studenten in der letzten Woche fast nur Brot gegessen haben und es ihnen an Salz mangelt. (R. Wandel, in: taz, 24.5.89)

In der Nacht errichten Beijinger Bürger erneut Straßenbarrikaden, um ein mögliches Vorrücken der Truppen zu verhindern. (XNA, 24.5.89)

In der Nacht kommt es im Bezirk Fengtai im Südwesten Beijings zu Zusammenstößen zwischen Einwohnern auf der einen Seite und Soldaten und Polizisten auf der anderen Seite. Hierzu gibt es unterschiedliche, zum Teil stark voneinander abweichende Darstellungen:

- Ein Augenzeuge berichtet, daß der Vorfall durch ein Mißverständnis ausgelöst worden sei. Als Soldaten sich in Richtung auf ein nahegelegenes Armee-Hauptquartier bewegt hätten, seien sie von Bürgern mit Steinen und Ziegeln beworfen worden. Der Vorfall habe zwei Stunden gedauert. Obgleich Offiziere und einige Studenten versucht hätten, zwischen beiden Seiten zu vermitteln, seien einige Menschen verwundet worden. Sie seien in die Krankenhäuser in der Nähe gebracht worden. (XNA, 24.5.89)

- Um 22.30 Uhr kommt es in Fengtai zu einem Zusammenstoß zwischen Soldaten und Polizisten auf der einen und Studenten der Dritten Lehrerbildungsanstalt und Einwohnern auf der anderen Seite. Beide Seiten greifen zu Pflaster- und Ziegelsteinen. Mindestens 40 Personen, die Hälfte davon Soldaten, sollen verletzt worden sein. (WHB, 23.5.89, nach SWB, 25.5.89)

- In Fengtai kommt es zu begrenzten Gewalttätigkeiten, als Gruppen der Bewaffneten Volkspolizei den Weg für eine motorisierte Einheit der VBA freimachen wollen und dabei mit Stöcken gegen die die Straße blockierenden Studenten und Einwohner, unter ihnen auch Frauen und Kinder, vorgehen. Als Bauern herbeieilen und sich mit Ziegelsteinen zur Wehr setzen, kommt es zu einer Straßenschlacht, bei der es eine nicht näher bekannte Zahl von Verletzten gibt. Nach diesem Zusammenstoß dreht das Militär unverrichteter Dinge wieder ab. (Kl., in: NZZ, 25.5.89)

- Ein Augenzeuge berichtet, zu dem Zwischenfall sei es gekommen, als sich die auf der Dajing-Straße blockierten Truppen in Bewegung setzten, um sich in ihr Lager in Xicangku zurückzuziehen. Die Einwohner hätten geglaubt, daß die Soldaten ins Stadtzentrum vordringen wollten, und hätten deshalb Steine auf das Restaurant vor dem Nordtor von Xicangku (das ein militärisches Vorratslager sein soll) geworfen, das schwer beschädigt wurde. Dutzende von Soldaten, Studenten und Bewohnern des Bezirks Fengtai seien verletzt worden. Nach Angaben des Fengtai-Hospitals wurden dort 17 Militärangehörige und drei Studenten eingeliefert. (Cheng Hong, in: CD, 24.5.89) - Siehe hierzu auch 23. Mai.

- Einige Unbekannte greifen im Bezirk Fengtai Soldaten mit Backsteinen und Ziegeln an, die sie vorher bereitgelegt haben. Studenten, die den Angreifern Einhalt gebieten wollen, werden ebenfalls beworfen. Bei dem Zwischenfall werden über 60 Soldaten und Offiziere verletzt, während nur 11 Studenten Verletzungen davontragen. Es wird berichtet, nach dem Rückzug der Soldaten in einen Innenhof sei ihnen der "Mob" gefolgt, indem er gewaltsam in das Grundstück eindrang. 10 der Angreifer, die am Zerstörungswerk und der Schlägerei beteiligt waren, werden festgenommen. (BRu, 23/1989)

- Bei dem Zwischenfall werden über 50 Studenten verletzt, sechs mit Kopfverletzungen ins Krankenhaus gebracht. Den Versuch, Soldaten mit Hilfe von Krankenwagen durch die Barrikaden zu schleusen, können die Studenten gerade noch vereiteln. (T. Reichenbach, in: taz, 24.5.89)

- Ein Sprecher der Regierung der Stadt Beijing spricht am folgenden Tag von 60 verletzten Soldaten. 17 von ihnen hätten ins Krankenhaus eingeliefert werden müssen, vier befänden sich in ernstem Zustand. (XHS, ohne Datum, nach SWB, 25.5.89)

Auch in Liubukou kommt es zwischen Soldaten und der Zivilbevölkerung zu Zusammenstößen, bei denen es ebenfalls Verletzte gibt. (*Beizhuang de minyun*, S. 88)

Wan Li, der seinen Besuch in Kanada beendet hat, trifft zu einem elftägigen Besuch in den Vereinigten Staaten ein. (RMRB, 23.5.89)

Shanghai
In Shanghai verbreitet sich in der Pädagogischen Hochschule Huadong das Gerücht, daß Einheiten der VBA in die Vorstädte eingerückt seien und Shanghai bald unter der Kontrolle des Militärs stehe. Einige tausend Studenten der Hochschule demonstrieren daraufhin in den Straßen und blockieren mehrere Brücken über den Suzhou-Fluß. Sie verursachen große Verkehrsstauungen. Ein Sprecher der Stadtregierung erklärt, daß es sich um reine Gerüchte handle. Als sich die Studenten zerstreut haben, läuft der Verkehr wieder normal. (*Radio Shanghai*, 22.5.89, nach SWB, 24.5.89)

Am Mittag versammeln sich über 200 Schriftsteller im Gebäude des Shanghaier Schriftstellerverbands. Dann demonstrieren sie trotz heftigen Regens im Zentrum der Stadt, angeführt von dem Verbandsvorsitzenden Xu Zhongyu und den stellvertretenden Vorsitzenden Bai Hua, Wang Anyi und Zhao Changtian. Ihnen schließen sich Mitarbeiter aus dem Pressewesen an. Unter den Demonstranten vom *Weltwirtschaftsboten* befindet sich Qin Benli, der seit längerer Zeit nicht mehr in der Öffentlichkeit erschienen war. Insgesamt beteiligen sich 500 bis 600 Schriftsteller und Vertreter des Presse- und Publikationswesens an der Demonstration. Sie rufen: "Li Peng, tritt zurück!" (*Radio Shanghai*, 22.5.89, nach SWB, 25.5.89)

Shanghaier Schriftsteller, darunter Ba Jin, appellieren in einem Dringlichkeitsschreiben an die Partei, die Rede Li Pengs vom 19. Mai zurückzunehmen, an die in Beijing zur Durchsetzung des Ausnahmezustands eingesetzten Truppen der VBA, nicht auf "patriotische Studenten, patriotische Arbeiter und gewöhnliche Einwohner" zu schießen, an die Studenten auf dem Tiananmen-Platz, unnötige Opfer zu vermeiden, und an den NVK, seinen Ständigen Ausschuß zu einer Dringlichkeitssitzung einzuberufen. (WHB, 25.5.89, nach SWB, 30.5.89)

Der Shanghaier Bürgermeister Zhu Rongji räumt in einer über Rundfunk und Fernsehen verbreiteten Ansprache an die Einwohner ein, daß es viele Mängel in der Arbeit von Partei und Regierung Shanghais gebe. Diese Probleme müßten mit demokratischen und legalen Mitteln gelöst werden. Aufgrund von Demonstrationen und Sitzstreiks der Studenten, den daraus resultierenden Verkehrsstörungen, den an die Arbeiter und Verkäufer gerichteten Streikaufrufen der Studenten und überall kursierenden Gerüchten sei Shanghai in eine sehr schwierige Situation geraten. Man brauche jetzt Stabilität, Ordnung und ein Höchstmaß an Einheit unter allen Einwohnern der Stadt. Erst am Ende der Rede verweist Zhu Rongji kurz auf die Rede Li Pengs vom 19. Mai, die entschlossen unterstützt werden müsse. (*Radio Shanghai*, 22.5.89, nach SWB, 25.5.89)

Anhui
In Hefei verzögern Studenten die Abfahrt des Zugs nach Beijing. (*Radio Anhui*, 26.5.89, nach SWB, 1.6.89)

Fujian
Etwa 300 Studenten aus Hongkong, Macao und anderen Ländern, die an der Fujian-Universität studieren, verlassen das Land. (ZXS, 23.5.89, nach SWB, 24.5.89)

Gansu
In Lanzhou beschließt das Parteikomitee der Präfektur Qingyang auf einer erweiterten Sitzung, die ideologische und politische Arbeit unter den Studenten, Lehrern, Kadern und Massen aktiv und wirksam durchzuführen sowie die patriotische Begeisterung der Studenten und Lehrer auf den korrekten Weg der Demokratie und Legalität zu lenken. (*Radio Gansu*, 22.5.89, nach SWB, 24.5.89)

Radio Gansu meldet, daß in den letzten Tagen Studenten und Lehrer von einigen Universitäten in Lanzhou wiederholt demonstriert hätten. Einige Bürger hätten sich ihnen angeschlossen. Die gesellschaftliche Ordnung in Lanzhou und vielen Präfekturen und Städten der Provinz sei instabil geworden. (*Radio Gansu*, 22.5.89, nach SWB, 24.5.89)

Guangdong
In Guangzhou demonstriert am Vormittag eine "kleine Anzahl" von Studenten vor dem Sitz der Provinzregierung. Einige Universitäten und Hochschulen haben den Unterricht wieder aufgenommen, doch noch immer demonstrieren Studenten in den Straßen, wenn ihre Zahl auch im Vergleich zu den vergangenen Tagen abgenommen hat. Die Verkehrslage hat sich weitgehend normalisiert. Die Studenten kündigen weitere Demonstrationen an. (*Radio Guangdong*, 22. und 23.5.89, nach SWB, 24.5.89)

In Shenzhen demonstrieren über 100.000 Menschen friedlich für Demokratie. (P. Ellingsen, in: FT, 23.5.89) Nach einem anderen Bericht ist die Teilnehmerzahl von ursprünglich 100.000 rasch angeschwollen. "Lang lebe die Freiheit, lang lebe die Demokratie" rufen die Demonstranten. (ap, rtr, dpa, nach HAB, 23.5.89) Der Studentenverband der Shenzhen-Universität hat den Marsch organisiert. An ihm nimmt etwa ein Fünftel der Einwohner der Stadt teil. (rtr, nach IHT, 24.5.89)

Guizhou
In Guiyang setzen "einige tausend" Studenten ihre am Vorabend begonnenen Demonstrationen bis zum Einbruch der Dunkelheit fort. Zeitweilig kommt es zu Verkehrsstockungen. Die Zahl der Zuschauer ist geringer als in den vergangenen Tagen. Einige Studenten veranstalten einen friedlichen Sitzstreik auf dem Platz des Volkes. Um 18.00 Uhr beginnen sie sich zurückzuziehen. (*Radio

Guizhou, 22.5.89, nach SWB, 24.5.89) Die Zahl der demonstrierenden Studenten ist höher als am Vortag. (*Radio Guizhou*, 23.5.89, nach SWB, 26.5.89)

Hubei
Einem Bericht des chinesischen Staatsfernsehens zufolge ist die Stadt Wuhan unter Militärkontrolle gestellt worden, nachdem der Verkehr auf der Yangzi-Brücke durch einen Sitzstreik blockiert worden war. (P. Ellingsen, in: FT, 23.5.89)

Hunan
Trotz strömenden Regens werden die Demonstrationen in Changsha fortgesetzt. Weil es kühl geworden ist, stellt die Städtische Gesellschaft für Busverkehr den Studenten über 20 Busse zur Verfügung. Medizinisches Personal leistet Erste Hilfe. Einige Einwohner bringen den Studenten Nahrung, Getränke und Regenkleidung. Ein Studentenführer erklärt, daß einige Studenten aufgrund von gesundheitlichen und anderen Problemen am Vorabend in die Hochschulen und Universitäten zurückgekehrt seien. (*Radio Hunan*, 22.5.89, nach SWB, 24.5.89)

In Xiangtan greifen Übeltäter zwischen 0.30 Uhr und 4.00 Uhr ein Polizeirevier an, zerschlagen Fenster und Türen des Stadtregierungsgebäudes, errichten Straßenbarrikaden, bewerfen zehn Sicherheitskräfte, die sich ihnen in den Weg stellen, mit Steinen, schlagen sie zusammen und rauben ihnen die Armbanduhren und andere Dinge. Angesichts dieser "illegalen Aktionen" eilen die Studenten, die im Hof des Stadtregierungsgebäudes einen Sitzstreik veranstalten, den Sicherheitskräften zu Hilfe. Mit ihrer Unterstützung gelingt es, das Eingangstor zu verteidigen und die Gruppe am Betreten des Gebäudes zu hindern. Für diese Tat werden sie von der großen Masse der Regierungsfunktionäre und der Sicherheitskräfte Xiangtans gelobt. (*Hunan Ribao*, 23.5.89, nach RMRB, 25.5.89)

Jiangsu
In den frühen Morgenstunden beginnen die Studenten in Nanjing mit Vorbereitungen gegen die vermutete Verhängung des Ausnahmezustandes (siehe 21. Mai). Zunächst soll die Radiostation, dann der gesamte Campus der Nanjing-Universität gegen potentielle Angriffe geschützt werden. Gruppen von Studenten werden bestimmt, um wichtige Straßenkreuzungen zu blockieren. Gerüchte vom Rücktritt Li Pengs und Deng Xiaopings verbreiten sich, woraufhin sich die Atmosphäre in der Stadt entspannt. Den ganzen Tag über finden wieder Demonstrationen statt, jedoch ohne Beteiligung der städtischen Bevölkerung. (R. Lufrano, "Nanjing Spring...", S. 30)

Jiangxi
In Nanchang nehmen über 24.000 Studenten und Postgraduierte von zehn Hochschulen den Unterricht wieder auf. Die Studenten des Fachbereichs Pädiatrie der Akademie für medizinische Wissenschaften, die tagsüber an Demonstrationen teilgenommen haben, haben ihre Lehrer gebeten, am Abend zusätzlichen Unterricht zu geben, so daß heute die Prüfungen in der Akademie wie

geplant abgehalten werden können. Auch an anderen Instituten werden die Prüfungen wie ursprünglich vorgesehen durchgeführt, nachdem man die Studenten nach ihrer Meinung gefragt hat. Die rund 20 Studenten, die am 18. Mai einen Hungerstreik begonnen hatten, haben diesen beendet. (ZXS, 22.5.89, nach SWB, 26.5.89)

Zhejiang
In Hangzhou haben sich mehr als 4.000 Angehörige des medizinischen Personals um die hungerstreikenden Studenten bemüht. Die große Mehrheit der 161 Studenten, die ins Krankenhaus eingeliefert worden waren, ist entlassen worden. Zur Zeit stehen noch zehn Studenten unter ärztlicher Beobachtung. (*Radio Zhejiang*, 22.5.89, nach SWB, 2.6.89)

Auch heute werden die Demonstrationen in Hangzhou fortgesetzt. (K. Forster, "Impressions...", S. 107)

Tibet
In Lhasa haben alle Hochschulen den Unterricht wiederaufgenommen. Die Aktivitäten an einigen Hochschulen zur Unterstützung der Beijinger Studenten sind nach Gesprächen zwischen Parteivertretern und den Studenten eingestellt worden. (*Beijing-TV*, 23.5.89, nach SWB, 30.5.89)

23. Mai 1989, Dienstag

- **Weitere Zusammenstöße zwischen Soldaten und Einwohnern Beijings**
- **Der öffentliche Verkehrsbetrieb wird zum größten Teil wieder aufgenommen**
- **Größte Demonstration Beijinger Einwohner seit Verhängung des Ausnahmezustands**
- **Das Mao-Porträt am Tiananmen-Tor wird beschmutzt**
- **Wan Li bricht seinen Besuch in den USA vorzeitig ab**

In den frühen Morgenstunden kommt es in Liuliqiao, etwa 24 km südwestlich vom Tiananmen-Platz, zwischen Demonstranten und Soldaten zu einem Zusammenstoß, bei dem mindestens 40 Personen verletzt werden. Ein aus 72 Schützenpanzern und 300 Lastwagen bestehender Konvoi war am Samstag, dem 20. Mai, von Bürgern gestoppt worden. Einem Augenzeugen zufolge versucht der Konvoi jetzt, über eine andere Straße die Barrikaden zu umgehen. Dort aber sehen sich die Soldaten Tausenden von Studenten und Arbeitern gegenüber. Polizisten und Soldaten, die mit Elektroschlagstöcken und AK-47-Gewehren ausgerüstet sind, treiben die Menschen gewaltsam auseinander, um den Weg für die Fahrzeuge freizumachen. Schüsse fallen nicht. Der Konvoi fährt zu einem nahegelegenen Armeelager. Die aufgebrachte Menge verfolgt ihn bis zum Tor des Lagers und wirft Steine auf die Fenster der Baracken und auf die Soldaten. Minuten später stürmen mit Ziegeln und Steinen bewaffnete Soldaten im Verband aus dem Lager und stürzen sich auf die Studenten und Arbeiter. (IHT, 23.5.89)

Auch in Fengtai versuchen Soldaten, sich den Weg in die Innenstadt gewaltsam zu erzwingen. Zu diesem Vorfall gibt es voneinander abweichende Darstellungen:

- In den frühen Morgenstunden versuchen in Fengtai - etwa 23 km vom Tiananmen-Platz entfernt - 80 Truppentransporter, eine Sperre zu überwinden. Die Soldaten schlagen die Menschen, die sich ihnen in den Weg stellen. Der Durchbruch scheitert, wie so viele andere seit Verhängung des Ausnahmezustands. Noch immer stehen in den südwestlichen Randgebieten über 200 Armeelastwagen. (P. Ellingsen, in: FT, 23.5.89)

- Kurz nach 1.00 Uhr, so der Bericht eines chinesischen Journalisten, durchbrechen in Fengtai im Südwesten Beijings 80 mit Soldaten besetzte Armeelastwagen die Straßensperren und dringen bis auf die Chang'an-Allee vor. Die mit halbautomatischen AK-47-Gewehren bewaffneten Soldaten, es sind etwa 2.000, steigen von den Lastern und marschieren durch die Straße Richtung Tiananmen-Platz. Sie schlagen die Einwohner mit Ziegelsteinen und Schlagstöcken, schießen aber nicht. (ap, rtr, nach TN, 23.5.89)

- Ein chinesischer Journalist sagt, die rund 2.000 Soldaten seien in Fengtai von etwa 80 Lastwagen gestiegen und hätten die Straßensperren durchbrochen. Kurz nach 1.00 Uhr nachts hätten sie die Chang'an-Allee erreicht. Zeugen berichten, sie hätten mit Knüppeln und Steinen auf Bürger eingeschlagen, die sich ihnen in den Weg zu stellen versuchten. (ap, nach NZZ, 24.5.89)

Um 3.30 Uhr befinden sich noch immer 20.000 Studenten und 30.000 Bürger auf dem Tiananmen-Platz. (WHB, 23.5.89, nach SWB, 25.5.89) In den frühen Morgenstunden herrscht auf dem Platz Feststimmung, als sich das Gerücht verbreitet, Li Peng sei zurückgetreten. (N.D. Kristof, in: IHT, 24.5.89)

Um 4.15 Uhr zieht sich eine Kolonne von 20 Truppentransportern und Verpflegungswagen, die vor vier Nächten von einer Straßensperre im Südwesten Beijings gestoppt wurde, unter dem Beifall der Bevölkerung zurück. Ein Mann, der in einer Gummifabrik arbeitet, sagt, die Regierung habe die Arbeiter angewiesen, in der Nacht am Arbeitsplatz zu bleiben, und ihnen 50 Yuan pro Tag geboten, damit sie den Barrikaden fernblieben. (C. Rosett, in: AWSJ, 24.5.89)

Um 4.30 Uhr beginnen sich sieben bis acht mit Soldaten besetzte Armeelaster zurückzuziehen. Sie haben drei Tage lang vor einer Straßensperre im westlichen Randgebiet Beijings gestanden und sind von den Demonstranten mit Wasser und Nahrung versorgt worden. Die Menge jubelt, als die müde aussehenden Soldaten zum Abschied winken. Weitere VBA-Truppen ziehen sich an diesem Tag aus den Randbezirken der Stadt zurück. Daraufhin werden viele Straßensperren beseitigt. (J. Leung, in: AWSJ, 24.5.89)

Andernorts stehen noch immer Militärkonvois mit Panzern und Wasserwerfern bereit. Aber die wartenden Soldaten sind ungeduldig geworden - nicht mit den Studenten, sondern mit ihren Offizieren, die sie seit Tagen auf den Ladeflächen der Militärkonvois, in Panzern, Mannschaftswagen und in den auf Gleisen abgestellten Truppentransportern warten lassen. Die Demonstranten, die zu Zehntausenden in die Vororte geströmt sind, um den Vormarsch der Soldaten mit ihren Körpern zu blockieren, versorgen die Truppen mit Verpflegung, Tee und Wasser. (sz, in: HB, 24.5.89)

Einige Truppen, die am Montag zum Beijinger Hauptbahnhof gebracht worden sind, werden zurückgezogen. (A. Ignatius, J. Leung, in: AWSJ, 23.5.89) Die meisten Truppen, die mit der Durchsetzung des Ausnahmezustands beauftragt sind, haben sich in ein provisorisches Lager im Westen Beijings zurückgezogen, wie Einwohner berichten. Am Nachmittag um 14.00 Uhr sind in Liuliqiao, auf der Dajing-Straße und in Donggaodi im südwestlichen Bezirk Fengtai keine Militärfahrzeuge mehr zu sehen. (Cheng Hong, in: CD, 24.5.89)

Am vierten Tag des Ausnahmezustands verläuft das Leben der Beijinger Bürger im wesentlichen normal, meldet *Radio Beijing*. Nachdem der öffentliche Verkehrsbetrieb zwei Tage lang ausgefallen ist, verkehren seit Mittag wieder 138 der insgesamt 172 Bus- und Trolleybus-Linien. Seit 11.00 Uhr hat auch die U-Bahn zwischen Gucheng und dem Hauptbahnhof den Betrieb wieder aufgenommen. (Nach SWB, 25.5.89) Ein Funktionär der U-Bahn-Betriebsgesellschaft erklärt, der Betrieb sei "aus Sicherheitsgründen" einige Tage lang eingestellt worden. (CD, 24.5.89)

Auch die *Volkszeitung* berichtet, daß an diesem Tag über hundert Bus- und Trolleybus-Linien und die U-Bahn den Verkehr wieder aufgenommen haben. Die Lage in der Hauptstadt stabilisiere sich weiterhin. (RMRB, 24.5.89)

Wie Beijinger Einwohner erklären, ist die Versorgung mit Lebensmitteln und lebensnotwendigem Bedarf ausreichend. (CD, 24.5.89) Das Angebot auf den vier Großmärkten Dongdan, Xidan, Chaoyangmen Nei und Chongwenmen ist reichlich. (*Radio Beijing*, 23.5.89, nach SWB, 25.5.89)

Die chinesischen Medien sind ganz offenkundig bestrebt, mit solchen Meldungen die offizielle Begründung für die Verhängung des Ausnahmezustands, nämlich das in der Stadt herrschende Chaos, zurückzuweisen. Ausländische Beobachter sprechen dagegen von Versorgungsengpässen und anderen Beeinträchtigungen:

Es herrscht dringender Bedarf an Benzin, Elektrizität, Gemüse, Milch und Eiern. Post wird nur sporadisch zugestellt. Wegen des Ausfalls der U-Bahn und Busse kommen viele Arbeiter mit dem Fahrrad oder zu Fuß zur Arbeit. Die meisten kommen zu spät an, wenn sie überhaupt ankommen. Daß das Leben in Beijing einigermaßen seinen normalen Gang gehen kann, ist weitgehend den studentischen Organisatoren zu verdanken, die in den Gebieten, die sie kontrollieren, viele Aufgaben der Stadtregierung übernommen haben. Weil im Stadtzentrum kaum Verkehrspolizisten zu sehen sind, haben die Studentenführer Gruppen von Studenten zu allen großen Kreuzungen geschickt, die dort den Verkehr regeln. An Straßenbarrikaden prüfen Studenten die Nummernschilder und manchmal die Personalausweise der Fahrer, bevor sie die Durchfahrt erlauben. Studenten vermitteln auch bei Streitigkeiten zwischen Bürgern und schützen den Eingang zum Hauptquartier der KPCh sowie die Große Halle des Volkes. (S. WuDunn, in: IHT, 24.5.89)

Die Krankenhäuser melden, daß ihre Arbeit durch Versorgungsengpässe und übermüdetes Personal nachhaltig beeinträchtigt werde. (P. Ellingsen, in: FT, 23.5.89)

Die Manager der Joint-Venture-Hotels erhalten nur noch Fernschreiben mit Buchungsstornierungen. Sie müssen mangels Transportkapazitäten Fahrradkolonnen zu den Märkten schicken, um sich mit frischen Waren zu versorgen. An manchen Tagen verfügen die Banken nicht mehr über Bargeld, da die Geldtransporte in den Vororten steckenblieben. (sz, in: HB, 24.5.89)

Auf dem Tiananmen-Platz wird der Sitzstreik fortgeführt. Studenten und Sanitäter säubern den Platz. Die für die Durchsetzung des Ausnahmezustands zuständigen Truppen befinden sich noch immer in den Randbezirken der Stadt. (*Radio Beijing*, 23.5.89, nach SWB, 25.5.89)

Die Studenten verkünden über Lautsprecher, daß sie mit dem Abzug der Busse vom Tiananmen-Platz einverstanden seien. Diese sollen für den öffentlichen Personenverkehr eingesetzt werden. (*Radio Beijing*, 24.5.89, nach SWB, 30.5.89)
Der Abfall auf dem Platz ist weggeräumt. (sz, in: HB, 24.5.89)

Getränkeverkäufer in der Umgebung des Tiananmen-Platzes verlangen jetzt von Kunden, die keine Studenten sind, den doppelten Preis als üblich, während sie den Studenten, die sich ausweisen können, nichts berechnen. Die Stadtbevölkerung bringt den Studenten nicht nur wegen ihres Kampfes für Demokratie Respekt entgegen, sondern auch wegen der Effizienz, die sie an den Tag legen. Eine Gruppe von Büroangestellten, die den Studenten eine große Geldsumme spendete, erhielt zu ihrer angenehmen Überraschung eine genaue Empfangsquittung. (S. WuDunn, in: IHT, 24.5.89)

Wann immer Studenten im Stadtzentrum unterwegs sind, bekommen sie von den Einwohnern Nahrungsmittel. Hausfrauen geben ihnen Brotlaibe, Restaurants servieren ihnen umsonst Essen, Verkäufer schenken ihnen Eiskrem. Es gilt als unhöflich, dies abzulehnen. Studenten kehren oft mit Nahrungsmitteln beladen zum Platz zurück. Sie haben auch so viele Geldspenden bekommen, daß sie im Moment nicht wissen, was sie damit machen sollen. (IHT, 24.5.89)
Studenten erklären, der "Autonome Studentenverband" habe seit Beginn der Bewegung Spenden in Höhe von über einer Million Yuan gesammelt. (LSC, S. 60)

Die Studenten auf dem Platz fürchten, daß die Regierung aus weit entfernten Landesteilen stammende Soldaten einsetzen wird, da diese sich mit ihnen nicht verständigen können. Aus diesem Grund sendet das studentische Organisationskomitee Studenten, die den nationalen Minderheiten angehören, an alle Hauptstraßen und zum Hauptbahnhof, damit sie im Falle eines Angriffs als Dolmetscher dienen können. Eine andere Taktik hat die "Kamikaze"-Gruppe von Arbeitern entwickelt, die die ganze Nacht durch die Stadt zieht und nach vorrückenden Armeekonvois Ausschau hält. Viele Arbeiter tragen jetzt Messer, mit denen sie die Reifen von Armeelastern durchstechen wollen, während ihre Frau oder Freundin auf dem Soziussitz die Soldaten ablenkt. Auf dem Tiananmen-Platz haben die Studenten ein ausgeklügeltes Kontrollsystem eingerichtet. Postenketten bewachen die verschiedenen inneren Kreise. Wer zu den Führern der Studentenorganisation vordringen will, muß sich zu vier Kontrollpunkten eskortieren lassen und sich dort jeweils ausweisen. "Wir brauchen ein gutes System der Disziplin und der Organisation", erklärt ein Studentenführer. "Andernfalls würde die Regierung sagen, wir förderten das Chaos." (N.D. Kristof, in: IHT, 24.5.89)

Überall auf dem belagerten Platz wird man darauf aufmerksam gemacht, daß hier der Durchgang verboten sei. "Da können Sie nicht rein", heißt es immer wieder von "wichtigtuerischen" Studenten. Ihre Führer verteilen Presseausweise. Doch zeigt man das Papier vor, bekommt man oft nur zu hören: "Die sind zeitweilig außer Kraft gesetzt." (D. Biers, ap, in: HAB, 24.5.89)

Heute wird das "Provisorische Oberkommando zur Verteidigung des Tiananmen-Platzes" [wahrscheinlich: Baowei Tiananmen guangchang linshi zong zhihuibu] gegründet, das aus Chai Ling, Li Lu und Wang Dan besteht. Die "Gruppe der Hungerstreikenden" bildet das eigentliche Rückgrat des "Oberkommandos". Der bisher verantwortliche "Autonome Studentenverband Beijing" verkündet seinen Abzug vom Platz und überträgt dem "Provisorischen Oberkommando" die Verantwortung für die Organisation auf dem Platz. (Luo Qiping u.a., "The 1989 Pro-Democracy Movement...", S. 31 u. 39) - Siehe auch 24. Mai.

Zum ersten Mal nach mehreren Tagen wird Zhao Ziyang in den Medien erwähnt, und zwar als Generalsekretär der KPCh. (N.D. Kristof, in: IHT, 24.5.89) - Es ist sehr fraglich, ob diese Meldung zutrifft. Das ZK-Organ *Volkszeitung* hat zum letztenmal am 20. Mai Zhao Ziyang in seiner Funktion als ZK-Generalsekretär erwähnt. Auch in den folgenden Tagen gibt es keine offiziellen Nachrichten über Zhao Ziyang.

Die *China Daily* veröffentlicht auf ihrer ersten Seite einen Bericht über den Besuch Wan Lis in Kanada mit der Überschrift: "Schützt den Patriotismus der Studenten!" (CD, 23.5.89) Die *Volkszeitung* zitiert Wan Li auf der Titelseite mit der Schlagzeile: "Der patriotische Enthusiasmus der breiten Masse der Jugend muß tatkräftig unterstützt werden", und darunter, in weniger fetten Lettern: "Auch die Stabilität der gesellschaftlichen Ordnung muß konsequent gewahrt werden." Auf derselben Seite druckt die *Volkszeitung* die am Vortag von der Beijinger Stadtregierung und dem Kommandostab der zur Durchsetzung des Ausnahmezustands eingesetzten VBA-Truppen herausgegebene Bekanntmachung ab, in der gefordert wird, die gewohnte Ordnung sofort wiederherzustellen. (RMRB, 23.5.89)

Die Soldaten, die sich am vergangenen Abend in Zivil in das Gebäude der *Xinhua*-Nachrichtenagentur geschlichen haben, werden im großen Versammlungssaal entdeckt. Eine große Anzahl von Mitarbeitern strömt zusammen und ruft: "Kampf gegen die Militärkontrolle! Nieder mit Li Peng! Verzieht euch, ihr Truppeneinheiten!" Bis zum nächsten Morgen haben diese Soldaten ihre Uniformen noch nicht angezogen. (ZM, Juni 1989, S. 15)

Mitarbeiter des Staatsfernsehens berichten unter Protestrufen auf dem Tiananmen-Platz, ihre Studios seien von Soldaten besetzt, die verhinderten, daß "wir die Wahrheit berichten". (W.A., in: FAZ, 24.5.89) Fernsehsprecher leisten "passiven Widerstand", verhaspeln sich oder rattern die Texte zum Ausnahmerecht teilnahmslos herunter. (E. Bauer, dpa, in: HAB, 24.5.89)

Trotz Verbots macht ein Zusammenschluß von Ärzten auf Flugblättern eine Anordnung der Regierung an die Beijinger Kliniken publik: Danach verfügte die Stadtregierung unter anderem, dem Krankenhauspersonal sei untersagt, Medikamente für die Studenten auf den Platz zu bringen. Am Sitzprotest beteiligte Studenten dürften auch keine kostenintensive Behandlung oder teure Medikamente erhalten. Die Stadtwerke Beijings haben inzwischen die Wasserversorgung für den Tiananmen-Platz abgestellt, um die Versorgung der über 200.000 Menschen zu erschweren. (T. Reichenbach, in: taz, 24.5.89)

Da die offiziellen Medien nicht wahrheitsgemäß über die Vorgänge in Beijing berichten, haben Gerüchte in der Hauptstadt Hochkonjunktur. Deng Xiaoping soll sich in die USA zurückziehen wollen, weil er dort "viel Geld hat". Ein anderes Gerücht besagt, daß die amerikanischen Bankkonten seines Sohns Deng Pufang von US-Bankern eingefroren wurden. Deng Xiaoping soll erklärt haben, es lohne sich, 150.000 Soldaten in die Hauptstadt zu beordern, wenn dies China 20 Jahre Stabilität brächte. Dieses Gerücht fand in seiner zweiten Version weite Verbreitung: Er soll gesagt haben, um 20 Jahre der Stabilität zu gewinnen, lohne es sich, 200.000 Studenten zu töten. (N.D. Kristof, in: IHT, 24.5.89) - Vergleiche hierzu 25. April.

Am Nachmittag kommt es im Zentrum Beijings erneut zu Demonstrationen für Demokratie und Pressefreiheit. Die Beteiligung wird von den chinesischen Medien weit höher eingeschätzt als von westlichen Beobachtern. Das ist ein Zeichen dafür, daß die chinesischen Medien weiterhin bemüht sind, unter Mißachtung der im Rahmen des Ausnahmezustands ergangenen Erlasse die Protestbewegung publizistisch zu unterstützen.

Radio Beijing berichtet: Um 13.30 Uhr beginnt eine Demonstration in den Straßen Beijings, an der fast eine Million Menschen teilnehmen, darunter Menschen aus den Bereichen Erziehung, Naturwissenschaft und Technik, Journalismus und Kultur sowie Beijinger Einwohner, Arbeiter und einige Kader aus Regierungsinstitutionen. Sie ziehen über den Tiananmen-Platz und skandieren Parolen wie "Lang lebe die Demokratie", "Pressefreiheit". Trotz Sturmböen und heftiger Regenfälle am Nachmittag vermindert sich die Zahl der Demonstranten nicht. (*Radio Beijing*, 23.5.89, nach SWB, 25.5.89) Die *Volkszeitung* spricht von "in die Zehntausende gehenden Demonstrationszügen", die am Nachmittag über die Chang'an-Allee ziehen. (RMRB, 24.5.89) Laut Meldung der Beijinger Nachrichtenagentur *Zhongguo Xinwen She* ist diese Demonstration die größte seit Verhängung des Ausnahmezustands am 20. Mai. Sie zieht eine halbe Million Zuschauer an. (ZXS, 23.5.89, nach SWB, 24.5.89)

Auch die *Xinhua*-Nachrichtenagentur meldet, daß etwa eine Million Menschen an diesem Nachmittag auf die Straße gegangen seien. (XNA, 24.5.89) Nicholas D. Kristof nennt diese Zahl "fast mit Sicherheit eine Übertreibung". (In: IHT, 24.5.89) In einer französischen Meldung ist von 500.000 Demonstranten die Rede. (LSC, S. 60) Westliche Journalisten, die am Ort waren, schätzen die Zahl der Demonstranten eher auf 100.000. (rtr, nach TN, 24.5.89)

Ein westlicher Korrespondent berichtet, daß diese neue Großdemonstration, bei der auf einen Aufruf des "Autonomen Studentenverbands" hin einige hunderttausend Menschen den Rücktritt von Li Peng forderten, durch heftige Regenfälle zeitweilig unterbrochen worden sei. (Kl., in: NZZ, 25.5.89)

Organisatorisch verlaufen die von einer beispiellosen Dauer gekennzeichneten Demonstrationen zwar weiterhin sehr diszipliniert, doch die Parolen nehmen sich militanter aus. War bis dahin das Verlangen nach dem Rücktritt des Ministerpräsidenten über ein "Nieder mit Li Peng!" nicht hinausgegangen, so steht heute auf Spruchbändern zu lesen: "Solange sich Li Peng nicht erhängt, werden wir auch nicht schlafen." Auf einem der Transparente, das von Mitarbeitern der Akademie der Wissenschaften stammen soll, wird Li Peng als "nasser Hund" stigmatisiert und damit in einer Weise beschimpft, wie sie für die Zeit der Kulturrevolution typisch war. (W.A., in: FAZ, 24.5.89) Die Parolen lauten: "Zieht die Truppen zurück und hebt den Ausnahmezustand auf", "Schützt die Verfassung und garantiert die Menschenrechte". Die überwältigende Mehrheit der Parolen aber ist gegen den Führer des Staatsrats gerichtet. (XNA, 24.5.89) Dies ist die erste Erwähnung von persönlichen Angriffen gegen Li Peng seitens der offiziellen Medien seit Verhängung des Ausnahmezustands. (rtr, nach TN, 24.5.89) Neben dem Rücktritt von Deng Xiaoping und Li Peng wird erstmals die Verurteilung beider Politiker als "Volksfeinde" gefordert. (J. Kahl, in: SZ, 24./25.5.89) Auf anderen Spruchbändern heißt es: "Li Peng an die Wand", "Bevor die Regierung nicht zurücktritt, gehen wir nicht nach Hause", "Nieder mit der Diktatur". (T. Reichenbach, in: taz, 24.5.89)

Um 14.00 Uhr werfen drei Männer Farbeier gegen das große Mao-Porträt am Tiananmen-Tor. (MB, 24.5.89, nach SWB, 25.5.89) Sie werden von Studenten festgehalten und befragt. Ihre Behauptung, aus der Provinz Hunan zu stammen, erscheint zweifelhaft, da sie den dortigen Dialekt nicht beherrschen und fließend Beijing-Dialekt sprechen. (*Beizhuang de minyun*, S. 92) Die drei Männer werden dem Hauptquartier des offiziellen Studentenverbands Beijing übergeben [nach einem anderen Bericht zu einer Polizeistation gebracht; XNA, 24.5.89]. Das Mao-Porträt ist mit roten, gelben, weißen und schwarzen Flecken bedeckt. Unmittelbar nach dem Vorfall ziehen die Studenten ein großes weißes Banner mit einer Aufschrift in englischer und chinesischer Sprache hoch: "Dies ist nicht vom Volk oder von den Studenten getan worden." Um 14.30 Uhr verhängen die zuständigen Behörden das Porträt mit einer riesigen Leinwand. (ZTS, 23.5.89, nach SWB, 25.5.89)

Ermittlungen der Studenten ergeben, daß es sich um Polizisten in Zivil handelt. Auch die gewalttätigen Auseinandersetzungen zwischen Soldaten und Beijinger Einwohnern in den heutigen Morgenstunden sollen von Polizisten in Zivil provoziert worden sein, die Steine auf Soldaten geworfen hätten. (MB, 24.5.89, nach SWB, 25.5.89)

Dagegen berichten die offiziellen Medien, bei den drei Männern handle es sich um Yu Mingfei, einen 26jährigen Mittelschullehrer aus dem Kreis Liuyang in Hunan, Yu Dongyue, einen 22jährigen Redakteur der *Liuyang-Tageszeitung*, und Lu Decheng, einen 26jährigen Arbeiter der Lastwagentransportgesellschaft Nr. 9 in Liuyang. Sie erklären, daß sie am 19. Mai zur Unterstützung der Studentenbewegung nach Beijing gekommen seien. Seither hätten sie tagsüber an Demonstrationen teilgenommen und nachts unter freiem Himmel auf dem Platz geschlafen. Am Morgen hätten sie sich [für den Anschlag] schwarze Tinte, Ölfarbe und Eierschalen besorgt. (RMRB, XNA, 24.5.89)

Das *Beijinger Fernsehen* sendet ein Interview mit zwei von den drei Tätern. Beide übernehmen die ganze Verantwortung für den Vorfall. Ein Student erklärt, daß die Studenten mit "dieser unbesonnenen Tat" nichts zu tun hätten und sich davon absolut distanzierten. Im Grunde sei dies keine unbesonnene Tat, sondern eine Art von Sabotageakt gewesen. (Nach SWB, 25.5.89)

Das von großen Farbflecken verunzierte Bild Mao Zedongs wird von Arbeitern des Palastmuseums zunächst mit einer grünen Plane abgedeckt, dann wegtransportiert und am Abend bereits - entweder gereinigt oder durch ein neues ersetzt - wieder an der alten Stelle aufgehängt. (Kl., in: NZZ, 25.5.89)

Am späten Nachmittag fallen die Temperaturen nach den Regenfällen. Große Mengen Winterkleidung und Ingwer-Zucker-Sirup werden den auf dem Tiananmen-Platz ausharrenden Studenten gesandt. Ein Zentralorgan spendet 4.000 Kleidungsstücke, die erst um 21.00 Uhr unter den Studenten verteilt werden. (RMRB, 24.5.89, *Radio Beijing*, 24.5.89, nach SWB, 30.5.89) Nach Angaben von Studenten spenden Beijinger Einwohner nach den heftigen Regenfällen über 20.000 Kleidungsstücke. (CD, 25.5.89)

Um den Studenten aus anderen Städten die Rückkehr zu erleichtern, sind vier Hinweisschilder auf dem Platz vor dem Beijinger Bahnhof aufgestellt worden: Beijing-Baotou-Linie, Nord-Ost-Linie, Beijing-Guangzhou-Linie und Beijing-Shanghai-Linie. Vor den Schildern sitzen etwa 300 Studenten, die auf den Rücktransport warten. Aussagen des Bahnhofspersonals zufolge sind in den letzten Tagen viele Studenten an ihre Universitäten zurückgekehrt. Die Zahl der Heimkehrer sei in den vergangenen zwei Tagen jedoch leicht gesunken. Gleichzeitig kommen weiterhin recht viele Studenten aus anderen Städten nach Beijing. (*Beijing-TV*, 23.5.89, nach SWB, 25.5.89)

Das Nationale Rote Kreuz fordert die Studenten in einem Dringlichkeitsappell auf, den mit Abfallhaufen übersäten Tiananmen-Platz zu verlassen, um den Ausbruch von Epidemien zu verhindern. Gleichzeitig drängt es die Regierung, nach Abzug der Studenten den Weg zu Dialogen mit Studentenvertretern offenzuhalten. [Der hier gebrauchte Begriff "Dialog" (duihua) soll zum erstenmal seit Verhängung des Ausnahmezustands in den chinesischen Medien aufgetaucht sein; MB, 24.5.89, nach SWB, 25.5.89.] Außerdem müsse die Regierung ihr Versprechen halten, die Studenten nach ihrer Rückkehr in die Hochschulen nicht zu bestrafen. (RMRB, 24.5.89)

Die Zentrale Erziehungskommission appelliert eindringlich an die Studenten, den Unterricht wieder aufzunehmen. Der Vorlesungsboykott ziehe sich seit Mitte April hin, das Ende des Hochschuljahres stehe kurz bevor. Wenn die Examenskandidaten jetzt nicht ihre Pflichtkurse abschlössen, müßten sie ihre Graduierung verschieben und länger in den Hochschulen verweilen. Das würde den bereits akuten Mangel an Hör- und Schlafsälen weiter verschärfen, und die Hochschulen wären gezwungen, die Zahl der Immatrikulationen zu senken. Partei und Regierung hätten den tiefempfundenen Patriotismus und die Sorge der Studenten um die Angelegenheiten des Staates verstanden. Die Studenten hätten ihre Ansichten bereits auf vielerlei Wegen kundgetan. Partei und Regierung würden diese ernsthaft bedenken. Daher sollten die Studenten jetzt möglichst rasch in die Universitäten zurückkehren. (RMRB, 24.5.89)

Intellektuelle gründen offiziell die "Vereinigung der Intellektuellenkreise Beijings". Im Gründungsmanifest, das von Bao Zunxin unterzeichnet ist, heißt es, daß die Intellektuellen nicht länger schweigen könnten. Sie müßten sich vereinigen und organisieren und an dieser großen patriotischen und demokratischen Bewegung teilhaben. Sie seien durch bittere Lektionen der Geschichte gewarnt, daß es jetzt keinen Weg zurück gebe, weder für die Intellektuellen noch für das chinesische Volk. Ein Rückzug um einen einzigen Schritt würde Blutvergießen, das vorzeitige Ende des Demokratisierungsprozesses in China und den Verlust all dessen, was im Zuge der Reform und Öffnung erreicht worden sei, bedeuten. Daher fordern sie:
1. Aufhebung des Ausnahmezustands und Rückzug der Truppen in ihre Standorte;
2. sofortige Einberufung einer Dringlichkeitssitzung des Ständigen Ausschusses des NVK zur Beratung über die Abberufung Li Pengs [von seinem Posten als Ministerpräsident];
3. Vorantreibung des Demokratisierungsprozesses und Gewährleistung, daß die Staatsbürger die in der Verfassung garantierten Rechte und Freiheiten genießen können.

(LHB, 24.5.89)

Das Gründungsstatut ist in der zweiten Ausgabe der *Expreß-Nachrichten* wiedergegeben, einer von den Intellektuellen herausgegebenen Zeitung. (MB, 25.5.89, nach SWB, 30.5.89)

Mehr als 40 Mitglieder des Ständigen Ausschusses des NVK fordern eine Sondersitzung dieses Gremiums, um die bestehenden Probleme zu lösen. Somit fehlen nur noch etwa 30 Unterschriften, um die Einberufung einer Sondersitzung zu erzwingen. (*Beizhuang de minyun*, S. 92)

Gegenüber Hongkonger Journalisten erklären namentlich nicht genannte Mitglieder des Ständigen Ausschusses des NVK, die Einberufung einer Sondersitzung müsse auf einem Treffen des Vorsitzenden und der stellvertretenden Vorsitzenden beschlossen oder von mehr als der Hälfte der Mitglieder des Ständigen Ausschusses des NVK gefordert werden. Es gebe jedoch eine ungeschriebene Regel, die die Irrationalität des Systems beweise: In jedem Fall müsse das Politbüro des ZK der KPCh der Einberufung einer Sondersitzung zustimmen. Diese Regel stelle die Partei praktisch über den NVK und widerspreche dem Geist [der Verfassung], derzufolge "der NVK das höchste Machtorgan des Landes ist". Noch immer übten die KPCh und ihre Parteigruppen im NVK großen Einfluß aus. Dies müsse geändert werden. Falls rund 30 weitere Mitglieder des Ständigen Ausschusses des NVK die Forderung unterzeichneten, könne man offiziell die Einberufung einer Sondersitzung verlangen (siehe auch 17., 18., 21.-24., 30.-31. Mai). Einige Mitglieder des Ständigen Ausschusses des NVK loben die gute Organisation der gegenwärtigen Studentenbewegung und ihre positive Auswirkung auf die Bevölkerung. Auch die "Bewegung des 4. Mai" vor 70 Jahren sei von der damaligen Regierung negiert, dann aber von der Geschichte bestätigt worden. Die Studenten sollten sich jetzt vom Tiananmen-Platz zurückziehen und sich künftig auf andere Weise für Demokratie einsetzen. Li Peng habe in letzter Zeit in seiner Reaktion auf einige Vorfälle nicht in Übereinstimmung mit dem Gesetz gehandelt und die Rechte des NVK nicht respektiert; dessen sollte er angeklagt werden. Die Forderung mancher Leute, Li Peng solle zurücktreten, sei verständlich. (WHB, 23.5.89, nach SWB, 25.5.89)

Das Parteikomitee für die Arbeit der zentralen Staatsorgane erklärt seine Unterstützung für die Reden Li Pengs und Yang Shangkuns vom 19. Mai. (RMRB, 24.5.89)

Das Verwaltungskomitee der ZK-Parteischule erklärt in einem Brief an das ZK der KPCh seine Unterstützung für die Reden Li Pengs und Yang Shangkuns vom 19. Mai. Die "kleine Anzahl von Personen", die in den vergangenen Tagen "im Namen der Lehrer und Studenten der ZK-Parteischule der KPCh" an Demonstrationen und Solidaritätsaktionen [für die Studenten] teilgenommen hätten, könnten die ZK-Parteischule nicht repräsentieren; einige gehörten ihr nicht einmal an. Die Lehrer und Studenten der Schule stellten sich entschieden gegen solche Aktionen. (RMRB, 26.5.89)

In den letzten Tagen haben die Parteikomitees der Provinzen Anhui, Heilongjiang und Jiangsu sowie der Autonomen Gebiete Innere Mongolei, Ningxia und Tibet ihre Unterstützung für die Rede Li Pengs vom 19. Mai erklärt, meldet die Nachrichtenagentur *Xinhua*. (RMRB, 24.5.89)

Auf einer Sitzung von Parteimitgliedern der Militärregion Nanjing fordert Kommandant Xiang Shouzhi alle Parteiorganisationen und -mitglieder auf, den "Standpunkt der Partei" entschieden zu bestätigen und die Stabilität aufrechtzuerhalten. (*Beijing-TV*, 23.5.89, nach SWB, 6.6.89)

Die Ständigen Ausschüsse der Parteikomitees der Militärregionen Lanzhou und Jinan sowie der Luftwaffe und der Marine haben ihre Unterstützung für die Reden Li Pengs und Yang Shangkuns erklärt, meldet die Nachrichtenagentur *Xinhua*. (RMRB, 24.5.89) Damit haben sich jetzt sechs der sieben Militärregionen hinter Li Peng gestellt. Die Militärregion Beijing steht noch aus. - Siehe 25. Mai.

Ein chinesischer Journalist mit guten Kontakten zu hohen Funktionären sagt, daß das Politbüro heute zusammengetreten sei und Zhao Ziyang wieder an die Macht gebracht habe. Andere bestätigen das Treffen der Politbüro-Mitglieder, können aber nichts über die Resultate sagen. (N.D. Kristof, in: IHT, 24.5.89)

Außenminister Qian Qichen versichert am Abend bei einem Essen mit den 12 EG-Botschaftern, daß Zhao Ziyang "immer noch Generalsekretär der KPCh ist". (apf, taz, nach taz, 25.5.89)

Die Sekretäre der Parteikomitees aller Provinzen, Autonomen Gebiete und provinzfreien Städte werden nach Beijing beordert. In Einzelgesprächen fordert Li Peng sie auf, Zhao Ziyang fallenzulassen und ihn, Li Peng, zu unterstützen. Die Gespräche dauern eine ganze Woche. (WHB, 25.6.89, nach SWB, 27.6.89)

Die ZK-Militärkommission erklärt in einem offenen Telegramm an die ganze Armee, daß nur Deng Xiaoping und Yang Shangkun das Recht hätten, Truppen in Marsch zu setzen. Das bedeutet, daß Zhao Ziyang seine Vollmachten als erster stellvertretender Vorsitzender der ZK-Militärkommission verloren hat. (ZM, Juni 1989, S. 7)

Laut Presseberichten aus Hongkong und Taiwan haben Hu Qili, Leiter der ZK-Führungsgruppe für Propaganda, und Rui Xingwen ihre Posten verloren. Die neu eingesetzte fünfköpfige ZK-Führungsgruppe für Propaganda soll von Li Peng geleitet werden. Ihre Aufgabe soll darin bestehen, alle Presse- und Propagandaeinheiten zu kontrollieren, die Presse auf den Kurs des ZK der KPCh und des Staatsrats zu bringen und Gerüchte zu bekämpfen. Neben Li Peng sollen ihr Wang Renzhi, Leiter der ZK-Propagandaabteilung, Zeng Jianhui, stellvertretender Leiter der ZK-Propagandaabteilugn, Yuan Mu, Direktor des Forschungsbüros und Sprecher des Staatsrats, He Dongchang, stellvertretender Leiter der Zentralen Erziehungskommission, und Li Zhijian, Leiter der Propagandaabteilung des Parteikomitees der Stadt Beijing, angehören. Die neue ZK-Führungsgruppe für Propaganda habe bereits alle für Presse- und Propagandaarbeit zuständigen Einheiten angewiesen, Li Peng ihre Solidarität zu bezeugen, die Notwendigkeit des Ausnahmezustands zu propagieren und alle Äußerungen, die den Sozialismus negieren und die Führung angreifen, bloßzustellen und zu kritisieren. (ZGSB, 23.5.89; DGB, 23.5.89, nach SWB, 24. und 25.5.89; ZTS, 23.5.89, nach SWB, 25.5.89)

Aus chinesischen Kreisen verlautet, Li Peng habe die Gruppe gebildet, weil sich zeigte, daß die Verhängung des Ausnahmezustands die Presse nicht bremsen konnte. Besonders erbost sei Li Peng über den am Vortag von der *Volkszeitung* auf der Titelseite veröffentlichten Bericht [über die Rede des ungarischen Ministerpräsidenten] gewesen, in dem es hieß, daß die Armee nicht zur Lösung innenpolitischer Probleme herangezogen werden dürfe. (ap, nach TN, 29.5.89)

Wang Renzhi, Yuan Mu und He Dongchang überbringen der Redaktion der *Volkszeitung* eine Anweisung der zuständigen Behörde [offenbar ist die neue ZK-Führungsgruppe für Propaganda gemeint]. Da der Inhalt und das Layout der Zeitung in den letzten Tagen nicht mit den Absichten der zuständigen Behörde übereingestimmt habe, wolle die Behörde eigenes Personal in die Redaktion der *Volkszeitung* entsenden. Falls dies geschehe, so die Mitarbeiter der Zeitung, wäre es doch besser, wenn sie geschlossen zurückträten und die Behörde ihre Arbeit übernähme. Schließlich einigen sich beide Seiten darauf, daß die Redaktion vom morgigen Tag an die Endkorrekturfahnen der Behörde zur Prüfung vorlegt. (WHB, 25.5.89, nach SWB, 30.5.89)

Am Abend beruft die neue ZK-Führungsgruppe für Propaganda die Chefredakteure von Chinas größten Zeitungen zu einer Sondersitzung zusammen und liest ihnen einen Angriff auf Zhao Ziyang vor, heißt es in einem Bericht eines chinesischen Journalisten, der von einem der Teilnehmer über die Sitzung informiert wurde. Zhao Ziyang sei vor allem vorgeworfen worden, daß er hinter den gegenwärtigen Studentenunruhen stehe und in Korruptionsfälle verwickelt sei. Der Chefredakteur der *Volkszeitung* sei durch die Sitzung genügend eingeschüchtert worden, um nach seiner Rückkehr in die Redaktion mehrere Artikel dahingehend zu überarbeiten, daß sie der Gruppe um Li Peng genehmer seien. (N.D. Kristof, in: IHT, 25.5.89) - Vergleiche eine ähnliche Meldung unter dem Datum 24. Mai.

Yang Shangkun, Li Peng, Qiao Shi, Yao Yilin, Li Ximing, Chen Xitong und andere Partei- und Regierungsführer sollen ihre Familien und Dienstboten nach Zhongnanhai geholt haben. (MB, 24.5.89, nach SWB, 25.5.89)

Der Rundfunksender *Voice of America* läßt wissen, daß drei seiner insgesamt fünf Frequenzen zur Übermittlung von Nachrichten nach China seit neuestem gestört würden. (W.A., in: FAZ, 24.5.89)

Um 19.00 Uhr können die Beijinger Einwohner und die Menschen in ganz China plötzlich im Fernsehen Bilder von der großen Demonstration verfolgen, die am Nachmittag stattgefunden hat. Plötzlich werden auch wieder die patriotischen Beweggründe der Studenten betont, während in den vorangegangenen Tagen häufig von Aufruhr die Rede war. (R. Wandel, in: taz, 25.5.89)

Um 19.30 Uhr wird der Satelliten-Übertragungsdienst des Zentralen Fernsehen wieder aufgenommen, der nach Verhängung des Ausnahmezustands ausgesetzt wurde [d.h., westliche Fernsehstationen dürfen wieder Satellitenverbindungen für Direktsendungen aus China in Anspruch nehmen, was ihnen am 20. Mai verboten worden war]. (DGB, 25.5.89, nach SWB, 29.5.89)

Die Hongkonger Zeitung *Ming Bao* berichtet unter Berufung auf "verläßliche Quellen", daß nicht nur einige Feldarmeen, bewaffnete Truppen und Luftlandeeinheiten nach Beijing gebracht worden seien, sondern auch Einheiten mit

Boden-Luft-Raketen. Die größte Sorge Li Pengs sei, daß die Militärregion Beijing seinem Befehl nicht folgen werde. Zur Zeit sei der sogenannte Kommandostab der für die Durchsetzung des Ausnahmezustands eingesetzten Truppen kein reguläres Organ, sondern im zeitweiligen Hauptquartier des 27. Armeekorps untergebracht, das sich in der 6. Division der Zentralen Logistik-Abteilung der VBA in der Nähe des Jingfeng-Gästehauses im Bezirk Fengtai befinde. Der Kommandostab sei außerstande, die verschiedenen in die Stadt führenden Einmarschrouten der Truppen zu kontrollieren. Das 27. Armeekorps sei ursprünglich in Shijiazhuang stationiert gewesen. Es stelle die strategische Reserveeinheit der ZK-Militärkommission dar, die für die Verteidigung Beijings zuständig ist. Es gehöre zu den besten Panzergrenadierdivisionen Chinas. Viele Soldaten, die sich seit Tagen vor der Stadt befänden, seien gedrückter Stimmung. Nur die Kommandeure hätten gewußt, daß sie zwecks Aufrechterhaltung der Ordnung in Richtung Beijing in Marsch gesetzt worden seien. Viele Offiziere und Soldaten fühlten sich jetzt betrogen und zum Narren gehalten. Da den Truppen von den Volksmassen der Weg abgeschnitten worden sei, habe der Kommandostab den Rückzug zwecks Sammelns befohlen, um neue Befehle abzuwarten. (MB, 23.5.89, nach SWB, 25.5.89)

Ein Sprecher der Beijinger Stadtregierung und ein Militärsprecher erklären am Abend auf einer Pressekonferenz, wie es zu jenem Zwischenfall in der Nacht vom 22. zum 23. Mai in Fengtai gekommen sei. Nachdem eine Einheit der Truppen zur Durchsetzung des Ausnahmezustands den Befehl erhalten habe, den Standort zu wechseln, habe sie sich nach Absprache mit den Studenten in Marsch gesetzt, wobei die Studenten halfen, die Ordnung aufrechtzuerhalten. Da habe eine Person unbekannter Identität begonnen, Gerüchte zu verbreiten und aufhetzende Bemerkungen von sich zu geben, worauf weitere Personen unbekannter Identität, die dort herumlungerten, begonnen hätten, die Soldaten mit mitgebrachten Ziegelsteinen zu schlagen. Die Studenten, die sie von ihrem Tun abhalten wollten, wurden ebenfalls geschlagen. Die Soldaten hätten ein hohes Maß an Zurückhaltung geübt. Während sie sich zurückzogen, hätten sie die Studenten geschützt. 60 Soldaten seien verletzt worden, 17 von ihnen hätten ins Krankenhaus eingeliefert werden müssen, der Zustand von vier der Verletzten sei ernst. 11 Studenten hätten leichtere Verletzungen erlitten, 12 weitere Menschen seien verletzt worden, einer davon schwer. Die Soldaten hätten zehn Menschen ergriffen - fünf Beijinger Bürger und fünf von außerhalb Beijings stammend - und der Behörde für Öffentliche Sicherheit übergeben. Keiner von diesen sei ein Student. (RMRB, 24.5.89) - Siehe hierzu auch weiter oben und unter dem 22. Mai.

Das *Beijinger Fernsehen* berichtet in den Abendnachrichten, daß ein junger Militärangehöriger am Mittag bei einem Sturz von einem Armeelastwagen getötet wurde. Der Vorfall geschah in Bajiaocun im westlichen Stadtbezirk Shijingshan, als sich ein Konvoi von Lastern Richtung Norden in Bewegung setzte. Ein Augenzeuge berichtet, der Lastwagen sei mit so hoher Geschwindigkeit angefahren, daß der Mann heruntergestürzt sei. (Cheng Hong, in: CD, 24.5.89)

Wan Li bricht seinen Besuch in den USA aus "gesundheitlichen Gründen" vorzeitig ab und tritt die Heimreise an. (RMRB, 24.5.89) Laut Auskunft enger Mitarbeiter will er eine Sondersitzung des NVK einberufen. (P. Ellingsen, S. Butler, in: FT, 24.5.89) Die chinesische Regierung soll angeregt haben, daß Wan Li seinen Besuch fortsetze, erklären Chinesen, die mit seinen Plänen vertraut sind. Er aber habe sich zur Heimkehr und zu einem Zwischenstop in Shanghai entschieden. Zumindest ein Vertrauter fürchtet, Wan Li könnte bei seiner Ankunft unter Hausarrest gestellt werden, um die Einberufung des NVK zu verhindern. (N.D. Kristof, in: IHT, 25.5.89)

Nach einer anderen Darstellung hat das ZK der KPCh Wan Li telegraphisch angewiesen, via Shanghai nach Beijing zurückzukehren, um eine Verschärfung der unruhigen Lage zu vermeiden. Gleichzeitig weist Deng Xiaoping Wan Li an, in Shanghai zunächst eine kleine Pause einzulegen. Anschließend solle er nach Beijing zurückkehren und an der Politbüro-Sitzung sowie an der 4. Plenartagung des ZK teilnehmen. (ZM, Juni 1989, S. 8)

Zhao Ziyang und Li Peng sollen unabhängig voneinander ein Telegramm an Wan Li, den Vorsitzenden des NVK, gesandt haben, während der sich in Kanada aufhielt. Im Unterschied zu Li Peng soll Zhao Ziyang seine Hoffnung geäußert haben, daß Wan Li vorzeitig nach Beijing zurückkehre, um die derzeitige Lage zu ordnen. (XWB, 24.5.89, nach SWB, 25.5.89)

Shanghai
Radio Shanghai meldet, daß die Stadtregierung entschlossen sei, "alle Planer und Organisatoren" von Demonstrationen und Sitzstreiks für sämtliche Folgen voll zur Verantwortung zu ziehen. (*Radio Shanghai*, 23.5.89, nach SWB, 25.5.89) "Eine kleine Anzahl von Studenten" versucht, Kommilitonen zur Besetzung von Brücken und anderen Verkehrsknotenpunkten zu bewegen, "um Unruhe zu stiften". (*Radio Shanghai*, 24.5.89, nach SWB, 29.5.89) Hunderttausende von Menschen demonstrieren in der Stadt gegen Li Peng. (AW, 2.6.89, S. 28; N.D. Kristof, in: IHT, 24.5.89)

Der Gewerkschaftsverband von Shanghai ruft alle in den Bereichen Industrie, Transport, Finanzen und Handel tätigen Arbeiter auf, ihr Bestes zu tun, damit die Versorgung der Stadt mit Kohle, Elektrizität, Wasser und anderen Dingen des täglichen Bedarfs gewährleistet sei. (*Radio Shanghai*, 23.5.89, nach SWB, 30.5.89)

Arbeiter diskutieren die Ausrufung eines Generalstreiks. (P. Ellingsen, S. Butler, in: FT, 24.5.89)

Tianjin
Der Bürgermeister von Tianjin, Li Ruihuan, erklärt während eines Treffens der Stadtregierung, daß gesellschaftliche Stabilität notwendig sei, um die Befürfnisse der Menschen befriedigen zu können. Einige Leute seien mit der gegenwärtigen Situation und den Problemen unzufrieden. Dies sei verständlich. Verständnisunterschiede in gewissen Dingen seien kein großes Problem. Man sollte den Menschen genügend Zeit geben, gewisse Dinge zu verstehen. Von diesem

Prozeß dürfe aber der Lebensunterhalt der Bevölkerung nicht berührt oder zerstört werden. Nach all den Leidenszeiten habe das Volk jetzt eine kurze Zeit des Friedens erlebt. Die Stadtregierung von Tianjin werde unter keinen Umständen zulassen, daß das Volk erneut unter Aufruhr zu leiden habe. (*Radio Beijing*, 23.5.89, nach SWB, 30.5.89)

Guangdong
In Guangzhou veranstalten Zehntausende von Hochschullehrern, Studenten, Journalisten, Fernsehmitarbeitern, Kulturschaffenden und Arbeitern eine Großdemonstration - die größte seit 15 Tagen. An ihr nehmen auch Studenten aus Hongkong und Macao teil. Nach Schätzungen der Organisatoren beträgt die Zahl der Demonstranten über 100.000. (ZTS, 23.5.89, nach SWB, 26.5.89) Die Demonstranten sammeln sich am Abend vor dem Sitz der Provinzregierung und ziehen durch die Stadt. Es kommt zu Verkehrsstörungen. Im Morgengrauen des nächsten Tages [24. Mai] zerstreuen sie sich. (*Radio Guangdong*, 24.5.89, nach SWB, 26.5.89)

Nach einem anderen Bericht beginnt am Abend in Guangzhou eine Demonstration von 100.000 Menschen, die dritte innerhalb von drei Tagen. Sie endet nach sechs Stunden um 3.00 Uhr am folgenden Morgen. Die meisten Marschierer sind Studenten, es nehmen aber auch Arbeiter und eine Gruppe des örtlichen Schriftstellerverbands teil. Ein Chemielehrer von der Zhongshan-Universität sagt, daß die Hochschullehrer in Guangzhou zunächst von Protestkundgebungen abgeraten hätten. Seit Li Pengs Rede vom 19. Mai aber stünden 98% von ihnen hinter den Guangzhouer und Beijinger Studenten. Ein ehemaliger Student gibt indes zu bedenken, daß die Aktionen in den kommenden Wochen wohl abnehmen werden: "Wir sind sehr praktisch veranlagt, und es ist Examenszeit. Wir müssen unsere Prüfungen bestehen." (B. Basler, in: IHT, 26.5.89)

Ein dritter Bericht spricht von mehreren hunderttausend Menschen, die in der Nacht an einer Massenversammlung für Demokratie teilnehmen. Als von Marschführern Gerüchte in Umlauf gesetzt werden, Li Peng sei zurückgetreten, erschallt ohrenbetäubender Lärm. Demonstranten feiern die Meldung mit Feuerwerkskörpern. Die Begeisterung ebbt rasch ab, als Zweifel an der Richtigkeit des Gerüchts aufkommen. (W.A., in: FAZ, 26.5.89)

Zehntausende demonstrieren in Shenzhen. (F. Deron, in: LM, 24.5.89)

Hubei
In Wuhan ist der Ausnahmezustand verhängt worden. (F. Deron, in: Le Monde, 24.5.89) [Nach einer anderen Meldung bereits am Vortag; vergleiche dort.]

Hunan
Wie an den vorangegangenen Tagen demonstrieren in Changsha von morgens bis abends Studenten, Arbeiter und Angehörige verschiedener Einheiten. Viele Zuschauer säumen die Straßen. Es kommt zu Verkehrsstauungen. An großen Kreuzungen helfen Studenten den Verkehrspolizisten bei der Regelung des Verkehrs. Die Mitarbeiter des Roten Kreuzes haben weniger zu tun als an den früheren Tagen. In der Nacht veranstalten Studenten wie in den vorangegange-

nen Nächten vor dem Sitz der Provinzregierung und auf dem Platz vor dem Bahnhof Sitzstreiks. (*Radio Hunan*, 23.5.89, nach SWB, 26.5.89)

Jiangsu
Aus Nanjing werden große Demonstrationen gemeldet. (P. Ellingsen, S. Butler, in: FT, 24.5.89)

Um 14.00 Uhr formieren sich die Studenten der Nanjing-Universität wieder zu einer Demonstration, die um 17.00 Uhr mit einer Großversammlung am Trommelturm endet. Sie betonen ihren Patriotismus und singen wiederholt die Nationalhymne und die Internationale. Einige Studenten haben sich die Nationalflagge umgehängt. Weiterhin herrscht Ungewißheit über die aktuelle Situation in Beijing. (R. Lufrano, "Nanjing Spring...", S. 31)

In der Nanjing-Universität hängt heute eine Wandzeitung, die Auskunft über die eingenommenen Spenden und deren Verwendung gibt (vergleiche 17.Mai). Nach diesen Angaben wurden vom 17. bis 23. Mai insgesamt 51.917,88 Yuan an Spenden eingenommen. Davon wurden über 45.000 Yuan für Informationsarbeit, eine nach Beijing entsandte Unterstützungsdelegation, Nahrung, Getränke u.a. Zwecke ausgegeben. Es sind nur die täglichen Gesamtsummen der Einnahmen und Ausgaben aufgelistet. Eine exakte Aufschlüsselung fehlt, wird jedoch für später angekündigt. (Ebenda, S. 26)

Liaoning
Wie in den vergangenen Tagen marschieren auch heute Studenten in kleineren Gruppen durch Shenyang. Studenten aus Beijing und anderen Städten halten Reden und verteilen Flugblätter. Am Abend versammeln sich annähernd 50.000 Menschen auf dem Platz vor dem Sitz der Stadtregierung und diskutieren die Lage in Beijing. (*Radio Liaoning*, 23.5.89, nach SWB, 26.5.89)

Shandong
Nach massiven Protestaktionen in der Provinz soll nach offiziell nicht bestätigten Informationen in Shandong der Ausnahmezustand ausgerufen worden sein. (Kl., in: NZZ, 25.5.89)

Shaanxi
In Xi'an werden keine Großdemonstrationen veranstaltet. Nur einige Studenten, Journalisten, Verlagsmitarbeiter, Schriftsteller und Künstler marschieren durch die Stadt. Die Zahl der Menschen auf dem Xincheng-Platz, wo einige Studenten einen Sitzstreik veranstalten, ist merklich zurückgegangen. (*Radio Shaanxi*, 23.5.89, nach SWB, 26.5.89)

Sichuan
In Chengdu demonstrieren die Studenten den neunten Tag in Folge. Auch wenn ihre Zahl auf den Straßen deutlich zurückgegangen ist, beteiligen sich noch immer "einige tausend" an dem Sitzstreik auf dem Renmin Nanlu-Platz. Einige Studenten aus anderen Städten sind hinzugekommen. Studentenvertreter erklären, daß sie den Platz jeden Morgen mit den Straßenkehrern säubern und mit Desinfektionsmitteln besprühen. In den Straßen kommt es zum er-

stenmal seit dem 20. Mai wieder zu Demonstrationen, u.a. von Journalisten, Lehrern, Wissenschaftlern und Arbeitern. Sie skandieren "Lang lebe die Demokratie", "Pressefreiheit" und andere Parolen. (*Radio Sichuan*, 23.5.89, nach SWB, 29.5.89)

Zhejiang
In Hangzhou sind seit dem 19. April 18 Studenten an Masern und anderen Infektionskrankheiten erkrankt. Die Epidemiebekämpfungsstationen der Stadt Hangzhou und der Provinz Zhejiang beraten auf einer Dringlichkeitssitzung, wie die Ausbreitung von Epidemien unter den Studenten zu verhindern ist, die seit sieben Tagen Demonstrationen und Sitzstreiks veranstalten. (*Radio Zhejiang*, 23.5.89, nach SWB, 30.5.89)

Gerüchten zufolge sollen in Hangzhou 27 Studenten an den Folgen des Hungerstreiks gestorben sein. Eine riesige Protestwelle soll das Leben in der Stadt daraufhin völlig zum Erliegen gebracht haben. (afp, taz, nach taz, 25.5.89)

Tibet
Das *Beijinger Fernsehen* meldet, daß sich die Lage in Lhasa, das seit März 1989 unter Ausnahmerecht steht, beruhigt habe. Es habe zwar Aktivitäten zur Unterstützung der Beijinger Studenten gegeben, doch sei die Lage jetzt unter Kontrolle. In allen Schulen sei der Unterricht wieder aufgenommen worden. (*Beijing-TV*, 23.5.89, nach SWB, 25.5.89)

Xinjiang
In Urumqi demonstrieren Studenten. (F. Deron, in: LM, 24.5.89) Demonstranten stürmen das Hauptquartier der KPCh. (P. Ellingsen, S. Butler, in: FT, 24.5.89)

Nach massiven Protestaktionen in dem Autonomen Gebiet Xinjiang soll nach offiziell nicht bestätigten Informationen dort der Ausnahmezustand verhängt worden sein. (Kl., in: NZZ, 25.5.89)

24. Mai 1989, Mittwoch

- **Das Leben in Beijing normalisiert sich**
- **Studenten gründen ein "Oberkommando zur Verteidigung des Tiananmen-Platzes" und eine "Gemeinsame Konferenz aller Bevölkerungsgruppen von Beijing**
- **Mittlerweile fordern 57 Mitglieder des Ständigen Ausschusses des NVK die Einberufung einer Sondersitzung dieses Gremiums**
- **Die erweiterte Sitzung des Politbüros dauert den dritten Tag an**
- **Auf einer erweiterten Sondersitzung der ZK-Militärkommission wirft Yang Shangkun Zhao Ziyang in einer Rede Spaltung der Partei vor**
- **Die nach Beijing beorderten Truppen haben sich in Stellungen in den äußeren Vororten der Hauptstadt zurückgezogen**

Am fünften Tag des Ausnahmezustands in Beijing ist die öffentliche Ordnung relativ stabil. Die Verkehrspolizisten sind zurückgekehrt und regeln den Verkehr. Die Verkehrslage hat sich gegenüber dem Vortag verbessert, aber noch immer behindern [protestierende] Auto-, Motorrad- und Fahrradfahrer den Verkehr. Am Morgen werden in einigen Straßen kleinere Demonstrationen veranstaltet. Der Sitzstreik der Studenten auf dem Tiananmen-Platz geht weiter. Am Nachmittag stellen sie eine Gruppe zusammen, die dem medizinischen Personal für seine harte Arbeit rund um die Uhr dankt. Hunderte Tonnen von Lebensmitteln und Medikamenten werden täglich herangeschafft, die von verschiedenen Kreisen der Bevölkerung gespendet wurden. Die Arbeiter für Umweltschutz säubern den Platz weiter von Abfall. Einige Studenten setzen ihre Demonstration vor dem Xinhuamen fort. (*Radio Beijing*, 24.5.89, nach SWB, 29.5.89)

Die Post nimmt ihren Zustelldienst in vollem Umfang wieder auf. Der Verkehr hat sich weitgehend normalisiert. Nur auf der Chang'an-Allee kommt er einige Male zum Erliegen, als Zehntausende gegen die Verhängung des Ausnahmezustands demonstrieren. (CD, 25.5.89)

Ein Funktionär des Beijinger Stadtverwaltungskomitees erklärt, daß die U-Bahn ihren Betrieb in vollem Umfang wieder aufgenommen habe. 172 der 174 Buslinien verkehrten wieder. Man bemühe sich, die Busse wiederzufinden, die "verlorengegangen" seien, da sie zum Barrikadenbau verwendet worden seien. (XNA, 25.5.89)

Die *Volkszeitung* berichtet, daß sich zwischen dem 15. und 21. Mai insgesamt sechs schwere Verkehrsunfälle mit sechs Toten ereignet hätten. Das seien weniger schwere Unfälle und weniger Verkehrstote innerhalb einer Woche als im wöchentlichen Durchschnitt des Jahres 1989. Außerdem habe es zwischen dem 1. und 22. Mai insgesamt 138 größere Brände gegeben. Das seien 32,7% weniger als im gleichen Zeitraum des Vorjahres. (RMRB, 24.5.89) - Das ist eine unverhüllte Kritik an der Verhängung des Ausnahmezustands, der in erster Linie mit den in Beijing herrschenden chaotischen und anarchischen Zuständen begründet wurde.

In derselben Ausgabe der *Volkszeitung* wird in einer Kolumne auf S. 4 gelobt, daß sich die Studentenbewegung der letzten Wochen ungemein positiv auf den Umgangston und das Verhalten der Beijinger Bevölkerung ausgewirkt habe. Besucher von außerhalb stellten angenehm überrascht fest, daß die gewöhnlich lustlose Bedienung und das rüde Verhalten von Beijinger Verkäufern und Restaurantangestellten Freundlichkeit und Rücksichtnahme gewichen seien. In der Nähe des Bahnhofs böten einige Pedicab-Fahrer kostenlose Fahrten für Professoren und Studentinnen an. In den vergangenen Tagen hätten sie mit ihren Fahrradrikschas Leute durch die Stadt gefahren, ohne einen Pfennig dafür zu verlangen. Als Einwohner in der Nacht vom 19. zum 20. Mai an einer großen Kreuzung in Hujialou über 20 Armeefahrzeuge aufgehalten hätten, hätten einige junge Arbeiter den Soldaten Zigaretten und Getränke gebracht und begeistert zu erklären versucht, warum sie den Vormarsch der Truppen blockierten. Eine alte Frau, die sich vor ein Armeefahrzeug gelegt und gerufen hatte: "Wenn ihr weiterfahren wollt, müßt ihr mich überfahren", brachte den Soldaten später

Essen und Wasser. In der Vergangenheit hätten die Bauern die Preise erhöht, wenn das Gemüse knapp wurde. Jetzt aber hätten viele sogar die Preise gesenkt. (RMRB, 24.5.89)

Die heutige *Volkszeitung* veröffentlicht außerdem ein Interview mit einem Sprecher des Kommandostabs der Truppen, die für die Durchsetzung des Ausnahmezustands in Beijing eingesetzt sind. Darin erklärt der Sprecher, die Beziehungen zwischen den Offizieren und Soldaten auf der einen und den Einwohnern Beijings und den Studenten auf der anderen Seite seien harmonisch. Die breite Masse der Stadtbevölkerung und Studenten habe den Truppen große Unterstützung und Hilfe gewährt. Die Offiziere und Soldaten seien dankbar dafür. Einige aber verstünden die Situation nicht oder seien sich der Wahrheit nicht bewußt oder würden von sehr wenigen Leuten mit niederen Motiven aufgehetzt. Daher seien einige Truppen behindert worden, sie hätten Beschimpfungen und Schläge hinnehmen müssen, und ein paar Soldaten seien - zum Teil sogar schwer - verletzt worden. Desungeachtet hätten die Truppen im Interesse des Volkes Zurückhaltung und Geduld gezeigt. Er sei überzeugt, daß die Einwohner Beijings und die Studenten, die die Situation nicht verstünden oder in Unkenntnis der Wahrheit seien, allmählich die Realität erkennen und zusammen mit den Truppen die Gerüchte und Sabotageakte einer kleinen Zahl von Leuten mit niederen Motiven bloßstellen würden. (RMRB, 24.5.89)

Der Aussage eines Journalisten der *Volkszeitung* zufolge sind die Soldaten, die die Redaktion besetzt haben, jetzt bewaffnet. (N.D. Kristof, in: IHT, 25.5.89)

Etwa 60 Armeeoffiziere kommen ins Gebäude der amtlichen *Xinhua*-Nachrichtenagentur, um dort die Kontrolle zu übernehmen. Arbeiter verbarrikadieren die Versammlungshalle, in der sich die Offiziere befinden. (J. Wong, in: AWSJ, 29.5.89)

Viele Beijinger Studenten haben sich in ihre Hochschulen zurückgezogen, um sich auszuruhen. Sie sind völlig erschöpft, teilweise schwach und krank. Dafür treffen mehr und mehr Studenten aus anderen Städten und Provinzen ein und nehmen den Platz ihrer Beijinger Kommilitonen ein. (R. Wandel, in: taz, 25.5.89)

Die vielen Studenten, die mit dem Zug nach Beijing fahren oder zu ihren Hochschulen zurückkehren, nehmen anderen Fahrgästen den Platz weg. Allein an diesem Tag haben 1.924 Fahrgäste [in Beijing] ihre Fahrkarten zurückgegeben, weil sie nicht in die überfüllten Züge gelangen konnten. Die Bahn mußte 171.000 Yuan zurückerstatten. (*Beijing Ribao*, ohne Datum, nach *Xinhua*, 27.5.89, nach SWB, 30.5.89) Etwa zehn Expreß- und Superexpreßzüge von und nach Beijing müssen ausgesetzt werden, da es an Personenwaggons mangelt. (CD, 27.5.89)

Noch mehr Studenten aus anderen Landesteilen kommen nach Beijing, um ihre Kommilitonen zu unterstützen. Funktionäre der Gesundheitsbehörde erklären, daß sich der Zustand der Beijinger Studenten nach Beendigung des Hungerstreiks gebessert habe. Von außerhalb gekommene Studenten aber litten jetzt an Erkältungen, Bindehautentzündung, Magen- und Darmkrankheiten sowie an Kehlkopfproblemen. Mitarbeiter der Beijinger Seuchenbekämpfungsstation desinfizieren zweimal täglich die Abfallhaufen auf dem Tiananmen-Platz. (CD, 25.5.89)

Manche der jungen Chinesen schützen sich nur mit Decken gegen die Kälte der Nacht und die mitunter heftigen Regenfälle und Staubstürme. Andere haben aus Planen und Plastikfolien behelfsmäßig Zelte gebaut. Arbeiter öffneten wegen des Mangels an Toiletten Abwasserkanäle. Einige Busse, die als Unterkunft dienen sollten, sind von den Studenten ebenfalls zu Toiletten umfunktioniert worden. Der widerliche Gestank von Schweiß und verrottenden Abfällen erfüllt das ganze Tiananmen-Viertel. Viele Studenten leiden an Entkräftung. Sie haben einige Nächte lang ohne Schlaf ausgeharrt, weil sie das Anrücken der Armee befürchteten. 600 bis 700 Ärzte aus Beijinger Kliniken haben auf dem Platz Behandlungsstationen eingerichtet. Nach ihren Angaben leiden die meisten Patienten an Hals- und Bauchschmerzen sowie an einer ansteckenden Augenkrankheit. (D. Schlesinger, rtr, in: HAB, 25.5.89)

Auf dem Tiananmen-Platz harren unter provisorischen Zelten noch etwa 15.000 Studenten weiter aus. Sie sind nach eigenen Angaben entschlossen, solange nicht zu weichen, bis ihre Forderung nach dem Rücktritt Li Pengs und einem Dialog mit der Führung erfüllt werden. Gleichzeitig kündigen sie für den Nachmittag eine Massenkundgebung in Tianjin, 120 km östlich von Beijing, an. Nachdem die Studenten tagelang unter Hochspannung standen, macht sich heute erstmals Ermüdung unter ihnen breit. (afp, taz, nach taz, 25.5.89)

Am Nachmittag brechen demonstrierende Studenten und Passanten gemeinsam in Jubelrufe aus und beginnen zu feiern, als (nicht zum erstenmal) durch Mundpropaganda die Nachricht verbreitet wird, Li Peng sei zurückgetreten. (Kl., in: NZZ, 26.5.89)

Der Studentenführer Wang Dan erklärt, daß sich seit Verhängung des Ausnahmezustands "einige seltsame Dinge" in Beijing ereignet hätten. Vor einigen Tagen sei der Verkehr in der Hauptstadt vollständig zum Erliegen gekommen. Das sei zum großen Teil auf heimliche Aktivitäten des Beijinger Parteikomitees und der Stadtregierung zurückzuführen:
- Sie hätten die Busfahrer abgehalten, die öffentlichen Busse zu fahren;
- sie hätten alle Produktionseinheiten abgehalten, ihre Autos zu benutzen;
- sie hätten die Versorgung mit Benzin beschnitten;
- Verkehrspolizisten seien abgezogen worden;
- das Parteikomitee der Stadt habe Polizisten verboten, ihren Dienst zu tun;
- die Stadtregierung habe den Transport von Getreide und Speiseöl ausgesetzt und so eine Verknappung von Grundnahrungsmitteln bewirkt;
- die Behörde für öffentliche Sicherheit habe eine Anzahl "Berufsrowdies" angeheuert, die überall Zwischenfälle provozierten. Sie hätten zum Beispiel die Soldaten in Fengtai mit Ziegelsteinen beworfen, das Mao-Zedong-Bild am Tiananmen mit Farbe beschmiert usw.

All das belege die Versuche von Li Peng und seinesgleichen, Aufruhr zu stiften. (MB, 25.5.89, nach SWB, 29.5.89)

24. Mai 1989

Auf dem Tiananmen-Platz wird ein "Oberkommando zur Verteidigung des Tiananmen-Platzes" (Baowei Tiananmen guangchang zong zhihuibu) gegründet, dem die Studentenführerin Chai Ling als Oberkommandierende vorsteht. Stellvertretende Oberkommandierende sind Feng Congde, Li Lu, Yang Tao und Zhang Boli. Gleichzeitig wird eine "Gemeinsame Konferenz aller Bevölkerungsgruppen von Beijing" (Beijing gejie lianxi huiyi) gegründet. Sie umfaßt mehr als 40 Mitglieder, nämlich Vertreter der "Gruppe der Hungerstreikenden", der "Delegation Beijinger Hochschüler für den Dialog", der wichtigsten Hochschulen der Hauptstadt, des "Verbands der außerhalb Beijings Studierenden" sowie Persönlichkeiten aus anderen Kreisen der Gesellschaft. (*Beizhuang de minyun*, S. 94; Luo Qiping u.a., "The 1989 Pro-Democracy Movement...", S. 39)

* In einem zwei Monate später in der *Volkszeitung* veröffentlichten Bericht über die Rolle Yan Jiaqis als einer der "Rädelsführer" der Protestbewegung wird die "Gemeinsame Konferenz aller Bevölkerungsgruppen von Beijing" als "'Heilige Allianz' für konterrevolutionäre Aktionen" bezeichnet. Dem Bericht zufolge schlossen sich in diesem Gremium die von Yan Jiaqi und anderen gegründete "Vereinigung der Intellektuellenkreise Beijings", der "Autonome Studentenverband Beijing", der "Autonome Bürgerverband Beijing", der "Arbeitertrupp der Todesmutigen" (Gongren gansi dui), der "Arbeiter-Ordnertrupp", der "Bürgertrupp der Todesmutigen" (Shimin gansi dui) und andere Organisationen zusammen. (RMRB, 3.8.89)

Die "Gemeinsame Konferenz aller Bevölkerungsgruppen von Beijing", der außerdem auch Bauern angehören, soll dem "Oberkommando" als unterstützendes Organ und Brain Trust dienen. Das "Oberkommando zur Verteidigung des Tiananmen-Platzes" veranstaltet am Morgen eine Schwurversammlung. Chai Ling, die Oberkommandierende des "Oberkommandos", und Wang Dan, Vorsitzender der "Gemeinsamen Konferenz aller Bevölkerungsgruppen von Beijing", leiten die Zeremonie der Eidesleistung. Sie geben zudem eine Verlautbarung mit dem Titel "Eine Entscheidungsschlacht zwischen Licht und Finsternis" heraus. Darin heißt es, daß mehrere Tage nach Verhängung des Ausnahmezustands kein einziger Soldat die Stadt betreten habe. Dies sei nicht auf die Nachsicht von Li Peng und seinen Gefolgsleuten zurückzuführen, es zeige vielmehr ihre Schwäche und die Stärke des Volkes. Die Studenten glaubten nicht, unbesiegbar zu sein, doch bliebe ihnen keine Möglichkeit des Rückzugs. Wenn Li Peng und seine Handvoll von Gefolgsleuten weiterhin am Rückschritt und am Kampf gegen das Volk festhielten, würden sie sicher ihre Zeit abwarten, um dann Rache zu nehmen. Die Verlautbarung ruft alle Chinesen, die "gutherzig sind und einen Sinn für Gerechtigkeit haben", auf, sich zu vereinigen und die Nation zu retten. (DGB, 25.5.89, nach SWB, 29.5.89)

Der "Gemeinsamen Konferenz aller Bevölkerungsgruppen von Beijing" gehören fünf Abteilungen an:
- Den Oberbefehl hat Chai Ling von der Pädagogischen Hochschule Beijing, ihr Stellvertreter ist Li Lu von der Nanjing-Universität.
- Der Dichter Lao Mu wird zum Vorsitzenden der Propagandaabteilung ernannt.

- Liu Suli, ein Dozent der Hochschule für Politik und Recht, steht der Verbindungsabteilung vor.
- Wang Gang ist Vorsitzender der Versorgungsabteilung.
- Liu Gang Vorsitzender der Stabsabteilung.

Wang Dan, Chai Ling, ihr Ehemann Feng Congde, Zhang Boli, Li Lu und Guo Haifeng sind Mitglieder der "Gemeinsamen Konferenz". [Mit Ausnahme von Wang Gang und Guo Haifeng stehen alle genannten Studenten auf der am 13. Juni 1989 vom Ministerium für Öffentliche Sicherheit veröffentlichten Fahndungsliste; vergleiche C.a., Juni 1989, S. 446 f.] (WHB, 25.5.89, nach SWB, 29.5.89; dort wird das Gremium fälschlich als "Gemeinsame Konferenz aller Patrioten der Hauptstadt zum Schutz der Verfassung" bezeichnet.)

In einem anderen Bericht sind die ersten drei Abteilungen und ihre Leiter wie oben angegeben; der vierten, Beratung, steht dem Bericht zufolge Wang Gang, der fünften, Streikposten, Zhang Lun vor. Ein Sprecher des "Oberkommandos zur Verteidigung des Tiananmen-Platzes" erklärt, daß es keine Widersprüche zwischen dem neugegründeten "Oberkommando" und dem "Autonomen Studentenverband Beijing" gebe. Das "Oberkommando" setze sich vornehmlich aus denen zusammen, die bereits im frühen Stadium die Studentenbewegung geführt hätten. Der "Autonome Studentenverband Beijing" habe dem "Oberkommando" die volle Verantwortung für die Verteidigung des Platzes übertragen, während sich andere Organisationen in die zweite Reihe zurückziehen. (DGB, 25.5.89, nach SWB, 29.5.89)

Wang Dan erklärt auf einer Pressekonferenz, daß am folgenden Nachmittag ein Treffen abgehalten werde, um zu diskutieren, unter welchen Bedingungen die Studenten den Sitzstreik beenden wollten. (WHB, 25.5.89, nach SWB, 29.5.89)

Über 50.000 der am Sitzstreik teilnehmenden Studenten aus Beijing und anderen Landesteilen stimmen für die Fortsetzung der Aktion, bis die Regierung ihre Forderungen erfülle. Außerdem gründen sie einen Gemeinsamen Verband, um die Aktionen der Beijinger Studenten und der Studenten aus anderen Städten zu koordinieren. (CD, 25.5.89)

"Ich denke nicht, daß die Armee jetzt kommen wird", sagt der Studentenführer Li Lu. "Wir haben zuviel Unterstützung durch die Bevölkerung." "Wenn wir jetzt gingen, würde Li Peng denken, er hätte gewonnen. Jeder Tag, den wir hier bleiben, ist ein weiterer Beweis, daß Li Peng die Situation nicht kontrollieren kann", sagt Qu Nan, ein Student der Beijing-Universität und einer der Organisatoren des Protestes. "Sie fechten es an der Spitze untereinander aus; darum sind sie nicht in der Lage, den Ausnahmezustand durchzusetzen." Ein anderer Student erklärt, Zhao Ziyang besitze nicht das Format Gorbatschows. Er wolle zwar das Land modernisieren und habe auch gute Ideen, aber er wisse nicht, wie er sie ausführen solle. (M. Dobbs, in: IHT, 25.5.89)

57 Mitglieder des Ständigen Ausschusses des NVK haben bis heute einen offenen Brief unterzeichnet, indem sie die Einberufung einer Dringlichkeitssitzung des Ständigen Ausschusses des NVK fordern, um die bestehende Krisensitua-

tion zu lösen. Das sind mehr als ein Drittel der insgesamt 156 Ausschußmitglieder. Zu den Unterzeichnern gehören Cai Zimin, Chen Shunli, Chu Zhuang, Dong Fureng, Dong Jianhua, Feng Zhijun, Gao Dengbang, Gu Ming, Hao Yichun, Wu Juetian, Hu Daiguang, Hu Dehua, Hu Jiwei, Hu Keshi, Huang Shunxing, Huo Yingdong (Henry Ying Tong Fok), Jiang Ping, Li Chonghuai, Li Gui, Lin Liyun, Li Qi, Li Xuezhi, Li Yining, Lin Lanying, Liu Danian, Liu Dongsheng, Liu Wei, Liu Yandong, Ma Hong, Ma Teng'ai, Ma Wanqi, Mamutuofu Ku'erban (Mamutov Kurban), Peng Qingyuan, Pingcuo Wangjie (Pucog Wangje), Qin Chuan, Qingge'ertai (Qinggeltai), Ren Xinmin, Song Rufen, Song Zexing, Tao Dayong, Wang Houde, Wang Jinling, Wang Meng, Wang Runsheng, Wang Yongxing, Wu Dakun, Wu Zhonghua, Xie Tieli, Xu Caidong, Yang Haibo, Yang Jike, Yang Ligong, Ye Duzheng, Zhang Shiming, Zhao Xiu, Zhou Gucheng, Zhu Dexi. In dem Brief heißt es weiter, die Dringlichkeitssitzung solle am besten zwischen dem 24. und 26. Mai einberufen werden. Der Brief wird um 13.00 Uhr an das Hauptbüro des Ständigen Ausschusses des NVK gesandt. (WHB, 25.5.89; RMRB, 31.5./3.6./6.7.89) - Siehe hierzu auch 17., 18., 21.-23. Mai.

Ba Jin, weltberühmter Schriftsteller und Vorsitzender des Nationalen Schriftstellerverbands, und 500 Parteikader verurteilen in einem an die Regierung adressierten Brief die von Li Peng angeordnete Verhängung des Ausnahmezustands. (LSC, S. 63) Außerdem fordern sie die Aufhebung der Pressezensur. Meinungsverschiedenheiten sollten öffentlich ausgetragen werden. (ap, rtr, dpa, nach HAZ, 25.5.89)

Wang Luxiang und Yuan Zhiming, Sprecher der gestern gegründeten "Vereinigung der Intellektuellenkreise Beijings" halten um 21.00 Uhr unter dem Denkmal der Volkshelden auf dem Tiananmen-Platz eine Pressekonferenz ab. Die Sprecher der Vereinigung wiederholen die drei Forderungen, die im Gründungsstatut enthalten sind (vergleiche 23. Mai) und kündigen für den 25. Mai eine große Demonstration an. Über 90 Intellektuelle haben sich bereits der Vereinigung, der Yan Jiaqi und Bao Zunxin vorstehen, als Förderer angeschlossen. (MB, 25.5.89, nach SWB, 30.5.89)

Am Abend erklärt ein Sprecher der Beijinger Stadtregierung, daß diese den dringlichen Appell des Roten Kreuzes an die Studenten, den Platz zu verlassen, unterstütze. Sobald dies geschehen sei, garantiere die Stadtregierung offene Kanäle für den Dialog mit Studentenvertretern. Sie werde die patriotische Begeisterung der breiten Studentenmassen schützen und gemäß den Anweisungen des ZK der KPCh und des Staatsrats nichts in bezug auf die extremistischen Worte und Taten unternehmen, die während der Studentenunruhen gefallen bzw. geschehen seien. (*Xinhua*, 25.5.89, nach SWB, 31.5.89)

In der Nacht befinden sich nach Angaben eines "studentischen Verkehrsleiters" nur noch 100.000 Menschen auf dem Platz. Die meisten von ihnen sind Studenten aus anderen Landesteilen. (*Radio Shanghai*, 25.5.89, nach SWB, 31.5.89)

Am Abend besucht Luo Gan, Generalsekretär des Staatsrats, die Kommandeure und Soldaten der Beijinger Garnison sowie die Kämpfer der Bewaffneten

Volkspolizei, die das Beijinger Telegraphenamt, den Zentralen Fernsehsender, den Zentralen Rundfunksender des Volkes sowie den Internationalen Sender bewachen, um ihnen die besten Wünsche von Li Peng zu übermitteln. Luo Gan hebt die harten Bedingungen hervor, unter denen die Kämpfer inmitten des in Beijing herrschenden Chaos ihre Pflicht getan hätten: keine anständigen Mahlzeiten, keinen Schlaf, kein Ausruhen. Jetzt, da in der Hauptstadt allmählich die Ordnung wiederhergestellt würde, werde im Alltag und im öffentlichen Leben Beijings, davon seien Partei- und Regierungsführung fest überzeugt, rasch wieder Ordnung einkehren. Luo Gan besucht anschließend die Nachtschicht-Mitarbeiter des Ministeriums für Rundfunk, Film und Fernsehen. (RMRB, 25.5.89)

Die internationalen Satelliten-Leitungen zur Direktübertragung von Fernsehbildern ins Ausland werden in der Nacht überraschend wieder abgeschaltet. Nach Angaben des US-Fernsehsenders Cable News Network (CNN) in Beijing ist die Mitteilung des staatlichen chinesischen Fernsehens an die ausländischen Fernsehkorrespondenten zuvor ohne Nennung von Gründen erfolgt. Die Satelliten-Leitungen waren am 20. Mai mit Verhängung des Ausnahmezustands unterbrochen, jedoch am 23. Mai wieder geöffnet worden. (dpa, nach HAB, 25.5.89) Die Zentrale Fernsehstation Beijing kündigt am Abend an, daß, beginnend um Mitternacht, der Übertragungsdienst via Satellit erneut ausgesetzt werde. Die chinesische Regierung verweigert einigen ausländischen Journalisten die Verlängerung ihrer abgelaufenen Kurzzeit-Visa, ohne dies zu begründen. (DGB, 25.5.89, nach SWB, 29.5.89)

Die erweiterte Sitzung des Politbüros, die am 22. Mai begonnen hat, ist am Morgen des 24. Mai noch immer nicht beendet. Auf der Tagesordnung soll auch die Forderung nach dem Rücktritt von Ministerpräsident Li Peng stehen. (XWB, 24.5.89, nach SWB, 25.5.89)

Der Hongkonger *Da Gong Bao* zufolge werden um 15.00 Uhr die Leiter aller Beijinger Presseeinheiten zu einem Treffen nach Zhongnanhai gerufen. Es wird angenommen, daß sie über einen auf dem Spitzentreffen des ZK [gemeint ist möglicherweise die erweiterte Sitzung des Politbüros] getroffenen Beschluß informiert werden sollen. (DGB, 25.5.89, nach SWB, 29.5.89)

Die ZK-Militärkommission kommt zu einer erweiterten Sondersitzung zusammen. Yang Shangkun hält auf dieser Sitzung die folgende Rede:

DOKUMENT

Rede von Yang Shangkun auf der erweiterten Sitzung der ZK-Militärkommission in Beijing am 24. Mai 1989

Die Militärkommission hat beschlossen, eine erweiterte Dringlichkeitssitzung einzuberufen, und hat die wichtigsten verantwortlichen Genossen der großen Einheiten um Teilnahme gebeten. Ich will den Genossen vor allem eine Sache klar machen: Die Lage in Beijing ist jetzt immer noch in einem chaotischen Zustand. Obgleich wir den Ausnahmezustand verhängt haben, sind in Wahrheit einige Aufgaben des Ausnahmezustands überhaupt nicht durchgeführt worden. Einige Truppen zur Durchsetzung des Ausnahmezustands sind behindert worden. Um die direkte Konfrontation zu vermeiden, haben sie keinen Durchstoß mit Gewalt gemacht. Nach vielen Anstrengungen sind jetzt die meisten Truppen bereits in die vorgesehenen Stellungen eingerückt. Vor einigen Tagen war alles noch chaotischer, kein einziger Wagen mit militärischem Kennzeichen konnte mehr durchkommen. Soll man eine solche Situation nicht "Aufruhr" nennen dürfen? Die Lage in der Hauptstadt, das ist eben Aufruhr. Und dieser Aufruhr hat sich noch keineswegs gelegt.

Seit über einem Monat ist die Studentenbewegung mal stärker, mal schwächer, insgesamt hat sie sich aber zu immer größerer Stärke entwickelt. Vom Tod des Genossen [Hu] Yaobang an bis heute haben sich die Parolen, die auf den Straßen propagiert werden, mehrfach gewandelt. Als Genosse [Hu] Yaobang starb, lautete die Parole, Genosse [Hu] Yaobang muß rehabilitiert werden. Dann hieß es "Nieder mit der Kommunistischen Partei", "Nieder mit der bürokratischen Regierung", "Nieder mit der korrupten Regierung". Damals brach man noch nicht allenthalben in den Ruf "Nieder mit Deng Xiaoping" aus, das gab es nur an wenigen Stellen. Nachdem am 26. April der Leitartikel der *Volkszeitung* "Gegen den Aufruhr muß klar und eindeutig Stellung bezogen werden" veröffentlicht wurde, haben die Studenten ihre Parolen geändert, sie riefen nicht mehr "Nieder mit der Regierung", "Nieder mit der Kommunistischen Partei", sondern es hieß jetzt: "Rottet die Korruption aus", "Nieder mit den Bürokraten", "Unterstützt die korrekte Kommunistische Partei", "Unterstützt die Vier Grundprinzipien". Nach dem 4. Mai behaupteten plötzlich einige unserer Genossen, diese Bewegung sei patriotisch und vernünftig. Das brachte mit einem Schlag einen neuen Aufschwung, und danach eskalierte die Lage zum Hungerstreik. Über diese Umstände hat Li Ximing eine Rede gehalten, die sehr detailliert ist. Das Zentralkomitee hat sie bereits in Umlauf gesetzt. Bitte lest alle das Material! Ich gehe hier nicht mehr im Detail darauf ein. Das Zentralkomitee der Partei hat sich ständig bemüht, die Gefühle der Massen wieder zu beruhigen und die Dinge in ruhigeres Fahrwasser zu lenken. Doch sie lärmten immer stärker, sie lärmten so, daß die Kontrolle über Beijing verlorenging. Zur gleichen Zeit war es in den Provinzen draußen eine Weile verhältnismäßig ruhig. Jetzt geht es dort wieder wild los, in fast jeder Provinz und Stadt ist es erneut losgegangen. Jedesmal also, wenn wir einen Schritt zurück machten, dann rückten sie einen Schritt vor. Gegenwärtig konzentrieren sie sich auf die Parole "Nieder mit Li Peng". Das haben sie intern so festgelegt, die anderen Parolen brauchen sie nun nicht mehr. Ihr Ziel ist eben, die Kommunistische Partei und die jetzige Regierung zu stürzen. Hatte sich die Lage mal eine Weile stabilisiert, dann redete eine gewisse Persönlichkeit der Zentrale, oder ein Artikel erschien, dann ging's wieder los. Danach setzte man das Spielchen fort, und im Anschluß daran ging's wieder los. Zum Schluß blieb uns nichts anderes übrig als über Beijing den Ausnahmezustand zu verhängen.

Warum konnte solch eine Situation entstehen? Warum ist es so weit gekommen, daß die Kontrolle über Beijing verlorenging? Daß überall im Land große Demonstrationen stattfinden? Und überdies die aufgestellten Losungen sich speziell gegen den Staatsrat richten, warum konnte das geschehen? Vor nicht allzu langer Zeit haben sich einige alte Genossen mit hohen Verdiensten und großem Ansehen, Genosse Chen Yun, Genosse [Li] Xiannian, Genosse Peng Zhen, und dazu noch Genosse [Deng] Xiaoping, Genosse Wang Zhen und die Große Schwester Deng [Yingchao] über diese Vorfälle äußerst besorgt gezeigt. Wie hat sich nur die Lage auf solch eine Weise zuspitzen können? Nachdem sie den Entwicklungsprozeß der Vorfälle analysiert hatten, kamen sie zu folgendem Schluß: Daß diese Vorfälle entstanden sind, liegt an den Studenten, doch die Wurzel liegt innerhalb der Partei. Der Ständige Ausschuß des Politbüros hat nämlich mit zwei Stimmen gesprochen, mit zwei verschiedenen Stimmen. Nach dem Resümee von [Li] Xiannian gab es einfach zwei Hauptquartiere.

Eigentlich ist der Kern des Leitartikels vom 26. April die entschiedene Bekämpfung des Aufruhrs. Das hatte man im Ständigen Ausschuß diskutiert und beschlossen, das war die Ansicht des Genossen [Deng] Xiaoping. Zu der Zeit war Genosse [Zhao] Ziyang nicht in Beijing, sondern hielt sich in Korea auf. Man hatte dem Genossen [Zhao] Ziyang den Entschluß des Ständigen Ausschusses und die Ansicht des Genossen [Deng] Xiaoping in einem Telegramm mitgeteilt. In seinem Antworttelegramm stimmte er zu und versicherte uns seiner vollständigen Unterstützung. Aber als er am 29. April nach Hause zurückgekehrt war [30. April!], da brachte er als erstes vor, der Ton, den der Leitartikel angebe, sei zu schrill und die Analyse nicht korrekt. Dieser Leitartikel behandelt die Frage der Bekämpfung des Aufruhrs. Er zeigt auf, daß dieser Aufruhr organisiert und geplant ist, daß er seinem Wesen nach den Sozialismus negiert und die Kommunistische Partei negiert. Er [Zhao] aber war der Meinung, dies sei eine patriotische Studentenbewegung, und erkannte überhaupt nicht an, daß es sich um Aufruhr handelt. Kaum zurück drängte er darauf, daß die Zentrale nach seiner Darstellung verkünden sollte, dieser Leitartikel sei falsch gewesen. So ist unter den fünf Mitgliedern des Ständigen Ausschusses eine andere Stimme ertönt. Anschließend hielt er etliche Reden. Die erste ist die vom 3. Mai, das war die zum Jahrestag der 4. Mai-Bewegung. Damals konnte man das noch nicht so deutlich erkennen. Sehr ausführlich sprach er über den Aufruhr. Er sagte, bei uns in China könne man Aufruhr nicht ertragen, insgesamt alles gut formuliert. Doch es waren auch einige andere Formulierungen enthalten. Er meinte, die Studentenbewegung sei eben doch patriotisch. Am deutlichsten zeigte das die Rede beim Zusammentreffen mit dem Aufsichtsrat der Asiatischen Entwicklungsbank. Wenn ihr zurück seid, nehmt euch diese Rede einmal gründlich vor. Da heißt es, die Studenten hätten ein patriotisches Verhalten an den Tag gelegt, wofür man Verständnis zeigen könne. Danach hob er hervor, daß es bei uns tatsächlich sehr viele Erscheinungen von Korruption gebe, da dachte er genauso wie die Studenten. [Er sagte auch noch:] Wir werden mittels Demokratie und Rechtssystem diese Probleme lösen. In dieser Rede ist überhaupt nicht angesprochen, ob der Leitartikel vom 26. nun eigentlich korrekt war oder nicht. Er umging diese Frage, doch von Aufruhr hat er schon gesprochen.

Das ist eine ziemlich wichtige Rede gewesen. Deshalb sagt der Vorsitzende Deng, daß es diesmal beim Unruhestiften der Studenten ein Hin und Her gegeben hat und zwei Stimmen ertönt sind. Damit hat er auf diese Rede des Genossen [Zhao] Ziyang angespielt. Das ist ein Wendepunkt gewesen. Er [Zhao] hat die unterschiedlichen Ansichten des Ständigen Ausschusses [des Politbüros] des Zentralkomitees vor den Studenten völlig bloßgelegt. Dadurch agierten die Studenten mit noch mehr Schwung, und deshalb kamen dann solche Parolen auf wie "Unterstützt Zhao Ziyang", "Nieder mit Deng Xiaoping" oder "Nieder mit Li Peng".

Zu der Zeit hat der Ständige Ausschuß [des Politbüros] des Zentralkomitees mehrfach getagt und festgestellt, daß der Ton nicht mehr geändert werden könne. Doch er [Zhao] versteifte sich auf seine Ansichten. Als Deng Xiaoping an einer Sitzung teilnahm, versteifte er [Zhao] sich weiter auf seine Ansichten und sagte, er käme da nicht mehr mit. In der Frage des Wesens der Studentenbewegung könne er keine Einmütigkeit mit der Darstellung des Genossen [Deng] Xiaoping und der Darstellung einiger anderer Genossen des Ständigen Ausschusses zeigen. Deshalb brachte er vor, er wolle zurücktreten, und sagte, so könne er nicht mehr weitermachen. Später habe ich ihn ermahnt, daß dieses Problem äußerst wichtig sei. Wenn wir das Wesen veränderten, dann würden wir alle stürzen. Die breiten Massen der Lehrer, Rektoren und Studentenaktivisten der Hochschulen würden sich eine Ohrfeige einfangen, die hätten keinen festen Boden mehr unter den Füßen. Die studentischen Parteimitglieder, Kader und Rektoren, die dauernd unter der Studentenschaft [Aufklärungs]Arbeit geleistet haben, würden niedergeschlagen werden. Zu diesem Zeitpunkt bringen die Studenten vor, daß sie ihren eigenen neuen Studentenverband gründen wollen. Sie wenden sich gegen den eigentlichen, alten Verband und wollen auch noch ihre eigenen Wahlen! In Beijing sind Zustände eingerissen wie in der Kulturrevolution. Zum Beispiel haben sie in der Beijing-Universität die Rundfunkstation der Hochschule besetzt. Sie zerschlugen einfach das Namensschild des [eigentlichen] Studentenverbands. An der Hochschule für Politik und Recht war es ähnlich. An einer Reihe von Hochschulen ist es passiert, daß sie die Rundfunkstationen an sich rissen. Sie gingen sogar soweit, Fenster einzuschlagen und einzudringen. Das Problem jetzt ist, daß die zwei unterschiedlichen Stimmen innerhalb der Partei in der Gesellschaft ganz offen zu vernehmen sind. Die Studenten spüren, im Zentralkomitee der Partei gibt es einen, der sie unterstützt, deshalb wird ihr Protest immer wilder. Sie fordern die Einberufung einer Dringlichkeitssitzung des Ständigen Ausschusses des Volkskongresses, die Einberufung einer Dringlichkeitssitzung des Nationalen Volkskongresses. Ihr Ziel ist es, in aller Öffentlichkeit diese Gremien zu benutzen, um zu einem Beschluß zu kommen, der den Leitartikel vom 26. April negiert. Nach ihrer Darstellung ist die Studentenbewegung eine spontane, patriotische, demokratische Bewegung. Denkt doch mal nach: Wenn der Ständige Ausschuß des Volkskongresses einen solchen Entschluß faßt, wäre das dann nicht gleichbedeutend mit dem Umkippen des vorherigen Leitartikels? Jetzt betreiben sie gerade mit aller Intensität diese Sache, sie starten auch noch eine Unterschriftenaktion dafür. Was sollen wir angesichts einer solchen Situation machen? Die Genossen [Li] Xiannian und Chen Yun sind alle von außerhalb nach Beijing zurückgeeilt. Sie verlangen, unter allen Umständen darüber zu konferieren, denn man müsse einen Kurs festlegen, was nun eigentlich zu geschehen habe. Natürlich sind da noch die anderen Genossen wie Peng Zhen, Wang Zhen, die Große Schwester Deng, dazu unsere beiden alten Marschälle, sie sind alle sehr besorgt über die Gesamtlage. Sollen wir nun zurückweichen oder sollen wir nicht zurückweichen? Wenn wir zurückweichen, dann erkennen wir sie an. Wenn wir nicht zurückweichen, bedeutet das, fest und unerschütterlich unseren Kurs des Leitartikels vom 26. April durchzusetzen.

Seit wer weiß wievielen Jahren haben diese über 80 Jahre alten Leute zum erstenmal wieder zusammengesessen und die Lage der Zentrale erörtert. [Deng] Xiaoping, Chen Yun, Peng Zhen, die Große Schwester Deng, der Alte Wang [Zhen], sie alle meinen, es gebe keinen Rückzugsweg. Rückzug hieße für uns, wir verschwinden von der Bühne, die Volksrepublik China bricht zusammen. Das würde die Restauration des Kapitalismus bedeuten, das ist genau, was Dulles in Amerika gehofft hat: nach mehreren Generationen werde unser Sozialismus sich in Liberalismus verwandeln. Genosse Chen Yun hat einen äußerst wichtigen Satz gesagt. Er meinte, das hieße, wir würden die Volksrepublik, die wir uns in mehreren Jahrzehnten Krieg erkämpft haben, die Erfolge, die mit dem frischen Blut von Tausenden und Zehntausenden von revolutionären Märtyrern erkauft worden sind, dies alles mit einem Schlag zunichte machen. Das käme der Auslöschung der Kommunistischen Partei gleich. Die Genossen in Beijing konnten das ganz genau sehen. Am Vormittag des 19. Mai ist Genosse [Zhao] Ziyang auf den Tiananmen-Platz gegangen und hat die Hungerstreikenden besucht. Ihr habt mitbekommen, was er da gesagt hat? Wer nur ein wenig Grips im Kopf hat, der merkt, daß seine Worte ganz ohne Sinn waren. Erstens sagte er: "Wir sind zu spät gekommen", dann brach er in Tränen aus. Zweitens sagte er: "Die Lage ist sehr kompliziert. Es gibt sehr vieles, was sich jetzt nicht lösen läßt, nach einer bestimmten Zeit kann es aber schließlich gelöst werden. Ihr seid noch jung, der Weg vor euch ist sehr lang. Wir sind bereits alt, da ist das gleichgültig." Wie er da diese Rede mit so mutlosem Ton und voller Gewissensbisse gehalten hat, schien es so, als empfände er vieles als Unrecht, das er nicht aussprechen könne. Die Mehrzahl der Kader in Beijing hat selbst diese Worte von ihm mitbekommen. Sie sagen alle, daß dieser Mensch sich wirklich überhaupt nicht mehr an das Organisationsprinzip hält, daß er tatsächlich über keine Disziplin mehr verfügt. Am selben Abend haben wir eine Versammlung von Partei-, Regierungs- und Armeekadern der Stadt Beijing abgehalten. Ursprünglich war vorgesehen, daß er teilnahm. Doch als die Zeit der Versammlung gekommen war, entschied er sich plötzlich, einfach nicht hinzugehen. An einer so wichtigen Versammlung nimmt der Generalsekretär nicht teil. Da merken die Leute doch sofort, daß Probleme aufgetaucht sind. Ursprünglich war vorgesehen, daß er eine Rede hielt. Er ist einfach nicht hingegangen. Bis zum Beginn der Versammlung haben alle noch auf ihn gewartet. Zu diesem Zeitpunkt begann die Armee, auf Beijing vorzurücken. Ursprünglich war vorgesehen, daß am 21. um 0.00 Uhr der Ausnahmezustand verhängt werden sollte. Weil es aber bei einer solchen Lage gar nicht mehr ohne den Ausnahmezustand ging, haben wir den Ausnahmezustand schon am 20. verhängt. An dem Tag war an sich nicht vorgesehen, daß ich redete. Im letzten Moment mußte ich aber einfach etwas sagen, weil die Armeekonvois dort zum Stehen gebracht worden waren. Ich kam also gar nicht umhin, ein paar Sätze zu sprechen. Deshalb habe ich gesagt, daß die Truppen den Befehl erhalten hätten, nach Beijing zu kommen, um die öffentliche Sicherheit aufrechtzuerhalten, aber auf keinen Fall um gegen die Studenten vorzugehen. Wenn ihr das nicht glaubt, dann wartet nur ab.

In der Gesellschaft zirkulieren Materialien, die einige Forschungsinstitute verbreitet haben. Sie haben sogar unter dem Namen der *Volkszeitung* ein Extrablatt gedruckt, darin werden fünf Punkte erwähnt. Dieses Zeug kann die Hauptabteilung für Politik vervielfältigen und allen zum Lesen geben. In den Materialien heißt es, daß diese Punkte, die Genosse Zhao Ziyang vorgebracht hat, komplett vom Ständigen Ausschuß verworfen worden seien. Das ist überhaupt nicht der Fall gewesen. Z.B. war unter den Punkten die Forderung, von nun an müsse man die Probleme lösen, indem man alles in die Gleise von Demokratie und Rechtssystem bringe. Dem haben alle zugestimmt. Man plante auch, daß Wan Li nach seiner Rückkehr eine Sitzung des Ständigen Ausschusses des Nationalen Volkskongresses einberufen sollte. Fast einen Monat lang haben alle bei Zhao [Überzeugungs] Arbeit geleistet. Sie sagten, man dürfe den Leitartikel vom 26. April nicht negieren. Täte man das, verlören wir den Boden unter unseren Füßen, aber das stieß bei ihm auf taube Ohren. Nachdem Genosse [Deng] Xiaoping und einige aus unserer älteren Generation beschlossen hatten, daß man nicht zurückweichen dürfe, hat er [Zhao] an den Genossen [Deng] Xiaoping einen Brief geschrieben. In ihm heißt es: Ich kann nicht weiterarbeiten, denn meine Vorstellungen unterscheiden sich von euren. Gedanklich kann ich nicht folgen. Wenn ich weiter an der Arbeit des Ständigen Ausschusses teilnähme, würde ich nur den Ständigen Ausschuß bei der Durchführung der Ideen einiger alter Genossen - darunter der Vorsitzende Deng - behindern. Aber damals hat er auch seine Zustimmung gegeben: Erstens, daß es besser sei, eine Entscheidung zu treffen als gar keine. Das ist der wichtigste Satz. Zurückweichen oder nicht zurückweichen, auf jeden Fall muß eine Entscheidung getroffen werden. Da Genosse [Deng] Xiaoping zusammen mit einigen alten Genossen die Entscheidung getroffen hatte, daß man nicht zurückweichen dürfe, erklärte er [Zhao Ziyang], es sei besser, eine Entscheidung zu treffen als gar keine. Zweitens: Ich [Zhao] als Minderheit ordne mich der Mehrheit unter. Genosse [Deng] Xiaoping hat gesagt, das ist richtig, das ist das Organisationsprinzip der Partei. Schließlich hat er [Zhao] die Arbeit hingeschmissen. Deshalb sagen wir, daß die Wurzel des Problems innerhalb der Partei liegt. Zu diesem Problem hat Genosse [Deng] Xiaoping bereits zweimal gesprochen. Einmal hat er gesagt, bei uns sind solche Erscheinungen wie wirtschaftliche Disproportion, Inflation und Überhitzung der Wirtschaft aufgetreten, das hat es vor fünf Jahren schon gegeben. Vor allem in den letzten drei Jahren sind sie ziemlich gravierend geworden, und es sind keine Gegenmaßnahmen getroffen worden. Die andere Rede ist die vom 25. April. Da sagte er, jetzt gebe es in der Partei zwei unterschiedliche Stimmen. Um auf Zhao zu sprechen zu kommen, so sei er bei der Bekämpfung der bürgerlichen Liberalisierung genauso wie Hu Yaobang. Wenn der Kampf gegen die bürgerliche Liberalisierung bis zum Ende geführt worden wäre, wäre die jetzige Situation nicht entstanden. Vor allem die Bekämpfung der geistigen Verschmutzung, die habe man nur 20 Tage durchgeführt und dann fallengelassen. Die jetzigen Ereignisse stünden in Zusammenhang mit dem nicht radikal geführten Kampf gegen die Liberalisierung und auch mit dem nicht geführten Kampf gegen die geistige Verschmutzung. Deshalb sage er, daß das, was Genosse [Zhao] Ziyang gesagt hat, dem Wesen nach der Weigerung des Genossen Hu Yaobang, die Liberalisierung zu bekämpfen, gleiche. So hat er [Deng Xiaoping] das Problem völlig klargemacht. Bei einer anderen Gelegenheit, als Genosse [Deng] Xiaoping sich mit Ausländern unterhielt, hat er gesagt, der größte Fehler in den zehn Jahren seit der 3. Plenartagung des XI. ZK sei gewesen, daß man der Bildung nicht genug Bedeutung zugemessen habe. Anschließend meinte er, daß wir gegenüber den Ideen, die unter den Gegebenheiten der Öffnung hereingekommen wären, keine harte Arbeit geleistet hätten. Wir hätten nicht die vorzügliche Tradition des harten Kampfes weiterentwickelt. Deshalb sprach er über zweierlei: erstens über die Bildung, zweitens über die geistige Zivilisation. Er sprach nicht nur darüber, daß der Bildungsetat ungenügend sei. Das Denken des Genosse [Deng] Xiaoping ist folgerichtig: An den Vier Grundprinzipien festhalten und ein Bürger sein, der "viererlei hat" [Ideale, Moral, Wissen, Stärke].

Wie ist nun dieses Problem, das vor uns liegt, zu lösen? Heute möchte ich die Genossen jeder großen Einheit der Truppen im voraus informieren. Das Zentralkomitee überlegt hin und her. Man muß wirklich die Führung auswechseln, denn er [Zhao Ziyang] ist nicht in der Lage, die Weisungen des Zentralkomitees auszuführen. Gleichzeitig verfolgt er noch seinen eigenen Kram. Er möchte durch solche Gesetzgebungsverfahren seine Ziele erreichen, weil die meisten in der Partei, im Politbüro seinen Ansichten nicht zustimmen. Im Ständigen Ausschuß des Politbüros hat er nur eine Stimme. Zhao Ziyang will sein Amt niederlegen - das drang nach außen, und nun lassen sie draußen wieder Dampf ab. Sie sagen, die sieben 80jährigen alten Leute, wie können die noch Probleme lösen! Ich behaupte, diese Frage läßt sich ganz leicht beantworten: Das ist der Entschluß, den die Mehrheit des Politbüros gefaßt hat. Diese alten Genossen genießen innerhalb der Partei höchstes Ansehen. Sie haben die längste persönliche Geschichte und haben überdies für die Partei und den Staat gewaltige Beiträge geleistet. Über den Genossen Deng Xiaoping braucht man nicht zu reden. [Li] Xiannian, Chen Yun, Marschall Xu [Xiangqian], Marschall Nie [Rongzhen], die Große Schwester Deng, Peng Zhen, dann noch der Alte Wang [Zhen], sie alle haben gewaltige Beiträge geleistet. Wenn sich Partei und Staat in einer solchen Notlage befinden, wieso sollen sie nicht vortreten und ihre Meinung sagen dürfen? Sie können doch nicht untätig zusehen, wie das Land in die Gefahr gerät unterzugehen. Das ist eine Verantwortung, in der jeder Kommunist stehen sollte. Jetzt verbreiten einige Leute, es gäbe gar keine Partei mehr und alles werde nur von einer Person beschlossen, das ist völlig falsch. Für die Behandlung dieser Angelegenheit gibt es einen korrekten Beschluß, den

24. Mai 1989

die Mehrheit des Politbüros des Zentralkomitees und des Ständigen Ausschusses des Zentralkomitees gefaßt hat. Chen Yun, [Li] Xiannian und andere Revolutionäre der älteren Generation, einschließlich des [Genossen] Deng Xiaoping, unterstützen und befürworten völlig diesen korrekten Beschluß. Als Gorbatschow China besuchte, hat Zhao Ziyang Gorbatschow gegenüber über die historische Stellung des Genossen Deng Xiaoping gesprochen, was völlig angemessen ist. Aber gleich zu Anfang, als er diese Mitteilung machte, hat er nur über dieses Thema gesprochen und das sehr lange. Er sagte, daß alle wichtigen Fragen vom Genossen [Deng] Xiaoping entschieden würden. Jeder Genosse, der auch nur ein wenig Verstand hat, merkt, daß er durch diese Worte Verantwortung abwälzen wollte. Er schob den Genossen [Deng] Xiaoping nach vorne, um deutlich zu machen, daß alle Fehler von ihm herrührten. In letzter Zeit hat er eine Reihe solcher Manöver gemacht. Ich bin sicher, daß ihr alle das wahrgenommen habt.

Jetzt muß sich die ganze Partei zusammenschließen und alles daran setzen, den Geist des Leitartikels vom 26. April zu verwirklichen. Es gibt nur ein Vorwärts, man darf nicht zurückweichen. Heute informiere ich euch im voraus, damit ihr geistig vorbereitet seid.

Besonders wichtig ist, daß die Armee auf jeden Fall wieder konsolidiert wird. Sieht die Armee wirklich ein [was jetzt zu tun ist]? Da bauen wir ganz auf eure Arbeit. Ich glaube, unter den Genossen des ersten Rangs der großen Militärregionen gibt es keine Probleme, doch auf und unterhalb der Ebene der Armeekorps, könnte es da Probleme mit Leuten geben? Jetzt fragen noch einige: Die Militärkommission hat doch drei Vorsitzende, warum darf da Deng Xiaoping allein [die Order über] die Verlegung der Truppen zur Durchsetzung des Ausnahmezustands unterzeichnen? Diese Leute haben nicht den blassesten Schimmer von der Armee, die können nur ein paar Studenten täuschen. In der Armee herrscht das Kommandeurs-Verantwortlichkeitssystem. Wir hier helfen nur dem Vorsitzenden bei der Arbeit und wirken als Berater. Bei seiner Entscheidung hat er nicht nur mich aufgesucht, sondern auch noch [Hong] Xuezhi und [Liu] Huaqing. Auch zu Minister Qin [Jiwei] ist er gegangen. Warum sollte er nicht den Befehl geben können? Ich gebe diese Informationen an euch weiter, damit ihr euch nicht überrumpelt fühlt, wenn es eines Tages im obersten Führungsorgan unserer Partei personelle Veränderungen gibt. Genosse Zhao Ziyang hat seine Arbeit getan, aber wir haben ihn ehrlich gesagt auch ganz schön herausgestrichen. Was die Erfolge dieser letzten Jahre anlangt, so ist die grundlegende Politik vom Genossen [Deng] Xiaoping vorgebracht und vom Politbüro kollektiv beschlossen worden. Er [Zhao] hat alles nur ausgeführt.

Wir haben euch hergebeten, damit ihr Arbeit in folgenden Bereichen leistet:
1. Ihr müßt genau im Bilde sein! Ihr müßt unbedingt die Haltung der Zentrale erkären.
2. Wenn ihr zurückgeht, müßt ihr die Parteikomitees einberufen und alle ausführlich informieren. In der Armee soll das bis zur Regimentsebene bekanntgemacht werden, die Regimentskader sind äußerst wichtig.

3. Die Parteikomitees müssen ihr Denken vereinheitlichen, sie müssen es unbedingt mit dem Denken der Zentrale vereinheitlichen. Das gilt besonders für die Armee. Wer Befehle nicht ausführt, muß nach den Militärgesetzen belangt werden.
4. Schenkt bitte den [Militär]Akademien besondere Aufmerksamkeit! Die Kader, Leiter und Professoren der Akademien müssen gegenüber den Kadetten gute Arbeit leisten. Militärakademien dürfen auf gar keinen Fall an Demonstrationen teilnehmen oder sich solidarisch erklären.
5. Die Truppen, die jetzt in die vorgesehenen neuen Orte eingerückt sind, müssen sofort untergebracht werden. Es muß garantiert sein, daß sie sich richtig ausruhen. Ihr müßt an die Basis gehen und sie mobilisieren, ihr müßt den Basiskadern klarmachen, was eigentlich los ist.

Als ich hierherkam, hat mir der Vorsitzende Deng eine Idee unterbreitet. Man müsse die Kader und Kämpfer organisieren, damit sie unter den Studenten und der Bevölkerung [Propaganda] Arbeit leisten. Sie sollten den Studenten und der Menge auf der Straße klarmachen, weshalb wir gekommen sind. Heute ist der fünfte Tag des Ausnahmezustands. In den fünf Tagen haben wir nicht einen einzigen Schuß abgefeuert, nicht einen Menschen geschlagen, darüber ist sich die Bevölkerung im klaren. Wir müssen gezielt gute Propagandaarbeit leisten.

Da sind noch die alten Genossen in Ruhestand. Wir müssen sie einzeln im voraus informieren, das ist eine ungeheuer wichtige Sache. Man muß bei den Kadern im Ruhestand unbedingt gute Arbeit leisten. All diese Arbeiten müssen so schnell wie möglich in Angriff genommen werden. Wir werden sehen, wie sich die Lage nach den Versammlungen der Parteikomitees entwickelt. In ein paar Tagen macht ihr über die ungefähre Situation einen kurzen Bericht. Durch unsere Arbeit kann der Geist des Beschlusses der Zentrale verwirklicht werden.
(An der Beijing-Universität von Studenten verteiltes Flugblatt, ohne Datum; *Jiefang Yuebao*, Juni 1989, S. 93 ff.; *Tansuo*, Juni 1989, S. 14 ff.)

Anhang

Gestrichene Passagen in Yang Shangkuns Rede:
1. Deng Xiaoping sagt, in seinem Leben habe er viele Fehler gemacht, aber der größte Fehler sei gewesen, die beiden Leute Hu Yaobang und Zhao Ziyang eingesetzt zu haben.
2. Was die Rede von Zhao Ziyang am 3. Mai angeht, so verlangten Yang Shangkun und andere, den [Ausdruck] Kampf gegen die bürgerliche Liberalisierung einzufügen, was Zhao ablehnte.
3. Yang Dezhi und andere, insgesamt sieben Generäle, wurden kritisiert. Yang Dezhi gibt zu, einen politischen Fehler begangen zu haben.
4. Yang Shangkun sagt, man müsse sich auf die 3 Mio. Mann starke Armee und die 40 Mio. Parteimitglieder stützen, aber von den 40 Mio. Parteimitgliedern seien sehr viele nicht verläßlich.
5. Yang Shangkun sagt: Es gibt Leute, die den Nationalen Volkskongreß benutzen wollen, um die Partei zu bekämpfen.
(An der Beijing-Universität von Studenten verteiltes Flugblatt, ohne Datum)

24. Mai 1989

Deng Xiaoping, Vorsitzender der ZK-Militärkommission, soll Berichten zufolge nach Abschluß seines Treffens mit den Führern der sieben Militärregionen in Wuhan nach Beijing zurückgekehrt sein. Deng Xiaoping soll gesagt haben, daß Blutvergießen vermieden werden könne. (XWB, 24.5.89, nach SWB, 25.5.89)

Unter Berufung auf eine wohlunterrichtete Quelle berichtet dagegen die Hongkonger Zeitung *Ming Bao*, daß Deng Xiaoping seit seinem Treffen mit M. Gorbatschow Beijing nicht verlassen habe. Li Ximing, Sekretär des Parteikomitees der Stadt Beijing, habe ihn über den Plan einiger Leute informiert, die Residenz, in der er mit seinen Kindern lebe, zu stürmen. Daraufhin seien Deng Xiaoping und seine Kinder nach Zhongnanhai gezogen. (MB, 24.5.89, nach SWB, 25.5.89)

In Stadtrandgebieten wie Fengtai, Liuliqiao, Lugouqiao, Shijingshan, Hujialou, Dabaiyao und Sidaukou, wo noch vor ein oder zwei Tagen zahlreiche Armeefahrzeuge die Straßen säumten, sind keine Soldaten der Truppen zur Durchsetzung des Ausnahmezustands zu sehen. Die gespannte Atmosphäre ist offenbar gewichen. (ZXS, 24.5.89, nach SWB, 29.5.89)

Die Truppen, die zur Durchsetzung des Ausnahmezustands nach Beijing gerufen worden sind, haben sich in unterschiedlichem Ausmaß zurückgezogen. Die vielen Truppen in der Nähe des Hauptstädtischen Eisen- und Stahlkombinats im Bezirk Shijingshan sind abgezogen worden, die Truppen aus nahegelegenen Standorten sind zu ihren Einheiten zurückgekehrt und diejenigen, die von weither herangezogen wurden, haben sich in die äußeren Vororte Beijings zurückgezogen. Einige Militärs erklären der Bevölkerung, daß der Rückzug auf Befehl von oben erfolgt sei. Man warte jetzt auf weitere Befehle. Die Hongkonger Zeitung *Wen Hui Bao* nennt als Gründe für den Abzug der Truppen, daß es in der Bevölkerung keine Unterstützung für den Ausnahmezustand gebe und daß der Meinungsstreit zwischen militärischer Propaganda und der "Gegenpropaganda" durch die Massen den Kampfwillen der Truppen entscheidend geschwächt habe. Unter solchen Umständen könnten die Truppen ihre Aufgabe nicht erfüllen. Möglicherweise würden andere Truppen herbeigerufen werden. (WHB, 24.4.89, nach SWB, 25.5.89)

Während des Rückzugs der Truppen in Richtung "provisorischer Lager" außerhalb Beijings, der erfolgt, um die "Konfrontation zwischen Truppen und Beijinger Bürgern zu beenden", stirbt ein junger Offizier nach einem Sturz von einem offenen Militärlastwagen. (*Radio Beijing*, 24.5.89, nach SWB, 26.5.89) - Dieser Vorfall ist bereits am Vortag vom *Beijinger Fernsehen* gemeldet worden. Vergleiche den 23. Mai.

Einheiten von insgesamt neun Armeekorps befinden sich in den Vororten von Beijing. Einheiten eines weiteren Armeekorps sind auf dem Marsch Richtung Hauptstadt. (DGB, 24.5.89, nach SWB, 25.5.89)

Um Beijing herum sind bereits über 100.000 Soldaten massiert. Sie gehören zu folgenden Armeekorps:

- 24., 27., 28., 38., 63., 64. [aus Shengyang; siehe unter 27. Mai] und 65. Armeekorps aus der Militärregion Beijing,
- 20. Armeekorps aus der Militärregion Lanzhou [aus Ji'nan; siehe unter 27. Mai],
- 12. Armeekorps aus der Militärregion Nanjing,
- 54. Armeekorps aus der Militärregion Ji'nan,
- 39. Armeekorps aus der Militärregion Shenyang und
- 15. Division der Luftwaffe. (WHB, 25.5.89, nach SWB, 26.5.89)

Ein Grund für die enorme Truppenmassierung in und um Beijing soll sein, daß die konservativen und orthodoxen Kräfte den Truppen der Militärregion Beijing mißtrauen, zumindest aber nicht sicher sind, ob die Beijinger Truppen im Notfall auch mit militärischer Gewalt gegen die Studenten vorgehen. (WHB, 27.5.89, nach SWB, 29.5.89)

Die *Xinhua*-Nachrichtenagentur meldet, daß die Parteikomitees der Provinzen Hubei, Zhejiang, Liaoning und Guizhou sowie das Parteikomitee des Autonomen Gebiets Guangxi ihre Unterstützung für die Reden von Li Peng und Yang Shangkun vom 19. Mai erklärt hätten. (*Xinhua*, 24.5.89, nach RMRB, 25.5.89) Damit haben sich bereits 26 der 30 Provinzen, Autonomen Gebiete und provinzfreien Städte dem harten Kurs der Zentrale angeschlossen.

Laut *Ming Bao* haben jedoch die meisten von ihnen nur "auf oberflächliche Weise" ihre Unterstützung für Li Peng und Yang Shangkun zum Ausdruck gebracht. (MB, 24.5.89, nach SWB, 25.5.89)

Shanghai
Gegen 4.00 Uhr bringen in Shanghai etwa tausend Studenten, meist von der Fudan-Universität, den Verkehr zum Erliegen, indem sie sich in Reihen auf Kreuzungen zum Sitzstreik niederlassen. Ihre Aktion zieht viele Zuschauer an. (*Radio Shanghai*, 24.5.89, nach SWB, 25.5.89) Die Studenten verlesen über Megaphone von *Voice of America* ausgestrahlte Rundfunkberichte. (*Radio Shanghai*, 24.5.89, nach SWB, 26.5.89)

Ein Sprecher der Stadtregierung erklärt, daß die Studenten und die Zuschauer sofort die Kreuzungen räumen sollten. Andernfalls würden die Organisatoren solcher Aktiväten in vollem Umfang für alle Folgen zur Verantwortung gezogen. Um 9.00 Uhr läuft der Verkehr wieder wie gewohnt. (*Radio Shanghai*, 24.5.89, nach SWB, 29.5.89)

500.000 Menschen demonstrieren in der Stadt. (P. Ellingsen, S. Butler, in: FT, 25.5.89)

Seit drei Tagen kursierende Gerüchte, daß in Shanghai ein Generalstreik organisiert wird, erweisen sich als aus der Luft gegriffen. Einige Arbeiter haben erwogen, in einzelnen Fabriken und Stahlwerken zum Streik aufzurufen, doch ist es nirgends zu nennenswerten Arbeitsniederlegungen gekommen. (J. Elliott, in: FT, 25.5.89)

Am Nachmittag beruft die Propagandaabteilung des Parteikomitees von Shanghai eine Konferenz der für den Propagandabereich verantwortlichen Kader ein.

Der *Wen Hui Bao* zufolge bezeichnet kein einziger der Teilnehmer die Entscheidung Li Pengs als korrekt. Der stellvertretende Vorsitzende des Shanghaier Schriftstellerverbands, Zhao Changtian, erklärt, daß der ganze Verband, von der Spitze bis zur Basis, am Nachmittag des 22. Mai an einer Demonstration teilgenommen habe. Er persönlich sei mit der Parteidisziplin in Konflikt geraten und bereit, eine Strafe anzunehmen. Ursprünglich hätten solche [von der herrschenden Parteilinie abweichende] Ansichten innerhalb der Partei geäußert werden sollen, im Beisein eingeladener hochrangiger Kader, die diese Ansichten in ihrem Entscheidungsprozeß berücksichtigen sollten. Jetzt aber habe es überhaupt keinen Sinn, sie in der Partei zu äußern. Es gebe nur den Weg, sie in der Öffentlichkeit zu äußern.

Auch die vom Parteikomitee der Stadt zusammengerufenen Hochschulrepräsentanten der Stadt Shanghai sollen mehrheitlich die Rede Li Pengs vom 19. Mai abgelehnt haben. (WHB, 24.5.89, nach SWB, 25.5.89)

Anhui
In Hefei haben Studenten, Universitäts- und Hochschullehrer, Wissenschaftler und Techniker, Kulturschaffende, Journalisten und Publizisten in den letzten Tagen ihre Demonstrationen fortgesetzt. Die Arbeiter mancher Industriebetriebe haben sich ihnen nach der Arbeit angeschlossen. Alle Demonstranten haben die öffentliche Ordnung gewahrt. (*Radio Anhui*, 24.5.89, nach SWB, 30.5.89) Studenten verzögern die Abfahrt des Zugs nach Beijing. (*Radio Anhui*, 26.5.89, nach SWB, 1.6.89)

Gansu
In Lanzhou besteigen am Vormittag Studentenvertreter von einigen Lanzhouer Universitäten und Hochschulen sowie über 100 Studenten aus Xi'an einen Personenzug nach Beijing. Leitende Funktionäre von zuständigen Behörden und einigen Universitäten eilen zum Bahnhof, um die Studenten von ihrem Vorhaben abzubringen. Mit viereinhalbstündiger Verspätung fährt der Zug ab. Noch immer warten Scharen von Studenten auf dem Bahnhof in Lanzhou, die mit dem Zug nach Beijing fahren wollen. Am Nachmittag demonstrieren über 10.000 Studenten in der Stadt. Ihnen schließen sich Wissenschaftler und eine kleine Anzahl von Bürgern an. (*Radio Gansu*, 25.5.89, nach SWB, 29.5.89)

Hunan
In Changsha finden "relativ große Demonstrationen" statt. Auch Arbeiter, Bauern, Intellektuelle, Journalisten und Verlagsmitarbeiter demonstrieren. Die Zahl der Studenten, die vor dem Gebäude der Provinzregierung und auf dem Bahnhofsplatz einen Sitzstreik veranstalten, "hat immer noch nicht abgenommen", und "es gibt kein Anzeichen dafür, daß sie sich zurückziehen werden". Der Hungerstreik ist beendet. Einige Straßenabschnitte sind blockiert. Die Provinz- und Stadtbehörden haben angeordnet, daß Polizisten und Sicherheitskräfte rund um die Uhr dort patrouillieren, wo Studenten Sitzstreiks veranstalten. Ein Bewaffneter Volkspolizist erklärt, daß er und seine Kollegen 12 Stunden im Dienst seien, und das seit neun Tagen. Das Verhältnis zwischen den Studenten und der Polizei ist gut, wenn nicht freundschaftlich. Ein Vertreter der Studen-

ten, die an Demonstrationen und Sitzstreiks teilnehmen, erklärt, daß angesichts der komplizierten Lage und zwecks Stärkung der Ordnung unter den Studenten einige Aktionen zum Spendensammeln mit dem heutigen Tag ausgesetzt würden. Taxifahrer und Busfahrer seien aufgerufen, Studenten für die Fahrt bezahlen zu lassen. "In den letzten Tagen" haben keine Arbeiter gestreikt, doch gehen Studenten in die Fabriken, "um Reden zu halten, was den Fabrikdirektoren großes Unbehagen schafft." (*Radio Hunan*, 24. und 25.5.89, nach SWB, 29.5.89)

Ein Sprecher des Gewerkschaftsverbands Hunan erklärt, daß die in einigen Gebieten verbreitete Behauptung, der Gewerkschaftsverband Hunan rufe zum Generalstreik auf, reine Erfindung sei. Alle Arbeiter seien aufgerufen, auf ihrem Posten zu bleiben. Probleme seien nicht durch Arbeitsniederlegung und Streikaufrufe zu lösen. (*Radio Hunan*, 24.5.89, nach SWB, 30.5.89)

Shaanxi
In Xi'an veranstaltet "eine wachsende Zahl von Studenten" Demonstrationen und Sitzstreiks, einige Arbeiter schließen sich ihnen an. Ein Studentenvertreter erklärt, daß man angesichts der angespannten Lage und zwecks Stärkung der Ordnung unter den Studenten am heutigen Tag mit einigen Aktivitäten zum Spendensammeln aussetzen werde. Taxifahrer und Busschaffner sollten von den Studenten Fahrgeld verlangen. Der Gewerkschaftsverband der Provinz Shaanxi fordert alle Kader auf, sich zusammen mit Partei und Regierung für die Stabilisierung der Gesellschaft und der Betriebe einzusetzen. (*Radio Shaanxi*, 25.5.89, nach SWB, 29.5.89)

Das Parteikomitee und die Regierung der Provinz Shaanxi erklären, daß sich die Situation zwar allmählich beruhige, doch noch immer große Instabilität herrsche: die Zahl der Wandzeitungen nehme zu, auf Flugblättern würden Führer von Partei und Regierung angegriffen, Gerüchte würden verbreitet, einige Leute riefen zu Unterrichtsboykott, Arbeitsniederlegung und Demonstrationen auf, andere blockierten Züge und behinderten den Verkehr, manche stürmten Einrichtungen, Institutionen, Fabriken und Unternehmen. Alle Menschen seien aufgefordert, sich angesichts des in der Provinz herrschenden "anarchischen Chaos" zu vereinigen und in Übereinstimmung mit dem ZK der KPCh und des Staatsrats ihren Beitrag zur Aufrechterhaltung von Stabilität und Einheit zu leisten. (*Radio Shaanxi*, 25.5.89, nach SWB, 2.6.89)

Sichuan
In der Stadtmitte von Chengdu veranstalten 4.000 Studenten einen Sitzstreik. Sie ziehen viele Zuschauer an. Viele Akademiker und Mitarbeiter aus dem Verlagswesen demonstrieren zur Unterstützung der Studenten. Ihnen schließen sich Arbeiter, Kader aus Regierungsbehörden und Bürger an. Die Provinzregierung ruft die zuständigen Kader der Industrieabteilungen zusammen und berät mit ihnen, wie man im derzeit herrschenden Chaos den gewohnten Produktions- und Arbeitsprozeß aufrechterhalten könne. (*Radio Sichuan*, 25.5.89, nach SWB, 29.5.89)

In Chongqing demonstrieren über 10.000 Studenten und einige hundert Arbeiter, Intellektuelle und Bürger. (*Radio Sichuan*, 25.5.89, nach SWB, 29.5.89)

Zhejiang
Das Rote Kreuz der Stadt Hangzhou fordert die Studenten auf dem Wulin-Platz in einem Dringlichkeitsappell auf, den Sitzstreik so bald wie möglich wegen der schlechten hygienischen Bedingungen zu beenden. (*Radio Zhejiang*, 25.5.89, nach SWB, 2.6.89)

In Changchun, Dalian, Harbin und Nanjing boykottieren Studenten den Unterricht. (FRu, 6.6.89)

25. Mai 1989, Donnerstag

- **Wan Li kehrt nach China zurück und begibt sich nach seiner Ankunft in Shanghai ins Krankenhaus**
- **Erneute Demonstration in Beijing**
- **Li Peng tritt als erster Spitzenpolitiker nach Verhängung des Ausnahmezustands in der Öffentlichkeit auf**
- **Die Parteikomitees aller sieben Militärregionen und die Parteikomitees aller 30 Provinzen haben mittlerweile ihre Unterstützung für den harten Kurs von Li Peng und Yang Shangkun erklärt**

Um 3.00 Uhr morgens landet Wan Li, der seinen Besuch in den USA vorzeitig abgebrochen hat, in Shanghai. Er wird von Jiang Zemin, Politbüromitglied und Parteisekretär der Stadt Shanghai, Ye Gongqi, dem Vorsitzenden des Ständigen Ausschusses des Shanghaier Volkskongresses, und Zhu Rongji, dem Bürgermeister von Shanghai, auf dem Flughafen willkommen geheißen. Anschließend begibt er sich zur medizinischen Behandlung ins Krankenhaus, da er sich "nicht wohl fühlt". (RMRB, 26.5.89) Anzeichen einer ernsten Erkrankung waren indes weder bei seinem Besuch in Washington noch bei seiner vom chinesischen Fernsehen gezeigten Ankunft in Shanghai zu erkennen. (Kl., in: NZZ, 27.5.89) - Es scheint möglich, daß Wan Li gegen seinen Willen nach Shanghai geflogen wurde, um zu verhindern, daß er in Beijing eine Sondersitzung des Ständigen Ausschusses des NVK einberuft. Sein Krankenhausaufenthalt kann entweder als Protest von Wan Li gedeutet werden (Auch Zhao Ziyang meldete sich am 19. Mai krank.) oder als Zwangsmaßnahme der konservativ-orthodoxen Kräfte, um den reformorientierten Wan Li politisch unter Druck zu setzen.

Radio Shanghai meldet unter Berufung auf die *Xinmin Wanbao*, daß sich der Großteil der Offiziere und Soldaten [der zur Durchsetzung des Ausnahmezustands eingesetzten Truppen der VBA] weiter aus dem Stadtrandgebiet von Beijing zurückgezogen habe. Ein kleiner Teil von ihnen sei in Militärlagern oder Gebieten, wo sich große Gebäude befinden, stationiert. Die zwei Kilometer weiter von den Studenten errichteten Straßenblockaden und Postenketten seien geblieben. In Fengtai, Liuliqiao und Lugouqiao seien keine Soldaten zu sehen. Nur in der Nähe von Changqingdian habe der Reporter eine bewaffnete Einheit gefunden, die Baoding vor sechs Tagen verlassen hatte. Zunächst hätten sich Soldaten und Studenten feindlich gegenübergestanden, doch nach einem langen Dialog habe man zu freundlichen Beziehungen gefunden. Täglich gebe es Beispiele von gegenseitigem Beistand. Die von den Einheiten geförderte

Kampagne "Liebe zu Beijing, den Einwohnern und den Studenten" habe die Herzen der Soldaten und Einwohner gewonnen. (*Radio Shanghai*, 25.5.89, nach SWB, 31.5.89)

Da der Machtkampf in der chinesischen Führung von den offiziellen Medien verschwiegen wird, beziehen die Beijinger Einwohner ihr Wissen aus den Wandzeitungen und Flugblättern, die trotz strengen Verbots überall aufgehängt oder verteilt werden. "Die *Volkszeitung* sagt uns nicht die Wahrheit", erklärt eine Frau mittleren Alters. "Sie sagt, in Beijing herrsche Chaos, aber alles ist normal. Sie haben alle Nachrichten unterbunden, daher müssen wir solche Flugblätter lesen." Ein Arbeiter sagt: "An der Parteispitze findet ein heftiger Machtkampf statt. Nichts davon erscheint in der Presse. Die Kontrolle ist verstärkt worden, darum wissen wir noch weniger als sonst." (M. O'Neill, rtr, in: TN, 26.5.89)

Auf dem Tiananmen-Platz, der inzwischen zu einer Art Zeltstadt geworden ist, befinden sich rund 30.000 Studenten. "Aber das ist nur die Spitze des Eisbergs", sagt der Studentensprecher Chen Zhangbao der Nachrichtenagentur *ap*. "Unser Ziel ist es nicht, daß die eine oder andere Fraktion zur Macht kommt, sondern wir wollen den Prozeß der Demokratie beschleunigen. Egal welche Fraktion an die Macht kommt, sie wird stets versuchen, unsere Bewegung zu vernichten." Über 100 Omnibusse sind auf dem Platz zu Notbehausungen umfunktioniert worden. Zwei etwas abseits stehende Busse dienen als Toiletten. Sie stinken und tropfen vor sich hin. "Hygiene ist ein großes Problem hier", sagt eine Studentin. "Ich habe schon neun Tage nicht gebadet, aber wir können wegen der Bedrohung durch das Militär nicht aus den Kleidern." (afp, dpa, taz, nach taz, 26.5.89)

Das Erste-Hilfe-Zentrum Beijing gibt bekannt, daß zwischen dem 13. Mai, dem Beginn des (inzwischen beendeten) Hungerstreiks, und dem 24. Mai um 18.00 Uhr kein einziger Hungerstreikender gestorben sei. Insgesamt hätten die 32 Krankenhäuser 9.158 Hungerstreikende behandelt, 8.205 von diesen seien zur Beobachtung im Krankenhaus behalten worden. Gegenwärtig befänden sich noch 66 Menschen zur Beobachtung im Krankenhaus. Das Erste-Hilfe-Zentrum und die Krankenhäuser hätten sich mit ganzer Kraft für die Studenten eingesetzt und viele Mitarbeiter seien einige Tage und Nächte hindurch nicht nach Hause gegangen. Seit der Hungerstreik in einen Sitzstreik verwandelt worden sei, litten manche Studenten an Erkältung, Fieber, Durchfall usw., so daß das Personal des Erste-Hilfe-Zentrums noch immer Maßnahmen zur Verhütung und Bekämpfung von Krankheiten treffe. Bis heute seien noch keine schlimmen Infektionskrankheiten unter den Studenten auf dem Platz aufgetreten. (RMRB, 25.5.89)

Die Nachrichtenagentur *Zhongguo Xinwen She* berichtet hingegen unter Berufung auf die für öffentliche Gesundheit zuständigen Behörden, daß auf dem Tiananmen-Platz aufgrund der unhygienischen Zustände Infektionskrankheiten wie Durchfall, Malaria, Bindehautentzündung und Hepatitis aufgetreten seien. Die Situation sei besorgniserregend. (ZXS, 25.5.89, nach SWB, 29.5.89)

Etwa 300 Studentenvertreter setzen sich am Denkmal der Volkshelden zusammen, um über die Fortsetzung des Sitzstreiks auf dem Tiananmen-Platz zu beraten. Aus den Reden ist zu ersehen, daß die Vertreter uneins sind. (ap, nach TN, 26.5.89) Einige schlagen vor, den Platz zu räumen, falls die Truppen zurückgezogen würden. (P. Ellingsen, S. Butler, in: FT, 26.5.89)

Der "Autonome Arbeiterverband Beijing" errichtet in einer Ecke des Tiananmen-Platzes eine Lautsprecheranlage, deren Durchsagen ein großes Publikum anziehen. (N.D. Kristof, in: IHT, 26.5.89)

Am Nachmittag demonstrieren erneut Studenten und Einwohner in der Stadt. Die Angaben zur Teilnehmerzahl weichen stark voneinander ab:

- Drei neugegründete Organisationen - der "Autonome Verband Beijinger Intellektueller", der "Autonome Arbeiterverband Beijing" und der "Autonome Bürgerverband Beijing" - rufen zu einer Demonstration auf, an der mehr als 100.000 Menschen teilnehmen. Hunderte von Lastwagen, vollgepackt mit Demonstranten, fahren durch die Stadt und kündigen den Demonstrationszug an. Ihnen folgen Fahrradfahrer, die "Nieder mit Li Peng" skandieren und Fahnen und Flaggen mit der Aufschrift " SOS, rettet China" schwenken. Arbeiter, Intellektuelle und Studenten, aber auch Angestellte der Beijinger Stadtregierung und des Ministeriums für Eisenbahnwesen, des Ministeriums für Forstwirtschaft und des Außenministeriums marschieren in einem Meer von Bannern und fordern Demokratie sowie den Rücktritt von Li Peng und Deng Xiaoping. Andere Fahnen heißen Wan Li willkommen. Über 100.000 Zuschauer spenden Beifall. Die Demonstranten kommen von Osten und Westen und ziehen über die Chang'an-Allee zum Tiananmen-Platz. "Die Bewegung gehört nicht länger den Studenten", erklärt ein Arbeiter aus einer Maschinenfabrik, als er an deren Zelten auf dem Platz vorbeimarschiert. "Intellektuelle und Arbeiter müssen sich vereinigen und sie weiterführen." (DGB, 26.5.89, nach SWB, 31.5.89)

- Am Nachmittag veranstalten Studenten, Hochschullehrer, Mitarbeiter des Büros des Staatsrats für Hongkong und Macao, des Ministeriums für Raumfahrtindustrie, des Zentralen Fernsehens und des Zentralen Rundfunks des Volkes eine Großdemonstration zum Tiananmen-Platz. Sie rufen: "Wir fordern, daß der NVK sofort eine Dringlichkeitssitzung einberuft", "Wir wollen Demokratie, gesetzliche Institutionen, und wir wollen keine Militärherrschaft", "Entlaßt Li Peng, nehmt den Ausnahmezustand zurück". (ZTS, 25.5.89, nach SWB, 31.5.89)

- Etwa 500.000 Studenten und Beijinger Einwohner demonstrieren gegen den Ausnahmezustand und gegen Li Peng. (*Tansuo*, Juni 1989, S. 9)

- Zehntausende Studenten und Arbeiter legen kurzfristig den Verkehr auf Beijings Hauptverkehrsader am Tiananmen-Platz lahm. Bereits nach einer halben Stunde ist die Demonstration beendet. (afp, dpa, taz, nach taz, 26.5.89)

- Eine neue Demonstration im Stadtzentrum, die am Nachmittag nach einem Aufruf des "Autonomen Studentenverbands" den Rücktritt von Li Peng, Deng Xiaoping und Yang Shangkun fordert, zieht zwar einige zehntausend Menschen an, löst sich aber ungewöhnlich schnell auf. Aus den Reihen der über tausend Studenten im Sitzstreik und rund zehntausend weiteren, die aus allen Teilen des Landes zur Unterstützung nach Beijing gereist sind, heißt es dennoch, man werde die Aktion fortsetzen, solange die an Partei und Regierung gestellten Bedingungen nicht erfüllt sind: Rücktritt Li Pengs, Widerruf des Leitartikels der *Volkszeitung* vom 26. April, Einberufung einer Sondersitzung des NVK, der die Verfassungsmäßigkeit der Verhängung des Ausnahmezustands untersuchen soll. (J. Kahl, in: SZ, 26.5.89)

Beijinger Einwohner gründen "Trupps der Todesmutigen", um die Studenten [vor den VBA-Truppen] zu schützen. (*Beizhuang de minyun*, S. 96)

Das *Beijinger Fernsehen* berichtet, daß die Zahl der am Sitzstreik teilnehmenden Studenten beträchtlich abgenommen habe. Trotz des ununterbrochenen Einsatzes der städtischen Arbeiter seien die sanitären Bedingungen auf dem Platz noch immer schlecht. Am Nachmittag hätten erneut "einige Studenten und Intellektuelle" demonstriert, ihre Zahl habe aber im Vergleich zu vorangegangenen Demonstrationen beträchtlich abgenommen. (*Beijing-TV*, 25.5.89, nach SWB, 31.5.89)

Im Beijinger Bahnhof werden an diesem Tag über 1.000 Mitarbeiter und Arbeiter eingesetzt, um die Ordnung aufrechtzuerhalten und gesonderte Warteplätze sowie Sondereingänge für die Studenten einzurichten. Ein Planungsstab für den Personenverkehr ist bemüht, die Verspätung von abfahrenden Zügen im Rahmen von sechs Stunden zu halten. (*Beijing Ribao*, ohne Datum, nach *Xinhua*, 27.5.89, nach SWB, 30.5.89) An diesem Tag machen sich mehr als 26.000 von außerhalb Beijings gekommene Studenten mit dem Zug auf den Heimweg, erklärt ein Funktionär vom Beijinger Hauptbahnhof. (CD, 27.5.89)

Der Staatsrat fordert in einem dringlichen Rundschreiben alle zuständigen Behörden im Lande auf, Studenten entschlossen an der Reise nach Beijing zu hindern. Seit dem 16. Mai hätten Studenten in manchen Städten die Bahnhöfe gestürmt und sich einen Platz in nach Beijing fahrenden Zügen erkämpft. Einige hätten sich sogar auf die Gleise gelegt und so den Schienenverkehr schwer behindert. Die Anwesenheit vieler Studenten aus anderen Städten in Beijing hätte alle Bemühungen erschwert, den Aufruhr zu beenden. Auswärtige Studenten machten jetzt sogar die Mehrheit der auf dem Tiananmen-Platz befindlichen Studenten aus. Sie hätten Schwierigkeiten, Nahrung und Schlafplätze zu finden. Wegen der mangelnden sanitären Einrichtungen könnten auf dem Platz jederzeit Epidemien ausbrechen. Daher sollten alle Eisenbahnfunktionäre und -angestellte streng die Fahrkarten kontrollieren. Polizei- und Sicherheitskräfte sollten in Städten mit einer großen Zahl von Hochschulen und Universitäten helfen, in den Bahnhöfen die Ordnung aufrechtzuerhalten. Gegen diejenigen, die den Schienenverkehr behinderten oder sich ohne Fahrkarte in Züge drängten, müßten auf der Stelle Maßnahmen ergriffen werden. (RMRB, 26.5.89)

Die chinesische Luftfahrtbehörde warnt alle ausländischen Fluggesellschaften davor, chinesische Studenten aus dem Ausland zur Unterstützung der Proteste in die Heimat zurückzubringen. Nach einem Bericht der *Far Eastern Economic*

Review erklärte sie, der Versuch, den Studenten Sonderkonditionen für ihren Rückflug einzuräumen, werde als "unfreundlicher Akt" angesehen, und die Fluggesellschaften würden für "die Konsequenzen verantwortlich" gemacht. (ap, rtr, afp, nach HAB, 26.5.89)

Die Zeitung *China Daily* berichtet, daß die anhaltenden Demonstrationen und die Verhängung des Ausnahmezustands sich auf den chinesischen Tourismus ausgewirkt haben. Jede zehnte Zimmerbestellung sei bereits storniert worden, die Abbestellungen reichten bis in den September. Auch die Souvenirbranche habe Verkaufsrückgänge um 50% zu verzeichnen. In dem Artikel wird jedoch darauf hingewiesen, daß sich Touristen in Beijing nicht bedroht fühlen. (CD, 25.5.89)

Die *Volkszeitung* veröffentlicht den offenen Brief der Militärführung an die Truppen, die den Ausnahmezustand in Beijing durchsetzen sollen (Zusammenfassung des Briefs s. 22. Mai). (RMRB, 25.5.89) Der Brief wird auch über Radio Beijing verbreitet. (ap, rtr, afp, nach HAB, 26.5.89)

Eine Arbeitsgruppe des ZK der KPCh tritt zusammen, um nach einer Lösung der politischen Krise zu suchen, so ein Parteifunktionär. An dem Treffen nehmen auch die Gouverneure und Parteisekretäre der Provinzen und provinzfreien Städte teil. Außerdem, so der Parteifunktionär weiter, habe eine Parteigruppe im Ständigen Ausschuß des NVK den internen Beschluß gefaßt, daß es "verfrüht" sei, eine Sitzung dieses Gremiums einzuberufen. Dieser Beschluß, der keine rechtliche Grundlage hat, wird als Versuch gewertet, eine Sondersitzung des Ständigen Ausschusses mit dem Ziel, die Verhängung des Ausnahmezustands zurückzunehmen, zu verhindern. (N.D. Kristof, in: IHT, 26.5.89)

Li Peng erklärt bei einem Treffen mit drei neu in Beijing akkreditierten Botschaftern, daß gegenwärtig in China abnorme Dinge geschähen, an einigen Orten gebe es sogar Aufruhr. Die chinesische Regierung sei jedoch stabil und fähig, die gegenwärtigen Probleme zu lösen. Die Verhängung des Ausnahmezustands sei eine Vorsichtsmaßnahme, um dem Aufruhr Einhalt zu gebieten. Die Verlegung von auswärtigen Truppen nach Beijing sei zur Unterstützung der Bewaffneten Volkspolizei und der öffentlichen Sicherheitskräfte geschehen. Einige Armee-Einheiten seien zum Schutz des Zentralen Rundfunks und Fernsehens ausgesandt worden. Die Arbeit dieser wichtigen Einrichtungen verlaufe normal. Ausnahmezustand bedeute nicht militärische Kontrolle. Li Peng sagt weiter, daß die Truppen sechs Tage nach Ausrufung des Ausnahmezustands die Innenstadt wegen der Barrikaden noch nicht erreicht hätten. Wie jeder mit normalem Verstand einsehen könne, liege das nicht daran, daß die Truppen nicht imstande seien, bis in die Innenstadt vorzudringen. Es sei vielmehr so, daß die Regierung die Regierung des Volkes, die VBA die Armee des Volkes sei. Da das Volk die Bedeutung des Ausnahmezustands noch nicht voll begriffen habe, hätten die Truppen große Zurückhaltung geübt, um ernstere Zusammenstöße zu vermeiden. Li Peng führt weiter aus, daß die bisherige Reform- und Öffnungspolitik, die in den letzten zehn Jahren so große Erfolge gebracht habe, nicht geändert werde. Deng Xiaoping und kein anderer sei der "Hauptarchitekt" dieser Politik gewesen. Der Großteil der Teilnehmer an Demonstrationen, Unterrichts- und Sitzstreiks seien junge Studenten und Menschen aus einigen anderen Bereichen. Die eigentlichen Absichten der meisten von ihnen seien gut, ihre Wünsche stimmten mit denen der Regierung überein, doch die wahre Sachlage verstünden sie überhaupt nicht. Er sei zuversichtlich, daß sich der Abstand im Verständnis zwischen Partei und Regierung auf der einen Seite und den Studenten auf der anderen Seite verringern könnte, sobald diese die wahre Sachlage begriffen hätten. (RMRB, 26.5.89)

Einer der anwesenden Botschafter berichtet, Li Peng habe Zhao Ziyang oder den Machtkampf nicht direkt erwähnt. Doch seine Bemerkung, der Hauptarchitekt von Chinas Reform und Öffnung nach außen sei Deng Xiaoping und kein anderer, sei ein klarer Seitenhieb gegen Zhao Ziyang gewesen. (N.D. Kristof, in: IHT, 26.5.89)

Das Treffen wird in den Abendnachrichten gezeigt. Li Peng ist der erste Spitzenpolitiker, der seit Ankündigung des Armee-Einsatzes gegen die demonstrierenden Studenten am 19. Mai wieder in der Öffentlichkeit auftritt. Beobachter werten dies als ein Zeichen dafür, daß er im Machtkampf die Oberhand gewonnen hat. (N.D. Kristof, in: IHT, 26.5.89)

Ein Sprecher des Außenministeriums erklärt, es habe keine Veränderungen in der Führungsspitze der KPCh, der chinesischen Regierung, des NVK oder der VBA gegeben. Zhao Ziyang sei noch immer der Generalsekretär der KPCh. (XNA, 26.5.89)

Der *Xinhua*-Nachrichtenagentur zufolge haben in den letzten Tagen das Parteikomitee der Militärregion Beijing und der Ständige Ausschuß des Parteikomitees des 2. Artilleriekorps sowie die Parteikomitees der Provinzen Shandong, Sichuan und Jilin und das Parteikomitee der provinzfreien Stadt Beijing ihre Unterstützung für die Verhängung des Ausnahmezustands erklärt. (*Xinhua*, 25.5.89, nach RMRB, 26.5.89)

Aus den Berichten der offiziellen Presse geht hervor, daß sich dem Kurs Li Pengs zur Unterdrückung der Unruhen in Beijing mittlerweile die Kommandos aller sieben Militärregionen und die Parteikomitees aller 30 Provinzen, Autonomen Gebiete und provinzfreien Städte angeschlossen haben. Obwohl sogar die Zentrale Kommission für Rüstungsforschung und -technik und für Rüstungsindustrie ihre Unterstützung für die Reden von Li Peng und Yang Shangkun bekundet hat (siehe RMRB, 23.5.89), hält sich das Verteidigungsministerium weiterhin bedeckt. Auch an den folgenden Tagen gibt es keine Meldungen darüber, daß sich das Verteidigungsministerium hinter den Kurs von Li Peng und Yang Shangkun gestellt habe. Selbst nach der blutigen Niederschlagung der Protestbewegung am 3. und 4. Juni unterläßt es das Verteidigungsministerium, seine Unterstützung für das militärische Vorgehen zum Ausdruck zu bringen.

Berichten zufolge sollen 300.000 weitere Soldaten im Gebiet um Beijing zusammengezogen worden sein. Nach unbestätigten Berichten herrschen zwischen einigen Militäreinheiten, die entweder Li Peng oder Zhao Ziyang unterstützen, Spannungen. Außerdem scheint es, daß das Kommando der Beijinger Garnison die von außerhalb herbeibeorderten Truppen weder mit Essen versorgt noch anderweitig unterstützt. Verteidigungsminister Qin Jiwei, der mit den Beijinger Streitkräften eng verbunden ist, soll Berichten ausländischer Diplomaten zufolge von den Entscheidungsprozessen ausgeschlossen worden sein. (N.D. Kristof, in: IHT, 26.5.89) - Der Kommandant der Beijinger Garnison, Yan Tongmao, wurde kurz nach der blutigen Niederschlagung der Protestbewegung von seinem Posten abgelöst.

Der Staatsrat sendet den zur Durchsetzung des Ausnahmezustands eingesetzten Truppen ein von Ministerpräsident Li Peng unterzeichnetes Dank- und Anerkennungsschreiben. (RMRB, 26.5.89)

Am Nachmittag besuchen hochrangige VBA-Angehörige im Namen der ZK-Militärkommission einige Soldaten im Krankenhaus, die bei der Durchsetzung des Ausnahmezustands von "gesetzlosen Elementen" verletzt worden sind. Die Besucher loben die Zurückhaltung der Soldaten und erklären, daß die Mission der Truppen, den Ausnahmezustand durchzusetzen, am Ende die Unterstützung der Einwohner Beijings und des ganzen Landes finden werde. (*Beijing-TV*, 25.5.89, nach SWB, 31.5.89)

In der fünften Nacht nach Verhängung des Ausnahmezustands führen noch immer Zehntausende von Studenten ihren Sitzstreik auf dem Tiananmen-Platz fort. Am Nord- und Südrand des Platzes stehen Busse, in denen die Studenten Zuflucht vor dem Regen suchen, sowie fünf Ambulanzwagen, die von der italienischen Botschaft in Beijing zur Verfügung gestellt worden sind. An der Ostseite des Denkmals der Volkshelden steht der Rundfunksender "Stimme der Studentenbewegung". Vor dem Mao Zedong-Mausoleum sitzen einige tausend Studenten aus Shandong und Hunan, die zur Unterstützung ihrer Beijinger Kommilitonen nach Beijing gekommen sind. Das Hauptquartier des "Autonomen Studentenverbands" ist vom Tiananmen-Platz in die Beijing-Universität verlegt worden. Ein neues "Oberkommando für vereinte Aktionen" ist gegründet worden (vergleiche 24. Mai). Die Situation der Studentenführer und ihres Hauptquartiers sei "kompliziert und verwirrend", so der Reporter. (ZTS, 25.5.89, nach SWB, 31.5.89)

In der Nacht werden wie in den vergangenen Nächten wieder Straßenbarrikaden errichtet. (P. Ellingsen, S. Butler, in: FT, 26.5.89)

Shanghai
In Shanghai führen Studenten bei ihren Demonstrationen ein großes Modell der amerikanischen Freiheitsstatue mit. Sie fordern Wan Li, der am frühen Morgen in der Stadt eingetroffen ist und sich in "ärztliche Behandlung" begeben hat, auf, nach Beijing zurückzukehren und Li Peng zu entlassen. Studenten von fast allen Universitäten und Hochschulen Shanghais nehmen an Protestkundgebungen auf dem Platz des Volkes teil. Manche Studenten bleiben fern, weil sie Repressalien für den Fall fürchten, daß Li Peng den Machtkampf gewinnt. (J. Elliott, in: FT, 26.5.89)

Der Zorn der Studenten richtet sich seit einigen Tagen nicht nur gegen Li Peng, sondern auch gegen den Shanghaier Parteisekretär Jiang Zemin, der kurz nach der Ausrufung des Ausnahmezustands in Beijing den Studenten in Shanghai mit dem schnellen Einsatz des Militärs gedroht hat. Im Gegensatz zu Beijing ist in Shanghai allerdings das normale städtische Leben nicht gänzlich zum Erliegen gekommen. (P.O., in: FAZ, 27.5.89)

Tianjin
In Tianjin dauern die Demonstrationen an. (afp, dpa, taz, nach taz, 26.5.89) Es wird eine "Große Demonstration der intellektuellen Kreise" veranstaltet, die auch von Arbeitern und Angestellten viel Unterstützung erfährt. Es sollen einige hunderttausend Teilnehmer gewesen sein. (J. Fox, "... Consequences in Tianjin", S. 140)

Anhui
Eine Gruppe von Studenten, die "Fahrten nach Beijing zum Nulltarif" fordert, verzögert in Hefei die Abfahrt des Zugs um sechseinhalb Stunden. Über 1.000 Studenten und Zuschauer versammeln sich auf dem Bahnhof. 50 bis 60 Studenten setzen sich vor die Lokomotive auf die Gleise. Schließlich kaufen etwa 35 Studenten Fahrkarten und besteigen den Zug, die anderen räumen den Bahnsteig. (*Radio Anhui*, 26.5.89, nach SWB, 1.6.89)

Heilongjiang
Am frühen Morgen besteigen 250 Studenten in Harbin den Zug nach Beijing. Am Ende verlassen sie den Zug wieder, der mit über siebenstündiger Verspätung abfährt. (*Radio Heilongjiang*, 26.5.89, nach SWB, 1.6.89)

Hubei
In Wuhan dauern die Demonstrationen an. (afp, dpa, taz, nach taz, 26.5.89) *Radio Hubei* meldet am 25. Mai, daß die für die Bewachung der Yangzi-Brücke in Wuhan zuständigen Kader und Soldaten seit fünf Tagen weder gebadet, ihre Kleider gewechselt noch richtig geschlafen hätten, da sie Tag und Nacht auf der Brücke patrouilliert seien. (Nach SWB, 1.6.89)

Hunan
In Changsha dauern die Demonstrationen an. (afp, dpa, taz, nach taz, 26.5.89)

Jiangsu
Die Nanjinger Studenten ruhen sich heute aus, da sich die Spannungen in Beijing gelegt zu haben scheinen. (R. Lufrano, "Nanjing Spring...", S. 31) Anderen Berichten zufolge, die sich möglicherweise aber auf den Vortag beziehen, dauern die Demonstrationen in Nanjing an. (afp, dpa, taz, nach taz, 26.5.89)

In den letzten Tagen sind in der Stadt sechs "Rowdies", die sich unter die demonstrierenden Studenten gemischt hatten, wegen des "Versuchs, Unruhe zu stiften", verhaftet worden, meldet *Xinhua*. Sie sollen sich mit mehrfach wechselnden Spruchbändern als Nanjinger Bürger, Arbeiter usw. ausgegeben und "obszöne Parolen" gerufen haben: "Wir wollen Demokratie, wir wollen Freiheit, wir wollen Frauen", "Wir wollen Brot, wir wollen Kaffee, wir wollen Marlboro, wir wollen Long Kent", "Wir wollen Pressefreiheit, Heiratsfreiheit, Sexfreiheit" usw. Außerdem hätten sie eine geistig Behinderte gehänselt, Frauen belästigt und angegriffen und die Besatzung eines Wagens der Behörde für Öffentliche Sicherheit schikaniert. Die Bürger und Studenten von Nanjing verurteilen diese Untaten, so *Xinhua*. (*Xinhua*, 25.5.89, nach SWB, 29.5.89)

In Xuzhou versuchen am späten Nachmittag über 1.000 Studenten, ohne Fahrkarte einen Zug nach Beijing zu besteigen. Die meisten können von ihrem Vorhaben abgehalten werden; sie kehren in die Hochschulen zurück. Nach Mitternacht liegen noch immer 200 Studenten auf den Gleisen. Dem Bürgermeister von Xuzhou gelingt es, sie im persönlichen Gespräch dazu zu bewegen, die Schienen zu räumen. (ZXS, 31.5.89, nach SWB, 3.6.89)

Qinghai
In der Provinz Qinghai werden Parteimitglieder, Kader, Angestellte und Arbeiter seit einigen Tagen zum Studium der Reden Li Pengs und Yang Shangkuns angehalten. (*Radio Qinghai*, 26.5.89, nach SWB, 6.6.89)

Shaanxi
In Xi'an dauern die Demonstrationen an. (afp, dpa, taz, nach taz, 26.5.89) Nach Radioberichten aus der Provinz Shaanxi, aus der die nach Beijing beorderten Truppen gekommen sein sollen, versuchten dort Demonstranten, "Chaos zu stiften und die Lage zu destabilisieren". (W.A., in: FAZ, 26.5.89)

Die autonomen Studentenvereinigungen der Stadt schließen sich zum "Autonomen Studentenverband Xi'an" zusammen. (J.W. Esherick, "Xi'an Spring", S. 227)

Sichuan
In der Provinz Sichuan haben sich zwischen dem 18. und dem 25. Mai mehr als 15.000 Studenten "gewaltsam" Zugang zu Zügen nach Beijing verschafft. Das Parteikomitee und die Regierung der Provinz halten eine Telefonkonferenz zur Weitergabe der Anweisung der Zentralbehörden ab, daß der Fahrgaststrom nach Beijing unter strenger Kontrolle zu halten sei. (*Radio Sichuan*, 26.5.89, nach SWB, 1.6.89)

Die Demonstrationen in Chengdu dauern an. (afp, dpa, taz, nach taz, 26.5.89)

Tibet
Der Leiter des Büros für Öffentliche Sicherheit der Stadt Lhasa erklärt auf einer Konferenz, daß die Parteigruppe des Büros die Durchführung einer "allgemeinen ideologischen Erziehungskampagne" vom 15. Mai bis Ende Juni beschlossen habe. Der Mangel an Gesetzestreue in einigen Organen der Öffentlichen Sicherheit und die illegalen Aktivitäten und Disziplinverstöße einiger Kader und Polizisten hätten die Unzufriedenheit der Massen erregt. (*Radio Tibet*, in Hochchinesisch, 26.5.89, nach SWB, 6.6.89)

Das Parteikomitee des Militärbezirks Tibet erklärt seine Unterstützung für die Reden Li Pengs und Yang Shangkuns vom 19. Mai und fordert alle Armeeeinheiten auf, nicht an den Demonstrationen der Studenten teilzunehmen, auch nicht als Zuschauer, sie nicht zu unterstützen, nicht zur Unterstützung aufzufordern und nicht für sie Spenden zu sammeln. (*Radio Tibet*, in Hochchinesisch, 26.5.89, nach SWB, 6.6.89)

26. Mai 1989, Freitag

- **Die Zahl der Beijinger Studenten auf dem Tiananmen-Platz nimmt ab**
- **Aus anderen Landesteilen nach Beijing gekommene Studenten halten die Besetzung des Platzes aufrecht**
- **Der Ständige Ausschuß der Zentralen Beraterkommission erklärt seine Unterstützung für Li Peng und Yang Shangkun**
- **Peng Zhen schwört in einer Rede die Demokratischen Parteien auf den orthodoxen Kurs ein**
- **Einheiten der VBA sollen mittlerweile - wahrscheinlich durch ein Tunnelsystem - in die Große Halle des Volkes und in das Museum für chinesische Revolutionsgeschichte am Tiananmen-Platz eingezogen sein**

Die Nacht vom 25. auf den 26. Mai ist *Radio Beijing* zufolge die ruhigste seit Verhängung des Ausnahmezustands gewesen. Der Sitzstreik der Studenten dauert bereits zwei Wochen an. Die Zahl der Beijinger Studenten auf dem Platz nimmt ab, derzeit stammen mehr als 50% der anwesenden Hochschüler aus anderen Städten. Die meistdiskutierte Frage unter den Studenten ist die, ob sie den Platz verlassen sollten. Bis auf zwei Dutzend sind die Busse, die den Studenten zur Verfügung gestellt worden waren, verschwunden. Dies soll auf eine Vereinbarung zwischen den Studenten und den zuständigen Behörden zurückgehen. (*Radio Beijing*, 26.5.89, nach SWB, 31.5.89)

Bei Temperaturen von 33 Grad Celsius am Nachmittag ziehen sich viele Studenten in den Schatten der Großen Halle des Volkes oder der Bäume vor dem Geschichtsmuseum zurück. Viele Zuschauer sind gegangen. Der stellvertretende Leiter des Hauptbüros des Nationalen Roten Kreuzes erklärt, daß sich die sanitären Bedingungen auf dem Platz weiter verschlimmerten. Fälle von Hepatitis, Ruhr und Bindehautentzündung seien bereits aufgetreten, hätten sich aber zum Glück noch nicht verbreitet. Er fürchte vor allem, daß diese Infektionskrankheiten von den aus anderen Städten gekommenen Studenten dorthin geschleppt werden könnten. (*Radio Beijing*, 26.5.89, nach SWB, 31.5.89)

Der Tiananmen-Platz ist dabei, sich von Tag zu Tag mehr in einen Slum zu verwandeln. Die Hitze beschleunigt diesen Prozeß. Ermüdungserscheinungen sind auf dem Platz allerorts zu spüren. Eine Studentin aus Shandong sagt vorwurfsvoll: "Wer hier ausharrt, sind vor allem Aktivisten aus der Provinz, während nicht wenige Beijinger Studenten glauben, sich auf dem Campus ausruhen zu müssen." Eine junge Beijinger Lehrerin tritt hinzu und gibt zu verstehen, sie sehe jetzt ihre Hauptaufgabe darin, "meine Schüler in die Schule zurückzuholen". Auf der Suche nach Studentenführern zwischen Zelten und Müllhaufen finden sich erstaunlich viele Aktivisten, die zum erstenmal Wert auf die Feststellung legen, niemand könne und dürfe für sich in Anspruch nehmen, Führer der Bewegung zu sein. Die Frage, wer denn für die nach wie vor beeindruckende Disziplin und Organisation sorge, wird mit einem nachsichtigen Achselzukken beantwortet. Ein Student erklärt, während der Nacht seien mit dem Blick auf die Zukunft der Bewegung gegen Korruption und für Demokratie insgesamt vier Möglichkeiten erwogen worden: Wie bisher weiterzumachen, die Botschaft zunächst einmal in die einzelnen Provinzen zu tragen, fortan in den Universitäten für die Anliegen der Bewegung zu kämpfen, auf dem Tiananmen-Platz zum Rückzug zu blasen. Ein Fünftel der Befragten habe sich für das Weitermachen in der gegenwärtigen Form ausgesprochen, mehr als 50% hingegen dafür, erst einmal für größere Unterstützung auf dem flachen Land zu werben. Kurz darauf aber ertönt aus den Lautsprechern: "Die ganze Welt blickt auf Beijing und Beijing auf den Tiananmen-Platz. Wir werden unseren Kampf hier fortsetzen." Zu diesem Zeitpunkt sind rund um das Denkmal der Volkshelden schätzungsweise 10.000 Demonstranten zu zählen. (W. Adam, in: FAZ, 22.5.89)

Die überwältigende Mehrheit der Studenten stimmt für die Fortführung der Besetzung des Platzes. (ap, upi, nach IHT, 27./28.5.89) Studenten halten eine Sitzung ab, um zu entscheiden, wie auf die harte Linie der Regierung zu reagieren sei. Die Mehrheit zeigt sich entschlossen, die Protestkundgebungen fortzusetzen, bis die Führung ihre Forderungen nach einem im Fernsehen übertragenen Dialog über Pressefreiheit und politische Reformen erfüllt habe. (R. Thomson, P. Ellingsen, in: FT, 27.5.89)

Obwohl die Zahl der Studenten auf dem Platz auf etwa 20.000 zurückgegangen ist, erklären Studentenführer, sie seien weiterhin zum Bleiben entschlossen. Ein Studentenführer der Qinghua-Universität, der nur die zweite Silbe seines Vornamens angibt, "Xin" [möglicherweise handelt es sich um Wang Zhixin, der allerdings an der Hochschule für Politik und Recht studiert], erklärt vom Denkmal der Helden des Volkes herab: "Es wird immer komplizierter. Wir können nicht feststellen, welche Absichten die Führung hat, doch wir werden den Platz nicht verlassen. Zhao Ziyang war ziemlich aufgeschlossen. Wir sahen in ihm nicht den Retter von ganz China, aber er war fähiger als Li Peng." Seine Absetzung habe die Entschlossenheit der Studenten nicht geschwächt, bis zur Abdankung Li Pengs auf dem Platz zu bleiben, weil "jeder im Lande auf den Platz schaut. Wenn wir gingen, würden wir ihre Hoffnungen verraten." (ap, nach TN, 27.5.89)

Auf der Chang'an-Allee fließt der Verkehr gänzlich ungestört. Auf den Kreuzungen dirigieren wieder Verkehrspolizisten den Verkehr. (W. Adam, in: FAZ, 22.5.89)

In dieser Woche haben die Spenden Hongkonger Schüler und Studenten für die Beijinger Studenten überraschende Größenordnungen erreicht. Inzwischen sind schon etwa zehn Millionen Hongkong-Dollar auf den verschiedensten Konten für diese Zwecke eingezahlt worden. Sie werden über das Rote Kreuz nach Beijing transferiert werden. (P.O., in: FAZ, 27.5.89)

26. Mai 1989

Die Regierung der Stadt Beijing fordert in einem Rundschreiben alle Krankenhäuser und die Gesundheitsbehörde der Stadt auf, ihr Bestes zu tun, damit die Gesundheit der durch den Hungerstreik geschwächten Studenten rasch wiederhergestellt werde. Die meisten seien inzwischen zwar in die Hochschulen zurückgekehrt, doch einige von ihnen seien noch schwach und benötigten Zeit, sich zu erholen. (RMRB, 28.5.89)

In den Hochschulen und Universitäten Beijings herrscht Ruhe. Die Zahl der Studenten, die in den Bibliotheken arbeiten, ist beträchtlich gestiegen. In der Bibliothek der Volksuniversität sitzt jedoch nur ein Viertel bis ein Fünftel der üblichen Studenten. (*Radio Beijing*, 26.5.89, nach SWB, 31.5.89)

Einem Bericht der *Beijing-Tageszeitung* zufolge sind zwischen dem 16. und 26. Mai etwa 172.000 Studenten mit dem Zug nach Beijing gekommen, während 86.000 die Heimreise mit der Bahn angetreten haben. Zur Zeit kommen täglich etwa 16.000 Studenten mit dem Zug in Beijing an. Sie stellen für den Bahnverkehr eine ernste Belastung dar. Die Studenten stoppen Passagierzüge und besetzen gewaltsam Sitze. Zuggäste beschweren sich, daß sie mit ihrem Fahrschein nicht in den Zug gelangten. Ausländische Touristen und Überseechinesen finden ihre reservierten Plätze besetzt. Im Raum Beijing mußten 22 Passagier- und Güterzüge ausgesetzt werden. 85 abfahrende und 353 ankommende Züge hatten Verspätung. In den vergangenen Tagen konnten etwa 50.000 Reisende am Tag ihre Reise nicht antreten. Das Ministerium für Eisenbahnwesen verliert täglich 500.000 Yuan. Statistiken zufolge sind derzeit Studenten aus mehr als 400 Universitäten und Hochschulen des Landes auf dem Tiananmen-Platz, außerdem Studenten von naturwissenschaftlichen höheren Schulen. (*Beijing Ribao*, ohne Datum, nach *Xinhua*, 27.5.89, nach SWB, 30.5.89)

Demgegenüber berichtet *China Daily* unter Berufung auf einen Funktionär des Ministeriums für Eisenbahnwesen, daß in den letzten Wochen Studenten in "sechsstelliger Zahl" von außerhalb nach Beijing gekommen seien. Der Funktionär habe sich geweigert, die genaue Zahl anzugeben. Weiter habe er erklärt, daß der reguläre Personen- und Frachtverkehr auf der Schiene durch die vielen Studenten kaum beeinträchtigt worden sei. Ihm zufolge haben sich bis heute etwa 100.000 von ihnen mit dem Zug auf den Rückweg gemacht. (CD, 27.5.89) Mehrere Sonderzüge für Studenten werden eingesetzt, vor allem auf der Linie Beijing-Guangzhou. Aus der Hauptstadt abreisende Studenten werden wegen des begrenzten Platzes in den Zügen gegenüber gewöhnlichen Fahrgästen bevorzugt abgefertigt. (CD, 27.5.89)

Aus chinesischen und diplomatischen Kreisen verlautet, daß Zhao Ziyang seines Postens als Generalsekretär der KPCh enthoben und unter Hausarrest gestellt worden sein soll. Auch Verteidigungsminister Qin Jiwei soll seit einer Woche einer Art Hausarrest unterworfen sein, weil er sich wie Zhao Ziyang gegen die Verhängung des Ausnahmezustands gewandt habe. Der für Ideologie und Propaganda zuständige ständige ZK-Sekretär Hu Qili und der stellvertretende Ministerpräsident Tian Jiyun sollen gleichfalls in Schwierigkeiten sein (ap, upi, nach IHT, 27./28.5.89), dazu der Berater von Zhao Ziyang, Bao Tong, der General Hong Xuezhi, der Mitglied der Militärkommission ist (F. Deron, in: Le Monde, 27.5.89), und der Vorsitzende des NVK Wan Li (dpa, rtr, nach HAB, 27./28.5.89). Wan Li, der nach einem vorzeitig abgebrochenen Besuch der Vereinigten Staaten nach China zurückgekehrt ist, soll sich nicht aus freien Stücken in einem Shanghaier Krankenhaus befinden, sondern dort festgehalten werden. (W.A., in: FAZ, 27.5.89) Weiter heißt es, Zhao Ziyang werde von den Konservativen vorgeworfen, er habe die Partei gespalten, zu Unruhen angestiftet, Parteigeheimnisse verraten, sei in Korruption verwickelt und habe Deng Xiaopings Verdienste um die zehn Jahre der Wirtschaftsreform für sich in Anspruch genommen. (ap, upi, 27./ 28.5.89)

In einem Bericht der *Volkszeitung* über eine Pressekonferenz des Außenministeriums vom Vortag wird die Erklärung weggelassen, es habe keine Änderungen in der Parteiführung gegeben und Zhao Ziyang sei weiterhin Generalsekretär der KPCh. (RMRB, 26.5.89) - Vergleiche 25. Mai.

Wie das chinesische Fernsehen berichtet, werden Parteimitgliedern und Soldaten in langen Sitzungen Filme mit den Reden Li Pengs und Yang Shangkuns vom 19. Mai vorgeführt. Das Fernsehen bringt Bilder, die zur "Wiederherstellung von Ruhe und Ordnung" in Beijing stationierte Soldaten dabei zeigen, wie sie den Erklärungen von Politkommissaren zuhören. (ap, nach taz, 29.5.89)

Unter Leitung seines Vorsitzenden Chen Yun tritt der Ständige Ausschuß der Zentralen Beraterkommission zusammen und studiert die Richtlinien, die vom ZK der KPCh und vom Staatsrat zur Bekämpfung des Aufruhrs und zum Schutz der gesellschaftlichen Stabilität erlassen worden sind. Alle Anwesenden erklären einstimmig ihre volle Unterstützung für die Reden Chen Yuns, Li Pengs und Yang Shangkuns sowie für die korrekte Entscheidung und die entschlossenen Maßnahmen des Staatsrats zur Beendigung des Aufruhrs und zur Stabilisierung der Lage. Die Studentenproteste seien "kein Zufall", sondern das Ergebnis "ideologischer Schwäche" und mangelnder Erziehung im Marxismus-Leninismus. Die sehr kleine Anzahl von Menschen, die Aufruhr anzettelten, müsse entlarvt und bekämpft werden; man dürfe ihnen nicht nachgeben. Weiter erklären sie, daß die "lobenswerte" patriotische Begeisterung der überwältigenden Mehrheit der jungen Studenten bejaht werden müsse. Gleichzeitig hoffe man, daß die Studenten an ihrer Liebe zur Partei und zum Land festhalten und rasch in die Universitäten zurückkehren würden, um dort die Fähigkeiten zu erwerben, die sie für die große, ihnen von der Geschichte gestellte Aufgabe benötigten: den Aufbau der Zukunft des Vaterlands. Fünf Mitglieder des Ständigen Ausschusses der Zentralen Beraterkommission entschuldigen ihr Fernbleiben mit Krankheit oder anderweitigen Angelegenheiten: Li Yimang, Li Desheng, Zhang Aiping, Huang Hua und Cheng Zihua. (RMRB, 27.5.89) - Da von ihnen lediglich Cheng Zihua seine Unterstützung für den harten Kurs der Zentrale erklärt (per Telegramm), kann davon ausgegangen werden, daß die vier erstgenannten Partei- und Armeeveteranen diesen Kurs nicht billigen und deshalb der Sitzung des Ständigen Ausschusses der Zentralen Beraterkommission ferngeblieben sind.

Zumindest zwei der fünf sind als Gegner der harten Linie Li Pengs bekannt: der frühere Verteidigungsminister General Zhang Aiping und der frühere Außenminister Huang Hua. (F. Deron, in: LM, 29.5.89)

Das Fernsehen unterbricht am Abend sein Programm, um über dieses Treffen des Ständigen Ausschusses der Zentralen Beraterkommission zu berichten. Die 22 alten Herren, angeführt vom 84jährigen Chen Yun, der die letzten Monate dem Tode nahe im Krankenhaus verbracht haben soll, werden nicht in einem Filmbericht gezeigt. Die Zuschauer sehen nur Photos von den Teilnehmern, während die von ihnen abgegebene Erklärung kommentiert wird. (R. Thomson, in: FT, 27.5.89)

Das Oberste Volksgericht und die Oberste Staatsanwaltschaft Chinas, die Disziplinkontrollkommission des ZK der KPCh sowie eine ganze Reihe von Ministerien und Zentralen Kommissionen unterstützen die Entscheidung des ZK und des Staatsrats, dem Aufruhr Einhalt zu gebieten und die öffentliche Ordnung wiederherzustellen. (RMRB, 27.5.89) Nach wie vor liegen über das Verteidigungsministerium keine derartigen Meldungen vor.

Die Führungsgruppe der Partei an der Akademie für Sozialwissenschaften erklärt dem ZK der KPCh und dem Staatsrat ihre Unterstützung. (RMRB, 30.5.89)

Das Arbeitskomitee der dem ZK der KPCh direkt unterstellten Organe fordert diese in einem dringlichen Rundschreiben auf, dafür zu sorgen, daß alle Parteimitglieder die Parteidisziplin wahren, nicht an Demonstrationen und ähnlichen Aktivitäten teilnehmen und zur Durchsetzung des Ausnahmezustands beitragen. Die Parteimitglieder sollten auch ihre Angehörigen davon abhalten, auf die Straße zu gehen, auf dem Tiananmen-Platz zu demonstrieren oder an den sogenannten Unterstützungsaktivitäten teilzunehmen. (*Radio Shanghai*, 26.5.89, nach SWB, 29.5.89)

Peng Zhen, der frühere Vorsitzende des Ständigen Ausschusses des NVK, trifft am Nachmittag mit sieben stellvertretenden Vorsitzenden des NVK zusammen, die gleichzeitig Führer demokratischer Parteien bzw. der Nationalen Vereinigung der Industriellen und Kaufleute sind. Dabei hält Peng Zhen die folgende Rede.

DOKUMENT

Mit der Verfassung und den Gesetzen das Denken vereinheitlichen
- Rede von Peng Zhen auf einem Forum mit Verantwortlichen einiger demokratischer Parteien vom 26. Mai 1989

Heute habe ich im Auftrag des Zentralkomitees einige alte Kampfgefährten, Genossen und Freunde zu einem Gespräch und Meinungsaustausch eingeladen.

Die Motive der jüngsten Studentendemonstrationen sind gut, rein, gutherzig und konstruktiv. Ihre Ziele sind es, die Mängel und Versäumnisse in unserer

Arbeit zu überwinden und die Angelegenheiten des Staates und die sozialistische Sache noch besser zu machen. Dies stimmt mit unseren Forderungen überein. Jedoch sind die von ihnen angewandten Mittel und Methoden nicht ganz angemessen. Dies liegt nicht an den Kindern. Erstens sind sie mit dem Gesetz nicht oder kaum vertraut. Zweitens fehlt es ihnen an politischer Erfahrung, und sie lassen es an Wachsamkeit gegenüber den boshaften Absichten einer sehr kleinen Minderheit von Verschwörern und üblen Menschen fehlen, die die Gelegenheit nutzen und den Aufruhr schüren. Da haben wir alten Genossen die Pflicht, ihnen zu helfen und sie zu ermahnen. Täten wir dies nicht, würden wir den Kindern einen schlechten Dienst erweisen.

Gegenwärtig herrscht ideologisch ein ziemliches Durcheinander. Es gibt die unterschiedlichsten Parolen, die unterschiedlichsten Meinungen und Vorschläge, die unterschiedlichsten Programme usw. Wenn sich diese Probleme noch weiter in die Länge ziehen, können sie nicht gelöst werden. Wie können wir das Denken vereinheitlichen? Wir haben die Verfassung und die Gesetze, und wir müssen mit den Tatsachen als Beweisen und mit der Verfassung und den Gesetzen als Richtlinien das Denken vereinheitlichen. Wir dürfen nicht noch einmal wie während der "Kulturrevolution" zulassen, daß "der Mönch den Schirm aufspannt und den Gesetzen trotzt". Haben wir denn nicht schon genügend Leid erfahren? Wollen wir denn zulassen, daß sich die Katastrophe wiederholt? Wenn ich so spreche, dann bedeutet das keinesfalls, daß ich die Bestrafung von unschuldigen Studenten und anderer gutherziger Menschen befürworte. Bei ihnen stellt sich die Frage der Bestrafung nicht. Mit der sehr kleinen Minderheit von Verschwörern und üblen Menschen wird jedoch anders verfahren werden. Die Volksbefreiungsarmee ist keinesfalls gekommen, um gegen die Studenten vorzugehen.

Um das Denken zu vereinheitlichen, werde ich jetzt über die betreffenden Bestimmungen der Verfassung und der Gesetze sprechen.

1. Der Artikel 1 der Verfassung besagt, daß die Volksrepublik China von der Arbeiterklasse geführt wird und nicht von der Bourgeoisie. Sie steht auch nicht unter der gemeinsamen, gleichberechtigten Führung der Arbeiterklasse und der Bourgeoisie. Außerdem beruht die Volksrepublik China auf dem Bündnis der Arbeiter und Bauern und nicht auf irgendeiner anderen Klasse oder Schicht. Hier herrscht die demokratische Diktatur des Volkes und nicht die Diktatur der Bourgeoisie und schon gar nicht die Diktatur der Grundherrenklasse. Wir sind ein sozialistischer Staat und kein kapitalistischer Staat. Wer in unserem Land bürgerliche Liberalisierung betreibt, verstößt gegen die Verfassung und handelt auch gegen die grundlegenden Interessen aller Nationalitäten des ganzen Landes sowie gegen die Position der Partei. Die Beschlüsse der 6. Plenartagung des XII. ZK haben deutlich hervorgehoben: "Bürgerliche Liberalisierung betreiben bedeutet, das sozialistische System zu negieren und für das kapitalistische System einzutreten. Dies verstößt grundsätzlich gegen die Interessen des Volkes und gegen die historische Strömung und wird entschieden von den breiten Massen des Volkes bekämpft." Die Vereinheitlichung des Denkens ist das Hauptprogramm. Wenn dieser Punkt nicht geklärt wird, wenn das Denken nicht ver-

einheitlicht werden kann, dann können die Probleme nicht gelöst werden. Die Probleme innerhalb der Partei haben auch hier ihren Ursprung.

2. Hat sich in den letzten mehr als vier Wochen in der Hauptstadt ein Aufruhr ereignet oder nicht? Ja. Ein Blick auf die Tatsachen und die Gesetze zeigt das deutlich. Artikel 35 der Verfassung besagt, daß die Bürger die Freiheit der Durchführung von Straßenumzügen und Demonstrationen genießen. Legale Straßenumzüge und Demonstrationen sind kein Aufruhr. Aber es gibt da noch einen Artikel. Der Artikel 51 der Verfassung besagt, daß die Bürger bei der Wahrnehmung ihrer Freiheiten und Rechte weder die Interessen des Staates, der Gesellschaft und des Kollektivs noch die rechtmäßigen Freiheiten und Rechte anderer Bürger verletzen dürfen. Die Artikel 2, 158 und 159 des Strafgesetzbuches verbieten es, daß irgendjemand irgendwelche Maßnahmen ergreift, die die gesellschaftliche Ordnung, die Ordnung von Produktion, Arbeit, Lehre und Forschung und des Alltagslebens der Volksmassen stören. Jetzt lärmen sie so, daß nicht einmal mehr die Staatsgeschäfte normal abgewickelt werden können. Selbst die Begrüßungszeremonie für Gorbatschow und die Empfangsaktivitäten konnten nicht normal durchgeführt werden. Sie lärmen so, daß selbst Spaziergänge und der Weg von und zur Arbeit zu Problemen werden. Was besteht da noch für eine Ordnung in der Stadt? Wer kann da noch behaupten, daß die Interessen des Staates und der Gesellschaft nicht verletzt würden. Ist das noch kein Aufruhr? Wenn von uns hier jemand behauptete, daß diese Aktionen kein Aufruhr seien, so wäre das tatsächlich genauso, als würde er dazu ermuntern, daß man überall im Land so lärmen könne wie in Beijing. Wie könnten dann die Reform, die Öffnung und der Aufbau der sozialistischen Modernisierung noch durchgeführt werden? Es muß jedoch streng zwischen der sehr kleinen Minderheit von Leuten, die den Aufruhr anzetteln und provozieren, und den Studenten mit reinen Motiven und anderen gutherzigen Menschen unterschieden werden.

3. Ist die Entscheidung des Staatsrats, über einige Bezirke der Hauptstadt den Ausnahmezustand zu verhängen, legal? Es gibt Leute, die sagen, der Staatsrat hätte nicht das Recht dazu und der Ständige Ausschuß des Nationalen Volkskongresses müsste den Befehl des Staatsrats zur Verhängung des Ausnahmezustands aufheben. Unter diesen Leuten gibt es einige, die mit der Verfassung nicht vertraut sind oder sie mißverstehen, und andere mit bösen Hintergedanken. Paragraph 16 des Artikels 89 der Verfassung besagt, daß der Staatsrat das Recht hat, über die Verhängung des Ausnahmezustands in Teilen von Provinzen, Autonomen Regionen und provinzfreien Städten zu entscheiden. Die Gesamtfläche der Stadt Beijing beträgt etwa 16.000 oder 17.000 Quadratkilometer. Das Gebiet, über das der Ausnahmezustand verhängt wurde, umfaßt nicht mehr als etwa 1.000 Quadratkilometer. Der Beschluß des Staatsrats, zum Schutz der Verfassung, der gesellschaftlichen Ordnung in der Hauptstadt, der Ordnung von Produktion, Arbeit, Lehre und Forschung und des Alltagslebens der Volksmassen den Ausnahmezustand über einige Bezirke der Hauptstadt zu verhängen, war völlig legal, notwendig und korrekt. Paragraph 7 des Artikels 67 der Verfassung besagt, der Ständige Ausschuß des Nationalen Volkskongresses

habe das Recht, administrative Verordnungen und Vorschriften, Entscheidungen und Anordnungen des Staatsrats, die im Widerspruch zur Verfassung und zu den Gesetzen stehen, aufzuheben. Bitte beachtet, hier heißt es "im Widerspruch" zur Verfassung und zu den Gesetzen, und nichts anderes. Der Erlaß des Staatsrats über die Verhängung des Ausnahmezustands steht vollkommen in Einklang mit der Verfassung und den Gesetzen und steht nicht im geringsten Widerspruch zur Verfassung und den Gesetzen. Wie könnte ihn der Ständige Ausschuß des Nationalen Volkskongresses da nicht unterstützen?

4. Jede Organisation und jede Einzelperson muß die Verfassung und die Gesetze einhalten. Die Verfassung besagt, "die Volksmassen aller Nationalitäten, alle Staatsorgane und die Streitkräfte, alle politischen Parteien und gesellschaftlichen Organisationen und alle Betriebe und Institutionen des Landes müssen die Verfassung zur grundlegenden Richtlinie ihres Handelns erheben" [Präambel], "müssen die Verfassung und die Gesetze einhalten", "jede Handlung, die der Verfassung oder den Gesetzen zuwiderläuft, muß untersucht werden", "keine Organisation und kein Individuum darf das Privileg genießen, die Verfassung und die Gesetze zu überschreiten" [Artikel 5]. Die Kommunistische Partei Chinas hat in ihrem Parteistatut ebenfalls deutlich festgelegt, daß "die Partei im Rahmen der Verfassung und der Gesetze handeln muß". Unter die Staatsorgane fallen sowohl der Staatsrat und als auch der Ständige Ausschuß des Nationalen Volkskongresses. Unter "alle politischen Parteien" fallen sowohl die Kommunistische Partei Chinas als auch alle demokratischen Parteien. Unter die Einzelpersonen fallen sowohl die einfachen Leute als auch die Führer von Partei und Staat. Vor dem Gesetz sind alle Menschen gleich. Jeder muß im Rahmen der Verfassung und der Gesetze handeln, keiner hat das Privileg, die Verfassung und die Gesetze zu überschreiten. Einige Leute reden ständig vom Rechtssystem, doch in Wirklichkeit trampeln sie auf der Verfassung und den Gesetzen herum und stiften auch noch andere Leute dazu an, gegen die Verfassung und die Gesetze zu verstoßen. Ich bitte die Studenten und die Massen aller Schichten um erhöhte Wachsamkeit.
(RMRB, 30.5.89)

Die stellvertretenden Vorsitzenden des Ständigen Ausschusses des NVK äußern ihre große Sorge über die gegenwärtige Situation und erklären, daß das Land in diesem kritischen Moment an der Führung der KPCh festhalten müsse und daß alle demokratischen Parteien ihre Zusammenarbeit mit der KPCh verstärken müßten. Einige der sieben äußern die Ansicht, daß die patriotische Begeisterung der breiten Masse der Studenten vollständig bejaht und entschlossen geschützt werden müsse. Zu vielen wichtigen Fragen würden sie vernünftige Forderungen stellen. Man müsse zwischen einer sehr, sehr kleinen Minderheit und der überwältigenden Mehrheit der Studenten unterscheiden.

Am Ende des Treffens erklärt Peng Zhen, man sollte die Tatsachen als Grundlage und die Gesetze als Kriterien nehmen, um ideologische Einheit herzustellen. Man müsse am Rechtssystem festhalten und dürfe nicht die Herrschaft von

Personen praktizieren, niemand dürfe sich über Verfassung und Recht stellen. Man müsse die Studenten hegen und pflegen. Er hoffe, daß alle über Wege nachdächten und ihren Beitrag leisteten, [um zu erreichen] daß die Studenten und die Gesamtheit der Massen sich gemeinsam um Partei und Regierung scharen, der "Aufruhr" beendet, die Ordnung wiederhergestellt, die Arbeit verbessert, die Schwierigkeiten überwunden und die nationalen Aufgaben gut ausgeführt würden. (RMRB, 30.5.89) - Erstaunlich ist, daß der Bericht und die Rede erst am 30. Mai in der *Volkszeitung* veröffentlicht wird.

Die *Zeitung der Volksbefreiungsarmee* berichtet, daß die Soldaten und Offiziere der zur Durchsetzung des Ausnahmezustands nach Beijing beorderten Truppen überzeugt seien, sie würden das Verständnis der Einwohner gewinnen. Ein Jeep, der am Donnerstag abends den Reporter einer Militärzeitung zu seiner Abteilung gebracht habe, sei von den Einwohnern nicht blockiert worden. Gegenwärtig befänden sich die von außerhalb herangezogenen Truppen seit sieben Tagen im Gebiet um die Stadt und warteten auf weitere Befehle. Über 600 Soldaten würden noch immer auf einem Schulhof blockiert und sprächen mit Studenten, obwohl sie 100 Stunden ohne Nahrung verbracht hätten. Alle Truppen, die zur Durchsetzung des Ausnahmezustands nach Beijing gerufen worden sind, hätten den Annalen der dem Volke dienenden Armee weitere illustre Kapitel hinzugefügt. Einige hätten am Verteidigungskrieg gegen Vietnam teilgenommen, andere an Katastrophen- und Waldbrandbekämpfung. "Wir sind die Armee des Volkes und werden dem Volke dienen, wie wir es in der Vergangenheit getan haben. Wie könnten wir auf unser eigenes Volk schießen", erklärt ein Offizier dem Reporter der Armee-Zeitung. (*Jiefangjun Bao*, 26.5.89, nach CD, 27.5.89)

Das *Beijinger Fernsehen* zeigt Beispiele für die "harmonischen Beziehungen zwischen den mit der Durchsetzung des Ausnahmezustands betrauten VBA-Einheiten und dem Volk": Soldaten, die - im Geist Lei Fengs - für die Bevölkerung Reinigungsarbeiten durchführen und vor Ortsansässigen und Studenten militärisches Training demonstrieren, Verkäufer, die eine Einheit mit Getreide und Gemüse versorgen. Weiter heißt es in dem Bericht, daß eine Einheit, die zwecks Durchsetzung des Ausnahmezustands nach Beijing gerufen worden sei, zunächst unter "sehr harten Lebensbedingungen" litt, nachdem sie die Vororte Beijings erreicht hatte. Daraufhin habe die Lokalregierung sofort eine Arbeitsgruppe gebildet, die die Versorgung der Einheit mit Lebensmitteln, Heizmaterial und Medikamenten gewährleiste. (*Beijing-TV*, 26.5.89, nach SWB, 31.5.89)

Am Abend besuchen Li Ximing, Mitglied des Politbüros des ZK der KPCh und Sekretär des Beijinger Parteikomitees, Chen Xitong, Bürgermeister von Beijing und Mitglied des Staatsrats, sowie andere Partei- und Regierungsvertreter der Stadt Beijing VBA-Einheiten, die zur Durchsetzung des Ausnahmezustands eingesetzt sind, Offiziere und Soldaten der Bewaffneten Volkspolizei, Kader der Behörde für Öffentliche Sicherheit und Polizisten. Sie loben den Einsatz der Kommandeure und Soldaten in diesem "ernsten politischen Kampf", der mit dem künftigen Schicksal von Staat und Nation in Zusammenhang stehe, und äußern die Überzeugung, daß die Soldaten am Ende Verständnis und Unterstützung bei der Stadtbevölkerung und den Studenten finden und ihre Aufgabe, den Ausnahmezustand durchzusetzen, erfolgreich durchführen würden. Außerdem senden das Parteikomitee und die Regierung der Stadt Beijing den für die Durchsetzung des Kriegsrecht zuständigen Truppen, der Bewaffneten Volkspolizei, den Sicherheitsbeamten und Polizisten ein Anerkennungsschreiben. (RMRB, 28.5.89)

Noch immer steht ein Zug, in dem sich mindestens 1.000 Soldaten befinden, im Beijinger Hauptbahnhof. (C. Rosett, in: AWSJ, 29.5.89)

Nach Informationen der von der KPCh kontrollierten Hongkonger Zeitung *Wen Hui Bao* sind um die Stadt Beijing herum 200.000 Soldaten massiert. Gemäß dem Einzugsplan des Militärs sollen zunächst das 38. und das 27. Armeekorps in Beijing einrücken. Danach soll dann das 65. Armeekorps folgen. Im Militärmuseum, in der Großen Halle des Volkes, im Museum für Chinesische Revolutionsgeschichte, im Sun-Yatsen-Park, im Lagerhaus neben dem Beijinger Hauptbahnhof und in der U-Bahn neben dem Tiananmen-Platz sollen bereits viele Soldaten stationiert sein, die sofort einsatzfähig sind. (WHB, 27.5.89, nach SWB, 29.5.89) - Wahrscheinlich sind die Soldaten z.T. über geheime Tunnelsysteme in ihre neuen Stellungen im Stadtzentrum gelangt.

Diplomaten berichten, in der Umgebung der Hauptstadt hätten frische Truppen Stellung bezogen. Dazu gehöre auch ein Eliteverband der Luftlandetruppen aus Kaifeng. Aus Shenyang berichten ausländische Einwohner, Einheiten des 40. und 64. Armeekorps seien auf dem Marsch nach Beijing. (dpa, rtr, nach HAB, 27./28.5.89)

Nennenswerte Protestaktionen hat es in dieser Woche neben Shanghai in fast allen anderen Städten südlich von Beijing gegeben, etwa in Nanjing, Hangzhou und Guangzhou. Selbst in wesentlich kleineren Orten ist derzeit zumindest im südlichen, küstennahen China Unruhe zu spüren. Vielerorts haben Jugendliche versucht, Straßensperren aufzubauen, um einer Ausdehnung des Ausnahmezustands von Beijing auf das übrige Land vorzubeugen. Außerhalb Beijings und Shanghais scheint es sich aber überall um örtliche, spontane Demonstrationen und Blockaden zu handeln. Von straffer Organisation kann nicht die Rede sein. Insofern gibt es außer dem alles vereinenden Ziel, Li Peng zu stürzen, auch wenig Gemeinsamkeiten. Vielfach sind es gerade lokale Verbesserungen der Lebensbedingungen, für die die Studenten und Arbeiter eintreten. (P.O., in: FAZ, 27.5.89)

Shanghai
Zuständige Behörden in Shanghai fordern die Hochschulen auf, ihre Studenten im Geist des Nationalstolzes zu erziehen, damit sie nicht - wie im Zuge der derzeitigen Unruhen geschehen - ausländische Geschäftsleute und Besucher um Geldspenden angehen. (*Radio Shanghai*, 27.5.89, nach SWB, 1.6.89) Die Regierung der Stadt Shanghai verbietet "das Stürmen von Bahnhöfen und Besteigen von Zügen nach Beijing ohne Fahrkarte" und fordert strenge Fahrkartenkontrollen. (*Xinhua*, 27.5.89, nach SWB, 1.6.89)

Anhui
Die Regierung der Provinz Anhui erläßt ein Rundschreiben, in dem sie harte Maßnahmen gegen Studenten ankündigt, die Bahnhöfe und Züge stürmen, Gleise blockieren usw. (*Radio Anhui*, 27.5.89, nach SWB, 1.6.89)

Hubei
Das Büro des Radio- und Fernsehsenders Hubei sowie das Büro für kulturelle Angelegenheiten der Provinz Hubei geben eine gemeinsame Erklärung heraus: Am Nachmittag des 25. Mai haben in Wuhan einige Personen mit Spruchbändern an Demonstrationen teilgenommen, auf denen die Namen der obengenannten Büros standen, und im Namen dieser Büros Flugblätter verteilt. Die beiden Büros erklären, daß keiner ihrer Angestellten oder Arbeiter an Demonstrationen teilgenommen oder im Namen der Büros Flugblätter verteilt habe. (*Radio Hubei*, 26.5.89, nach SWB, 30.5.89)

Die Regierung der Provinz Hubei kündigt strenge Maßnahmen gegen Studenten an, die sich ohne Fahrkarte einen Platz in Zügen nach Beijing erzwingen, wie es in einigen Städten der Provinz geschehen sei. (*Radio Hubei*, 26.5.89, nach SWB, 1.6.89)

Hunan
Etwa 100 Studenten der Pädagogischen Hochschule Xiangtan besteigen in Xiangtan ohne Fahrkarten den Zug Guiyang-Beijing. In Changsha werden sie von Sicherheitsbeamten und dem Bahnhofspersonal überredet, den Zug zu verlassen. (*Beijing-TV*, 29.5.89, nach SWB, 1.6.89)

Jilin
Auf dem Bahnhof von Changchun versammeln sich einige Studenten, die nach Beijing fahren wollen. Die meisten von ihnen lassen sich davon abraten und kehren in ihre Hochschulen zurück. (*Radio Jilin*, 27.5.89, nach SWB, 1.6.89)

Liaoning
Die Regierung der Provinz Liaoning kündigt strenge Maßnahmen gegen Studenten an, die sich ohne Fahrkarten einen Platz in Zügen nach Beijing erzwingen, wie es in einigen Städten der Provinz geschehen sei. (*Radio Liaoning*, 27.5.89, nach SWB, 1.6.89)

Shandong
Die Regierung der Provinz Shandong kündigt strenge Maßnahmen gegen Studenten an, die sich ohne Fahrkarte einen Platz in Zügen nach Beijing erzwingen, wie es in einigen Städten der Provinz geschehen sei. (*Radio Shandong*, 27.5.89, nach SWB, 1.6.89)

Zhejiang
Seit dem 20. Mai sind über 5.000 Studenten der Provinz Zhejiang aus Beijing zurückgekehrt. (*Radio Zhejiang*, 26.5.89, nach SWB, 1.6.89)

Um 17.00 Uhr findet auf der Yan'an-Straße, einer der Hauptstraßen in Hangzhou, wieder eine große Demonstration statt. Linienbusse müssen am Straßenrand stehenbleiben, wodurch genau zur Hauptverkehrszeit ein gewaltiger Stau entsteht. (K. Forster, "Impressions...", S. 108)

27. Mai 1989, Samstag

- Eine gemeinsame Versammlung autonomer Gruppen beschließt, den Tiananmen-Platz am 30. Mai zu räumen
- Die auswärtigen Studenten halten sich nicht an diesen Beschluß und wollen ihren Sitzstreik auf dem Tiananmen-Platz bis zum 20. Juni fortsetzen
- Die auswärtigen Studenten beeinflussen zunehmend den Verlauf der Beijinger Studentenbewegung
- Li Xiannian beschuldigt "bestimmte einzelne Personen innerhalb der Führungsschicht unserer kommunistischen Partei", für die gegenwärtige Lage verantwortlich zu sein
- Wan Li erklärt in einer schriftlichen Stellungnahme seine volle Unterstützung für Li Peng und Yang Shangkun
- Die nach Beijing beorderten Truppen sind in Stellungen gebracht worden, die zwei Einkreisungsringe um die Hauptstadt bilden

Radio Shanghai berichtet über die Lage in Beijing am heutigen Tag: Auf den Straßen herrscht Ruhe, es sind keine Demonstranten zu sehen. Abgesehen vom Tiananmen-Platz und von den Hochschulen ist offenbar überall wieder Ordnung eingekehrt. Es gibt aber Anzeichen, daß einige Leute erneut "sogenannte Aktionen zur Unterstützung der Studenten" planen. Nachdem angesehene Parteiveteranen ihre Unterstützung für den Beschluß des ZK erklärt haben, sind die breiten Massen allmählich "besonnener" geworden. Viele Einheiten organisieren das Studium der Reden Li Pengs und Yang Shangkuns vom 19. Mai, um ein einheitliches Verständnis der gegenwärtigen Lage zu erreichen. Der Unterrichtsboykott dauert bereits seit über einem Monat an. Viele Hochschullehrer und Eltern haben Sorge, daß der Lehrplan und der Arbeitsplatzzuweisungsplan für die diesjährigen Hochschulabsolventen nicht erfüllt werden könnten. In der Pädagogischen Hochschule Beijing sind die Tische staubbedeckt, nicht einmal zehn Studenten sitzen in den drei Leseräumen der Bibliothek. Nur wenige Studenten befinden sich in den Wohnheimen und auf dem Campus. Ein Student erklärt, daß die Hälfte der Studenten Beijing verlassen hätte. Von den verbleibenden seien die, die aus Beijing stammten, zu ihren Familien zurückgekehrt. Noch immer nehmen Studenten am Sitzstreik auf dem Tiananmen-Platz teil, doch ihre Zahl nimmt stetig ab. Unter jedem Hochschulbanner sitzen nur noch einige Dutzend Studenten. Tagsüber gibt es kaum noch Zuschauer auf dem Platz. Die meisten Postenketten der Studenten sind aufgelöst worden. Die Vereinigung der Beijinger Einzelhändler hat ihre Mitglieder in einem Rundschreiben aufgefordert, die Unterstützung für die Studenten einzustellen. Eine Hongkonger Organisation sendet am Nachmittag 50 Zelte, Decken und Medikamente für die Studenten auf dem Platz und kündigt weitere 100 Zelte für den nächsten Tag an. Der Aussage eines Arztes zufolge leiden viele Studenten an Erkältung, Durchfall, Sonnenstich und Nasenbluten. Einige mußten zur Behandlung ins Krankenhaus gebracht werden. Zwei Studenten hätten hysterische Anfälle erlitten. (*Radio Shanghai*, 28.5.89, nach SWB, 31.5.89)

Heute ist der Platz zum erstenmal leer, es findet keine Demonstration statt. Nurmehr 5.000 [10.000 laut rtr, upi, nach TN, 28.5.89] Studenten halten die Besetzung aufrecht. Die Reihen der Umstehenden haben sich sehr gelichtet. Viele der auswärtigen Studentendelegationen haben die Heimreise angetreten. Alle Stadtbusse, die bisher den Studenten auf dem Platz Unterkunft und Schatten boten, haben wieder den normalen Fahrbetrieb aufgenommen. In dem Meer aus roten Fahnen, die symbolisch den Platz weiterbesetzen, haben die verbliebenen Studenten Zelte aufgeschlagen. Die Müllberge sind weitgehend entfernt, die überflüssig gewordenen Straßenabsperrungen zur Verkehrsregelung abgebaut worden. Ein Sprecher des "Autonomen Studentenverbands" erklärt: "Für die Nacht kommen viele von den Universitäten hierher, um die Mindestpräsenz von über 10.000 Studenten zu garantieren, morgens fahren sie wieder zurück. Wir haben zwei Wochen lang das ganze Zentrum Tag und Nacht mit mindestens 200.000 Menschen besetzt gehalten, aber jetzt ist die Erschöpfung einfach zu groß." Ein anderer meint, die Mahnwache vor dem Regierungssitz Zhongnanhai sei dagegen nicht verringert worden. Dort halten die Demonstranten die volle Präsenz aufrecht. (T. Reichenbach, in: taz, 29.5.89)

Inzwischen sind alle Wandzeitungen und Anschläge mit Ausnahme der auf dem Tiananmen-Platz befindlichen entfernt worden. Auf dem Campus der Beijing-Universität und anderer Hochschulen herrscht Ruhe. Die Zahl der Studenten, die auf dem Tiananmen-Platz am Sitzstreik teilnehmen, hat abgenommen. Viele von ihnen sind aus anderen Teilen des Landes hergekommen. Laut Aussage eines Studentenführers des "Oberkommandos zur Verteidigung des Tiananmen-Platzes" verbringen die meisten Beijinger Studenten tagsüber ihre freie Zeit auf dem Campus. Einige Studenten aus anderen Landesteilen seien dorthin zurückgekehrt, von wo sie gekommen seien, und von Neuankömmlingen ersetzt worden. (ZTS, 27.5.89, nach SWB, 30.5.89)

Die Versorgungslage auf dem Tiananmen-Platz ist wegen der vielen angereisten Studenten angespannt, meldet *Xinhua* unter Berufung auf die *Beijing-Tageszeitung*. Zwei Studentinnen von der Henan-Universität erzählen, daß sie sich gleich nach Ankunft mit dem Zug in eine Demonstration eingereiht hätten. Sie seien ganz aufgeregt gewesen, soviele Demonstranten in den Straßen zu sehen, die ohne jede Furcht alle Arten von Parolen rufen. Sie, die Studentinnen, hätten gefühlt, daß sie der Sache der Demokratie dienten. Jetzt aber seien sie ein wenig enttäuscht. Auf dem Platz befänden sich nur noch wenige Beijinger Studenten, und da sie nicht wüßten, was sie als nächstes tun sollten, wollten sie wieder nach Henan zurückkehren. Derzeit befinden sich noch 10.000 Studenten aus anderen Teilen des Landes im Hochschulbezirk im Nordwesten der Stadt. (*Xinhua*, 27.5.89, nach SWB, 30.5.89)

Am Hauptbahnhof warten einige tausend Studenten, die in ihre Hochschulen außerhalb Beijings zurückkehren wollen. "Es ist sinnlos zu bleiben. Die Bewegung ist bedeutungslos geworden", sagt ein Student aus Ji'nan. Ein anderer aus Tianjin sagt: "Die Regierung hat unsere Forderungen nicht erfüllt, und wir sind müde. Einfach in der Hitze auf dem Tiananmen-Platz herumzusitzen ist sinnlos." (rtr, upi, nach TN, 29.5.89)

Nach einer Versammlung, an der Vertreter von Beijinger Hochschulen und Vertreter der von außerhalb Beijings gekommenen Studenten, Vertreter der "Gemeinsamen Konferenz [aller Bevölkerungsgruppen von Beijing]" und des "Autonomen Studentenverbands Beijing" teilgenommen haben, wird der Beschluß verkündet, den Tiananmen-Platz am 30. Mai zu räumen. Am selben Tag soll eine Großdemonstration aller Beijinger Einwohner mit abschließender Kundgebung auf dem Platz stattfinden. Wang Dan, der Vorsitzende des Ständigen Ausschusses des "Autonomen Studentenverbands der Beijing-Universität" gibt im Namen des "Autonomen Studentenverbands Beijing", der "Gemeinsamen Konferenz [aller Bevölkerungsgruppen von Beijing]", des "Verbands der außerhalb Beijings Studierenden", des "Oberkommandos zur Verteidigung des Tiananmen-Platzes", des "Autonomen Arbeiterverbands Beijing" und des "Autonomen Bürgerverbands Beijing" eine Erklärung in zehn Punkten ab. Darin wird u.a. die Bedeutung der gegenwärtigen Studentenbewegung gewürdigt, die Aufhebung des Ausnahmezustands und die Einberufung einer Dringlichkeitssitzung des Ständigen Ausschusses des NVK zwecks Absetzung Li Pengs gefordert und der Rückzug der Studenten vom Tiananmen-Platz für den 30. Mai angekündigt. (*Beizhuang de minyun*, S. 98, 100)

In einem Bericht von *Radio Beijing* heißt es hingegen, der Vorschlag mehrerer Studentenführer, daß sich nach einer letzten Demonstration alle Studenten vom Platz zurückziehen sollten, sei niedergestimmt worden. Die "Erklärung in zehn Punkten" einer Studentenorganisation beinhalte die Fortsetzung des Sitzstreiks auf dem Platz bis mindestens 20. Juni. (*Radio Beijing*, Sendung für Taiwan, 31.5.89, nach SWB, 3.6.89) - Diese Darstellung erscheint nicht richtig, denn Punkt 9 der von Wang Dan herausgegebenen Zehn-Punkte-Erklärung beinhaltet den Rückzug der Studenten vom Tiananmen-Platz für den 30. Mai, den "zehnten Tag des Ausnahmezustands" (vergleiche *Beizhuang de minyun*, S. 100).

Anderen Berichten zufolge ist der Beschluß, den Platz zu räumen, umstritten: Auf einer Pressekonferenz der Studenten, die sich am Sitzstreik beteiligen, schlagen Wang Dan von der Beijing-Universität und Wu'er Kaixi von der Pädagogischen Hochschule Beijing vor, den Sitzstreik am 30. Mai zu beenden. Vor dem Rückzug solle es eine Versammlung und eine Demonstration geben. Anschließend wolle man sich von den Studenten verabschieden, die aus anderen Städten gekommen seien. Die Studentin von der Pädagogischen Hochschule Beijing aber, die gegenwärtig Oberkommandierende auf dem Platz ist [Chai Ling], erklärt, daß über die Räumung des Platzes noch durch Abstimmung seitens der Studentenvertreter entschieden werden müsse. (*Radio Shanghai*, 27.5.89, nach SWB, 31.5.89) Studentenführer beschließen, die Besetzung des Tiananmen-Platzes am Dienstag [30. Mai] aufzuheben. Nach Berichten über Meinungsverschiedenheiten zwischen verschiedenen Studentenführern beschließen Teile der Demonstranten, weiter zu protestieren. Einige Studenten rufen dazu auf, den Platz bis zum 20. Juni besetzt zu halten. (afp, ap, dpa, taz, nach taz, 30.5.89)

Unter Berufung auf Interviews mit Studenten auf dem Tiananmen-Platz berichtet Tony Saich, daß eine gemeinsame Konferenz verschiedener autonomer Organisationen am 27. Mai beschlossen habe, den Platz am 30. Mai zu räumen. Die Bewegung, so der Beschluß, solle mit einer großen Versammlung und Demonstration abgeschlossen werden. Die auswärtigen Studenten [auf dem Platz] hätten diesen Beschluß jedoch nicht akzeptiert. Unter dem Druck der auswärtigen Studenten sei dann der Abzug vom Tiananmen-Platz auf den 20. Juni verschoben worden, d.h. auf den Tag, an dem der Ständige Ausschuß des Nationalen Volkskongresses zu seiner nächsten Sitzung zusammenkommen sollte, um über die Studentenbewegung und ihre Ziele zu beraten. Saich zufolge ziehen sich Chai Ling, Wang Dan und andere bedeutende Beijinger Studentenführer am 29. Mai aus dem "Gemeinsamen Komitee" ["Gemeinsame Konferenz aller Bevölkerungsgruppen von Beijing"?] zurück, weil es ihnen nicht gelungen ist, im Konflikt zwischen den Beijinger und den auswärtigen Studenten erfolgreich zu vermitteln. (T. Saich, "The Rise and Fall...", S. 193) - Offensichtlich hält eine Mehrheit der Beijinger Studentenführer die Entscheidung der auswärtigen Studenten, bis zum 20. Juni auf dem Tiananmen-Platz zu verharren, für falsch. Zu den Auseinandersetzungen in der Frage des Rückzugstermins vom Tiananmen-Platz siehe auch 28. und 29. Mai.

Für den morgigen Tag rufen Studenten zu Massendemonstrationen in ganz China und einem "Siegesmarsch" in der Hauptstadt auf. "Wir hoffen, daß in Beijing mindestens eine Million Menschen teilnehmen", sagt Lu Xiang, Sprecher des "Autonomen Studentenverbands Beijing". Die Studentenführerin Chai Ling erklärt, das Motto der Demonstration laute: "Chinesen der ganzen Welt, vereinigt euch." Die Absetzung Zhao Ziyangs bedeute im Grunde eine Niederlage für die Studenten, sagt Lu Xiang, doch trotzdem "müssen wir jetzt weitermachen." Arbeiter vom Hauptstädtischen Eisen- und Stahlkombinat hätten ihre Unterstützung für die morgige Demonstration gegen die Verhängung des Ausnahmezustands zugesagt. "Die Menschen begreifen, je mehr Demonstranten teilnehmen, um so friedlicher kann die Demonstration sein, und um so geringer ist die Wahrscheinlichkeit, daß sie gewaltsam unterdrückt wird." Auch in Shanghai, Xi'an und Nanjing wollten morgen Studenten protestieren, und in Japan und westeuropäischen Hauptstädten seien Protestkundgebungen geplant. Jetzt laute die Hauptforderung, daß Li Peng zurücktrete und der Ausnahmezustand aufgehoben werde. Eigentlich wollten sich die Studenten gern zurückziehen, weil sie erschöpft sind, und weil die Bedingungen auf dem Platz entsetzlich seien und es immer heißer werde, doch es bliebe ihnen keine andere Möglichkeit als auszuharren. "Vereinigt euch mit den Chinesen in aller Welt, um die Diktatur zu bekämpfen und die Menschenrechte zu schützen", wird über die Lautsprecheranlage gerufen. (rtr, upi, nach TN, 28.5.89)

An den Universitäten ist mit Enttäuschung aufgenommen worden, daß BBC bereits von der Niederlage der Studenten und dem Ende der Demonstrationen gesprochen hat. "Wir haben unsere Aufmerksamkeit nicht vom Tiananmen-Platz abgewandt", sagt ein Studentensprecher. "Der Platz ist zum Symbol unserer Bewegung geworden, und er ist das Zentrum für die Demonstrationen und

Proteste. Wenn die Regierung die Kontrolle über den Platz gewinnt, kontrolliert sie damit auch die Demonstrationen. Ein Verlust des Platzes würde dem ganzen Land unsere Niederlage signalisieren. Der Platz ist daher für die Studenten von strategischer Bedeutung. Sie sind überzeugt, daß, falls das Militär den Platz nehmen will, Hunderttausende Beijinger auf die Straße gehen und sie schützen werden." Das Versprechen der Parteiführung, nach dem Ende der Proteste keine Abrechnung gegen die Aktivisten der Bewegung durchzuführen, sei eine "Farce", warnen stündlich die Lautsprecher des Studentenrundfunks auf dem Campus. "Sobald das Militär die Stadt stürmt, fängt die Säuberung sofort an." Die Soldaten würden in "politischer Erziehung" vorbereitet, "alle Befehle der Partei auszuführen". Das Parteikomitee der Stadt Beijing soll bereits eine schwarze Liste mit Hunderten von Namen erstellt haben, die nach dem Einmarsch der Armee verhaftet oder aus der Partei ausgeschlossen und von ihrem Dienst entbunden werden sollen. Darauf sind die Namen von Studentenführern, kritischen Parteimitgliedern aus dem Umfeld Zhao Ziyangs und Professoren zu finden. (T. Reichenbach, in: taz, 29.5.89)

Die Blockaden auf den Hauptstraßen der Stadt werden von den zuständigen Behörden entfernt. Die Busse, die in Liuliqiao und anderen Stadtteilen sieben Tage lang auf Kreuzungen [als Straßensperren] geparkt waren, werden zu ihren Depots gebracht, damit sie nach der Reparatur wieder im Liniendienst eingesetzt werden können. (*Beijing-TV*, 27.5.89, nach SWB, 31.5.89)

Obwohl das öffentliche Leben und der öffentliche Verkehr weitgehend zur Normalität zurückgekehrt sind, bleibt die politische Lage gespannt. Seit einigen Tagen werden die Angestellten der dem ZK direkt unterstellten Organe sowie die Mitarbeiter von Beijinger Betrieben, Institutionen und Organisationen angehalten, wiederholt die Reden Li Pengs und Yang Shangkuns über "dem Aufruhr Einhalt gebieten" zu lesen und einen klaren Standpunkt im Kampf gegen den Aufruhr zu beziehen. Der Aussage einer Person zufolge, die in einem dem ZK direkt unterstellten Organ arbeitet, hat das ZK folgende Instruktionen erlassen: Das ZK werde diejenigen nicht tadeln, die an Straßendemonstrationen teilgenommen haben, bevor das Ganze als Aufruhr betrachtet wurde. Jetzt müßten alle die sehr kleine Anzahl von Leuten bekämpfen, die hinter diesem Aufruhr stecke, die gesellschaftliche Ordnung aufrechterhalten und an ihrem Arbeitsplatz bleiben. Falls aber zukünftig einer der Angestellten dieser Organe an Demonstrationen teilnehme oder als Zuschauer fungiere, so werde das eine ganz andere Sache sein. (ZTS, 27.5.89, nach SWB, 30.5.89)

Im Rahmen der 18. Präsidiumssitzung des VII. Nationalen Komitees der Politischen Konsultativkonferenz des chinesischen Volkes kritisiert ihr Vorsitzender Li Xiannian, daß für eine ziemlich lange Zeit der von Deng Xiaoping verordnete "korrekte politische Kurs des Festhaltens an den Vier Grundprinzipien und des Kampfes gegen die bürgerliche Liberalisierung nicht gut durchgeführt worden" sei. Dies habe zu einem ideologischen Durcheinander geführt. Eine wichtige Ursache für die gegenwärtige komplizierte Situation seien "bestimmte einzelne Personen innerhalb der Führungsschicht unserer kommunistischen Partei". Es sei notwendig, gegen die sehr kleine Anzahl von Leuten vorzugehen, die die Studentenbewegung und die ideologische Verwirrung einiger Menschen für ihre politischen Ziele mißbraucht hätten, nämlich die Führungsrolle der KPCh und das sozialistische System abzuschaffen. (RMRB, 28.5.89)

Der Vorsitzende des Ständigen Ausschusses des Nationalen Volkskongresses, Wan Li [der als Parteigänger Zhao Ziyangs gilt und während seines Besuchs in Kanada die Studentenbewegung als "patriotische Aktion" bezeichnet hat], erklärt in einer schriftlichen Stellungnahme, daß er seinen Besuch in den USA aus gesundheitlichen Gründen vorzeitig abgebrochen habe und sich jetzt in Shanghai einer medizinischen Behandlung unterziehe. Während seiner Auslandsreise habe er die Entwicklung in China mit großer Aufmerksamkeit verfolgt. Seit seiner Rückkehr verstehe er in vieler Hinsicht die Lage in China besser [sic!]. Jetzt entwickle sich die Situation entgegen den guten Absichten der großen Mehrheit der Studenten. Er meine, daß die patriotische Begeisterung der jungen Studenten und der Volksmassen geschützt werden müsse und daß die Studenten, die im Zuge der Bewegung radikale Meinungen geäußert und radikale Aktionen durchgeführt hätten, nicht bestraft werden sollten. Bestraft werden müßten dagegen die sehr wenigen Personen, die einen Aufruhr verursachten. Ihr Ziel sei es, die Führungsrolle der KPCh abzuschaffen und das sozialistische System zu verändern. Er unterstütze mit Entschlossenheit die wichtige Entscheidung des ZK, stimme den Reden Li Pengs und Yang Shangkuns vollkommen zu und unterstütze völlig die energische Maßnahme des Staatsrats, den Ausnahmezustand zu verhängen. Zum Schluß erklärt Wan Li, daß der Ständige Ausschuß des NVK um den 20. Juni herum zusammentreten werde, um Fragen zu erörtern, die die Volksmassen bewegen, und die Regierung aufzufordern, ihre Arbeit zu verbessern. (RMRB, 28.5.89) Diese Erklärung wird auch von Rundfunk und Fernsehen verbreitet. (J. Kahl, in: SZ, 29.5.89)

Das Ministerium für Verwaltungskontrolle fordert in einem Rundschreiben alle Abteilungen auf, die Beschlüsse des ZK der KPCh und des Staatsrats zur Beendigung des Aufruhrs und zur Stabilisierung der Lage zu unterstützen und durchzusetzen. (*Beijing-TV*, 27.5.89, nach SWB, 30.5.89)

Das Ministerium für Öffentliche Sicherheit sendet ein Gruß- und Danktelegramm an die Kader der Behörden für Öffentliche Sicherheit, an die Polizei und an die Bewaffnete Volkspolizei. (*Beijing-TV*, 27.5.89, nach SWB, 30.5.89)

Am Abend besuchen Li Ximing und Chen Xitong das Hauptstädtische Eisen- und Stahlkombinat und schütteln allen Arbeitern des Hochofens Nr. 2 die Hand. Li Ximing lobt mit erhobenem Daumen: "Die Arbeiterklasse ist wirklich außergewöhnlich, wir und die gesamte Stadtbevölkerung können von euch lernen." Noch immer habe eine äußerst kleine Zahl von Leuten ihren Versuch nicht aufgegeben, den Aufruhr zu schüren. Partei und Regierung hofften, daß die Arbeiter des Kombinats auch weiterhin ihren Beitrag zur Beendigung des Aufruhrs, der Wahrung von Stabilität und Einheit, zur Wiederherstellung der Ordnung und zur Förderung der Reform und des Aufbaus leisteten. (RMRB, 29.5.89)

Eine Luftwaffeneinheit bittet den Kommandostab der zur Durchsetzung des Ausnahmezustands eingesetzten Truppen, öffentlich dem Gerücht entgegenzutreten, daß Giftgas zur Niederschlagung der Studenten eingesetzt werden solle. Das Gerücht war von einem am 22. Mai in der *Volkszeitung* veröffentlichten Photo ausgelöst worden. Ein Sprecher des Kommandostabs der Ausnahmezustandstruppen erklärt, daß auf keinen Fall Giftgas [gegen die demonstrierenden Studenten] eingesetzt werde. (XHS, 28.5.89, nach SWB, 31.5.89)

Li Ximing, dem Parteisekretär der Stadt Beijing, wird die Erklärung zugeschrieben: "Die Armee wurde nicht der Studenten wegen gerufen, sondern zur Verhinderung eines Putsches durch parteifeindliche Elemente." Unter den 175 Vollmitgliedern des ZK der KPCh soll sich eine Reihe jüngerer Kräfte befinden, die die wirtschaftliche Reform durch politische ergänzt sehen wollen. Angeblich zögert Deng Xiaoping aus diesem Grund die Einberufung einer Plenartagung des ZK hinaus und knöpft sich gegenwärtig Mitglied für Mitglied vor, deutet "die Notwendigkeit von Säuberungen" an und rät dringend dazu, dem Beispiel der Parteiveteranen zu folgen. (W. Adam, in: FAZ, 29.5.89)

Die Hongkonger Zeitung *Wen Hui Bao* berichtet in ihrer heutigen Ausgabe, die Beijinger Einwohner hätten inzwischen erkannt, daß es augenscheinlich unnötig sei, den Ausnahmezustand zu verhängen und Truppen nach Beijing zu senden, um die Studentenproteste zu unterdrücken. Vielmehr seien die Truppen um die Hauptstadt herum zusammengezogen worden, um Mitglieder der Führung, die abweichende Meinungen vertreten, auf Kurs zu zwingen. Weiter berichtet die Zeitung, daß die fünf nach Beijing entsandten Armeekorps zwei Einkreisungsringe mit dem Tiananmen-Platz als Zentrum gebildet hätten. Der innere Kreis befinde sich in den Vororten, von wo aus das Stadtzentrum in einer Stunde zu erreichen sei. Der zweite sei in den äußeren Vororten, zwei Stunden Fahrt vom Zentrum entfernt. Einige Einheiten befänden sich bereits in der Stadt. Der Vorschlag, eine Sitzung des Ständigen Ausschusses des NVK oder eine Dringlichkeitssitzung des NVK einzuberufen, soll [vom ZK] abgelehnt worden sein. (WHB, 27.5.89, nach SWB, 29.5.89) Weiter berichtet die Zeitung, daß derzeit an die 200.000 Soldaten um Beijing zusammengezogen worden sind - etwa 1/15 aller Soldaten des Landes. Seit die Truppen sich vor einigen Tagen zurückgezogen hätten, hätten die Soldaten ihr militärisches Training - einschließlich Schießübungen - wieder aufgenommen, da viele der nach Beijing gerufenen Soldaten erst vor drei Monaten zur Armee gekommen seien. Offenbar richteten sich die Truppen auf einen längeren Aufenthalt in Beijing ein. Jeder Soldat sei sowohl mit scharfer Munition als auch mit Gummigeschossen ausgerüstet worden. Einige Truppen seien inzwischen wieder näher an die westlichen Vororte der Stadt herangerückt (Shijingshan, Bajian, Gucheng). Die Truppen hätten bereits ihre Vorbereitungen für den Einmarsch in die Stadt getroffen. (WHB, 27.5.89, nach SWB, 29.5.89)

Den Aussagen von Parteifunktionären zufolge hat die Zentrale Politische Abteilung der VBA in jedem Armeekorps eine fünfköpfige Überwachungsgruppe eingesetzt. Kommunikation zwischen den einzelnen Armeekorps ist untersagt.

Unter den Truppen, die jetzt um die Hauptstadt herum zusammengezogen sind, befinden sich angeblich keine Einheiten aus der Militärregion Nanjing, deren Führer gegenüber Zhao Ziyang loyal eingestellt sein sollen. (J. Leung, in: AWSJ, 29.5.89) - Mehreren Berichten zufolge entsendet die Militärregion Nanjing Einheiten des 12. Armeekorps nach Beijing. Laut *Zhengming*, März 1990, S. 17, handelt es sich dabei um eine Division, laut *Zhongguo Dalu*, Juli 1989, S. 35, um die 34. und die 36. Division. Hingegen liegen keine Angaben darüber vor, welche VBA-Einheiten aus der Militärregion Chengdu nach Beijing entsandt wurden.

Taiwanesischen Quellen zufolge hat die ZK-Militärkommission unter Führung von Deng Xiaoping seit Mitte Mai schrittweise Einheiten von insgesamt 16 Armeekorps in der näheren Umgebung von Beijing zusammengezogen. Dabei handelt es sich um Einheiten folgender Armeekorps und Militärregionen:
- 27., 28., 38., 63. und des 65. Armeekorps aus der Militärregion Beijing,
- 20., 26., 54. und 67. Armeekorps aus der Militärregion Ji'nan,
- 16., 39. und 64. Armeekorps aus der Militärregion Shenyang,
- 12 Armeekorps aus der Militärregion Nanjing,
- zwei Regimenter des 15. Luftlandekorps aus der Militärregion Guangzhou,
- 42. [oder 47.] Armeekorps aus der Militärregion Lanzhou,
- 40. Armeekorps [aus der Militärregion Chengdu oder Shenyang].

Zusammen mit den vier Divisionen der Garnison Beijing und [nur] einer Division der Bewaffneten Volkspolizei [sic!] handelt es sich insgesamt um etwa 300.000 Soldaten, die Ende Mai in Beijing zusammengezogen waren. (*Zhongguo Dalu*, Juli 1989, S. 35; FAZ, 29.6.89)

Insgesamt sollen Ende Mai in Beijing 16 Divisionen konzentriert sein: 9 Infanteriedivisionen verschiedener Armeekorps, 4 Divisionen der Beijinger Garnison, die 116. mechanisierte Division des 39. Armeekorps, eine Division der Bewaffneten Volkspolizei und zwei Luftlanderegimenter, d.h. insgesamt etwa 270.000 Mann. (FAZ, 29.6.89)

Nach Angaben in der Hongkonger Zeitschrift *Zhengming* müßten dagegen insgesamt 19 Divisionen und zwei Luftlanderegimenter in Beijing stehen: 14 Elitedivisionen à 18.000 Mann, vier Divisionen der Beijinger Garnison und eine Division der Bewaffneten Volkspolizei. Die 14 Elitedivisionen kommen aus folgenden Militärregionen: vier aus der Militärregion Beijing, darunter die 1. und 6. Panzerdivision, vier aus der Militärregion Shenyang, vier aus den Militärregionen Lanzhou und Chengdu, sowie je eine aus den Militärregionen Nanjing und Jinan. (ZM, März 1990, S. 17)

Anderen Berichten zufolge sollen sich auch Einheiten des 17., des 33. (aus Beijing), des 50. (aus Jinan) und des 70. (aus Chengdu) Armeekorps in Beijing befinden.

Fujian
Die Regierung der Provinz Fujian verbietet in einem Rundschreiben den Studenten, Bahnhöfe zu stürmen und gewaltsam Züge nach Beijing zu besteigen. (*Radio Fujian*, 27.5.89, nach SWB, 1.6.89)

28. Mai 1989, Sonntag
- Die Studenten auf dem Tiananmen-Platz sind sich uneinig, ob der Sitzstreik abgebrochen werden soll oder nicht
- Die politische Führung fordert die Studenten erneut zum Verlassen des Tiananmen-Platzes auf und sichert Straffreiheit zu

Auf dem seit 16 Tagen besetzten Tiananmen-Platz kampieren noch etwa 10.000 Studenten. (ap, nach TN, 29.5.89) Die Zahl der Demonstranten, die vor dem Hauptquartier der KPCh, Zhongnanhai, einen Sitzstreik veranstalten, ist von ursprünglich 200 auf etwa 20 gesunken. Ein Student, der seit dem 17. Mai vor der Reihe der Wachtposten kampiert, die den Gebäudekomplex bewachen, sagt, er wolle bald gehen: "Wir saßen hier, um die Parteiführer zu unterstützen, die uns unterstützen." (C. Rosett, in: AWSJ, 29.5.89)

Nach zwei ruhigen Tagen findet erneut eine Demonstration statt, die allerdings "nicht sehr groß" ist und "nicht viele" Zuschauer anzieht. Die Studenten auf dem Platz diskutieren, ob sie sich zurückziehen sollen. Die Mehrheit ist dafür. (*Radio Shanghai*, 29.5.89, nach SWB, 31.5.89)

Zur Teilnehmerzahl gibt es unterschiedliche Angaben:
- 20.000 (C. Rosett, in: AWSJ, 29.5.89),
- 30.000 (J. Kahl, in: SZ, 29.5.89),
- 50.000 (rtr, ap, nach HAB, 29.5.89),
- 80.000 (ap, nach TN, 29.5.89),
- Zehntausende (ap, rtr, nach FRu, 29.5.89),
- 100.000 (BX, 9.6.89, S. 29; N.D. Kristof, in: IHT, 29.5.89).

Zu dieser Demonstration hat der "Autonome Studentenverband Beijing" aufgerufen. In der überwiegenden Mehrheit handelt es sich um Hochschüler aus Beijing und - nach Angaben des Verbands - Studenten von 319 Universitäten und Hochschulen aus anderen chinesischen Städten. (J. Kahl, in: SZ, 29.5.89) Die Demonstranten führen Plakate mit, die Li Peng in Nazi-Uniform zeigen. (R. Thomson, in: FT, 30.5.89) Sie rufen: "Wir werden so lange kommen, bis Li Peng zurücktritt." Im Unterschied zu den Großdemonstrationen der Vorwoche schließen sich nur wenige andere Leute an. "Die Fabriken bestrafen jetzt Arbeiter, die demonstrieren, mit Lohnabzügen", erklärt ein Studentenführer. Doch immer noch applaudieren Scharen von Einwohnern den demonstrierenden Studenten. (ap, nach TN, 29.5.89)

In einem anderen Bericht heißt es hingegen, daß die Studenten, die von ihren Hochschulen aus ins Stadtzentrum ziehen, nur noch vereinzelt mit Hochrufen und Applaus der Beijinger Bevölkerung begleitet werden. Viele Passanten blicken zwar auf, als eine Vogelscheuche mit dem Konterfei Li Pengs durch die Straßen getragen wird. Doch die breite Unterstützung der Bevölkerung hat nachgelassen. "Ich habe Angst", meint eine Studentin auf die Frage, warum sie nicht mitdemonstriert habe. (R. Wandel, in: taz, 29.5.89)

Auch diese Kundgebung verläuft friedlich. Dem Zug schließen sich immer wieder Gruppen von jungen Leuten an. Auf Spruchbändern werden die bekannten

Forderungen nach Demokratie und Rücktritt von Li Peng und Deng Xiaoping gestellt. Zuschauer am Straßenrand ermutigen die Studenten mit Rufen wie: "Gebt nicht auf!" und "Wir lassen euch nicht im Stich!" Es schließen sich aber kaum Arbeiter an. Die Polizei ist unbewaffnet und hält sich zurück. (ap, rtr, nach FRu, 29.5.89) Auf fünf verschiedenen Routen ziehen die Demonstranten durch die Stadt, um möglichst viele Einwohner anzusprechen. Verschiedene Marschzüge, an denen auch einige Arbeiter teilnehmen, ziehen am Zhongnanhai vorbei und am Di'anmen, wo sich der Wohnsitz Deng Xiaopings befindet. Die Demonstranten rufen: "Wir lieben unser Land, aber wir lieben nicht die Marionettenregierung von Li Peng." Die *Volkszeitung* wird durch eine kleine Gruppe von Journalisten repräsentiert, die Pressefreiheit fordert. (N.D. Kristof, in: IHT, 29.5.89)

Weder in den Fernsehnachrichten noch in den Meldungen der *Xinhua*-Nachrichtenagentur wird die Demonstration erwähnt (N.D. Kristof, in: IHT, 29.5.89), doch die *Volkszeitung* berichtet am folgenden Tag in ihrer Rubrik "Der neunte Tag des Ausnahmezustands" kurz darüber. (RMRB, 29.5.89)

Ein Arbeiter, der mehrmals in diesem Monat an Demonstrationen teilgenommen hat, dieser Protestkundgebung aber - wie Zehntausende anderer Bürger auch - ferngeblieben ist, sagt, die Studenten und Einwohner seien müde geworden. Die Bewegung halte schon seit Wochen an, und die Einwohner hätten ihr Bestes getan, um die Studenten zu unterstützen, auch mit Sachspenden. Aber sie seien nicht reich. Und jetzt seien sie erschöpft und desillusioniert. Er selbst habe die Studenten u.a. deshalb unterstützt, weil sie nicht selbstsüchtig seien. Sie wollten nicht Essen, Getränke oder Jobs aus der Bewegung gewinnen, sondern hätten die Bewegung für die Einwohner in Gang gesetzt. Und die Bewegung habe das Volk aufgeweckt. Er sei überzeugt, daß es erst Mitte des nächsten Jahrhunderts wahre Freiheit und Demokratie in China geben werde: "Die Chinesen sind zu unwissend, sie sind einfach zu unwissend." (S. WuDunn, in: IHT, 31.5.89)

Laut einer Durchsage des Lautsprecherwagens der Demonstranten ist diese Demonstration eine Reaktion auf die von Überseechinesen initiierten Aktivitäten im Ausland. (RMRB, 29.5.89) - Etwa zwei Millionen Chinesen in aller Welt nehmen an einer "weltweiten Demonstration von Chinesen für Demokratie" teil, um die Menschen in der VR China in ihrem Kampf für Demokratie zu unterstützen. (ICM, Juli 1989, S. 32)

Die Studenten beschließen, den Tiananmen-Platz in der nächsten Woche zu räumen. "Wir haben die Leute aufgerüttelt", sagt Sun Hui, einer der Studentenführer. "Ein paar Tage lang hatten wir sogar eine freie Presse, bevor sie den Ausnahmezustand verhängten. Ist das nicht eine ganze Menge?" (J. Wong, in: ASWJ, 29.5.89)

Beijinger Aktivisten schlagen vor, die Besetzung des Platzes am nächsten Tag zu beenden. Die Studenten sollten sich darauf konzentrieren, die Massen über die Ziele der Bewegung zu informieren. Täglich kehren Tausende von Beijinger Studenten zu diesem Zweck in ihre Heimatprovinzen zurück. Viele der Studenten aber, die die Besetzung des Platzes aufrechterhalten - der Großteil von ihnen ist aus anderen Städten angereist -, weigern sich zu gehen. Einige erklären, sie wollten mindestens bis zur Einberufung des Ständigen Ausschusses des NVK bleiben, der vermutlich am 20. Juni zusammentreten wird. Ein Student aus Jiangsu sagt: "Wir werden den Platz nicht verlassen. Wir haben unsere Ziele nicht erreicht." Über Lautsprecher ermutigt ein anderer Student die Ausharrenden: "Wenn wir bleiben, werden es die Soldaten nicht wagen, die Stadt oder den Platz zu betreten. Wenn wir gehen, werden sie mit Sicherheit kommen." (ap, nach TN, 29.5.89)

Informierten Quellen zufolge herrschen im Hauptquartier der Studenten auf dem Platz Meinungsverschiedenheiten darüber, ob der Sitzstreik fortgesetzt werden soll oder nicht (CD, 29.5.89). Es gibt große Differenzen zwischen der Organisation der auswärtigen Studenten und dem Oberkommando zur Verteidigung des Tiananmen-Platzes. (Luo Qiping u.a., "The 1989 Pro-Democracy Movement...", S. 40)

Am Abend will der "Autonome Studentenverband" ein weiteres Mal darüber abstimmen lassen, ob der Tiananmen-Platz bis Dienstag [30. Mai] geräumt werden soll (J. Kahl, in: SZ, 29.5.89). Die Studentenverbände kündigen für Dienstag, den 30. Mai, eine weitere Demonstration und danach die Räumung des Platzes an. Dagegen erhebt sich aber heftiger Protest der Sitzstreikenden (ap, rtr, nach FRu, 29.5.89).

Die Organisatoren des Sitzstreiks beschließen die Fortsetzung mindestens bis zum 20. Juni, wenn der Ständige Ausschuß des NVK zusammentreten soll. Wegen schwindender Teilnehmerzahlen hatten die Studenten morgen [29. Mai] aufgeben wollen, doch inzwischen sind [weitere] Hochschüler von außerhalb dazugestoßen. "Wir wollen einen Dialog. Wir werden nicht ohne konkrete Ergebnisse gehen", sagt Studentensprecher Hong Jianguo von der Pädagogischen Hochschule Changchun. (rtr, ap, nach HAB, 29.5.89)

Zwei Studentenführer des "Autonomen Studentenverbands Beijing" und des "Oberkommandos für die Verteidigung des Tiananmen-Platzes" erklären gegenüber einem Hongkonger Reporter, daß es der großen patriotischen und demokratischen Bewegung der Studenten gelungen sei, alle Kreise der Gesellschaft miteinzubeziehen und in großem Umfang international Interesse und Unterstützung zu gewinnen. Die Studenten würden sich nicht zurückziehen, bevor sie ihre Ziele erreicht hätten, nämlich:
1. die sofortige Einberufung einer Dringlichkeitssitzung des Ständigen Ausschusses des NVK zur Stabilisierung der politischen Lage;
2. die Zurücknahme des Leitartikels der *Volkszeitung* vom 26. April und die Rehabilitierung der Studentenbewegung;
3. offene und aufrichtige Dialoge auf der Basis von Gleichberechtigung zwischen Führung und Studenten. (ZTS, 29.5.89, nach SWB, 31.5.89)

Auf dem Tiananmen-Platz gibt ein junger Mann mit Bürstenschnitt Umstehenden seine Kamera und bittet sie, ihn vor den Zelten und roten Bannern der Studenten zu photographieren. Als er gesteht, daß er ein Soldat ist, sind einige

Studenten außer sich. Ob er nicht wisse, daß nach den Bestimmungen des Ausnahmezustands allein sein Aufenthalt auf dem Platz bereits zu einer Anklage führen könne? "Heute habe ich frei", antwortet der Soldat. (J. Wong, in: AWSJ, 29.5.89)

Noch immer werden rund 60 Armeeoffiziere, die am Mittwoch [24.5.] zur Ausübung militärischer Kontrolle in die *Xinhua*-Nachrichtenagentur entsandt worden sind, dort von Arbeitern in der Versammlungshalle festgehalten. (J. Wong, in: AWSJ, 29.5.89)

Obwohl die Zensur in den letzten Tagen verschärft worden ist, gelingt es Journalisten und Redakteuren, den Namen des gestürzten ZK-Generalsekretärs Zhao Ziyang in den Medien zu erwähnen: So druckt die *Volkszeitung* auf ihrer letzten Seite einen Artikel aus der *Shenzhen Tequ Bao* nach, in dem "berühmte Männer" aufgelistet werden, die sich das Rauchen abgewöhnt haben: Kaiser Qianlong, Marx, Lenin, Li Dazhao, Marschall Chen Yi, Zhao Ziyang und Ronald Reagan. (RMRB, 28.5.89) Und die *Chinesische Jugend-Zeitung* veröffentlicht einen Essay, dem zufolge China ohne echte und entschiedene Reformen seinen Weg ins 21. Jahrhundert nicht finden werde. Als Kronzeugen dieser Aussage werden sowohl Zhao Ziyang als auch Deng Xiaoping angeführt. (J. Erling, in: FRu, 30.5.89)

Von gut informierter Seite wird bestätigt, daß Zhao Ziyang in einem Vorort von Beijing unter Hausarrest steht und militärisch bewacht wird. Ebenfalls unter Hausarrest steht sein enger politischer Vertrauter Bao Tong. Ihm wird vorgeworfen, die Protestbewegung der Studenten maßgeblich unterstützt und die Massendemonstration vom vergangenen Montag, auf der eine Million Menschen den Rücktritt von Li Peng forderten, mitorganisiert zu haben. (J. Kahl, in: SZ, 29.5.89)

Die Petitionsbüros des ZK der KPCh und des Staatsrats erklären, in den letzten Tagen zahlreiche Briefe und Telegramme aus allen Teilen des Landes erhalten zu haben, in denen die Studenten von den Massen aufgefordert werden, den Tiananmen-Platz zu räumen und in die Hochschulen zurückzukehren. In einigen Briefen und Telegrammen werde vorgeschlagen, daß Partei und Regierung die angemessenen Forderungen der Studenten berücksichtigen und ihnen den Rückzug vom Platz erleichtern sollten. Die beiden Büros hätten die Vorschläge an die Führer von Partei und Regierung weitergeleitet. Diese hätten die Büros gebeten, den Studenten mitzuteilen, daß das ZK der KPCh und der Staatsrat den patriotischen Enthusiasmus der Studenten anerkennen würden. Man werde die Studenten, die extremistische Äußerungen gemacht oder extremistische Taten begangen hätten, nicht bestrafen. Man werde weiterhin ausführliche Dialoge mit den Studenten und Menschen aller Kreise führen, auf verschiedenen Ebenen und verschiedenen Wegen. Allerdings könnten wegen der großen Hitze und der mangelnden Hygiene auf dem Tiananmen-Platz Epidemien mit unvorstellbaren Folgen ausbrechen. Daher hofften das ZK und der Staatsrat, daß die Studenten auf ihre Gesundheit achten und den Unterricht möglichst bald wieder aufnehmen würden, damit in der Hauptstadt und in den anderen Teilen des Landes die Ordnung wiederhergestellt werde. (RMRB, 29.5.89)

Der *Xinhua*-Nachrichtenagentur zufolge unterstützt das Sekretariat des Nationalen Gewerkschaftsverbands einmütig und entschlossen die Maßnahmen des ZK der KPCh und des Staatsrats zur Beendigung des Aufruhrs und zur Stabilisierung der Situation. Das Sekretariat fordert alle Kader des Gewerkschaftsverbands auf, zu den Massen zu gehen und ihre Ansichten anzuhören, Sorge für ihr Wohlergehen zu zeigen und aktiv Dialoge auf verschiedenen Ebenen und durch verschiedene Kanäle zwischen Arbeitern und der Regierung sowie zwischen Arbeitern und dem Management von Betrieben und Einrichtungen zu fördern, um effektiver für die Arbeiter zu sprechen und zu arbeiten und ihre gesetzlichen Rechte und Interessen zu wahren. So könnten die Probleme auf vernünftige Weise, auf demokratischem Wege und in Übereinstimmung mit dem Rechtssystem gelöst werden. (XHS, 28.5.89, nach SWB, 30.5.89)

Verantwortliche des Obersten Volksgerichts und der Obersten Staatsanwaltschaft erklären in Reden ihre Unterstützung für die Verhängung des Ausnahmezustands. Der Verantwortliche des Obersten Volksgerichts legt dar, daß die Forderung der Studenten nach Bestrafung korrupter und bestechlicher Funktionäre mit den Zielen von Partei und Regierung übereinstimme. So hätten chinesische Gerichte im Jahr 1988 55.710 Fälle von Wirtschaftsverbrechen verhandelt und 74.923 Personen verurteilt. Im ersten Vierteljahr 1989 seien 15.787 Fälle von Wirtschaftsverbrechen vor Gericht verhandelt worden. (RMRB, 29.5.89)

Das Ministerium für Rundfunk, Film und Fernsehen ruft in einem Rundschreiben zum Studium der Reden Li Pengs und Yang Shangkuns vom 19. Mai auf und warnt alle Mitarbeiter davor, sich an Demonstrationen, Streiks und Petitionen zu beteiligen. (*Radio Beijing*, 29.5.89, nach SWB, 31.5.89)

Die Zentrale Politische Abteilung der VBA dankt den verschiedenen Organen, Unternehmen, Institutionen des Bildungswesens, Massenorganisationen und allen Menschen, die die für die Durchsetzung des Ausnahmezustands eingesetzten Truppen mit Briefen, Geschenken, Nahrung und Getränken unterstützt hätten. Jetzt sei jedoch die Versorgung der Truppen gewährleistet, und es sollten keine weiteren Geschenke, vor allem keine Lebensmittel, zu den Truppen gebracht werden. Die Söhne der Armee des Volkes seien entschlossen, die Aufgabe der Durchsetzung des Ausnahmezustands zu erfüllen und mit konkretem Eingreifen den verantwortungsvollen Auftrag der Partei und der Regierung auszuführen. (RMRB, 29.5.89)

Die Zeichen von Strafaktionen gegen an Demonstrationen Beteiligte mehren sich. Fabrikarbeiter würden mit Lohnabzügen bestraft, teilt ein Studentensprecher mit. Teilweise werde sogar der gesamte Lohn zurückgehalten. Gewährsleute teilen mit, Medienmitarbeiter, Parteimitglieder und Offiziere, die im Verdacht stünden, an der Protestbewegung teilgenommen oder mit ihr sympathisiert zu haben, seien aufgefordert worden, ihr Verhalten schriftlich zu erklären. (ap, rtr, nach FRu, 29.5.89)

Am Abend tagt der Ständige Ausschuß des "Autonomen Studentenverbands Beijing", der gegenwärtig aus acht Mitgliedern besteht, unter Vorsitz des Verbandssekretärs Wang Youcai. Vier Beschlüsse werden gefaßt:

1. Fortsetzung des Sitzstreiks auf dem Tiananmen-Platz;
2. Fortsetzung des allgemeinen Vorlesungsstreiks;
3. Aufruf an die Studenten, die Hochschulen zu verlassen und Propagandaarbeit zu leisten;
4. Verbesserung der Organisation des Autonomen Studentenverbands Beijing, um seine Führungsmacht in der Studentenkampagne zu stärken.
(ZTS, 30.5.89, nach SWB, 1.6.89)

Shanghai
In Shanghai fordern über 100.000 [30.000 laut ap, nach TN, 29.5.89] Demonstranten den Rücktritt von Deng Xiaoping und Li Peng sowie die Aufhebung des Ausnahmezustands in Beijing. (ap, rtr, nach FRu, 29.5.89) Auf einem großen Plakat wird Li Peng als kriechender Krebs verhöhnt. Auch ein 2 1/2 m (8 feet) hohes Plastikmodell der Freiheitsstatue ist im Demonstrationszug zu sehen. Studenten diskutieren über die Teilnahme an einem für die nächste Woche geplanten Vorlesungsboykott. Viele fürchten, daß sie später bei der Arbeitsplatzzuweisung oder bei der Beantragung einer Auslandsreise Repressalien ausgesetzt sein werden. (J. Elliott, in: FT, 30.5.89)

Gansu
In der Provinz Gansu haben alle Hochschulen den Lehrbetrieb "im wesentlichen" wieder aufgenommen: Mehr als 80% der Studenten nehmen am Unterricht teil. (*Radio Gansu*, 30.5.89) Die Provinzregierung, das Amt für Öffentliche Sicherheit, die Erziehungskommission und die Eisenbahnbehörde Lanzhou haben eine Sonderarbeitsgruppe gebildet, die am Bahnhof von Lanzhou Studenten von der Fahrt nach Beijing abhält. Bislang haben die Mitglieder dieser Gruppe mehr als 5.000 Studenten überredet, in die Hochschulen zurückzukehren. (*Radio Gansu*, 29.5.89, nach SWB, 1.6.89)

Hubei
Der Gewerkschaftsverband der Provinz Hubei fordert in einem Rundschreiben alle Belegschaften und Arbeiter auf, ihren Beitrag zur Beendigung der Unruhen und zur Aufrechterhaltung von Stabilität und Einheit zu leisten. (*Radio Hubei*, 28.5.89, nach SWB, 6.6.89)

Jiangsu
Studenten demonstrieren in Nanjing, jedoch ohne Unterstützung der Bevölkerung. Die offizielle Propaganda sowie Warnungen am Arbeitsplatz, die Studenten zu unterstützen, haben zur Verunsicherung und Einschüchterung beigetragen. Trotz Parolen, mit denen sie sich bis zum letzten entschlossen darstellen, erscheinen die Studenten müde, und Pessimismus macht sich unter ihnen breit. Die angekündigte Gründung eines autonomen Studentenverbandes (siehe 15. Mai) ist bislang noch nicht über das Stadium des Vorbereitungskomitees hinausgekommen. (R. Lufrano, "Nanjing Spring...", S. 32)

Shaanxi
In Xi'an verläßt am späten Nachmittag nach tagelangem Sitzstreik die letzte Gruppe von Studenten den Xincheng-Platz und kehrt in die Hochschulen zurück. (*Radio Shaanxi*, 30.5.89, nach SWB, 31.5.89)

29. Mai 1989, Montag

- Der Streit unter den Studenten über Abbruch oder Fortsetzung der Besetzung des Tiananmen-Platzes hält an
- Chai Ling und Wang Dan verlassen die "Gemeinsame Konferenz aller Bevölkerungsgruppen von Beijing"
- Die Zahl der Truppen, die Beijing umstellt haben, wird in einer offiziösen Publikation mit 150.000 angegeben
- Studenten errichten auf dem Tiananmen-Platz eine Statue, die die "Göttin der Demokratie" symbolisieren soll

Unter den auf dem Tiananmen-Platz verbliebenen Studenten aus Beijing und anderen Landesteilen herrschen Meinungsverschiedenheiten darüber, ob die Besetzung des Platzes aufrechterhalten werden soll oder nicht. Die Mitglieder des "Oberkommandos zur Verteidigung des Tiananmen-Platzes" finden nur schwer zu einer Entscheidung. Am frühen Morgen erklären die Oberkommandierende Chai Ling und vier weitere Mitglieder des Ständigen Ausschusses ihren Rücktritt. (*Beizhuang de minyun*, S. 102)

Einer anderen Meldung zufolge ziehen sich Chai Ling, Wang Dan und andere bedeutende Beijinger Studentenführer aus dem "Gemeinsamen Komitee" ["Gemeinsame Konferenz aller Bevölkerungsgruppen von Beijing"?] zurück, weil es ihnen nicht gelungen ist, im Konflikt zwischen den Beijinger und auswärtigen Studenten hinsichtlich des Rückzugs vom Tiananmen-Platz erfolgreich zu vermitteln. (T. Saich, "The Rise and Fall...", S. 193)

Auch an diesem Tag herrscht Ruhe in der Stadt. Weniger als 5.000 Studenten (unter 10.000 laut N.D. Kristof, in: IHT, 30.5.89) führen den Sitzstreik auf dem Tiananmen-Platz fort, kaum ein Dutzend von ihnen sitzen vor dem Xinhuamen. (*Radio Shanghai*, 30.5.89, nach SWB, 31.5.89)

Neue "Touristen-Zelte" werden auf dem Platz errichtet. Städtische Arbeiter entfernen Plakate an Wänden und Laternenpfosten; es erscheinen aber neue Plakate, die Zuschauer anziehen. (RMRB, 30.5.89)

Der "Autonome Arbeiterverband" hat auf dem Tiananmen-Platz sein Hauptquartier eingerichtet. Ein Verantwortlicher erklärt, bislang seien dem Verband bereits 5.500 Personen beigetreten. (LSC, S. 72)

Führer des "Autonomen Arbeiterverbands" verlangen auf einer öffentlichen Veranstaltung die offizielle Anerkennung ihrer Organisation und drohen mit Hungerstreiks in der Arbeiterschaft, sollten die Studentenforderungen nach mehr Demokratie nicht erfüllt werden. (erl, dpa, afp, nach FRu, 31.5.89)

Die überall im Stadtzentrum angebrachten Plakate, die über den Machtkampf in der Führungsspitze informieren, werden von der Bevölkerung begierig gelesen, da die Massenmedien keine diesbezüglichen Nachrichten bringen. Auf einem Plakat heißt es, Zhao Ziyang sei als Führer einer "parteifeindlichen Clique" angeprangert worden. Er werde mit vielen seiner Anhänger entlassen werden ebenso wie bekannte Intellektuelle, die sich für politische Reformen eingesetzt hätten. Ein anderes Plakat, das an der Mauer der Verbotenen Stadt klebt, klagt Li Peng an, Chaos zu schaffen, um einen Vorwand für das Zusammenziehen von Zehntausenden von Soldaten zu haben, die einen "Staatsstreich" ausführen sollen. (rtr, nach TN, 30.5.89)

Wang Youcai, Sekretär des "Autonomen Studentenverbands Beijing", erklärt in einem Interview mit einem Hongkonger Reporter im Hauptquartier des Verbands in der Beijing-Universität, die Studenten wollten trotz enormer Schwierigkeiten den Sitzstreik auf dem Tiananmen-Platz fortsetzen. 50.000 Yuan täglich würden benötigt, um die auf dem Platz entstehenden Kosten zu decken, wobei man vollständig auf Spenden angewiesen sei. Der Großteil des Geldes, das in Hongkong, Macao und Übersee gespendet worden sei, habe den "Autonomen Studentenverband" noch nicht erreicht. Weiter erklärt Wang Youcai, daß der Verband und das "Oberkommando" die Organisationsarbeit auf dem Platz verstärken wollten. Dies bedeute u.a.: ein Rotationssystem zur Fortsetzung des Sitzstreiks, Reinigung des Platzes, hygienefördernde Maßnahmen, Aufrechterhaltung der Ordnung, Verstärkung der Propaganda. (ZTS, 30.5.89) - Einer Meldung von afp, 30.5.89, zufolge liegen inzwischen "Unsummen" auf verschiedenen Bankkonten in Hongkong, die auf Großveranstaltungen für die streikenden Studenten in Beijing gesammelt wurden. Sie werden aus Unsicherheit über den weiteren Verlauf der Protestbewegung und wegen des "organisatorischen Chaos" der Studentenschaft zurückgehalten.

In der Kommandozentrale des Platzes erklärt ein Student, für den morgigen Tag sei der Beginn eines Hungerstreiks von Studenten, Arbeitern, Intellektuellen und Bauern vorgeschlagen worden. Bis jetzt sei aber noch keine Entscheidung gefallen. "Wir müssen mehr Druck auf die Führung ausüben. Jetzt sehen wir uns einer Regierung gegenüber, die eine noch härtere Haltung einnimmt als zuvor. Wir müssen bis zum Ende weitermachen." (rtr, nach TN, 30.5.89) Studenten rufen für den morgigen Tag zu neuen Kundgebungen für mehr Demokratie auf. (afp, dpa, ap, nach FRu, 30.5.89)

Viele Studenten kehren wieder an die Beijing-Universität zurück. Am Mittag scheren sich dort neun Studenten aus Protest gegen die Verhängung des Ausnahmezustands in einer öffentlichen Aktion die Köpfe kahl. (afp, ap, dpa, taz, nach taz, 30.5.89) Sie verweisen darauf, daß die Kahlrasur in China seit über 2.000 Jahren Zeichen des politischen Protests ist und daß auch die Anhänger der Reformbewegung zu Beginn des 20. Jahrhunderts mit dem Abschneiden der Zöpfe ihre Verachtung gegenüber der "verfaulten Mandschu-Dynastie" ausdrückten. Sie hätten keinerlei Vertrauen mehr in die Regierung: "Wochenlang demonstrierten über eine Million Menschen, aber die Regierung ignoriert einfach den Willen des Volkes. Alle Methoden des friedlichen Protests sind ausgeschöpft: Bittgesuche, Sit-ins, Hungerstreik, Demonstrationen, Blockaden. Aber die Regierung verkauft das Volk nur für dumm. Von einer Partei, die alle paar Jahre ihren Chef zum Parteifeind erklärt - wohl eine chinesische Spezialität - haben wir nichts zu erwarten." Weiter erklären sie, wenn mehrere hundert oder tausend Kahlköpfige an den Demonstrationen teilnehmen, sei der Effekt viel stärker als jede Parole und jedes Transparent. Sie hofften, viele Nachahmer zu finden; bislang aber hätten sich erst 15 Studenten an der Aktion beteiligt. [Die sechs Initiatoren der Kahlrasur-Aktion von der biologischen Fakultät der Beijing-Universität heißen Peng Rong, Lou Wei, Sun Jingchuan, Song Xianming, Deng Yongqi und Fan Xuhong.] (T. Reichenbach, in: taz, 31.5.89)

Die Studenten auf dem Platz sind jetzt merklich entschlossener. Vielleicht liegt das daran, daß viele der Zaghafteren bereits gegangen sind. Der Platz ist von Studenten bis zu einem gewissen Grad gesäubert worden. Sie beharren darauf, auf unbestimmte Zeit zu bleiben. "Der Platz ist ein Symbol der Demokratie in China geworden", sagt ein Student aus Shenyang. "Wir können ihn nicht aufgeben." Die Einwohner schränken ihre Spenden für die demonstrierenden Studenten vor allem deshalb ein, weil weniger als zuvor Beijinger Studenten sind. (N.D. Kristof, in: IHT, 30.5.89)

Bis zum gestrigen Tag sind insgesamt 370.000 Studenten von außerhalb nach Beijing gekommen, die zum Teil die Stadt wieder verlassen haben, erklärt ein verantwortlicher Funktionär des Beijinger Bahnhofs. Die Zahl der in Beijing eintreffenden Studenten ist jetzt stark gesunken, während sich über 20.000 Studenten pro Tag auf den Heimweg machen. Allein in den letzten drei Tagen haben 90.000 von außerhalb gekommene Studenten wieder die Stadt verlassen. Neu angekommen sind gestern nur 200, heute 100 Studenten. Über 1.000 Kader von verschiedenen Organen, Volkspolizisten und VBA-Soldaten sorgen auf dem Bahnhof für Ordnung. Trotz des hohen Fahrgastaufkommens werden täglich 70% der Sitzplätze für Studenten reserviert, jeden Tag werden sechs zusätzliche Züge eingesetzt. Heimkehrwillige Studenten, die am Bahnhof warten, erklären, sie seien erschöpft, die Luft auf dem Tiananmen-Platz sei nicht gut und ein längerer Aufenthalt würde den Einwohnern Beijings zu viele Probleme bereiten, denn alles, was sie, die Studenten, in diesen Tagen verbraucht und verzehrt hätten, sei ihnen von den Einwohnern gegeben worden. Ein anderer erklärt, sie hofften immer noch, daß die Regierung mit ihnen in einen aufrichtigen Dialog treten werde. (RMRB, 30.5.89)

Das Hauptstädtische Eisen- und Stahlkombinat ist nach Angaben dort angestellter Arbeiter von Truppen besetzt worden. Die Arbeiter würden daran gehindert, nach der Arbeit nach Hause zurückzukehren, damit sie nicht an Demonstrationen teilnehmen könnten. (afp, dpa, ap, nach FRu, 30.5.89)

Der Shanghaier *Weltwirtschaftsbote* durfte Verlautbarungen zufolge seine letzten beiden Ausgaben nicht drucken. (afp, dpa, ap, nach FRu, 30.5.89)

Die in Beijing erscheinende *Arbeiterzeitung (Gongren Ribao)* bringt ebenfalls die am Vortag in der *Volkszeitung* veröffentlichte Liste "berühmter Männer", die das Rauchen aufgegeben haben, doch jetzt fehlt der Name Zhao Ziyang. (GRRB, 29.5.89)

Die in Hongkong erscheinende englischsprachige *South China Morning Post* zitiert Li Peng, der in einem Rundschreiben an die "Hierarchie der Kommunistischen Partei" auch das "Eindringen westlicher Ideen von Demokratie und Freiheit" für die Studentenbewegung verantwortlich gemacht habe. Li Peng habe jedoch eingeräumt, der tiefer liegende Grund für die Unruhen sei eine Spaltung in der Partei. Nach Angaben der Zeitung kritisierte er Zhao Ziyang dahingehend, daß dieser viel Arbeit für die Reformen geleistet, aber auch "viele Fehler gemacht" habe. (afp, dpa, ap, nach FRu, 30.5.89)

Radio Beijing sendet die Rede von Peng Zhen vom 26. Mai, in der der 87jährige u.a. erklärt, China werde von einem Bündnis der Arbeiter und Bauern regiert und nicht von der Bourgeoisie. Das Phänomen der bürgerlichen Liberalisierung gefährde China und es liege nicht im Interesse des Volkes und der Partei. (rtr, nach TN, 30.5.89) - Siehe 26. Mai.

Unter Journalisten und westlichen Diplomaten kursieren Kopien der Geheimrede Yang Shangkuns vom 24. Mai. Der darin enthaltene Satz "Die Truppen müssen auf einheitlichen Kurs gebracht werden, Befehlsverweigerung fällt unter Kriegsrecht" bestätigt den Verdacht westlicher Diplomaten, daß ein Teil der etwa 100.000 Soldaten, die sich seit dem 20. Mai am Rande Beijings befinden, einer möglichen Rebellion anderer Armee-Einheiten vorbeugen soll. (G. Dinmore, in: TN, 30.5.89) Eine Kopie der Rede ist nahe dem Partei- und Regierungssitz im Zentrum Beijings angeschlagen. (afp, ap, dpa, taz, nach taz, 30.5.89)

Die Führungsgruppe der KPCh im Ständigen Ausschuß des NVK erklärt in einem Bericht an das ZK ihre entschlossene Unterstützung für den Beschluß zur Eindämmung des Aufruhrs. In den letzten Tagen hätte eine sehr, sehr kleine Anzahl von Leuten vergeblich Aufruhr geschürt mit dem Ziel, die Führung der KPCh und den vom NVK auf gesetzmäßige Weise geschaffenen Staatsrat zu stürzen und die demokratische Diktatur des Volkes sowie das sozialistische Gesellschaftssystem zu beseitigen. Sehr, sehr wenige Leute hätten die Ordnung der Produktion, der Arbeit und des Lebens nachhaltig beeinträchtigt, was zu chaotischen und anarchischen Zuständen geführt habe. Es sei absolut notwendig, zwischen der patriotischen Begeisterung der breiten Studentenmassen und den sehr, sehr wenigen Unruhestiftern streng zu unterscheiden. In dem Bericht werden nicht nur die "wichtigen Reden" von Li Peng und Yang Shangkun am 19. Mai erwähnt, sondern auch ebenso "wichtige Reden" von Li Peng, Yang Shangkun, Qiao Shi und Yao Yilin am 22. Mai. (RMRB, 31.5.89)

Das Ministerium für Personalwesen unterstützt seit dem 20. Mai die Reden Li Pengs und Yangs Shangkuns vom 19. Mai. (*Beijing-TV*, 29.5.89, nach SWB, 31.5.89)

Der *Wen Hui Bao* zufolge hat Hu Jiwei, Mitglied des Ständigen Ausschusses des NVK und früherer Verlagsdirektor der *Volkszeitung*, gegenüber Journalisten der *Wen Hui Bao* seine Besorgnis über die gegenwärtige Einschränkung der Berichterstattung geäußert. Derzeit könnten nur einseitige Berichte veröffentlicht werden. Abweichende Meinungen dürften in der Presse nicht erscheinen. Die Bevölkerung erhalte wichtige Informationen einzig durch ausländische Massenmedien. Seit Beginn der jetzigen patriotischen und demokratischen Bewegung sei Pressefreiheit eine drängende Forderung der Journalisten und des ganzen Volkes gewesen. Durch persönliche Erfahrung hätten die Massen erkannt, daß Pressefreiheit so wertvoll und unverzichtbar sei wie Luft und Wasser. Ein weiteres Mitglied des Ständigen Ausschusses des NVK und früherer Chefredakteur der *Volkszeitung*, Qin Chuan, erklärt gegenüber Journalisten der *Wen Hui Bao*, er werde auf der für Ende Juni angekündigten Sitzung des Ständigen Ausschusses des NVK die falsche und einseitige Berichterstattung über die gegenwärtige Studentenbewegung zur Sprache bringen, die die Zentralbehörden zu unangemessenen Beschlüssen geführt hätte. Diejenigen, die solche Berichte geliefert hätten, sollten zur Rechenschaft gezogen werden. (WHB, 29.5.89, nach SWB, 30.5.89)

Weiter berichtet die *Wen Hui Bao*, daß sich die VBA-Truppen auf einen drei- bis sechsmonatigen Aufenthalt in der Stadt einrichteten. Die Beijinger Stadtregierung habe bereits eigens eine Abteilung eingerichtet, die die Soldaten mit Nahrung versorge. Inzwischen seien immer mehr Menschen davon überzeugt, daß die Armee nicht in Beijing sei, um mit den Studenten fertigzuwerden, sondern wegen des Machtkampfes in der Führungsspitze. Dieser habe bislang verhindert, daß eine Lösung für das Problem der andauernden Protestkundgebungen gefunden wird. (rtr, nach TN, 31.5.89)

Die offiziösen Zeitschriften *Beijing Review* und *Beijing Rundschau* berichten, daß die Zahl der Soldaten, die die Hauptstadt umstellt haben, auf 150.000 geschätzt wird. (BRe, 29.5.89, S. 5; BRu, 30.5.89, S. 6) - Diese Zahlenangabe scheint verläßlich, da die Redakteure dieser Zeitschriften über gute Informationsquellen verfügen.

Seit gestern dringen unbemerkt Truppen in die Stadt ein. Heute sollen in den frühen Morgenstunden Teile der 187., 188. und 189. Division mit leichten Maschinengewehren bewaffnet in die Große Halle des Volkes gekommen sein. Weitere Waffen sind teilweise mit Kranken- und Personenwagen oder sogar mit Helikoptern hineingebracht worden. (JSND, 1/1991, S. 72)

Westliche Militärexperten, die als Beobachter an einem Manöver teilnahmen, berichten, daß ein ganz beträchtliches Kontingent von Streitkräften und Waffensystemen um die Hauptstadt herum zusammengezogen worden ist. Beijinger Einwohner und Studenten hatten vor einer Woche die langen grünen Behälter auf Sattelaufhängern als Zeichen dafür gewertet, daß die Armee Tränen- [oder sogar Gift-] Gas einsetzen wolle. Tatsächlich, so die Militärexperten, handelte es sich um SA[Hongqi]-2-Boden-Luft-Raketen: "Es ist kein Wunder, daß die Soldaten nervös wurden, als Scharen von Menschen auf ihren Konvoi kletterten." Jede der 12 Röhren von mehr als 6 m Länge soll Raketentreibstoff enthalten haben. In anderen Armeelastern wurden Sprengköpfe gesichtet, ebenso Chemikalien zur Entseuchung, falls Treibstoff ausläuft. Fahrbare Abschußrampen waren nicht zu sehen. Um eine Erklärung gebeten, sagt ein westlicher Diplomat: "Sie können der vollkommen blödsinnigen Theorie folgen, daß diese Raketen routinemäßig am Rande Beijings transportiert wurden zur Zeit der großen Demonstrationen." (Siehe auch 22. Mai.) Diplomaten verschiedener Botschaften sprechen von Anhaltspunkten dafür, daß Verteidigungsminister Qin Jiwei die Verhängung des Ausnahmezustands abgelehnt habe. Ihrer Meinung nach sind die Truppen von außerhalb gerufen worden, um sicherzustellen, daß das 38. und das 27. Armeekorps ihre Befehle ausführen. Armeeoffiziere haben Journalisten inoffiziell bestätigt, daß das ganze Militär es ablehne, eine von Politikern herbeigeführte Krise zu bereinigen. Westliche Militärexperten haben außerdem leichte T-79-Panzer entdeckt, die mit der Kopie einer britischen 105 mm-Kanone bestückt sind, und zahlreiche gepanzerte T-63-Truppentransporter. Diese erreichen eine Geschwindigkeit von 65 km/h und sind mit zwei Fahrern und 13 Soldaten bemannt - angeblich eine ideale Kombination zum Durchbrechen von Barrikaden. "Warum aber setzt man Panzer gegen Studenten ein?" fragt ein Experte. "Natürlich erschrecken sie die Leute, andererseits aber sind Panzer in einer solchen Situation wirklich nicht von großem Nutzen." (rtr, nach TN, 30.5.89)

Nach informierten chinesischen Quellen ist die Armee gespalten. Das in der Nähe von Beijing stationierte 38. Armeekorps soll sich auf die Seite Zhao Ziyangs gestellt haben. (rtr, nach TN, 31.5.89)

Eine der Militärregion Beijing unterstehende Einheit ehrt den Propagandafunktionär Chen Zhiping, der am 23. Mai bei der Durchsetzung des Ausnahmezustands getötet wurde. Während er am Straßenrand für Ordnung sorgte, wurde er von den Zuschauern umgestoßen und von einem Fahrzeug überfahren. Er wird zum "Märtyrer der Revolution" erklärt. (*Beijing-TV*, 27.5.89, nach SWB, 31.5.89) - Am 23. Mai hieß es hingegen in einer Meldung von *Radio Beijing*, der Armeeangehörige sei bei einem Sturz vom Lastwagen gestorben, dessen Fahrer mit zu hoher Geschwindigkeit angefahren sei.

Ein Lehrer der Beijing-Universität hört abends im Radio die Meldung, ein VBA-Angehöriger, der die Menge, die ein Armeefahrzeug umringte, zurückdrängte, sei von den Menschen unter das Fahrzeug gestoßen worden. Plötzlich sei dieses unvorsichtig angefahren und habe ihm den Kopf zerquetscht. Er erinnert sich jedoch, daß das Fernsehen "vor einigen Tagen" eine andere Darstellung des Unglücks gebracht hat, nämlich daß der VBA-Angehörige bei einem plötzlichen Schnellstart vom Lastwagen gefallen sei. Daraufhin ruft der Lehrer die Rundfunkredaktion an und fragt, warum der Fahrer denn angefahren wäre, als der Soldat zwischen die Räder gefallen sei? Das sei nicht so einfach zu beantworten, heißt es. Und weiter: Die Nachricht stimme, sie stamme von der Armee. Und ein Fernsehmitarbeiter erklärt, er berichte den Anweisungen entsprechend. Der Lehrer informiert die Studenten der Beijing-Universität, die noch am selben Abend ein Flugblatt mit seinem Bericht verteilen. (Flugblatt der Beijing-Universität vom 29.5.89)

In den Abendstunden versammeln sich auf dem Tiananmen-Platz etwa 20.000 Studenten. (W.A., in: FAZ, 30.5.89) Die Zahl der auf dem Platz demonstrierenden Studenten ist auf etwa 5.000 gesunken, berichtet hingegen ein anderer Beobachter. (R. Thomson, in: FT, 30.5.89)

Nach Einbruch der Nacht errichten 20 Dozenten und Studenten der Zentralen Kunstakademie auf dem Tiananmen-Platz die zehn Meter hohe Statue einer Frau, die viele Zuschauer anzieht. (*Radio Shanghai*, 30.5.89, nach SWB, 31.5.89)

Etwa 50.000 Menschen sehen zu, wie die Statue der "Göttin der Demokratie" errichtet wird, die am folgenden Morgen enthüllt werden soll. (rtr, nach TN, 30.5.89) Eine Menge von nahezu 100.000 Menschen bejubelt die Errichtung "eines Modells der Freiheitsstatue", das von Kunststudenten angefertigt und in Einzelteilen auf dreirädrigen Karren zum Platz gebracht wurde. Um diese Statue von der in New York auch von der Bezeichnung her zu unterscheiden, wird sie "Göttin der Demokratie und Freiheit" genannt. Die Studenten, die sie aus Gips und Styropor angefertigt haben, sagen, der einzige Weg, sie zu demontieren, sei, sie zu zerschlagen. Sie betrachten die Statue als einen "public relations coup": Entweder bleibt sie und symbolisiert die Demokratiebewegung und die Schwäche der Regierung, oder aber die Behörden sehen sich in der blamablen Situation, Polizisten aussenden zu müssen, um die Göttin der Freiheit mit Vorschlaghämmern zu zerstören. (N.D. Kristof, in: IHT, 30.5.89) Die Errichtung der Statue dauert über 12 Stunden. (C. Rosett, in: AWSJ, 31.5.89) Nach Angaben der Studenten der Zentralen Kunstakademie sind für die Statue 10.000 Yuan gespendet worden. (J. Kahl, in: SZ, 31.5.89)

Shanghai
In Shanghai wird unter Studenten die Teilnahme an einer für den morgigen Tag geplanten Demonstration von Arbeitern diskutiert. Viele Studenten klagen, daß die Arbeiter nicht bereit seien, in den Streik zu treten und ihren zunehmend wachsenden Lebensstandard einschließlich Fernsehgerät und Kühlschrank zu gefährden. Studenten der Tongji-Universität fahren Wochen vor Semesterende heim zu ihren Familien und kündigen an, daß sie nicht vor September zurückkehren wollten. (J. Elliott, in: FT, 30.5.89)

Der "Autonome Studentenverband Shanghai" erklärt den Beginn einer Aktion der "leerstehenden Hochschulen" und ruft die Kommilitonen dazu auf, erst am 1. September, dem Beginn des neuen Hochschuljahres, in die Hörsäle zurückzukehren. (*Beizhuang de minyun*, S. 102)

Die Regierung der Stadt Shanghai fordert "die kleine Anzahl von Studenten", die den Vorlesungsboykott fortsetzt, auf, den Unterricht wiederaufzunehmen. (*Radio Shanghai*, 29.5.89, nach SWB, 1.6.89)

In einer vom Fernsehen übertragenen Rede erklärt der Bürgermeister von Shanghai, Zhu Rongji, die Einwohner, einschließlich der Studenten, hätten darunter zu leiden, wenn Shanghais Wirtschaftsleben zum Erliegen käme. Falls es zu Unruhen käme, könnte es Jahre dauern, bis die ernsten Folgen behoben seien. (CD, 29.5.89)

Hunan
Nach zehn Tagen beenden die Studenten in Changsha ihre Sitzstreiks vor dem Gebäude der Provinzregierung und dem Bahnhof und kehren in die Hochschulen zurück. An einigen Hochschulen besuchen 80% der Studenten den Unterricht, an anderen laufen die Vorbereitungen zur Wiederaufnahme des Unterrichts. (*Radio Hunan*, 30.5.89, nach SWB, 31.5.89)

Shandong
In Jinan kehren die Studenten allmählich zur Wiederaufnahme des Unterrichts in die Hochschulen zurück. An der Medizinischen Hochschule Shandong besuchen 60%, an der Hochschule für Industrie Shandong ein Drittel der Studenten den Unterricht. (*Beijing-TV*, 29.5.89, nach SWB, 31.5.89)

Kleine Demonstrationen werden aus Chengdu, Shanghai, Wuhan, Xi'an und Nanjing gemeldet. (N.D. Kristof, in: IHT, 30.5.89)

30. Mai 1989, Dienstag
- **Die "Göttin der Demokratie" wird auf dem Tiananmen-Platz enthüllt**
- **Die Beijinger Stadtregierung verlangt die Entfernung der "Göttin der Demokratie"**
- **Studenten beschließen, den Tiananmen-Platz weiter besetzt zu halten, und stellen erneut Forderungen an die politische Führung**
- **Erste Festnahmen von Sympathisanten der Studentenbewegung und Arbeiterführern und Proteste dagegen u.a. vor dem Amt für Öffentliche Sicherheit und auf dem Tiananmen-Platz**

Am Vormittag wird die Statue der "Göttin der Demokratie" zu den Klängen der Internationale und unter dem rauschenden Beifall der Umstehenden eingeweiht. (taz, dpa, afp, nach taz, 31.5.89) Viele Menschen drängen sich neugierig und erregt um die Statue und bauen sich vor ihr auf, um sich photographieren zu lassen. (rtr, nach TN, 31.5.89) "Ist das die amerikanische [Freiheits-]Statue?" fragt ein alter Arbeiter. "Aber nein, das ist unsere Göttin der Demokratie! Du siehst doch, daß sie chinesisch ist", antwortet sein Begleiter. (LSC, S. 73)

Die in tagelanger Arbeit modellierte Göttin der Demokratie, die sich von der amerikanischen Freiheitsstatue in einigen Details unterscheidet und quasi eine sinisierte Form der Freiheitsstatue darstellen soll, ist direkt gegenüber dem Mao-Portrait am Tiananmen auf der anderen Straßenseite der Chang'an-Alle errichtet worden. Sie zieht 100.000 - andere Meldungen sprechen von einer Million - Menschen an. "Die Stimmung hat sich gewandelt", erklärt ein Flugblattverteiler sichtlich erleichtert. Zwei Tage lang war der Platz fast leer geblieben, die Essensspenden der Bevölkerung gingen rapide zurück, und viele debattierten über eine Beendigung des Sitzstreiks. Jetzt ist die Stimmung wieder umgeschlagen. Eine Mehrheit der Studenten auf dem Platz stimmt für die Fortsetzung der Besetzung. Unterstützt werden sie dabei vor allem von Studentendelegationen, die aus den entlegenen Provinzen angereist sind. Sie wollen jetzt nicht unverrichteter Dinge in die Heimat zurückkehren. "Der Kampf geht weiter", geben die Lautsprecher auf dem Platz das Abstimmungsergebnis bekannt. Einzelne Studenten, die sich über einen Monat lang an Demonstrationen, Hungerstreik und Sitzprotest beteiligt haben, fallen sich in die Arme, führen Freudentänze auf. Nach diesem Spektakel stellen die Vertreter der Beijing-Universität ihr Vorhaben erst einmal zurück, am Dienstag vor dem Regierungssitz einen Hungerstreik mit Persönlichkeiten aus allen Bereichen der Gesellschaft zu veranstalten. Die Blockade des Regierungssitzes geht aber weiter. Die Studenten haben ein Transparent über dem Haupttor gespannt mit der Aufschrift: "Nicht die Regierung bestimmt das Volk, sondern das Volk bestimmt die Regierung." (taz, dpa, afp, nach taz, 31.5.89)

Das Verwaltungsbüro des Tiananmen-Platzes veröffentlicht eine Erklärung, derzufolge die Errichtung einer sogenannten Göttinnen-Statue ungesetzlich und mit der Würde des Platzes nicht zu vereinbaren ist. Die Verantwortlichen werden aufgefordert, die Statue zu entfernen. Die *Xinhua*-Nachrichtenagentur zitiert eine Intellektuelle mittleren Alters, die die Stadtregierung auffordert, sofort gegen die Aufstellung einer solchen Statue einzuschreiten: "Dies ist China und nicht Amerika." Außerdem stehe der 1. Juni, der Tag des Kindes, bevor, an dem die Kinder voll Ehrfurcht das Denkmal der Volkshelden auf dem Platz betrachten: Man dürfe sie nicht diesem "ungesunden Einfluß" aussetzen. (RMRB, 31.5.89) Diese Beschwerde wird auch in den Fernsehnachrichten verlesen, wobei darauf verzichtet wird, ein Bild der Statue zu zeigen. (J. Kahl, in: SZ, 31.5.89)

Lautsprecher auf dem Platz übertragen Botschaften der Stadtregierung, in der die Statue als anti-chinesisch und pro-amerikanisch bezeichnet wird. Die Studenten drohen, sie in den Platz einzuzementieren. (R. Thomson, P. Ellingsen, in: FT, 31.5.89)

Einige chinesische Tageszeitungen, wie etwa die *Chinesische Jugend-Zeitung*, berichten mit Sympathie über die Aktion der Kunststudenten und -lehrer. (erl, dpa, afp, nach FRu, 31.5.89)

Die "Gemeinsame Konferenz [aller Bevölkerungsgruppen von Beijing]" gibt eine Erklärung heraus, in der die Studentenbewegung als patriotische und demokratische Bewegung bezeichnet wird. Weiter heißt es darin, die Studenten hätten beschlossen, den Tiananmen-Platz unbefristet besetzt zu halten, und vier Forderungen erhoben. Erst wenn die Regierung diese erfüllt habe, könne man einen neuen Dialog beginnen:
1. Aufhebung des Ausnahmezustands;
2. Rückzug der VBA-Truppen;
3. garantierte Straffreiheit [für die Teilnehmer an der Bewegung];
4. Pressefreiheit.
(*Beizhuang de minyun*, S. 104)

Nach einer anderen Darstellung hat die "Gemeinsame Konferenz" heute die Studenten aufgefordert, den Platz zu verlassen. Derselbe Aufruf sei am 2. Juni noch einmal an die Studenten gerichtet worden. (Luo Qiping u.a., "The 1989 Pro-Democracy Movement...", S. 40)

Einige Studentenführer erklären, daß trotz der großen Schwierigkeiten der Sitzstreik auf dem Tiananmen-Platz bis mindestens Ende Juni fortgeführt werde in der Hoffnung, daß die Sitzung des Ständigen Ausschusses des NVK eine günstige Wendung der Situation herbeiführen werde. (ZTS, 30.5.89, nach SWB, 2.6.89)

Auf dem Platz werden zusätzliche Zelte aufgeschlagen und mit Lastwagen Vorräte herbeigeschafft. "Bis dahin [20. Juni] machen wir noch viel Druck", kündigt der "Autonome Studentenverband Beijing" an. Mit neuen Flugblättern fordern die Studenten die Bevölkerung auf, den Protesten volle Unterstützung zu geben. (taz, dpa, afp, nach taz, 31.5.89)

Der Studentensprecher Yao Li gibt auf einer Pressekonferenz bekannt, daß 300 Lehrer drohen, aus Solidarität mit den protestierenden Studenten in den Hungerstreik zu treten, nachdem die Regierung deren Forderungen abgelehnt hat. Nach seinen Angaben haben zwar Gespräche mit der Regierung stattgefunden, aber von einem Dialog könne keine Rede sein, da die Staatsführung sich weigere, mit den Studenten über deren Vier-Punkte-Forderungskatalog zu diskutieren. Dieser umfaßt die Aufhebung des Ausnahmezustands, den Abzug der 150.000 rund um die Hauptstadt postierten Soldaten, Straffreiheit für die Studentenaktivisten und Pressefreiheit. Wann die Gespräche, die am 18. Mai abgebrochen worden waren, wieder aufgenommen wurden und wer an ihnen teilnahm, ist nicht bekannt. (taz, dpa, afp, nach taz, 31.5.89)

Parteifunktionäre, die in Verbindung zu einer von Deng Xiaopings Sohn Deng Pufang geleiteten Wohlfahrtsorganisation [es handelt sich um den Chinesischen Behindertenverband] stehen, haben mit den Studenten Verhandlungen geführt. Sie behaupten, die stillschweigende Unterstützung von Deng Xiaoping zu besitzen, den Studenten eine ganze Reihe von Zugeständnissen anzubieten, falls diese ihre Protestkundgebungen einstellen. (R. Thomson, P. Ellingsen, in: FT, 31.5.89)

Der Studentenführer Li Lu erklärt, daß sie noch immer Freiwillige verzeichneten, die an einem in dieser Woche beginnenden Hungerstreik teilnehmen wollten. Über 300 Intellektuelle hätten sich bislang in die Liste eingetragen. Angestrebt werde eine Zahl von 3.000 Teilnehmern. Ein Beijinger Student, der seit dem 13. Mai auf dem Platz kampiert, sagt: "Wir werden bleiben, bis die Regierung unsere Forderungen erfüllt oder Truppen aussendet, um uns zu vertreiben. Die Einwohner haben Angst, uns zu unterstützen. Die Regierung will uns von den Einwohnern isolieren." Über die Lautsprecheranlage der Studenten wird verkündet, daß man zu Gesprächen mit der Regierung bereit sei, falls diese den Ausnahmezustand aufhebe, die Truppen zurückziehe, Pressefreiheit garantiere und verspreche, die demonstrierenden Studenten nicht zu bestrafen. (rtr, nach TN, 31.5.89)

Fang Lizhi und seine Frau Li Shuxian kehren in die Hauptstadt zurück, nachdem sie sich mehrere Tage lang in einem Versteck außerhalb Beijings aufgehalten hatten. Sie hatten die Stadt letzte Woche verlassen, weil es hieß, die Regierung wolle mehrere kritische Intellektuelle verhaften. (J. Mathews, in: IHT, 1.6.89)

Sieben Intellektuelle mittleren Alters warnen in einem in der *Beijing-Tageszeitung* veröffentlichten und in der heutigen *Volkszeitung* nachgedruckten Brief, daß durch Anarchie verursachtes Chaos schließlich zu einem "allgemeinen Aufruhr" führen werde. Das habe sich erst vor kurzem noch während des Jahrzehnts der Kulturrevolution gezeigt. Die Schaffung und Vervollkommnung eines sozialistischen Rechtssystems erfordere einen historischen Prozeß. Die Entwicklung der Demokratie müsse gleichzeitig mit der Vervollkommnung des Rechtssystems erfolgen. Demokratie ohne ein Rechtssystem müsse zwangsläufig in die Anarchie führen. Und die Entwicklung der Demokratie müsse mit der wirtschaftlichen Entwicklung übereinstimmen. Es sei unrealistisch zu glauben, daß die Vervollkommnung der Demokratie und des Rechtssystems in einem so armen und rückständigen Land mit einem so unterentwickelten Bildungswesen wie China über Nacht verwirklicht werden könne. (RMRB, 30.5.89)

In einem erstaunlich milden Leitartikel der *Volkszeitung*, der Bezug auf diesen Brief nimmt, heißt es, daß der Aufbau einer sozialistischen und demokratischen Politik das gemeinsame Anliegen der Partei und des ganzen Volkes sei. Eine solche Politik stehe keineswegs im Widerspruch zur Entwicklung der Produktivkräfte, sie treibe die Entwicklung der Produktivkräfte sogar voran. In China erfordere der Demokratisierungsprozeß aber einen langen Zeitraum. Er müsse der Entwicklung des Wirtschaftsaufbaus angepaßt sein. Es sei nicht leicht zu lernen, Fragen auf demokratischen und rechtlichen Wegen zu lösen. Das erfordere Zeit und entsprechende Maßnahmen. (RMRB, 30.5.89)

Die *Volkszeitung* erklärt außerdem in ihrer heutigen Ausgabe, daß ihre Titelseiten-Kolumne "Der xte Tag des Ausnahmezustands in Beijing" ab morgen nicht mehr erscheinen wird. Diesbezügliche Informationen würden hinfort in einer "anderen Berichtform" gegeben. (RMRB, 30.5.89) - Diese Kolumne war am 21. Mai auf der ersten Seite eingerichtet worden, auf der auch der Erlaß des Staatsrats über die Verhängung des Ausnahmezustands abgedruckt war. Seither war in dieser Kolumne über die Situation auf dem Tiananmen-Platz und über Demonstrationen und Straßenblockaden berichtet worden, wenn auch in meist knapper Form.

Das Außenministerium fordert ausländische Journalisten auf, bei der Berichterstattung die Bestimmungen der Erlasse Nr. 2 und 3 einzuhalten, die von der Beijinger Stadtregierung am 20. Mai bei der Ausrufung des Ausnahmezustands herausgegeben wurden. (CD, 31.5.89) - Vergleiche 20. Mai.

Die Führungsgruppe der KPCh im Ständigen Ausschuß des NVK erklärt in einem Bericht an das ZK der KPCh ihre Unterstützung für die Verhängung des Ausnahmezustands. Die Parteimitglieder im Ständigen Ausschuß des NVK und seinen untergeordneten Organen hätten gewissenhaft die Reden von Li Peng und Yang Shangkun vom 19. Mai studiert und forderten alle auf, politisch eins mit der Zentrale zu sein, Gerüchten keinen Glauben zu schenken und gewissenhaft die Bestimmungen zum Ausnahmezustand auszuführen. Die Parteimitglieder seien der Ansicht, daß die breite Masse der jungen Studenten aus patriotischem Enthusiasmus heraus die Beschleunigung des Demokratisierungsprozesses und Bekämpfung der Korruption fordere. Diese Forderungen stimmten mit den Wünschen von Partei und Regierung überein. Man müsse zwischen dem patriotischen Enthusiasmus der breiten Studentenmassen und der "sehr, sehr kleinen Anzahl" von Unruhestiftern streng unterscheiden. Was die vernünftigen Forderungen der Studenten angehe, nämlich Stärkung des Aufbaus einer gesunden Regierung, Beseitigung der Erscheinungen von Korruption usw., so muß mit Hilfe demokratischer und rechtmäßiger Verfahren gewissenhaft eine Lösung herbeigeführt werden. Auf diese Weise könne das Ansehen von Partei und Regierung erhöht werden. (RMRB, 31.5.89)

Vier Mitglieder des Ständigen Ausschusses des NVK - Gao Dengbang, Gu Ming, Wang Houde und Song Rufen - erklären in einem offenen Brief, daß sie entgegen einem Bericht der Hongkonger Zeitung *Wen Hui Bao* vom 25. Mai einen Aufruf zur Einberufung einer Dringlichkeitssitzung des Ständigen Ausschusses des NVK nicht unterzeichnet hätten. Vor dem 25. Mai seien zwei von ihnen, Wang Houde und Song Rufen, von einem Mitarbeiter des Forschungsinstituts der Stone Corporation (Sitong Yanjiusuo) angerufen worden. Dieser habe gesagt, er rufe im Auftrag des Ausschußmitglieds soundso an und hoffe, daß die beiden den Aufruf unterzeichnen würden. Sie hätten nicht ihr Einverständnis ausgedrückt. Die vier Unterzeichner fordern, daß das Institut untersucht werde. (RMRB, 31.5.89; siehe auch RMRB, 13.6.89) - Vergleiche hierzu 17., 18., 21.-24., 31. Mai und 2. Juni. Zhao Ziyang hat in den letzten Jahren erfolgreiche Privatunternehmen wie die Stone Corporation ermuntert, politische Forschungsinstitute einzurichten. Mitarbeiter des "Stone-Instituts" waren am Entwurf des umstrittenen Konkurs-Gesetzes beteiligt und arbeiteten genauso umstrittene Vorschläge zur Änderung der Verfassung aus, die auf eine Neudefinition der Macht der Partei hinauslaufen. (R. Thompson, in: FT, 2.6.89)

Eine ganze Reihe von zentralen Staatsorganen fordert ihre Mitarbeiter auf, entschlossen die Politik des ZK der KPCh und des Staatsrats auszuführen, im Geist der Reden von Li Peng und Yang Shangkun zu handeln und politische Stabilität und Einheit zu wahren. Darunter befinden sich folgende Kommissionen und Ministerien: Zentrale Kommission für die Angelegenheiten der Nationalitäten, Zentrale Kommission für Wissenschaft und Technik, Zentrale Kommission für Familienplanung, Ministerium für Verwaltungskontrolle, Ministerium für Wasserwirtschaft, Ministerium für Zivilverwaltung, Minsterium für Materialversorgung, Ministerium für Leichtindustrie, Ministerium für Geologie und Bodenschätze, Chinesische Volksbank, Arbeitsministerium, Ministerium für Personalwesen, Kulturministerium, Ministerium für Rundfunk und Fernsehen, Ministerium für Bauwesen. (RMRB, 31.5.89) Das ist weniger als die Hälfte aller Kommissionen und Ministerien des Staatsrats.

Die Zentrale Kommission für die Angelegenheiten der Nationalitäten erklärt ihre Unterstützung für die Reden Li Pengs und Yang Shangkuns vom 19. Mai und berichtet, daß der Aufruhr in Beijing bereits die Grenzregionen berühre. Das Buch *Sexuelle Sitten und Bräuche* habe zu Demonstrationen und der Erstürmung von Partei- und Regierungsgebäuden geführt. [Vergleiche hierzu C.a., Mai 1989, Ü 11] (*Radio Beijing*, 31.5.89, nach SWB, 3.6.89)

Ein Verantwortlicher des Amtes für Öffentliche Sicherheit der Stadt Beijing erklärt, daß eine Organisation von Motorradfahrern namens "Fliegende Tiger-Brigade", die die gesellschaftliche Ordnung gestört habe, zerschlagen worden

sei. Elf Mitglieder seien in Gewahrsam genommen worden. Seit dem 15. Mai seien diese Motorradfahrer in Gruppen von einigen Dutzend bis zu 300 oder 400 durch die Straßen der Stadt gefahren. Sie hätten Fahnen mit Aufschriften wie "Wachmannschaft der eisernen Reiter" oder "Fliegende Tiger-Brigade" hochgehalten. Sie hätten aufhetzende Parolen gerufen, Flugblätter verteilt und Gerüchte verbreitet wie "Die Armee unterdrückt die Studenten", um die Menschen irrezuführen. Sie seien mit überhöhter Geschwindigkeit gefahren, so daß Kraftfahrzeugfahrer, Fahrradfahrer und Fußgänger ihnen ausnahmslos ausweichen mußten. Sie hätten Fabriken angegriffen und Militärfahrzeugen den Weg blockiert. Am 20. Mai hätten über hundert von ihnen die Arbeiter des Hauptstädtischen Eisen- und Stahlkombinats zum Streik aufgehetzt. Nachts hätten sie laut geschrien: "Bürger der Stadt, ihr dürft nicht schlafen! Steht schnell auf!" und so die Nachtruhe der Menschen gestört. In Liuliqiao im Bezirk Fengtai und in Huangchun im Kreis Daxing hätten sie Militärfahrzeuge umzingelt und die Soldaten mit Steinen und Flaschen beworfen. In Daxing hätten sie die Polizeistation angegriffen [um die Freilassung eines Festgenommenen zu erzwingen; XHS, 31.5.89, nach SWB, 1.6.89]. Sie seien auch in Tankstellen eingedrungen und hätten unverfroren Benzin gestohlen oder gewaltsam genommen. Der Verantwortliche des Amtes für Öffentliche Sicherheit der Stadt Beijing erklärt weiter, erste Untersuchungen hätten ergeben, daß das Rückgrat dieser Gruppe von Unruhestiftern aus drei Arten von Menschen bestehe:
1. aus der Haft oder aus dem Arbeitslager Entlassenen,
2. "gemeinen Schurken",
3. überschüssigem Personal und Einzelgewerbetreibenden.
Die meisten der Festgenommenen hätten bereits erklärt, sie wollten solche [Straf]taten nicht mehr begehen. (RMRB, 31.5.89)

Neben den 11 Mitgliedern der Gruppe von Motorradfahrern führt die Polizei drei Organisatoren des am 19. Mai gegründeten "Autonomen Arbeiterverbands Beijing" ab und bringt sie zum Verhör ins Ministerium für Staatssicherheit. Die Festnahmen lösen eine Demonstration vor dem Ministerium und vor dem Sitz der Beijinger Stadtregierung aus, wo jeweils VBA-Truppen in Stellung gehen. (erl, dpa, afp, nach FRu, 31.5.89)

Am Nachmittag versammeln sich einige hundert Arbeiter und Studenten vor dem Amt für Öffentliche Sicherheit der Stadt Beijing und verlangen die Freilassung von drei verantwortlichen Personen des "Autonomen Arbeiterverbands", die heimlich festgenommen worden sein sollen. Einer von ihnen, der Eisenbahnarbeiter und Propagandachef des Verbands, Shen Yinhan, soll laut einem Augenzeugenbericht in den frühen Morgenstunden in der Nähe des Beijing-Hotels in einen Jeep gezerrt worden sein. Zwei Mitglieder des Ständigen Ausschusses des "Autonomen Arbeiterverbands", Bai Dongping und Qian Yuming, werden vermißt. Sie sollen ebenfalls verhaftet worden sein. Die Demonstranten rufen: "Laßt unsere Männer frei", "Es ist keine Sünde, sein Land zu lieben", "Auch Arbeiter haben demokratische Rechte". Sie werden von Sicherheitsbeamten gefilmt. (XWB, 30.5.89, nach SWB, 1.6.89)

Eine Delegation des "Autonomen Arbeiterverbands", die im Ministerium für Öffentliche Sicherheit Aufklärung über den Verbleib und die Behandlung der drei Männer verlangt, wird nach eigener Darstellung mit der Bemerkung abgewiesen, es handle sich um eine "illegale Organisation". Nach Angaben des Verbands gehören die drei Festgenommenen, von denen einer nach Darstellung eines heute verbreiteten Flugblattes auf der Straße von einer Polizeipatrouille aufgegriffen und weggefahren wurde, zu dem Gründungsausschuß der Organisation. Über die Mitgliederzahlen, Führer und Verbreitung des Verbands gibt es bisher keine zuverlässigen Informationen. (J. Kahl, in: SZ, 31.5.89) Der "Autonome Arbeiterverband" behauptet, Tausende von Anhängern in der Hauptstadt zu besitzen. (N.D. Kristof, in: IHT, 31.5.89)

Laut Bericht eines Sprechers des Nationalen Komitees des Chinesischen Roten Kreuzes hat diese Organisation zwischen dem 17. und 29. Mai über 800.000 Yuan an Spenden für die demonstrierenden und hungerstreikenden Studenten auf dem Tiananmen-Platz erhalten. In Übereinstimmung mit den Wünschen der Spender habe die Organisation nahezu 200.000 Yuan für Medizin, Decken, Strohhüte, verschiedene Arten von Getränken, Brot, Binden, sterilisierte Tücher und anderes ausgegeben. Die verbleibenden Mittel seien größtenteils an die Umweltschutz- und Seuchenbekämpfungseinheiten gegangen, um diese für den Kostenaufwand zur Rettung der Studenten zu entschädigen. Da die Erste-Hilfe-Maßnahmen und die Seuchenbekämpfung weitergingen, werde die kleine Summe, die übriggeblieben sei, vom Roten Kreuz für die Deckung weiterer Kosten zurückgehalten. Alle Spenden würden, so betonte der Sprecher, einzig für die medizinische Betreuung der Studenten und für die Seuchenbekämpfung eingesetzt. (*Radio Beijing*, Sendung für Taiwan, 31.5.89, nach SWB, 3.6.89)

Am Abend beschließt der "Autonome Studentenverband Beijing", aufgrund der ungeordneten Finanzlage gegenwärtig das Spendensammeln zu unterbrechen und den "Autonomen Studentenverband Shanghai" sowie verschiedene Beijinger Organisationen, die die Studentenbewegung unterstützen, mit der Annahme und Verwaltung der aus dem Ausland kommenden Spenden zu betrauen. Gleichzeitig soll die Finanzabteilung des "Autonomen Studentenverbands" und des "Oberkommandos zur Verteidigung des Tiananmen-Platzes" auf dem Tiananmen-Platz konsolidiert werden. Drei Gruppen, die für Spenden, Finanzen und Kontrolle zuständig sind, werden dieser Abteilung unterstellt. Eine Studentin von der Zentralen Hochschule für Finanzen und Ökonomie, die der Finanzabteilung vorsteht, erklärt gegenüber einem Hongkonger Reporter, daß in den ersten Tagen der Studentenbewegung die Spenden aus dem Ausland über das Nationale Komitee des Chinesischen Roten Kreuzes in die Hände der Studentenorganisation gelangt seien. Als aber der Hungerstreik begann, habe das Rote Kreuz gesagt, daß alle "überschüssigen Gelder" für die medizinische Versorgung der Hungerstreikenden gebraucht würden. Spenden aus dem Ausland, die telegraphisch an den "Autonomen Studentenverband Beijing" direkt überwiesen worden seien, seien eingefroren. Man werde mit den zuständigen Behörden Verhandlungen führen, um an diese Spenden zu gelangen. Zur Zeit verfüge der

Verband nur über das Bargeld, das ihm direkt gespendet werde. Der Finanzabteilung der Studenten seien nur etwa 60.000 Yuan geblieben. Falls der Sitzstreik auf dem Platz fortgesetzt werde, müßten sie neue Finanzquellen erschließen. Am heutigen Tag hätten sie bis 18 Uhr nur 4.000 Yuan ausgegeben - der kleinste Tagessatz seit Beginn des Sitzstreiks. (ZTS, 30.5.89, nach SWB, 3.6.89)

Siu Wing Fai, der 21jährige Generalsekretär des Hongkonger Studentenverbands, erklärt in einem Interview, die Beijinger Studenten sollten jetzt darangehen, ihre Organisation zu festigen: "Es gab bisher in Beijing nur einen sehr lokker strukturierten Verband. Am Anfang waren da ja nur zwei, drei Studenten, die ein paar gute Ideen und etwas Charisma hatten. Sie ergriffen die Initiative. Um sie herum bildete sich dann eine sogenannte Kerngruppe, die sich aus Vertretern der neuen Universitäten Beijings zusammensetzte. Natürlich war das eine informelle, illegale Vereinigung. Sie hat zwar zunächst gut funktioniert, aber sie erwies sich als unfähig, Konflikte auf demokratische Weise zu lösen. Einer der Sprecher der Bewegung mußte sofort zurücktreten, als er nicht mehr für die Fortsetzung des Hungerstreiks stimmte. Es ist heute unbedingt notwendig, daß sich die Studenten in Beijing eine Struktur schaffen, innerhalb der sie über verschiedene Meinungen diskutieren und Entscheidungen demokratisch fällen können." Weiter sagt er, daß der Hongkonger Studentenverband seit einem Monat seine Delegierten ins Beijinger Studentenkomitee schicke. So könne man direkt an den Diskussionen in Beijing teilnehmen und erfahre auch von den materiellen Sorgen der Bewegung. (Das Interview führte Chikako Yamamoto; taz, 31.5.89)

Als sich am Abend in der Beijing-Universität die Nachricht verbreitet, daß drei Mitglieder des "Autonomen Arbeiterverbands Beijing" - der Vorsitzende Shen Yinhan und die Sekretäre Qian Yuming und Xiang Dongping - verhaftet worden sind, radeln mehrere hundert Studenten zum Amt für Öffentliche Sicherheit im Stadtzentrum und beginnen vor dem Haupttor einen Sitzstreik. In Sprechchören fordern sie die Freilassung der Arbeiter. (T. Reichenbach, in: taz, 1.6.89)

Am Abend wird über die Lautsprecheranlagen aller Beijinger Hochschulen und Universitäten ein Abschiedsbrief von Wu'er Kaixi verlesen. In diesem Brief entschuldigt er sich bei seiner weit entfernt lebenden Mutter dafür, daß sie möglicherweise ihren Sohn verlieren werde. Er sei bereit, unbeirrt die Wahrheit zu verteidigen und sich für das Glück der Söhne vieler anderer Mütter zu opfern. (ZYRB, 3.6.89)

Am Abend versammeln sich Tausende von Beijinger Einwohnern [10.000 laut T. Reichenbach, in: taz, 1.6.89] auf dem Tiananmen-Platz, um gegen die Verhaftung der drei Mitglieder des Gründungsausschusses des "Autonomen Arbeiterverbands" zu protestieren. (R. Thomson, P. Ellingsen, in: FT, 31.5.89)

Um 22.00 Uhr improvisieren Mitarbeiter des "Autonomen Arbeiterverbands" eine Pressekonferenz auf dem Platz. Nach Verlesung der Satzung und einer Grußbotschaft aus Großbritannien richten die Arbeitervertreter drei Forderungen an die Polizeibehörde: "Wir fordern erstens eine unverzügliche Bestätigung oder Dementierung der Verhaftung unserer Komiteemitglieder, zweitens umgehend Auskunft, auf welcher Rechtsgrundlage die Festnahme vorgenommen worden ist, und drittens die sofortige Bekanntgabe der Verhaftungsgründe." Bis zur Stunde haben die Behörden die Festnahme weder bestätigt noch sind die Angehörigen benachrichtigt worden, wie dies gesetzlich vorgeschrieben ist. (T. Reichenbach, in: taz, 1.6.89)

Am Abend ist der Platz voll von Menschen und Bannern. Die Statue der "Göttin der Demokratie" zieht Zehntausende von Einwohnern an. Viele lassen sich vor ihr photographieren. Die Studenten haben Dutzende von Postenketten auf dem Platz entfernt. Mit Ausnahme des Gebiets um das Heldendenkmal ist das Zeltlager der Studenten für die Öffentlichkeit geöffnet. Etwa 10.000 Studenten führen den Sitzstreik rund um die Uhr fort. Ein Student der Medizinischen Hochschule Hubei erklärt, daß über 1.000 seiner Kommilitonen zur Unterstützung der Beijinger Studenten in die Hauptstadt gekommen seien; jetzt beteiligten sich kaum mehr als zehn an dem Sitzstreik. Berichten zufolge sind neue Studentenvertreter gewählt worden. Ein Student der Beijing-Universität erklärt einem Hongkonger Reporter, daß sich nahezu 1.000 Menschen aus verschiedenen Bereichen der Hauptstadt für den Hungerstreik angemeldet haben, der eigentlich am heutigen Tag um 15.00 Uhr vor dem Xinhuamen und auf dem Tiananmen-Platz beginnen sollte; "die verzweifelten Bemühungen gutherziger Menschen" hätten sie jedoch davon abgehalten. Weiter erklärt der Student, daß es sich beim Rückzug großer Studentengruppen vom Platz um einen taktischen Zug handle. Diese Studenten seien in ihre Heimatprovinzen zurückgekehrt, um die Propagandaarbeit unter den Massen zu verbessern und die demokratische Bewegung zu vertiefen und zu erweitern. Auf die Protestkundgebungen vor dem Amt für Öffentliche Sicherheit angesprochen, bei denen Banner auftauchten mit der Inschrift "Die heimliche Verhaftung hat das häßliche Gesicht [der Regierung] gezeigt", berichtet der Student, daß am heutigen Tag gegen 1.00 Uhr ein Mitglied des Ständigen Ausschusses des Autonomen Arbeiterverbands und zwei weitere Arbeiter festgenommen und verhört worden seien. Am Ende des Interviews erklärt der Student, man habe beim Aufrütteln der Massen einen großen Sieg erzielt und wolle bis zum 20. Juni weitermachen. (ZTS, 30.5.89, nach SWB, 3.6.89)

Shanghai
Nach fast 14 Tagen haben die Demonstrationen in Shanghai aufgehört und die meisten Studenten haben den Unterricht wieder aufgenommen. (ZTS, 30.5.89, nach SWB, 2.6.89) In mehr als der Hälfte der 50 Shanghaier Universitäten und Hochschulen ist der Unterricht wieder aufgenommen worden. (GMRB, 31.5.89) Einige Studenten - aus Shanghai und von außerhalb - versuchen, ihre Kommilitonen zur Fortsetzung des Unterrichtsboykotts zu zwingen. (*Radio Shanghai*, 31.5.89, nach SWB, 2.6.89)

Guangdong
Das Parteikomitee des Provinzmilitärbezirks Guangdong erklärt auf einer Sitzung am 30./31. Mai seine Unterstützung für die Verhängung des Ausnahmezustands. (*Nanfang Ribao*, 3.6.89, nach SWB, 6.6.89)

Jilin
In Changchun haben die meisten Studenten ihren Vorlesungsboykott beendet. (*Radio Jilin*, 31.5.89, nach SWB, 2.6.89)

Jiangsu
Aufgrund eines Artikels der Nanjinger Lokalzeitung befürchten die Studenten, die Polizei könnte eingesetzt werden, um die Lautsprecher am zentralen Versammlungsplatz in der Innenstadt zu demontieren. Am Vormittag besetzen die Studenten den Platz, wollen aber Zusammenstöße mit der Polizei vermeiden. Die Polizei erscheint, hält sich aber angesichts der großen Anzahl der Studenten zurück. Die Studenten setzen den Unterrichtsboykott fort, doch das Ausbleiben jeglicher Reaktion seitens der Behörden nimmt der Studentenbewegung den Elan. Die Stadtregierung scheint weiterhin an der Taktik festzuhalten, direkte Konfrontationen zu vermeiden, aber die Studentenbewegung langsam zu zermürben. Viele Studenten sind bereits nach Hause gefahren. (R. Lufrano, "Nanjing Spring...", S. 33)

Shandong
Der größte Teil der Studenten der Provinz hat inzwischen den Unterricht wieder aufgenommen. (ZGYJ, 15.6.89, S. 170)

Sichuan
In Chengdu wächst die Zahl der Studenten, die in die Unterrichtsräume zurückkehren. (*Radio Sichuan*, 31.5.89, nach SWB, 2.6.89)

31. Mai 1989, Mittwoch

- **Der Tiananmen-Platz bleibt besetzt, allerdings harren dort fast nur noch auswärtige Studenten aus**
- **Wan Li kehrt nach Beijing zurück**
- **Deng Xiaoping schlägt intern Jiang Zemin zum neuen ZK-Generalsekretär vor**
- **Die Regierung organisiert Gegendemonstrationen**
- **Die gestrige Verhaftung von über zehn Anhängern der Protestbewegung führt zu einer Radikalisierung der auf dem Tiananmen-Platz verbliebenen Studenten und Arbeiter**

Am Morgen rollen Armee-Motorräder mit Beiwagen durch die Hauptstraßen Beijings, gefolgt von Geländewagen. (ap, nach SZ, 1.6.89)

Auf dem Tiananmen-Platz harren noch schätzungsweise 10.000 Studenten aus. (ap, nach SZ, 1.6.89) Einer der Studentenführer auf dem Platz sagt: "Im Prinzip warten wir jetzt darauf, daß die Regierung die Initiative ergreift. Bei uns herrscht zur Zeit eher Ruhe. Die Regierung hingegen ist nervös." (ap, nach SZ, 1.6.89) Zu diesem Zeitpunkt befinden sich kaum noch Beijinger Studenten auf dem Platz. 95 Prozent oder mehr der noch ausharrenden Studenten sind aus anderen Landesteilen angereist. (D.J. Firestein, *Beijing Spring...*, S. 127)

Ein Sprecher des Hauptbüros des Staatsrats erklärt in bezug auf den Sitzstreik einer "Handvoll von Studenten" vor dem Xinhuamen von Zhongnanhai, daß die

Regierung bislang große Zurückhaltung gezeigt habe, obwohl die Studenten den Verkehr blockierten, die Ordnung störten und wichtige Partei- und Regierungsaufgaben behinderten. Man hoffe, daß sie den Rat der Regierung befolgen und den Sitzstreik auf der Stelle beenden würden. Aus Sorge um die Studenten hätten Funktionäre der zuständigen Abteilungen des Staatsrats sowie von Universitäten und Hochschulen unablässig versucht, diese zur Wiederaufnahme des Unterrichts zu bewegen. Dank ihrer Bemühungen hätten einige Studenten den Platz vor dem Xinhuamen verlassen, etwa 30 seien geblieben. Früh am Morgen hätten die Vizeminister für Justiz bzw. Hüttenwesen zusammen mit Lehrern der Chinesischen Hochschule für Politik und Recht, der Beijinger Hochschule für Naturwissenschaft und Technik und der Beijinger Hochschule für Raumfahrt erneut versucht, die Studenten von der Notwendigkeit, den Sitzstreik aufzugeben, zu überzeugen. Einige Studenten lehnten das ab, weil sie vom "Autonomen Studentenverband" angewiesen worden seien, den Sitzstreik vor dem Xinhuamen fortzusetzen. (XHS, 31.5.89, nach SWB, 2.6.89)

Die *Volkszeitung* veröffentlicht einen nicht namentlich gezeichneten Kommentar mit dem Titel: "Mit demokratischen Mitteln den Aufbau der Demokratie fördern". Darin heißt es: Vorgestern habe sich die Nachricht verbreitet, daß die sitzstreikenden Studenten auf dem Tiananmen-Platz in die Hochschulen zurückkehren werden. Später habe es hingegen geheißen, daß sie den Sitzstreik bis zum 20. Juni fortsetzen wollten. Falls dahinter die Absicht stecke, auf die Sitzung des Ständigen Ausschusses des NVK, die um den 20. Juni herum beginnen werde, "Einfluß zu nehmen" oder "Druck auszuüben", so sei das unzulässig. Der Ständige Ausschuß des NVK werde auf der Sitzung alle Probleme erörtern, die die Massen (einschließlich der jungen Studenten) bewegten, um dafür zu sorgen, daß die Arbeit der Regierung verbessert werde. Der Vorsitzende des Ständigen Ausschusses des NVK, Wan Li, habe gesagt: Wenn die Sitzung erfolgreich verlaufen solle, müsse die Idee der Demokratie und des Rechtssystems gestärkt werden und müsse ein Umfeld der Stabilität und Ordnung vorhanden sein. Weiter heißt es in dem Kommentar, die breite Masse der jungen Studenten, die die Demokratie vorantreiben und die Korruption bekämpfen wolle, könne ihre Ansichten auf regulärem Wege den Mitgliedern des Ständigen Ausschusses des NVK übermitteln. Dazu müsse und dürfe man nicht Methoden wie die Veranstaltung eines Massensitzstreiks anwenden. Jetzt hätten Partei und Regierung erneut zum Ausdruck gebracht, daß sie die von den Studenten zu Recht angesprochenen Probleme lösen wollten. Sie hätten erneut erklärt, daß sich die Verhängung des Ausnahmezustands über Teile Beijings nicht gegen die Studenten richte. Daher hoffe man, daß die Studenten sofort den Sitzstreik auf dem Tiananmen-Platz beenden, in die Hochschulen zurückkehren und mittels regulärer demokratischer Mittel und auf rechtmäßigem Wege den Aufbau der Demokratie fördern würden. (RMRB, 31.5.89)

Der "Autonome Studentenverband Beijing" hat kürzlich beschlossen, alle Beijinger Studenten aufzurufen, den Unterricht zu boykottieren, den Campus zu verlassen, die Demokratie zu fördern und die Menschen im ganzen Lande aufzurütteln. Seit die Regierung den Ausnahmezustand verhängt hat, sind viele

Beijinger Studenten in ihre Heimatorte zurückgekehrt oder auf Reisen innerhalb des Landes gegangen, um Verbindungen zu knüpfen und über die Protestbewegung zu berichten. In den Hochschulen und Universitäten herrscht Ruhe. Manche Hochschulfunktionäre fordern die Studenten weiterhin auf, den Unterrichtsboykott zu beenden, doch kümmern diese sich kaum darum. In der Beijing-Universität haben einige Studenten vorgeschlagen, daß man die Universitäten leerstehen lassen sollte. Nur einige Studentenführer, die für Verbindungsarbeit zuständig sind, sollten auf dem Campus bleiben, alle anderen aber heimkehren, damit sie sich von den Strapazen der vergangenen Wochen erholen und gleichzeitig in ihren Heimatorten Propagandaarbeit leisten könnten, um das demokratische Bewußtsein der Menschen zu erhöhen. (ZTS, 31.5.89, nach SWB, 3.6.89)

Studentische Sprecher machen eine freiwillige Räumung des Platzes von der Erfüllung dreier Forderungen abhängig: Anerkennung ihres unabhängigen Verbands als einer demokratischen und patriotischen Bewegung, Aufhebung des Ausnahmezustands und eine "gesetzliche Verurteilung" des Ministerpräsidenten Li Peng "für seinen Versuch, das Volk militärisch zu unterdrücken". (W.A., in: FAZ, 1.6.89)

An der nordwestlichen Ecke des Platzes wird eine neue Lautsprecheranlage aufgebaut, die mit denen der Studenten und der Regierung konkurriert. "Dies ist die Stimme der Arbeiter Beijings", sagt Zhao Pinglu, ein Führer des illegalen "Autonomen Arbeiterverbands". "Wenn diese Demonstration vorbei ist, werden wir zweifelsohne alle verhaftet." Die Chefansagerin der Arbeiter, eine Textilarbeiterin, singt unter dem Beifall und Gelächter von tausend Zuhörern: "Verhaftet Li Peng, schickt ihn ins Gefängnis! Verhaftet Li Peng, stürzt Li Peng!" Dann stimmt sie die Melodie von "Bruder Jakob" an: "Menschen singen: Stürzt Li Peng, stürzt Li Peng, bringt uns Demokratie, bringt uns Demokratie!" Die *Stimme der Arbeiter* sendet wohl die bislang größten Beleidigungen an die Adresse der politischen Führung auf den Platz. Im Norden des Platzes richtet ein Regierungssprecher bewegende Appelle an die demonstrierenden Studenten auf dem Platz, die ihren "jüngeren Brüdern und Schwestern" die Gelegenheit verwehrten, am morgigen Tag des Kindes den Platz zu besuchen: "Erinnert euch an die Zeit, als ihr jünger wart. Wie habt ihr euch auf den Tag des Kindes gefreut, an dem ihr die Nationalflagge über dem Tor des Himmlischen Friedens (Tiananmen) habt flattern sehen." Doch der Lärm der anderen Lautsprecheranlagen und der Verkehrslärm von der Chang'an-Allee übertönt seine Appelle. (rtr, nach TN, 1.6.89)

Als neue Organisation wird das "Bündnis aller Bevölkerungsgruppen Beijings" [gemeint ist wohl die am 24. Mai gebildete "Gemeinsame Konferenz"] gegründet, deren Initiatoren Arbeiter, Studenten, Mediziner, Einzelhändler und Straßenverkäufer sind. Es will über die Organisation der Studenten und Arbeiter hinaus eine Plattform schaffen, die auch die Koordination von Solidaritätsaktionen aus allen Schichten der Bevölkerung möglich macht. "Der Repression ist nur organisiert und koordiniert zu widerstehen", ruft der Studentenrundfunk auf und gibt damit zugleich das Motto für die Arbeit der nächsten Tage bekannt. (T. Reichenbach, in: taz, 1.6.89)

Die Beijinger Stadtregierung weist mehrere Einheiten an, die Wandzeitungen und Parolen auf Mauern und Masten zu entfernen. Das erweist sich als sehr schwierig. Die Untergrund-Druckereien der Studenten drucken täglich Tausende von Flugblättern und Plakaten für den öffentlichen Aushang. Die führenden Funktionäre des Hauptstädtischen Eisen- und Stahlkombinats, Beijings größtem Industrieunternehmen, haben Berichten zufolge eine Gruppe von Arbeitern zusammengestellt, die die "Göttin der Demokratie" auf dem Tiananmen-Platz zerstören sollen, doch aus Furcht vor möglichen Arbeiterdemonstrationen haben sie die Aktion vorerst aufgegeben. (MB, 1.6.89, nach SWB, 3.6.89)

Auf Anweisung der Behörden werden an den größten Hotels in Beijing Spruchbänder befestigt, auf denen die Kommunistische Partei gepriesen und die "bürgerliche Liberalisierung" verurteilt wird. (afp, ap, rtr, nach FRu, 1.6.89)

Die Parteiführer sollen versprochen haben, keine Studenten zu verhaften, unter denen sich viele junge Verwandte von hochrangigen Regierungsfunktionären befinden. (J. Mathews, in: IHT, 1.6.89)

In Beijing verlautet, daß der Leiter der *Xinhua*-Nachrichtenagentur, Mu Qing, "bis auf weiteres" von der Amtsführung abgelöst und durch seinen bisherigen Stellvertreter Zeng Jianhui ersetzt worden ist. Unter Führung von Wang Renzhi [Leiter der ZK-Propagandaabteilung] und dem neuen Direktor Zeng Jianhui als Stellvertreter ist in der Agentur eine "Arbeitsgruppe Nachrichten" eingerichtet worden. Ihre Aufgabe ist, die Presseberichterstattung nach der neuen Generallinie (Wiederherstellung von Ruhe und Ordnung, Aufdeckung von verschwörerischen und parteifeindlichen Umtrieben und Kampf gegen bürgerliche Liberalisierung) auszurichten. (J. Kahl, in: SZ, 2.6.89)

In einem den in Beijing akkreditierten Auslandskorrespondenten überbrachten Schreiben des chinesischen Außenministeriums werden diese aufgefordert, die Bestimmungen des Ausnahmezustands einzuhalten. Das Schreiben verweist darauf, daß die journalistische Tätigkeit in Beijing nach dem Ausnahmerecht eingeschränkt sei und Interviews oder Recherchen besonderer Genehmigung bedürften. Zahlreiche Auslandskorrespondenten hatten gegen die Ausführungsbestimmungen verstoßen, indem sie in den vergangenen Tagen die Protestkundgebungen offen photographiert und gefilmt oder sich Gesprächs- und Beobachtungsnotizen gemacht hatten. Die Polizei hatte nicht eingegriffen. (ap, nach SZ, 1.6.89)

Chinesischen Gewährsleuten zufolge wird Zhao Ziyang in einem Militärhospital festgehalten. Eine seiner Töchter [Zhao Ziyang hat nur eine] soll nach Hongkong geflohen sein. (D. Southerland, in: IHT, 1.6.89)

Ma Hong, Mitglied des Ständigen Ausschusses des NVK, erklärt in einem Brief, der am 3. Juni in der *Volkszeitung* abgedruckt wird, er habe heute erst den Bericht in der Hongkonger *Wen Hui Bao* vom 25. Mai über eine Unterschriftenaktion zur Einberufung einer Dringlichkeitssitzung des Ständigen Ausschusses des NVK gesehen. Er erklärt, er habe vom 9. bis zum 20. Mai an einer Konferenz in Japan teilgenommen. Weder vor seiner Abreise noch während seines Aufenthalts im Ausland und auch nicht nach seiner Rückkehr habe er einen derartigen Aufruf unterzeichnet. Ein solcher Mißbrauch seines Namens erfülle ihn mit großer Empörung. (RMRB, 3.6.89) - Siehe hierzu 17., 18., 21.-24. und 30. Mai.

Wan Li, Vorsitzender des Ständigen Ausschusses des NVK, kehrt mit einer Sondermaschine von Shanghai nach Beijing zurück. Er wird am Flughafen von Wu Xueqian, Mitglied des Politbüros und stellvertretender Ministerpräsident, sowie Peng Chong, Stellvertretender Vorsitzender des Ständigen Ausschusses des NVK, empfangen. Wan Li gibt keine Erklärung ab. (*Radio Beijing*, 31.5.89, nach SWB, 1.6.89; RMRB, 1.6.89)

Deng Xiaoping soll sich mit Yao Yilin und Li Peng getroffen und ihnen mitgeteilt haben, daß die Partei neue Gesichter brauche. Ebenso soll er sich bereits mit den beiden Parteiveteranen Chen Yun und Li Xiannian beraten und entschieden haben, daß der Shanghaier Parteisekretär Jiang Zemin als Ersatz für Zhao Ziyang zum neuen ZK-Generalsekretär befördert werden solle. "Ich hoffe, jeder wird Jiang Zemin als Kern der Partei anerkennen", soll er gegenüber Li Peng und Yao Yilin erklärt haben. (J.H. Maier, "Tian'anmen 1989...", S. 9 f.)

40 Beijinger Staatsbetriebe fordern die Regierung auf, "jene illegalen Organisationen, die im Namen der Arbeiter Unruhe gestiftet haben", zu verbieten. Kürzlich habe "eine Handvoll von Leuten" auf dem Tiananmen-Platz einen "Autonomen Arbeiterverband" gegründet. Sie setzten Gerüchte in die Welt, riefen Arbeiter zum Streik auf und veranstalteten Pressekonferenzen, auf denen sie offen zum Sturz der Regierung aufriefen. (*Radio Beijing*, 31.5.89, nach SWB, 2.6.89)

In den Kreisen Daxing, Shunyi und Huairou demonstrieren Bauern, Kader und Einwohner zur Unterstützung der Regierung. Die Demonstrationen sind angemeldet und genehmigt worden. Die Demonstranten rufen "Lang lebe die KPCh", "Schützt Stabilität und Einheit", "Beendet den Aufruhr", "Unterstützt den Ausnahmezustand", "Heißt die VBA willkommen" und andere Parolen. Die Bevölkerung des Kreises Daxing sendet überdies ein Schreiben an das ZK der KPCh und den Staatsrat, in dem sie erklärt, daß der Aufruhr in Beijing auch die landwirtschaftliche Produktion und das Leben der Bauern in diesem Kreis gestört habe. Die Studenten, deren Ausbildung größtenteils vom Staat finanziert werde, sollten auf das ZK der KPCh hören und in die Universitäten zurückkehren. (*Radio Beijing*, 31.5.89, nach SWB, 2.6.89) Teilnehmer an einer dieser Veranstaltungen sagen, sie seien dafür bezahlt worden; man habe ihnen auch angeboten, sie zum Veranstaltungsort zu bringen. (rtr, nach TN, 1.6.89)

An der offensichtlich von der Regierung geförderten Gegendemonstration [im Dorf Huangcun; afp, ap, rtr, nach FRu, 1.6.89] im Kreis Daxing, rund 30 km südlich der Hauptstadt, nehmen schätzungsweise 4.000 Menschen teil, die mit Parolen wie "Wir unterstützen Li Peng" und "Wir sind gegen die kleine Gruppe von Unruhestiftern" zum Kundgebungsort in ein Stadion marschieren, wo eine Nachbildung des Regimekritikers Fang Lizhi verbrannt wird. Einige Kundgebungsteilnehmer berichten, sie seien von Funktionären zur Teilnahme aufgefordert worden. "Sie haben gesagt, ich solle kommen, da bin ich gekommen", sagt ein 27jähriger Bauer. "Um die Wahrheit zu sagen, wir wurden gezwungen zu kommen", erklärt ein 18jähriger Oberschüler. Viele wüßten überhaupt nicht, worum es eigentlich gehe. (ap, nach SZ, 1.6.89)

Lokale Funktionäre von Daxing verbrennen ein Bildnis des Regimekritikers Fang Lizhi und rufen: "Schlagt die verräterischen Banditen in kleine Stücke!" Die Menschenmenge schaut laut Berichten von Augenzeugen passiv zu. (rtr, nach TN, 1.6.89) Nach einem anderen Bericht verbrennen rund 4.000 meist jugendliche Demonstranten in Daxing ein Konterfei des Dissidenten Fang Lizhi. Augenzeugen äußern die Vermutung, daß die Demonstranten von der Partei zur Teilnahme an der Kundgebung gezwungen wurden. (dpa, afp, taz, nach taz, 1.6.89)

Das Außenministerium weist die ausländischen Korrespondenten per Anruf auf die Gegendemonstration in Daxing hin, die von einem Regierungsangestellten in Daxing, Zhou Hong, organisiert wurde. Dieser sagt: "Fang Lizhi ist ein Verräter. Ich hasse ihn zutiefst. Die Leute hier wissen gar nicht, wer Fang Lizhi ist. Sie wissen nur, daß sie ihre Wassermelonen nicht in die Hauptstadt schaffen können." Die Demonstration war angekündigt als "Menschen aus allen Lebensbereichen wenden sich gemeinsam gegen das Chaos". Der Ort, in dem sie stattfindet, beherbergt jetzt 40.000 Soldaten, die den Ausnahmezustand in der Hauptstadt durchsetzen sollen. Offiziellen Angaben zufolge haben 10.640 Menschen an der einstündigen Veranstaltung, bei der es kostenlos Eiskrem gab, teilgenommen; doch korrekter scheint die Zahl 3.000. Einige Teilnehmer sagen, sie seien aus eigenem Antrieb gekommen; andere erklären, ihre Chefs hätten sie geschickt. Auf einer anschließenden provisorischen Pressekonferenz macht Zhou Hong den Astrophysiker Fang Lizhi für die Behinderung des Wassermelonenverkaufs und die daraus resultierenden finanziellen Verluste der Stadt [Daxing] verantwortlich, die er auf $ 100 pro Tag schätzt. (J. Mathews, in: IHT, 1.6.89)

Die *Xinhua*-Nachrichtenagentur meldet, daß Offiziere und Soldaten der für die Durchsetzung des Ausnahmezustands herangezogenen Truppen seit dem 21. Mai in die Stadt eingedrungen und inzwischen in mehr als zehn Schlüsseleinheiten stationiert seien, u.a. im Flughafen, im Bahnhof und im Telegraphenamt. Ein Kommandant erklärt, daß die Truppen in den letzten Tagen über 100.000 Studenten von außerhalb [zum Bahnhof] transportiert, mehr als 25.000 Briefe und Zeitungen, die sich angesammelt hätten, ausgeliefert und die Polizei und Sicherheitsbehörden bei der Untersuchung von etwa 250 Fällen unterstützt hätten, in denen sich diverse Personen als Studenten ausgegeben hätten. Weiter heißt es in der Meldung, daß viele Menschen die Truppen freiwillig mit Nahrung und Getränken versorgten und Räume zur Verfügung stellten, um "praktische Probleme zu lösen". In den letzten Tagen hätten mehrere VBA-Führer die Truppen aufgesucht und ihnen Grüße von Deng Xiaoping und Yang Shangkun überbracht. (*Xinhua*, 31.5.89, nach SWB, 2.6.89)

31. Mai 1989

Einem Bericht der Hongkonger *Ming Bao* zufolge ist Generalstabschef Chi Haotian jetzt der Oberbefehlshaber der zur Durchsetzung des Ausnahmezustands nach Beijing gezogenen Truppen. Der Kommandeur und ein stellvertretender Politkommissar der 38. Armee sollen entlassen worden sein, weil sie Befehlen nicht gehorchten. In den mittleren und unteren Offiziersrängen soll die Meinung herrschen, daß die Armee nicht ein Werkzeug im innerparteilichen Machtkampf sein dürfe. (MB, 31.5.89, nach SWB, 2.6.89)

Studenten und Arbeiter trotzen peitschendem Regen und den von der Regierung geförderten Gegendemonstrationen und halten an der Besetzung des Tiananmen-Platzes fest. Ein geplanter Massenmarsch zum Polizeipräsidium der Stadt aus Protest gegen die Festnahme von Aktivisten der Demokratiebewegung wird um mehrere Stunden verschoben. Er zieht nur 5.000 Teilnehmer an. (TN, 1.6.89)

Etwa 2.000 Beijinger Studenten und Arbeiter demonstrieren am Abend. Sie marschieren zum Amt für Öffentliche Sicherheit der Stadt Beijing und fordern die Freilassung von drei Führern des "Autonomen Arbeiterverbands Beijing". Später erklärt ein Sicherheitsbeamter den Demonstranten, daß die drei am Nachmittag freigelassen worden seien. Er verspricht, am folgenden Vormittag die von den Studenten erhobenen Fragen zu beantworten:
1. Haben die Behörden Arbeitervertreter verhaftet?
2. Entsprachen die Verhaftungen den gesetzlichen Vorschriften?
3. Warum hat das Amt für Öffentliche Sicherheit die Arbeitervertreter verhaftet?

Die drei Arbeiter, Shen Yinhan, Qian Yuming und Xiang Dongping, gehören dem Vorbereitungskomitee des "Autonomen Arbeiterverbands Beijing" an. Verhaftet wurden auch 11 Beijinger Einwohner, die der "Fliegenden Tiger-Brigade" angehören, und Yi Jingyao, ein Fahrer. Ihm wird vorgeworfen, Arbeiter zum Streik aufgerufen, ungesetzliche Parolen gerufen und die Ordnung schwerwiegend gestört zu haben. Die "Gemeinsame Konferenz" beschließt, ein großes Aufgebot an Rechtsanwälten und Anhängern zu mobilisieren, um gegen die Festnahmen zu protestieren und weitere zu verhindern. Ein Vertreter des "Autonomen Studentenverbands Beijing" erklärt, daß sich die Bewegung in einem solchen Maße entwickelt habe, daß man sie, was auch geschehe, bis zum Ende durchführen müsse. Falls die Behörden nicht die Arbeiter freiließen, die aufgrund ihrer Unterstützung für die Studenten verhaftet worden seien, würden die Studenten "extreme Schritte" unternehmen. Dazu gehöre die vollständige Blockade der vier Bahnhöfe, eine Methode, die bereits von den Studenten während der "Bewegung des 4. Mai" [1919] angewandt worden sei, um die Warlord-Regierung zur Annahme ihrer Forderungen zu bringen. Ein Student erklärt, daß die Studenten der Li Peng-Regierung nicht länger vertrauten, seit diese gegenüber den Studenten eine betrügerische und überhebliche Politik betreibe. Daher müsse man zu derartigen Aktionen greifen. Man überlege auch, die Regierung zu verklagen, weil sie dem Volk seine Bürgerrechte vorenthalte. Verschiedene Universitäten führen "Aktionen zur Evakuierung der Hochschulen" durch. Gegenwärtig befindet sich nur ein Drittel der Studenten in den

Hochschulen und Universitäten. Der Lehrbetrieb ist zum Erliegen gekommen. Gelegentlich versammeln sich führende Mitglieder des "Autonomen Studentenverbands Beijing" auf dem Campus der Beijing-Universität. Die Studenten haben Propaganda-Teams in alle Teile des Landes gesandt. Es heißt, daß der "Autonome Studentenverband Beijing" seine Führungsgruppe reorganisiert habe. Derzeit existiere eine Beratergruppe aus graduierten Studenten, Hochschullehrern, Sozialwissenschaftlern und Journalisten, die den Studenten zur Seite stehe. Der "Autonome Studentenverband Beijing" hat alle Hochschulen angewiesen, die Arbeit ihrer Rundfunkstationen zu verstärken. In einigen Hochschulen sind an den Toren Lautsprecher installiert worden, so daß die Einwohner in der Nähe ebenfalls die Sendungen hören können. Die Tore der Hochschulen sind für viele Stadtbewohner beliebte Treffpunkte am Abend geworden. (MB, 1.6.89, nach SWB, 3.6.89)

Shanghai
In Shanghai sind nach Angaben aus chinesischen Kreisen vier Demonstranten festgenommen worden, die sich während der Massenproteste vor vier Wochen öffentlich für Freiheit und Demokratie ausgesprochen hatten. Es handle sich ausschließlich um Nicht-Studenten, heißt es. (ap, in: SZ, 1.6.89) Einer Meldung der Nachrichtenagentur Reuter zufolge sind vor einem Monat ein Blumenhändler und drei Fabrikarbeiter in Shanghai verhaftet worden, weil sie sich in öffentlichen Reden für Demokratie eingesetzt hätten. (J. Mathews, in: IHT, 1.6.89)

Tianjin
Aus Tianjin ist die Verhaftung zweier Intellektueller gemeldet worden. (T. Reichenbach, in: taz, 1.6.89)

Guangdong
Das Tor des Provinzregierungsgebäudes in Guangzhou, das seit dem 16. Mai, als sich Tausende von Studenten dort versammelt hatten, geschlossen war, ist wieder geöffnet. Alle Studenten haben den mehrtägigen Sitzstreik beendet und sind in die Hochschulen zurückgekehrt. Die von den Studenten im Vorhof des Gebäudes angebrachten Wandzeitungen sind entfernt worden. Ein Vertreter der Provinzregierung erklärt, daß die Mitarbeiter in den vergangenen Tagen durch die Lautsprecher der Studenten ernsthaft gestört worden seien. In den Nächten seien die Regierungsbüros mit mehr Personal als üblich besetzt gewesen, um eine Erstürmung des Gebäudes zu verhindern. Ein anderer Funktionär erklärt, es habe in keinem Betrieb Streiks gegeben, die wirtschaftlichen Verluste seien also gering. (ZTS, 31.5.89, nach SWB, 3.6.89)

Hubei
Das Parteikomitee des Provinzmilitärbezirks Hubei ruft alle seine Einheiten auf, unbeirrbar die politische Einheit mit dem ZK der KPCh zu wahren und ihren Beitrag zur Aufrechterhaltung von Stabilität und Einheit zu leisten. (*Radio Hubei*, 1.6.89, nach SWB, 7.6.89)

Sichuan
Aus Chongqing wird die Verhaftung von 25 Unterstützern der Studentendemonstrationen gemeldet. (T. Reichenbach, in: taz, 1.6.89)

Yunnan
Ein Teil der Kunminger Studenten nimmt den Unterricht wieder auf. ZGYJ, 15.6.89, S. 170)

31. Mai - 2. Juni, Mittwoch - Freitag
- **Regierungsgelenkte Gegendemonstrationen in Vororten von Beijing**
- **Truppen werden in Gebäuden am Tiananmen-Platz einquartiert**

In den Kreisen Shunyi, Daxing, Tongxian, Fangshan, Yanqing, Changping und Miyun im Vorstadtbereich sowie im Stadtbezirk Mentougou Beijings finden Versammlungen mit jeweils mehr als 10.000 Teilnehmern zur Unterstützung der Entscheidungen der Parteiführung und der Reden von Li Peng und Yang Shangkun statt. Die Versammlungen werden außerhalb der Gebiete, über die der Ausnahmezustand verhängt wurde, abgehalten und sind offiziell genehmigt worden. (ZXS, 2.6.89, nach SWB, 6.6.89)

In Changping werden über 4.000 Arbeiter mit neuen Strohhüten und fünf Yuan in bar dafür bezahlt, daß sie an einer Versammlung zur Demonstration ihrer Regierungstreue teilnehmen. Etwa 500 Studenten sind zu dieser Versammlung gefahren. Zusammen mit rund 200 Arbeitern blockieren sie zwei Stunden lang den Eingang zum Stadion, in dem die Versammlung stattfinden soll. Nur eine kleine Gruppe von Akklamateuren verfolgt die Reden im Stadion, die dazu aufrufen, Deng Xiaoping und die Partei zu schützen. Vor dem Stadion diskutieren die Studenten mit den restlichen angeheuerten Demonstranten darüber, ob es sinnvoll sei, sich bei dieser Aktion zu engagieren. (F. Deron, in: LM, 3.6.89)

Luo Gan, Generalsekretär des Staatsrats, informiert in diesen Tagen die Leiter der verschiedenen Abteilungen des Staatsrats, daß Parteifunktionäre, die während des Ausnahmezustands demonstrierten, gemäß den Parteivorschriften bestraft würden. Kader, die nicht in der Partei seien, würden unter entsprechenden Umständen entlassen. Unter dem Ausnahmezustand würden Leute, die Geheimnisse an Ausländer verrieten, bürgerliche Liberalisierung propagierten, häufig an den Demonstrationen teilgenommen oder reaktionäre Parolen gerufen hätten, hart bestraft. (WHB, 3.6.89, nach SWB, 5.6.89)

Soldaten in Zivil werden trotz der von der Bevölkerung errichteten Verkehrsüberwachungsposten in die Stadt eingeschleust. Sie werden in der Großen Halle des Volkes und in den Gebäuden in der Nähe des Tiananmen untergebracht. Außerdem bringen getarnte Militärfahrzeuge über Nebenstraßen Uniformen, Waffen und Munition ins Zentrum. (NBJ, 1.7.89, S. 34)

Ab Ende Mai werden Truppenteile von insgesamt drei Armeekorps nach und nach in die Große Halle des Volkes, in den Arbeiter-Kulturpalast und in den Zhongshan (Sun Yat-sen-)Park eingeschleust (siehe auch 1. Juni). Die Soldaten gelangen in Zivilkleidung dorthin. Uniform und Waffen werden vor allem mit Hilfe von Verkehrsbussen nachgeliefert (siehe auch 3. Juni). In der Großen Halle des Volkes sind derart viele Soldaten untergebracht worden, daß diese zum Teil im Stehen schlafen müssen. Für die Truppen gibt es nicht genug zu essen. (PB 18)

Gerüchten zufolge führt die Polizei Untersuchungen durch, wie sich die Privatunternehmer, Garküchenbesitzer und Transportunternehmer im Bereich des Tiananmen-Platzes und im Haidian-Bezirk, in dem die meisten Universitäten liegen, während der Demonstrationen verhalten hätten. (*Beijing xuesheng yundong wushiri*, S. 169)

Die Propagandaabteilung des ZK richtet unter Leitung ihres Direktors Wang Renzhi und des neuen amtierenden Direktors der *Xinhua*-Nachrichtenagentur Zeng Jianhui als Stellvertreter eine "Arbeitsgruppe Nachrichten" ein, deren Aufgabe es ist, die Presseberichterstattung nach der neuen Generallinie (Wiederherstellung von Ruhe und Ordnung, Aufdeckung von verschwörerischen und parteifeindlichen Umtrieben und Kampf gegen bürgerliche Liberalisierung) auszurichten. (NZZ, 3.6.89)

1. Juni, Donnerstag

- **Soldaten in Zivil kundschaften das Studentenlager auf dem Tiananmen-Platz aus**
- **Studenten fordern u.a. den Rückzug der Soldaten und die Aufhebung des Ausnahmezustandes als Voraussetzung für einen Dialog mit der politischen Führung**
- **Anzeichen mehren sich, daß die Protestbewegung am Ausklingen ist**
- **Die "Volkszeitung" enthält einen indirekten Hinweis, daß im Arbeiter-Kulturpalast und im Zhongshan-Park hinter dem Tiananmen Truppen einquartiert worden sind**
- **Bekräftigung der Auflagen für ausländische Journalisten**
- **Verstärkter Einsatz der Medien als Propagandamittel der politischen Führung**

Ein Soldatentrupp von etwa 300 Mann patrouilliert singend frühmorgens durch die Hauptstraßen in der Nähe des Tiananmen-Platzes. (*Beijing xuesheng yundong wushiri*, S. 167) Soldaten kontrollieren Schlüsseleinrichtungen wie Hauptbahnhof, Flughafen und Telegraphenamt in Beijing. (dpa, 4.6.89, nach FAZ, 5.6.89)

Gegen 3.00 Uhr morgens werden die Studentenführerin und Oberkommandierende des "Kommandos der Studenten auf dem Tiananmen-Platz", Chai Ling, und ihr Mann Feng Congde beinahe Opfer einer Entführung. Dank des Einsatzes von Feng Congde werden die Entführer in die Flucht geschlagen. Nach Aussage von Chai Ling gegenüber Presseleuten am Nachmittag [vergleiche auch dort] handelte es sich bei den Entführern um Lian Mengde, Mitglied des Ständigen Ausschusses des "Autonomen Studentenverbands nicht in Beijing Studierender", Huang Wen und Chen Wei, zwei nicht in Beijing Studierende, sowie um vermutlich einen Arbeiter. Chai Ling betont am Nachmittag, daß sie nicht gedenke, wegen dieses Vorfalls zurückzutreten. (*Beizhuang de minyun*, S. 107)

Ein Mitglied des studentischen Ordnertrupps berichtet später: "Als einige Freunde und ich eine Versammlung abhielten, hörten wir auch vereinzelt Nachrichten, die besagten, daß es zu einem Massaker kommen werde. Wir Studenten vom Ordnertrupp wußten es bereits von Soldaten, die im Kaiserpalast und in der Großen Halle des Volkes versteckt waren. Sie kamen oft in vielen kleinen Gruppen auf den Tiananmen-Platz und begannen, ihn auszukundschaften. Sie waren in Zivil, aber aus ihrer Art sich zu bewegen war zu erkennen, daß sie Soldaten waren. Sie untersuchten die Zelte, machten Notizen und Photos. Unser Ordnertrupp wußte bereits davon und hatte schon einigen interessierten Leuten davon berichtet. Zu jener Zeit nahmen wir bereits an, daß es zu Gewaltanwendungen [von seiten des Militärs] kommen könnte, doch keiner der Kommilitonen hätte gedacht, daß es so ernst werden würde. Zu jener Zeit mußte sich das Oberkommando [zur Verteidigung des Tiananmen-Platzes] um die finanziellen Fragen und um die Planung für den Platz kümmern. Alle, auch ich, beschäftigten sich ausschließlich mit diesen Problemen." (PB 5)

Um die "Göttin der Demokratie" zu schützen, organisiert die "Zentrale Kommandostelle für die Verteidigung des Platzes" eine Wachmannschaft von 60 Leuten. (*Beijing xuesheng yundong wushiri*, S. 167)

Auf einer Pressekonferenz am Nachmittag vor dem Heldendenkmal erklären der "Autonome Studentenverband Beijing", der "Autonome Studentenverband nicht in Beijing Studierender" und das "Oberkommando zur Verteidigung des Tiananmen-Platzes", daß die Demokratiebewegung unabhängig von jeglichen parteiinternen Kämpfen bestehe. (*Beizhuang de minyun*, S. 107) Die Studenten erklären ihre Bereitschaft, durch gleichberechtigten Dialog und friedliche Maßnahmen die Konflikte zu lösen. Da mit der Verhängung des Ausnahmezustands aber jede Art von Gleichberechtigung aufgehoben worden sei, stellen die Studenten vier Forderungen als Voraussetzung für einen Dialog: Aufhebung des Ausnahmezustands, Rückzug der Truppen, Aufhebung der Pressezensur und die Garantie, daß in keiner Form und gegen niemanden wegen Teilnahme an der Studentenbewegung Repressalien ausgeübt würden. (*Beijing xuesheng yundong wushiri*, S. 167) Wenn selbst diese so niedrig geschraubten Forderungen nicht beachtet würden, werde man bis zum Ende standhaft bleiben und Vorbereitungen treffen, "alles" zu opfern. [Aus der Formulierung geht nicht hervor, ob mit "alles" auch das Leben gemeint ist.] (*Beizhuangde minyun*, S. 107)

Die Studentenführerin Chai Ling läßt gegenüber Pressevertretern verlauten, "das Feuer der Studentenbewegung werde auf die nächste Studentengeneration überspringen" [Abwandlung des bekannten Sprichwortes "Ist das erste Holzscheit verbrannt, greift die Flamme auf das nächste über" (xin jin huo chuan)]. Nach Interpretation der Zeitschrift *Tansuo* deutet sie damit die Entschlossenheit [der Studenten] an, ihr Leben für die Demokratie zu opfern. (*Tansuo*, Juli 1989, S. 8)

Außerdem äußert Chai Ling die Befürchtung, einige Studenten würden von der Regierung bestochen. Der stellvertretende Leiter des "Oberkommandos zur Verteidigung des Tiananmen-Platzes", Li Lu, berichtet, bei Einbruch der Morgendämmerung sei der oberste Leiter der Ordnertrupps betrunken gemacht worden, und die Kabel von zwei Lautsprechern [der Studenten] auf dem Heldendenkmal sowie das Kabel der einzigen Telefonverbindung des Kommandos seien gekappt worden. (*Beizhuang de minyun*, S. 107)

Nach Aussage einer deutschen Augenzeugin gingen die Studenten und Lehrer der Beijing-Universität an diesem Tag davon aus, daß die Bewegung zu Ende sei und daß der Unterricht in der nächsten Woche wieder normal aufgenommen werde. Die Bewegung sei de facto so gut wie zu Ende gewesen, da auf dem Platz fast nur noch auswärtige Studenten waren. (PB 6)

Die Bewegung befindet sich Anfang Juni in ernsten Schwierigkeiten. Gerüchte über den "Rücktritt" von mindestens zwei Studentenführern, Wang Dan und Chai Ling, machen die Runde (siehe 27. und 29. Mai). Die Gesamtzahl der Demonstranten auf dem Platz wird von Studenten selbst mit 2.000 bis 3.000 angegeben, mit ständig sinkender Tendenz. Ferner gibt es keinen Konsens über die Ziele. (D.J. Firestein, *Beijing Spring...*, S. 131)

Der taiwanesische Journalist Tang Guanghua nennt fünf Beobachtungen, die darauf hinwiesen, daß die Studentenbewegung am Ausklingen sei:
- Innerhalb des "Autonomen Studentenverbands" werden die Stimmen, die für ein Verlassen des Platzes sind, immer lauter.
- Die Studenten des "Autonomen Studentenverbands nicht in Beijing Studierender", die auf dem Platz geblieben sind, haben nichts zu tun und vertreiben sich die Zeit mit Kartenspielen und Rauchen. Einige besuchen auch die Sehenswürdigkeiten von Beijing, was wiederum die Stimmung der anderen Studenten auf dem Platz beeinträchtigt.
- Immer mehr Einwohner Beijings sind der Ansicht, die Studenten sollten den Platz verlassen und den Unterricht wieder aufnehmen. Ihre Unterstützung der Studenten mit Getränken und Essen läßt spürbar nach.
- Die Versorgung Beijings und der Verkehr funktionieren wieder normal.
- Der Plan eines Teils der Intellektuellen, einen Hungerstreik in großem Umfang zu organisieren, scheitert.

Viele ausländische Journalisten würden einen erneuten Höhepunkt der Bewegung erst für den 20. Juni erwarten, an dem die 8. Sitzung des Ständigen Ausschusses des VII. NVK beginnen sollte. [Vergleiche Meldung am 3. Juni 23.00 Uhr] (Tang Guanghua, in: ZGSB, 7.6.89)

Studenten unterhalten auf dem Tiananmen-Platz Tausende von Kindern, um den Vorwurf der Regierung, ihre Anwesenheit störe die Feiern zum "Tag des Kindes", zu widerlegen. Kinder bringen den Studenten Eis, Geld und andere Dinge, einige Studenten geben Autogramme. (rtr, ap, nach IHT, 2.6.89) Die *Volkszeitung* berichtet am folgenden Tag, daß Studenten auf dem Platz zum Tag des Kindes Plakate mit Sprüchen wie "Wir wünschen unseren kleinen Freunden ein schönes Fest" aufgestellt hätten. Zwischen den Zelten seien kleine Gruppen von Jungen Pionieren herumgestrolcht sowie Kinder mit ihren Eltern. Studenten der Kunsthochschule hätten den Kindern Zeichen auf die Kleidung gepinselt. Ein Student habe einem Kind kleine Geschenke gegeben. Die Eltern des Kindes hätten ihn daraufhin um ein gemeinsames Photo gebeten. Gegen 14.00 Uhr habe eine ganze Reihe von Studenten Gruppenphotos mit Kindern gemacht. Einige Studenten der Kunstakademie hätten sogar eine Aufführung für die Kinder veranstaltet. Am Ende des Berichtes steht die Bemerkung einer Mutter, daß der Arbeiter-Kulturpalast und der Zhongshan-Park an diesem Festtag leider geschlossen waren. (RMRB, 2.6.89) [Vergleiche auch 2. Juni] Die *taz*, 3.6.89, interpretiert diese Bemerkung als versteckten Hinweis [der Redaktion], daß beide Anlagen zu diesem Zeitpunkt bereits von VBA-Einheiten besetzt waren. - Diese Interpretation erscheint plausibel. Allein die Tatsache, daß neben den Berichten über die offiziellen Feierlichkeiten und in Anbetracht der erklärten Ansicht der Regierung, die Studenten auf dem Platz behinderten das Fest, eine solch studentenfreundliche Darstellung auf der Titelseite des ZK-Organs erschien, ist bemerkenswert.

Am Abend reorganisiert der "Autonome Studentenverband" seine Führung. Wu'er Kaixi und Wang Dan sind nicht länger Mitglieder des Ständigen Ausschusses des Studentenverbands. Der neue Ständige Ausschuß wird von Delegierten von neun Beijinger Hochschulen gebildet, darunter die Beijing-Universität, Qinghua-Universität, Hochschule für Luft- und Raumfahrttechnik, Hochschule für Politik und Recht, Pädagogische Hochschule und die Forschungsabteilung der Akademie für Sozialwissenschaften. (*Beizhuang de minyun* S. 108)

Im Beijinger Außenbezirk Shijingshan wird der Prozeß gegen den am 20. Mai verhafteten Kraftfahrer Yi Jingyao eröffnet. Ihm wird vorgeworfen, am 19. Mai die Arbeiter der nahegelegenen Stahlwerke zur Errichtung von Straßenblockaden gegen das anrückende Militär angestiftet zu haben. Vierzig Studenten der Beijing-Universität fahren zu dem zuständigen Gerichtshof. Es wird ihnen aber der Zugang in das Gericht und auf das Fabrikgelände verwehrt. In der Umgebung der Stahlwerke, die im Mai ein Zentrum der Protestbewegung war, ist das Leben zur Normalität zurückgekehrt. (taz, 2.6.89)

Die Sprecherin des Außenministeriums, Li Jinhua, dementiert auf einer Pressekonferenz Gerüchte, daß Deng Xiaoping im Krankenhaus liege. (ZXS, 1.6.8, nach SWB, 3.6.89) Ferner erklärt die Sprecherin, "in der Führung der Partei und des Militärs sowie bei den Führern des NVK" gebe es keine personellen Veränderungen. (*Beizhuang de minyun*, S. 108)

Auf derselben Pressekonferenz erläutert der Beijinger Regierungssprecher Ding Weijun ausländischen und chinesischen Reportern die Erlasse Nr. 1, 2 und 3 der Beijinger Stadtregierung, die am 20. Mai im Zusammenhang mit der Verhängung des Ausnahmezustands erlassen wurden. Danach sei es ausländischen Reportern und jenen aus Hongkong, Taiwan und Macao nur nach Genehmigung durch das Büro für ausländische Angelegenheiten erlaubt, Informationen zu sammeln. Sowohl der zweite als auch der dritte Erlaß untersagten es, Berichterstattungen, Photos oder Videos der Aktivitäten auf dem Tiananmen-

Platz, im Bereich der Großen Halle des Volkes, vor dem Xinhuamen und an anderen öffentlichen, durch die Stadtregierung gesperrten Orten zu machen. Es sei den Journalisten verboten, Chinesen in ihre Wohnungen oder in Hotels einzuladen. Ohne Erlaubnis der Beijinger Stadtregierung sei es keinem der ausländischen Journalisten erlaubt, Soldaten der Truppen zur Durchsetzung des Ausnahmezustands zu interviewen, photographieren oder zu filmen. Ausländische Journalisten sollten nicht durch unrechte Kanäle an Material über aufrührerische und daher streng verbotene Aktivitäten gelangen. In der Zeit des Ausnahmezustands stünden die Erlasse der Beijinger Stadtregierung über allen dazu im Widerspruch stehenden Bestimmungen. Wenn jemand gegen die Erlasse verstoße, werde dies entsprechend der Härte des Vergehens von der Regierung geahndet. Das Recht zur Auslegung der Erlasse liege bei der Beijinger Stadtregierung. (ZXS, 1.6.89, nach SWB, 3.6.89)

Die *Beijing-Tageszeitung* veröffentlicht einen Leserbrief "Ich weine um Dich, Tiananmen-Platz". In dem Brief "An alle noch auf dem Platz verbliebenen Studenten und alle Menschen, die um die gesellschaftliche Ordnung besorgt sind", berichtet der vermeintliche Student, wie er für einige Tage nach Beijing gekommen sei und das Treiben auf dem Platz "kühl" beobachtet habe. Er spricht von seiner großen Enttäuschung und unterstellt den teilnehmenden Studenten, sie seien gekommen, um den Unterricht schwänzen zu können und um sich zu amüsieren. Es ginge ihnen nur darum, "dabei" zu sein oder sich endlich einmal exponieren zu können. Der Brief endet mit einem ausführlich begründeten Appell an die Studenten, den Platz zu verlassen. Sie hätten ihr Ziel erreicht und dürften die Ordnung in Beijing nicht länger stören. Die Beijinger Bevölkerung unterstütze sie auch nicht mehr wie zu Beginn. Die Organisation der Studenten zerfalle mehr und mehr, sie hätten keine Kontrolle mehr über die Vorgänge auf dem Platz. Außerdem sei der Platz eine Gerüchteküche. Die meisten Studenten seien ohnehin schon nach Hause gefahren, so rate er auch den verbliebenen Studenten zu gehen. Wer Aufruhr wolle, könne ja bleiben, aber die zugereisten Studenten sollten nicht als Hebel für irgendwelche Leute dienen. Er bitte seine Altersgenossen, nicht mehr Dinge zu tun, die nicht nur dem Staat schadeten, sondern auch ihnen selbst. (GMRB, 2.6.89) [Es handelt sich um einen Brief, den ein Student, der nicht in Beijing studiert, verfaßt haben soll.] Der Brief wird am 2. Juni in der *Guangming*-Zeitung und der *Volkszeitung* abgedruckt. Am 3. Juni [vergleiche dort] wird der Brief zusammen mit anderen offiziellen Meldungen immer wieder über die offiziellen Lautsprecher auf dem Tiananmen-Platz verlesen. (PB 8)

Die *Volkszeitung* veröffentlicht eine lange Würdigung der Verdienste Hu Yaobangs bei der Rehabilitierung von Personen, die während der Kulturrevolution zu Unrecht verurteilt oder festgenommen worden waren. Der Artikel betont Hu Yaobangs Kritik an Fehlurteilen und unkorrekten Strafen, am dilettantischen und nachlässigen Arbeitsstil der verantwortlichen Partei- und Staatsorgane und an den Vorurteilen der Partei gegenüber den Intellektuellen. (RMRB, 1.6.89) - In Anbetracht der Haltung der Regierung gegenüber den Studenten zu diesem Zeitpunkt scheint der Artikel eine versteckte Kritik an möglichen Strafmaßnahmen der Regierung gegen Studenten und anderen Intellektuellen darzustellen.

In derselben Ausgabe der *Volkszeitung* wird ein Artikel abgedruckt, der Kritik an der Errichtung der "Göttin der Demokratie" auf dem Tiananmen-Platz übt. Es sei schlichtweg rechtswidrig und ignoriere die Bedeutung des Platzes, wenn man beliebig Dinge auf dem Platz errichte. (RMRB, 1.6.89)

Die *Arbeiterzeitung* veröffentlicht einen gemeinsamen Brief von 40 Beijinger Staatsbetrieben. Darin wird die Regierung aufgefordert, die "illegale Organisation" [den "Autonomen Arbeiterverband"] zu beseitigen und zu verhindern, daß sie "Gerüchte verbreitet, zu Streiks aufhetzt und gesellschaftliche Unruhe schürt". (ap, nach NZZ, 3.6.89)

Das Staatliche Fernsehen bringt Bilder über die außerhalb des Hauptbahnhofs in Beijing stationierten Truppeneinheiten. Es ist dies die seit Verhängung des Ausnahmezustands eindrucksvollste Darstellung der militärischen Präsenz in der Hauptstadt. (ZGSB, 5.6.89)

Die Hongkonger Nachrichtenagentur *Zhonguo Tongxun She* weist in einem Bericht darauf hin, daß in Beijings Medien vermehrt Briefe und Telegramme von Bürgern veröffentlicht würden, die ein "Ende des Aufruhrs" forderten und die Studenten bäten, doch wieder in die Universitäten zurückzukehren. Zum Teil äußerten die Briefe auch Kritik an der "Göttin der Demokratie". All diesen Schreiben sei aber gemein, daß sie anonym veröffentlicht würden, oftmals im Namen nicht identifizierbarer Einheiten. Dadurch verlören diese Meldungen enorm an Glaubwürdigkeit. Es falle die Einmütigkeit der Presse in bezug auf die Wiedergabe der öffentlichen Meinung auf. (ZXS, 1.6.89, nach SWB, 3.6.89)

Jiangsu
Um der erlahmten Studentenbewegung wieder etwas Schwung zu geben, planen die Nanjinger Studenten einen Marsch nach Beijing. Punkt 9.00 Uhr brechen etwa 600 bis 1.000 Studenten auf. Die bislang eher passiven Behörden werden durch die Vorstellung, die Studenten könnten auch die Landbevölkerung in Unruhe versetzen, alarmiert. Es heißt, bevor die Marschierer Orte entlang der Strecke erreichen, ordnet die Polizei dort an, ihnen weder Nahrung noch Getränke zu verkaufen. Teilnehmer, die zurückbleiben, werden von der Polizei eingesammelt. Der Präsident der Nanjing-Universität ist in die im Norden gelegene Provinz Anhui aufgebrochen und erwartet die Marschierer dort mit zwei Bussen, um sie nach Nanjing zurückzubringen. (R. Lufrano, "Nanjing Spring...", S. 33)

Anderen Berichten zufolge begannen die Hochschüler ihren Marsch erst am 2. Juni (siehe dort).

Sichuan
In Chengdu fährt ein Lastwagen in eine von Studenten der Industrie-Hochschule Sichuan errichtete Blockade. Ein Student wird getötet, fünf weitere werden verletzt. Der Fahrer, der Bremsversagen als Ursache des Unfalls angibt, wird von der Polizei verhaftet. (ZXS, 1.6.89, nach SWB, 6.6.89)

2. Juni 1989, Freitag

- Gewerkschaften und Arbeiter werden zur Loyalität gegenüber der Partei aufgerufen
- Vier bekannte Intellektuelle beginnen auf dem Tiananmen-Platz einen Hungerstreik
- Die Beijinger Stadtregierung organisiert außerhalb Beijings eine Kundgebung zur Beendigung des "Aufruhrs"
- Die politische Führung beschließt den Einsatzbefehl für die Räumung des Tiananmen-Platzes durch das Militär
- Nächtlicher Verkehrsunfall bei Muxidi führt zur Eskalation des Konflikts
- Rund 10.000 Soldaten setzen sich in Richtung Tiananmen-Platz in Bewegung
- Zigtausende von Beijinger Bürgern gehen auf die Straßen, um den Einmarsch der Armee in die Stadt zu verhindern

Etwa 1.000 Soldaten der VBA laufen im Rahmen einer Übung, die vermutlich gleichzeitig eine Darstellung von Stärke sein soll, durch die Umgebung des Beijinger Hauptbahnhofs. Die Soldaten dringen nicht bis zum Tiananmen-Platz vor. Nach *The Nation* ist das der dritte Tag in Folge, an dem Soldaten in den Straßen des Zentrums auftauchten. (TN, 3.6.89)

Nach Berichten der *Beijing-Tageszeitung* fordert der städtische Gewerkschaftsverband von Beijing dringend Maßnahmen gegen den "Autonomen Arbeiterverband". Eine "kleine Gruppe von Leuten" erfinde Gerüchte, verteile Flugblätter und befürworte den Sturz der Regierung. Sie stifte Arbeiter zum Streik an und stürme Organe der öffentlichen Sicherheit. Außerdem wolle sie einen völlig autonomen Arbeiterverband aufbauen. Dies sei illegal, ziele auf eine Spaltung der Arbeiterklasse und behindere offen die Wiederherstellung der öffentlichen Ordnung in der Hauptstadt. Der Beijinger Gewerkschaftsverband unterstreicht, nur Gewerkschaften, die im Einklang mit dem Gewerkschaftsrecht der VR China und den Bestimmungen für chinesische Gewerkschaften stehen, seien sozial-politische Organisationen, die wirklich die Interessen der Arbeiterklasse vertreten. Alle autonomen Arbeiterorganisationen seien illegal. (*Radio Beijing*, 2.6.89, nach SWB, 5.6.89)

Der "Autonome Arbeiterverband" zählt zu diesem Zeitpunkt etwa 3.000 Mitglieder und orientiert sich nach Aussage eines Sprechers am Vorbild des polnischen Gewerkschaftsbundes. (*Beijing xuesheng yundong wushiri*, S. 169) Mitglieder des Arbeiterverbands errichten neben den demonstrierenden Studenten auf dem Tiananmen-Platz ein Zelt und verkünden über Lautsprecher ihren Protest gegen die Drohungen der Regierung. (dpa, 2.6.89, nach FAZ, 3.6.89)

Der Vorsitzende des Nationalen Gewerkschaftsbunds, Ni Zhifu, ruft die Vorsitzenden der Gewerkschaften für Eisenbahn, Post und sieben andere Industriezweige zusammen, um zu besprechen, wie die Gewerkschaften bei der Unterbindung des Aufruhrs und der Beruhigung der Gesamtlage von Nutzen sein könnten. (ZGYJ, 15.7.89, S. 152) Er ruft die Arbeiter und Gewerkschaftskader zur Loyalität gegenüber der Partei auf. "Alle sind sich einig, daß die Arbeiterklasse in Anbetracht des gegenwärtigen ernsten politischen Kampfes die Interessen der Gesamtheit und die Gesamtsituation berücksichtigen [muß]. Dies zeigt, daß die Arbeiter nicht nur ein Hauptfaktor in der Produktion, sondern auch in Hinblick auf Erhaltung von Stabilität und Einheit sind." Es sei gegenwärtig die Hauptaufgabe eines jeden Arbeiters, die Stabilität der Gesamtlage zu schützen und entschieden die Minderheit, die Unruhe provoziere und zu Streiks aufrufe, zu bekämpfen. Ni Zhifu verurteilt den "Autonomen Arbeiterverband", da dieser nicht nur die Führung der Partei [über die Gewerkschaft] abschaffen, sondern die Gewerkschaft sogar als Opposition zur Partei etablieren wolle. Der Plan, die Beziehung zwischen Gewerkschaft und Partei aufzulösen, die Arbeiter und Angestellten zu spalten, dieser Plan, der Denken und Organisation durcheinanderbringe, stoße auf den entschiedenen Protest bei Arbeitern und Angestellten. Diese "hinterhältigen politischen Ziele" würden ganz bestimmt scheitern. (RMRB, 3.6.89)

In der *Volkszeitung* erscheint auf der Titelseite der Bericht "Ein Blick auf den Tiananmen-Platz", der die Aktivitäten der Studenten zum Tag des Kindes beschreibt. (RMRB, 2.6.89) [Vergleiche 1. Juni] Die Aufmachung dieses Artikels ist identisch mit der Aufmachung der vom 21. bis 30. Mai täglich veröffentlichten und dann eingestellten Kolumne "Der xte Tag des Ausnahmezustands". Am 4. Juni erscheint daraufhin, ebenfalls in der *Volkszeitung*, ein Leserbrief einer Gruppe von Parteimitgliedern, die sich über diesen offensichtlichen Affront gegen die Parteipolitik beschweren. Abgesehen von der Ähnlichkeit zu der durch Anweisung von höheren Stellen eingestellten Kolumne sei der Inhalt dazu angetan, den Aufruhr zu schüren. Der Stil des Artikels rege den Leser dazu an, Sympathie mit den Studenten zu empfinden, die doch nun schon so lange den "heiligen Platz" in ein "stinkendes Chaos" verwandelten. Ausgerechnet die Kunststudenten, die doch am deutlichsten das Gesetz verletzt und "die Volksmeinung vergewaltigt" hätten, würden besonders liebenswert dargestellt. Was immer auch der Verfasser des Artikels und derjenige, der den Abdruck erlaubt habe, für Intentionen hätten, die *Volkszeitung* sei die Zeitung der Parteizentrale, nicht eine Zeitung, in der irgendjemand beliebig schreiben könne, was er gerade schreiben wolle. Auf keinen Fall dürfe die Parteizeitung dazu mißbraucht werden, um "parteifeindliche und antisozialistische Anmaßungen zu verbreiten". (Sun Ju, Schriftführer, 2.6.89, in: RMRB, 4.6.89) - Interessant ist, daß die Aufmachung dieses Leserbriefes abermals den im Brief angesprochenen Artikeln ähnelt. Möglicherweise wollen hiermit die Herausgeber der Zeitung die Leserbriefschreiber verspotten, zumal am gleichen Tag, ebenfalls auf der ersten Seite, eine Kolumne "Beijing in dieser Nacht" (siehe 4. Juni, 10.30 Uhr) erscheint, die erneut die vormals eingestellte Aufmachung nachahmt.

Die *Xinhua*-Nachrichtenagentur gibt eine Mitteilung der Propagandaabteilung des Parteikomitees der Stadt Beijing wieder, die "den Charakter des Aufruhrs und die Notwendigkeit des Ausnahmezustands" erklären soll: Trotz des Leitartikels vom 26. April und der Rede Li Pengs vom 19. Mai hätten einige Leute noch nicht recht verstanden, warum am 20. Mai der Ausnahmezustand verhängt wurde und warum seitdem Truppen in die Stadt kämen. Es gebe noch immer

Leute, die fragten, warum man von "Aufruhr" spreche und warum man Truppen herbeibefehle, obwohl die Studenten "patriotisch" seien. In der Mitteilung wird betont, aus dem Leitartikel vom 26. April, der Rede Li Pengs in Vertretung der Parteizentrale und des Staatsrats, aus den Reden der Marschälle Xu Xiangqian und Nie Rongzhen, aus dem Brief von Deng Yingchao, der Rede Chen Yuns vor der Beraterkommission, der Rede Peng Zhens vor einigen Verantwortlichen der Demokratischen Parteien sowie aus der schriftlichen Erklärung von Wan Li gehe eindeutig hervor, daß die Mehrheit der Studenten für Demokratie und für die Beseitigung von Korruption und Vetternwirtschaft sowie für die Beschränkung des Bürokratismus eintrete und daß sie damit in Einklang mit Partei und Regierung stehe. Partei und Regierung hätten zu keinem Zeitpunkt gesagt, daß die Mehrheit der Studenten Aufruhr provoziert habe.

Dieser Erklärung folgt eine Darstellung, auf welche Weise eine Minderheit gezielt versucht habe, die Studenten für ihre Ziele auszunutzen. Schon ein Jahr zuvor habe eine kleine Gruppe von Leuten in den Hochschulen heimlich geplant, den 70. Jahrestag der 4.Mai-Bewegung, den 40. Jahrestag der Volksrepublik und den 200. Jahrestag der Französischen Revolution zu nutzen, um eine Studentenbewegung zu schüren und einen Aufruhr zu provozieren. Bereits im März dieses Jahres seien an der Beijing-Universität und der Qinghua-Universität Wandzeitungen erschienen, die die Führungsposition der Partei und das sozialistische System direkt angegriffen hätten. Beim Tod Hu Yaobangs am 15. April hätten diese Leute gemeint, die Gelegenheit sei günstig und hätten angefangen, "Lärm zu schlagen".

Der Text gibt ausführlich Beispiele und Zitate von Wandzeitungen, die die Partei, das Regierungssystem und die Vier Modernisierungen angreifen - zum Teil so ausführlich, daß der Leser sich fragt, wessen Ansichten eigentlich propagiert werden sollen. An diese Aufzählung schließt sich eine chronologische Darstellung, wie der Aufruhr, von langer Hand geplant und von Auslandschinesen gefördert, provoziert worden sei. So sollen z.B. Wang Bingzhang und Tang Guangzhong, zwei Mitglieder der "Liga für Demokratie Chinas" in Amerika, schon am 16. April nach Beijing geflogen sein, um die Studenten zu Protestaktionen gegen die Regierung anzustiften. Im weiteren werden eine Reihe von Beispielen genannt, wie in der Zeit von April bis Juni die Studenten durch systematisch verbreitete Gerüchte getäuscht worden seien. Ferner habe es reihenweise illegale Handlungen gegeben, zum einen durch Studenten, die sich über das Demonstrationsrecht hinwegsetzten, zum anderen durch kleine Banditen, die das Chaos genutzt hätten, um Überfalle auf Geschäfte zu verüben. Diese und andere Vorfälle hätten das Chaos in Beijing bewirkt. Wenn einige Leute meinten, in Beijing verlaufe das Leben doch inzwischen fast wieder normal, so ließen sie sich vom Schein trügen. Der Ausnahmezustand sei weiterhin notwendig, um die Sicherheit in der Stadt zu gewährleisten.

Im letzten Teil der Mitteilung heißt es, Studenten, die an der Studentenbewegung teilgenommen hätten, erwarte nicht zwangsweise Verfolgung, auch wenn sie "heftige" Reden gehalten hätten. Gleiches gelte für Arbeiter, Bürger und

Beamte, die sich hätten täuschen lassen und, sobald sie ihre Irrtümer erkannt hätten, bestimmt wieder geschlossen hinter der Partei stehen würden. Widerrechtlich randalierende Leute, insbesondere die "Fliegende Tiger-Brigade", die "Trupps der Todesmutigen" und andere kriminelle politische Gruppen werde man aber entschieden zerschlagen. Außerdem werde die kleine Anzahl von Anstiftern und Aufrührern bloßgestellt werden. (*Xinhua*, 2.6.89, nach RMRB, 3.6.89) *Beizhuang de minyun*, S. 111, stuft diesen Text als eine "Mobilisierung der Truppen vor der Schlacht" ein und zieht daraus den Schluß, die Regierung sei zu diesem Zeitpunkt, also am 2. Juni, bereits zum harten Durchgreifen entschlossen gewesen.

Der Studentenführer Wang Dan gibt in der Beijing-Universität gegenüber der Zeitschrift *Libération* ein Interview. Als Gründe für das unerwartete Ausmaß der Studentenbewegung nennt er den immer größer gewordenen Abstand zwischen der wirtschaftlichen Entwicklung und dem politischen Klima. Hinzu käme, daß in diesem Jahr der 70. Jahrestag der 4.Mai-Bewegung und der 200. Jahrestag der Französischen Revolution gefeiert würden. Die aktuelle Situation in China sei leicht mit der von vor 70 Jahren zu vergleichen. Die Studenten seien mehr denn je bereit gewesen, für den Fortschritt Chinas zu kämpfen. Schließlich habe die Regierung die Dummheit begangen, alles von Anfang an zu unterdrücken und so die Spannung zu erhöhen. Sie habe alle Leute um die Studenten herum mobilisiert. Als wichtigste Lehre, die aus der Bewegung zu ziehen sei, sieht Wang Dan die Erkenntnis an, daß sich die Demokratisierung langsam entwickeln müsse und daß sich mit Aktionen auf der Straße keine großen Sprünge machen ließen. Sie hätten dies nicht beachtet, und so sei es zu Konsequenzen gekommen, die sie nicht gewollt hätten. Er denke, daß sich die Bewegung auf eine solidere Basis stützen müsse, z.B. auf Demokratie in den Universitäten oder die Verteidigung der Verfassungsrechte. Außerdem könne man eine derartige Bewegung nicht ohne eine grundlegende Theorie leiten. Nicht wenige der Probleme seien entstanden, weil es ihnen an einem theoretischen Rahmen gefehlt habe. Ferner sei die direkte Demokratie eine gefährliche Sache, insbesondere bei der Bestimmung der Führer. "Sie" seien ständig dabei, die Richtung der Bewegung zu ändern. Eine weitere Erfahrung, die er gewonnen habe, sei, daß sie sich mit anderen Gesellschaftsschichten zusammentun müßten. Selbst die Unterstützung durch die Intelligenz sei im Grunde zu spät gekommen. Momentan sei die Bewegung zwar nicht mehr nur eine Studentenbewegung, sondern eine Volksbewegung, doch die Tatsache allein, daß die Bewegung durch die Studenten geleitet werde, würde sicher zum Scheitern der Bewegung führen. Wang Dan prophezeit, daß die Bevölkerung mit Widerstand auf eventuelle Repressionen reagieren werde. Ihr Enthusiasmus sei geweckt, man werde eine Rückkehr zu den alten Methoden nicht erlauben. Je stärker der Druck von seiten der Regierung, desto gewalttätiger werde die "Explosion" in der Zukunft sein. (*Libération*, 14.6.89, S. 20)

In der Gegend der Quelle vom Xiaotang Shan kleben Wandzettel, daß es der Bevölkerung dringendst untersagt sei, die Armee zu behindern, andernfalls drohten strenge Strafen. Nach Berichten der Zeitschrift *Zhengming*, Juni 1989,

S. 10/11, scheint es trotzdem im Bereich des Taoxiang-Sees und der Quelle zu Auseinandersetzungen zwischen Truppen gekommen zu sein, und die Bevölkerung soll erneut den Weg in die Stadt abgesperrt haben. Daher sei der Plan, den Tiananmen-Platz zu besetzen, verzögert worden. Am Vormittag gegen 11.00 Uhr sind in dieser Gegend eine Kette von Detonationen zu hören, die von Kanonenfeuer herrühren sollen. Die Explosionen sind drei Stunden lang zu hören. (ZM, Juni 1989, S. 10/11)

Gegen 16.00 Uhr treten vier bekannte jüngere Intellektuelle auf dem Tiananmen-Platz in den Hungerstreik. (ZXS, 2.6.89, nach SWB, 6.6.89) Die Teilnehmer sind:
- Liu Xiaobo, Dozent an der Beijinger Pädagogischen Hochschule;
- Zhou Duo, ehemaliger Dozent für Soziologie an der Beijing-Universität, jetzt Leiter der Abteilung für Generalplanung der Sitong-Gesellschaft (Stone Corp.);
- Hou Dejian, ein taiwanesischer, vor einigen Jahren in die Volksrepublik gekommener Komponist und Schlagersänger [u.a. des Liedes "Nachfolger des Drachen", das zu einer Art Schlager der Studentenbewegung wurde];
- Gao Xin, ehemaliger Chefredakteur der *Zhou Bao*, einer Zeitung der Pädagogischen Universität und Mitglied der KPCh.

Die Hungerstreikenden geben ein "Hungerstreikmanifest vom 2. Juni" heraus. Der Text beinhaltet eine kritische Analyse des Verlaufs der Demokratiebewegung seit April und des Demokratiebewußtseins der chinesischen Bevölkerung. In dem Manifest wird die abweisende Haltung der Regierung gegenüber der Demokratiebewegung als ein weiteres Beispiel für die Grundhaltung des gegenseitigen "Feindbilds" kritisiert, das ein Erbe des chinesischen Volkes sei. Es sei notwendig, in Zukunft durch einen Lernprozeß den gegenseitigen Haß abzulegen. Es dürften nicht weiterhin alte Tyrannen durch neue ersetzt werden. Man brauche keinen vollkommenen Erlöser, sondern ein vollständig demokratisches System. "Es ist nicht so wichtig, wer an die Macht kommt oder zurücktritt, entscheidender ist, wie man an die Macht kommt oder abgelöst wird. Eine demokratische Politik kennt keine Feinde und keinen Haß. Es ist eine Politik der Beratung, Diskussion und Abstimmung auf der Basis gegenseitiger Achtung, gegenseitiger Toleranz und des Kompromisses." Entsprechend sei Li Peng nicht als "Feind" anzusehen. Auch wenn man ihn abtreten ließe, habe er noch alle Bürgerrechte, so auch das Recht, an falschen Ansichten festzuhalten.

Das Manifest betont, daß die Sympathie des Volkes für die Studentenbewegung vor allem emotional und durch die Unzufriedenheit der Bevölkerung mit der Regierung begründet sei. Es fehle aber an politischem Verantwortungsgefühl. Die Gesellschaft müsse die Zuschauerhaltung und das Mitleid aufgeben und statt dessen ein Bewußtsein der Beteiligung entwickeln. "Die Chinesen müssen sich darüber im klaren sein, daß jeder unter einer demokratischen Politik zuerst Staatsbürger und dann erst Student, Professor, Arbeiter, Funktionär, Soldat usw. ist."

Der Hauptfehler der Regierung in der Behandlung der Demokratiebewegung liege darin, daß sie gemäß ihrer alten politischen, vom "Klassenkampf" geprägten Denkweise auf ihrer Gegenposition zu den Studenten und Bürgern verharre. Daher habe sie die Bewegung als "Aufruhr" bezeichnet und sich bisher geweigert, aus der Bewegung die "schmerzliche Lehre" zu ziehen, daß sie lernen muß, die Meinung des Volkes zu hören. Die Regierung habe die Zuspitzung der Situation zu verantworten, sie habe durch ihre Haltung den "Aufruhr" provoziert. Es sei aber noch nicht zu spät für eine Korrektur ihrer Fehler.

Das Manifest äußert auch Kritik an der Organisation der Studenten, der es an Effizienz und demokratischen Verfahrensweisen mangele. Es fehle Teamgeist, und die Befugnisse seien nicht klar abgegrenzt. Dies bedinge die Unkoordiniertheit der Entscheidungen, das Durcheinander bei den Finanzangelegenheiten und die Verschwendung von Material. Die Ziele der Studenten seien demokratisch, nicht aber ihre Maßnahmen. "Sie haben zuviel Emotionalität und zuwenig Rationalität, das Privilegienbewußtsein ist zu stark, das Gleichberechtigungsbewußtsein zu schwach ausgeprägt." Die Auseinandersetzung des chinesischen Volkes mit "Demokratie" in den letzten hundert Jahren sei größtenteils auf der Ebene der Ideologie und Parolen stehengeblieben. Nun müsse sich der demokratische Aufbau mit den Vorgehensweisen, Mitteln und Ordnungen befassen. "Ein demokratisch regierter Staat ist den chinesischen Bürgern fremd. Das gesamte Volk, auch die Partei und die Führer des Staates, müssen von Grund auf lernen." (Hungerstreikmanifest vom 2. Juni, in: *Beizhuang de minyun*, S. 112)

* In der *Beijing Rundschau* vom 24.10.89 werden die vier Beteiligten des Hungerstreiks sowie andere Augenzeugen zitiert, wie sie im Einklang mit der offiziellen Sichtweise die Ereignisse der Juni-Tage darstellen. Unklar ist, wie sie dazu gebracht wurden, von ihrer kritischen Haltung zu einer regierungstreuen zu kommen. [Vergleiche 4. Juni, vor 6.00 Uhr]

Bereits 3.000 Menschen haben sich für eine neue Hungerstreikaktion angemeldet. Es ist geplant, daß am 2. Juni zunächst 300 Menschen einen rotierenden Hungerstreik beginnen. [Es liegen keine Informationen vor, daß dieser Hungerstreik begonnnen wurde, und es sind keine Gründe bekannt, warum dieser Hungerstreik nicht begonnen wurde.] (*Beijing xuesheng yundong wushiri*, S. 167) [Vergleiche auch 1. Juni].

Studenten kündigen eine Serie von 72stündigen Hungerstreiks bis zum 20. Juni an, d.h. bis zum nächsten Zusammentreten des Ständigen Ausschusses des NVK, auf dem über die demokratische Reform diskutiert werden soll. (R. Thompson, P. Ellinghagen, in: FT, 3.6.89)

Ein stark bandagierter Arbeiter erscheint auf dem Tiananmen-Platz. Er schreit, er sei von Ordnertrupps der Stadtbewohner oder von Studenten am Rande der Stadt geschlagen und schwer verletzt worden, und er versucht, Streit anzuzetteln. Daraufhin bringen Studenten ihn in ihre Sanitätsstation, untersuchen ihn und stellen fest, daß er gar nicht verletzt ist. Auf die Frage, warum er so etwas gesagt habe, erwidert der ältere Mann, dies sei nicht seine Idee gewesen. Die Studenten lassen ihn laufen. Ein Augenzeuge stuft diesen Vorfall als gezielte Verbreitung von Gerüchten und Anstiftung zu Unruhe ein. (PB 5)

2. Juni 1989

Studenten ergreifen [auf dem Tiananmen-Platz?] zwei Diebe. Als sie den Fall der Polizei übergeben wollen, werden die Studenten von Polizisten blutig geschlagen. Ein japanischer Journalist, der den Vorgang photographiert, wird durchsucht und ebenfalls geschlagen. (*Tiananmen beige*, S. 48)

Die Studenten demonstrieren u.a. vor dem Verlagshaus der *Beijing-Tageszeitung*. Dabei verbrennen sie Ausgaben der Zeitung, um gegen die gelenkte und ihrer Ansicht nach studentenfeindliche Berichterstattung zu protestieren. Viele Studenten tragen Pappmasken, mit denen sie vor allem Li Peng verspotten. Die Demonstration ist ein Protest gegen den am 1. Juni [vergleiche dort] von der *Beijing-Tageszeitung* veröffentlichten Brief "Ich weine um Dich, Tiananmen-Platz". (ZXS, 2.6.89, nach SWB, 6.6.89; dpa, 2.6.89, nach FAZ, 3.6.89) Einige tragen hohe Papierhüte mit der Aufschrift: "Ich bin ein Konterrevolutionär und gehöre beseitigt." (taz, 3.6.89)

Die Beijinger Stadtregierung organisiert für den Nachmittag eine Kundgebung zur "Beendigung des Aufruhrs". In einem Rundschreiben an verschiedene Regierungsinstitutionen und Unternehmen werden diese aufgefordert, einen bestimmten Teil ihrer Belegschaft zur Teilnahme am Umzug zu schicken. Teilnehmer würden mit zwei Tagen Urlaub und 10 Yuan belohnt. (XWB, 2.6.89, nach SWB, 6.6.89) Es heißt, Kader von staatlichen Organen hätten den Befehl erteilt, daß die Bauern und Arbeiter an diesen gelenkten Demonstrationen teilnehmen müßten. Egal wie häufig sie "demonstrierten", sollten sie 10 Yuan Prämie dafür erhalten. Wenn sie dem Befehl nicht folgten, werde das als Arbeitsverweigerung eingestuft und ihre Lohnprämien gestrichen. Wenn sie teilnähmen, erhielten sie 10 Yuan sowie Lohn und Prämien wie sonst. (PB 5) Nach *Beizhuang de minyun* handelt es sich bei den Teilnehmern um Bauern aus den Kreisen Minyun und Changpin, die gemäß der Anweisungen der Veranstalter "Festhalten an den Vier grundlegenden Prinzipien", "Entschlossen die weisen Entscheidungen des ZK unterstützen", "Hallo Deng Xiaoping" u.a. skandieren. (*Beizhuang de minyun*, S. 110) In einer anderen Meldung heißt es, in einem Sportstadion im Bezirk Miyun, 65 Kilometer außerhalb Beijings, seien etwa 10.000 Regierungsbeamte, Bauern und Kinder versammelt worden. Auf der von der Regierung inszenierten Veranstaltung habe man mit deutlich anti-amerikanischen Anspielungen die Demokratiebewegung und Fang Lizhi verspottet. (D. Southerland, in: IHT, 3./4.6.89)

Mehrere tausend Studenten organisieren eine "Demonstration zum Schutze Li Pengs". Die Demonstration ist eine sarkastische Reaktion auf die staatlich gelenkten Demonstrationen der letzten Tage. (ZM, Juni 1989, S. 14) Einige Demonstranten tragen Spitzhüte mit der Aufschrift "Rinderteufel und Schlangengeister" wie in der Zeit der Kulturrevolution. Sie skandieren "Unterstützt die Diktatur, unterstützt die Autokratie". (*Beizhuang de minyun*, S. 110) Studenten protestieren gegen diese und vorangegangene "Jubelveranstaltungen" ("Lang lebe Li Peng", "Entschieden mit dem ZK marschieren") [vergleiche 31. Mai bis 2. Juni], weil sie von der Regierung gelenkt seien und die Teilnehmer dafür Geld oder Prämien bekämen. (dpa, nach SZ, 3./4.6.89) Sobald die Passanten

2. Juni 1989

erkennen, daß die Studenten bewußt die Regierung verspotten, erhalten die Demonstranten viel Applaus. (*Beizhuang de minyun*, S. 110) Eines der Spruchbänder der Demonstration trägt die Aufschrift: "An dem Tag, an dem die Soldaten die Stadt betreten, wird das Blut des Volkes fließen." (AW, 16.6.89, S. 26) Unter den Studenten kursiert der Spruch: "China hat einen neuen Beruf geschaffen - den des Demonstranten. Jeder kann teilnehmen, man gibt ihm Geld und Gehalt. So wird das Problem der 'auf Arbeit wartenden' jungen Leute gelöst." (*Tiananmen beige*, S. 47) Ferner spotten die Studenten, wer Li Peng folge, bekäme täglich 9 Yuan und 90 Fen (genzhe Li Peng zou, yitian jiumaojiu). Gerüchte besagen sogar, daß Arbeiter und Bauern angehalten worden seien, sich als Studenten zu tarnen und auf den Straßen zu demonstrieren. (PB 5)

Vertreter des "Verbands Hongkonger Bürger zur Unterstützung der Demokratiebewegung" treten in Beijing in Kontakt mit dem "Autonomen Studentenverband Beijing", dem "Autonomen Studentenverband nicht in Beijing Studierender" und dem "Kommando der Studenten auf dem Platz", um über eine zweckmäßige Verwendung des von der Hongkonger Bevölkerung gespendeten Geldes zu beraten. (*Beizhuang de minyun*, S. 111)

Der frühere Präsident der Chinesischen Akademie der Sozialwissenschaften, Ma Hong, streitet öffentlich ab, die im Mai von Hu Jiwei initiierte Unterschriftenkampagne zur Einberufung einer dringenden Sondersitzung des NVK unterzeichnet zu haben. (ZGYJ, 15.7.89, S. 152) - [Vergleiche 30. Mai]

Die stellvertretenden Generalsekretäre der ZK-Militärkommission Hong Xuezhi und Liu Huaqing besuchen die Quartiere der Truppen zur Durchsetzung des Ausnahmezustands und treffen mit Kommandeuren der Truppen zusammen, denen sie Grüße von Deng Xiaoping und Yang Shangkun überbringen. (RMRB, 4.6.89)

Deng Xiaoping unterzeichnet den Befehl zur militärischen Räumung des Tiananmen-Platzes. Der Befehl ist von Li Peng und Yang Shangkun ausgearbeitet worden. (MB, 6.6.89, nach SWB, 7.6.89) Nach *Associated Press*, die sich auf Aussagen von Mitarbeitern des Büros von Li Xiannian bezieht, soll Deng Xiaoping die Befehle für den militärischen Einsatz in einem Krankenhaus, in dem er gerade wegen Prostata-Problemen behandelt wird, gegeben haben. Deng Xiaoping sei im übrigen verärgert gewesen, daß er nicht ordentlich über die Studentenbewegung informiert worden sei. (ap, nach TN, 5.6.89)

Die Zeitschrift *Zhengming* berichtet dagegen, am Nachmittag des 2. Juni hätten sich Yang Shangkun, Li Peng, Wang Zhen, Bo Yibo, Qiao Shi und Yao Yilin im Hause von Deng Xiaoping getroffen und das Eingreifen des Militärs für den 4. Juni beschlossen. Gleichzeitig sei beschlossen worden, die Studentenbewegung fortan als "konterrevolutionären Putsch" und nicht bloß als "Unruhe" einzustufen. Die Beschlüsse seien sofort telefonisch an Chen Yun weitergeleitet worden. (ZM, Juli 1989, S. 8)

Gemäß eines Artikels der *Ming Bao* wurde der Militäreinsatz von Yang Shangkun und Li Peng persönlich geplant, und auch der Schießbefehl soll von ihnen gegeben worden sein. Auf einem Treffen mit den Kommandeuren der Truppen zur Durchsetzung des Ausnahmezustands sollen Li Peng und Yang Shangkun nach Anhörung von Berichten die Räumung des Platzes angeordnet haben, obwohl sie Widerstand von seiten der Studenten und Bürger erwarteten und eine Zahl von ca. 1.000 Toten für möglich hielten. Ein Räumungsbefehl für den 2. Juni soll am Widerstand der Kommandeure der außerhalb Beijings stationierten Truppen gescheitert sein. Daher sollte am 4. Juni das 27. Armeekorps eingesetzt werden. Es heißt, das 27. Armeekorps sei die "strategische Reserveeinheit" unter direktem Befehl der Zentralen Militärkommission und unterstehe Yang Shangkun. Der Räumungsbefehl sei mit Beförderungs- und Weiterbildungsversprechen für die Mutigsten in der Aktion verbunden worden. (MB, 5.6.89, nach SWB, 6.6.89) - An der Niederschlagung der Studentenbewegung waren Einheiten von 14 Armeekorps aus mindestens fünf der sieben Militärregionen beteiligt. Die eigentliche Räumung des Tiananmen-Platzes wurde nicht nur von Einheiten des 27. Armeekorps vorgenommen, sondern auch von Einheiten des 38. und wahrscheinlich auch noch weiterer Armeekorps.

Am Abend und in der Nacht vom 2. auf den 3. Juni gelangen mehr als 10.000 Soldaten als normale Bürger getarnt zum Tiananmen-Platz. Sie werden im ersten und dritten Stockwerk der Großen Halle des Volkes untergebracht. Ihre Uniformen, Waffen und Munition sind mit Zivillastwagen, die normalerweise Fisch und Gemüse transportieren, zur Großen Halle des Volkes gebracht worden. (Offiziell veröffentlichte Angaben beteiligter VBA-Offiziere, nach AWSJ, 4.7.90)

Li Peng soll nach "zuverlässigen Informationen aus Beijing" vor der blutigen Zerschlagung der Protestbewegung auf einer Sondersitzung berichtet haben, daß 70% der Beijinger Bevölkerung regierungsfeindlich eingestellt seien. Dies - so die Hongkonger Tageszeitung *Xingdao Ribao* - sei wohl der Grund dafür gewesen, daß später ohne Unterschied auf Studenten und Bürger geschossen wurde. (XDRB, 7.6.89)

Um 22.55 Uhr kommt es bei Muxidi im Westen der Stadt zu einem schweren Verkehrsunfall. Ein Mitsubishi-Jeep mit Polizeilicht, aber ohne Nummernschild und mit einem nicht uniformierten Fahrer fährt mit überhöhter Geschwindigkeit gen Osten, schleudert auf der nassen Fahrbahn gegen die südliche Fahrbahnabgrenzung, prallt ab, durchbricht die Abgrenzung und fährt in eine Gruppe von vier in derselben Richtung fahrenden Radfahrern hinein. Der Wagen überschlägt sich. Eine Radfahrerin ist sofort tot, zwei weitere sterben während der Notbehandlung. Im Wagen findet man die Uniform und den Schlagstock eines Polizisten. Das Fahrzeug gehört der Bewaffneten Volkspolizei. Der Fahrer, Chen Fuyu, gehört der 5. Abteilung der Zentraleinheit der Beijinger Bewaffneten Volkspolizei an. Innerhalb von Minuten nach dem Unfall sammelt sich eine wütende Menge. Nur die Anwesenheit von Studenten rettet den Fahrer vor Lynchjustiz. Nach dem Unfall soll der Fahrer gesagt haben, er habe seine Pflicht getan (GJJ, Juni 1989, S. 12), und er lehne jede Verantwortung ab

(ZGSB, 4.6.89). Er wird von der Polizei verhaftet. Nach dem Unfall bleiben noch über Stunden Zuschauer am Unfallort. So werden sie der heranrückenden Armee gewahr. [Vergleiche 3. Juni, 2.00 Uhr] (ZXS, 3.6.89, nach SWB, 5.6.89; AW, 16.6.89, S. 25; XWDB, 6.4.89; ZGSB, 4.6.89)

Nach dem Unfall erscheint ein Teil der studentischen Propagandatruppe am Unfallplatz. Um Mitternacht beginnt die Propagandatruppe zu verbreiten, daß im Osten beim Jianguomen Soldaten in Zivil aufgetaucht seien und daß dieser Unfall ein Täuschungsmanöver sei. Sie fordern die Leute auf, sich auf dem Platz zu sammeln. Immer mehr Menschen sammeln sich in der Nähe des Platzes, um an Blockademaßnahmen teilzunehmen. (ZGSB, 4.6.89) Tausende von Radfahrern verlassen den Tiananmen-Platz, um die Beijinger Einwohner zu alarmieren und zur Errichtung von Barrikaden zu veranlassen. (D. Southerland, in: IHT, 3./4.6.89; R. Thompson, P. Ellinghagen, in: FT, 3.6.89)

Dieser Unfall war der erste blutige Zwischenfall mit Opfern unter der Zivilbevölkerung in Beijing seit Verhängung des Ausnahmezustands. Es scheint sehr unwahrscheinlich, daß der Unfall inszeniert war, nichtsdestotrotz brachte er eine große Bevölkerungsmenge auf die Straße. Es ist denkbar, daß der politischen Führung dieser Unfall sogar höchst ungelegen kam, da er bewirkte, daß der Einzug der Armee in die Stadt von der Bevölkerung bemerkt wurde. Es ist möglich, daß die politische Führung ursprünglich bereits am frühen Morgen des 3. Juni den Platz räumen lassen wollte (siehe 3. Juni, 2.30 Uhr), doch dies konnte aufgrund der durch den Unfall verursachten folgenden Ereignisse nicht durchgesetzt werden. Zumindest brachten der Unfall und die damit verbundenen Gerüchte die Wut der Bevölkerung auf den Siedepunkt, was wiederum die Regierung zu noch rigoroserem Durchgreifen veranlaßte. So wurde der Unfall unmittelbarer Anlaß für die Eskalation des Konfliktes.

* In der offiziellen Darstellung vom 30. Juni heißt es: "Am Abend des 2. Juni kippte ein Jeep, den die Zentrale Fernsehstation von der Bewaffneten Volkspolizei für einen Monat geliehen hatte, infolge zu schneller Fahrt auf einer mit Wasser gesprengten Straße um und verursachte einen Verkehrsunfall, wobei Leute ums Leben kamen. Unter ihnen war kein Student. Es war eigentlich ein Verkehrsunfall, der durch die zuständige Polizeistelle behandelt wird. Einige wenige Leute brachten ihn jedoch absichtlich mit dem planmäßigen Einmarsch der Truppen in die Stadt in Zusammenhang und verbreiteten das Gerücht, dieser Jeep sollte den Truppen den Weg freimachen und habe dabei mit Absicht Studenten überrollt." (Chen Xitong, in: BRu, 25.7.89, S. XXIII) Der Fahrer wird im September 1989 zu sieben Jahren Gefängnis verurteilt. (XNA, 21.9.89) - Diese offizielle Darstellung des Unfalls bei Muxidi wurde im wesentlichen von einer gut informierten chinesischen Quelle bestätigt, die im übrigen den Militäreinsatz gegen die Studenten scharf kritisierte. Demnach soll die Zentrale Fernsehstation für den Fahrer des Jeeps anläßlich der Beendigung seiner Arbeit für das Fernsehen ein Abschiedsessen gegeben haben. Daher habe der Fahrer wahrscheinlich zuviel Alkohol getrunken, was ihn zu einer unvorsichtigen Fahrweise veranlaßt habe, die dann zu dem schweren Unfall führte. Nach Ansicht des o.g. chinesischen Informanten wäre eine Beendigung der Protestbewegung wahrscheinlich nicht derart blutig verlaufen, wenn sich der Unfall nicht ereignet hätte. So aber sei die Stimmung unter den Studenten und der Bevölkerung völlig umgekippt und der Einmarsch der Truppen frühzeitig bemerkt worden. (PB 2)

Am Abend des 2. Juni brechen etwa 10.000 Soldaten der zur Durchsetzung des Ausnahmezustands eingesetzten Truppen auf, um den Tiananmen-Platz von Osten und Westen her zu besetzen. Dies alarmiert die Beijinger Bevölkerung. Nach Erhalt der Meldung stürmen eine Million Menschen auf die Straßen und errichten Barrikaden, um die Truppen aufzuhalten. Selbst alte Frauen und Hausfrauen diskutieren mit den Soldaten und versuchen ihnen klarzumachen, daß man sie mit falschen Informationen in die Stadt gelockt habe, um Studenten zu töten. (DGB, 4.6.89, nach SWB, 5.6.89)

Shanghai
Radio Shanghai berichtet über zahlreiche Briefe, die Menschen in Beijing aus Protest gegen die "Göttin der Demokratie" geschrieben hätten [vergleiche 1. Juni]. Der Sender erläutert, einige Leute wollten die Studentenbewegung ausnutzen. Sie seien offensichtlich dem Ausland hörig und wollten die totale Verwestlichung Chinas. Man dürfe China nicht mit den USA gleichsetzen. Was dort gut sei, müsse in China nicht unbedingt gut sein. Man dürfe die Geschichte nicht vergessen. Die Statue müsse abgebaut werden, und die einseitige Verherrlichung der bürgerlichen Demokratie und Freiheit müsse ein Ende haben. China sei gerade in der Lage, sein Volk zu kleiden und zu ernähren und habe erst einige Jahre Ruhe gehabt, um Freiheit und Demokratie voranzubringen. Es müsse hart und solide gearbeitet werden, und es dürften nicht westliche Parolen kopiert und Aufruhr geschürt werden. Hunderte von Millionen Menschen forderten daher, dem Aufruhr so schnell wie möglich ein Ende zu machen und keine Zeit mehr beim sozialistischen Aufbau zu verlieren. (*Radio Shanghai*, 2.6.89, nach SWB 5.6.89)

Jiangsu
In den frühen Morgenstunden geht die Polizei in Nanjing gewaltsam gegen die "Sendestation des 'Autonomen Studentenverbands Nanjing'" vor, die illegal auf der Westseite des Gulou-Platzes errichtet worden war und seit dem 19. Mai rund um die Uhr sendete. Der für die Station verantwortliche Student Sun Feng und der Leiter der am Sender beteiligten Arbeiterstreikposten werden verhaftet. Nach Aussage des Amts für Öffentliche Sicherheit sei die Station zuvor aufgefordert worden, sich aufzulösen. Sie sei dieser Aufforderung aber nicht gefolgt. Zur Erhaltung der sozialen Ordnung hätten die Organe der öffentlichen Sicherheit daher entsprechend der "Bestimmungen über Verwaltungsstrafen für Gefährdung der öffentlichen Sicherheit" hart durchgegriffen. (*Radio Beijing*, 3.6.89, nach SWB, 5.6.89)

In Nanjing brechen mehr als 500 Studenten zu Fuß oder per Fahrrad nach Beijing auf. Dies soll eine Unterstützungsaktion für die Beijinger Studenten sein und der "neue lange Marsch" genannt werden. (*Beijing xuesheng yundong wushiri*, S. 169; dpa, 2.6.89, nach FAZ, 3.6.89) - [Vergleiche 1. Juni]

Das Erziehungskomitee der Provinz gibt Instruktionen an alle Schulen, wie nach Beendigung der Streiks der Unterricht organisiert werden solle, um die normale Unterrichtsordnung zu schützen. (ZGYJ, 15.7.89, S. 157)

Zhejiang
Die Erziehungskommission der Provinz Zhejiang beruft in Hangzhou eine Versammlung aller Hochschuldirektoren der Provinz ein, auf der sie die unverzügliche Wiederherstellung der normalen Unterrichtsordnung fordert. Daraufhin geben die Universität Hangzhou und 21 weitere Hochschulen eine gemeinsame Mitteilung heraus, daß der Unterricht unverzüglich wieder aufzunehmen sei. (ZGYJ, 15.7.89, S. 157)

3. Juni 1989, Samstag

- **Die Armee erhält in den frühen Morgenstunden den Befehl, in die Innenstadt einzurücken**
- **Der Einzug von Militärfahrzeugen über die westliche Chang'an-Allee wird von einer Menschenmenge verhindert**
- **Soldaten wird auf der östlichen Chang'an-Allee der Weg zum Tiananmen-Platz von Zivilisten versperrt**
- **Größere Mengen Waffen gelangen auf ungeklärte Weise in die Hände von Studenten, die diese zur Schau stellen**
- **Die Armee erobert bei Liubukou Waffen aus den Händen der Bevölkerung zurück. Dabei kommt es zu ersten schweren Auseinandersetzungen in der Nähe des Tiananmen-Platzes**
- **Gegen 16.00 Uhr erhalten die Truppen den Befehl, den Tiananmen-Platz zu räumen**
- **Die Räumung des Tiananmen-Platzes wird in Rundfunk und Fernsehen angekündigt**
- **Beim Jianguomen wird ein Militärkonvoi gestoppt**
- **Symbolische Gründung einer "Demokratischen Universität" auf dem Tiananmen-Platz**
- **Vom Westen her beginnt die Hauptstreitmacht der VBA-Verbände, sich mit Gewalt den Weg in die Innenstadt zu bahnen**
- **Gegen 22.30 Uhr erteilt die ZK-Militärkommission den Truppen Schießbefehl**
- **Bei Muxidi kommt es zu den blutigsten Auseinandersetzungen dieser Nacht, denen wahrscheinlich weit über 100 Menschen zum Opfer fallen.**

In den frühen Morgenstunden erhalten die Truppen zur Durchsetzung des Ausnahmezustands den Befehl, in die Innenstadtbezirke einzurücken. (*Beijing TV*, 4.6.89, nach SWB, 5.6.89)

1.00 Uhr
Die VBA versucht, ins Zentrum Beijings vorzudringen. (afp, 4.6.89, nach FAZ, 5.6.89) Mehrere zehntausend Soldaten bewegen sich vom Osten der Stadt auf

den Tiananmen-Platz zu. Die meisten von ihnen sind unbewaffnet. Auch von Norden und Westen nähern sich Truppen. (MBYK, Juli 89, S. 45)

2.00 Uhr
Erneut versuchen Hunderte von Menschen, die Armeefahrzeuge zu stoppen, indem sie sich vor die Räder werfen. Im Gegensatz zu den vorherigen Tagen fahren nun die Armeelastwagen direkt in die Menschenmenge hinein. Im Westen der Stadt werden drei Radfahrer getötet, im Osten beim Jianguomen vier. In Fengtai werden mehrere Blockierer schwer verletzt. Aufgrund dieser Vorkommnisse rufen Studentenvertreter aller Universitäten für Samstag mittag, 14.00 Uhr, zu einer Großdemonstration auf. (taz, 5.6.89)

Auf der westlichen Chang'an-Allee, auf der sich seit dem Unfall bei Muxidi [vergleiche 2. Juni, 22.55 Uhr] eine große Menschenmenge aufhält, entdeckt die Bevölkerung eine Reihe mit Soldaten beladener Militärfahrzeuge, die in Richtung Zentrum fahren. So entdecken die Studenten und Bürger, daß die Truppen aus allen Richtungen (siehe unten) in die Stadt kommen. Um 2.10 Uhr werden zwei Busse, die Soldaten und Munition transportieren, von einer Menschenmenge umzingelt. In einem der Busse finden Studenten Maschinengewehre und -pistolen, Patronen und Dolche. Die Studenten stellen die in den Fahrzeugen gefundenen Waffen auf den Dächern der Busse aus. Außerdem gelingt es der Menge, 15 weitere in der Nähe befindliche Militärlastwagen zu stoppen. (OZRB, 6.6.89; MBYK, Juli 1989, S. 45; DGB, 4.6.89, nach SWB, 5.6.89) Die Studentenführerin Chai Ling berichtet dagegen, die Soldaten des entdeckten Konvois hätten ihre Waffen, Uniformen und Geräte freiwillig aus ihren Fahrzeugen heraus an die Bürger und Studenten abgegeben. Die Studenten hätten sofort alles eingesammelt und der Polizei gegeben. Sie hätten eine Empfangsbestätigung erhalten. (Chai Ling, in: C.a., Mai 1989, S. 378 f.)

In einer Darstellung der Zeitschrift *Zhengming*, Juni 1989, S. 11, heißt es, am 3. Juni [vergleiche auch unter 8.00 Uhr] seien insgesamt mehr als zehn Militärfahrzeuge und Militärbusse auf der Chang'an-Allee und ihren Verlängerungen von Armee und Militärpolizei abgestellt worden. (Bei Liubukou zwei, bei Xidan zwei, beim Minzu-Hotel zwei, beim Militärmuseum zwei, beim Prinzessinnengrab und bei Muxidi jeweils drei.) Auf jedem Fahrzeug hätten sich 20 Soldaten sowie Waffen, Munition und Handgranaten befunden. Es sei beabsichtigt gewesen, die Demonstranten die Fahrzeuge ausrauben und in Brand legen zu lassen. Die studentischen Ordnertrupps hätten die Fahrzeuge jedoch beschützt und die Menge davon abgehalten, die Soldaten zu schlagen oder zu beschimpfen, und so den Plan der Armeeführung vereitelt.

Ein großer Trupp Soldaten - die Zahlenangaben schwanken zwischen 3.000 (MBYK, Juli 1989, S. 45) und 10.000 (DGB, 4.6.89, nach SWB, 5.6.89) - nähert sich von Osten her dem Tiananmen-Platz. Die Soldaten laufen zunächst in geordneten Reihen zu sechst oder siebt (zu dritt oder viert nach NBJ, 1.7.89). Laut LSC, Juni 1989, S. 77, sind es zwei Trupps, die in der Nähe des Platzes zusammentreffen. Sie sind unbewaffnet und tragen keine Uniformjacken oder -helme. Auf alle 20 bis 30 Soldaten kommt ein Funker. Nach übereinstimmenden Berichten sind die Soldaten sehr jung und erschöpft; sie sollen zwei Stunden marschiert sein. Es ist ungeklärt, von wo sie gestartet sind (nach *Tiananmen beige*, S. 2, vom Flughafen, nach NBJ, 1.7.89, S. 34, vom Bahnhof aus). Da die Beijinger Bürger schon vor dem Einmarsch gewarnt worden sind [vergleiche Unfall von Muxidi, 2. Juni], sammeln sich immer mehr protestierende Menschen auf der östlichen Chang'an-Allee. Außerdem errichten sie auch hier Busbarrikaden. So werden die Soldaten auf Höhe der Zhengyi-Straße, etwa 500 Meter vor dem Platz, gestoppt. Die Soldaten gruppieren sich um, so daß sich zwei Menschenmauern dicht gedrängt gegenüberstehen. In dem Gedränge kommt es zu Reibereien und Handgemenge, aber nicht zu größeren Gewalttätigkeiten. Die Soldaten versuchen vergeblich, über die Fußgängerwege auszuweichen. (D. Southerland, in: IHT, 3./4.6.89; R. Thomson, P. Ellingsen, in: FT, 3.6.89; MBYK, Juli 1989, S. 45; WHB, 8.6.89; OZRB, 6.6.89, AW, 16.6.89, S. 25; NBJ, 1.7.89, S. 34, *Tiananmen beige*, S. 2; ZGSB, 4.6.89) *Asiaweek* berichtet, die Soldaten seien mit Schuhen und Müll beworfen worden. Einigen Offizieren habe man die Uniformjacken weggenommen und sei darauf herumgetrampelt. Auch bei diesem Zusammenstoß von Soldaten und Bürgern sollen die Studenten die Soldaten vor ernsthaften Verletzungen geschützt und sie bei ihrem Rückzug eskortiert haben. (AW, 16.6.89, S. 25).

Etwa zur gleichen Zeit tauchen auf dem Tiananmen-Platz mehrere Gruppen junger Männer in blauen Trainingsanzügen und mit kurzgeschorenen Haaren auf. Die Männer werden vom Ordnungstrupp der Studenten als Soldaten entlarvt, die die Menschenmenge auf dem Platz unterwandern sollten. Sie verscheuchen die Soldaten vom Platz und halten einen höherrangigen Offizier bei sich fest. Die Studenten beginnen, einen Dialog mit dem Offizier über ihre Sendestation auf dem Platz zu übertragen. Diese Aktion wird aber abgebrochen, als sich die Nachrichten über die Ereignisse entlang der Chang'an-Allee häufen und von der Sendestation des "Autonomen Arbeiterverbands" übertragen werden. (ZGSB, 4.6.89)

2.30 Uhr:
Die Soldaten auf der östlichen Chang'an-Allee ziehen sich bis zur Wangfujing-Straße, etwa einen Kilometer vom Platz entfernt, zurück und setzen sich dort auf den Boden. (*Tiananmen beige*, S. 2) Während die Soldaten abwartend am Straßenrand sitzen, kommt es zu Gesprächen mit Studenten. Der Wortlaut eines solchen Gespräches wird in den Ausgaben vom 3. bis 5. Juni der *Xin Wan Bao* abgedruckt. In dem Dialog erklären Studenten den Soldaten, die völlig uninformiert sind oder nur nach den offiziellen Darstellungen in den Zeitungen urteilen, die Situation in Beijing und ihre Interpretation aus der Sicht der Studenten. Sie erklären, daß in Beijing tatsächlich ein Aufruhr herrsche, der von einer Minderheit angestiftet worden sei, daß diese Minderheit aber gerade die Regierenden seien, die sich über die Bevölkerung hinwegsetzten. Sie fordern die Soldaten auf, sich die in Beijing von den Studenten aufgehängten Wandzeitungen und Photos anzusehen, um die Wahrheit über die Vorgänge zu erfahren. Sie äußern ihr Mißfallen über Li Peng und auch über Deng Xiaoping, der in den letzten Jahren Mao Zedongs Starrsinn nachahme, sich nicht aus der Politik

zurückzuziehen. Es sollte endlich eine Sondersitzung des NVK einberufen werden, doch statt dessen schreibe die *Volkszeitung* [am 31. Mai; vergleiche dort], daß der Ständige Ausschuß des NVK Li Pengs Rede [vom 19. Mai] studiere, Bericht an Li Peng erstatte und diesem den Standpunkt des Ausschusses erklären werde. Das Parlament habe das Recht, Li Peng abzusetzen, wie könne es da angehen, daß es sich vor Li Peng rechtfertigen müsse? Wenn das Parlament der Regierung gegenüber Rechenschaft ablege, so zeige dies, daß das Staatssystem nicht funktioniere. Im Gegensatz zum Parlament habe die Zentrale Beraterkommission überhaupt keine Befugnis, in die Regierungsangelegenheiten einzugreifen.

Auf die Frage der Soldaten, ob sie glaubten, die Soldaten wollten sie gewaltsam unterdrücken, antworten die Studenten, daß sie dies zwar nicht glaubten, aber daß sie die Soldaten nicht in die Stadt lassen wollten. Hätten sie sich erst einmal in der Stadt festgesetzt, würde die alte Ordnung wiederhergestellt werden. Dann würden Menschen in ihren Einheiten verhaftet werden. Wenn aber erst mal die oberen politischen Ränge "gesäubert" seien, würde keiner mehr wagen, [offen] zu reden. Ein Soldat wirft ein, der Ausnahmezustand sei gesetzlich abgesichert, genau wie der Ausnahmezustand in Lhasa. Daraufhin erklärt ein Student, die Anwesenheit der Armee in Lhasa sei in Ordnung, da es Aufgabe der Armee sei, die Grenzen zu sichern und Aufstände zu bekämpfen. Gegen den Ausnahmezustand in Lhasa habe die Bevölkerung auch nichts einzuwenden [sic!]. Doch die Situation in Beijing sei doch ganz anders, in Beijing sei es ruhig. Außerdem sei der Ausnahmezustand in Beijing nicht wie offiziell behauptet auf einige Teile der Stadt beschränkt. Faktisch würden alle administrativen Einheiten, Zeitungen usw. von der Armee kontrolliert, und der Ausnahmezustand herrsche in der ganzen Stadt. Die Stimmung während des Gesprächs gibt folgender Ausschnitt wieder: "Soldat: 'Hat es nicht Verletzte gegeben, nachdem die Truppen zur Durchsetzung des Ausnahmezustands in die Stadt gekommen sind?' Student: 'Ich habe noch nicht gesehen, daß ihr in die Stadt kommen konntet.' (Großes Gelächter)." (*Tiananmen beige*, S. 47 ff.) - In ihrer Argumentation befassen sich die Studenten sehr eingehend mit den verschiedenen offiziellen Vorwürfen, die die Soldaten den Zeitungen entnommen haben, und versuchen, sie zu widerlegen. Diese Art Frage- und Antwortspiel wurde auch in den Wandzeitungen der Studenten häufig benutzt. Ferner zeichnet sich der Dialog durch eine sehr spitzfindige und amüsante Argumentation der Studenten aus.

Nach etwa einer Stunde (gegen 3.00 Uhr) ziehen die Soldaten unter dem Jubel der Menge wieder nach Osten ab. (WHB, 8.6.89) Sie lassen Holzknüppel und Proviant zurück. (NBJ, 1.7.89, S. 34)

Es gibt Vermutungen, daß dieser "lächerlich unorganisiert" wirkende Aufmarsch von jungen Soldaten eine Taktik war. Der von der Bevölkerung erzwungene Rückzug hätte als Vorwand für schärferes militärisches Eingreifen verwandt werden können. (OZRB, 6.6.89; AW, 16.6.89, S. 34)

3. Juni 1989

Nach Informationen der Hongkonger Zeitung *Wenhui Bao* aus Beijing war das Auftauchen des großen Militäraufgebots in der Nähe des Tiananmen-Platzes morgens um 2.00 Uhr der Auftakt zu einer Reihe von Aktionen der politischen Führung zur Beendigung der Protestbewegung. Mit der Aufforderung an die Armee, vor Toten nicht zurückzuschrecken, sollte um 3.00 Uhr mit der Säuberung der Gebiete um den Tiananmen-Platz begonnen werden, die Einkreisung des Platzes um 5.00 Uhr abgeschlossen sein und dann der Platz mit Gewalt geräumt werden. Danach hätte eine Feier dafür stattfinden sollen, daß der Platz wieder in die Hände des Volkes zurückgekehrt sei. Da die Aktion am Morgen verhindert worden sei, hätten die verantwortlichen Stellen ein hartes Durchgreifen ohne Skrupel vor einem Blutbad für den Abend beschlossen. (WHB, 4.6.89, nach SWB, 5.6.89)

Mit Hilfe von Straßensperren errichtet die Bevölkerung Blockaden um den Tiananmen-Platz. (afp, 4.6.89, nach FAZ, 5.6.89)

3.00 Uhr

Die mehrspurige Chang'an-Allee wird von Hunderttausenden von Bürgern und Studenten überflutet. Neue Barrikaden entstehen. (afp, 4.6.89, nach FAZ, 5.6.89)

In der Nähe des Tiananmen-Platzes werden mehr als 1.000 Soldaten von der Menge gezwungen, sich in den Innenhof eines Gebäudes zurückzuziehen. (MBYK, Juli 1989, S. 45; *Beijing xuesheng yundong wushiri*, S. 172)

Die systematische Einkreisung des Platzes mit bewaffneten Truppen wird trotz des Widerstands der Bevölkerung und des Rückzugs einzelner Einheiten fortgeführt. (WHB, 8.6.89)

4.00 Uhr

Ein Großteil der Menge verläßt die Innenstadt, nachdem sie den Vormarsch der Soldaten erfolgreich gestoppt hat. (afp, 4.6.89, nach FAZ, 5.6.89)

Etwa 3.000 Studenten der Beijing- und der Qinghua-Universität führen in der Chang'an-Allee eine Fahrraddemonstration durch, auf der sie u.a. die Absetzung Li Pengs fordern. (*Beijing xuesheng yundong wushiri*, S. 172)

"In den frühen Morgenstunden (einem Augenzeugenbericht zufolge zwischen 4.00 und 5.00 Uhr) hielt eine Gruppe von Zivilisten in Liubukou in der West-Chang'an-Allee zwei Militärbusse an, in denen sie Schußwaffen und scharfe Munition fand. In den Bussen waren Männer in Zivilkleidung: Die Menschen draußen nahmen an, daß es sich dabei um die Offiziere der jungen unbewaffneten Soldaten handele, die früher in der Nacht zum Stadtzentrum marschiert waren. Die Entdeckung von Schußwaffen empörte die Menge derart, daß sie die Busse - und die darin befindlichen Männer - mehrere Stunden lang einschlossen.

Als sich die Nachricht von den Schußwaffen im Verlaufe des Tages verbreitete und Tausende Menschen nach und nach auf den Tiananmen-Platz kamen, stieg die Spannung. Irgendwann im Laufe des Tages wurden einige der Schußwaffen, die in Liubukou erbeutet worden waren, den Studenten übergeben, die den Tiananmen-Platz besetzt hielten. Nach verschiedenen Quellen versuchten die Studenten aber erfolglos, diese Waffen den Truppen zurückzugeben. Da dies nicht gelang, wurden die Waffen entweder zerstört oder der Polizei ausgehändigt. Weitere Schußwaffen wurden bei den Bussen in Liubukou zur Schau gestellt. Es ist möglich, daß Einzelpersonen in der Menge einige davon an sich nahmen." (ai, 1990, S.12)

* In der offiziellen Darstellung vom 30. Juni werden die Ereignisse auf der Chang'an-Allee wie folgt beschrieben: "Am frühen Morgen des 3. Juni, als einige für den Ausnahmezustand eingesetzte Truppenteile planmäßig in die Stellen, die sie verteidigen sollten, vorrückten, hetzten etliche Leute andere auf, an den Kreuzungen bei Jianguomen, Nanheyan, Xidan und Muxidi Straßenbarrikaden anzulegen, um die Militärfahrzeuge aufzuhalten. Sie schlugen dabei Soldaten und plünderten Kampfausrüstungen. In der Nähe von Caogezhuang wurden 12 Militärfahrzeuge am Weiterfahren gehindert. Am Yanjing-Hotel vorbeiziehende Soldaten wurden durchsucht. Die Reifen von Militärfahrzeugen, die vor dem Telegraphenamt standen, wurden durchstochen und diese Wagen mit Straßengittern blockiert." (Chen Xitong, in: BRu, 25.6.89, S. XXIII)

5.00 Uhr:
Die Studenten auf dem Platz verkünden: "Wir haben gesiegt! Seht, Volk und Studenten vereinigen sich!" (*Beijing xuesheng yundong wushiri*, S. 172) "Sie wissen, daß sie das Volk gegen sich haben, sie werden keine weiteren Aktionen wagen... Wenn die Soldaten es wagen wiederzukommen, werden auch immer mehr Menschen [auf die Straßen] kommen. Wir sind in der Mehrheit, und wir haben recht. Der Sieg kann uns nicht mehr entrinnen." (LSC, Juni 1989, S. 77)

In der Stadt verbreitet sich das Gerücht, daß ein Teil der sich der Stadt nähernden Truppen nicht so zurückhaltend auftritt wie die bisher in Beijing erschienenen Truppen. In der Gegend von Wenquan soll eine Truppenabteilung, als sie aufgehalten wurde, im Gedränge acht Menschen erdrückt haben. Gegen 7.50 Uhr sollen dort nochmals vier Menschen erdrückt worden sein. (NBJ, 1.7.89, S. 34)

* In der offiziellen Darstellung vom 30. Juni wird berichtet, noch vor Tagesanbruch seien auf der Brücke vom Yongdingmen Militärfahrzeuge umgestürzt worden. Bei Muxidi seien Reifen von Militärfahrzeugen zerstochen worden. Beim Chaoyangmen habe man 400 Soldaten mit Steinen beworfen. (Chen Xitong, in: BRu, 25.6.89, S. XXIII, GMRB, 7.7.89)

Gegen 6.30 Uhr beginnen Studenten der Hochschule für Recht und Politik, vor dem Xinhuamen Militärstiefel, -mützen und andere Ausrüstungsgegenstände, die sie von Soldaten erbeutet haben, auszustellen. (ZGSB, 5.6.89)

7.00 Uhr
Mit Hand-Megaphonen rufen die Studenten den Passanten zu, Li Peng wolle sie jetzt mit Gewalt unterdrücken. (*Beijing xuesheng yundong wushiri*, S. 173)

8.00 Uhr
Bei den folgenden Berichten handelt es sich wahrscheinlich z.T. um verschiedene Beobachtungen ein und desselben Vorfalles [vergleiche 3. Juni, 2.00 Uhr]:

- Gegen 8.00 Uhr stoppen Beijinger Einwohner und Studenten an der Kreuzung von Liubukou eine Limousine mit Soldaten in Zivil. Sie nehmen Maschinenpistolen und -gewehre, Helme und Tränengaskanister, die sie in dem Wagen finden, heraus und stellen sie auf einigen Armeelastwagen aus. (ZXS, 3.6.89, nach SWB, 5.6.89)

- Bei Xidan und Liubukou hat die Bevölkerung drei große Reisebusse gestoppt, die Waffen transportieren. Die Studenten holen alle Waffen aus den Bussen (Maschinengewehre, -pistolen, Kästen mit Munition, Hand- und Gewehrgranaten, Gasmasken, Stahlhelme usw.) und stellen sie auf die Wagendächer, um sie der Bevölkerung zu zeigen. Beim Xinhuamen werden die von den Truppen zurückgelassenen Militärstiefel und -mützen, Ledergürtel, Militärmesser und weitere Ausrüstungsgegenstände gezeigt. (WHB, 9.6.89) Unter den Waffen befinden sich Gewehre des Typs AK-47. (*Tiananmen beige*, S. 2; vergleiche auch MBYK, Juli 1989, S. 45; ZYSB, 4.6.89)

- Zwei Reisebusse mit Soldaten in Zivil werden von aufgebrachten Bürgern umringt und "bei sommerlicher Gluthitze bis zum Abend in den Schwitzkasten genommen". (kl, in: NZZ, 6.6.89)

- In einem Augenzeugenbericht heißt es, bereits am Vormittag hätten bis zu 30 Busse auf der Chang'an-Allee quer gestanden, in einem davon wären Soldaten eingeschlossen gewesen, während auf dem Dach des Busses Waffen ausgestellt wurden. (PB 7)

* Im Beijinger Fernsehen heißt es am folgenden Tag, "Rowdies" hätten Offiziere und Soldaten der VBA ergriffen, geschlagen und gekidnappt. An der Straßenkreuzung Liubukou sei ein Wagen, der Waffen und Munition transportierte, gestoppt worden, und es sei versucht worden, die Waffen zu entnehmen. (*Beijing-TV*, 4.6.89, nach SWB, 5.6.89)

Einer der Studenten vom Platz berichtet, die späteren Anschuldigungen in Zeitungen und Rundfunk, die Studenten hätten Gewehre und Waffen geraubt, seien so nicht wahr. Sie hätten die Munition und Gewehre aufbewahrt, damit sie nicht in falsche Hände gerieten. Soldaten hätten Maschinengewehre, Gewehre und Pistolen in Lastwagen gebracht. Sie hätten die Fahrzeuge mit Munition nach Xidan gefahren, wo es viele Studenten gab. Danach seien sie ausgestiegen und weggegangen. Viele Studenten, denen nicht klar gewesen sei, was dies zu bedeuten habe, seien auf die Lastwagen gestiegen und hätten sich die Gewehre herausgeholt. Ob die Waffen gebrauchstüchtig waren, sei nicht klar gewesen, doch sei dem Sitz des "Autonomen Studentenverbands" sofort Bericht erstattet worden. Als der "Autonome Studentenverband nicht in Beijing Studierender" von den Vorfällen erfuhr, ließ er sofort über die Lautsprecher eine Warnung an die Studenten übertragen, sie sollten vor der Falle auf der Hut sein und der Regierung keine Angriffsfläche bieten. Sie hätten die Gewehre schnell eingesammelt und sie gut aufbewahrt, um sie dann den Polizeitruppen zu übergeben. Der Student konnte die Übergabe der Waffen aber nicht bestätigen, da dies die Aufgabe des Ordnertrupps gewesen sei. (PB 5; siehe auch den Augenzeugenbericht des Qinghua-Studenten, in: C.a., Mai 1989, S. 375 unter 16.00 Uhr)

Vormittags
Am Morgen besucht der Verteidigungsminister Qin Jiwei zusammen mit dem stellvertretenden Generalstabschef Xu Xin die Offiziere und Einheiten der Truppen zur Durchsetzung des Ausnahmezustands in den Randgebieten Beijings. Er bestellt den Truppen Grüße von Deng Xiaoping und Yang Shangkun und lobt die Disziplin und Moral der Truppen. Sie hätten Verständnis, Unterstützung und Vertrauen der Bevölkerung Beijings gewonnen. Er hoffe, die Truppen würden weiterhin mit ganzem Herzen dem Volk dienen, der Partei gehorchen und in Zusammenarbeit mit Polizei und Sicherheitskräften den Ausnahmezustand "zu einem Erfolg werden lassen". (*Radio Beijing*, 3.6.89, nach SWB, 5.6.89) Gerüchte, Verteidigungsminister Qin Jiwei, der nach der Verhängung des Ausnahmezustands eine Zeitlang nicht in der Öffentlichkeit aufgetreten war, sei untergetaucht, unter Hausarrest gestellt oder abgesetzt worden, zerschlagen sich durch sein erneutes Auftauchen. (E. Bauer, in: FAZ, 6.6.89)

Im Laufe des Tages besuchen auch Hong Xuezhi und Liu Huaqing, beide stellvertretende Generalsekretäre der ZK-Militärkommission, sowie Guo Linxiang, stellvertretender Leiter der Zentralen Politischen Abteilung der VBA, die Offiziere und Einheiten der Truppen zur Durchsetzung des Ausnahmezustands. (ZGYJ, 15.7.89, S. 158)

Ein Sprecher des Kommandostabs der Truppen für die Durchsetzung des Ausnahmezustands erklärt, in Übereinstimmung mit den Vorschriften des Ausnahmezustands hätten einige Truppen am Morgen den Befehl erhalten, an bestimmten Orten Stellung zu beziehen und ihre Pflicht auszuüben. Sie seien dabei durch einige Studenten und Leute, die die Lage nicht begriffen, aufgehalten worden. Die Truppen hätten strenge Zurückhaltung und Geduld bewahrt. Eine extrem kleine Gruppe von Leuten hätte Gerüchte verbreitet, und die so aufgehetzten Studenten und Bürger hätten die Truppen umzingelt, beleidigt und gedemütigt. Einige sehr wenige hätten Flaschen und Steine auf die fahrenden Truppen geworfen. Viele Kader und Kämpfer seien verwundet worden. Man hoffe, daß sich die Mehrheit der Einwohner und Studenten nicht durch die Gerüchte, die eine extrem kleine Menge von Leuten verbreite, beirren lasse, sondern den Truppen bei der Erfüllung ihrer Pflicht helfen werde. (*Beijing TV*, 3.6.89, nach SWB, 5.6.89)

Unter Bezug auf Beijinger Quellen berichtet *Ming Bao*, die Partei habe strenge Maßnahmen gegen die Teilnehmer der Protestbewegung beschlossen und eine "schwarze Liste" von Personen aufgestellt, denen Konterrevolution vorgeworfen werde. Es würden vier Gruppen von Konterrevolutionären unterschieden:
1. Jene, die als Hintermänner in der KPCh tätig gewesen seien, sowie alle Angehörigen irgendwelcher "parteifeindlichen" Cliquen und Fraktionen, die

auf eine Spaltung der Partei abzielten, z.B. Bao Tong, der Sekretär Zhao Ziyangs.
2. Jene, die direkt an der Planung und Organisation des Aufruhrs beteiligt waren, z.b. Studentenführer wie Wu'er Kaixi und Wang Dan.
3. Jene, die mit ausländischen reaktionären Kräften zusammengearbeitet hätten, z.b. der Dissident Fang Lizhi.
4. Journalisten und Angehörige der Regierungsabteilungen, die Staatsgeheimnisse weitergeleitet und eine Rolle beim Schüren des Aufruhrs gespielt hätten. (MB, 3.6.89, nach SWB, 6.6.89; ebenso ZGSB, 4.6.89)

Der Chefredakteur der *Volkszeitung*, Tan Wenrui, und der Verlagsdirektor der *Volkszeitung*, Qian Liren, werden ins Beijing-Krankenhaus eingeliefert. Angeblich sollen beide infolge einer Auseinandersetzung mit einem führenden ZK-Mitglied Herzbeschwerden bekommen haben. Die Zeitschrift *Zhengming* berichtet von einem Dialog, bei dem Tan Wenrui das Recht verlangt habe, über gewisse Dinge objektiv zu berichten. Nachdem ihm dies verboten worden sei, soll er um seinen Rücktritt gebeten haben. Die Nachricht, daß ihm auch der Rücktritt nicht erlaubt werde, habe ihn so in Wut gebracht, daß er anfing, Blut zu husten. (ZM, Juli 1989, S. 12) Nach Darstellung der *Wen Hui Bao* erhält der Herausgeber der *Volkszeitung*, Tan Wenrui, von höheren Stellen die Aufforderung, ins Krankenhaus zu gehen, um sich "auszuruhen". Außerdem müßten die Druckfahnen der *Volkszeitung* von nun an täglich dem Regierungssprecher Yuan Mu zur Genehmigung vorgelegt werden. (WHB, 4.6.89, nach SWB 5.6.89) - Tan Wenrui wird Ende Juni 1989 von Shao Huaze, Direktor der Propagandaabteilung der VBA abgelöst, Qian Lirens Position geht an Gao Di, den stellvertretenden Präsidenten der ZK-Parteischule. Beide sollen nach offiziellen Angaben aus Gesundheitsgründen zurückgetreten sein. (T. Jones, in TN, 25.6.89)

In einer dringenden Mitteilung des Kommandostabs der Truppen zur Durchsetzung des Ausnahmezustands wird gewarnt, daß es verboten sei, illegal militärische Fahrzeuge zu stoppen oder die Truppen in irgendeiner Weise in ihrer Arbeit zu behindern. Die Truppen und die Polizei seien ermächtigt, gegen jeden, der sich diesem widersetze und gegen das Gesetz verstoße, mit allen Mitteln vorzugehen. Die Organisatoren und Unruhestifter hätten die Verantwortung selbst zu tragen. (DGB, 4.6.89, nach SWB, 5.6.89; RMRB, 4.6.89)

In der *Volkszeitung*, der *Beijing-Tageszeitung* und anderen Zeitungen wird die Mitteilung der Propagandaabteilung des Parteikomitees der Stadt Beijing über "den Charakter des Aufruhrs und die Notwendigkeit des Ausnahmezustands" veröffentlicht. Die Mitteilung war bereits am Vortag von der *Xinhua*-Nachrichtenagentur herausgegeben worden [siehe 2. Juni]. Die Bedeutung der Mitteilung zeigt sich auch darin, daß der Text den Umfang gewöhnlicher Zeitungsartikel weit überschreitet. (ZGSB, 4.6.89)

Die *Volkszeitung* veröffentlicht einen Bericht über fleißige Soldaten, die in den Bezirken Shijingshan und Mentougou der Bevölkerung zur Hand gingen, Straßen ausbesserten usw. Die Soldaten verbreiteten aber nicht nur auf diese Weise den "Geist von Lei Feng". Seit die Truppen zur Durchsetzung des Ausnahmezustandes in Beijing seien, hätten Militärkader schon über 100 kleine Gruppen organisiert, in denen "von Lei Feng gelernt" werde. (RMRB, 3.6.89)

An der Universität Beijing treffen Nachrichten ein, daß die Armee beim nächtlichen Versuch, in die Stadt einzudringen und den Platz des Himmlischen Friedens zu stürmen, mit äußerst brutalen Mitteln vorgegangen sei. Studenten der Beijing-Universität formieren sich zu einem Protestzug, der um 14.00 Uhr in einer Großdemonstration der Studenten aller Beijinger Universitäten enden soll. (taz, 5.6.89) Gemäß *Asiaweek*, 16.6.89, S. 26, soll wegen des Unfalls bei Muxidi demonstriert werden.

Wu'er Kaixi, der drei Tage zuvor von den Studenten auf dem Platz von seinem Amt als Vorsitzender des "Autonomen Studentenverbands" abgewählt worden war [und daraufhin wohl den Platz verlassen hatte], kehrt auf den Tiananmen-Platz zurück, um unter Ausnutzung seiner Sonderstellung innerhalb des "Autonomen Studentenverbands" die Klärung der Finanzfragen und des Hygieneproblems auf dem Platz voranzutreiben. Außerdem tritt er dafür ein, auf dem Platz zu bleiben. Für einen Rückzug sei es inzwischen zu spät. Die Rückkehr Wu'er Kaixis gemeinsam mit Yang Tao, dem Vorsitzenden des "Vorbereitungskomitees des Autonomen Studentenverbands der Beijing-Universität" und ständiges Mitglied des "Autonomen Studentenverbands Beijings", um in einer der kritischsten Phasen der Bewegung wieder das Kommando auf dem Tiananmen-Platz zu übernehmen, ermutigt die dort verbliebenen Studenten. (ZGSB, 4.6.89)

Drei amerikanische Touristen, die seit dem 15. Mai mit gefälschten Studentenausweisen und Empfehlungsschreiben der Nanjing-Universität herumreisten, Parolen sammelten und Photos von Demonstrationen in Guangzhou, Wuhan und Xi'an machten, werden des Landes verwiesen. (ZXS, 3.6.89, nach SWB, 5.6.89)

12.00 Uhr
Zwei Lastautos der Bewaffneten Volkspolizei fahren in die Menschenmenge außerhalb des Beijing-Hotels. Etwa 30 Menschen werden verletzt. (MBYK, Juli 1989, S. 45)

12.00-18.00 Uhr
"Von 12.00 Uhr an marschierten Einheiten von Militär und bewaffneter Polizei an verschiedenen Stellen im Bereich zwischen der Großen Halle des Volkes (an der Westseite des Tiananmen-Platzes) und der Xidan-Kreuzung (westlich von Liubukou) in der West-Chang'an-Allee auf. Sie versuchten, Barrikaden zu räumen und, nach späteren offiziellen Berichten, die Waffen und Munition, die von den Zivilisten vorher erbeutet worden waren, wieder an sich zu bringen. Eine große Gruppe von Soldaten, die aus der Großen Halle des Volkes kam, stand einige Stunden dort, ohne einen Vorstoß zu unternehmen, während in der Allee bewaffnete Polizisten und Soldaten gegen die Menge vorgingen. Eine große Zahl von Demonstranten und Zuschauern sammelte sich in diesem Bereich, einschließlich - nach manchen Berichten - einiger Rowdies, die mit Stöcken und Steinen ausgerüstet waren. In der West-Chang'an-Allee, zwischen Liubukou

und Xidan, ging bewaffnete Polizei mit Schlagstöcken gegen die Menge vor und setzte Tränengas gegen einen Protestmarsch ein, der aus westlicher Richtung kam, um der Menschen zu gedenken, die während der Nacht beim Verkehrsunfall in Muxidi getötet worden waren. Die Polizei ging auch gegen Menschenmengen an verschiedenen Straßenkreuzungen vor. Einige Studenten und Zuschauer wurden dabei verletzt. Die Sicherheitskräfte wurden von Zivilisten mit Steinen beworfen und Fahrzeuge beschädigt. Einige Quellen behaupten, daß die Sicherheitskräfte Gummigeschosse einsetzten und daß ein siebenjähriger Junge von Polizisten und Soldaten in Liubukou zu Tode getreten und getrampelt worden sei. Über mehrere Stunden kam es an verschiedenen Stellen zu solchen Zusammenstößen. Es gab Verletzte auf beiden Seiten. Militär und Polizei zogen sich schließlich am späteren Nachmittag wieder zurück.

Inzwischen waren Soldaten auch an verschiedenen Stellen in Beijing erschienen. In den Vorstädten setzten sich Truppen in Richtung Zentrum von Beijing in Bewegung. An vielen Stellen kam es zu Zusammenstößen mit Zivilisten, wenn die Menschenmenge entdeckte, daß Soldaten und Militärfahrzeuge Schußwaffen mit sich führten. Sie versuchten, den Vormarsch aufzuhalten. Am Nachmittag gelang es Bewohnern von Muxidi, Busse, die zum Truppentransport eingesetzt waren, anzuhalten und einige der Soldaten zu entwaffnen. Es heißt, daß einige Soldaten ihre Waffen freiwillig übergaben, ihre Fahrzeuge stehen ließen und sich versteckten. Wie in Liubukou wurden auch in Muxidi einige der von den Bewohnern erbeuteten Waffen auf den Busdächern ausgestellt." (ai, 1990, S.12-13)

13.00 Uhr
Ein Bus mit Soldaten in Zivil wird von einer Menschenmenge vor dem Xinhuamen gestoppt. In dem Bus werden Gewehre und andere Waffen gefunden. (*Tiananmen beige*, S. 3) *Ming Bao* berichtete, es sei am 4. Juni ein Militärfahrzeug mit Waffen vorsätzlich vor dem Xinhuamen-Tor zurückgelassen worden, damit Leute hingingen, um die Waffen zu betrachten. So hätten sie beschuldigt werden können, die Waffen gestohlen und eine Rebellion angezettelt zu haben. Die Hongkonger *Ming Bao* interpretiert den Vorgang als einen weiteren Schritt der Gruppe um Li Peng und Yang Shangkun, den Aufruhr gezielt zu schüren und so eine Rechtfertigung für die Entlassung Zhao Ziyangs und für das gewaltsame Eingreifen zu haben. (MB, 5.6.89, nach WHB, 5.6.89, nach SWB, 6.6.89) [Siehe auch unter 2.00 Uhr und 8.00 Uhr]

Vor dem Zhongnanhai, dem Sitz der politischen Führung, hält sich eine wütende Menschenmenge bei den besetzten Militärfahrzeugen auf, während vor der Partei- und Regierungszentrale drei Reihen Soldaten ohne Waffen stehen. Ein Arbeiter erklärt: "Ohne Gewalt können wir keine Veränderungen erreichen. Wir müssen uns darauf vorbereiten. Wir fürchten die Gewalt nicht." (LSC, Juni 1989, S. 78)

14.00 bis 16.00 Uhr
Gegen 14.00 Uhr setzen sich gleichzeitig von Liubukou und vom Xinhuamen aus größere Einheiten von Soldaten und Polizisten in Bewegung. Sie schlagen

Studenten und andere Bürger. Einige Studenten stehen auf einem Lastwagen und rufen den Soldaten mit einem Megaphon zu, die Volkspolizei liebe doch das Volk und schlage es daher nicht. Daraufhin schlägt ein Soldat einen dieser Studenten zu Boden. (Chai Ling, in: C.a., Mai 1989, S. 378 ff.)

Der große [nach PB 8 waren es - anders als ursprünglich geplant - nur 150 Studenten der Beijing-Universität] Demonstrationszug der Studenten ist erst am Fuxingmen angelangt, 4 km vom Tiananmen-Platz entfernt. Am Tiananmen-Platz stürzen mehrere tausend Soldaten mit Stahlhelmen und Gewehren bewaffnet aus den Toren der Großen Halle des Volkes, dem Historischen Museum und aus den Toren des blockierten Regierungssitzes Zhongnanhai und beginnen, auf die vor dem Xinhuamen seit einem halben Monat sitzstreikenden Studenten der Hochschule für Politik und Recht und die sie unterstützenden Bewohner Beijings einzuschlagen. (taz, 5.6.89; *Beizhuang de minyun*, S. 116) Ziel des Angriffes ist es, die am Morgen von den Studenten in Militärfahrzeugen entdeckten und später auf den Wagendächern ausgestellten Waffen zurückzuerobern. (*Beijing-TV*, 4.6.89, nach SWB, 5.6.89) *Asiaweek*, 16.6.89, S. 26, nennt als weiteren Grund, daß eine Truppeneinheit, die durch die Menschenmenge in einer Gasse gegenüber dem Zhongnanhai eingeschlossen worden war [eventuell sind hiermit die in einem Bus eingeschlossenen Soldaten gemeint, vergleiche 8.00 Uhr], befreit werden sollte.

Mitglieder der Bewaffneten Volkspolizei sperren die Xidan- und die Fuyoujie-Straße ab, ebenso Liubukou. Etwa zehn Minuten nach einer dringlichen polizeilichen Durchsage werden aus dem Zhongnanhai über die westliche Schutzmauer einige Dutzend Tränengaspatronen geschossen. Gleichzeitig stürmen mehrere hundert Soldaten aus dem Westtor des Zhongnanhai und verfolgen die Menge. (*Tiananmenbeige*, S. 2) Bei Xidan und Liubukou wird die dort befindliche Bevölkerung, die sich um die am Morgen besetzten Militärbusse versammelt hat, über Lautsprecher aufgefordert, sich sofort zu entfernen. Kurz darauf formen Truppen im Westen eine Menschenkette. Soldaten stehen in den hinteren Reihen, davor Bewaffnete Volkspolizei und Verkehrspolizisten. Auf Befehl werden von den Soldaten aus den hinteren Reihen Tränengasgranaten in die Menschenmenge geworfen, während die Polizisten mit elektrischen Schlagstöcken und Holzknüppeln auf die Menschen einschlagen. Parallel dazu schlagen auch beim Xinhuamen etwa 300 Soldaten wahllos auf die Menschen ein. Während der Ausschreitungen werden wenigstens 40 Studenten verletzt. (WHB, 9.6.89) Die Soldaten werden von Tausenden von Menschen umringt. Innerhalb von Minuten hat sich eine große Menschenmenge gesammelt und Barrikaden aus Bussen und Jeeps gebaut, um den Soldaten den Weg zu versperren. (AW, 16.6.89, S. 26) Nach *Beizhuang de minyun* kam es bei den Zusammenstößen am Mittag zu Verletzten auf beiden Seiten. Die Menschen in der Menge hätten u.a. mit Ziegelsteinen geworfen. (*Beizhuang de minyun*, S. 116)

Zu diesem Zeitpunkt befinden sich mehrere 10.000 Menschen auf dem Tiananmen-Platz, denen die rund 30.000 demonstrierenden Studenten zu Hilfe eilen. "Dutzende von Beijinger Bürgern haben Kleidung und Bettlaken in Streifen gerissen und verteilen die angefeuchteten Stoffetzen als Mundschutz an die vorwärts stürmenden Studenten. Arbeiter haben in der Nähe des Regierungssitzes Zhongnanhai das Pflaster aufgerissen und drücken den Studenten Steine in die Hand. Auf der großen Chang'an-Allee reißen Ordnertrupps der Studenten schreiende Frauen mit Kindern auf dem Arm in Hauseingänge. Sanitäter versuchen, die blutenden Verletzten aus der Gefahrenzone zu schaffen. In der Straßenmitte stehende Armee-Lastwagen werden von Studenten gestürmt und in Minutenschnelle fahruntüchtig gemacht, indem die entscheidenden Motorteile ausgebaut werden. Wasserkanister werden herbeigeschafft, um die vom Tränengas gereizten Augen auszuwaschen. Die Menge ruft: 'Es lebe das Volk!' Der Schwung der neu eingetroffenen Studenten reißt die vom Tiananmen-Platz zurückweichende Menge wieder nach vorn. Frauen werfen Flaschen auf die Soldaten, die inzwischen Auffanglinien gebildet haben, hinter denen die Tränengaswerfer aus der Deckung heraus eine zweite Reihe von Gasgranaten auf die anstürmenden Demonstranten schießen. In kurzer Zeit ist die ganze Straße eingehüllt in weißen Rauch. Eine Granate explodiert vor den Füßen einer 19-jährigen Studentin der Pädagogischen Hochschule und reißt ihr beide Beine auf. Ein panikartiger Rückzug setzt ein, bei dem viele Gestürzte von den fliehenden Studenten niedergetreten werden. Die etwa 300 Ordner der in vorderster Linie stehenden Studenten der Beijing-Universität organisieren im Chaos die Reihen der Studenten neu, und die von hinten nachdrängenden Demonstranten sammeln die Flüchtenden in einer Auffanglinie. Im Lärm von Schlachtrufen, Explosionen und den Schreien der Verletzten stürmen die Studenten ein weiteres Mal, ohne sich um die Gasschwaden zu kümmern, auf die Soldaten zu. Sie erreichen die Reihen der Soldaten und durchbrechen sie nach wildem Handgemenge. Viele Waffen und Helme werden erbeutet. Die Soldaten ziehen sich daraufhin in ihre Ausgangsstellungen zurück. Die zurückgelassenen Militärfahrzeuge werden geplündert und zerstört. Um 16.00 Uhr haben die Studenten die Lage wieder im Griff. Der Zusammenstoß mit der Armee hat 200 Schwerverletzte gefordert, darunter ein dreijähriges Mädchen, das nach dem Gaseinsatz erblindet ist." (taz, 5.6.89)

Nach dem 30minütigen Zusammenstoß ziehen sich die Truppen auf das freie Areal außerhalb des westlichen Eingangs der Großen Halle des Volkes zurück. Der Weg zum Tiananmen-Platz ist ihnen durch einen Bus der Linie 5 versperrt. Der Bus ist überfüllt mit Studenten und Einwohnern. Einige stehen auf dem Dach des Busses, das wegen des Gewichts der Leute zusammenzubrechen droht. Während der Zusammenstöße am Liubukou und bei der Großen Halle des Volkes werden zwei Jeeps der Truppen umgestürzt und zertrümmert. (ZXS, 3.6.89, nach SWB, 5.6.89)

Andere Polizisten ziehen sich, nachdem sie die ausgestellten Waffen zurückgewonnen haben, zum Südeingang des Zhongnanhai, d.h. zum Xinhuamen, zurück. Mehrere Studenten werden verletzt, einige Leute werfen Steine nach den Polizisten. (ZXS, 3.6.89, nach SWB, 5.6.89) Wütende Bürger auf der Flucht überfallen einen Jeep, der entlang der Außenmauer des Zhongnanhai [Fuyou-Straße] fährt, und greifen den Fahrer an. (AW, 16.6.89, S. 27) Nach Aussage eines Augenzeugen, der vermutlich denselben Vorgang beschreibt, heißt es, ein Pkw habe in einer Seitenstraße entlang der Mauer von Zhongnanhai, dem Sitz der Partei- und Regierungszentrale, gehalten. Seine Insassen seien ausgestiegen und hätten das Fahrzeug umgekippt und in Brand gesetzt. Danach seien sie durch einen Nebeneingang im Zhongnanhai verschwunden. Nach Ansicht des Augenzeugen dieses Zwischenfalls handelte es sich bei den Männern eindeutig um Agents provocateurs. (PB 16) - Vergleiche *Xinhua*-Bericht, 3. Juni, 18.00 Uhr.

In der Nähe des Platzes werden Soldaten von Bürgern umzingelt und praktisch gefangengehalten. Auch einem Krankenwagen mit einem verletzten Soldaten wird der Weg versperrt. (LSC, Juni 1989, S. 77)

* In der offiziellen Darstellung vom 30.6.89 heißt es, einige Ambulanzwagen, die verletzte Soldaten ins Krankenhaus transportieren wollten, seien unterwegs gestoppt worden, ihren Reifen die Luft ausgelassen und die Verletzten entführt worden. (Chen Xitong, in: BRu, 25.7.89, S. XXIII)

* Offiziell heißt es später, es habe verhindert werden müssen, daß die Waffen in die Hände von "Rowdies" fielen. Im Beijinger Fernsehen, nach SWB, 5.6.89, wird am nächsten Tag sogar gesagt, die Studenten hätten der Polizei dabei geholfen. Auch die offizielle Darstellung der Ereignisse durch die Propagandaabteilung des Beijinger Parteikomitees vom 5. Juni spricht nur von der Gefahr, daß die Waffen hätten gestohlen werden können. Diese Darstellung gesteht ein, daß Studenten während des Eingreifens der Soldaten verletzt wurden. (RMRB, 10.6.89) In der offiziellen Darstellung vom 30. Juni heißt es dann, die Polizei habe eingegriffen, um Leben und Eigentum der Bevölkerung zu sichern. Dabei sei die Polizei schließlich gezwungen gewesen, Tränengas einzusetzen. (Chen Xitong, in: BRu, 25.7.89, S. XXIV)

Nach diesen Vorfällen herrscht eine bedrückende Ruhe in der Stadt. (AW, 16.6.89, S. 26) Auf dem Tiananmen-Platz stehen allerdings die Lautsprecher der Regierung und der Studenten in ständigem Wettstreit. Die offiziellen Lautsprecher verbreiten den Leitartikel über die Notwendigkeit des Ausnahmezustands und verlesen den anonymen Brief eines Studenten mit dem Titel "Ich weine um Dich, Tiananmen-Platz" [vergleiche 2. Juni]. Die Kabel der offiziellen Lautsprecher direkt auf dem Platz sind zu diesem Zeitpunkt schon gekappt worden, die offiziellen Übertragungen kommen von Lautsprechern vom Nordende des Platzes, d.h. von Lautsprechern an der Chang'an-Allee. (PB 8)

Während über die offiziellen Lautsprecher die Aufforderung wiederholt wird, die Studenten sollten ihre rechtswidrige Besetzung des Tiananmen-Platzes einstellen, kehren blutende Arbeiter und Studenten von den Zusammenstößen [auf der westlichen Chang'an-Allee] zurück auf den Platz. Der Unmut der dort versammelten Menschen steigt. Studenten klettern auf Laternenpfosten und zerschneiden unter dem Applaus von Passanten und Zuschauern Kabel der offiziellen Lautsprecheranlage. (AW, 16.6.89, S. 26) Kurz darauf sind nur noch die Lautsprecher auf dem Gelände der Großen Halle des Volkes intakt. (PB 8)

In einem Zelt beim Denkmal der Volkshelden setzen Hou Dejian, Liu Xiaobo, Zhou Duo und Gao Xin trotz der Hitze ihren Hungerstreik fort [vergleiche 2. Juni, 16.00 Uhr]. In einem Brief an die Sendestation der Studenten sagt Hou Dejian, er werde zu den Studenten halten. (ZXS, 3.6.89, nach SWB, 5.6.89)

Um 15.35 Uhr beginnt eine Abteilung Soldaten in der Nähe des Ximen [Westtor der Großen Halle des Volkes], das Lied der VBA zu singen und mit Lautsprechern zu übertragen. Kurz darauf beginnen die Soldaten, gegen die Bürger einzuschreiten. Sie schlagen mit Lederriemen, die Menge wirft mit Steinen zurück. (*Beijing xuesheng yundong wushiri*, S. 173) Nach einem Augenzeugenbericht blieb dieser Zusammenstoß wegen der Zurückhaltung der Soldaten und der Menschenmenge, insbesondere auch wegen des Einflusses einer Gruppe von Arbeitern des "Autonomen Arbeiterverbands", in einem kleinen Rahmen. Die Soldaten kletterten bald darauf über den Zaun auf das Gelände der Großen Halle des Volkes. (PB 8)

16.00 Uhr:
Um 16.00 Uhr begibt sich der stellvertretende Kommandeur des 38. Armeekorps namens Zhang zum Hauptquartier der Militärregion Beijing, um den Befehl zur Räumung des Tiananmen-Platzes entgegenzunehmen. Die Tatsache, daß der stellvertretende Kommandeur diesen Befehl entgegennimmt, ist ein Indiz dafür, daß der Kommandeur des 38. Armeekorps, Xu Qinguang, nicht mehr im Amt ist [Xu soll sich nach der Verhängung des Ausnahmezustands geweigert haben, seine Truppen in die Stadt einmarschieren zu lassen. Er soll am 24. oder 25. Mai verhaftet und später zu einer 10jährigen Haftstrafe verurteilt worden sein.]. Dem Einmarschbefehl zufolge sollen Einheiten des 38. Armeekorps zusammen mit Einheiten anderer Armeekorps von Westen her [über die Fuxingmen-Allee und die Westliche Chang'an-Allee] zum Tiananmen-Platz vorrücken. Dabei sollen die Einheiten des 38. Armeekorps die Speerspitze bilden. Die Truppen sollen bis vor 22.00 Uhr in der Nähe des Militärmuseums bei Gongzhufen Aufstellung genommen haben. Laut Einmarschbefehl soll der Tiananmen-Platz "unter allen Umständen pünktlich erreicht" werden. Ausdrücklich wird die Anweisung gegeben, "Hindernisse mit Gewalt zu entfernen". (Angaben des Politkommissars des 38. Armeekorps, Generalmajor Wang Fuyi, nach *Dongxiang*, Juni 1990, S. 10-11)

Insgesamt sind über 300.000 Soldaten an der Operation zur Räumung des Tiananmen-Platzes beteiligt. Sie sollen von sechs verschiedenen Richtungen ins Stadtzentrum vorstoßen. Der Hauptangriff soll vom Westen her geführt werden. Die VBA-Führung wendet eine ähnliche Taktik an wie bei der Eroberung von Tianjin im Jahre 1948. Wie damals werden Einheiten des 27. und des 38. Armeekorps beauftragt, den Hauptangriff vorzutragen. Das militärische Hauptquartier für die Operation befindet sich im zweiten Stock der Großen Halle des Volkes. (Zusammenfassung offiziell veröffentlichter Angaben beteiligter VBA-Offiziere, nach AWSJ, 4.7.90)

In den 16.00 Uhr-Nachrichten gibt der Regierungssprecher bekannt, daß die Armee bereit sei, mit allen Mitteln ihren Auftrag auszuführen und daß die Demonstranten den Tiananmen-Platz sofort verlassen müßten. (taz, 5.6.89)

Die Studenten erfahren durch einen anonymen Anruf über ein Nachbarschaftstelefon, daß die Armee jetzt vorhabe, die Proteste zu unterdrücken. Die Truppen stünden bereit, um demnächst auf den Platz vorzurücken und ihn zu räumen. (Augenzeugenbericht Qinghua-Student, in: C.a., Mai 1989, S. 375)

Die Studenten sind zu diesem Zeitpunkt im Besitz von 23 Maschinenpistolen und einigen Handgranaten. Nachdem auf einer Sitzung des "Autonomen Studentenverbands" beschlossen worden ist, an dem Prinzip der Gewaltlosigkeit festzuhalten und die Waffen zurückzugeben, treten die Studenten in Verhandlung mit den beim Tiananmen-Tor befindlichen Truppen. Ein Offizier erklärt, er habe Anweisung, die Waffen nicht anzunehmen. (Nach Augenzeugenbericht Qinghua-Student, in: C.a., Mai 1989, S. 375)

Studenten beim Ximen (Westeingang der Großen Halle des Volkes) zeigen den Soldaten ihre Studentenausweise und erörtern mit ihnen, wie man die Situation bereinigen könne. (*Beijing xuesheng yundong wushiri*, S. 173)

17.00 Uhr
Einige Leute beschaffen sich auf einer Baustelle große Menge von Stahlstangen, Ziegel- und anderen Steinen zur Vorbereitung eines größeren Aufruhrs zu einem späteren Zeitpunkt. (XNA, 4.6.89)

* In der offiziellen Darstellung vom 30. Juni heißt es dazu ausführlich: "Mit der rapiden Zuspitzung der Lage wurden die Unruhestifter noch rücksichtsloser. Gegen 17.00 Uhr verteilte eine Handvoll Leute der illegalen Organisationen 'Selbstverwaltungsvereinigung der Hochschulstudenten der Stadt Beijing' [Autonomer Studentenverband Beijing] und 'Selbstverwaltungsvereinigung der Arbeiter' [Autonomer Arbeiterverband] auf dem Tiananmen-Platz Messer, Dolche, Eisenstangen und -ketten sowie gespitzte Bambusstangen und forderte: 'Fangt Soldaten und Polizisten und schlagt sie zu Tode!' Über Lautsprecher der 'Selbstverwaltungsvereinigung der Arbeiter' rief man dazu auf: 'Stürzt mit Waffengewalt die Regierung!' Eine andere Bande trommelte über tausend Menschen zusammen. Sie rissen eine auf einer Baustelle in der Nähe von Xidan errichtete Mauer nieder und plünderten große Mengen von Werkzeugen, Stahlstäben und Ziegelsteinen, um sich damit auf einen Straßenkampf vorzubereiten. Ihre Lautsprecher wiederholten immer wieder, wie Brandflaschen hergestellt und verwendet und wie Militärfahrzeuge aufgehalten und verbrannt werden könnten." (Chen Xitong, in: BRu, 25.7.89, S. XXIV; vergleiche auch den früheren offiziellen Bericht in der RMRB, 10.6.89)

17.30 Uhr
Ein Konvoi mit mindestens 1.500 bewaffneten Soldaten in Kampfmontur nähert sich abermals dem Stadtkern. Wieder wird er von der Bevölkerung aufgehalten. (afp, 4.6.89, nach FAZ, 5.6.89) Im Osten der Stadt beim Dongzhimen halten Studenten und Einwohner etwa 50 Lastautos mit Soldaten auf. (*Beijing xuesheng yundong wushiri*, S. 173) Am Abend werden Einheiten der 27. Armee im Bezirk Shijingshan [im Westen] fünf Stunden lang aufgehalten. (ZM, Juni 1989, S. 12)

3. Juni 1989

18.00 Uhr
Die Armee-Lastwagen im Stadtkern sind von Menschenmassen umringt, einige Demonstranten klammern sich an den Dächern und Seiten der Fahrzeuge fest und versuchen in heftigen Diskussionen, die Soldaten von ihrem Vorhaben abzubringen. (afp, 4.6.89, nach FAZ, 5.6.89)

Mehr als 50 Lastwagen mit Soldaten fahren auf der nördlichen Einfallstraße von Changping in Richtung Beijing. (PB 9)

18.30 Uhr
Rund 2.000 behelmte Soldaten haben sich vor dem Westeingang der Großen Halle des Volkes am Tiananmen-Platz niedergelassen, umstellt von Zehntausenden von Demonstranten. Auf dem Platz selbst sind 300.000 Menschen versammelt [Nach PB 13 sind es weniger.]. Immer wieder verlangen sie die Absetzung von Ministerpräsident Li Peng, der die Verhängung des Kriegsrechts über mehrere Bezirke Beijings und den Einsatz der Armee mitzuverantworten hat. (afp, 4.6.89, nach FAZ, 5.6.89)

Beim Ximen (Westeingang der Großen Halle des Volkes) verhandeln Studenten und Soldaten. Nach Verhandlungen der Soldaten mit der Leitung der Großen Halle des Volkes wird abgemacht, daß sich die Soldaten in die Halle zurückziehen und 24 Stunden (48 Stunden, gemäß MBYK, Juli 1989) nicht wieder herauskommen werden. Um 20.00 Uhr ziehen sich die Soldaten in die Halle zurück. (*Tiananmen beige*, S. 3)

In einer gemeinsamen Mitteilung der Beijinger Stadtregierung und des Kommandostabs der Truppen zur Durchsetzung des Ausnahmezustands, die ab 18.30 Uhr in Rundfunk und Fernsehen übertragen wird, heißt es, einige Unruhestifter hätten während des Aufruhrs am frühen Morgen nicht nur Soldaten der VBA geschlagen, verletzt, beleidigt und gekidnappt, sondern auch skrupellos militärische Ausrüstungen und Waffen geraubt. Die Masse der Bevölkerung Beijings wünsche strenge und effektive Maßnahmen dagegen, damit nicht die Idee aufkomme, die Regierung sei schwach. Die VBA käme daher nach Beijing, um dem Aufruhr ein Ende zu bereiten und die Hauptstadt zu schützen. Dies sei nicht gegen die Studenten und Massen gerichtet. In diesem ernsten politischen Kampf um die Zukunft und das "Schicksal von Staat und Nation" müsse die Armee ihre Aufgabe während des Ausnahmezustands planmäßig ausführen. Gegen jeden Widerstand werde hart durchgegriffen werden.

In einer weiteren dringenden Mitteilung wird die Bevölkerung Beijings aufgefordert, nicht auf die Straße zu gehen, nicht zum Tiananmen-Platz zu gehen und an ihren Arbeitsplätzen oder zu Hause zu bleiben, um so ihre Sicherheit zu gewährleisten und unnötige Opfer zu vermeiden. (*Radio Beijing*, 3.6.89, nach SWB, 5.6.89; *Beizhuang de minyun*, S. 116; RMRB, 4.6.89)

Die dringenden Mitteilungen werden über Fernsehen, Rundfunk und durch Lautsprecherwagen der Truppen zur Durchsetzung des Ausnahmezustands verbreitet. In der *Volkszeitung* heißt es im August, nach der Verbreitung der Mitteilungen seien die Truppen zur Durchsetzung des Ausnahmezustands über mehr als zehn Straßen in den Stadtbezirk eingerückt. (RMRB, 3.8.89) Der Korrespondent von *Le Monde* in Beijing, F. Deron, schreibt hierzu: "Die Bevölkerung weiß, daß die Militärs vorhaben, ihre Macht voll und gewalttätig zu demonstrieren. Der Kommandostab der Truppen kündigt die Ankunft der Truppen durch die Aufforderung an die Bürger, zu Hause zu bleiben, an, wohl wissend, daß diese Aufforderung allein ausreicht, die Menschen auf die Straßen strömen zu lassen." (F. Deron, in: LM, 6.6.89)

Auf dem Tiananmen-Platz und in der Umgebung versammeln sich mehrere hunderttausend Menschen, um zu erfahren, was sich am Nachmittag bei Liubukou zugetragen hat, und um der feierlichen Eröffnungszeremonie der "Demokratischen Universität" beizuwohnen, die ein stellvertretender Dozent für Politikwissenschaft der Beijing-Universität angekündigt hat. (WHB, 9.6.89)

Die Führung der Studenten auf dem Tiananmen-Platz erhält zahlreiche Todesmeldungen. Sie beruft eine Pressekonferenz in ihrer Zentrale ein, um die anwesenden in- und ausländischen Korrespondenten über die Ereignisse zu unterrichten. Es sind nur wenige ausländische Journalisten anwesend, da deren Hotels inzwischen vom Militär kontrolliert werden. (Chai Ling, in: C.a., Mai 1989, S. 378 ff.) Auf der Versammlung berichten Chai Ling, Li Lu und Feng Congde über die Studenten, die an diesem Tag erschlagen worden sind. Wu'er Kaixi redet ebenfalls. Die Leitung der Versammlung übernehmen Chai Ling und Li Lu. Nach Aussage eines Augenzeugen gegenüber der Zeitschrift *Zhengming* haben die Studenten zu diesem Zeitpunkt bereits die Nachricht erhalten, daß die Armee am 4. Juni frühmorgens eingreifen werde. Nur die Chang'an-Allee solle als Fluchtweg offengelassen werden. (ZM, Juni 1989, S. 14)

20.00 Uhr
An der Kreuzung Chang'an-Allee/2. Ringstraße [Jianguomen] werden ab ca. 20.00 Uhr etwa 30 Militärlastwagen [70 gemäß MBYK, Juli 1989, S. 45] von einer großen Menschenmenge aufgehalten. [Diese VBA-Lastwagen, die Soldaten transportierten, sollten offensichtlich von Osten her auf den Tiananmen-Platz zurücken.] Gleichzeitig erreichen fünf Lastautos mit etwa 300 Bauern, die für die Regierung demonstrieren sollen, die vollständig blockierte Kreuzungsbrücke. Auch die [weiterführenden] Straßen sind verstopft mit Einwohnern. (*Beijing xuesheng yundong wushiri*, S. 174) Menschen besteigen die Lastwagen, öffnen die Motorhauben und machen sie fahruntauglich. Die Menge versucht, den Soldaten zu erklären, daß es sich in Beijing nicht um einen Aufruhr der Studenten, sondern um eine patriotische Bewegung handele. Die Soldaten reagieren nicht. Ein Student gibt mit Megaphon bekannt, die Truppen würden am Abend zum Tiananmen-Platz kommen und die Studenten unterdrücken. Er fordert die Leute auf, dorthin zu gehen und die Studenten zu unterstützen. Ein Offizier ergreift daraufhin das Megaphon und sagt, die Soldaten würden bestimmt nicht am Abend zum Tiananmen-Platz kommen und die Studenten unterdrücken. Studenten verteilen Flugblätter an die Soldaten. (PB 10) - Ein Offizier erklärt, die Soldaten hätten keine Angst, geschlagen zu werden, sie fürchteten lediglich, daß man ihre Waffen rauben könnte. Dann würde Chaos entstehen. (S. WuDunn, in: IHT, nach MBu, 7.6.89)

Ein Stahlarbeiter berichtet, die Menge habe gegen 20.00 Uhr zwei Busse auf die Brücke von Muxidi gefahren, um sie zu blockieren. Davor versammeln sich Menschen und warten auf die Ankunft der Armee. Die Militärlastwagen fahren mit Scheinwerferlicht auf die Blockade zu, wodurch die Menge geblendet wird [?]. Soldaten schlagen mit Gewehren und Stöcken auf die Menschen ein. (ap, nach TN, 5.6.89)

Die Truppen an der Westseite der Großen Halle des Volkes ziehen sich, wie mit den Studenten ausgehandelt, in die Halle zurück. (MBYK, Juli 1989, S. 45) In der Großen Halle des Volkes sollen Tausende von Soldaten untergebracht sein. (F. Deron, in: LM, 6.6.89) In den Gebäuden um den Tiananmen-Platz sollen insgesamt nahezu 20.000 Soldaten einquartiert sein. (MBYK, Juli 1989, S. 45)

Ab etwa 20.30 Uhr wird in Rundfunk und Fernsehen eine Meldung durchgegeben, daß die Armee inzwischen unerträgliche Verluste ertragen habe und daher von nun an alle notwendigen Maßnahmen ergreifen werde, Barrikaden aus dem Weg zu räumen. Zu dieser Zeit befinden sich noch immer mehrere zehntausend Menschen auf dem Tiananmen-Platz. (*Beizhuang de minyun*, S. 118)

Am Abend schließen das Büffet und die Garderobe des Beijing-Hotels zwei Stunden früher als gewohnt. Die Angestellten verlassen ihren Arbeitsplatz. Am Osteingang werden Sicherheitsbeamte beobachtet, die eine Zimmerliste der ausländischen Journalisten verlangen. Nachdem sie ihnen verweigert wurde, bemächtigen sie sich der gesamten Gästeliste. (WHB, 9.6.89) Nach PB 13 war die Café-Bar des Beijing-Hotels bis 24.00 Uhr geöffnet.

Gegen 20.45 Uhr kreist ein Hubschrauber der Armee über der Stadt. (*Beijing xuesheng yundong wushiri*, S. 174)

21.00 Uhr
In der Umgebung vom Qianmen erscheint ein Trupp von etwa 700 Soldaten mit halbautomatischen Sturmgewehren und aufgepflanzten Bajonetten. Sie laufen vom Hepingmen südwestlich des Tiananmen-Platzes in nördliche Richtung. Da bis zu diesem Zeitpunkt die Truppenbewegungen im Stadtkern vor allem in west-östlicher Richtung stattfanden, befinden sich nur wenige Bürger in dem in nord-südlicher Richtung verlaufenden Straßenabschnitt. Sobald der Trupp jedoch entdeckt wird, sammeln sich Menschen, um ihn aufzuhalten. Die Soldaten schlagen mit Gewehrkolben auf die Köpfe der Menschen ein. Über 30 Bürger werden blutig geprügelt. Der Trupp setzt seinen Weg zum Westtor des Zhongnanhai fort. (WHB, 10.6.89) Einer anderen Darstellung zufolge werden etwa 500 mit Gewehren bewaffnete Soldaten in der Nähe der Qianmen-Allee entdeckt, wie sie versuchen, zum Tiananmen-Platz vorzudringen. Sie werden von der Bevölkerung aufgehalten und ziehen sich nach ca. einer Stunde wieder zurück. (*Tiananmen beige*, S.3)

Am Abend [des 3. Juni] zieht die 28. Armee von Westen her in die Stadt. Mit mehr als 20 Schützenpanzern und etwa 70 anderen militärischen Fahrzeugen zieht sie bis in die Gegend von Muxidi. Ein Hubschrauber, der die Operation beobachtet, verkündet per Lautsprecher: "Die Führer der Zentralen Militärkommission befehlen euch, die Anweisungen auszuführen", doch der Konvoi setzt seinen Weg nicht fort. Viele Soldaten verlassen die Panzer und Lastwagen. Daraufhin fliegt der Hubschrauber fort. Einwohner zünden einige Lastwagen an. Die Soldaten sammeln sich in einiger Entfernung. (WHB, 6.6.89, nach SWB, 7.6.89) - Die oben geschilderten Zwischenfälle ereigneten sich mit an Sicherheit grenzender Wahrscheinlichkeit erst am Morgen und am frühen Nachmittag des 4. Juni. Siehe unter 4. Juni, 8.00 Uhr, 9.00 Uhr, 14.00 Uhr und 15.00 Uhr.

Gegen 21.30 Uhr setzen sich die bei Gongzhufen versammelten VBA-Einheiten zum Anmarsch auf den Tiananmen-Platz in Bewegung. Die Einheiten rücken in geschlossener Formation vor. Vor der Militärkolonne sind etwa 600 Mann einer Anti-Aufruhr-Einheit, um den Weg freizumachen. Zu beiden Seiten der Kolonne fahren gepanzerte Fahrzeuge der Anti-Aufruhr-Einheit. Hinter den Anti-Aufruhr-Spezialtruppen an der Spitze des Zuges folgen zwei Infanteriedivisionen, die nebeneinander vorrücken. Ihnen folgt eine Panzerdivision, eine Artilleriebrigade und ein Regiment Pioniere. (Angaben des Politkommissars des 38. Armeekorps, Generalmajor Wang Fuyi, nach *Dongxiang*, Juni 1990, S. 10-11) - Die beiden Infanteriedivisionen gehören möglicherweise zum 27. bzw. zum 38. Armeekorps, zwischen denen ein traditionelles Konkurrenzverhältnis bestehen soll. Nach Angaben des beteiligten VBA-Oberstleutnants Zhao Xiaoqiang sollen die Einheiten der beiden Armeekorps jeweils versucht haben, die andere Einheit beim Vormarsch zu übertrumpfen. (Nach AWSJ, 4.7.90)

Vier Kilometer westlich des Tiananmen-Platzes [Muxidi] stoppt eine Menge von ca. 20.000 Menschen 26 VBA-Lastkraftwagen. (MBYK, Juli 1989, S. 45)

Ein Beijinger Ingenieur berichtet, gegen 21.00 Uhr seien auf der östlichen Zufahrt zur Brücke von Muxidi mehrere tausend Menschen versammelt gewesen, die auf die von Westen kommenden Truppen warteten. Die Polizisten in den ersten Reihen der vorrückenden Truppen seien mit Helmen, Schutzschildern und Schlagstöcken bewaffnet gewesen. Einige Leute hätten vergeblich versucht, mit den Truppen zu verhandeln. Statt dessen seien sie angegriffen worden. Die nicht bewaffnete Menschenmenge habe sich mit Pflastersteinen ausgerüstet und mit diesen die Soldaten angegriffen. Zwei Busse [nach PB 13 vier bis sechs] seien von der Menschenmenge als Barrikade auf die Brücke geschoben worden. Etwa gleichzeitig sollen die Soldaten angefangen haben, von ihren Schußwaffen Gebrauch zu machen. Zunächst sollen sie lediglich Gummigeschosse verwendet haben. Erst nachdem deutlich wurde, daß sie sich so keinen Durchgang durch die Barrikaden und die Menschenmenge verschaffen konnten, seien richtige Geschosse verwendet worden. Daraufhin habe es zahlreiche Tote und Verletzte unter der Bevölkerung gegeben. Das in der Nähe gelegene Fuxingmen-Krankenhaus sei völlig überlastet gewesen. Der Augenzeuge betont, daß Berichte, die im Nachhinein von offizieller Seite verbreitet wurden, wonach das Eingreifen des Militärs bei Muxidi eine Reaktion darauf gewesen sei, daß die Bevölkerung eine Reihe Militärfahrzeuge in Brand gesetzt habe [vergleiche unten], falsch seien. Jene Fahrzeuge seien erst am Sonntag (4. Juni) von der wütenden Menschenmenge in Brand gesetzt worden. (MBYK, Februar 1990, S.49 f.)

* In dem Bericht von Chen Xitong vom 30. Juni heißt es: "Um 21.00 Uhr wurden die meisten aus verschiedenen Richtungen befehlsmäßig in die Stadt einfahrenden Truppen [...] an Hauptstraßenkreuzungen gestoppt. Sogar dann blieben sie noch sehr zurückhaltend, während die konterrevolutionären Übeltäter, vom Haß gegen die Befreiungsarmee erfüllt, das ausnutzten, um Soldaten zu schlagen oder zu töten, Militärmaterial zu stehlen und Militärfahrzeuge zu verbrennen." (Chen Xitong, in: BRu, 25.7.89, S.XXIV)

Über Fernsehen und Rundfunk wird die Bevölkerung weiterhin aufgerufen, zu Hause zu bleiben, zur "Sicherheit" nicht auszugehen und sich vor allem vom Tiananmen-Platz fernzuhalten. (afp, 4.6.89, nach FAZ, 5.6.89; *Beizhuang de minyun*, S. 118)

In einer Meldung der *Xinhua*-Nachrichtenagentur wird eine Lobeshymne auf die Armee gehalten. Es wird die tiefe Liebe der Soldaten für die Hauptstadt, das Volk und die Studenten betont. Durch ihre guten Taten seit ihrer Stationierung in Beijing hätten die Truppen zur Durchsetzung des Ausnahmezustands mehr und mehr den Respekt und das Vertrauen der Einwohner Beijings gewonnen. Der Artikel enthält eine lange Aufzählung der guten Taten der Soldaten in Beijing und in den herumliegenden ländlichen Kreisen, wo sie u.a. bei den Bewässerungsarbeiten mithelfen würden. In einem Dorf der Miao-Nationalität hätten sie sogar freiwillig darauf verzichtet, Schweinefleisch zu essen! (XNA, 3.6.89, nach SWB, 6.6.89)

Radio Beijing zufolge lassen Einheiten und Einwohner Soldaten in ihre Einheiten und Wohnungen kommen und versorgen sie nach den Zusammenstößen im Laufe des Tages mit warmen Mahlzeiten und Trinkwasser. Die verantwortlichen Abteilungen und einige Einheiten helfen bei der Beseitigung der Barrikaden und der Regelung des Verkehrs. (*Radio Beijing*, 3.6.89, nach SWB, 5.6.89)

22.00 Uhr
Die von Westen kommenden Truppen stoßen an der Brücke von Muxidi, auf der aus Bussen Barrikaden errichtet worden sind [vergleiche 8.00 Uhr], auf den ersten Widerstand der Bürger. Auch Tränengas vertreibt die Menge nicht. Die Brücke wird zum Schauplatz der blutigsten Auseinandersetzungen der Nacht. Nachdem die rasende Menge Molotow-Cocktails geworfen hat, eröffnen die Soldaten mit Maschinengewehren das Feuer. Zunächst schießen sie in die Luft, später in die Menge (siehe unter 22.30 Uhr und 23.00 Uhr). Es gibt die ersten Opfer. (AW, 16.6.89, S. 26) Etwa 20 Menschen werden verletzt (MBYK, Juli 1989, S. 45). Arbeiter und Studenten wehren die erste Welle der angreifenden Truppen ab. Brennende Decken aus nahegelegenen Wohnhäusern werden auf die als Barrikaden benutzten Busse gepackt. Nacheinander explodieren die Benzintanks [nach PB 13 handelte es sich um Obusse]. (ap, nach TN, 5.6.89)

Vor dem Gebäude der Zentralen Militärkommission sammelt sich eine Menge und beschimpft Regierung und Armee. Als unerwartet ein Soldat aus dem Eingangstor tritt und mit einem Maschinengewehr droht, zerstreut sich die Menge. [Ohne Zeitangabe] (AW, 16.6.89, S. 27)

Alle auf dem Tiananmen-Platz anwesenden Studenten erheben sich und legen einen Schwur ab, für den Demokratisierungsprozeß und den Schutz des Landes vor einer "kleinen Gruppe von Verschwörern" einzutreten. Sie wollten auf dem Tiananmen-Platz bleiben und ihn zur Not mit ihrem Leben verteidigen. Nahe der "Göttin der Demokratie" gründen die Studenten die "demokratische Universität". (Nach Augenzeugenbericht Chai Ling, in: C.a., Mai 1989, S. 378 ff.) Yan Jiaqi und Zhao Yu halten die Eröffnungsreden für die Universitätsgründung. (ZM, Juni 1989, S. 14)

Auf dem Platz haben sich im Laufe der Abendstunden etwa 100.000 Menschen versammelt. (G. Mahlmann, in: *Die Zeit*, 9.6.89; PB 13)

Aus der Wangfujing-Straße kommend läuft ein Trupp der VBA, unbewaffnet und in Turnschuhen, auf die Chang'an-Allee. Die Soldaten werden sofort von der Menge umringt und abgedrängt. Einige Soldaten ziehen ihre Uniform aus und werfen sie in die Menge. Etliche entkommen unter dem Schutz der Studenten. Nach einiger Zeit wird ein Spalier gebildet, und die restlichen Soldaten ziehen sich zurück. (G. Mahlmann, in: *Die Zeit*, 9.6.89)

Gegen 22.00 Uhr taucht beim Beijing-Hotel eine Reihe von Militärfahrzeugen auf, die in Richtung des Tiananmen-Platz fahren. Eine Studentin, die sich an der Blockade gegen die Fahrzeuge beteiligt, spricht die Soldaten des vordersten Wagens an. Die Soldaten seien doch die Brüder des Volkes, sie sollten nicht auf die Studenten schießen, die doch gar nichts gegen sie hätten. Noch bevor die Studentin zu Ende gesprochen hat, wird sie von den Soldaten erschossen. (Augenzeugenbericht eines Angehörigen der Ordnertrupps nicht in Beijing Studierender; in: MB, 23.6.89, nach *Tiananmen 1989*, S. 418)

22.15 Uhr
Beim Jianguomen stehen über 40 Militärfahrzeuge [vergleiche 20.00 Uhr] auf und unter der Überführungsbrücke. Sie sind von den Einwohnern eingeschlossen. Einige Leute klettern auf die Wagen und sprechen mit den Soldaten. (ZM, Juni 1989, S. 14; PB 13) Die Kolonne bleibt noch bis nach Mitternacht beim Jianguomen. (PB 11) Auf der Unterführungsstraße stehen auch 50 Fahrzeuge mit den offiziell aufgestellten "Arbeiter-Ordnertrupps" (gongren jiuchadui). Diesen Arbeitern, zu denen z.B. Arbeiter des Hauptstädtischen Eisen- und Stahlkombinats gehören, sollen nach Augenzeugenaussage 300 Yuan pro Mann versprochen worden sein, wenn sie mit den Soldaten kooperieren. (ZM, Juni 1989, S.14) "In einer Nebenstraße" wird ein Lastwagenkonvoi mit Arbeitern des Hauptstädtischen Eisen- und Stahlkombinats gestoppt. Die Arbeiter sollen jeder einen Bonus von 500 Yuan geboten bekommen haben, damit sie die Soldaten unterstützen. (AW, 16.6.89, S. 26)

Die Studenten auf dem Tiananmen-Platz erfahren, daß in der Chang'an-Allee inzwischen mit Gewalt gegen die Menschenmengen vorgegangen wird. Die Soldaten benützten nicht mehr nur Tränengas, sondern setzten auch Panzer, Gewehre und Bajonette ein. Blutverschmierte Studenten tragen [verletzte?/ tote?] Kommilitonen auf den Platz. Die Zentrale [des "Autonomen Studentenverbands"] fordert erneut dazu auf, auf Gewalt zu verzichten. Das Prinzip der seit April andauernden demokratischen Bewegung, die sich inzwischen zu einer Volksbewegung ausgedehnt habe, sei Gewaltlosigkeit. Trotz mancher Einwände von seiten der Kommilitonen und Bürger auf dem Platz beharrt die Zentrale darauf, daß es gelte, auf friedliche Weise ihre Forderungen vorzutragen. Das höchste Prinzip der Gewaltlosigkeit sei das persönliche Opfer. Daraufhin setzen sich die Studenten Arm in Arm und die "Internationale" singend an allen vier Seiten des Denkmals nieder. (Nach Augenzeugenbericht Chai Ling, in: C.a., Mai 1989, S. 378 ff.)

Die Nachricht, daß eine Studentin beim Militärmuseum totgeprügelt wurde, erreicht den Platz. Einige Leute meinen daraufhin, man sollte den Platz verlassen. (ZM, Juni 1989, S. 14) Ein per Fahrrad aus der Richtung des Xinhuamen kommender Student berichtet, die Truppen hätten bereits das Militärmuseum [östlich des Fuxingmen] passiert und bewegten sich in Richtung des Tiananmen-Platzes. (*Beijing xuesheng yundong wushiri*, S. 174)

Das Beijinger Fernsehen überträgt am 4. Juni (20.00 Uhr) einen Bericht der *Xinhua*-Nachrichtenagentur in dem es heißt, bei Einbruch der Nacht am 3. Juni seien ein Soldat vor dem Kulturpalast der Minoritäten und ein weiterer bei der Jianguomen-Brücke zu Tode geprügelt worden. Der Körper eines von "Verbrechern" verstümmelten Soldaten hänge an der Absperrung vom Fuxingmen. Arbeiter, Streikposten und andere Leute, die im Chongwen-Bezirk einigen verletzten Soldaten hatten helfen wollen, seien durch "Rowdies", die aus der Gegend des Qianmen-Hotels hervorstürmten, attackiert worden. Ein Krankenwagen des ersten Kommandos der Bewaffneten Volkspolizei sei angegriffen worden, als er acht verletzte Soldaten einsammelte und ins Krankenhaus fuhr. Ein Soldat sei getötet worden, die Angreifer hätten auch den Tod der anderen sieben Soldaten gefordert. Vier verletzte Soldaten seien nach ihrer Behandlung mit einem Krankenwagen gefahren und an der Dongdan-Kreuzung von Verbrechern gestoppt worden. Zwei von ihnen seien gekidnappt worden, sie würden noch immer vermißt. Vor einem Fahrradgeschäft beim Qianmen seien drei VBA-Soldaten geschlagen und verletzt worden. Auf der Fuyou-Straße hätten "Verbrecher" einen Jeep gestoppt. Ein Offizier des Wagens sei entkleidet und beleidigt worden. Im Bereich der Cuiwei-Straße sei ein Militärlastwagen in Brand gesetzt worden, mindestens ein Dutzend Menschen hätten Verbrennungen davongetragen. Verbrecher hätten ein Geschäft in Xidan geplündert und jeden in Sichtweite verprügelt. Dutzende von bewaffneten Polizisten, die die Verbrecher vertreiben wollten, seien geschlagen und verletzt worden. Eine Gruppe von Rowdies sei über die Absperrung des Ministeriums für Film, Funk und Fernsehen gesprungen, hätte ein Auto verbrannt und sieben andere zertrümmert. Nach vorläufigen Statistiken hätten die Verbrecher an diesem Abend 31 Militär-Lastautos, 23 Polizeiwagen, zwei gepanzerte Fahrzeuge und 31 Busse verbrannt oder zerschlagen. Illegale Organisationen wie der "Autonome Studentenverband Beijing" und der "Autonome Arbeiterverband" hätten auf dem Tiananmen-Platz Schlachtermesser, Dolche, Eisenketten und andere Waffen verteilt und durch selbst installierte Lautsprecher die Menschen aufgerufen, die Waffen zu ergreifen, um die Regierung zu stürzen. Einige Leute hätten konterrevolutionäre Reden gehalten und würden bersten vor Arroganz. Aufgrund dieser Ereignisse hätten die Truppen zur Durchsetzung des Ausnahmezustands den Befehl bekommen, über alle Straßen der Vorstädte in die Innenstadt einzurücken und den Aufruhr energisch zu unterdrücken, um Arbeit, Produktion und die normale Lebensordnung wiederherzustellen. (*Beijing-TV*, 4.6.89, nach SWB, 5.6.89; RMRB, 5.6.89) Die Meldung von der an der Fuxingmen-Brücke hängenden Leiche bringt *Asiaweek* ebenfalls, dort ordnet der Kontext den Vorfall allerdings für später als "bei Einbruch der Nacht" ein. [Siehe unter 23.00 Uhr]

Nach Berichten der Zeitschrift *Zhengming* handelt es sich bei den aufgehängten Leichen um Soldaten, die sich geweigert hätten, gegen die Bevölkerung vorzugehen und daraufhin wegen Befehlsverweigerung hingerichtet wurden. Die Leichen seien dann [von VBA-Angehörigen] aufgehängt worden. Den anderen Soldaten habe man als Abschreckung erklärt, die Opfer seien von rebellierenden Studenten getötet worden. (ZM, Juni 1989, S. 7)

22.30 Uhr
"Soweit bekannt, geschahen die ersten Gewalttaten am 3. Juni gegen 22.30 Uhr bei Gongzhufen, etwa 3,2 km [tatsächlich 2,2 km] westlich von Muxidi, wo Vorhuteinheiten der Stoßtruppen ungefähr 20 Schützenpanzer [APCs] einsetzten, um Busbarrikaden zu durchbrechen, die die kreisförmige Straßenkreuzung blockierten. Ein damals in Beijing wohnender westdeutscher Student bezeugte den Zwischenfall und berichtet, daß viele Leute zu Tode gequetscht worden seien, als die Schützenpanzer durchbrachen und Soldaten wahllos in die Menschenmenge schossen. Eine finnische Journalistin, die auch in der Nähe stand, berichtet, sie habe zwei mit AK-47 Sturmgewehren bewaffnete Soldaten gesehen, die plötzlich vom zehnten Lkw einer Kolonne von ungefähr 50 Lkws heruntersteigen, die durch die Lücken der Barrikade fuhr. Sie wurden von den Massen 'in Stücke gerissen', sagt sie. 'Es war ein schrecklicher Anblick.' Das Muster der nächtlichen Auseinandersetzungen wurde so von Anfang an gesetzt: Willkürliche und brutale Tötungen durch die Armee kamen zuerst, schnell gefolgt von einer kleinen Anzahl von Rachemorden an Soldaten, durchgeführt von erregten und zunehmend aufständischen Bürgern." (R.Munro, "Who died in Beijing, and why", S. 813-814)

Nach Informationen von Willy Wo-Lap Lam, dem Beijinger Korrespondenten der *South China Morning Post*, soll der Schießbefehl um 22.35 Uhr an die Truppen ergangen sein (SCMP, 19.9.90). Dem Beijinger dpa-Korrespondenten Edgar Bauer zufolge wurde der Schießbefehl "gegen 22.00 Uhr" erteilt: "Wie ein chinesischer Augenzeuge berichtete, sagte ein hoher Offizier an der Muxidi-Brücke etwa zu diesem Zeitpunkt aus einem Jeep zu den Soldaten: 'Wir haben jetzt den Befehl der Zentralen Militärkommission erhalten. Es kann geschossen werden.'" (E. Bauer, *Die Erben der roten Mandarine*, S. 166) - Um 16.00 Uhr hatten die Truppen den Befehl erhalten, den Tiananmen-Platz bis zum Morgengrauen zu räumen. Siehe unter 16.00 Uhr.

DOKUMENT

Drei Augenzeugenberichte über das Vorgehen der Truppen bei Muxidi

I

Am 3. Juni um 20.00 Uhr versuchte eine Menschenmenge in der Nähe des Militärmuseums (das westlich von Muxidi in der Fuxing-Straße liegt), die Truppen aufzuhalten. In der vordersten Reihe standen postgraduierte Studenten von der Beijing-Universität (Beida), von der agrarwissenschaftlichen Fachhochschule, von der Volksuniversität und von der medizinischen Fachhochschule Nanjing. Ehe die Schießerei begann, schlugen bewaffnete Polizisten mit Ziegelsteinen, stählernen Gürtelschnallen und bis zu einem Meter langen Schlagstöcken, die an der Spitze möglicherweise mit Dornen versehen waren, auf die Menschen ein. Die Verletzten wurden mit Fahrrädern oder Rikschas ins Fuxing-Krankenhaus gebracht. Alle wiesen Kopfverletzungen auf... Um 23.00 Uhr hörte ich bei Muxidi Daqiao (Muxidi-Brücke), wie Truppen in der Nähe des Militärmuseums das Feuer eröffneten. Zehn Minuten später hörte ich erneut Schüsse. Die Salven folgten immer dichter aufeinander. Um etwa 23.20 Uhr begannen die Truppen in Muxidi, die Menschen niederzumähen...
(Augenzeugenbericht, in: ai, 1990, S. 24)

II

Am 3. Juni gegen 22.00 Uhr kamen wir - 15 Mitglieder des Propaganda-Teams des Beijinger Instituts für Raumfahrttechnik - nach Muxidi. Unter der Zivilbevölkerung entdeckten wir einige Studenten, die halfen, die Ordnung aufrecht zu erhalten. Etwas mehr als hundert Meter entfernt standen Soldaten; die Soldaten in den ersten zehn Reihen waren mit elektrischen Viehschlagstöcken und Maschinenpistolen bewaffnet. An beiden Seiten waren ebenfalls mit Maschinenpistolen bewaffnete Soldaten aufmarschiert, und in der Mitte standen Militärlastwagen.

Bevor wir dorthin gelangten, hatten die Studenten und die Soldaten mit Steinen aufeinander geworfen. Gegen 22.20 Uhr züngelten auf der Seite der Soldaten plötzlich Flammen empor und mehrere Militärlaster brannten; die Zivilbevölkerung begann zu jubeln. Daraufhin rückten die Soldaten auf beiden Seiten vor. Die (Soldaten) in der Mitte warfen weiter Steine auf uns. Die Studenten bewegten sich ebenfalls vorwärts und versuchten so, ihren Vormarsch aufzuhalten.

Plötzlich trafen mich von den Soldaten geworfene Steine am Knie und an drei anderen Stellen. Li Ping von der Beijing-Universität trat nach vorne in den Raum zwischen den Soldaten und den Zivilisten. Er wollte gerade zu den Soldaten sprechen, als ihn ein Hagel von Gewehrkugeln traf. Er fiel, ehe er ein Wort über die Lippen gebracht hatte. Zwei andere Studenten und ich rannten nach vorne, um Li Ping aufzuheben und zurückzutragen. Ein weiterer Kugelhagel brach über uns herein und einer von uns wurde am Unterarm getroffen. Wir brachten den Verletzten ins Fuxing-Krankenhaus. Li Ping war am Kopf getroffen und blutete heftig; kurze Zeit später starb er aufgrund des Blutverlustes. Die Studenten waren aufgebracht.

Als ich nach Muxidi zurückkam, waren die Truppen ein paar Meter vorgerückt. Ihre Gewehre waren auf die Studenten und die Zivilbevölkerung gerichtet. Immer wieder fielen Schüsse. Mehrere hundert Studenten und Anwohner waren gefallen. Diese rasenden Verbrecher schossen wahllos auf jeden, der in ihr Blickfeld kam. Während wir die Verwundeten ins Krankenhaus brachten, ertönte draußen immer noch heftiges Gewehrfeuer. Im Krankenhaus erfuhren wir, daß drei Bewohner von Muxidi in ihren Wohnungen von Kugeln tödlich getroffen worden waren, darunter eine 78 Jahre alte Frau; Dutzende waren nur deshalb beschossen und verletzt worden, weil sie in ihrer Wohnung Licht angemacht oder die Soldaten als "Faschisten" beschimpft hatten. Man teilte uns die Namen von 19 Zivilisten mit, die im Fuxing-Krankenhaus verstorben waren. ...

Bis 5.00 Uhr erhöhte sich die Zahl der Menschen, die im Fuxing-Krankenhaus gestorben waren, auf 59. Das Krankenhaus stand in telephonischem Kontakt mit anderen Krankenhäusern. Nach den Informationen, die sie erhielten, waren in der Kinderklinik 55 und im Eisenbahnerkrankenhaus 85 Menschen gestorben; die Verletzten zu zählen, war unmöglich...
(Augenzeugenbericht, in ai, 1990, S. 25-26)

III

Ich war in Muxidi, wo die Chang'an-Allee (Fuxingmenwai-Allee) und die Sanlihe-Straße sich kreuzen. Ich sah, wie weit über 1.000 unschuldige Menschen niedergeschossen und dann von Panzern und Schützenpanzern [APCs] überrollt wurden...

Um das Massaker zu beobachten, kletterten ein chinesischer Freund und ich das Ufer eines Kanals, der an der Sanlihe-Straße entlangführt, hinunter und gingen unter eine Brücke gegenüber der Muxidi-Kreuzung. Die Panzer und Schützenpanzer waren auf der Brücke über uns. Auf jeder Seite der Brücke war eine Gittermauer aus Beton. Die Zwischenräume zwischen den Zementblöcken betrugen etwa 10 mal 10 Zentimeter, so daß wir genau die Soldaten sehen konnten, wie sie mit ihren Maschinengewehren (50er Kaliber) zielgenau in die Tausende von schutzlosen Menschen feuerten, die ihnen gegenüber Arm in Arm auf der [gesamten Breite der] Chang'an-Allee standen. Einige hielten den Soldaten Blumensträuße hin und sagten: "Ihr seid Soldaten des Volkes. Ihr dürft dem Volk nichts zuleide tun. Ihr müßt das Volk schützen."

Nachdem eine Reihe der friedlichen Protestler von einem vernichtenden Kugelhagel niedergemäht worden war, nahm eine andere deren Platz ein. Während der ganzen Zeit krochen Sanitäter unter dem Feuerhagel durch und zogen Tote und Verwundete vom Platz. Sie wurden in Rettungswagen, Lastwagen und Karren geladen. Als keiner [derer, die die Chang'an-Allee blockiert hatten] mehr übrig war, der hätte niedergeschossen werden können, überfuhren die Soldaten mit den Panzern und Schützenpanzern die Leichen auf dem Platz.
(S.L.Peterson, in AW, 12.1.90, S. 11)

Gegen 22.40 Uhr sind im Beijing-Hotel Schüsse zu hören, kurz darauf wird ein an Kopf und Brust blutender Student auf einer Bahre weggetragen. Die Soldaten bei Muxidi rücken schießend in Richtung des Tiananmen-Platzes vor. (MBYK, Juli 1989, S. 45)

Bei Hepingmen fahren zwei Schützenpanzer mit hoher Geschwindigkeit gen Norden und rammen zwei als Barrikaden aufgestellte Busse. Danach passieren sie die Stelle, indem sie über den Fußweg ausweichen. (*Tiananmen beige*, S. 3)

* In der offiziellen Darstellung Chen Xitongs vom 30. Juni heißt es: "Von 22.00 Uhr bis 23.00 Uhr [...] wurden auf den Straßen bei Cuiweilu, Gongzhufen, Muxidi bis Xidan 12 Militärwagen verbrannt. Einige Leute bewarfen Soldaten mit Ziegelsteinen, die mit Lkws befördert worden waren. Andere Übeltäter schoben Oberleitungsbusse auf Straßenkreuzungen und setzten sie in Brand, so daß die Straßen versperrt wurden. Als einige Feuerwehrfahrzeuge herbeikamen, wurden sie ebenfalls zerschlagen und verbrannt." (Chen Xitong, in: BRu, 25.7.89, S. XXIV f.)

23.00 Uhr
Bei Muxidi schießen die Soldaten jetzt in die Menge, sie treffen viele Menschen in die Beine und Bäuche. Die Menge flieht in die kleinen Wohngassen, kehrt aber bald mit Steinen bewaffnet zurück. Zwei Frauen, die von Wohnungen im 8. bzw. 14. Stockwerk aus das Geschehen beobachten, werden von Kugeln getroffen. (ap, nach TN, 5.6.89)

Ein Augenzeuge der Ereignisse bei Muxidi berichtet, die Soldaten hätten scharf auf die Arm in Arm auf der Straße stehenden Menschen geschossen. Einige Leute hätten den Soldaten noch Blumen entgegengestreckt und ihnen gesagt, sie seien doch die Armee des Volkes und dürften dem Volk nichts antun. Sie müßten das Volk schützen. Immer wenn eine Reihe von Demonstranten unter dem Kugelregen zu Boden gegangen war, sei eine neue an ihre Stelle getreten. Die ganze Zeit seien Ärzte trotz der Schüsse herbeigeeilt, um Tote und Verletzte zu bergen. Als schließlich keine Demonstranten mehr da waren, seien die Soldaten mit ihren Schützenpanzern über die Leichen hinweg weitergefahren. (S. Peterson, in: AW, 12.1.90, S. 11) - Dieser Augenzeugenbericht deckt sich im wesentlichen mit dem Augenzeugenbericht eines Beijinger Ingenieurs. (Vergleiche 21.00 Uhr)

Beim Einzug über die Fuxingmen- und die Chang'an-Allee im Westen schießen die Soldaten ziellos auf den ersten und zweiten Stock der Häuser entlang der Straßen. Auch auf das Yanjing-Hotel und das Minzu-Hotel wird geschossen. (WHB, 11.6.89)

Es heißt, am frühen Morgen [des 4. Juni] seien bei Muxidi aus einem nahegelegenen Appartementgebäude Flaschen auf die einziehenden Truppen geworfen worden, woraufhin diese auf beleuchtete Fenster des Hauses schossen. 13 Einwohner des Hauses Nr. 22, in dem vor allem Kader der stellvertretenden Ministerebene wohnen sollen, seien getötet worden, darunter eine Enkelin des ehemaligen KPCh-Führers Li Lisan und ein Schwiegersohn eines Vizepräsidenten des Obersten Gerichtshofes. (MB, 5.6.89, nach SWB, 6.6.89) Weiteren Berichten zufolge schossen die Truppen auf die Häuser Nr. 22 und 24 der Chang'an-Allee, die Wohnsitz hochrangiger Beamter und Intellektueller sind. Dabei soll der Schwiegersohn des Malers Guan Shanyue getötet worden sein. (BX, 9.6.89, S. 4) Ein Beijinger Ingenieur berichtet von zwei tödlich verletzten Einwohnern der beiden Wohnhäuser, deren Einlieferung ins Fuxing-Krankenhaus er beobachtet hat. Die Verletzten sollen im 13. bzw. 8. Stock des jeweiligen Hauses gewesen sein, als sie von Kugeln getroffen wurden. (MBYK, Februar 1990, S. 52) Die Zeitschrift *Zhengming* berichtet von 13 Toten und neun Verletzten im Haus Nr. 22. Unter den Toten soll sich auch die Tochter des ehemaligen Parteisekretärs der Provinz Hubei befinden. Etwa ein Dutzend der im Haus Nr. 22 wohnenden Minister und andere alte Kader planten, beim Staatsrat und bei der ZK-Militärkommission Protest einzulegen. (ZM, Juni 1989, S. 7)

Nach einem kurzen Zusammenstoß von Armee und Bevölkerung bei Muxidi versuchen 120 Studenten, die beiden Parteien zu trennen. Sie setzen sich zwischen die Truppen und die Menschenmenge. Bald darauf rückt die Armee weiter vor und schießt in die Gruppe der Sitzstreikenden. Viele Menschen gehen zu Boden, der Rest flüchtet. Während die Truppen weiter vorrücken, schießen sie sowohl auf die Menschen in den anliegenden Straßen als auch auf Menschen, die von den Fenstern der Häuser entlang der Straße die Ereignisse beobachten. Dabei sollen ein hoher Kader des für Hongkong und Macao zuständigen Büros des Staatsrats, zwei stellvertretende Abteilungsleiter und ein Angestellter der *Xinhua*-Nachrichtenagentur getötet worden sein. (NBJ, 1.7.89, S. 35)

Um 23.08 Uhr stürzen Einwohner bei Muxidi Busse um (*Beijing-TV*). In der Nacht ist die Brücke von Muxidi, eine der westlichen Einfallstraßen der Stadt, Schauplatz heftiger Kämpfe. Einwohner versuchen, sich gegen die bewaffneten Soldaten zu verteidigen, die den Auftrag haben, die Protestbewegung zu unterdrücken. Soldaten schießen mit AK-47 Gewehren in die Menge der Demonstranten und Zuschauer. Viele sterben. Auch Soldaten werden verletzt, so werden z.B. zwei Fahrer eines Schützenpanzers von der Menge, die das Fahrzeug mit Molotow-Cocktails angegriffen hatte, bewußtlos geschlagen. (ap, nach TN, 5.6.89)

Um 23.15 Uhr kommen mehrere Truppeneinheiten aus Richtung Hufangqiao. Beim Tiananmen-Platz kommt es zu Zusammenstößen mit der dort eingeschlossenen Bevölkerung. (*Tiananmen beige*, S. 3)

Am Fuxingmen eröffnen die Truppen das Feuer, mehr als 10 Menschen werden getötet. (MBYK, Juli 1989, S. 45)

Um 23.40 Uhr kommt es vor dem Minzu-Hotel zu einem halbstündigen Zusammenstoß zwischen der Menschenmenge und Einheiten der Bewaffneten Volkspolizei. Schließlich ziehen sich die Polizisten zurück. (ZM, Juni 1989, S. 11)

Ein Dutzend Militärlastwagen fährt langsam auf Fuxingmen zu. Soldaten schießen ungezielt. Die Menge zerstreut sich beim Explodieren der Platzpatronen [sic!], sammelt sich aber schnell wieder. Mit Steinen bewaffnet stehen die Menschen den nahenden Schützenpanzern gegenüber. An der Brücke von Fuxingmen wird das Vorrücken der Armee durch brennende Busse behindert. Die Soldaten bahnen sich einen Weg durch die brennenden Barrikaden. Vor dem Minzu-Hotel stößt eine Vorhut der Bewaffneten Volkspolizei in voller Montur auf harten Widerstand. Wütende Bürger werfen mit Steinen, Straßenpflastersteinen und Ziegelsteinen nach den Soldaten. Ein Soldat soll nach Aussage von Zeugen von zwei Söhnen einer Frau, die der Soldat erschossen hat, zusammengeschlagen und an einer nahegelegenen Brücke aufgehängt worden sein. Bei der Kreuzung Xidan drängt sich eine Menschenmenge um die als Barrikaden dienenden brennenden Busse und Lastwagen. Gewehrsalven der herannahenden Soldaten lassen die Menschen panisch über die selbst errichteten Barrikaden fliehen. Die Soldaten schießen mit echten und mit Platzpatronen. (AW, 16.6.89, S. 26 f.)

"Um Mitternacht (vom 3. auf den 4. Juni) sah ich von meinem Hotelfenster im Minzu-Hotel, das zwischen der Fuxingmen-Überführung und der Xidan-Kreuzung liegt, aus 20 Männer in Kampfanzügen. Sie schossen Tränengas in die Menge. Mehrere junge Leute wurden zu Boden geschlagen. Dies provozierte Gegenangriffe. Die Demonstranten warfen Steine und bewaffneten sich mit Stöcken und Metallstangen. Etwa eine Stunde lang tobte vor dem Hotel ein heftiger Kampf. Es gab Verletzte und vielleicht auch Tote...

Um 1.00 Uhr kamen von Westen etwa 20 bis 30 Schützenpanzer. Ihnen folgte eine große Zahl von Lastkraftwagen, die mit bewaffneten Soldaten beladen waren. Sie fuhren in Richtung Tiananmen-Platz. Die Barrikaden wurden einfach niedergewalzt. Als nach mehr als einer Stunde der letzte Lastkraftwagen des Konvois das Minzu-Hotel passiert hatte, erschienen Hunderte von Menschen (nicht nur Studenten) auf der Straße. Sie rannten den Lastkraftwagen hinterher und riefen Protestparolen. Ein paar Steine flogen. Die Soldaten eröffneten das Feuer mit scharfer Munition. Die Menschen warfen sich zu Boden, folgten dann aber sofort wieder dem Konvoi. Je mehr Schüsse fielen, desto entschlossener und entrüsteter wurde die Menge. Plötzlich begannen sie, die Internationale zu singen. Sie bewaffneten sich mit Steinen und warfen sie auf die Soldaten. Auch ein paar Molotow-Cocktails flogen, und der letzte Lastkraftwagen wurde in Brand gesteckt. Das Schießen dauerte an. Zuerst schossen die Soldaten über die Köpfe der Menschen hinweg. Später wurde in alle Richtungen geschossen. Man sah auch Einschußlöcher in unserer Hotellobby. Soweit ich sehen konnte, kam es nicht zu einem Blutbad, doch es waren Opfer zu beklagen. Als der Konvoi weg war, wurde es wieder ruhig. Um 7.00 Uhr rollten mehr als 20 schwere Panzer in Richtung Tiananmen-Platz vorbei." (Augenzeugenbericht, in: ai, 1990, S.27-28)

* Der Bericht von Chen Xitong vom 30. Juni spricht für die Zeit nach 23.00 Uhr lediglich von Angriffen auf das Militär und erwähnt die Ereignisse bei Muxidi und Fuxingmen zu diesem Zeitpunkt überhaupt nicht. Auf der Andingmen-

Überführung, der Chongwenmen-Straße, der Jianguomen-Überführung und bei Nanyuan wurden nach dieser Darstellung VBA-Einheiten aufgehalten, Soldaten angegriffen und verletzt sowie Militärfahrzeuge beschädigt und in Brand gesetzt. (Chen Xitong, in: BRu, 25.7.89, S. XXV)

Radio Beijing meldet um 23.26 Uhr, der Sprecher des Hauptbüros des Ständigen Ausschusses des NVK habe zu der Frage, ob die 8. Sitzung des Ständigen Ausschusses des NVK wie geplant am 20. Juni stattfinden könne, erklärt, dieses hänge von einer stabilen und geordneten Lage ab. Es werde schwierig sein, die Sitzung, auf der mehrere Themen des allgemeinen Interesses diskutiert und die Verbesserung der Regierungsarbeit vorangetrieben werden sollten, rechtzeitig einzuberufen, da der derzeitig chaotische Zustand auf dem Tiananmen-Platz eine ständige Lärmbelästigung und Sicherheitsgefährdung für die politischen Veranstaltungen in der Großen Halle des Volkes bedeute. [Nach dem Willen der radikalen Reformer sollte der Ständige Ausschuß über die Rechtmäßigkeit der Verhängung des Ausnahmezustands und über ein Mißtrauensvotum gegen Ministerpräsident Li Peng diskutieren.] (*Radio Beijing*, 3.6.89, nach SWB, 5.6.89. Die *Volkszeitung* bringt diese Meldung am 4. Juni.)

4. Juni 1989, Sonntag

- **Zwei Schützenpanzer fahren rücksichtslos die Chang'an-Allee auf und ab**
- **Die vom Westen auf der Chang'an-Allee vorstoßenden Hauptangriffstruppen schießen sich weiter den Weg in Richtung Tiananmen-Platz frei. Dabei werden zahlreiche Zivilisten getötet oder verletzt**
- **Auch vom Süden stoßen Truppen mit Waffengewalt zum Platz vor**
- **Nach wie vor befinden sich große Menschenmengen auf dem Tiananmen-Platz, von denen die meisten nach Ankunft der Truppen (zwischen 1.30 Uhr und 2.00 Uhr) nach Osten fliehen**
- **Bei den Auseinandersetzungen zwischen Armee und Zivilisten im Norden und Süden des Platzes werden mehrere Dutzend Zivilisten getötet**
- **Zwischen 3.000 und 5.000 zum Ausharren entschlossene Studenten sammeln sich um das Heldendenkmal auf dem Tiananmen-Platz**
- **Die Armee umstellt ab etwa 2.00 Uhr den Platz; Panzer und Schützenpanzer werden an der Nordseite aufgereiht**
- **Gegen 2.30 Uhr befinden sich außer den Truppen fast nur noch Studenten auf dem Tiananmen-Platz**
- **Etwa zwischen 3.50 Uhr und 4.15 Uhr handeln Hou Dejian und Zhou Duo mit einem Offizier einen friedlichen Abzug der Studenten aus**
- **Die vier Hungerstreikenden und die Studentenführer rufen die Studenten zum Verlassen des Platzes auf**
- **Nach einigem Hin und Her beginnen die Studenten, gedrängt von bewaffneten Soldaten und Schützenpanzern, den Tiananmen-Platz in geordneten Reihen zu verlassen**
- **Eine kleine Anzahl nicht abzugsbereiter Studenten wird von Anti-Aufruhr-Polizei vom Platz geprügelt**

4. Juni 1989

- Der Abzug der Studenten dauert etwa von 4.45 Uhr bis kurz nach 5.30 Uhr
- Entgegen anderslautenden Berichten wird an den Studenten auf dem Tiananmen-Platz kein "Massaker" verübt: Während von den in geordneten Reihen abziehenden Studenten in diesem Zeitraum wahrscheinlich keiner getötet wird, überrollen Schützenpanzer auf ihrem Weg zum Heldendenkmal u.a. ein Zelt, in dem sich sehr wahrscheinlich noch fünf bis sechs Studentinnen befanden
- Die vom Osten anrückenden Truppen erreichen unter massivem Einsatz scharfer Munition erst gegen 6.00 Uhr den Tiananmen-Platz
- Bei Liubukou werden gegen 6.00 Uhr abziehende Studenten von Panzern in brutaler Weise angegriffen: Elf Studenten werden von den Panzern zu Tode gewalzt
- Im Verlauf des Tages kommt es zu weiteren Zusammenstößen zwischen aufgebrachten Zivilisten und Soldaten
- Die Angaben über die Gesamtzahl der bei der militärischen Niederschlagung der Protestbewegung Getöteten schwanken zwischen 200 und 20.000
- Eine auch nur annähernd genaue Zahl der Todesopfer am 3. und 4. Juni in Beijing ist nicht zu ermitteln, dürfte aber mit an Sicherheit grenzender Wahrscheinlichkeit mindestens mehrere hundert, möglicherweise aber auch über 1.000 betragen
- Die Armeeführung dankt den Truppen zur Durchsetzung des Ausnahmezustands für ihre "harte Arbeit" bei der Niederschlagung des "konterrevolutionären Aufstands"
- Das brutale militärische Vorgehen gegen protestierende Bürger und Studenten in Beijing löst in vielen Städten des Landes Protestkundgebungen und Unruhen aus

In der Nacht findet eine Sitzung der für das Kriegsrecht Verantwortlichen statt, die von Ministerpräsident Li Peng und Staatspräsident Yang Shangkun geleitet wird. Der Ort ist das Hauptquartier der Zentralen Logistik-Abteilung der VBA. Anwesend sind viele Minister, die Leiter der Zentralen Logistik-Abteilung, der Parteisekretär von Beijing, Li Ximing, sowie die Kommandeure von Einheiten verschiedener Armeekorps. Auf der Sitzung gibt Li Ximing die Zahl der bisherigen Todesopfer mit 1.500 an. Yang Shangkun erklärt daraufhin: "Da so viele Leute gestorben sind, können wir nur so weitermachen. Wir können nicht zurück. Wenn wir einen Rückzieher machen, dann werden wir alle geköpft. Wir dürfen keine Angst davor haben, daß Leute sterben werden. Selbst wenn in Beijing 100.000 Menschen getötet werden, dann macht das nichts - ganz zu schweigen von 1.000 oder 2.000. Das wird die Hauptstadt nicht destabilisieren... Wenn nicht alle Unruhestifter in Beijing eliminiert werden, dann werden sie zu Wurzeln von künftigen Unruhen." Die Sitzung beschließt die Politik "Beijing ein Opfer bringen lassen, um die ganze Nation zu retten". Deng Xiaoping nimmt an der Sitzung nicht teil. (MB, 6.6.89, nach SWB, 7.6.89)

In der Nacht zum 4. Juni schießen sich die anrückenden Soldaten den Weg zum Tiananmen-Platz frei. Die Soldaten schießen willkürlich in die kleinen Beijinger Gassen und in Wohnungen. Unbeteiligte Menschen, darunter alte Frauen, alte Männer und Kinder, werden auf diese Weise erschossen. (taz, 5.6.89)

Gegen Mitternacht wird bei Fuxingmen ein Bus in Brand gesetzt. (XDRB, 10.6.89)

Nach Mitternacht beginnen Soldaten, die auf den Dächern der Großen Halle des Volkes und des Mao-Mausoleums sitzen, Leuchtspurgeschosse in die Menge auf dem Platz zu schießen. (AW, 16.6.89, S. 27) - Nach PB 13 trifft diese Information nicht zu.

0.20 Uhr
Nach Mitternacht rollen Schützenpanzer über die Chang'an-Allee. Über ihre Anzahl, ihre Aktionen und die Reaktionen Beijinger Einwohner und Studenten liegen widersprüchliche Berichte vor:

"Ungefähr 15 bis 20 Minuten nach Mitternacht kamen zwei Schützenpanzer von Süden her zum Tiananmen-Platz und fuhren mit hoher Geschwindigkeit an den Seiten des Platzes entlang. Eines der Fahrzeuge bog links in die West-Chang'-an-Allee ein und fuhr weiter bis Xidan. Das andere bog rechts in die Ost-Chang'an-Allee ein. Viele Leute sahen diesen Schützenpanzer mit einer geschätzten Geschwindigkeit von 100 Stundenkilometern durch die Ost-Chang'-an-Allee fahren. Dabei durchbrach das Fahrzeug mehrere Barrikaden, wobei viele Menschen verletzt oder getötet wurden. Nachdem es die Jianguomen-Kreuzung passiert hatte, drehte es bei der nächsten Querstraße um und fuhr mit hoher Geschwindigkeit wieder zurück Richtung Westen. An der Jianguomen-Kreuzung hatten Tausende von Zivilisten eine lange Kolonne von Lastkraftwagen voller Soldaten mehrere Stunden lang blockiert, bevor der Schützenpanzer heranfuhr. Zivilisten hatten auch einen dieser Lastkraftwagen mit Soldaten in die Mitte der Barrikaden auf die Straße geschoben. Auf seinem Rückweg raste der Schützenpanzer durch die Menge und stürzte beim Aufprall den Lastkraftwagen und andere Fahrzeuge um. Mehrere Menschen wurden dabei getötet - darunter mindestens ein Soldat - und zahlreiche andere verletzt. Auf der Fahrt hatte der Schützenpanzer Berichten zufolge einen Mann auf einem Fahrrad irgendwo entlang der Jianguomen-Allee zermalmt. Entweder das gleiche Fahrzeug oder ein anderes (einigen Quellen zufolge waren es zwei) wurde kurz nach dem Zusammenstoß mit dem Lastkraftwagen wieder gesehen, als es mit Höchstgeschwindigkeit von Westen her zum Tiananmen-Platz entlang der Ost-Chang'an-Allee raste. Um ungefähr 1.00 Uhr blockierte eine große Anzahl von Menschen, die sich in diesem Gebiet befanden, den Schützenpanzer, als dieser den Tiananmen-Platz erreichte. Er wurde angezündet, und als die Soldaten aus dem brennenden Fahrzeug herauskamen, wurde der erste umringt, schwer geschlagen und anscheinend getötet. Die anderen wurden jedoch von Studenten gerettet und in einem Bus untergebracht. Dennoch wurde dieser Vorfall vom Zentralen Chinesischen Fernsehen als ein Beispiel für die "konterrevolutionäre Rebellion" und für "randalierende Rowdies" gezeigt." (ai, 1990, S.15-16)

"Ich beobachtete..., wie in der Nacht des 3. Juni östlich des Tiananmen-Platzes auf der Jianguomen-Überführung eine Kolonne von mehreren Dutzend Armeelastwagen von großen Menschenmengen angehalten wurde, als sie versuchte, die Chang'an-Allee zu überqueren. Mehrere ausländische Zeugen sahen Soldaten, die sich offen mit den Zivilisten verbrüderten, und sich [mit ihnen] sogar fotografieren ließen. Kurz nach Mitternacht sah ich eine Gruppe Soldaten, wie sie von ihrem Lkw herunterkletterten und langsam mit Tränen in den Augen davonzogen. Einige Minuten später stürmte ein Schützenpanzer mit voller Geschwindigkeit vom Osten her über die Überführung und durchbrach die Reihe der VBA-Lastwagen, wobei ein Lkw ein paar Fuß in die Luft gewirbelt wurde und das Gehirn eines jungen Mannes auf dem Boden aufklatschte. Offensichtlich waren die Truppen auf der Überführung vom Oberkommando als abtrünnig identifiziert worden." (R. Munro, "Who died in Beijing, and why", S. 816)

Um 0.15 Uhr bricht ein Schützenpanzer, auf dem ein Gegenstand, vermutlich ein Maschinengewehr, angebracht und mit Segeltuch verdeckt ist, aus dem Qianmen hervor. Die entsetzte Menschenmenge beginnt sofort mit der Errichtung von Barrikaden. Kurz darauf fährt ein weiterer Schützenpanzer los. Beide Fahrzeuge fahren auf der Chang'an-Allee hin und her und zermalmen oder rammen alles, was ihnen im Wege steht. Bei der Jianguomen-Straße rammt einer der Schützenpanzer einen Armeelastwagen, in dem sich nach F. Deron, in: LM, 6.6.89, auch Studenten befanden, wobei ein Soldat getötet wird [ein Soldat und zwei Studenten, laut ZM, Juni 1989, S. 18]. Die Menschen greifen die Schützenpanzer mit Steinen, Knüppeln und ähnlichem an. Schließlich werden einem der Schützenpanzer mit der Nummer 003 (ohne Maschinengewehr) beim Tiananmen-Tor durch die Stahlbewehrung einer Barrikade die Raupenketten eingeklemmt. Das Fahrzeug bleibt stehen und kommt nicht wieder los. Die Menge legt auf dem Panzer mit Hilfe von in Brand gesetzten Decken Feuer und treibt so die Soldaten heraus, die nur durch das Eingreifen einiger Studenten gerettet werden können. (WHB, 10.6.89; E. Bauer (dpa), in: FAZ, 5.6.89; *Beijing-TV*)

Auf der östlichen Chang'an-Allee bei Nanchizi taucht ein Schützenpanzer auf und fährt mit etwa 60 km/h in Richtung Jianguomen. Der Anblick des angesichts der verstopften Straße viel zu schnell fahrenden Schützenpanzers läßt die Menschen in Deckung flüchten. (*Beijing xuesheng yundong wushiri*, S. 176)

Um 1.00 Uhr fahren zwei Schützenpanzer mit voller Geschwindigkeit (von beiden Seiten, OZRB, 6.6.89) auf den Platz zu. Einwohner werden niedergewalzt. Eines der Fahrzeuge wird durch einen Bus gestoppt, das andere durch Eisenstangen, die die Menschen in die Raupenketten stecken. Danach werden die Soldaten geschlagen und ihre Wagen von der Menge mit Benzin in Brand gesetzt. (MBYK, Juli 1989, S. 45; OZRB, 6.6.89)

Bei der Fahrt entlang der Chang'an-Allee setzt einer der Schützenpanzer Tränengas gegen die beim Beijing-Hotel versammelte Menschenmenge ein. (ZGSB, 4.6.89) - Nach PB 13 trifft diese Information nicht zu.

Die *Süddeutsche Zeitung* berichtet, daß bereits am 3. Juni gegen 23.00 Uhr einer von drei versprengten Schützenpanzern einen Radfahrer am Straßenrand angefahren und tot in einer Blutlache zurückgelassen habe. Das Militärfahrzeug sei dann in Richtung des Tiananmen-Platzes durchgebrochen. (J. Kahl, in: SZ, 5.6.89)

Vor einer Barrikade aus Bussen weichen die beiden Schützenpanzer auf Seitenwege aus. Die Menschen werfen Ziegel und Straßensteine nach ihnen. Ein Wagen kommt durch, der zweite hält vor dem Nordtor der Großen Halle des Volkes. Leute stürzen herbei, ihn anzugreifen. Truppen kommen aus den U-Bahnschächten [?], werden aber von den Menschen mit Eisenstangen, Flaschen und Ziegelsteinen zurückgedrängt. Der andere Schützenpanzer [wahrscheinlich Nummer 339] kommt vom Osten her die Chang'an-Allee entlang, überrollt Fahrräder und rammt einen Lastwagen mit 40 Soldaten [Studenten?], die versuchen, ihn aufzuhalten. Studenten bringen ihn schließlich mit großen Betonklötzen zum Stehen. Die aufgebrachte Menge gießt Benzin auf das Fahrzeug und steckt es in Brand. Der Wagen versucht zurückzustoßen, aber drei Busse blockieren ihm inzwischen den Weg. Die beiden Soldaten des Wagens versuchen zu fliehen, aber die Menge gießt auch Benzin in das Innere des Wagens und greift die Soldaten mit Stöcken an. Einer von beiden ist vermutlich dort gestorben. Der andere, der schwerverletzt ist, wird von Studenten geschützt, bis ein Sanitätswagen erscheint. Die Studenten fordern die Menge immer wieder zu "Menschlichkeit" auf. (G. Mahlmann, in: *Die Zeit*, 9.6.89)

Nach der Darstellung der Hongkonger Zeitschrift *Nanbei Ji* vom 1.7.89, S. 36, wurden die Soldaten eines Schützenpanzers, der auf der Chang'an-Allee durch einen Lieferwagen zum Stehen gebracht und mit benzingetränkten Decken in Brand gesteckt wurde, nicht aus dem Fahrzeug herausgelassen, sondern mit diesem verbrannt [?]. Zwei weitere Schützenpanzer seien vor dem Porträt von Mao Zedong beim Kaiserpalast verbrannt worden. [Nach PB 13 trifft diese Information nicht zu.]

Der Fernsehkorrespondent J. Simpson beschreibt die Lynchjustiz an den Soldaten eines der Schützenpanzer: "Die Hitze schlug uns ins Gesicht, da die Leute andauernd Benzin auf die Motorhaube und das Dach gossen und gegen die Türen und das Panzerglas stießen und schlugen. [...] Das Gebrüll schwoll an: der Griff der rückwärtigen Tür des Fahrzeugs hatte sich ein Stück bewegt, und die Tür öffnete sich langsam. Ein Soldat schob seinen Gewehrlauf heraus, doch der wurde ihm aus den Händen gerissen, und dann wurde er von vielen Händen an den Armen gepackt, sie zogen und zerrten, bis sie ihn schließlich heraus hatten; dann war er verschwunden: ich sah wild schlagende Arme, über die Köpfe erhoben, weil alle sich danach drängten, ihre Schläge zu landen. Innerhalb von Sekunden war er tot, und im Triumph wurde seine Leiche fortgeschleift. Ein zweiter Soldat steckte den Kopf aus der Tür und wurde noch im selben Augenblick an den Haaren, an den Ohren, an der Gesichtshaut herausgezogen. Diesen Soldaten konnte ich sehen: seine Augen rollten, sein Mund war offen, und er war blutüberströmt, wo man ihm die Haut weggerissen hatte. ... und ein anderer fing an, auf seinen Kopf einzuschlagen, bis der Schädel sich spaltete; überall auf der Erde war Blut und Gehirn, und immer noch schlugen sie und schugen weiter auf das, was von ihm übriggeblieben war [...]." Ein dritter Soldat wird in ähnlicher Weise ebenfalls schwer verstümmelt, kann aber schließlich von Studenten in einen Krankenwagen gerettet werden. (J. Simpson, in: *Lettre International*, 6/1989, S. 28)

DOKUMENT

Tagebucheintragungen von Jan Wong, Korrespondent des "Toronto Globe and Mail" am frühen Morgen des 4. Juni 1990 (Auszüge)

1.00 Uhr: Sah einen Schützenpanzer durch die Straßensperren an der Wangfujing/ Chang'an-Kreuzung in Richtung des Platzes durchfahren. Er wurde von der Menge direkt vor Maos Porträt auf dem Platz angehalten. ...

1.18 Uhr: Der Schützenpanzer auf dem Platz brennt.

1.20 Uhr: Geräusch von Gewehrschüssen aus der Gegend um das Qianmen-Tor. ...

2.15 Uhr: Heftigeres Gewehrfeuer.

2.16 Uhr: Massenpanik auf dem Platz (Menschen strömen vom Platz weg). Ein Krankenwagen hielt vor dem Beijing-Hotel, um einen Mann, auf den direkt vor dem Hotel geschossen worden war, aufzunehmen.

2.20 Uhr: Fünf Krankenwagen fahren am Hotel vorbei in Richtung Tiananmen-Platz.

2.23 Uhr: Fünf oder sechs Panzer kamen vom Osten her am Hotel vorbei. Massenpanik. ...

2.35 Uhr: Heftiges Gewehrfeuer vom Platz. Wieder Massenpanik. Die Menge flieht in östlicher Richtung. Truppen marschieren in zwei Reihen über die Chang'an-Straße ostwärts vom Platz, um ihn abzuriegeln, dabei gleichzeitig feuernd. Zehntausende geraten in Panik und laufen ostwärts. ...

2.35 Uhr - 2.48 Uhr: Die Truppen haben einen großen Teil des Platzes geräumt.

3.07 Uhr: Sie beginnen auf Studenten zu schießen, die am östlichen Ende des Platzes Steine auf Soldaten geworfen hatten.

3.12 Uhr: Fürchterliches Gewehrfeuer von gleicher Stelle. [Nach Angaben von PB 13 möglicherweise die explodierende Munition des seit zwei Stunden brennenden Schützenpanzers mit dem Kennzeichen 003.] Eine riesige Menschenmenge flüchtet zurück zum Beijing-Hotel, wird aber nicht durch die geschlossenen Tore hineingelassen.

(*Children of the Dragon*, S. 142)

Schützenpanzer mit Soldaten, die unentwegt schießen, stoßen von Süden her auf den Tiananmen-Platz zu. Bei der Qianmen-Allee fährt ein Teil von ihnen in Richtung Bawangfen [Grab der acht Könige] im Osten, ein Teil in Richtung Gongzhufen [Prinzessinnengrab im Westen.] (*Tiananmen beige*, S. 3)

0.30 Uhr
Ein Konvoi mit 120 Lastwagen - an einem ist ein Transparent mit der Aufschrift "Die Armee liebt das Volk" befestigt - dringt zum Tiananmen-Platz vor. (afp, 4.6.89, nach FAZ, 5.6.89) - Es handelt sich hierbei möglicherweise um einen Teil der von Westen kommenden Hauptangriffstruppen, die jedoch erst zwischen 1.30 Uhr und 2.00 Uhr am Tiananmen-Platz eintreffen.

Ausländische Korrespondenten beobachten vom Beijing-Hotel aus, wie Leuchtkugeln in bunten Farben beim Tiananmen-Platz aufsteigen. (WHB, 9.6.89)

Nicht nur aus dem Zentrum, sondern auch aus den anderen Stadtteilen Beijings sind Schüsse zu hören. Eine Ausnahme bildet lediglich das Diplomatenviertel. (F. Deron, in: LM, 6.6.89)

Etwa 500 Meter von der Kreuzung Xidan entfernt setzt die Armee in großen Mengen Tränengas ein. Die Menschen werfen sich zum Schutz auf den Boden. Genau zu diesem Zeitpunkt gehen einige Fahrzeuge in Flammen auf. Ein späteres Flugblatt der Studenten, das diesen Zwischenfall beschreibt, meint, dieser Brand sei eindeutig von Polizisten in Zivil inszeniert worden. Er solle den Studenten und Bürgern angehängt und als Ausrede für das "Massaker" benutzt werden. (Flugblatt 4.6.89, in: *Xuewo Zhonghua*, Juni 1989, S. 103)

"Das Massaker fängt außerhalb des Tiananmen-Platzes an, dort wird als erstes getötet. Insgesamt soll im Bereich Xidan am meisten gemordet worden sein. Man hört furchtbares Geschrei und Gelächter der Soldaten. Die Soldaten benutzen auch Gewehre mit aufgesetzten Bajonetten. Sie schießen hauptsächlich mit Maschinenpistolen von den Lastwagen aus." (PB 5)

"Im Morgengrauen des 4. Juni fuhren drei gepanzerte Fahrzeuge mit hoher Geschwindigkeit von Norden in die Xidan-Kreuzung ein und rasten gegen einen Bus, der dort als Straßensperre abgestellt war. Das Fahrgeräusch von Kraftfahrzeugen und anhaltendes Gewehrfeuer näherte sich aus der Richtung des Militärmuseums. Eine große Zahl von Menschen fiel in der Zone zwischen dem Militärmuseum und Xidan. Auch Arbeiter, die von der Nachtschicht nach Hause gingen, erlitten Schußverletzungen.

Um 0.40 Uhr verschossen die Truppen etwa 500 Meter von Xidan entfernt Tränengas... Um 0.50 Uhr feuerte eine große Anzahl von Polizisten einer Sondereinheit unter 'Feuer frei'-Rufen eine Salve nach der anderen in die schutzlose Menge von Studenten und Bürgern. Unzählige Menschen waren auf der Stelle tot. Hunderte wurden verletzt. Unter den Toten befanden sich auch unbeteiligte Zuschauer. Wer in engen Gassen Zuflucht suchte, wurde von den Soldaten aufgestöbert und umgebracht... Kurz nach 1.00 Uhr rückte das Militär auf die Xidan-Kreuzung vor. Die Soldaten feuerten wahllos in die Zuschauermenge. Viele Zuschauer wurden getötet. Die Soldaten setzten nicht nur ihre amokartige Schießerei fort, sondern jagten auch Menschen, die vor ihnen davonliefen..." ("Offener Brief des 'Autonomen Studentenverbands Beijing' an die Völker der Welt", in: ai, 1990, S.29)

1.00 Uhr
"Um 1.00 Uhr war die Armee mit Bewaffneter Volkspolizei als Vorhut am Xidan angekommen. ... Die Truppen rückten langsam vor, als ob sie im Dschungel kämpften. Viele von ihnen schossen, manchmal in die Luft, aber häufiger in die Menge. ... Die Chang'an-Allee war voll mit wütenden Leuten. Alle weinten. Sie folgten den Truppen und riefen: 'Banditen! Banditen!' Die Soldaten drehten sich um und schossen auf sie. Sobald jedoch das Gewehrfeuer aufhörte, trugen die Leute die Verwundeten weg und marschierten weiter." (Hou Tianmin, in: *Children of the Dragon*, S. 142)

Die Zentrale der Studentenvereinigung verlegt ihre Lautsprecheranlage zum Fuß des Denkmals der Volkshelden. Die Studenten sammeln sich auf dem Denkmal und drumherum. (Chai Ling, in: C.a., Mai 1989, S. 378 ff.)

Die um das Denkmal versammelten Studenten sind zu etwa zwei Dritteln männlich. Die große Mehrheit der Studenten, etwa 70%, ist aus den Provinzen angereist. Die Beijinger Studenten sind in der Minderheit. Die in den Händen der Studenten befindlichen Waffen, deren Entgegennahme die Truppen am Nachmittag verweigert hatten, werden von den Studenten auf den Stufen des Denkmals der Volkshelden gesammelt und unschädlich gemacht, um zu verhindern, daß Kriminelle sie benutzen oder die Behörden sie als "Beweis" für ein gewaltsames Vorgehen der Studenten mißbrauchen könnten. Gemäß des Augenzeugenberichts eines Qinghua-Studenten war die Lage inzwischen sehr bedrohlich geworden. Der "Autonome Studentenverband" habe die auf dem Platz befindlichen Bürger und Studenten gewarnt, daß ein Blutvergießen wohl kaum mehr zu vermeiden sei und sie aufgefordert, den Platz zu verlassen. Es seien aber mehr als 40.000 Studenten und rund 100.000 Bürger auf dem Platz geblieben. Inzwischen sei eine unübersehbare Masse von Soldaten mit aufgesetzten Stahlhelmen von allen Seiten zum Platz vorgerückt. Auf dem Dach des Museums für Geschichte habe man deutlich Maschinengewehre sehen können. (Qinghua-Student, in: C.a., Mai 1989, S. 375 ff.) - Die oben geschilderten Ereignisse liefen wahrscheinlich später ab, nämlich zwischen 2.30 Uhr und 3.30 Uhr.

Nach der Aufforderung von seiten der Studenten, den Platz zu verlassen, gehen sehr viele Leute weg. Es bleiben jedoch noch gut 30.000 auf dem Platz zurück. (GJJ, Juni 1989, S. 13)

Die Menschen am Rande des Platzes scheinen die Situation noch nicht richtig einschätzen zu können. Neugierig betrachten sie die Panzer, Pärchen spazieren herum, es werden Photos gemacht. (Augenzeugenbericht einer Japanerin, nach PB 12) - Nach PB 13 war die Atmosphäre unter den Leuten auf und am Rande des Platzes bereits sehr angespannt.

"Um 1.00 Uhr ist die Menschenmenge voller Wut. In letzten verzweifelten Versuchen appelliert sie an die menschlichen Gefühle der Soldaten. [...] Die Fahrräder stehen den Soldaten klingelnd gegenüber. [...] Die Menge nähert sich unbewaffnet den Truppen, bis sie sich wegen der Schüsse und Panzer zerstreut. Auf die Gewalt folgt Gewalt: Soldaten werden gelyncht. Ein Panzer geht vor dem Mao-Porträt am Tiananmen-Tor in Flammen auf." [Vergleiche 0.20 Uhr] (F. Deron, in: LM, 6.6.89)

Auf der [Westlichen] Chang'an-Allee schießt eine "Mauer" von Soldaten einem Konvoi mit mindestens 250 Armee-Fahrzeugen den Weg [zum Platz] frei [Diese Truppen erreichen erst zwischen 1.30 und 2.00 Uhr den Tiananmen-Platz.]. Der erste Schützenpanzer bezieht auf dem Tiananmen-Platz Stellung. Sofort wird er von Demonstranten gestürmt [gemeint ist wahrscheinlich der Schützenpanzer mit der Kennziffer 003]. (afp, 4.6.89, nach FAZ, 5.6.89)

Studenten und Bürger, die in die Gassen und Wohnhöfe fliehen, werden auch dort von Soldaten erschossen. (Flugblatt 4.6.89, in: *Xuewo Zhonghua*, Juni 1989, S. 103)

Im Fuxingmen-Krankenhaus sind bereits 120 Verletzte und über 30 Tote eingeliefert worden. (GJJ, Juni 1989, S. 13)

Ein Augenzeuge zählt gegen 1.00 Uhr auf der westlichen Chang'an-Allee mindestens 20 gepanzerte Transportfahrzeuge sowie 450 Armeefahrzeuge mit Soldaten und 100 Jeeps. (XDRB, 10.6.89)

Polizisten errichten im Beijing-Hotel, in dem ein Großteil der ausländischen Journalisten wohnen, drei Kontrollstellen. Sie beschlagnahmen alle Filme, Tonbänder sowie Videofilme und verbieten es den Journalisten, die Ereignisse von den Balkonen aus zu beobachten. (MBYK, Juli 1989, S.45) Nachts wird das Beijing-Hotel von Soldaten gestürmt. Jedes einzelne Zimmer wird durchsucht und den Hotelgästen werden Filme entrissen. (taz, 5.6.89)

Aus vielen Teilen der Stadt beginnen Truppen, sich in Richtung des Tiananmen-Platzes zu bewegen. Gegen 1.30 Uhr rücken Truppen vom Xinhuamen vor. Mit Gewehrschüssen vertreiben sie die Menschenmenge, etwa 100 Menschen werden getötet. (MBYK, Juli 1989, S. 45)

Etwa 600 Soldaten ziehen gegen 1.25 Uhr von Süden her in Richtung des Platzes. Sie schießen dabei permanent Leuchtkugeln in die Luft. Bald darauf erreichen sie die Stufen der Großen Halle des Volkes und bleiben dort. (*Tiananmen beige*, S. 3) Während die Soldaten westlich am Qianmen vorbei zur Großen Halle des Volkes ziehen, kommt es zu Zusammenstößen mit der Bevölkerung, bei denen drei Menschen ums Leben kommen. (ZGSB, 4.6.89)

DOKUMENT

Augenzeugenbericht von Lao Gui über die Auseinandersetzungen beim Qianmen

Gegen 1.30 Uhr gab es Kämpfe auf der Straße südwestlich des Platzes. Ein großer Bus fuhr vom Südosten des Qianmen in unsere Richtung. Die Soldaten in dem Bus warfen Tränengas in die auf dem Platz versammelte Menschenmenge. Zuerst wichen die Leute zurück, aber nicht sehr weit.

Der Bus hielt in der südwestlichen Ecke des Platzes an - den Soldaten war das Tränengas ausgegangen. Die wütende Menge stürmte auf das Gefährt zu und bedeckte es mit einem Hagel von Steinen und Ziegeln. Ein Haufen Leute versuchte, den Bus, "Eins-zwei, Eins-zwei" rufend, umzustürzen, was ihnen aber nicht gelang. Sie hörten damit auf, und einige stiegen in den Bus und begannen, mit Stöcken auf die Soldaten einzuschlagen. Die Nachricht, daß andere Soldaten bereits einige Leute getötet hatten, brachte diese Beijinger Bürger auf. Einige Studenten und ich riefen: "Schlagt sie nicht! Schlagt sie nicht!", aber es war zwecklos. Wir konnten sehen, daß die Soldaten im Bus keine Waffen hatten. Viele wurden zu Tode geschlagen.

Irgend jemand zog einen Soldaten, der noch lebte, aus dem Bus. Die Leute umringten ihn und griffen ihn an. Vier oder fünf von uns versuchten, diesen Soldaten mit unseren Körpern zu schützen. "Schlagt ihn nicht! Schlagt ihn nicht!", schrien wir, "wir wollen keine Gewalt!" Ein hochgewachsener Mann schaute mich ungehalten an und rief: "Sie haben unsere Leute getötet!" ...

Das Geräusch von Gewehrschüssen war ständig aus der Richtung Zhushikou zu hören. Leuchtspurgeschosse blitzten in rascher Folge auf. Ich befand mich in dem Kieferngehölz westlich vom Mao-Mausoleum, als ich einen westlichen Reporter sah. "Einige Leute sind totgeschlagen worden", sagte ich. Er streckte drei Finger aus und sagte in Chinesisch: "Ich sah drei Tote bei Zhushikou. Ihre Bauchdecken waren aufgeschlitzt worden."

Von der südlichen Seite des Qianmen und dann von der südwestlichen Einmündung in den Platz kam ein Kontingent von Luftwaffentruppen. Ihr Gesichtsausdruck war grimmig, und sie sahen zum Töten bereit aus. Sie riefen eine Parole des Vorsitzenden Mao: "Wir werden nicht angreifen, sofern wir nicht angegriffen werden, sollten wir jedoch angegriffen werden, werden wir mit Sicherheit zurückschlagen!"

Ihre halbautomatischen, mit Bajonetten versehenen Waffen in den Händen haltend, rückten die Soldaten rasch in Richtung der Großen Halle des Volkes vor. Als einige Leute sie aufzuhalten versuchten, feuerten die Truppen sofort Warnschüsse über ihre Köpfe hinweg. Die Leute zerstreuten sich, und die Soldaten verschwanden im südlichen Eingang der Großen Halle des Volkes.

Auf der Westseite des Qianmen saßen mehr als 1.000 Soldaten der Luftstreitkräfte auf dem Gras. Sie hatten ihren Marschbefehl erhalten, aber da sie [noch] nicht auf die Leute geschossen hatten, versuchten die anwesenden Zivilisten und Studenten sie zu überzeugen, [auch weiterhin] keine Gewalt anzuwenden. Einige Soldaten öffneten wiederholt die Magazine ihrer Gewehre, um der Menge zu zeigen, daß sie nicht geladen waren. Aber ich sah andere, die schwere Metallkästen und flache grüne Holzkästen trugen, die offensichtlich Munition enthielten.

Die Truppen begannen, sich in Richtung der Großen Halle des Volkes zu bewegen. Tausende von Zivilisten und Studenten umringten sie nun und drängten sie, nicht zu schießen. Einige Frauen weinten verzweifelt, zogen an den Händen der Soldaten und flehten sie an, Gnade mit den Studenten zu haben. Ein Student beschuldigte die Soldaten mit heiserer Stimme, in Muxudi Studenten niedergemetzelt zu haben. Männer und Frauen, alt und jung - alle hatten Tränen in den Augen.

Einige der Soldaten waren von dem Flehen der Leute sichtlich gerührt. Ein Soldat versuchte [die Menschen] zu beruhigen: "Bitte macht Euch keine Sorgen, wir werden niemals das Feuer auf das Volk eröffnen!" ...
(Lao Gui, in: *Children of the Dragon*, S. 142-145)

1.30 Uhr

"Um ungefähr 1.00 Uhr waren im Norden des Platzes Schüsse aus dem Westen zu hören. Man konnte einige große Feuer auf der West-Chang'an-Allee sehen. Die ersten Lastkraftwagen mit Soldaten, die von der West-Chang'an-Allee kamen, erreichten den Nordwesten des Platzes etwa gegen 1.30 Uhr. Ungefähr um diese Zeit sah ein Augenzeuge fünf oder sechs Verwundete an einer Erste-Hilfe-Station in der nordwestlichen Ecke des Platzes...

Nach Augenzeugenberichten teilten sich die Truppen nach ihrer Ankunft in zwei Gruppen auf - die eine bewegte sich allmählich in Richtung des Platzes und begann, in diese Richtung zu schießen. Die andere bewegte sich auf das Tiananmen-Tor zu, wurde aber dann anscheinend durch ein Feuer in der nordwestlichen Ecke abgelenkt. Mehrere Feuer brannten im Norden des Platzes. Eines davon war das Zelt des Unabhängigen Arbeiterverbandes (der während der Proteste gegründet worden war). Auch einige Büsche brannten in der Nordwestecke. Weiter gegen Osten brannte der Schützenpanzer, den die Menge vorher gestoppt hatte. Zu dieser Zeit kam eine Gruppe von ungefähr 15 bewaffneten Polizisten (Wujing) aus dem Eingang der Verbotenen Stadt (Tiananmen-Tor) und griff die Menschen mit Knüppeln an. Einige Jugendliche versuchten, sie mit Molotow-Cocktails zu bewerfen. Die Polizisten griffen wieder an; ein paar Schüsse waren zu hören und die Menschen rannten in Panik zur Ost-Chang'an-Straße." (ai, 1990, S.16)

Einheiten der Armee und der Bewaffneten Volkspolizei beginnen mit der Besetzung und Räumung des Tiananmen-Platzes. Nach Aussage von Zhang Gong, einem Sprecher der Truppen zur Durchsetzung des Ausnahmezustands, erreichten die für die Räumung des Platzes zuständigen Truppen gegen 1.30 Uhr den Tiananmen-Platz. Danach seien die auf dem Platz befindlichen Studenten und Bürger mehrmals über Lautsprecher aufgefordert worden, den Platz unverzüglich zu verlassen. Bis 4.30 Uhr hätten sehr viele Personen den Platz verlassen. Nur im südlichen Teil, am Denkmal der Volkshelden, seien eine Reihe von Studenten zurückgeblieben. (Zhang Gong auf einer von Yuan Mu geleiteten und von der Zentralen Fernsehstation übertragenen Pressekonferenz am 6. Juni)

Die Unstimmigkeiten zwischen den im folgenden u.a. abgedruckten Augenzeugenberichten über die Besetzung und Räumung des Tiananmen-Platzes in den frühen Morgenstunden des 4. Juni sind z.T. auf die unterschiedlichen Standorte der Beobachter und auf die Aufspaltung der Studenten in mehrere Fluchtgruppen zurückzuführen. Der Tiananmen-Platz ist derart groß, daß ein einzelner Augenzeuge keinen Überblick über alle Vorfälle haben konnte, die sich auf dem Platz abspielten. Darüber hinaus dürften die unterschiedliche subjektive Wahrnehmung derselben Ereignisse sowie die unterschiedliche persönliche und/oder politische Interessenlage der Augenzeugen für die z.T. extremen Widersprüche zwischen einzelnen Berichten verantwortlich sein. Die z.T. diametral unterschiedlichen Darstellungen derselben Vorfälle machen deutlich, wie schwierig es in diesem Fall ist, den genauen historischen Ablauf zu rekonstruieren. Daß die Zeitangaben vermutlich identischer Ereignisse nicht immer übereinstimmen, läßt sich zum Teil sicher dadurch erklären, daß in einer derartigen Situation kaum jemand genau auf die Uhrzeit achtet und das persönliche Zeitgefühl leicht durcheinander gerät.

Um 1.30 Uhr erreichen die Truppen den Platz. Sie riegeln alle Zufahrten zum Platz ab, nur am Südende des Platzes bleibt ein Fluchtweg offen. Die Militärlastwagen und Schützenpanzer beziehen am nördlichen Ende des Platzes Stellung, Soldaten postieren sich dazwischen und schießen gelegentlich in die Richtung der Demonstranten. Weitere Soldaten füllen die Stufen zur Großen Halle des Volkes im Westen und zu den Museen für Geschichte und Revolution im Osten. Es sind mindestens 4.000 Soldaten mit AK 47-Maschinenpistolen und langen Schlagstöcken, die sich auf den Museumstreppen aufreihen. (C. Rosett, in: AWSJ, 5.6.89)

Einige der Demonstranten beginnen Gespräche mit den Soldaten vor der Großen Halle des Volkes, um ihnen den eigentlichen Grund der Studentenaktionen zu erklären. (SCMP, 5.6.89, nach ZGSB, 6.6.89)

Laut *Tiananmen beige*, S. 3, befinden sich gegen 1.30 Uhr noch gut 140.000 Menschen auf dem Platz.

Um 1.30 Uhr verkünden die städtische Volksregierung Beijings und der Kommandostab der Truppen zur Durchsetzung des Ausnahmezustands in einer dringenden Mitteilung, daß am Abend in der Hauptstadt ein konterrevolutionärer Aufstand stattgefunden habe. Die "Schläger" hätten Offiziere und Kämpfer der VBA angegriffen, Waffen geraubt, militärische Fahrzeuge in Brand gesetzt, Barrikaden errichtet, Soldaten gekidnappt und vergeblich versucht, die VR China zu unterwandern und das sozialistische System zu stürzen. Die VBA hätte sich in den letzten Tagen sehr zurückgehalten, doch nun sei es an der Zeit, energisch gegen den konterrevolutionären Aufstand durchzugreifen. Alle Bürger der Hauptstadt hätten sich an die Bestimmungen des Ausnahmezustands zu halten und mit der VBA zu kooperieren. Die Bürger und Studenten auf dem Tiananmen-Platz sollten diesen sofort verlassen, damit die Truppen ihre Pflicht erfüllen könnten. Es sei unmöglich, die Sicherheit derjenigen zu garantieren, die sich weigerten, dieser Anordnung zu folgen. Nach der wiederholten Übertragung dieser Mitteilung auf dem Tiananmen-Platz verläßt eine große Zahl der Zuschauer diesen eiligst, aber einige Leute bleiben am Denkmal der Volkshelden am südlichen Ende des Platzes (*Beijing-TV*, 4.5.89, nach SWB, 5.6.89)

* Nach einem Bericht des Polizeikommandanten Gao Dexian vom 7. August wurde am 4. Juni gegen 1.30 Uhr von einigen "Schurken" ein Bus zur Rednertribüne des Tiananmen gefahren und angezündet, mit dem Ziel, das dort angebrachte Porträt Mao Zedongs und die Tribüne selbst in Brand zu setzen. Obwohl die dort postierte Polizeitruppe mit 80 Leuten der Menge von "Schurken" zahlenmäßig weit unterlegen gewesen sei, sei es ihnen gelungen, die Tribüne und das Bild zu retten und die Menschenmenge hinter die zum Tiananmen führenden Goldwasserbrücken zurückzudrängen. Die Beseitigung des Busses sei nur nach längeren Auseinandersetzungen möglich gewesen, da die Demonstranten mit Ziegelsteinen, Betonbrocken und Flaschen nach den Polizisten geworfen und diese zunächst zu einem Rückzug gezwungen hätten. Der Kommandant nennt den letztendlichen Erfolg der Polizei einen "heroischen Beitrag für die Öffentlichkeit" (XNA, 7.8.89) [Vergleiche RMRB unter 2.00 Uhr] In dem offiziellen Bericht von Chen Xitong vom 30. Juni wird ohne weitere Zeitangabe berichtet: "Besonders böswillig war, daß einige Leute in einem öffentlichen Bus, beladen mit Benzinfässern, zum Tiananmen-Tor fuhren, um dieses in Brand zu setzen." Der Bus sei südlich der Brücken zum Tor von Soldaten abgefangen worden. (Chen Xitong, in: BRu, 25.7.89, S. XXV/XXVI)

Chen Laishun (22), ein Student der Photojournalistik der Volksuniversität, wird von einem Soldaten in den Kopf geschossen. Der Soldat hatte bemerkt, daß Chen von einem Hausdach westlich der Großen Halle des Volkes Photos von einigen Soldaten gemacht hatte. Der Student stirbt kurz darauf, während seine Freundin versucht, ihn in Sicherheit zu bringen. Chen Laishun war ein Leiter der studentischen Radiostation auf dem Tiananmen-Platz gewesen. Ein Freund von ihm sagt, weder Chen noch seine Freunde hätten sich vorgestellt, daß die Soldaten es wagen würden, irgend jemanden zu töten. (J. Mathews, in: IHT, 6.6.89)

2.00 Uhr
Beim Minzu-Hotel bereiten sich mehrere tausend Arbeiter mit Eisenstangen und Bambusstöcken und mit Hilfe von vier als Barrikade aufgereihten Bussen darauf vor, die heranrückenden Truppen aufzuhalten. 300 Studenten bilden mit einigem Abstand hinter der Barrikade die zweite Verteidigungslinie. Ein Panzer, der mit hoher Geschwindigkeit heranfährt, ignoriert die Menschen im Bereich der Busse und rammt eine Öffnung in die Busbarrikade. Als der Panzer zurückfährt, wagen sich mehr als 300 Studenten der "Trupps der Todesmutigen" (xuesheng gansidui) nach vorne und hoffen, wie zuvor die Soldaten zur Niederlegung der Waffen bewegen zu können. Doch die Truppen schießen auf sie. (NBJ, 1.7.89, S. 36)

Bei blutigen Zusammenstößen im Westen der Stadt werden nach einer ersten Bilanz mindestens 16 Demonstranten - größtenteils Studenten - getötet und 180 verletzt. (afp, 4.6.89, nach FAZ, 5.6.89)

Die Truppen dringen u.a. aus Richtung der Beijing-Universität, des Sommerpalastes, des Prinzessinnen-Grabs (Gongzhufen) und der Großen Halle des Volkes zum Tianaman-Platz vor. Sobald sie Menschen erblicken, eröffnen sie das Feuer. (OZRB, 6.6.89)

Ein Augenzeuge berichtet, daß nachdem die beiden Schützenpanzer auf dem Tiananmen-Platz in Brand gesetzt worden waren, die Soldaten gegen 1.40 Uhr begonnen hätten, auf die Massen zu schießen. Gegen 2.00 Uhr sei es zu chaotischen Kämpfen gekommen, bei denen die Soldaten oder Bewaffnete Volkspolizisten in die Menge geschossen hätten, nun aber nicht mehr mit Gummigeschossen. Die Menschen seien reihenweise zu Boden gegangen. Kurz darauf seien von Westen her Panzer und Schützenpanzer gekommen, die Menschen seien nach Osten geflohen. Die Masse von Demonstranten und Zuschauern, die kurz zuvor noch die Nordseite des Platzes besetzt hatte, habe sich aufgelöst. (Nach Augenzeugenbericht eines Arbeiters des Hauptstädtischen Eisen- und Stahlwerke, in: *Tiananmen beige*, S. 10)

* Nach einem im August in der *Volkszeitung* veröffentlichten "Augenzeugenbericht" soll gegen 2.00 Uhr ein Bus von Osten her über den Straßenteil am Nordende des Tiananmen-Platzes in Richtung Westen gefahren sein. An der östlichen Ecke der Brücken vor dem Tiananmen sei der Bus nach rechts abgebogen und habe die Soldaten, Kader und Militärfahrzeuge, die dort versammelt waren, angegriffen. Einige Dutzend Soldaten hätten den Bus sofort umzingelt, die Fenster zerschlagen und sechs im Bus befindliche "Rowdies" verhaftet. Untersuchungen hätten ergeben, daß es sich bei einem der Festgenommenen um einen postgraduierten Studenten der Beijing-Universität handelte, der sowohl Mitglied des Ständigen Ausschusses als auch Generalsekretär des "Autonomen Studentenverbands Beijing" gewesen sei. (RMRB, 11.8.89, nach SWB, 14.8.89) [Vergleiche XNA-Bericht unter 1.30 Uhr]

"Nach 2.00 Uhr formierte sich eine Gruppe Soldaten in Reihen quer über die Chang'an-Allee auf der Höhe des Tiananmen-Tores in Richtung Osten. Ein Augenzeuge beschrieb, daß sie sich in drei Reihen aufstellten - eine kniende oder sich duckende, die zweite etwas darüber und die dritte Reihe dahinter stehend. Sie begannen, ein paar Minuten lang in Richtung auf die Menschen im Nordosten des Platzes zu schießen und hörten dann auf. Es gab danach mindestens zwei weitere solcher Feuerstöße, als die Soldaten während der nächsten Stunde etappenweise zur Ost-Chang'an-Allee vorrückten. Einige Augenzeugen berichteten, daß zwischen den Salven dieser Truppe auch aus anderen Richtungen Schüsse kamen. Einige Kugeln flogen über die Menschen, einige waren Querschläger, andere trafen aber Menschen. Die Menschenmenge an der Ecke von der Ost-Chang'an-Allee und dem Tiananmen-Platz rannte während des Schießens davon und kam zwischen den Salven wieder auf den Platz zurück. Einige sangen die Internationale und andere schrieen Schlagworte. Ein oder zwei an der Spitze der Menge stehende Personen warfen Gegenstände nach den Truppen. Zwischen 2.30 und 3.00 Uhr kam ein Bus aus der Ost-Chang'an-Allee und fuhr an der Menge vorbei zu den Truppen in der nordöstlichen Ecke des Platzes. Einige Schüsse fielen. Der Bus wurde langsamer und hielt an. Soldaten umringten ihn, zertrümmerten die Scheiben und - so wird angenommen - töteten den Fahrer." (ai, 1990, S.16-17)

Am frühen Morgen des 4. Juni 1989 dringen nicht nur Soldaten von drei Seiten auf den Tiananmen-Platz vor, sondern auch aus dem Mao-Mausoleum und aus der Halle des Volkskongresses stürmen Truppen und schießen auf die Menschen. Zur gleichen Zeit eröffnen auch die Truppen vom Dach der Halle des NVK mit Maschinengewehren das Feuer. Die Studenten auf dem Platz geraten in Panik und flüchten in alle Himmelsrichtungen. Ihnen wird auch in den Rükken geschossen. Diejenigen, die den Verletzten helfen wollen, werden niedergeschossen. Nach dem ersten Sturm verkündet die Armeeführung mit Lautsprechern, daß 1.500 Kriminelle erschossen worden seien [vergleiche erste Meldung zum 4. Juni]. In den Nebenstraßen haben sich die Geflüchteten erneut formiert und sind zurückgekommen. Sie bilden um die Freiheitsstatue eine Menschenkette und singen. Sie werden niedergeschossen. (taz, 5.6.89)

Die Soldaten drängen erneut von allen Seiten aus ihren Stellungen hervor und beginnen, mit Gummigeschossen und scharfer Munition auf die Demonstranten zu schießen. Die meisten Demonstranten fliehen. Nur rund 2.000 Studenten und Arbeiter scharen sich um das Monument der Helden des Volkes. 20 Panzer kommen die Chang'an-Allee herunter und schießen bei jeder Kreuzung, die sie passieren. Vom Norden des Platzes her treiben die Soldaten die Fliehenden schießend und prügelnd vor sich her. Panzerwagen rollen über Gestürzte. Überall liegen die Toten und Verwundeten in ihrem Blut. Einige Soldaten schießen in die Luft, andere schießen gezielt auf alles, was sich bewegt. Aus Pistolen, Gewehren und sogar Maschinengewehren feuern die Soldaten der VBA auf Studenten, Arbeiter, Frauen und Kinder. Das älteste Opfer ist 78, das jüngste drei Jahre alt. Ärzte und Krankenwagen werden ebenfalls unter Beschuß genommen. Auch Studenten, die Verletzte in Sicherheit bringen wollen, werden auf der Stelle niedergeschossen. Bis gegen 5.00 Uhr früh sind Explosionen und Schüsse aus dem Stadtzentrum zu hören. Den Soldaten schlägt eine Welle des Hasses entgegen. Studenten retten einen Panzersoldaten vor der Lynchjustiz. Im Osten der Stadt soll die Leiche eines Soldaten an einer Brücke hängen. In den Straßen Beijings stehen überall bis in die Außenbezirke hinein brennende Armee-Fahrzeuge. Kurz nach 2.00 Uhr stürmen schwer bewaffnete Soldaten in voller Kampfmontur von drei Seiten den Platz des Himmlischen Friedens. Mit Tränengas und Schnellfeuergewehren werden die Demonstranten in die Flucht geschlagen. Panzer beziehen Stellung. (taz, 5.6.89)

Da laut Augenzeugenaussage [PB 13] die Ereignisse, die die *taz* unter 2.00 Uhr und kurz nach 2.00 Uhr berichtet, nicht zu diesen Zeitpunkten passierten, ist anzunehmen, daß der *taz*-Bericht einen Zeitraum von 2.00 Uhr bis etwa 5.00 Uhr beschreibt. Diese Vermutung und der Bericht der *taz* werden bestätigt durch ein am 5. Juni in der Stadt ausgehängtes Flugblatt mit einem Augenzeugenbericht, nach dem gegen 3.00 Uhr an der Mündung der Chang'an-Allee auf den Tiananmen-Platz auf Studenten und Bürger geschossen wurde, die davon überrascht wurden, daß das Militär hier echte Munition einsetzte und wahllos auf die Menge schoß. (Flugblatt "Augenzeugenbericht eines Sanitäters über das Massaker auf dem Tiananmen-Platz", 5.6.89)

Soldaten trampeln ein 12jähriges Mädchen zu Tode. Sie schießen auf unbewaffnete Menschen, gleich welcher Herkunft und gleich welchen Alters. (ap, nach HAZ, 6.6.89)

Die aus der Großen Halle des Volkes gekommenen Soldaten sollen zunächst nur Platzpatronen benutzt haben, ebenso Soldaten an der Überführung vom Jianguomen. (PB 13) Nach einem anderen Bericht wurden zumindest auf dem Tiananmen-Platz u.a. auch Gummigeschoße eingesetzt. (*Beijing xuesheng yundong wushiri*, S. 178)

Gegen 2.00 Uhr nähern sich auch von Süden her etwa 2.000 Bewaffnete Volkspolizisten. Sie schießen aber nicht und biegen nach Westen ab, als sie das südliche Ende der Großen Halle des Volkes erreichen. (*Tiananmen beige*, S. 4)

Die Studenten geben auf dem Platz über Lautsprecher durch, daß bei Xidan schon mindestens 13 Menschen getötet und über 200 verletzt worden sind. Sie berichten von drei Toten beim Jianguomen [vergleiche, 0.20 Uhr] und über 20 Toten beim Yongdingmen im Süden. Verletzte erreichen den Tiananmen-Platz. Ein Arbeiter kommentiert: "... diesmal sind sie zu weit gegangen, das ist das Ende der KPCh. Wer wird bereit sein, nach diesen Geschehnissen [für diese Regierung] zu arbeiten?" (LSC, Juni 1989, S. 79)

Als Reaktion auf die Nachrichten, die die Studenten auf dem Tiananmen-Platz erhalten, schwärmen zahlreiche Angehörige der Ordnertrupps aus, um die Kommilitonen an verschiedenen Schlüsselpunkten (Tiananmen, Jianguomen, Xidan und Dongdan) zu unterstützen. Während es in den Zufahrtsstraßen zum Platz um diese Zeit zu heftigen Auseinandersetzungen kommt, ist es auf dem Platz selbst verhältnismäßig ruhig und leer. Die Studenten ziehen sich aber immer wieder hierhin zurück. (Augenzeugenbericht eines Angehörigen der Ordnertrupps der außerhalb Beijings Studierenden, in: MB, 23.6.89, nach *Tiananmen 1989*, S. 419)

Ebenfalls gegen 2.00 Uhr sollen Arbeiter und andere Leute den Arbeiter-Kulturpalast im Nordosten des Tiananmen-Platzes gestürmt und dort Feuer gelegt haben. (ZGSB, 4.6.89)

"Um 2.05 Uhr beobachtete ich, daß Truppen aus dem Tiananmen herausstürmten und ein Sperrfeuer eröffneten. Ich sah, daß vor mir mehrere Dutzend Menschen getötet wurden... Etwas später zogen sich die Truppen vor dem Ministerium für öffentliche Sicherheit zusammen, während wir uns schräg gegenüber vor dem Beijing-Hotel aufstellten. Zwischen [den Soldaten und uns] lagen Leichen. Jedesmal, wenn Zivilisten versuchten, die Toten zu bergen, wurden sie von den Soldaten unter Beschuß genommen. Dies passierte mehrmals, und jedesmal wurden mehr Menschen niedergeschossen." (Tao Ye, in: *Children of the Dragon*, S. 149)

2.20 Uhr
Soldaten der VBA stürmen den Tiananmen-Platz und treiben die Demonstranten gewaltsam auseinander, die zu Zehntausenden bis zuletzt ausgeharrt hatten. (afp, 4.6.89, nach FAZ, 5.6.89)

Eine Gruppe von Studenten wagt einen Angriff auf die Soldaten und gepanzerten Wagen vor dem Tiananmen. Als die Soldaten vorrücken, läuft ein gutes Dutzend Studenten ihnen entgegen. In einem Kugelhagel stürzen sie zu Boden. Nach Augenzeugen sollen 11 oder 12 Studenten der Qinghua-Universität unter den Toten sein. (AW, 16.6.89, S. 31) [Ohne Zeitangabe]

Mehr als 5.000 Soldaten, die von Süden vorgedrungen waren, müssen sich unter den Stockschlägen der Bevölkerung zeitweilig zurückziehen. (OZRB, 6.6.89)

Die Soldaten, die vom Süden her zum Tiananmen-Platz ziehen, sind junge Rekruten, "Landjungen". Sie sollen die Rückenstellung halten, während die Haupttruppen den Platz räumen. Obwohl sie mit Steinen beworfen werden und einige dabei zu Boden gehen, laufen die Soldaten weiter in Richtung des Platzes. Bewußtlose Soldaten werden von den Anliegern geborgen und behandelt. Man fragt sie, warum sie gegen ihr eigenes Volk kämpfen wollen. (R. Thomson, in: FT, 5.6.89)

Etwa 10.000 Studenten, unter ihnen die vier Hungerstreikenden, verbleiben in der Nähe des Denkmals der Volkshelden. (MBYK, Juli 1989, S. 45) Sie bilden eine Menschenkette, um ausländische Journalisten zu schützen, die sich noch auf der obersten Plattform des Denkmals befinden. Auf dem Platz legt die wütende Menge Feuer am Gebäude des Amtes für öffentliche Sicherheit. (OZRB, 6.6.89)

Gegen 2.25 Uhr bewegen sich mehr als 80 Panzer (eine etwa ein Kilometer lange Kolonne, OZRB, 6.6.89) auf der Chang'an-Allee von Osten her mit hoher Geschwindigkeit gen Westen. (MB, 5.6.89, nach SWB, 6.6.89)

2.30 Uhr
Um 2.30 Uhr sind die Studenten an drei Seiten des Platzes von Zehntausenden von Soldaten umstellt. Weiterhin sind Schüsse von der Nordseite des Platzes zu vernehmen [Nach PB 13 soll es sich dabei um die explodierende Munition des vor dem Tiananmen ausbrennenden Schützenpanzers mit der Kennziffer 003 handeln.]. C. Rosett berichtet, daß sie während einer halben Stunde, die sie neben dem Sanitätszelt der Studenten auf dem Platz stand, sieben durch Schüsse verwundete Studenten gesehen habe, die von Kommilitonen herbeigetragen wurden. Einer sei vom Nordwesten des Platzes gekommen, sechs weitere vom Nordosten, wo gerade ein Busfahrer in einer Selbstmordaktion versuchte, mit seinem Bus einen Schützenpanzer zu rammen und aufzuhalten. Soldaten hätten den Busfahrer ergriffen und fortgeschleppt. Später habe es geheißen, der Fahrer sei von den Soldaten getötet worden. Von 2.00 Uhr bis 4.00 Uhr kommt es zu einem Stillstand aller Aktivitäten auf dem Platz. Die Studenten sind nicht bereit, das Denkmal zu verlassen: "Wir fürchten den Tod nicht." Über Lautsprecher fordert Hou Dejian alle auf dem Platz auf, nur gewaltlose Mittel zu verwenden. Gleichzeitig verbreiten die offiziellen Lautsprecher die Warnung, daß die Armee rücksichtslos vorgehen werde und alle den Platz verlassen sollten. Arbeiter nutzen die Kampfpause, um mit den Truppen an den Seiten des Platzes zu reden. Sie bewegen die Soldaten jedoch zu keinem Dialog. Ein westlicher Diplomat vermutet daher, daß es sich bei den Soldaten um Angehörige von nationalen Minderheiten handelt, die kein Hochchinesisch sprechen. (C. Rosett, in: AWSJ, 5.6.89)

Ein Augenzeuge berichtet, daß Hou Dejian etwa um diese Zeit über Lautsprecher ankündigte, daß er mit Vertretern der Truppen zur Durchsetzung des Ausnahmezustands über einen friedlichen Abzug der Studenten verhandeln wolle. Von seiten der Truppen gab es keine Reaktion. Daraufhin begab sich Hou Dejian in Begleitung von einigen Studenten in die Kommandostelle der

Truppen zur Durchsetzung des Ausnahmezustands. [Vergleiche 3.30 bis 4.30 Uhr] (Augenzeugenbericht eines Angehörigen des "Ordnungstrupps der außerhalb Beijings Studierenden", in: MB, 23.6.89, nach *Tiananmen 1989*, S. 420)

Um den Platz herum brennen Soldaten mit Flammenwerfern die Straßenbäume ab [?]. In der Nähe des südlich gelegenen Yongding-Tores gehen Soldaten mit aufgepflanzten Bajonetten gegen die Bevölkerung vor. (OZRB, 6.6.89)

Im Haidian-Bezirk versperren Bewaffnete Volkspolizisten Studenten, die in die Innenstadt wollen, den Weg. Zahlreiche Studenten werden durch die von den Polizisten eingesetzten Gummigeschosse verletzt. (BX, 9.6.89, S. 5)

3.00 Uhr
Ab 3.00 Uhr sollen nach Aussage eines Augenzeugen Soldaten an der West- und Ostseite des Platzes aufmarschiert sein. Aus dem Nordtor der Großen Halle des Volkes kommen Soldaten, die zunächst mit Platzpatronen auf die Zivilisten schießen. (PB 13) An der Nordseite des Tiananmen-Platzes sind inzwischen Schützenpanzer aufgereiht, deren Maschinengewehrläufe auf die etwa 5.000 um das Heldendenkmal gruppierten Studenten gerichtet sind. (LCS, S. 79) Soldaten drängen die Menschenmenge im Nordosten des Platzes auf die Chang'an-Allee. Die Menschen sammeln sich vor dem Beijing-Hotel. Plötzlich läuft ein Mädchen aus der Menge heraus auf die Soldaten zu. Ihr folgen einige Jugendliche. Die Soldaten schießen, einige Menschen fallen zu Boden. Tote und Verletzte werden von Einwohnern auf Rikschas fortgefahren. (AW, 16.6.89, S. 31) Auch auf der Höhe von Dongdan fallen Schüsse. (PB 11)

Die ersten Rettungsfahrzeuge erreichen den Platz. Rund 800 Soldaten blockieren im Schneidersitz die Chang'an-Allee. (afp, 4.6.89, nach FAZ, 5.6.89) Obwohl es Verletzte auf beiden Seiten gibt, lassen die Truppen Rettungswagen nicht auf den Platz fahren. Ein Rettungswagen wird mit Gewehrschüssen belegt. (Nach Augenzeugenbericht eines Arbeiters des Hauptstädtischen Eisen- und Stahlkombinats, in: *Tiananmen beige*, S. 10) Die Krankenhäuser dürfen keine Rettungsaktionen durchführen. Viele Rettungswagen werden, sobald sie auftauchen, mit Maschinengewehrsalven belegt, zahlreiche Sanitäter können dem Blutbad nicht entrinnen. (Flugblatt der Beida-Studenten, 4.6.89) Ärzte verschiedener Krankenhäuser sagen später aus, daß sie häufig beim Bergen von Verletzten behindert wurden. Wegen des Widerstands der Armee sei es schwer gewesen, einige Bereiche des Platzes, in denen Verletzte waren, zu betreten und zu verlassen. Ein Arzt berichtet, daß sein Ambulanzwagen von Maschinengewehrschüssen getroffen wurde, als er mit mehreren Verletzten den Platz verließ. (TST, 6.6.89)

"Bereits bis 3.00 Uhr morgens war eine Reihe von Verletzten zu dem Erste-Hilfe-Team gebracht worden, das im nordöstlichen Teil des Tiananmen-Platzes ein Zelt aufgestellt hatte. Einige waren nur leicht verwundet, andere hingegen schwer. Später wurden noch mehr Verletzte gebracht ... Ein Student, den irgendwo mitten auf dem Platz eine Kugel genau ins Auge getroffen und ihm einen Teil des Schädels weggerissen hatte, war bereits tot, als er zu dem Erste-Hilfe-Zelt gebracht wurde..." (Augenzeugenbericht, in: ai, 1990, S.2)

Studenten der Qinghua-Universität erklären, sie würden entsprechend den Anweisungen ihrer autonomen Vereinigung handeln. Man werde auf Gewalt verzichten, um unnötige Verluste zu vermeiden. Aber ohne Opfer werde es nie eine Demokratie geben. Sofern sie diese Tage überlebten, wollten sie den Kampf fortführen; im ganzen Land wollten sie bekanntgeben, was an diesem Tage passiert sei. (LSC, S. 79)

Im Fernsehen wird berichtet, in Beijing sei es zu einem schwerwiegenden konterrevolutionären Verrat gekommen, "Rowdies" hätten rücksichtslos Soldaten der VBA angegriffen, Waffen erbeutet und Soldaten geschlagen. Sie beabsichtigten, die Regierung der Volksrepublik und den Sozialismus zu stürzen.

Gleichzeitig nähert sich ein zwei bis drei Kilometer langer Militärkonvoi von Westen her dem Tiananmen-Platz. Im Osten zieht eine Panzerdivision mit ca. 20.000 Soldaten in die Stadt ein. Auf dem Platz gehen die Truppen mit Feuerwerfern, Bajonetten und Maschinengewehren gegen die Menge vor. Die Studenten fordern über ihr Lautsprechersystem die Gegenseite zu Gesprächen auf. Das Militär schenkt der Aufforderung keine Beachtung. Etwa 200 Soldaten rücken von Süden her auf die Große Halle des Volkes zu. Die Menge ruft "Faschisten!", und nicht wenige werfen mit Ziegelsteinen nach den Fenstern der Großen Halle des Volkes. (MBYK, Juli 1989, S. 45)

Ärzte des Fuxing-Krankenhaus fordern Verletzte, die sich nach den Kämpfen an der Brücke von Muxidi zu ihnen begeben haben, auf, sich in andere Krankenhäuser bringen zu lassen, da die Blutreserven und andere für Operationen notwendige Mittel des Krankenhauses bereits aufgebraucht seien. (MBYK, Februar 1990, S. 52)

3.20 Uhr
Armee-Fahrzeuge beziehen auf dem Tiananmen-Platz Stellung. Ohnmächtig schreit ihnen die Menge "Streik, Streik" entgegen. (afp, 4.6.89, nach FAZ, 5.6.89)

Das Beijinger Fernsehen berichtet unter Bezug auf die *Xinhua*-Nachrichtenagentur, ein Sprecher des Kommandostabs zur Durchsetzung des Ausnahmezustands habe erklärt, die Truppen hätten in Übereinstimmung mit den Bestimmungen des Ausnahmezustands am 3. Juni den Befehl erhalten, u.a. auf den Tiananmen-Platz zu ziehen, um den Aufruhr in der Stadt zu beenden. Die Truppen wären jedoch behindert und mehr als 1.000 Soldaten verletzt oder getötet worden. Rebellen wären ins Ministerium für Rundfunk, Film und Fernsehen eingedrungen. Andere Aufrührer hätten Türen und Fenster der Großen Halle des Volkes beschädigt. Zum Schrecken der Bevölkerung hätten sie Rettungswagen und Helfer davon abgehalten, Verwundeten zu Hilfe zu kommen. Daher sahen sich die Truppen gezwungen, um die Sicherheit von Menschen und Eigentum zu schützen, die kleine Zahl "konterrevolutionärer Gauner" hart zu bestrafen und den Tiananmen-Platz zu säubern, auf dem einige Leute üble Gerüchte verbreitet und zu illegalen Aktivitäten angestiftet hätten. Alle von den Truppen ergriffenen Maßnahmen seien völlig legal. Die VBA, die die heilige

Pflicht habe, das Vaterland und das Recht des Volkes auf friedliche Arbeit zu schützen, werde resolut die Anordnungen des Staatsrats über den Ausnahmezustand ausführen. (*Beijing TV*, 4.6.89, nach SWB, 5.6.89)

* Im August veröffentlicht die *Volkszeitung* einen "Augenzeugenbericht", in dem es heißt, um 3.26 Uhr sei die "Göttin der Demokratie" von Soldaten abgebaut worden. Gegen 3.00 Uhr habe der Kompanieführer Zhang Dongxu einen Plan zur Zerstörung der Statue entworfen. Daraufhin sei ein Stoßtrupp gebildet worden, der sich bis auf 20 Meter der Statue näherte. Dort seien die Soldaten von einer Gruppe von Studenten und "Gaunern" aufgehalten worden. Diese seien der Aufforderung, die Statue freizugeben, erst gefolgt, nachdem die Soldaten sie mit ihren Gewehren bedrohten. Der Artikel legt die Flucht der Gruppe vor der "starken Kraft" der Truppen als Zeichen der "Schwäche" dieser Leute aus. (RMRB, 11.8.89) Nach Berichten von Auslandskorrespondenten und Videoaufzeichnungen, die im chinesischen Fernsehen gezeigt wurden, wurde die Statue allerdings erst gegen 5.00 Uhr durch einen Panzer gestürzt. (Vergleiche dort)

3.30 bis 4.30 Uhr
Gegen 3.30 Uhr ist der Tiananmen-Platz von Einheiten der VBA umstellt. (ap, nach NZZ, 6.6.89)

"Die Truppen erreichten die nordöstliche Ecke des Platzes um ungefähr 3.00 Uhr und versperrten den Eingang zum Platz. Sie hatten jetzt die vollständige Kontrolle über das nördliche Ende des Platzes. Verschiedene Quellen schätzen, daß bis dahin in diesem Teil des Platzes durch Schüsse etwa 20 bis 30 Menschen verwundet und 'einige' getötet worden waren. Die Verwundeten wurden in Fahrradtaxis weggebracht.

Um 3.30 Uhr hatte sich die Menschenmenge auf der Ost-Chang'an-Allee in der Nähe der Nanchizi-Straße gesammelt. Mindestens 20 Minuten lang herrschte Ruhe. Die Menschen entspannten sich und nahmen anscheinend an, es würde keine weiteren Schießereien mehr geben, da die Truppen jetzt den Zugang zum Platz blockiert hatten. Plötzlich, ohne Vorwarnung oder vorangegangene Provokation, begannen die Truppen wieder zu schießen. Mehrere Augenzeugen sagten, daß sehr viel geschossen wurde und daß es lauter war als zuvor. Sie beschrieben das Schießen als sehr lange anhaltendes Maschinengewehrfeuer. Einer Quelle zufolge rannten die Menschen einen ganzen Häuserblock weit zur Nanheyan-Straße, als das Feuer eröffnet wurde. Die Truppen feuerten ihnen hinterher. Einige Kugeln gingen über die Köpfe hinweg und manche Leute duckten sich auf den Boden, andere rannten in Nebenstraßen hinein. Mehrere Augenzeugen berichteten, sie hätten viele Verletzte gesehen. Einer von ihnen zählte zwischen 36 und 38 Verwundeten, die weggetragen wurden. Einige hatten Bauchwunden, andere Verletzungen im Rücken oder an den Beinen. An der Ecke der Wangfujing-Straße (weiter östlich auf der Chang'an-Allee) befand sich ein anderer Augenzeuge, der viele Verletzte sah, die in Rikschas oder Fahrradtaxis weggebracht wurden: einem Mann war der obere Teil des Kopfes weggerissen worden. Andere hatten schwere Brust- oder Bauchwunden.

Inzwischen war es auf dem Platz am Denkmal für die Helden des Volkes sehr ruhig geworden. Über die Lautsprecher der Studenten waren die Menschen mehrere Male aufgefordert worden, sich am Denkmal zu versammeln. Viele saßen um das Denkmal herum oder auf den Stufen, einige schliefen. Nach Schätzungen verschiedener Quellen befanden sich dort ungefähr um 3.30 Uhr zwischen 3.000 und 5.000 Studenten. Die Atmosphäre war ruhig. Ein paar junge Arbeiter des "Korps der Todesmutigen" (etwa zwei Dutzend nach einer Quelle) waren vorher zwischen dem Denkmal und dem nördlichen Ende des Platzes hin- und hergerannt. Sie hatten Pfähle und Stöcke und schienen entschlossen, ihr Leben zu opfern...

Um 3.30 Uhr hatte die Armee den gesamten Platz unter Kontrolle. Im Norden hatten Truppen die Zugänge zum Platz abgeriegelt. Ihnen folgten Panzer und Schützenpanzer, die sich im Norden des Platzes aufreihten und dort bis ungefähr 5.00 Uhr blieben. Im Osten des Platzes saß eine große Anzahl Soldaten vor dem Museum der Chinesischen Geschichte und im Westen hielten Truppen die Große Halle des Volkes besetzt. Etwa um Mitternacht waren Truppen von der West-Qianmen-Allee aus gekommen und hatten in der südwestlichen Ecke Stellung bezogen. Andere Truppen kamen später aus dem Süden und feuerten dabei in die Luft. Nach zwei Augenzeugenberichten waren ungefähr um Mitternacht einige Schüsse im Süden des Platzes zu hören gewesen. Ein Augenzeuge sagte, daß er gesehen habe, wie drei Menschen - darunter ein alter Mann und eine alte Frau - erschossen wurden, als Soldaten aus der Qianmen-Straße anrückten.

Um 3.30 Uhr befanden sich außer den Studenten am Denkmal viele Zivilisten an verschiedenen Stellen des Platzes, besonders entlang den Seiten und im südlichen Teil." (ai, 1990, S.17-18)

Um 3.30 Uhr verhandeln Hou Dejian und einige andere mit VBA-Vertretern (MBYK, Juli 1989, S. 45). Nach einem von der *Volkszeitung* veröffentlichten "Augenzeugenbericht" waren die Verhandlungspartner auf seiten des Militärs der Regiments-Politkommissar Ji Xingguo und zwei Soldaten (RMRB, 11.8.89). Die Vertreter der Studenten erklären dem Vertreter des Kommandostabs zur Durchsetzung des Ausnahmezustands, daß die Studenten bereit seien, den Platz zu verlassen (Chai Ling, in: C.a., Mai 1989, S. 378 ff.). Den Studenten wird daraufhin vorgegeben, innerhalb einer halben Stunde über die südliche Ecke des Platzes abzuziehen, da die Armee den Auftrag habe, den Platz bis 7.00 Uhr zu räumen. (ZM, Juni 1989, S. 14)

Ein Korrespondent der Nachrichtenagentur *Reuter* berichtet von abweichenden Zeugenaussagen in bezug auf die Verhandlungen mit den Militärs. Ein Augenzeuge meint, die ersten Verhandlungsversuche gegen 3.30 Uhr seien gescheitert, die zweiten durch den Angriff der Soldaten abgebrochen worden. In einer anderen Zeugenaussage heißt es, Hou Dejian sei in den Verhandlungen ein Aufschub des Eingreifens bis 7.00 Uhr zugesichert worden. Daraufhin hätten die Studenten abgestimmt und offenbar für einen Rückzug gestimmt. Als die ersten Studenten abzogen, seien jedoch gepanzerte Verbände auf den Platz vorgerückt, hätten die Zelte niedergewalzt und zu schießen begonnen. (G. Dinmore (rtr), 4.6.89, in: FAZ, 5.6.89)

Hou Dejian verhandelt mit der Armee, um sie zu überreden, die Studenten abziehen zu lassen, ohne auf sie zu schießen. Ein Student berichtet: "Es war ein zweistündiges Gespräch, von dem wir nichts wußten." Hou Dejian habe die Volksarmee schließlich überredet, daß ein Durchgang im südöstlichen Teil des Platzes gebildet werden solle. Die Armee habe gefordert, daß alle Studenten innerhalb einer halben Stunde den Platz räumen müßten, sonst würde auf sie geschossen. (PB 5)

Gegen 3.45 Uhr nähert sich von Süden her erneut eine VBA-Einheit dem "Südtor" [Zhengyangmen?]. (*Tiananmen beige*, S. 4)

4.00 Uhr
In regelmäßigen Abständen sind MG-Salven aus mehreren Stadtteilen im Westen, Südosten und Süden Beijings zu hören. (afp, 4.6.89, nach FAZ, 5.6.89)

Um 4.00 Uhr [sic!] sendet das englischsprachige Programm von *Radio Beijing* eine Ansage, die völlig aus dem Rahmen der offiziellen Berichterstattung herausfällt:

DOKUMENT

Appell eines Rundfunksprechers von "Radio Beijing" am frühen Morgen des 4. Juni

Erinnert den 3. Juni 1989! Ein äußerst tragisches Geschehen ereignete sich in Beijing, der chinesischen Hauptstadt. Tausende von Menschen, die meisten unschuldige Zivilisten, wurden von vollbewaffneten Soldaten getötet, als diese sich ihren Weg ins Zentrum bahnten. Unter den Toten sind auch Kollegen von *Radio Beijing*. Die Soldaten fuhren auf Panzerwagen und schossen mit Maschinengewehren auf Tausende von Einwohnern und Studenten, die versuchten, ihren Weg zu blockieren. Wenn die Armeekonvois es geschafft hatten durchzustoßen, schossen die Soldaten weiterhin ihre Patronen in die Menschenmenge auf der Straße. Augenzeugen sagen, einige Schützenpanzer hätten sogar Infanteristen überrollt, die angesichts der Widerstand leistenden Zivilisten zögerten. Die Englischabteilung von *Radio Beijing* trauert zutiefst um jene, die während des tragischen Vorfalls gestorben sind, und appelliert an alle seine Hörer, an unserem Protest gegen diese grobe Verletzung der Menschenrechte und die barbarische Unterdrückung des Volkes teilzunehmen. Wegen der abnormalen Situation hier in Beijing sind das alle Informationen, die wir Ihnen geben können. Wir bitten Sie aufrichtig um Ihr Verständnis und danken Ihnen, daß Sie uns in diesem äußerst tragischen Moment beistehen.
(*Radio Beijing*, engl., 4.6.89, nach SWB, 5.6.89)

Nach dieser Ansage wird der Rundfunksprecher sofort entlassen und später verhaftet. (MB, 5.6.89, nach SWB, 6.6.89) Verantwortlich für diese Rundfunkmeldung soll der stellvertretende Leiter des englischen Programms von *Radio Beijing* Wu Xiaoying (32) gewesen sein, ein Sohn des stellvertretenden Ministerpräsidenten und Mitglied des Politbüros, Wu Xueqian. Wu Xiaoying wird nach der Sendung ebenfalls verhaftet. (ZM, März 1990, S. 19)

Auf dem Tiananmen-Platz erlöschen um 4.00 Uhr die Lichter. Im Licht eines Scheinwerferstrahls stürmt eine große Menge Soldaten auf das Denkmal der Volkshelden zu. Mehr als 5.000 auf dem Platz verbliebene Studenten werden eingekreist. Mehrere zehntausend Bürger kehren auf den Platz zurück und singen die "Internationale". Acht Militärfahrzeuge [Schützenpanzer] fahren auf den Platz. (MBYK, Juli 1989, S. 45)

Soldaten des 27. Armeekorps stürzen aus den Toren des Regierungssitzes Zhongnanhai, der Großen Halle des Volkes, der Verbotenen Stadt und des Revolutionsmuseums und gehen mit größter Brutalität gegen die Demonstranten auf dem Tiananmen-Platz vor. Sie schießen fliehenden Demonstranten aus wenigen Metern Abstand in den Rücken, [Schützen-]Panzer walzen Menschen nieder und reißen deren Köpfe und Gliedmaßen ab. In den Krankenzelten, die von den [Schützen-]Panzern ebenfalls überrollt werden, sterben angeblich rund 100 Ärzte und Krankenschwestern. Die Soldaten schießen wie im Blutrausch: Vor ihnen kniende Studentinnen werden ebenso umgebracht wie ein Kind, dessen Körper ein halbes Dutzend Einschüsse aufweist. Das jüngste Opfer im Bei-San-Hospital ist drei Jahre alt. (*Der Spiegel*, 24/1989, S. 149)

Um 4.00 Uhr morgens werden die Menschen über öffentliche Lautsprecher erneut aufgefordert, den Platz zu verlassen. Nach 20 Minuten flackern die Beleuchtungen am Platz, kurz darauf zieht die Armee auf den Platz. Ein Teil der Studenten zieht sich zurück, einige Menschen fallen verletzt zu Boden. Ein Augenzeuge sieht, daß ein [Schützen-]Panzer über mindestens zehn Menschen hinwegrollt. Gleichzeitig werden Granaten eingesetzt, bei denen es sich nach Augenzeugenaussage vermutlich nicht um Tränengasgranaten gehandelt haben soll, da sie nicht Tränen, sondern Übelkeit hervorriefen. (XDRB, 7.6.89)

Um 4.00 Uhr gehen die Straßenlaternen aus. In der Dunkelheit rücken die Schützenpanzer am Denkmal vorbei. Die Zuschauer an den beiden Seiten des Platzes ziehen sich zu den südlichen Straßenmündungen zurück. (C. Rosett, in: AWSJ, 5.6.89)

Nach Aussage zweier Offiziere im September gegenüber der *Xinhua*-Nachrichtenagentur wurden die Lichter auf dem Platz um 4.10 Uhr abgeschaltet und um 4.30 Uhr wieder angeschaltet als Signal an die Truppen, sich für die Räumung bereitzumachen und auf den Tiananmen-Platz vorzurücken. (XNA, 18.9.89, nach SWB, 21.9.89) Der Fernsehkorrespondent J. Simpson, der in dieser Zeit mit seinem Fernsehteam auf dem Tiananmen-Platz filmte, berichtet, daß die Lichter um 4.00 Uhr ausgeschaltet wurden und um 4.40 Uhr wieder angingen. (J. Simpson, in: *Lettre international*, 6/1989, S. 28)

4. Juni 1989

"Um 4.00 Uhr gingen plötzlich die Lichter auf dem Platz aus. Etwa 45 Minuten später wurden sie wieder eingeschaltet. (... Laut dem offiziellen Bericht der *Volkszeitung* vom 24. Juni 1989 gingen die Lichter kurz nach 4.25 Uhr aus und wurden um 5.30 Uhr wieder eingeschaltet. ...) ... Dann kamen Hunderte von bewaffneten Soldaten aus der Großen Halle des Volkes. Andere folgten aus der südwestlichen Ecke. Ein Schützenpanzer kam aus der südöstlichen Ecke gerast und durchbrach die dortigen Barrikaden entlang der Straße. Einer der vier chinesischen Intellektuellen, die sich seit dem 2. Juni im Hungerstreik auf dem Platz aufgehalten hatten, kündigte am Denkmal plötzlich an, sie hätten mit den Soldaten eine Übereinkunft zur Evakuierung der Studenten durch die südöstliche Ecke getroffen. In Eigeninitiative hatten die Hungerstreikenden in der vorhergehenden Stunde mit der Armee einen Rückzug für die Studenten ausgehandelt. Viele Studenten und Arbeiter wollten nicht gehen; es gab Reden und Diskussionen, danach eine Abstimmung. Die Rufe derjenigen, die bleiben wollten, waren offenbar lauter, aber ein Studentenführer kündigte an, daß die Räumung beschlossen worden sei. Bevor die Lichter wieder eingeschaltet wurden, begannen die Studenten in Gruppen den Platz zu verlassen. Einigen Berichten zufolge hatten sich die meisten bis 5.00 Uhr vom Denkmal entfernt." (ai, 1990, S.18)

Um 4.15 Uhr werden zwei Autos, die mit kaputten Ziegelsteinen und benzingefüllten Flaschen beladen sind, von Einwohnern auf den Tiananmen-Platz gefahren. Sie sollen dazu dienen, eine Verteidigungsfront auf dem Platz aufzubauen. Die Studenten drängen die Fahrer zurückzufahren. Es sei schon genug Blut geflossen, man wolle nicht noch mehr sinnlose Opfer haben. Sinnvoller sei es, in der ganzen Stadt die Nachricht der schrecklichen Ereignisse zu verbreiten und zu einem Generalstreik aufzurufen. Zu diesem Zeitpunkt seien auf dem Platz die Lichter ausgegangen, woraufhin sich die Studenten und Bürger im Dunkeln um das Heldendenkmal gesammelt hätten. (Flugblatt "Augenzeugenbericht eines Sanitäters über das Massaker auf dem Tiananmen-Platz", 5.6.89)

Gegen 4.25 Uhr sind die Studenten, die in der Mitte des Platzes [gemeint ist das Heldendenkmal] noch immer einen Sitzstreik aufrechterhalten, völlig umzingelt. Die Truppen stellen ihnen das Ultimatum, bis 4.30 Uhr den Platz zu verlassen, andernfalls würden sie mit Waffengewalt auseinandergetrieben. Die Studenten ziehen weinend und die "Internationale" singend ab. Der Platz wird mit acht Schützenpanzern besetzt. Es folgen Panzertruppen in großer Anzahl. (OZRB, 6.6.89)

4.30 bis 5.30 Uhr
Ein Augenzeuge schätzt, daß gegen 4.30 Uhr noch etwa 3.000 Studenten im Bereich des Heldendenkmals versammelt waren. (R. Munro, in: SCMP, 23.9.89, nach XNA, 28.9.89)

Nachdem Hou Dejian zu den Studenten zurückgekehrt ist, sollen er und Wu'er Kaixi sich nach Aussage eines Augenzeugen für einen Rückzug eingesetzt haben, um ein Massaker zu vermeiden. Die Studenten hätten sich zunächst nicht einigen können und seien noch geblieben; schließlich hätten sie doch beschlossen, den Platz zu verlassen, aber die Soldaten hätten nicht aufgehört zu schießen. [In dem Augenzeugenbericht wird nicht genau angegeben, wann und auf wen geschossen wird.] Hou Dejian habe ihnen nochmals zugerufen: "Kommilitonen, es ist genug von unserem Blut geflossen. Gebt Euch keinen Illusionen über die Partei und die Regierung hin. Wir warten hier auf ein blutiges, großes Gemetzel. Für unsere Zukunft müssen wir unsere Kräfte sparen..." "...Ich werde ganz zuletzt den Platz verlassen." Beim Verlassen des Platzes hätten die Soldaten mit Eisen- und Holzknüppeln auf die Studenten eingeschlagen. Viele hätten ihre Schuhe verloren, und auch die Kleider seien zerrissen worden. Manche Studenten, die niedergeschlagen wurden, hätten nicht mehr aufstehen können, weil man sie auf der Flucht überrannte. "Auf einmal wurden alle Lichter auf dem Platz gelöscht, und die Todesschwadronen rückten vor den Panzern vor. So kam es, daß, nachdem eine Reihe von Studenten niedergeschossen war, sie sofort von den Panzern überrollt wurden. So konnte man die Toten später überhaupt nicht mehr erkennen. Zu der Zeit gab es nur ein großes Gemenge und furchtbare Schreie. Zuletzt kamen noch die Schaufelbagger, die die Toten und Schwerverletzten auf Lkws luden, um sie dann zu verbrennen. Außerdem wurde immer dort geschossen, wo der Scheinwerfer hinkam. Wie viele Leute im ganzen getötet worden sind, ist schwer zu sagen. Sobald es Tote gab, kamen die Schaufelbagger und holten sie weg. Später [d.h. nach 5.30 Uhr] wurden sie dann mit Benzin übergossen und sofort eingeäschert. Das Rote Kreuz gab eine Zahl von 3.000 Menschen an. Ich glaube, daß es mindestens 3.000 waren, darunter viele, die als Helfer des Roten Kreuzes dienten. Es waren etwa fünfzig. Sie wurden bei ihrer Arbeit, also auf dem Weg zu den Verwundeten und zurück zu den Sanitätsstellen, erschossen." (PB 5)

Bei den zu diesem Zeitpunkt aus der Großen Halle des Volkes hervorstürmenden Soldaten handelte es sich um ein Spezialkommando von 205 Soldaten und Offizieren, das am Morgen gegen 1.30 Uhr auf Anweisung von höheren Stellen zusammengestellt worden war. Aufgabe des Sonderkommandos sollte es sein, die Zentrale des "Autonomen Studentenverbands" zu zerschlagen. Die Vorhut dieser Elitetruppe bildete die "4. Kompanie". Die Einkreisung des Heldendenkmals erfolgte durch die 1. bis 4. Kompanie, während der Sturm auf das Denkmal selbst die Aufgabe des Sonderkommandos war. Die Vorhut stieß bei ihrem Vorstoß offensichtlich auf größere Mengen von Schaulustigen, die am Rande des Platzes versammelt waren. Nach offizieller Aussage stürmte die 4. Kompanie daraufhin in geteilter Formation in Richtung des Heldendenkmals. (RMRB, 24.7.89)

Mehr als hundert Militärlastwagen mit mehreren tausend Soldaten nähern sich von Westen dem Tiananmen-Platz und sammeln sich in der Nähe des Xinhuamen. (BX, 9.6.89, S. 3)

Um 4.30 Uhr wird die Mitteilung des Kommandostabs der Truppen zur Durchsetzung des Ausnahmezustands von 1.30 Uhr über die Lautsprecher auf dem Tiananmen-Platz übertragen. Die Menschen beginnen, den Platz zu verlassen, nachdem sie den Aufruf der Studenten, sich zurückzuziehen, akzeptiert haben.

Danach wird eine Mitteilung der Beijinger Volksregierung und des Kommandostabs über die schnelle Wiederherstellung der Ordnung auf dem Platz übertragen. In der Mitteilung heißt es, der Tiananmen-Platz im Herzen der Hauptstadt sei ein Symbol des neuen China, ein wichtiger Platz für politische Versammlungen und Empfangszeremonien. Doch sei er jetzt ein Platz geworden, auf dem eine sehr kleine Handvoll Leute Aufruhr schüre und Gerüchte verbreite. Um wieder normale Ordnung auf dem Platz zu schaffen, habe die Stadtregierung Beijings im Einklang mit der Bestimmung Nr.1 zur Verhängung des Ausnahmezustands beschlossen, den Platz umgehend zu räumen:
1. Alle Belegschaften auf dem Platz sollten diesen unverzüglich nach dieser Übertragung verlassen.
2. Die Truppen hätten die Erlaubnis, alle Mittel anzuwenden, um gewaltsam gegen jene vorzugehen, die sich weigerten, dieser Mitteilung zu folgen oder Widerstand leisten.
3. Nach der Räumung des Platzes werde dieser unter die strikte Aufsicht der Truppen gestellt.
4. Es werde erwartet, daß die patriotischen Studenten und Leute, die den Staat nicht ins Chaos stürzen wollen, aktiv mit den Truppen kooperieren und ihre Pflicht, den Platz zu verlassen, erfüllen würden.

(*Beijing-TV*, 4.6.89, nach SWB, 5.6.89)

Um 4.30 Uhr kündigt der stellvertretende Leiter des "Oberkommandos zur Verteidigung des Tiananmen-Platzes", Feng Congde, den Rückzug der Studenten an. (BX, 9.6.89, S. 3) Nach den Verhandlungen ziehen ein- bis zweitausend Menschen vom Platz ab. (ZM, Juni 1989, S. 14)

Um 4.30 Uhr folgt einer Abstimmung der Studenten der Beschluß, den Platz zu verlassen. Während die Menge sich zurückzuziehen beginnt, sind die Truppen bereits bis in die Nähe des Denkmals vorgerückt, Panzerkolonnen fahren herbei, schießen auf die Menge und überrollen Zelte auf ihrem Weg. (MBYK, Juli 1989, S. 45) Der Augenzeugenbericht der Studentenführerin Chai Ling stimmt mit diesen Angaben überein und ergänzt, daß die heranstürmenden Soldaten die Lautsprecheranlage und Megaphone der Studenten zerstörten, so daß ihnen keine Möglichkeit blieb, ihren Beschluß allen auf dem Platz Verbliebenen mitzuteilen. Die Soldaten hätten auch auf das Denkmal der Volkshelden geschossen. Am äußersten Rand des Platzes hätten Leute des "Autonomen Arbeiterverbands" gekämpft. Sie seien allesamt, mindestens 20 Menschen, getötet worden. Später hätten die Studenten erfahren, daß von den Panzern und Schützenpanzern aus die Zelte und Kleidungsstücke mit Benzin übergossen wurden. Die Leichen der Kommilitonen wären verbrannt und der Platz später mit Wasser abgespritzt und gereinigt worden. (Chai Ling, in: C.a., Mai 1989, S. 378 ff.)

Ein Hongkonger Augenzeuge berichtet, daß bei der Abstimmung über einen Abzug der Ruf für "Bleiben" seiner Meinung nach lauter gewesen sei als der Ruf für "Zurückziehen". Trotzdem hätten die Studentenführer den Abzug befohlen. (NBJ, 1.7.89, S. 36)

DOKUMENT

Tonbandaufnahmen eines deutschen Journalisten am Heldendenkmal kurz vor der Räumung des Tiananmen-Platzes (Auszüge)

...

Studentenfunk [wahrscheinlich irgendwann zwischen 1.00 Uhr und 2.30 Uhr]: Kommilitonen. Wir tragen eine historische Verantwortung. Wir müssen für uns selbst entscheiden, ob wir das Denkmal verteidigen wollen. Wir sollten diejenigen aufhalten, die versuchen, der Armee Widerstand zu leisten. Haltet alle auf, die versuchen zurückzuschlagen.

An alle Studenten, die den Platz bewachen: Kommt zum Denkmal zurück. Wir müssen das Denkmal schützen. Und die Banner der Demokratie.

...

Studentenfunk [wahrscheinlich gegen 3.00 Uhr]: Liu Xiaobo, Zhou Duo und Gao Xin fordern dringend die Armee auf, damit aufzuhören, ihre Maschinengewehre und Bajonette zu benutzen, um unbewaffnete Zivilisten abzuschlachten. Unser Prinzip ist Gewaltlosigkeit. Unser Hungerstreik war ein friedliches und gesetzliches Mittel, unsere Unzufriedenheit auszudrücken. Wir protestieren gegen die Verhängung des Kriegsrechts. Aber jetzt ist zuviel Blut vergossen worden. Das darf nicht so weitergehen. Wir beschwören Euch, Vertreter zum Denkmal zu schicken, um sofort mit uns zu verhandeln. Wir übernehmen die Verantwortung, die Studenten davon zu überzeugen, den Platz zu verlassen.

...

Hou Dejian [wahrscheinlich gegen 4.15 Uhr]: Studenten, Mitbürger (Applaus), wir haben bereits viel Blut vergossen.
Männliche Stimme: Bitte seid ruhig!
Hou Dejian: Wir können hier nicht länger bleiben. Studenten und Mitbürger, ich wage zu behaupten, daß unsere Bewegung erfolgreich war (Beifallsrufe und Applaus), aber heute haben wir nicht gewonnen. Studenten, alle hier und jetzt versammelten Menschen sind herausragende Bürger Chinas (Applaus). Keiner von uns fürchtet den Tod, aber unser Tod sollte einem Zweck dienen. Ich spreche für alle vier von uns, die im Hungerstreik stehen. Wir haben Euch Studenten nicht um die Erlaubnis gefragt, eine bestimmte Aktion zu unternehmen. Vor wenigen Augenblicken sind wir an der Nordseite des Platzes gewesen, um mit den Soldaten zu sprechen. Wir fanden ihren Kommandeur. Wir [sagten ihm, daß wir] hofften, daß nicht noch mehr Blut vergossen werden müsse. Wir sprachen mit dem Politkommissar der Einheit 51048, Oberst Ji Xinguo, und er hat dem Kommando der Kriegsrechtsstreitkräfte Bericht erstattet. Wir sind übereingekommen, daß alle Bürger der Volksrepublik China den Platz in Sicherheit verlassen sollten.
Männliche Stimme: Nein! Nein!
Zhou Duo: Studenten! Wenn wir auch nur einen weiteren Tropfen Blutvergießen vermeiden können, dann wird es soviel mehr Hoffnung für die Zukunft unseres Marsches in Richtung Demokratie geben.
(Geräusche von Panzern)

Männliche Stimme: Seid bitte ruhig!
Zhou Duo: Wir sind übereingekommen, die Studenten so schnell wie möglich vom Platz zu geleiten. Die Soldaten haben uns erzählt, daß sie von ihren Kommandeuren den Befehl bekommen haben, den Platz vor Morgengrauen zu räumen. Das bedeutet, sie werden alle notwendigen Mittel einsetzen, [um diesen Befehl auszuführen].
Studenten, wir können nicht unsere Fäuste gegen Soldaten einsetzen, die mit Gewehren und Bajonetten ausgerüstet sind. Es gibt keine Möglichkeiten mehr für weitere Verhandlungen. Wir müssen jetzt wirklich alles versuchen, uns zu retten. Sie [die Soldaten] haben zugestimmt, einen Durchgang an der Südecke des Platzes freizuhalten, damit wir abziehen können. Wir hoffen, daß wir uns geordnet und sicher zurückziehen können, und zwar jetzt sofort.
Liu Xiaobo: Wenn wir Demokratie erreichen wollen, dann müssen wir jetzt damit anfangen, und zwar bei uns selbst. Die Minderheit sollte auf die Mehrheit hören. Das ist ein Grundprinzip der Demokratie.
Hou Dejian: Freunde, egal, wie Ihr darüber denkt, was ich getan habe: Ich hoffe, wir können sicher und friedlich den Platz verlassen. Ich persönlich werde am gefährlichsten Platz bleiben, bis der letzte von Euch gegangen ist. (Applaus)
Liu Xiaobo: Was Hou gerade gesagt hat, entspricht den Wünschen von allen von uns vier. Wir werden bleiben, bis der letzte von Euch gegangen ist.
...
Männliche Stimme (über Lautsprecher): Sie [die Truppen] haben das Volk hinterhältig angegriffen. Wenn wir hier bleiben, werden wir unnötig sterben. Einige Studenten wollen bleiben, weil sie die trügerische Hoffnung haben, daß die Regierung keine Gewalt gegen sie anwenden wird. Doch es ist absurd, unser Leben zu riskieren. Wir sollten unsere Kräfte bewahren. Jetzt bitte ich Euch, sofort den Platz zu verlassen.
Liu Xiaobo (über Lautsprecher): Laßt uns bei den Händen fassen. Laßt uns ruhig sein und gründlich über die Situation nachdenken und über das, was wir als nächstes tun sollten. Die Entscheidung darüber, ob wir den Platz verlassen oder nicht, hängt von jedem einzelnen hier ab.
Männliche Stimme: Wenn wir denn sterben müssen, dann laßt uns zusammen sterben!
Liu Xiaobo: Studenten! Studenten! Während der ganzen Bewegung haben uns die Bürger und Arbeiter von Beijing sehr unterstützt. Wir können die Bewegung nicht ohne ihre Unterstützung gewinnen. Ich bin jetzt davon überzeugt, daß alle hier versammelten Studenten zusammen den Platz sicher verlassen können, aber ich kann nicht für die Sicherheit der [anderen] Bürger garantieren. In diesem wichtigen Moment appelliere ich an alle Studenten, ihr Möglichstes zu tun, um die Bürger zu schützen, und den Platz an der Südecke geordnet zu verlassen.
Männliche Stimme: Schnell, laßt uns gehen!
Eine andere männliche Stimme: Hinsetzen!
Eine dritte männliche Stimme: Zielt auf uns! Los doch! [Gemeint sind die herangerückten Soldaten.]

518   4. Juni 1989

(Die "Internationale" wird gesungen)
Singende Menge: Die Volksarmee kämpft nicht gegen das Volk! Die Volksarmee kämpft nicht gegen das Volk!
Männliche Stimme: Wenn ich ein Gewehr hätte, ich würde keine Angst haben, es zu gebrauchen.
Studentenfunk: Soldaten und Offiziere, Ihr seid die Söhne des Volkes! Zielt nicht auf das Volk!
Menge: Zielt nicht auf das Volk!
Männliche Stimme: Was tun sie?
(Gewehrfeuer)
Männliche Stimme: Sie schießen auf die Lautsprecher!
Eine andere männliche Stimme: Das sind ja richtige Kugeln!
Dritte männliche Stimme: Schießt nicht auf das Denkmal!
Menge: Schießt nicht auf das Denkmal!
Weibliche Stimme: Schießt nicht auf das Denkmal! ...
Männliche Stimme: Schützt Euch - sie werden gleich mit Tränengas schießen!
(Geräusche von Panzern und Gewehrschüssen)
Männliche Stimme: Zieh sie her! Zieh sie in unsere Reihen!
Eine andere männliche Stimme: Sie werden uns gleich schlagen. Hört auf! Hört auf!
Männliche Stimme: Ich forderte sie auf, ihre Zelte zu verlassen. Sie wollten meinem Rat nicht folgen. [Sic!]
(Die "Internationale"; Maschinengewehrfeuer; Schreie)
Männliche Stimme: Laßt uns einander ganz fest bei den Händen halten.
(Die "Internationale")
Weibliche Stimme: Keine Panik!
Eine andere männliche Stimme: Nicht schieben! Nicht schieben!
Männliche Stimme: Schlagt nicht das Volk! Schlagt nicht das Volk!
(Fluchen; Durcheinander verschiedener Dialekte)
Männliche Stimme: Keine Panik!
Eine andere Stimme: Meine Brille!
Männliche Stimme: Los, los!
Männliche Stimme: Hört auf zu stoßen, aufhören... ich falle!
(*Children of the Dragon*, S. 165-168)

Als die Studenten um 4.40 Uhr gerade im Begriff sind abzuziehen, wird eine Leuchtrakete in den Himmel geschossen, die Laternen des Platzes werden wieder eingeschaltet. Die Nordseite des Platzes ist voll von Soldaten. Aus der Großen Halle des Volkes stürmt eine Armee-Einheit hervor. Die mit Gasmasken und Stahlhelmen ausgerüsteten Soldaten stellen an der Frontseite des Heldendenkmals zehn Maschinengewehre auf, die auf das Denkmal gerichtet werden. Daraufhin stürmt eine große Anzahl von Soldaten und Bewaffneten Volkspolizisten in die Menge der Studenten um und auf dem Denkmal. Auf die Studenten, ihre Lautsprecheranlagen und sonstigen Einrichtungen mit elektrischen

Schlagstöcken, Gummiknüppeln und anderen Spezialwaffen einschlagend, bahnen sich die Soldaten einen Weg bis zur dritten Stufe des Denkmals. Durch diese Aktion werden die Studenten in mehrere Gruppen geteilt. Gleichzeitig wird das Denkmal von Schützenpanzern und Armee-Einheiten eingeschlossen, so daß nur in Richtung Südosten eine Lücke offenbleibt. Die Studenten versuchen trotz allem, auf dem Denkmal sitzenzubleiben, müssen aber schließlich doch der Gewalt weichen. Auf die herabsteigenden Studenten eröffnen Soldaten mit Maschinengewehren das Feuer. Viele Studenten werden tödlich verletzt, andere auf diese Weise wieder zu den prügelnden Soldaten auf dem Denkmal zurückgetrieben. Arbeiter und Bürger versuchen daraufhin, mit Flaschen und Holzstöcken den Soldaten Widerstand zu leisten. Der "Autonome Studentenverband" verbreitet die Aufforderung, sich vom Platz zurückzuziehen. Die Studenten drängen zu der ursprünglich von den Schützenpanzern offengelassenen Lücke im Südosten [Richtung Qianmen], die inzwischen versperrt ist. Es nähern sich der Menschenmenge über 30 Schützenpanzer, die einige Studenten zu Tode quetschen. Der Versuch, einen Schützenpanzer zur Seite zu schieben, gelingt nach mehreren Todesopfern. Ca. 3.000 Studenten schaffen es, durch die Lücke in Richtung des Museums für Geschichte zu fliehen. Sie werden von einem Kugelhagel begleitet, nur etwa 1.000 Studenten kommen dort an. Zusammen mit der Menge vor dem Museum zuschauender Bürger fliehen die entkommenen Studenten gen Süden zum Qianmen, da der Norden des Platzes besetzt ist und von dort auf sie geschossen wird. Nach Aussagen des Qinghua-Studenten stürmen danach noch weitere Gruppen von Studenten aus dem Ring der Schützenpanzer heraus, wobei ebenfalls viele zu Boden geschossen werden. Gegen 5.00 Uhr soll die letzte Gruppe Studenten aus der Einkreisung geflohen sein. (Qinghua-Student, in: C.a., Mai 1989, S. 375 ff.) - Träfe dieser Bericht zu, so wären auf dem Tiananmen-Platz 2.000 Studenten erschossen oder schwer verletzt worden. Tatsächlich scheint es jedoch bei dem Abzug der Studenten zwischen 4.45 Uhr und 5.30 Uhr keine oder nur sehr wenige Todesopfer gegeben zu haben.

Gegen 4.40 Uhr befinden sich noch 2.000 Studenten beim Denkmal. Der Platz ist an allen Seiten von Militär besetzt. Schützenpanzer fahren über die Zelte. Kurz darauf brechen die Studenten auf, um den Platz zu verlassen. Sie halten sich an den Händen, singen die "Internationale" und ziehen über die südöstliche Ecke des Platzes ab. Die Soldaten halten sich mit dem Schießen zurück, schlagen aber mit ihren Knüppeln nach den Studenten. (AW, 16.6.89, S. 31)

"In der Zwischenzeit hatte jedoch eine Abteilung von 200 Soldaten - sie gehörten zu denjenigen, die aus der Großen Halle des Volkes gekommen waren - zu einem Angriff auf das Denkmal angesetzt. Sie zerstörten die Lautsprecherausrüstung der Studenten und schlugen Berichten zufolge Personen, die im Wege standen, mit Knüppeln nieder. (Dieser Angriff ist im Detail in einem Artikel der *Volkszeitung* vom 24. Juni beschrieben, welcher auch den größten Teil der nachfolgenden Beschreibung bestätigt.) Eine Zeitlang herrschte Chaos am Denkmal und einige Soldaten begannen zu schießen. Nach einigen Quellen (auch nach dem Artikel in der *Volkszeitung*) schossen die Soldaten über die

Köpfe der Menschen hinweg auf die Lautsprecher der Studenten am Denkmal. Sie zerstörten sie, aber niemand wurde getötet. Andere Quellen besagen, daß einige Menschen am Denkmal von Kugeln getroffen wurden. Unter denjenigen, die angeben, daß Menschen bei diesem Vorfall ums Leben kamen, war ein chinesischer Student. Dieser wurde in Presseberichten am 5. Juni folgendermaßen zitiert: 'Ich saß auf dem Boden, als eine Kugel mein Haar streifte. Studenten um mich herum fielen hin, etwa 20 bis 30. Eine Gruppe von Arbeitern, die uns beschützte, wurde getötet.' Einige Ausländer behaupten hingegen, sie hätten keine Toten am Denkmal gesehen." (ai, 1990, S.19)

Laut einem Videofilm, den ein Soldat am 4. Juni auf dem Platz gedreht haben soll und der Anfang Oktober 1989 im chinesischen Fernsehen gezeigt wurde, waren am frühen Morgen des 4. Juni beim Einmarsch der Truppen auf den Tiananmen-Platz noch 3.000 Menschen um das Heldendenkmal und die "Göttin der Demokratie" versammelt. (ZTS, 3.10.89, nach SWB, 6.10.89) Li Peng spricht dagegen in einem Interview gegenüber *Die Welt* von nur 2.000 Demonstranten, die sich zu diesem Zeitpunkt noch auf dem Platz befunden hätten. (DW, 20.11.89)

Nach Aussage einer nicht chinesischen Augenzeugin, die in der Nacht zusammen mit den Studenten am Denkmal war, standen nach der Umzingelung des Denkmals einige Soldaten in Schützenposition, während andere mit übergroßen Schlagstöcken bewaffnet waren. Die Studenten, die die Bedrohung erkannten, schoben die Frauen nach hinten und sangen händehaltend die "Internationale". Nachdem die Soldaten anfingen zu schlagen, seien die Studenten in "panischer Angst" geflohen. Die Soldaten hätten die Flüchtenden verfolgt. Nur wenigen [!] sei die Flucht gelungen. (PB 11)

Ein anderer Augenzeuge sagt, ähnlich wie der Qinghua-Student, nur ein Teil der Studenten, der sich südlich vom Denkmal befand, habe sich zurückgezogen. Diejenigen Studenten nördlich des Denkmals mit Blick auf das Mao-Bild hätten weiter aushalten wollen und seien erst gegen 5.00 Uhr abgezogen. (Augenzeugenbericht eines chinesischen Studenten nach PB 12)

Nach wiederholten Abstimmungen, ob der Platz verlassen werden sollte, faßt eine größere Gruppe [der Studenten] schließlich gegen 5.00 Uhr den Entschluß, abzuziehen. Sie bilden geschlossene Reihen und ziehen mit erhobenen Fahnen und Bannern nach Süden Richtung Qianmen ab. (PB 13) Videofilm-Ausschnitte, die vom chinesischen Fernsehen ausgestrahlt wurden, zeigen mehrere Minuten lang, wie Studenten in geschlossenen Reihen und mit erhobenen Fahnen und Bannern am südöstlichen Teil des Mao-Mausoleums vorbei in Richtung Qianmen abziehen. Mehrfach brechen einzelne Studenten aus dem Zug in Richtung Westen aus. Nachdem der Zug das Qianmen erreicht hat, laufen eine Reihe von Studenten auch in östlicher Richtung. Die in die Ausschnitte eingeblendeten Zeiten reichen von 5.17 Uhr bis 5.27 Uhr. Nach PB 13 sagte ein weiterer Informant, daß auch nach dem geordneten Abzug noch eine unbekannte Anzahl von Studenten auf dem Platz blieb. Diese Aussage wurde indirekt von einem Sprecher der Truppen zur Durchsetzung des Ausnahmezustands, Zhang

Gong, bestätigt, demzufolge "nicht wenige Studenten" nach Verhandlungen zwischen Vertretern der Studenten und der VBA "freiwillig" den Tiananmen-Platz "in südöstlicher Richtung" verließen. Zhang Gong ging nicht darauf ein, was mit jenen Studenten geschah, die sich nicht "freiwillig" an dem "friedlichen Abzug" beteiligten. Er betonte jedoch, daß während der Räumung des Platzes von 4.30 Uhr bis 5.30 Uhr kein einziger Student getötet worden sei. Bevor die Armee die Zelte der Studenten zerstört habe, hätten Soldaten jedes Zelt darauf untersucht, ob darin noch Studenten gewesen seien. Überhaupt hätten sich die Soldaten bei ihrem gesamten Einsatz in Beijing "sehr zurückgehalten". Nur deshalb sei es auf seiten der VBA zu so großen Verlusten an Menschen und Material gekommen. (Zhang Gong auf einer von Yuan Mu geleiteten und von der Zentralen Fernsehstation übertragenen Pressekonferenz am 6. Juni) - Es ist anzunehmen, daß Videokameras der Sicherheitsorgane während der gesamten Dauer der Protestbewegung die Vorgänge zumindest auf dem Tiananmen-Platz aufzeichneten. Wenn diese Annahme zutrifft, dann ist es sehr verwunderlich, daß die politische Führung diese Aufnahmen nicht veröffentlichen ließ, um unumstößlich zu beweisen, daß bei der Räumung des Tiananmen-Platzes tatsächlich kein Student getötet wurde.

Nach der Abstimmung beginnen die Studenten gegen 5.00 Uhr aufzubrechen. Die Truppen lassen sie vom Denkmal aus nur in die nordöstliche [?] Ecke und nur in die kleinen Gassen (hutong) gehen, so daß ein dichtes Gedränge entsteht. Als die Studenten auf der Hauptstraße ankommen, fahren Panzerkampfwagen und Schützenpanzer rücksichtslos gegen alles an. Es werden Giftgaskugeln geschossen. Einige Menschen werden überrollt. Um 5.30 Uhr marschiert die Armee auf dem Platz ein, feuert auf die Studenten am Denkmal und auf die Radiostation. Außerdem wird von hinten auf die flüchtende Menge eingeschlagen, wodurch sich das Gedränge noch verstärkt. (Flugblatt der Beida-Studenten, 4.6.89) - Dieses Flugblatt enthält einige Unstimmigkeiten gegenüber anderen Darstellungen. So sind zumindest die Zeitangaben um einiges verschoben.

Kurz vor 5.00 Uhr gehen die Lichter auf dem Platz wieder an. Die Truppen stehen nun bereit, mit den Waffen auf das Denkmal gerichtet. Die Armee warnt, daß sie den Auftrag hat, den Platz bis 7.00 Uhr zu räumen. Um 5.00 Uhr kündigen die Studenten ihren Rückzug an. Sie beginnen, die Stufen des Denkmals herabzusteigen. Die Soldaten folgen schnell, um 5.05 Uhr hat der erste Soldat mit schußbereitem Gewehr die oberste Stufe des Denkmals erreicht. Um 5.20 Uhr ist das Denkmal vollständig von mehreren hundert Soldaten besetzt. Schützenpanzer rollen über die Zelte, geben Gas und verfolgen abziehende Studenten, die immer wieder umkehren, um das Geschehen zu beobachten. Mehrere tausend Soldaten marschieren auf den Platz und beziehen zu beiden Seiten des Mao-Mausoleums am Südende des Platzes Position. Einige Studenten zögern noch mit dem Rückzug und gehen "Faschisten" rufend auf die Soldaten zu, bis diese erneut schießen. Weiterhin "Faschisten" und "Nieder mit Li Peng" rufend, beginnen die Studenten ihren Rückzug zu den Universitäten. (C. Rosett, in: AWSJ, 5.6.89) - Auffallend an dieser Darstellung ist die völlige Ausklammerung der Frage, ob es auf dem Platz bei der Räumung zu Toten gekommen ist.

Ebenso berichtet LSC, S. 79, daß, nachdem gegen 5.00 Uhr die Lichter auf dem Platz wieder angegangen sind, ein Teil der Studenten mit erhobenen roten Fahnen und unter Tränen abgezogen sei. In der Nähe der "Göttin der Demokratie" sei aber eine Gruppe von mehreren hundert Menschen, größtenteils Arbeiter, zurückgeblieben. Diese Gruppe hätte den Märtyrertod gewählt, es habe für sie keine Chance [mehr] gegeben, lebend zu entkommen.

In einem schriftlichen Bericht eines Beijinger Studenten heißt es, daß in der nordwestlichen Ecke des Tiananmen-Platzes, im Bereich der Sendestation des "Autonomen Arbeiterverbands", Leute auf dem Platz geblieben seien. Dort seien etwa 1.200 Menschen getötet worden. (JSND, 16.6.89, S. 36)

Ein Augenzeuge berichtet gegenüber der Zeitschrift *Zhengming*, später sei der Fluchtweg [nach Südosten] geschlossen worden, mehr als 600 Menschen hätten es nicht mehr geschafft zu fliehen und seien getötet worden. Die letzten, die den Platz hätten verlassen können, seien einige Ärzte des 6. Krankenhauses gewesen. Sie seien alle geschlagen worden. Auf die Frage, was denn mit den Zurückgebliebenen sei, hätten die Ärzte geantwortet, sie seien alle tot. (ZM, Juni 1989, S. 14)

Nach Aussage eines Hongkonger Studenten trägt Wu'er Kaixi den seit zwei Tagen hungerstreikenden Hou Dejian vom Platz. Nach der Abstimmung ziehen sich die Studenten nach und nach weinend zurück. Die zuletzt flüchtenden Studenten und Rotkreuz-Rettungsleute werden von den Soldaten mit Schüssen verfolgt und von Panzern überrollt. Es heißt, einige Studenten, die sich weigerten zu flüchten, seien beim Denkmal der Volkshelden erschossen worden. (*Beijing xuesheng yundong wushiri*, S. 178) - Nach Angaben von Robin Munro hatte Wu'er Kaixi den Tiananmen-Platz bereits "mehrere Stunden zuvor" verlassen. (R.Munro, "Who died in Beijing, and why", S. 820) Hou Dejian berichtete, er sei von Ärzten um 6.00 Uhr vom Platz getragen worden. (Siehe seine Augenzeugenschilderungen weiter unten.)

Um 4.45 Uhr ziehen Studenten, Arbeiter und Bürger in Richtung Südosten vom Platz ab. Um 5.20 Uhr hat ein Großteil der Menge den Platz bereits verlassen. Sie sammeln sich auf dem Bürgersteig im Osten des Platzes und ziehen, mit studentischen Ordnertrupps als Abschluß, zur Nordseite der Qianmen-Allee. Eine Kette von Leuchtsignalen wird in die Luft geschossen, die Lichter auf dem Platz leuchten wieder auf, und die Truppen eilen sofort hinter der Menge her. Sie setzen Tränengas ein und schießen. Einige Studenten werden bei dem Versuch zurückzukehren, um Verwundeten zu helfen, beschossen und geschlagen. Mehr als 30 Schützenpanzer drängen ebenfalls in Richtung der Menschenmenge. Die Truppen auf dem Platz führen eine systematische Säuberung des Platzes durch. Der Einkesselungsring um die noch am Denkmal befindlichen Menschen wird immer enger gezogen, nur im Südosten bleibt ein kleiner Fluchtweg. Während Schützenpanzer und Panzer näherrücken, stürmen Soldaten die Stufen des Denkmals. Mit Holzprügeln und Eisenketten schlagen sie auf die dort befindlichen Menschen ein, treiben sie vom Denkmal hinunter. Auf die herunterkletternden Menschen wird von den umstehenden Soldaten geschossen, so daß die Flüchtenden wieder auf das Denkmal zurückklettern, wo sie erneut den Soldaten ausgeliefert sind. Der Bericht merkt an, daß, wenn diese Darstellung wahr ist, keiner der Studenten und Bürger, die zuletzt auf dem Denkmal eingeschlossen waren, die Chance hatte, zu entkommen. (*Tiananmen beige*, S. 4)

Während des Rückzuges werden erneut sieben Studenten von sie verfolgenden Panzern zerdrückt. (OZRB, 6.6.89)

Ein Augenzeuge soll berichtet haben, daß ungefähr ein Dutzend Studenten der Qinghua-Universität, die den Platz recht spät verließen und eine Druckmaschine wegtragen wollten, von einem Panzer überrollt wurden. (ZM, Juli 1989, S. 17)

Augenzeugen sagen, es seien mindestens noch einige hundert Studenten in den Zelten gewesen, die von Panzern überrollt wurden. (J. Kahl, in: SZ, 5.6.89)

Die Zeitschrift *Bai Xing* berichtet, nach Studentenaussagen sollen auf dem Platz mehr als 70 Studenten erschlagen und 11 von Panzern überrollt worden sein. (BX, 9.6.89, S. 4)

Ein Augenzeuge berichtet, er habe gesehen, daß die Panzer in ihrer Eile, den Studenten zu folgen, sogar einige Soldaten überrollt hätten. (BBC, 14.6.89, Manuskript)

Gegen 5.00 Uhr wird die Statue der "Göttin der Demokratie" gegenüber dem Tiananmen von einem Schützenpanzer umgestürzt. (J. Erling, in: FRu, 5.6.89) Einem in der *Volkszeitung* veröffentlichten "Augenzeugenbericht" zufolge wurde die Statue schon um 3.26 Uhr (vergleiche dort) von Soldaten abgebaut. (RMRB, 11.8.89) Dieser "Augenzeugenbericht" steht aber auch im Widerspruch zu Videoaufnahmen, die im chinesischen Fernsehen gezeigt wurden. Danach muß die "Göttin" gegen 5.00 Uhr gefallen sein. Einem weiteren Bericht zufolge ist die "Göttin" kurz vor 5.00 Uhr gefallen. (R. Munro, in: SCMP, 23.9.89, nach SWB, 28.9.89)

In dem Augenzeugenbericht eines Sanitäters, der am folgenden Tag als Flugblatt an einem Stand in der Haidian-Straße angebracht wurde, heißt es eindeutig, daß die Soldaten, die sich dem Heldendenkmal näherten, zwar schossen, aber nur in die Luft und auf die Lautsprecher. Weiter heißt es: "Zu diesem Zeitpunkt [5.10 Uhr] traf der 'Autonome Studentenverband Beijing' eine Entscheidung: 'Um ein Blutbad zu vermeiden und unsere Kräfte zu schonen, wird sich die Gesamtheit der Studenten geordnet zurückziehen'. Bei dieser Nachricht erfaßte die Menge eine große Unruhe. Viele Studenten bestanden darauf, nicht zu gehen. [...] Vier Männer und einige Studenten drängten sie mit Tränen in den Augen, den Platz zu verlassen. Hou Dejian zog einen nach dem anderen auf die Beine. Organisiert durch die studentischen Ordnertrupps zogen die Studenten ab. Während dieses Abzugs drängte die Bewaffnete Volkspolizei mit Gummiknüppeln und elektrischen Schlagstöcken von allen Seiten heran. So war der Fluchtweg der Studenten sehr eng, und dies führte zu viel Chaos. Viele Menschen wurden niedergerempelt und verletzt, ständig waren Schmerzensschreie zu hören. Unzählige Menschen wurden verletzt. Einige Studenten, die darauf bestanden, nicht fortzugehen, wurden von Kommilitonen weggetragen. Alle Studenten verließen den Platz. Da die Truppen keine Rettungswagen auf dem Platz ließen, war der Platz vor dem Museum für Geschichte noch voll mit Verletzten, die noch nicht weggebracht worden waren. [...]" (Flugblatt "Augenzeugenbericht eines Sanitäters über das Massaker auf dem Tiananmen-Platz", 5.6.89)

Ein polnischer Fernsehjournalist berichtet noch am selben Tag, er habe selbst miterlebt, wie chinesische Truppen, ohne daß eine Provokation vorangegangen sei, auf die auf dem Tiananmen-Platz demonstrierenden Studenten rücksichtslos das Feuer eröffnet hätten. Deckungsuchenden Studenten wurde von den Soldaten in den Rücken geschossen. Der Journalist bestätigt, daß die von den Studenten auf dem Platz errichteten Zelte von den mit voller Fahrt vorstoßenden Panzern der Armee in kürzester Zeit dem Erdboden gleichgemacht wurden. (OZRB, 6.6.89)

R. Thomson, Korrespondent der *Financial Times*, berichtet, er sei unter den letzten auf dem Platz verbliebenen Menschen gewesen, als die Studenten durch Panzer und Schützenpanzer vertrieben wurden. Die Soldaten hätten teilweise in die Luft geschossen, teilweise gezielt auf Menschen. Es seien Demonstranten auf dem Platz gestorben, die Zahl sei aber verhältnismäßig gering. Das Massaker durch die 27. Armee habe sich vor allem an anderen Orten Beijings abgespielt. (R. Thomson, in: FT, 7.6.89)

Nach Aussage eines weiteren ausländischen Beobachters, Robin Munro, Mitarbeiter der amerikanischen Menschenrechtsorganisation "Asia Watch", gegenüber der *South China Morning Post* soll der Abzug der letzten Menschen vom Tiananmen-Platz ohne Anzeichen von Panik abgelaufen sein, es habe nicht den geringsten Hinweis auf ein Massaker gegeben, als die Studenten den Platz verließen. Er beschreibt, daß Soldaten das Heldendenkmal bestiegen, während die Studenten ihre Sachen in Ruhe wegräumten. Dann seien die Studenten zum Südosten des Platzes gezogen. Die Räumung des Platzes sei um 6.15 Uhr endgültig abgeschlossen gewesen. (SCMP, 23.9.89, nach XNA, 28.9.89)

DOKUMENT

Augenzeugenbericht von Robin Munro über die Räumung des Tiananmen-Platzes (Auszüge)

Ich erreichte den Platz um ungefähr 1.15 Uhr. Große Menschenmengen flohen ostwärts die Changan'-Allee entlang. Ununterbrochenes Gewehrfeuer erschallte vom nordwestlichen Sektor des Platzes, und ein kampfunfähig gemachter Schützenpanzer lag in der nordöstlichen Ecke in Flammen, durch Molotowcocktails angezündet. Seine Ketten waren mit Stahlstangen und Verkehrsabsperrungsgittern blockiert worden ... Laut John Simpson von der BBC waren drei Besatzungsmitglieder des Schützenpanzers zu Tode geprügelt und ein vierter von studentischen Ordnern in Sicherheit bebracht worden. Jonathan Mirsky vom Londoner *Observer*, der kurz vor meiner Ankunft von Bewaffneter Volkspolizei mit Schlagstöcken verprügelt worden war, sagt, er habe mehrere Leute in der Nähe des riesigen Mao-Porträts am Tiananmen-Tor gesehen, die erschossen worden seien.

Ich warf einen Blick auf die nordwestliche Ecke des Platzes und sah mit Entsetzen, daß die Zelte des "Autonomen Arbeiterverbands Beijing" in Flammen standen. Ich rannte hinüber, um zu sehen, ob irgendeiner meiner Freunde vom Arbeiterverband tot oder verwundet war. 20 Meter entfernt stand eine drohende Gruppe von ungefähr 200 schwer bewaffneten Soldaten gegenüber den Zelten. Dies war die Vorhutabteilung der Hauptstoßtruppen der VBA, die den Platz gegen 2.00 Uhr erreichen würden, nachdem sie sich den Weg entlang der westlichen Chang'an-Allee freigekämpft hatten. In der Zwischenzeit waren die Menschenmengen aus dieser Gegend geflohen....

Fast alle Studenten hatten sich inzwischen auf die drei Plattformen des Denkmals zurückgezogen: Es waren vielleicht 3.000 bis 5.000, die dort eng zusammengekauert saßen. Ihr provisorisches Zeltlager, das sich über eine Fläche von mehreren hundert Quadratmetern zum Norden des Denkmals erstreckte, war praktisch verlassen. Die Studenten schienen ruhig, fast resigniert. Es gab keine Panik, obwohl das Stottern der Maschinengewehrsalven am Rande des Platzes und weiter weg gehört werden konnte. Plötzlich wurden die Regierungslautsprecher angeschaltet, die die endlos wiederholte Botschaft ausstrahlten, daß jeder sofort den Platz verlassen müsse. Ein "ernsthafter konterrevolutionärer Aufstand" sei ausgebrochen, und die Kriegsrechtstruppen seien ermächtigt, den Tiananmen-Platz mit allen notwendigen Mitteln zu räumen.

Ungefähr zu dieser Zeit suchte ein amerikanischer freier Journalist namens Richard Nations vor dem Gewehrfeuer in der weitentfernten südwestlichen Ecke des Platzes Schutz, wo eine schwerwiegende Konfrontation zwischen Truppen und Bürgern seit ungefähr 0.30 Uhr im Gange war. Die folgenden Notizen wurden damals von ihm aufgekritzelt: "Ungefähr 1.00 Uhr: Südwestliche Ecke an der Westlichen Qianmen-Allee vor dem 'Kentucky Fried Chicken'. Barrikade aus mehreren brennenden Bussen blockiert die Kreuzung. Anti-Aufruhr-Polizei wird unter Stein- und Glashagel auf die Straße getrieben. Studentische Ordner oder Organisatoren scheinen einzugreifen, um etwas mehr als 20 unbewaffnete, mit Schilden und Stöcken ausgerüstete Polizisten/Soldaten zu evakuieren, die in der Nähe der brennenden Busse eingeschlossen sind. Ein Panzer rast durch, zerstört eine Straßensperre, und eine Busladung Soldaten wird abgesetzt. Leuchtpurgeschosse und andauernde Salven." Mehrere Menschen wurden bei dieser Auseinandersetzung von Soldaten getötet.

Ein weiterer Zeuge der Zusammenstöße im Süden war der berühmte Schriftsteller Lao Gui. Um ungefähr 1.30 Uhr schrieb er: "Es gab ein ununterbrochenes Getöse von Gewehrfeuer aus der Richtung von Zhushikou [ungefähr 1 km südlich vom Platz]. Rote Leuchtfeuer gingen überall hoch. Ich traf einen Reporter aus dem Westen bei den Zypressen am Mao-Mausoleum, der mir erzählte: 'Ich sah mit meinen eigenen Augen, wie unten bei Zhushikou drei Menschen getötet wurden, ihre Bäuche waren aufgerissen'. Andere Darstellungen lassen darauf schließen, daß mindestens mehrere Dutzend Menschen von Soldaten getötet wurden, als sich die Armee den Weg durch die südlichen Straßenviertel freikämpfte. Kurz vor 2.00 Uhr versuchte ein Kontingent von ungefähr 100 Soldaten, den Platz von der südwestlichen Ecke aus zu betreten. "Plötzlich gab es heftigen Beschuß und Kugeln flogen überall hin", sagt NBC-Kameramann Tony Wasserman, der dort war...

Auf dem nördlichen Teil des Platzes waren inzwischen die ersten Einheiten der Hauptstreitkräfte angekommen, die von Westen her anrückten. Von einer Position westlich der Göttin der Demokratie beobachtete ich, wie sie ankamen. Die erste Kolonne der Truppentransportlaster fuhr zögernd im Schrittempo auf den Platz. Gruppen von Infanteristen begleiteten sie, zuerst nur eine dünne Reihe, die aber schnell zu einer dichten Kolonne anwuchs, Tausende, alle mit Stahlhelmen auf dem Kopf und mit Sturmgewehren ausgerüstet. Sie brauchten ungefähr eine Stunde, um vollständig am nördlichen Rand des Platzes Gefechtsformation einzunehmen. Unsichtbar für mich stauten sich noch viele Soldaten und Militärfahrzeuge die ganze Strecke der Changan'an-Allee hinunter in Richtung Westens.

Nach der Ankunft dieser Hauptstreitkräfte blieben nur ganz wenige Leute - offensichtlich keine Studenten, sondern normale Einwohner und Arbeiter - auf dem nördlichen Teil des Platzes zwischen der Chang'an-Allee und dem Denkmal. Durch die Flammen und Rauchschwaden, die noch vom kampfunfähig gemachten Schützenpanzer aufstiegen, sah die Statue der Göttin der Demokratie, die dem Mao-Porträt und den Truppen darunter zugewandt war, dramatischer als je zuvor aus. Um ungefähr 2.15 Uhr gab es aus der Gegend des Tiananmen-Tores einen fürchterlichen AK-47-Feuerstoß, der mehrere Minuten andauerte. [Nach PB 13 handelte es sich hierbei möglicherweise um die explodierende Munition des brennenden Schützenpanzers vor dem Tiananmen.] Ich warf mich zu Boden. Die meisten Leute flohen südwärts, in die Richtung des Denkmals, aber ich sah niemand, der verletzt worden war.

Ungefähr zur gleichen Zeit, nur einige hundert Meter entfernt, bewegten sich mehrere hundert Soldaten vom Tiananmen-Tor quer herüber, um die nordöstliche Einmündung des Platzes abzuriegeln und damit die Östliche Chang'an-Allee nördlich des Geschichtsmuseums abzusperren. Ein Student namens Ke Feng, einer der Hauptorganisatoren des Projektes zum Bau der Statue der Göttin der Demokratie, versteckte sich in einem kleinen Park in der Nähe. Etwa in den ersten fünf Minuten sah er ungefähr 20 Leute nahe der Fußgängerunterführung, die von "verirrten Kugeln" getroffen wurden, einschließlich "fünf Personen, die hinfielen und nicht mehr aufstehen konnten". Etwa 500 Soldaten tauchten hinter dem Geschichtsmuseum auf, aber diese schienen keine Gewehre bei sich zu tragen. Als noch 200 bis 300 Soldaten aus der Richtung des Tiananmen-Tores vorrückten, fingen die Massen an, "Faschisten!" und "Generalstreik!" zu rufen. Andere sangen die "Internationale". Ke Feng, noch in der Nähe versteckt, berichtet, wie Soldaten "Freudensprünge machten, als ob sie spielten ... Ein Offizier schrie 15 Minuten lang immer wieder durch ein Megaphon: 'Verlaßt [den Platz] sofort! [Wer den Platz nicht umgehend verläßt, den] erschießen wir!'"

In einem außerordentlichen, selbstmörderischen Akt des Widerstands fuhr jemand einen Gelenkbus mit voller Geschwindigkeit direkt auf die Soldaten zu. Kenneth Qiang, ein Mitglied des Rates des Hongkonger Studentenverbands sagt: "Der Fahrer wurde von zwei Soldaten herausgeschleppt und mit deren Gewehrkolben zu Boden geknüppelt. Die Menge geriet in Rage und lief vorwärts bis 50 Meter vor die Soldaten und warf Flaschen auf sie. Ich hörte zwei getrennte Gewehrschüsse. Der Fahrer fiel tot zu Boden."

Es war jetzt etwa 2.30 Uhr. Ruhe war eingekehrt auf dem gesamten Platz, obwohl noch Gewehrfeuer in der Ferne zu hören war. Das Nachlassen der Auseinandersetzungen nutzend, ging ich zurück zu den Zelten der Arbeiter, die inzwischen zu schwelenden Ruinen geworden waren. Ein junger Mann drückte mir ein kleines Bündel mit Flugblättern der Studenten in die Hand. Das Notaufnahmezelt der Beijinger Vereinigten Medizinischen Hochschule im Südosten der Statue der Göttin der Demokratie bot einen grausigen, aber heroischen Anblick. Das Zelt, das mit einer Mannschaft von etwa 20 freiwilligen Ärzten und Medizinstudenten bestückt war, stand praktisch allein in diesem riesigen, verlassenen Teil des Platzes. Eine kleine Anzahl der studentischen Ordnungskräfte saß in einem dünnen, großen Kreis drumherum und formte so eine Rundumverteidigungslinie. Ich verbrachte vielleicht eine Viertelstunde dort drinnen, genug Zeit, um vier oder fünf schwerverletzte Menschen zu sehen, die auf Notbehelfstragen hereingebracht wurden. Ein Junge, wohl ein Student, hatte eine Kugel in die Seite seines Kopfes abbekommen und lag zweifelsohne im Sterben. Ein Arzt sagte mir, daß in der letzten Stunde fünf Leute unter seinen Händen gestorben seien...

[Etwa gegen 3.00 Uhr] beschloß ich, einen günstigen Aussichtpunkt auf dem höher gelegenen Gebiet vor dem Museum für Geschichte aufzusuchen, da ich annahm, daß mir dies einen klaren Überblick über das Geschehen geben würde, während ich mich gleichzeitig vom eigentlichen Kampfgebiet zurückziehen konnte. Aber als ich um die Bäume an der Seite des Museums herumging und mich anschickte, die breiten Stufen davor hinaufzusteigen, erstarrte ich. Mehrere tausend Soldaten mit Stahlhelmen, jeder mit einer AK-47 und einem langen Holzknüppel bewaffnet, saßen ruhig auf den Stufen. Auf der anderen Seite des Platzes, vor der Großen Halle des Volkes, das gleiche Bild. Wenn nicht sogar noch mehr Soldaten auf der anderen Seite waren. Ich dachte bei mir: "Sie haben den Platz von allen Seiten abgesperrt; sie müssen planen, uns alle zu töten", und ich eilte zurück in den Schutz der Bäume.

Der Platz war durch ein schauriges weißes Licht erhellt. Die Stille wurde nur von entferntem Gewehrfeuer und das unwirkliche Echo von den Lautsprechern der Regierung unterbrochen. Ungefähr zur selben Zeit war Richard Nations, der amerikanische freie Journalist, einige hundert Meter von mir entfernt am Denkmal. Er beschrieb die Szene in seinem Notizbuch wie folgt: "Das Denkmal scheint von Infanterie umstellt zu sein, dazu eine überwältigende Streitmacht im Norden. Die Studenten scheinen stoisch auf ihre letzte Stunde zu warten - ein Angriff scheint jetzt unvermeidlich." ...

Zusammen [mit Richard Nations] ging ich los, um den südlichen Teil des Platzes auszukundschaften. Dort standen brennende Busse und Autos herum, aber es waren keine Soldaten da. (Zugang zum Platz war hier möglich bis kurz nach 6.00 Uhr [ab 4.30 Uhr aber nur noch über die südöstliche Ecke!]) ...

Plötzlich, Schlag 4.00 Uhr, gingen alle Lichter auf dem Tiananmen-Platz aus. Wieder zurück an der südöstlichen Ecke des Denkmals warteten wir verängstigt, aber der Angriff kam nicht. Die Studenten blieben, so wie zuvor, auf dem Denkmal sitzen. Keiner machte eine Bewegung, seinen Platz zu verlassen. Geräuschlos, wie in einem Traum, erschienen von Südosten zwei Busladungen voll Studenten als Verstärkung auf dem Platz und hielten nur wenige Meter entfernt von dem Ort, an dem wir standen. Die Lautsprecher der Studenten ertönten wieder, und eine Stimme verkündete, ausdruckslos, als ob ein Fahrplan verlesen würde: "Wir werden jetzt die Internationale spielen, um unseren Kampfgeist zu heben." ...

Aber der Angriff fand immer noch nicht statt. Als einige Leute die verlassenen Zelte und Abfallhaufen westlich des Denkmals anzündeten - vielleicht um den Angriff nicht im Dunkeln stattfinden zu lassen - rügten die Studentenführer: "Haltet Ordnung, bleibt ruhig. Wir dürfen ihnen nicht den geringsten Vorwand liefern."

Ungefähr um 4.15 Uhr wurde plötzlich eine Lichterkette, die wie bunte Lichter an einem Weihnachtsbaum wirkte, an der gesamten Front der Großen Halle des Volkes eingeschaltet. Sie erfüllte die Westseite des Platzes mit weichem, leuchtenden Schein. Zur selben Zeit ging Flutlicht an entlang der Fassade der Verbotenen Stadt. Dann wurden die südlichen Türen der Großen Halle geöffnet, und ein Strom von mit Gewehren bewaffneten Soldaten quoll hervor, viele mit aufgesetzten Bajonetten. Nach Derek Williams von CBS, der nahe dran war, "kamen sie herbei und bildeten eine L-förmige Absperrung, die sich über die Westseite der Straße [am Platz] und dann quer über den Platz vor dem Mao-Mausoleum erstreckte." Die Soldaten begannen jetzt, von den Stufen des Museums für Geschichte aus, auf das Denkmal zu schießen, und wir konnten die Funken vom Obelisken fliegen sehen, weit über Kopfhöhe.

Es war jetzt kurz nach 4.30 Uhr. Der Platz war menschenleer, übersät von den traurigen Überbleibseln der verlassenen Zeltstadt. Die etwa 3.000 Studenten blieben auf den Stufen und den drei Plattformen des Denkmals zusammengedrängt sitzen. Wieder erwachten die Lautsprecher der Studenten zum Leben, und jemand, der sich als Führer des "Autonomen Studentenverbands Beijing" bezeichnete, übernahm das Mikrophon: "Studenten! Wir dürfen auf keinen Fall den Platz verlassen. Wir wollen jetzt den höchsten Preis für den Schutz der Demokratie in China zahlen. Wir werden [für die Sache der Demokratie] unser Blut opfern." Ich erschrak. Nach einigen Minuten sprach jemand anders, dieses Mal ein Führer des "Autonomen Arbeiterverbands Beijing": "Wir müssen hier alle sofort weg, denn es wird sonst ein schreckliches Blutbad geben. Soldaten haben uns von allen Seiten umzingelt, und die Situation ist jetzt äußerst gefährlich. Der Wunsch, hier zu sterben, ist nichts anderes als unreife Träumerei." Ein längeres Schweigen folgte. Dann sprach Hou Dejian. ... "Wir haben einen großen Sieg errungen", sagte er. "Aber jetzt müssen wir den Platz verlassen. Wir haben bereits zuviel Blut vergossen. Wir dürfen nicht noch mehr verlieren... [Auslassung im Originaltext] Wir vier Hungerstreikenden werden solange auf dem Denkmal bleiben, bis jeder von Euch [diesen Ort] sicher verlassen hat, und dann werden auch wir gehen."

Während Hou sprach, entschlossen Richard und ich uns, ein letztes Mal zum Denkmal zu gehen. Langsam bahnten wir uns den Weg die Stufen hinauf zu dem Zelt der Hungerstreikenden, durch die engen Reihen der sitzenden Studenten, die unsere Gegenwart gar nicht zu bemerken schienen (viele schrieben ihren Letzten Willen und Abschiedsbriefe an ihre Familien). Es gab keine Hysterie, nur mutige Entschlossenheit. Als wir wieder über die Treppen auf der Ostseite hinunterstiegen, waren die Lautsprecher verstummt. Aber vom nördlichen Teil des Platzes kam ein entferntes Dröhnen: Die Panzer hatten ihre Motoren angeworfen.

Minuten verstrichen, nichts unterbrach die spannungsgeladene Ruhe. Schließlich brauchte es eines naheliegenden, geradezu prosaischen Einfalls, um die Spannung zu lösen: Jemand nahm das Mikrophon und schlug eine mündliche Abstimmung vor. Die Meinungen gingen darüber auseinander, ob die Rufe nach "Ausharren!" lauter waren als die Rufe nach "Abziehen!" Auf jeden Fall wurde bekanntgegeben, daß die demokratische Entscheidung zugunsten des Verlassens des Platzes ausgefallen sei. ...

Was Nations und ich von unserer Position etwa 25 Meter südöstlich des Denkmals sahen, war unvergeßlich. Eine quälende Minute lang schien es, als ob die Studenten der Entscheidung, den Platz zu verlassen, nicht nachkommen wollten. Dann begannen sie langsam aufzustehen und vom Denkmal herunterzusteigen. Als die erste der hintereinander marschierenden Gruppen in Richtung der offenen südöstlichen Ecke des Platzes an uns vorbeiging, brachen wir in spontanen Beifall aus. Vielen in den Zehnerreihen, jede Abteilung den Bannern ihrer Hochschule folgend, rollten Tränen die Wangen herunter. Alle sahen mitgenommen aus. Viele zitterten oder waren unsicher auf den Beinen. Aber alle schauten stolz und ungeschlagen drein. Eine Gruppe rief: "Nieder mit der Kommunistischen Partei!" - es war das erste Mal, daß ich das in China öffentlich gesagt hörte. Richard, wie immer in Profimanier, machte weiter seine Notizen. In seinem Notizbuch vermerkte er: "Die Studentenführer haben das mit Abstand schwierigste Manöver in der Politik erfolgreich durchgezogen, nämlich einen geordneten Rückzug." ...

Es gab kein Blutbad. Fermín Rodríguez und José Luis Márquez, ein Filmteam von Televisión Española, schossen das einzig bekannte Filmmaterial der gesamten Evakuierung. Wie [Richard] Roth [von CBS] hörten sie das Feuern halbautomatischer Gewehre, als die Soldaten das Denkmal stürmten, aber sie sagen, daß die Feuerstöße nur die Zerstörung der Lautsprecher der Studenten zum Ziel hatten. Von Richard Nations interviewt, sagten beide Männer, daß sie das Denkmal mit dem letzten Studenten verließen und keine Toten sahen. "Es wurde absolut niemand getötet am Denkmal", sagte Rodríguez. "Alle gingen und niemand wurde getötet."

Der japanische Bildjournalist Imaeda Koichi war im nördlichen Teil des Platzes. Koichi berichtet, er habe keine Tötungen dort gesehen, obwohl er auch sagte: "Ich sah einige Studenten in den Zelten, nicht viele, nur in dreien der Zelte." Restrepo von Télévisión Española hatte etwas früher alle Zelte in der Nähe der Göttin der Demokratie überprüft und sagt: "Ich kann Ihnen versichern, daß um etwa 3.00 Uhr nicht mehr als fünf Menschen in den Zelten waren."

Richard Nations und ich beobachteten auch das Vorrücken der Armee von Norden her. Um 5.00 Uhr sahen wir von einer Position nahe beim Denkmal, wo die Evakuierung ihren Fortgang nahm, daß die Göttin der Demokratie verschwunden war. Wir wandten uns zurück nach Norden, um dort nachzuschauen, und gingen dabei mehrere hundert Meter durch die verlassene Zeltstadt. Eine lange Reihe von Panzern und Schützenpanzern rumpelte zum Denkmal, alles zerstörend, was ihnen in den Weg kam - Zelte, Gitter, Proviantbehälter, Fahrräder. Es bleibt die Möglichkeit bestehen, daß eine Handvoll Studenten noch in den Zelten war. Die chinesische Regierung behauptet, die Soldaten hätten die Zelte nach kranken oder erschöpften Studenten durchsucht, aber wir sahen deutlich, daß die begleitenden Infanteristen *hinter* den Panzern gingen. [Sic! Siehe hierzu auch den anonymen Augenzeugenbericht weiter unten.]

Fünf Minuten später, wieder zurück beim Denkmal, sahen wir, daß deren obere Plattform von Soldaten wimmelte, die Gewehre gen Himmel gerichtet. In unserer Abwesenheit hatte der Schriftsteller Lao Gui gesehen, was geschah: "Ein kleines Sonderkommando Soldaten in Tarnanzügen stürmte das Denkmal hinauf, besetzte die Spitze und schoß ununterbrochen in die Luft ... Bald kam kein Laut mehr aus dem Sender [der Studenten]. Die Soldaten hatten die Lautsprecher zerschossen." Das spanische Filmteam war auch zugegen, als das Sonderkommando die obere Plattform stürmte; [auch] sie sahen keine Tötungen. Claudia Rosett und Imaeda Koichi stimmen damit überein, obwohl Kenneth Qiang mir später erzählte, daß einem Studenten auf der zweiten Plattform ins Bein geschossen worden war. ... Um 5.30 Uhr hatten die Studenten den Platz verlassen. ...

4. Juni 1989　　　　　　　　　　　　　　　　　　　　　　　　531

Es wird wahrscheinlich nie mit Sicherheit geklärt werden können, was mit den letzten beiden [zahlenmäßig] bedeutenden Personengruppen passiert ist, die zu dieser späten Stunde noch auf dem Platz waren. Die erste Gruppe war das Ärzte- und Sanitäterteam der Beijinger Vereinigten Medizinischen Hochschule. Sie waren die letzten Zivilisten, die von einem südamerikanischen Diplomaten gesehen wurden, bevor er den Platz um 5.20 Uhr verließ. Die zweite Gruppe war eine kleine Anzahl von normalen Bürgern vor der Großen Halle des Volkes. Richard Roth und Derek Williams waren erstaunt, diese Menschen noch immer dort zu sehen, als die beiden Journalisten um 5.30 Uhr weggebracht wurden.

Die beiden Amerikaner wurden per Jeep quer über den Platz zum Kinder-[Arbeiter-?]Kulturpalast geradewegs Richtung Nordosten gebracht, wo sie etwa 18 Stunden lang festgehalten wurden. "Wir sahen keine Leichen auf dem Platz", erinnert sich Williams. Sein Bericht über diese kurze Fahrt ist von entscheidender Bedeutung: Es scheint undenkbar, daß die Soldaten ausländische Journalisten über den Platz gefahren hätten, wenn sie, wie vielfach behauptet, zu diesem Zeitpunkt damit beschäftigt gewesen wären, heimlich Leichen wegzuschaffen.

Inzwischen war es Tag geworden. Die Evakuierung war beendet. Am südlichen Ende des Platzes beobachteten Nations und ich ein letztes Gefecht zwischen Steinewerfern und Soldaten, die das Feuer eröffneten, bevor sie vor der sie verfolgenden Menge flüchteten. Schließlich beschlossen wir, daß es Zeit sei, uns davonzumachen. Soweit wir wissen, waren wir die letzten Ausländer, die den Tiananmen-Platz verließen. Es war 6.15 Uhr...
(R.Munro, "Who died in Beijing, and why", S. 816-822)

Um 5.00 Uhr verlassen die Studenten den Platz. Den Abschluß bilden einige sehr "willensstarke" und körperlich geschwächte Studenten. Sie können den in hoher Geschwindigkeit heranfahrenden Schützenpanzern nicht entkommen. Danach schlagen Polizisten und Soldaten auf alle, die ihnen in Reichweite kommen, ein. Auch Sanitäter werden angegriffen. Nach dem blutigen Militäreinsatz beginnen Gruppen von Polizisten und Soldaten sofort, mit Besen und Schaufelladern auf dem Platz verbliebene Leichen und Gegenstände zusammenzukehren und zu verbrennen. (Flugblatt der Beida-Studenten, 4.6.89)

"Ungefähr um 5.00 Uhr begannen die Schützenpanzer im Norden des Platzes langsam nach Süden zu fahren. Ihnen folgten mehrere Reihen Infanteriesoldaten. Als die Soldaten vorrückten, wurde die Statue der 'Göttin der Demokratie' im Norden des Platzes niedergerissen. Einige Zelte in der Nähe der Statue und weiter südlich wurden von Schützenpanzern überrollt. Eine große Gruppe von Studenten war bereits dabei, den Platz nach Südosten hin zu verlassen. Die Schützenpanzer kamen langsam auf sie zu. Die Studenten entfernten sich mit ihren Fahnen. Sie gingen in Reihen und hielten sich an den Händen, stoppten und gingen dann wieder weiter. Mehrere ausländische Journalisten haben amnesty international berichtet, daß der Großteil der Studenten den Platz unverletzt verließ. Die Soldaten schossen jedoch auf die Menschen, die sich an den Seiten des Platzes befanden, als die ersten Schützenpanzer das südliche Ende des Platzes erreichten. Um 6.00 Uhr hatten Truppen und Armeefahrzeuge den Platz komplett abgeriegelt.

Es ist unklar, ob einige Studenten oder andere Personen zurückblieben. Laut Regierungsbericht wurden einige Menschen, die nicht gehen wollten, 'gezwungen', den Platz zu verlassen. Nach einer Quelle blieben etwa 200 Studenten auf dem Platz zurück. Etwa 50 von ihnen wurden schwer geschlagen und von der Polizei später in ein Krankenhaus gebracht. Dort wurden sie eine Stunde lang ärztlich behandelt, bevor die Polizei sie wegbrachte. Andere Quellen behaupten, daß die Studenten und die anderen, die auf dem Platz geblieben waren, erschossen wurden. Es ist unklar, ob sich diese Berichte auf Schüsse am südlichen Ende des Platzes beziehen oder nicht. Als einige Schützenpanzer um etwa 5.30 Uhr die südöstliche Ecke erreichten und entlang der Seitenstraße anhielten, hörten einige Zeugen ununterbrochenes Gewehrfeuer für längere Zeit vom Inneren des Platzes. Die Truppen, die einigen Schützenpanzern gefolgt waren, schossen in Richtung der Zuschauer an den Seiten des Platzes - anscheinend wurde in einigen Fällen über ihre Köpfe geschossen. Einige Zuschauer wurden jedoch getroffen. Ein Augenzeuge in einer Seitenstraße an der südöstlichen Seite des Platzes sah zwei oder drei Fahrräder, auf denen Verwundete transportiert wurden. Später wurde ihm gesagt, daß Personen in den Gebäuden der Seitenstraße durch Kugeln getötet worden seien. ...
Es ist ebenfalls unklar, ob Menschen in Zelten von Panzern überrollt wurden.

Zwischen 3.00 Uhr und 3.30 Uhr hatten einige Ausländer die Zelte in der Nähe der Statue der 'Göttin der Demokratie' im Norden des Platzes sowie auch einige andere östlich des Denkmals für die Helden des Volkes untersucht. Sie fanden drei bis fünf schlafende Studenten in den Zelten im Norden und 'ein paar' Personen in denjenigen östlich des Denkmals vor. Um ungefähr 5.00 Uhr kontrollierten zwei Ausländer einige Zelte am Denkmal und fanden sie leer vor. Der offizielle Bericht in der *Volkszeitung* vom 24. Juni besagt, daß die Soldaten, die den Angriff auf das Denkmal ausführten, 'jedes Zelt' mit Taschenlampen kontrolliert und einige 'sture Personen', die sich immer noch weigerten zu gehen, gewaltsam verjagt hatten." (ai, 1990, S.19-20) - Vergleiche den vorstehenden Bericht von Robin Munro und den folgenden anonymen Augenzeugenbericht.

DOKUMENT

Anonymer Augenzeugenbericht über die Räumung des Tiananmen-Platzes

"... Ich ging hinab zu dem Denkmal für die Helden des Volkes, wo der Universitätsdozent Liu Xiaobo (einer der vier Hungerstreikenden vom 2. Juni am Tiananmen-Platz) zu den dort versammelten Studenten sprach... Der bekannte Sänger Hou Dejian (ein weiterer der vier Hungerstreikenden) hatte zuvor die

Studenten aufgefordert, den Platz zu räumen, und sie waren eben im Begriff, sich zurückzuziehen... Im Nordteil des Platzes waren Soldaten in Bewegung. Gewehrschüsse waren von dort zu hören. Ich sah mehrere Menschen auf den Stufen vor dem Denkmal zusammensacken, einer hing über die steinerne Brüstung, die das Denkmal umgibt. Zu diesem Zeitpunkt stand ich an der Nordostecke des Denkmals, am ersten Treppenabsatz... Als die Lichter wieder angingen, sah ich auch nordwestlich vom Denkmal 20 bis 30 Menschen am Boden liegen. Einige schienen bewußtlos zu sein, und ihre Kleider waren blutgetränkt. Mitarbeiter des Erste-Hilfe-Teams versuchten, zu ihnen zu gelangen und ihnen zu helfen, doch sie schafften es nicht, weil von Norden her Soldaten vorrückten, die ihnen zuriefen, sie sollten da weggehen.

Mittlerweile war ich zu einem Zelt nordöstlich von dem Denkmal gegangen, wo ich zwei Freunde traf... Zu diesem Zeitpunkt hatten die Soldaten das Denkmal erreicht, die Studenten verließen den Platz an der Südostecke, und Schützenpanzer drangen langsam vom nördlichen Teil des Platzes her vor. Etwa auf halbem Weg zwischen dem Denkmal und dem Zelt, wo ich meine Freunde traf, etwas weiter nördlich, stand ein provisorisches Zelt, das die Studenten auf Pfählen und Leinwandbahnen gebaut hatten. Es war nach Süden hin offen. In dem Zelt befanden sich ungefähr sieben Mädchen. Die Schützenpanzer kamen ganz langsam, aber ohne anzuhalten näher. Ich rannte zu dem Zelt und rief den Mädchen zu, sie sollten weglaufen, doch sie wollten nicht. Ich zog eine von ihnen weiter nach Westen. Was danach mit ihr passiert ist, weiß ich nicht. Ich rannte zurück zum Zelt. Da redeten inzwischen noch drei Personen auf die Mädchen ein, sie sollten das Zelt verlassen. Mittlerweile war einer der Schützenpanzer schon sehr nahe bei dem Zelt. Ich konnte erkennen, daß zwei Soldaten vorne auf der Panzerung des Schützenpanzers saßen. Ich rannte ihnen entgegen und schrie ihnen zu, sie sollten anhalten. Sie brüllten zurück, ich solle aus dem Weg gehen. Ich brüllte lauthals weiter, doch das Fahrzeug hielt nicht an. Das Zelt brach über den Mädchen zusammen. Der Schützenpanzer fuhr einfach darüber. Ich stand völlig benommen daneben...

Ich hörte Hilferufe aus dem Lautsprecher des Erste-Hilfe-Teams und rannte vor der Schützenpanzerfront zu dem Zelt hinüber. 20 bis 30 Schützenpanzer, gefolgt von Soldaten und bewaffneter Polizei, schoben sich langsam über den Platz herab. Den hatten die meisten Studenten mittlerweile an der Südostecke verlassen. Das Erste-Hilfe-Team hielt noch immer die Stellung beim Historischen Museum. Auf der Treppe vor dem Museum hatten seit Stunden viele Soldaten gesessen, und noch immer saß eine ganze Menge von ihnen da. Sie rührten sich nicht. 15 bis 20 von den Studenten hergetragene Verwundete lagen vor dem Erste-Hilfe-Zelt am Boden. An der Südwestseite des Denkmals ertönten Gewehrsalven. Nach einer Salve wurden drei verletzte Studenten zu dem Erste-Hilfe-Zelt gebracht. Man hatte sie in den Rücken geschossen. Die Soldaten auf der Treppe stießen bei jeder Gewehrsalve Beifallsrufe aus. Die Mitarbeiter des Erste-Hilfe-Teams schrien die Soldaten an.

Zu diesem Zeitpunkt war es nicht mehr möglich durchzukommen und nach Verwundeten zu suchen. Von Norden rückten hinter den Schützenpanzern bewaffnete Polizeieinheiten vor. Die Polizisten hoben Ziegelsteinbrocken auf und warfen sie auf die Mitarbeiter des Erste-Hilfe-Teams, die die Verwundeten umringten. Einige Menschen wurden durch die Steine verletzt. Ein Soldat kam von Westen angerannt, stieg auf das Metallgeländer am Museum und rief den Polizisten zu, sie sollten aufhören. Sie folgten seiner Aufforderung. Dann kam eine Gruppe von Offizieren und Soldaten zu dem Erste-Hilfe-Team und befahl uns, das Gebiet zu räumen.

Wir legten die Verletzten auf Tragbahren und trugen sie den Platz hinab zu der Gasse an der Südostseite. Als wir am Rand des Platzes entlanggingen, sahen wir nördlich vom Denkmal Soldaten mit großen Plastiksäcken. Sie steckten Menschen in die Säcke. Wieviele, kann ich nicht sagen... Da wurden auch Leute von Soldaten umringt, die auf sie eintraten. Ich hörte Rufe und vereinzelte Schüsse. Meinem Eindruck nach waren es etwa 200 junge Leute. Die Soldaten schoben sie zur Nordseite des Platzes hin, in Richtung auf die Verbotene Stadt..

Anfang Juli erfuhr ich von für die Öffentliche Sicherheit zuständigen Beamten (Polizei), daß man sie alle - Studenten und Einwohner von Beijing - am 9. Juni irgendwo in der Nähe von Beijing auf dem Land hingerichtet hatte."
(Augenzeugenbericht, in: ai, 1990, S. 2-4)

Insgesamt sechs Kampfpanzer fahren auf dem Tiananmen-Platz auf, gefolgt von einem langen Konvoi von Panzerfahrzeugen, die regelmäßig Salven aus ihren schweren Maschinengewehren abfeuern. Soldaten auf rund 60 Lastwagen schießen ebenfalls blind in die Menge der Demonstranten, diese antworten mit Steinwürfen. Die gesamte Innenstadt hallt von dumpfen Einschlägen und MG-Feuer wider. Rund fünf Kilometer südlich des Tiananmen-Platzes bildet sich eine dicke schwarze Rauchsäule. (afp, 4.6.89, nach FAZ, 5.6.89)

Panzer fahren in S-Kurven über den Tiananmen-Platz. Sie walzen die Zelte der Studenten nieder. Willkürlich wird mit Maschinengewehren in die Menge geschossen. Fliehenden Studenten schießen die Soldaten in den Rücken. Leute, die mit den Soldaten reden wollen und auf sie zugehen, werden erschossen. (taz, 5.6.89)

Nach Süden hin ist der Tiananmen-Platz auf Höhe des Mao-Mausoleums mit Schützenpanzern abgesperrt. Die Soldaten sammeln die Leichen auf dem Tiananmen-Platz und verpacken sie in große Plastiktüten, die sie dann zu Haufen schichten und mit Segeltuch abdecken. (Nach Augenzeugenbericht Qinghua-Student, der diese Beobachtung gemacht haben will, nachdem er auf einen Baum am Rande des Platzes geklettert war; in: C.a., Mai 1989, S. 375 ff.)

Die Truppen häufen die Leichen mit Hilfe von Schaufelladern zusammen und verbrennen sie. (Flugblatt der Beida-Studenten, 4.6.89)

4. Juni 1989

In einem Bericht der Hongkonger, von der KPCh finanzierten *Wen Hui Bao* heißt es, daß an die tausend Leichen von Soldaten auf dem Platz gestapelt wurden. Zunächst seien sie mit Segeltuchplanen abgedeckt worden. Dann habe man einen Teil der Leichen in grauen Plastiksäcken mit zwei Hubschraubern weggeflogen. Die restlichen Leichen habe man auf dem Platz verbrannt. (WHB, 6.6.89, nach *Tiananmen beige*, S. 15)

Nach dem gewaltsamen Einsatz auf dem Tiananmen-Platz sollen die Soldaten die Toten mit Bulldozern zusammengekehrt und dann mit Flammenwerfern und unter Zusatz von Benzin verbrannt haben. (*Der Spiegel*, 24/1989, S. 146)

* Ein im August in der *Volkszeitung* veröffentlichter "Augenzeugenbericht" erklärt die Feuer auf dem Tiananmen-Platz damit, daß die Anführer des "Autonomen Studentenverbands Beijing" und des "Autonomen Arbeiterverbands" diese gelegt hätten, um Beweismaterial wie Dokumente, Notizen und Flugblätter zu zerstören. Außerdem hätten einige Studenten Decken und alte Kleidungsstücke verbrannt, um mit dem Feuer die Truppen am Einzug und an der Säuberung des Platzes zu hindern. (RMRB, 11.8.89)

Während der endgültigen Einnahme des Platzes erlauben die Truppen den Studenten einen friedlichen Abzug, schicken dann aber doch Schützenpanzer, um die Zelte und Behelfsunterkünfte der Studenten zu zerstören, ohne zu kontrollieren, ob noch Studenten in den Zelten sind. "Es wird allgemein angenommen, daß zumindest einige zu Tode gewalzt wurden." (N. Kristof, in: IHT, 5.6.89)

Um ca. 5.00 Uhr, so der Bericht des Beijinger Fernsehens, beginnen die Studenten auf dem Platz sich zurückzuziehen. Gleichzeitig rücken die Truppen vor und nehmen den Platz ein. Um 5.30 Uhr ist der gesamte Prozeß beendet. (*Beijing-TV*, 4.6.89, nach SWB, 5.6.89)

In einer Pressekonferenz zwei Tage später heißt es offiziell, den Studenten sei wiederholt über Lautsprecher mitgeteilt worden, die Armee würde der Forderung der Studenten, den Platz freiwillig und friedlich verlassen zu dürfen, vollkommen zustimmen. "So waren es nicht wenige Studenten, die relativ gut organisiert ihre Fahnen schwenkten und im Südosten den Platz verließen. Als mit der Säuberung des Platzes begonnen wurde, sind nur noch sehr wenige Menschen auf dem Platz gewesen. Die Truppen stießen vom Tiananmen-Tor in Richtung Heldendenkmal vor. Sie ließen dabei einen Durchgang frei, der den restlichen Studenten und Bürgern die Möglichkeit gab, den Platz freiwillig zu verlassen." Erst nachdem alle Studenten und Bürger den Platz verlassen hatten, hätten die Kader und Soldaten der Armee einzeln die zeitweilig aufgestellten Zelte überprüft. Erst nach genauer Feststellung, daß die Zelte leer waren, seien sie und alle anderen Hindernisse, wie z.B. die "Statue dieser gewissen Göttin", niedergewalzt worden. Es seien bei dem Vorgang lediglich acht Leute verhaftet worden, die beabsichtigt hätten, einen Panzer mit Benzin in Brand zu setzen. (GMRB, 8.6.89) - Diese letzten Aussagen stehen im Widerspruch zu Fernsehaufzeichnungen, aus denen klar hervorgeht, daß die "Göttin" schon um 5.00 Uhr fiel. Sowohl zu diesem Zeitpunkt als auch während des nachfolgenden Vorrükkens der Panzerfahrzeuge über das Zeltlager hinweg hatten noch nicht alle Studenten den Platz verlassen. Der Abzug der Studenten zog sich bis kurz nach 5.30 Uhr hin. Zur Frage, ob die Zelte überprüft wurden, bevor die Kettenfahrzeuge darüber rollten, siehe die beiden vorstehenden Augenzeugenberichte über die Räumung des Platzes.

* In der offiziellen Darstellung von Chen Xitong vom 30. Juni finden die Vorgänge auf dem Tiananmen-Platz in dieser Nacht kaum Erwähnung. Im wesentlichen deckt sich die Darstellung mit der vorangegangenen offiziellen Darstellung. Es wird lediglich eingeräumt, daß eine Minderheit von Studenten hartnäckig habe bleiben wollen und daher von den Soldaten entsprechend der Ankündigungen "wegtransportiert" werden mußte. Auch hier heißt es, um 5.30 Uhr sei die Räumungsaufgabe beendet gewesen, ohne daß dabei oder beim Wegtransport ein einziger Student den Tod gefunden hätte. (Chen Xitong, in: BRu, 25.7.89, S. XXVII)

* In der Ausgabe der *Beijing Rundschau* vom 24. Oktober 1989 werden Augenzeugenberichte von Hou Dejian, Zhou Duo, Liu Xiaobo und Gao Xin [die Hungerstreikenden vom 2. Juni] zitiert, wonach diese aussagen, daß sie bei der Räumung des Tiananmen-Platzes weder Tote noch Verletzte gesehen hätten und daß die von der Armee abgegebenen Schüsse entweder in die Luft oder lediglich auf die Lautsprecher des "Autonomen Studentenverbandes" abgegeben worden seien. Außerdem werden dementsprechende Aussagen von Ärzten, die auf dem Platz in der Nacht Erste Hilfe leisteten, und von Studenten, die als letzte den Platz verlassen haben sollen, angeführt. Mehrfach betont wird auch, daß Wu'er Kaixi den Tiananmen-Platz bereits gegen 2.00 Uhr verlassen habe [vergleiche hierzu gegenteilige Aussagen unter 4.30 bis 5.30 Uhr]. Seine später im Ausland über die Räumung des Platzes gemachten Aussagen könnten also gar nicht stimmen. - Tenor der veröffentlichten Berichte: Sie stehen durchweg im Einklang mit den offiziellen Darstellungen. Unklar bleibt, wann, wo und unter welchen Umständen die zitierten Aussagen gemacht worden sein sollen. Ungeklärt ist auch, wie die vier, die am Hungerstreik teilgenommen haben, zu einem Umschwung ihrer Ansichten und zur Selbstkritik gebracht wurden. Ein entsprechendes, allerdings zusammengeschnittenes Interview mit Hou Dejian wurde bereits am 17. August im chinesischen Fernsehen übertragen. (LHB, 18.8.89)

In einer späteren Stellungnahme äußert sich Hou Dejian zu seiner im Oktober gemachten Aussage. Zwar sei er zu dem "Interview" von offizieller Seite aufgefordert worden, doch seine Aussagen hätten der Wahrheit entsprochen. Er selbst habe keine Toten im Zentrum des Tiananmen-Platzes gesehen. Er habe als einer der letzten den Platz verlassen und habe nicht bemerkt, daß Leute zurückgeblieben seien, könne dies aber auch nicht mit Garantie ausschließen. Er wisse nicht, ob niemand auf dem Platz gestorben sei. (N. Kristof, in: IHT, 17.1.90)

Nach seiner Abschiebung nach Taiwan im Juni 1990 bestätigte Hou Dejian in einem längeren Gespräch mit dem *ASIAWEEK*-Korrespondenten Jeffrey Hoffman, daß er als einer der letzten Demonstranten, die gegen 6.00 Uhr den Tiananmen-Platz verließen, auf dem Platz selbst keine Toten gesehen habe. Er habe jedoch später von Ärzten gehört, daß in die Beijinger Krankenhäuser rund 300 Tote eingeliefert worden seien. Diese seien jedoch nicht auf dem Tiananmen-Platz ums Leben gekommen, sondern in den Straßen von Beijing, betonte Hou. (AW, 13.7.90, S. 11)

DOKUMENT

Augenzeugenschilderungen von Hou Dejian über die Räumung des Tiananmen-Platzes

Ich habe nicht gesehen, daß jemand auf dem [Tiananmen-]Platz getötet wurde. Dort, wo ich mich am [Helden-]Gedenkmal aufhielt, hörte ich ab 23.00 Uhr [am 3. Juni 1989] Schüsse. Alle paar Minuten faßten wir uns an der Hand, weil wir das Ende erwarteten. Keiner konnte glauben, daß mit scharfer Munition geschossen würde. Die Studenten gaben mir einen Plastikhelm, um mich vor Gummikugeln zu schützen! Um 2.30 Uhr erzählten uns zwei Ärzte und ein Student, daß viele Menschen getötet worden seien. Sie wollten, daß wir die anderen überredeten, den Platz zu verlassen.
(AW, 17.7.1989, S. 38)

Gao Xin und Zhou Duo waren zu der Ansicht gelangt, daß die Studenten und Arbeiter den Platz verlassen sollten. Sie kamen herüber zu Liu Xiaobo und mir, um unsere Meinung zu hören. Liu bestand anfangs darauf, daß wir den Platz unter Einsatz unseres Lebens verteidigen sollten, doch schließlich stimmte er zu.
(*Children of the Dragon*, S. 158)

Ich betrachtete mich als ein Gast der Studenten und von Liu Xiaobo. Ich dachte, wenn sie sterben würden, würde ich auch sterben. Als uns klar wurde, daß es einen Kampf geben würde, begannen wir, uns mit Stöcken, Flaschen und allen möglichen Gegenständen zu bewaffnen. Dann hörten wir, wie Chai Ling über die Lautsprecheranlage verkündete, daß all jene, die den Platz verlassen wollten, dies auch tun sollten. Ich dachte, wenn wir weiterleben wollten, dann müßten wir alle zusammen gehen.
(AW, 17.7.1989, S. 38)

Vom Westen des Platzes kam das Geräusch von Gewehrfeuer immer näher. 50 Meter von uns entfernt gingen Tränengasgranaten nieder.
(*Children of the Dragon*, S. 159)

Wir [d.h. die vier seit dem 2. Juni im Hungerstreik befindlichen Gao Xin, Hou Dejian, Liu Xiaobo und Zhou Duo] gingen zu dem Zelt, von dem Chai Ling aus

[über Lautsprecher] sprach. Wir beschlossen zu versuchen, alle davon zu überzeugen, den Platz zu verlassen. Chai Ling sagte, man habe ihr mitgeteilt, daß Zhao Ziyang wünsche, daß die Studenten bis zum Morgengrauen auf dem Platz aushalten sollten. Ich fragte sie, ob das nicht nur ein Gerücht sei. Als Oberkommandierende trug sie die Verantwortung für das Leben eines jeden [Studenten auf dem Platz], und sie mußte eine Entscheidung treffen.
(AW, 17.7.1989, S. 38)

[Chai Ling willigte schließlich in den Abzugsplan der vier Hungerstreikenden ein und erlaubte den vier, den Studentensender zu benutzen, um die Studenten zu einem allgemeinen, friedlichen Abzug aufzurufen. Dies geschah um 3.00 Uhr. (Interview mit Hou Dejian, in: *Kaifang*, Juli 1990, S. 45, nach W.L.Chong, in: *China Information*, Herbst 1990, S. 13)]

Zunächst forderten wir sie [die Studenten] auf, ihre Waffen abzugeben. Dann berichteten uns einige Studenten, daß sich ein Maschinengewehr gegenüber der Großen Halle des Volkes in den Händen von drei Arbeitern befände. Als die Studenten versucht hätten, ihnen die Waffe abzunehmen, hätten die Arbeiter sie geschlagen. Wir mußten das Maschinengewehr in unsere Gewalt bringen, denn wenn auch nur ein Schuß von uns abgegeben worden wäre, hätte keiner von uns den Platz lebend verlassen. Als Liu Xiaobo und ich bei den Arbeitern ankamen, erkannten sie mich und erzählten mir, daß viele ihrer Freunde in den Straßen umgebracht worden seien. Sie waren voller Haß und von dem Verlangen erfüllt, Rache zu nehmen. Wir überzeugten sie schließlich, das Maschinengewehr herauszugeben. Es war jedoch zu gefährlich, mit dem Gewehr in unseren Händen auf die Soldaten zuzugehen. Deshalb zerstörten wir es, und wir wurden dabei [von ausländischen Reportern] gefilmt. Danach schauten mich alle an. Da wußte ich, daß ich der richtige Mann war, um mit den Soldaten zu verhandeln.
(AW, 17.7.1989, S. 38)

Zwei Ärzte vom Roten Kreuz schlugen vor, daß wir in einem Krankenwagen zu den Soldaten fahren sollten, um mit ihnen über einen friedlichen Abzug zu verhandeln.
(*Children of the Dragon*, S. 159)

Zhou Duo fuhr mit mir und zwei Ärzten in einem Krankenwagen des Roten Kreuzes los, um einen Armeeoffizier zu finden. Wir wurden von 30 bis 40 Soldaten umzingelt. Das war ungefähr zehn Minuten vor 4.00 Uhr. Wir baten darum, mit ihrem Kommandeur zu sprechen. Dann kam ein Mann in den Vierzigern mit Sternen auf den Schultern, also vielleicht ein Oberst [Oberst Ji Xinguo von der Einheit 51048]. Er sagte, daß er unseren Mut bewundere. Er sagte auch, daß sie [d.h. seine Soldaten] keinen von uns töten wollten, aber das müsse er noch mit seinem Hauptquartier abklären. Dann gingen plötzlich die Lichter aus. Wir hatten Angst. Der Oberst kam zurück und teilte uns mit, daß seine Vorgesetzten garantieren würden, daß sie das Feuer nicht eröffnen würden. Sie

würden eine Gasse an der südöstlichen Ecke des Platzes öffnen [durch die die Studenten abziehen sollten]. Ich ging zurück und sagte den Studenten, daß die Soldaten versprochen hätten, nicht auf sie zu schießen.
(AW, 17.7.1989, S. 38)

[Während Hou Dejian mit Oberst Ji Xinguo verhandelte, hatte der Studentenführer Li Lu die um das Denkmal versammelten Studenten zu einer mündlichen Abstimmung über den Abzugsvorschlag aufgefordert. Nach Einschätzung von Li Lu, Chai Ling und Feng Congde soll sich dabei die Mehrheit für einen Abzug ausgesprochen haben. Deshalb forderten die Studentenführer die Menge auf, den Platz zu verlassen. Darauf reagierten die Studenten jedoch zunächst widerwillig. (W.L.Chong, in: *China Information*, Herbst 1990, S. 14)]

Ich wußte, daß viele Leute getötet worden waren, doch ich hatte selbst nicht gesehen, daß jemand getötet wurde. Ich hatte auch keine Leichen gesehen. Nicht auf dem [Tiananmen-]Platz. Doch wir wußten, daß Leute außerhalb [des Platzes] getötet worden waren. Schüsse fielen. Es war schwierig, die Studenten davon zu überzeugen, daß sie sicher waren. Wir vier [d.h. die vier im Hungerstreik befindlichen Gao Xin, Hou Dejian, Liu Xiaobo und Zhou Duo] sagten, daß wir als letzte den Platz verlassen würden.
(AW, 17.7.1989, S. 38)

Das Gewehrfeuer wurde immer lauter. Studenten beschimpften mich. Ich konnte sie nicht genau verstehen, doch ich vermutete, daß sie mich der Kapitulation bezichtigten. Ich schrie zurück: "Ich könnt mich und uns vier ruhig beschimpfen, aber bitte verlaßt den Platz!" Die Stimmung auf dem Platz begann umzuschlagen, doch das Gewehrfeuer kam immer näher. Ich sah, wie Soldaten uns vom Süden her [zwischen dem Denkmal und dem Mao-Mausoleum] einschlossen, auf Lastwagen und zu Fuß. [Sie begannen zu schießen und mit Tränengas zu werfen.] Ich befürchtete, daß dies das Vertrauen der Studenten in das Versprechen des Offiziers erschüttern würde. Deshalb bat ich Zhou Duo und die beiden Ärzte, die Armee um etwas mehr Zeit zu bitten.
(*Children of the Dragon*, S. 162)

[Schließlich rannte ich auch mit.] In der Mitte des Platzes trafen wir auf die Truppen, und der gleiche Kommandeur [Oberst Ji Xinguo] sagte zu mir: "Herr Hou, wenn Sie jetzt nicht den Platz verlassen, können wir nichts mehr für Sie tun. Die Zeit ist abgelaufen. Ich rate Ihnen, jetzt zu gehen." Ich dankte ihm und sagte, daß ich als letzter den Platz verlassen würde.
(AW, 17.7.1989, S. 38)

"Rennt zur südöstlichen Ecke!" riefen wir den Studenten zu, als wir zum Denkmal zurückrasten. Ein Dutzend Soldaten hatte bereits die Spitze des Denkmals erreicht und die Lautsprecher zerschossen. Überall war Gewehrfeuer zu hören. Die um das Denkmal herum versammelte Menge zerstreute sich schnell.
(*Children of the Dragon*, S. 162-163)

Ich kletterte die Stufen [zum Heldengedenkmal] hoch. Die Soldaten hatten ihre Gewehre auf die Studenten gerichtet. Ich gestikulierte, daß sie [die Soldaten] ihre Gewehre gen Himmel richten sollten. Ungefähr die Hälfte von ihnen tat dies auch. Ich glaube nicht, daß alle Soldaten den Willen hatten zu töten.
(AW, 17.7.1989, S. 38)

Ich stand auf den ersten Treppenstufen des Denkmals und beobachtete, wie sich die Studenten aufreihten und, ihre Banner hochhaltend, sich langsam zum Südosten bewegten... Zusammen mit Zhou Duo und zwei studentischen Ordnern ging ich zum nordöstlichen Teil des Platzes. Da saßen noch immer Leute auf dem Boden. Zhou Duo und ich zogen einige von ihnen hoch... Andere standen von selbst auf... Bevor die letzte Gruppe von Studenten aufgestanden war, drückten uns Soldaten von Westen her zu einer Menschenmauer zusammen... Ich konnte kaum atmen. Um mich herum waren überall Anti-Aufruhr-Polizisten, die dicke Holzknüppel schwangen und die Leute auf Kopf und Körper schlugen. Studenten bluteten. Die Menge stolperte über Eisengitter, die auf dem Boden herumlagen. Die erste Reihe Leute fiel hin. Die dahinter stürzte über sie. Und die dritte Reihe über die ersten beiden.
(*Children of the Dragon*, S. 163)

[Hou Dejian stürzte ebenfalls hin. Er wurde von Liu Xiaobo und einigen Studenten aufgehoben und zu der Station des Roten Kreuzes am östlichen Rand des Platzes gebracht. Von dort, es war ungefähr 5.30 Uhr, beobachtete Hou, wie die letzte Gruppe der Studenten am Mao-Mausoleum vorbeizog. Gegen 6.00 Uhr hörte er für ca. 20 Sekunden Schüsse auf dem Platz. Ein Arzt erzählte ihm, die Soldaten hätten in die Luft geschossen, und Hou nahm an, daß dies ein Zeichen der Soldaten war, um den Vollzug der Räumung des Platzes zu signalisieren. Um 6.30 Uhr wurde Hou Dejian auf einer Bahre ins Xiehe-Krankenhaus eingeliefert. (W.L.Chong, in: *China Information*, Herbst 1990, S. 15)]

Um 6.00 Uhr wurde ich von Ärzten vom Platz getragen. Um 8.00 Uhr legte ich mich schlafen. Als ich am Nachmittag aufwachte, teilten mir die Ärzte mit, daß sich nach ihren Informationen 300 Leichen in den Krankenhäusern von Beijing befänden.
(AW, 17.7.1989, S. 38)

Auch der Soziologe Zhou Duo blieb bei seiner Aussage, daß es beim Abzug der Studenten vom Tiananmen-Platz keine Toten gegeben habe. In einem Interview mit dem *Spiegel* im Jahre 1992 führte Zhou u.a. aus: "Das Militär war von Anfang an darauf vorbereitet, das eigene Volk niederzumetzeln. Dabei hat es unumstritten viele Opfer gegeben - aber nicht nach vier Uhr morgens auf dem Platz des Himmlischen Friedens. ... Das Militär hatte bereits gegen zwei Uhr den Platz eingekreist und wartete auf den Räumungsbefehl. Dabei schossen sie nach außen in die Menge. Wir aber waren mit einigen tausend Studenten von ihnen eingekesselt. Viele Bürger versuchten nun noch immer, zu uns vorzudringen, und bezahlten das mit ihrem Leben. Wir hatten mit den Offizieren einen friedlichen Abzug ausgehandelt. Der lief ohne Tote ab. Soweit wir in der Dunkelheit der Nacht den Tiananmen-Platz überblicken konnten, starb auf dem Platz niemand mehr. ... Schließlich verließ ich als letzter den Kernbereich des Tiananmen. Es gab keine Toten unter den abziehenden Demonstranten." Zhou Duo bestätigte aber auch, daß es am Rande des Tiananmen-Platzes [vor allem im Norden auf der Chang'an-Allee] Tote gegeben hat. (*Der Spiegel*, 24/1992, S. 173 f.)

DOKUMENT

Augenzeugenbericht von Yu Shuo über die Räumung des Tiananmen-Platzes

Ich bemerkte nicht, daß ich der letzte war am Denkmal. Als ich die Terrasse hinunterging, ... drehte ich mich um und sah einen Soldaten, der sich anschickte, mit seinem Bajonett in ein Bett zu stechen. Ich sah zwei Füße und erinnerte mich an die Geschichte eines alten Mannes, der durchs Bajonett zu Tode kam. Ich stürzte hinzu und zog an den Füßen. Ein Junge fiel herunter vom Bett. Er war der letzte Student, der den Platz verließ. Wir beide gingen hinunter und trafen auf Liu Xiaobo auf der zweiten Ebene des Denkmals. Er fragte plötzlich einen Studenten nach seiner Tasche.

Der Student antwortete: "Verdammt! Ich habe sie im Zelt vergessen!" Lius Paß und alle meine Manuskripte waren darin. Ich sagte, ich würde zurückgehen und sie holen. Ich ging zurück mit erhobenen Händen. Ich dachte, sie würden nicht auf mich schießen, weil der Offizier, mit dem ich sprach, Verständnis zu haben schien. Ein Mädchen wollte mich begleiten, und sie lief, um uns einzuholen. Die Soldaten wurden sehr nervös und schossen auf die Marmorstufen. Die Studenten, die sich zurückgezogen hatten, drehten sich nach uns um. Mehr als zehn Soldaten kamen herüber und gaben eine Gewehrsalve in die Luft ab. Ich sah ein, daß es unmöglich war zurückzugehen, um den Paß zu holen. ...

Es war 5.00 Uhr, als ich zur Mao-Gedenkhalle kam. 15 Minuten waren vergangen. Als ich wieder auf den Platz sah, waren die Zelte alle plattgewalzt. Panzer und Fernseh-Kameras waren an der Arbeit. Es war solch ein Kontrast. Ich war so gewöhnt inzwischen an die roten Banner und die Zelte, und plötzlich waren sie alle weg. Ich dachte an die Studenten in den Zelten, setzte mich auf die Erde und fing an zu weinen... Zhang Gong, der Sprecher der Kriegsrechtstruppen sagte, daß sie alle Zelte überprüft hätten. Aber wie konnten sie mehr als 200 Zelte in gerade 15 Minuten überprüft haben?
(Yu Shuo, in: *Children of the Dragon*, S.176)

DOKUMENT

Augenzeugenbericht von Lao Gui über die Räumung des Tiananmen-Platzes
Tatsächlich gab es keine Auseinandersetzungen zwischen den Studenten und den Truppen. Es war ein friedlicher Rückzug, und die Studenten waren ruhig. Einige haben gesagt, daß, als die Studenten den Platz verließen, diese wie Verrückte gerannt wären und daß einige sogar zu Tode getrampelt worden wären. Aber das sind nur Gerüchte. Weil viele Studenten auf dem Denkmal versammelt waren, war es einen Moment lang etwas chaotisch, aber dann wurde sehr schnell die Ordnung wiederhergestellt.

Die studentischen Ordner waren die letzten, die abzogen. Sie forderten die vorausgehenden Studenten ständig auf, schneller zu gehen und nicht anzuhalten. Bewaffnete Soldaten gingen etwa 5 m hinter ihnen, ständig monierend, daß die Studenten zu langsam gingen. Sie schossen wiederholt Warnschüsse in einem 45°-Winkel über die Köpfe der Studenten, um sie zu zwingen, schneller zu gehen. Als die Studenten die nordöstliche Seite des Mao-Mausoleums erreichten, erschienen vom Norden her einige Schützenpanzer, die mit voller Geschwindigkeit auf die Studenten losrasten, plötzlich kurz vor ihnen abstoppten und damit die Studenten zum schnelleren Rückzug zwangen. Ich habe nicht gesehen, daß irgend jemand überfahren wurde, glücklicherweise.

Es war schon hell zu der Zeit, als die Studenten die Ostseite des Qianmen passierten. Ich sah viele Soldaten der Luftwaffe, die auf der Westseite des Qianmen auf dem Boden saßen. Immer wieder schrien die Studenten ihnen zu: "Deng Xiaoping ist ein Schlachter! Bestie! Faschist!" Anfänglich reagierten die Soldaten nicht, aber dann standen sie alle auf und formierten sich zum Vormarsch. Sie rückten schnell nach Osten vor und gaben Schüsse in die Luft ab. Studenten und Zivilisten flohen nach Süden, sie verließen den Platz.
(Lao Gui, in: *Children of the Dragon*, S. 175-176)

Der Teil der Flüchtenden, der sich zum Qianmen begeben hat [vergleiche Augenzeugenbericht Qinghua-Student, 4.40 Uhr] stößt dort erneut auf Soldaten. Es kommt zu schweren Zusammenstößen. Bürger versuchen, die Studenten zu schützen, damit sie zum Bahnhof, ca. 2 km östlich des Platzes, fliehen können.
(Nach Augenzeugenbericht Qinghua-Student, in: C.a., Mai 1989, S.375 ff.)

Vom Südrand des Platzes sind Detonationen zu hören. (G. Dinmore (rtr), 4.6.89, in: FAZ, 5.6.89)

Artilleriefeuer und Schüsse aus schweren Maschinengewehren ertönen aus dem Süden Beijings. Die Zahl der Opfer soll auf 30 Tote und Hunderte Verletzte angewachsen sein. (afp, 4.6.89, nach FAZ, 5.6.89)

Nachdem die Armee den Platz von Zivilisten geräumt hat, besetzt ein Teil der Soldaten in Vierergruppen die Chang'an-Allee am Rande des Platzes und eröffnet sofort das Feuer, wenn sich jemand nähert. (OZRB, 6.6.89)

Auf der Höhe des Beijing-Hotels wird von Schützenpanzern aus auf die Menge geschossen, die die Straße versperrt, aber auch auf Menschen, die auf dem Fahrradweg Schutz suchen. (BX, 9.6.89, S. 3)

Um 5.20 Uhr erhält eine Panzertruppe den Befehl, gegen eine Menschenmenge vorzugehen, die das Xinhuamen [d.h. den Eingang der Partei- und Regierungszentrale] belagert. Je acht Panzer fahren in vier Reihen [vom Tiananmen-Platz] in die Westliche Chang'an-Allee. Sie lassen sich von mehreren hundert Personen, die die Straße blockieren, nicht aufhalten. (*Dongxiang*, Juni 1990, S. 11) - Wahrscheinlich fährt ein Teil der Panzer nach Erreichen des Xinhuamen weiter nach Liubukou, wo es nach 6.00 Uhr zu blutigen Zusammenstößen mit den vom Tiananmen-Platz vertriebenen Studenten kommt (siehe unten).

DOKUMENT

Augenzeugenbericht von Liu Tang über das Vorgehen von VBA-Einheiten bei Liubukou am Morgen des 4. Juni

Als wir uns vom Platz zurückzogen, passierten wir um etwa 5.00 Uhr das Qianmen. Anwohner, junge und alte, Männer und Frauen - einige in ihren Schlafanzügen - säumten die Straßen, applaudierten uns mit Tränen in den Augen. Es war das erste Mal in meinem Leben, daß ich Menschen sah, die ohne Freude applaudierten. Es war eine sehr seltsame und quälende Szene. Die Leute, die vorn standen, schüttelten den vorbeigehenden Studenten die Hände. Nur wenig wurde geredet; die Leute redeten mit den Augen. Ich bemerkte, daß einige der Arbeiter, die Händeschütteln nicht gewohnt waren, den Studenten auf die Schultern klopften...

Einige Studenten hielten blutgetränkte Hemden über ihre Köpfe, um sie den Anwohnern zu zeigen. Als wir das Wohnviertel verließen und zur Liubukou-Kreuzung liefen, trafen wir nur noch wenig Zivilisten...

Ich war der letzte in der Reihe der Qinghua-Studenten. Hinter uns waren Studenten von der Universität für Recht und Politik. Als wir an der Chang'an-Allee ankamen, sahen wir etwa vier Reihen von Panzern, die 100 m östlich der Kreuzung standen. Das war unser erstes Zusammentreffen mit Soldaten, seit wir den Platz verlassen hatten, daher konnten wir unsere Wut nicht zurückhalten. Wir schrien "Bestien! Bestien! Mörder! Mörder!"

Ich sah, daß vier Panzer aus der ersten Reihe auf uns loszufahren begannen. Der an der Nordseite der Straße führte den Angriff, und sie nahmen schnell Fahrt auf. Die Studenten rannten in Panik los - die vor mir rannten nach Norden, während diejenigen hinter mir nach Süden rannten. Ich rannte nach Norden und dann schnell nach Westen, aber ich hatte Probleme beim Laufen, da ich mein Fahrrad schieben mußte. Die Panzer kamen immer näher an uns heran. Ich erinnere mich, daß mir jemand zuschrie, ich sollte mich beeilen. Ein anderer Student half mir, mein Fahrrad über die Fahrbahnabsperrung zu ziehen. Ein Panzer verfehlte mich nur um einige Meter. Im Vorbeifahren öffneten die Soldaten von innen die Luke und schleuderten vier Gaskanister hinaus. Anders als die Gaskanister, die sie am Vortag benutzt hatten und die uns zum Weinen brachten, spuckten diese gelben Rauch aus, der bei uns Erstickungsanfälle hervorrief, da er unsere Lungen angriff. Die Studenten schlugen zurück, indem sie Steine und Ziegel nach den Panzern warfen. Die Panzer fuhren 50 m weiter, stoppten, drehten um und fuhren wieder auf uns los. Mitten in diesem Durcheinander hörte ich Menschen schreien und sah sie wild durcheinander in alle Richtungen flüchten. Die hinter uns schrien: "Jemand ist zerquetscht worden!" Schnell begab ich mich dorthin, woher die Schreie zuerst gekommen waren. Die Panzer kamen wieder vorbei.

Hinten in der Straße war etwa ein Dutzend Studenten durch brennende Busse und verlassene Fahrräder eingeschlossen worden. Es war ihnen nicht gelungen, vor dem ersten Angriff der Panzer zu fliehen. Die erste Leiche, die ich sah, war ein Mädchen, hübsch angezogen mit einer weißen Bluse und rotem Rock. Sie lag mit dem Gesicht auf der Straße. Eines ihrer Beine war völlig verdreht, und der Fuß zeigte zum Himmel. Einem Studenten war der rechte Arm vollkommen abgetrennt worden von der Schulter, was ein klaffendes dunkles Loch hinterließ. Eine weitere Leiche in der Reihe der überrollten Studenten war ein junger Mann, der auf einem plattgewalzten Fahrrad lag. Er hatte versucht, über die Fahrräder rüberzuklettern, um sich vor den Panzern zu retten. Sein Kopf war zermalmt: Eine Lache von Blut und Hirn lag auf dem Pflaster ein paar Fuß weiter. Insgesamt wurden 11 Studenten von den Panzern zermalmt. Zehn Minuten später kam ein Rettungswagen und sammelte drei oder vier Studenten ein, die vielleicht noch gelebt haben.

Die meisten der Zuschauer waren junge Männer aus der Nachbarschaft. Ein junges Paar, das in der Nähe wohnte, kam aus dem Haus. Die Frau schrie wie ein verwundetes Tier. Nie zuvor hatte ich solch herzzerreißende Töne gehört. Der Mann, in den Dreißigern, weinte hemmungslos. Die meisten der Studenten waren schon geflüchtet. Die Leute wagten nicht, die Soldaten von Angesicht zu Angesicht zu beschimpfen, statt dessen verfluchten sie sie, während sie auf die Leichen starrten. "Zum Teufel mit Euch. Laßt mich bloß keinem von Euch allein begegnen", warnte ein Mann. "Habt ihr noch nicht genug getötet? Waren Eure Maschinengewehre nicht stark genug? Jetzt mußtet Ihr auch noch Panzer einsetzen?"...
(Liu Tang, in: *Children of the Dragon*, S. 175-178)

Ein Teil der Studenten flieht nach Verlassen des Tiananmen-Platzes über Liubukou zur Chang'an-Allee. "Uns bot sich ein Bild der Zerstörung: Wir sahen nur ausgebrannte Fahrzeuge, die Straße war von Trümmern übersät. Wir konnten erkennen, daß gerade ein erbitterter Kampf stattgefunden hatte, jedoch war keine einzige Leiche zu sehen", berichtete die Studentenführerin Chai Ling. Später habe man ihr erklärt, die Soldaten seien in zwei Gruppen in den Kampf getreten. Eine Gruppe sei mit Maschinengewehren auf die Menschen losgegangen, eine zweite habe die Leichen in Linienbusse und auf Fahrradrikschas zum Abtransport gesammelt. Derart wären auch viele Verletzte zusammengepfercht und erstickt worden. Bevor die Flüchtenden die Chang'an-Allee verlassen hätten, sei ihnen ein Panzer entgegengekommen und habe mit Tränengaspatronen geschossen. Danach habe er mehrere der Studenten überrollt. (Chai Ling, in: C.a., Mai 1989, S. 378 ff.) *Zhengming*, August 1989, S. 16, berichtet unter Bezug auf eine andere Zeugin ebenfalls, daß bei Liubukou eine Gruppe von Menschen von einem Panzer überrollt wurde. *Laiyin Tongxin* berichtet von insgesamt 27 Menschen, die während der Flucht von Panzern überrollt wurden. (LYTX, Juni 1989, S. 6.)

"... Die meisten Studenten, die den Platz verließen, gingen nach Westen zur Qianmen-Allee, dann Richtung Norden in eine kleinere Straße und erreichten die West-Chang'an-Allee bei Liubukou. Als sie das Qianmen-Tor (südlich vom Platz) erreichten, bildeten die Studenten (mehrere tausend) eine lange Kolonne. Sie bewegten sich sehr langsam vorwärts. Es dauerte über eine Stunde, bis die Kolonnenspitze in Liubukou ankam. Dort bogen sie nach links in die Chang'an-Allee ein und gingen nach Westen (etwa um 6.00 Uhr). Zu diesem Zeitpunkt kamen vom Tiananmen-Platz mehrere sehr schnell nach Westen fahrende Schützenpanzer und überfuhren mehrere Studenten, wobei 11 Personen getötet wurden (verschiedene Zeitungen und Zeitschriften veröffentlichten ein Foto, das einige der zermalmten Menschen zeigte.) Einigen Quellen zufolge schossen die Schützenpanzer nicht, bevor sie die Studenten überfuhren. Einer der Schützenpanzer hielt an, während ein anderer um den Ort des Geschehens fuhr. Die Soldaten im dritten und vierten Schützenpanzer eröffneten Berichten zufolge dann das Feuer und warfen Tränengasgranaten in die Menschenmenge, die sich dort angesammelt hatte. Die Schützenpanzer fuhren später mit hoher Geschwindigkeit weiter nach Westen. Die Studenten konnten die Leichen bergen.

Ein Augenzeuge, der die Schützenpanzer als Panzer beschrieb, berichtete über diesen Vorfall: 'Es war ungefähr 6.00 Uhr morgens und schon hell. Ich fuhr auf meinem Fahrrad. Neben mir gingen ein paar Studenten, die sich vom Tiananmen zurückgezogen hatten und zu ihren Schulen zurückkehrten. Als wir zur West-Chang'an-Straße kamen, sah ich vier Panzer, die vom Platz kamen und mit sehr hoher Geschwindigkeit nach Westen fuhren. Die zwei voranfahrenden Panzer jagten Studenten. Sie überrollten die Studenten. Alle schrieen, wir auch. Ich zählte 11 Leichen. Die Soldaten im dritten Panzer beschossen uns mit Tränengas. Einige Bürger beschlossen, tote Studenten zu bergen. Der vierte Panzer schoß mit Maschinengewehren auf uns. Sie trafen vier oder fünf Menschen. Nachdem die Panzer vorbeigefahren waren, bargen einige Leute die Körper. Ich sah zwei Leichen aus der nächsten Nähe: einen Studenten und ein

Mädchen. Ich konnte sie sehr genau sehen. Sie waren flach. Ihre Körper waren voller Blut. Ihre Münder waren in lange Formen gepreßt worden. Ihre Augen waren flach und groß. Wir weinten, weil unsere Herzen brachen.' (Aussage eines Augenzeugen beim Menschenrechtsausschuß des U.S. Kongresses, Washington D.C., 22. Juni 1989)

Es wird auch berichtet, daß einige Panzer und Lastkraftwagen voller Soldaten an der Ecke der Beixinhua-Straße (südlich der West-Chang'an-Allee bei Liubukou) erschienen. Noch während sich das Ende der Kolonne durch einige Straßen und Gassen zwischen der West-Qianmen-Allee und Liubukou bewegte (ungefähr zwischen 6.45 Uhr und 7.00 Uhr), begannen die Soldaten Tränengas einzusetzen und auf die Menschen zu schießen. Zu dieser Zeit befanden sich noch viele Zivilisten auf der West-Chang'an-Allee und deren Nebenstraßen. Truppen, die den Nordwesteingang zum Tiananmen-Platz blockiert hatten, hatten ab und zu die Menge zurückgedrängt, indem sie schossen oder gegen sie anstürmten. Nach einem Bericht, der amnesty international zugegangen ist, drangen die Panzer und Truppen, die an der Ecke von Liubukou schossen, anscheinend nicht in die Beixinhua-Straße ein; auch jagten sie dort keine Menschen. Sie feuerten jedoch wiederholt und für jeweils längere Zeit. Die Menschen auf der Straße suchten Deckung. Sie kauerten am Straßenrand nieder oder rannten in eine Seitenstraße. Dieser Quelle zufolge wurden in dieser Straße 30 bis 50 Menschen durch Gewehrfeuer verletzt, einige möglicherweise getötet. Nachdem die Truppen das Feuer eingestellt hatten und abgezogen waren, fuhren Ambulanzen innerhalb einer halben Stunde viermal in diese Straße. Sie transportierten jedesmal durchschnittlich sechs bis acht Verwundete oder Tote ab..." (ai, 1990, S.20-21)

"Auch die Truppen, die vom Osten kamen, eröffneten auf ihrem Weg zum Tiananmen-Platz das Feuer. Um ungefähr 5.30 Uhr passierte ein militärischer Konvoi die Dongdan-Kreuzung an der Ost-Chang'an-Allee, wo eine große Barrikade aus Gelenkbussen den Weg versperrte. Nach einem Augenzeugenbericht durchbrachen plötzlich sechs Panzer die Barrikaden, gefolgt von 20 bis 30 Schützenpanzern und Lastkraftwagen. Anscheinend zur Abschreckung belegten sie die ganze Allee und die benachbarten Straßen mit einem Sperrfeuer. Die Menschenmenge, die sich bei Dongdan angesammelt hatte, rannte in Deckung, als die Truppen ankamen. Der Augenzeuge konnte nicht sehen, ob irgend jemand verletzt worden war. Da auch von Süden her Schüsse kamen, verließ er die Gegend. Er sagte jedoch, daß die Truppen scharfe Munition benutzten und daß er gesehen habe, wie Querschläger in der Straße herumflogen. Dieser Konvoi vereinigte sich dann mit den Truppen, die den Eingang zum Platz auf der Ost-Chang'an-Allee blockierten." (ai, 1990, S.21-22)

Auf den Dächern und in den Fenstern entlang der Chang'an-Allee sollen Heckenschützen liegen und auf Leute auf der Straße zielen. (J. Kahl, in: SZ, 5.6.89)

Fünf Schützenpanzer mit großen Geschützen fahren vom Prinzessinnengrab (Gongzhufen) im Westen auf die Chang'an-Allee. Dabei schießen sie in die Luft. Dieser Vorhut folgen über 50 Schützenpanzer und mehr als 10 Panzer. (BX, 9.6.89, S. 3)

Bei Chongwenmen im Südosten sind noch Schüsse und Explosionen zu hören. Die Menge erobert einen Schützenpanzer und setzt ihn in Brand. Ein junger Soldat schießt auf eine alte Frau und ein Kind. Daraufhin wird er von einer Gruppe junger Männer erschlagen und verbrannt. Die Leiche hängen sie an eine Fußgängerbrücke. (AW, 16.6.89, S. 32)

Nach der Zerschlagung der Protestbewegung beschreiben angebliche Augenzeugen in Rundfunk und Fernsehen, wie ein Soldat auf einer Fußgängerbrücke beim Chongwenmen von der Menge gelyncht worden sei. Ihnen zufolge hätte er sich retten können, wenn er nicht auf das Flehen dreier alter Frauen gehört hätte, nicht zu schießen. (*Der Spiegel*, 25/1989, S. 119)

In einer Pressekonferenz am 6. Juni bestreitet Staatsratssprecher Yuan Mu "Gerüchte", denen zufolge ein Soldat totgeschlagen und verbrannt worden war, weil er drei Anwohner, darunter eine alte Frau, getötet hatte. Um diesen Gerüchten entgegenzutreten, zitierte er eine "Genossin", die in der entsprechenden Gegend wohnt und als Augenzeugin des Vorfalls folgenden Bericht lieferte:

"Gegen 5.00 Uhr am 4. Juni, als drei motorisierte Fahrzeuge, darunter eines mit einem Anhänger, der mit Gemüse beladen war, durch Chongwenmen fuhren, warfen viele Leute Steine und Flaschen auf sie. Zwei der Fahrzeuge drehten um und fuhren schleunigst davon, während das dritte wegen des Anhängers nicht schnell genug wenden konnte. Es wurde sofort von einem Hagel von Steinen getroffen. Zuerst meinte die Frau, außer dem Fahrer sei niemand in dem Fahrzeug. Doch in Wirklichkeit befanden sich 11 Personen darin. Sie hätten das Feuer auf die Menge eröffnen können, aber sie schossen nicht. Sie sah dann, wie sie von dem Fahrzeug sprangen und zu einer nahen Gasse rannten. Ob sie im Laufen zu schießen begannen, konnte sie nicht erkennen. Sie schienen Schußwaffen zu tragen, aber nicht viele. Einer von ihnen schaffte es nicht zu entkommen. Er wurde geschlagen, von der Chongwenmen-Überführung geworfen, mit Benzin übergossen und angezündet. Er war tot. Dieser Soldat hat niemanden geschlagen. Wenn er ein Gewehr gehabt hätte, wäre er sehr wohl in der Lage gewesen, sich zu verteidigen, und er wäre nicht auf diese Weise zu Tode gekommen." (Chinesisches Fernsehen am 6.6.1989, in: SWB, 8.6.89, zit. nach: ai, 1990, S.34-35)

Zwei ausländische Touristen, die diesen Vorfall von einem Fenster des Hademen-Hotels in Chongwenmen beobachtet hatten, haben amnesty international eine andere Darstellung geliefert:

"Sie verfolgten vom Hotel aus die Ereignisse auf der Kreuzung von etwa Mitternacht bis nach 5.00 Uhr. Ihnen zufolge hatten sich gegen Mitternacht einige tausend Anwohner an der Kreuzung versammelt und blieben mehrere Stunden lang dort. Eine Reihe von Dingen ereignete sich zwischen 0.00 und 3.00 Uhr. Die Menge schob Busse über die Straße und blockierte sie damit teilweise. Ein mehrere hundert Mann starker Trupp von Soldaten kam von Osten, überquerte die Kreuzung und marschierte Richtung Tiananmen-Platz weiter. Ein Panzer kam aus Richtung Süden vorbeigefahren, später folgten zwei weitere Panzer.

Irgendwann nach 3.00 Uhr kamen drei mit Planen verhängte Militärlastwagen von Süden. Die Menge, die sich um diese Zeit an der Kreuzung versammelt hatte, geriet in Bewegung, als die Lastkraftwagen kamen. Sie bewegte sich in die Chongwenmen-Straße hinein, auf die Wagen zu und umzingelte sie dann.

Währenddessen näherte sich von Osten ein Trupp von mehreren hundert Soldaten in geschlossener Formation, überquerte die Kreuzung und hielt auf der Westseite an. Die Soldaten nahmen in ostwärts gerichteten Reihen Aufstellung, einige knieten, einige standen. Sie begannen, mehrere Minuten lang nach Osten zu feuern. Von ihrem Standort im Hotel aus (auf der Südostseite der Kreuzung) konnten die Augenzeugen nicht sehen, ob auf der Ostseite der Kreuzung irgend jemand verletzt wurde. Sie berichteten, daß eine Kugel ein Fenster im ersten Stock des Hotels durchschlagen hätte. Nachdem sie geschossen hatten, marschierten die Soldaten weiter westwärts, zum Tiananmen-Platz.

Inzwischen hatten zwei der Lastkraftwagen gewendet und waren davongefahren. Der dritte, der einen Anhänger hatte, blieb aber auf dem Gehsteig stecken. Die Menge bewarf die Vorderseite des Wagens mit Flaschen. Die Soldaten, die sich im Führerhaus des Lastkraftwagens befanden, versuchten herauszukommen. Zwei schafften es schließlich. Drei Männer näherten sich demjenigen dieser Soldaten, der einen Helm trug. Der zog einen der drei an den Haaren und wurde daraufhin von den umstehenden Leuten angegriffen. Dann verschwand er. (Die Augenzeugen sahen ihn nicht mehr.) Der andere Soldat stieg wieder vorne in den Lastkraftwagen, um dann, mit einem Gewehr bewaffnet, hinten wieder herauszukommen. Er schoß in die Menge. Die Augenzeugen hörten drei Schüsse. Sie sahen eine alte Frau und einen Mann zu Boden sinken. Später hörten sie, daß auch ein Kind getroffen worden sei. Die Menge stürmte wutentbrannt den Lastkraftwagen. Der Soldat kam, mit zerrissenen Kleidern, aus dem Fahrerhaus. Er rannte in Richtung Chongwenmen-Hotel (auf der Westseite) und gelangte bis zum Bürgersteig, wurde dann aber links weggezerrt. Die Augenzeugen konnten nicht klar erkennen, was dann mit ihm geschah - eine Fußgängerbrücke über die Straße behinderte die Sicht -, doch sie nahmen an, daß er getötet und verbrannt wurde. Als nächstes sahen sie jedenfalls etwas brennen. Später am Morgen sahen sie die verkohlte Leiche des Soldaten an einem Seil von der Fußgängerbrücke hängen.

Als der Soldat tot war, hielt die Menge einen gewissen Abstand zu dem Lastkraftwagen. Ganz langsam schoben sich aus dem mit Planen verhüllten Heck des Fahrzeuges einige Gewehrläufe, aber etwa eine halbe Stunde lang kam niemand zum Vorschein. Einige Leute warfen aus der Menge Benzinbomben auf den Lastkraftwagen. Schließlich fing dieser Feuer, und die Soldaten kamen heraus. Sie rannten mit auf die Menge gerichteten Gewehren über die Fußgängerbrücke. Die Menge - immer noch einige tausend Personen - rannte hinüber auf die Ostseite der Straße. Die Soldaten schossen nicht, sondern flohen in eine Seitenstraße. Den beiden Augenzeugen zufolge spielte sich das gegen 4.15 Uhr ab. Am Nachmittag des 4. Juni holte ein mit Soldaten beladener Militärlastwagen die Leiche des Soldaten ab." (Augenzeugenbericht, in: ai, 1990, S.35-36)

Bei Sonnenaufgang (gegen 5.20 Uhr) versammeln sich viele Einwohner Beijings erneut in den Straßen. Die meisten stehen in kleinen Gruppen in Hauseingängen und sehen ängstlich in Richtung des Platzes, von dem noch immer Schüsse zu hören sind. Über Kilometer sind auf den Straßen in der Umgebung [des Platzes] die Spuren des nächtlichen Kampfes zu sehen: zerbrochenes Glas, zerstörte Fahrräder, gerammte Zäune und auf vielen Kreuzungen die rauchenden Überreste verbrannter Busse, Lastwagen, Schützenpanzer und umgeworfener Autos. Beijinger Einwohner haben in ihrer Verzweiflung Fußwege aufgerissen, um sich mit Steinen zu bewaffnen, an einigen Stellen haben sie sogar Bäume ausgegraben, um damit die Straßen zu blockieren. Auf der Chang'an-Allee [bei Xidan] ist die Leiche eines VBA-Soldaten zu sehen, den Zivilisten in der Nacht gefangen, entkleidet und getötet haben. Am Morgen spucken Leute nach der Leiche und bewerfen sie mit Steinen. Dann flieht die Menge vor einem heranfahrenden Konvoi von Schützenpanzern, der die Zufahrtsstraßen zum Tiananmen-Platz räumt. Kurz darauf sammeln sich die Menschen erneut, bis wiederum ein Konvoi von mindestens 35 Schützenpanzern zum Platz fährt. Einige Leute werfen Steine nach den Schützenpanzern. (C. Rosett, in: AWSJ, 5.6.89)

Auf der Muxidi-Brücke kommt es zu einer großen Explosion, als ein Oberleitungsbus, dessen Fahrer ein weißes Stirnband trägt, mit einem Schützenpanzer kollidiert. (ap, nach TN, 5.6.89)

Soldaten schießen mit Maschinengewehren auf die Menge, die sie beschimpft und mit Steinen angreift. Viele Menschen gehen zu Boden. Vorübergehend bemächtigt sich ein Student [bei Muxidi] eines verlassenen Schützenpanzers und bringt ihn unter dem Jubel der Umstehenden in Bewegung. Leute rufen: "Steht auf und kämpft", "Blut für Blut, rächt die Toten". Erneute Angriffe der Soldaten treiben die Menge zum Rückzug. Eine Benzinbombe explodiert. Es ist durch die Flammen zu erkennen, daß Hunderte neuer Armeelastwagen mit je mehr als 50 Soldaten zur Brücke von Muxidi fahren. (ap, nach TN, 5.6.89) [Vergleiche 8.00 Uhr und 9.00 Uhr]

Die Beijinger Vorstädte sind außer Kontrolle. Die aufgebrachte Bevölkerung zündet Busse an und zertrümmert Geschäfte. Soldaten und Bewaffnete Volkspolizisten geben Warnschüsse ab, um die Lage zu beruhigen. (OZRB, 6.6.89)

Im Laufe der Nacht gibt es wiederholt Angriffe von Soldaten auf ausländische Reporter. Zwei werden durch Schüsse verletzt, einige andere werden geschlagen. Mehreren Journalisten sollen die Kameraausrüstungen zerstört worden sein. (ap, nach HAB, 7.6.89)

* Für die Zeit "nach Morgengrauen" erwähnt der offizielle Bericht von Chen Xitong vom 30. Juni eine lange Reihe von Zwischenfällen in den verschiedenen Stadtteilen und Straßen Beijings. Dabei konzentriert sich die Darstellung auf das Aufzählen von Orten, an denen Militärfahrzeuge in Brand gesetzt wurden.

Es wird von Angriffen auf zivile Ziele sowie von zahlreichen Fällen, in denen die Bevölkerung Lynchjustiz an Soldaten verübt hat, berichtet. Auffällig ist, daß in die Aufzählung von Chen Xitong Vorfälle aufgenommen werden, die nach anderen Berichten erst um einiges später passierten, während die Darstellung der Räumung des Platzes erst weiter hinten im Text erscheint. Damit wird trotz der Zeitangabe "nach Morgengrauen" der Anschein einer chronologischen Darstellung erweckt, als habe es zunächst die Übergriffe auf die Militärfahrzeuge und die Lynchjustiz gegeben, und dann erst sei die Räumung des Platzes erfolgt.

6.00 Uhr
Beim Chaoyangmen fahren zwei Schützenpanzer, denen über hundert Militärfahrzeuge folgen, von Osten nach Westen. Sie kommen aus der Richtung der kleinen Dörfer und schießen während der Fahrt. Leute, die auf dem Weg zur Arbeit sind, und Menschen entlang der Straße werden verletzt, mehrere Dutzend werden getötet. Das Krankenhaus am Chaoyangmen ist daher voll, allein die Chirurgie hat über 100 Einlieferungen zu behandeln. (Flugblatt der Studenten der Beijing-Hochschule vom 4.6.89)

DOKUMENT

Erklärung eines Sprechers des Kommandostabs der Truppen zur Durchsetzung des Ausnahmezustands vom 4. Juni (Auszüge)

Entsprechend der Entscheidungen des Staatsrates zum Ausnahmezustand und der Bestimmung der Stadtregierung Beijing wurde den Offizieren der VBA und den Soldaten, die damit beauftragt waren, den Ausnahmezustand in einigen Teilen Beijings durchzusetzen, am 3. Juni der Befehl gegeben, an bestimmten Orten einzumarschieren und Quartier zu nehmen, so auch auf dem Tiananmen-Platz, mit dem Ziel, die kritisch gewordenen Unruhen zu beenden und in Beijing frühzeitig wieder die normale Ordnung einkehren zu lassen. Diese Nachricht wurde in der Nacht vom 3. Juni durch Rundfunk, Fernsehen und andere Medien bekanntgegeben. Die Truppen zur Durchsetzung des Ausnahmezustands hatten aufrichtig gehofft, daß die Mehrheit der Massen sie unterstützen und ihnen bei der Durchführung ihrer Pflicht behilflich sein würde. Doch während die Truppen ihre Aufgabe erfüllten, hat eine Handvoll [sic!] tollwütiger Halunken und rebellischer Elemente einige hundert [sic!] Militärlastwagen gestoppt und zerstört und zehn weitere verbrannt. Sie haben die Gesetze und die Bestimmungen zum Ausnahmezustand mißachtet und die geduldigen Ermahnungen der Offiziere und Soldaten der Truppen zur Durchsetzung des Ausnahmezustands für Schwäche gehalten, die man ausnutzen müsse. Einige Soldaten wurden verbrannt. Die Halunken und rebellischen Elemente plünderten Gewehre und Munition, sie erzwangen Eintritt in das Ministerium für Rundfunk, Film und Fernsehen, verbrannten ein Auto, das dem Ministerium

gehört und zerschlugen sieben Fahrzeuge. Sie gingen gegen die Große Halle des Volkes vor, zerstörten Fenster und Türen der Halle. Mit den verschiedensten Mitteln haben sie Offiziere und Soldaten der Truppen zur Durchsetzung des Ausnahmezustands, Beamte der Öffentlichen Sicherheit und Polizisten entführt, getötet und verwundet. Sie haben mehr als 1.000 Befehlshaber und Kämpfer, die ihre militärische Pflicht erfüllten, verletzt. Was das Volk besonders aufbringt, ist, daß sie alle möglichen niederträchtigen Mittel benutzt haben, um Soldaten und medizinisches Personal davon abzuhalten, Offiziere und Soldaten, die sie verletzt hatten, zu retten. Sie hielten medizinisches Personal davon ab, Verwundete zu den Krankenwagen zu tragen, sie ließen Krankenwagen nicht zu den Krankenhäusern, und sie behinderten all die kleinen Rettungsfahrzeuge mit Verwundeten. Diese grausamen Tatsachen zeigen, daß diese Halunken und rebellischen Elemente eine Gruppe von Rowdies sind, die einen Aufstand in unserer Stadt angezettelt haben. Um die bedrohten Leben und das Eigentum der Menschen zu schützen und die elementaren Interessen der Nation und des Volkes zu wahren, waren die Truppen zur Durchsetzung des Ausnahmezustands angesichts dieser untragbaren Situation dazu gezwungen, entschieden vorzugehen, um eine kleine Gruppe konterrevolutionärer Verbrecher streng gemäß der Gesetze und des Ausnahmezustandserlasses des Staatsrats zu bestrafen. Sie waren gezwungen, den Tiananmen-Platz zu räumen, der in den letzten Wochen von einer kleinen Gruppe von Leuten mit niederen Motiven als Basis genutzt wurde, um Gerüchte zu verbreiten und diverse illegale Aktivitäten durchzuführen. Alle Maßnahmen, die die Truppen zur Durchsetzung des Ausnahmezustands anwandten, waren vollkommen legal...
(*Beijing-TV*, 4.6.89, nach SWB, 5.6.89)

Um 6.00 Uhr werden mehr als 40 Tote im Fuxing-Krankenhaus gezählt. (WHB, 5.6.89, nach SWB, 6.6.89) Das Krankenhauspersonal des Fuxing-Krankenhauses ruft die Menschen dazu auf, in die Leichenhalle des Krankenhauses zu kommen, um einen unumstößlichen Beweis zu sehen, daß das Militär Menschen getötet habe. (Song Huancheng, 8.6.89, in: WHB, 9.6.89)

Es heißt, daß die Mitglieder des ZK der KPCh, der Beraterkommission und der Zentralen Disziplinkontrollkommission nicht vorab über den Plan, den Tiananmen-Platz mit Militärgewalt räumen zu lassen, informiert worden waren. Die Mitglieder würden nunmehr auf eine offizielle Erklärung warten, um die Hintergründe der Ereignisse verstehen zu können. (Jiang Suhui, 4.6.89, in: ZGSB, 5.6.89)

Die *Zeitung der Befreiungsarmee* veröffentlicht einen Leitartikel zu den Ereignissen in der Nacht vom 3. zum 4. Juni, der auch in der *Volkszeitung* nachgedruckt wird. - Dieser Artikel gehört in der folgenden Zeit zu dem Kanon an Texten, die "studiert" werden sollen.

DOKUMENT

Entschlossen den Beschluß des Zentralkomitees der Partei unterstützen, entschlossen den konterrevolutionären Putsch niederschlagen
- Leitartikel der "Zeitung der Befreiungsarmee" vom 4. Juni 1989

Vom frühen Morgen des 3. Juni an hat sich in der Hauptstadt ein schwerwiegender konterrevolutionärer Putsch ereignet. Eine Bande Schurken, die fürchtet, daß es im Land kein Chaos gibt, fabriziert willkürlich Gerüchte und stachelt einige Leute an, Barrikaden zu errichten und die Soldaten von allen Seiten anzugreifen, zu schlagen und zu verschleppen, unsere Kader und Kämpfer totzuschlagen oder zu verletzen, Armeefahrzeuge zu zerstören, Waffen und Munition zu rauben, ferner gegen Zhongnanhai und gegen die Große Halle des Volkes anzustürmen sowie Geschäfte zu plündern und Gebäude in Brand zu setzen. Einen solch grauenhaften Putsch, wie er sich in der Hauptstadt ereignet hat, hat es seit der Staatsgründung noch nie gegeben. Das ist das üble Ergebnis jener Entwicklung, daß eine sehr kleine Minderheit seit einiger Zeit das Komplott schmiedet, einen Aufruhr zu inszenieren. Dieser Putsch demaskiert völlig ihre verbrecherischen Absichten, die Führung durch die Kommunistische Partei Chinas sowie das sozialistische System zu bekämpfen. Um die Volksrepublik China, die heilige Verfassung sowie die würdevolle Hauptstadt zu schützen, haben das Zentralkomitee der Partei, der Staatsrat und die ZK-Militärkommission umgehend den Beschluß gefaßt, den konterrevolutionären Putsch niederzuschlagen. Unsere Truppen zur Durchsetzung des Ausnahmezustands ergreifen zusammen mit den Kadern und Polizisten der öffentlichen Sicherheit und den Einheiten der Bewaffneten Volkspolizei der Hauptstadt entschiedene Maßnahmen und haben diesen Putsch mit unbeugsamem und kühnem Geist umgehend befriedet. Dies ist ein gewaltiger Sieg, der im Kampf um die Unterbindung des Aufruhrs und die Wahrung von Stabilität und Einheit in der Hauptstadt und im ganzen Land errungen wurde.

Einige Truppen unserer Armee haben den Befehl erhalten, in einige Bezirke Beijings vorzurücken und die Aufgaben des Ausnahmezustands zu erledigen. Seit einem halben Monat leisten sie eine Menge langwieriger und intensiver Arbeit. Mit Leib und Seele dienen sie dem Volke und verrichten die Taten einer machtvollen und zivilisierten Armee. So haben sie allmählich das Verständnis und die Unterstützung der Bevölkerung aller Kreise in der Hauptstadt, einschließlich der jungen Studenten, gewonnen. Aber eine Bande Schurken findet sich nicht mit ihrer Niederlage ab. Überall schürt sie die Flammen und wendet jedes niederträchtige Mittel an, um einen Aufruhr zu inszenieren und die Unruhen auszuweiten. Jetzt ist bereits der Zustand erreicht, da die Menschen dies nicht mehr tolerieren können. Wenn wir diese Bande von Rowdies, die das Gesetz herausfordert, nicht streng bestrafen, dann können wir nicht mehr vom Rechtssystem sprechen, von der gesellschaftlichen Ordnung, von einer Situation von Stabilität und Einheit. Angesichts der reaktionären Anmaßung der Rowdies beherzigen die breiten Massen der Kader und Kämpfer der

Truppen zur Durchsetzung des Ausnahmezustands die großen Erwartungen von Partei und Volk, entfachen den vom Vorsitzenden Deng geförderten "fünffachen revolutionären Geist" [revolutionärer und todesmutiger Geist; der Geist, strikt die Disziplin einzuhalten und sein Leben zu opfern; der Geist der Selbstlosigkeit und Uneigennützigkeit; der Geist, alle Feinde und Fehler zu bezwingen; der Geist, revolutionären Optimismus zu bewahren, alle Schwierigkeiten zu überwinden und Siege zu errringen] und haben sich in dem kritischen Moment, als das Schicksal der Partei und des Staates sich einer ernsthaften Bedrohung gegenübersah, wieder historische Verdienste erworben. Ihr Handeln ist ein schlagender Beweis dafür, daß unsere Truppen in einem kritischen Moment standhaft und zuverlässig sind und sich als starke Beschützer der Interessen des Volkes und als starke Stütze der Diktatur des Proletariats würdig erweisen.

Nachdem unsere Truppen zur Durchsetzung des Ausnahmezustands in das Stadtgebiet vorgerückt sind, werden sie entschlossen gemäß dem Erlaß des Staatsrats über die Verhängung des Ausnahmezustands und dem Erlaß der Volksregierung der Stadt Beijing ihren Dienst verrichten. Es kann überhaupt kein Zweifel daran bestehen, daß wir konsequent an der Liebe zur Hauptstadt, an der Liebe zur Bevölkerung der Hauptstadt und an der Liebe zu den jungen Studenten festhalten und daß wir unsere ganze Kraft für das wichtige Ziel, die Hauptstadt gut zu schützen, für die Aufrechterhaltung der Ordnung von Produktion, Forschung, Arbeit und des Alltagslebens sowie für den Schutz der Sicherheit des Lebens und Besitzes der Bevölkerung einsetzen. Was diese Banditen anbelangt, die weiter den Aufruhr planen, die öffentliche Ordnung stören und Schlägereien, Randale, Plünderungen und Brandstiftung begehen, so werden wir den Kadern und Polizisten der öffentlichen Sicherheit und den Einheiten der Bewaffneten Volkspolizei helfen, sie streng zu bestrafen, da darf man auf keinen Fall weichherzig sein! Wir hoffen, und wir sind auch zuversichtlich, daß die breiten Massen des Volkes und der jungen Studenten den Kadern und Kämpfern der Truppen bestimmt aktiv helfen, die Aufgaben des Ausnahmezustands zu erfüllen, so daß die normale Ordnung in der Hauptstadt möglichst schnell wiederhergestellt werden kann.

Genossen Kader und Kämpfer der Truppen zur Durchsetzung des Ausnahmezustands, die Bevölkerung der Hauptstadt blickt auf uns, das Volk des ganzen Landes setzt seine Hoffnung in uns! Laßt uns noch mehr voller politischer Leidenschaft und von noch höherem Kampfgeist erfüllt die Politik durchsetzen, die Disziplin wahren, uns mit den breiten Massen des Volkes und der jungen Studenten zusammenschließen und den hehren Auftrag, die friedliche Arbeit der Bevölkerung zu sichern, mit dem die Verfassung unsere Armee betraut hat, gut erfüllen!
(RMRB, 4.6.1989)

Auf dem Tiananmen-Platz verläßt gegen 6.10 Uhr eine große Menge Soldaten die Militärlastwagen und setzt sich an die beiden Seiten des Tiananmen-Platzes, die in die westliche und östliche Chang'an-Allee münden. (BX, 9.6.89. S. 3)

Von Süden her nähert sich gegen 6.20 Uhr ein weiterer Zug von 38 Militärfahrzeugen, darunter 14 Panzer. In der Nähe der Zhengyi-Straße umzingeln Soldaten eine Menge von mehreren tausend Menschen und eröffnen das Feuer. Kurz darauf biegen mehrere Militärfahrzeuge aus der Zhengyi-Straße heraus und fahren auf den Tiananmen-Platz. (BX, 9.6.89, S. 3)

Gegen 7.30 Uhr gehen die Soldaten auf dem Platz erneut mit Tränengas gegen die Menschenmenge vor, gleichzeitig stürmt eine große Anzahl Soldaten auf die Menge zu. Studenten aus den Provinzen, die zum Bahnhof flüchten, um Beijing zu verlassen, erfahren, daß der Bahnverkehr zum Erliegen gekommen ist. (Nach Augenzeugenbericht Qinghua-Student, in: C.a., Mai 1989, S. 375 ff.)

Eine Gruppe von etwa 1.000 Studenten, die nicht in Beijing studieren, zieht sich geschlossen zur Beijing-Universität zurück. Dabei demonstrieren sie weiter und rufen die Bevölkerung zum Generalstreik auf. (Schriftlicher Bericht eines Studenten, in JSND, 16.6.89, S. 36)

Vom Beijing-Hotel aus beobachten ausländische Journalisten, wie vor den Museen für Revolution und Geschichte eine Gruppe Soldaten, die den Zugang von der östlichen Chang'an-Allee zum Tiananmen-Platz versperren, eine unbewaffnete Menschenmenge mit Schüssen vertreibt. Die Menge sammelt sich immer wieder, bis sie erneut durch Maschinengewehrsalven zurückgetrieben wird. Hubschrauber setzen Nebelgeschosse und Tränengas ein, um die Menge zu vertreiben. Innerhalb von zwei oder drei Stunden sterben hier ca. 30 Menschen und zahlreiche werden verletzt. (*Beijing xuesheng yundong wushiri*, S. 181; F. Deron, in: LM, 6.6.89; HB, 5.6.89) [Vergleiche 10.00 Uhr] Der westliche Zugang zum Platz ist auf der Chang'an-Allee mit einer Reihe von sieben Schützenpanzern und einigen hundert davor postierten Soldaten versperrt. (PB 8)

8.00 Uhr
In der Gegend von Muxidi halten Beijinger Einwohner eine Truppeneinheit auf. Sie erzählen den Soldaten, wie das 27. Armeekorps das Volk angegriffen habe. Daraufhin verlassen die Soldaten wütend ihre Panzerfahrzeuge und Militärlastwagen und erlauben der Menge, diese zu verbrennen. Sie ziehen sich in das nahegelegene Militärmuseum zurück. Protestierende Bürger verbrennen 14 Panzerwagen und 50 Militärlastwagen. Alle Fahrzeuge tragen die Kennzahl B 12, was darauf hindeutet, daß sie zu den Truppen der Militärregion Beijing gehören. (MB, 5.6.89, nach SWB, 6.6.89) Ein anderer Bericht setzt diesen Vorfall für 10.00 Uhr an (afp, nach TN, 11.7.89), ein Augenzeuge für 9.00 Uhr (siehe dort, PB 8).

Bei Muxidi stehen 46 ausgebrannte gepanzerte Truppentransporter. Sie sind alle vor einer Barrikade aufeinandergefahren. (F. Deron, in: LM, 6.6.89) Das erste der über 30 Militärfahrzeuge, ein Schützenpanzer, soll in eine zweireihige Busbarrikade gefahren und darin steckengeblieben sein. Die ihm nachfolgenden

Fahrzeuge bremsten nicht rechtzeitig und fuhren aufeinander. So kam der gesamte Konvoi zum Stehen. (PB 13)

50 Fahrzeuge eines Militärkonvois, der in Richtung Stadt fährt, sind in der Nähe des Heldenfriedhofs Babaoshan aufeinander gefahren, nachdem das führende Fahrzeug umschwenkte. Einwohner der Gegend [im Westen der Stadt, außerhalb des Fuxingmen] meinen, die Soldaten der Fahrzeuge hätten diese daraufhin selbst in Brand gesetzt, um zu verhindern, daß Waffen und Material geplündert würden. Die ausgebrannten Fahrzeuge stehen noch mehrere Tage dort. (R. Thomson, in: FT, 6.6.89)

In einem Bericht der Hongkonger *Ming Bao* am 6. Juni heißt es, ein Kommandeur eines Panzer-Regiments sei zum Tode verurteilt worden, da er sich Befehlen widersetzt und seinen Soldaten am frühen Morgen des 4. Juni befohlen habe, mehr als 30 Schützenpanzer an der Straße stehenzulassen. Diese seien später vom Volk verbrannt worden. (MB, 6.6.89, nach SWB, 7.6.89)

Rund 40 Soldaten des 38. Armeekorps desertieren, legen ihre Uniformen und Waffen ab und tauchen unter mit der Begründung, daß sie nicht auf das eigene Volk schießen wollten. In der Nähe des Tiananmen-Platzes weigert sich eine Einheit des 38. Armeekorps, mit Waffengewalt gegen die Demonstranten vorzugehen. (DGB, 6.6.89, nach SWB, 7.6.89)

Eine Militäreinheit wird auf einer Hauptstraße im Vorstadtbezirk Changping aufgehalten. Obwohl die Einheit den Auftrag hatte, am Morgen in die Stadt zu kommen, erzwingt sie sich nicht den Weg. (MB, 5.6.89, nach SWB, 6.6.89)

Gegen 8.00 Uhr halten Einwohner einen Militärjeep in Xidan auf, der von einem Oberstleutnant und zwei Soldaten gefahren wird. Ein Mann versucht, mit dem Oberst zu reden, der daraufhin dem Mann in den Kopf schießt. Die Soldaten schießen in die Menge. (MB, 5.6.89, nach SWB, 6.6.89)

Bis 8.00 Uhr sind 123 Verletzte und 27 Tote ins Krankenhaus des Post- und Telegraphenamtes eingeliefert worden. (Undatiertes Flugblatt der Beijing-Universität, wahrscheinlich vom 4.6.89)

9.00 Uhr
Bei Muxidi steht eine Kolonne von Militärfahrzeugen (37 Schützenpanzer, zwei Panzer, etwa 18 Lastwagen, acht gepanzerte Lastwagen, etwa 20 Jeeps und andere kleinere Fahrzeuge). Die Fahrzeuge gehören zu einer Militäreinheit, angeblich zum 38. Armeekorps, die sich am Morgen gegen 6.00 Uhr zum Tiananmen-Platz bewegen sollte. Die Fahrzeuge sind von Menschen umgeben. Nacheinander werden die Einstiegsluken der Schützenpanzer von den Besatzungen geöffnet, die Soldaten steigen aus, übergeben ihre Waffen und Helme an Studenten und andere Personen, die den Abzug der Soldaten kontrollieren und einen ernsthaften Zusammenstoß mit der Menschenmenge verhindern können. Die Soldaten werden zu einem nahestehenden Gebäude eskortiert. Die vorderen Schützenpanzer fangen an zu brennen. Ein Zivilist fährt eines der Fahrzeuge als weitere Blockade quer auf die Straße. Am Nachmittag brennen auch die anderen Wagen aus. (PB 8) - Vergleiche 4. Juni, 14.00 und 15.00 Uhr.

Ein früher Yang Shangkun unterstellter Armeeangehöriger meint, der Einzug dieser Panzerkolonne, die aus alten Panzern und Militärfahrzeugen bestand, und auch die Flucht der Soldaten und das Inbrandsetzen der Fahrzeuge durch die wütende Menge sei eine von Yang Shangkun persönlich befehligte Taktik gewesen. Yang Shangkun habe gewußt, daß am Nachmittag des 3. Juni zwischen Muxidi und Liubukou viele Menschen verletzt und getötet worden waren. Um die Studenten besser anklagen und den Putsch "beweisen" zu können, habe das Fernsehen am Abend des 4. Juni zunächst die Bilder gezeigt, auf denen Studenten und andere Einwohner die Panzer in Brand steckten und die Soldaten flohen, und danach erst die Meldung durchgegeben, daß es am Nachmittag des 3. Juni Tote gegeben hätte. Der Armeeangehörige ergänzt seine Aussage durch den Kommentar, daß Yang Shangkun ein "durchtriebener politischer Gangster" sei. (ZM, Dezember 1989, S. 10)

Augenzeugen berichten, gegen 9.00 Uhr hätten Truppen des 27. Armeekorps in Dongjiaominxiang auf eine Gruppe Einwohner geschossen, woraufhin Polizisten einer nahegelegenen Polizeistation auf die Soldaten schossen. Mehrere Minuten lang beschossen sich daraufhin beide Seiten. Das Schicksal der Widerstand leistenden Polizisten ist unbekannt. (MB, 5.6.89, nach SWB, 6.6.89)

Im Beijinger Fernsehen verliest ein Ansager die Erklärung des Sprechers des Kommandostabs der Truppen zur Durchsetzung des Ausnahmezustands von morgens 6.00 Uhr [siehe oben]. (SWB, 5.6.89)

10.00 Uhr
Im Laufe des Vormittags fliegt ein Hubschrauber in Abständen von etwa einer Viertelstunde mehrmals den Tiananmen-Platz an, landet und fliegt kurz darauf wieder weg. (PB 8)

Ein Militärhubschrauber fliegt über den Tiananmen-Platz und eröffnet das Feuer auf Soldaten in der Nähe des Heldendenkmals. Sieben oder acht Soldaten werden getötet und über 40 verletzt. (MB, 6.6.89, nach SWB, 7.6.89)

Die Armee eröffnet das Feuer auf die Menschenmassen, die nach wie vor auf der Chang'an-Allee ausharren. Panik bricht aus. Mindestens zehn Leichen liegen blutüberströmt auf der Straße. (afp, 4.6.89, nach FAZ, 5.6.89)

Ein Nachrichtensprecher des Beijinger Fernsehens prangert das brutale Vorgehen des Militärs an und beziffert die Zahl der unschuldig verletzten Bürger mit mehreren tausend. Der Sprecher wird daraufhin sofort durch einen anderen Nachrichtensprecher ersetzt. Dieser berichtet dann, die Armee habe mutig einen konterrevolutionären Aufstand zerschlagen. (MBYK, Juli 1989, S. 45)

10.15 Uhr
"Zu Vorfällen, bei denen Soldaten ohne vorherige Warnung und ohne daß sie provoziert worden waren auf unbewaffnete Zivilisten schossen, kam es auch nach dem 4. Juni noch mehrere Tage lang. Diese forderten weitere Opfer. Bei einigen dieser Vorfälle gab es zahlreiche Augenzeugen. Zu einem Vorfall

dieser Art kam es am 4. Juni gegen 10.15 Uhr vor dem Beijing-Hotel an der Ost-Chang'an-Allee. Er wurde von vielen ausländischen Touristen und Journalisten beobachtet. Dort hatte sich am Morgen eine große Zahl von Zivilisten versammelt, darunter Angehörige von Personen, die in der Nacht auf dem Platz gewesen und nicht zurückgekehrt waren. Panzer, Schützenpanzer und Soldaten waren längs der Allee aufmarschiert und versperrten den Zugang zum Tiananmen-Platz. Einige Leute in der Menge brüllten den Soldaten etwas zu, aber im Großen und Ganzen war die Atmosphäre ruhig. Plötzlich eröffneten die Truppen ohne vorherige Warnung das Feuer auf die Menge und schossen auch flüchtenden Personen noch in den Rücken. Verschiedene Quellen schätzen, daß hier 30 bis 40 Personen in der Menge zu Tode kamen. Die Soldaten stellten nicht einmal das Feuer ein, als ein Krankenwagen eintraf, um die Verletzten zu bergen. In dem Kugelhagel fuhr der Krankenwagen gegen einen Verkehrsbeobachtungsstand und ging in Flammen auf. Noch mehrere Male waren in dieser Gegend an diesem Tag Schußgeräusche zu hören. Es soll 10 weitere Todesopfer gegeben haben. Auch am nächsten Tag ging das Schießen weiter." (ai, 1990, S.31)

10.30 Uhr
An vielen großen Kreuzungen und Ausfallstraßen haben die Einwohner Beijings Barrikaden aus Fahrzeugen, Fahrbahnbegrenzungen und anderem gebaut. Sie halten Militärfahrzeuge vom Verlassen der Stadt ab. Es kommt stellenweise zu Übergriffen auf Soldaten. Die Bevölkerung versucht, mit den Soldaten zu diskutieren. (PB 10)

Nach Berichten feuern etwa hundert Soldaten mit Maschinengewehren in eine Gruppe von Menschen, die über eine der Zufahrtsstraßen des Tiananmen-Platzes abziehen. Mindestens 30 Menschen seien zusammengebrochen, fünf seien tot. (dpa, nach SZ, 5.6.89)

Die Menge in der Stadt beschimpft die Soldaten in Sprechchören immer wieder als "faschistische Hunde" und "Volksverräter". Immer wieder wird in Schmährufen auch der Name von Ministerpräsident Li Peng laut, der für die Entscheidung zum Armee-Einsatz verantwortlich gemacht wird. (taz, 5.6.89)

Reporter und Herausgeber verschiedener Zeitungen verweigern die Arbeit. Sie wollen nicht die von der zentralen Propagandaabteilung der Partei geforderten Artikel verfassen. Die Mitarbeiter der Beijinger *Volkszeitung* arbeiten weiter. (MB, 5.6.89, nach SWB, 6.6.89) Auf dem Deckblatt der *Volkszeitung* erscheint eine Rubrik "Beijing in dieser Nacht", die in ihrer Aufmachung ganz den inzwischen eingestellten Meldungen "Der xte Tag des Ausnahmezustands" ähnelt (vergleiche 21. Mai und 2. Juni). Auch an diesem Tag sind in dieser umrahmten Meldung unorthodoxe Informationen enthalten. In Anführungszeichen wird die *Zeitung der Befreiungsarmee* zitiert, daß es in Beijing seit dem 3. Juni einen konterrevolutionären Aufstand gebe. Sodann wird berichtet, daß sich die Armee schießend ihren Weg in die Innenstadt gebahnt habe. Von Mitternacht bis Tagesanbruch hätten die Zeitung "ununterbrochen" Anrufe aus zahlreichen Krankenhäusern erreicht, die Tote und Verletzte meldeten. Bei Redaktionsschluß habe die Armee bereits den Tiananmen-Platz gestürmt. (RMRB, 4.6.89) - Ohne sich direkt gegen offizielle Darstellungen zu wenden, hat die Zeitung so ihren Lesern mitgeteilt, daß die Studentenbewegung in Beijing blutig niedergeschlagen wurde.

Ein Arbeiter fährt am Morgen einen Schützenpanzer auf den Campus der Volksuniversität. Er behauptet, ihn unbewacht in der Nähe des Militärmuseums gefunden zu haben und wolle ihn den Studenten schenken. Die Studenten fürchten zum Teil, dies könne ein Trick sein, um sie später zu "Dieben" zu deklarieren. Der Wagen bleibt auf dem Campus liegen. (J. Mathews, in: IHT, 6.6.89) Es handelt sich vermutlich um eines der Fahrzeuge, die in der Kolonne bei Muxidi standen. Von diesen wurde einer auf dem Weg in Richtung Beijing-Universität gesehen. (PB 8) - Siehe auch den Bericht von Gao Huan unter 4. Juni, 14.00 Uhr. Danach ist der Schützenpanzer erst gegen 14.30 Uhr in Richtung Volksuniversität gefahren.

Am Vormittag gibt das Studentenkomitee der Beijing-Universität die Zahl von 95 Toten als bereits gesichert an. Vor den Krankenhäusern warten Hunderte von Familienangehörigen auf Nachricht. Alle Krankenhäuser melden Hunderte von Verletzten mit Schußwunden. In den Korridoren der völlig überlasteten Hospitäler liegen Leichen und Verletzte auf dem Boden. (taz, 5.6.89)

Die Machthaber erlassen eine Anordnung, daß innerhalb von drei Tagen alle großen Krankenhäuser von Beijing unter Militärkontrolle gestellt werden. Außerdem werden die Krankenhäuser angewiesen, die verletzten Studenten an die Sicherheitsbehörden auszuliefern. Schließlich werden die Krankenhäuser angewiesen, bestimmte Arten von chirurgischen Operationen nicht auszuführen. WHB, 6.6.89) In Informationen von Studenten heißt es, die Krankenhäuser seien angewiesen worden, weder Zahlen herauszugeben, noch Totenscheine auszustellen. (J. Kahl, in: SZ, 6.6.89)

Ein Arzt eines Krankenhauses soll zu Vertretern der *Volkszeitung* gesagt haben, die Ärzte würden nur mit ihnen reden, wenn die Zeitung eine aufrichtige und objektive Darstellung des "Dramas" veröffentlichen werde. (F. Deron, in: LM, 6.6.89)

Medizinisches Personal eröffnet vertraulich, daß die Truppen Geschosse verwendet hätten, die erst im Körper des Getroffenen explodierten. So sei außer bei Schüssen in die Gliedmassen keine Rettung der Verletzten mehr möglich. (WHB; 5.6.89, nach SWB, 6.6.89) Bei Muxidi werden neben Dum-Dum-Geschossen auch Geschosse gefunden, deren Köpfe aus zwei Hälften bestehen, die nur durch einen kleinen Verbindungssteg zusammengehalten werden und sich daher spalten, sobald sie im Körper eines Verletzten auf Widerstand stoßen. [Zerlegermunition] (ZM, Juni 1989, S. 12)

DOKUMENT

Augenzeugenberichte aus drei Beijinger Krankenhäusern

I
Samstag abend vor Mitternacht [3. Juni] waren die meisten der eingelieferten Personen Polizisten, die von Studenten gebracht wurden. Zwischen Mitternacht und 1.00 Uhr [4. Juni] kam dann eine Lawine von verletzten [Zivilisten]. ... Die Hälfte war bereits tot, etwa 30 Personen. Gegen 5.00 Uhr setzte dann ein Strom von Toten ein. Alle waren sie sehr gezielt entweder zwischen den Augen oder ins Herz getroffen worden. Scheinbar die Tat von vortrefflichen Schützen.
(Bericht eines Arztes des Unions-Krankenhauses am Abend des 4. Juni, in: LSC, S. 84)

II
Wir begaben uns zu dem kleinen Volkskrankenhaus [nördlich vom Minzu-Hotel], und es glich einem Schlachthof. Leichen lagen auf Bänken und Betten sowie auf blutgetränkten Matratzen auf dem Fußboden. Viele von ihnen wiesen klaffende Schußverletzungen an der Brust, den Beinen oder am Kopf auf. Ein Arzt ... sagte uns, 300 Verletzte seien angekommen. "Die meisten waren in so schlechter Verfassung, daß wir sie in ein anderes Krankenhaus weiterleiteten. Es gab 35 Schwerverletzte und 70 andere. Vier sind gestorben, darunter ein neun Jahre altes Mädchen, das die Kehle durchschossen hatte", erklärte er. Studenten hatten übel zugerichtete Soldaten gerettet. Wir sahen einen, der in seinem Blut lag und der sicher nicht überleben würde.
(Jasper Becker, in: *The Guardian*, 5.6.89, nach ai, 1990, S. 28-29)

III
Ich sah auf meine Uhr: Es war 3.00 Uhr [4. Juni], und immer noch wurden Verwundete eingeliefert. Es waren Studenten, Lehrer, Ortsansässige, Kinder und ältere Leute.

Es wurden zwei Studenten hereingebracht. Ihre Freunde hatten ihre Hemden und Hosen zerrissen, um deren blutende Schenkel zu verbinden. Dann waren da fünf Studenten von der Beijing- und der Nanjing-Universität, die in ihrem eigenen Blut zusammenklebten, als wir sie aus dem Krankenwagen zogen. Drei von ihnen waren bereits tot, aber wir schafften es, die zwei anderen zu retten. Weinend schickten die Krankenschwestern die Körper ins Leichenschauhaus. Der Notaufnahmeraum war in einem schlimmen Zustand, der Fußboden voller Blut, jedermann fluchte und schluchzte - wir alle waren im Begriff, verrückt zu werden.

Leute trugen einen breitschultrigen Arbeiter herein, etwa dreißig Jahre alt. Er hatte fünf Wunden in der Brust, seine Rippen waren gebrochen, und aus seinem Brustkorb strömte das Blut. Ein Augenzeuge berichtete uns, daß er ein Held sei. Als er bereits angeschossen war, stürzte er - anstatt niederzufallen - vorwärts direkt vor einen feuernden Gewehrlauf, um andere Leute vor dem Erschießen zu schützen. Schließlich stach ihm ein Soldat ein Bajonett in die Brust. Erstaunlicherweise war er noch immer bei Bewußtsein, als er hereingebracht wurde. Er sagte, er habe eine behinderte Frau und ein zweijähriges Kind, und er flehte uns an, ihn zu retten. Wir vernähten seine Wunden und schlossen seinen Brustkorb, aber um 4.45 Uhr hörte sein Puls auf zu schlagen.

Bei Tagesanbruch wurde ein 74jähriger Mann hereingetragen. Er war in den Kopf geschossen worden und lag im Sterben. An seiner Seite war sein fünfjähriger Enkel, der immer wieder an der Hand des alten Mannes zog und weinend rief: "Opa, was fehlt dir?"
(Ein Beijinger Arzt, in: *Children of the Dragon*, S. 158)

Ein ausländischer Arzt berichtet, die meisten Opfer habe es westlich des Militärmuseums gegeben, an der Brücke über den Yongding-Fluß. Diese Opfer seien in die beiden nächstgelegenen Krankenhäuser, das Fuxing- und das Eisenbahn-Krankenhaus, gebracht worden. Ein weiterer Ort der "Verwüstung" sei die Xidan-Kreuzung gewesen, von der aus Verletzte hauptsächlich ins Renmin-Krankenhaus transportiert worden seien. Die demgegenüber geringere Zahl der Verletzten vom Tiananmen-Platz seien in das Tongren- und in das Xiehe-Krankenhaus gebracht worden. Die Krankenhäuser seien nach dem 4. Juni nicht überfüllt gewesen. Die in den Krankenhäusern befindlichen Verletzten seien vorwiegend Schwerverletzte gewesen. Andere Patienten hätten so schnell wie möglich die Krankenhäuser verlassen, da ihr Aufenthalt dort der beste Nachweis für ihre Teilnahme an den Demonstrationen gewesen wäre. Diese Patienten verbargen sich lieber zu Hause, wo ihnen oft keine angemessene medizinische Versorgung zur Verfügung stand. (PB 14)

Bis zum Mittag des 4. Juni sind im Hauptstadt-Krankenhaus bereits 50 der eingelieferten 400 Schwerverletzten gestorben. (J. Kahl, in: SZ, 5.6.89)

Die zahlreichen verschiedenen Angaben über die Gesamtzahl der während der Niederschlagung der Protestbewegung getöteten Personen liegen zwischen über 200 und 20.000 (sic!):

- Nach Berichten von Studenten und aus Krankenhäusern verlieren weit über 200 Menschen das Leben, Hunderte von Zivilisten werden verletzt. (dpa, 4.6.89, nach FAZ, 5.6.89)

- Nach den Aussagen des Sprechers des Staatsrats, Yuan Mu, am 6. Juni beträgt die Zahl der Toten fast 300; von den Studenten seien lediglich 23 gestorben (vergleiche 6. Juni). (GMRB, 8.6.89)

- Die Partei- und Staatsführung beharrt auf ihrer Darstellung, daß bei der Niederschlagung der Demonstrationen lediglich 300 Menschen ums Leben gekommen seien. In der offiziellen Version heißt es, hauptsächlich seien Soldaten getötet und verletzt worden. Der Beijinger Rundfunk erklärt: "Im Verlauf der Räumung des Platzes gab die Befreiungsarmee nicht einen einzigen Schuß auf die Menschenmenge ab." Chinesische Augenzeugen und Ärzte schätzen hingegen, daß Tausende von Menschen erschossen wurden oder auf andere Weise zu Tode kamen. (HAB, 12.6.89)

- Offiziellen Angaben im Juli zufolge wurden Anfang Juni insgesamt über 200 Zivilisten, darunter 36 Studenten, und mehrere Dutzend Sicherheitskräfte getötet. Über 3.000 Zivilisten und mehr als 6.000 Soldaten und Polizisten sollen verletzt worden sein. Von den 36 Studenten ist angeblich keiner auf dem Tiananmen-Platz getötet worden. (C.a., September 1989, Ü 22)

- Die Hongkonger Zeitschrift *Dongxiang* berichtet im August 1990 von geheimen Unterlagen des Ministeriums für öffentliche Sicherheit, des Ministeriums für Staatssicherheit und des Hauptquartiers der Bewaffneten Volkspolizei, in denen die Gesamtzahl der Todesopfer mit 345 Zivilisten und 22 Soldaten und Polizisten angegeben wird. (Nach ICM, Oktober 1990, S. 11)

- Berichten von Krankenhäusern und Augenzeugen zufolge liegt die Zahl der Toten bei mindestens 321. Ein Angestellter des Chinesischen Roten Kreuzes meint aber, daß die tatsächliche Zahl wesentlich höher, in den Tausenden liegen dürfte. (D. Southerland, IHT, 6.6.89)

- Die thailändische Tageszeitung *The Nation* berichtet am 5. Juni von mindestens 500 Menschen, die während der Nacht zum 4. Juni getötet worden seien. (TN, 5.6.89)

- Nach Angaben von Robert Delfs, dem Korrespondenten der *Far Eastern Economic Review* in Beijing, zählten die Krankenhäuser insgesamt 700 Tote. Delfs erwähnt allerdings auch andere Schätzungen, die bis zu 7.000 Toten reichen. (FEER, 15.6.89, S. 10)

- Die Nachrichtenagentur *Reuter* beziffert die Zahl der Toten zunächst auf 28, später auf mindestens 1.000 Menschen. (rtr, nach TN, 4.6.89 und 5.6.89)

- Einem ausführlichen Bericht von amnesty international vom August 1989 zufolge wurden "mindestens" 1.000 Zivilisten in Beijing getötet. In dieser Untersuchung wird die Ansicht vertreten, daß die meisten Toten nicht auf dem Tiananmen-Platz zu beklagen waren, sondern im Bereich Muxidi. (C.a., September 1989, Ü 22)

- In einer überarbeiteten Fassung ihres Berichtes über die blutige Niederschlagung der Studentenbewegung kommt amnesty international im April 1990 zu dem Ergebnis, daß zwischen dem 3. und 9. Juni 1989 in Beijing "mindestens 1.000 - zum größten Teil unbewaffnete - Zivilisten" von Sicherheitskräften getötet wurden. Die Zahl der Verletzten habe "mehrere tausend" betragen. Allein bei Muxidi entlang der Fuxingmen-Allee seien "Hunderte von Menschen getötet oder verwundet" worden. (ai, 1990, S. 7 und 22)

- "Es ist äußerst schwierig, die Zahl der Opfer unter der Zivilbevölkerung auch nur mit annähernder Genauigkeit zu schätzen. Viele Menschen, die am 3. und 4. Juni in Beijing getötet oder verwundet wurden, wurden Berichten zufolge nicht in Krankenhäuser gebracht. Die Informationen aus den Einrichtungen für die ärztliche Versorgung waren nur bruchstückhaft. Unter dem Kriegsrecht war es den Bewohnern von Beijing verboten, mit ausländischen Journalisten zu sprechen. Die Krankenhäuser hatten Anweisung, keine Angaben über die Zahl der Verwundeten oder Getöteten herauszugeben. Eine Auswertung der vorhandenen Quellen deutet jedoch darauf hin, daß mindestens tausend Menschen den Tod fanden." (ai, 1990, S.32)

- Eine Zählung der französischen Nachrichtenagentur AFP in den Krankenhäusern von Beijing ergibt zunächst eine Zahl von 1.400. (taz, 5.6.89)

- Die Zahl der Opfer ist unbekannt und wird vermutlich nie genau geklärt werden können, da die Krankenhäuser von der Regierung Anweisung bekommen haben, keine Zahlen über Tote oder Verletzte herauszugeben. Aus den Aussagen mehrerer Ärzte aus verschiedenen Krankenhäusern ist zu schließen, daß insgesamt mindestens 400 Menschen in den Krankenhäusern starben und viele Leichen in den Händen des Militärs verblieben. Nach Aussage eines Arztes mußten sich die Rettungsmannschaften auf die Bergung der Überlebenden konzentrieren und die meisten Toten zurücklassen. Einige Ärzte schätzen aufgrund von Gesprächen mit Fahrern und Kollegen, daß mindestens 2.000 Menschen getötet worden seien. (N. Kristof, in: IHT, 5.6.89)

- Einem Flugblatt von Studenten der Beijing-Universität vom 4. Juni 1989 zufolge sind allein auf dem Tiananmen-Platz "schätzungsweise" über 2.000 Menschen umgekommen.

- Die Zeitschrift *Bai Xing* berichtet hingegen, nach Studentenaussagen seien auf dem Tiananmen-Platz während der Säuberung des Platzes am frühen Morgen des 4. Juni 70 Studenten erschlagen und 11 von Panzern überrollt worden. (BX, 9.6.89, S.4)

- Ein weiteres Flugblatt vom 4. Juni spricht von insgesamt über 2.000 Toten und 10.000 Verletzten in Beijing. (Flugblatt der Studenten, 4.6.89, aus PB 10)

- Nach einem Bericht der Hongkonger Tageszeitung *Mingbao* vom 6. Juni 1989 wurden in Beijings 50 Krankenhäusern über 2.000 Tote gezählt. (Nach ZM, Juli 1989, S. 45-46)

- Unter Berufung auf gut informierte chinesische Quellen berichtet der Korrespondent der *South China Morning Post*, Willy Wo-Lap Lam, Mitte September 1990, daß eine offizielle Militärstatistik die Zahl von 2.500 Toten für die zwei Tage vom 3. bis 4. Juni 1989 angibt. Die mit Abstand meisten Menschen seien während des Einmarsches der VBA-Einheiten in das Stadtzentrum getötet worden und nicht auf dem Tiananmen-Platz selbst. (SCMP, 19.9.90)

- Nach Angaben des Chinesischen Roten Kreuzes sollen auf dem Tiananmen-Platz während der blutigen Niederschlagung am 4. Juni 1989 2.400 Menschen getötet worden seien. (taz, 5.6.89) Informanten aus Kreisen des Chinesischen Roten Kreuzes gaben die Zahl von 2.600 Getöteten an. (*Der Spiegel*, 24/1989,

S. 143) Mitarbeiter des Chinesischen Roten Kreuzes sollen gegenüber japanischen Medienvertretern unmittelbar im Anschluß an die Niederschlagung der Studentenbewegung erklärt haben, in den Beijinger Krankenhäusern seien insgesamt 2.600 Menschen ihren Verletzungen erlegen. (NZZ, 4.7.89)

- Die verbotene Studentenvereinigung meint, mindestens 2.600 Studenten seien getötet worden. (N. Kristof, in: IHT, 5.6.89)

- Ein ausländischer Arzt in Beijing schätzt aufgrund eigener Anschauungen die Zahl der Toten auf 3.000, die der Verletzten auf etwa 10.000. (PB 14)

- Der philippinische Vizekonsul erklärt, die Beijinger Diplomaten schätzten die Zahl der Toten auf 3.000. (ap, nach TN, 6.6.89) Bei der Niederschlagung der Demonstrationen auf dem Platz des Himmlischen Friedens und in den umliegenden Straßen am 3. und 4. Juni sind nach Schätzungen des US-Geheimdienstes CIA 3.000 Menschen getötet worden. (HAB, 12.6.89)

- Nach Angaben der Hongkonger Zeitung *Ming Bao* vom 5. Juni 1989 beläuft sich die Zahl der bis zu diesem Zeitpunkt festgestellten Toten auf über 3.000 und die Zahl der Verletzten auf über 30.000. (MB, 5.6.89, nach SWB, 6.6.89)

- Taiwanesische Quellen sprechen unter Berufung auf ein angebliches internes Dokument des ZK der KPCh von 3.714 Todesopfern. (C.a., Juli 1989, S. 472)

- Sprecher der Studenten beziffern die Zahl der Toten auf mindestens 4.000. (*taz*, 5.6.89)

- Die Hongkonger Zeitung *Wen Hui Bao*, die aufgrund ihrer politischen Ausrichtung sehr gut über die Vorgänge in der KPCh informiert ist, beziffert in einem Bericht vom 6. Juni die Gesamtzahl der während der blutigen Niederschlagung der Studentenbewegung am 4. Juni getöteten Personen auf "mindestens 5.000", während sich die Zahl der Verletzten auf rund 30.000 belaufe. Die *Wen Hui Bao* stützt sich auf Zahlen, die in den Beijinger Krankenhäusern ermittelt wurden. Die Krematorien der Stadt stünden unter militärischer Kontrolle, die Leichenhallen der Krankenhäuser seien so überfüllt, daß die Leichen gestapelt werden müßten. (WHB, 6.6.89, nach SWB, 7.6.89)

- Nach "niedrigsten Schätzungen" sollen gemäß *Wen Hui Bao* mindestens 10.000 Bürger und Studenten verletzt oder getötet worden sein. (WHB, 11.6.89)

- Nach Angaben eines Universitätsdozenten sind 7.000 Menschen von den Soldaten umgebracht worden. (*Der Spiegel*, 24/1989, S. 150)

- Nach Schätzung von S.L. Peterson, einem früheren Gastprofessor an der Beijinger Fachschule für Wirtschaftsmanagement, der die blutigen Auseinandersetzungen bei Muxidi miterlebte, kamen mindestens 7.000 Menschen in ganz Beijing ums Leben. (Leserbrief in AW, 12.1.90. S. 11)

- Nach Angaben aus Kreisen des Chinesischen Roten Kreuzes vom 7. Juni wurden insgesamt 7.600 Personen getötet, darunter etwa 40% Studenten. (C.a., September 1989, Ü 22)

- Die Hongkonger Zeitschrift *Zhengming* spricht von insgesamt 10.440 Toten in Beijing im Zeitraum zwischen dem 3. und 9. Juni. (C.a., September 1989, Ü 22)

- Die Schätzungen über die Toten schwanken zwischen 500 auf dem Tiananmen-Platz und 12.000 in Beijing insgesamt. Am 5. Juni behauptet der staatliche Rundfunk, daß es auf dem Tiananmen-Platz keinen einzigen Toten gegeben habe. (ap, nach HAZ, 7.6.89)

- Ausländer, die am Wochenende vom 10./11. Juni 1989 von Beijing kommend in Hongkong eintrafen, berichteten weitere Details über die blutige Niederschlagung der Studentenbewegung in Beijing. Danach scheint es im gesamten Stadtgebiet von Beijing zu schweren Auseinandersetzungen zwischen Einheiten der Armee und der Bewaffneten Volkspolizei auf der einen Seite und Demonstranten auf der anderen Seite gekommen zu sein. Hunderte von Militärfahrzeugen seien ausgebrannt. Die Zahl der Opfer unter den Soldaten, die von erregten Bürgern mit bloßen Händen, mit Steinen und Knüppeln erschlagen worden seien, sei wesentlich höher als bisher bekannt. Auch die Zahl der getöteten Zivilisten wird inzwischen als wesentlich höher bezeichnet als ursprünglich angenommen. Der Kanadier Roy Faibish, ein Sympathisant der KPCh, der sich auf Einladung des Beijinger Gesundheitsministeriums in der Hauptstadt aufhielt, Zeuge der Ereignisse wurde und danach Krankenhäuser und Krematorien besuchte, schätzt die Zahl der Toten auf 20.000. Noch am Donnerstag, dem 9. Juni 1989, seien die Krematorien mit Leichen überfüllt gewesen. Hunderte von Schwerverletzten, so verlautete von anderer Seite, lägen sterbend in den völlig überfüllten Krankenhäusern, wo sie kaum versorgt werden könnten. In Polizeikellern, so berichteten festgenommene Ausländer, hätten sie beobachtet, wie schwerverletzte Studenten von der Polizei zu Tode geprügelt worden seien. (FAZ, 12.6.89)

Die Zeitschrift *Zhengming* berichtet, daß die vier Krematorien der Stadt gegen Mittag des 4. Juni von nicht uniformierten Soldaten übernommen worden seien und daß die dortigen Parteisekretäre selbst die Leitung der Leichenverbrennungen übernommen hätten. Zwischen den auf Lastwagen zu den Krematorien gebrachten Leichen sollen sich auch noch schwerverletzte Studenten befunden haben. (ZM, Juni 1989, S. 8)

Während der blutigen Niederschlagung der Studentenbewegung am 4. Juni werden u.a. drei chinesische Journalisten getötet und zehn verletzt. Unter den Ermordeten ist ein Photograph, der mit Hilfe eines Blitzgeräts Aufnahmen von den Ereignissen gemacht hat. Ein Soldat entdeckt ihn und tötet ihn sofort mit einem Kopfschuß. (MB, 5.6.89, nach SWB, 6.6.89)

Neben dem verbrannten Soldaten, der an einem Bus hängt und der vier Demonstranten getötet haben soll, haben Menschen ein Plakat aufgestellt mit der Aufschrift: "Das Volk wird siegen." (ap, nach HAZ, 6.6.89) Die Leiche eines Soldaten hängt noch am Dienstag vormittag (6. Juni) festgebunden an einem ausgebrannten Bus in der Xidan-Straße nahe dem Regierungsviertel. "Diesen Soldaten der Regierung" hatten "Bürger zur Verantwortung gezogen", wie ein

Papier verkündet, weil er "vier Menschen auf dem Gewissen" habe. (*Der Spiegel*, 24/1989, S. 150; Song Huancheng, 8.6.89, in: WHB, 9.6.89)

14.00 Uhr
Das staatliche Fernsehen meldet, daß die Entscheidung zur blutigen Niederschlagung der friedlichen Kundgebungen für mehr Demokratie vom Zentralkomitee der Kommunistischen Partei getroffen worden war, um die "konterrevolutionären Aktivitäten" zu beenden. Auf dem Campus der Beijing-Universität versammeln sich erste Studenten mit schwarzen Armbinden. Plakate brandmarken die "faschistische" Regierung. (afp, 4.6.89, nach FAZ, 5.6.89)

In einer Fernsehsendung wird eine Verlautbarung der Beijinger Stadtverwaltung verlesen, in der es heißt, daß die Soldaten bei ihrem Einsatz äußerste Disziplin gewahrt hätten: "Mit ihren heldenhaften Taten und wagemutigen Unternehmungen haben sie glühende Bewunderung und einhellige Unterstützung der Masse der Studenten und der Bevölkerung geerntet." (taz, 5.6.89)

Der Generalstab und die zentralen Abteilungen für Politik und Logistik der VBA wenden sich in einem Brief an die Truppen für die Durchsetzung des Ausnahmezustands. Im ersten Teil des Briefes wird den Offizieren und Soldaten für ihre "harte Arbeit" gedankt, die sie zur Niederschlagung des konterrevolutionären Aufstands geleistet hätten. Auf ihrem Weg in die Stadt hätten sie, obwohl sie von den Aufständischen umzingelt, atttackiert, verflucht, geschlagen und z.T. gekidnappt worden seien, das große Vertrauen, das die Partei und das Volk in sie gesetzt hätten, gerechtfertigt. Sie verdienten es, Verteidiger der sozialistischen Modernisierung und eine starke Säule der demokratischen Diktatur des Volkes genannt zu werden. Die Befreiung des Tiananmen-Platzes sei jedoch nur der Anfang gewesen. Die zukünftigen Aufgaben seien enorm. Es werde daher erwartet, daß die Genossen immer wieder und gründlich die Reden der führenden Mitglieder des ZK studierten, damit sie die Natur und Bedeutung dieses Kampfes besser begreifen lernten und entschlossen gemeinsam mit den Massen und Studenten die Schurken isolierten und niederschlügen. Die Armee solle ein Bild der Stärke, Ordnung und eiserner Disziplin abgeben und den revolutionären Geist fortführen. (*Radio Beijing* 4.6.89, nach SWB, 5.6.89; RMRB, 5.6.89)

Gegen 14.00 Uhr sind zwei der über 30 bei Muxidi stehengebliebenen Schützenpanzer immer noch nicht in Brand gesteckt worden. Ein Mann besteigt einen der beiden funktionstüchtigen Schützenpanzer und startet dessen Motor. Andere erklimmen das Fahrzeug und hantieren an der Luftabwehrkanone. Nachdem ein Hubschrauber den Schauplatz überflogen hat, wird die Kanone mit Munition geladen, die ein Soldat herbeigebracht hat. Etwa 20 Minuten später werden mehrere Runden Munition in die Luft gefeuert. Danach setzt sich der Schützenpanzer in Richtung Volksuniversität in Bewegung. (Gao Huan, in: *Children of the Dragon*, S. 188)

15.00 Uhr
Ein ehemaliger Beijinger Einwohner behauptet unter Bezug auf Aussagen seines Bruders gegenüber der *Wen Hui Bao*, die offizielle Darstellung der Ereignisse, wie sie das Beijinger Fernsehen bringe, sei falsch. Die Beijinger Bevölkerung habe zwar bei Muxidi 34 Panzerfahrzeuge gestoppt und in Brand gesetzt, doch dies sei am Nachmittag des 4. Juni [vergleiche 4. Juni, 9.00 Uhr] gewesen, also nach der blutigen Niederschlagung der Studentenbewegung. Auch seien die Soldaten zwar mit Hilfe von Tränengaspatronen, die man in die Sichtluken der Panzer warf, aus diesen herausgetrieben worden, doch habe die Menge sie lediglich entwaffnet und die Uniformen ausziehen lassen, sie seien aber nicht getötet worden. Die erbeuteten Waffen habe die Menge nicht benutzt. Die Vorgänge zeigten, daß ein Teil des Militärs nicht bereit gewesen sei, gegen die Bevölkerung einzuschreiten, anders sei die Verbrennung so vieler Panzer gar nicht zu erklären. Die Tatsache, daß das offizielle Fernsehen den wahren Zeitpunkt dieser Ereignisse verschweige und sie als Anlaß des Eingreifens des Militärs hinstelle, zeige deutlich, daß [die Regierung] ein schlechtes Gewissen habe und unter Irreführung der öffentlichen Meinung ihr gewaltsames Eingreifen legitimieren wolle. (Song Huancheng, 8.6.89, in: WHB, 9.6.89)

Der Kommandostab der Truppen zur Durchsetzung des Ausnahmezustands gibt eine dringende Mitteilung heraus, wonach alle "konterrevolutionären Elemente, die Waffen, Gewehre und sonstige Materialien erbeutet haben, sie innerhalb von 48 Stunden zurückgeben sollen". Gefangengehaltene Militärkader, Polizisten und Bewaffnete Volkspolizisten sollten umgehend zu ihren Truppeneinheiten zurückgebracht werden, und alle Angriffe auf Militärfahrzeuge, Materialien und Ausrüstung der Truppen müßten sofort aufhören. (*Beijing-Tageszeitung*, nach *Tai Sheng*, Oktober 1989, S. 14) Alle Demonstranten werden aufgefordert, geraubte Waffen herauszugeben. Es heißt, Studenten hätten einen Panzer in ihre Gewalt bringen können. [Vergleiche 4. Juni vormittags] (J. Erling, in: FRu, 5.6.89)

Laut einer Meldung der Zeitung *Ming Bao* fährt Li Peng vom Westtor der Großen Halle des Volkes zum Tiananmen-Platz. Er steigt dort aus dem Wagen, redet mit den auf dem Platz stationierten Soldaten und lobt ihre Entschlossenheit bei der Durchsetzung der Ausnahmezustandsbefehle und bei der Niederschlagung des konterrevolutionären Putsches. In seiner Begleitung befinden sich Li Ximing, Parteisekretär des Beijinger Stadtkomitees, und einige hohe Offiziere der Truppen zur Durchsetzung des Ausnahmezustands. (MB, 5.6.89, nach SWB, 6.6.89)

Nachmittag
Reihen von Soldaten, einige in schußbereiter Haltung hinter Maschinengewehren, die auf die Chang'an-Allee gerichtet sind, riegeln den Platz ab. Auf dem Platz befinden sich Dutzende von Panzern und Luftabwehrgeschützen [sic!]. Dies verstärkt das Gerücht, daß die Führung des auf dem Tiananmen-Platz eingesetzten 27. Armeekorps befürchtet, von anderen Armeekorps angegriffen zu werden. Die Menge geht noch immer mit Steinen und Demokratie-Parolen

gegen die Soldaten an, die mit Schüssen darauf reagieren. (R.Thomson, in: FT, 5.6.89)

Viele der Armeefahrzeuge, die durch die Straßen fahren, schießen mit Hartmantelgeschossen, und Wachsoldaten tragen Maschinenpistolen statt der sonst üblichen halbautomatischen Gewehre. (R. Thomson, in: FT, 6.6.89)

In einer Meldung der *Ming Bao* vom 6. Juni heißt es, ein junger Offizier der Bewaffneten Volkspolizei habe am Nachmittag des 4. Juni ein Attentat auf Li Peng versucht, nachdem am Morgen seine Schwester und seine Freundin getötet worden seien. Das Attentat sei jedoch mißlungen und Li Peng lediglich am Bein verletzt worden. Der junge Offizier sei sofort getötet worden. (MB, 6.6.89, nach SWB, 7.6.89)

Seit dem frühen Nachmittag gehen am Beijinger Fremdspracheninstitut Gerüchte um, daß die Armee gegen Abend die Universitäten besetzen soll. Die ausländischen Studenten zweier Wohnheime, die in der Nähe von chinesischen Studentenwohnheimen stehen, werden in andere Wohnheime evakuiert, da man Schießereien auf dem Campus befürchtet. Auch chinesische Studenten halten die Räumung für angebracht. (PB 7)

Der Oberste Volksgerichtshof schickt eine Botschaft an den "Genossen Qiao Shi" und an den Ständigen Ausschuß des Politbüros des ZK der KPCh, in der der Oberste Volksgerichtshof seine Unterstützung für die Entscheidung der Parteizentrale zum Ausdruck bringt, die "konterrevolutionäre Rebellion" niederzuwerfen. (*Radio Beijing*, 6.6.89, nach SWB, 8.6.89) - Daß Qiao Shi als Adressat der Botschaft genannt wird, ist ein Indiz dafür, daß Qiao Shi nach dem Sturz von Zhao Ziyang die Aufgaben des ZK-Generalsekretärs übernommen hat.

Nach Informationen der Hongkonger Zeitung *Wen Hui Bao* vom 4. Juni 1989 waren die Truppen, die am 4. Juni die blutige Niederschlagung der Studentenbewegung durchführten, angewiesen worden, ihren Auftrag auf jeden Fall zu erfüllen, auch wenn zu diesem Zwecke Menschen getötet werden müßten. (Nach SWB, 5.6.89)

Yang Shangkun und Li Peng sollen dafür gesorgt haben, daß nur das 27. Armeekorps und das 63. Armeekorps mit genügend Munition ausgestattet worden sind. Diese beiden Armeekorps sollen unter ihrer direkten Kontrolle stehen. (MB, 6.6.89, nach SWB, 7.6.89) Die anderen Armeekorps sollen nur ein Minimum an Patronen bekommen haben, damit sie, falls sie gegen das 27. Armeekorps kämpfen wollten, nicht genügend Munition haben würden. (XDRB, 7.6.89)

Nach übereinstimmenden Berichten war an der blutigen Niederschlagung der Studentenbewegung in den frühen Morgenstunden des 4. Juni das 27. Armeekorps maßgeblich beteiligt. Kommandeur dieses Armeekorps [Yang Jianhua] soll ein Sohn des Direktors der Zentralen Politischen Abteilung der VBA, Yang Baibing, sein. Yang Baibing wiederum ist ein jüngerer Bruder von Staatspräsident Yang Shangkun. (C.C. Ong, in: TST, 6.6.89)

Die Soldaten des 27. Armeekorps sollen nach "zuverlässigen Informationen aus Beijing" vor ihrem Einsatz gewarnt worden sein, sie würden vor ein Kriegsgericht gestellt, falls sie nicht auf dem Tiananmen-Platz eingreifen und kämpfen würden. Viele Journalisten hätten beobachtet, daß die Soldaten mit einem seltsamen Gesichtsausdruck und verklärtem Lächeln geschossen hätten. Dies käme daher, daß die Soldaten des 27. Armeekorps vor dem militärischen Eingreifen unter dem Vorwand von prophylaktischen Impfungen gegen Infektionskrankheiten mit Aufputsch-Drogen gespritzt worden seien. So könne man auch erklären, warum die Li Peng-Regierung einige Tage vor dem "Massaker" eine Warnung vor den Infektionskrankheiten auf dem Tiananmen-Platz herausgab. (XDRB, 7.6.89) Gefestigt wurde diese Vermutung durch Aussagen von Beijinger Krankenhauspersonal, daß man in Urinproben von verletzten Soldaten Reste eines Impfserums oder eines ähnlichen Stoffs feststellen konnte. (ZGSB, 7.6.89)

Die Zeitung *Ming Bao* berichtet Ende Juli, daß anfängliche Berichte, wonach vornehmlich Einheiten des 27. Armeekorps für die blutige Niederschlagung der Studentenbewegung verantwortlich gewesen seien, die tatsächliche Komplexität der Lage nicht wiedergegeben hätten. Tatsächlich seien sowohl Einheiten des 27. Armeekorps als auch Einheiten des 38. und 63. Armeekorps sowie die 15. Luftwaffendivision beteiligt gewesen. Die Truppen des 27. Armeekorps seien beim Einzug von Muxidi zum Tiananmen-Platz nach den anderen Truppeneinheiten in die Stadt gezogen und hätten, aus Angst vor Angriffen der Beijinger Bevölkerung, ständig geschossen. So sei es zu zahlreichen schweren Verletzungen gekommen. (MB, 27.7.89, nach SWB, 29.7.89) [Vergleiche auch 27. Mai]

Soldaten aus verschiedenen Provinzen sagen, sie hätten seit Tagen keine Zeitung mehr zu Gesicht bekommen. Man habe sie nicht über die jüngsten Ereignisse in Beijing unterrichtet oder völlig fehlinformiert. Es wurde ihnen gesagt, ihr Einsatz richte sich gegen konterrevolutionäre Aufrührer, die die Partei und Regierung stürzen wollten. (E. Bauer, in: FAZ, 6.6.89)

Nach einem Bericht der *Wen Hui Bao* sind insgesamt über 100.000 Soldaten nach Beijing gezogen worden. Die ersten, die in die Stadt kamen, waren das 27., 38. und 65. Armeekorps. (WHB, 5.6.89, nach SWB, 6.6.89) Nach Aussage einer ausländischen Expertin für die VBA sollen mehr als zehn der insgesamt 24 Armeekorps mit je durchschnittlich 10.000 Soldaten für Beijing mobilisiert worden sein. Die meisten befehlshabenden Offiziere sollen inzwischen Yang Shangkun unterstützen, nachdem zuvor noch einige die Teilnahme an einem von ihm einberufenen Treffen abgelehnt hätten. (C.C. Ong, in: TST, 6.6.89) Anderen Informationen zufolge sollen gegenwärtig rund 20 Armeen mit mehr als 400.000 Soldaten Beijing eingeschlossen halten. - Zu den nach Beijing beorderten Armeekorps-Einheiten siehe auch unter dem 27. Mai

Ein Augenzeuge berichtet, daß Soldaten der 27. und der 38. Armee auf den Tiananmen-Platz vordrangen. Zuerst sei die 38. Armee ohne Waffen aufmarschiert. Armee und Menschenmenge hätten sich gegenübergestanden und Gespräche geführt. Am 3. Juni abends sei dann der voreilige Angriff der 27. Armee erfolgt, obwohl die Studenten versprochen hätten, sich bis zum Tagesanbruch zurückzuziehen. (XDRB, 7.6.89)

Abends betreten etwa hundert Soldaten einen Wohnbezirk im Norden des Platzes und schießen blindlings in die Gegend. (*Beijing xuesheng yundong wushiri*, S. 184) [Die *Ouzhou Ribao*, 6.6.89, gibt für diese Nachricht den frühen Morgen des 5. Juni an.] Soldaten stürmen in die Gassen der Hutongs nordöstlich des Platzes. Sie schießen wild in die Luft. Ein alter Mann wird tödlich getroffen. (J. Erling, in: FRu, 7.6.89)

Eine Augenzeugin schreibt, nach "halb fünf" [morgens/abends?] hätten die Soldaten wild getötet. Sie hätten jeden, der ihnen unter die Augen kam, geschlagen und in die kleinen Wohnungen geschossen. (Brief einer Augenzeugin vom 6.4.89, in: *Zhenyan*, 10.8.89)

Mehrere Personen behaupten, Zeugen von Massakerszenen in den Vororten von Beijing gewesen zu sein. Soldaten seien in einzelne Häuser gegangen und hätten deren Bewohner mit ihren Bajonetten getötet. (LSC, S. 84)

Gegen 20.10 Uhr provozieren etwa 10.000 Menschen vor dem Qianmen im Süden des Tiananmen-Platzes die dortigen Soldaten. Diese eröffnen das Feuer, etwa zehn Menschen gehen zu Boden. (LSC, S. 84)

Am Abend nehmen 20 Panzer und 15 Lastwagen mit Soldaten an der Ostseite des Tiananmen-Platzes Kampfstellung ein. (ap, afp, rtr, upi, nach TST, 6.6.89)

Bei Anbruch der Nacht fahren zehn Panzer und 17 (16 laut rtr, nach TN, 5.6.89) Schützenpanzer vom Tiananmen-Platz aus auf der Chang'an-Allee bis zum Botschaftsviertel und kehren dann wieder zurück. Unterwegs eröffnen sie immer wieder das Feuer. (OZRB, 6.6.89) Am Abend beziehen etwa ein Dutzend Armeelastwagen für mehrere Stunden vor dem Diplomatenviertel Position. Es scheint dies eine Drohgebärde zu sein, damit keine Asylsuchenden hier Zuflucht finden. (F. Deron, in: LM, 6.6.89)

Ausländische Einwohner hören abends um 20.00 Uhr eine Explosion und sehen im Südosten der Stadt einen Feuerball etwa 15 Meter hochschießen. (rtr, nach TN, 5.6.89)

Der studentische Nachrichtensender der Beijing-Universität hat seine Sendungen eingestellt. (V. Lippholz, in: taz, 5.6.89) Studenten sagen am Abend, sie wollten ihre Universitäten verlassen und untertauchen. In Zukunft hoffe man auf einen bewaffneten Kampf. (F. Deron, in: LM, 6.6.89)

Einem Bericht der *Xinhua*-Nachrichtenagentur zufolge sind die brutalen Taten der "Verbrecher" vom Morgen des 3. Juni bis zum Morgen des 4. Juni nur Teil eines konterrevolutionären Aufstands. Aus ihren Taten lasse sich erkennen, wie brutal und grausam sie geworden seien. Durch ihre Verbrechen hätten sie ihre Motive wie "patriotische Gefühle, Vorantreiben der Demokratie, Achtung der

Freiheit, Schutz der Menschenrechte und friedliche Verkündigung der Forderungen" als lediglich vorgeschoben bloßgestellt. Die Masse der Studenten und Bürger erkenne ihre schlechten Züge und reaktionäre Natur. Die VBA habe angesichts dieser Attacken und Sabotagen große Disziplin gezeigt und den konterrevolutionären Aufstand erfolgreich zerschlagen. Ihre heroischen Taten hätten eifriges Lob und starke Unterstützung bei den Studenten und Stadtbewohnern gefunden. Die Soldaten seien es wert, Söhne und Brüder des Volkes unter der Leitung der Partei sowie die festen Stützen und die eiserne Mauer der Volksrepublik China genannt zu werden. (*Beijing-TV*, 4.5.89, nach SWB, 5.6.89)

Später wird bekannt, daß der oben erwähnte *Xinhua*-Bericht vom 4. Juni, der die Ereignisse der Nacht darstellt, von Zeng Jianhui und Yuan Mu geschrieben und dann von Generalstabschef Chi Haotian unterzeichnet worden ist. Daraufhin wurde der Bericht dem Direktor der *Xinhua*-Nachrichtenagentur, Mu Qing, und seinem Stellvertreter, Guo Chaoren, zur Genehmigung vorgelegt. Unter dem Druck des Militärs hätten diese die Genehmigung erteilt, aber nur unter der Bedingung, daß die Formulierungen "ein Sprecher des Kommandostabs der Truppen zur Durchsetzung des Ausnahmezustands sagt" und "die Truppen eröffneten das Feuer" hinzugefügt würden. Bei der Veröffentlichung der Meldung in den Zeitungen am 5. Juni fehlte die zweite Passage dennoch. (WHB, 6.6.89, nach SWB, 7.6.89) [Vergleiche GMRB, 5.6.89; vergleiche auch die Eintragungen in dieser Chronologie unter 4. Juni, 3.20 Uhr und 4.30 Uhr]

Die Fernsehsprecher der Abendnachrichten sind in Schwarz gekleidet, werden allerdings nur kurz gezeigt. Ansonsten werden Schrifttafeln eingeblendet und verlesen. In den Nachrichten heißt es, über 1.000 Soldaten seien bei der Niederschlagung des "konterrevolutionären Aufstands" getötet und verletzt worden. Diese Art der Nachrichtendarstellung überwiegt in den folgenden Tagen. (PB 8; F. Deron, in: LM, 6.6.89)

Im Senderaum der Fernsehanstalt sollen ständig vier bewaffnete Soldaten postiert sein. Alle Fernsehsprecher müssen vor Betreten des Senderaums eine Erklärung unterzeichnen, daß sie nur die vorbereiteten Nachrichten verlesen. Für jede darüber hinausgehende Bemerkung hätten sie selber die Verantwortung zu tragen und mit ihrer sofortigen Verhaftung zu rechnen. (ZM, Juni 1989, S. 7)

Die Nachrichten am Abend erwähnen keine Opfer unter der Zivilbevölkerung. Sie berichten von drei getöteten und zwei vermißten Soldaten. Ein Soldat, der gemäß den offiziellen Nachrichten von "Raufbolden" auf der Jianguomen-Brücke zu Tode geprügelt worden war, soll nach einem Bericht des amerikanischen Korrespondenten N. Kristof von einem Schützenpanzer überfahren worden sein. [Vergleiche 4. Juni, 0.15 Uhr] Seiner Ansicht nach erscheint die offizielle Darstellung an diesem Abend, daß 31 Armee-Lastwagen, 23 Polizeiautos, 2 Schützenpanzer und 31 Busse zerstört wurden, untertrieben, da in vielen Bereichen Beijings die Bevölkerung mit Brandstiftungen an militärischen Fahrzeugen und Bussen auf die blutige Niederschlagung der Studentenbewegung reagiert habe. Die Soldaten hätten nur die Hauptverkehrsstraßen unter Kontrolle, hingegen seien die Straßen in der Hand der Bürger. (N. Kristof, in: IHT, 5.6.89)

4. Juni 1989

Der Bürgermeister von Beijing, Chen Xitong, wendet sich in einer Rede an alle Parteimitglieder, Jugendligamitglieder und die Einwohner Beijings. Er stellt darin zunächst die offizielle Sicht der Ereignisse dar (konterrevolutionärer Aufstand mit mindestens 1.000 Toten und Verletzten auf seiten der Soldaten). In der Rede heißt es, die Konterrevolutionäre hätten einen Verkehrsunfall, in den ein Wagen der Militärpolizei verwickelt war, zu einer großen Angelegenheit aufgebauscht und den Aufstand angezettelt mit dem Ziel, die Nation ins Chaos zu stürzen. Der alarmierende konterrevolutionäre Aufstand sei ohnegleichen seit der Gründung der Volksrepublik China. Es werde von allen Einheiten erwartet, sich gegen die Konterrevolution zu verteidigen. Man solle keinen Gerüchten glauben und auch Kindern und Verwandten erklären, daß man Gerüchten nicht glauben dürfe. Der Aufstand laufe den Zielen der Studenten entgegen. Diese sollten ihre kostbare Zeit nutzen und der Konterrevolution mit konkreten Aktionen entgegentreten. Die Aufständischen sollten zur Besinnung kommen und ihre Aktionen beenden. (*Radio Beijing*, 4.6.89, nach SWB, 6.6.89)

Die Verbreitung von der Nachricht der blutigen Unterdrückung der Studenten und Einwohner Beijings im ganzen Land durch ausländische Radiosender ruft spontane heftige Protestaktionen im ganzen Land hervor. Nach Berichten kommt es in Tianjin, Qingdao, Nanjing, Shanghai, Wuhan, Xi'an, Changsha und Guangzhou [sowie Hangzhou, Luoyang, Changchun und Shenyang; MB, 6.6.89, nach SWB, 7.6.89] zu Demonstrationen unterschiedlicher Größenordnung. Arbeiter und Ladenbesitzer beginnen, in Shanghai zu streiken. Studenten in Nanjing verbreiten die chinesischen BBC-Nachrichten per Lautsprecher und rufen die Arbeiter der Stadt zum Streik auf. In Nanjing, Shanghai, Changsha, Xi'an, Wuhan und Guangzhou hängen Wandzeitungen mit dem Schriftzeichen für "Blut". In Changsha versammeln sich einige zehntausend Demonstranten trotz schwerer Regenfälle vor dem Regierungsgebäude. (WHB, 5.6.89, nach SWB, 6.6.89)

Es heißt, die Machthaber in Beijing hätten alle Provinzregierungen aufgefordert, die dort durchgeführten Solidaritätsdemonstrationen als "Aufstände" zu deklarieren und zu unterdrücken. Einige Provinzen, so z.B. Sichuan, seien der Aufforderung gefolgt; andere weigerten sich, die Aufforderung, die auch das Töten der Demonstranten impliziere, auszuführen. Einige Provinzregierungen meinten, der Generalsekretär des ZK der KPCh und der Vorsitzende der ZK-Militärkommission seien so lange nicht mehr in der Öffentlichkeit aufgetreten, daß unklar wäre, wer für die zentralen Organe zuständig sei. (WHB, 6.6.89, nach SWB, 7.6.89)

Unbestätigten Berichten zufolge sollen Li Peng und Yang Shangkun die verschiedenen Militärkommandeure angewiesen haben, ihre Truppen auf Einmärsche nach Shanghai, Nanjing, Changsha, Xi'an und Guangzhou vorzubereiten. (ap, afp, rtr, upi, nach TST, 6.6.89)

Shanghai
Ein Sprecher erklärt, die Einheiten der VBA in Beijing genössen die volle Unterstützung der Shanghaier Stadtregierung. Die Unruhen der letzten Monate

in Beijing hätten auch Einfluß auf Shanghai gehabt. Außerdem kämen Leute von Beijing nach Shanghai, die versuchten, illegale Verbindungen zu einigen Einheiten und Schulen aufzubauen und so die Menschen zu Unruhen anzustiften. Dank des Widerstands eines Großteils der Bevölkerung, der die übergeordneten Interessen im Auge behalten hätte, sei es möglich gewesen, daß die Produktion quasi stabil geblieben wäre und das gesellschaftliche Leben seinen normalen Verlauf genommen hätte. An diesem Morgen [4. Juni] jedoch hätten Studenten einiger Universitäten Barrikaden an Straßenkreuzungen in östlichen und westlichen Teilen der Innenstadt errichtet, Busse zerstört, demagogische Reden gehalten, den Verkehr blockiert und Arbeiter nicht zu ihrer Arbeit gehen lassen. Sollte dies ungestraft weitergehen, würden die Produktion, die Arbeit und das tägliche Leben der Bevölkerung erheblich beeinträchtigt werden. Die Organisatoren und Anführer der Unruhen seien daher gewarnt, daß sie die Konsequenzen zu tragen hätten, wenn sie mit ihrem gesetzwidrigen Handeln fortführen. Nach Informationen von *Radio Shanghai* haben Studenten mehrerer Hochschulen Shanghais und einige Einwohner der Stadt am Morgen gegen 7.00 Uhr begonnen, Barrikaden an einigen Straßenkreuzungen Shanghais zu errichten und so den Verkehr erheblich zu behindern. Am Nachmittag gegen 16.00 Uhr seien ca. 47 Kreuzungen durch Barrikaden blockiert gewesen. Andere Studenten hätten Plattformen der Verkehrspolizei an der Zhongshan-Straße und der Taoxi-Straße erobert und sich mit Hilfe der Lautsprecheranlagen der Plattformen an die Passanten gewandt. (*Radio Shanghai*, 4.6.89, nach SWB, 5.6.89)

Laut einem anderen Bericht haben die Studenten zu einem Zeitpunkt insgesamt 103 Kreuzungen mit Barrikaden blockiert. Die Busfahrer sollen in den Ausstand getreten sein, so daß 65 von 105 städtischen Buslinien nicht mehr verkehren. Plakate erscheinen und verkünden: "Beijing wurde zu einem Meer von Blut." Während der nächsten drei Tage erreicht die Unordnung ein derartiges Ausmaß, daß die Behörden der Bevölkerung verkünden, Shanghai werde ohne Nahrungsmittelversorgung sein, wenn die Unruhen nicht aufhörten. (J.H. Maier, "Tian'anmen 1989...", S. 10)

Im Gegensatz zur offiziellen Darstellung sollen manchmal auch Arbeiter den Studenten beim Errichten von Straßenblockaden helfen. Trotz einer gewissen Entrüstung über die Ereignisse in Beijing und Sympathie für die Aktionen der Studenten beteiligen sich jedoch nur wenige Arbeiter daran. Diejenigen, die sich den Studenten anschließen, sind Mitglieder der autonomen Arbeitergewerkschaft und einer Handvoll radikaler Arbeitergruppen. Gegen Mittag sind alle Haupteinfallsstraßen nach Shanghai von einer relativ kleinen Zahl von Studenten blockiert worden. Gegen Abend sind 50 Kreuzungen blockiert, gewöhnlich mit Hilfe von normalen oder Gelenkbussen, aus deren Reifen die Luft abgelassen worden ist. (S. Warner, "Shanghai's response...", S. 302 ff.)

Tianjin
Heute findet in Tianjin, in offener Mißachtung der von der Regierung erlassenen Bestimmungen, die letzte Demonstration statt. Zum ersten Mal kommt es

zu Konfrontationen der Studenten mit der Polizei. Zwei Polizeiautos werden beschädigt, jedoch nicht in Brand gesteckt. (J. Fox, "... Consequences in Tianjin", S. 141)

Fujian
In Fuzhou marschieren um 1.00 Uhr nachts Tausende von Studenten zum Stadtzentrum. Tagsüber bleibt es ruhig in der Stadt. (M.S. Erbaugh, R.C. Kraus, "The 1989 Democracy Movement in Fujian...", S. 150)

Gansu
In Lanzhou werden Eisenbahnlinien blockiert, Straßenbarrikaden errichtet, Brücken besetzt und der Stadtverkehr lahmgelegt. Die Regierung Lanzhous macht dafür eine Handvoll Leute verantwortlich, die sich dem Verbot, die Studenten in Beijing zu unterstützen, widersetzten. In einer Erklärung fordert sie die Studenten auf, zum Unterricht zurückzukehren. Arbeiter sollten, statt an Demonstrationen und illegalen Aktivitäten teilzunehmen, wieder an ihre Arbeit gehen. Die Regierungsorgane und ihr Personal sollten im Einklang mit dem ZK handeln, das Arbeitssystem der Organe bewußt beachten und strenge Disziplin wahren. Es sei ihnen verboten, an Aktivitäten teilzunehmen, die Stabilität und Einheit stören. (*Radio Gansu*, 5.6.89, nach SWB, 6.6.89)

Guangdong
In Guangzhou veranstalten Studenten auf der Huaizhu-Brücke, der wichtigsten Nord-Süd-Verbindung der Stadt, einen Sitzstreik. (*Radio Guangzhou*, 5.6.89, nach SWB, 6.6.89)

Hubei
Mindestens 10.000 Studenten blockieren die Wuhaner Yangzi-Brücke. Augenzeugenberichten zufolge haben in Wuhan ca. 1.000 Menschen, überwiegend normale Einwohner, für mindestens drei Stunden die Bahnlinie Guangzhou-Wuhan-Beijing blockiert. (WHB, 5.6.89, nach SWB, 6.6.89) Die Eisenbahnlinie wird insgesamt zwei [drei, J.Elliot, in: FT, 7.6.89] Tage unterbrochen. Außerdem kommt es zu Demonstrationen und Sitzstreiks im südlichen Stadtbezirk Wuchang, die den Auto- und Fährverkehr innerhalb der Stadt für mehrere Stunden blockieren. (*Radio Hubei*, 6.6.89, nach SWB, 7.6.89)

Jilin
Durch Telefonberichte wird in Changchun bekannt, daß mindestens 8 Studenten von der Jilin-Universität in Beijing getötet worden sind. 20 gelten als vermißt. Spätere Berichte aus Beijing sprechen von 14 getöteten Studenten aus Changchun. Binnen weniger Stunden nach Bekanntwerden der Ereignisse in Beijing organisieren die Studenten einen großen Protestmarsch zum Bahnhof in der Innenstadt und halten danach eine Versammlung ab, um ihre nächsten Schritte festzulegen. (R.W. Howard, "... Movement in Changchun", S. 240)

Jiangsu
Auf dem Campus der Nanjing-Universität sind alle Wandzeitungen mit dem Schriftzeichen für "Blut" überpinselt worden. Vormittags marschiert eine kleine

Gruppe Studenten in die Innenstadt. Auf Hauswände und Stadtbusse haben Studenten "Großes Massaker in Beijing" und "Tod für Deng Xiaoping und Li Peng" gesprüht. Die Studenten, die sich auf einen Marsch nach Beijing begeben hatten (siehe 1. und 2. Juni), sind nach Nanjing zurückgekehrt. Wandzeitungen mit Informationen aus Beijing hängen außerhalb des Campus, Menschentrauben bilden sich und diskutieren. Am Trommelturm sammelt sich eine große Menschenmenge, wo sie sich über eine neu installierte Lautsprecher-Anlage (die alte war am Tag zuvor von der Polizei entfernt worden) regierungskritische Reden anhören. Es bleibt ruhig. Es gibt keinerlei organisatorische Initiative seitens der Studenten. Etwa 50 Polizisten am Rande des Platzes bleiben inaktiv. Nachdem die nationalen Abendnachrichten die offizielle Version verbreitet haben, versammelt sich eine große Menschenmenge auf dem Campus, um die Berichterstattung ausländischer Rundfunkstationen über die Ereignisse in Beijing zu verfolgen. (R. Lufrano, "Nanjing Spring...", S. 34)

Nach Meldungen von afp demonstrieren mindestens 100.000 Menschen in Nanjing. (SWB, 5.6.89)

Liaoning

Nachmittags veranstalten Studenten in Shenyang einen Trauermarsch. Mindestens 300 Studenten marschieren hinter zwei Trauerkränzen und einem Spruchband, auf dem geschrieben steht: "Die Bürger weinen um jene, die tragischerweise getötet worden sind." (A. Gunn, "... The Student Movement in Shenyang", S. 254)

Sichuan

In Chengdu, der Hauptstadt der Provinz, stürmen Demonstranten das Gebäude der Stadtregierung, setzen zwei Polizeistationen in Brand, wodurch das Volks-Kaufhaus von Chengdu ebenfalls in Brand gerät und völlig zerstört wird. (*Radio Sichuan*, 5.6.89, nach SWB, 7.6.89)

Ersten Berichten zufolge sollten beim Einsatz der Bewaffneten Volkspolizei zur Räumung des Platz des Volkes von Chengdu mindestens 300 Menschen getötet worden sein. Diplomaten des amerikanischen Generalkonsulats in Chengdu schätzen die Zahl der Todesopfer dagegen aufgrund eigener Beobachtungen auf höchstens 30. (J. Kahl, in: SZ, 29.9.89) [Vergleiche 5. Juni]

Über Chengdu wird der Ausnahmezustand verhängt. (afp, 6.6.89, nach SWB, 7.6.89)

Auf einer erweiterten Sitzung des Ständigen Ausschusses des Parteikomitees der Provinz Sichuan wird die einmütige Unterstützung der politischen Entscheidung des ZK, den konterrevolutionären Aufstand zu unterdrücken, zum Ausdruck gebracht. Zur Stabilisierung der Lage in Sichuan werden folgende Beschlüsse gefaßt:
- Die Kader, Parteimitglieder und Massen sollten unverzüglich dazu angehalten werden, Berichte in Funk und Fernsehen über die Unterdrückung des konterrevolutionären Aufstands in Beijing zu verfolgen, um so ihr ideologi-

sches Verständnis zu fördern und eine klare Position für die entschlossene Durchführung der Entscheidungen des ZK der KPCh einzunehmen sowie einen hohen Grad an Einmütigkeit mit dem ZK im Denken und Handeln aufrechtzuerhalten.
- Die Gesamtheit der Lehrer und Studenten sollte im Unterricht verbleiben und dürfe keine Straßenumzüge durchführen. Erst recht sei es ihnen verboten, Verbindungen zu knüpfen und Flugblätter zu verteilen.
- Alle Behörden, Fabriken und Unternehmen sollten die Stabilität aufrechterhalten und dafür sorgen, daß ihr Personal bei der Arbeit bleibe. Umzüge seien verboten. Es sei ferner zur Erhaltung der öffentlichen Sicherheit notwendig, mit den Sicherheitsbeamten und Polizisten zusammenzuarbeiten. Einheiten der öffentlichen Sicherheit und der Bewaffneten Volkspolizei müßten erhöhte Wachsamkeit üben, auf ihren Posten bleiben und die soziale Ordnung aufrechterhalten. Leute, die die Gelegenheit zu Schlägereien, Zerstörungen und Plünderungen nutzten, sollten gnadenlos und hart bestraft werden. (*Radio Sichuan*, 5.6.89, nach SWB, 6.6.89)

Viele Studenten verlassen Chongqing und fahren zu ihren Familien. Diejenigen, die in der Stadt bleiben, schließen sich anderen Demonstranten an, die Straßenblockaden errichten, Autos umstürzen und die Eisenbahngleise blockieren. (A.Chan, J.Unger, "Voices from the Protest Movement...", S. 275)

Innere Mongolei
Aus einem Dankesbrief des regionalen Parteikomitees des Autonomen Gebiets Innere Mongolei an die Offiziere und Soldaten der Bewaffneten Volkspolizei geht hervor, daß während eines Aufruhrs 30 Polizisten getötet wurden. Im weiteren orientiert sich der Inhalt des Briefes am Brief des Generalstabsamts in Beijing an die Truppen zur Durchsetzung des Ausnahmezustands. (*Radio Innere Mongolei*, 4.6.89, nach SWB, 6.6.89) [Vergleiche 14.00 Uhr]

Xinjiang
Das Parteikomitee von Xinjiang hält eine Sondersitzung ab, um ernsthaft den Leitartikel der *Zeitung der Volksbefreiungsarmee* vom 4. Juni mit dem Titel "Entschlossen die politische Entscheidung des Zentralkomitees der Partei unterstützen und entschlossen den konterrevolutionären Aufstand unterdrücken" zu studieren. Die Teilnehmer stimmen einmütig dafür, die "weise Entscheidung" des ZK, des Staatsrats und der Zentralen Militärkommission zu unterstützen. Die Niederschlagung des Aufstands sei ein Sieg im Kampf gegen Aufruhr und für Stabilität und Einheit in Beijing. Die Lage in Xinjiang sei insgesamt gut, doch gäbe es auch Unsicherheitsfaktoren. Man müsse daher sehr wachsam sein. Zur Zeit seien alle Bereiche, Abteilungen und Einheiten angehalten, dafür zu sorgen, daß die Kader und Massen aller Nationalitäten [des Autonomen Gebiets Xinjiang] den Artikel der *Zeitung der Volksbefreiungsarmee* studierten und beachteten. (*Radio Xinjiang*, 4.6.89, nach SWB, 6.6.89)

4. - 6. Juni 1989, Sonntag - Dienstag

- **Gerüchte überschlagen sich**

Bedingt durch die Propaganda und die stark eingeschränkten Arbeitsmöglichkeiten der ausländischen Journalisten, brodelt in den Tagen nach der blutigen Niederschlagung der Studentenbewegung in Beijing die Gerüchteküche wie nie zuvor in den letzten Wochen. Fast alle Meldungen und Berichte der ausländischen Medien in den folgenden Tagen basieren mehr oder minder auf - nicht selten einander widersprechenden - Gerüchten. Ein 'klassisches' Beispiel für die damalige Informationslage und die Berichterstattung sind die Gerüchte über den Einmarsch von VBA-Einheiten in Beijinger Universitäten und die Übernahme und Weiterverbreitung dieser Gerüchte u.a. durch ausländische Journalisten:

- BBC meldet, daß die Armee in die Universitäten einmarschiert sei. (taz, 5.6.89)

- *The Nation* berichtet dagegen unter Bezug auf Meldungen der Nachrichtenagentur *Reuter* lediglich, daß die Studenten einen Einmarsch der Truppen in die Universitäten erwarteten. Studentenführer riefen über Lautsprecher in der Beijing-Universität zu ruhigem Verhalten auf, nachdem unbestätigten Informationen zufolge Schützenpanzer auf dem Weg in Richtung des Universitätsviertels gesehen worden sein sollen. Demonstranten hätten im Laufe des Tages [4. Juni] sieben Militärlastwagen im Universitätsviertel in Brand gesetzt. (rtr, nach TN, 5.6.89)

- In einem Bericht der Hongkonger Zeitung *Xingdao Ribao* heißt es, die Beijinger Bevölkerung habe gehört, daß die Armee den Befehl hätte, in die Beijing- und in die Qinghua-Universität einzudringen. In einem anderen Bericht derselben Zeitung wird ein Augenzeuge zitiert, der gehört habe, die Armee sei bereits in die Universitäten eingedrungen und mit Waffengewalt gegen die Studenten vorgegangen. Außerdem sei der Befehl erteilt worden, den Unterricht wieder aufzunehmen. (XDRB, 7.6.89)

- Am 4. Juni zitiert BBC einmal einen Bericht, nach dem Studenten in einer Universität ergriffen und erschossen worden seien. Die Studenten sollen am Bau der "Statue der Göttin der Demokratie" beteiligt gewesen sein. (afp, ap, rtr, upi, nach TST, 6.6.89)

- Der Hongkonger Zeitung *Wen Hui Bao* zufolge besetzen Truppen acht Universitäten und Hochschulen von Beijing, darunter die Volksuniversität und die Pädagogische Hochschule. Die Beijing-Universität ist angeblich von Truppen eingeschlossen worden, die die Studenten angewiesen haben, das Gelände nicht zu verlassen. Soldaten eröffnen das Feuer auf Studenten, die versuchen, die Beijing-Universität zu verlassen. (WHB, 6.6.89, nach SWB, 7.6.89)

- Einem zusammenfassenden Bericht von amnesty international zufolge sollen Soldaten in etwa zehn Beijinger Institute und Universitäten eingerückt sein.

Laut dem Bericht sollen Soldaten in der Beijing-Universität 100 Menschen getötet und 400 weitere verletzt haben. 80 Menschen seien in der Qinghua-Universität und weitere 93 in der Pädagogischen Hochschule getötet worden. In einer Nachricht an die Studentenvereinigung von Oxford erklären Studenten der Beijing-Universität am 6. Juni, daß Soldaten in das Universitätsgelände eingedrungen seien und nach Studentenführern der Demokratiebewegung gesucht hätten. Sie hätten jeden einzelnen Schlafsaal durchsucht und dort jeden Studenten an Ort und Stelle getötet, der Widerstand zu leisten versucht habe. Die Studenten zitierten aus unbestätigten Berichten, denen zufolge die Behörden eine Liste von Universitätslehrern und -angestellten, die getötet werden sollen, aufgestellt hätten. In einem anderen Bericht heißt es, etwa 120 Studenten der Beijing-Universität seien von Soldaten aus den Schlafsälen geholt worden, im Freien in einer Reihe aufgestellt und dann erschossen worden. (ai, 9.6.89)

Ausländische Studenten der Beijing-Universität berichten hingegen, daß es nie einen "Truppeneinmarsch" in die Universität gegeben habe. Die Toten- und Verletztenzahlen seien sehr zweifelhaft, da ihnen als dort ansässige Studenten nie etwas von Toten oder Verletzten auf dem Universitätsgelände bekannt geworden sei. In den Tagen nach der Niederschlagung der Studentenbewegung seien gelegentlich Militärfahrzeuge und -angehörige auf dem Campus aufgetaucht, aber nie in großen Mengen. An den Universitätstoren seien strenge Kontrollen durchgeführt worden, und es seien sehr viele Beamte in Zivil im Einsatz gewesen. (PB 13, PB 15)

Da in den Nachrichten von ausländischen Rundfunksendern, z.B. BBC, am 4. Juni bereits von einer Besetzung der Universitäten durch die Armee die Rede war, herrscht an der Beijing-Universität fieberhafte Aktivität. Die Studenten vernichten Berge von Papier und bringen Druckmaschinen und Kopierer in Sicherheit. Über Lautsprecher werden die Studenten aufgefordert, in die Wohnheime zurückzukehren und dort auch auszuharren, falls das Militär eintrifft. Die Besetzung findet jedoch nicht statt. (T. Reichenbach, in: taz, 6.6.89) Nach einem Augenzeugenbericht soll ab 4.00 Uhr eine Ausgangssperre bestanden haben. Diese Tatsache soll die allgemeine Vermutung untermauert haben, daß die Armee plane, in die Universitäten einzumarschieren. Verwirrend sei gewesen, daß später am Abend die offiziellen Nachrichten dementierten, es habe eine Ausgangssperre gegeben, obwohl dies kein Gerücht gewesen sei. (PB 8)

Studenten an der Beijing-Universität errichten Barrikaden als Vorbeugemaßnahme gegen einen militärischen Angriff. (afp, ap, rtr, upi, nach TST, 6.6.89)

Ausländische Botschaften beginnen, die ausländischen Studenten aus den Beijinger Universitäten zu evakuieren. Einige Botschaftsangehörige sagen, chinesische Behörden hätten ihnen mitgeteilt, eine vorübergehende Ausgangssperre sei nicht auszuschließen. (afp, ap, rtr, upi, nach TST, 6.6.89) Ein Großteil der deutschen Studenten und Lehrer an Beijinger Hochschulen wird in die deutsche Botschaft gebracht, da für die Nacht mit dem Einrücken der Truppen in die Universitäten gerechnet wird. (afp, ap, nach FAZ, 6.6.89)

5. Juni 1989, Montag

- Weitere Soldaten und Panzer rücken in Beijing ein
- Die Truppen machen weiterhin von ihren Schußwaffen Gebrauch, um die wütende Bevölkerung Beijings unter ihre Kontrolle zu bringen
- Kolonnen von ausgebrannten Militärfahrzeugen stehen in den Straßen Beijings
- Der "Autonome Studentenverband" ruft zum Generalstreik auf
- Es häufen sich die Gerüchte, daß es Kämpfe zwischen Armee-Einheiten der VBA gäbe
- Als Reaktion auf die blutige Niederschlagung der Studentenbewegung in Beijing kommt es in Shanghai zu massiven Demonstrationen, Blockaden und Streiks
- In zahlreichen Städten des Landes finden Protestaktionen wegen der Ereignisse in Beijing statt
- In Chengdu ereignen sich die blutigsten Auseinandersetzungen außerhalb Beijings: Zwischen 8 und über 300 Menschen werden dabei getötet und 1.800 verletzt

In der Nacht zum 5. Juni werden in der Einkaufsstraße Xidan vier Soldaten gelyncht. Leute hängen die Soldaten an Laternenpfähle, übergießen sie mit Benzin und zünden sie an. (T. Reichenbach, in: taz, 6.6.89)

In der Nacht besetzen lange Reihen von Panzern des Typs T 69 die Jianguomen-Brücke. (J. Erling, in: FR, 6.6.89) Dutzende von Panzern rollen ins Zentrum. (F. Deron, in: LM, 6.6.89) Im Laufe des Tages übernehmen die Soldaten die Kontrolle über alle strategischen Punkte in der Hauptstadt. (ap, nach TN, 6.6.89)

Gegen 3.00 Uhr werfen protestierende Einwohner Molotow-Cocktails auf Panzer, die eine Kreuzung in der Nähe des Beijing-Hotels passieren. Soldaten schießen willkürlich zurück. (D. Southerland, in: IHT, 6.6.89) Die Truppen schießen erneut in der Chang'an-Allee. Eine Menge von ca. 2.000 Menschen läuft in Panik davon. (XWB, 5.6.89, nach SWB, 6.6.89)

Gegen 3.30 Uhr morgens bewegen sich ca. 120 Militärfahrzeuge, größtenteils Schützenpanzer, vom Jianguomen im Osten entlang der Chang'an-Allee zum Tiananmen-Platz, gut die Hälfte fährt weiter zur Partei- und Regierungszentrale Zhongnanhai. (XWB, 5.6.89, nach SWB, 6.6.89)

Gegen 5.20 Uhr verläßt noch in der Dunkelheit ein Konvoi von vier Autos, 14 Lastwagen und 19 Militärjeeps, eskortiert von sechs Schützenpanzern und zwei Polizeiwagen, den Zhongnanhai-Bezirk. Wegen Hindernissen auf der Chang'an-Allee kommt der Konvoi nur sehr langsam voran. An der Kreuzung der Dongdan-Straße werfen einige Leute Molotow-Cocktails auf die Panzerfahrzeuge. Zwei brennende Busse versperren dem Konvoi den Weg. Zeugen hören Schüsse von Maschinengewehren, der Konvoi biegt dann in eine Seitenstraße ein. (XWB, 5.6.89, nach SWB, 6.6.89)

Die Hongkonger Tageszeitung *Ming Bao* berichtet unter Bezug auf "informierte Quellen", in den Limousinen seien Zhao Ziyang und Hu Qili mit ihren Familien gewesen. Einige Leute interpretierten dies als Einleitung von Maßnahmen gegen Zhao Ziyang und seine Anhänger. Andere vertraten die Ansicht, daß der Konvoi im Zusammenhang mit dem angeblichen plötzlichen Tod Deng Xiaopings stünde. (MB, 6.6.89, nach SWB, 7.6.89)

Viele Einwohner Beijings gehen zur Arbeit. Obwohl die Soldaten weiter Schüsse auf die Menge abgeben, wagen es einige noch immer, sich den Truppen entgegenzustellen. Gegen 10.00 Uhr stürmt eine Gruppe von ca. 30 Soldaten aus dem Museum für Revolutionsgeschichte und schießt auf eine Menge von ca. 2.000 Menschen, die in Panik fliehen. (XWB, 5.6.89, nach SWB, 6.6.89)

Am Vormittag sollen nach Berichten der amerikanischen Fernsehanstalt *CNN* auf dem Ostteil der Chang'an-Allee Soldaten das Feuer auf eine größere Menge von Bürgern eröffnet haben, die sich den gepanzerten Truppen in den Weg stellten und die Soldaten als "Bluthunde" beschimpften. (J. Kahl, in: SZ, 6.6.89) Panzertruppen eröffnen am Morgen das Feuer gegen eine etwa 50köpfige Menschengruppe im Zentrum. (afp, dpa, rtr, FRu, nach FRu, 6.6.89)

Ein westlicher Journalist sagt, er habe ein kurzes Feuergefecht zwischen zwei VBA-Einheiten beim Minzu-Hotel beobachten können. Westliche Diplomaten berichten, sie hätten zwei Schützenpanzer mit Maschinengewehren ein Duell austragen sehen. Geschosse seien bis in den 5. Stock des Hotels geflogen. (D. Southerland, in: IHT, 6.6.89) PB 13 zufolge handelte es sich um eine Auseinandersetzung zwischen Einheiten der VBA und der Bewaffneten Volkspolizei.

Um 11.50 Uhr verläßt eine Kolonne von gepanzerten Fahrzeugen, angeführt von 23 Panzern, den Tiananmen-Platz und fährt gen Osten. Aus der Menge auf der Chang'an-Allee werden einige Steine geworfen. Mit einer Salve von Schüssen treiben die Soldaten die Zivilisten in Nebenstraßen. Während der Zug weiter voranzieht, leert sich die Straße. Nur ein einzelner Mann stellt sich in der Höhe des Beijing-Hotels mitten auf die Straße in den Weg des Konvois, der kurz vor ihm zum Stehen kommt. Der Mann redet auf die Mannschaft des vordersten Panzers ein, klettert schließlich hinauf, schlägt mit den Fäusten auf das Geschützrohr des Panzers und schreit Worte, die Zeugen als "Was wollt ihr hier? Ihr habt nichts als Unheil gebracht. Die Stadt liegt wegen euch im Chaos!" verstanden haben wollen. Nachdem er von dem Panzer hinabgeklettert ist, versperrt er weiterhin den Weg, bis Freunde ihn beiseite ziehen. (J.P. Stebra, in: AWSJ, 6.6.89)

Während des Vormittags landen und starten Transport-Hubschrauber auf dem Tiananmen-Platz. Eine große Zahl [Panzer,] Schützenpanzer, Panzerwagen und militärische Fahrzeuge stehen weiterhin vor der Verbotenen Stadt, der Großen Halle des Volkes und Zhongnanhai. (XWB, 5.6.89, nach SWB, 6.6.89)

Im nordöstlichen Stadtteil Hepingli rücken bewaffnete Infanteristen mit Schnellfeuergewehren in einige Nachbarschaftsviertel ein, deren Einwohner sich verbarrikadiert und mit Parolen wie "Rächt unsere Toten" zum Widerstand aufgerufen hatten. (J. Kahl, in: SZ, 6.6.89)

In den südlichen Außenbezirken von Beijing sollen Einheiten des 15., 16., 17. und 38. Armeekorps Einheiten des 27. Armeekorps angegriffen haben. In der Nähe des Nanyuan-Flughafens kommt es angeblich zu militärischen Auseinandersetzungen. Hierbei soll es sich u.a. um Auseinandersetzungen zwischen Luftlandetruppen aus der Militärregion Wuhan [Es handelte sich um zwei in der Provinz Hubei stationierte Regimenter des 15. Luftlandekorps, das dem Kommando der Militärregion Guangzhou untersteht.], die die radikalen Reformkräfte um Zhao Ziyang unterstützen, und Truppen, die loyal zu Yang Shangkun stehen, handeln. Die Luftlandetruppen aus Wuhan sollen schließlich eingekesselt und danach militärisch ausgeschaltet worden sein. (MB, 6.6.89, nach SWB, 7.6.89) Ein "verläßlicher Informant" aus Militärkreisen berichtet von Kämpfen im Bereich des Nanyuan-Militärflughafens im Süden von Beijing. Beijinger Soldaten sollen sich gegen Einheiten des 54. Armeekorps [aus der Militärregion Jinan] gestellt haben, die Zivilisten getötet hätte. (ap, afp, rtr, upi, nach TST, 6.6.89) Beim Militärflughafen Nanyuan sollen 30 Militärfahrzeuge in Flammen aufgegangen sein. (dpa, nach FAZ, 7.6.89) [Aus dem Artikel geht nicht hervor, ob dies am 5. oder 6. Juni geschehen sein soll.]

Anwohner in der Nähe des Militärflughafens sagen, es seien ständig Maschinen gestartet und gelandet, aber Kämpfe habe man weder gesehen noch gehört. (ap, nach TN, 6.6.89)

Gegen Mittag fährt ein Konvoi von mehr als 200 Lastwagen mit Infanteristen, die unkontrolliert in die Luft schießen, am Diplomatenviertel Jianguomenwai vorbei, um dann im Osten die 2. Ringstraße abzusichern. (J. Kahl, in: SZ, 6.6.89) Im Osten in der Nähe des Diplomatenviertels beziehen Panzer mit auf die Wohnviertel im Osten gerichteten Geschützrohren Stellung. (R. Thomson, in: FT, 6.6.89) Soldaten einer Division, die in der Nähe der sowjetischen Botschaft Stellung bezogen haben, erklären Anwohnern, daß sie nur Platzpatronen hätten. (ap, afp, rtr, upi, nach TST, 6.6.89)

Am Nachmittag enthüllen die auf dem Tiananmen-Platz abgestellten Schützenpanzer und Militärfahrzeuge ihre Maschinengewehre und richten sie gen Süden. Es heißt, weitere Truppen sollten am nächsten Tag nach Beijing gebracht werden. Die Zentrale Militärkommission habe den Truppen ihre Befehle folgendermaßen erläutert: "Alle Leute, die erschossen werden, sind Konterrevolutionäre. Habt keine Angst. Ihr müßt die Befehle entschlossen ausführen." (WHB, 6.6.89, nach SWB, 7.6.89)

Dutzende von Mannschaftswagen mit schwerbewaffneten Soldaten, die wahllos in die Luft schießen, fahren am Nachmittag die östliche Chang'an-Allee hinunter. Vom Tiananmen-Platz kommt ihnen eine Panzerkolonne entgegen. Der Zug der Mannschaftswagen muß anhalten, da einer der Wagen liegenbleibt. Die Soldaten werden von anderen Wagen mitgenommen. Junge Männer, die den verlassenen Wagen inspizieren wollen, werden durch Schüsse von einem weiteren Wagen vertrieben. Soldaten bergen das gesamte auf dem defekten Fahrzeug zurückgelassene Material und fahren davon. Die Männer kehren danach zurück und setzen den Wagen in Brand. (J. Erling, in: FRu, 6.6.89)

5. Juni 1989

Überall in der Stadt liegen zerstörte und verbrannte Wagen, mehr als 400 bis Montag (5. Juni) nacht, darunter weit über 100 Armeelaster und gepanzerte Schützenpanzer und Busse. Die Stadt wird den ganzen Montag immer wieder von Armeehubschraubern überflogen. (J. Erling, in: FRu, 6.6.89)

Es heißt, die Wahrscheinlichkeit eines Bürgerkrieges werde immer größer. Berichte von Zusammenstößen zwischen Militäreinheiten häufen sich. Die Armee soll weiterhin unbewaffnete Bürger angreifen, und die Unruhen in den Provinzen nehmen angeblich zu. (afp, ap, rtr, upi, nach TST, 6.6.89)

Am Abend ist aus den nordwestlichen Vororten Beijings Artilleriefeuer zu hören. (afp, ap, nach FAZ, 6.6.89)

Der "Autonome Studentenverband Beijing" wendet sich mit einem dringenden Aufruf an die Arbeiter, Studenten und Ladenbesitzer Beijings, angesichts der Tötung von Studenten und Einwohnern durch die Truppen in einen Streik zu treten. Der Drei-Punkte-Aufruf fordert weiter alle Leute dazu auf, ihr Geld von den Banken abzuheben und mit allen Mitteln zu versuchen, die Wahrheit im ganzen Land zu verbreiten. In einem offenen Brief des Verbands heißt es: "Landsleute, unser Blut fließt, und die Straßen und Gassen sind mit unserem Fleisch gepflastert. Das faschistische Massaker hat die Grenze des Erträglichen überschritten. Unser Blut soll nicht umsonst geflossen, der Kampf nicht zu Ende sein. Studenten und Landsleute, wir stehen auf dem Standpunkt, daß wir versuchen sollten, niemals Gewalt gegen Gewalt einzusetzen. Der Strom von Blut soll nicht zu einem Blutmeer werden. Wir haben schon unglaubliche Opfer erlitten. Dies zeigt deutlich, daß sich das Li Peng-Regime gegen das Volk gestellt hat und sein Untergang nahe ist." (DGB, 5.6.89, nach SWB, 6.6.89)

Die Studenten sind erklärtermaßen gegen Lynchjustiz an Soldaten. Sie wollen nicht noch mehr Tote, sondern halten es vor allem für notwendig, der Bevölkerung klarzumachen, daß Deng Xiaoping, Li Peng und Yang Shangkun hinter den Befehlen stehen, und nicht die Soldaten das "Massaker" zu verantworten haben. (T. Reichenbach, in: taz, 6.6.89)

An der Beijinger Hochschule für Verteidigung haben Offiziere aus Protest ein Transparent aufgehängt: "Wir wollen, daß die Yang-Clique für diese Blutschuld bezahlt. Wir wollen Rache für die Bevölkerung von Beijing." (TST, 6.6.89)

An Hauswänden und Laternenmasten kleben Flugblätter, in denen "Beijings Bürger" aufrufen, mit geschlossenem Widerstand gegen die militärische Unterdrückung anzugehen. (J. Kahl, in: SZ, 6.6.89)

An den Straßenkreuzungen sammeln sich Menschen und diskutieren. Verkehrsschilder sind mit den Zeichen für "Generalstreik" und "Ladenstreik" überklebt. An den Mauern hängen Aufrufe zum Widerstand gegen die Regierung. Tausende sind vor den Universitäten zusammengeströmt, um die Nachrichten des Studentenrundfunks zu hören. (T. Reichenbach, in: taz, 6.6.89)

Studenten berichten der *taz*, aus dem Krankenhaus der japanisch-chinesischen Freundschaft hätten Soldaten verwundete Kommilitonen herausgeholt und erschossen. (taz, 6.6.89)

Protestierende führen Trauerfeiern für die Toten durch. (R. Thomson, in: FT, 6.6.89) In der Hochschule für Politik und Recht wird die Leiche eines Studenten im Hauptgebäude auf Eis aufgebahrt. (AWSJ, 6.6.89) Auf dem Campus [der Beijing-Universität?] wird ein Trauerkomitee gegründet, das versucht, die Namen der Toten herauszufinden und die Angehörigen der Toten zu benachrichtigen. (T. Reichenbach, in: taz, 6.6.89)

Im Fuxing-Krankenhaus im Stadtteil Muxidi drängen sich Hunderte von Menschen, um etwa zwei Dutzend auf Eis aufgebahrte Leichen zu identifizieren. Die meisten der aufgebahrten Opfer sind zwischen 20 und 30 Jahren alt. Fast alle starben an Schußverletzungen. (D. Biers, ap, in: FAZ, 6.6.89)

Die Volksregierung von Beijing und der Kommandostab der Truppen zur Durchsetzung des Ausnahmezustands geben eine Sondermitteilung heraus, in der es heißt, die konterrevolutionäre Rebellion sei noch nicht völlig unterdrückt und die Aufständischen schrecken vor nichts zurück. Daher sei die Bevölkerung der Hauptstadt angehalten, keinen Gerüchten zu glauben, an ihren Arbeitsplätzen zu bleiben, sich von den Straßen fernzuhalten und sich sofort in Sicherheit zu begeben, wenn die "Rowdies" Fahrzeuge blockierten und zerschlügen oder Angriffe gegen die Sicherheitskräfte verübten. Die Bevölkerung solle mit den Sicherheitskräften zusammenarbeiten, indem sie Gerüchtemacher, Rowdies und aufständische Verbrecher anzeige. Für besonders wertvolle Informationen würden Belohnungen gezahlt. Wer Informationen zurückhalte oder Verbrecher verstecke, müsse die rechtlichen Folgen verantworten. Jeder, der Waffen oder Munition besitze, die von den Truppen stammten, solle diese unverzüglich bei den Organen für öffentliche Sicherheit abgeben. (*Radio Beijing*, 6.6.89, nach SWB, 7.6.89)

In einem Brief des ZK der KPCh und des Staatsrats an "alle Mitglieder der Partei und an das Volk des ganzen Landes" wird die Lage in Beijing als düster bezeichnet, seit sich der Aufruhr auf dem Tiananmen-Platz in den frühen Morgenstunden des 3. Juni in einen erschreckenden konterrevolutionären Putsch verwandelt habe. Die Ziele des Putsches seien die Ablehnung der Führungsrolle der KPCh und des sozialistischen Systems sowie der Sturz der Regierung. Es sei sogar öffentlich der Tod aller 47 Millionen Parteimitglieder gefordert worden. Die Leiter und Organisatoren des Aufstands seien eine Gruppe von Leuten, die seit langem an der bürgerlichen Liberalisierung festgehalten und politischen Verrat begangen hätten. Sie arbeiteten mit feindlichen Mächten in Übersee und anderswo zusammen und hätten Staatsgeheimnisse an illegale Organisationen verraten. Die meisten Anführer seien entlassene Häftlinge, die nicht ausreichend umerzogen worden seien, Banden von übriggebliebenen Verbrechern der Viererbande und anderer gesellschaftlicher Abschaum. Da die Aufrührer alle Warnungen ignoriert hätten, hätten die Truppen eingreifen müssen. Am 3. Juni seien Sondermitteilungen verkündet worden, daß Beijinger Einwohner und Studenten die Truppen zur Durchsetzung des Ausnahmezustands nicht behindern sollten. Trotz der Zurückhaltung der Armee sei es zu Zwischenfällen gekommen. Dies sei unvermeidlich gewesen für die Rettung der Volksrepublik, bei deren Aufbau Zehntausende von Märtyrern für den sozialistischen Aufbau und die Erhaltung der Erfolge der zehn Reformjahre das Leben gelassen hätten. Dank der VBA sei ein erster Triumph gegen den Putsch erzielt worden. Es müsse aber weiterhin beachtet werden, daß der Putsch noch nicht beendet sei. Man werde weiter gegen die Rebellen kämpfen. Man habe den Marxismus als Leitlinie, man habe die starke demokratische Diktatur des Volkes und -zig Millionen VBA-Soldaten, außerdem die Unterstützung von vielen Arbeitern, Bauern und Intellektuellen. - Der Brief endet mit einem Aufruf, an die Fähigkeit der Partei und Regierung, den Putsch zu bekämpfen, zu glauben, und als Kommunisten den anderen Bevölkerungsteilen mit gutem Beispiel voranzugehen und sie zu belehren. (*Radio Beijing*, 4.6.89, nach SWB, 6.6.89)

Das Beijinger Fernsehen bringt einen Bericht über die "Wahrheit" des "Aufstandes" vom 3./4. Juni, der von der Informationsabteilung des Kommandostabs der Truppen zur Durchsetzung des Ausnahmezustands zur Verfügung gestellt wurde. Der Bericht konzentriert sich in Bild und Text auf die Übergriffe der Demonstranten auf Fahrzeuge und Angehörige des Militärs. (*Beijing-TV*, 5.6.89, nach SWB, 7.6.89) Ebenfalls am 5. Juni gibt die Propagandaabteilung des Parteikomitees der Stadt Beijing eine Erklärung "Die Wahrheit über den konterrevolutionären Aufstand in Beijing" heraus, die ebenfalls sehr detailliert darlegt, wie sich der "Aufstand" entwickelt haben soll und zu welchen Zeitpunkten, an welchen Orten Demonstranten Fahrzeuge und Angehörige des Militärs angegriffen haben sollen. (Vollständiger Abdruck der Bekanntmachung in: XNA, 9.6.89, nach SWB, 12.6.89)

Im Abendprogramm von *Beijing-TV* wird eine Peking-Oper gezeigt mit einem Stück aus dem Zyklus "Die drei Reiche". Mittelpunkt der Handlung ist eine Trauerzeremonie, im Zentrum der Bühne ist groß das Schriftzeichen für "der Toten gedenken" (ji) angebracht. (PB 8)

Die Führer des Beijinger Parteikomitees Li Ximing, Chen Xitong und Xu Weicheng unterzeichnen gemeinsam eine Bekanntmachung. Darin heißt es u.a., daß es bei den gegenwärtigen Unruhen u.a. darum gehe, daß "große Schieber" sich gegen "kleine Schieber" wenden wollten. Das Beijinger Parteikomitee bekämpfe jedoch die "großen Schieber", zu denen die Stone Corporation zähle. Außerdem heißt es in der Bekanntmachung, daß die Aktivisten der Unruhe "Wölfe mit weißen Augen" seien, die auf illegale Weise im Verlauf der Reform reich geworden seien. Schließlich verstünde ein Teil der Beijinger Bürger noch nicht die wahre Situation. Sie glaubten Gerüchten, und deshalb gebe es einen Unterschied zwischen ihrem Verständnis der Dinge und dem des Beijinger Parteikomitees. (WHB, 6.6.89, nach SWB, 7.6.89)

Am 5. Juni berichtet *Ming Bao* unter Bezug auf "verläßliche Quellen", daß Deng Xiaoping schwerkrank im Krankenhaus läge. Vor der Einlieferung ins Krankenhaus habe er Yang Shangkun autorisiert, die Angelegenheit der Studentenunruhen in die Hand zu nehmen. Das blutige Massaker an Bürgern und Studenten Beijings sei daher direkt von Yang Shangkun angeordnet worden. Bis zum frühen Morgen des 5. Juni sei die Zahl der Toten auf 5.000 angestiegen. Die gegenwärtige Politik der KPCh sei es, "Beijing aufzugeben und dafür das ganze Land zu kontrollieren". Die konservativ-orthodoxen Machthaber planten die Verhaftung von rund 20.000 Regimegegnern. Sie sollen in Arbeitslager nach Heilongjiang, Qinghai und Xinjiang gebracht werden. (Nach SWB, 6.6.89) Aus anderen chinesischen Quellen verlautet, Deng Xiaoping, der zur Zeit wegen Prostata-Krebs im Krankenhaus behandelt würde, habe den Befehl für die blutige Niederschlagung der Studentenbewegung gegeben. (ap, nach TN, 6.6.89)

Nach der blutigen Niederschlagung der offiziell als "konterrevolutionärer Putsch" diffamierten Protestbewegung beginnen umfangreiche Verhaftungen. Hierfür soll die "Gruppe 6/1", die unter der Führung von Staatspräsident Yang Shangkun steht, eine schwarze Liste von ungefähr 10.000 Personen aufgestellt haben. Darin werden die drei Intellektuellen Fang Lizhi, Yan Jiaqi und Bao Zunxin als Anstifter des "konterrevolutionären Putsches " bezeichnet. Die Gruppe 6/1 soll direkt unter der ZK-Abteilung für politische Sicherheit (zhongyang zhengzhi baoweiju) angesiedelt sein und eine Dokumentation über die Teilnehmer an den Demonstrationen in Beijing seit Mitte April 1989 erstellt haben. Yang Shangkun soll auf einer internen Sitzung erklärt haben, daß keiner, der sich an dem "konterrevolutionären Putsch" beteiligt habe, auf freiem Fuß bleiben dürfe. (MB, 11.6.89, nach SWB, 12.6.89)

Nach Angaben von *Ming Bao* äußern einige Generäle und Offiziere Entrüstung über die blutige Niederschlagung der Studentenbewegung. Marschall Nie Rongzhen soll Yang Shangkun in einer Mitteilung an die Zentrale Militärkommission einen "Verräter der Armee" genannt haben. (MB, 5.6.89, nach SWB, 6.6.89) Nachdem Marshall Nie Rongzhen von dem gewaltigen Eingreifen in Beijing erfahren hat, soll er versucht haben, Deng Xiaoping zu treffen, doch dieser sei nicht in Beijing gewesen. Ebenso sollen die Generäle Zhang Aiping und Chen Zaidao ohne Erfolg versucht haben, mit den Kommandeuren der Truppen in Kontakt zu treten, um ihre Kritik auszudrücken. (TST, 6.6.89)

Die Soldaten der 28. Armee, die am Vortag bei Muxidi ihre Fahrzeuge verlassen hatten, ziehen sich durch Straßengräben zurück. In den Gräben finden Einwohner später große Mengen von Feuerwaffen und Munition.

40 Schützenpanzer einer nicht identifizierten Armee-Einheit bewegen sich von Westen her in die Innenstadt. Von diesem Zug sollen Soldaten abgesprungen sein und ihre Fahrzeuge in Brand gesetzt haben. (WHB, 6.6.89, und SWB, 7.6.89)

In Beijing finden umfangreiche Truppenbewegungen statt. *Radio Beijing* behauptet, auf dem Tiananmen-Platz sei nicht ein einziger Mensch gestorben, als die Armee den Platz geräumt habe. Diese Behauptung wird auch im Fernsehen wiederholt. Das Zentralkomitee der KPCh und der Staatsrat geben eine erste Erklärung zu den Ereignissen heraus. Darin werden die Demonstrationen als ein "konterrevolutionärer Putsch" bezeichnet, der noch nicht beendet sei. Bisher sei nur ein "erster Sieg" errungen. Ein Sprecher des Generalstabs der Armee spricht im Fernsehen von einem "langen und komplizierten Kampf". Im Radio versucht der Beijinger Bürgermeister Chen Xitong zu erklären, daß der Partei keine andere Wahl geblieben sei und sie zu "außergewöhnlichen Maßnahmen" hätte greifen müssen. (J. Erling, in HAZ, 6.6.89)

In mehreren Berichten aus Beijing ist von Auseinandersetzungen zwischen dem 27. Armeekorps und dem 38. Armeekorps die Rede. Nahezu einhelliger Tenor der Berichte ist, daß Angehörige des 27. Armeekorps das "Massaker" begangen haben, während sich das 38. Armeekorps geweigert habe, gegen die Demonstranten mit militärischer Waffengewalt vorzugehen. Die Hongkonger Zeitung *Ming Bao* berichtet, daß ein Schützenpanzerregiment sich am Morgen des 4. Juni geweigert habe, mit Waffengewalt gegen die Demonstranten vorzugehen. Yang Shangkun sei darüber so erbost gewesen, daß er den Befehl gegeben habe, den Regimentskommandeur zu erschießen. Dies habe dazu geführt, daß das Regiment zum 38. Armeekorps übergelaufen sei. Darauf habe das 27. Armeekorps das 38. Armeekorps aufgefordert, die "meuternden Soldaten" auszuliefern. Dies sei vom 38. Armeekorps abgelehnt worden. Daraufhin hätten Angehörige des 27. Armeekorps einen stellvertretenden Divisionskommandeur des 38. Armeekorps erschossen, worauf sich bewaffnete Konflikte zwischen den beiden Armeekorps entwickelt hätten. Das 27. und das 38. Armeekorps seien die am besten ausgerüsteten Armee-Einheiten, die um Beijing zusammengezogen seien. Sie hätten jeweils 20.000 Mann [von rund 46.000 Mann Gesamtstärke eines Armeekorps] in Beijing. Das 27. und das 38. Armeekorps seien auch ausreichend mit Munition ausgestattet, während die Soldaten der anderen Armeekorps nur jeweils über 15 Schuß und 30 Plastikgeschosse verfügten. (MB, 8.6.89, nach SWB, 10.6.89) [Vergleiche 4. Juni unter 15.00 Uhr]

Mehrere ausländische Touristen, die am 5. Juni an einem unbekannten Ort in Beijing für kurze Zeit in Haft gehalten wurden, berichteten, daß dort auch zwischen 60 und 80 an Händen gefesselte Studenten gewesen seien, auf die Soldaten brutal eingeschlagen hätten, wobei andere Soldaten geschrien haben sollen: "Tötet sie!" (ai, UA 170/89, v. 8.6.89)

Shanghai
Am frühen Morgen heißt es in einer Botschaft des Parteikomitees der KP und der Volksregierung von Shanghai an die Mitglieder der KPCh und an die Stadtbewohner, nach dem Eingreifen der VBA gegen den konterrevolutionären Aufstand in Beijing hätten einige wenige Studenten in Shanghai eine Reihe von Leuten angestiftet, illegale Taten zu begehen. Es seien 50 Hauptstraßen und -kreuzungen mit Barrikaden blockiert worden. 18 Buslinien hätten ihren Verkehr einstellen müssen, während 74 weitere nur auf Umwegen hätten weiterfahren können. 1.080 Fahrzeuge seien in Staus steckengeblieben, und die Reifen von 200 Bussen seien zerstochen worden. Einige Studenten hätten sich auf die Bahnschienen an der Taoxi-Straße gelegt und so den Eisenbahnverkehr für einige Zeit gestoppt. Die Studenten hätten Fahrzeuge beschlagnahmt und unerlaubt Sendestationen errichtet, Gerüchte verbreitet, Flugblätter verteilt, zu Streiks aufgerufen, und in einigen Bezirken hätten Rowdies sogar Volkspolizisten angegriffen, Fenster eingeworfen und andere Sabotageakte begangen. Zehntausende von Arbeitern hätten nicht zur Arbeit gehen können, und die Produktion sei beeinträchtigt worden. Eine Handvoll Leute plane die Blockierung aller Hauptkreuzungen für den 5. Juni, um zu erzwingen, daß der Verkehr zusammenbreche, Fabriken nicht arbeiten könnten und alle Läden geschlossen

blieben. Auf diese Weise solle ein Chaos in Shanghai herbeigeführt werden. Die Regierung und das Parteikomitee riefen daher dazu auf, sofort Maßnahmen dagegen zu ergreifen und entschlossen gegen Sabotage zu kämpfen. Diese historische Stunde, in der es für Shanghai darum gehe, die Stabilität aufrechtzuerhalten oder ins Chaos zu fallen, sei auch ein Test für die Partei. Alle müßten fest an die Richtigkeit der Entscheidungen des ZK, des Staatsrats und der ZK-Militärkommission glauben. (*Radio Shanghai*, 5.6.89, nach SWB, 6.6.89.)

Seit 5.00 Uhr morgens sind alle öffentlichen Verkehrsmittel in Shanghai lahmgelegt. 123 Straßenkreuzungen und Brücken der Stadt werden verbarrikadiert. Um 17.00 Uhr werden an den Kreuzungen der Nanjing- und Xizang-Straßen sowie der Huaihai- und Shanxi-Straßen 13 Busse von Menschenmengen umringt. (*Radio Shanghai*, 5.6.89, nach SWB, 6.6.89) In Shanghai wird gestreikt. Der öffentliche Verkehr kommt praktisch zum Erliegen. (MB, 6.6.89, nach SWB, 7.6.89)

Studenten blockieren 11 Bahnübergänge und unterbrechen den Zugverkehr mit Suzhou und Hangzhou. Die Aktionen wurden gemäß *Radio Shanghai* auf einem Sondertreffen des "Autonomen Studentenverbands Shanghai" geplant. Auch der Flugverkehr wird zeitweise behindert. In Shanghai kommen bis zu 80% der Arbeiter und Angestellten nicht zur Arbeit. Auf Wandzeitungen in der Fudan-Universität und in der Jiaotong-Universität wird vor einem bevorstehenden harten Eingreifen der Machthaber gegen die Demonstranten gewarnt. Es wird ferner berichtet, daß über 200 Panzer vor Shanghai stünden, die jederzeit bereit seien, ins Zentrum vorzudringen. Ein Sprecher der Shanghaier Stadtregierung dementiert Gerüchte, daß ein Truppeneinmarsch in Shanghai bevorstünde. (*Radio Shanghai*, 6.6.89, nach SWB, 7.6.89) Ein Sprecher der Shanghaier Stadtregierung dementiert das Gerücht, bei Wusongkou stünden bereits 200 Panzer für die Durchsetzung eines geplanten Ausnahmezustands bereit. Das Gerücht war durch eine entsprechende Wandzeitung der Hochschule für Verkehr aufgekommen. (ZGYJ, 15.7.89, S. 159)

In Shanghai übertragen die Medien eine Anweisung an die Bevölkerung, in den Häusern zu bleiben. Die gleiche Warnung war in Beijing am Abend des 3. Juni gegeben worden. (D. Southerland, IHT, 6.6.89)

Anhui

Studenten der Hochschule für Naturwissenschaft und Technik in Hefei organisieren eine Demonstration in der Stadt, an der etwa 120.000 Menschen teilnehmen. Studenten und Bevölkerung geben ihrer Wut über die Ereignisse in Beijing Ausdruck. (ZGSB, 7.6.89)

Fujian

In Fuzhou marschieren die Studenten den ganzen Tag durch die Stadt. Es gibt keine Auseinandersetzungen mit der Polizei. (M.S. Erbaugh, R.C. Kraus, "The 1989 Democracy Movement in Fujian...", S. 151)

Gansu

In Lanzhou blockieren Zehntausende von Menschen weiterhin die Straßen und Kreuzungen. Studenten halten die Truppen außerhalb der Stadt auf. (J. Elliot,

C. McDougall, in: FT, 7.6.89) Hongkongs Rundfunk meldet am Morgen, in Lanzhou seien 200 Menschen bei Unruhen von Sicherheitskräften getötet worden. (afp, rtr, nach FAZ, 7.6.89)

Guangdong
In Guangzhou blockieren Studenten an mehreren Stellen den Straßenverkehr. Die Bahnlinie nach Shenzhen wird zeitweilig von ihnen besetzt. (*Radio Guangdong*, 6.6.89, nach SWB, 7.6.89)

Nach Informationen aus Hongkong soll es am 5. Juni auch in der Stadt Shenzhen zu Demonstrationen gekommen sein. Außerdem seien zwei Divisionen der VBA in die Wirtschaftszone eingezogen, deren genaue Aufgabe aber unklar sei. (ZGSB, 7.6.89)

Henan
In Luoyang streiken mehr als 10.000 Arbeiter und beteiligen sich an Demonstrationen. (MB, 6.6.89, nach SWB, 7.6.89)

Hubei
Aus Wuhan werden die ersten Toten gemeldet. (afp, ap, nach FAZ, 6.6.89) [Die einzigen Toten, von denen ausländische Studenten in Wuhan gehört haben, waren Wuhaner Studenten, die in Beijing umgekommen sein sollen.]

Jilin
In Changchun findet heute die bislang größte Demonstration statt. Absicht der Studenten ist es, die Bürger von Changchun über die Ereignisse in Beijing zu informieren, sowie Deng Xiaoping, Yang Shangkun und Li Peng für die Anordnung zum Militärangriffs anzuprangern. Es ist die am besten organisierte Demonstration in Changchun. Der Demonstrationszug besteht aus mehreren Blöcken, die sich schließlich auf verschiedene große Kreuzungen verteilen und darauf warten, daß sich dort Passanten versammeln. Dann wird an Ort und Stelle eine Versammlung abgehalten, auf der Augenzeugen, die gerade aus Beijing zurückgekehrt sind, berichten, was sie dort erlebten. (R.W. Howard, "... Movement in Changchun", S. 240)

Jiangsu
Vor den Toren Nanjings sollen Truppen aufmarschiert sein. (taz, 6.6.89) In Nanjing übertragen die Medien eine Anweisung an die Bevölkerung, in den Häusern zu bleiben. Die gleiche Warnung war in Beijing am Abend des 3. Juni gegeben worden. (D. Southerland, IHT, 6.6.89)

Drei Polizisten in Zivil versuchen in den frühen Morgenstunden, die Lautsprecheranlage auf dem Campus der Nanjing-Universität zu demontieren. Sie werden von Studenten entdeckt und ergriffen, können aber schließlich den Campus unbehelligt verlassen. Gerüchte über die Verhängung des Ausnahmezustandes, mögliche Verhaftungen und die Besetzung der Universität durch die Armee kursieren. Studenten blockieren die wichtigsten Verkehrskreuzungen, wodurch der Verkehr in der Stadt völlig lahmgelegt wird. In der ganzen Stadt verbreiten sich immer mehr Informationen, vornehmlich aus Hongkonger Zeitungen und ausländischen Radionachrichten, über die Ereignisse in Beijing.

Überall bilden sich Menschentrauben, die Wandzeitungen lesen und die Geschehnisse diskutieren. Am Abend versammeln sich etwa 5.000 Menschen in der Nanjing-Universität, um den Bericht eines Augenzeugen aus Bejing zu hören. (R. Lufrano, "Nanjing Spring...", S. 35)

Jiangxi
Das Provinzparteikomitee und die Provinzregierung von Jiangxi fordern in einer Mitteilung dazu auf, den vom ZK der KPCh und dem Staatsrat herausgegebenen "Brief an alle Parteimitglieder und an die Menschen aller Nationalitäten in China" [vergleiche 5. Juni, Beijing] gewissenhaft zu studieren. (ZGYJ, 15.7.89, S. 152)

Sichuan
In Chengdu, der Hauptstadt der Provinz Sichuan, werden Truppen gegen die Demonstranten eingesetzt. Dabei sterben angeblich mindestens 300 Menschen. (afp, 6.6.89, nach SWB, 7.6.89) In der Nacht vom 5. auf den 6. Juni sollen in Chengdu bei Zusammenstößen zwischen Studenten und Bürgern auf der einen Seite und Einheiten der Bewaffneten Volkspolizei auf der anderen Seite rund 300 Personen getötet und über 1.000 verletzt worden sein. Dies berichtete eine japanische Auslandsstudentin der Nachrichtenagentur *Kyodo*. (Kyodo, engl., 8.6.89, nach SWB, 9.6.89) Laut *Beizhuang de minyun* ereigneten sich diese Zwischenfälle schon am frühen Morgen des 4. Juni. Sie seien aber erst am 6. Juni offiziell bekanntgegeben worden. (*Beizhuang de minyun*, S. 130)

"Am 4. und 5. Juni 1989 kam es in Chengdu, der Hauptstadt der Provinz Sichuan, zu schweren Zusammenstößen zwischen Sicherheitskräften und Demonstranten, nachdem sich Informationen über das Massaker in Beijing verbreitet hatten. Wie in vielen anderen Städten hatten auch an zentralen Plätzen der Innenstadt von Chengdu im Mai und Anfang Juni Studenten friedliche Demonstrationen und Sitzstreiks organisiert. Nachdem sich am 4. Juni die Nachrichten von den Vorfällen in Beijing verbreiteten, strömten Berichten zufolge Menschenmengen zum Gebäude der Provinzregierung in der Innenstadt von Chengdu und attackierten es mit Steinen. Daraufhin setzten Sicherheitskräfte Tränengas, Schlagstöcke und Berichten zufolge auch Messer und Bajonetts gegen die Menge ein. Immer wieder waren während der heftigen Auseinandersetzungen, die zwei Tage lang andauerten, auch Gewehrschüsse zu vernehmen. Es wurde von vielen Todesfällen sowie von großen Sachschäden an Gebäuden der Innenstadt berichtet.

Offiziellen Quellen zufolge wurden bei den Kämpfen am 4. Juni zwei Studenten und sechs weitere Zivilisten getötet und 1.800 Menschen verletzt, 700 davon Zivilisten und 1.100 Mitglieder der Sicherheitskräfte. Nichtoffiziellen Schätzungen zufolge liegt die Anzahl der Todesfälle unter den Zivilisten sehr viel höher, zwischen 30 und mehr als 300, und ebenso werden sehr viel mehr Verletzte geschätzt. Eine Quelle berichtete, in einem der vier großen Krankenhäuser von Chengdu seien im Zusammenhang mit den Auseinandersetzungen vom 4. Juni 27 Menschen gestorben. Die Gesamtzahl der in Krankenhäusern registrierten Todesfälle ist nicht bekannt. Zu weiteren Todesfällen kam es während gewalttätiger Zusammenstöße in der Nacht vom 5. zum 6. Juni in verschiedenen Teilen der Innenstadt von Chengdu.

Amnesty international konnte zwar die Gesamtzahl der am 4. und 5. Juni in Chengdu getöteten Personen nicht ermitteln, es liegen jedoch detaillierte Augenzeugenberichte vor, die darauf hindeuten, daß die Sicherheitskräfte mit extremer Gewalt gegen unbewaffnete Demonstranten und Zuschauer vorgingen..." (ai, 1990, S. 62-63)

In Chongqing gelingt es den Behörden gegen Abend, die Demonstranten zu überreden, ihre Eisenbahnblockade aufzugeben. Weder die Presse noch Augenzeugen berichten von Gewalttätigkeiten. (A. Chan, J. Unger, "Voices from the Protest Movement...", S. 275)

Zhejiang
In Hangzhou werden die Hauptstraßen blockiert und Linienbusse angehalten, wodurch es zu Verkehrsstaus kommt. Gelegentlich werden Fahrzeuge zerstört. Viele Arbeiter kommen zu spät zur Arbeit, so daß die Produktion beeinträchtigt wird. Die Versorgung mit Getreide, Öl und Kohle ist unterbrochen. Bereits am 4. Juni hat es eine kurze Unterbrechung des Eisenbahnverkehrs gegeben. Heute fangen die Studenten um 10.00 Uhr an, Hölzer, Steine und Metallgegenstände auf die Schienen zu legen und sich selbst darauf niederzulassen. Für die nächsten zwei Tage werden alle Zugverbindungen unterbrochen. Ungefähr 300 bis 400 Studenten von der Kunsthochschule marschieren vor das Gebäude der Provinzregierung von Zhejiang und verlangen, daß die Nationalflagge zum Gedenken an die getöteten Kameraden in Beijing auf Halbmast gesetzt werde. Ein Student erklimmt das Dach des Pförtnerhauses und läßt die Fahne herab. Der autonome Arbeiterverband von Hangzhou wird gegründet. (K. Forster, "Impressions...", S. 113 u.115) Nach einer anderen Darstellung lassen die Busfahrer selbst ihre Fahrzeuge auf der Straße stehen. Die Studenten nutzen die Menschenaufläufe auf den Kreuzungen, um über die Ereignisse in Beijing zu berichten. Dreimal heißt es, die Truppen würden in die Stadt einmarschieren. Um sie daran zu hindern, werden auch die Eisenbahngleise blockiert. (ZM, Juni 1991, S. 36)

Als Reaktion auf Unruhen am frühen Morgen des 5. Juni, bei denen Straßen versperrt und Fahrzeuge zerstört wurden, gibt die Stadtregierung von Hangzhou einen dringenden Aufruf an die Bevölkerung heraus. (ZGYJ, 15.7.89, S. 152)

Xinjiang
Die regionale Gewerkschaftsorganisation, die Jugendliga der Partei und der Frauenbund der Provinz Xinjiang erklären ihre volle Unterstützung der Entscheidungen der zentralen Obrigkeiten. Man werde den Leitartikel der *Zeitung der Befreiungsarmee* [vergleiche 4. Juni] in allen Einheiten aufmerksam studieren. (*Radio Xinjiang*, 5.6.89, nach SWB, 7.6.89)

6. Juni 1989, Dienstag
- Das normale Leben in Beijing ist zum Stillstand gekommen
- Pressekonferenz des Staatsratssprechers für Journalisten der Volksrepublik
- Zugunglück in Shanghai führt zu Zusammenstössen zwischen Demonstranten und der Polizei

Auch am 6. Juni kursieren in der Stadt unzählige Gerüchte. Dabei handelt es sich vor allem um diverse Spekulationen, ob und wenn ja welche Einheiten der VBA sich untereinander Gefechte liefern, wer für die Durchführung der blutigen Niederschlagung der Studentenbewegung verantwortlich ist und warum sich die politische Führung mehrere Tage lang nicht in der Öffentlichkeit hat sehen lassen. Hierauf basieren die Vermutungen vieler Beobachter, daß auf höchster politischer Ebene ein Machtkampf entbrannt sei und eventuell ein Bürgerkrieg bevorstehe.

Am frühen Morgen verhindern die Soldaten der Truppen zur Durchsetzung des Ausnahmezustands in Beijing, daß einige "Schurken" Busse eines Busbahnhofs in Brand setzen. Sie verhaften 28 Menschen und übergeben sie den Organen für öffentliche Sicherheit. Die Truppen hätten in der Nacht von den Vorbereitungen zur Verbrennung der Busse erfahren und sofort eine Einheit bereitgestellt, die gegen 3.30 Uhr mit Warnschüssen eingegriffen habe. Wie es in der Meldung der *Xinhua*-Nachrichtenagentur heißt, habe die Aktion die Lähmung des Beijinger Verkehrs zum Ziel gehabt. Nach den Rettungsaktionen hätten Einwohner die Soldaten dankend verpflegt, und sogar der Beijinger Bürgermeister Chen Xitong habe per Telefon seinen Dank ausgedrückt. (*Beijing-TV*, 6.6.89, nach SWB, 7.6.89)

Die Beijinger Volksregierung und der Kommandostab der Truppen zur Durchsetzung des Ausnahmezustands geben die "Mitteilung Nr. 8" heraus, nach der es den Soldaten der Truppen zur Durchsetzung des Ausnahmezustands, den Angehörigen der Polizei und der Bewaffneten Volkspolizei erlaubt ist, jeden sofort zu verhaften, der plündert, brandstiftet, randaliert oder tötet. Bei Widerstand der Betroffenen ist es den Soldaten und Polizisten erlaubt, zu "harten Maßnahmen" zu greifen. (*Beijing-Tageszeitung*, nach *Tai Sheng*, Oktober 1989, S. 15)

Wegen der umfassenden Interventionen des Militärs ist das normale Leben in Beijing zum Stillstand gekommen, der öffentliche Verkehr eingestellt worden. Außer einigen Lebensmittelläden und Gemüsemärkten sind sämtliche öffentlichen Einrichtungen und alle Geschäfte geschlossen. Vor Getreideläden stehen lange Schlangen. Milch und Brot sind knapp. (DGB, 6.6.89, nach SWB, 7.6.89)

Der Korrespondent der *Süddeutschen Zeitung* berichtet, an diesem Tag "sieht es so aus, als treibe die blutige Auseinandersetzung einem neuen Höhepunkt zu". Überall in der Stadt seien Soldaten zu sehen und immer wieder Schüsse zu hören. Die Formation der Panzer lege die Vermutung nahe, daß sich die Armee in Beijing auf Verteidigung gegen andere Armee-Einheiten einstelle. Ein Gerücht besage, daß vier Armeeverbände das 27. Armeekorps aufgefordert hätten, die Waffen niederzulegen. (J. Kahl, in: SZ, 7.6.89) Laut dpa geht diese Nachricht auf "gutinformierte chinesische Quellen" zurück. (dpa, nach FAZ, 7.6.89)

Am 6. Juni verfassen Angehörige einer VBA-Abteilung der Militärregion Beijing einen Brief an ihre "Landsleute":

DOKUMENT

Flugblatt von Offizieren und Soldaten der Militärregion Beijing, 6. Juni 1989:
Liebe Mitbürger des ganzen Landes, wegen der tragischen blutigen Zwischenfälle vom 4. Juni in Beijing empfinden die Offiziere und Soldaten ebenso wie die restliche Bevölkerung des Landes tiefe Trauer. In unseren Herzen sind wir Soldaten alle Söhne und Brüder eines Volkes und keiner möchte seinen Gewehrlauf gegen das Volk richten. Wir stammen alle aus dem Volk, größtenteils sogar aus Beijing, und keiner von uns möchte erleben, wie seine Angehörigen unter seinem Gewehr zu Boden gehen. Aber die Aufgabe eines Soldaten ist es, Befehle auszuführen. Wer könnte Befehlen von oben zuwiderhandeln? Wir sind nur Werkzeuge in den Händen irgendwelcher Leute, wir werden von anderen benutzt. So haben wir nur die Hoffnung, daß unsere Lage verstanden wird, daß nicht wir angeklagt werden. Wenn jemand anzuklagen ist, dann sind es die Machthaber, die die Militärgewalt in ihrer Hand halten. Sie sind es, die zur Erhaltung ihrer Macht, ihres Reichtums und ihrer Positionen zu diesen unklugen militärischen Maßnahmen gegriffen haben. Wir wünschen keinen Aufruhr, aber noch weniger möchten wir mit Gewalt den Ruhm und Reichtum einzelner Leute verteidigen. Wir wünschen, daß die Beijinger Ereignisse der letzten Zeit umfassend und ohne irgendetwas zu vertuschen durch Fernsehen oder Rundfunk dem Volk des ganzen Landes bekannt gemacht werden. Die Bevölkerung soll verstehen können, was wirklich passiert ist, daher dürfen nicht nur ausgewählte Informationen verbreitet werden. Nur so kann die Bevölkerung [von der Wahrheit] überzeugt werden. Alles andere hieße, daß Hintergedanken bestünden, die die Leute nicht erkennen sollen. Wenn keine Hintergedanken da sind, wie sollte man dann fürchten, daß die Leute sie erkennen? Wenn da gesagt wurde [z.B. von den Studenten], "ob ich sterbe oder verletzt werde, ist gleichgültig", so macht uns das nicht glücklich, und es macht auch das Volk nicht glücklich. Ihr, die große Menge der protestierenden Studenten, fordert Demokratie und Freiheit sowie die Bestrafung der Korruption und Vetternwirtschaft. Dies ist auch die Hoffnung des Volkes, und bitte glaubt, daß auch wir Soldaten nicht gerne die Opfer ihres Kampfes um Macht und Reichtum sind. Wir glauben, daß die Gerechtigkeit immer dem Volke gehört, den vaterlandsliebenden Studenten. Wenn wir gemeinsam fleißig sind und nicht als anderer Leute Sklaven handeln, können wir bestimmt siegen. Freiheit und Demokratie gehören immer dem Volk!
(*Tiananmen beige*, S. 53)

Qiao Shi betont auf einer vom ZK einberufenen Konferenz leitender Kader aller Ministerien und Kommissionen des Staatsrats mit Nachdruck, daß gegen alle Parteimitglieder, und zwar insbesondere die der höheren Parteiränge, die während des "konterrevolutionären Aufstands" durch Unterschriften oder andere Aktionen ihre Unterstützung der Bewegung zum Ausdruck gebracht hätten, parteidisziplinarische Untersuchungen durchgeführt werden würden. Die Parteikomitees auf und oberhalb der Stadtebene hatten schon zuvor eine Mitteilung erhalten, wonach alle Parteimitglieder, insbesondere leitende Kader, die an den Demonstrationen beteiligt waren, ihren zuständigen Parteidisziplinarkomitees darüber Mitteilung geben sollten. Sie müßten einen genauen Bericht liefern und sich den Untersuchungen der zuständigen Parteiorgane stellen. (ZM, Juli 1989, S. 11)

Die Hongkonger Zeitung *Ming Bao* berichtet, daß einige alte Marschälle und Generäle, darunter Xu Xiangqian, Nie Rongzhen, Zhang Aiping und Chen Zaidao, wegen ihrer Kritik an den verübten Greueltaten unter Hausarrest gestellt worden seien und nicht mehr mit den Offizieren auf Regiments- und Divisionsebene zusammentreffen dürften. Verantwortlich für die Durchsetzung des Hausarrestbefehls sei Yang Dezhong, Leiter der Schutztruppe des ZK. (MB, 6.6.89, nach SWB, 7.6.89) [Vergleiche Meldung von *The Straits Times* unter dem 5.6.89]

Es heißt, dem Kommandeur des 38. Armeekorps, Xu Qinxian [korrekt wahrscheinlich Xu Qinguang], drohe das Kriegsgericht, da er sich geweigert habe, seinen Truppen den Einmarsch nach Beijing zu befehlen. (C.C. Ong, in: TST, 6.6.89)

Das Beijinger Fernsehen berichtet, daß am Morgen eine Einheit der Truppen zur Durchsetzung des Ausnahmezustands einige "Rowdies" vertrieben habe, die versucht hätten, Busse in der Heping-Straße in Brand zu setzen. Anwohner hätten ihre Unterstützung der Truppen zum Ausdruck gebracht. (*Beijing-TV*, nach SWB, 7.6.89)

Radio Beijing dementiert die von Taiwans Medien verbreitete Nachricht, Deng Xiaoping sei gestorben. Dies sei ein pures Gerücht mit dem Ziel, das Volk aufzuwiegeln und Chaos hervorzurufen. (*Radio Beijing*, 6.6.89, nach SWB, 7.6.89) Auch die Hongkonger Tageszeitung *Ming Bao* berichtet unter Bezug auf "eine informierte Person" in Beijing, Deng Xiaoping sei gestorben, der Tod werde von Yang Shangkun und Li Peng geheim gehalten. BBC habe schon am 5. Juni Meldungen von Deng Xiaopings Tod gebracht. Nach Meinung einer anderen "informierten Person" sei die Information vielleicht nur ein weiteres Gerücht. [Dieses Beispiel macht die komplizierte Informationslage nach dem Massaker drastisch deutlich. Es kursieren vor allem Gerüchte, die von verschiedenen ausländischen Journalisten mehr oder weniger unkritisch übernommen werden. Die vielzitierten "informierten Personen" sind entsprechend mit äußerster Vorsicht zu betrachten.] (MB, 6.6.89, nach SWB, 7.6.89) In anderen Berichten werden unterschiedliche Vermutungen darüber angestellt, wie krank Deng Xiaoping, der seit Mitte Mai nicht mehr in der Öffentlichkeit aufgetreten ist, sei, und inwieweit er die Verantwortung für das brutale Eingreifen des Militärs trägt. (C.C. Ong, in: TST, 6.6.89)

Der Sprecher des Staatsrats Yuan Mu gibt zusammen mit Zhang Gong, Politkommissar und Direktor der politischen Abteilung einer nicht näher beschriebenen militärischen Einheit, eine Pressekonferenz für Journalisten aus der Volksrepublik China. Andere chinesische Journalisten und ausländische Korrespondenten sind nicht vertreten. Yuan Mu spricht von einer "konterrevolutionären Rebellion", die sich seit den frühen Morgenstunden des 3. Juni in Beijing ereignet habe. Dabei seien über 5.000 Offiziere und Soldaten der VBA verwundet worden. Über 2.000 Zivilisten seien ebenfalls verwundet worden. Die Zahl der Toten betrage nach unvollständigen statistischen Erhebungen fast 300. Von den Studenten seien lediglich 23 gestorben.

Zhang Gong, erklärt, daß in den Morgenstunden des 4. Juni zwischen 4.30 Uhr und 5.30 Uhr "unsere Truppen zur Durchsetzung des Ausnahmezustands die Aufgabe ausführten, den Tiananmen-Platz zu räumen". Dabei, so Zhang Gong, "tötete die Einheit auch nicht einen einzigen Studenten oder ein einziges Individuum. Nicht einer wurde getötet während dieser Zeit. Nicht eine einzige Person wurde getötet oder verletzt, weil sie von einem Fahrzeug überrollt wurde." Zhang Gongs zusammenfassende Bewertung der Räumung des Platzes in den Morgenstunden des 4. Juni: "Wir können sagen, daß der gesamte Prozeß der Räumung im wesentlichen ein Prozeß des friedlichen Rückzugs [der Studenten] unter unserer machtvollen und wiederholten Propagandaarbeit gewesen ist."

Auf der Pressekonferenz wird auch bekanntgegeben, daß insgesamt 568 Fahrzeuge verbrannt worden seien, darunter 364 Militärfahrzeuge und 102 Busse. Zhang Gong erklärt, daß sich mindestens noch ein Offizier und drei Soldaten in der Hand der Aufrührer befänden. Er dementiert Gerüchte von Gefechten beim Nanyuan-Flughafen. (GMRB, 8.6.89)

In der im westlichen Ausland vertriebenen Ausgabe der *China Daily* erscheint in Form eines Leserbriefes eine Kritik und Ablehnung der Ereignisse des 3./ 4. Juni ("blutiger Mord") durch Robert Maxwell, der für die Veröffentlichung der Zeitung im europäischen Raum verantwortlich war. Der Herausgeber kündigt an, die Arbeit für die Zeitung nicht fortzusetzen. (CD, 6.6.89) - In der für China bestimmten Ausgabe der *China Daily* wurde der Leserbrief von Robert Maxwell nicht veröffentlicht.

Laut *Beizhuang de minyun* ist die Zahl der Toten bis zum 6. Juni auf etwa 7.000 angestiegen. (*Beizhuang de minyun*, S. 122)

Das Beijing-Hotel an der Chang'an-Allee wird unter Militärkontrolle gestellt. Seit dem 5. Juni sind Truppen auf dem Dach dieses Hotels. (WHB, 6.6.89, nach SWB 7.6.89)

Außerhalb der US-Botschaft in Beijing hängt ein Schild, das warnt, auf Ausländer, die photographierten oder mit dem Fernglas [von Hausdächern aus] die Truppen beobachteten, würde geschossen werden. (R.Thomson, in: FT, 7.6.89)

Shanghai
Am Abend des 6. Juni fährt der nach Shanghai einfahrende Zug Nr. 161 aus Beijing in eine auf den Gleisen liegende Menschenmenge. Dabei sollen mindestens acht Menschen getötet und mehr als 30 weitere verletzt worden sein. Die auf den Gleisen liegenden Menschen waren Studenten und Bürger, die seit zwei Tagen die Gleise besetzten und sich in Auseinandersetzungen mit Polizisten befanden, die zur Räumung der Bahnlinie eingesetzt worden waren. Zur Zeit des Unfalls befanden sich viele Zuschauer vor Ort, die zum Teil Racheakte

verübten. Polizisten wurden geschlagen, ein Motorrad angezündet und schließlich auch der Zug in Brand gesetzt. (WHB, nach ZGSB, 8.6.89)

In der offiziellen Version der *Xinhua*-Nachrichtenagentur heißt es dagegen, es seien so viele Menschen auf den Gleisen gewesen, weil eine kleine Gruppe von Leuten zuvor eine Dampflokomotive gestoppt hätte. Der Lokführer des Zuges Nr. 161 aus Beijing habe die Menschenmenge erst etwa 100 Meter vorher sehen können. Der Zug habe sofort abgebremst. Wegen des langen Bremsweges habe das Unglück aber nicht mehr verhindert werden können. Sechs Menschen seien getötet, sechs weitere verletzt worden. Eine kleine Gruppe von "Banditen" habe sofort die Lok umzingelt und den Zugführer geschlagen. Polizisten seien ebenfalls beschimpft, geschlagen und mit Steinen beworfen worden. Und schließlich hätten die "Banditen" dazu aufgerufen, den Zug in Brand zu setzen. Herbeieilende Feuerwehrleute seien ebenfalls angegriffen und bei den Löscharbeiten behindert worden. Insgesamt seien 100 Feuerwehrleute und Bewaffnete Volkspolizisten verletzt worden. Bei den Banditen habe es sich nicht um Studenten gehandelt, im Gegenteil, diese hätten vielmehr versucht, bei den Lösch- und Rettungsarbeiten zu helfen. (GMRB, 8.6.89)

Nach Mitteilung der Shanghaier Stadtregierung wurde der Eisenbahnverkehr in Shanghai durch den Unfall für 50 Stunden unterbrochen, es sei ein Schaden von etwa drei Millionen Yuan allein an entgangenen Ticketeinnahmen entstanden. (Erklärung des "Foreign Affairs Office" der Shanghaier Volksregierung vom 24.6.89)

Hunan
Am Bahnhof von Changsha werden die Zugverbindungen blockiert. (ZGYJ, 15.7.89, S. 152)

Nach der Niederschlagung der Protestbewegung in Beijing herrscht unter den Aktivisten in Changsha Verzweiflung und Hoffnungslosigkeit. Einige Studentengruppen blockieren Gleise, wichtige Straßenkreuzungen und Fabriktore. Es gelingt ihnen, einige Tage lang Verkehr und Produktion in der Stadt lahmzulegen. Obwohl diese Aktionen das Leben der Stadtbevölkerung sehr erschweren, werden die Studenten weiterhin von den Einwohnern unterstützt. Erst als sich die Nachricht verbreitet, daß Truppen vor der Stadt stünden, und nach der Aufforderung seitens Beijinger Studentenführer, die Kommilitonen in Changsha sollten ihre Aktionen beenden, bevor es Blutvergießen gebe, ziehen sich die Studenten zurück und fordern eine Bewegung der "leeren Hochschulen (kong xiao)". (A. Worden, "... Changsha Chronicle", S. 135)

Shaanxi
Die Bewaffnete Volkspolizei bezieht in Xi'an an den wichtigsten Punkten der Stadt und bei der Provinzregierung Stellung. Bisher ist es dort aber zu keinem Eingriff der Polizei gekommen. Demonstrierende Einwohner der Stadt blockieren im Osten von Xi'an etwa 30 militärischen Fahrzeugen und Schützenpanzern den Weg. Sie verwenden dabei u.a. Busse als Barrikaden. (ZGSB, 7.6.89)

Sichuan
Die Bewaffnete Volkspolizei von Chengdu verhaftet über 100 Menschen, die Regierungs- und Parteigebäude angegriffen haben sollen. (ZGYJ, 15.7.89, S. 152)

6./7. Juni 1989, Dienstag-Mittwoch

- **Die Parteikomitees der sieben Militärregionen drücken ihre Unterstützung für die Niederschlagung der "konterrevolutionären Rebellion" aus**

Die Parteikomitees der sieben Militärregionen drücken in Telegrammen an die Beijinger Zentrale ihre Unterstützung für die Niederschlagung der "konterrevolutionären Rebellion" aus. Sie beziehen sich darin auf den "Brief an alle Mitglieder der Partei und an das Volk des ganzen Landes", der von der Beijinger Parteizentrale und vom Staatsrat verbreitet wurde. (Siehe unter 5. Juni) Bezug genommen wird auch auf den Leitartikel der *Zeitung der Befreiungsarmee* vom 4. Juni [siehe dort] und in einem Fall (Militärregion Ji'nan) auf die Rede des Beijinger Bürgermeisters Chen Xitong im Radio [siehe 4. Juni]. (*Xinhua*, 8.6.89, nach SWB, 10.6.89; RMRB, 9.6.89)

7. Juni 1989, Mittwoch

- **Der Oberste Volksgerichtshof drückt seine Unterstützung für die Unterdrückung der "konterrevolutionären Rebellion" aus**

Im Radio wird von einem Telegramm des Obersten Volksgerichtshofs berichtet, das dieser an Qiao Shi und an den Ständigen Ausschuß des Politbüros gerichtet habe, um seine Unterstützung für die Unterdrückung der "konterrevolutionären Rebellion" auszudrücken. (FEER, 15.6.89, S. 12)

Fast alle Mitglieder des Politbüros sollen unter Hausarrest stehen, so daß sie Beijing nicht verlassen können, berichtet die Hongkonger *Ming Bao*. Dies sei eine Falle, die Li Peng und Yang Shangkun aufgestellt hätten. In den Händen der ZK-Sicherheitstruppen sollen sich ZK-Generalsekretär Zhao Ziyang, sein Stellvertreter im ZK-Sekretariat, Hu Qili, sowie der Zhao-Vertraute Bao Tong befinden. (MB, 8.6.89, nach SWB, 10.6.89)

Soldaten des 27. Armeekorps, die in Richtung der östlichen Stadtteile marschieren, schießen ohne Vorwarnung und ohne provoziert worden zu sein auf Passanten. Dabei werden vier Menschen erschossen und mehrere verwundet. (ai, UA 171/89, v. 9.6.89)

In einem Wohnviertel werden 24 Arbeiter verhaftet. Ausländische Korrespondenten berichten, daß sich die Arbeiter hinknien mußten, um fotografiert zu werden. Danach wurden sie zusammengeschlagen und weggebracht. (ai, UA 170/89, v. 8.6.89)

Die *Beijing-Tageszeitung* berichtet, daß inzwischen Aufräumarbeiten in der Stadt durchgeführt würden. 84 Prozent der Verkehrspolizisten seien wieder an ihren Plätzen tätig und die Post trage die Briefe wieder aus. Auch die Untergrund-Bahn sei wieder in normalem Betrieb und die meisten Lebensmittelgeschäfte der Stadt seien wieder geöffnet. (*Beijing-Tageszeitung*, in: *Tai Sheng*, Oktober 1989, S. 16)

Die Hongkonger Zeitung *Wen Hui Bao*, die von der KPCh-Organisation finanziert wird und bisher immer KPCh-getreu berichtet hatte (allerdings mit Sympathien für die radikalen Reformkräfte um Zhao Ziyang), veröffentlicht einen scharfen Leitartikel gegen die "Li-Yang-Clique", die ein "Blutbad" auf dem Tiananmen-Platz angerichtet habe und über ganz Beijing "Terror" ausübe. Die Li-Yang-Clique setze "ihr Massaker an völlig unbewaffneten und unschuldigen Massen" fort. Sie habe die Macht usurpiert und verfahre nun nach der Strategie "den Kaiser [Deng Xiaoping] in der Hand haben und die Herzöge in seinem Namen kommandieren". Die *Wen Hui Bao* kritisiert die offizielle Darstellung der Niederschlagung der Studentenbewegung in Beijing als "Lügen" und bestreitet energisch, daß es sich bei den friedlichen Studentendemonstrationen um "Unruhen" oder gar um eine "konterrevolutionäre Rebellion" gehandelt habe: "Um das Volk des ganzen Landes hinters Licht zu führen, hat die Li-Yang-Clique sich nicht nur darauf beschränkt, eine totale Nachrichtensperre zu verhängen und eine sogenannte Erklärung herauszugeben, sondern sie hat auch einen Fernsehfilm zusammengeschustert, in dem nicht etwa Studenten und Zivilisten getötet, sondern in dem die Mörder zu Opfern gemacht werden." (WHB, 7.6.89, nach SWB, 10.6.89)

Beijing-TV sendet erneut die Peking-Oper mit der großen Trauerzeremonie, die das erste Mal am Abend des 4. Juni gezeigt worden war. (PB 8)

Hubei

Studenten der Hochschulen Wuhans setzen ihre Demonstrationen fort. Sie blockieren Straßen und unterbrechen an zwei Stellen den Eisenbahnverkehr. (ZGYJ, 15.7.89, S. 157)

Die Polizei von Wuhan verhaftet 23 Personen, die am 7. Juni die große Brücke über den Yangzi besetzt haben, Fahrzeuge verbrannten und die diensthabenden Brückenposten der Bewaffneten Volkspolizei angriffen. (ZGYJ, 15.7.89, S. 153)

8. Juni 1989, Donnerstag

- **Die Beijinger Stadtregierung und der Kommandostab der Truppen zur Durchsetzung des Ausnahmezustands fordern ein hartes Vorgehen gegen die "illegalen" autonomen Organisationen. Die Bürger werden aufgefordert, "Rebellen" zu denunzieren**
- **Li Peng und Wang Zhen danken den Truppen für ihre "harte Arbeit"**
- **In Shanghai hält Bürgermeister Zhu Rongji eine gemäßigte Rede: Man habe dort nie vorgehabt, die Armee einzusetzen, da ansonsten "wahrscheinlich gute Menschen versehentlich verletzt worden wären"**

Soldaten der Truppen zur Durchsetzung des Ausnahmezustands und Mitarbeiter der örtlichen Polizei, des Gesundheitsministeriums und andere Einheiten beseitigen Barrikaden und Abfälle auf der Chang'an-Allee. (ZGYJ, 15.7.89, S. 159)

Die Regierung der Stadt Beijing und der Kommandostab der Truppen zur Durchsetzung des Ausnahmezustands erlassen drei "Mitteilungen" zum Ausnahmezustand:

- In der "Mitteilung Nr. 9" heißt es, "entsprechend des dringenden Wunsches der Bevölkerung, die normale Verkehrsordnung wiederherzustellen", gälten folgende Bestimmungen:
1. Es ist verboten, in den Straßen in irgendeiner Form Barrikaden zu errichten.
2. Niemand darf Fahrzeuge behindern oder zerstören.
3. Es ist verboten, Verkehrsanlagen zu beschädigen.
4. Die Kader und Polizisten der Volkspolizei dürfen nicht bei ihrer Aufgabe, die Verkehrsordnung zu schützen, behindert oder angegriffen werden.
5. Alle diensthabenden Mitarbeiter [der Sicherheitskräfte] sind authorisiert, Personen, die gegen die zuvor genannten Bestimmungen verstoßen, auf der Stelle zu bestrafen.

- Die "Bestimmung Nr. 10" lautet:
Der "Autonome Studentenverband Beijing" und der "Autonome Arbeiterverband" sind illegale Organisationen, die nicht rechtmäßig eingetragen sind. Sie müssen sich sofort auflösen. Die illegalen Mitglieder des "Autonomen Studentenverbands" und des "Autonomen Arbeiterverbands" müssen sofort ihre illegalen Tätigkeiten einstellen. Die Führer des "Autonomen Studentenverbands" und des "Autonomen Arbeiterverbands" sind der Kern der Aufwiegler und Organisatoren dieses konterrevolutionären Putsches. Ab dem Tag der Veröffentlichung müssen sich Personen der genannten zwei Gruppen umgehend den lokalen Sicherheitsbehörden stellen und ein Geständnis ablegen, um milde Bestrafung zu erhalten. Diejenigen, die sich weigern, sich zu stellen und zu gestehen, werden gesetzlich verfolgt, vor ein Gericht gestellt und hart bestraft werden.

- Die "Bestimmung Nr. 11" verkündet die Einrichtung eines Denunziationstelefons. Jeder Bürger habe das Recht und die Pflicht, "Rebellen über diese Telefone oder direkt bei der Polizei anzuzeigen". (RMRB, 9.6.89)

Die Staatliche Erziehungskommission gibt eine Mitteilung heraus, in der die Wiederherstellung und Stabilisierung der normalen Schulordnung in allen Schulen gefordert wird. (ZGYJ, 15.7.89, S. 157)

Ministerpräsident Li Peng und der stellvertretende Staatspräsident Wang Zhen treffen am Morgen in der Großen Halle des Volkes mit Offizieren und Soldaten der Truppen zusammen, die maßgeblich an der blutigen Niederschlagung der Protestbewegung beteiligt waren. Li Peng zu den versammelten Offizieren und Soldaten der VBA: "Genossen, ihr habt hart gearbeitet!" (*Beijing-TV*, nach SWB, 12.6.89). Li Peng und Wang Zhen drücken ihre Zufriedenheit und ihren Dank dafür aus, daß die Truppen entschlossen ihre Pflicht getan hätten. In einer Ansprache lobt Wang die Truppen dafür, daß sie sich "in würdiger Weise als treue Beschützer der Volksmassen und als fester Pfeiler der demokratischen Diktatur des Volkes erwiesen haben". Wang Zhen, der einer der führenden Vertreter der orthoxen Marxisten-Leninisten ist, fordert die Truppen auf, weiterhin hart gegen "die kleine Handvoll von konterrevolutionären Unruhestiftern" vorzugehen, das Leben und den Besitz der breiten Volksmassen mit aller Kraft zu schützen und neue Beiträge zu leisten zur Verteidigung der

Vier grundlegenden Prinzipien und zur Förderung von "Reform und Aufbau". Bemerkenswert ist, daß Wang Zhen in dieser Rede nicht die von Deng Xiaoping geprägte Formel "Reform und Öffnung" (gaige kaifang) verwendet, sondern das Begriffspaar "Reform und Aufbau" (gaige he jianshe). (RMRB, 9.6.89)

Die drei Hongkonger Zeitungen *Ming Bao*, *Wen Hui Bao* und *Da Gong Bao* werden von einem für Propanganda zuständigen hohen Beamten der Volksrepublik kritisiert. Sie würden [die Aktionen] einer kleinen Gruppe von "Konterrevolutionären" ausnutzen, um durch ihre Reportagen den Aufruhr noch zu schüren. Der Verkauf der drei Zeitungen auf dem Festland wird verboten. Darüber hinaus werden der Verlagsdirektor der *Wen Hui Bao*, Li Zisong, und der Vorstandsvorsitzende der *Ming Bao*-Verlagsgruppe, Liang Yong, namentlich kritisiert. Liang Yong wird als "alter Partei-Rebell" bezeichnet. (*Beizhuang de minyun*, S. 135) - Bemerkenswert ist, daß die *Wen Hui Bao* und die *Da Gong Bao*, die beide von der KPCh finanziert werden, nach der Verhängung des Ausnahmezustands zunehmend kritische Artikel über die offizielle Politik der KPCh veröffentlichten. Nach der blutigen Niederschlagung der Studentenbewegung stellten sich die beiden Zeitungen offen gegen die konservativ-orthodoxe Koalition in Beijing. Damit opponierten die beiden Zeitungen zum erstenmal in ihrer Geschichte gegen den Kurs der Parteizentrale.

In der Volksuniversität wird ein Flugblatt der Chinesischen Vereinigung zur Verteidigung der Menschenrechte [datiert vom 4. Juni] verteilt. In dem Blatt, das sich an Arbeiter, Bauern, Intellektuelle und die Soldaten der VBA wendet, an alle Mitglieder der KPCh und anderer Parteien sowie an nicht parteigebundene Persönlichkeiten, heißt es:

DOKUMENT

Flugblatt der Chinesischen Vereinigung zur Verteidigung der Menschenrechte

Am 3. Juni kam es in Beijing zu einem grausamen Massaker. Wir trauern zutiefst wegen dieses Vorfalls. Alle von den neuesten Ereignissen betroffenen Menschen fragen sich, warum die Soldaten, die Söhne des Volkes, das Feuer gegen das Volk eröffnet haben und warum die KPCh so weit ging, daß sie zum Feind des Volkes wurde. Tatsache ist, daß Verräter innerhalb der Partei und der Armee aufgetaucht sind. Ein konterrevolutionärer militärischer Coup gelang im Zentrum [der Macht], die Hauptverbrecher sind Yang Shangkun und Li Peng. Seit Yang Shangkun im Sommer letzten Jahres die Positionen des stellvertretenden Vorsitzenden der Militärkommission und des Staatsoberhauptes übernommen hat, hat er mit unermüdlicher Gerissenheit seinen reaktionären Einfluß gefestigt und ausgebaut. Sein jüngerer Bruder Yang Baibing hat den Vorsitz der Zentralen Politischen Abteilung der Armee übernommen, sein Schwiegersohn Chi Haotian wurde Generalstabschef. Sie haben ihre Verwandten und Vertrauten eingesetzt und jene beseitigt, die nicht mit ihnen übereinstimmten. So haben sie schrittweise die wichtigsten Führungspositionen in der Armee übernommen. Die patriotische und demokratische Bewegung des gesamten Volkes von April und Mai versetzte der reaktionären Clique um Yang

Shangkun einen Schock, da das Anstreben einer Demokratie ihre Vorrechte unzweifelhaft in Frage stellen würde und an der Basis ihres Planes, autokratische Kontrolle über das Land auszuüben, gerüttelt würde. Daher initiierten sie wie ein in die Enge getriebener Hund unter Ausnutzung der Macht, die sie in der Armee erlangt hatten, einen konterrevolutionären Putsch:
1. Sie stellten Deng Xiaoping und Zhao Ziyang unter Hausarrest, schwangen die Fahne des Genossen Deng Xiaoping und verbreiteten, in seinem Namen zu handeln.
2. Sie verhängten den Ausnahmezustand über Beijing und benutzen militärische Mittel, um die Zentrale daran zu hindern, ihre Meinung zu veröffentlichen. In dem verzweifelten Bestreben, einen Fait accompli zu schaffen, wurden die Provinzen, provinzfreien Städte und autonomen Gebiete gezwungen, ihre Unterstützung zu zeigen.
3. Sie begingen das brutale, blutige Massaker am Volk, um sich den Weg zu einer despotischen Autokratie zu schaffen.
4. Sie ersticken die öffentliche Meinung, blockieren die Informationskanäle und täuschen die Menschen in der ganzen Welt.

In Anbetracht dieser Tatsachen ruft die Chinesische Vereinigung zur Verteidigung der Menschenrechte die Arbeiter, Bauern, Intellektuellen und Offiziere und Soldaten der VBA dazu auf, sich zu vereinen und für die Unterdrückung des konterrevolutionären Putsches einzutreten:
1. Sie fordert jene Mitglieder des XIII. Zentralkomitees, jene Vertreter des VII. Nationalen Volkskongresses und jene Mitglieder der Politischen Konsultativkonferenz, die sich noch frei bewegen können, auf, nach Guangzhou zu eilen, um eine provisorische Zentralregierung zu bilden und das Volk bei der Unterdrückung des konterrevolutionären Militärputsches zu führen.
2. Sie fordert die Offiziere und Soldaten der VBA auf, sich auf die Seite des Volkes zu stellen und für die Interessen des Volkes und die Zukunft der Partei und des Staates einzutreten. Sie fordert die Militärregionen und die verschiedenen Abteilungen der VBA auf, sich zu vereinen und nach Beijing zu kommen, um die Verräter zu unterwerfen.
3. Sie fordert die Mitglieder der KPCh, die Mitglieder der demokratischen Parteien und die nicht parteigebundenen Persönlichkeiten ebenso wie das gesamte Volk der Nation auf, sich zu vereinen und einen Kampf mit den verschiedensten Mitteln (Streik, Schließen von Läden, Unterrichtsboykott) aufzunehmen, um die Pläne der Clique, die China kontrolliert, zu vereiteln.

Landsleute des ganzen Landes: Die chinesische Nation ist an einem Punkt angelangt, an dem es um Leben und Tod geht. Schließen wir uns zusammen und kämpfen wir für ein sozialistisches, demokratisches und freies China.
(Flugblatt der Chinesischen Vereinigung zur Verteidigung der Menschenrechte, 4.6.89; PB 8)

Shanghai
Bürgermeister Zhu Rongji hält eine Radio- und Fernsehansprache, in der er u.a. erklärt, warum in Shanghai weder der Ausnahmezustand erklärt noch das Militär eingesetzt wurde. Er sagt u.a.: "Warum hat die Regierung auf diese ernste Lage nicht mit harten Maßnahmen reagiert? Wir hätten die Kraft dazu gehabt. Der Grund lag in der besonderen Situation. Ein Teil der Studenten war sehr aufgeregt, manche hatten, von Gerüchten aufgehetzt, schon zu einem beträchtlichen Teil ihren Verstand verloren. Gleichzeitig mischte sich der Abschaum der Gesellschaft hinein und machte eine Unterscheidung in gut und schlecht schwierig. Hätten wir in dieser Lage hart durchgegriffen, wären wahrscheinlich gute Menschen versehentlich verletzt worden, und das hätten die Massen in dem Augenblick nicht verstehen können... Viele Genossen fordern uns auf, die Bewaffnete Volkspolizei, ja sogar die Armee einzusetzen. Als Bürgermeister will ich hier in feierlichem Ernst verkünden: Erstens. Das Stadtparteikommitee und die Stadtregierung haben niemals überlegt, die Armee einzusetzen, noch daran gedacht, 'Militärkontrolle' oder den Ausnahmezustand zu verhängen..." (*Wen Hui Bao*, Shanghai, 9.6.89)

Zhu Rongji beschreibt, wie die Shanghaier Führung trotzdem mit der Protestbewegung fertiggeworden ist: "In den vergangenen drei Tagen haben von ihren Bezirken organisierte Arbeiter und Kader der Regierung geholfen, die Barrikaden auf den Straßen in der Nacht abzuräumen. Am ersten Tag kamen mehr als 6.500, am zweiten waren es über 36.000, gestern über 20.000. Innerhalb von ein bis zwei Stunden waren alle Barrikaden beiseitegeräumt... Ich finde, das ist nicht etwas, was geheim bleiben muß. Denn diese Arbeitermilizen sind legale Organisationen, ihre Handlungen werden von der Stadtregierung unterstützt, und ihre Aktionen, den Verkehr aufrechtzuerhalten, sind gerecht." Die Arbeitermilizen, die Sicherheitskräfte und die Bewaffnete Volkspolizei seien zusammen "vollständig in der Lage, Recht und Ordnung in Shanghai zu bewahren". Interessant ist, daß Zhu Rongji in seiner Rede kein einziges Mal von "konterrevolutionären Elementen" spricht, sondern nur von "Gesetzesbrechern". Auch zur Zahl der in Shanghai Verhafteten macht Zhu Rongji Angaben: "Wir haben insgesamt weniger als 100 Leute in Untersuchungshaft genommen. Davon ist bereits ein Gutteil wieder freigelassen worden, einschließlich der jetzt freigelassenen 21. Jetzt sind nur noch einige in Haft. Wir hoffen, diese gemäß dem Gesetz und ihrer konkreten Lage sehr rasch freilassen zu können." (Ebenda; vergleiche S. Warner, "Shanghai's Response...", S. 311 f.)

Guangdong
In Guangzhou werden über 60 Personen, die an einer Blockade der Zhuhai-Brücke teilgenommen hatten, vorübergehend in Untersuchungshaft genommen. (ZGYJ, 15.7.89, S. 153)

9. Juni 1989, Freitag

- **Nach fast vier Wochen tritt Deng Xiaoping erstmals wieder öffentlich auf: Auf einem Treffen mit politischen und militärischen Führern hält er eine**

harte, unversöhnlich Rede
- Die Beijinger Bürger werden erneut zur Denunziation aufgefordert

Nach fast vier Wochen tritt Deng Xiaoping erstmals wieder öffentlich auf. Um 15.00 Uhr trifft er mit den gegenwärtig mächtigsten Politikern und den Offizieren jener Truppen zusammen, "die den Ausnahmezustand in Beijing durchgesetzt haben". In dem entsprechenden Bericht des Beijinger Fernsehens werden folgende Spitzenkader namentlich erwähnt: Deng Xiaoping, Yang Shangkun, Li Peng, Qiao Shi, Yao Yilin, Wan Li, Li Xiannian, Peng Zhen, Wang Zhen und Bo Yibo. Im Bild gezeigt werden außerdem die Militärs Chi Haotian, Generalstabschef, Yang Baibing, Direktor der Zentralen Politischen Abteilung der VBA, Verteidigungsminister Qin Jiwei, Hong Xuezhi, stellvertretender Generalsekretär der ZK-Militärkommission, Liu Huaqing, stellvertretender Generalsekretär der ZK-Militärkommission, und Zhao Nanqi, Direktor der Zentralen Logistikabteilung der VBA. (*Beijing-TV*, 9.6.89, nach SWB, 10.6.89) Chen Yun nimmt - wahrscheinlich aus Krankheitsgründen - nicht an dem Empfang teil. Er soll jedoch den zur Niederschlagung der Studentenbewegung eingesetzten VBA-Truppen seine "Hochachtung" bekundet und den bei der Niederschlagung getöteten Soldaten "mit tiefempfundener Trauer" gedacht haben. Deng Xiaoping wird bei seinem Auftritt vor den Kommandeuren der Truppen zur Durchsetzung des Ausnahmezustands von der *Volkszeitung* als "frisch und gesund" und "voller Lebenskraft" beschrieben (RMRB, 10.6.89).

Deng Xiaoping, der als Vorsitzender der ZK-Militärkommission auftritt, drückt in einer "wichtigen Rede" zunächst sein Beileid zum Tod einer nicht genannten Anzahl von Offizieren und Soldaten der VBA und der öffentlichen Sicherheitskräfte aus. Er grüßt die "einige tausend Genossen, die während des Kampfes verletzt wurden". Danach fordert Deng die Anwesenden auf, sich zu erheben und der getöteten Offiziere, Soldaten und Sicherheitskräfte zu gedenken. Dann bezeichnet Deng in seiner Rede die Ereignisse der letzten Wochen als Unruhen, die sich später zu einer "konterrevolutionären Rebellion" entwickelt hätten: "Ihr Ziel ist es, die Kommunistische Partei, das sozialistische System und die Volksrepublik China zu stürzen und eine bürgerliche Republik zu etablieren." Bei der Niederschlagung "dieser konterrevolutionären Rebellion" hätten die Volksbefreiungsarmee, die Bewaffnete Volkspolizei und die öffentlichen Sicherheitskräfte der Polizei ein hohes Bewußtsein gezeigt und sich bewährt. "Unsere Militärkader und Kämpfer haben das Volk, die Lehren der Partei und das nationale Interesse auch dann nicht vergessen, als ihr Leben in Gefahr war. Unsere Soldaten sind es wert, die Soldaten des Volkes genannt zu werden ..." Schließlich erklärt Deng, daß die Partei an der zentralen Aufgabe des Wirtschaftsaufbaus und an den beiden Eckpfeilern der Vier grundlegenden Prinzipien und der Verwirklichung der Reform- und der Öffnungspolitik festhalten werde. "Wir müssen auf der einen Seite die Vier grundlegenden Prinzipien aufrechterhalten und auf der anderen Seite die Reform- und die Öffnungspolitik durchführen ... Die grundlegende Linie, die Prinzipien und die politischen Maßnahmen werden unverändert bleiben." (*Beijing-TV*, 9.6.89, nach SWB, 10.6.89)

Der auf einem Protokoll beruhende offizielle Wortlaut der Rede Deng Xiaopings bei dieser Begegnung wurde erst am 28. Juni in der *Volkszeitung* abgedruckt. Danach begrüßt Deng die Kommandeure der gegen die Studenten eingesetzten Truppen zunächst mit der Formulierung: "Genossen, Ihr habt Euch große Mühe gegeben!" Deng Xiaoping charakterisiert die Studentenproteste als "Aufruhr" (dongluan), der sich später zu einem "konterrevolutionären Putsch" (fangeming baoluan) entwickelt habe, dessen Charakter bereits beim Ausbruch der Ereignisse deutlich erkennbar gewesen sei. Die grundlegenden Parolen des konterrevolutionären Putsches seien nämlich gewesen: "Nieder mit der Kommunistischen Partei!" und "Sturz des sozialistischen Systems". Deng wörtlich: "Ihr Ziel war es, eine vollständig vom Westen abhängige bürgerliche Republik zu etablieren." Nach Darstellung von Deng Xiaoping wäre es früher oder später ohnehin zu einer derartigen Auseinandersetzung gekommen. Internationale und nationale Faktoren seien dafür verantwortlich.

Deng lobt in hohem Maße die "alten Genossen" seiner Generation, "die das energische Vorgehen gegen den Putsch unterstützen." Denn ohne die Einmischung der Parteiveteranen wäre das Politbüro offenbar zu einer anderen politischen Bewertung des Studentenprotestes gekommen (und damit auch zu anderen Maßnahmen), wie Deng andeutete: "Ohne die Unterstützung so vieler alter Genossen hätten wir sogar Schwierigkeiten gehabt, auch nur den Charakter dieser Ereignisse richtig zu bestimmen." Denn: "Einige Genossen verstanden nicht das Wesen des Problems. Sie waren der Ansicht, daß es hierbei lediglich um die Frage ging, wie man sich gegenüber den Massen verhält. Tatsächlich hatten wir es jedoch nicht nur mit Leuten zu tun, die nicht zwischen Recht und Unrecht unterscheiden konnten, sondern auch mit einer Gruppe von Rebellen und einer großen Zahl von Elementen des Abschaums der Gesellschaft. Sie wollten unseren Staat und unsere Partei stürzen. Das war der Kern des Problems."

Nach den "alten Genossen" lobt Deng Xiaoping vor allem die für die blutige Niederschlagung der Protestbewegung eingesetzten Truppen. Die Niederschlagung des Putsches habe eine "sehr harte politische" Prüfung für die Truppen dargestellt, doch die Praxis habe bewiesen, daß "unsere Volksbefreiungsarmee die Prüfung bestanden hat". Deng wörtlich: "Wenn man mit Panzern [die Studenten] niedergewalzt hätte, dann wäre es im ganzen Land zu Verwirrungen darüber gekommen, wer im Recht und wer im Unrecht ist. Deshalb möchte ich mich bei den Kommandeuren und Soldaten der VBA für ihr [besonnenes] Verhalten bedanken, mit dem sie dem Putsch begegnet sind." Die hohe Zahl der Verwundeten und Toten auf Seiten der Armee und der Verlust von Waffen seien, so Deng, darauf zurückzuführen, daß sich die schlechten Elemente unter das gute Volk gemischt hätten, was die Armee daran gehindert habe, einige notwendige drastische Maßnahmen zu ergreifen. Die Verluste der VBA seien zwar schmerzlich, doch sie ermöglichten es, die Unterstützung des Volkes zu erlangen und diejenigen aufzuklären, die nicht zwischen Recht und Unrecht unterscheiden könnten: "Dadurch wird allen erkennbar gemacht, was für Menschen die VBA-Soldaten wirklich sind, ob auf dem Tiananmen-Platz ein Blutbad angerichtet wurde und wessen Blut letztlich geflossen ist."

Die jungen Soldaten hätten, so Deng, auch in Lebensgefahr nicht das Volk, die Lehren der Partei und die Interessen des Landes vergessen: "Im Angesicht des Todes haben sie eine unzweideutige Haltung eingenommen. Sie sind wie Helden gestorben, und sie sahen ihren Henkern gefaßt ins Auge. Sie haben sich ihrer Sache würdig erwiesen." Die Soldaten hätten gezeigt, daß sie in der Tradition der alten Roten Armee stünden und wirklich die Söhne des Volkes seien. Die VBA habe eine politische Bewährungsprobe bestanden, bei der es "um Leben und Tod" gegangen sei. Deng wörtlich: "Dies zeigt, daß die Volksarmee wirklich eine Große Mauer aus Stahl und Eisen für die Partei und für den Staat darstellt. Dies macht auch deutlich, daß - ungeachtet dessen, was für Verluste wir erlitten haben, und wie stark der Generationenwechsel gewesen ist - diese Armee für immer eine Armee unter der Führung der Partei ist und für immer den Staat, den Sozialismus und die Interessen des Volkes verteidigen wird." Das Fazit Deng Xiaopings: Die VBA-Soldaten "sind die liebenswertesten Menschen". Den "bestialischen Feinden" hingegen darf Deng zufolge auch nicht ein Deut verziehen werden.

Nachdem Deng im ersten Teil der Rede den "alten Genossen" und vor allem der Armee reichlich Lob zugesprochen hat, geht er im zweiten Teil auf die künftige Politik ein. Dabei bestätigt Deng nicht nur den auf der 3. Plenartagung des XI. ZK im Dezember 1978 eingeschlagenen Kurs der Modernisierung, sondern er erklärt auch die auf dem XIII. Parteitag im Herbst 1987 ausgegebene Politik "Eine zentrale Aufgabe und zwei Grundlagen" für weiterhin gültig. Unter der "zentralen Aufgabe" wird der Wirtschaftsaufbau verstanden, während die "zwei Grundlagen" zum einen die Vier grundlegenden Prinzipien (Festhalten an der Führungsrolle der KPCh, am Sozialismus, an der Diktatur des Proletariats sowie am Marxismus-Leninismus und an den Mao-Zedong-Ideen) und zum anderen die Politik der Reformen nach innen und der Öffnung nach außen bedeuten. Deng fordert für die Zukunft ein strikteres Festhalten an den Vier grundlegenden Prinzipien und eine diesbezügliche Stärkung der politisch-ideologischen Erziehung. Ein weiterer Hauptinhalt der künftigen Bildungsarbeit soll die Erziehung zu harter Arbeit und einfachem Leben darstellen, und zwar für die nächsten 60 bis 70 Jahre. Die Förderung des Geistes von der harten Aufbauarbeit wird nach Darstellung von Deng Xiaoping auch hilfreich bei der Überwindung der Korruption sein.

Zum Thema Wirtschaftsreform führt Deng aus, daß an der Reform- und Öffnungspolitik festgehalten werden solle. Den Worten von Deng ist jedoch zu entnehmen, daß die Reform- und Öffnungspolitik mit dem Kampf gegen die Wirtschaftskriminalität und mit der politisch-ideologischen Arbeit koordiniert werden soll. Außerdem sollen der Kampf gegen die Wirtschaftskriminalität und die politisch-ideologische Arbeit verstärkt werden. Außerdem betont Deng, daß man an der Verbindung von Planwirtschaft und Marktregulierung festhalten werde. In Zeiten der Sanierung (tiaozheng) der Wirtschaft könne man die Planwirtschaft etwas mehr betonen, während man zu anderen Zeiten die Marktregulierung mehr zum Zuge kommen lassen könne. Deng erteilt einer Rückkehr zum maoistischen Entwicklungskonzept eine klare Absage: Weder komme eine Selbstisolierung des Landes in Frage noch eine total staatlich reglementierte Wirtschaft. Zum Thema politische Reform erklärt Deng, daß man am bestehenden System der Volkskongresse festhalten werde. Eine Gewaltenteilung komme nicht in Frage.

Abschließend erklärte Deng Xiaoping: "Die gegenwärtige Fragestellung lautet nicht, ob die Reform- und Öffnungspolitik korrekt ist und ob sie fortgesetzt wird oder nicht, sondern die Frage ist, wie diese Politik fortgeführt wird und welche Bereiche geöffnet bleiben und welche Bereiche geschlossen werden." (RMRB, 28.6.89)

Die Rede Dengs in der Version der *Volkszeitung* vom 28. Juni 1989 wird zum wichtigsten politischen Studienmaterial und Teil des "Kanons" von Reden, die in der Folgezeit landesweit studiert werden müssen.

Auszüge aus einer inoffiziellen Version der Rede Deng Xiaopings vom 9. Juni 1989 veröffentlichte die französische Zeitung *Libération* in einer Sonderausgabe vom 16. Juni 1989. Dabei soll es sich um Aufzeichnungen eines hohen Offiziers handeln, die dieser auf dem Treffen vom 9. Juni zwischen der höchsten politischen Führung und den Kommandeuren der Truppen, die für die Durchsetzung des Ausnahmezustands eingesetzt wurden, gemacht hatte. Die Authentizität dieser Version kann naturgemäß nicht bewiesen werden. Diktion, Inhalt und der frühe Zeitpunkt der Bekanntwerdung dieser Version (nur wenige Tage nach dem 9. Juni in Hongkong und in den USA) sprechen eher gegen eine Fälschung. Die folgende Übersetzung folgt dem französischen Text in *Libération*. Eine chinesische Fassung lag uns leider nicht vor.

DOKUMENT

Inoffizielle Version der Rede Deng Xiaopings vom 9. Juni 1989 (Auszüge)

Genossen! Unsere Streitkräfte haben sich große Verdienste bei der Niederschlagung des Aufstands erworben. Bereits zu der Zeit, als wir um die Machtergreifung kämpften, habt Ihr heroische Dienste geleistet. Wer auf dem Schlachtfeld obsiegt, steigt auf den Thron. Das war in der Vergangenheit so, das ist auch jetzt noch immer so, und zwar in China wie im Ausland, und das wird auch in Zukunft so bleiben. Der Genosse Wang Zhen hat das gut erklärt, als er sagte, daß die Kommunistische Partei sich nicht von anderen ihre eigenen Aufgaben wegnehmen läßt.

Wie hätten wir es denn zulassen können, daß diese Studenten und diese Rotznasen uns stürzen? Wenn wir sie nicht niedergekämpft hätten, dann hätten sie uns zu Fall gebracht: Mich, Dich [Deng zeigt auf Wang Zhen], [Yang] Shangkun, Li Peng und Ihr alle, meine Stabsoffiziere, wäret unter dem Fallbeil gelandet. Doch auch dieses Mal haben sich alle alten Genossen noch einmal großartig geschlagen. Der Genosse Li Peng ist zwar noch etwas jung [61], doch mit der Unterstützung der alten Genossen ist er in Zusammenarbeit mit [Yang] Shangkun sehr gut mit der Sache fertig geworden.

9. Juni 1989

Gewisse Leute machen sich über uns lustig und erfreuen sich an unseren Schwierigkeiten. Die verstehen überhaupt nichts von chinesischer Geschichte. Die Dynastie der Zhou hat 800 Jahre gedauert, die der Han 400 Jahre, die der Tang mehr als 300 Jahre und die der Qing fast 300 Jahre. Wie kann man da der Ansicht sein, daß die Herrschaft der Kommunistischen Partei nicht von Dauer sein könne, noch nicht einmal 50 Jahre? ...

Nach dem Sturz der Viererbande haben wir zwei Fehler begangen. Der erste Fehler ist, daß wir die Armee vernachlässigt haben [sic!]. Der zweite Fehler besteht darin, daß wir die geistige Verschmutzung nicht vollständig beseitigten und nicht resolut gegen den bürgerlichen Liberalismus vorgingen. In Zukunft muß das korrigiert werden.

Gewisse Auffassungen, die Mao Zedong vertreten hat, waren falsch, doch das, was er über die Gewehrläufe und über die Schreibstifte gesagt hat, ist richtig. Um die Macht abzusichern, ist es wichtig, daß man diese beiden Dinge fest in Händen hält. Wir haben nun gerade die Ordnung mit Hilfe der Gewehrläufe wiederhergestellt, und jetzt müssen wir eine umfangreiche revolutionäre Meinungskampagne starten und dem Volk klarmachen, was sich ereignet hat.

Wir haben keine Angst davor, daß die Ausländer uns isolieren. Selbst wenn sie alle ihre Beziehungen zu uns abbrächen, wäre uns das Wurscht. Wenn der Staat zusammengestürzt wäre, wozu hätten dann diese Investitionen, diese ganze Hilfe und der umfangreiche Außenhandel gedient? Sobald wir die politische Situation stabilisiert und die Wirtschaft wieder in Gang gebracht haben, werden die Ausländer zurückkommen und an unsere Tür klopfen. Schließlich können wir uns immer auf unsere Armee und auf unsere 48 Millionen Parteimitglieder verlassen. Der Himmel wird schon nicht herabfallen...
(*Libération*, 16.6.89, zitiert nach C.a., Juni 1989, S. 407)

Die *Volkszeitung* veröffentlicht die "Wahrheit über den konterrevolutionären Aufstand in Beijing", eine Mitteilung des Stadtparteikomitees von Beijing vom 5. Juni. Der Bericht enthält eine erste chronologische Darstellung der Ereignisse vom 1. bis 4. Juni. Der Bericht erwähnt in langer Abfolge Orte und Zeitpunkte, an denen in irgendeiner Weise die Armee behindert wurde oder Angriffe auf Fahrzeuge und Soldaten stattfanden. Die Kausalität wird eindeutig so gesetzt, daß das Eingreifen der Armee als Reaktion auf die Aktivitäten der "konterrevolutionären Rebellen" zu verstehen ist. Aus der langen Aufzählung geht u.a. hervor, daß die Armee praktisch von allen Seiten der Stadt und nicht nur über die Hauptstraßen ins Zentrum einzudringen versuchte. Nach Aussage dieses Berichts sollen aufgrund einer vorläufigen Schätzung seit Beginn der "Rebellion" 450 Militärfahrzeuge, Polizeiwagen und öffentliche Busse zerstört oder verbrannt worden sein. "Tausende" von Angehörigen der Truppen zur Durchsetzung des Ausnahmezustands, der Bewaffneten Volkspolizei, der Sicherheitsbeamten und Polizisten seien verletzt worden. (RMRB, 10.6.89)

Die Beijinger Stadtregierung und der Kommandostab der Truppen zur Durchsetzung des Ausnahmezustands geben die "Mitteilung Nr. 12" heraus, die das Entwerfen, Vervielfältigen, Ankleben und Verteilen von "konterrevolutionären" und "aufwiegelnden" Flugblättern, Wandzeitungen und Parolen verbietet. Bereits straffällig gewordene Leute sollten sich unverzüglich freiwillig stellen, um einer harten Strafe zu entgehen. Die Bürger werden des weiteren aufgefordert, Mitbürger, die Wandzeitungen oder Flugblätter entwerfen oder verteilen, anzuzeigen. (GMRB, 10.6.89)

Am Morgen wird das Gebäude der Chinesischen Akademie für Sozialwissenschaften in der Nähe vom Jianguomen umstellt. Die Soldaten lassen keinen Besucher in die Akademie hinein, auch nicht Angestellte des Forschungsinstituts, das als Denkfabrik der radikalen Reformkräfte um ZK-Generalsekretär Zhao Ziyang gilt. (XWB, 9.6.89, nach SWB, 10.6.89)

Die Parteikomitees der Marine, der Luftwaffe, der zweiten Artillerie, der Kommission für Rüstungsforschung und -technik und für Rüstungsindustrie, der Hochschule für Landesverteidigung, der Militärakademie und anderer direkt der Militärkommission unterstellten Organe bringen ihre Unterstützung der Unterdrückungspolitik des ZK zum Ausdruck. (ZGYJ, 15.7.89, S.159)

10. Juni 1989, Samstag

- **Die Beijinger Polizei gibt bekannt, daß bereits mehr als 400 "Konterrevolutionäre" verhaftet worden seien**

Der Kommandostab der Truppen zur Durchsetzung des Ausnahmezustands gibt die "Mitteilung Nr. 13" heraus. Darin werden alle diejenigen, die während des "konterrevolutionären Putsches" Militärfahrzeuge, Polizeiwagen, Busse und andere öffentliche Fahrzeuge angegriffen, zerstört oder verbrannt haben, aufgefordert, sich unverzüglich freiwillig zu stellen. Gleiches gelte für alle diejenigen, die an Plänen für derartige Taten beteiligt waren, oder die solchen "Verbrechern" in irgendeiner Form geholfen haben. Wer sich freiwillig stelle, könne mit gnädiger Behandlung rechnen. (RMRB, 11.6.89)

Die Polizei von Beijing gibt bekannt, daß bereits mehr als 400 "Konterrevolutionäre", die an den Gewalttätigkeiten des "Putsches" beteiligt gewesen wären, verhaftet worden seien. Einige Köpfe des "Autonomen Studentenverbands" und des "Autonomen Arbeiterverbands" seien ebenfalls festgenommen worden, darunter der Generalsekretär des "Autonomen Studentenverbands", Guo Haifeng. (*Tai Sheng*, Oktober 1989, S.18)

10./11. Juni 1989, Samstag-Sonntag

- **Eine umfangreiche landesweite Verhaftungswelle setzt ein**

Nachdem sich eine Koalition von orthodoxen Marxisten-Leninisten, Sowjetmodell-Sanierern, konservativen Reformkräften und reaktionären Militärführern in den intraelitären Auseinandersetzungen durchgesetzt hat, beginnt eine umfangreiche Verhaftungswelle von demokratisch orientierten Regimekritikern. Allein in Beijing werden am Wochenende mindestens 500 Menschen festgenommen, und der Besitz ausländischer Veröffentlichungen mit Berichten über die Studentendemonstrationen und ihre blutige Niederschlagung durch Einheiten der VBA wird unter Strafe gestellt. Auch in anderen Orten werden Verhaftungen vorgenommen, wie in Jilin, Shanghai und Xi'an (HAB, 12.6.89)

Das chinesische Fernsehen sendet ausländische Fernsehaufnahmen, in denen ein Mann über das Geschehen auf dem Tiananmen-Platz berichtet. Die Bevölkerung von Beijing wird aufgefordert, diesen Mann zu identifizieren und ihn den Behörden auszuliefern, weil er nicht die Wahrheit gesagt habe. (HAB, 12.6.89)

Für Denunziationen sind besondere Telefonleitungen geschaltet worden. Jeden Tag werden Telefonnummern durchgegeben mit der Aufforderung, die Namen von Demonstrationsteilnehmern zu nennen. Der Beijinger Rundfunk berichtet, bis Freitag seien bei Funktionären der Stadtverwaltung 167 "wichtige Hinweise" eingegangen. (HAB, 12.6.89)

Die Partei- und Staatsführung beharrt auf ihrer Darstellung, daß bei der Niederschlagung der Demonstrationen lediglich rund 300 Menschen ums Leben gekommen seien. In der offiziellen Version heißt es, hauptsächlich seien Soldaten getötet und verletzt worden. Der Beijinger Rundfunk erklärt: "Im Verlauf der Räumung des Tiananmen-Platzes gab die Befreiungsarmee nicht einen einzigen Schuß auf die Menschenmenge ab." (HAB, 12.6.89)

11. Juni 1989, Sonntag

- **Haftbefehl gegen die in die US-Botschaft geflüchteten Regimekritiker Fang Lizhi und Li Shuxian**
- **Verhaftung von Yao Yongzhan, Anführer des "Autonomen Studentenverbands Shanghai", auf dem Flugplatz**

Die Beijinger Sicherheitsbehörden erlassen einen Haftbefehl gegen Fang Lizhi und Li Shuxian, die beide am 5. Juni in die Botschaft der USA geflüchtet sind und dort Schutz gefunden haben. Die offizielle Anschuldigung lautet auf "konterrevolutionäre Propaganda und Anstiftung zur Konterrevolution". (RMRB, 12.6.89; siehe auch die ausführliche Darstellung in: C.a., Juni 1989, S. 409-410)

Das Fernsehen zeigt Aufnahmen von gräßlich entstellten Leichen. Es sollen Soldaten sein, die von den Studenten und anderen Demonstranten im Verlauf der blutigen Niederschlagung der Studentenbewegung vom 4. Juni gesteinigt, aufgehängt, kastriert oder auf andere Weise zu Tode gebracht worden sind. Aufnahmen von toten und verletzten Demonstranten werden nicht gezeigt. (FAZ, 12.6.89)

Shanghai
In Shanghai wird der Anführer des "Autonomen Studentenverbands Shanghai", Yao Yongzhan (auch Zhang Cai genannt) auf dem Hongqiao-Flugplatz verhaf-

tet, als er versucht, in Begleitung eines ausländischen Diplomaten ein Flugzeug nach Hongkong zu besteigen. Angeblich wird er verhaftet, weil er die Zollbestimmungen verletzt haben soll. (*Tai Sheng*, Oktober 1989, S. 18; ZGYJ, 15.7.89, S. 153)

Die Polizeiorgane von Shanghai decken zwei regimefeindliche Organisationen, die "Junge Demokratische Partei Chinas" und die "Freiheitsgesellschaft" auf. (ZGYJ, 15.7.89, S. 153) Die beiden Anführer der Organisationen, Gong Zhengming und Li Zhiguo, denen vorgeworfen wird, die Studentenbewegung unterstützt und den "Putsch" angestiftet zu haben, werden verhaftet. (*Tai Sheng*, Oktober 1989, S. 18)

12. Juni 1989, Montag

- **Die Volksregierung von Beijing und der Kommandostab der Truppen zur Durchsetzung des Ausnahmezustands ordnen die Auflösung aller autonomen Organisationen an**
- **Allein am 11. und 12. Juni sollen landesweit 10.000 Menschen verhaftet worden sein**
- **Verhaftungswelle und Berufsverbote in der Pressewelt**

Die Volksregierung von Beijing und der Kommandostab der Truppen zur Durchsetzung des Ausnahmezustands geben eine gemeinsame "Mitteilung Nr. 14" heraus, nach der sich der "Autonome Bürgerverband Beijings", der "Verband der Intellektuellen der Hauptstadt", die "Gemeinsame Konferenz aller Patrioten der Hauptstadt zum Schutz der Verfassung" und der "Autonome Studentenverband nicht in Beijing Studierender" umgehend auflösen und ihre Anführer sich zwecks Registrierung stellen sollen. (BYT, 25.6.89, S. 12/13)

Gao Dengbang, Wang Houde, Li Qi, Song Rufen, alle Mitglieder des Ständigen Ausschusses des NVK, streiten erneut ab, die im Mai von Hu Jiwei initiierte Unterschriftensammlung zur Einberufung einer Sondersitzung des NVK unterzeichnet zu haben. (ZGYJ, 15.7.89, S. 153)

Unter Bezug auf "verläßliche Quellen" berichtet die Zeitschrift *Zhengming*, daß allein am 11. und 12. Juni im ganzen Land an die 10.000 Menschen verhaftet worden seien. (ZM, Juli 1989, S. 11)

Die Verhaftungswelle richtet sich auch gegen die Pressewelt. Als erster wird in den Tagen nach dem 4. Juni der Berichterstatter der Tageszeitung *Chinesische Jugend* in Yunnan verhaftet, dem vorgeworfen wird, an Studenten der Yunnan-Universität und der Südwest-Universität Nachrichten aus Beijing vermittelt zu haben. Ferner habe er die Studenten zu Demonstrationen angestiftet und zwei "konterrevolutionären Elementen" Unterschlupf in seinem Haus gewährt. Am 12. Juni wird 12 Journalisten in Beijing die Arbeitserlaubnis entzogen. Ihnen wird vorgeworfen, die Studenten unterstützt und an dem "konterrevolutionären Putsch" teilgenommen zu haben. Außerdem hätten sie den Hungerstreik der Studenten unterstützt und die Gründung eines illegalen "Autonomen Journalistenverband" vorbereitet. Von der Tageszeitung *Chinesische Jugend*, die während der ganzen Zeit der Studentenbewegung die Studenten unterstützt hat, erhalten sechs Journalisten ein Arbeitsverbot, bis genauere Untersuchungen durchgeführt worden sind. (ZM, Juli 1989, S. 12)

Shaanxi
In Xi'an werden der "Autonome Studentenverband der Provinz [Shaanxi]", der "Autonome Arbeiterverband Xi'an", die "Soldidaritätsgemeinschaft der Bürger Xi'ans" und vier weitere Organisationen aufgelöst. Gleichzeitig werden 48 Menschen verhaftet. (*Tai Sheng*, Oktober 1989, S. 19)

13. Juni 1989, Dienstag

- **Li Peng wirft in einer Rede "einer kleinen Anzahl von Genossen in der Parteizentrale" vor, vom Kurs der Partei abgewichen zu sein**

Ministerpräsident Li Peng fordert auf einer Konferenz von Partei- und Regierungsführern in Zhongnanhai am 13. Juni, daß Parteimitglieder und "Massen" die Rede Deng Xiaopings vom 9. Juni gewissenhaft studieren müßten, um "die konfusen Vorstellungen [im Zusammenhang mit der blutigen Niederschlagung der Studentenbewegung] zu beseitigen und das Denken aller auf der Grundlage der Rede [von Deng Xiaoping] zu vereinheitlichen". Li Peng erklärt, daß sich die Studentenbewegung (xuechao) zunächst zu einem Aufruhr (dongluan) und schließlich zu einem konterrevolutionären Putsch (fangeming baoluan) entwickelt habe. Mitte Mai habe in Beijing bereits die Anarchie geherrscht, die auch auf einige andere Großstädte übergegriffen habe. Wenn der Ausnahmezustand über einige Bezirke von Beijing nicht verhängt und die Truppen nicht eingesetzt worden wären, wäre es möglicherweise zu einem landesweiten konterrevolutionären Putsch gekommen, der dann nicht mehr hätte niedergeschlagen werden können. Außerdem kritisiert Li Peng, daß "eine kleine Anzahl von Genossen in der Parteizentrale" vom Standpunkt der Kommunistischen Partei abgewichen seien und Fehler gemacht hätten bei der Führung der Massenmedien. Dies habe dazu geführt, daß einige Einheiten im Medienbereich die öffentliche Meinung während der Unterdrückung des "Aufruhrs" und des "Putsches" falsch angeleitet hätten. Li Peng: "Dies ist das Ergebnis der ungehemmten Verbreitung bürgerlich-liberalen Gedankenguts über einen langen Zeitraum hinweg." Li Peng fordert den Medienbereich auf, sich "schnellstens auf die Seite der Partei und des Volkes zu stellen", den Kurs der Zentrale zu propagieren und "die Verbrechen der konterrevolutionären Unruhestifter weiter aufzudecken". (RMRB, 14.6.89)

Yao Yilin, Planungschef und Mitglied des Ständigen Ausschusses des Politbüros, bezeichnet die Rede Dengs auf der oben genannten Konferenz als ein "Dokument von programmatischem Charakter, mit dem wir das Denken der gesamten Partei und des gesamten Volkes vereinheitlichen müssen". Yao weist vor allem auf folgenden Punkt hin: "Wir müssen uns vollständig darüber im klaren sein, daß wir keine bürgerliche Republik errichten dürfen, andernfalls würde unser Staat mit Sicherheit zu einem Vasallenstaat der Bourgeoisie werden, das heißt, er würde seine Unabhängigkeit verlieren." (RMRB, 14.6.89)

13./14. Juni 1989, Dienstag-Mittwoch

- **Das Ministerium für öffentliche Sicherheit erläßt einen landesweiten Fahndungsaufruf nach 21 Führern des "Autonomen Studentenverbands Beijing"**

Am 13. und 14. Juni gibt das Ministerium für öffentliche Sicherheit zwei Fahndungsbefehle der Beijinger Polizei an die zuständigen Behörden des ganzen Landes weiter. Gefahndet wird nach 21 Anführern des "Autonomen Studentenverbands Beijing" (RMRB, 14.6.89) und nach drei Anführern des "Autonomen Arbeiterverbands Beijing", nämlich Han Dongfang, He Lili und Liu Qiang (RMRB, 15.6.89).

DOKUMENT

Fahndungsliste nach 21 Anführern und Hauptverantwortlichen des "Autonomen Studentenverbands Beijing"

Das Ministerium für öffentliche Sicherheit der Volksrepublik China hat heute an alle Sicherheitsbehörden der Provinzen, der Autonomen Gebiete und der provinzfreien Städte sowie an alle Sicherheitsämter für das Eisenbahnwesen, das Verkehrswesen und die Luftfahrt ein Rundschreiben über die Bekanntmachung des Fahndungsbefehls des Amts für öffentliche Sicherheit der Stadt Beijing verschickt.

In dem Rundschreiben wird ausgeführt, daß die illegale Organisation "Autonome Vereinigung der Hochschüler der Stadt Beijing" ("Autonomer Studentenverband") in Beijing zu konterrevolutionärem Putsch angestiftet sowie diesen organisiert hat. Das Amt für öffentliche Sicherheit der Stadt Beijing hat daher Fahndungsbefehle nach einem Teil der flüchtigen Anführer und Hauptverantwortlichen ausgegeben, darunter Wang Dan und 20 weiteren Personen.

Hiermit wird der Fahndungsbefehl weitergegeben mit der Bitte an alle Sicherheitsorgane in den Provinzen, den Autonomen Gebieten und provinzfreien Städten, der Eisenbahnen, der Luftfahrt und des Verkehrswesens sowie an den Landesgrenzen und Häfen, sofort die Festnahme der betreffenden Personen anzuordnen und unter allen Umständen ihre Flucht ins Ausland zu verhindern. Sobald eine der oben genannten Personen des "Autonomen Studentenverbands" aufgespürt wird, ist sie sofort zu verhaften und das Amt für öffentliche Sicherheit der Stadt Beijing davon in Kenntnis zu setzen.

Im Fahndungsbefehl des Amts für öffentliche Sicherheit der Stadt Beijing wird folgendes ausgeführt:

Die illegale Organisation "Autonome Vereinigung der Hochschüler der Stadt Beijing" ("Autonomer Studentenverband") hat in Beijing zu konterrevolutionärem Putsch angestiftet sowie diesen organisiert. Daher ist beschlossen worden, nach Wang Dan und 20 weiteren flüchtigen Anführern und Hauptverantwortlichen zu fahnden. Es wird darum gebeten, nach Erhalt dieses Fahndungsbefehls sofort die Festnahme [der u.g. Personen] anzuordnen. Werden sie aufgespürt, sind sie sofort zu verhaften, und das Amt für öffentliche Sicherheit der Stadt Beijing muß sofort davon in Kenntnis gesetzt werden.

Liste der Gesuchten:

(1) Wang Dan, männlich, 24 Jahre alt, aus Jilin, Student an der Historischen Fakultät der Beijing-Universität, ca. 1,73 m groß, spitzer Unterkiefer, schütteres Haar, von Karies geschädigte Schneidezähne, von schmächtiger Erscheinung, trägt wegen Kurzsichtigkeit eine Brille, spricht mit Beijinger Akzent, heisere Stimme.

(2) Wu'er Kaixi (ursprünglicher Name: Wu'er Kaixi [andere Schriftzeichen]), männlich, geboren am 17.2.1968, uighurischer Nationalität, aus dem Kreis Yining im Autonomen Gebiet Xinjiang der Uighuren, Student an der Fakultät für Erziehungswissenschaft der Pädagogischen Hochschule Beijing, Studentenjahrgang 1988, 1,74 m groß, Mittelscheitel, Haar mit leichtem Gelbton, längliches Gesicht, große Augen, wulstige Lippen, eher helle Hautfarbe, relativ rauhe Stimme, spricht Hochchinesisch, trägt oft grüne Armeehosen.

(3) Liu Gang, männlich, 28 Jahre alt, aus Liaoyuan, Provinz Jilin, Postgraduierter der Fakultät für Physik der Beijing-Universität, zur Zeit arbeitslos. Ca. 1,65 m groß, eckiges Gesicht, Vollbart, ausgeprägte Geheimratsecken, spricht mit nordöstlichem Akzent.

(4) Chai Ling, weiblich, geboren am 15.4.1966, Han-Nationalität, aus Rizhao, Provinz Shandong, Postgraduierte des Jahrgangs 1986 der Fakultät für Psychologie der Pädagogischen Hochschule Beijing, 1,56 m groß, rundes Gesicht, einfacher Lidrand, hervorstehende Backenknochen, relativ helle Hautfarbe.

(5) Zhou Fengsuo, männlich, geboren am 5.10.1967, Han-Nationalität, aus dem Kreis Chang'an, Provinz Shaanxi, Student der Fakultät für Physik der Qinghua-Universität, Studentenjahrgang 1985, 1,76 m groß, eckiges Gesicht, spitzes Kinn, dicke Augenbrauen.

(6) Zhai Weimin (benutzte früher den Namen Zhai Weimin [andere Schriftzeichen]), männlich, 21 Jahre alt, aus dem Kreis Xin'an, Provinz Henan, Student an der Beijinger Hochschule für Wirtschaft, 1,68 m groß, schlank, längliches ovales Gesicht, sehr kurzes Haar, einfacher Lidrand, eher dunkle Gesichtsfarbe, spricht mit starkem Henan-Akzent.

(7) Liang Qingtun (nennt sich auch Liang Zhao'er), männlich, geboren am 11.5.1969, aus dem Kreis Pengxi, Provinz Sichuan, Student des Jahrgangs 1987 an der Fakultät für Psychologie der Pädagogischen Hochschule Beijing. 1,71 m groß, schlank, dunkle Hautfarbe, rechteckiges Gesicht, kleine Augen, große Nase, wulstige Lippen, spricht Hochchinesisch.

(8) Wang Zhengyun, männlich, Kucong-Nationalität, geboren im Oktober 1968, aus dem Dorf Lianfang, Gemeinde Nanke, Gebiet von Mengla, Kreis Jinping, Bezirk von Honghe, Provinz Yunnan. Student am Zentralen Nationalitäteninstitut. 1,67 m groß, Seitenscheitel, hageres längliches Gesicht, Gesichtsfarbe dunkelgelb, Pickel, spricht mit Yunnan-Akzent.

(9) Zheng Xuguang, männlich, 20 Jahre alt, aus dem Kreis Mi, Provinz Henan, Familie wohnhaft in Xi'an, Huancheng-Straße (West), Nordgasse 56.

Student an der Hochschule für Luft- und Raumfahrt. 1,81 m groß, 63 kg schwer, längliches rundes Gesicht, einfacher Lidrand, spitzes Kinn, große Ohren.

(10) Ma Shaofang, männlich, geboren im November 1964, aus dem Kreis Jiangdu, Provinz Jiangsu, Student der Abendklasse für Drehbuchautoren der Filmhochschule Beijing. Ca. 1,67 m groß, schlank, längliches Gesicht, spitzes Kinn, dunkle Hautfarbe, Brillenträger (kurzsichtig).

(11) Yang Tao, männlich, 19 Jahre alt, aus Fuzhou, Provinz Fujian, Student an der Historischen Fakultät der Beijing-Universität. Ca. 1,70 m groß, schlank, hochstehende Backenknochen, doppelfaltiger Lidrand, Brillenträger, spricht Hochchinesisch.

(12) Wang Zhixin, männlich, geboren im November 1967, aus dem Kreis Jiexiu, Provinz Shanxi, Student an der Chinesischen Hochschule für Politik und Recht. Familie wohnhaft in der Schule für Textilindustrie, Yuci, Provinz Shanxi. Ca. 1,69 m groß, lange Haare, Brillenträger.

(13) Feng Congde, männlich, 22 Jahre alt, aus der Provinz Sichuan, Magister-Forschungsstudent des Jahrgangs 1986 am Institut für Fernabtastungstechnik der Beijing-Universität. Ca. 1,70 m groß, schlank, dunkle Gesichtsfarbe, Seitenscheitel, große Nasenlöcher, leichte Haltungsschäden.

(14) Wang Chaohua, weiblich, 37 Jahre alt, Forschungsstudentin an der Chinesischen Akademie für Sozialwissenschaften. Ca. 1,63 m groß, schlank, längliches Gesicht, Gesichtsfarbe dunkelgelb, Augen in dreieckiger Form, kurze Haare.

(15) Wang Youcai, männlich, geboren im Juni 1966, aus der Provinz Zhejiang, Forschungsstudent an der Fakultät für Physik der Beijing-Universität.

(16) Zhang Zhiqing, männlich, geboren im Juni 1964, aus Taiyuan, Provinz Shanxi, Student in der zweiten B.A.-Klasse der Chinesischen Hochschule für Politik und Recht.

(17) Zhang Boli, männlich, 26 Jahre alt, aus dem Kreis Wangkui, Provinz Heilongjiang, Student im Schriftsteller-Kurs der Beijing-Universität, ca. 1,75 m groß, etwas beleibt, rundes Gesicht, doppelfaltiger Lidrand, Himmelfahrtsnase, wulstige Lippen, spricht mit nordöstlichem Akzent.

(18) Li Lu, ca. 20 Jahre alt, Student an der Nanjing-Universität. Ca. 1,74 m groß, mittlerer Körperbau, eckiges Kinn, vorstehende untere Zähne.

(19) Zhang Ming, männlich, geboren im April 1965, aus Jilin, Provinz Jilin, Student an der Fakultät für Fahrzeugbau der Qinghua-Universität [Beijing].

(20) Xiong Wei, männlich, geboren im Juli 1966, aus dem Kreis Yingcheng, Provinz Hubei, Student des Jahrgangs 1985 an der Fakultät für Funktechnik der Qinghua-Universität, wohnhaft in Beijing, Bezirk Haidian, Mashenmiao 1, Eingang 47, Nr.502.

(21) Xiong Yan, männlich, geboren im September 1964, aus dem Kreis Shuangfeng, Provinz Hunan, Forschungsstudent an der Juristischen Fakultät der Beijing-Universität, Familie wohnhaft im "Xingzi Ceshui"-Krankenhaus, Kreis Shuangfeng, Provinz Hunan. (RMRB, Überseeausgabe, 14.6.89)

In Kunming, Shijiazhuang, Changsha und Lanzhou werden zahlreiche Verhaftungen vorgenommen. (*Tai Sheng*, Oktober 1989, S. 19)

In Wuhan, Guizhou und Nanchang werden die autonomen Studenten- und Arbeiterverbände aufgelöst. (*Tai Sheng*, Oktober 1989, S. 19)

15. Juni 1989

- **Ermordung der NVK-Abgeordneten Feng Yimiao in der Provinz Fujian**
- **Empfang für die Mutter des gelynchten Soldaten Cui Guozheng**
- **Drei Todesurteile in Shanghai wegen Zerstörung von Transportmitteln**

Die NVK-Abgeordnete Feng Yimiao wird am Morgen des 15. Juni in der Stadt Yong'an in der Provinz Fujian ermordet. Über die Motive des Mordes gibt die *Volkszeitung* keine Auskunft, betont jedoch, daß sich Frau Feng in der Frage der Niederschlagung des "konterrevolutionären Putsches" voll auf die Seite der Parteizentrale gestellt und ihre Untergebenen zum Studium der Rede Deng Xiaopings und der Weisungen der Parteizentrale angewiesen habe. (RMRB, 25.6.89)

Bei einem Empfang für die Mutter des von Demonstranten gelynchten Soldaten Cui Guozheng erklärt der Beijinger Parteichef Li Ximing, daß man bereits einige der Mörder von Cui Guozheng gefangen habe. Man suche jedoch noch nach weiteren Tätern, "um Rache zu nehmen für die Märtyrer der Befreiungsarmee". (RMRB, 16.6.89)

Shanghai
Drei Männer aus Shanghai werden wegen Zerstörung von Transportmitteln und Transportausrüstung am 6. Juni (vergleiche dort Zugunglück) zum Tode verurteilt. Die Urteile werden, nachdem sie in einem kurzen Revisionsverfahren bestätigt wurden, am 21. Juni vollstreckt. (Erklärung des "Foreign Affairs Office" der Shanghaier Volksregierung vom 24.6.89)

18. Juni 1989

- **Yang Shangkun trifft Familien von drei gelynchten Soldaten**
- **Shanghais Bürgermeister Zhu Rongji bezeichnet die Beijinger Protestbewegung erstmals als "konterrevolutionär"**

Am 18. Juni trifft Staatspräsident Yang Shangkun mit Familienangehörigen von drei Soldaten zusammen, die am 4. Juni von aufgebrachten Demonstranten gelyncht worden waren. Dabei erklärt Yang, daß die Soldaten nur deshalb ums

Leben gekommen seien, weil sie Angst gehabt hätten, durch Einsatz der Waffe die einfachen Bürger der Stadt und jugendliche Studenten zu verletzen: "Sie haben sich geopfert, weil sie sich strikt an den Grundsatz der Liebe für das Volk gehalten haben. Sie haben sich sehr heldenhaft geopfert, und das beweist, daß sie Soldaten der Söhne des Volkes sind." (RMRB, 19.6.89)

Shanghai

In Shanghai wird eine Ansprache von Bürgermeister Zhu Rongji im Fernsehen gesendet, in der er die Beijinger Protestbewegung erstmals als "konterrevolutionär" bezeichnet - eine Beschreibung, die er zehn Tage zuvor noch peinlich vermieden hatte. (S. Warner, "Shanghai's Response...", S. 313)

19. - 21. Juni 1989

- **Das Politbüro des ZK der KPCh tritt zur Vorbereitung der 4. Plenartagung des XIII. ZK zusammen**

Das Politbüro des ZK der KPCh tritt vom 19. bis 21. Juni 1989 zu einer dreitägigen erweiterten Sitzung zusammen, um die Beschlüsse der bevorstehenden 4. Plenartagung des XIII. ZK vorzubereiten. Erwartungsgemäß ist das Politbüro wieder einmal um einige einflußreiche Parteiveteranen angereichert worden. Die allesamt über 80jährigen hatten sich bereits im Mai in ihrer Mehrheit für eine militärische Beendigung der Studentenproteste und für den Sturz von Zhao Ziyang stark gemacht. Auf einem von der *Volkszeitung* am 25. Juni 1989 veröffentlichten Photo eines Teils der Teilnehmer an der erweiterten Sitzung des Politbüros sind folgende Parteiveteranen zu erkennen: Deng Xiaoping (85), Li Xiannian (80), Peng Zhen (87), Yang Shangkun (82), Wang Zhen (81), Bo Yibo (81), Deng Yingchao (85) und Nie Rongzhen (90).

21. Juni 1989

- **Erste öffentliche Hinrichtung von "Randalierern" im Zusammenhang mit der Protestbewegung in Shanghai**

In Gegenwart von 3.000 "Zeugen", und außerdem im Fernsehen übertragen, findet heute die erste öffentliche Exekution von "Randalierern" statt, die im Anschluß an den Zwischenfall im Shanghaier Bahnhof (siehe 6. Juni) verhaftet worden waren. Dieses ist die erste einer ganzen Serie von Hinrichtungen, die im Sommer 1989 überall in China stattfinden. (J.H. Maier, "Tian'anmen 1989..", S. 12)

23. - 24. Juni 1989

- **Das XIII. ZK der KPCh beschließt auf seiner 4. Plenartagung die Absetzung Zhao Ziyang als "Verantwortlichen für die Entstehung und Entwicklung des Aufruhrs"**
- **Jiang Zemin wird neuer ZK-Generalsekretär**

Das XIII. ZK der KPCh tritt vom 23. bis 24. Juni 1989 zu seiner 4. Plenartagung zusammen. Hauptaufgabe der Tagung ist es, den Sturz von ZK-Generalsekretär

23. - 24. Juni 1989   615

Zhao Ziyang formell zu beschließen, einen Nachfolger zu wählen und eine parteioffizielle Bewertung der Studentenbewegung und ihrer blutigen Niederschlagung zu verabschieden.

Dem offiziellen Kommuniqué der 4. Plenartagung zufolge kommen die ZK-Mitglieder in bezug auf die Ereignisse von Mitte April bis Anfang Juni 1989 zu der Ansicht, daß sich eine "extrem kleine Minderheit" die Studentenbewegung zunutze gemacht habe, um in Beijing und in anderen Landesteilen einen "politischen Aufruhr" (zhengzhi dongluan) zu entfachen, der dann in Beijing in einem "konterrevolutionären Putsch" (fangeming baoluan) geendet habe. Das Ziel des Aufruhrs und des Putsches sei es gewesen, die Führung durch die KPCh zu beseitigen und die sozialistische Volksrepublik China zu stürzen. Die Plenartagung erklärt die von der politischen Führung im Zusammenhang mit den Ereignissen der letzten zwei Monate getroffenen politischen Entscheidungen und Maßnahmen "allesamt für notwendig und für richtig" und stellt sich damit hinter die blutige militärische Niederschlagung der Protestbewegung vom 3./4. Juni. Die Plenartagung preist darüber hinaus "die bedeutende Rolle der alten proletarischen Revolutionäre mit Genossen Deng Xiaoping als Repräsentanten in diesem Kampf und die sehr großen Beiträge der Chinesischen Volksbefreiungsarmee, der Truppen der Bewaffneten Volkspolizei sowie der Sicherheitskräfte bei der Niederschlagung des konterrevolutionären Putsches". (RMRB, 25.6.89)

Die Plenartagung berät und verabschiedet den "Bericht über die Fehler des Genossen Zhao Ziyang während des parteifeindlichen und antisozialistischen Aufruhrs", den Ministerpräsident Li Peng im Namen des Politbüros vorgelegt hatte (siehe Li Peng, "Report on the Mistakes..."). Die Teilnehmer gelangen - laut Kommuniqué - zu der Ansicht, daß "Genosse Zhao Ziyang in dem kritischen Augenblick, in dem es um Leben und Tod der Partei und des Staates ging, die Fehler beging, den Aufruhr zu unterstützen und die Partei zu spalten." Deshalb trage Zhao "die unabweisbare Verantwortung für die Entstehung und Entwicklung des Aufruhrs". Außerdem wird Zhao vorgeworfen, die Einhaltung der Vier grundlegenden Prinzipien und den Kampf gegen die bürgerliche Liberalisierung vernachlässigt zu haben. Aufgrund dieser "schwerwiegenden Fehler" (yanzhong cuowu) beschließt die 4. Plenartagung, Zhao Ziyang aller Parteiämter zu entheben und seinen Fall weiter zu untersuchen. - Der Beschluß, die Untersuchungen gegen Zhao fortzusetzen, ist ein Indiz für Meinungsverschiedenheiten in der Parteiführung, wie sein Fall letztendlich behandelt werden soll.

Außer Zhao Ziyang wird auch Hu Qili von seinen Funktionen als Mitglied des Ständigen Ausschusses des Politbüros, des Politbüros und des ZK-Sekretariats entbunden. Im Gegensatz zu Zhao bleibt Hu allerdings ZK-Mitglied. Im ZK verbleiben auch Rui Xingwen und Yan Mingfu, die beide ihre Ämter als ZK-Sekretäre verlieren.

Zum neuen ZK-Generalsekretär wählt das ZK den bisherigen Shanghaier Parteichef Jiang Zemin (63). Bei der offenbar geheimen Wahl erhält er mit 92 Stimmen nur sechs mehr als die erforderliche einfache Mehrheit von 86 Stimmen (bei 170 anwesenden stimmberechtigten ZK-Mitgliedern). Anstelle von

Zhao Ziyang und Hu Qili werden Jiang Zemin, der Parteichef von Tianjin, Li Ruihuan, und der Direktor der für Personalangelegenheiten zuständigen ZK-Organisationsabteilung Song Ping in den Ständigen Ausschuß des Politbüros gewählt. Ins ZK-Sekretariat gelangen - neben dem neuen ZK-Generalsekretär Jiang Zemin - Li Ruihuan und Ding Guan'gen, die die Plätze von Rui Xingwen (zuständig für Propaganda) bzw. Yan Mingfu (Einheitsfront) einnehmen.

Durch die Beschlüsse der 4. Plenartagung hat sich das intraelitäre Kräfteverhältnis zuungunsten der radikalen Reformkräfte verändert. Durch den Tod von Hu Yaobang und den Sturz von Zhao Ziyang und Hu Qili verringert sich ihre Zahl im Politbüro von 8 auf 5, und im Ständigen Ausschuß des Politbüros sind die radikalen Reformkräfte nun gar nicht mehr vertreten. Die Sowjetmodell-Sanierer und die konservativen Reformkräfte sind wie bisher mit jeweils fünf Spitzenkadern im Politbüro vertreten. Im Ständigen Ausschuß konnten die Sowjetmodell-Sanierer ihre Position verbessern: Statt zwei stellen sie nun drei Mitglieder dieses höchsten ständigen politischen Führungsorgans der Volksrepublik China, ebenso viel wie die konservativen Reformkräfte, die auf Kosten der radikalen Reformer ihren Anteil von einem auf drei Vertreter im Ständigen Ausschuß erhöhen konnten. Im ZK-Sekretariat sind die radikalen Reformer nur noch mit einen Kandidaten vertreten, nachdem vier ihrer Vertreter aus diesem Gremium entfernt wurden. An ihre Stelle traten drei konservative Reformkräfte. Die Sowjetmodell-Sanierer sind im ZK-Sekretariat nach wie vor nicht vertreten.

Nach wie vor hat keine der drei Gruppen für sich allein eine Mehrheit im Politbüro, so daß für jede Entscheidung eine Koalitionsbildung notwendig ist. Vorstellbar ist, daß in politischen Fragen die konservativen Reformkräfte zusammen mit den Sowjetmodell-Sanierern (insgesamt 10) gegen die radikalen Reformkräfte (5) stimmen werden, während in wirtschaftlichen Fragen und bei einigen personalpolitischen Entscheidungen eine Koalition der konservativen Reformer mit den radikalen Reformkräften (insgesamt 10) gegen die konservativen Reformkräfte (5) eher möglich erscheint. Im Ständigen Ausschuß des Politbüros herrscht eine Pattsituation zwischen Sowjetmodell-Verfechtern und konservativen Reformkräften von 3:3.

Doch wie auch immer die Mehrheitsverhältnisse im Politbüro und dessen Ständigem Ausschuß sein mögen, so spielen sie in politischen Ausnahmesituationen nicht die entscheidende Rolle. Bei sehr wichtigen Entscheidungen werden auch in Zukunft die Parteiveteranen beteiligt werden - ein Umstand, der eine zusätzliche Stärkung der Sowjetmodell-Sanierer und orthodoxen Marxisten-Leninisten bewirken dürfte, wie übrigens auch die Hinzuziehung der wichtigsten Vertreter der VBA. Von letztlich entscheidendster Bedeutung scheint jedoch nach wie vor das Votum von Deng Xiaoping: Angesichts des Patts im Ständigen Ausschuß und der Zusammensetzung des Politbüros hat Deng Xiaoping als oberster Schiedsrichter im intraelitären Macht- und Richtungskampf in allen wichtigen Streitfragen das letzte, entscheidende Wort.

In bezug auf die künftige Arbeit bezeichnet die Plenartagung die Rede Deng Xiaopings vom 9. Juni 1989 als ein "programmatisches Dokument", mit dessen

Hilfe das Denken der gesamten Partei vereinheitlicht werden solle. Die Tagung bestätigt, daß an der seit der 3. Plenartagung des XI. ZK im Dezember 1978 eingeschlagenen Politik festgehalten werden solle und wiederholt die wesentlichen Inhalte der Rede Deng Xiaopings vom 9. Juni.

Darüber hinaus benennt die 4. Plenartagung vier Aufgaben, die es in nächster Zukunft zu bewältigen gelte:

1) Vollständige Beendigung des Aufruhrs und Niederschlagung des konterrevolutionären Putsches; strikte Unterscheidung zwischen den beiden Arten von Widersprüchen ["Widersprüche im Volk" und "Widersprüche zwischen uns und dem Feind"].

2) Verbesserung der wirtschaftlichen Rahmenbedingungen und Ausrichtung der wirtschaftlichen Ordnung; noch bessere Verwirklichung der Reform- und Öffnungspolitik; kontinuierliche, stabile und koordinierte Entwicklung der Wirtschaft.

3) Verstärkung der politisch-ideologischen Arbeit; Entfaltung der Erziehung zum Patriotismus, Sozialismus, zu Unabhängigkeit und Selbständigkeit und zum harten Kampf; ernsthafter Kampf gegen die bürgerliche Liberalisierung.

4) Energische Stärkung des Parteiaufbaus; Stärkung von Demokratie und Rechtssystem; entschlossene Bestrafung der Korruption; energisch einige Dinge regeln, an denen das Volk ein weit verbreitetes Interesse hat, um die in die Partei gesetzten Erwartungen des Volkes nicht zu enttäuschen. (RMRB, 25.6.89)

Fazit: Die radikalen Reformkräfte erleiden auf der 4. Plenartagung des XIII. ZK eine schwere Niederlage. Die Sowjetmodell-Sanierer können ihre Position verbessern, doch es gelingt ihnen - selbst mit Hilfe der orthodoxen Parteiveteranen im Hintergrund - nicht, in den formalen Spitzengremien der Partei eine Mehrheitsposition zu erlangen. Dies scheint auf den nach wie vor alles überragenden politischen Einfluß von Deng Xiaoping zurückzuführen zu sein, der sich offenbar für die konservativen Reformkräfte eingesetzt hat: Auch sie können ihre Position im Ständigen Ausschuß ausbauen und übernehmen das ZK-Sekretariat vollständig.

Am 24. Juni 1989 veröffentlicht die *Volkszeitung* auf der Seite 1 als Aufmacher eine Auswahl von Ausführungen von Deng Xiaoping über das Festhalten an den Vier Grundprinzipien und über den Kampf gegen die bürgerliche Liberalisierung. Die Ausführungen Dengs reichen zurück bis zum 30. März 1979, als er zum erstenmal die Vier Grundprinzipien als den politischen Handlungsrahmen der Nach-Mao-Ära verkündet hatte:
- Festhalten am sozialistischen Weg,
- Festhalten an der Diktatur des Proletariats,
- Festhalten an der Führung durch die Kommunistische Partei,
- Festhalten am Marxismus-Leninismus und an den Mao Zedong-Ideen.

In den von der *Volkszeitung* abgedruckten Ausführungen betont Deng vor allem die Notwendigkeit einer stabilen politischen Lage, die nur unter der Führung durch die Kommunistische Partei Chinas zu erreichen sei. Deng warnt vor dem Chaos, das unweigerlich dann eintreten werde, wenn sich China zu einem kapitalistischen und demokratischen System westlicher Prägung entwickeln würde. Die spezifischen Probleme Chinas seien nur mit Hilfe des sozialistischen Systems lösbar, und dies wiederum erfordere die Führung durch die Kommunistische Partei. (RMRB, 24.6.89)

Nach Angaben von amnesty international sind allein in den ersten zwei Wochen nach der Niederschlagung der Studentenbewegung vom 3./4. Juni 1989 mehr als 2.500 offiziell bestätigte Verhaftungen vorgenommen worden. Ebenfalls unter Berufung auf offizielle chinesische Angaben teilt amnesty international mit, daß zwischen dem 21. und 24. Juni 1989 33 Personen hingerichtet wurden. Den meisten der zum Tode Verurteilten sei eine "ernsthafte Gefährdung der öffentlichen Sicherheit" vorgeworfen worden. Die Berufungsmöglichkeiten gegen die verhängten Todesurteile seien in "eklatanter Weise eingeschränkt" gewesen, und einige Hinrichtungen hätten noch am Tag der Urteilsverkündung stattgefunden (ai-Flugblatt, o.O., o.J.). Mehrere tausend Menschen sollen allein in Beijing nach der Niederschlagung des Studentenprotestes verhaftet worden sein. Dies ist eine Schätzung eines Mitarbeiters im Justizwesen (AW, 28.7.89, S. 24).

29. Juni - 6. Juli 1989

- Der Ständige Ausschuß des NVK erklärt seine Unterstützung für die Niederschlagung der Studentenbewegung

Der Ständige Ausschuß des VII. NVK kommt vom 29. Juni bis 6. Juli 1989 zu seiner 8. Sitzung zusammen. Im Mittelpunkt der Beratungen stehen die Beschlüsse der 4. Plenartagung des XIII. ZK (siehe unter 23.-24. Juni) und der "Bericht über die Unterbindung des Aufruhrs und die Niederschlagung des konterrevolutionären Putsches", den der Beijinger Oberbürgermeister Chen Xitong im Auftrag des Staatsrats vorlegt (siehe dazu unter 30. Juni). Erwartungsgemäß erklärt der Ständige Ausschuß seine Unterstützung für die Niederschlagung der Studentenbewegung und für den Kurs der Parteiführung. Auf der Sitzung wird Zhao Ziyang mehrfach scharf kritisiert und "auf Vorschlag" von Deng Xiaoping seines Postens als stellvertretender Vorsitzender der Zentralen (staatlichen) Militärkommission enthoben (RMRB, 1.7.89). Von den 132 Teilnehmern der Sitzung sprechen sich 126 für die Entlassung von Zhao Ziyang aus, drei sind dagegen, und drei enthalten sich der Stimme. (*Beijing TV*, 30.6.89, nach SWB, 4.7.89)

Die Vorsitzendenkonferenz des Ständigen Ausschusses des NVK beschließt am 3. Juli, gegen das Mitglied Hu Jiwei eine Untersuchung einzuleiten wegen der von Hu am 17. Mai initiierten Unterschriftenaktion von Mitgliedern des Ständigen Ausschusses zwecks Einberufung einer Dringlichkeitssitzung dieses Parlamentsgremiums. Praktisch wird eine Vorverurteilung von Hu Jiwei vorgenommen, indem von anderen Mitgliedern die Unterschriftenaktion als "ein Bestandteil der von den Aufrührern angezettelten Verschwörung" "zum Sturz der legalen Regierung" bezeichnet wird. (RMRB, 6.7.89; siehe auch RMRB, 11.7.89) An der Sitzung des Ständigen Ausschusses nehmen nur 132 der 152 Mitglieder teil. Vom 17. bis 21. Mai hatten sich bis zu 57 Mitglieder (nach anderen Quellen: 38) an der oben genannten Unterschriftenaktion beteiligt.

30. Juni 1989

- **Beijings Bürgermeister Chen Xitong legt einen offiziellen abschließenden "Bericht über die Unterbindung des Aufruhrs und die Niederschlagung des konterrevolutionären Putsches" vor**

Einen ausführlichen Bericht über den Ablauf der Studentenbewegung und ihre Niederschlagung erstattet der Oberbürgermeister von Beijing und Staatsratskommissar Chen Xitong am 30. Juni 1989 im Auftrag des Staatsrats auf der 8. Sitzung des Ständigen Ausschusses des VII. NVK. Die Ausführungen von Chen Xitong stellen die bisher ausführlichste offizielle Darstellung der politischen Ereignisse von Mitte April bis Anfang Juni 1989 dar. Der Bericht trägt den Titel: "Bericht über die Unterbindung des Aufruhrs und die Niederschlagung des konterrevolutionären Putsches" und wird vom ZK-Organ *Volkszeitung* und der *Guangming-Zeitung* am 7. Juli 1989 veröffentlicht. Eine vollständige deutsche Übersetzung findet sich in *Beijing Rundschau* vom 25.7.1989.

In dem Bericht von Chen Xitong wird die Behauptung aufgestellt, daß der Aufruhr von langer Hand vorbereitet worden sei, und zwar nicht nur von politischen Kräften im Inland, sondern auch von politischen Kräften im Ausland: "Die Entstehung und die Entwicklung des Aufruhrs und des konterrevolutionären Putsches haben einen tiefen internationalen Hintergrund und eine inländische gesellschaftliche Basis."

Zu den "konterrevolutionären Kräften in Übersee", die hinter dem Aufruhr gestanden haben sollen, gehören nach Angaben von Chen Xitong nicht nur Chinesen in Hongkong, Taiwan, in den USA, in Großbritannien usw., sondern auch "einige politische Kräfte des Westens", die immer wieder versucht hätten, die sozialistischen Länder einschließlich Chinas zu veranlassen, den sozialistischen Weg aufzugeben, mit dem Ziel, "sie schließlich unter die Herrschaft des internationalen Monopolkapitals zu stellen".

Innerhalb Chinas macht Chen Xitong "einige wenige Leute innerhalb und außerhalb der Partei, die starrsinnig auf dem Standpunkt der bürgerlichen Liberalisierung bestehen", für den "konterrevolutionären Putsch" verantwortlich. Sie hätten mit den "konterrevolutionären Kräften in Übersee" konspiriert, um den Sturz der KPCh und der sozialistischen Volksrepublik China herbeizuführen. Chen nennt hier folgende Namen, darunter eine Reihe von Intellektuellen, die zum Beraterstab von Zhao Ziyang zählten oder diesem nahestanden: Bao Tong, Bao Zunxin, Chao Siyuan, Chen Yizi, Chen Jun, Chen Ziming, Dai Qing, Fang Lizhi, Ge Yang, Jin Guantao, Li Honglin, Li Shuxian, Li Zehou, Liu Ruishao,

Liu Zaifu, Ren Wanding, Su Shaozhi, Su Xiaokang, Wan Runnan, Wang Dan, Wen Yuankai, Yan Jiaqi, Yu Haocheng und Zhang Xianyang.

Laut Chen Xitong wurden während der Niederschlagung der Studentenbewegung "mehrere Dutzend" Offiziere und Soldaten der VBA, Bewaffnete Volkspolizisten und andere Sicherheitskräfte getötet und "über 6.000" verletzt. Von den Zivilisten sollen "mehr als 200" getötet worden sein, darunter 36 Studenten. "Unter den [getöteten] Zivilisten gab es Übeltäter, die Strafe verdienten, versehentlich getötete Menschen, Ärzte und andere, die an Ort und Stelle verschiedene Hilfe leisteten." Die Zahl der verletzten Zivilisten gab Chen Xitong mit "über 3.000" an. Über die Materialverluste machte Chen u.a. folgende Angaben: Über 1.350 Militärfahrzeuge, Polizeiwagen und öffentliche Busse wurden zerstört oder verbrannt, darunter über 1.000 Militärfahrzeuge, über 60 Panzerwagen, etwa 30 Polizeiwagen, über 120 Busse und mehr als 70 andere Fahrzeuge.

Juni-August 1989

- **Nichtöffentliche Hinrichtungen von mehreren hundert Teilnehmern an der Protestbewegung in Beijing**

"Berichten zufolge wurde nach dem Durchgreifen des Militärs eine große Zahl geheimer summarischer Hinrichtungen vorgenommen. Einige Informanten geben an, von Juni bis August seien in Beijing mehrere hundert Menschen nichtöffentlich hingerichtet worden. Dazu wurden, wie es in den Berichten heißt, mindestens zwei Hinrichtungsplätze benutzt: einer im Nordwesten von Beijing, der andere in der Nähe der Marco-Polo-Brücke in den südwestlichen Vororten der Stadt. Einer Quelle zufolge wurden bei der Brücke zwischen Juni und Mitte Juli mindestens acht Gruppen von bis zu 20 Menschen im Morgengrauen hingerichtet." (ai, 1990, S. 4-5)

Glossar

1 Autonome Organisationen

Hierbei handelt es sich um Organisationen, die im Verlauf der Protestbewegung von Mitte April bis Anfang Juni 1989 von Studenten, Hochschullehrern oder Arbeitern ohne offizielle Genehmigung und Anerkennung gegründet wurden. In der Mehrzahl handelt es sich um studentische Organisationen in Beijing.

Arbeiter-Ordnertrupp: Gongren jiucha dui, auch: Beijing gongren jiucha dui

Arbeitertrupp der Todesmutigen: Gongren gansi dui, auch: Beijing gongren gansi dui

Autonome vereinigte Gewerkschaft Beijing: Beijingshi zizhi lianhe gonghui

Autonomer Arbeiterverband Beijing: Beijing gongren zizhi lianhehui, auch: Beijingshi gongren zizhihui

Autonomer Arbeiterverband Xi'an: ?

Autonomer Bürgerverband Beijing: Beijing shimin zizhi lianhehui

Autonomer Studentenverband: Xuesheng zizhihui

Autonomer Studentenverband Beijing: Beijing gaoxiao xuesheng zizhi lianhehui, auch: Beijingshi gaoxiao xuesheng lianhehui, Abkürzung: Gaozilian, auch: Beigaolian

Autonomer Studentenverband der Beijing-Universität: Beijing daxue xuesheng zizhihui

Autonomer Studentenverband nicht in Beijing Studierender: Waidi bu jing gaoxiao zizhi lianhehui, auch: Waidi gaoxiao zizhi lianhehui und Waidi xuesheng zizhi lianhehui, Abkürzung: Waigaolian

Autonomer Studentenverband der Pädagogischen Hochschule Beijing: Beijing shifan daxue xuesheng zizhihui

Autonomer Studentenverband der Provinz Shaanxi: ?

Autonomer Studentenverband Shanghai: ?

Autonomer Studentenverband Xi'an: ?

Autonomer Verband Beijinger Intellektueller: ?

Bürgertrupp der Todesmutigen: Shimin gansi dui, auch: Beijing shimin gansi dui

Chinesische Allianz für Demokratie: Zhongguo minzhu tuanjie lianmeng

Chinesische Vereinigung zur Verteidigung der Menschenrechte: ?

Chinesischer Studentenbund: Zhongguo xuesheng lianmeng

Delegation Beijinger Hochschüler für den Dialog [mit der Führung]: Beijing gaoxiao xuesheng duihua daibiaotuan, Abkürzungen: Duihua daibiaotuan und Duihuatuan

Demokratischer Salon: Minzhu shalong

Fliegende Tiger-Brigade: Feihu dui

Freiheitsgesellschaft (Shanghai): Ziyoushe

Front für ein demokratisches China: Minzhu Zhongguo zhenxian

Gemeinsame Konferenz aller Bevölkerungsgruppen von Beijing: Beijing gejie lianxi hui, auch: Shoudu gejie lianxi hui

Gemeinsame Konferenz aller Patrioten der Hauptstadt zum Schutz der Verfassung: Shoudu gejie aiguo weixian lianxihui

Gruppe der Hungerstreikenden: Jueshi tuan

Junge demokratische Partei (Shanghai): ?

Kommando der Gruppe der Hungerstreikenden: Jueshituan zhihuibu

Kommandozentrale der außerhalb Beijings Studierenden: Waidi fujing gaoxiao zhihui zhongxin

Kommandozentrale des [Tiananmen-]Platzes: Guangchang zhihui zhongxin

Nationale Vereinigung [Autonomer] Studentenverbände: Quanguo gaoxiao xuesheng lianhehui, auch: Nationaler Studentenverband Solidarität: Quanguo xuesheng tuanjie lianhehui

Oberkommando für vereinte Aktionen ?

Oberkommando zur Verteidigung des Tiananmen-Platzes: Baowei Tiananmen guangchang zong zhihuibu, auch: Tiananmen guangchang zonghuibu und Guangchang zhihuibu

Ordnertrupp: Jiuchadui

Organisationskomitee für friedliche Petitionen der Studenten der Qinghua-Universität: Qinghua daxue [xuesheng] heping qingyuan zuzhi weiyuanhui

Provisorischer hauptstädtischer Studentenverband: Shoudu gaoxiao xuesheng linshi lianhehui, auch: Provisorischer Studentenverband Beijing: Beijing gaoxiao xuesheng linshi lianhehui (Vorläufer des Autonomen Studentenverbands Beijing)

Provisorisches Aktionskomitee: Linshi xingdong chouweihui

Provisorisches Kommando der Petitionsgruppe der Hungerstreikenden: Jueshi qingyuantuan linshi zhihuibu

Provisorisches Oberkommando zur Verteidigung des Tiananmen-Platzes: [wahrscheinlich: Baowei Tiananmen guangchang linshi zong zhihuibu]

Rettungsgruppe der chinesischen Kulturschaffenden und Intellektuellen: Zhongguo wenhua zhishi jie jiuyuantuan

Solidaritätsgemeinschaft der Bürger Xi'ans: ?

Solidaritätsgruppe Shanghaier Schriftsteller: Shanghai zuojia shengyuantuan

Stimme der Arbeiter (Mobile Lautsprecheranlage des Autonomen Arbeiterverbands auf dem Tiananmen-Platz): ?

Stimme des Platzes (Mobile Sendestation der Studenten auf dem Tiananmen-Platz; auch "Stimme der Studentenbewegung" genannt): ?

Studententrupp der Todesmutigen: Xuesheng gansi dui

Studentenverband Solidarität: Tuanjie xueshenghui (Vorläufer des Autonomen Studentenverbands Beijing)

Trupps der Todesmutigen: Gansi dui

Verband der Intellektuellenkreise der Hauptstadt: Shoudu zhishijie lianhehui (Vermutlich identisch mit: Vereinigung der Intellektuellenkreise Beijings)

Verbindungsgruppe der Studenten der Qinghua-Universität: Qingda xuesheng lianluozu

Vereinigung alter Kader zur Unterstützung der studentischen Demokratiebewegung: Zhichi xuesheng minzhu yundong lao ganbu lianmeng

Vereinigung der Intellektuellenkreise Beijings: Beijing zhishijie lianhehui (Vermutlich identisch mit: Verband der Intellektuellenkreise der Hauptstadt)

Vereinigung der Hungerstreikenden: Jueshi tuan

Vereinigung der Studierenden der Hochschulen: Gaodeng xuexiaosheng lianhehui

Vereinigung zur Unterstützung der Beijinger Studenten: Beijing xuesheng zhiyuantuan

Vorbereitungskomitee der Nationalen Vereinigung der Hochschulen [Hochschüler?]": Quanguo gaoxiao [xuesheng ?] lianhui chouweihui, Abkürzung; Quanguo gaolian

Vorbereitungskomitee des Autonomen Arbeiterverbands Beijing: Beijingshi gongren zhizhihui chouweihui

Vorbereitungskomitee des Autonomen Studentenverbands der Beijing-Universität: Beijing daxue xuesheng zizhi chouweihui, auch: Beida zizhi xueshenghui chouweihui, Abkürzung: Beida chouweihui

Vorbereitungskomitee des Studentenverbands Solidarität der Beijing-Universität: Beida tuanjie xueshenghui chouweihui (Vorläufer des Studentenverbands Solidarität)

Vorbereitungskomitee für den Dialog [mit der Führung]: Duihua chouweihui

2 Nichtuniversitäre Forschungsinstitutionen

Forschungsinstitut für internationale Fragen der Chinesischen Internationalen Treuhand- und Investitionsgesellschaft (CITIC): Zhongxin gongsi guoji wenti yanjiusuo

Forschungsinstitut [des Staatsrats] für Wirtschaftsreformen: Zhongguo jingji tizhi gaige yanjiusuo

Forschungszentrum [des Staatsrats] für landwirtschaftliche Entwicklung: Zhongguo nongcun fazhan yanjiu zhongxin

Vereinigung Junger Ökonomen von Beijing: Beijing qingnian jingji xuehui

ZK-Forschungsbüro für Landwirtschaftspolitik: Zhongyang nongcun zhengce yanjiusuo

ZK-Forschungsbüro für politische Reformen: Zhongyang zhengzhi tizhi gage yanjiusuo

3 Zeitungen, Zeitschriften und andere Massenmedien

Abendzeitung der neuen Bürger: *Xinmin Wanbao* (Shanghai)
Die Arbeit: *Laodong Ribao* (Shanghai)
Arbeiterzeitung: *Gongren Ribao* (Beijing)
Bauernzeitung: *Nongmin Ribao* (Beijing)
Befreiung: *Jiefang Ribao* (Shanghai)
Beijing-Abendzeitung: *Beijing Wanbao*
Beijing-Tageszeitung: *Beijing Ribao*
Changsha-Abendzeitung: *Changsha Wanbao* (Changsha)
Chinesische Jugend-Zeitung: *Zhongguo Qingnian Bao* (Beijing)
Einheit-Zeitung: *Tuanjie Bao* (Beijing)
Expreß-Nachrichten: *Xinwen Kuaixun* (Beijing)
Guangming-Zeitung: *Guangming Ribao* (Beijing)
Jilin-Tageszeitung: *Jilin Ribao* (Jilin)
Jiangsu-Arbeiterzeitung
Jugendzeitung: *Qingnian Bao* (Shanghai)
Literaturzeitschrift: *Wenxue Bao*
Nachrichtenbote: *Xinwen Daobao* (Beijing)
Neuer Beobachter: *Xin Guancha* (Beijing)

Radio Shanghai: *Shanghai guangbo diantai*
Shanghaier Fernsehen
Shanghaier Literaturzeitschrift: *Shanghai Wenxue*
Shanxi-Tageszeitung: *Shanxi Ribao* (Taiyuan)
Sport-Zeitung: *Tiyu Bao* (Beijing)
Stimme der Auslandschinesen: *Huasheng Bao - Voice of Overseas Chinese* (Beijing)
Stimme von Beijing (Piratensender des Autonomen Studentenverbands)
Stimme von Pujiang (Rundfunkstation in Shanghai)
Tageszeitung für Rechtswesen: *Fazhi Ribao* (Beijing)
Tageszeitung für Wissenschaft und Technik: *Keji Ribao* (Beijing)
Vereinigung: *Lianhe Shibao* (Shanghai)
Volkszeitung: *Renmin Ribao* (Beijing)
Wahrheitssuche: *Qiushi* (Beijing)
Weltwirtschaftsbote: *Shijie Jingji Daobao* (Shanghai)
Wirtschaftszeitung: *Jingji Ribao* (Beijing)
Zeitung der Befreiungsarmee: *Jiefangjun Bao* (Beijing)

Personenverzeichnis

Die hier genannten Ämter und Posten hatten die betreffenden Personen im Berichtszeitraum (Mitte April bis Anfang Juni 1989) inne.

Ai Qing - Dichter, stellvertretender Vorsitzender des Nationalen Schriftstellerverbands
Ai Zhisheng - Minister für Rundfunk, Film und Fernsehen
An Chengxin - stellvertretender Generalsekretär des Staatsrats

Ba Jin - Schriftsteller, Vorsitzender des Nationalen Schriftstellerverbands
Bai Dongping - Mitglied des Ständigen Ausschusses des "Autonomen Arbeiterverbands"
Bai Hua - Schriftsteller, stellvertretender Vorsitzender des Shanghaier Schriftstellerverbands, Mitbegründer der "Solidaritätsgruppe Shanghaier Schriftsteller"
Bao Tong - Sekretär von Zhao Ziyang und politischer Sekretär des Ständigen Ausschusses des Politbüros des ZK der KPCh, ZK-Mitglied und Direktor des ZK-Forschungsbüros für politische Reformen
Bao Zunxin - Wissenschaftler am Institut für Geschichtswissenschaften der Chinesischen Akademie der Sozialwissenschaften, Gründungsmitglied der "Vereinigung der Intellektuellenkreise Beijings"
Bei Dao - Dichter
Bing Xin - Schriftstellerin, Dichterin
Bo Xicheng - Direktor des Beijinger Amtes für Tourismus und Sohn Bo Yibos
Bo Xilai - Sohn Bo Yibos
Bo Yibo - stellvertretender Vorsitzender des Ständigen Ausschusses der Zentralen Beraterkommission
Bu He - Vorsitzender des Autonomen Gebiets der Inneren Mongolei und Sohn Ulanhus

Cai Zimin - Mitglied des Ständigen Ausschusses des VII. NVK
Chai Ling - Studentenführerin von der Pädagogischen Hochschule Beijing, Führerin der "Gemeinsamen Konferenz aller Bevölkerungsgruppen von Beijing", Leiterin der "Gruppe der Hungerstreikenden" und Führerin des "Kommandos der Gruppe der Hungerstreikenden" und des "Oberkommandos zur Verteidigung des Tiananmen-Platzes", Ehefrau von Feng Congde
Chao Siyuan - Direktor des Forschungsinstituts der Stone Corporation
Chen Haosu - stellvertretender Minister für Rundfunk, Film und Fernsehen und Sohn Chen Yis
Chen Jun - Mitglied der "Chinesischen Demokratischen Vereinigung" und Mitinitiator einer Unterschriftenaktion im Frühjahr 1989 zur Freilassung der politischen Häftlinge

Chen Laishun - Student der Volksuniversität
Chen Mingyuan - Dichter, Linguist und Lehrer am Spracheninstitut der Beijing-Universität
Chen Shunli - Mitglied des Ständigen Ausschusses des VII. NVK
Chen Wei - Mitglied des "Autonomen Studentenverbands nicht in Beijing Studierender"
Chen Xitong - Staatsratskommissar und Oberbürgermeister der Stadt Beijing
Chen Xiaoping - Dozent für Verfassungsrecht an der Beijinger Hochschule für Politik und Recht
Chen Yi (1901 - 1972) - Marschall
Chen Yizi - Leiter des Forschungsinstituts des Staatsrats für Wirtschaftsreformen
Chen Yuan - stellvertretender Direktor der Chinesischen Volksbank und Sohn Chen Yuns
Chen Yun - Vorsitzender des Ständigen Ausschusses der Zentralen Beraterkommission
Chen Zaidao - Generaloberst i.R.
Chen Zhangbao - Studentenführer
Chen Zhen - Student an der Pädagogischen Hochschule Beijing
Chen Zhiping - Propagandafunktionär in der Militärregion Beijing, gest. am 23.5.89
Chen Zhongyi - Professor an der Qinghua-Universität und Mitglied des Beijinger Komitees der Politischen Konsultativkonferenz des Chinesischen Volkes
Chen Ziming - Direktor des Sozialökonomischen Forschungsinstituts Beijing
Cheng Zihua - Mitglied des Ständigen Ausschusses der Zentralen Beraterkommission
Chi Haotian - Generalstabschef der VBA
Chu Zhuang - Mitglied des Ständigen Ausschusses des VII. NVK
Cui Guozheng - Soldat der VBA, Anfang Juni gelyncht

Dai Houying - Schriftstellerin, Mitbegründerin der "Solidaritätsgruppe Shanghaier Schriftsteller"
Dai Qing - Schriftstellerin und Journalistin bei der *Guangming*-Zeitung
Deng Nan - Büroleiterin der Zentralen Kommission für Wissenschaft und Technik und Tochter Deng Xiaopings
Deng Pufang - Präsident der Chinesischen Behindertenverbands, Direktor der Chinesischen Wohlfahrtsstiftung für Behinderte und Sohn Deng Xiaopings
Deng Xiaoping - Vorsitzender der ZK-Militärkommission
Deng Yingchao - Parteiveteranin und Witwe Zhou Enlais
Deng Yongqi - Student der Beijing-Universität
Ding Guan'gen - Kandidat des Politbüros des ZK der KPCh (seit November 1987) und Mitglied des ZK-Sekretariats (seit Ende Juni 1989)
Ding Henggao - Leiter der Zentralen Kommission für Rüstungsforschung und -technik und für Rüstungsindustrie und Schwiegersohn Nie Rongzhens

Ding Weijun - Beijinger Regierungssprecher
Ding Xiaoping - Leiter des "Vorbereitungskomitees des Studentenverbands Solidarität der Beijing-Universität"
Dong Fureng - Mitglied des Ständigen Ausschusses des VII. NVK
Dong Jianhua - Mitglied des Ständigen Ausschusses des VII. NVK
Du Daozheng - Leiter des Zentralen Amts für Presse- und Publikationswesen
Du Runsheng - Direktor des Forschungszentrums des Staatsrats für landwirtschaftliche Entwicklung

Fan Jingyi - Chefredakteur der *Wirtschaftszeitung*
Fan Xuhong - Student der Beijing-Universität
Fang Lizhi - berühmter Astrophysiker und bekanntester demokratischer Oppositioneller in der VR China, Mitbegründer des "Demokratischen Salons"
Fei Xiaotong - Soziologe, einer der stellvertretenden Vorsitzenden des Ständigen Ausschusses des VII. NVK und Vorsitzender der Demokratischen Liga Chinas
Feng Congde - Studentenführer, Mitglied des "Demokratischen Salons", Mitglied des "Vorbereitungskomitees des Autonomen Studentenverbands der Beijing-Universität", des "Autonomen Studentenverbands Beijing", des "Vorbereitungskomitees des Studentenverbands Solidarität der Beijing-Universität" und stellvertretender Leiter des "Oberkommandos zur Verteidigung des Tiananmen-Platzes, Ehemann von Chai Ling
Feng Yimiao - NVK-Abgeordnete der Provinz Fujian (am 15.6. ermordet)
Feng Zhi - Sozialwissenschaftler
Feng Zhijun - Mitglied des Ständigen Ausschusses des VII. NVK

Gao Dengbang - Mitglied des Ständigen Ausschusses des VII. NVK
Gao Di - Verlagsdirektor der *Volkszeitung*, Nachfolger von Qian Liren
Gao Gao - Ehefrau Yan Jiaqis
Gao Shan - stellvertretender Leiter des ZK-Forschungsbüros für politische Reformen
Gao Xin - ehemaliger Chefredakteur der *Zhou Bao*
Ge Yang - Chefredakteurin der Zeitschrift *Neuer Beobachter*
Gong Zhengming - Anführer der "Jungen Demokratischen Partei Chinas", Shanghai
Gu Ming - Mitglied des Ständigen Ausschusses des VII. NVK
Guan Shanyue - Maler
Guo Chaoren - stellvertretender Direktor der *Xinhua*-Nachrichtenagentur, Mitglied des ZK der KPCh
Guo Haifeng - Mitglied des "Demokratischen Salons" und einer der Führer des "Autonomen Studentenverbands Beijing", Mitglied der "Gemeinsamen Konferenz aller Bevölkerungsgruppen von Beijing"
Guo Huaruo - Generalleutnant i.R.
Guo Linxiang - stellvertretender Leiter der Zentralen Politischen Abteilung der VBA

Han Dongfang - einer der Führer des "Autonomen Arbeiterverbands Beijing"
Han Peixin - Parteisekretär der Provinz Jiangsu
Hao Yichun - Mitglied des Ständigen Ausschusses des VII. NVK
He Di - Professor am Institut für Amerika-Studien der Akademie der Sozialwissenschaften in Beijing, Sohn des Landwirtschaftsministers He Kang
He Dongchang - stellvertretender Leiter der Zentralen Erziehungskommission
He Kang - Landwirtschaftsminister
He Lili - einer der Führer des "Autonomen Arbeiterverbands", Beijing
He Shangchun - Nachfolger Yan Tongmaos als Kommandeur des Beijinger Militärbezirks
He Zhukang - Parteisekretär der Provinz Jilin
Hong Fuzeng - stellvertretender Landwirtschaftsminister
Hong Jianguo - Studentensprecher von der Pädagogischen Hochschule Changchun
Hong Xuezhi - General und stellvertreter Generalsekretär der ZK-Militärkommission
Hou Dejian - taiwanesischer Komponist und Schlagersänger; wechselte 1983 in die Volksrepublik China über und schloß sich im Mai 1989 der Studentenbewegung an; am 17. Juni 1990 nach Taiwan abgeschoben
Hou Zongbin - Gouverneur der Provinz Shaanxi
Hu Daiguang - Mitglied des Ständigen Ausschusses des VII. NVK
Hu Dehua - Mitglied des Ständigen Ausschusses des VII. NVK
Hu Deping - Generalsekretär der ZK-Abteilung für Einheitsfrontarbeit und Sohn Hu Yaobangs
Hu Jiwei - Mitglied des Ständigen Ausschusses des VII. NVK, radikaler Reformer und früherer Verlagsdirektor der *Volkszeitung* (1983 aus politischen Gründen von diesem Posten entlassen)
Hu Keshi - Mitglied des Ständigen Ausschusses des VII. NVK
Hu Qiaomu - Mitglied des Ständigen Ausschusses der Zentralen Beraterkommission
Hu Qili - Mitglied des Ständigen Ausschusses des Politbüros, Mitglied des ZK-Sekretariats und Leiter der ZK-Führungsgruppe für Propaganda
Hu Sheng - Präsident der Akademie der Sozialwissenschaften
Hu Yaobang - früherer ZK-Generalsekretär der KPCh, im Januar 1987 zum Rücktritt gezwungen; bis zu seinem Tod am 15.4.1989 Mitglied des Politbüros des ZK der KPCh
Hu Yaofu - Produktionsmannschaftsführer im Kreis Liuyang der Provinz Hunan und Bruder Hu Yaobangs
Huang Hua - Mitglied des Ständigen Ausschusses der Zentralen Beraterkommission, früherer Außenminister
Huang Miaozi - Mitglied des VII. Nationalen Komitees der Politischen Konsultativkonferenz des Chinesischen Volkes
Huang Shunxing - Mitglied des Ständigen Ausschusses des VII. NVK

Huang Wen - Mitglied des "Autonomen Studentenverbands nicht in Beijing Studierender"

Huo Yingdong - Mitglied des Ständigen Ausschusses des VII. NVK

Ji Xinguo - Oberst, Politkommissar der Einheit 51048, die mit der Räumung des Tiananmen-Platzes beauftragt worden war

Jia Zhijie - Gouverneur der Provinz Gansu

Jiang Jingguo - Verstorbener Staatspräsident Taiwans

Jiang Ping - Mitglied des Ständigen Ausschusses des VII. NVK

Jiang Zemin - Sekretär des Shanghaier Parteikomitees und Mitglied des Politbüros

Jin Guantao - stellvertretender Chefredakteur der Buchreihe *Der Zukunft entgegen*

Ke Feng - Student in Beijing, einer der Hauptorganisatoren des Projekts zum Bau der Statue der Göttin der Demokratie

Lao Gui - "Alter Teufel", Pseudonym des Schriftstellers Ma Po

Lao Mu - Dichter und Vorsitzender der Propagandaabteilung der "Gemeinsamen Konferenz aller Bevölkerungsgruppen von Beijing"

Lei Feng - jung verstorbener Modellheld der VBA

Lei Jieqiong - Vorsitzende der Gesellschaft für die Förderung der Demokratie Chinas

Li Chonghuai - Mitglied des Ständigen Ausschusses des VII. NVK

Li Desheng - Mitglied des Ständigen Ausschusses der Zentralen Beraterkommission

Li Gui - Mitglied des Ständigen Ausschusses des VII. NVK

Li Hao - Student an der Beifang-Hochschule für Verkehr (Beijing), Mitglied der "Delegation Beijinger Hochschüler für den Dialog [mit der Führung]"

Li Honglin - Wissenschaftler an der Akademie der Sozialwissenschaften der Provinz Fujian und radikaler Reformer

Li Jinhua - Sprecherin des Außenministeriums

Li Jukui - Generaloberst i.R.

Li Keran - Mitglied des VII. Nationalen Komitees der Politischen Konsultativkonferenz des Chinesischen Volkes

Li Lisan (1899-1967) - eines der ersten KPCh-Mitglieder und langjähriger Führer der kommunistischen Arbeiter- und Gewerkschaftsbewegung; propagierte im Gegensatz zu Mao Zedong den revolutionären Umsturz in den Städten und wurde 1930/31 entmachtet

Lin Liyun - Mitglied des Ständigen Ausschusses des VII. NVK

Li Lu - Student an der Nanjing-Universität, Stellvertreter Chai Lings in der "Gemeinsamen Konferenz aller Bevölkerungsgruppen von Beijing", stellvertretender Leiter des "Oberkommandos zur Verteidigung des Tiananmen-Platzes"

Li Peifu - Autor aus der Provinz Henan
Li Peng - Mitglied des Ständigen Ausschusses des Politbüro, Ministerpräsident des Staatsrats und Adoptivsohn von Zhou Enlai
Li Ping - Student der Beijing-Universität
Li Qi - Mitglied des Ständigen Ausschusses des VII. NVK
Li Qiyan - stellvertretender Sekretär des Parteikomitees von Beijing
Li Rui - Mitglied der Zentralen Beraterkommission
Li Ruihuan - Bürgermeister und Parteisekretär der provinzfreien Stadt Tianjin
Li Shuxian - Dozentin der Beijing-Universität, Ehefrau Fang Lizhis und Mitbegründerin des "Demokratischen Salons"
Li Tieying - Mitglied des Politbüros und Vorsitzender der Zentralen Erziehungskommission, Sohn Li Weihans
Li Weihan - Mitbegründer der KPCh
Li Xiannian - Parteiveteran, Vorsitzender der Politischen Konsultativkonferenz des Chinesischen Volkes
Li Ximing - Sekretär des Parteikomitees von Beijing und Mitglied des Politbüros des ZK der KPCh
Li Xuezhi - Mitglied des Ständigen Ausschusses des VII. NVK
Li Yanfeng - Studentin an der Beijing-Universität
Li Yimang - Mitglied des Ständigen Ausschusses der Zentralen Beraterkommission
Li Yining - Wirtschaftswissenschaftler, Mitglied des Ständigen Ausschusses des VII. NVK
Li Zehou - Wissenschaftler am Philosophischen Institut der Chinesischen Akademie der Sozialwissenschaften
Li Zemin - Sekretär des Parteikomitees der Provinz Zhejiang und Mitglied des ZK der KPCh
Li Zhiguo - Anführer der "Freiheitsgesellschaft", Shanghai
Li Zhijian - Leiter der Propagandaabteilung des Parteikomitees von Beijing
Li Ziqi - Sekretär des Parteikomitees der Provinz Gansu und Mitglied des ZK der KPCh
Li Zisong - Verlagsdirektor der *Wen Hui Bao*
Li Zonghao - stellvertretender Direktor des medizinischen Notdienstzentrums in Beijing
Lian Mengde - Mitglied des Ständigen Ausschusses des "Autonomen Studentenverbands nicht in Beijing Studierender"
Liang Qingtun - (auch Liang Zhao'er) aus Sichuan, Student an der Pädagogischen Hochschule Beijing
Liang Yong - Vorstandsvorsitzender der *Ming Bao*-Verlagsgruppe
Liao Chengzhi (1908-1983) - ehemaliger Direktor des Büros für Angelegenheiten der Auslandschinesen beim Staatsrat
Liao Hui - Direktor des Büros für Angelegenheiten der Auslandschinesen beim Staatsrat und Sohn Liao Chengzhis

Lin Lanying - Mitglied des Ständigen Ausschusses des VII. NVK
Lin Ruo - Sekretär des Parteikomitees der Provinz Guangdong
Liu Binyan - Journalist und Schriftsteller, stellvertretender Vorsitzender des Nationalen Schriftstellerverbands; wegen "bürgerlicher Liberalisierungstendenzen" im Januar 1987 aus der KPCh ausgeschlossen
Liu Danian - Mitglied des Ständigen Ausschusses des VII. NVK
Liu Dongsheng - Mitglied des Ständigen Ausschusses des VII. NVK
Liu Gang - Studentenführer, Mitbegründer des "Demokratischen Salons", einer der Führer des "Autonomen Studentenverbands Beijing" und Vorsitzender der Stabsabteilung der "Gemeinsamen Konferenz aller Bevölkerungsgruppen von Beijing"
Liu Hu - stellvertretender Direktor des Büros für Im- und Export von Technologie des Ministeriums für Außenwirtschaft und Außenhandel und Sohn Hu Yaobangs
Liu Huaqing - stellvertretender Generalsekretär der ZK-Militärkommission, jetzt stellvertretender Vorsitzender
Liu Ji - stellvertretender Leiter der Propagandaabteilung des Parteikomitees der Stadt Shanghai
Liu Jianfeng - stellvertretender Parteisekretär der Provinz Hainan
Liu Qiang - einer der Führer des "Autonomen Arbeiterverbands Beijing"
Liu Ruishao - Leiter des Beijinger Büros der Hongkonger Zeitung *Wen Hui Bao*
Liu Shaoqi (1898-1969) - ehemaliger Staatspräsident, in der Kulturrevolution gestürzter Gegenspieler Mao Zedongs
Liu Suli - Dozent an der Beijinger Hochschule für Politik und Recht und Leiter der Verbindungsabteilung der "Gemeinsamen Konferenz aller Bevölkerungsgruppen von Beijing"
Liu Wei - Mitglied des Ständigen Ausschusses des VII. NVK
Liu Xiaobo - Literaturwissenschaftler und Dozent an der Beijinger Pädagogischen Hochschule
Liu Yandong - Sekretärin des Kommunistischen Jugendverbands, Mitglied des Ständigen Ausschusses des VII. NVK
Liu Yuan - stellvertretender Gouverneur der Provinz Henan und Sohn Liu Shaoqis
Liu Zaifu - Direktor des Literatur-Instituts der Chinesischen Akademie der Sozialwissenschaften
Liu Zhongde - stellvertretender Generalsekretär des Staatsrats
Lou Wei - Student der Beijing-Universität
Lu Decheng - Arbeiter der Lastwagentransportgesellschaft Nr.9 in Liuyang, Provinz Hunan
Lu Jiaxi - Vorsitzender der demokratischen Partei der Arbeiter und Bauern
Lu Kejian - stellvertretender Sekretär des Parteikomitees der Provinz Gansu
Lu Xiang - Sprecher des "Autonomen Studentenverbands Beijing"

Luo Dong - Direktor der Propagandaabteilung des Parteikomitees der Provinz Zhejiang
Luo Gan - Generalsekretär des Staatsrats
Luo Zhiqiang - Student an der Chinesischen Hochschule für Naturwissenschaft und Technik

Ma Hong - Mitglied des Ständigen Ausschusses des VII. NVK, früherer Direktor der Chinesischen Akademie für Sozialwissenschaften
Ma Shaofang - aus der Provinz Jiangsu, Student an der Filmhochschule, Beijing
Ma Teng'ai - Mitglied des Ständigen Ausschusses des VII. NVK
Ma Wanqi - Mitglied des Ständigen Ausschusses des VII. NVK
Mamutuofu Ku'erban (Mamutov Kurban) - Mitglied des Ständigen Ausschusses des VII. NVK
Mu Qing - Leiter der *Xinhua*-Nachrichtenagentur

Ni Zhifu - Vorsitzender des Nationalen Gewerkschaftsverbands
Nie Li - stellvertretende Leiterin der Zentralen Kommission für Rüstungsforschung und -technik und für Rüstungsindustrie und Tochter Nie Rongzhens
Nie Rongzhen - einer der zehn Marschälle der VBA

Peng Chong - stellvertretender Vorsitzender des Ständigen Ausschusses des VII. NVK
Peng Qingyuan - Mitglied des Ständigen Ausschusses des VII. NVK
Peng Rong - Student der Beijing-Universität
Peng Zhen - Parteiveteran, früherer Vorsitzender des Ständigen Ausschusses des VII. NVK
Pingcuo Wangjie (Puncog Wanje) - Mitglied des Ständigen Ausschusses des VII. NVK

Qi Aiqing - Schriftsteller aus der Provinz Henan
Qi Yuanjing - Minister für Hüttenwesen
Qian Jiaqu - Ökonom
Qian Junrui - Ökonom
Qian Liren - Verlagsdirektor der *Volkszeitung*
Qian Qichen - Außenminister
Qian Yuming - Mitglied und Sekretär des Ständigen Ausschusses des "Autonomen Arbeiterverbands Beijing"
Qiang, Kenneth - Mitglied des Rates des Hongkonger Studentenverbands
Qiao Shi - Mitglied des Ständigen Ausschusses des Politbüros und Mitglied des ZK-Sekretariats, Direktor der ZK-Parteischule, oberster Sicherheitschef
Qin Benli - Chefredakteur des *Weltwirtschaftsboten*
Qin Chuan - Mitglied des Ständigen Ausschusses des VII. NVK und früherer Chefredakteur und Verlagsdirektor der *Volkszeitung*

Qin Jiwei - Mitglied des Politbüros und Verteidigungsminister
Qingge'ertai (Qinggeltai) - Mitglied des Ständigen Ausschusses des VII. NVK
Qu Nan - Student an der Beijing-Universität

Ren Wanding - demokratischer Oppositioneller, der bereits während des "Beijinger Frühlings" Ende 1978/Anfang 1979 aktiv war
Ren Xinmin - Mitglied des Ständigen Ausschusses des VII. NVK
Rong Yiren - Multimillionär, Vorstandsvorsitzender der Chinesischen Internationalen Treuhand- und Investitionsgesellschaft (CITIC), Vorsitzender des Nationalen Industrie- und Handelsverbands, stellvertretender Vorsitzender des Ständigen Ausschusses des VII. NVK
Rui Xingwen - ZK-Sekretär, zuständig für Propaganda und ideologische Arbeit

Shao Huaze - Herausgeber der *Volkszeitung*
Shao Jiang - Mathematik-Student an der Universität Beijing und einer der späteren Führer des "Autonomen Studentenverbands"
Shen Tong - Student an der Beijing-Universität, Mitglied des "Vorbereitungskomitees des Studentenverbands Solidarität der Beijing-Universität", Mitglied der "Delegation Beijinger Hochschüler für den Dialog [mit der Führung]"
Shen Yinhan - Eisenbahnarbeiter und Propagandachef des "Autonomen Arbeiterverbands"
Shu Tong - General
Siu Wing Fai - Generalsekretär des Hongkonger Studentenverbands
Song Ping - Mitglied des Politbüros und Direktor der ZK-Organisationsabteilung
Song Rufen - Mitglied des Ständigen Ausschusses des VII. NVK
Song Ruixiang - Gouverneur der Provinz Qinghai
Song Shilun - Generaloberst und Mitglied der Zentralen Beraterkommission
Song Shixiong - Beijinger VII. NVK-Abgeordneter
Song Xianming - Student der Beijing-Universität
Song Zexing - Mitglied des Ständigen Ausschusses des VII. NVK
Su Shaozhi - radikaler Reformer; früherer Direktor des Instituts für Marxismus-Leninismus und für Mao Zedong-Ideen der Chinesischen Akademie der Sozialwissenschaften
Su Xiaokang - Dozent an der Rundfunkhochschule in Beijing, Autor der Fernsehserie *Heshang* (Flußelegie)
Sun Changjiang - 1. stellvertretender Chefredakteur der Beijinger *Tageszeitung für Wissenschaft und Technik*
Sun Daren - stellvertretender Gouverneur der Provinz Shaanxi
Sun Hui - Studentenführer
Sun Jingchuan - Student der Beijing-Universität
Sun Qimeng - Vorsitzender der Gesellschaft für den Demokratischen Aufbau Chinas

Tan Wenrui Chefredakteur der *Volkszeitung*
Tang Fei - Mitglied des Sekretariats der Chinesischen Journalistenvereinigung
Tang Guangzhong - Mitglied der "Liga für Demokratie Chinas"
Tao Dayong - Mitglied des Ständigen Ausschusses des VII. NVK
Tian Zhonghe - Schriftsteller aus der Provinz Henan

Ulanhu - bis zu seinem Tod am 8.12.1988 stellvertretender Staatspräsident

Wan Li - Vorsitzender des Ständigen Ausschusses des VII. NVK
Wan Runnan - Generaldirektor der Stone Corporation
Wang Anyi - stellvertretende Vorsitzende des Schriftstellerverbands Shanghai
Wang Bingzhang - Mitglied der "Liga für Demokratie Chinas"
Wang Chaohua - Forschungsstudentin der Chinesischen Akademie für Sozialwissenschaften
Wang Dan - Studentenführer, Mitglied des "Demokratischen Salons", Mitglied des "Vorbereitungskomitees des Autonomen Studentenverbands der Beijing-Universität", des "Vorbereitungskomitees des Studentenverbands Solidarität der Beijing-Universität" und des "Autonomen Studentenverbands Beijing", Vorsitzender der "Gemeinsamen Konferenz aller Bevölkerungsgruppen von Beijing", Mitglied des "Oberkommandos zur Verteidigung des Tiananmen-Platzes" und der "Delegation Beijinger Hochschüler für den Dialog [mit der Führung]"
Wang Fuyi - Generalmajor, Politkommissar des 38. Armeekorps
Wang Gang - Führer einer Arbeiterorganisation und Vorsitzender der Versorgungsabteilung der "Gemeinsamen Konferenz aller Bevölkerungsgruppen von Beijing"
Wang Hanbin - stellvertretender Vorsitzender des Ständigen Ausschusses des VII. NVK
Wang Houde - stellvertretender Vorsitzender des Nationalen Gewerkschaftsverbands und Mitglied des Ständigen Ausschusses des VII. NVK
Wang Jialiu - stellvertretende Sekretärin des Parteikomitees von Beijing und ZK-Kandidatin
Wang Jinling - Mitglied des Ständigen Ausschusses des VII. NVK
Wang Jun - stellvertretender Politkommissar der Militärregion Chengdu und Sohn Wang Zhens
Wang Jun - Eisenbahnarbeiter in Xi'an (zum Tode verurteilt, 4.5.89)
Wang Juntao - Chefredakteur der von dem privaten Sozialökonomischen Forschungsinstitut Beijing (Direktor: Chen Ziming) herausgegebenen Zeitung *Wirtschaftswoche*
Wang Lianzheng - stellvertretender Landwirtschaftsminister
Wang Luxiang - Sprecher der "Vereinigung der Intellektuellenkreise Beijings"
Wang Meng - Mitglied des Ständigen Ausschusses des VII. NVK
Wang Renzhi - Leiter der ZK-Propagandaabteilung

Wang Ruoshui - 1983 aus politischen Gründen entlassener stellvertretender Chefredakteur der *Volkszeitung*, radikaler Reformer

Wang Ruowang - Mitbegründer der "Solidaritätsgruppe Shanghaier Schriftsteller"; wegen "bürgerlicher Liberalisierungstendenzen" im Januar 1987 aus der Partei ausgeschlossen

Wang Yongxing - Mitglied des Ständigen Ausschusses des VII. NVK

Wang Youcai - Student der Beijing-Universität aus der Provinz Zhejiang, Verbandssekretär des "Autonomen Studentenverbands Beijing"

Wang Zhen - stellvertretender Staatspräsident

Wang Zhengyun - aus der Provinz Yunnan, Student am Zentralen Institut für Nationalitäten, Beijing

Wang Zhixin - Studentenführer aus der Provinz Shanxi, Student an der Hochschule für Politik und Recht, Beijing

Wei Jianxing - Minister für Verwaltungskontrolle

Wen Yuankai - Professor an der Chinesischen Universität für Wissenschaft und Technik

Wu Bangguo - stellvertretender Parteisekretär Shanghais

Wu Dakun - Mitglied des Ständigen Ausschusses des VII. NVK

Wu Guanzheng - Gouverneur der Provinz Jiangxi

Wu Guanzhong - Mitglied des VII. Nationalen Komitees der Politischen Konsultativkonferenz des Chinesischen Volkes

Wu Jie - Bürgermeister von Baotou und Sohn Ulanhus

Wu Juetian - Mitglied des Ständigen Ausschusses des VII. NVK

Wu Minda - stellvertretender Vorsitzender des Volkskongresses der Provinz Zhejiang

Wu Xiaolan - stellvertretende Bürgermeisterin von Shenzhen, Enkelin Wu Yuzhangs und Schwiegertochter Ye Jianyings

Wu Xiaoying - stellvertretender Leiter des englischen Programms von *Radio Beijing*, Sohn von Wu Xueqian

Wu Xuecan - Redakteur der *Volkszeitung*

Wu Xueqian - Mitglied des Politbüros und stellvertretender Ministerpräsident

Wu Yuzhang - Rektor der Volksuniversität Beijing in den 50er Jahren

Wu Zhonghua - Mitglied des Ständigen Ausschusses des VII. NVK

Wu Zuxiang - Intellektueller

Wu'er Kaixi - Studentenführer von der Pädagogischen Hochschule Beijing aus Xinjiang, Vorsitzender des Ständigen Ausschusses des "Autonomen Studentenverbands Beijing" und Mitglied der "Delegation Beijinger Hochschüler für den Dialog [mit der Führung]"

Xi Jinping - Sekretär des Parteikomitees des Regierungsbezirks Ningde und Sohn Xi Zhongxuns

Xi Zhengning - Leiter der Organisationsabteilung des Parteikomitees der Provinz Shaanxi und Sohn Xi Zhongxuns

Xi Zhongxun - stellvertretender Vorsitzender des Ständigen Ausschusses des VII. NVK
Xia Yan - Dramatiker und Drehbuchautor
Xiang Dongping - Sekretär des "Autonomen Arbeiterverbands Beijing"
Xiang Shouzhi - Kommandant der Militärregion Nanjing
Xiang Xiaoji - Student an der Hochschule für Politik und Recht (Beijing), Mitglied der "Delegation Beijinger Hochschüler für den Dialog [mit der Führung]"
Xiao Ke - Generaloberst und Mitglied der Zentralen Beraterkommission
Xiao Yang - Parteisekretär von Chongqing
Xie Tieli - Mitglied des Ständigen Ausschusses des VII. NVK
Xin Yejiang - stellvertretender Gouverneur der Provinz Hainan
Xiong Wei - Student an der Qinghua-Universität aus der Provinz Hubei
Xiong Yan - Student aus der Provinz Hunan, Mitglied des "Demokratischen Salons" und des "Vorbereitungskomitees des Autonomen Studentenverbands der Beijing-Universität", einer der Führer des "Autonomen Studentenverbands Beijing"
Xu Caidong - Mitglied des Ständigen Ausschusses des VII. NVK
Xu Daquan - stellvertretender Minister für Hüttenwesen
Xu Gang - Dichter
Xu Guodong - Postgraduierter an der Akademie für Sozialwissenschaften, Mitglied der "Delegation Beijinger Hochschüler für den Dialog [mit der Führung]"
Xu Jialu - Mitglied des Ständigen Ausschusses des VII. NVK
Xu Liangying - Wissenschaftler am Institut für die Geschichte der Naturwissenschaften der Chinesischen Akademie der Wissenschaften
Xu Qinguang - Kommandeur des 38. Armeekorps (bis 24./25.5.1989)
Xu Shanlin - stellvertretender Gouverneur der Provinz Shaanxi
Xu Shijie - Parteisekretär der Provinz Hainan
Xu Weicheng - stellvertretender Sekretär des Beijinger Stadtparteikomitees
Xu Xiangqian - einer der zehn Marschälle der VBA
Xu Xin - stellvertretender Generalstabschef
Xu Zhongyu - Vorsitzender des Shanghaier Schriftstellerverbands
Xue Mufeng - Sprecher des Ministeriums für Verwaltungskontrolle

Yan Jiaqi - Direktor des Instituts für Politologie der Chinesischen Akademie für Sozialwissenschaften
Yan Mingfu - Mitglied des ZK-Sekretariats, Direktor der ZK-Einheitsfrontabteilung, Vertrauter Zhao Ziyangs
Yan Tongmao - Kommandeur des Beijinger Militärbezirks
Yang Baibing - Mitglied des ZK und der ZK-Militärkommission, Direktor der Zentralen Politischen Abteilung der VBA und Halbbruder von Yang Shangkun

Yang Dezhi - Generaloberst und Mitglied der Zentralen Beraterkommission
Yang Dezhong - ZK-Mitglied und 1. stellvertretender Direktor des ZK-Hauptbüros und Leiter der Schutztruppe des ZK
Yang Dongming - Autor aus der Provinz Henan
Yang Haibo - Mitglied des Ständigen Ausschusses des VII. NVK
Yang Huiquan - stellvertretender Gouverneur der Provinz Hunan (bis 16.5.89)
Yang Jianhua - Kommandeur des 27. Armeekorps, angeblich Sohn des Direktors der Zentralen Politischen Abteilung der VBA, Yang Baibing
Yang Jike - Mitglied des Ständigen Ausschusses des VII. NVK
Yang Ligong - Mitglied des Ständigen Ausschusses des VII. NVK
Yang Rudai - Sekretär des Parteikomitees der Provinz Sichuan
Yang Shangkun - Mitglied des Politbüros, ständiger stellvertretender Vorsitzender der ZK-Militärkommission, Staatspräsident
Yang Tao - Student aus der Provinz Fujian, Mitglied des "Demokratischen Salons", Vorsitzender des "Vorbereitungskomitees des Autonomen Studentenverbands der Beijing-Universität, einer der Führer des "Autonomen Studentenverbands Beijing" und stellvertretender Leiter des "Oberkommandos zur Verteidigung des Tiananmen-Platzes"
Yang Yi - Mitglied des Sekretariats der Chinesischen Journalistenvereinigung
Yao Li - Studentensprecher
Yao Wenyuan - Mitglied der sog. "Viererbande"
Yao Yilin - Mitglied des Ständigen Ausschusses des Politbüros, stellvertretender Ministerpräsident, Vorsitzender der Zentralen Planungskommission
Yao Yongzhan - Anführer des "Autonomen Studentenverbands Shanghai"
Ye Chumei - frühere stellvertretende Leiterin der Zentralen Kommission für Rüstungsforschung und -technik und für Rüstungsindustrie und Tochter Ye Jianyings
Ye Duzheng - Mitglied des Ständigen Ausschusses des VII. NVK
Ye Fei - Generaloberst und stellvertretender Vorsitzender des Ständigen Ausschusses des VII. NVK
Ye Gongqi - Vorsitzender des Ständigen Ausschusses des Shanghaier Volkskongresses
Ye Jianying - einer der zehn Marschälle der VBA, am 22.10.1986 verstorben
Ye Wenfu - Dichter
Ye Xuanping - stellvertretender Parteisekretär und Gouverneur der Provinz Guangdong und Sohn Ye Jianyings
Yu Dongyue - Redakteur der *Liuyang-Tageszeitung*, Provinz Hunan
Yu Fangxin - Studentenführer einer unabhängigen Studentenorganisation
Yu Guangyuan - Wirtschafts- und Sozialwissenschaftler, Mitglied der Zentralen Beraterkommission der KPCh
Yu Haocheng - früherer Direktor des "Verlags der Massen"
Yu Mingfei - Mittelschullehrer aus dem Kreis Liuyang in der Provinz Hunan
Yu Pingbo - Sozialwissenschaftler

Yu Shuo - Professor an der Beijinger Volksuniversität
Yu Yusheng - Bürgermeister von Yantai und Schwiegersohn Zhang Aipings
Yuan Geng - Vorstandsvorsitzender der Dampfschiffahrtsgesellschaft chinesischer Kaufleute
Yuan Mu - Staatsratssprecher
Yuan Zhiming - Sprecher der "Vereinigung der Intellektuellenkreise Beijings"

Zeng Jianhui - stellvertretender Leiter der ZK-Propagandaabteilung und stellvertretender Leiter der *Xinhua*-Nachrichtenagentur
Zeng Qinghong - stellvertretender Parteisekretär von Shanghai (zuständig für Propaganda), Vertrauensmann von Jiang Zemin
Zhai Weimin - Student an der Beijinger Hochschule für Wirtschaft aus der Provinz Henan
Zhang Aiping - Generaloberst und Mitglied der Zentralen Beraterkommission, ehemaliger Verteidigungsminister
Zhang Baifa - stellvertretender Bürgermeister von Beijing
Zhang Bin - Schriftsteller aus der Provinz Henan
Zhang Boli - Student an der Beijing-Universität aus der Provinz Heilongjiang, Mitglied der "Gemeinsamen Konferenz aller Bevölkerungsgruppen von Beijing" und stellvertretender Leiter des "Oberkommandos zur Verteidigung des Tiananmen-Platzes"
Zhang Boxing - Sekretär des Parteikomitees der Provinz Shaanxi
Zhang Gong - Direktor der politischen Abteilung der Militärregion Beijing, Sprecher des Kommandos der Truppen zur Durchsetzung des Ausnahmezustands
Zhang Lun - Leiter der Abteilung "Streikposten" der "Gemeinsamen Konferenz aller Bevölkerungsgruppen von Bejing"
Zhang Ming - Student an der Qinghua-Universität aus der Provinz Jilin
Zhang Shiming - Mitglied des Ständigen Ausschusses des VII. NVK
Zhang Wule - stellvertretender Gouverneur der Provinz Gansu
Zhang Xianyang - Wissenschaftler am Institut für Marxismus-Leninismus und für Mao Zedong-Ideen der Chinesischen Akademie der Sozialwissenschaften
Zhang Yu - Autor aus der Provinz Henan
Zhang Zhiqing - Student an der Chinesischen Hochschule für Politik und Recht Beijing, aus der Provinz Shanxi
Zhao Changtian - stellvertretender Vorsitzender des Shanghaier Schriftstellerverbands
Zhao Dajun - Präsident der Hainan Huahai Company und Sohn Zhao Ziyangs
Zhao Nanqi - Direktor der Zentralen Logistikabteilung der VBA
Zhao Pinglu - Führer des "Autonomen Arbeiterverbands Beijing"
Zhao Xiu - Mitglied des Ständigen Ausschusses des VII. NVK
Zhao Ziyang - ZK-Generalsekretär und 1. stellvertretender Vorsitzender der ZK-Militärkommission

Zheng Xuguang - Student an der Beijinger Hochschule für Luft- und Raumfahrt
Zheng Yi - Schriftsteller
Zheng Youmei - Direktor der Petitionsbüros des ZK der KPCh und des Staatsrats
Zheng Yuanying - Autor aus der Provinz Henan
Zhou Duo - ehemaliger Dozent für Soziologie an der Beijing Universität; Leiter der Abteilung für Generalplanung der Stone Corporation
Zhou Fengsuo - Student an der Qinghua-Universität aus der Provinz Shaanxi
Zhou Gucheng - stellvertretender Vorsitzender des Ständigen Ausschusses des VII. NVK
Zhou Hong - Regierungsangestellter im Kreis Daxing bei Beijing
Zhou Peiyuan - Vorsitzender der Jiusan-Studiengesellschaft
Zhou Yibing - Kommandeur der Militärregion Beijing
Zhou Yongjun - Studentenführer, vorübergehend Vorsitzender des "Provisorischen Studentenverbands", Mitglied des Ständigen Ausschusses des "Autonomen Studentenverbands Beijing"
Zhu Dexi - Mitglied des Ständigen Ausschusses des VII. NVK
Zhu Guanghua - Professor, Vizepräsident der Nankai-Universität, Tianjin
Zhu Houze - stellvertretender Vorsitzender und 1. Sekretär des Nationalen Gewerkschaftsverbands, stellvertretender Direktor des Forschungszentrums des Staatsrats für landwirtschaftliche Entwicklung; radikaler Reformer und deshalb 1987 von seinen damaligen Posten als ZK-Mitglied und Direktor der ZK-Propagandaabteilung enthoben
Zhu Rongji - Bürgermeister von Shanghai
Zhu Xuefan - Vorsitzender des Revolutionären Komitees der Guomindang und stellvertretender Vorsitzender des Ständigen Ausschusses des VII. NVK
Zhu Zhongzhi - Student an der Chinesischen Hochschule für Naturwissenschaft und Technik
Zou Jiahua - Staatsratskommissar, Minister für Maschinenbau und Elektronikindustrie und Schwiegersohn Ye Jianyings

Verzeichnis der benutzten Literatur

amnesty international, *People's Republic of China - Preliminary Findings on Killings of Unarmed Civilians, Arbitrary Arrests and Summary Executions Since 3 June 1989*, London 1989

amnesty international, *China - The Massacre of June 1989 and its Aftermath*, London 1990

amnesty international, *Volksrepublik China - Das Massaker vom Juni 1989 und seine Folgen*, Berlin 1990 (deutsche Übersetzung der oben genannten englischsprachigen Veröffentlichung; im vorliegenden Buch zitiert als "ai, 1990")

Asian Wall Street Journal, Hongkong

Asiaweek, Hongkong

The Australian Journal of Chinese Affairs, Canberra

Bai Xing (Das Volk; Halbmonatszeitschrift), Hongkong

Ban Yue Tan (Halbmonatsgespräche; Halbmonatszeitschrift), Beijing

Bauer, Edgar, *Die Erben der roten Mandarine. Wer führt China in die Zukunft?*, Erlangen 1990

Beijing Review, Beijing

Beijing Rundschau, Beijing

Beijing xuesheng yundong wushiri (50 Tage Studentenbewegung in Beijing), Taibei, o.J. [1989]

Beizhuang de minyun (Die tragische Volksbewegung), Hongkong, Juni 1989

Béja, Jean-Philippe; Bonnin, Michel; Peyraube, Alain, *Le Tremblement de Terre de Pékin*, Paris 1991

Bulletin of Concerned Asian Scholars, San Francisco

Chan, Anita; Unger, Jonathan, "Voices from the Protest Movement, Chongqing, Sichuan", in: *The Australian Journal of Chinese Affairs*, Nr. 24 (Juli 1990), S. 259-279

Chen Xitong, "Bericht über die Unterbindung des Aufruhrs und die Niederschlagung des konterrevolutionären Putsches", in: RMRB, 7.7.1989, deutsch in: BRu, 25.7.1989

Chen Yizi, *Zhongguo: Shinian gaige yu bajiu minyun - Beijing liusi tusha de beihou* (China: Zehn Jahre Reform und die demokratische Bewegung von 1989 - Die Hintergründe des Massakers vom 4. Juni in Beijing), Taibei 1990

Children of the Dragon. The Story of Tiananmen Square, hrsg. von Human Rights in China, New York 1990

CHINA aktuell, Hamburg

China Daily, Beijing

China Information (Vierteljahreszeitschrift), Leiden

The China Quarterly, London

Chong, W.L., "Why the 1989 Student Demonstrations in China Failed: A lecture by Su Xiaokang", in: *China Information*, Vol. IV, Nr. 3 (Winter 1989-1990), S. 18-23

Da Gong Bao, Hongkong

das neue China, Frankfurt

Dongxiang (Der Trend; Monatszeitschrift), Hongkong

Erbaugh, Mary S.; Kraus, Richard Curt, "The 1989 Democracy Movement in Fujian and Its Aftermath, in: *The Australian Journal of Chinese Affairs*, Nr. 23 (Januar 1990), S. 145-160

Esherick, Joseph W., "Xi'an Spring", in: *The Australian Journal of Chinese Affairs*, Nr. 24 (Juli 1990), S. 209-235

Far Eastern Economic Review, Hongkong

Financial Times, London

Firestein, David J., *Beijing Spring 1989. An Outsider's Inside Account*, Austin 1990

Foreign Broadcast Information Service, *Daily Report - China*, Washington

Forster, Keith, "Impressions of the Popular Protest in Hangzhou, April/June 1989", in: *The Australian Journal of Chinese Affairs*, Nr. 23 (Januar 1990), S. 97-119

Fox, Josephine, "The Movement for Democracy and Its Consequences in Tianjin", in: *The Australian Journal of Chinese Affairs*, Nr. 23 (Januar 1990), S. 133-144)

Frankfurter Allgemeine Zeitung, Frankfurt

Frankfurter Rundschau, Frankfurt

Freies China (Zweimonatszeitschrift), Taibei

Gongdang Wenti Yanjiu (Forschungen zu Problemen der Kommunistischen Partei; Monatszeitschrift), Taibei

Gongren Ribao (Arbeiterzeitung), Beijing

Guanjiao Jing (Weitwinkel; Monatszeitschrift), Hongkong

Guangming Ribao, Beijing

Gunn, Ann, "'Tell the World about us': The Student Movement in Shenyang, 1989", in: *The Australian Journal of Chinese Affairs*, Nr. 24 (Juli 1990), S. 243-258

Hamburger Abendblatt, Hamburg

Handelsblatt, Düsseldorf

Hannoversche Allgemeine Zeitung, Hannover

Howard, Roger W., "The Student Democracy Movement in Changchun", in: *The Australian Journal of Chinese Affairs*, Nr. 24 (Juli 1990), S. 237-241

Hu Zhiwei, *Jiang Zemin chuanqi* (Geschichten über Jiang Zemin), Taibei 1990

Inside China Mainland, Taibei

International Herald Tribune, Boston

Jiefang Yuebao (Emanzipation; Monatszeitschrift), Hongkong

Jiushi Niandai (Die neunziger Jahre; Monatszeitschrift), Hongkong

Laiyin Forum (Hrsg.), *Die Göttin der Demokratie - China 1989. Dokumente der Demokratiebewegung in China 1989*, Berlin 1990

Laiyin Tongxin, Zeitung für chinesische Wissenschaftler und Studenten in der Bundesrepublik Deutschland, Wiesbaden

Lamboo, Fons, "Before and during the Flight from China: An Interview with Su Xiaokang", in: *China Information*, Vol. IV, Nr. 3 (Winter 1989-1990), S. 24-27

Le Monde, Paris

Lettre International, Berlin

Li Peng, "Report on the Mistakes Made by Comrade Zhao Ziyang During the Anti-Party, Anti-Socialist Turmoil" [Juni 1989], in: *The China Quarterly*, Nr.128 (Dezember 1991), S. 888-901

Li Qiao u.a., "Death or Rebirth? Tiananmen: The Soul of China", in: Oksenberg, Michael; Sullivan, Lawrence R.; Lambert, M., *Beijing Spring, 1989. Confrontation and Conflict. The Basic Documents*, Armonk/London 1990, S. 7-55

Lianhe Bao - United Daily (Vereinigte Tageszeitung), Taibei

Libération, Paris

Libération Spécial Chine, Supplément à *Libération* du 16 juin 1989, Paris

Lishi bu hui wangji - 1989 nian Zhongguo minzhu yundong ziliao huibian (Die Geschichte wird sie nicht vergessen - Sammlung von Materialien zur demokratischen Bewegung Chinas von 1989), Wiesbaden 1990

Lufrano, Richard, "Nanjing Spring: The 1989 Student Movement in a Provincial Capital", in: *Bulletin of Concerned Asian Scholars*, Jg. 24, Nr. 1 (1992), S. 19-42

Luo Qiping; Mai Yanting; Liang Meifen; Li Pei'er, "The 1989 Pro-Democracy Movement: Student Organizations and Strategies", in: *China Information*, Jg. V, Nr. 2 (Herbst 1990), S. 30-43

Maier, John H., "'Tian'anmen 1989': The View from Shanghai", in: *China Information*, Jg. V, Nr. 1 (Sommer 1990), S. 1-13

Mingbao (Tageszeitung), Hongkong

Mingbao Yuekan (Monatszeitschrift), Hongkong

Manila Bulletin, Manila

Munro, Robin, "Who Died in Beijing, and Why", in: *The Nation* (Marion, USA), 11.6.1990, S. 811-822

Nanbei Ji (Nord- und Südpol; Monatszeitschrift), Hongkong

The Nation, Bangkok

Neue Zürcher Zeitung, Zürich

New York Times, New York

Ouzhou Ribao (Europäische Tageszeitung), Paris

Peyrefitte, Alain, *La tragédie chinoise*, Paris 1990

Problems of Communism, Washington

Renmin Ribao (Volkszeitung), Beijing

Saich, Tony, "The Rise and Fall of the Beijing People's Movement", in: *The Australian Journal of Chinese Affairs*, Canberra, Nr. 24 (Juli 1990), S. 181-208

South China Morning Post, Hongkong

Der Spiegel, Hamburg

The Straits Times, Singapur

Süddeutsche Zeitung, München

Summary of World Broadcasts [Daily Report], Part 3: Far East, Reading, hrsg. vom BBC Monitoring Service

tageszeitung, Berlin

Tai Sheng (Die Stimme Taiwans; Monatszeitschrift), Beijing

Tansuo (Untersuchungen; Monatszeitschrift), New York

Tiananmen 1989, Taibei, 1989

Tiananmen beige (Tiananmen-Elegie), Hongkong, o.J. [1989]

Warner, Shelley, "Shanghai's response to the deluge", in: *The Australian Journal of Chinese Affairs*, Nr. 24 (Juli 1990), S. 300-314

Die Welt, Hamburg

Wen Hui Bao, Hongkong

Worden, Andrea, "Despair and Hope: A Changsha Chronicle", in: Unger, Jonathan (Hrsg.), *The Pro-Democracy Protests in China. Reports from the Provinces*, Armonk/London 1991, S. 127-136

Xingdao Ribao (Sterneninsel-Tageszeitung), Hongkong

Xinhua News Agency News Bulletin, Hongkong

Xin Wan Bao (Neue Abendzeitung), Hongkong

Xinwen Daobao (Nachrichtenbote; unregelmäßig erschienen), Beijing, hrsg. vom Autonomen Studentenverband Beijing

Xueran de fengcai (Blutende Helden), Hongkong, o.J. [1989]

Xuewo Zhonghua - Bajiu nian Beijing xuechao ziliaoji (Blutgetränktes China - Sammlung von Dokumenten der Studentenbewegung in Beijing 1989), Hongkong, 1989

Die Zeit, Hamburg

Zhengming (Wettstreit; Monatszeitschrift), Hongkong

Zhenyan (Wahre Worte; unregelmäßig erscheinende Zeitung chinesischer Studenten), Bonn: Verband der Chinesischen Studenten und Wissenschaftler in der Bundesrepublik Deutschland

Zhonggong Yanjiu - Studies on Chinese Communism (Monatszeitschrift), Taibei

Zhongguo Dalu (Das chinesische Festland; Monatszeitschrift), Taibei

Zhongguo minyun yuan ziliao jingxuan (Ausgewählte Originaldokumente der chinesischen Demokratiebewegung), Hongkong, 25.6.89

Zhongguo Shibao - China Times (Tageszeitung), Taibei

Zhongyang Ribao - Central Daily News, Taibei

Personenindex

Ai Qing - 223, 226, 267, 626
Ai Zhisheng - 207, 626
An Chengxin - 190, 626
Ba Jin - 226, 244, 267, 346, 371, 626
Bai Dongping - 431, 626
Bai Hua - 252, 253, 346, 626
Bao Tong - 32, 87, 89, 93, 94, 127, 155, 169, 231, 263, 267, 333, 334, 396, 416, 469, 595, 619, 626
Bao Zunxin - 72, 190, 193, 200, 213, 227, 312, 327, 357, 371, 584, 619, 626
Bei Dao - 72, 123, 626
Bing Xin - 224, 226, 227, 626
Bo Xicheng - 86, 626
Bo Xilai - 86, 626
Bo Yibo - 77, 86, 170, 457, 601, 614, 626
Bu He - 86, 626
Cai Zimin - 371, 626
Chai Ling - 188, 323, 353, 369, 370, 407, 408, 419, 444, 445, 446, 462, 472, 478, 482, 483, 497, 510, 515, 537, 538, 539, 545, 611, 626, 628, 630
Chao Siyuan - 619, 626
Chen Haosu - 86, 626
Chen Jun - 619, 626
Chen Laishun - 502, 627
Chen Mingyuan - 92, 627
Chen Shunli - 246, 371, 627
Chen Wei - 444, 627
Chen Xitong - 54, 55, 56, 60, 61, 65, 67, 68, 79, 93, 110, 113, 131, 132, 135, 139, 155, 164, 168, 171, 172, 178, 179, 190, 195, 199, 201, 202, 210, 211, 227, 228, 231, 232, 247, 267, 268, 271, 326, 360, 402, 410, 459, 466, 474, 476, 481, 487, 489, 490, 502, 536, 549, 550, 571, 583, 584, 590, 595, 618, 619, 620, 627, 641
Chen Xiaoping - 327, 627
Chen Yi - 32, 63, 64, 66, 67, 79, 86, 87, 92, 93, 96, 128, 132, 144, 155, 163, 164, 169, 170, 171, 172, 187, 196, 199, 229, 230, 231, 267, 283, 312, 416, 619, 626, 627, 641
Chen Yizi - 32, 63, 64, 66, 67, 79, 87, 92, 93, 96, 128, 132, 144, 155, 163, 164, 169, 170, 171, 172, 187, 196, 199, 229, 230, 231, 267, 283, 312, 619, 627, 641
Chen Yuan - 86, 627
Chen Yun - 26, 52, 63, 77, 86, 93, 133, 170, 334, 336, 338, 339, 340, 374, 376, 378, 379, 397, 398, 439, 452, 457, 601, 627
Chen Zaidao - 310, 584, 592, 627
Chen Zhangbao - 386, 627
Chen Zhen - 220, 627
Chen Zhiping - 424, 627
Chen Zhongyi - 60, 627
Chen Ziming - 60, 619, 627, 635

Cheng Zihua - 397, 627
Chi Haotian - 85, 312, 441, 570, 598, 601, 627
Chu Zhuang - 246, 371, 627
Cui Guozheng - 613, 627
Dai Houying - 252, 627
Dai Qing - 60, 80, 89, 193, 194, 195, 200, 326, 619, 627
Deng Nan - 86, 627
Deng Pufang - 86, 354, 428, 627
Deng Xiaoping - 15, 18, 20, 21, 22, 23, 24, 27, 28, 32, 33, 38, 39, 46, 52, 56, 57, 62, 63, 66, 68, 70, 73, 74, 77, 81, 86, 89, 91, 92, 93, 95, 96, 97, 98, 99, 103, 104, 105, 106, 110, 119, 128, 131, 132, 133, 143, 147, 150, 152, 155, 163, 167, 170, 180, 183, 194, 203, 209, 210, 211, 212, 213, 218, 225, 229, 230, 231, 236, 243, 244, 250, 251, 255, 262, 265, 268, 269, 270, 274, 275, 281, 285, 286, 289, 294, 295, 296, 310, 314, 316, 318, 321, 325, 333, 334, 335, 337, 338, 340, 343, 348, 354, 355, 359, 362, 373, 375, 378, 379, 380, 381, 387, 389, 390, 397, 409, 411, 412, 413, 414, 416, 418, 428, 439, 440, 443, 447, 456, 457, 463, 468, 491, 542, 574, 579, 581, 583, 584, 587, 592, 596, 598, 599, 600, 601, 602, 603, 604, 609, 613, 614, 615, 616, 617, 618, 627
Deng Yingchao - 77, 270, 295, 343, 344, 452, 614, 627
Deng Yongqi - 421, 627
Ding Guan'gen - 616, 627
Ding Henggao - 86, 627
Ding Weijun - 447, 628
Ding Xiaoping - 67, 628
Dong Fureng - 371, 628
Dong Jianhua - 371, 628
Du Daozheng - 183, 199, 628
Du Runsheng - 128, 628
Fan Jingyi - 251, 628
Fan Xuhong - 421, 628
Fang Lizhi - 31, 32, 55, 56, 59, 61, 73, 113, 145, 274, 428, 439, 440, 456, 469, 584, 607, 619, 628, 631
Fei Xiaotong - 60, 226, 228, 628
Feng Congde - 61, 67, 369, 370, 444, 478, 515, 539, 612, 626, 628
Feng Yimiao - 613, 628
Feng Zhi - 245, 246, 371, 628
Feng Zhijun - 246, 371, 628
Gao Dengbang - 371, 430, 608, 628
Gao Di - 469, 628
Gao Gao - 114, 628
Gao Shan - 127, 267, 628
Gao Xin - 454, 475, 516, 536, 537, 539, 628
Ge Yang - 60, 619, 628
Gong Zhengming - 608, 628
Gu Ming - 371, 430, 628
Guan Shanyue - 488, 628

Guo Chaoren - 570, 628
Guo Haifeng - 61, 370, 606, 628
Guo Huaruo - 343, 628
Guo Linxiang - 468, 628
Han Dongfang - 610, 629
Han Peixin - 125, 629
Hao Yichun - 371, 629
He Di - 205, 629
He Dongchang - 105, 129, 359, 360, 629
He Kang - 165, 206, 629
He Lili - 610, 629
He Shangchun - 133, 629
He Zhukang - 181, 320, 629
Hong Fuzeng - 165, 629
Hong Jianguo - 415, 629
Hong Xuezhi - 397, 457, 468, 601, 629
Hou Dejian - 454, 475, 490, 506, 510, 511, 513, 514, 516, 517, 522, 523, 529, 532, 536, 537, 538, 539, 540, 629
Hou Zongbin - 203, 238, 629
Hu Daiguang - 246, 371, 629
Hu Dehua - 371, 629
Hu Deping - 87, 629
Hu Jiwei - 38, 163, 165, 166, 228, 229, 313, 330, 371, 422, 457, 608, 618, 629
Hu Keshi - 371, 629
Hu Qiaomu - 26, 77, 629
Hu Qili - 34, 77, 92, 96, 102, 106, 116, 124, 130, 136, 160, 164, 179, 194, 219, 230, 240, 241, 263, 272, 359, 396, 579, 595, 615, 616, 629
Hu Sheng - 143, 195, 629
Hu Yaobang - 23, 28, 30, 31, 32, 33, 47, 49, 50, 51, 53, 54, 55, 56, 57, 58, 59, 60, 61, 62, 63, 67, 68, 69, 70, 71, 73, 74, 75, 77, 78, 79, 80, 81, 82, 83, 84, 85, 87, 89, 91, 94, 95, 96, 98, 103, 107, 108, 111, 114, 121, 122, 123, 124, 125, 127, 129, 147, 148, 163, 166, 167, 175, 177, 274, 275, 334, 338, 342, 378, 380, 448, 452, 616, 629, 632
Hu Yaofu - 87, 629
Huang Hua - 397, 398, 629
Huang Miaozi - 246, 629
Huang Shunxing - 371, 629
Huang Wen - 444, 630
Huo Yingdong - 371, 630
Ji Xinguo - 516, 538, 539, 630
Jia Zhijie - 234, 235, 630
Jiang Jingguo - 105, 177, 630
Jiang Ping - 246, 371, 630
Jiang Zemin - 20, 75, 80, 81, 85, 89, 107, 115, 156, 173, 175, 176, 177, 178, 252, 285, 299, 385, 392, 439, 614, 615, 616, 630, 639, 643
Jin Guantao - 619, 630

Ke Feng - 526, 527, 630
Lao Gui - 200, 326, 498, 499, 525, 530, 542, 630
Lao Mu - 369, 630
Lei Feng - 402, 469, 470, 630
Lei Jieqiong - 226, 630
Li Chonghuai - 371, 630
Li Desheng - 397, 630
Li Gui - 371, 630
Li Hao - 161, 630
Li Honglin - 146, 193, 267, 619, 630
Li Jinhua - 447, 630
Li Jukui - 310, 630
Li Keran - 246, 630
Li Lisan - 487, 630
Lin Liyun - 371, 630
Li Lu - 353, 369, 370, 428, 446, 478, 539, 612, 630
Li Peifu - 256, 631
Li Peng - 18, 26, 28, 32, 34, 35, 37, 38, 39, 40, 41, 43, 49, 50, 57, 58, 59, 63, 64, 66, 77, 78, 79, 80, 81, 86, 87, 88, 91, 92, 93, 95, 96, 99, 103, 106, 123, 129, 131, 132, 135, 144, 149, 155, 160, 161, 162, 163, 169, 172, 180, 184, 190, 192, 193, 194, 196, 199, 210, 211, 214, 218, 219, 220, 225, 227, 228, 229, 230, 231, 240, 241, 244, 246, 247, 248, 249, 250, 251, 252, 257, 261, 262, 263, 264, 265, 269, 270, 272, 273, 274, 275, 277, 279, 281, 284, 285, 287, 288, 289, 290, 292, 293, 295, 296, 297, 298, 299, 300, 301, 302, 303, 307, 308, 309, 314, 316, 318, 319, 320, 321, 322, 324, 325, 326, 327, 329, 330, 331, 333, 334, 335, 336, 339, 341, 346, 348, 350, 354, 355, 357, 358, 359, 360, 361, 362, 363, 368, 369, 370, 371, 372, 373, 375, 382, 383, 385, 387, 388, 389, 390, 391, 392, 393, 394, 395, 397, 398, 403, 405, 407, 408, 409, 410, 413, 414, 416, 417, 418, 420, 421, 422, 429, 430, 437, 439, 441, 443, 451, 452, 454, 456, 457, 458, 463, 464, 465, 466, 471, 477, 490, 491, 520, 521, 557, 566, 567, 568, 571, 574, 581, 587, 592, 595, 596, 597, 598, 601, 604, 609, 615, 631, 643
Li Ping - 485, 631
Li Qi - 61, 72, 76, 106, 115, 116, 117, 119, 129, 133, 164, 171, 190, 371, 608, 631, 643
Li Qiyan - 190, 631
Li Rui - 60, 86, 223, 362, 616, 631
Li Ruihuan - 86, 362, 616, 631
Li Shuxian - 32, 59, 61, 428, 607, 619, 631
Li Tieying - 38, 73, 86, 127, 190, 191, 199, 232, 241, 247, 631
Li Weihan - 86, 631
Li Xiannian - 26, 77, 85, 170, 334, 336, 338, 405, 409, 439, 457, 601, 614, 631
Li Ximing - 18, 56, 89, 92, 94, 104, 114, 127, 132, 144, 190, 247, 262, 273, 326, 334, 360, 373, 381, 402, 410, 411, 491, 566, 583, 613, 631
Li Xuezhi - 371, 631
Li Yanfeng - 188, 631
Li Yimang - 397, 631

Li Yining - 330, 371, 631
Li Zehou - 72, 193, 619, 631
Li Zemin - 135, 136, 287, 631
Li Zhiguo - 608, 631
Li Zhijian - 359, 631
Li Ziqi - 202, 631
Li Zisong - 598, 631
Li Zonghao - 198, 631
Lian Mengde - 444, 631
Liang Qingtun - 611, 631
Liang Yong - 598, 631
Liao Chengzhi - 86, 631
Liao Hui - 86, 631
Lin Lanying - 246, 371, 632
Lin Ruo - 299, 632
Liu Binyan - 73, 632
Liu Danian - 371, 632
Liu Dongsheng - 371, 632
Liu Gang - 61, 370, 611, 632
Liu Hu - 87, 457, 468, 601, 632
Liu Huaqing - 457, 468, 601, 632
Liu Ji - 133, 146, 175, 632
Liu Jianfeng - 146, 632
Liu Qiang - 610, 632
Liu Ruishao - 60, 619, 632
Liu Shaoqi - 86, 632
Liu Suli - 370, 632
Liu Wei - 371, 632
Liu Xiaobo - 31, 32, 189, 454, 475, 516, 517, 532, 536, 537, 538, 539, 540, 541, 632
Liu Yandong - 61, 371, 632
Liu Yuan - 86, 632
Liu Zaifu - 193, 200, 213, 245, 267, 620, 632
Liu Zhongde - 105, 632
Lou Wei - 421, 632
Lu Decheng - 356, 632
Lu Jiaxi - 226, 632
Lu Kejian - 180, 181, 632
Lu Xiang - 408, 632
Luo Dong - 135, 633
Luo Gan - 92, 371, 372, 443, 633
Luo Zhiqiang - 314, 633
Ma Hong - 371, 438, 457, 633
Ma Shaofang - 612, 633
Ma Teng'ai - 371, 633
Ma Wanqi - 371, 633
Mamutuofu Ku'erban (Mamutov Kurban) - 371, 633

Mu Qing - 438, 570, 633
Ni Zhifu - 130, 450, 451, 633
Nie Li - 86, 633
Nie Rongzhen - 86, 295, 302, 311, 314, 315, 322, 343, 452, 584, 592, 614, 627, 633
Peng Chong - 439, 633
Peng Qingyuan - 246, 371, 633
Peng Rong - 421, 633
Peng Zhen - 170, 270, 334, 336, 338, 339, 340, 374, 376, 378, 394, 398, 401, 422, 452, 601, 614, 633
Pingcuo Wangjie (Puncog Wanje) - 371, 633
Qi Aiqing - 256, 633
Qi Yuanjing - 134, 633
Qian Jiaqu - 81, 633
Qian Junrui - 176, 633
Qian Liren - 469, 628, 633
Qian Qichen - 359, 633
Qian Yuming - 431, 433, 441, 633
Qiang Kenneth - 527, 530, 633
Qiao Shi - 74, 77, 96, 219, 230, 240, 241, 263, 272, 279, 334, 339, 341, 342, 360, 422, 457, 567, 591, 595, 601, 633
Qin Benli - 60, 80, 81, 89, 94, 115, 124, 133, 135, 142, 151, 156, 157, 165, 166, 167, 168, 170, 175, 176, 177, 178, 259, 278, 346, 633
Qin Chuan - 60, 371, 423, 633
Qin Jiwei - 120, 213, 391, 396, 423, 468, 601, 634
Qingge'ertai (Qinggeltai) - 371, 634
Qu Nan - 370, 634
Ren Wanding - 620, 634
Ren Xinmin - 371, 634
Rong Yiren - 245, 634
Rui Xingwen - 164, 183, 359, 615, 616, 634
Shao Huaze - 469, 634
Shao Jiang - 247, 264, 634
Shen Tong - 67, 161, 188, 193, 634
Shen Yinhan - 431, 433, 441, 634
Shu Tong - 343, 634
Siu Wing Fai - 433, 634
Song Ping - 616, 634
Song Rufen - 371, 430, 608, 634
Song Ruixiang - 258, 634
Song Shilun - 310, 343, 634
Song Shixiong - 61, 634
Song Xianming - 421, 634
Song Zexing - 371, 634
Su Shaozhi - 60, 73, 89, 166, 190, 200, 213, 245, 267, 620, 634
Su Xiaokang - 174, 176, 188, 193, 194, 213, 267, 312, 327, 620, 634, 642, 643
Sun Changjiang - 83, 634

Sun Daren - 142, 158, 634
Sun Hui - 414, 634
Sun Jingchuan - 421, 634
Sun Qimeng - 226, 634
Tan Wenrui - 469, 635
Tang Fei - 171, 635
Tang Guangzhong - 452, 635
Tao Dayong - 246, 371, 635
Tian Zhonghe - 256, 635
Ulanhu - 86, 626, 635, 636
Wan Li - 18, 27, 30, 32, 38, 43, 70, 74, 77, 86, 93, 94, 169, 171, 172, 173, 183, 218, 232, 233, 275, 302, 312, 313, 318, 330, 343, 346, 349, 353, 362, 377, 385, 387, 391, 397, 405, 410, 435, 436, 439, 452, 601, 635
Wan Runnan - 620, 635
Wang Anyi - 346, 635
Wang Bingzhang - 452, 635
Wang Chaohua - 247, 612, 635
Wang Dan - 32, 58, 59, 61, 67, 139, 161, 183, 188, 189, 191, 193, 212, 220, 247, 248, 249, 265, 344, 353, 368, 369, 370, 407, 408, 419, 446, 447, 453, 469, 610, 611, 620, 635
Wang Fuyi - 475, 480, 635
Wang Gang - 298, 370, 635
Wang Hanbin - 343, 635
Wang Houde - 226, 371, 430, 608, 635
Wang Jialiu - 105, 145, 190, 635
Wang Jinling - 371, 635
Wang Jun - 86, 327, 635
Wang Jun - 158, 635
Wang Juntao - 327, 635
Wang Lianzheng - 165, 635
Wang Luxiang - 371, 635
Wang Meng - 371, 635
Wang Renzhi - 179, 183, 359, 360, 438, 444, 635
Wang Ruoshui - 326, 636
Wang Ruowang - 105, 252, 253, 636
Wang Yongxing - 371, 636
Wang Youcai - 417, 420, 612, 636
Wang Zhen - 26, 86, 92, 170, 272, 275, 334, 336, 338, 340, 374, 376, 457, 596, 597, 598, 601, 604, 611, 614, 635, 636
Wang Zhengyun - 611, 636
Wang Zhixin - 161, 247, 395, 612, 636
Wei Jianxing - 38, 191, 199, 295, 636
Wen Yuankai - 193, 620, 636
Wu Bangguo - 178, 636
Wu Dakun - 246, 371, 636
Wu Guanzheng - 196, 238, 636

Wu Guanzhong - 246, 636
Wu Jie - 86, 636
Wu Juetian - 371, 636
Wu Minda - 287, 636
Wu Xiaolan - 85, 636
Wu Xiaoying - 512, 636
Wu Xuecan - 297, 636
Wu Xueqian - 439, 512, 636
Wu Yuzhang - 85, 636
Wu Zhonghua - 371, 636
Wu Zuxiang - 72, 636
Wu'er Kaixi - 65, 67, 78, 90, 118, 126, 127, 130, 145, 153, 183, 187, 188, 189, 191, 192, 193, 194, 212, 241, 247, 248, 249, 264, 265, 318, 322, 323, 325, 407, 433, 447, 469, 470, 478, 513, 522, 536, 611, 636
Xi Jinping - 86, 636
Xi Zhengning - 86, 636
Xi Zhongxun - 86, 636, 637
Xia Yan - 226, 637
Xiang Dongping - 433, 441, 637
Xiang Shouzhi - 358, 637
Xiang Xiaoji - 161, 637
Xiao Ke - 310, 637
Xiao Yang - 287, 637
Xie Tieli - 371, 637
Xin Yejiang - 196, 286, 637
Xiong Wei - 612, 637
Xiong Yan - 61, 247, 248, 613, 637
Xu Caidong - 371, 637
Xu Daquan - 134, 637
Xu Gang - 176, 637
Xu Guodong - 161, 637
Xu Jialu - 246, 637
Xu Liangyin - 146, 247, 637
Xu Qinguang - 475, 592, 637
Xu Shanlin - 238, 637
Xu Shijie - 146, 637
Xu Weicheng - 104, 106, 583, 637
Xu Xiangqian - 295, 302, 311, 315, 322, 343, 452, 592, 637
Xu Xin - 468, 637
Xu Zhongyu - 346, 637
Xue Mufeng - 173, 637
Yan Jiaqi - 32, 60, 72, 73, 80, 89, 114, 146, 163, 190, 193, 194, 195, 200, 213, 227, 247, 267, 312, 327, 369, 371, 482, 584, 620, 628, 637
Yan Mingfu - 38, 96, 127, 144, 182, 183, 188, 189, 191, 192, 193, 194, 199, 211, 212, 219, 247, 343, 615, 616, 637
Yan Tongmao - 133, 391, 629, 637

Yang Baibing - 85, 283, 567, 598, 601, 637, 638
Yang Dezhi - 310, 380, 638
Yang Dezhong - 592, 638
Yang Dongming - 256, 638
Yang Haibo - 371, 638
Yang Huiquan - 202, 638
Yang Jianhua - 567, 638
Yang Jike - 246, 371, 638
Yang Ligong - 371, 638
Yang Rudai - 321, 638
Yang Shangkun - 18, 38, 40, 43, 56, 77, 85, 92, 94, 95, 96, 99, 103, 104, 106, 120, 131, 135, 143, 144, 169, 170, 212, 213, 230, 262, 263, 265, 272, 273, 283, 289, 293, 295, 299, 300, 301, 310, 312, 319, 331, 333, 334, 336, 338, 358, 359, 360, 365, 372, 380, 382, 385, 387, 390, 393, 394, 397, 405, 409, 410, 417, 422, 429, 430, 440, 443, 457, 458, 468, 471, 491, 556, 567, 568, 571, 580, 581, 583, 584, 585, 587, 592, 595, 598, 601, 613, 614, 637, 638
Yang Tao - 61, 139, 369, 470, 612, 638
Yang Yi - 171, 183, 638
Yao Li - 428, 638
Yao Wenyuan - 313, 638
Yao Yilin - 88, 91, 144, 219, 229, 230, 263, 272, 341, 360, 422, 439, 457, 601, 609, 638
Yao Yongzhan - 607, 638
Ye Chumei - 86, 638
Ye Duzheng - 246, 371, 638
Ye Fei - 310, 343, 638
Ye Gongqi - 299, 385, 638
Ye Jianying - 85, 86, 636, 638, 640
Ye Wenfu - 244, 638
Ye Xuanping - 85, 299, 638
Yu Dongyue - 356, 638
Yu Fangxin - 174, 638
Yu Guangyuan - 60, 89, 638
Yu Haocheng - 72, 146, 193, 247, 620, 638
Yu Mingfei - 356, 638
Yu Pingbo - 245, 638
Yu Shuo - 541, 639
Yu Yusheng - 86, 639
Yuan Geng - 255, 639
Yuan Mu - 34, 129, 134, 142, 144, 145, 148, 149, 150, 166, 170, 180, 182, 278, 359, 360, 469, 500, 521, 547, 560, 570, 592, 639
Yuan Zhiming - 371, 639
Zeng Jianhui - 359, 438, 444, 570, 639
Zeng Qinghong - 175, 639
Zhai Weimin - 611, 639
Zhang Aiping - 86, 310, 343, 397, 398, 584, 592, 639

Zhang Baifa - 307, 639
Zhang Bin - 256, 639
Zhang Boli - 369, 370, 612, 639
Zhang Boxing - 128, 203, 639
Zhang Gong - 500, 520, 521, 541, 592, 593, 639
Zhang Lun - 370, 639
Zhang Ming - 612, 639
Zhang Shiming - 371, 639
Zhang Wule - 181, 639
Zhang Xianyang - 620, 639
Zhang Yu - 256, 639
Zhang Zhiqing - 612, 639
Zhao Changtian - 346, 383, 639
Zhao Dajun - 85, 639
Zhao Nanqi - 601, 639
Zhao Pinglu - 437, 639
Zhao Xiu - 371, 639
Zhao Ziyang - 14, 17, 18, 20, 23, 27, 28, 32, 34, 38, 39, 40, 43, 46, 56, 63, 66, 77, 79, 80, 83, 85, 87, 89, 92, 93, 94, 95, 96, 99, 103, 106, 128, 131, 132, 135, 142, 143, 144, 147, 152, 153, 154, 155, 156, 160, 162, 163, 164, 167, 168, 169, 170, 171, 172, 173, 175, 176, 177, 178, 180, 182, 184, 185, 190, 192, 193, 194, 196, 199, 203, 210, 213, 214, 218, 219, 220, 226, 227, 229, 230, 231, 233, 240, 241, 242, 244, 246, 247, 248, 251, 252, 255, 257, 260, 261, 262, 263, 264, 265, 267, 270, 271, 272, 273, 281, 284, 287, 297, 302, 308, 313, 322, 324, 333, 334, 335, 338, 339, 343, 353, 359, 360, 362, 365, 370, 375, 377, 378, 379, 380, 385, 390, 395, 396, 397, 408, 409, 410, 412, 416, 419, 421, 422, 424, 430, 438, 439, 469, 471, 538, 567, 579, 580, 595, 596, 599, 606, 614, 615, 616, 618, 619, 626, 637, 639, 643
Zheng Xuguang - 611, 640
Zheng Yi - 176, 640
Zheng Youmei - 168, 640
Zheng Yuanying - 256, 640
Zhou Duo - 183, 454, 475, 490, 516, 517, 536, 537, 538, 539, 540, 541, 640
Zhou Fengsuo - 611, 640
Zhou Gucheng - 371, 640
Zhou Hong - 440, 640
Zhou Peiyuan - 226, 640
Zhou Yibing - 133, 640
Zhou Yongjun - 126, 152, 640
Zhu Dexi - 371, 640
Zhu Guanghua - 253, 640
Zhu Houze - 128, 208, 640
Zhu Rongji - 252, 299, 346, 385, 425, 596, 600, 613, 614, 640
Zhu Xuefan - 246, 640
Zhu Zhongzhi - 314, 640
Zou Jiahua - 86, 640